市政工程工程量清单工程系列丛书

市政工程工程量清单“算量”手册

上海市市政公路工程行业协会　编写

中国建筑工业出版社

图书在版编目(CIP)数据

市政工程工程量清单“算量”手册/上海市市政公路工程行业协会编写. —北京：中国建筑工业出版社，2010
(市政工程工程量清单工程系列丛书)
ISBN 978-7-112-11747-5

Ⅰ. 市… Ⅱ. 上… Ⅲ. 市政工程-工程造价-手册
Ⅳ. TU723.3-62

中国版本图书馆 CIP 数据核字(2010)第 010227 号

市政工程工程量清单工程系列丛书
市政工程工程量清单“算量”手册
上海市市政公路工程行业协会 编写

*

中国建筑工业出版社出版、发行(北京西郊百万庄)
各地新华书店、建筑书店经销
北京天成排版公司制版
北京凌奇印刷有限责任公司印刷

*

开本：880×1230 毫米 1/16 印张：44½ 字数：1112 千字
2010 年 5 月第一版 2010 年 5 月第一次印刷
定价：**118.00** 元
ISBN 978-7-112-11747-5
(18998)

本书是以国家住房和城乡建设部2008年以第63号公告发布《建设工程工程量清单计价规范》GB 50500—2008的国家标准为准绳，并结合市政工程工程量清单中工程量计算的实际需求组织编写的，是《市政工程工程量清单编制与应用实务》、《市政工程工程量清单常用数据手册》的姊妹篇。

这是一本关于市政工程、市政工程预算定额，分部分项工程、措施项目，常用计算数据的书籍。

本书以市政工程招、投标者的视角来诠释市政工程工程量清单"算量"的博大精深的内涵，独特的编排格式使读者依据所要的内容可直接查到其所涉及的内容，从中为读者的招、投标提供必要的决策辅助。

本书整体内容脉络清晰，详略得当，招投标诸多方面知识都条文缕析，一目了然。其内容涉及：市政工程结构的内容与分类、市政工程性质的内容与分类、市政工程建设定额的分类和体系结构、量价合一和量价分离、市政工程材料、市政工程施工机械及设备、"图形算量"输入法(分部、分项工程与《实物图形算量法》暨《计算公式算量法》编码及定额子目编号对应比照表)；土石方工程、道路工程、桥涵护岸工程、隧道工程、市政管网工程、地铁工程、钢筋工程、拆除工程，大型机械设备进出场及安拆、混凝土和钢筋混凝土模板及支架脚手架、施工排水及降水、围堰、现场施工围栏、便道、便桥、地基加固，数据库的一般计算资料(数学公式)、计量单位及换算、体积计算、截面图形，市政工程材料库的市政材料定额基本数据、混凝土及砂浆强度等级配合比表，市政工程机械设备库的市政机械定额基本数据，施工组织设计、工程索赔等诸多方面；在编纂上，按学科分门别类，具有特色，这些栏目使理论与实际紧密联系；列举了城镇道路工程，拱桥、浆砌块石驳岸的桥涵护岸工程，排水箱涵、顶管(二中继间沉井工作井、型钢水泥土复合搅拌桩(SMW)工法接受井、ϕ1000钢筋混凝土管封闭式泥水平衡顶管)、非开挖型拖拉管(水平定向钻孔拖管)工程的市政管网工程等六个单体工程的工程实例工程量清单招、投标编制及与其对应的施工图预算对照应用的计算实例；是读者快速进行市政工程工程量清单"算量"的一本必不可少的工具书，它具有很强的实用性和可操作性，是一本价值颇高的参考书。

本书汇集了市政工程量清单工程量计算所需掌握的应用内容，以便读者在阅读其他书籍和资料，以及作调研报告时参考。

本书可作为市政、公路工程专业人员岗位培训教材，还可供业主单位、设计、施工、监理以及政府主管部门从事市政、公路工程造价专业技术人员的工具书，及有关院校相关专业师生使用参考。

* * *

责任编辑：于　莉　王　磊　田启铭
责任设计：赵明霞
责任校对：刘　钰　王雪竹

《市政工程工程量清单工程系列丛书》编委会名单

序

2008年7月，国家住房和城乡建设部以第63号公告，批准《建设工程工程量清单计价规范》GB 50500—2008为国家标准，自2008年12月1日起实施。随着我国建筑市场日益完善，招投标制和合同制的逐步推行，尤其是我国加入WTO后工程造价管理体制改革的要求，以及原建设部《建设工程工程量清单计价规范》GB 50500—2003的新结构、新理论的发展(“08规范”在“原规范的附录A～E除个别调整外，基本没有修改。原由局部修订增加的附录F，此次修订一并纳入规范中”)，广大市政工程造价人员迫切需要有一本切合实际应用的指导书。我们在上海市市政公路工程行业协会组织和指导下，于2005年11月正式成立了《市政工程工程量清单工程系列丛书》编写委员会，并组建了由上海市行业中既有丰富工作经验又有文字功底的工程造价专业人员承担撰写、编纂工作的编写组，确定了编写《市政工程工程量清单编制及应用实务》及其姊妹篇《市政工程工程量清单“算量”手册》和《市政工程工程量清单常用数据手册》三书为系列，为市政工程造价人员提供的实用性较强的工作用书。

本套丛书在编写工作中，力求做到内容充实，文字叙述简明扼要，归类便查；指导在编制工程招标、投标清单时，既按部颁《建设工程工程量清单计价规范》、又按《市政工程预算定额》的计算规则，表述、引用准确，套用《市政工程预算定额》子目，计算过程及结论正确的方针；帮助从事市政工程造价人员提高实际操作的动手能力，解决工作中遇到的实际问题。

本套丛书在编写工作中，得到了上海市市政公路工程行业有关领导、上海市市政工程定额管理站、上海市市政公路工程行业协会培训工作部、上海市市政行业岗位培训考核管理办公室、上海市第118国家职业技能鉴定所、上海市市政行业协会市政造价专业委员会、同济大学及上海市政工程设计研究总院的知名教授和上海市市政公路工程行业老专家等的支持、帮助与指导，并在书稿的审定工作中提出了大量的修改意见，很好地丰富和完善了本书内容，谨在此表示衷心感谢。

编写《市政工程工程量清单工程系列丛书》是一次新的尝试，在传承与创新的选项中，涉及内容多、覆盖面宽，为便于广大读者查阅在内容上力求保持系统性和完整性。但限于我们的水平，书中存在缺点和错误在所难免，恳切希望广大读者提出批评和指正，敬请将意见径寄上海市市政公路工程行业协会。

编委会主任

陈明德

前　言

本书是一本简明、实用的计算工具书，是《市政工程工程量清单编制及应用实务》暨《市政工程工程量清单常用数据手册》的姊妹篇，为从事市政工程工程造价领域的专业工程技术人员提供工程量计算参考资料，作为《市政工程工程量清单编制及应用实务》的补充。

工程可行性研究估算、初步设计概算、施工图设计施工预算、工程竣工结算、社会审价、政府审计及工程监理、工程咨询业等以工程量计算为首要，它涉及各类工程结构、《市政工程施工及验收规程》、《市政工程预算定额》及《计算规则》及总说明、册章说明和工程“施工组织设计”等各个方面，内容千差万别，格式也千变万化，但是，也有其内在的规律和一般原理，实际专业工程技术人员往往不能掌握这一规律和原理而感到处理“算量”工作，不胜其烦。

这是原由，工程量计算由于市政工程种类繁多，有城市道路、交通设施管理、桥涵、护岸、市政管网、排水构筑物、隧道等工程，各种工程又有不同的形式，涉及面广，所以工程量计算办法也各有不同。况且目前全国各省市、各地区对市政工程量计算还不统一。除了一般的计算办法以外，个别项目还要根据各省市(如北京、天津、上海等专业)编制的《市政工程预算定额》中所规定的相关规则进行计算。本《市政工程工程量清单工程系列丛书》以《上海市市政工程预算定额》(2000)为参考，各省市、各地区参照《全国统一市政工程预算定额》(1999)的相关规定实施。

市政工程的项目按照住房和城乡建设部颁布的国家标准《建设工程工程量清单计价规范》GB 50500—2008的规范，大致可以分为两类：一类工程实体项目是以主体工程和附属工程的结构部分；另一类辅助实体项目完成的施工手段是施工准备、施工措施以及临时性工程部分。前者工程量是可以根据图纸及有关规定计算；后者主要是要根据现场具体情况、施工方案的安排及现行的技术规范规定计算。

属于土方类填、挖工程的采用常规的常用土方横截面(面积)计算公式、常用狭长(体积)土方量计算公式、常用土方格网(平整广场)、(体积)土方量计算公式及按设计横断面采用积距法及土方挖、填计算表等计算公式来进行计算。

结构类工程常采用大部分具有一定几何形状的构筑物，在一般情况下则可以直接引用或经过分块后用简单的几何公式来进行计算，如桥梁上部结构的梁、板等，下部结构的墩台和基础，附属结构的挡土墙、翼墙、锥坡等；又如条形基础、圆形截面的灌柱桩、圆形或方形的沉井、多边形截面的栏杆等。

然而，有的构筑物或构筑件的形状比较复杂，计算起来也就麻烦些，有时需要分别把一项构筑物或一项构筑件分解为若干个零星的部分，方才能便于计算，如变截面的梁或拱圈，可以根据坐标值，按平均断面法累计起来。

再者，有些构筑物可以采用近似公式去计算，如U型桥台、锥坡护坡等；有些则利用一些现成的数值表，以简化计算手段，如拱肋长度、拱圈体积、拱圬工体积、开槽土方等。

为有利于广大读者、从事市政工程工程造价领域的专业工程技术人员，避免所有招标、投标人按照同一图纸计算工程数量的重复劳动，节省大量的社会财富和时间；编写组站在从事市政工程工程造价领域的实务工作者的角度，介绍实际工作中所要运用的上述类比学习法等要求，结合并附以经典和实用案例；帮助从事市政工程工程造价领域的专业工程技术人员理解新知识和困惑概念的方法之一，就是为什么提供一个或多个类比，从而把人们熟悉的事物和不熟悉的事物联系起来。本书为编制工程量清单的计算工程量提供了依据；同时，为之它亦可充分利用、发挥预(结)算工程量计算公式、运算表和数值表等计算工具的积极作用，又较详细说明和举例了城镇道路的道路工程，拱桥、浆砌块石驳岸的桥涵护岸工程，非开挖型拖拉管(水平定向钻孔拖管)工程、箱涵、顶管(沉井工作井、型钢水泥土复合搅拌桩(SMW)工法接受井、ϕ1000 钢筋混凝土管封闭式泥水平衡顶管)的市政管网工程等六个单体工程及其工程量清单招、投标编制与施工图预算对照应用的计算实例，使之在工程量计算程序、正确套取《市政工程预算定额》显得格外的重要，这是加快工程量清单、报价编制等工作的有力工具。读者遇到问题，一般查阅本书，基本可以得到解决。

本书将可以很快地告诉读者，他们需要知道的事情；使人们更容易理解他们自己揣摩出来的事情。通过这，你想获得什么建议、信息或技能。

编写组旨在帮助从事市政工程工程造价领域的专业工程技术人员提高实际操作的动手能力，解决工作中遇到的实际问题；以《建设工程工程量清单计价规范》GB 50500—2008 为准绳，对照应用实例，为从事市政工程工程造价领域的专业工程技术人员提供释义服务。

本书在上海市市政公路工程行业协会组织与指导下，由上海市市政公路工程行业工程造价专业人员承担编纂工作。编写组由邝森栋、蒋明震、韩宏珠三位组成，对全书进行统稿、纂辑、编排。在撰写过程中，得到许多同行的多方帮助和大力支持，其中张慧弟、谢钧、陈益梁、蔡慧芳等同志分别为道路、桥涵护岸、隧道、市政管网暨排水构筑物工程等工程实例的纂辑作了大量的审定工作，且给予宝贵的建议；同时，参考了国内大量的相关文献，在此一并致谢。对关心、参加、支持与审阅本书编纂工作的上海市市政公路工程行业领导及编委会各位市政公路行业老专家和大专院校老学者致以诚挚的谢意。对行业协会培训工作部谢敏慧小姐所作的大量文字打印工作表示感谢。

编纂的整个过程在传承与创新的选项中，虽然做了很大考查，但是本书这种安排方法在理论阐述上可能有些散乱之虞，在功能介绍上有重复之患，故在讨论中可能有遗缺和不当之处，这些都希望得到读者斧正。由于时间仓促，编写组水平有限，本书难免有疏忽、遗漏等不妥之处，敬请批评指正；编写组再一次衷心欢迎读者对本书提出批评和意见。

上海市市政公路工程行业协会

地址：上海市汉口路 193 号 319 室　　邮编：200002

上海市政信息网址：www.shsz.org.cn

电话：02133130790

电子信箱：tngawg@126.com

《市政工程工程量清单“算量”手册》编写组

二〇〇九年三月二十八日

于上海市市政公路工程行业协会

目 录

下篇　常用计算数据

第一部分　数　据　库

第二部分　市政工程材料、机械设备库

第三部分　施工组织设计、索赔管理及题组式构架

上篇

《建设工程工程量清单计价规范》与工程造价算量

第1章 工程造价算量计价模式的比较及甄别

国家标准《建设工程工程量清单计价规范》GB 50500—2008(以下简称“08规范”)规定了工程量清单计价从招标控制价的编制、投标报价、合同价款约定、工程计量与价款支付、索赔与现场签证、工程价款调整到工程竣工结算办理及工程造价计价争议处理等的全部内容。

“08规范”的实施，使“建设工程计量与计价”已经或即将由传统的定额计价模式转为由国家公布工程量计算规则，并由市场最终定价的模式(表1-1)。鉴于工程量清单计价方式与工程预算定额计价方式虽有着密切的联系，但也有本质上的区别(表1-2、表1-3)；本着循序渐进的思路，这就要求从事市政工程造价技术人员加强学习，转变观念，注重“与时俱进”能力，适应“08规范”的政策的重大调整和新结构、新理论发展。

我国工程项目投标报价的方法(模式)　　表1-1

程序	分类	工程量清单计价模式	现行定额计价模式			
		综合单价法	预算单价法	实物法	部分费用综合单价法(工料单价法)	全费用综合单价法
1	工程量	计算各分项工程资源消耗量	计算工程量	计算工程量	计算各分项工程资源消耗量	计算各分项工程资源消耗量
2				查套定额消耗量		
3	查、套工料机单价	套用市场价格和根据企业实际情况计算的管理费和利润	查套定额单价	套用市场价格	套用市场价格	套用市场价格和根据企业实际情况计算的措施费、管理费、利润、税金
4	综合单价	计算分部分项综合单价			计算部分费用综合单价	计算全费用综合单价
5					部分费用综合单价乘以工程量后汇总	
6	计算费	计算分部分项费	计算直接工程费		计算其他未计取费用	
7	汇总	汇总分部分项费、措施费、其他费、规费、税金	取费计算	取费计算		全费用综合单价乘以工程量后汇总
8	报价	投标报价书	投标报价书	投标报价书	投标报价书	投标报价书

注：以定额计价模式投标报价，一般采用现行预算定额来编制，即按照定额规定的分部分项工程子目逐项计算工程量，套用定额基价或根据市场价格确定直接工程费，然后再按规定的费用定额计取各项费用，最后汇总形成投标报价。

工程量清单与《市政工程预算定额》两种计价模式的比较　　表1-2

项次	内容	工程量清单计价(国家公布工程量计算规则计价模式)	《市政工程预算定额》计价(传统的定额计价模式)
1	适用范围	全部使用国有资金投资或国有资金投资为主(以下二者简称“国有资金投资”)的工程建设项目，必须采用工程量清单计价(1.0.3)和非国有资金投资的工程建设项目，可采用工程量清单计价(1.0.4)	编审标底，设计概算，工程造价鉴定

续表

项次	内容	工程量清单计价 （国家公布工程量计算规则计价模式）	《市政工程预算定额》计价 （传统的定额计价模式）
2	计价方法	国家公布工程量计算规则，由市场最终定价的模式；即按一个综合实体计价，即子项目随主体项目计价，由于主体项目与组合项目是不同的施工工序，所以往往要计算多个子项才能完成一个清单项目的分部分项工程综合单价，每一个项目组合计价	传统的预算定额计价模式，即根据施工工序计价，即将相同施工工序的工程量相加汇总，选套定额子目，计算出一个子项的定额直接工程费，每一个项目独立计价
3	项目设置	工程量清单项目的设置是以一个“综合实体”考虑的，“综合项目”一般包括多个子目工程内容。 按附录 D.1～D.8 中项目名称规定设置(3.2.4)	《市政工程预算定额》的项目一般是按施工工序、工艺进行设置的，定额项目包括的工程内容一般是单一的
4	工程量计算规则	按国家标准《建设工程工程量清单计价规范》工程量清单项目设置及计算规则(1.0.7) 一、实体项目(主体工程和附属工程的结构项目)即国家标准《建设工程工程量清单计价规范》GB 50500—2008 附录 D“市政工程工程量清单项目及计算规则”D.1～D.8 二、措施项目(辅助实体项目)(2.0.5) 1. 通用措施项目(3.3.1) 2. 市政工程专业措施项目	《全国统一市政工程预算定额》(1999)关于各省、自治区、直辖市编制补充定额部分等项目；即按《市政工程预算定额》工程量计算规则暨总、册、章节说明
5	计量	招标文件中的工程量清单标明的工程量是投标人投标报价的共同基础，竣工结算的工程量按方、承包双方在合同中约定应予计量且实际完成的工程量确定 (3.2.6)。 以实体工程量为准，并以完成后的净值计算为准则(主要通过工程量计算规则附录 D.1～D.8 计算得到)	预算定额工程量 [考虑施工中的各种损耗和工程技术规范(则)需要增加的工程量]
6	定价原则	按照工程量清单的要求，企业自主选择消耗量定额(如企业定额)和自主确定各种单价与合价，自主报价，反映的是市场决定价格(4.3.3、4.3.4)	按工程造价管理机构发布的有关规定及定额中的基价计价，即采用颁发的反映社会平均水平的消耗量定额和指导价格
7	价格表现形式	主要为分部分项工程综合单价，是投标、评标、结算的依据，单价一般不调整	只表示工程总价，分部分项工程费不具有单独存在的意义
8	计价过程	招标方必须设置工程量清单项目并计算清单工程量，同时在清单中对清单项目的特征和包括的工程内容必须清晰、完整地告诉投标人，以便投标人报价，清单计价模式由两个阶段组成： ① 由招标方编制工程量清单；公布招标工程限定的最高工程造价，即招标控制价(3.1.1、2.0.20、4.2.8)； ② 投标方拿到工程量清单后，依清单 [即项目特征(描述)、工程内容(规定)] 计算、报价(2.0.3、4.3.2)	招标方只负责编写招标文件，不设置工程项目内容，也不计算工程量。 工程计价的子目和相应的工程量是由投标方根据设计文件确定。项目设置、工程量计算、工程计价等工作在一个阶段内完成
9	单价构成	综合单价中应包括招标文件中要求投标人承担的风险费用。 工程量清单采用综合单价，它包括人工费、材料费、机械费、管理费和利润，且各项费用均由投标人根据企业自身的技术装备、施工经验、企业成本、企业定额、管理水平和考虑各种风险因素自行编制(2.0.4、4.1.2)	定额计价采用定额子目基价，定额子目基价只包括定额编制时期的人工费、材料费、机械费、管理费，并不包括利润和各种风险因素带来的影响
10	人、材、机消耗量	工程量清单计价的人工、材料、机械消耗量由投标人根据企业的自身情况或《企业定额》(2.0.12)自定，它真正反映企业的自身水平	定额计价的人工、材料、机械消耗量按定额标准计算，定额标准按社会平均水平编制
11	价差调整	按工程承发包双方约定的价格直接计算，除招标文件规定外，不存在价差调整的问题。 超出一定幅度时，应按有关部门的规定调整(4.7.6)	按工程承发包双方约定的价格与定额价对比，调整价差。 (2008 年 3 月 11 日上海市建筑建材业市场管理总站《关于建设工程要素价格波动风险条款约定、工程合同价款调整等事宜的指导意见》即俗称 3、5、8%调整幅度)

续表

项次	内容	工程量清单计价 (国家公布工程量计算规则计价模式)	《市政工程预算定额》计价 (传统的定额计价模式)
12	计价价款构成	工程量清单计价价款是指完成招标文件规定的工程量清单项目所需的全部费用，即包括：分部分项工程费、措施项目费、其他项目费、规费和税金，完成每分项工程所含全部工程内容的费用，完成每项工程内容所需的全部费用(规费、税金除外)，工程量清单中没有体现的，施工中又必须发生的工程内容所需的费用，考虑风险因素而增加的费用(4.1.1)	定额计价价款包括直接工程费、措施项目费、规费、企业管理费、利润和税金，而分部分项工程费中的子目基价是指为完成定额分部分项工程项目所需的人工费、材料费、机械费、管理费。它没有反映企业的真正水平和没有考虑风险的因素
13	工程风险	招标人编制工程量清单，计算工程量，数量不准会被投标人发现并利用，即工程量的变更或计算错误等风险则由业主负责，承担“量”的风险(3.1.2、3.2.1、3.2.7)。 投标人报价应考虑多种因素，由于单价通常不调整，故投标人要承担组成价格的全部因素风险，即投标人只对自己所报的成本、单价的合理性等负责，承担“价”的风险(4.2.4)	工程量由投标人计算和确定，价差一般可调整，故投标人一般只承担工程量计算风险，不承担材料价格风险

注：1. 国家标准《建设工程工程量清单计价规范》GB 50500—2008，第1.0.3、3.1.2、3.2.1、3.2.2、3.2.3、3.2.4、3.2.5、3.2.6、3.2.7、4.1.2、4.1.3、4.1.5、4.1.8、4.3.2、4.8.1条为强制性条文，必须严格执行；

2. 工程量清单是工程量清单计价的基础，应作为编制招标控制价、投标报价、计算工程量、支付工程款、调整合同价款、办理竣工结算以及工程索赔等的依据之一；同时，它也是整个工程量清单计价活动的重要依据之一，贯穿于整个施工过程中；

3. 工程量清单组成内容(即工程量清单组成内容)应由分部分项工程量清单、措施项目清单、其他项目清单、规费项目清单、税金项目清单组成；

4. 国家标准《建设工程工程量清单计价规范》GB 50500—2008在“前言”中明确指出：本规范在“原规范(系指《建设工程工程量清单计价规范》GB 50500—2003)的附录A～E除个别调整外，基本没有修改。原由局部修订增加的附录F，此次修订一并纳入规范中”。

《工程量清单计价规范》与《上海市市政工程预算定额》计价方式费用划分区别表　　表1-3

《建设工程工程量清单计价规范》				《上海市市政工程预算定额》(2000)		
工程量清单计价方式			费用划分	《市政工程预算定额》计价方式		费用划分
实体项目费	分部分项工程	人工费	直接费	人工费	直接工程费	直接费
				材料费		
		材料费		机械使用费		
				施工技术措施费	开办(措施)项目费	
		机械使用费		施工组织措施费		
				……		
		管理费	间接费	企业管理费		间接费
		利润	利润	利润		利润
措施项目费	通用措施项目	安全文明施工费	直接费			
		夜间施工费				
		二次搬运费				
		冬雨期施工费				
		大型机械设备进出场及安拆费				
		施工排水				
		施工降水				
		地上、地下设施，建筑物的临时保护设施				
		已完工程及设备保护				

续表

《建设工程工程量清单计价规范》				《上海市市政工程预算定额》(2000)		
工程量清单计价方式			费用划分	《市政工程预算定额》计价方式		费用划分
措施项目费	专业工程措施项目	围堰	直接费			
		筑岛				
		施工便道				
		便桥				
		脚手架				
		洞内施工的通风、供水、供气、供电、照明及通信设施				
		驳岸块石清理				
		地下管线交叉处理				
		行车、行人干扰增加				
		轨道交通工程路桥、市政基础设施施工监测、监控、保护				
		混凝土、钢筋混凝土模板及支架费				
其他项目费		专业工程结算价				
		1. 暂列金额				
		2. 暂估价				
		3. 计日工				
		4. 总承包服务费	间接费	规费	工程排污费	间接费
		索赔与现场签证			工程定额测定费	
		……			社会保障费	
规费	工程排污费				……	
	社会保障费	1. 养老保险费				
		2. 失业保险费				
		3. 医疗保险费				
	住房公积金					
	危险作业意外伤害保险					
	工程定额测定费					
税金	营业税		税金	营业税		税金
	城市维护建设税			城市维护建设税		
	教育费附加			教育费附加		

注：措施项目费中各分项项目内容简介，请参阅第2章国家标准新政策、新结构和新理论，使全面规范工程造价计价行为有“规”可依、有“章”可循中表1-13“措施项目(辅助实体项目)主要特征”的释义。

严谨地说，国家标准《建设工程工程量清单计价规范》GB 50500—2008内容全面反映在实际工程计价活动中，就是使工程施工过程中每个计价阶段都有“规”可依、有“章”可循，对全面规范工程造价计价行为具有重要意义。因此，必须严格贯彻、执行国家标准。

附：国内外工程计价模式简介(表1-4)

工程计价模式 　　表1-4

类型	工程计价模式	
我国适用的计价模式	工程量清单计价模式	工程量清单计价方法，是建设工程招标投标中，按照国家统一的工程量清单计价规范，招标人或委托具有资质的中介机构编制反映工程实体消耗和措施消耗的工程量清单，并作为招标文件的一部分提供给投标人，由投标人依据工程量清单，根据各种渠道所获得的工程造价信息和经验数据，结合企业定额自主报价的计价方式。 我国现行建设行政主管部门发布的工程预算定额消耗量和有关费用及相应价格是按照社会平均水平编制的，以此为依据形成的工程造价基本上属于社会平均价格。这种平均价格可作为市场竞争的参考价格，但不能充分反映参与竞争企业的实际消耗和技术管理水平，在一定程度上限制了企业的公平竞争。 采用工程量清单计价能够反映出工程个别成本，有利于企业自主报价和公平竞争；同时，实行工程量清单计价，工程量清单作为招标文件和合同文件的重要组成部分，对于规范招标人计价行为，在技术上避免招标中弄虚作假和暗箱操作及保证工程款的支付结算都会起到重要作用
	建设工程定额计价模式	建设工程定额计价是我国长期以来在工程价格形成中采用的计价模式，是国家通过颁布统一的估价指标、概算指标、概算定额、预算定额和相应的费用定额，对产品价格进行有计划管理的一种方式。 在计价中以定额为依据，按定额规定的分部分项子目，逐项计算工程量，套用定额单价(或单位估价表)确定直接费，然后按规定取费标准确定构成工程价格的其他费用和利税，获得建筑安装工程造价。 建设工程概预算书就是根据不同设计阶段设计图纸和国家规定的定额、指标及各项费用取费标准等资料，预先计算和确定的新建、扩建、改建工程全部投资额的技术经济文件。 由建设工程概预算书所确定的每一个建设项目、单项工程或单位工程的建设费用，实质上就是相应工程的计划价格。 以定额计价模式投标报价，具体包括预算单价法、实物法、部分费用综合单价法(工料单价法)、全费用综合单价法(国际惯例)
国际通用的计价模式	英联邦制的计价模式	英国是英联邦制国家中开展工程造价管理最早、体系最完整的一个国家，且英联邦制国家分布于世界五大洲，故其工程造价管理具有普遍性和代表性。 英国没有统一的定额，只有统一的工程量计算规则。现行的《英国建筑工程量计算规则》(SMM)是由英国皇家测量师学会组织制定并为各方共同认可的。统一的工程量计算规则为工程量的计算、计价工作及工程造价管理科学化、规范化提供了基础。 工程造价由承包商依据统一的工程量计算规则，参照政府和各类咨询机构发布的造价指数自由报价，通过竞争，合同定价。 英国的计价模式有其深厚的社会基础。 一、是有统一的工程量计算规则。1922年英国首次在全国范围内制定了一套工程量计算规则，现名为《英国建筑工程量计算规则》(SMM)。该方法详细规定了项目划分、计量单位和工程量计算规则； 二、是有一大批高智能的咨询机构和高素质的测量师(以英国皇家测量师学会会员为核心)，为业主和承包商提供造价指数、价格信息指数及全过程的咨询服务； 三、是有严格的法律体系规范市场行为，对政府项目和私人投资项目实行分类管理，政府项目实行公开招标，并对工程结算、承包商资格实行系统管理；而对私人项目可采用邀请议标等多种方式确定承包商，政府采取不干预政策； 四、是有通用合同文本，一切按合同办事
	日本的计价模式	日本的工程计价称为建筑工程积算，其计价有以下几个特点： 1. 有统一的积算基准，如《建筑工程积算基准》、《土木工程积算基准》等。对公共建筑工程(主要指政府的房屋建筑工程)，建设省发布了《建筑工程预算编制要领》、《建筑工程标准定额》、《建筑工程量计算基准》3个文件； 2. 量、价分开的定额制度。量是公开的，价是保密的。劳务单价通过调查取得，材料、设备价格由“建设物价调查会”和“经济调查会”(均为财团法人)提供； 3. 对政府项目与私人投资项目实施不同的管理。对政府投资项目的工程造价从调查(规划)开始直至引渡(交工)、保全(维修服务)实行全过程管理。对私人投资项目，政府通过对建筑市场的管理，用招标办法加以确认； 4. 重视和扶植咨询业的发展。制定完整的概预算活动概要，规范咨询机构的行为，制定了《建设咨询人员注册章程》，以确保咨询业务质量

续表

类型	工程计价模式	
国际通用的计价模式	美国的计价模式	美国没有统一的计价依据和标准，而是实行典型的市场化价格。工程造价计价由各地区的咨询机构根据地区的特点，制定出单位建筑面积消耗量、基价和费用估算格式。 估价师综合考虑具体项目的多种因素后提出估价意见，并由承包双方通过一定的市场交易行为确定工程造价。 美国工程计价方法的确立有着深厚的社会基础，即社会咨询业高度发达。大多数咨询公司为了准确地估算和控制工程造价，均十分注意历史资料的积累和分析整理，广泛运用计算机，建立起完整的信息数据库，形成信息反馈、分析、判断、预测等一整套科学管理体系，为政府、业主和承包商确定工程造价、控制造价提供服务，在某种意义上充当了代理人或顾问。 地方政府为控制政府投资项目的造价，也提供计价要求和造价指南。但对私人投资项目，这些计价要求和造价指南仅为一种信息服务

注：1. 目前我国建设工程造价实行“双轨制”计价管理办法，即定额计价方法和工程量清单计价方法；工程量清单计价作为一种市场价格的形成机制，主要作为编制招标控制价、投标报价、计算工程量、支付工程款、调整合同价款、办理竣工结算以及工程索赔等的依据之一；同时，是整个工程量清单计价活动的重要依据之一，贯穿于整个施工过程中；

2. 当今国际上通用的工程计价的计价模式大体有3种，即英联邦制的计价模式、日本的计价模式、美国的计价模式。

工程造价管理在国际上有着悠久的历史，在西方工业发达国家，特别是英国，其工程造价管理经过近400多年的不断发展和完善，逐渐形成了系统的、完善的管理机制和管理方法，通过工程造价管理的发展过程可见以下特点，请参阅表1-5。

国外工程造价管理的发展特点 **表1-5**

项次	发展过程	发展特点
1	事后算账～事前算账	从事后算账发展到事前算账，即从最初只是消极地反映已完工程的价格逐步发展到在工程开工前进行工程量计算和计价，进而发展到在初步设计时提出概算，在工程可行性研究时提出投资估算，为业主进行投资决策提供重要的科学依据
2	被动地反映～主动地影响	从被动地反映设计和施工发展到主动地影响设计和施工，即从最初只负责工程建设某个阶段工程造价的确定和计算，逐步发展到投资决策阶段、设计阶段对工程造价作出预测和估算，在设计和施工中对工程造价进行计算、监督和控制，实现了对工程建设全过程的造价管理，预算师则自始至终要对工程造价管理负责
3	从依附～专业学会	从依附于施工者或建筑师而逐渐发展成为一个独立、公正的专业，并拥有自己的专业(工程造价管理)学会
4	各行其是～制订统一的规则进行管理	从预算师各行其是逐步发展到全国制订统一的规则或办法来进行管理，如制订全国统一的工程量计算办法(规则)、成本分析法、预算人员教育考核办法和职业守则等来进行管理

总结上述计价模式可以发现，以欧美为代表的发达国家采用的是工程量清单报价的计价模式，即

工程报价＝Σ(估计工程量(清单)×工程单价)＋暂定金额

工程结算价＝Σ(实际发生工程量×工程单价)＋暂定金额(实付)

这种计价模式的基础是：①工程量计算规则统一化；②工程量计算方法标准化；③工程造价的确定市场化。

按照惯例，除了完成暂定项目，按工日和机械台班计价的零星工程可以得到额外付款外(从工程量清单暂定金额款项中支付)，其他一切费用都必须计入完成的工程量付款中。完成工程量的价格以综合单价的形式反映出来。

《建筑工程量计算规则(国际通用)》的“总则”中明确规定，除非另有规定，工程单价应包括：人工及其有关费用，材料、货物及其他一切有关费用，机械设备的提供，临时工程，开办费、管理费及利润。

实践证明，工程量清单计价模式是一种行之有效的先进的计价模式，已被包括世行、亚行、非行在内的国际组织和国际上普遍应用。

1. 工程量清单计价模式的构成及步骤

工程量清单计价模式的构成见表1-6、表1-7。

工程量清单的编制　　**表 1-6**

项目	内　容
项目设置	1. 工程量清单的内容是工程量清单说明和工程量清单。 2. 工程量清单的项目有分部分项工程项目、措施项目和其他项目。 3. 分部分项工程量清单的项目设置有项目名称、项目编码、计量单位和工程数量。 4. 项目编码结构如图： 全国统一编码 由清单编制人结合实际情况编设 04-01-01-001-××× 第五级为具体项目清单项目编码（子目），（由工程量清单编制人编制，从 001 开始） 第四级为清单项目名称码（分项工程），001 表示挖一般土方 第三级为节顺序码（子分部工程），01 表示第一节挖土方 第二级为章顺序码（分部工程），01 表示第一章土石方工程 第一级为分类码，04 表示市政工程 5. 分部分项工程量清单编码以 12 位阿拉伯数字表示，前 9 位为全国统一编码，编制分部分项工程量清单时应按附录中的相应编码设置，不得变动，后 3 位是清单项目名称编码，由清单编制人根据设置的清单项目编制
工程量清单编制的基本步骤	1. 根据全国统一工程量清单项目设置规则列出分部分项工程名称、计量单位及说明。 2. 根据全国统一工程量清单计算规则计算分部分项工程量。 3. 根据全国统一工程量清单编制规则列出措施项目及其他项目费清单。 4. 根据全国统一工程量清单编制规则列出其他相关表格并撰写清单说明

清单项目的工程量“算量”　　**表 1-7**

工程量	定义	1. 工程量是指以物理计量单位或自然计量单位所表示的建筑工程各个分项工程或结构构件的实物数量 2. 物理计量单位指以度量表示的长度、面积、体积和重量等单位 3. 自然计量单位指以建筑成品表现在自然状态下的简单点数所表示的个、条、樘、块等单位
	意义	工程量是确定工程量清单、建筑工程直接费、编制施工组织设计、安排工程施工进度、编制材料供应计划、进行统计工作和实现经济核算的重要依据
工程量计算	计算原则	1. 所有清单项目的工程量应以实体工程量为准，并以完成后的净值计算 2. 投标人投标报价时，应在单价中考虑施工中的各种损耗和需要增加的工程量 3. 对于分部分项工程量清单项目而言，清单工程量的计算需要明确计算依据、计算规则、计量单位和计算方法
	计算依据	1. 施工图纸及设计说明书、相关图集、设计变更、图纸答疑、会审记录等 2. 工程施工合同、招标文件的商务条款 3. 工程量计算规则
	工程清单与基础定额项目工程量计算规则的联系与区别	1. 清单计价的项目划分、计量单位、工程量计算规则等方面尽可能多地与定额衔接 2. 清单法计算规则主要调整如下： (1) 工程内容以最终产品为对象，按实际完成一个综合实体项目所需内容列项。 (2) 计算口径按工程实体尺寸的净量计算。 (3) 计量单位一般采用基本的物理计量单位或自然计量单位
统筹法计算工程量	基本要点	(1) 统筹程序，合理安排。 (2) 利用基数，连续计算。 (3) 一次算出，多次使用。 (4) 结合实际，灵活机动

注：1. 工程量清单编制准则：分部分项工程量清单按照设计图纸、施工现场条件和按照《建设工程工程量清单计价规范》GB 50500—2008 附录中所规定的统一项目编码、统一项目名称、统一计量单位和统一工程量计算规则进行编制列项；
2. 工程量清单及其计价原则上按《建设工程工程量清单计价规范》GB 50500—2008 附录中所要求的计价顺序格式和内容进行编制；
3. 仔细研究清单“项目特征”的描述，“工作内容”的规定，真正把自身的管理优势、技术优势、资源优势等落实到细微的清单项目报价中。

建设项目的组成及划分见图 1-1。

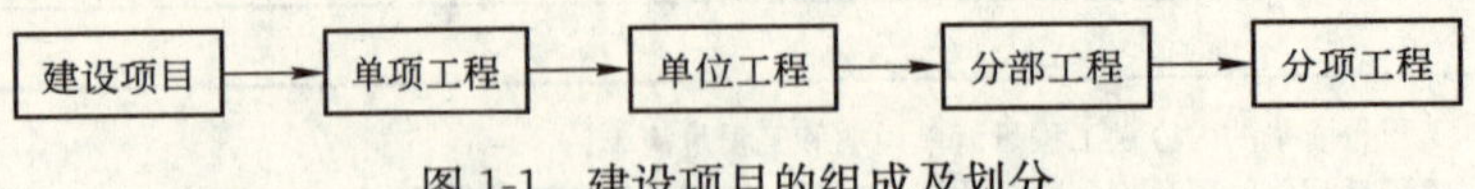

图 1-1 建设项目的组成及划分

工程量清单编制可按建设项目(群体工程)——单项工程(单体工程)——单位工程——分部工程——分项工程划分。

一个招标标段由一个以上单体工程组成时，称为群体工程。单体工程为可以单独编制措施项目清单的一个或多个单位工程。

单体工程下又可分为建筑工程、装饰装修工程、安装工程、市政工程、园林绿化工程等专业工程；

专业工程下可分为分部工程；

分部工程下又可分为分项工程；

专业工程、分部工程、分项工程应对应《建设工程工程量清单计价规范》GB 50500—2008 中的相应项目编码。专业工程在十二位编码中的第 1、2 位；分部工程在第 3、4 位；分项工程在第 7、8、9 位。

分部工程以土方工程为例又分为：平整场地、挖土方、土方回填等分项工程。

若招标标段为专业工程，也可参照群体工程——单体工程——分部工程——分项工程划分。如市政工程为一个群体工程时，可分道路、桥梁、其他等几个单体工程，单体工程下再划分分部工程与分项工程。

综合单价法见表 1-8。

综合单价法【关键技术】 表 1-8

一、综合单价法

计量与计价	实体项目	措施项目	风险承担	投标报价的谋略及技巧
1. 源于两种计量与计价的方法论不同； 2. 熟悉工程内容和掌握计算规则是正确计算工程量的关键	1. 是如何根据市场价和自身企业的特点确定人工、材料、机械台班单价及管理费费率和利润率； 2. 是要根据清单工程量和所选定的定额计算计价工程量，以便准确报价	企业根据自己的施工生产水平和管理水平及工程具体情况自主确定措施项目费，具有较大的灵活性，当然也有相当的难度	1. 综合单价中应包括招标文件中要求投标人承担的风险费用； 2. 除“计价规范”强制性规定外，投标价由投标人自主确定，但不得低于成本	1. 灵活运用投标策略与技巧； 2. 合理、合法提高企业的核心竞争力

二、依“量”计“价”

工、料、机总消耗量	各种生产要素的市场价格（企业的成本价格）	《建设工程工程量清单计价规范》规定
自主选择消耗量定额(如企业定额)和自主确定各种单价	企业自身的技术、资金、材料、设备、管理能力	成本竞标不能低于平均值的一定比例或控制线

三、换算系数

清单量	计价量	换算系数
系指工程量清单表中所提出的工程量	系指与承包人所用市政工程预算定额要求的工程量	换算系数＝计价量÷清单量 式中，计价量是指计算综合单价时，适应市政工程预算定额基价表所要求的工程量；清单量是指“分部分项工程量清单表”内的工程量

如沟槽土方体积工程量，清单按市政工程工程量清单项目及计算规则：原地面线以下按构筑物最大水平投影面积乘以挖土深度(原地面平均标高至槽坑底高度)以体积计算（如［解题分析 4-1］中的 798.65m^3），而市政工程预算定额基价表要求按拟采用直槽或板桩槽方式、查“混凝土、钢筋混凝土管有支撑沟槽宽度表”、“沟槽埋设深度定额取定表”等以体积计算(如［解题分析 4-1］中的 1085.59m^3)。

此二量之比值称为“换算系数”，用于确定综合单价时，将市政工程预算定额基价换算成清单所适应的单价

注：1.《建筑工程施工发包与承包计价管理办法》(建设部令第 107 号)第五条规定：工程计价方法包括工料单价法和综合单价法。《建设工程工程量清单计价规范》GB 50500—2008 强制性条文第 4.1.2 条规定分部分项工程量清单应采用的计价方式应采用综合单价法；

2.《建设工程工程量清单计价规范》GB 50500—2008 强制性条文，规定采用综合单价法进行工程量清单计价时，综合单价包括除规费和税金以外的全部费用；

3. 二种计量与计价的方法，系指国家标准《建设工程工程量清单计价规范》GB 50500—2008“附录 D 市政工程工程量清单项目及计算规则”和《市政工程预算定额》总说明暨各册说明及计算规则。

分部分项工程量清单列项编码见表 1-9。

分部分项工程量清单列项编码　　**表 1-9**

项次	项目设置	释　义	项目内容简介
1	项目编码	分部分项工程量清单的项目编码，一至九位应按计价规范附录的规定设置；十至十二位应根据拟建工程的工程量清单项目名称由其编制人设置，并应自 001 起顺序编制	项目编码应执行《计价规范》3.4.3 条的规定："分部分项工程量清单的项目编码，一至九位应按附录 A、附录 B、附录 C、附录 D、附录 E 的规定设置；十至十二位根据拟建工程的工程量清单项目名称由其编制人设置，并应自 001 起顺序编制。"也就是说除需要补充的项目外，前九位编码是统一规定，照抄套用，而后三位编码可由编制人根据拟建工程中相同的项目名称、不同的项目特征而进行排序编码。 **【例 1-1】** 某道路土程路面面层结构： K0＋000～K0＋800 设计为 C30 水泥混凝土面层，厚度 24cm，混凝土碎石最大粒径 40mm；K0＋800～K14－950 设计为 C35 水泥混凝土面层，厚度 24cm，混凝土碎石最大粒径 40mm。则编码应分别为 040203005001 和 040203005002。这就是说相同名称的清单项目，项目的特征也应完全相同，若项目的特征要素的某项有改变，即应视为是另一个具体的清单项目，就需要有一个对应的项目编码，该具体项目名称的编码前 9 位相同，后 3 位不同。其原因是特征要素的改变，就意味着形成该工程项目实体的施工过程和造价的改变。作为指引承包商投标报价的分部分项工程量清单，必须给出明确具体的清单项目名称和编码，以便在清单计价时不发生理解上的歧义，在综合单价分析时科学合理
2	项目名称	项目名称原则上以形成工程实体而命名。项目名称如有缺项，招标人可按相应的原则进行补充，并报当地工程造价管理部门备案	具体项目名称，应按照《计价规范》附录 D.2 中的项目名称(可称为基本名称)结合实际工程的项目特征要素综合确定。如上例中的水泥路面，具体的项目名称可表达为"C30 水泥混凝土面层(厚度 24cm，碎石最大 40mm)"。具体名称的确定要符合道路工程设计、施工规范，也要照顾到道路工程专业方面的惯用表述。 例如，道路基层结构，广东省使用较普遍的是在石屑中掺入 6％的水泥，经过拌合，摊铺碾压成型。属于水泥稳定碎(砾)石类基层结构，按照惯用的表述，该清单项目的具体名称可确定为"6％水泥石屑基层(厚度××cm)"项目编码为"040202014001"
3	项目特征	项目特征是对项目的准确描述，是影响价格的因素，是设置具体清单项目的依据。项目特征按不同的工程部位、施工工艺或材料品种、规格等分别列项。凡项目特征中未描述到的其他独有特征，由清单编制人视项目具体情况确定，以准确描述清单项目为准	项目特征是对形成工程项目实体价格因素的重要描述，也是区别在同一清单项目名称内，包含有多个不同的具体项目名称的依据。项目特征给予清单编制人在确定具体项目名称、项目编码时明确的提示或指引。项目特征由具体的特征要素构成，详见《计价规范》各附录清单项目的"项目特征"栏。 编制工程量清单时，应在具体的项目名称中，简要注明该项目的主要特征要素，以提示或指引计价人在计价时应考虑的价格因素。有关联的次要特征要素可由计价人通过查阅工程图纸获得。 例如，道路工程中的"安砌侧(平、缘)石"，项目特征为：1)材料；2)尺寸；3)形状；4)垫层、基础，包括材料品种、厚度、强度。以"YYH 道路工程图"中安砌侧石为例，该项目的具体项目名称和项目特征可表述为：100×30×12 混凝土侧石安砌(C30 混凝土后座)
4	计量单位	必须与工程量清单的计价规范相一致 应按附录 A、附录 B、附录 C、附录 D、附录 E、附录 F 中规定的计量单位确定	计量单位应采用基本单位，除各专业另有特殊规定外，均按以下单位计量： 1. 以重量计算的项目——吨或千克(t 或 kg)； 2. 以体积计算的项目——立方米(m^3)； 3. 以面积计算的项目——平方米(m^2)； 4. 以长度计算的项目——米(m)； 5. 以自然计量单位计算的项目——个、套、块、樘、组、台…… 6. 没有具体数量的项目——系统、项…… 各专业有特殊计量单位的，再另外加以说明

续表

项次	项目设置	释　义	项目内容简介
5	工程内容	工程内容是指完成清单项目可能发生的具体工程，可供招标人确定清单项目和投标人投标报价参考。例如打预制钢筋混凝土方桩，包括了可能发生的搭设工作平台、制桩、运桩、打桩、接桩、送桩、凿除桩头、废料弃置等全部内容。 凡工程内容中未列全的其他具体工程，由投标人按招标文件或图纸要求编制，以完成清单项目为准，综合考虑到报价中。 至于使用什么机械、用什么方法、采取什么措施均由投标人自主决定，在清单项目设置中不做具体规定	工程内容是针对形成该分部分项清单项目实体的施工过程(或工序)所包含的内容的描述，是列项编码时，对拟建道路工程编制的分部分项工程量清单项目，与《计价规范》附录D.2各清单项目是否对应的对照依据，也是对已列出的清单项目，检查是否重列或漏列的主要依据。例如道路面层中“水泥混凝土”清单项目的工程内容为： 1)传力杆及套筒的制作、安装；2)混凝土浇筑；3)拉毛或压痕；4)伸缝；5)缩缝；6)锯缝；7)嵌缝；8)路面养生。 上述8项工程内容几乎包括了常规施工水泥混凝土路面的全部施工工艺过程。若拟建工程设计的是水泥混凝土路面结构，就可以对照上述工程内容列项编码。列出的项目名称是“C××水泥混凝土面层(厚××cm，碎石最大××mm)”，项目编码为“040203005 ×××”，这就是所说的对应吻合。不能再另外列出伸缩缝构造、切缝机切缝、路面养生等清单项目名称，否则就属于重列。 但应注意：“水泥混凝土”项目中，已包括了传力杆及套筒的制作、安装，没有包括纵缝拉杆，角隅加强钢筋，边缘加强钢筋的工程内容。当拟建的道路路面设计有这些钢筋工程时，就应对照“D.7钢筋工程”另外增列钢筋的分部分项清单项目，否则就属于漏列

注：1. 选自《建设工程工程量清单计价规范》GB 50500—2008“附录D市政工程工程量清单项目及计算规则”及《〈建设工程工程量清单计价规范〉上海市市政工程操作指南》，(以上简称《计价规范》)；
2. 工程数量的计算：工程数量的计算主要通过工程量计算规则计算得到。工程量计算规则是指对清单项目工程量的计算规定；除另有说明外，所有清单项目的工程量应以实体工程量为准，并以完成后的净值计算；投标人投标报价时，应在单价中考虑施工中的各种损耗和需要增加的工程量；
3. 分部工程的列项编码，应依据《建设工程工程量清单计价规范》GB 50500—2008，招标文件的有关要求，施工图设计文件和施工现场条件等综合考虑确定；
4. 列项编码就是在熟读施工图的基础上，对照《计价规范》“附录D.2道路工程，中各分部分项清单项目的名称、特征、工程内容，将拟建的道路工程结构进行合理的归类组合，编排列出一个个相对独立的与”附录D.2道路工程，各清单项目相对应的分部分项清单项目，经检查符合不重不漏的前提下，确定各分部分项的项目名称，同时予以正确的项目编码。当拟建工程出现新结构、新工艺，不能与《计价规范》附录的清单项目对应时，按《计价规范》3.2.4条第2点执行；
5. 工程量清单编制的第二方面要解决的问题是逐项计算清单项目工程量。对于分部分项工程量清单项目而言，清单工程量的计算需要明确计算依据、计算规则、计量单位和计算方法。

市政工程的项目按照住房和城乡建设部颁布的国家标准《建设工程工程量清单计价规范》GB 50500—2008，大致可以分为两类：一类工程实体项目是以主体工程和附属工程的结构部分(表1.1.1.1)；另一类辅助实体项目完成的施工手段是施工准备、施工措施以及临时性工程部分(表1.1.1.2)。前者工程量是可以根据图纸及有关规定计算；后者主要是要根据现场具体情况、施工方案的安排及现行的技术规范规定计算。

《建设工程工程量清单计价规范》GB 50500—2008“附录D市政工程工程量清单项目及计算规则”与《上海市市政工程预算定额》(2000)关系。

分部分项工程量清单一览见表1-10。

分部分项工程量清单一览表　　表1-10

《建设工程工程量清单计价规范》附录D市政工程(章、节、项)					《上海市市政工程预算定额》(2000)	
分部分项工程(章)	项次	子分部分项工程(节)		分项工程(项)	分项工程(节)	工程名称(册、章)
		项目编码	项目名称			
土方工程	D.1	0401	3节	12项		
	D.1.1	040101	挖土方	6	19	S1-1-、S2-1-、S4-2-、S5-1-、S6-1-
	D.1.2	040102	挖石方	3		—
	D.1.3	040103	填方及土方运输	3	10	S2-1-、S4-2-、S5-1-、S6-1-、ZSM19-1-

续表

《建设工程工程量清单计价规范》附录D市政工程(章、节、项)					《上海市市政工程预算定额》(2000)	
分部分项工程(章)	项次	子分部分项工程(节)		分项工程(项)	分项工程(节)	工程名称(册、章)
		项目编码	项目名称			
道路工程	D.2	0402	5节	60项		
	D.2.1	040201	路基处理	14	14	S1-6-、S2-1-、6-、S5-1、3-、S4-6-、
	D.2.2	040202	道路基层	15	8	S2-1、2-
	D.2.3	040203	道路面层	7	6	S2-3-
	D.2.4	040204	人行道及其他	6	15	S2-4-
	D.2.5	040205	交通管理设施	18	25	S3-1、2、3、4-
桥涵护岸工程	D.3	0403	9节	74项		
	D.3.1	040301	桩基础	7	60	S1-1、3-、S4-1、3、4、7-、ZSM19、20-1-
	D.3.2	040302	现浇混凝土	20	27	S1-1-、S2-3-、S4-6-
	D.3.3	040303	预制混凝土	5	67	S4-1、6、7、8-
	D.3.4	040304	砌筑	4	7	S4-5、8-
	D.3.5	040305	挡墙、护坡	5	8	S4-5、6
	D.3.6	040306	立交箱涵	6	22	S1-1-、S4-9-、ZSM19-1-
	D.3.7	040307	钢结构	9	—	—
	D.3.8	040308	装饰	8	—	—
	D.3.9	040309	其他	10	8	S4-6、8-
隧道工程	D.4	0404	8节	82项		
	D.4.1	040401	隧道岩石开挖	4	—	—
	D.4.2	040402	岩石隧道衬砌	15	—	—
	D.4.3	040403	盾构掘进	9	31	S7-2、3、7-、ZSM19-1-
	D.4.4	040404	管节顶升、旁通道	8	8	S7-3、7-
	D.4.5	040405	隧道沉井	6	15	S7-1-、ZSM19、20-1-
	D.4.6	040406	地下连续墙	4	16	S1-1、5、6-、S4-6-、S7-4-、ZSM19、20-1-、CSM7-4-
	D.4.7	040407	混凝土结构	14	15	S7-5-
	D.4.8	040408	沉管隧道	22	—	—
市政管网工程	D.5	0405	7节	110项		
	D.5.1	040501	管道铺设	12	11	S5-1-、PS1-1、2、3、4、5-
	D.5.2	040502	管件、钢支架制作、安装及新旧管连接	15	—	—
	D.5.3	040503	阀门、水表、消火栓安装	3	—	—
	D.5.4	040504	井类、设备基础及出水口	8	64	S1-1、6-、S5-1、2、3-、S4-5-、S6-2-、S7-1-、PS1-3、4-、ZSM19-1-
	D.5.5	040505	顶管	5	12	S5-2-、ZSM19、20-1
	D.5.6	040506	构筑物	31	50	S1-1、S5-1-、S6-1、2、3、4-、S7-1-、ZSM19-1-
	D.5.7	040507	设备安装	36	21	S6-5-

续表

《建设工程工程量清单计价规范》附录D市政工程(章、节、项)					《上海市市政工程预算定额》(2000)	
分部分项工程(章)	项次	子分部分项工程(节)		分项工程(项)	分项工程(节)	工程名称(册、章)
		项目编码	项目名称			
轨道交通工程	D.6	0406	4节	81项	—	—
		040601	结构	23	—	—
		040602	轨道	19	—	—
		040603	信号	27	—	—
		040604	电力牵引	12	—	—
钢筋工程	D.7	0407	1节	5项		
	D.7.1	040701	钢筋工程	5	39	S1-1-、S4-4、6、7、9-、S5-1、3-、S6-2-、S7-1、2、4、5-
拆除工程	D.8	0408	1节	8项		
	D.8.1	040801	拆除工程	8	13	S1-1、3-、ZSM19-1-

注：1. 选自《建设工程工程量清单计价规范》GB 50500—2008“附录D市政工程工程量清单项目及计算规则”及《〈建设工程工程量清单计价规范〉上海市市政工程操作指南》；

2. 上海地区为软土类土层，土方工程中未编列石方工程；

3. 上海地区为软土类土层，隧道工程中未编列岩石层隧道工程；

4. S-《上海市市政工程预算定额》(2000)；S1、2为第几册；S1-1、2-2为第几册第几章；PS-《上海市市政工程室外排水管道工程预算组合定额》(2000)；PS3、4为《上海市市政工程室外排水管道工程预算组合定额》(2000)第几册；ZSM19-为总说明第几条的文字代码；CSM7为第几册的册说明的文字代码；

5. S1-通用项目，S2-道路工程，S3-道路交通设施管理，S4-桥涵及护岸工程，S5-排水管道工程，S6-排水构筑物及机械设备安装，S7-隧道工程。

2. 措施项目(市政工程)

措施项目，即施工技术措施项目措施项目费，措施项目清单应根据拟建工程的具体情况列项。措施项目系指为完成工程项目施工，发生于该工程施工前和施工过程中技术、生活、安全等方面的辅助实体项目完成的施工手段的非工程实体项目。

(1) 措施项目清单的编制原则

《建设工程工程量清单计价规范》GB 50500—2008“附录D市政工程工程量清单项目及计算规则”有以下规定：

1) 措施项目清单应根据拟建工程的具体情况，参照《建设工程工程量清单计价规范》GB 50500—2008“附录D市政工程工程量清单项目及计算规则”中表3.3.1列项。

2) 编制措施项目清单，出现《建设工程工程量清单计价规范》GB 50500—2008“附录D市政工程工程量清单项目及计算规则”中表3.3.1未列项目，编制人可作补充。

3.3 措施项目清单

附：《建设工程工程量清单计价规范》GB 50500—2008“附录D市政工程工程量清单项目及计算规则”中

3.3.1 措施项目清单应根据拟建工程的实际情况列项。通用措施项目可按表3.3.1选择列项，专业工程的措施项目可按附录中规定的项目选择列项。若出现本规范未列的项目，可根据工程实际情况补充(表1-11)。

通用措施项目一览表 **表1-11**

序号	项目名称	序号	项目名称
1	安全文明施工(含环境保护、文明施工、安全施工、临时设施)	3	二次搬运
2	夜间施工	4	冬雨期施工

续表

序号	项目名称	序号	项目名称
5	大型机械设备进出场及安拆	8	地上、地下设施，建筑物的临时保护设施
6	施工排水	9	已完工程及设备保护
7	施工降水		

3.3.2 措施项目中可以计算工程量的项目清单宜采用分部分项工程量清单的方式编制，列出项目编码、项目名称、项目特征、计量单位和工程量计算规则；不能计算工程量的项目清单，以“项”为计量单位(表 1-12)。

注：选自国家标准《建设工程工程量清单计价规范》GB 50500—2008，3 工程量清单编制 3.3 措施项目清单。

措施项目(市政工程)　　**表 1-12**

序号	项目名称	序号	项目名称
1	围堰	6	洞内施工的通风、供水、供气、供电、照明及通信设施
2	筑岛	7	驳岸块石清理
3	施工便道	8	地下管线交叉处理
4	便桥	9	行车、行人干扰增加
5	脚手架	10	轨道交通工程路桥、市政基础设施施工监测、监控、保护

注：选自国家标准《建设工程工程量清单计价规范》GB 50500—2008“附录 D 市政工程工程量清单项目及计算规则”二、措施项目。

措施项目清单的设置，不仅要参考拟建工程的施工组织设计，以确定环境保护、文明安全施工、材料的二次搬运等项目；还要参阅施工的技术方案，以确定夜间施工、大型机具进出场及安拆、混凝土模板与支架、脚手架、施工排水降水、垂直运输机械等(表 1-13)。

措施项目(辅助实体项目)**主要特征**　　**表 1-13**

项次	项目名称	主要内容简介
		1. 通用措施项目——
1	安全文明施工(含环境保护、文明施工、安全施工、临时设施)	4.1.5　根据《中华人民共和国安全生产法》、《中华人民共和国建筑法》、《建设工程安全生产管理条例》、《安全生产许可证条例》等法律、法规的规定，建设部办公厅印发了《建筑工程安全防护、文明施工措施费及使用管理规定》(建办［2005］89 号)，将安全文明施工费纳入国家强制性标准管理范围，其费用标准不予竞争。本规范规定措施项目清单中的安全文明施工费应按国家或省级、行业建设主管部门的规定费用标准计价，招标人不得要求投标人对该项费用进行优惠，投标人也不得将该项费用参与市场竞争。 措施项目清单中的安全文明施工费包括《建筑安装工程费用项目组成》(建标［2003］206 号)中措施费的文明施工费、环境保护费、临时设施费、安全施工费
	环境保护费	是指施工现场为达到环保部门要求所需要的各项费用 环境保护内容：粉尘控制、噪声控制及垃圾处理 粉尘控制切实做好市政建设工程中的粉尘控制工作内容。(具体内容摘自上海市建设和管理委员会文件沪建建［2003］504 号关于印发《上海市建设工地施工、扬尘控制的若干规定》2003 年 8 月 8 日) 噪声控制：使用低噪声、环保型施工机械设备 垃圾处理：运输垃圾在驶出施工现场之前必须做好冲洗、遮蔽、清洁等工作，防止底楼、防止污染周边环境
	文明施工费	是指施工现场文明施工所需要的各项费用 企业标志：“五板一图”、旗台、旗杆、旗帜 施工现场：“二通”、“三无”、“五必须”的措施，地下公用管线的保护措施；拆封原有排水管道的措施及施工铭牌等

续表

项次	项目名称	主要内容简介
1	安全施工费	是指施工现场安全施工所需要的各项费用 洞口临边、交叉高出做防护措施、密目网的设置、楼梯边的防护、垂直方向交叉作业的防护、高空作业的防护。 安全警示标志的设置 安全宣传的费用 消防器材的设置
	临时设施费	是指施工企业为进行建筑工程施工所必须搭设的生活和生产用的临时建筑物、构筑物和其他临时设施费用等。 1) 临时设施包括：临时宿舍、文化福利及公用事业房屋与构筑物，仓库、办公室、加工厂以及规定范围内道路、水、电、管线等临时设施和小型临时设施。 2) 临时设施费用包括：临时设施的搭设、维修、拆除费或摊销费。 大型临时设施：宿舍、文化、公用事业房屋和构筑物、临时病屋、厕所、茶炉房、保护装置等。 小型临时设施：化灰池、贮水池、厕所、材料盖板、小型贮藏室、茶炉房、休息室、烘炉房、门卫室、材料试验室、临时作业棚、工具棚、机械操作工作台等
2	夜间施工	是指因夜间施工所发生的夜班补助费、夜间施工降效、夜间施工照明设备摊销及照明用电等费用 为确保工期和工程质量，需要在夜间连续施工而发生的照明设施、夜餐补助费用。如：市政管网中的顶管工作等
3	二次搬运	是指因施工场地狭小等特殊情况而发生的二次搬运费用 施工现场场地狭小或道路不通，大型运输车辆无法将器材直接送至规定的距离以内，暂时堆放在转运的地方，这部分器材还得再搬一次而发生的费用
4	冬雨期施工	1. 冬期施工：按照施工及验收规范新规定的冬期施工要求。为保证工程质量和安全生产而增加的费用，内容包括材料、保温设施等。 全国冬期施工气温区划分表 2. 雨期施工：指雨季期间为保证工程质量和安全生产，而增加的费用，包括防雨、排水、防潮等。 全国雨期施工雨量区及雨期划分表
5	大型机械设备进出场及安拆	是指机械整体或分体自停放场地运至施工现场或由一个施工地点运至另一个施工地点，所发生的机械进出场运输及转移费用，以及机械在施工现场进行安装、拆卸所需的人工费、材料费、机械费、试运转费，安装所需的辅助设施的费用 大型机械设备进出场及安拆：指市政工程施工的大型机械设备，按有关规定不能在道路上自行行驶，必须有运输车辆运输进入施工现场或退库而发生的费用。 大型机械设备进出场机械名称：钻孔灌注桩、深层搅拌桩、粉喷桩、履带式起重机、地下连续墙成槽机、推土机、单斗挖掘机、拖式铲车(连挖斗)、压路机、沥青混凝土摊铺机、刨铣机、柴油打桩机 大型机械设备安装拆除：钻孔灌注桩、深层搅拌桩、树根桩钻机、粉喷桩、30～50t，100t 等履带式起重机、地下连续墙成槽机、柴油打桩机
6	施工排水	是指为确保工程在正常条件下施工，采取各种排水措施所发生的各种费用 抽水：有沟槽抽水、河道抽水、池塘抽水等(工程量按实计算) 湿土排水：由湿土排水和滤井组成(湿土排水按原地面标高 1m 以下的挖土工程量计算。 滤井：沟槽按每 40 延长米设置，每个基坑设置一个)
7	施工降水	是指为确保工程在正常条件下施工，采取各种、降水措施所发生的各种费用 施工降水：又称井点降水，有轻型井点、喷射井点、大口径井点、真空深井井点四大类。 每套井点设备的规定： 轻型井点：井点管间距 1.2m，50 根井管，相应总管 60m 及排水设备。 喷射井点：井点管间距 2.5m，30 根井管，相应总管 75m 及排水设备。 大口径井点：井点管间距 10m，10 根井管，相应总管 100m 及排水设备。 真空深井井点：按批准的施工组织设计实施

续表

项次	项目名称	主要内容简介
8	地上、地下设施，建筑物的临时保护设施	地下公用管线的保护：地下公用管线一般来讲埋设的深度较浅，而市政管网埋设的深度较深，为确保地下公用管线一般采用以下几种保护措施： 一般沟槽：地下公用管线与市政管网呈交叉时根据不同管径和深度可采用双拼槽钢与索具进行保护措施。 大型基坑中的大中型管径地下公用管线的保护可由 *DN*6609×16mm(或 *DN*6500×12mm)无缝钢管进行拼接，带钢抱箍、索具等组成具体布置，使用天数按批准的施工组织设计实施。 大型基坑中的大中型管径地下公用管线另一种保护。 大型基坑中的大中型管径地下公用管线除上述措施仍无法满足施工要求，由建设单位协调作临时移位，待工程施工完成后按原样恢复
9	已完工程及设备保护	是指竣工验收前，对已完工程及设备进行保护所需费用 已完工程：为保证产品完好无损采用一定的保护措施 设备保护：如顶管工程中的顶进机头和隧道工程盾构掘进中的车架，采取必要保护的措施
		2. 市政工程措施项目——
1	围堰	一般是指管道出口应在河道边或河道中施工而筑拆围堰等临时工程。 围堰的形式：土坝、草袋坝、有桩坝、槽钢坝、拉森钢板桩坝等
2	筑岛	筑岛是指河道或湖泊中的构筑物在水中施工时，筑成一个类似岛屿的工作面。 筑岛的工作面按批准的施工组织设计
3	施工便道	便道分为施工便道和交通便道(车行便道、人行便道) 便道的宽度、长度、结构层的厚度及材料按照预算定额规定实施
4	便桥	便桥分为有沟槽便桥、木便桥、装配式钢便桥等
5	脚手架	是指施工需要的各种脚手架搭、拆、运输费用及脚手架的摊销(或租赁)费用 脚手架一般分为简易脚手架、脚手架和桥梁脚手架。 简易脚手架：高度1.81～3.60m之间高度为简易脚手架， 一般脚手架高度3.61～10m套用高度10m脚手架，3.61～20m套用高度20m脚手架
6	洞内施工的通风、供水、供气、供电、照明及通信设施	隧道盾构掘进和掘进工作井和接收井，地下车站等，在施工期间发生的上述内容及费用，上海市市政工程预算定额盾构掘进已包括上述内容。全国各地可按批准的施工组织设计实施及计算费用
7	驳岸块石清理	属于文明施工措施，即施工现场前清。 驳岸块石清理有水中清理、陆上清理两种(投标单位自行报价)
8	地下管线交叉处理	同(地上、地下设施、建筑物的临时保护设施)
9	行车、行人干扰增加	施工期间由于维持老路车道，如需施工单位负责养护时，应计取养护费。 施工期间由于维持公共交通，不能全路面施工或受其他因素干扰。 道路工程：按受影响地段面积计取费用 排水管道工程：在沟槽外侧至车道边宽5m地段内，按铺管道人工及机械费之和的10%计取。 桥梁工程：当受铁路运行干扰时，可按铁路两侧的桥梁有关工程项目直接费1.8%计取
10	轨道交通工程路桥、市政基础设施施工监测、监控、保护	地上设施建筑物保护措施的种类： (1) 距离沟槽、基坑、河岸线不足2m时可采用：钢板桩压桩＋地锚＋斜撑进行固定 原地面以下采用压密注浆 高压选喷桩隔水帷幕 树根桩维护 土体冰冻法施工 (2) 水中构筑物桥墩、承台的保护 临时保护 永久性保护

续表

项次	项目名称	主要内容简介
11	混凝土、钢筋混凝土模板及支架费	是指混凝土施工过程中需要的各种钢模板、木模板、支架等的支、拆、运输费用及模板、支架的摊销(或租赁)费用 混凝土、钢筋混凝土模板：有预制构建模板、现浇混凝土模板、混凝土模板等。 预制混凝土模板：有现场预制混凝土和工厂预制构建模板，以混凝土接触面积按平方米进行计算。 现场预制桩地模 现场预制梁 工厂预制混凝土 混凝土、钢筋混凝土支架。有木垛、满堂式钢管支架、装配式钢支架、防撞护栏、悬挑支架、挂蓝及扇形支架。 混凝土、钢筋混凝土模板及支架 木垛：以立方米计算 满堂式钢管支架：主要用于桥梁的墩盖梁、现浇箱梁底模支撑。 装配式支架：用于桥梁预制上弦拱构件的安装。 满堂式钢管支架及装配式支架：未包括使用费，计算费用按相关计量单位乘以施工天数。 防撞护栏、悬挑支架：用于现浇防撞护栏的模板安装、拆除及混凝土浇筑工作。 挂蓝：主要用于现浇变截面悬浇箱梁的施工措施。 扇形支架：主要用于箱梁的0号块模板安装、拆除，钢筋安装、混凝土浇筑
12	现场施工围栏	属于文明施工的一种措施。 围栏形式有：移动式施工围栏、封闭式施工围栏
13	堆料场地	主要是指施工现场不具备商品混凝土搅拌站的条件，施工单位在施现场自行或集中搅拌需堆放石子、黄砂的场地。场地面积按上海市市政工程预算定额或批准的施工组织设计实施计算
14	地基加固	构筑物在软地基区域内为保证工程质量，设计或施工组织设计采取必要的地基进行加固，而发生的费用、地基加固的形式，压密注浆、树根桩、深层搅拌桩、分层注浆、高压选喷桩、粉喷桩
15	地基监测	轨道交通工程路桥、市政基础设施施工监测监控保护监测是地下构筑物建造时，反映施工对周围建筑群影响程度的测试手段，监测、监控的内容有： 地表监测孔布置：土体分层次降，土体水平位移、孔隙水压力、水位观测孔、堵体移位、地表桩、衬砌变形。建筑物倾斜、建筑物振动、地下管线沉降位移、钢筋应力。混凝土应变，钢支撑轴力、混凝土水化热土压力、基坑回弹、混凝土支撑轴力、隧道纵向沉降及位移、隧道直径变化、隧道环缝、纵缝变化、衬砌表面应变等内容。 监控测试分为：地面监测和地下监测

注：1. 措施费是指为完成工程项目施工，发生于该工程施工前和施工过程中非工程实体项目的费用。

2. 摘自国家标准《建设工程工程量清单计价规范》GB 50500—2008“4.3.5 措施项目费的计算包括”：

(1) 措施项目的内容应依据招标人提供的措施项目清单和投标人投标时拟定的施工组织设计或施工方案；

(2) 措施项目费的计价方式应根据招标文件的规定，可以计算工程量的措施清单项目采用综合单价方式报价，其余的措施清单项目采用以“项”为计量单位的方式报价；

(3) 措施项目费由投标人自主确定，但其中安全文明施工费应按国家或省级、行业建设主管部门的规定确定。

3. 施工组织设计选用施工方法，请参阅《下篇 常用计算数据》第九册 9. 市政施工组织设计及索赔管理 9.1 市政施工组织设计及表 9-5 “施工组织设计涉及工程量‘算量’对应选用表”释义。

(2) 措施项目费的计算原则

措施项目清单的设置，首先，要参考拟建工程的施工组织设计，以确定环境保护、文明安全施工、材料的二次搬运等项目；其次，参阅施工技术方案，以确定夜间施工、大型机具进出场及安拆、混凝土模板与支架、脚手架、施工排水降水、垂直运输机械、组装平台、大型机器使用等项目。

参阅相关的施工规范与工程验收规范，可以确定施工技术方案没有表述的，但是为了实现施工规范与工程验收规范要求而必须发生的技术措施。招标文件中提出的某些必须通过一定的技术措施才能实现的要求。设计文件中一些不足以写进技术方案的，但是要通过一定的技术措施才能实现的内容。

措施项目清单为可调整清单，投标人对招标文件中所列项目，可根据企业自身特点作适当的变更增减。投标人要对拟建工程可能发生的措施项目和措施费用作通盘考虑。

清单一经报出，即被认为是包括了所有应该发生的措施项目的全部费用。如果报出的清单中没有列项，且施工中又必须发生的项目，业主有权认为其已经综合在分部分项工程量清单的综合单价中。将来措施项目发生时，投标人不得以任何借口提出索赔与调整。

(3) 措施项目费的计算内容(表1-14～表1-17)

措施项目(市政工程)内容　　表1-14

项次	类型	措施项目内容
1	工程整体	1. 响应招标文件的文明施工、安全施工、环境保护的措施项目等 2. 前期动拆迁、管线搬迁等项目加以关注 3. 应按工程所在地当地有关部门的要求、规定计算
2	安全施工方面的措施	1. 根据道路工程施工进度安排是否正值雨期、工期紧张程度，需要考虑防雨措施项目 2. 夜间施工工地照明、安全等施工措施 3. 如安全挡板、防护挡板等
3	生产性临时设施	1. 根据道路周围建筑物、已有道路分布状况，考虑是否开挖支护、开通便道、指定加工(堆料场地)场地等 2. 根据工程现场布置，如现场加工场地、工作棚、仓库等，可以考虑材料的二次搬运的措施项目
4	组织性的措施项目	1. 根据开工路段是否需要维持正常的交通车辆通行，可考虑现场设置施工防护围(墙)栏、施工便道(临时便道)、等临时结构 2. 如由于场地所限发生的二次搬运 3. 使用大型机械设备的进出场及安拆 4. 由于工期限制、气候影响发生的夜间施工、雨期施工、冬期施工措施项目费，可根据具体内容，通过分析人工、材料、机械的消耗量及相应的工效降低程度综合考虑计算
5	工程结构技术措施	1. 根据道路工程混凝土结构的施工方法，需要考虑模板、支架、脚手架等措施项目 2. 当在有水的河流施工时，应考虑围堰、施工排水、降水、筑岛、修筑便桥(施工便桥)、修建水上工作平台等措施项目 3. 跨越河流的桥涵，根据桥涵的规模大小、通航要求，可考虑水上工作平台、便桥、大型吊装设备等 4. 陆地立交桥涵，根据周围建筑物限制、已有道路分布状况，可考虑是否开挖支护、开通便道、指明加工(堆放)场地、原有管线保护及管线搬迁等项目(包括进行地基加固方案)等 5. 根据桥涵上下部结构类型，可考虑特定的施工方法配套的措施项目等 6. 当桥梁采用现浇施工时，上部结构的支架、脚手架、模板工程、泵送混凝土等均为不可缺少的措施项目 7. 当采用预制施工上部结构时，各类梁、板、拱、小型构件的运输、安装等措施项目也必然发生
6	工程保护、保修、保险费用	应按工程所在地当地有关部门的要求、规定计算

注：1. 采用工程量清单计价时，措施项目费的计算应响应招标文件的要求，同时也可以根据拟建工程确定的施工组织设计提出的具体措施补充计算；
2. 工程措施项目的编制原则、编制依据、措施项目设置，请参阅表5-2措施项目(一)及表5-4措施项目(市政工程)一览表释义；
3. 措施项目应根据拟建工程所处的地形、地质、现场环境等条件，结合具体的施工方案，由施工组织设计确定；
4. 施工组织设计选用施工方法，请参阅《下篇　常用计算数据》第九册9. 市政施工组织设计及索赔管理9.1市政施工组织设计及表9-1"施工组织设计涉及工程量'算量'对应选用表"的释义。

措施项目(市政工程)一览表　　表1-15

《建设工程工程量清单计价规范》附录D市政工程			《上海市市政工程预算定额》(2000)		工程量清单项目设置、项目子目对应比照表所在表示
项次	项目编码	项 目 名 称	分项工程(节)	工程名称(册、章)	
5		5 市政工 程			
1. 通用措施项目——					
5.1	0501	大型机械设备进出场运输及安拆	2	ZSM20-1、2	请参阅表5-4"大型机械的场外运输工程量清单项目设置、项目子目对应比照表"
2. 市政工程措施项目——					
5.2	0502	混凝土、钢筋混凝土模板及支架			请参阅表5-17"混凝土、钢筋混凝土模板工程量清单项目设置、项目子目对应比照表"
5.3	0503	脚手架	1	S1-1-	请参阅表5-38"脚手架工程量清单项目设置、项目子目对应比照表"
5.4	0504	施工排水、降水	7	S1-1、5-	请参阅表5-49"施工排水、降水工程量清单项目设置、项目子目对应比照表"

续表

《建设工程工程量清单计价规范》附录D市政工程			《上海市市政工程预算定额》(2000)		工程量清单项目设置、项目子目对应比照表所在表示
项次	项目编码	项目名称	分项工程(节)	工程名称(册、章)	
5.5	0505	围堰	7	S1-2-、ZSM19-1-	请参阅表5-61“围堰工程量清单项目设置、项目子目对应比照表”
5.6	0506	筑岛	—	—	请参阅表5-66“筑岛工程量清单项目设置、项目子目对应比照表”
5.7	0507	行车、行人干扰增加	1	S1-1-	请参阅表5-67“现场施工围栏工程量清单项目设置、项目子目对应比照表”
5.8	0508	施工便道	1	S1-4-	请参阅表5-70“施工便道工程量清单项目设置、项目子目对应比照表”
5.9	0509	便桥	2	S1-4-	请参阅表5-72“便桥工程量清单项目设置、项目子目对应比照表”
5.10	0510	洞内施工的通风、供水、供气、供电、照明及通信设施	—	隧道盾构掘进定额已包括这些内容	请参阅表5-74“洞内施工的通风、供水、供气、供电、照明及通信设施、驳岸块石清理工程量清单项目设置、项目子目对应比照表”
5.11	0511	驳岸块石清理	—	—	
5.12	沪0512	地基加固	7	S1-6-	请参阅表5-75“地基加固工程量清单项目设置、项目子目对应比照表”
5.13	沪0513	地下监测	3	S7-6-	请参阅表5-86“地基监测工程量清单项目设置、项目子目对应比照表”
5.14	沪临—001	堆场	2	S1-4-、ZSM27-2-	请参阅表5-87“堆料场地工程量清单项目设置、项目子目对应比照表”

注：1. 选自第二篇2.2措施项目(5市政工程)释义及表2-191“措施项目工程量清单项目设置”；

2. 请参阅本丛书之三《常用数据手册》4《市政工程预算定额》工程名称目录检索及表4-1“《市政工程预算定额》分部分项工程名称目录检索表”、表4-2“《市政工程预算定额》文字代码名称目录检索表”。

措施项目清单与计价表(一) **表1-16**

工程名称： 标段： 第 页共 页

序号	项目名称	计算基础	费率(%)	金额(元)
1	安全文明施工			
2	夜间施工			
3	二次搬运			
4	冬雨期施工			
5	大型机械设备进出场及安拆			
6	施工排水			
7	施工降水			
8	地上、地下设施，建筑物的临时保护设施			
9	已完工程及设备保护			
10	各专业工程的措施项目(市政工程)			
11				
12				
合计				

注：1. 本表适用于以“项”计价的措施项目。

2. 根据建设部、财政部发布的《建筑安装工程费用组成》(建标［2003］206号)的规定，“计算基础”可为“直接费”、“人工费”或“人工费+机械费”。

说明：摘自国家标准《建设工程工程量清单计价规范》GB 50500—2008“5 工程量清单计价表格”。

措施项目清单与计价表(二)　　表 1-17

工程名称：　　标段：　　第　页共　页

序号	项目编码	项目名称	项目特征描述	计量单位	工程量	金额(元)	
						综合单价	合价
		本页小计					
		合　计					

注：本表适用于以综合单价形式计价的措施项目。
说明：摘自国家标准《建设工程工程量清单计价规范》GB 50500—2008“5 工程量清单计价表格”。

(4) 桥梁施工中的措施项目工程类型较多，大致可分为基础施工的工作平台；上部结构现浇或砌筑的支架、拱盔；上部结构架设的吊装设备或挂篮；水上作业的船排以及胎模、地模及台座等。具体工程采用何种类型由施工组织设计确定。施工组织设计选用施工方法，请参阅《下篇　常用计算数据》第九册 9. 市政施工组织设计及索赔管理 9.1 市政施工组织设计及表 9-1“施工组织设计涉及工程量”算量“对应选用表”释义不同类型的措施项目工程，其计算方法也不同，除计算规则中规定的打桩、钻孔桩工作平台、支架、拱盔的工程量计算外，应按照定额的计量单位按实际计算。

(5) 人工工日、材料设备、机械设备台班费用价格

根据《全国统一市政工程预算定额》总说明及各册、章说明，依据上海市市政工程预算定额修编大纲，结合上海市情况编制补充定额部分，参见“《全国统一市政工程预算定额》关于各省、自治区、直辖市编制补充定额部分等项目”中“本定额提供的人工单价、材料预算价格、机械台班价格以北京市价格为基础，不足部分参考了部分省市的价格，各省、自治区、直辖市可结合当地的价格情况，调整换价”的释义。

《上海市市政工程预算定额》(2000)按量价分离表现形式，只编制工料机消耗量，定额消耗量相对固定，而价格采用市场价格或经合同约定参照市政工程定额站发布的指导价，同时应密切注意主管部门即市政工程定额站发布的指导价(调价规定)。

人工工日、材料设备、机械设备台班费用与本书姊妹篇《市政工程工程量清单编制及应用实务》及《市政工程工程量清单常用数据手册》统一、一致，按上海市市政工程市场信息 2006 年 10 月份计取。

施工机械台班单价的组成和确定方法见表 1－18。

施工机械台班单价的组成和确定方法　　表 1-18

类型	项目费用名称	内　容	
		组　成	计算方法
一类费用	1. 折旧费	指机械设备在规定的使用期限内，陆续收回其原值及购置资金的时间价值 (1) 机械预算价格，包括国产机械的预算价格、进口机械的预算价格； (2) 残值率； (3) 时间价值系数； (4) 耐用总台班	台班折旧费＝[预算价格×(1－残值率)×时间价值系数]/耐用总台班 1) 国产机械预算价格按以下公式计算 预算价格＝机械原值＋供销部门手续费和一次运杂费＋车辆购置税 其中，供销部门手续费和一次运杂费可按机械原值的 5%计算；车辆购置税按以下公式计算： 车辆购置税＝计税价格×车辆购置税率 其中，计税价格＝机械价格＋供销部门手续费和一次运杂费－增值税 车辆购置税率按国家有关规定。

续表

<table>
<tr><th rowspan="2">类型</th><th rowspan="2">项目费用名称</th><th colspan="2">内 容</th></tr>
<tr><th>组 成</th><th>计 算 方 法</th></tr>
<tr><td rowspan="4">一类费用</td><td>1. 折旧费</td><td>指机械设备在规定的使用期限内，陆续收回其原值及购置资金的时间价值
(1) 机械预算价格，包括国产机械的预算价格、进口机械的预算价格；
(2) 残值率；
(3) 时间价值系数；
(4) 耐用总台班</td><td>2) 进口机械预算价格按以下公式计算
预算价格＝到岸价格＋关税＋增值税＋消费税＋外贸部门手续费和国内一次运杂费＋财务费＋车辆购置税
其中，关税、增值税、财务费，按国家有关规定并参照实际发生的费用计算；外贸部门手续费和国内一次运杂费按到岸价格的6.5%计算；车辆购置税按以下公式计算：
车辆购置税＝计税价格×车辆购置税率
其中，计税价格＝到岸价格＋关税＋消费税
车辆购置税率按国家有关规定计算
3) 残值率指施工机械报废时回收其残余价值占机械原值的百分率。
残值率根据机械不同类型可分为：运输机械，2%；掘进机械，5%；其他机械，中、小型机械为1.2%，特、大型机械为3%。
4) 时间价值系数指购置施工机械设备的资金在施工生产过程中，随着时间的推移而产生的增值。计算公式：
时间价值系数＝1＋1/2×年折现率(折旧年限＋1)
其中，年折现率按当年的银行贷款利率确定；折旧年限指施工机械逐年计提固定资产折旧的年限，折旧年限按国家规定能够的折旧范围内确定。
5) 耐用总台班指施工机械从开始投入使用至报废前所使用的总台班数。
耐用总台班是根据施工机械的技术寿命及寿命期等相关系数来确定</td></tr>
<tr><td>2. 大修理费</td><td>指机械设备按规定的大修理间隔台班必须进行大修理，以恢复其正常功能所需的费用
一次大修理费用、大修理次数、耐用台班的数量</td><td>台班大修理费＝一次大修理费×寿命大修理次数/耐用总台班
其中，一次大修理费指施工机械一次大修理发生的工时费、配件费、辅料费、油燃料费及送修运杂费；寿命大修理次数指施工机械在其寿命期(耐用总台班)内规定的大修理次数。
一次大修理费和寿命大修理次数是参照《全国统一施工机械保养修理技术经济定额》[以下简称(技术经济定额)]，结合实际市场情况确定</td></tr>
<tr><td>3. 经常修理费</td><td>指机械设备除大修理以外的各级保养(包括一、二、三级保养)和临时故障排除所需费用。包括为保障机械正常运转与日常保养所需润滑、擦拭等材料费用以及机械停滞期间的维修保养费用
(1) 各级保养一次费用；
(2) 寿命期各级保养总次数；
(3) 临时故障排除费；
(4) 替换设备及工具附具台班摊销货；
(5) 例保辅料费</td><td>台班经常修理费＝{[Σ(各级保养一次费用×寿命期各级保养次数)＋临时故障排除费]/耐用总台班}＋替换设备和工具台班摊销费＋例保辅料费
其中，各级保养一次费用、寿命期各级保养次数、替换设备和工具台班摊销费及例保设备和工具台班摊销费及例保辅料费均参照“技术经济定额”，结合实际市场情况确定。
临时故障排除费可按各级保养费用之和的3%确定。
当各项数值难以确定时，台班经常修理费也可按以下公式计算：
台班经常修理费＝台班大修理费×K
其中，K为台班经常修理费系数，可参照《全国统一施工机械台班费用编制规则》(2001)附录A</td></tr>
<tr><td>4. 安拆费及场外运费</td><td>1. 安、拆费指机械在施工现场进行安装、拆卸所需人工、材料、机械和试运转费用，以及机械辅助设施的折旧、搭设、拆除等费用。
2. 场外运输费：指机械整体或分体自停置地点运至施工现场或由一施工地点运至另一施工地点的运输、装卸、辅助材料以及架线费用
3. 在现场进行安装与拆卸所需的人工、材料、机械和试运转船用及机械辅助设施的折旧、搭设、拆除等费用</td><td>安拆费及场外运输费根据施工机械机型不同，有三种计算方式：计入台班单价、单独计算和不计算。
1) 对于工地间移动较为频繁的小型机械及部分中型机械，其安拆费及场外运输费应计入台班单价内。计算公式：
台班安拆费及场外运费＝(一次安拆费及场外运费×年平均安拆次数)/年工作台班
其中，一次安拆费应包括运输、装卸、辅助材料以及架线等费用；年平均安拆次数参照“技术经济定额”，结合实际市场情况确定；运输距离均按25km计算。
2) 对于移动有一定难度的特、大型(包括少数中型)机械，其安拆费及场外运输费应单独计算。
在单独计算安拆费及场外运输费时，还可根据施工机械的机型、类别，应计算辅助设备(包括基础、底座、固定锚桩、行走轨道枕木等)的折旧、搭设和拆除等费用，如塔式起重机的基础及轨道铺拆费。
3) 对于不需安装、拆卸且自身又能开行的机械和固定在车间不需安拆运输的机械，不计算安拆费和场外运输费</td></tr>
</table>

续表

类型	项目费用名称	内容	
		组成	计算方法
二类费用	1. 人工费	机械操作人员的工资 机上司机(司炉)和其他操作人员的工作日人工费及上述人员在施工机械规定的年工作台班以外的人工费	台班人工费=人工消耗量×[1+(年制度工作日一年工作台班)/年工作台班]×人工单价 其中，人工消耗量按机上司机(司炉)及其他操作人员的工日消耗量;人工单价按市场价
	2. 燃料动力费	指机械在运转施工作业中所耗用的固体燃料(煤炭、木材)液体燃料(汽油、柴油)、电力和水等费用 施工机械在运转作业中所耗用的固体燃料(煤、木柴)、液体燃料(汽油、柴油)及水、电等费用	燃料动力费=Σ(燃料动力消耗量×燃料动力单价) 其中，燃料动力消耗量根据施工机械技术指标和实际情况综合确定，燃料动力单价按市场价格确定
其他费用	养路费及车船使用税	指机械按照国家有关规定应该缴纳的养路费、车船使用税、保险费及年检费用等	台班其他费用=(年养路费+年车船使用税+年保险费+年检费)/年工作台班

注：1. 选自《全国统一施工机械台班费用编制规则》(2001);

2. 机械费=Σ(定额机械台班耗量×机械台班单价+大型施工机械安装、拆卸及进出场费);

(1) 定额机械台班耗量是指在正常施工条件下，完成单位合格产品使用施工机械台班的消耗量;

(2) 机械台班单价是指施工过程中，使用每台施工机械正常工作一个台班的所发生的各项支出和摊销费用。包括：折旧费、大修理费、经修费、安拆和场外运输费、燃料动力费、人工费、养路费、养路和车船使用税等有关费用;

3. 盾构掘进机台班费中未包括二类费用，其燃料动力费、人工费已列人相应的盾构掘进定额子目内。盾构机的场外运输费，由承发包双方根据工程的实际情况在合同中约定;

4. 顶管机械台班费中的安拆及场外运输费，由承发包双方根据工程特点及市场情况，在合同中约定。

措施项目费用的计算方法见表1-19。

措施项目费用的计算方法 **表1-19**

项次	类型	内容	计算方法			
			依据综合单价计算法(即定额计算法方式计价)	按系数计算法	按收费规定计算法(即强制性规定)	方案分析法
1	2	3	4	5	6	7
1	实体措施	施工方案		是用与措施项目有直接关系的工程项目直接工程费(或人工费、或人工费与机械费之和)合计作为计算基数，乘以实体措施费用系数		是通过编制具体的措施实施方案，对方案所涉及的各种经济技术参数进行计算后，确定实体措施费用(夜间施工、大型机具进出场及安拆、混凝土模板与支架、脚手架、施工排水降水、垂直运输机械等项目)
2	配套措施	施工组织设计		是用整体工程项目直接工程费(或人工费，或人工费与机械费之和)合计作为计算基数，乘以配套措施费用系数。配套措施费用系数是根据以往有代表性工程的资料，通过分析计算取得的		是通过编制具体的措施实施方案，对方案所涉及的各种经济技术参数进行计算后，确定配套措施费用(环境保护、文明安全施工、材料的二次搬运等项目)

续表

项次	类型	内容	计算方法			
			依据综合单价计算法（即定额计算法方式计价）	按系数计算法	按收费规定计算法（即强制性规定）	方案分析法
1	2	3	4	5	6	7
3	通用措施项目		大型机械设备进出场及安拆费；施工排水；施工降水；垂直运输机械费等可以根据已有的定额计算确定	安全文明施工（含文明施工、安全施工、临时设施费）、夜间施工增加费等，可以按直接费为基础乘以适当的系数确定	安全文明施工费等可以按（建标［2003］206号）中措施费的文明施工费、环境保护费、临时设施费、安全施工费计取费用	地上、地下设施，建筑物的临时保护设施；施工排水；施工降水等
4	措施项目（市政工程专业）		围堰；筑岛；施工便道；便桥；脚手架；洞内施工的通风、供水、供气、供电、照明及通信设施；驳岸块石清理；行车、行人干扰增加；混凝土模板与支架等可以根据已有的定额计算确定			地下管线交叉处理；轨道交通工程路桥、市政基础设施施工监测、监控、保护等

注：1. 实体措施费，是指工程量清单中，为保证某类工程实体项目顺利进行，按照国家现行有关建设工程施工及验收规范、规程要求，必须配套完成的工程内容所需的费用；
2. 配套措施费，系指不是为某类实体项目，而是为保证整个工程项目顺利进行，按照国家现行有关建设工程施工及验收规范、规程要求，必须配套完成的工程内容所需的费用；
3. 措施项目清单的设置，不仅要参考拟建工程的施工组织设计，以确定环境保护、文明安全施工、材料的二次搬运等项目；还要参阅施工的技术方案，以确定夜间施工、大型机具进出场及安拆、混凝土模板与支架、脚手架、施工排水降水、垂直运输机械等；
4. 可以计算工程量的措施项目宜采用分部分项工程量清单的方式编制，与之相对应，应采用综合单价计价，以“项”为计量单位的，按项计价，但应包括除规费、税金以外的全部费用。

工程量清单、市政定额、施工工程量“算量”划分甄选见表1-20。

工程量清单、市政定额、施工工程量“算量”划分甄选表 **表1-20**

项次	类型	工程量的含义	区别
1	工程量清单工程量	按照《建设工程工程量清单计价规范》GB 50500—2008“附录D市政工程工程量清单项目及计算规则”（即国家标准）及《〈建设工程工程量清单计价规范〉上海市市政工程操作指南》清单工程量计算规则计算，计算的范围以设计图纸为依据，用于工程量清单编制和计价	在于计量的依据、计算规则、目的和计量单位的不同
2	市政定额工程量	按照《全国统一市政工程预算定额》（1999）或《上海市市政工程预算定额》（2000）工程量计算规则暨总说明规定的工程量计算规则计算，以设计图纸为基础，结合施工方法、定额规定进行计算，用于定额计价及清单综合单价分析计算	
3	施工工程量	根据施工组织设计确定的施工方法、采取的技术措施综合考虑，按实际的范围、尺寸及相关的影响因素计算，用于清单计价时综合单价的分析	

注：1. 按照计价阶段、计价目的的不同，可分为工程量清单工程量、市政定额工程量、施工工程量；
2. 其工程含义完全不同，区别在于“算量”的依据、工程量计算规则、目的和计量单位的不同。但是，就计算的方法而言，是可以通用的，均是采用数学公式进行计算；
3. 需特别注意工程量清单工程量、市政定额工程量由于计量规则、计量单位的不同，而造成的工程量计算结果的不同；
4. 结合表1-26《全国统一市政工程预算定额》特征，根据上海地区实际，依据《上海市市政工程预算定额》（2000）诠释；
5. 本《中篇 分部分项工程与措施项目》的第一册“分部分项工程”暨第二册“措施项目”册内表列的“某某计算规则、取定表、工程量‘算量’、计算规定、编制要点等”均为《上海市市政工程预算定额》（2000）工程量计算规则，请参阅本书后记“《市政工程工程量清单工程系列丛书》题组式构架”释义。

【例题 1-1】 已知：依据表 4-39～表 4-40“开槽埋管工程各‘算量’要素系数统计汇总表”，采用直槽或板桩槽方式，埋设管径 ϕ1000 承插式钢筋混凝土管道，其中：沟槽长度(毛长) 126.60m，管道基座尺寸宽度 B_j 为 1850(mm)，槽底平均深度分别为 3.36m、3.50m、3.37m；分别求清单、定额、施工的沟槽土方体积工程量？

【解题分析 1-1】 凡作解题分析，所有工程量的计算都应写出过程，列出算式。

项次	类型	沟槽土方体积(m^3)	区别情况
1	工程量清单工程量	V=沟槽长度(毛长)L×管道基座宽度(B_j)×沟槽平均深度$\bar{h}$	1. 沟槽宽度［管道基座(B_j)、定额取定宽度 B、沟槽工作面宽度 $B_{施}$］ 2. 沟槽深度(平均深度$\bar{h}$、定额取定深度 h)
2	市政定额工程量	V=沟槽长度(毛长)L×定额取定宽度 B×定额取定深度 h	
3	施工工程量	V=沟槽长度(毛长)L×沟槽工作面宽度 $B_{施}$×沟槽平均深度$\bar{h}$	

(1) 工程量清单工程量(m^3)

《建设工程工程量清单计价规范》GB 50500—2008 规则：一般是以一个“综合实体”考虑的，一般包括多项工程内容，据此规定了相应的工程量计算规则；以“设计图示尺寸”，计算体积或面积

依据：《建设工程工程量清单计价规范》GB 50500—2008“附录 D 市政工程工程量清单项目及计算规则”(即国家标准)

市政工程工程量清单项目及计算规则：原地面线以下按构筑物最大水平投影面积乘以挖土深度(原地面平均标高至槽坑底高度)以体积计算

目的：用于工程量清单编制和计价，招标

查表 4-21“挖土、石方工程量清单项目设置、项目子目对应比照表”，得知

项目编码	项目名称	项目特征	计量单位	工程内容
040101002	挖沟槽土方	1. 土壤类别，2. 挖土深度	m^3	1. 土方开挖，2. 围护支撑，3. 场内运输，4. 平整、夯实

沟槽土方体积：V =沟槽长度(毛长)L×管道基座宽度(B_j)×沟槽平均深度 $\bar{h}$

$$=126.60\text{m}\times1.85\text{m}\times(3.36\text{m}+3.50\text{m}+3.37\text{m})\div3=798.65\text{m}^3$$

(2) 市政工程预算定额工程量(m^3)

《〈建设工程工程量清单计价规范〉上海市市政工程操作指南》规则：按施工工序进行设置(包括工程内容)，一般是单一；考虑工作面等因素

依据：《上海市市政工程预算定额》(2000)

工程量计算规则：《上海市市政工程预算定额》(2000)工程量计算规则暨总说明规定

目的：用于定额计价及清单综合单价分析计算，投标报价

项目编码	项目名称	计量单位	工程量计算规则	分部工程项目、名称（所在《市政工程预算定额》册、章、节）
040101002	挖沟槽土方	m^3	原地面线以下按构筑物最大水平投影面积乘以挖土深度(原地面平均标高至槽坑底高度)以体积计算	排水管道开槽埋管 S5-1-： 1. 人工挖沟槽土方 2. 机械挖沟槽土方 3. 撑拆列板 4. 打沟槽钢板桩 5. 拔沟槽钢板桩 6. 安拆钢板桩支撑 通用项目一般项目 S1-1：14. 土方场内运输

根据表 4-37“开槽埋管各要素主要计算公式应用分布表”，得知采用直槽或板桩槽方式，埋设管

径 ϕ1000 承插式钢筋混凝土管，沟槽长度(毛长)126.60m，槽底实际平均深度分别为 3.36m、3.50m、3.37m。

1) 当槽底实际平均深度 3.00～3.49m 时，本丛书之三《常用数据手册》查表 2-31“混凝土、钢筋混凝土管有支撑沟槽宽度表”，确定沟槽工作面宽度 B 为 2450mm；

2) 当槽底实际平均深度分别为 3.36m、3.50m、3.37m 时，查表 4-27“沟槽埋设深度定额取定表”，得知定额取定深度 h 为 3.5m；

3) 沟槽土方体积：

V = 沟槽长度(毛长)L×沟槽工作面宽度 B×定额取定深度 h

= 126.60m×2.45m×3.5m

= 1085.59m^3

(3) 施工工程量(m^3)

目的：用于清单计价时综合单价的分析，施工

根据现场了解的情况，放坡开挖受到限制，选择支护开挖方案。管基、稳管、管座、抹带采用“四合一”施工方法，考虑排管的需要，开挖时在管道基座宽度(B_j)加宽一侧为 0.55m，另一侧为 0.35m。

则沟槽工作面宽度 $B_{施}$ = 1.85m + 0.55m + 0.35m = 2.75m。

沟槽土方体积(V)：V = 沟槽长度 L(毛长)×沟槽工作面宽度 $B_{施}$×沟槽平均深度 $\bar{h}$

= 126.60m×2.75m×(3.36m + 3.50m + 3.37m)÷3 = 1187.19m^3

得：清单工程量、定额工程量、施工工程量分别为 798.65m^3、1085.59m^3、1187.19m^3。

注：区别了计量的依据、计算规则、目的的不同，更要区别计量单位，如【解题分析 4-6】工程量清单盲沟铺筑 388.0m 及市政定额碎石盲沟为 62.08m^3；注意综合单价的计价。

工程量清单计价的步骤见表 1-21、图 1-2。

工程量清单计价的工作阶段及主要内容 表 1-21

项次	工作阶段	主 要 内 容
1	2	3
1	熟悉工程量清单	注重国家标准《建设工程工程量清单计价规范》GB 50500—2008“附录 D 市政工程工程量清单项目及计算规则”【核心】的规范性至关重要 工程量清单是计算工程造价最重要的依据，在计价时必须全面了解每一个清单项目的特征描述，熟悉其所包括的工程内容，以便在计价时不漏项，不重复计算
2	研究招标文件	工程招标文件的有关条款、要求和合同条件，是工程计价的重要依据。在招标文件中对有关承发包工程范围、内容、期限、工程材料、设备采购供应办法等都有具体规定，只有按规定计价，才能保证计价的有效性。因此，投标人应根据招标文件的要求： 对照图纸，对招标文件提供的工程量清单进行复查或复核，其内容主要包括以下 3 个方面： (1) 分专业对施工图进行工程量审核。招标文件中对投标人审核工程量清单提出了要求，如投标人发现由招标人提供的工程量清单有误，招标人可对清单进行修改。如果投标人不予审核，则不能发现招标人清单编制中存在的问题，也就不能充分利用招标人给予投标人澄清问题的机会，由此产生的后果则由投标人自行负责。 (2) 根据图纸说明和各种选用规范对工程量清单项目进行审查。主要是指根据规范和技术要求，审查清单项目是否漏项，例如电气设备中有许多调试工作(母线系统调试、低压供电系统调试等)，是否在工程量清单中被漏项。 (3) 根据技术要求和招标文件的具体要求，对工程需要增加的内容进行审查。 认真研究招标文件是投标人争取中标的第一要素。招标项目的特殊要求，都会在招标文件中反映出来，投标人应仔细研究工程量清单要求增加的内容、技术要求，与招标文件是否一致，只有通过审查和澄清才能统一起来

续表

项次	工作阶段	主 要 内 容
1	2	3
3	熟悉施工图纸	全面、系统地阅读图纸，是准确计算工程造价的重要工作。 阅读图纸时应注意： (1) 按设计要求，收集图纸选用的标准图、大样图； (2) 认真阅读设计说明，掌握安装构件的部位和尺寸、安装施工要求及特点； (3) 了解本专业施工与其他专业施工工序之间的关系； (4) 对图纸中的错、漏及表示不清楚的地方予以记录，以便在招标答疑会上询问解决
4	了解施工组织设计	施工组织设计或施工方案是施工单位的技术部门针对具体工程编制的施工作业的指导性文件，其中对施工技术措施、安全措施、施工机械配置、是否增加辅助项目等，都应在工程计价的过程中予以注意。 施工组织设计所涉及的费用主要属于措施项目费。 同时，提请技术部门在完善《技术标》中涉及《商务标》的工程量“算量”项目的编制，不要漏列涉及工程量“算量”项目的阐述
5	熟悉加工订货的有关情况	明确发包人、承包人双方在加工订货方面的分工。 对需要进行委托加工订货的设备、材料、零件等，提出委托加工计划，并落实加工单位及加工产品的价格
6	明确主材和设备的来源情况	主材和设备的型号、规格、重量、材质、品牌等对工程计价影响很大，因此主材和设备的范围及有关内容需要招标人予以明确，必要时注明产地和厂家
7	计算工程量	清单计价的工程量计算主要有两部分内容： 一是核算工程量清单所提供清单项目工程量是否准确； 二是计算每一个清单主体项目所组合的辅助项目工程量，以便计算综合单价。 清单计价时，辅助项目随主体项目计算，将不同工程内容发生的辅助项目组合在一起，计算出主体项目的综合单价。 运用避“陷”(即偶尔失手、堕入陷阱)的基础技术，消除做出错误决断，避免发生潜在危险，避免漏列、重列(即易列错、易列漏、列重项目等诸多事宜)
8	确定措施项目清单内容	措施项目清单的内容必须结合项目的施工方案或施工组织设计的具体情况填写，因此在确定措施项目清单内容时，一定要根据自己的施工方案或施工组织设计加以修改
9	计算综合单价	对于清单工程量进行分析研究、复核，依题［即项目特征(描述)、工程内容(规定)、计量单位、工程数量］参照《市政工程预算定额》计算规则，计算综合单价**【关键技术】** 将工程量清单主体项目及其组合的辅助项目汇总，填入分部分项工程综合单价计算表。如采用消耗量定额分析综合单价的，则应按照预算定额的计量单位，选套相应预算定额，计算出各项的管理费和利润，汇总为清单项目费合价，计算出综合单价。 投标人可以使用企业定额，或者使用建设行政主管部门颁发的统一消耗量定额，也可以在统一的消耗量定额的基础上根据本企业的技术水平调整消耗量来计价
10	其他计算	计算措施项目费、其他项目费、规费、税金等
11	计算工程造价	将分部分项工程项目费、措施项目费、其他项目费和规费、税金汇总、合并，计算出工程造价。 投标人经复核认为招标人公布的招标控制价未按照国家标准《建设工程工程量清单计价规范》GB 50500—2008的规定进行编制的，应在开标前5天向招投标监督机构或(和)工程造价管理机构投诉。 运筹帷幄，灵活运用投标报价的谋略及技巧，合理、合法提高企业的核心竞争力

为了简化计价程序，实现与国际接轨，工程量清单计价采用综合单价计价。综合单价计价是有别于现行定额工料单价计价的另一种单价计价方式，它包括完成规定计量单位、合格产品所需的全部费用，考虑我国的现实情况，综合单价包括除规费、税金等的全部费用。综合单价不仅适用于分部分项工程量

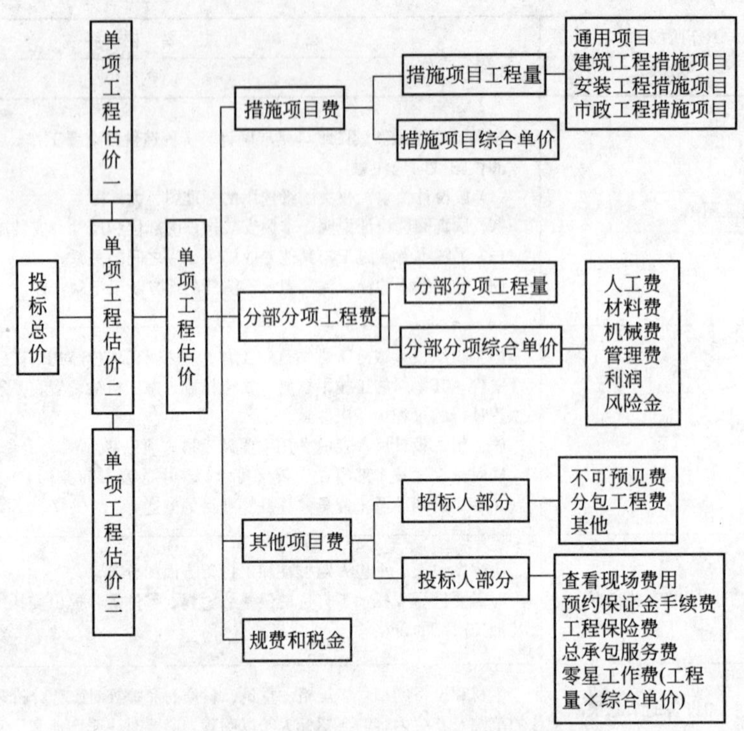

图 1-2 工程量清单计价模式下的投标总价构成

清单，也适用于措施项目计量清单、其他项目中零星工作项目计量清单等。上海市工程造价管理机构，制定具体办法，统一了工料单价法或完全费用综合单价法的计算和编制。同一个分项工程，由于受各种因素的影响可能设计不同，因此所含工程内容也有差异。附录中“工程内容”栏所列的工程内容，没有区别不同设计逐一列出，就某一个具体工程项目而言，确定工料单价法或完全费用综合单价法时，附录中的工程内容仅供参考(表 1-22)。

单位工程计价方法及步骤表 **表 1-22**

序号	名 称		计算方法	说 明
1	工程量清单费(分部分项工程费)			综合单价系指完成单位分部分项工程清单项目所需的各项费用。它包括完成该工程清单所发生的人工费、材料费、机械费、管理费和利润，并考虑风险因素
2	措施项目费	施工技术措施项目		措施项目费系指为完成工程项目施工，发生于该工程施工前和施工过程中技术、生活、安全等方面的非工程实体项目
		施工组织措施项目		
3	其他项目费	招标人部分费用	不可预见费、工程分包和材料购置费、其他	招标人部分的金额可按估算金额确定
		投标人部分费用	察看现场费用、履约保证金手续费、工程保险费、总承包服务费、其他	根据招标人提出要求所发生的费用确定
		零星工作项目		根据“零星工作项目计量清单”确定
4	行政事业性收费(规费)			行政事业性收费系指经国家批准，列入工程造价的费用；规费、税金按照相关规定计取：即如工程质量监督费及定额编制管理费分别为以分部分项工程量费、措施项目费、其他项目费之和的0.15%及人工费、材料费、机械费使用费之和的0.09%
5	不含税工程造价		1+2+3+4之和	

续表

序号	名　称	计算方法	说　明
6	税金		税金系指按照税收法律、法规的规定，列入工程造价的费用：以分部分项工程量费、措施项目费、其他项目费、规费(行政事业性收费)之和为计算基数的市区为3.41%、县城为3.35%、其他为3.22%
7	含税工程造价	5+6之和	

说明：1. 综合单价内的综合管理费为：(1)市政工程以人工费、材料费、机械使用费之和占基数的百分比；(2)其中局部项目(即市政安装工程，其包括：道路交通管理设施中的交通标志、信号设施、值勤亭、隔离设施、排水构筑物、机械设备安装工程)为人工费的45%～55%(参考率)。

2. 综合单价内的利润率为：(1)市政工程以人工费、材料费、机械使用费之和占基数的百分比；(2)其中局部项目(即市政安装工程，其包括：道路交通管理设施中的交通标志、信号设施、值勤亭、隔离设施、排水构筑物机械设备安装工程)占人工费的百分比。

3. 市政工程性质的内容与分类

(1) 市政建设工程性质划分分类(表1-23)

市政建设工程性质划分分类　**表1-23**

序号	工程分类	工程结构	施工及验收规程
1	道路	道路工程有不同基层和路面的道路，还有高架、高速公路	《市政工程施工及验收规程》
2	排水管道	排水管道工程有开槽埋管、顶管和现浇方管	《市政工程施工及验收规程》
3	桥涵及护岸	桥梁工程有不同的下部结构和上部结构，就钢筋混凝土梁有预应力和非预应力T型梁、工字梁、板梁，还有箱型梁、槽型梁等，预应力梁的预制有先张法和后张法的施工工艺，桥梁工程还有立交箱涵，用于城市道路、公路和铁路的立交箱涵顶进工程	《市政工程施工及验收规程》
4	排水构筑物	排水构筑物工程有泵站下部结构的大开挖施工和沉井施工方法，污水处理厂中不同结构的构筑物，还有各种专用非标的机械设备安装等	《市政工程施工及验收规程》
5	隧道工程	隧道工程有大型沉井、盾构掘进、垂直顶升，大型基坑开挖，地下连续墙，地基监测和加固等工程	《市政工程施工及验收规程》

(2) 工程建设定额的分类和体系结构

回眸我国几十年建设工程造价历史轨迹，不难看出我国一直采用定额计价方式下的施工图工程预算编制来确定工程造价。而且已经有成千上万的业内人士为此掌握了该传统的计价方法。现行定额计价模式有其良好的群众基础，已被从事市政工程工程造价领域的专业工程技术人员广泛接受。然而，工程量清单计价是一种新的模式，从目前来说是与现行定额计价方式共存于招标投标计价活动中的另一种计价方式。

现行定额计价方式下的施工图工程预算编制的主要特征是，由政府行政主管部门颁发反映社会平均水平的消耗量定额；由工程造价主管部门发布人工、材料等指导价格。当建设项目进入可行性研究阶段和设计阶段，就需要利用上述定额(或概算指标)和指导价格编制工程估价、设计概算、施工图预算，请参阅图1-3。因此，实施工程量清单计价方式后在不同的工程造价控制和管理阶段还需要用定额计价方式来确定工程估算造价、概算造价、预算造价等，现行定额计价模式方式将在相当长的时间与国家标准《建设工程工程量清单计价规范》的工程量清单计价方法共存。

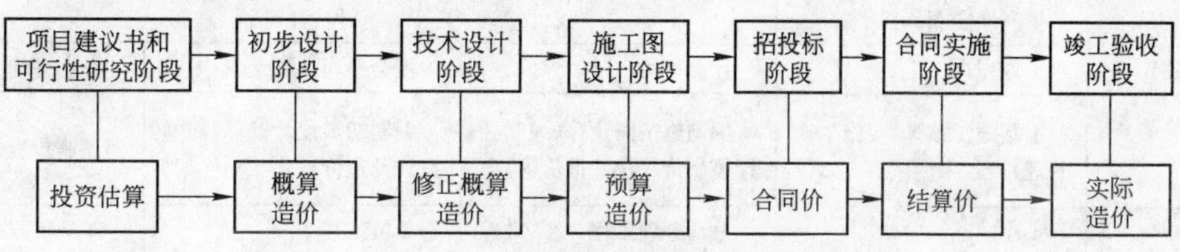

图1-3　全过程造价计价流程图

因此，人们也会长时间的使用定额计价模式方法。为此，我们应该利用这一惯性特点来学习国家标准《建设工程工程量清单计价规范》的工程量清单计价方法。只要我们在成熟的现行定额计价方式下的施工图工程预算编制计价方式的基础上认真学习工程量清单模式计价方法，以适应逐步向工程量清单计价方式过渡，那么，我们就可以在较短的时间内掌握好工程量清单计价方法。由此看来，掌握工程量清单计价模式的特点是掌握该方法的关键。

从发展过程来看，我们可以把国家标准《建设工程工程量清单计价规范》的工程量清单计价方法看成是在现行定额计价方式的基础上发展而来，是在此基础上发展成适合市场经济条件的新的计价方式。从这个角度讲，在掌握了现行定额计价方法的基础上再来学习工程量清单计价方法比直接学习工程量清单计价方法显得较为容易和简单。

(3) 工程建设定额的体系

所谓定额，是进行生产经营活动时，在人力、物力、财力消耗方面所应遵守或达到的数量标准。定额产生于19世纪末20世纪初，它与当时生产力的发展是分不开的。当时工业发展很快，但由于采用传统管理方法，工人劳动生产率很低，劳动强度却很高。在技术最发达、资本主义发展最快的美国，形成了系统的经济管理理论。定额的产生就是与管理科学的形成和发展紧密的联系在一起的，它的代表人物有美国人泰勒(F. W. Taylor，1856～1915)和吉尔布雷斯夫妇等。

在这种背景下，美国工程师泰勒开始了企业管理的研究，以提高工人的劳动生产率。他从工人的操作方法上研究工时的科学利用，把工作时间分成若干组成部分，并利用秒表记录工人每一动作及消耗的时间，然后制订出工时消耗标准；用这个标准来作为衡量工作效率的尺度，这就形成了最初的工时定额。

继泰勒以后，随着生产力水平的不断发展。新材料、新技术的不断产生，定额也有较大的发展，产生了许多不同种类的定额以适应各行各业的需要，同时，对生产力的发展也起到了推动的作用。

我国的建设工程概、预算定额产生于20世纪50年代，定额的主要形式是仿前苏联定额，20世纪60年代被废除，变成了无定额的实报实销制度，到20世纪80年代初又恢复了定额。可以说定额是当时计划经济时代的产物，全国各省市都有自己独立施行的一套工程概预算定额作为编制施工图预算、工程招标标底、投标报价及签订工程承包合同的依据，任何单位和个人在建设工程中必须严格遵照执行，可以说建设工程概、预算定额在当时的计划经济条件下起到了规范建筑市场、确定和衡量建设工程造价标准的作用，使从事建设工程专业人士有章可循，可数可依，其历史功绩是不可磨灭的。

到了20世纪90年代后期，市场经济体制在我国开始初步形成，建筑市场随着形势的发展，建设工程开始实行招投标制度，招投标制度从含义和要求上来讲引入的是工程的竞争机制，可是因为定额的限制，招投标制度实际上还是按照定额计价，招投标制度没有起到其应尽的竞争机制。

按定额编制程序分类如下：

在市政基本建设活动中，工程建设工作所处的阶段不同，编制造价文件主要依据也是不同的。按定额的用途、编制程序分类，按顺序有以下几种定额施工定额→预算定额→概算定额→投资估算指标等，见表1-24。

定额按编制内容和用途分类 **表1-24**

项次	类型	《施工定额》	《预算定额》	《概算定额》	《估算指标》
1	定额性质	生产性定额	计价性定额		
2	定额水平	平均先进	社会平均	社会平均	社会平均
3	用途	编制施工预算(实施生产管理)	编制施工图预算(编制招标控制价、投标报价等)	编制初步设计概算(控制投资及造价)	编制投资估算(投资决策)
4	对象	工序	分部分项工程	单位工程	单项工程或建设项目
5	项目划分	最细	细	较粗	粗

定额的分类多种多样，定额种类是一个庞大的系统工程，为了使大家对定额的分类有一个初步的轮廓，详见表 1-25。

不同阶段工程造价文件的对比 **表 1-25**

类别	投资估算	设计概算、修正概算	施工图预算	合同价	结算价	竣工决算
编制阶段	项目建议书、可行性研究	初步设计、扩大初步设计	施工图设计	招投标	施工	竣工验收
编制单位	建设单位、工程咨询机构	设计单位	施工单位或设计单位、工程咨询机构	承发包双方	施工单位	建设单位
编制依据	投资估算指标	概算定额	预算定额	概预算定额、工程量清单计价规范	预算定额、工程量清单、设计及施工变更资料	预算定额、工程量清单、工程建设其他费用定额、竣工决算资料
用途	投资决策	控制投资及造价	编制招标控制价、投标报价等	确定工程承发包价格	确定工程实际建造价格	确定工程项目实际投资

4. 掌握《市政工程预算定额》计价方式下的施工图工程预算编制

做到事前有准备(除编制依据外，普遍收集资料、收集现行规定、规范和政策法规资料如现行设计规范、施工及验收规范，质量评定标准和安全操作规程、收集本企业管理部门积累的资料，内外业调查，对施工图的主要“算量”要素等要分析筛选)；事后有交代(施工图预算编制说明)(图 1-4)。

(1) 施工图工程预算编制说明

上海市市政工程施工图预算编制说明为本施工图编制说明汇总部分，在以后单项的施工图预算需要编制说明时，可以参照下列有关内容。

1) 编制依据：

① 经过(未经)建设单位、施工单位、设计单位、监理单位共同会审的施工图纸；

② 上海市市政工程排水通用图、二通、三通、四通转折井标准图；

③ 有关配套的标准图集和通用图集；

④ 设计单位提供的有关地质钻探资料；

⑤ 批准的施工组织设计；

⑥ 施工设计技术交底会议纪要；

⑦ 有关招标、投标文件及工程合同；

⑧ 现场施工条件；

⑨《上海市市政工程预算定额》(2000)、附件、《上海市市政工程室外排水管道工程预算组合定额》(2000)、上海市市政工程工期定额及有关补充文件；

⑩ 上海市建设工程预算定额、(综合预算定额——单位估价表)、附件；

⑪ 上海市市政工程、公路工程造价信息；上海市建设工程造价信息。

2) 工程范围与内容：

① 工程范围：如道路工程从桩号××+×××～××+×××；

② 工程内容：如道路工程包括：道路、雨污水管道、出口护岸、桥梁、涵洞等；又如排水构筑物包括：泵房上、下部结构，进水闸门井、出水压力井、进水、出水管道，出口护岸。平面布置包括：配套用房、管理用房、站内道路、站内排水、大门、围墙、绿化等。

3) 计算说明：

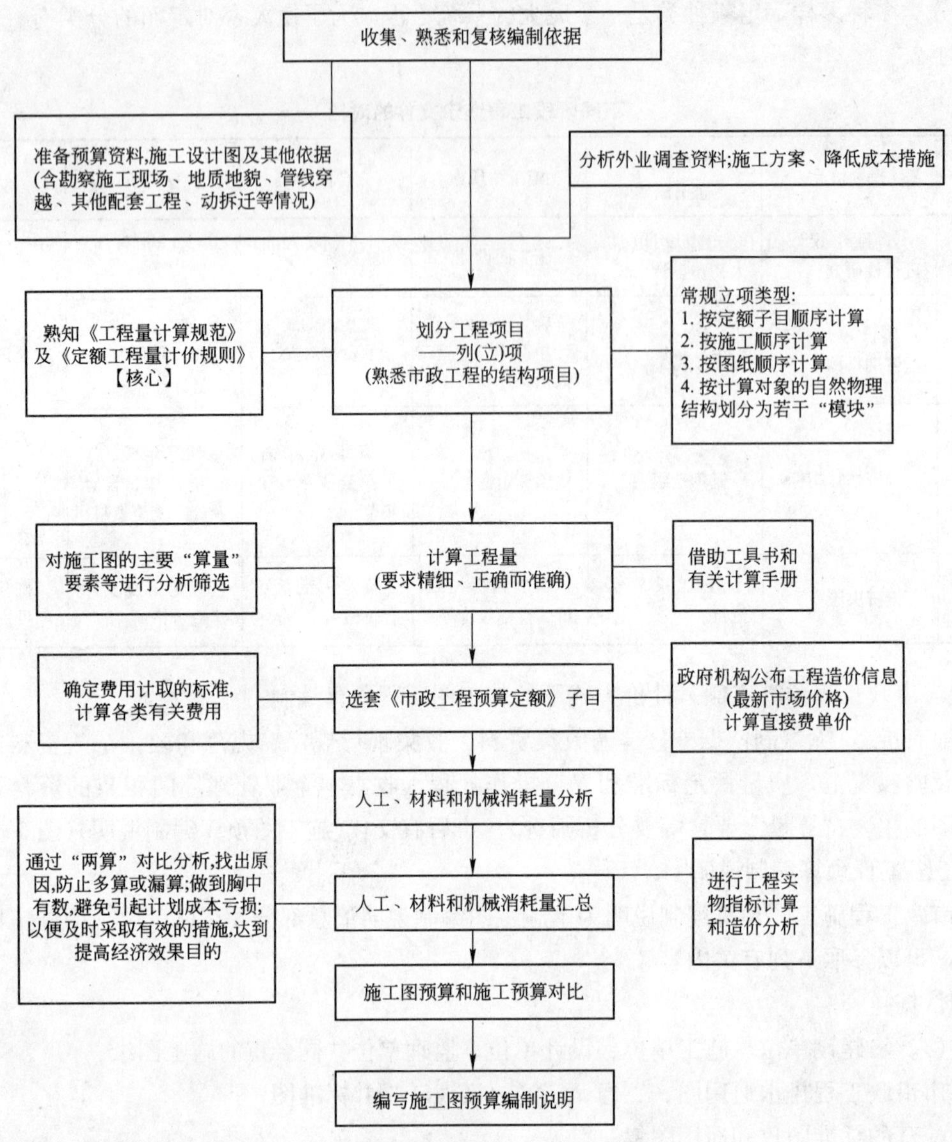

图 1-4 定额计价的依据、步骤和编制程序

① 采用的工程造价信息的期刊，费用计取的标准；

② 混凝土级配的换算(混凝土及砂浆强度等级与设计强度等级不同时，可按设计强度等级进行换算)请参阅上海市建设工程定额管理总站编制的《上海市建设工程普通混凝土、砂浆强度等级配合比表》(修订本)，上海，2001；

③ 临时单价的编制；

④ 施工技术措施的编制：如公用管线保护措施，建筑物、构筑物的保护措施，地基加固等(每项单列、列入开办费)。

4) 经济技术指标：如道路工程、桥梁、开槽埋管工程每平方米或每延米的造价；

5) 参照问题：如某张施工图纸的具体数据(总尺寸与分尺寸)或文字说明部分与其相对应的施工图纸不相符等情况加以说明。

(2) 熟悉施工图纸，了解设计意图

施工图纸表示的不同构造，提供了不同的市政工程项目，由此确定了《上海市市政工程预算定额》(2000)或《上海市市政工程室外排水管道工程预算组合定额》(2000)选择套用相应的项目。施工图纸表示的标高、大小尺寸及有关符号代号图例，提供了计算每个分项工程的数据，另外参加图纸会审可以从实际情况进行分项工程的工程量。因此，熟悉施工图纸是一个关键，只有对设计图纸有了较全面详细的了解后，结合现场施工条件，才能对预算定额划分内项目，正确而全面地分析该工程中各分部分项工程，才能有步骤地计算工程和正确计算出工程造价。

(3) 施工组织设计

在编制施工组织设计之前，要认真学习设计施工图纸和市政工程施工及验收规范要求，充分了解当地的地形地貌、地层情况和工程的地质、地下构筑物、地下水位以及施工环境等情况；便于选择施工方法，确定工程量并计算劳动力、施工机具及作为概预、(结)算的依据。

施工组织设计是指导施工的技术经济文件，它是施工单位组织施工和管理的计划和行动准则，是由施工单位根据工程特点、现场条件，以及施工单位本身所具备的施工技术手段，队伍素质和施工经验等项客观条件制订的综合实施方案(包括各种技术措施)合理选择施工方案，组织正常施工，保障施工技术措施，顺利实施的文件，因此在编制施工图预算时，要熟悉施工组织设计的要点：

1) 施工方案和施工方法；

2) 对周围地面的构筑物和地下原有管线的保护；

3) 施工中采用的施工机械；

4) 地基加固措施［为了便于正确理解、查阅设计单位提供的有关地质钻探资料如地质勘察资料和土质分析报告和计算，对土的三相——土粒(固相)、土中水(液相)和土中气(气相)的组成情况进行研究］；

5) 混凝土浇捣是否采用集中搅拌混凝土、泵车输送等；

6) 其他。

上述各种施工方案措施也是直接影响施工图预算，只有全面了解施工组织设计，才能准确套用定额，把握图纸以外的工程量、项目和工程费用。

施工组织设计选用施工方法，参见《下篇　常用计算数据》第九册 9. 市政施工组织设计及索赔管理 9.1 市政施工组织设计及表 9-1“施工组织设计涉及工程量”算量“对应选用表”释义。

(4) 对工程量计算工作认真负责，凡事以务实精神去了解掌握，做到心中有数、下笔有据、言之有理

1) 熟知《工程量计算规范》及《工程量计价规则》

预算定额是编列项目、选套单价的依据，为了熟练、正确地运用预算定额编制施工图预算，从事市政工程工程造价领域的专业工程技术人员在开始编制预算前，都应当很好地学习预算定额。

① 按《工程量计算规范》要很好地学习定额的编制总说明，各分部工程说明，分项工程说明。对说明中指出的已经考虑和没有考虑的因素，以及对这些问题做了怎样的处理，要很好地理解和熟记。

② 必须按工程量计算规则计算

《上海市市政工程预算定额工程量计算规则》(2000)(以下简称“本规则”)为上海市统一的市政工程预(结)算工程量计算规则。对常用的分项工程定额所包括的工程内容、计量单位等，要通过日常工作实践，逐步加深记忆。

本规则的计算尺寸，以设计图纸表示的尺寸或设计图纸能读出的尺寸为准。除另有规定外，工程量计量单位应按下列规定计算：

a. 以体积计算的为立方米(m^3)；

b. 以面积计算的为平方米(m^2)；

c. 以长度计算的为米(m)；

d. 以质量计算的为吨或千克(t 或 kg)；

e. 以座(台、套、组或个)计算的为座(台、套、组或个)。

该规则适用于上海市行政区域范围内的市政工程编制工程预(结)算及工程量清单，也适用于工程设计变更后的工程量计算。本规则与本定额相配套，作为确定市政工程造价及消耗量的依据。

要正确理解和熟记某些分项工程工程量的计算规则，如应扣除的项目内容的计算方法。

《市政工程预算定额工程量计算规则》(2000)是市政建设各方必须遵守的规则，也是综合和确定定额各项消耗指标的依据，也是具体工程量测算和分析资料的准绳。

③ 同时要注意各分项工程或构配件的名称、规格、计量单位和数量是否与设计要求及施工规定相符合。

只有在正确理解和熟记上述内容的基础上，才能依据设计图纸、预算定额、工程量计算规则，迅速、准确地确定工程量计算项目，正确地计算工程数量，正确地选套定额基价，以编制出高质量的工程预算。

2) 熟悉施工设计图纸

图纸是计算工程数量的主要依据，在计算工程量前，应详细地阅读建筑及结构图和相应的有关图纸及设计说明，弄清各张图纸之间的关系，以及各图之间有没有矛盾，有没有看不懂的地方等。只有在看懂和熟悉图纸的基础上，才能全面了解工程的设计意图和内容；才能在计算工程量时做到项目齐全、计量准确、速度快。

① 必须按图纸计算

工程量计算时，必须严格按照图纸所注尺寸为依据进行计算，不得任意加大或缩小、任意增加或丢失，以免影响工程量计算的准确性。图纸中的项目，要认真反复清查，不得漏项或重复计算。

② 必须口径一致

根据施工设计图列出的工程项目的口径(工程项目所包括的内容及范围)，必须与该《市政工程预算定额》中相应工程项目的口径一致，才能准确地套用预算定额单价。因此，计算工程量必须熟悉施工设计图，必须熟悉预算定额中每个工程项目所包括的内容和范围。

③ 必须列出计算式

列计算式时，必须部位清楚，详细列项标出注明计算对象，并写上计算式，作为计算底稿。

④ 必须计算准确

工程量计算的精度将直接影响着计价总量的精度，注意小数点有没有点错位置等，因此数量计算要准确。一般规定工程量取小数点后两位(小数可以四舍五入)，钢筋混凝土和金属结构工程应取到小数点后三位(混凝土按立方米、金属结构按吨为计量单位)。

⑤ 汇总工程量时，其准确度取值：m^3，m^2，m 小数点以后取两位，t 小数点以后取三位，千克、座(台、套、组或个)取整数，尾数不足 1 道、1 套时，计作 1 道、套(如井点使用定额单位为套·d，累计尾数不足一套者计作一套，一天按 24h 计算)。

3) 掌握《市政工程预算定额》

① 应着重审查预算书上所列的工程名称、种类、规格、计量单位，与《市政工程预算定额》上所列的内容是否一致。一致时才能套用，否则错套单价，会影响报价的准确度。

② 掌握定额的内容，包括定额表头的工作内容、计量单位、附注说明、各册章工程量计算规则、定额中规定的工、料、机具的数量。

③ 必须计算单位一致

工程量的计量单位必须与《市政工程预算定额》中规定的计量单位一致，才能准确地套用预算定额中的预算单价。

④ 必须注意计算顺序

为了计算时不遗漏项目，又不产生重复计算，应按照一定的顺序进行计算。

工程量计算顺序，不一定拘泥于固定格式，工程造价管理人员可根据自己的经验和习惯，根据工程的繁简不同，选择最方便的形式和顺序。总之，要求计算层次清楚，有条不紊，计算式简明易懂，目的是要达到计算准确、不错不漏，易于检查复核。

在计算各分项工程量时，在计算表中应注明中心线、地段、结构部位、位置等。计算工程量是整个市政工程施工图预算编制过程中最繁重、花费时间最长的一个程序，它直接影响到工程量清单、工程量清单报价及预算编制的准确性，因此必须在工程量计算上狠下功夫，以保证工程量清单、工程量清单报价及预算编制质量。

⑤ 定额内已包括的就不得再另行重算。比如：钢筋混凝土工程，定额中的模板分别按木模及工具式钢模计算，模板不得因实际使用不同而换算。

(5) 工具书和有关手册

工具书和有关手册，如《工程量计算规范》、《工程量计价规则》、《市政工程预算定额》总说明、各册章节说明等及有关配套的标准图集和通用图集、工程量计算的各类公式、换算表、五金手册、材料手册，它也是编制施工图预算的依据，四处翻查数据资料的困惑问题；在编制施工图预算施工图中所采用的材料、规格、单位、质量、密度等，必须熟悉和牢记。结合本《市政工程工程量清单工程系列丛书》姊妹篇之一《市政工程工程量清单计价编制及应用》中三项工程案例及九项工程实例，运用本《市政工程工程量清单工程系列丛书》姊妹篇之三《市政工程工程量清单常用数据手册》阐述编制工程量清单的方法；作为市政工程行业造价人员的参考书，力求一次性为从事市政工程工程造价领域的专业工程技术人员在解决工程招投标工程量清单的工程量计算、工程施工图概预算、办理竣工结算编审时，四处翻查数据资料的困惑问题。

5.《全国统一市政工程预算定额》(1999)总说明

(1)《全国统一市政工程预算定额》共分九册，包括：

第一册　通用项目

第二册　道路工程

第三册　桥涵工程

第四册　隧道工程

第五册　给水工程

第六册　排水工程

第七册　燃气与集中供热工程

第八册　路灯工程

第九册　地铁工程

(2)《全国统一市政工程预算定额》(以下简称本定额)是完成规定计量单位分项工程所需的人工、材料、施工机械台班的消耗量标准；是统一全国市政工程预算工程量计算规则、项目划分、计量单位的依据；是编制市政工程地区单位估价表、编制概算定额及投资估算指标、编制招标工程标底、确定工程造价的基础。

(3) 本定额适用于城镇管辖范围内的新建、扩建市政工程。

(4) 本定额是按照正常的施工条件，目前多数企业的施工机械装备程度，合理的施工工期、施工工艺、劳动组织编制的，反映了社会平均消耗水平。

(5) 本定额是依据国家有关现行产品标准、设计规范和施工验收规范、质量评定标准、安全技术操作规程编制的，并适当参考了行业、地方标准，以及有代表性的工程设计、施工资料和其他资料。

(6) 关于人工工日消耗量：本定额人工不分工种、技术等级，均以综合工日表示。内容包括基本用工、超运距用工、人工幅度差和辅助用工。

(7) 关于材料消耗量

1) 本定额中的材料消耗包括主要材料、辅助材料，凡能计量的材料、成品、半成品均按品种、规格逐一列出用量并计入了相应的损耗，其损耗的内容和范围包括：从工地仓库、现场集中堆放地点或现场加工地点至操作或安装地点的现场运输损耗、施工操作损耗、施工现场堆放损耗。

2）混凝土、沥青混凝土、砌筑砂浆、抹灰砂浆及各种胶泥等均按半成品消耗量以体积(m^3)表示，各省、自治区、直辖市可按当地配合比情况确定材料用量。混凝土消耗量按现场拌合考虑，采用预拌(商品)混凝土的，可由各省、自治区、直辖市进行调整。定额中混凝土的养护，除另有说明者外，均按自然养护考虑。

3）本定额中的周转性材料已按规定的材料周转次数摊销计入定额内。

4）组合钢模板、复合木模板等的回库维修费已计入其预算价格内。

5）用量少、价值小的材料合并为其他材料费，以占材料费(其中不包括未计价材料和其他材料费本身)的百分数表示。

(8) 关于施工机械台班消耗量

1）本定额的施工机械台班用量包括了机械幅度差内容。

2）本定额未包括随工人班组配备并依班组产量计算的单位价值2000元以下的小型施工机械或工具使用费，价值2000元以下的小型施工机械或工具使用费列入其他直接费中生产工具用具使用费项下。

3）定额中均已包括材料、成品、半成品从工地仓库、现场集中堆放地点或现场加工地点至操作安装地点的水平和垂直运输所需要的人工和机械消耗量。如需要再次搬运的，应在二次搬运费项下列支。

(9) 本定额提供的人工单价、材料预算价格、机械台班价格以北京市价格为基础，不足部分参考了部分省市的价格，各省、自治区、直辖市可结合当地的价格情况，调整换价。

(10) 本定额施工用水、电是按现场有水、电考虑的，如现场无水、电时，可由各省、自治区、直辖市制定有关调整办法。

(11) 本定额的工作内容中已说明了主要的施工工序，次要工序虽未说明，均已考虑在定额内。

(12) 本定额适用于海拔2000m以下，地震烈度七度以下地区，超过上述情况时，可结合高原地区的特殊情况和地震烈度要求，由各省、自治区、直辖市制定调整办法。

(13) 本定额与其他全国统一工程预算定额的关系，凡本定额包含的项目，应按本定额项目执行；本定额缺项部分，可按有关册、章说明执行。

(14) 本定额中用“( )”表示的消耗量，均未计入基价。

(15) 本定额中注有“×××以内”或“×××以下”者均包括×××本身，“×××以外”或“×××以上”者，则不包括×××本身。

6.《全国统一市政工程预算定额》内容组成(表1-26～表1-29)

《全国统一市政工程预算定额》(1999) **表1-26**

项次	名称		内容及释义	地区单位估价表
1	《全国统一市政工程预算定额》(1999)(以下简称本定额)	工程造价基础	1. 是完成规定计量单位工程所需的人工、材料、施工机械台班的消耗量标准； 2. 是统一全国市政工程预算工程量计算规则，项目划分、计量单位的依据； 3. 是编制市政工程地区单位估价表、编制概算定额及投资估算指标、编制招标工程标底、确定工程造价的基础	按《本定额》统一工程量计算规则
2		本定额的“统一”	1. 同时在市政定额的编制上强调“统一”二字，将有利于全国统一市场的建立、有利于市场竞争、有利于国家对市政工程造价的宏观调控、有利于规范工程计价依据和计价行为； 2. 本定额是完成规定计量单位分项工程所需人工、材料、施工机械台班的消耗量标准，强调了定额的统一性。一般情况下，分项工程的基价都是由人工费、材料费、机械费所组成，相应作为全国统一定额分项工程所构成的均为人工消耗量、材料消耗量、施工机械消耗量	按《本定额》统一消耗量标准

续表

项次	名　称		内容及释义	地区单位估价表
3	定额主要特征	工作内容	本定额的工作内容中已说明了主要的施工工序，次要工序虽未说明，均已考虑在定额内	
4		材料消耗	1. 本定额中的材料消耗包括主要材料、辅助材料，凡能计量的材料、成品、半成品均按品种、规格逐一列出用量并计入了相应的损耗； 2. 其损耗的内容和范围包括：从工地仓库、现场集中堆放地点或现场加工地点至操作或安装地点的现场运输损耗、施工操作损耗、施工现场堆放损耗	
5		周转性材料	本定额中的周转性材料已按规定的材料周转次数摊销计入定额内	
6		其他材料费	用量少、价值小的材料合并为其他材料费，以占材料费(其中不包括未计价材料和其他材料费本身)的百分数表示	
7		回库维修费	组合钢模板、复合木模板等的回库维修费已计入其预算价格内	
8		定额中带“( )”	本定额中用“( )”表示的消耗量。均未计入基价	
9	定额基价、消耗量标准		1. 由于基价等于消耗量乘以地区价格，这强调各地要编制地区单位估价表，在同样条件下，应该采用全国统一市政工程预算定额的消耗量标准； 2. 意味着本定额为全国通用，不再由各地编制，各地可根据本定额换算价格，编制单位估价表，对各地特殊情况，可编制补充定额及估价表	各省、自治区、直辖市要编制地区单位估价表，可编制补充定额
10	半成品消耗量(配合比)		1. 混凝土、沥青混凝土、砌筑砂浆、抹灰砂浆及各种胶泥等均按半成品消耗量以体积(m^3)表示，各省、自治区、直辖市可按当地配合比情况确定材料用量； 2. 混凝土消耗量按现场拌合考虑，采用预拌(商品)混凝土的，可由各省、自治区、直辖市进行调整。定额中混凝土的养护，除另有说明者外，均按自然养护考虑	各省、自治区、直辖市确定材料用量及调整
11	预算价格基础		本定额提供人工单价、材料预算价格、机械台班价格以北京市价格为基础，不足部分参考了部分省市的价格，各省、自治区、直辖市可结合当地的价格情况，调整换价	各省、自治区、直辖市调整换价

注：选自《全国统一市政工程预算定额》(1999)总说明及各册、章说明。

由原建设部组织修订的《全国统一市政工程预算定额》自 1999 年 10 月 1 日起施行，其主要内容包括：目录，总说明，各册、章说明，分项工程表头说明，定额项目表，定额附录或附件组成。

(1) 目录：主要便于查找，把总说明、各类工程的分部分项定额的顺序列出并注明页数。

(2) 总说明：是综合说明定额的编制原则、指导思想、编制依据、适用范围以及定额的作用，定额中人工、材料、机械台班耗用量的编制方法，定额采用的材料规格指标与允许换算的原则，使用定额时必须遵守的规则，定额中说明在编制时已经考虑和没有考虑的因素和有关规定、使用方法。因此，在使用定额时应当先了解并熟悉这部分内容。

(3) 册、章说明：是预算定额的重要内容，是对各分部工程的重点说明，包括定额中允许换算的界限和增减系数的规定等。

(4) 定额项目表及分项工程表头说明：分项工程表头说明列于定额项目表的上方，说明该分项工程所包含的主要工序和工作内容；定额项目表是预算定额最重要部分，包括分项工程名称、类别、规格、定额的计量单位以及人工、材料、机械台班的消耗量指标，供编制预算时使用。

有些定额项目表下面还有附注，说明设计与定额不符时如何调整，以及其他有关事项的说明。

(5) 定额附录及附件：包括各种砂浆、各种强度等级混凝土配合比表，人工、各种材料、机械台班的单价计算方法、工程施工费用计算规则等。

《全国统一市政工程预算定额》(1999)关于各省、自治区、直辖市编制补充定额部分等项目 表 1-27

项次	类别	项目名称	各省、自治区、直辖市												
			可按当地配合比情况确定材料用量	进行调整	调整换价	制定有关调整办法	可作相应调整	自行确定	按规定执行	可按有关规定计算	确定	可自行调整	另行规定	自定	可自行补充
			1	2	3	4	5	6	7	8	9	10	11	12	13
1	《全国统一市政工程预算定额》总说明	混凝土、沥青混凝土、砌筑砂浆、抹灰砂浆及各种胶泥等均按半成品消耗量以体积(m^3)表示，各省、自治区、直辖市可按当地配合比情况确定材料用量	√												
2		混凝土消耗量按现场拌合考虑，采用预拌(商品)混凝土的，可由各省、自治区、直辖市进行调整		√											
3		本定额提供的人工单价、材料预算价格、机械台班价格以北京市价格为基础，不足部分参考了部分省市的价格，各省、自治区、直辖市可结合当地的价格情况，调整换价			√										
4		本定额施工用水、电是按现场有水、电考虑的，如现场无水、电时，可由各省、自治区、直辖市制定有关调整办法				√									
5		本定额适用于海拔 2000m 以下，地震烈度七度以下地区，超过上述情况时，可结合高原地区的特殊情况和地震烈度要求，由各省、自治区、直辖市制定调整办法				√									
6	土石方工程	打桩工程定额中土质类别均按甲级土考虑。各省、自治区、直辖市可按本地区土质类别进行调整		√											
7		钢板桩的使用费标准［元/(t·d)］由各省、自治区、直辖市自定						√							
8		机械成孔灌注桩泥浆制作定额按普通泥浆考虑，若需采用膨润土，各省、自治区、直辖市可作相应调整					√								
9	道路工程	道路工程路床(槽)碾压宽度计算应按设计车行道宽度另计两侧加宽值，加宽值的宽度由各省、自治区、直辖市自行确定，以利路基的压实						√							
10		道路工程路基应按设计车行道宽度另计两侧加宽值，加宽值的宽度由各省、自治区、直辖市自行确定						√							
11	桥涵护岸工程	本册定额中提升高度按原地面标高至梁底标高 8m 为界，若超过 8m 时，超过部分可另行计算超高费；本册定额河道水深取定为 3m，若水深大于 3m 时，应另行计算。当超高以及水深大于 3m 时，超过部分增加费用的具体计算办法按各省、自治区、直辖市规定执行							√						
12		本册定额未包括的预制构件场内、场外运输，可按各省、自治区、直辖市的有关规定计算								√					
13		立交箱涵定额顶进土质按Ⅰ、Ⅱ类土考虑，若实际土质与定额不同时，可由各省、自治区、直辖市进行调整		√											
14		驳船［不包括进出场费，其单价元/(t·d)］由各省、自治区、直辖市确定									√				
15		本章定额支架平台适用于陆上、支架上打桩及钻孔灌注桩。支架平台分陆上平台与水上平台两类，其划分范围由各省、自治区、直辖市根据当地的地形条件和特点确定									√				

续表

项次	类别	项目名称	各省、自治区、直辖市												
			可按当地配合比情况确定材料用量	进行调整	调整换价	制定有关调整办法	可作相应调整	自行确定	按规定执行	可按有关规定计算	确定	可自行调整	另行规定	自定	可自行补充
			1	2	3	4	5	6	7	8	9	10	11	12	13
16	市政管网工程	如工程项目的设计要求与本定额所采用的标准图集(1996年《给水排水标准图集》合订本S2)不同时，各省、自治区、直辖市可自行调整										√			
17		本定额所称管径均指内径，如当地生产的管径、长度与定额不同时，各省、自治区、直辖市可自行调整										√			
18		本章定额包括混凝土管道基础、管道铺设、管道接口、闭水试验、管道出水口，是依1996年《给水排水标准图集》合订本S2计算的。适用于市政工程雨水、污水及合流混凝土排水管道工程										√			
19		如工程项目的设计要求与本定额所采用的标准图集不同时，执行第三章非定型的相应项目										√			
20	土模板及支架	本章定额中模板以木模、工具式钢模为主(除防撞护栏采用定型钢模外)。若采用其他类型模板时，允许各省、自治区、直辖市进行调整		√											
21		本章定额不包括地模、胎模费用，需要时可按本册第九章有关定额计算。胎、地模的占用面积可由各省、自治区、直辖市另行规定											√		
22		满堂式钢管支架定额只含搭拆，使用费单价元/(t·d)由各省、自治区、直辖市自定，工程量按每立方米空间体积50kg计算(包括扣件等)												√	
23		组装、拆卸万能杆件只含万能杆件摊销量，其使用费单价元/(t·d)由各省、自治区、直辖市自定，工程量按每立方米空间体积125kg计算												√	
24		挂篮施工所需压重材料由各省、自治区、直辖市自定，费用另计												√	
25	施工排水、降水	井点降水项目适用于地下水位较高的粉砂土、砂质粉土、黏质粉土或淤泥质夹薄层砂性土的地层。其他降水方法如深井降水、集水井排水等，各省、自治区、直辖市可自行补充													√
26		沟槽、基坑排水定额由各省、自治区、直辖市自定												√	

注：1. 选自《全国统一市政工程预算定额》(1999)总说明及各册、章说明；

2. 各省、自治区、直辖市根据《全国统一市政工程预算定额》、依据各省、自治区、直辖市《市政工程预算定额》修编大纲，结合各省、自治区、直辖市情况编制补充定额部分；

3. 根据《全国统一市政工程预算定额》总说明及各册、章说明、依据上海市市政工程预算定额修编大纲，上海市市政工程定额管理站结合上海市情况编制补充定额部分，参见本书后记《市政工程工程量清单工程系列丛书》题组式构架的项次1. 贯彻执行国家标准，工程量清单及工程量计算规则中附：凡本(1)定额工程量计算规则的表上方带⊙符号者，具体内容详见“分部分项工程与措施项目”第一册“分部分项工程”及第二册“措施项目”中的释义；如：表4-3“挖土土壤分类表”、表4-25“挖土方基本形式、定额说明及工程量计算规则”、表4-46“桥涵工程基坑开挖工程量‘算量’”、表4-82“道路工程工程量清单及措施项目清单编制要点”、本丛书之三《数据常用手册》表2-83“沥青混凝土配合比”、表4-141“打桩机工作平台(搭置支架平台)划分范围”、本丛书之三《数据常用手册》表2-117“现场现浇混凝土配合比”、本丛书之三《数据常用手册》表2-219“砌筑砂浆配合比”、表4-175“预制构件场内运输(混凝土)工程量‘算量’”、表4-1“管道设施结构形式”、表5-2“大型机械设备安装及拆除费(打桩机械除外)”、表5-21“现场预制混凝土构件地模工程量‘算量’”、表5-23“桥梁支架工程量‘算量’”、表5-2“桥梁工程挂篮的消耗量(t)与扇形支架工程量‘算量’”、表5-41“湿土排水工程量‘算量’”、表5-42“井点降水基本条件规定”等；

4. 各地区从事市政工程造价专业技术人员暨读者在编制工程量清单及计价时，时刻注意各省、自治区、直辖市所在地定额管理部门编制的补充定额部分及发布信息等，避免漏列、重列项目。

《全国统一市政工程预算定额》编制依据及有关参考资料

表 1-28

项次	编制依据及有关参考资料	通用项目		道路工程		桥涵及护岸		岩石层隧道		市政管网	
		全国	上海市	全国	上海市	全国	上海市	全国	上海市	全国	上海市
1	建设部有关修编《全国统一市政工程预算定额》的文件							√			
2	上海市政定额站有关修编定额的文件资料								√		
3	上海市市政工程预算定额修编大纲		√		√		√		√		√
4	《全国统一市政工程预算定额》(1989 年版)及建设部关于定额的有关补充规定资料			√							
5	建设工程预算定额修编总纲								√		
6	《全国统一市政工程预算定额》(试行)(1989 年版)					√		√			
7	《全国统一市政工程预算定额》(1999)				√				√		
8	《全国统一市政工程预算定额》(试行)	√									
9	《全国统一市政工程预算定额》(新版)						√				√
10	交通部公路工程预算定额(1992 年版)					√					
11	交通部公路工程施工定额(1997 年版)					√					
12	《上海市市政工程预算定额》(1993)				√	√			√		√
13	在市政预算定额(1993 年)道路分册的基础上，按照现行上海市市政工程施工及技术验收规范要求，结合目前施工实际情况，以量价分离的形式编制的		√								
14	《重庆市市政工程预算定额》(1994 年版)及《四川省市政工程计价定额》(1995 年版)							√			
15	《全国统一建筑工程基础定额》	√									
16	《全国统一建筑工程基础定额》(1995 年版)					√			√		
17	《全国统一建筑工程基础定额》(1996 年版)							√			
18	参编单位提供的有关省、市、自治区市政工程预算定额单位估价表					√					
19	各省市、自治区、直辖市现行的市政工程单位估价表及基础资料			√							
20	各省、自治区、直辖市的补充定额及有关资料	√									
21	《全国统一市政工程劳动定额》(1985 年版)					√				√	
22	《全国统一市政工程劳动定额》(城环部 1985 年版)							√			
23	《全国统一市政工程预算定额》排水工程册(1989 年版)									√	
24	《全国市政工程统一劳动定额》	√									
25	《全国市政工程统一劳动定额》(上海市市政工程管理局补充劳动定额)(1986)				√				√		√
26	上海市市政工程劳动定额(1986 年版)					√	√				
27	《全国建筑安装工程统一劳动定额》(建工总局 1985 年版)						√	√		√	
28	《全国统一建筑工程基础定额》、《全国统一安装工程基础定额》和《全国市政工程统一劳动定额》			√							
29	《铁路工程劳动定额》(铁道部 1985 年版)							√			
30	现行的市政工程设计、施工验收规范、安全操作规程、质量评定标准等			√							

续表

项次	编制依据及有关参考资料	通用项目		道路工程		桥涵及护岸		岩石层隧道		市政管网	
		全国	上海市	全国	上海市	全国	上海市	全国	上海市	全国	上海市
31	现行的市政工程标准图集和具有代表性工程的设计图纸			√							
32	上海市市政工程现行通用图，有代表性设计图纸				√						
33	城市桥涵设计标准 CJJ Ⅱ—93					√					
34	公路桥涵设计通用规范 JTJ 021—89					√					
35	公路钢筋混凝土及预应力混凝土桥涵设计规范 JTJ 023—85					√					
36	公路桥涵地基与基础设计规范 JTJ 024—85					√					
37	上海市城建集团城市建设设计研究所设计的城市高架桥					√					
38	上海市曹杨路桥施工图					√					
39	上海市青浦县拦路港桥施工图					√					
40	上海市浦东新区上南路川杨河桥					√					
41	各参编单位提供的大、中、小型有代表性的桥梁施工图					√					
42	上海市市政工程现行通用图，有代表性设计图纸						√				
43	有代表性工程的设计施工图										
44	1996 年《给水排水标准图集》S1、S2、S3										
45	《混凝土和钢筋混凝土排水管标准》GB 11836—89										
46	《铸铁检查井盖标准》CJ/T 3012—89										
47	《砌体方沟通用图集》PT—09 1995 年										
48	《市政排水管渠工程质量检验评定标准》CJJ 3—90										
49	《给水、排水构筑物施工及验收规范》GBJ 141—90										
50	上海市市政工程现行通用图，有代表性设计图纸，见表 4-34“混凝土、塑料管管材品种”、表 4-18“窨井(检查井)、进水口规格”释义										√
51	现行的设计、施工验收规范、安全操作规程、质量评定标准	√									
52	现行的标准图集和具有代表性的工程设计图纸	√									
53	市政工程现场实测资料、典型工程案例						√				
54	市政工程现场实测资料、典型工程案例				√						
55	现行的市政岩石层隧道工程标准图集和具有代表性的施工方案							√			
56	已经竣工和当时正在施工的重庆朝天门隧道，重庆九龙坡隧道和厦门仙岳山隧道工程的基础资料							√			
57	已被广泛采用的市政工程新技术、新结构、新材料、新设备和已被检查确定成熟的资料			√							
58	市政工程现场实测资料、典型工程案例										√

续表

项次	编制依据及有关参考资料	通用项目		道路工程		桥涵及护岸		岩石层隧道		市政管网	
		全国	上海市	全国	上海市	全国	上海市	全国	上海市	全国	上海市
59	上海市市政工程施工及验收技术规程及其他有关技术规范、标准				√						
60	本册定额以《道路交通标志和标线》085768—1999、《上海市道路交通管理设施设置技术规程》(1994)和《上海市道路交通管理设施通用图集》为依据，并结合上海市地区交通设施的施工特点及施工方法进行编制				√						
61	上海市市政施工及验收技术规程(1993年版)					√					
62	上海市市政工程施工及验收技术规程、安全操作规程、工期定额						√				
63	上海市、市政局及有关部委现行技术标准、规范						√				
64	上海市及有关部委、省市现行定额标准、规范						√				
65	现行的市政工程岩石层隧道设计、施工验收规范、安全操作规程、质量评定标准等							√			
66	有关软土隧道现行的施工技术操作规程工程质量验收标准								√		
67	有关软土隧道现行的各种工艺规范								√		
68	其他国家标准的规范								√		
69	建设部有关文件及规定									√	
70	国家、有关部门、有关省(市)现行规范、规程、质量标准及有关规定									√	
71	其他省(市)提供的有关资料									√	
72	上海市市政工程施工及验收技术规程、安全操作规程、工期定额										√
73	上海市、市政局及有关部委现行技术标准、规范										√
74	上海市及有关部委、省市现行定额标准、规范										√
75	2000年市政预算定额第六册《排水构筑物及机械设备安装工程》分册的修编是在上海市市政工程预算定额(1993)的基础上，以上海市市政预算定额编制大纲及市政工程预算定额修编统一性问题的规定为原则，依据全国市政统一劳动定额，结合上海地区具体情况，根据上海市有关市政工程的标准图集、上海市市政工程局补充定额、技术质量评定标准、设计与施工验收规范以及有关文件，按照正常的施工条件、目前多数企业的施工机械装备程度和合理的施工组织设计、施工工期、施工工艺、劳动组织进行编制的，反映了本市市政工程的平均消耗水平。在定额子目的设立上我们新增了不少体现"四新技术"的子目，淘汰了一些与落后的工艺、设备相关的子目										√

注：1. 选自《全国统一市政工程预算定额》(1999)、《上海市市政工程预算定额》(2000)；

2.《全国统一市政工程预算定额》是统一全国市政工程预算工程量计算规则、项目划分、计量单位的依据；

3. 各地编制单位估价表必须有一个依据，没有计算规则的统一依据，各地在比较分部分项工程造价上有活口、不一致，也就无法相比较，造成不利于国内承包商使用比较定额、不能打破地方市政工程市场保护主义、不利于市场竞争的后果。现在市政工程市场发展的方向就是要施工单位优胜劣汰；

4.《上海市市政工程预算定额》(2000)是消耗量定额(量价分离)预算定额；

5. 根据上海地区为软土类土层特征，土方工程中未编列石方工程，上海地区为软土类土层，隧道工程中未编列岩石层隧道工程；

6. 根据《全国统一市政工程预算定额》、上海市市政工程预算定额修编大纲，结合上海市情况编制补充定额部分，人工费、材料费、施工机械台班费单价参照市政定额站发布的有关市场价格信息。

《全国统一市政工程预算定额》适用范围　　表1-29

<table>
<tr><th rowspan="2">项次</th><th rowspan="2">项目名称</th><th colspan="2">定额的适用范围</th></tr>
<tr><th>《全国统一市政工程预算定额》(1999)</th><th>《上海市市政工程预算定额》(2000)</th></tr>
<tr><td>1</td><td>通用项目</td><td>通用于《全国统一市政工程预算定额》其他专业册(专业册中指明不适用本定额的除外)，适用于市政新建、扩建工程，不适用于市政的修理和维护工程</td><td>道路、道路交通管理设施、桥涵及护岸、排水管道、排水构筑物及隧道工程</td></tr>
<tr><td rowspan="2">2</td><td rowspan="2">道路工程(道路工程、交通管理设施)</td><td rowspan="2">城市基础设施中的新建、扩建工程，不适用于城市基础设施中的大、中、小修及养护工程</td><td>道路工程新建、扩建、改建及大修工程，不适用于中、小修工程</td></tr>
<tr><td>道路、桥梁、隧道、广场及停车场(库)的交通管理设施工程</td></tr>
<tr><td>3</td><td>桥涵工程(桥涵及护岸)</td><td>单跨100m以内的城镇桥梁工程，单跨5m以内的各种板涵、拱涵工程，穿越城市道路及铁路的立交箱涵工程</td><td>1. 单跨100m以内的城市钢筋混凝土及预应力钢筋混凝土桥梁工程
2. 单跨5m以内、多跨总长8m以内的涵洞工程(圆管涵、箱涵套用第五册排水管道工程相应定额)
3. 护岸(包括防洪墙)工程
4. 穿越城市道路及铁路的立交箱涵工程</td></tr>
<tr><td>4</td><td>隧道工程</td><td>岩石层隧道定额适用于城镇管辖范围内，新建和扩建的各种车行隧道、人行隧道、给水排水隧道及电缆隧道等隧道工程。但不适用于岩石层的地铁隧道工程。本岩石层隧道定额，确切地说，属于岩石层不含站台的区间性的隧道定额。属于有站台的，大断面的岩石层隧道工程，在开挖与内衬等施工过程中，将要出现诸多的、比区间隧道更为复杂的困难因素，本定额未考虑，所以岩石层地铁隧道工程不宜直接采用</td><td>软土地层改建扩建的各种车行隧道、人行隧道、越江隧道、地铁隧道、给水排水隧道和共用管线隧道等工程</td></tr>
<tr><td rowspan="2">5</td><td rowspan="2">排水工程(排水管道、排水构筑及机械设备安装工程)</td><td rowspan="2">城镇范围内新建、改(扩)建及大修的市政排水管渠、污水厂、排水泵站的给水排水构筑物和专用给水排水机械设备</td><td>1. 城市公用室外排水管道工程及工业和民用建筑室外排水管道工程
2. 现浇箱形排水管道工程
3. 圆形管涵工程及过路管工程
4. 也可适用泵站平面布置中总管(自泵站进水井至泵站出口间的总管)</td></tr>
<tr><td>1. 城市雨水、污水排水泵站工程，城市污水处理构筑物工程，以及泵站、污水处理厂专用非标机械设备安装工程
2. 不包括排水泵房的上部房屋建筑及污水处理厂的房屋建筑、厂内的室外铸铁管道、污泥消化池的加热系统等内容
3. 机械设备安装工程中适用于上海地区市政泵站及污水处理专用非标机械设备的安装工程，本章费用按建筑安装工程定额的相关费率规定计算</td></tr>
</table>

注：1. 上海地区为软土类土层，土方工程中未编列石方工程；
2. 上海地区为软土类土层，隧道工程中未编列岩石层隧道工程。

第2章 国家标准的新政策、新结构和新理论，使全面规范工程造价计价行为有“规”可依、有“章”可循

《建设工程工程量清单计价规范》新增、修订及内容和主要相关法律、法规

2008年7月15日，中华人民共和国住房和城乡建设部发布了新修订的国家标准《建设工程工程量清单计价规范》，编号为GB 50500—2008(简称“08规范”)，自2008年12月1日起实施。原《建设工程工程量清单计价规范》(GB 50500—2003)(简称“03规范”)同时废止。“08规范”的正文部分与“03规范”相比，新增加条文92条，包括强制性条文15条，增加了工程量清单计价中有关招标控制价、投标报价、合同价款约定、工程计量与价款支付、工程价款调整、索赔、竣工计算、工程计价争议处理等内容。

为了帮助有关部门领导和广大工程造价从业技术人员比较系统地了解《建设工程工程量清单计价规范》GB 50500—2008与“03规范”相关条文的增加、删除、修改等变化情况，促进“08规范”的学习、贯彻和执行，特采用了“‘08规范’新增内容(条文、表格)一览表”方式以告读者，同时对条文的变动情况给以说明(表2-1)。

国家标准《建设工程工程量清单计价规范》GB 50500—2008新增内容(条文、表格)一览表　　表2-1

项次	涉及类别	条文编码	《建设工程工程量清单计价规范》相关规定内容简介
1	2	3	4
1	国家标准意义		国家标准《建设工程工程量清单计价规范》GB 50500—2008内容全面反映在实际工程计价活动中，就是使工程施工过程中每个计价阶段都有“规”可依、有“章”可循，对全面规范工程造价计价行为具有重要意义
2	强制性条文，必须严格执行	第1.0.3条	“全部使用国有资金投资或国有资金投资为主(以下二者简称“国有资金投资”)的工程建设项目，必须采用工程量清单计价”
3		第3.1.2条	“采用工程量清单方式招标，工程量清单必须作为招标文件的组成部分，其准确性和完整性由招标人负责”
4		第3.2.1条	“分部分项工程量清单应包括项目编码、项目名称、项目特征、计量单位和工程量”
5		第3.2.2条	“分部分项工程量清单应根据附录规定的项目编码、项目名称、项目特征、计量单位和工程量计算规则进行编制”
6		第3.2.3条	“分部分项工程量清单的项目编码，应采用十二位阿拉伯数字表示。一至九位应按附录的规定设置，十至十二位应根据拟建工程的工程量清单项目名称设置，同一招标工程的项目编码不得有重码”
7		第3.2.4条	“分部分项工程量清单的项目名称应按附录的项目名称结合拟建工程的实际确定”
8		第3.2.5条	“分部分项工程量清单中所列工程量应按附录中规定的工程量计算规则计算”
9		第3.2.6条	“分部分项工程量清单的计量单位应按附录中规定的计量单位确定”
10		第3.2.7条	“分部分项工程量清单项目特征应按附录中规定的项目特征，结合拟建工程项目的实际予以描述”
11		第4.1.2条	“分部分项工程量清单应采用综合单价计价”
12		第4.1.3条	“招标文件中的工程量清单标明的工程量是投标人投标报价的共同基础，竣工结算的工程量按发、承包双方在合同中约定应予计量且实际完成的工程量确定”
13		第4.1.5条	“措施项目清单中的安全文明施工费应按照国家或省级、行业建设主管部门规定计价，不得作为竞争性费用”

续表

项次	涉及类别	条文编码	《建设工程工程量清单计价规范》相关规定内容简介
1	2	3	4
14	强制性条文，必须严格执行	第4.1.8条	“规费和税金应按国家或省级、行业建设主管部门的规定计算，不得作为竞争性费用”
15		第4.3.2条	“投标人应按招标人提供的工程量清单填报价格。填写的项目编码、项目名称、项目特征、计量单位、工程量必须与招标人提供的一致”
16		第4.8.1条	“工程完工后，发、承包双方应在合同约定时间内办理工程竣工结算”
17	适用范围	第1.0.3条	“全部使用国有资金投资或国有资金投资为主(以下二者简称“国有资金投资”)的工程建设项目，必须采用工程量清单计价”
18		第1.0.4条	“非国有资金投资的工程建设项目，可采用工程量清单计价” 非国有资金投资的工程建设项目，不采用工程量清单计价的，其工程价款调整、工程计量和价款支付、索赔与现场签证、竣工结算以及工程造价争议处理等内容，仍应按照清单计价规范的规定执行
19		第1.0.5条	工程量清单、招标控制价、投标报价、工程价款结算等工程造价文件的编制与核对应由具有资格的工程造价专业人员承担
20	计算规则	第1.0.7条	“本规范附录A、附录B、附录C、附录D、附录E、附录F应作为编制工程量清单的依据，附录D为市政工程工程量清单项目及计算规则，适用于城市市政建设工程”
21		第2.0.1条	工程量清单组成内容应由分部分项工程量清单、措施项目清单、其他项目清单、规费项目清单、税金项目清单组成
22	项目特征的定义	第2.0.3条	术语，项目特征 “构成分部分项工程量清单项目、措施项目自身价值的本质特征”
23	综合单价的定义	第2.0.4条	术语，综合单价 “完成一个规定计量单位的分部分项工程量清单项目或措施清单项目所需的人工费、材料费、施工机械使用费和企业管理费与利润，以及一定范围内的风险费用”
24	措施项目的定义	第2.0.5条	术语，措施项目 “为完成工程项目施工，发生于该工程施工准备和施工过程中的技术、生活、安全、环境保护等方面的非工程实体项目”
25		第2.0.7条	术语，暂估价 “投标人在工程量清单中提供的用于支付必然发生但暂时不能确定价格的材料的单价以及专业工程的金额”
26	索赔的定义	第2.0.10条	术语，“在合同履行过程中，对于非己方的过错而应由对方承担责任的情况造成的损失，向对方提出补偿的要求”
27	现场签证的定义	第2.0.11条	术语，“发包人现场代表与承包人现场代表就施工过程中涉及的责任事件所作的签认证明。” 是专指在工程建设的施工过程中，发、承包双方的现场代表(或其委托人)对发包人要求承包人完成合同内容外的额外工作及其产生的费用作出的书面签字确认凭证
28	企业定额的定义	第2.0.12条	术语，企业定额 “施工企业根据本企业的施工技术和管理水平而编制的人工、材料和施工机械台班等的消耗标准”
29	规费的定义	第2.0.13条	术语，规费 “根据省级政府或省级有关权力部门规定必须缴纳的，应计入建筑安装工程造价的费用”
30		第2.0.14条	术语，税金 “国家税法规定的应计入建筑安装工程造价内的营业税、城市维护建设税及教育费附加等”
31	发包人的定义	第2.0.15条	术语，发包人 “是指具有工程发包主体资格和支付工程价款能力的当事人以及取得该当事人资格的合法继承人”
32	承包人的定义	第2.0.16条	术语，承包人 “是指被发包人接受的具有工程施工承包主体资格的当事人以及取得该当事人资格的合法继承人”，在工程施工招标发包中，投标时又被称为“投标人”，有时又称“施工企业”
33		第2.0.17条	术语，造价工程师 “取得《造价工程师注册证书》，在一个单位注册从事建设工程造价活动的专业人员”

续表

项次	涉及类别	条文编码	《建设工程工程量清单计价规范》相关规定内容简介
1	2	3	4
34		第2.0.18条	术语，造价员 “取得《全国建设工程造价员资格证书》，在一个单位注册从事建设工程造价活动的专业人员”
35		第2.0.19条	术语，工程造价咨询人 “取得工程造价咨询资质等级证书，接受委托从事建设工程造价咨询活动的企业”
36	招标控制价	第2.0.20条	术语，招标控制价 “招标人根据国家或省级、行业建设主管部门颁发的有关计价依据和办法，按设计施工图纸计算的，对招标工程限定的最高工程造价”
37		第2.0.21条	术语，投招标价 “投标人投标时报出的工程造价”
38		第2.0.22条	术语，合同价 “发、承包双方在施工合同中约定的工程造价”
39		第2.0.23条	术语，竣工结算价 “发、承包双方依据国家有关法律、法规和标准规定，按照合同约定确定的最终工程造价”
40	清单编制人	第3.1.1条	“工程量清单应由具有编制能力的招标人或受其委托，具有相应资质的工程造价咨询人编制”
41	招标人职责	第3.1.2条	“采用工程量清单方式招标，工程量清单必须作为招标文件的组成部分，其准确性和完整性由招标人负责”
42	计价活动的重要依据	第3.1.3条	“工程量清单是工程量清单计价的基础，应作为编制招标控制价、投标报价、计算工程量、支付工程款、调整合同价款、办理竣工结算以及工程索赔等的依据之一”。同时，是整个工程量清单计价活动的重要依据之一，贯穿于整个施工过程中
43	工程量清单组成	第3.1.4条	“工程量清单组成内容应由分部分项工程量清单、措施项目清单、其他项目清单、规费项目清单、税金项目清单组成”
44	招标工程量清单编制依据	第3.1.5条	本条规定了编制工程量清单的依据 “编制工程量清单应依据：1. 本规范；2. 国家或省级、行业建设主管部门颁发的计价依据和办法；3. 建设工程设计文件；4. 与建设工程项目有关的标准、规范、技术资料；5. 招标文件及其补充通知、答疑纪要；6. 施工现场情况、工程特点及常规施工方案；7. 其他相关资料”
45	清单内容	第3.2.1条	“分部分项工程量清单应包括项目编码、项目名称、项目特征、计量单位和工程量”
46	项目设置	第3.2.4条	“分部分项工程量清单的项目名称应按附录的项目名称结合拟建工程的实际确定”
47	计量单位	第3.2.6条	“分部分项工程量清单的计量单位应按附录中规定的计量单位确定”
48	新增强制性条文	第3.2.7条	工程量清单的项目特征是确定一个清单项目综合单价不可缺少的重要依据，在编制工程量清单时，必须对项目特征进行准确和全面的描述
49	措施项目清单	第3.3.1条	“措施项目清单应根据拟建工程的实际情况列项。通用措施项目可按表3.3.1选择列项，专业工程的措施项目可按附录中规定的项目选择列项。若出现本规范未列的项目，可根据工程实际情况补充。3.3.1通用措施项目一览表”
50		第3.3.2条	本条规定了凡能计算出工程量的措施项目宜采用分部分项工程量清单的方式进行编制，并要求应列出项目编码、项目名称、项目特征、计量单位和工程量计算规则。对不能计算出工程量的措施项目，则采用以“项”为计量单位进行编制
51	措施项目清单	第3.3.2条	“措施项目中可以计算工程量的项目清单宜采用分部分项工程量清单的方式编制，列出项目编码、项目名称、项目特征、计量单位和工程量计算规则；不能计算工程量的项目清单，以‘项’为计量单位”
52	规费项目清单列项内容	第3.5.1条	“规费项目清单应按照下列内容列项：工程排污费；工程定额测定费；社会保障费：包括养老保险费、失业保险费、医疗保险费；住房公积金；危险作业意外伤害保险。” 第3.5.2条“出现规范第3.5.1条未列的项目，应根据省级政府或省级有关权力部门的规定列项”

续表

项次	涉及类别	条文编码	《建设工程工程量清单计价规范》相关规定内容简介
1	2	3	4
53		第 3.5.2 条	第 3.5.1 条未列规费项目的清单内容应根据省级政府或省级有关权力部门的规定
54		第 4.6.1 条	本条规定了税金清单项目内容
55		第 4.6.2 条	第 3.6.1 条未列税金项目内容应根据税务部门的规定列项
56	计价价款构成	第 4.1.1 条	“采用工程量清单计价，建设工程造价由分部分项工程费、措施项目费、其他项目费、规费和税金组成”
57	单价构成	第 4.1.2 条	“分部分项工程量清单应采用综合单价计价”
58	新增强制性条文	第 4.1.3 条	招标文件中工程量清单所列的工程量是一个预计工程量，它一方面是各投标人进行投标报价的共同基础，另一方面也是对各投标人的投标报价进行评审的共同平台，体现了招投标活动中的公开、公平、公正和诚实信用原则。发、承包双方竣工结算的工程量应按经发、承包双方认可的实际完成的工程量确定，而非招标文件中工程量清单所列的工程量
59	措施项目清单计价	第 4.1.4 条	措施项目清单计价应根据拟建工程的施工组织设计，可以计算工程量的措施项目，应按分部分项工程量清单的方式采用综合单价计价；其余的措施项目可以“项”为单位的方式计价，应包括除规费、税金以外的全部费用
60	新增强制性条文	第 4.1.5 条	措施项目清单中的安全文明施工费应按国家或省级、行业建设主管部门的规定费用标准计价，招标人不得要求投标人对该项费用进行优惠，投标人也不得将该项费用参与市场竞争
61		第 4.1.7 条	本条按照《工程建设项目货物招标投标办法》(国家发改委、建设部等七部委 27 号令)第五条规定“以暂估价形式包括在总承包范围内的货物达到国家规定规模标准的，应当由总承包中标人和工程建设项目招标人共同依法组织招标”的规定设置。 上述规定同样适用于以暂估价形式出现的专业分包工程。 对未达到法律、法规规定招标规模标准的材料和专业工程，需要约定定价的程序和方法，并与材料样品报批程序相互衔接
62	新增强制性条文	第 4.1.8 条	本条规定了在工程造价计价时，规费和税金应按国家或省级、行业建设行政主管部门的有关规定计算，并不得作为竞争性费用
63		第 4.1.9 条	本条规定了招标人应在招标文件中或在签订合同时，载明投标人应考虑的风险内容及其风险范围或风险幅度
64	招标控制价	第 4.2.1 条	本条规定了国有资金投资的工程在招标过程中。当招标人编制的招标控制价超过批准的概算时的处理原则： “国有资金投资的工程建设项目应实行工程量清单招标，并应编制招标控制价。招标控制价超过批准的概算时，招标人应将其报原概算审批部门审核。投标人的投标报价高于招标控制价的，其投标应予以拒绝”
65		第 4.2.2 条	本条规定了应由招标人负责编制招标控制价，当招标人不具有编制招标控制价的能力时，根据《工程造价咨询企业管理办莹》(建设部令第 149 号)的规定，可委托具有工程造价咨询资质的工程造价咨询企业编制。 工程造价咨询人不得同时接受招标人和投标人对同一工程的招标控制价和投标报价的编制
66		第 4.2.3 条	本条规定了编制招标控制价时应遵守的计价规定，并体现招标控制价的计价特点
67	综合单价(招标控制价)	第 4.2.4 条	本条规定了招标控制价中分部分项工程费的计价要求 “综合单价中应包括招标文件中要求投标人承担的风险费用”
68		第 4.2.5 条	本条规定了招标控制价中措施项目费的计价依据和原则
69		第 4.2.6 条	本条规定了招标控制价中其他项目费的计价要求
70		第 4.2.7 条	本条规定了规费和税金的计取原则，即规费和税金必须按国家或省级、行业建设主管部门的规定计算
71	招标控制价	第 4.2.8 条	招标控制价的作用决定了招标控制价不同于标底，无须保密。为体现招标的公平、公正，防止招标人有意抬高或压低工程造价，招标人应在招标文件中如实公布招标控制价，不得对所编制的招标控制价进行上浮或下调。同时，招标人应将招标控制价报工程所在地的工程造价管理机构备查

续表

项次	涉及类别	条文编码	《建设工程工程量清单计价规范》相关规定内容简介
1	2	3	4
72	招标控制价	第4.2.9条	本条规定赋予了投标人对招标人不按本规范的规定编制招标控制价进行投诉的权利。同时要求招投标监督机构和工程造价管理机构担负并履行对未按本规范规定编制招标控制价的行为进行监督处理的责任 "投标人经复核认为招标人公布的招标控制价未按照本规范的规定进行编制的，应在开标前5天向招投标监督机构或(和)工程造价管理机构投诉。 招投标监督机构应会同工程造价管理机构对投诉进行处理，发现确有错误的，应责成招标人修改"
73	综合单价(投标报价)	第4.3.1条	本规范规定投标人的投标报价不得低于成本 "除本规范强制性规定外，投标价由投标人自主确定，但不得低于成本"
74	新增强制性条文	第4.3.2条	投标人在投标报价中填写的工程量清单的项目编码、项目名称、项目特征、计量单位、工程数量必须与招标人招标文件中提供的一致
75	投标定价原则	第4.3.3条	投标报价最基本特征是投标人自主报价，它是市场竞争形成价格的体现。本条规定了投标人投标报价应遵循的依据
76		第4.3.4条	本条规定了投标人对分部分项工程费中综合单价的确定依据和原则
77	措施项目费的计算	第4.3.5条	本条规定了投标人对措施项目费投标报价的原则 "措施项目费的计算包括： 1. 措施项目的内容应依据招标人提供的措施项目清单和投标人投标时拟定的施工组织设计或施工方案； 2. 措施项目费由投标人自主确定，但其中安全文明施工费应按国家或省级、行业建设主管部门的规定确定"
78		第4.3.6条	本条规定了投标人对其他项目费投标报价的原则
79		第4.3.7条	本条规定了投标人对规费和税金投标报价的计取原则。规费和税金的计取标准是依据有关法律、法规和政策规定制定的，具有强制性。投标人是法律、法规和政策的执行者，他不能改变，更不能制定，而必须按照法律、法规、政策的有关规定执行。因此，本条规定投标人在投标报价时必须按照国家或省级、行业建设主管部门的有关规定计算规费和税金
80		第4.3.8条	本条规定了实行工程量清单招标，投标人的投标总价应当与组成工程量清单的分部分项工程费、措施项目费、其他项目费和规费、税金的合计金额相一致
81		第4.4.1条	本条规定了工程合同价款的约定要求
82		第4.4.2条	在签订建设工程合同时，当招标文件与中标人的投标文件有不一致的地方，应以投标文件为准
83		第4.4.3条	合同约定的工程价款中所包含的工程量清单项目综合单价在约定条件内是固定的，不予调整，工程量允许调整。工程量清单项目综合单价在约定的条件外，允许调整。调整方式、方法应在合同中约定
84		第4.4.4条	本条列举了承包双方应在合同条款中进行约定事项；对合同中没有约定或约定不明的情况，作了处理说明
85		第4.5.1条	本条规定了发包人应按合同约定的时间和比例(或金额)向承包人支付工程预付款
86		第4.5.2条	工程量的正确计量是发包人向承包人支付工程进度款的前提和依据。计量和付款周期可采用分段或按月结算的方式，当采用分段结算方式时，应在合同中约定具体的工程分段划分，付款周期应与计量周期一致
87		第4.5.3条	本条规定了工程量应按承包人在履行合同义务过程中的实际完成工程量计量
88		第4.5.4条	本条规定了承包人与发包人进行工程计量的要求
89		第4.5.5条	本条规定了承包人应在每个付款周期末(月末或合同约定的工程段完成后)，向发包人递交进度款支付申请，申请中应附但不限于本规范要求的支持性证明文件
90		第4.5.6条	本条规定了发包人应按合同约定的时间核对承包人的支付申请，并应按合同约定的时间和比例向承包人支付工程进度款
91		第4.5.7条	本条规定了当发包人未按合同约定支付工程进度款时，发、承包双方进行协商处理的原则
92		第4.5.8条	本条规定了当发包人不按合同约定支付工程进度款，且与承包人又不能达成延期付款协议时，承包人的权利和发包人应承担的责任

续表

项次	涉及类别	条文编码	《建设工程工程量清单计价规范》相关规定内容简介
1	2	3	4
93	索赔	第 4.6.1 条	建设工程施工中的索赔是发、承包双方行使正当权利的行为，承包人可向发包人索赔，发包人也可向承包人索赔；但索赔要依照合同约定，有理由、有证据
94		第 4.6.2 条	本条规定了承包人向发包人的索赔应在索赔事件发生后，持证明索赔事件发生的有效证据和依据正当的索赔理由，按合同约定的时间向发包人提出索赔。发包人应按合同约定的时间对承包人提出的索赔进行答复和确认
95		第 4.6.3 条	本条规定了发包人对索赔事件的处理程序和要求
96		第 4.6.4 条	索赔事件发生后，在造成费用损失时，往往会造成工期的变动。当索赔事件造成的费用损失与工期相关联时，承包人应根据发生的索赔事件，在向发包人提出费用索赔要求的同时，提出工期延长的要求。 发包人在批准承包人的索赔报告时，应将索赔事件造成的费用损失和工期延长联系起来，综合作出批准费用索赔和工期延长的决定
97		第 4.6.5 条	本条规定了发包人向承包人提出索赔的时间、程序和要求
98		第 4.6.6 条	本条规定了承包人应发包人要求完成合同以外的零星工作，应进行现场签证
99	现场签证	第 4.6.7 条	本条规定了发、承包双方确认的索赔与现场签证费用应与工程进度款同期支付
100	市场价格调整原则	第 4.7.1 条	工程建设过程中，发、承包双方都是国家法律、法规、规章及政策的执行者。因此，在发、承包双方履行合同的过程中，当国家的法律、法规、规章及政策发生变化，国家或省级、行业建设主管部门或其授权的工程造价管理机构据此发布工程造价调整文件，工程价款应当进行调整
101		第 4.7.2 条	本条规定了当施工中施工图纸(含设计变更)与工程量清单项目特征描述不一致时，发、承包双方应按实际施工的项目特征重新确定综合单价
102		第 4.7.3 条	本条规定了分部分项工程量清单的漏项或非承包人原因引起的工程变更，造成增加新的工程量清单项目时，新增项目综合单价的确定原则
103		第 4.7.4 条	本条规定了因分部分项工程量清单漏项或非承包人原因的工程变更，造成增加新的分部分项工程量清单项目并引起措施项目发生变化，影响施工组织设计或施工方案发生变更，造成措施费发生变化的调整原则
104		第 4.7.5 条	在合同履行过程中，因非承包人原因引起的工程量增减与招标文件中提供的工程量可能有偏差，该偏差对工程量清单项目的综合单价将产生影响，是否调整综合单价以及如何调整应在合同中约定
105		第 4.7.6 条	“若施工期内市场价格波动超出一定幅度时，应按合同约定调整工程价款；合同没有约定或约定不明确的，应按省级或行业建设主管部门或其授权的工程造价管理机构的规定调整。” 本条规定了市场价格发生变化超过一定幅度时，工程价款应该依据合同约定进行调整
106		第 4.7.7 条	本条规定了当不可抗力事件发生造成损失时，工程价款的调控原则
107		第 4.7.8 条	本条规定了工程价款调整因素确定后，发、承包双方应按合同约定的时间和程序提出并确认调整的工程价款
108		第 4.7.9 条	本条规定了经发、承包双方确定调整的工程价款的支付方法
109	新增强制性条文	第 4.8.1 条	本条规定了工程完工后，必须在合同约定时间内办理竣工结算的要求
110		第 4.8.2 条	本条规定了竣工结算由承包人编制，发包人核对。实行总承包的工程，由总承包人对竣工结算的编制负总责
111		第 4.8.3 条	本条规定了办理竣工结算价款的依据
112		第 4.8.4 条	本条规定了办理竣工结算时，分部分项工程费中工程量应依据发、承包双方确认的工程量，综合单价应依据合同约定的单价计算。如发生了调整的，以发、承包双方确认调整后的综合单价计算
113		第 4.8.5 条	本条规定了办理竣工结算时，措施项目费应依据合同约定的措施项目和金额或发、承包双方确认调整后的措施项目费金额计算
114		第 4.8.6 条	本条规定了其他项目费在办理竣工结算时的要求
115		第 4.8.7 条	本条规定了规费和税金的计取原则，竣工结算中应按照国家或省级、行业建设主管部门对规费和税金的计取标准计算

续表

项次	涉及类别	条文编码	《建设工程工程量清单计价规范》相关规定内容简介
1	2	3	4
116		第4.8.8条	本条规定了承包人应在合同约定的时间内完成竣工结算编制工作。承包人向发包人提交竣工验收报告时，应一并递交竣工结算书
117		第4.8.9条	本条按照交易结束时钱、货两清的原则，规定了发、承包双方在竣工结算核对过程中的权、责
118		第4.8.10条	本条规定了发、承包双方在竣工结算中的责任
119		第4.8.11条	本条规定了当发包人拒不签收承包人报送的竣工结算书时，承包人的权利以及承包人未按合同约定递交竣工结算书时，发包人的权利
120		第4.8.12条	本条规定了将工程竣工结算书作为工程竣工验收备案、交付使用的必备条件。同时要求发、承包双方竣工结算办理完毕后应由发包人向工程造价管理机构备案，以便工程造价管理机构对本规范的执行情况进行监督和检查
121		第4.8.13条	本条规定了竣工结算办理完毕，发包人应在合同约定时间内向承包人支付工程结算价款，若合同中没有约定或约定不明的，发包人应在竣工结算书确认后15天内向承包人支付工程结算价款
122		第4.8.14条	本条规定了承包人未按合同约定得到工程结算价款时应采取的措施
123		第4.9.1条	工程造价管理机构是工程造价计价依据、办法以及相关政策的管理机构。对发包人、承包人或工程造价咨询人在工程计价中，对计价依据、办法以及相关政策规定发生的争议进行解释是工程造价管理机构的职责
124		第4.9.2条	本条规定了在发包人对工程质量有异议的情况下，工程竣工结算的办理原则
125		第4.9.3条	本条规定了当发生工程造价合同纠纷时的解决渠道和方法
126		第4.9.4条	本条规定了当工程造价合同纠纷需作工程造价鉴定的，根据《工程造价咨询企业管理办法》(建设部令第149号)第二十条的规定，应委托具有相应资质的工程造价咨询人进行
127		第5.1.7条	本条规定了规费、税金项目清单与计价表
128		第5.1.8条	本表将工程款支付申请和核准设置于一表
129		第5.2.4条	本条规定了投标人应按投标人的招标文件的要求，附工程量清单综合单价分析表
130		第5.2.5条	本条规定了投标人在投标报价中应对招标人提供的工程量清单与计价表中所列项目均应填写单价和合价，否则，将被视为此项费用已包含在其他项目的单价和合价中

注：摘自中华人民共和国国家标准国家标准《建设工程工程量清单计价规范》GB 50500—2008及条文说明。

《建设工程工程量清单计价规范》GB 50500—2008所指的工程量清单计价活动包括：工程量清单、招标控制价、投标报价的编制，工程合同价款的约定，竣工结算的办理以及施工过程中的工程计量、工程价款支付、索赔与现场签证、工程价款调整和工程计价争议处理等活动。

由此说明，可以看出“08规范”将其适用范围由“03规范”的“主要适用于建设工程招标投标的工程量清单计价活动”扩大到了工程建设施工阶段的全过程。此是“08规范”的重点变化之一(表2-2)。

“08规范”修订内容(条文、表格、附录)一览表 **表2-2**

项次	“08规范”(新)	“03规范”(旧)	内容简介
1	2	3	4
一、正文修订情况(1～29项次)			
1	第1.0.1条	第1.0.1条	与“03规范”相比，删去了“工程量清单”一词； 增加《中华人民共和国建筑法》、《中华人民共和国合同法》、《中华人民共和国招标投标法》等法律法规的表述； 删掉“03规范”的“建设部令第107号《建筑工程施工发包与承包计价管理办法》”的表述
2	第1.0.3条	第1.0.3条	强制性条文； 与“03规范”相比，删除“大中型”一词；将“应执行本规范”表述为“必须采用工程量清单计价”

续表

项次	“08 规范”（新）	“03 规范”（旧）	内容简介
1	2	3	4
3	第 1.0.7 条	第 1.0.6 条	“08 规范”将 2005 年作为局部修订的矿山工程部分并入附录，作为附录 F
4	第 1.0.8 条	第 1.0.5 条	与“03 规范”相比，删去了“法律、法规”及“规范”的表述
5	第 2.0.1 条	第 2.0.1 条	术语，与“03 规范”相比： (1) 增加了“规费项目”和“税金项目”； (2) 将“拟建工程”更名为“建设工程”
6	第 2.0.2 条	第 2.0.2 条	与“03 规范”相比，本条只讲了定义，原定义“采用十二位阿拉伯数字表示。一至九位为统一编码，其中，一、二位为附录顺序码，三、四位为专业工程顺序码，五、六位为分部工程顺序码，七、八、九位为分项工程项目名称顺序码，十至十二位为清单项目名称顺序码”分别放入“08 规范”第 3.2.3 条及其条文说明
7	第 2.0.4 条	第 2.0.3 条	与“03 规范”相比： (1) 将“完成工程量清单中一个规定计量单位项目”表述为“完成一个规定计量单位的分部分项工程量清单项目或措施项目”； (2) 将“并考虑风险因素”表述为“以及一定范围内的风险费用”
8	第 2.0.5 条	第 2.0.4 条	与“03 规范”相比，“施工前”改为“施工准备”；增加“环境保护”的表述
9	第 2.0.6 条	第 2.0.5 条	术语，更名：“03 规范”中的“预留金”更名为“暂列金额”
10	第 2.0.8 条	第 2.0.7 条	术语，更名：“03 规范”中的“零星工作项目费”更名为“计日工”
11	第 2.0.9 条	第 2.0.6 条	术语，总承包服务费是：总承包人为配合协调发包人进行的工程分包自行采购的设备、材料等进行管理、服务以及施工现场管理、竣工资料汇总整理等服务所需的费用
12	第 2.0.12 条	第 2.0.9 条	术语，与“03 规范”的定义相比，删去了“以及有关工程造价资料制定的，并供本企业使用的”字句；“03 规范”的“消耗量标准”改为“消耗标准”
13	第 3.1.1 条	第 3.1.1 条	与“03 规范”相比，将“具有相应资质的中介机构”修订为“具有相应资质的工程造价咨询人”
14	第 3.1.2 条	第 3.1.2 条	升格为强制性条文； 采用了“工程量清单必须作为招标文件的组成部分”的表述。同时，对编制质量的责任规定得更加明确和责任具体
15	第 3.1.4 条	第 3.1.3 条	与“03 规范”相比，增加了“规费”和“税金”项目
16	第 3.2.1 条	第 3.2.1 条	升格为强制性条文； 与“03 规范”相比，增加了“项目特征”一项
17	第 3.2.2 条	第 3.2.2 条	强制性条文； 与“03 规范”相比，增加了“项目特征”一项
18	第 3.2.3 条	第 3.2.3 条	强制性条文； 与“03 规范”相比，变化如下： (1) 删去了“03 规范”中的“由其编制人”设置的规定，因“08 规范”第 3.1.1 条已有明确规定； (2) 增加了“同一招标工程的项目编码不得有重码”的规定； (3) 删去了“03 规范”中的“并应自 001 起顺序编制”的规定
19	第 3.2.4 条	第 3.2.4 条 第一款	强制性条文； (1) 将“03 规范”第 3.2.4 条第一款仍然保留为强制性条文； (2) 将“03 规范”第 3.2.4 条中的第二款修订为“08 规范”第 3.2.8 条
20	第 3.2.5 条	第 3.2.6 条 第一款	强制性条文； (1) 保留“03 规范”第 3.2.6 条第一款为强制性条文。分部分项工程量清单的工程量应按附录中规定的工程量计算规则计算； (2)“03 规范”中第 3.2.6 条第二款“工程量的有效位数应遵守下列规定”放入“08 规范”该条的条文说明中

续表

项次	“08规范”（新）	“03规范”（旧）	内容简介
1	2	3	4
21	第3.2.6条	第3.2.5条	强制性条文； 附录的表述方式有变换，包含“05年修订”增加的“附录F矿山工程”
22	第3.2.8条	第3.2.4条第二款	本条为“03规范”第3.2.4条第二款扩展而成
23	第3.3.1条	第3.3.1条、第3.3.2条	本条仅保留了“03规范”中“通用措施项目一览表”中的大部分内容，作为通用措施项目列项的参考。同时，将“03规范”的第3.3.2条修订为：“若出现本规范未列的项目，可根据工程实际情况补充。”合并在本条
24	第3.4.1条	第3.4.1条	本条规定了其他项目清单内容
25	第3.4.2条	第3.4.2条	“03规范”的“编制人可作补充”修订为“可根据工程实际情况补充”
26	第4.1.1条	第4.0.2条	本条规定了实行工程量清单计价时，工程造价由分部分项工程费、措施项目费、其他项目费和规费、税金五部分组成
27	第4.1.2条	第4.0.3条、第4.0.4条	强制性条文； 工程计价方法包括工料单价法和综合单价法。实行工程量清单计价应采用综合单价法，其综合单价的组成内容应符合“08规范”第2.0.4条的规定
28	第4.1.4条	第4.0.5条	“03规范”第4.0.5条仅规定措施项目“参照本规范规定的综合单价组成确定”作了修改。将措施项目划分为可以计算工程量的应采用综合单价计价，其余的措施项目以“项”为单位的方式计价
29	第4.1.6条	第4.0.6条	本条规定了其他项目清单计价内容的依据
二、规范表格修订情况(30～38项次)			
30	第5.1.1条	第5.1.2条	本条规定了封面的样式
31	第5.1.2条	第5.1.2条	本条对总说明表只列出了一个表，需要说明的是，在工程计价的不同阶段，说明的内容是有差别的，要求是不同的
32	第5.1.3条	第5.2.2条	本条规定了不同计价阶段使用汇总表的6个表样
33	第5.1.4条	第5.2.2条、第5.1.2条	本条规定了分部分项工程量清单与计价表和工程量清单综合单价分析表
34	第5.1.5条	第5.1.1条、第5.1.2条、第5.2.1条、第5.2.2条	本条规定了措施项目清单与计价表的两种表格
35	第5.1.6条	第5.1.2条、第5.2.1条	本条规定了其他项目清单的9种表格
36	第5.2.1条	第5.1.1条、第5.2.1条	本条规定了工程量清单计价表宜采用统一格式，但由于行业、地区的一些特殊情况，赋予了省级或行业建设主管部门可在“08规范”提供计价格式的基础上予以补充
37	第5.2.2条	第5.1.3条	本条对工程量清单编制表的使用作出了规定
38	第5.2.3条	第5.2.3条	本条对工程量清单计价表的使用作出了规定，特别强调在封面的有关签署和盖章中应遵守和满足有关工程造价计价管理规章和政策的规定
三、规范附录的修订情况(39项次)			
39	附录D中二	表3.3.1	增加了“脚手架”“地下管线交叉处理”“轨道交通工程路桥、市政基础设施施工监理、监控、保护费”，将现场施工围栏调整为“行车、行人干扰增加费”

注：详细请参阅中华人民共和国国家标准《建设工程工程量清单计价规范》GB 50500—2008及其宣贯辅导教材。

国家标准《建设工程工程量清单计价规范》规范工程造价计价行为的主要相关法律、法规依据见表2-3。

国家标准《建设工程工程量清单计价规范》规范工程造价计价行为的主要相关法律、法规依据　表 2-3

项次	相关法律、文件		条文
	名　称	内　容	
1	2	3	4
1	中华人民共和国建筑法(1998 年 3 月 1 日起施行)	第六十一条：“交付竣工验收的建筑工程，必须符合规定的建筑工程质量标准，有完整的工程技术经济资料和经签署的工程保修书，并具备国家规定的其他竣工条件”的规定，本条规定了将工程竣工结算书作为工程竣工验收备案、交付使用的必备条件。同时要求发、承包双方竣工结算办理完毕后应由发包人向工程造价管理机构备案，以便工程造价管理机构对本规范的执行情况进行监督和检查	第 4.8.12 条
2		第十八条规定：“建筑工程造价应当按照国家有关规定，由发包单位与承包单位在合同中约定。公开招标发包的，其造价的约定，须遵守招标投标法律的规定”	第 4.4.4 条
3	财政部、国家发展改革委、建设部“关于专项治理涉及建筑企业收费的通知”(财综［2003］46 号)	规定的行政事业收费的政策界限：“各地区凡在法律、法规规定之外，以及国务院或者财政部、原国家计委和省、自治区、直辖市人民政府及其所属财政、价格主管部门规定之外，向建筑企业收取的行政事业性收费，均属于乱收费，应当予以取消”	
4	《中华人民共和国反不正当竞争法》	第十一条规定：“经营者不得以排挤竞争对手为目的，以低于成本的价格销售商品”	第 4.3.1 条
5	中华人民共和国招标投标法(2000 年 1 月 1 日起施行)	第四十一条规定：“中标人的投标应当符合下列条件……(二)能够满足招标文件的实质性要求，并且经评审的投标价格最低；但是投标价格低于成本的除外”	第 4.3.1 条
6		第四十六条规定：“招标人和中标人应当自中标通知书发出之日起 30 日内，按照招标文件和中标人的投标文件订立书面合同。招标人和中标人不得再行订立背离合同实质性内容的其他协议”	第 4.4.1 条
7	《中华人民共和国民法通则》	第一百一十一条规定：当事人一方不履行合同义务或者履行合同义务不符合合同条件的，另一方有权要求履行或者采取补救措施，并有权要求赔偿损失	第 4.6.1 条
8	2006 年 12 月 8 日财政部、国家安全生产监督管理总局印发《高危行业企业安全生产费用财务管理暂行办法》(财企［2006］478 号)	规定“建筑施工企业提取的安全费用列入工程造价，在竞标时，不得删减”	
9	中华人民共和国仲裁法、最高人民法院关于审理建设工程施工合同纠纷案件适用法律问题的解释(法释［2004］14 号)	为解决“清欠”中的法律依据问题，最高人民法院于 2004 年 9 月 29 日发布了《关于审理建设工程施工合同纠纷案件适用法律问题的解释》(法释［2004］14 号)。该解释多条涉及工程合同价款如何认定的问题，为规范工程计价行为提供了法律保障	
10	《工程造价咨询企业管理办法》(建设部令第 149 号)	规定，承、发包人均可委托具有工程造价咨询资质的工程造价咨询企业编制或核对竣工结算	第 4.8.2 条
11	《评标委员会和评标方法暂行规定》(国家计委等七部委第 12 号令)	第二十一条规定：“在评标过程中，评标委员会发现投标人的报价明显低于其他投标报价或者在设有标底时明显低于标底的，使得其投标报价可能低于其个别成本的，应当要求该投标人作出书面说明并提供相关证明材料。投标人不能合理说明或者不能提供相关证明材料的，由评标委员会认定该投标人以低于成本报价竞标，其投标应作废标处理”	第 4.3.1 条
12	建筑工程施工发包与承包计价管理办法(建设部令第 107 号发布)	第五条规定，工程计价方法包括工料单价法和综合单价法。实行工程量清单计价应采用综合单价法，其综合单价的组成内容应符号本规范第 2.0.4 条的规定	
13	财政部、建设部于 2004 年 10 月 20 日印发了《建设工程价款结算暂行办法》(财建［2004］369 号)	对工程建设领域涉及工程价款结算、价款支付、工程计量、工程变更与价款调整、索赔、竣工结算、工程价款审核、工程价款结算争议处理等问题作了针对性的明确规定，使规范工程计价行为有章可循	

续表

项次	相关法律、文件		条文
	名　称	内　容	
1	2	3	4
14	2003年10月15日，建设部、财政部印发了《建筑安装工程费用项目组成》（建标［2003］206号）	规费是工程造价的组成部分。提出了措施费和规费的概念	
15		规费包括工程排污费、工程定额测定费、社会保障费(养老保险、失业保险、医疗保险)、住房公积金、危险作业意外伤害保险。规费是政府和有关权力部门规定必须缴纳的费用，编制人对《建筑安装工程费用项目组成》未包括的规费项目，在编制规费项目清单时应根据省级政府或省级有关权力部门的规定列项	第3.5条
16		目前我国税法规定应计人建筑安装工程造价的税种包括营业税、城市建设维护税及教育费附加。如国家税法发生变化，税务部门依据职权增加了税种，应对税金项目清单进行补充	第3.6条
17		措施项目清单中的安全文明施工费包括《建筑安装工程费用项目组成》（建标［2003］206号）中措施费的文明施工费、环境保护费、临时设施费、安全施工费	第4.1.5条
18	2005年6月7日，建设部办公厅印发了《建筑工程安全防护、文明施工措施费用及使用管理规定》（建办［2005］89号）	将安全文明施工费纳入国家强制性标准管理范围，其费用标准不予竞争。本规范规定措施项目清单中的安全文明施工费应按国家或省级、行业建设主管部门的规定费用标准计价，招标人不得要求投标人对该项费用进行优惠，投标人也不得将该项费用参与市场竞争	第4.1.5条
19		明确规定上述费用由《建筑安装工程费用项目组成》中的文明施工费、环境保护费、临时设施费、安全施工费组成。并规定“投标方安全防护、文明施工措施的报价，不得低于依据工程所在地工程造价管理机构测定费率计算所需费用总额的90％”	
20	中华人民共和国合同法(1999年10月1日起施行)(摘录)	第二百七十条规定：“建设工程合同应采用书面形式。”	第4.4.1条

注：1. 摘自国家标准《建设工程工程量清单计价规范》GB 50500—2008【条文说明】，以第×.×.××条呈现；
2. 摘自国家标准《建设工程工程量清单计价规范》GB 50500—2008宣贯辅导教材，未注明第×.×.××条呈现；
3. 国家标准《建设工程工程量清单计价规范》GB 50500—2008的条款是建设工程计价活动中应遵守的专业性条款，在工程计价活动中，除应遵守专业性条款外，还应遵守国家现行有关标准的规定。而法律、法规本身就是必须遵守的，规范本身就是标准。

国家标准《建设工程工程量清单计价规范》GB 50500—2008第1.0.1条阐述了制定本规范的目的和法律依据。

按照条文说明第1.0.4条定义的“对于不采用工程量清单计价方式的工程建设项目，除工程量清单等专门性规定外，本规范的其他条文仍应执行”。例如合同价款约定、工程计量与价款支付、索赔与现场签证、工程价款调整、竣工结算、工程造价争议处理等条款。

“08规范”仅保留了法律依据，其他的规章，均没有一一将其列出。但不能理解为其他规章与“08规范”没有关联，这点要引起注意！

第3章 《建设工程工程量清单计价规范》与工程造价算量流程

分部分项工程与《实物图形算量法》暨《计算公式算量法》流程见图3-1，工程量清单工程量算量技法基本形式见图3-2，道路工程(章、节、项、个)结构系统计价编制流程见图3-3，道路工程按清单编码的顺序计算见图3-4，常规桥梁施工工艺流程见图3-5，市政管网工程开槽埋管施工工艺流程见图3-6，市政管网工程顶管工程［沉井工作井、型钢水泥土复合搅拌桩(SMW)工法接受井坑 ϕ1000TLM管道顶管］工程量清单计算程序见图3-7。

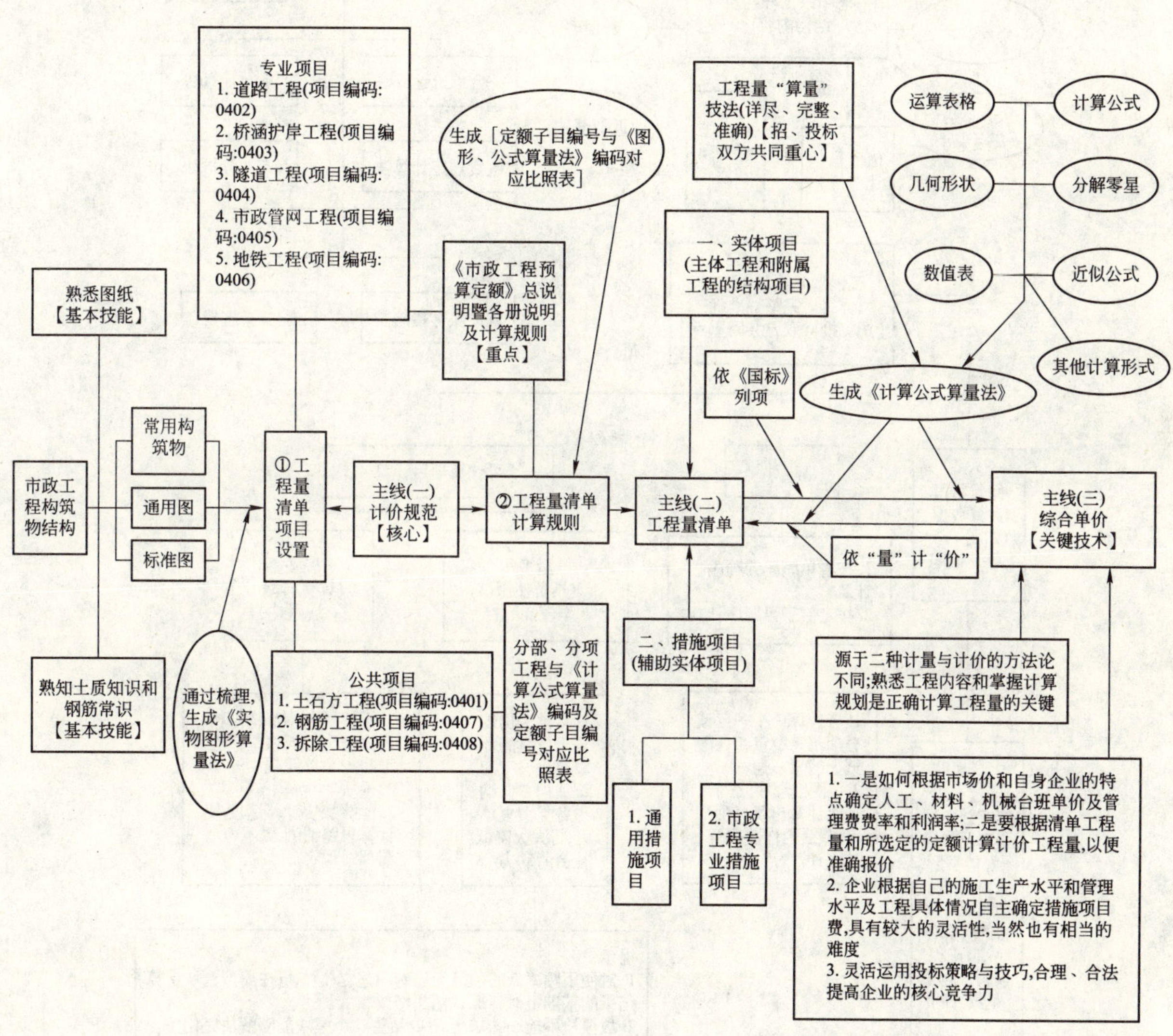

图3-1 分部分项工程与《实物图形算量法》暨《计算公式算量法》流程简图

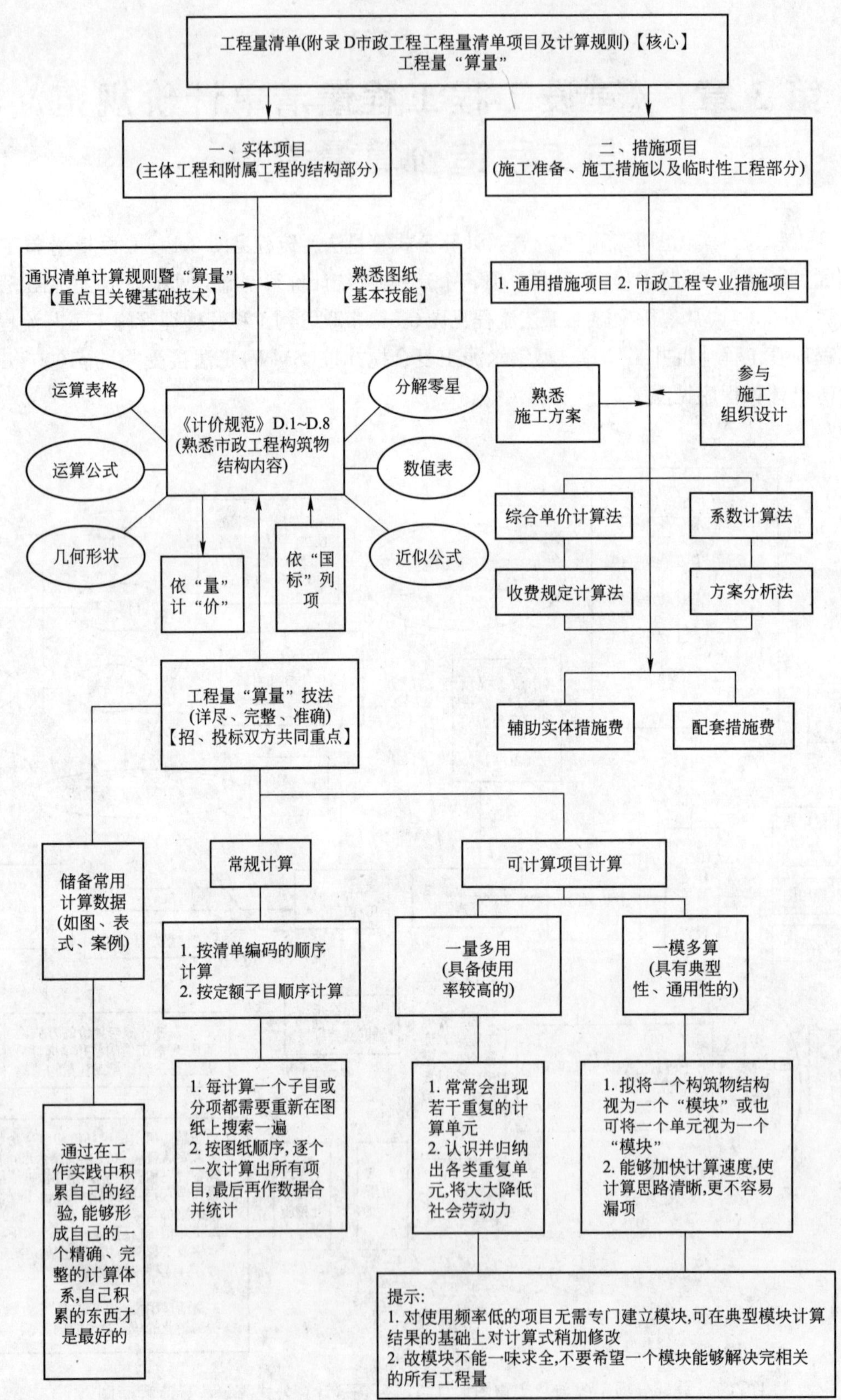

图3-2 工程量清单工程量算量技法基本形式简图

常 规 计 算

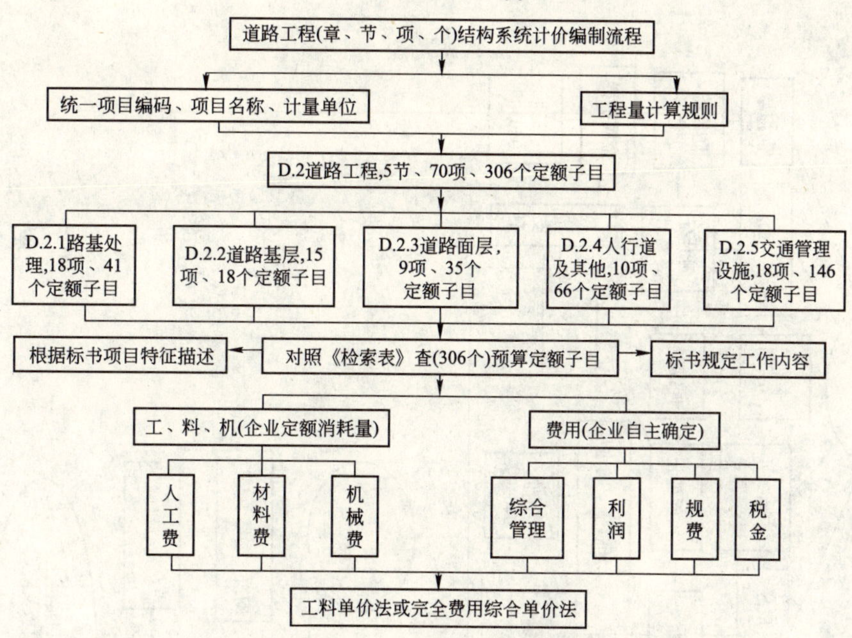

图 3-3 道路工程(章、节、项、个)结构系统计价编制流程图

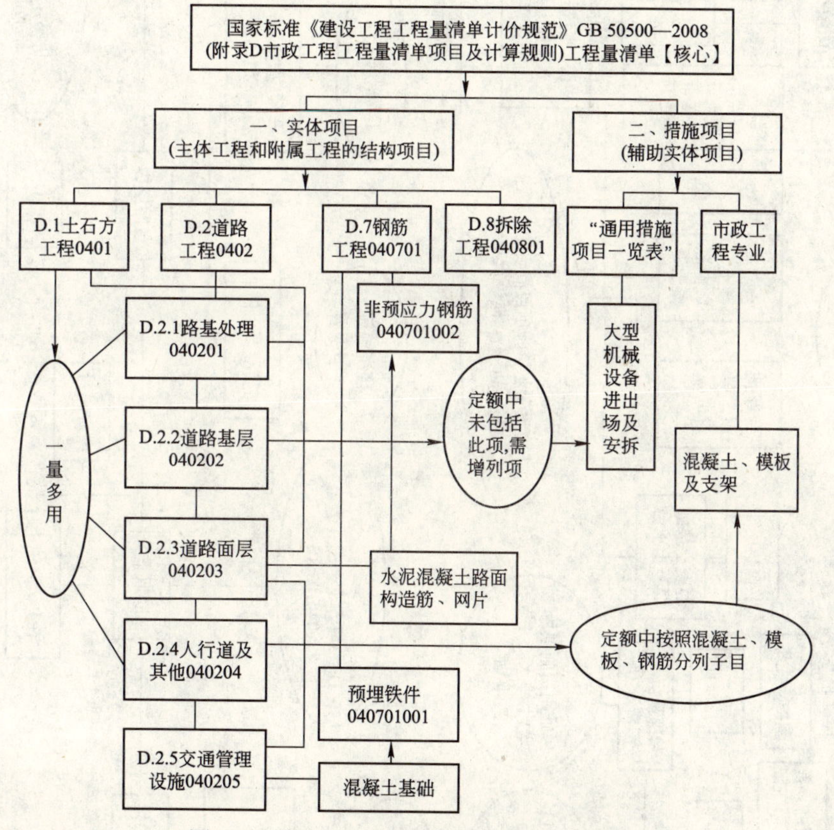

图 3-4 道路工程按清单编码的顺序计算简图

说明：1. 一量多用：

① 道路垫层、基层、面层(平面交叉口)面积，请参阅表 4-96“道路基层工程数量计算公式”的释义；

② 人行道(平面交叉口)面积，请参阅表 4-107“人行道(平面交叉口)面积工程量‘算量’”的释义；

2. 大型机械设备进出场及安拆，定额中未包括此项，需增列项目；请参阅表 5-7“大型机械设备进出场及安拆”的释义；

3. D.1 填方及土石方运输(项目编码：040103)中的余方或缺方体积＝挖土总体积－回填土总体积

式中计算结果为正值时为余方外运体积，负值时为缺方(须取土)体积；

4. D.8 拆除工程，不应包括道路工程土方工程量。

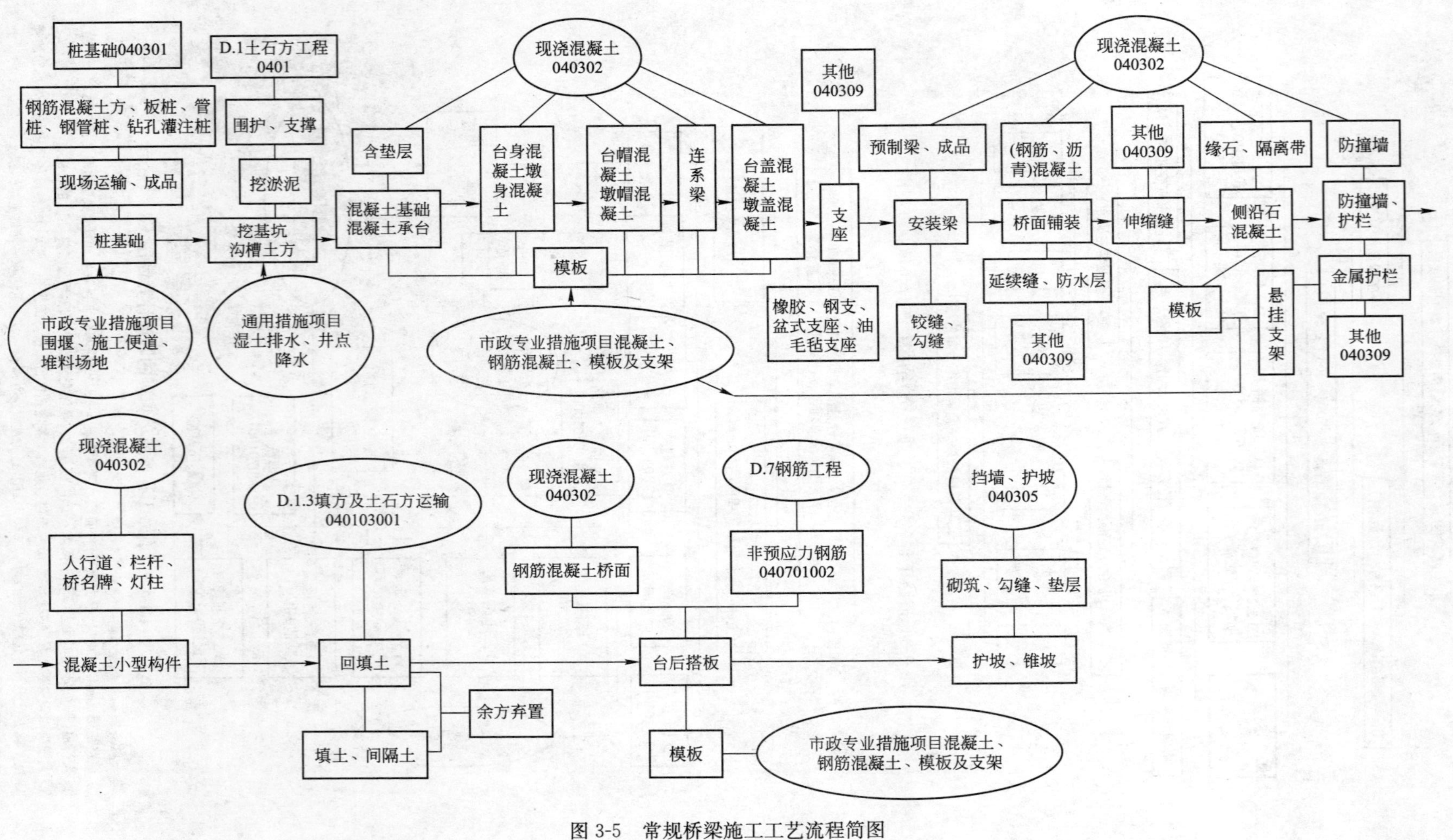

图3-5 常规桥梁施工工艺流程简图

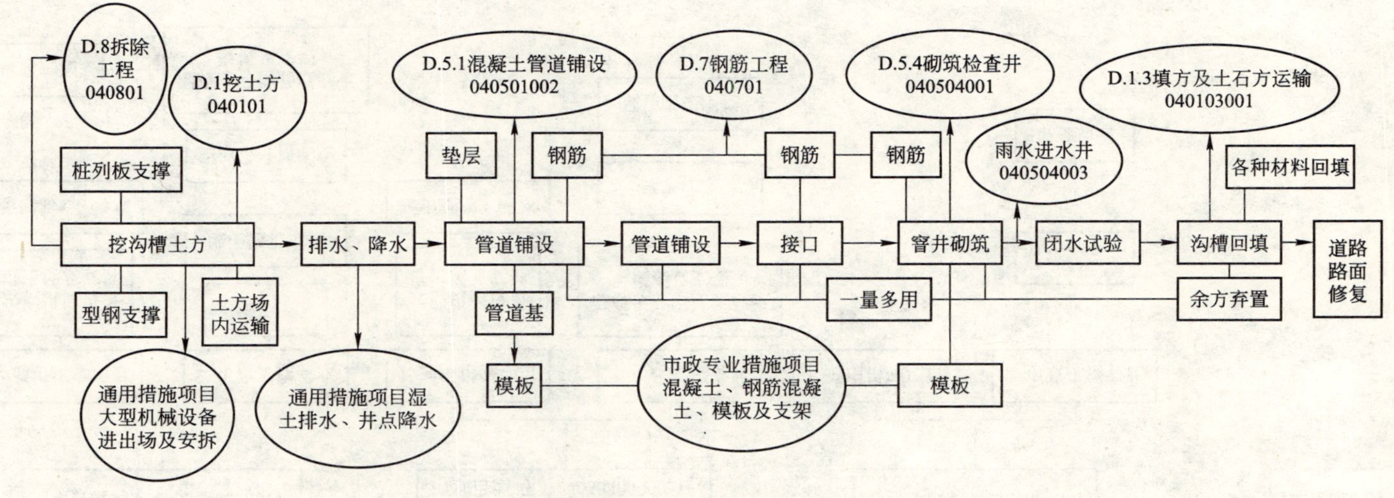

图 3-6　市政管网工程开槽埋管施工工艺流程简图

说明：1. 沟槽回填(一量多用)：

① D.1 挖土方，按拟定的开槽形式方案计算挖土总体积；

② 管道铺设，包括：砾石砂垫层、基座混凝土底板、管枕、管子等体积；

③ 窨井砌筑，包括：碎石垫层、混凝土基础、砖砌体(窨井外形)等体积。

2. 大型机械设备进出场及安拆，定额中未包括此项，需增列项目；请参阅表 5-7“大型机械设备进出场及安拆”的释义；

3. D.1 填方及土石方运输(项目编码：040103)中的余方或缺方体积＝挖土总体积－回填土总体积，式中计算结果为正值时为余方外运体积，负值时为缺方(须取土)体积；

4. D.8 拆除工程(项目编码：040801)，各类项目的体积汇总后，按表 4-69“土方工程场外运输计价基本数据系数”换算；

5. 道路路面修复，请参阅表 4-252“排水管道施工修复路面宽度工程量‘算量’”的释义。

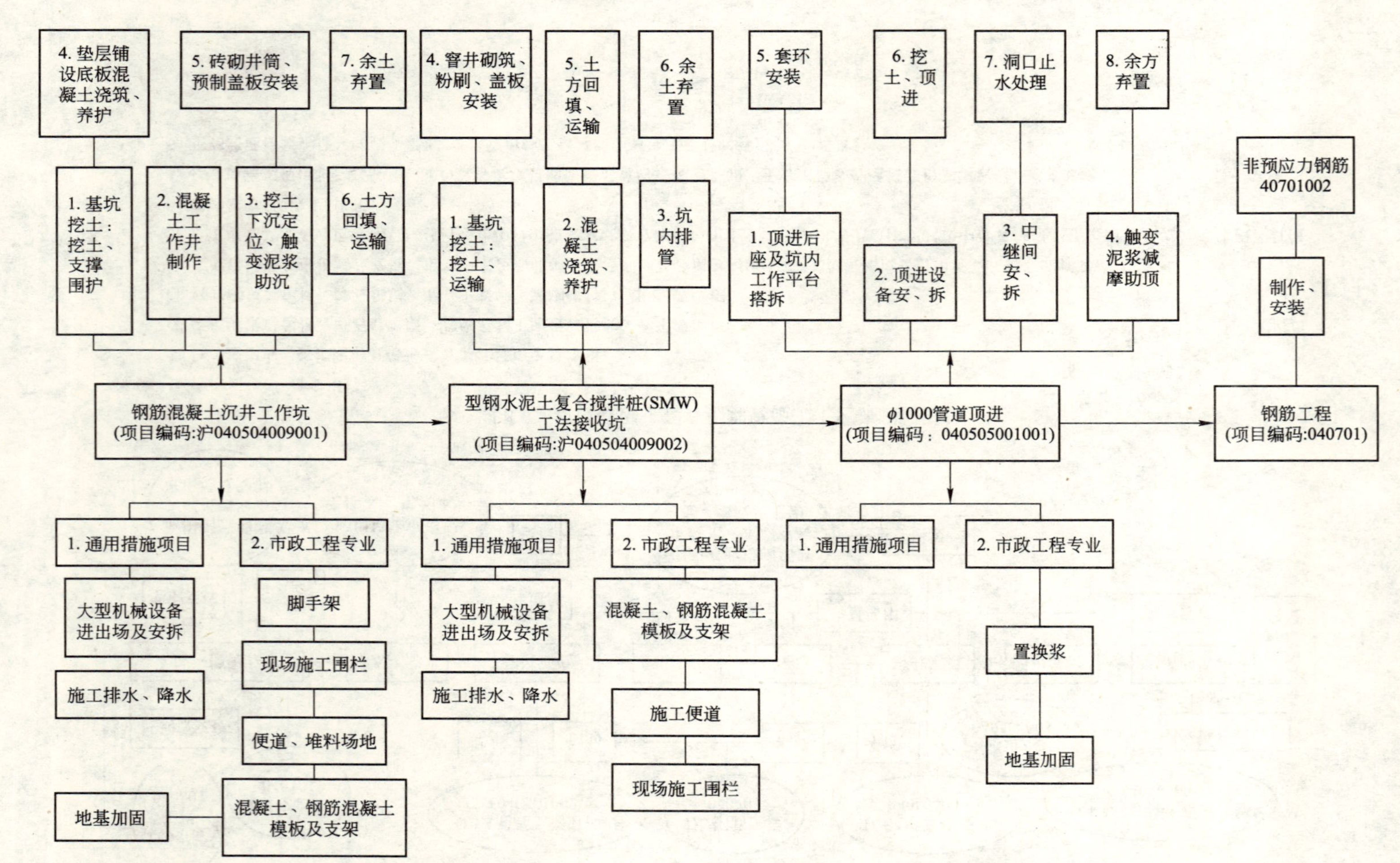

图 3-7　市政管网工程顶管工程［沉井工作井、型钢水泥土复合搅拌桩(SMW)工法接受井坑、ϕ1000TLM 管道顶管］工程量清单计算程序

中篇

市政工程工程量清单

第一部分　实体项目(分部分项工程)

第4章　实体项目(主体工程和附属工程的结构项目)

4.1　土石方工程(项目编码：040101)

1. 土的工程分类

土的野外鉴别是从事市政工程造价专业技术人员必须掌握的基本技能。除表4-1“土质类别”、表4-2“土的工程分类”、表4-3“挖土土壤分类表”所列，以开挖难易程度鉴别类别，作为工程量清单计价和概预、(结)算的依据外，还要观察与确定构筑物或管沟等基底土质(如：在铺设承插式混凝土管及F型承口式钢筋混凝土有承插式钢筋混凝土管、企口式钢筋混凝土管时，其基底土质在黏性土质中适用混凝土基座；而在铺设承插式混凝土管及F型承口式钢筋混凝土管时，其基底土质在粉性及砂性土质中适用钢筋混凝土基础等等；则需及时向有关单位提出设计变更的报告)。在野外粗略地鉴别各类土的方法见表4-5“土质现场鉴别方法”。

(1) 土的分类

土　质　类　别　　表4-1

项次	土的名称	土　质　类　别
1	砂土	砂土是指砂粒中的细粒土(主要是粉土)、质砂(简称土质砂)，其颗粒组成级配较好，易于压实，具有足够的内摩擦力，又有一定的粘结性，遇水干得快而不膨胀，干时扬尘少，是填筑路基的好材料
2	粉土	指砂土中的细粒土质砂，包括粉质土(各种粉土)和低液限(W_L<50%)黏土，因含有较多的粉粒，毛细现象严重，干时易被风蚀，浸水后很快会被湿透，在季节性冰冻地区常引起冻胀和翻浆，水饱和时有振动液化问题。粉性土，特别是粉土，是稳定性差的填料，在水温条件差而不得不使用时，应掺配其他材料，并加强排水与采取隔离等措施
3	黏土	这里指的是黏质土(低液限黏土除外)和黏土质砂，它具有较大的可塑性和粘结性，毛细现象也很显著，但透水性差，干湿循环因胀缩引起的体积变化也很大。干燥时，坚硬而不易挖掘；浸水后，能够较长时间保持水分，而强度下降较多。过于和过湿时都不便施工，在适合的含水量时加以充分压实，并有良好的排水条件下，筑成的路基也较稳定。 但液限>50(称高液限)，塑性指数>26的黏土，特别是塑性指数>50的高液限黏土，则几乎不透水，粘结力特强，膨胀性和塑性都很大，其工程性质受黏土矿物成分影响较大(高岭石最好，伊里石次之，蒙脱石最差)，浸水后承载力很小，故不宜作路基填料。 如需使用时，可采用在适当含水量时掺外加剂如石灰等加以拌合压实来提高其强度，以满足其设计要求
4	特殊土	具有特殊结构的土(膨胀土或黄土)、含有机质的土(泥炭、腐殖土等)以及含易溶盐的土(盐渍土、石膏土等)，均应分情况加以限制使用，并在设计与施工上采取适当的措施
5	软质岩石	即硬度小的岩石，如黏土岩、泥质砂(页岩)、云母片岩等，浸水后易崩解，强度显著降低，变形量大，一般不宜用作路堤(特别是浸水部分)填料。 如用强风化石料或软质岩石填筑路基时，其CBR值要符合设计规定值，并加以充分压碎填实，还需采取封闭等措施，当作土质路基来处理

注：1. 为了便于正确理解、查阅地质勘察资料和土质分析报告和计算，对土的三相——土粒(固相)、土中水(液相)和土中气(气相)的组成情况进行数量上的研究；

2. 土的三相的组成情况，请参阅本《市政工程工程量清单工程系列丛书》姊妹篇之三《市政工程工程量清单常用数据手册》；

3. 上海地区为软土类土层，《上海市市政工程预算定额》(2000)土方工程中未编列石方工程；

4.《全国统一市政工程预算定额》(1999)定额未考虑f16以上的岩石开挖，若发生时需另行处理。

土的工程分类 表 4-2

项次	项目名称	《市政工程工程量清单常用数据手册》
1	土壤及岩石(普式)分类表	表 2-2“土壤及岩石(普式)分类表”
2	土的工程分类	表 2-3“土的工程分类”
3	挖土土壤分类表	表 2-4“挖土土壤分类表”
4	挖土土壤分类表	表 2-8“挖土土壤分类表”
5	黏性土的现场鉴别方法	表 2-9“黏性土的现场鉴别方法”
6	人工填土、淤泥、黄土、泥炭的现场鉴别方法	表 2-10“人工填土、淤泥、黄土、泥炭的现场鉴别方法”
7	土粒相对密度参考表 (单位：g/cm^3 或 t/m^3)	表 2-11“土粒相对密度参考表 (单位：g/cm^3 或 t/m^3)”
8	粒组划分范围	图 2-1“粒组划分范围示意图”
9	土的粒径范围及一般特征	表 2-6“土的粒径范围及一般特征”
10	土的三相比例指标推导换算的公式	表 2-7“土的三相比例指标推导换算的公式”
11	单位体积土的三相组成	图 2-2“单位体积土的三相组成示意图”

注：请分别参阅本《市政工程工程量清单工程系列丛书》姊妹篇之三《市政工程工程量清单常用数据手册》上述计算表格、示意图内的释义。

挖土土壤分类表 表 4-3

土壤分类	土 壤 名 称	鉴别方法
Ⅰ类土	略有黏性的砂土、腐殖土及疏松的种植土，泥炭	用锹或锄挖掘
Ⅱ类土	潮湿的黏土和黄土，含有碎石、卵石及建筑材料碎屑的堆积土和种植土，软的盐土和碱土	主要用锹或锄挖掘，需要脚踏，少许用镐刨松
Ⅲ类土	中等密实的黏性土及黄土，含有碎石、卵石或建筑材料碎屑的潮湿黏性或黄土	主要用镐刨松才能用锹挖掘
Ⅳ类土	坚硬密实的黏性土和黄土，含有碎石、卵石(体积 10%～30%，石块质量≤25kg)中等密实的黏性土和黄土，硬化的重盐土	全部用镐刨，少许用撬棒挖掘

注：1. 选自《上海市市政工程预算定额》(2000)总说明附表 1；
2. 对天然土按施工开挖的难易程度来分类，划分为四类；
3. 定额中人工挖土分为Ⅰ、Ⅱ类土、Ⅲ类土、Ⅳ类土；而机械挖土方则综合取定，不分土壤类别。

挖土土壤分类续表 表 4-4

项次	项目名称	释 义
1	打桩工程	参见表 4-46“桥涵工程基坑开挖工程量‘算量’”
2	立交箱涵	参见表 4-192“箱涵顶柱、中继间护套及挖土支架的摊销量(m、m^3)表”

注：1. 根据《全国统一市政工程预算定额》(1999)总说明及各册、章说明、依据上海市市政工程预算定额修编大纲，结合上海市情况编制补充定额部分，参见表 2-2“《全国统一市政工程预算定额》关于各省、自治区、直辖市编制补充定额部分等项目”中“打桩工程定额中土质类别均按甲级土考虑。各省、自治区、直辖市可按本地区土质类别进行调整及立交箱涵定额顶进土质按Ⅰ、Ⅱ类土考虑，若实际土质与定额不同时，可由各省、自治区、直辖市进行调整”的释义；
2. 土方类别，请参阅表 4-3“挖土土壤分类表”。

(2) 土质现场鉴别方法

土质现场鉴别方法 表 4-5

项次	项 目 名 称	《市政工程工程量清单常用数据手册》
1	碎石土密实度现场鉴别方法	表 2-8“碎石土密实度现场鉴别方法”
2	黏性土的现场鉴别方法	表 2-9“黏性土的现场鉴别方法”
3	人工填土、淤泥、黄土、泥炭的现场鉴别方法	表 2-10“人工填土、淤泥、黄土、泥炭的现场鉴别方法”
4	土粒相对密度参考表 (单位：g/cm^3 或 t/m^3)	表 2-11“土粒相对密度参考表 (单位：g/cm^3 或 t/m^3)”

注：请分别参阅本《市政工程工程量清单工程系列丛书》姊妹篇之三《市政工程工程量清单常用数据手册》上述计算表格、示意图内的释义。

(3) 土的物理力学性质(表 4-6)

土的物理力学性质　**表 4-6**

项次	项 目 名 称	《市政工程工程量清单常用数据手册》
1	粒组划分范围	图 2-1“粒组划分范围示意图”
2	土的粒径范围及一般特征	表 2-6“土的粒径范围及一般特征”
3	土的三相比例指标推导换算的公式	表 2-7“土的三相比例指标推导换算的公式”
4	单位体积土的三相组成	图 2-2“单位体积土的三相组成示意图”
5	黏性土按塑性指数 L_p 分类	表 2-60“黏性土按塑性指数 L_p 分类”
6	各种土的渗透系数参考表	表 2-204“各种土的渗透系数参考表”
7	按土质颗粒大小的渗透系数参考表	表 2-205“按土质颗粒大小的渗透系数参考表”

注：请分别参阅本《市政工程工程量清单工程系列丛书》姊妹篇之三《市政工程工程量清单常用数据手册》上述计算表格、示意图内的释义。

砂土分类见表 4-7，砂土根据标准贯入度试验锤击数 N 判定的密实度及表 4-8。

砂 土 分 类 表　**表 4-7**

土 的 名 称	颗 粒 级 配(粗 细 含 量)
砾砂	粒径大于 2mm 的颗粒含量占全重 25%～50%
粗砂	粒径大于 0.5mm 的颗粒含量超过全重 50%
中砂	粒径大于 0.25mm 的颗粒含量超过全重 50%
细砂	粒径大于 0.074mm 的颗粒含量超过全重 85%
粉砂	粒径大于 0.1mm 的颗粒含量超过全重 50%

注：分类时应根据粒组含量栏从上到下以最先符合者确定。

砂土根据标准贯入度试验锤击数 N 判定的密实度　**表 4-8**

标准贯入度试验锤击数 N	密实度	标准贯入度试验锤击数 N	密实度
$N \leqslant 10$	松散	$15 < N \leqslant 30$	中密
$10 < N \leqslant 15$	稍密	$N > 30$	密实

注：1. 评定砂土的密实度常用孔隙比 e 或标准贯人的锤击次数 N 等确定；
2. 砂土的成分中缺少黏土矿物，它是无黏性的松散体，天然条件下的砂土处在从紧密到松散的不同物理状态下，松散砂土的压缩性与透水性较高，而其强度与稳定性较低，密实的砂土则反之，是良好的天然地基。所以，密实度是衡量砂土的最重要的指标；
3. 当用静力触探探头阻力判定砂土的密实度时，可根据当地经验确定。

黏土的工程性质见表 4-9，粉土的密实度见表 4-10，黏性土按液限指数分类见表 4-11。

黏土的工程性质　**表 4-9**

类	型	工 程 性 质
黏土按沉积年代，分为老黏土、一般黏土和新近沉积黏土	老黏土	是指第四世纪晚更新世(Qs)及其以前沉积的黏土。它是一种沉积年代久、工程性质较好的黏土，一般具有较高的强度和较低的压缩性。 其物理力学性质比具有相近物理指标的一般黏土要好。 它广泛分布于长江中下游的晚更新世的下蜀系黏土(Q3)、湖南湘江两岸的网纹状黏土(Q2)和内蒙古包头地区的下亚层(Q3)
	一般黏土	是指第四纪全新世(Q4)(文化期以前)沉积的黏土。 其分布面积最广，遇到得也最多，工程性质变化很大
	新近沉积的黏土	是指文化期以来新近沉积的黏土，一般为欠固结构，且强度较低

注：1. 黏土是指塑性指数 $I_p > 10$ 的土；
2. 黏土的工程性质与土的成因，生成年代密切相关，不同成因和年代的黏土，尽管其某些物理性指标值可能相差很大；
3. 一般来说，沉积年代久的老黏土，其强度较高，压缩性较低。但经多年的工程实践表明，一些地区的老黏土承载力并不高，甚至低于一般黏土，而有些新近沉积的黏土，其工程性质也并不差。

粉土的密实度(e)　　**表 4-10**

密　实	中　密	稍　密
$e<0.7$	$0.7\leqslant e<0.85$	$e\geqslant 0.85$

注：1. 塑性指数 L_p 小于或等于 10，粒径大于 0.075mm 颗粒量不超过全重 50%的土为粉土，其性质介于砂土与黏性土之间；

2. 有关试验资料证明：该种土具有粉粒土的特征，其比表面不大，毛细作用增强，土的力学性质受内摩擦角影口向较大，而受黏聚力影响较小，液限、塑限试验对该土已不再适用，和黏性土有较大的区别，故将该种土单独划分为石粉黏土。

黏性土按塑性指数 L_p 分类　　**表 4-11**

土 的 名 称	黏 质 粉 土	粉 质 黏 土	黏　土
塑性指数	$3<L_p\leqslant 10$	$10<L_p\leqslant 17$	$L_p>17$

注：黏性土的塑性指数(L_p)：工程上将液限与塑限之差值(省去%符号)称之为塑性指数，即土在可塑状态的含水量变化范围，由计算求得，是进行黏土分类的重要指标，用符号 L_p 表示，

即：
$$L_p=W_L-W_p$$

式中　W_L——土由可塑状态转到流动状态的界限含水量叫做“液限”(也称塑性上限含水量)，用符号 W_L，由试验直接测定(通常由锥式液限仪来测定)，V——很高液限 $W_L>70$、H——高液限 $50<W_L<70$、I——中液限 $28<W_L<50$、L——低液限 $W_L<28$；

W_p——土由半固态转变到可塑状态的界限含水量叫“塑限”(也称塑性下限含水量)，用称号 W_p，由试验直接测定(通常用“搓条法”进行测定)；

液限、塑限、缩限是不同性质黏土的三个特殊含水量值，单位用百分数表示，而其与土的物理状态的关系可见图 2-21“黏性土的物理状态与含水量关系图”。

黏性土按液限指数(W_L)分类　　**表 4-12**

项次	液限指数(W_L)	属　性	表示符号
1	$W_L>70$	很高液限	V
2	$50<W_L<70$	高液限	H
3	$28<W_L<50$	中液限	I
4	$W_L<28$	低液限	L

注：土由可塑状态转到流动状态的界限含水量叫做“液限”(也称塑性上限含水量)，是进行黏土分类的重要指标之一，用符号 W_L，由试验直接测定(通常由锥式液限仪来测定)。

【例题 4-1】 某土样进行界限含水量试验，得液限 $W_L=27.9$；塑性指数 $L_p=10.3$；试判别该土的名称及所处状态?

【解题分析 4-1】

依题已知：液限 $W_L=27.9$；塑性指数 $L_p=10.3$

(1) 当塑性指数 $L_p=10.3$ 时，查表 4-11“黏性土按塑性指数 L_p 分类”，得该土为粉质黏土；

(2) 当液限 $W_L=27.9$ 时，查表 4-12“黏性土按液限指数(W_L)分类”，得该土属低液限；

得：该土的土样定名：低液限黏土(CL)。

按液限指数(I_L)值确定黏性土状态　　**表 4-13**

液限指数(I_L)	状　态	液限指数(I_L)	状　态
$I_L\leqslant 0$	坚硬	$0.75<I_L\leqslant 1$	软塑
$0<I_L\leqslant 0.25$	硬塑	$I_L>1$	流塑
$0.25<I_L\leqslant 0.75$	可塑		

注：1. 黏性土的液限指数(I_L)：工程上将天然含水率与塑限之差值(省去%符号)除以塑性指数(L_p)称之为液限指数，由计算求得，是进行黏性土状态的重要指标，用符号 I_L 表示，

即：
$$液性指数\ I_L=(W-W_p)/L_p \tag{4-1}$$

式中　W——天然含水率，请参阅表 4-5“黏性土的现场鉴别方法”的释义；

W_p——土由半固态转变到可塑状态的界限含水量叫“塑限”(也称塑性下限含水量)，用符号 W_p，由试验直接测定(通常用“搓条法”进行测定)；

L_p——塑性指数，是进行黏土分类的重要指标，请参阅表 4-11“黏性土按塑性指数 L_p 分类”的释义；

2. 当用静力触探探头阻力或标准贯入试验锤数判定黏性土的状态时，可根据当地经验确定。

【例题 4-2】 某土样经试验测定其天然含水率 $W=26\%$，液限 $W_L=30\%$，塑限 $W_p=16\%$；试确定该土样的名称与状态?

【解题分析 4-2】

依题已知：液限 $W_L=30\%$，塑限 $W_p=16\%$；含水率 $W=26\%$

(1) 根据黏性土的塑性指数(L_p)计算：

$$塑性指数\ L_p=W_L-W_p$$
$$=30\%-16\%=14\%$$

(2) 根据黏性土的液性指数(I_L)计算：

$$液性指数\ I_L=(W-W_p)/L_p$$
$$=(26\%-16\%)/14\%=0.71$$

得：当塑性指数 $L_p=14$ 时，由表 4-11 “黏性土按塑性指数 L_p 分类”查得：$10<L_p\leqslant17$；当液性指数 $I_L=0.71$ 时，由表 4-13 “黏性土状态”查得：$0.25<I_L\leqslant0.75$；因此该土为粉质黏土，处于可塑状态。

各地软土地理力学性质指标参考见表 4-14。

各地软土物理力学性质指标参考表　　表 4-14

指标 地区	土层深度(m)	含水量 W (%)	密度 ρ (g/cm³)	孔隙比 e	饱和度 S_r (%)	液限 W_L (%)	塑限 W_p (%)	塑性指标 I_p	渗透系数 K_v (cm/s)	压缩系数 a_{1-2} (10^{-3}MPa^{-1})	无侧限抗压强度 q_μ (10^{-3}MPa)
天津	7～14	34	1.82	0.97	95	36	19	17	1×10^{-7}	5.1	30～40
塘沽	8～17 0～8 17～24	47 39	1.77 1.81	1.31 1.07	99 96	42 34	20 19	22 15	2×10^{-7}	9.7 6.5	— —
上海	6～17 1.5～6 >20	50 70	1.72 1.79	1.37 1.05	98 97	43 34	23 21	20 13	6×10^{-7} 2×10^{-6}	12.4 7.2	— 20～40
杭州	3～9 9～19	47 35	1.73 1.84	1.34 1.02	97 99	41 33	22 18	19 15	— —	— 11.7	— —
宁波	2～12 12～28	50 38	1.70 1.86	1.42 1.08	97 94	39 36	22 21	17 15	3×10^{-8} 7×10^{-8}	9.5 7.2	60～48 —
舟山	2～14 17～32	45 36	1.75 1.80	1.32 1.03	99 97	37 34	19 20	18 14	7×10^{-6} 3×10^{-7}	11 6.3	— —
温州	1～35	63	1.62	1.79	99	53	23	30	—	19.3	—
福州	3～19 1～3 19～35	68 42	1.50 1.71	1.87 1.17	98 95	54 41	25 20	29 21	8×10^{-8} 5×10^{-7}	20.3 7.0	5～18
龙溪	06	89	1.45	2.45	97	65	34	31	—	23.3	—
昆明淤泥泥炭	— —	41～270 68～299	1.2～1.8 1.1～1.5	1.1～5.8 1.9～7.0	— —	— —	— —	>7 27～62	$\text{I}\times10^{-4}$ $\text{I}\times10^{-8}$	12～42	2～35
贵州淤泥泥炭	<20	54～127 140～264	1.3～1.7 1.2～1.5	1.7～2.8 1.6～5.9	— —	— —	— —	15～34 26～73	$\text{I}\times10^{-4}$ $\text{I}\times10^{-8}$	12～42 17～73	1～18

2. 常用土方计算规则

土方挖土类型及分类见表 4-15。

土方挖土类型及分类表　　　　**表 4-15**

土方名称	分　类	划分定义	计算公式	图、计算公式、表示
沟槽	不放坡(矩形)	系指沟槽底长小于底宽 3 倍以下，底面积在 150m² 以内的挖土	$V=H(a+2c)L$	图 4-1“设工作面沟槽剖面图”、公式(4-2)
	放坡(梯形)		$V=(a+2c+KH)HL$	图 4-2“放坡又设工作面沟槽剖面”、公式(4-3)
基坑	矩形(长方形)	系指基坑底宽 7m 以内，底长大于底宽 3 倍以上的挖土	不放坡 $V=abH$	图 4-7“矩形(长方形)基坑示意图”、公式(4-5)、公式(4-6)
			放坡 $V=(a+2c+KH)(b+2c+KH)H+1/3K^2H^3$	
	圆形(直圆柱体)		不放坡 $V=\pi d^2/4\times H$	图 4-38“圆形单孔沉井示意图”、公式(4-33)
			放坡 $V=1/3\pi H(R_1^2+R_2^2+R_1R_2)$	图 4-28“圆形基坑简图”、公式(4-30)
平整场地	零点线计算	平整场地系指场地挖、填土方厚度在±30cm 以内的挖填找平 方格网是根据地形变化的复杂程度和计算要求的精确度划分，方格网大小一般为 5m×5m、10m×10m、20m×20m、40m×40m，通常采用 5m×5m	$b_1=\frac{ah_1}{h_1+h_3}$ $c_1=\frac{ah_2}{h_2+h_4}$ $b_2=\frac{ah_4}{h_4+h_2}=a-c_1$ $c_2=\frac{ah_3}{h_3+h_4}=a-b_1$	表 4-16“常用平整广场(方格网)土方量计算公式”
	一点填方或挖方(三角形)		$V=1/6\times b\times c\times h_3$	
	二点填方或挖方(梯形)		$V_-=1/8\times a(b+c)(h_1+h_4)$ $V_+=1/8\times a(d+e)(h_2+h_4)$	
	三点填方或挖方(五边形)		$V=(a^2-bc/2)(h_1+h_2+h_4)/5$	
	四点填方或挖方(正方形)		$V=1/4\times a^2(h_1+h_2+h_3+h_4)$	

注：1. 挖方应按天然密实度体积计算；
2. 本列表中均不含工作面；
3. 超过上述范围，应按一般土石方计算；
4. 挖一般土石方原地面线与开挖达到设计要求线间的体积计算；
5. 挖沟槽和基坑土石方按原地面线以下构筑物最大水平投影面积乘以挖土深度(原地面平均标高至坑、槽底平均标高的高度)以体积计算；
6. 市政管网中各种井的井位挖方计算。因为管沟挖方的长度按管网铺设的管道中心线的长度计算，所以管网中的各种井的井位挖方清单工程量必须扣除与管沟重叠部分的方量；
7. 引用表 4-28“边坡坡率换算角度、对边、斜边、长度表(竖立方向的高度)”算出土的放坡系数和放坡起点深度等，此工作以列表计算较方便。

土石方工程挖土方项目“算量”见表 4-16。

土石方工程挖土方项目(一般土方、沟槽、基坑)“算量”　　　　**表 4-16**

项次	土方名称	分部分项工程	单位	计算公式	图示	计算基数
			挖一般土石方的工程量清单工程量按原地面线与设计图示开挖线之间的体积计算			
1	一般土方	路基工程	m³	路基的基本断面形式有：路堤、路堑、半填半挖、不填不挖四种类型 $V=\Sigma(A_i+A_j)2/\times L_{i,j}$		V—道路挖方总体积； A_i、A_j—道路两相邻设计断面面积(m²)； $L_{i,j}$—道路两相邻设计断面之间的中心线长度(m)

续表

项次	土方名称	分部分项工程	单位	计算公式	图示	计算基数
2	一般土方	路基工程	m^3	1. 挖方土方量体积 $V_{挖}$＝挖方(A_w)平均面积(m^2)×截面间距 2. 填方土方量体积 $V_{填}$＝填方(A_t)平均面积(m^2)×截面间距	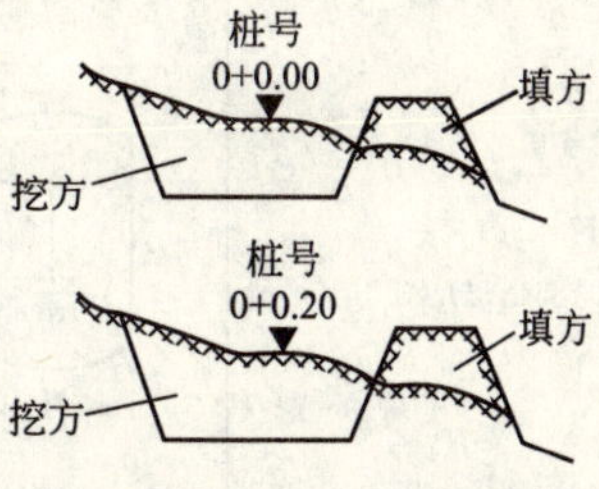	A_w—挖方(A_w)平均面积(m^2)； A_t—填方(A_t)平均面积(m^2)； 截面间距—道路两相邻设计断面之间的中心线长度(m)
3			m^3	相邻两断面间填方体积公式 $V_t=\frac{A_{t1}+A_{t2}}{2}\times L$ 相邻两断面间挖方体积公式 $V_w=\frac{A_{w1}+A_{w2}}{2}\times L$	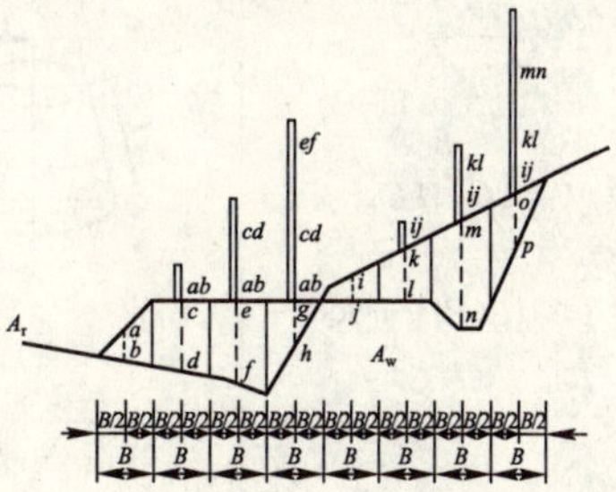	A_{t1}、A_{t2}—相邻两断面填方面积(m^2)； A_{w1}、A_{w2}—相邻两断面挖方面积(m^2)； V_t、V_w—相邻两断面间填、挖体积(m^3)； L—相邻两断面间的中线长度(m)
4	沟槽	不放坡(矩形)	m^3	$V=H(a+2c)L$	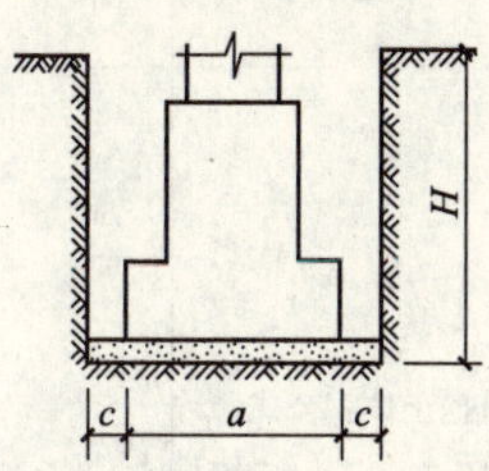	V—沟槽挖土体积土方量(m^3)； a—沟槽底面长度(m)； c—沟槽底面工作面宽度(m)； L—沟槽长度(m)
5		放坡(梯形)	m^3	$V=(a+2c+KH)HL$	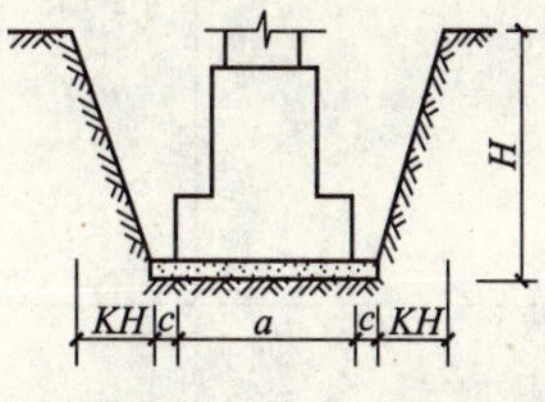	V—沟槽挖土体积土方量(m^3)； a—沟槽底面长度(m)； c—沟槽底面工作面宽度(m)； K—沟槽土的放坡系数； KH—沟槽土的放坡宽度； H—沟槽深度(m)； L—沟槽长度(m)
6		管沟与井位增加土方量	m^3	$V=KH(D-B)\times(D^2-B^2)^{1/2}$	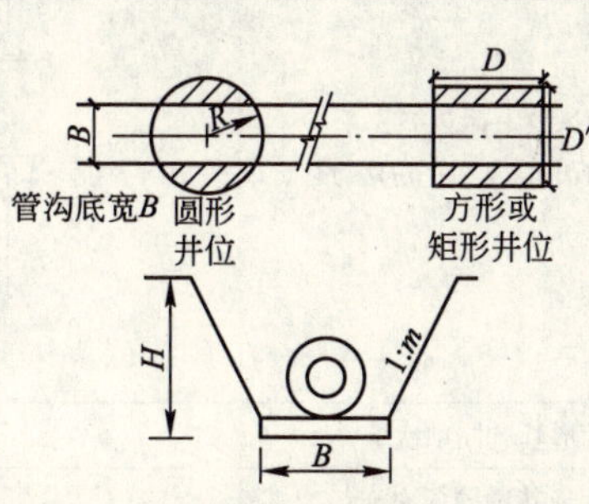	V—井位增加的土方量(m^3)； H—基坑深度(m)； D—井室土方量的计算直径，常按井基础的直径计(m)； B—沟槽土方量的计算管沟底宽宽度(m)，常为结构最大宽度； K—井室弓形面积计算调整系数，根据 B/D 的值，按图 4-6“井位弓形面积计算系数”查取
7	基坑	矩形(长方形)	m^3	不放坡 $V=abH$	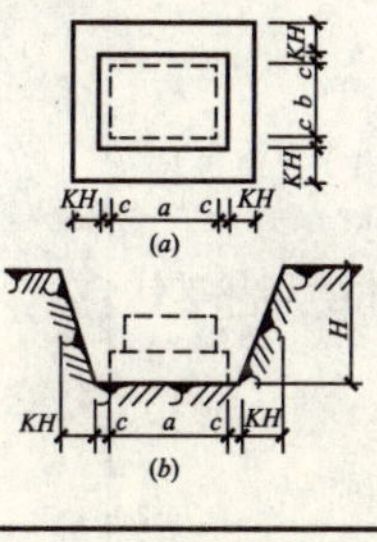	V—基坑挖土体积(m^3)； a—基坑底面长度(m)； b—坑底面宽度(m)； c—基坑底面工作面宽度(m)； K—基坑土的放坡系数； H—基坑深度(m)； KH—基坑土的放坡宽度
8			m^3	放坡 $V=(a+2c+KH)(b+2c+KH)H+1/3K^2H^3$		

续表

项次	土方名称	分部分项工程	单位	计算公式	图示	计算基数
9	基坑	圆形（直圆柱体）圆锥体基坑	m^3	不放坡 $V=\pi d^2/4\times H$ $V=\pi r^2H=1/4\times\pi d^2H=0.7854d^2H=3.1416r^2H$	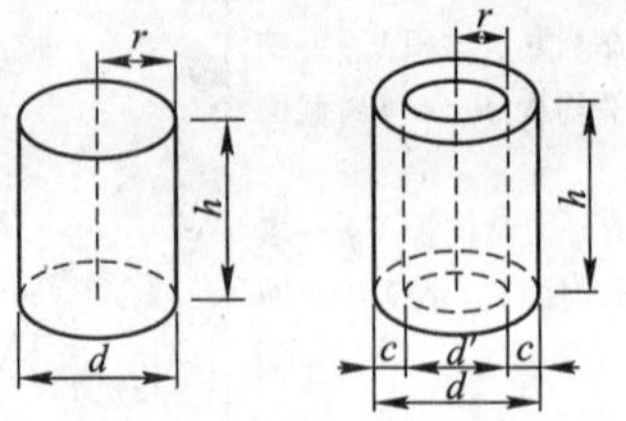 r h d；r h c d' c d	V—沉井基坑挖土体积(m^3)； H—沉井基坑下沉深度（系指原地面标高与基坑底的高度之差）(m)； r—沉井基坑外壁半径，$r=d/2$(m)； d—沉井基坑外壁直径（含基坑工作面）(m)
10			m^3	放坡 $V=1/3\pi H(R_1^2+R_2^2+R_1R_2)$ $V=1/3\pi H(R_1{}^2+R_2{}^2+R_1R_2)$	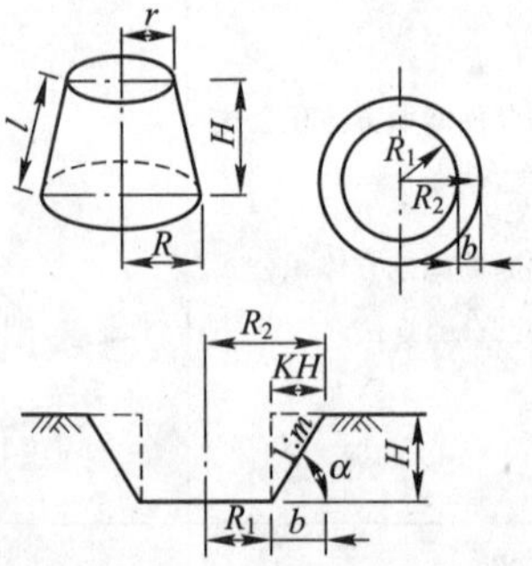 r l H R；R_1 R_2 b；R_2 KH 1:m H α R_1 b	V—圆锥体基坑挖土体积(m^3)； H—基坑深度(m)； R_1—基坑下底半径（含基坑工作面）(m)； R_2—基坑上口半径，$R_2=R_1+KH$(m)； K—坡度系数，坡率K值计算参见表4-28“边坡坡率换算角度、对边、斜边、长度表（竖立方向的高度）”
11		（1）桥台挖土（墩台条基础）	m^3	长方形棱台挖土体积公式： $V=H/6[AB+ab+(A+a)(B+b)]$	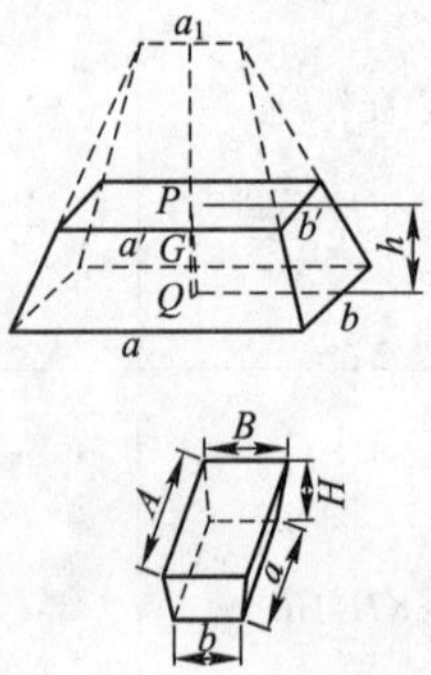 a_1 P a' b' G Q h a b；B A H a b	H—基坑深度（系指原地面标高与基坑底的高度之差）(m)； A、B、a、b—分别表示长方形棱台基坑上下底的长和宽（含基坑工作面）(m)。 表4-45“桥涵基坑挖土放坡比例表”
12	基坑	（2）桥墩基础（椭圆形沉井）	m^3	椭圆体挖土体积公式： $V=(0.7854d^2+bd)\times H$	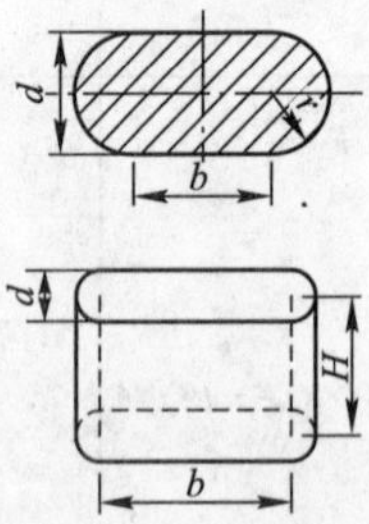 d r b；d H b	b—椭圆体沉井边长（含基坑工作面）(m)； d—沉井半圆直径（含基坑工作面）、边长(m)； r—沉井半圆半径$=d/2$(m)； H—沉井基坑深度(m)
13		隧道工程	m^3	a. 矩形基坑同项次7	同项次7	同项次7
14			m^3	b. 圆形基坑同项次9	同项次9	同项次9
15		（1）顶管土方工程	m^3	表4-47“工作坑（顶进坑、接收坑）平面尺寸” 表4-48“工作坑的深度计算”	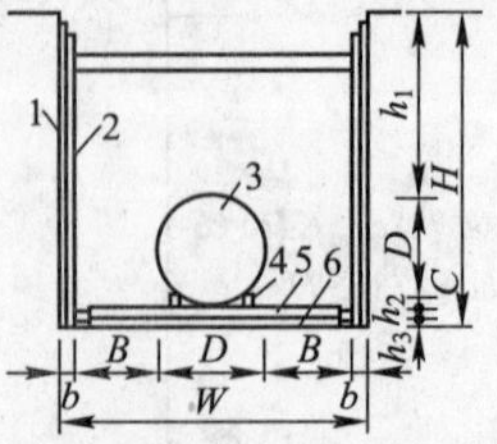 1 2 3 4 5 6 h_1 H D C h_2 h_3 B D B b W b	1—撑板；2—支撑立木；3—管子；4—导轨；5—基础；6—垫层 表4-47“工作坑（顶进坑、接收坑）平面尺寸”

续表

项次	土方名称	分部分项工程	单位	计算公式	图示	计算基数
16	基坑	(2)排水构筑物土方工程	m^3	矩形基坑同项次 4	同项次 1	表 4-52“无支护基坑开挖放坡比例表”
17			m^3	圆形基坑同项次 9	同项次 3	
18			m^3	圆形泵站同项次 9	同项次 5	同项次 5
19		(3)沉井挖土(不放坡)	m^3	矩形体挖土体积公式： $V=a\times b\times H$		V—沉井基坑挖土体积(m^3)； H—沉井基坑下沉深度(系指原地面标高与基坑底的高度之差)(m)； a—基坑外壁边长(含基坑工作面)(m)； b—基坑外壁边宽(含基坑工作面)(m)
20		孔桩孔	m^3	$V=1.0472\times H\times(r^2+R^2+r\times R)+0.5236\times h\times(3\times R_1^2+h^2)$		H—锥体高(m)； r—上口半径(m)； R—下底半径(m)； h—球缺高(m)； R_1—球缺口半径(m)

注：1. 选自《上海市市政工程预算定额》(2000)工程量计算规则暨总、册说明；
2. 道路路基工程工程量一般土方计算，计算过程请参阅表 4-29“土方挖、填方工程量计算表”及表 4-30“道路工程土方场内运距计算表”。

挖土放坡和沟、槽底加宽应按图纸尺寸计算，如无明确规定，可按表 4-17 和表 4-18 计算。

挖土放坡系数表 **表 4-17**

土壤类别	放坡起点深度(m)	机械开挖		人工开挖
		坑内作业	坑上作业	
Ⅰ、Ⅱ类土	1.20	1∶0.33	1∶0.75	1∶0.50
Ⅲ类土	1.50	1∶0.25	1∶0.67	
Ⅳ类土	2.00	1∶0.10	1∶0.33	

槽底加宽系数表 **表 4-18**

管道结构宽(cm)	混凝土管道基础≤90°	混凝土管道基础>90°	金属管道	构筑物	
				无防潮层	有防潮层
50 以内	40	40	30	40	60
100 以内	50	50	40		
250 以内	60	50	40		

不放坡的挖沟槽剖面如图 4-1 所示，工程量按式(4-2)计算：

$$V=H(a+2c)L \tag{4-2}$$

式中 V——沟槽挖土体积土方量(m^3)；

a——沟槽底面长度(m)；

c——沟槽底面工作面宽度(m)；

L——沟槽长度(m)。

注：关于增加工作面宽度，参照表 4-16“挖土方基本形式及工程量计算规则”释义。

沟槽底面放坡如图 4-2 所示，其土方量按式(4-3)计算：

$$V=(a+2c+KH)HL \quad (4\text{-}3)$$

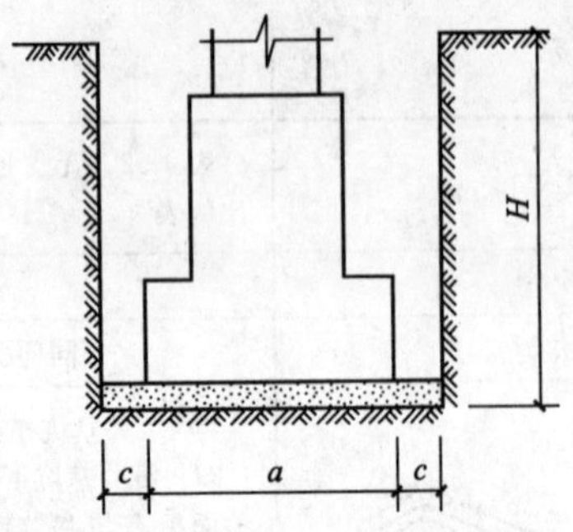

图 4-1 设工作面沟槽剖面图

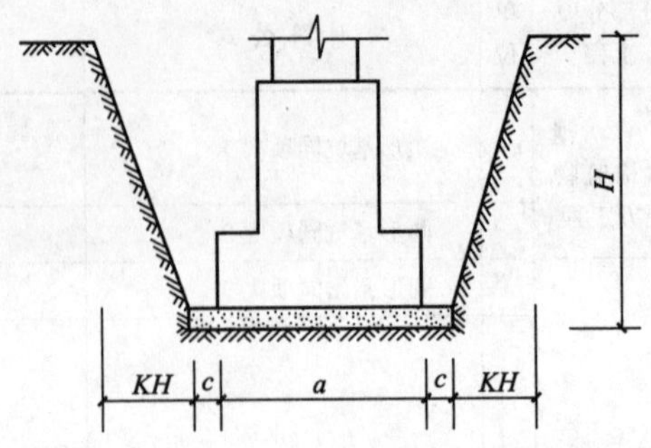

图 4-2 放坡又设工作面沟槽剖面

式中 V——沟槽挖土体积土方量(m^3)；

a——沟槽底面长度(m)；

c——沟槽底面工作面宽度(m)；

K——沟槽土的放坡系数；

KH——沟槽土的放坡宽度(m)；

H——沟槽深度(m)；

L——沟槽长度(m)。

注：关于增加工作面宽度，参照表 4-16“挖土方基本形式及工程量计算规则”释义。

【例题 4-3】 设有一现场浇捣方型管沟槽，其构筑物底面长度为 1.43m，沟槽深度为 3.50m，土的类别为Ⅲ类土，放坡系数 K 为 0.33，方型管沟槽长度为 50.0m，试计算该方型管沟槽挖土方工程量？

【解题分析 4-3】

(1) 查表 4-15 项次 2“挖沟槽”中第 2 项，得现场浇捣方型管时其槽宽应为构筑物外壁各加 1.10m 计算，则沟槽底面工作面宽度 $c=1.10$m；

(2) 依题已知有：

$$a=1.43\text{m},\quad c=1.10\text{m},\quad K=0.33,\quad H=3.50\text{m},\quad L=50.0\text{m}$$

(3) 沟槽底面放坡土方量 $V=(a+2c+KH)HL$

$$\begin{aligned}V&=(1.43\text{m}+2\times1.10\text{m}+0.33\times3.50\text{m})\times3.50\text{m}\times50.0\text{m}\\&=4.785\text{m}\times3.50\text{m}\times50.0\text{m}\\&=837.37\text{m}^3\end{aligned}$$

得： 该现场浇捣方型管沟槽挖土方工程量为 837.37m^3。

注： 本场浇捣方型管沟槽的沟槽深度为 3.50m，当开挖深度在 3m 以上时，井点布置将采用何种井点降水形式，井点安、拆的根数，井点使用套·d 数？详见 5.4 施工排水、降水(项目编码：0504)释义。

市政管网中各种井的井位挖土方量计算

管沟土石方的清单工程量，按原地面线以下构筑物最大水平投影面积乘以挖土深度以体积计算。管道结构物以外的挖土方，清单计价时在综合单价中考虑，如图 4-3 所示。

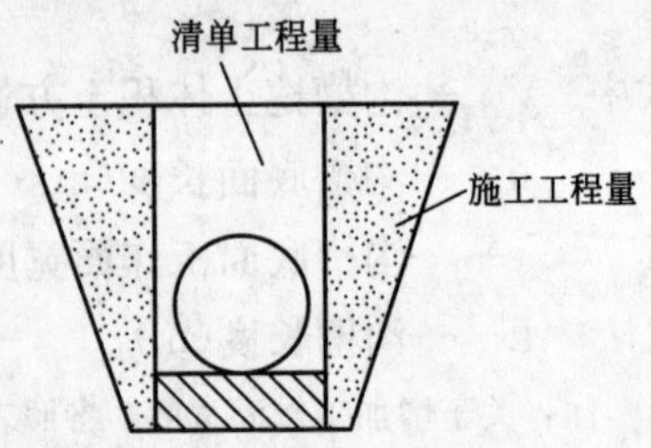

图 4-3 清单土方计算方法示意图

管沟土石方清单工程量的管沟计算长度，按管网铺设的管道中心线的长度(不扣除井室所占长度)计算；管网中的各种井室的井位部分的清单土方量，必须扣除与管沟重叠部分的土方量，如图 4-4 所示的圆形井位、方形或矩形井位只计算画斜线(阴影)部分的挖土方量。

只计算斜线(阴影)部分的土方量，如图 4-5 所示。

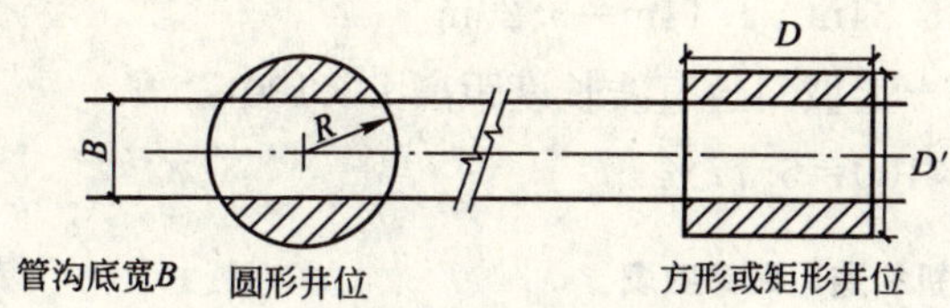

图 4-4　管沟与井位简图

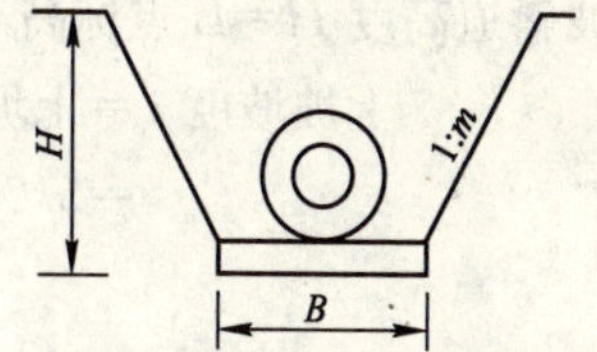

图 4-5　管沟与井位挖方示意图

图中斜线(阴影)部分所占的体积按下式计算：

$$V=KH(D-B)\times(D^2-B^2)^{1/2} \tag{4-4}$$

式中　V——井位增加的土方量(m^3)；

H——基坑深度(m)；

D——井室土方量的计算直径，常按井基础的直径计(m)；

B——沟槽土方量的计算管沟底宽宽度(m)，常为结构最大宽度；

K——井室弓形面积计算调整系数，根据 B/D 的值，按图 4-6“井位弓形面积计算系数”查取。

【例题 4-4】　直径为 ϕ600mm 的钢筋混凝土排水管道，180°混凝土基础，管道基础结构宽度为 630mm，排水检查井基础直径为 1580mm，管沟挖土的平均深度为 1.8m；求：井位增加土方清单工程量？

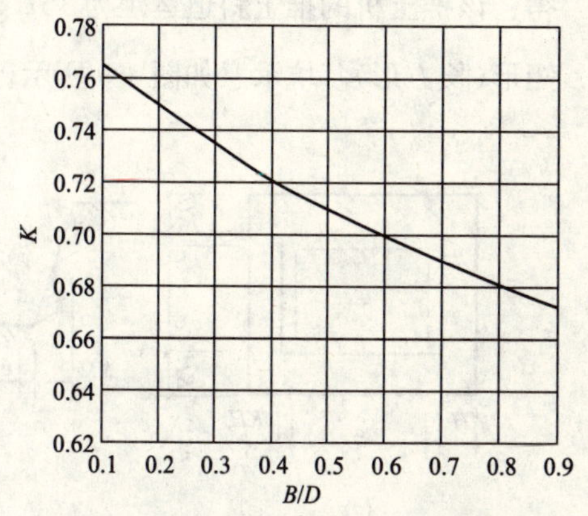

图 4-6　井位弓形面积计算系数

【解题分析 4-4】

依题已知：管道基础结构宽度 B 为 0.63m，排水检查井基础直径 D 为 1.58m，管沟挖土的平均深度 H 为 1.8m

(1) 根据式(4-4)“井位增加的土方量”公式 $V=KH(D-B)\times(D^2-B^2)^{1/2}$ 得，由图 4-6“井位弓形面积计算系数”中曲线，知 B/D 值可查 K 值，当 $B=0.63$m，$D=1.58$m，$B/D=0.63\text{m}/1.58\text{m}=0.4$ 时，即直线内插可得井位方形面积计算系数 $K=0.721$。

(2) 井位增加的土方工程量 $V=KH(D-B)\times(D^2-B^2)^{1/2}$

$$=0.721\times1.8\text{m}\times(1.58\text{m}-0.63\text{m})\times(1.58^2-0.63^2)^{1/2}$$

$$=1.2978\text{m}\times0.95\text{m}\times1.4489\text{m}=1.79\text{m}^3$$

得：该 ϕ600mm 的钢筋混凝土排水管道井位增加土方清单工程量为 1.79m^3。

【例题 4-5】　如图 4-7、图 4-8 所示某推土机推土方，其上坡斜道直线长度距离为 90.0m，设计桩号 0+010(A 点)处标高为 1.14m、设计桩号 0+100(B 点)处标高为 6.34m；试计算：该推土机的推土斜道运距？

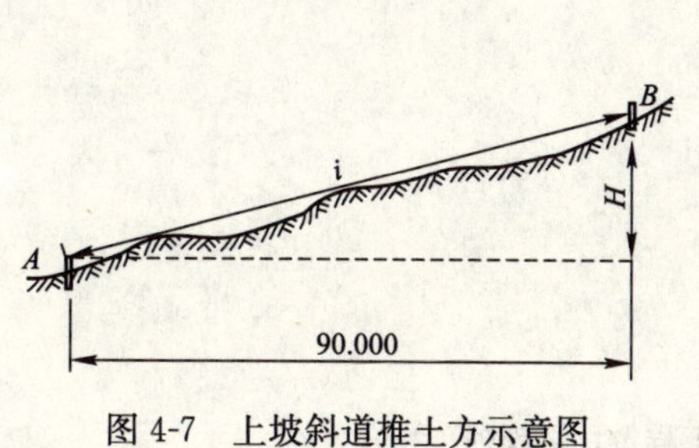

图 4-7　上坡斜道推土方示意图

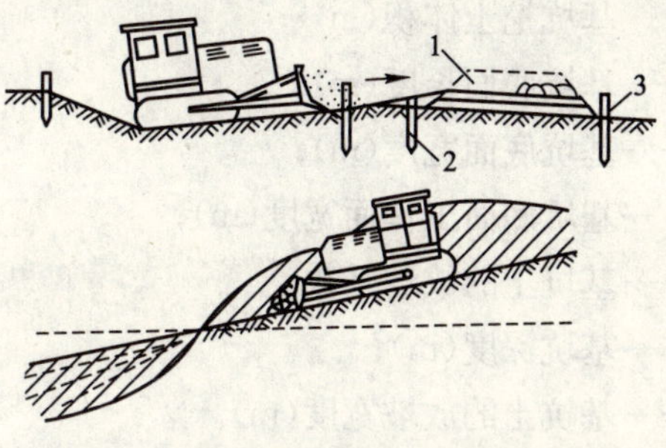

图 4-8　推土机纵向移挖作业填筑法简图

【解题分析 4-5】

依题已知：

上坡斜道直线长度距离 L 为 90.0m，设计桩号 0+010 处标高为 1.14m、设计桩号 0+100 处标高为 6.34m。

(1) 上坡斜道高度 H=B 点标高－A 点标高＝6.34m－1.14m＝5.20m

上坡坡度 i＝上坡斜道高度 H÷上坡斜道直线长度距离 L×100

＝5.20m÷90.0m×100＝5.77%

推土机、铲运机斜道运距系数表 **表 4-19**

项目	推土机、铲运机				人力及人力车
坡度(%)	5～10	15 以内	20 以内	25 以内	15 以上
系数	1.75	2	2.25	2.5	5

注：本表摘自《全国统一市政工程预算定额》(1999)。

当坡度 i 为 5.77%时，查表 4-19“推土机、铲运机斜道运距系数表”中坡度在 5%～10%项，得，其系数为 1.75。

(2) 推土机斜道运距 $L_{斜}$＝L×斜道运距系数

＝90.0m×1.75＝157.5m

得：该推土机的推土斜道运距为 157.5m。

矩形(长方形)基坑示意如图 4-9 所示。

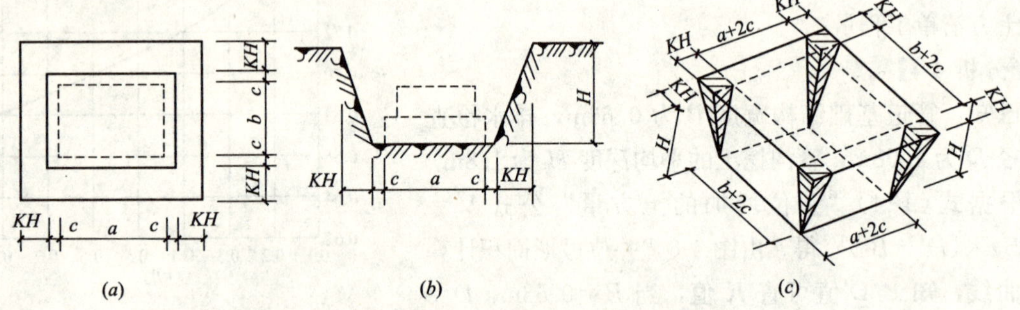

图 4-9 矩形(长方形)基坑示意图

(a)基坑平面；(b)基坑剖面；(c)基坑四角锥体

a—(a+2c)、b—(b+2c)为基坑底开坑后的挖土长、宽度(均包括基坑工作面)，H 为基坑挖土深，单位为 m。

矩形(长方形)体积计算公式：

(1) 矩形(长方形)不放坡基坑计算公式：

$$V=abH \tag{4-5}$$

(2) 矩形(长方形)放坡基坑计算公式：

$$V=(a+2c+KH)(b+2c+KH)H+1/3K^2H^3 \tag{4-6}$$

式中 V——基坑挖土体积(m^3)；

a——基坑底面长度(m)；

b——基坑底面宽度(m)；

c——基坑底面工作面宽度(m)；

K——基坑土的放坡系数；

H——基坑深度(m)；

KH——基坑土的放坡宽度(m)。

注：关于增加工作面宽度，参照表 4-16“挖土方基本形式及工程量计算规则”释义。

在这里 $1/3K^2H^3$ 为四个角锥体积，在许多工具书中可通过直接查表查得，现将基坑放坡时四角的角锥体积，请分别参阅本《市政工程工程量清单工程系列丛书》姊妹篇之三《市政工程工程量清单常用数据手册》中表 2-19“基坑放坡宽度 KH(m)及四角角锥体积 $1/3K^2H^3$(m^3)表”的释义。

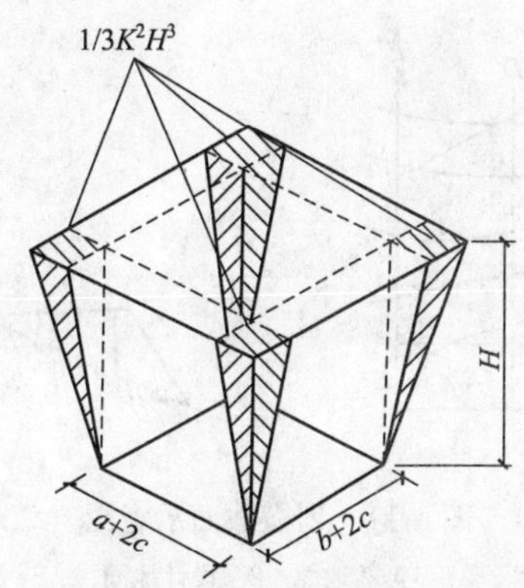

图 4-10　矩、方形(放坡)基坑底开坑后的挖土长、宽度及四角角锥体积透视图

$1/3K^2H^3$—四角的角锥体积；H—基坑深度；c—基坑底面工作面宽度；

$a+2c$—基坑底面开坑后的挖土长度；$b+2c$—基坑底面开坑后的挖土宽度

注：正方形或长方形地坑的挖土体积(需放坡者)，凡采用简化公式 $V=(a+2c+KH)(b+2c+KH)H+1/3K^2H^3$ 计算时，其四角的角锥体体积可按上表查得。$1/3K^2H^3$ 值即为地坑四角的角锥体体积。

【例题 4-6】 某市政桥梁工程基坑深 1.60m，基坑规定尺寸($a\times b$)为 3.0m×2.0m，土质为Ⅳ类土，求挖基坑土方量？

【解题分析 4-6】

(1) 当土质为Ⅳ类土时，查表 4-45“桥涵基坑挖土放坡比例表”，得放坡比例为 1∶0.50；

(2) 当基坑深 1.60m，放坡比例为 1∶0.50 时，则查“基坑放坡宽度 KH(m)及四角角锥体积 $1/3K^2H^3$(m³)表”，$1/3K^2H^3$ 值可知为 0.34m³；

(3) c 值，查表 4-16“挖土方基本形式及工程量计算规则”，得桥涵及护岸工程：——基坑挖土的底宽按结构物基础外边线每侧增加工作面宽度 50cm 计算；

(4) 当基坑挖深 1.60m、放坡系数 $K=0.50$，查表 4-28“边坡坡率换算角度、对边、斜边、长度表(竖立方向的高度)”中坡率值(1∶m)为 1∶0.50、列项对边宽度($b=mh$)系数的横行内各数，得 $b=mh=0.5h$；放坡宽度 b(即 K 值)＝0.50×1.60m＝0.8m。

(5) 依题已知有：

$a=3.0\text{m}$；　$c=0.5\text{m}$；　$K=0.5$ 系数；　$b=2.0\text{m}$；　$H=1.60\text{m}$；　$1/3K^2H^3=0.34\text{m}^3$

(6) 则套用公式，挖基坑土方量为：

$$V=(a+2c+KH)(b+2c+KH)H+1/3K^2H^3$$
$$=(3.0\text{m}+2\times0.5\text{m}+0.50\times1.60\text{m})\times(2.0\text{m}+2\times0.5\text{m}+0.50\times1.60\text{m})\times1.60\text{m}+0.34\text{m}^3$$
$$=4.8\text{m}\times3.8\text{m}\times1.60\text{m}+0.34\text{m}^3=29.524\text{m}^3$$

得：该市政桥梁工程基坑土方量为 29.524m³。

通常利用“基坑放坡宽度 KH(m)及四角角锥体积 $1/3K^2H^3$(m³)表”所列系数，进行工程量简化计算，但一般只适用于工程的概算、估算中。划横截面示意如图 4-11 所示。

关于常用断面积、狭长形土方量、常用平整广场(方格网)土方量的计算公式，请分别参阅本《市政工程工程量清单工程系列丛书》姊妹篇之三《市政工程工程量清单常用数据手册》表 2-17“常用断面积计算公式”、表 2-18“狭长形土方量计算公式”和表 2-22“常用平整广场(方格网)土方量计算公式”的释义。

挖土方(项目编码：040101)

土石方工程通常是道路、桥涵、市政管网工程的组成部分，土石方工程的计价，实际上是道路、桥涵护岸、市政管网、隧道等市政工程计价的一部分。因而，土石方工程计价，必须结合具体的工程项目予以考虑，详见表 4-16“挖土方基本形式及工程量计算规则”的释义。

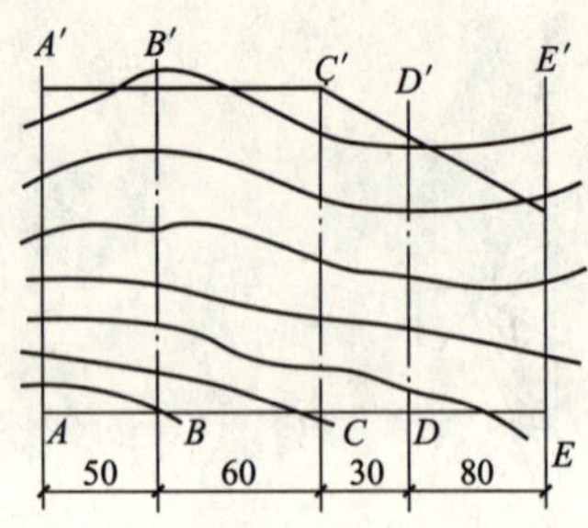

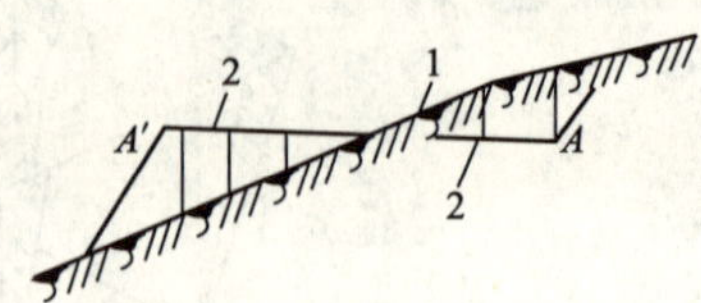

图 4-11　划横截面示意图

1—自然地面；2—设计地面

如表 4-20 所示，土石方工程量清单计价，应根据工程量清单，按照《计价规范》“工程内容”的提示，结合施工方案确定的施工方法，分析计算综合单价 3. 在综合单价分析的基础上，考虑施工中可能的风险因素(如价格、地质条件变化等)，根据施工单位的投标策略，确定投标报价。

但需注意，土石方开挖时的围护、支撑、地表排水应包括在分部分项工程量清单的综合单价内一并考虑，见中篇《分部分项工程与措施项目》第一册分部分项工程 4. 分部分项工程 4.1 土石方工程(项目编码：040101)1 中“六、围护、支撑的种类及其适用条件”的释义；而地下水排除应在措施项目内考虑。

土石方工程属性　　**表 4-20**

项次	类　型		释　义
1	属性	永久性	修筑路基、堤防
		临时性	开挖沟槽、基坑
2	施工方法	人工土石方工程	采用镐、锄、铲等工具或小型机具施工的方法；适用于量小、运输近、缺乏土石方机械或不宜机械施工的土石方工程
		机械土石方工程	目前主要采用推土机、挖掘机、铲运机、压路机、平地机、凿岩机等工程机械，机械的选型应根据现场施工条件、土质、土方量大小、机械性能和施工单位机械装备情况综合考虑确定

注：市政工程土石方包括道路路基填挖、堤防填挖、市政管网的开槽、桥涵护岸的基坑开挖、施工现场的土方平整等。

挖土、石方工程量清单项目设置、项目子目对应比照见表 4-21。

挖土、石方工程量清单项目设置、项目子目对应比照表　　**表 4-21**

挖土方(项目编码：040101)

项目编码	项目名称	项目特征	计量单位	工程内容	分部工程项目、名称（所在《市政工程预算定额》册、章、节）
040101001	挖一般土方	1. 土壤类别 2. 挖土深度	m^3	1. 土方开挖 2. 围护、支撑 3. 场内运输 4. 平整、夯实	道路工程路基工程 S2-1-： 1. 人工挖土 2. 机械挖土 3. 机械推土 18. 土方场内运输 17. 整修路基(①车行道、②人行道)
040101002	挖沟槽土方				排水管道开槽埋管 S5-1-： 1. 人工挖沟槽土方 2. 机械挖沟槽土方 3. 撑拆列板 4. 打沟槽钢板桩 5. 拔沟槽钢板桩 6. 安拆钢板桩支撑 通用项目一般项目 S1-1：14. 土方场内运输

续表

项目编码	项目名称	项目特征	计量单位	工程内容	分部工程项目、名称 (所在《市政工程预算定额》册、章、节)
040101003	挖基坑土方	1. 土壤类别 2. 挖土深度	m^3	1. 土方开挖 2. 围护、支撑 3. 场内运输 4. 平整、夯实	桥涵及护岸工程土方工程 S4-2-： 1. 人工挖土 2. 机械挖土 通用项目一般项目 S1-1：14. 土方场内运输 排水构筑物及隧道基坑土方工程 S6-1-： 1. 基坑挖土 2. 沉井挖土 通用项目一般项目 S1-1：14. 土方场内运输
040101004	竖井挖土方			1. 土方开挖 2. 围护、支撑 3. 场内运输	竖井挖土方，指在土质隧道、地铁中除用盾构法挖竖井外的其他方法挖竖井土方时用此项目
040101005	暗挖土方	土壤类别	m^3	1. 土方开挖 2. 围护、支撑 3. 洞内运输 4. 场内运输	暗挖土方，指在土质隧道、地铁中除用盾构掘进和竖井挖土方外的其他方法挖洞内土方时用此项目
040101006	挖淤泥	挖淤泥深度	m^3	1. 挖淤泥 2. 场内运输	通用项目一般项目 S1-1-：4. 挖淤泥流砂
				挖石方(项目编码：040102)	
040102001	挖一般石方	1. 岩石类别 2. 开凿深度	m^3	1. 石方开凿 2. 围护、支撑 3. 场内运输 4. 修整底、边	
040102002	挖沟槽石方	1. 岩石类别 2. 开凿深度	m^3	1. 石方开凿 2. 围护、支撑 3. 场内运输 4. 修整底、边	
040102003	挖基坑石方	1. 岩石类别 2. 开凿深度	m^3	1. 石方开凿 2. 围护、支撑 3. 场内运输 4. 修整底、边	

注：1. 选自国家标准《建设工程工程量清单计价规范》GB 50500—2008“附录 D 市政工程工程量清单项目及计算规则”及《〈建设工程工程量清单计价规范〉上海市市政工程操作指南》；

2. 上海地区为软土类土层，土方工程中未编列石方工程；

3. S—《上海市市政工程预算定额》(2000)；S1、2 为第几册；S1-1、2-2 为第几册第几章；PS—《上海市市政工程室外排水管道工程预算组合定额》(2000)；PS3、4 为《上海市市政工程室外排水管道工程预算组合定额》(2000)第几册；ZSM19-为总说明第几条的文字代码；CSM7 为第几册的册说明的文字代码；

4. S1—通用项目，S2—道路工程，S3—道路交通设施管理，S4—桥涵及护岸工程，S5—排水管道工程，S6—排水构筑物及机械设备安装，S7—隧道工程；

5. 计算挖一般土方项中整修路基(①车行道、②人行道)面积时，分别请参阅“道路垫层、基层、面层(平面交叉口)面积工程量‘算量’”和表 4-107“人行道(平面交叉口)面积工程量‘算量’”的释义；

6. 计算挖沟槽项中土方排水管道开槽埋管撑拆列板、4. 打沟槽钢板桩、5. 拔沟槽钢板桩、6. 安拆钢板桩支撑时，请参阅六、围护、支撑的种类及其适用条件中表 4-54“围护、支撑工程工程量计算规则”及表 4-58“围护、支撑类大型机械设备使用费甄选表”的释义；

7. 排水管道工程定额中不包括组装、拆除柴油打桩机，组装、拆除柴油打桩机套用第四册桥涵护岸工程相应定额，请参阅表 4-149“组装、拆除柴油打桩机选用表”、表 4-150“组装、拆除柴油打桩机桩机类别和锤重甄选表”及表 5-4“场外运输、安拆的大型机械设备表”的释义；

8. 土方场内运输，请参阅表 4-23“土方场内运输定额划分甄选表”的释义；

9. 大型机械进出场运输及安拆，请参阅表 5-3“大型机械设备进出场选用表”的释义，并另行单独增列项，应列入措施项目中。

土方现场运输计算规则见表 4-22。

土方现场运输计算规则表　　　　**表 4-22**

项次	《建设工程工程量清单计价规范》		已包括	未包括	套用“土方场内运输”对应定额	
	分部工程	项　目　名　称			通用项目	道路工程
1	D.1　土石方工程	挖一般土方、挖沟槽土方、挖基坑土方			√	√
2	D.2　道路工程	路基处理				√
3		交通管理设施基础挖土、电缆沟槽挖土、夯填土子目	√		—	—
4	D.3　桥涵护岸工程	桥涵及护岸工程土方工程			√	
5		箱涵顶进土方、桩(钢管桩、挖孔灌注桩等)土方			—	—
6		隧道沉井挖土下沉(土方外运)		√	—	—
7		盾构掘进干式出土掘进挖出的土方，土方及泥浆场外运输另计			—	—
8	D.5　市政管网工程	顶管顶进土方	√		—	—
9		机械挖土填土			√	
10		人工挖填土				√
11		排水构筑物(基坑挖土土方按 75%直接装车外运，25%按场内运输)			√	
12		排水构筑物(沉井挖土为全部外运)			—	—
13	D.6　地铁工程					
14	D.7　钢筋工程					
15	D.8　拆除工程	拆除排水管道定额		√	√	
16		拆除钢拉条定额		√		
17	项目编码：0504	5.4　施工排水、降水			√	
18	0505	5.5　围堰	√		—	—

注：1. 选自《上海市市政工程预算定额》(2000)工程量计算规则暨总、册说明；

2. 护岸工程土方场内运输数量：请参阅《上海市市政工程预算定额》(2000)工程量计算规则暨总说明第 4.2.2 条护岸工程土方场内运输数量计算公式：挖土场内运输土方数=(挖土数-填土数)×60%，填土场内运输土方数=挖土现场运输土方数-余土数；

3. 开槽埋管土方现场运输计算：请参阅《上海市市政工程预算定额》(2000)工程量计算规则暨总说明第 5.1.8 条开槽埋管土方现场运输计算规则：(1)挖土现场运输土方数=(挖土数-推土数)×60%；(2)填土现场运输土方数=挖土现场运输土方数-余土数；(3)堆土(天然密实方)数量计算方法示意图；

4. 挖土及填土现场运输：请参阅《上海市市政工程预算定额》(2000)总说明：十八、土方挖方按天然密实体积计算，填方按压实后的体积计算。挖土及填土现场运输定额中已考虑土方体积变化。单位工程中应考虑土方挖填平衡。当填土有密实度要求时，土方挖、填平衡及缺土时外来土方，应按土方体积变化系数来计算 回填土方数量。填土土方的体积变化系数表详见附表 2。

土方场内运输定额划分甄选见表 4-23。

土方场内运输定额划分甄选表　　　　**表 4-23**

项次	分部分项工程	通用项目一般项目 S1-1：14. 土方场内运输			道路工程路基工程 S2-1-：18. 土方场内运输			
		S1-1-36	S1-1-37	S1-1-38	S2-1-42	S2-1-43	S2-1-44	S2-1-45
		运距 1km 以内		运距	双轮斗车		4t 自卸汽车	
		运土	装运土	每增加 1km	运距 50m 以内	运距每增加 50m	运距 200m 以内	运距每增加 200m
1	通用项目	√	√	√				
2	路基工程				√	√	√	√

注：1. 本表摘自《上海市市政工程预算定额》(2000) 第一册通用项目第一章一般项目及第二册道路工程第一章路基工程章节；

2. 通用项目“14. 土方场内运输”，已包括在挖沟槽土方、挖基坑土方清单里边，不需单独列项；发生时，套用定额子目请参阅表 4-20“挖土、石方工程量清单项目设置、项目子目对应比照表”；子目中“运土”项适用于挖土机直接装车运土；“装运土”项适用于现场抛土的情况，即由装载机配合将堆土装上车运输；编制时，土方场内运输按天然密实方的体积计算，套用相应的定额计算；

3. 路基工程“18. 土方场内运输”，已包括在挖一般土方项目编码：040101001 清单里边，不需单独列项；发生时，套用定额子目请参阅表 4-21“挖土、石方工程量清单项目设置、项目子目对应比照表”中挖一般土方项目编码：040101001 道路工程路基工程 S2-1-：18. 土方场内运输释义，编制时，可根据不同的运输方法、运距套用相应的定额计算；

4. 土方场内运输：挖土及填土现场运输定额中已考虑土方体积变化。

挖土(分土壤类别或综合取定)定额编制计算规定见表 4-24。

挖土(分土壤类别或综合取定)定额编制计算规定　　**表 4-24**

项次	《建设工程工程量清单计价规范》		土壤类别人工挖土	综合取定机械挖土方	备注	
	分部工程	项目名称			列入土石方工程量清单	已列入相应工程工程量清单
1	D.1　土石方工程	挖一般土方、挖沟槽土方、挖基坑土方	√	√	√	
2	D.2　道路工程	路基处理	√	√	√	
3		交通管理设施基础挖土、电缆沟槽挖土、夯填土子目	√	√		√
4	D.3　桥涵护岸工程	桥涵及护岸工程土方工程	√	√	√	
5		箱涵顶进土方、桩(钢管桩、挖孔灌注桩等)土方		√		√
6	D.4　隧道工程	隧道基坑土方(基坑挖土、沉井挖土)		√	√	
7		盾构掘进出土、沉井下沉挖土、地下连续墙成槽土方		√		√
8	D.5　市政管网工程	排水管道开槽埋管	√	√	√	
9		排水构筑物(基坑挖土、沉井挖土)		√	√	
10		顶管顶进土方		√		√
11		钢板桩工作井(基坑挖土)		√		√
12	D.6　地铁工程			√	√	
13	D.7　钢筋工程					
14	D.8　拆除工程	拆除管道	√	√		
15	项目编码：0504	5.4　施工排水、降水	√	√		√
16	0505	5.5　围堰				√

注：1. 选自《上海市市政工程预算定额》(2000)，定额中人工挖土分为Ⅰ、Ⅱ类土、Ⅲ类土、Ⅳ类土；而机械挖土方则综合取定，不分土壤类别；
2. 土方类别，请参阅表 4-3“挖土土壤分类表”；
3. 列入土石方工程量清单，请参阅表 4-15“挖土方基本形式及工程量计算规则”；
4. 已列入相应工程工程量清单，请参阅表 4-26“已列入相应工程工程量清单的部分分部工程项目”；
5. 施工排水、降水，请参阅表 5-7“施工排水、降水挖土方‘算量’”。

挖土方基本形式、定额说明及工程量计算规则见表 4-25。

挖土方基本形式、定额说明及工程量计算规则　　**表 4-25**

项次	形式	工程量计算规则	套用对应定额
1	挖一般土方	1. 路幅宽按车行道、人行道和隔离带的宽度之和计算； 2. 车、人行道面积(直线段＋交叉口面积)、密实度要求及体积变化系数表，其中车行道面积不扣除各类井位所占面积； 3. 道路基层及垫层以设计长度乘以横断面宽度计算； 4. 横断面宽度：当路槽施工时，按侧石内侧宽度计算；当路堤施工时，按侧石内侧宽度每侧增加 15cm 计算(设计图纸已注明加宽除外)； 5. 人行道铺筑按设计面积计算，人行道面积不扣除各类井位所占面积，但应扣除种植树穴面积	道路工程路基工程的人工、机械挖土及机械推土子目

续表

<table>
<tr><th>项次</th><th>形式</th><th>工程量计算规则</th><th>套用对应定额</th></tr>
<tr><td>2</td><td>挖沟槽土方</td><td>1. 沟槽挖土工程量按“上海市排水管道通用图”、“UPVC加筋管以及FRPP管通用图”中的有支撑沟槽宽度表计算；
2. 现场浇捣方型管时，其槽宽应为构筑物外壁各加1.10m计算；
3. 管道铺设按实埋长度(扣除窨井内经所占的长度)计算；
4. 沟槽深度为原地面至槽底土面的深度；
5. 两窨井之间埋管的长度按两窨井之间的中心距离计算；
6. 预留管道长度ϕ450以内按一节管子的长度乘以1.02计算，ϕ600及以上按一节管子的长度乘1.03计算；
7. 连管长度按实埋长度计算；
8. 排水管道工程定额中不包括组装、拆除柴油打桩机，组装、拆除柴油打桩机套用第四册桥涵护岸工程相应定额；
9. 土方现场运输
(1) 机械(沟槽及基坑)挖填土现场运输，套用通用项目一般项目S1-1：14. 土方场内运输定额计算，即“现场抛土”的现场运输套用“装运土”，“装车”的现场运输套用“运土”；
(2) 人工挖填土现场运输，按机动翻斗车平均运距200m，套用道路工程路基工程S2-1-：
10. 土方场内运输定额计算</td><td>排水管道开槽埋管的人工、机械挖沟槽土方子目</td></tr>
<tr><td>3</td><td>挖基坑土方</td><td>1. 桥涵及护岸工程：——基坑(包括箱涵顶进工作坑)挖土的底宽按结构物基础外边线每侧增加工作面宽度50cm计算；放坡比例见表4-13“桥涵基坑挖土放坡比例表”；
2. 隧道基坑：——
(1) 沉井的基坑开挖底宽，按刃脚外沿加2m计算，采用井点降水按1：0.5放坡；
(2) 大型支撑基坑土方：定额适用于地下墙建成后的基底开挖，基底宽度取为15m以内和15m以外，开挖深度取3.5m、7m、11m、15m。一般基坑深3.5m设一道ρ0600钢支撑，钢支撑间距为6m，当开挖场地窄小只能单面施工时，其挖土机械规格允许调整。
3. 市政管网工程：——
(1) 开槽埋管(检查井处沟槽宽度)
① 现场浇捣检查井时，其宽应为构筑物外壁边各加1.10m计算；
② 砖砌检查井时，其宽应为砖墙外壁边各加0.85m计算。
(2) 顶管工程：
顶管工作坑从构造上分为钢板桩支撑基坑和钢筋混凝土沉井两种；应根据地面环境条件、管径、埋设深度、一次顶进长度、工作坑后座反力等因素合理选定工作坑类型。
定额中顶管工作坑均采用钢板桩基坑，并列出了钢板桩顶井坑及接收坑的平面尺寸；定额规定坑深>5.5m或管径$\geqslant\phi$2200的顶管采用钢筋混凝土沉井坑，套用第六册排水构筑物相应定额，其中沉井挖土项目的人工及机械台班数量增加30%；另外因受施工环境及土质等因素影响，经业主单位认可后。
(3) 排水构筑物工程：
① 4m以内采用放坡施工，基坑2m以内按1：0.75放坡；基坑4m以内按1：1放坡；若采用井点降水则按1：0.5放坡。深度大于4m时按土体稳定理论计算后的边坡进行放坡。
② 有支护基坑挖土：挖土的底宽均按构筑物基础外沿加宽2.0m计算，每边加1.0m计算；定额中不包括支护施工，发生时可套用相应定额，基坑支护方案、安装地拉锚的个数按批准的施工组织设计确定；
③ 沉井基坑：基坑土方开挖的底部尺寸，按沉井外壁每侧加宽2.0m计算，套用第五册“排水构筑物及机械设备安装工程”基坑挖土定额。
④ 土方场内运输：挖土及填土现场运输定额中已考虑土方体积变化，基坑挖土土方按75%直接装车外运，25%按场内运输</td><td>1. 桥涵及护岸工程土方工程的人工、机械挖土子目
2. 排水构筑物及隧道基坑土方工程的基坑挖土、沉井挖土子目</td></tr>
<tr><td>4</td><td>挖竖井土方</td><td>挖竖井土方对应土质隧道工程(除盾构施工外)</td><td></td></tr>
</table>

续表

项次	形式	工 程 量 计 算 规 则	套用对应定额
5	挖淤泥	1. 淤泥密度统一按 $1.8t/m^3$ 计算； 2. 污泥（市政设施养护下水道工程）密度按 $1.35t/m^3$ 计算；场外运输计价系数为 $1.35t/m^3 \div 1.8t/m^3 = 0.75$	通用项目一般项目子目

注：1. 选自《上海市市政工程预算定额》（2000）工程量计算规则暨总、册说明；
2. 根据《全国统一市政工程预算定额》（1999）、依据上海市市政工程预算定额修编大纲，结合上海市情况编制补充定额部分，请参阅表 2-2"《全国统一市政工程预算定额》关于各省、自治区、直辖市编制补充定额部分等项目"中"如工程项目的设计要求与本定额所采用的标准图集(1996 年《给水排水标准图集》合订本 S2)不同时，各省、自治区、直辖市可自行调整"的释义，具体内容可参见"管道设施结构形式表"、表 4-35"窨井(检查井)、进水口规格"、有支撑沟槽宽度表(混凝土、钢筋混凝土、PVC、PVC 连管、玻璃钢夹砂管　RPM 管等)及表 4-34"混凝土、塑料管管材品种"等；
3. 挖土土壤分类，请参阅表 4-3"挖土土壤分类表"释义；
4. 土方挖方按天然密实体积计算，填方按压实后的体积计算；
5. 填方、天然密实方、松方的体积变化，请参阅表 4-72"土方的体积变化系数表"释义；
6. 挖一般土方项目中的道路工程路基工程整修路基(①车行道、②人行道)，同道路基层(项目编码：040202)、人行道及其他(项目编码：040204)，请参阅道路垫层、基层、面层(平面交叉口)面积表 4-3、人行道(平面交叉口)面积表 4-1 释义；
7. 顶管工作坑从类型上分为顶进工作坑和接收工作坑，请参阅表 4-47"工作坑(顶进坑、接收坑)平面尺寸(单位：m)"、表 4-48"工作坑的深度计算"、表 4-47"钢板桩工作坑平面尺寸表(单位：m)"、表 4-51"钢板桩适用范围表(单位：m)"释义；
8. 地下连续墙成槽。地下连续墙的槽宽以 0.80m，开挖深度分为 15m、25m、35m 三个步距，槽壁单幅长度为 6m，护壁泥浆采用相对密度为 1.055 的普通泥浆。由于泥浆在槽段中可以部分重复利用，定额取定 $10m^3$ 空间，泥浆用量是为 $7.54m^3$；
9. 部分分部工程项目挖土工程，请参阅表 4-26"已列入相应工程工程量清单的部分分部工程项目"；
10. 围护、支撑及大型支撑，请参阅 4.1 土石方工程(项目编码：040101)六、支撑的种类及其适用条件和其内表 4-60"大型机械设备使用费"释义；
11. 土方场内运输：请参阅表 4-23"土方场内运输定额划分甄选表"释义；
12. 泥浆外运工程量计算：钻孔灌注桩按成孔实土体积计算、水力机械顶管、水力出土盾构掘进按顶进实土体积计算、水力出土沉井下沉按沉井下沉挖土数量的实土体积计算、树根桩按成孔实土体积计算、地下连续墙按成槽土方量的实土体积计算，地下连续墙的废浆外运按挖土成槽定额中护壁泥浆数量折算成实土体积计算；
13. "污泥密度统一按 $1.35t/m^3$ 计算"，选自《上海市市政设施养护维修定额》(2000)第三章"下水道工程"章说明规定；
14. 定额中未包括大型机械的场外运输、安拆(打桩机械除外)、路基及轨道铺拆等，如计算，则请参阅 5. 措施项目(市政工程)5.1 大型机械设备进出场及安拆(项目编码：0501)表 5-3"大型机械设备进出场选用表"。
15. 定额中不、未包括组装、拆除柴油打桩机，发生时套用相应定额子目，请参阅 5. 措施项目(市政工程)5.1 大型机械设备进出场及安拆(项目编码：0501)表 5-8"组装、拆除柴油打桩机选用表"及表 5-9"组装、拆除柴油打桩机桩机类别和锤重选用表"释义。

已列入相应工程挖土方工程量清单的部分分部工程项目见表 4-26。

已列入相应工程挖土方工程量清单的部分分部工程项目　　表 4-26

项次	分部工程	已列入相应工程工程量清单	所在工程量清单项目设置、计算规则及项目子目对应比照表
1	道路工程交通管理设施	1. 人工挖填土定额包括基础挖土、电缆沟槽挖土、夯填土子目 2. 基础挖土适用于标杆基础、信号灯杆基础、工井基础等的挖土	表 4-111"交通管理设施工程量清单项目设置及工程量计算规则"；表 4-113"道路交通管理设施工程工程量'算量'"
2	桥涵护岸工程	除箱涵顶进土方、桩(钢管桩、挖孔灌注桩等)土方以外，其他(包括箱涵顶进工作坑)土方应按挖土方(项目编码：040101)中相关项目编码列项	表 4-139"桩基础工程量清单项目设置、计算规则及项目子目对应比照表"；表 4-190"立交箱涵工程量清单项目设置、计算规则及项目子目对应比照表"
3	隧道工程	盾构掘进出土、沉井下沉挖土、地下连续墙成槽土方均列入相应工程工程量清单，其他土方(如沉井基坑土方)应按挖土方(项目编码：040101)中相关项目编码列项	表 4-215"盾构掘进工程量清单项目设置及工程量计算规则"；表 4-221"隧道沉井工程量清单项目设置及工程量计算规则"；表 4-229"地下连续墙工程量清单项目设置及工程量计算规则"
4	市政管网工程	顶管顶进土方已列入工程量清单，顶管工作坑的土方开挖、回填夯实等，应按挖土方(项目编码：040101)中相关项目编码列项 请参阅【解题分析 4-65】钢筋混凝土沉井工作坑	表"顶管工程量清单项目设置及工程量计算规则"
5		钢板桩工作井(项目编码：沪 0405040011)挖土、填方，已列入工程量清单	表 4-213"井类、设备基础及出水口工程量清单项目设置及工程量计算规则"
6	措施项目(市政工程)	5.4　施工排水、降水(项目编码：0504) 请参阅【解题分析 5-8】湿土排水挖土工程量	表 5-7"施工排水、降水挖土方'算量'"

注：1. 选自《上海市市政工程预算定额》(2000)及《〈建设工程工程量清单计价规范〉上海市市政工程操作指南》；
2. 属各分部工程的范畴，不属"土石方工程(项目编码：040101)"；
3. 上述分部工程已列入相应工程工程量清单里边，不需单独列项；
4. 请参阅表 4-25"挖土方基本形式及工程量计算规则"的释义，应按表 4-21"挖土、石方工程量清单项目设置、项目子目对应比照表"中有关项目编码列项；
5. 土方平衡，请参阅表 4-70"土方平衡选用表"的释义。

土方工程（挖土）定额说明及工程量计算规则见表 4-27。

土方工程(挖土)定额说明及工程量计算规则

表 4-27

项次	《建设工程工程量清单计价规范》		《上海市市政工程预算定额》(2000)						
	分部工程	项目名称	第一册 通用项目	第二册 道路工程	第三册 道路交通管理设施工程	第四册 桥涵及护岸工程	第五册 排水管道工程	第六册 排水构筑物及机械设备安装工程	第七册 隧道工程
1	D.1 土石方工程	挖一般土方、挖沟槽土方、挖基坑土方		道路工程路基工程S2-1-：1. 人工挖土 2. 机械挖土	电缆沟槽人工挖土(Ⅰ、Ⅱ类) 基础人工挖土(Ⅲ类)	桥涵及护岸工程土方工程S4-2-： 1. 人工挖土 2. 机械挖土	排水管道开槽埋管S5-1-： 1. 人工挖沟槽土方 2. 机械挖沟槽土方	排水构筑物及隧道基坑土方工程S6-1-： 1. 基坑挖土	排水构筑物及隧道基坑土方工程S6-1-： 1. 基坑挖土 2. 沉井挖土
2	D.2 道路工程	路基处理		√17. 整修路基(①车行道、②人行道)					
3		交通管理设施基础挖土、电缆沟槽挖土、夯填土子目			#				
4	D.3 桥涵护岸工程	桥涵及护岸工程土方工程				√			
5		箱涵顶进土方、桩(钢管桩、挖孔灌注桩等)土方				#			
6	D.4 隧道工程	隧道基坑土方(基坑挖土、沉井挖土)						√	√
7		挖土下沉							#4. 吊车挖土下沉 5. 水力机械冲吸泥下沉 6. 不排水潜水员吸泥下沉 7. 钻吸法出土下沉
8		盾构掘进出土、沉井下沉挖土、地下连续墙成槽土方							#2. 挖土成槽 7. 支撑基坑挖土
9	D.5 市政管网工程	排水管道开槽埋管					√3. 撑拆列板 4. 打沟槽钢板桩 5. 拔沟槽钢板桩 6. 安拆钢板桩支撑		
10		排水构筑物(基坑挖土、沉井挖土)						√	
11		顶管顶进土方					#2. 基坑机械挖土		
12		顶管钢筋混凝土工作井沉井下沉挖土						# 2. 沉井挖土	
13		钢板桩工作井(基坑挖土)					#		

续表

项次	《建设工程工程量清单计价规范》		《上海市市政工程预算定额》(2000)						
	分部工程	项 目 名 称	第一册 通用项目	第二册 道路工程	第三册 道路交通管理设施工程	第四册 桥涵及护岸工程	第五册 排水管道工程	第六册 排水构筑物及机械设备安装工程	第七册 隧道工程
14	D.6 地铁工程								
15	D.7 钢筋工程								
16	D.8 拆除工程	拆除管道					√		
17	项目编码：0504	5.4 施工排水、降水					#		
18	项目编码：0505	5.5 围堰				#			

注：1. 选自《上海市市政工程预算定额》(2000)工程量计算规则暨总、册说明；

2. 附有√符号者，列入挖土石方工程(项目编码：040101)中相关项目编码列项工程量清单；

3. 附有#符号者，表示已列入相应工程工程量清单的部分分部工程项目；

4. 基坑挖土基坑挖土土方按75%直接装车外运，25%按场内运输；

5. 沉井挖土为全部外运；

6. 请参阅表4-21“挖土、石方工程量清单项目设置、项目子目对应比照表”；

7. 计算挖一般土方项中整修路基(①车行道、②人行道)面积时，分别请参阅表4-3“道路垫层、基层、面层(平面交叉口)面积工程量‘算量’”及【解题分析4-28】“道路基层厂拌粉煤灰三渣基层面积”和表4-107“人行道(平面交叉口)面积工程量‘算量’”及【解题分析4-31】“道路工程人行道块料铺设 非连锁型、连锁型彩色预制块面积”的释义；

8. 计算挖沟槽项中土方排水管道开槽埋管撑拆列板、4. 打沟槽钢板桩、5. 拔沟槽钢板桩、6. 安拆钢板桩支撑时，请参阅六、围护、支撑的种类及其适用条件中表4-54“围护、支撑工程工程量计算规则”及表4-58“围护、支撑类大型机械设备使用费甄选表”的释义。

3. 挖一般土方(项目编码：040101001)

(1) 道路工程路基工程

路基是路面的基础，一般由土石方工程压实而成，路基与路面结构共同形成稳定的实体承担车辆荷载的作用。

道路土方施工，不论是挖方或填方，重要的是路基的强度和稳定性。因而，挖方路基应根据土质条件和挖方深度合理确定开挖边坡，并保证路基的压实度。对于填方路基而言，进行认真的基底处理，选择良好的路基用土，分层碾压密实是施工的重点内容。图 4-12 为路基工程施工一般流程。

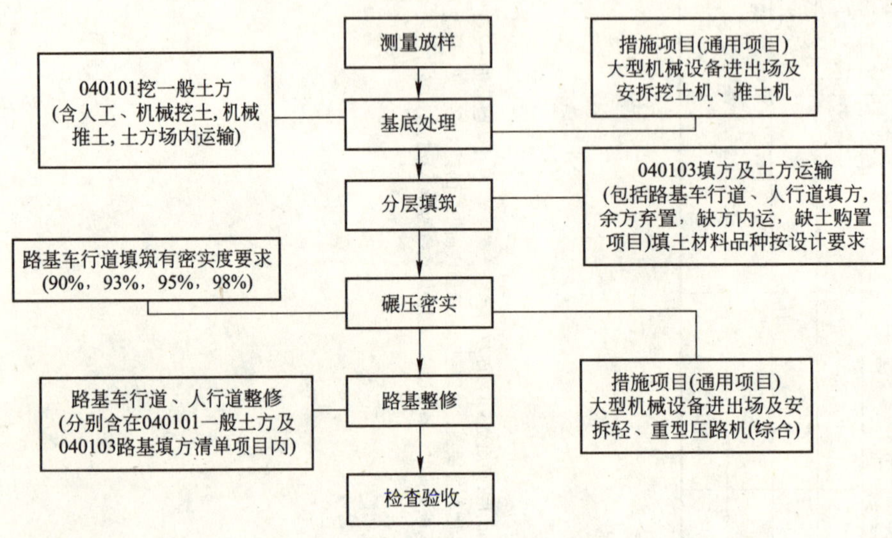

图 4-12　路基工程施工一般程序流程图

(2) 路基边坡

为保证路基稳定，路基两侧需做成具有一定坡度的坡面。路基边坡坡度系数(边坡宽度：边坡高度)是以边坡的高度 H 与宽度 B 之比来表示，见图 4-13“边坡各部位名称(放坡坡度)”所示。为方便起见，习惯将高度定为 l，相应的宽度是 B/H，一般写成 1∶m。

$$放坡坡度=H/B=1/(B/H)=1:B/H \qquad (4\text{-}7)$$

设：$m=B/H$，得放坡坡度$=1:m$，称 m 为坡度系数。　(4-8)

式中　H——表示挖土深度(m)；

$B(mH)$——表示放坡宽度(m)；

m——表示放坡系数。

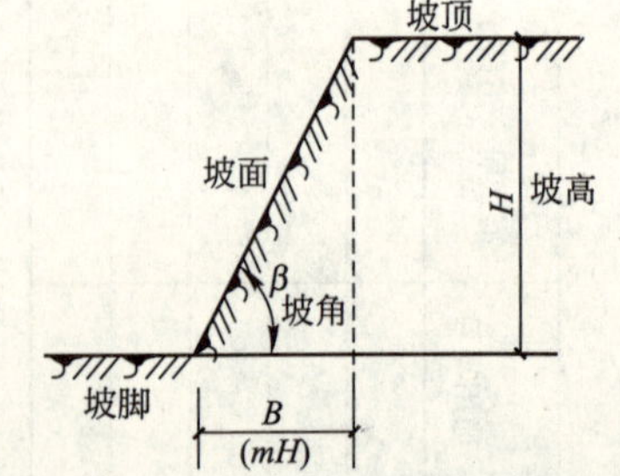

图 4-13　边坡各部位名称(放坡坡度)

$m=B/H$ 称为坡率，即为边坡底的宽度 B 与边坡高度 H 的比，如路堑 $H:B=5.0:2.5=1:0.5$，又如路堤 $H:B=2.0:3.0=1:1.5$；当边坡高度 H 为已知时，所需边坡底的宽度 B 即等于 $mH(1:m=H:B)$，如图 4-14“路基边坡坡度($1:m$)示意图”所示。m 值愈大，边坡愈缓，稳定性愈好，但工程数量增大，且边坡过缓而暴露面积过大，易受雨、雪侵蚀，反而不利。可见，路基边坡坡度对路基稳定起着重要的作用。如何恰当地设计边坡坡度，即使路基稳定，又节省造价，这在路基横断面设计中是极为重要的，尤其在深路堑及工程地质复杂的地区。

关于边坡坡率换算角度、对边、斜边长度，请分别参阅本《市政工程工程量清单工程系列丛书》姊妹篇之三《市政工程工程量清单常用数据手册》表 3-10“边坡坡率换算角度、对边、斜边长度表(竖立方向的高度)”及图 3-3“边坡坡率换算角度、对边、斜边长度(竖立方向的高度)示意图”的释义。斜度与角度变换见表 4-28。

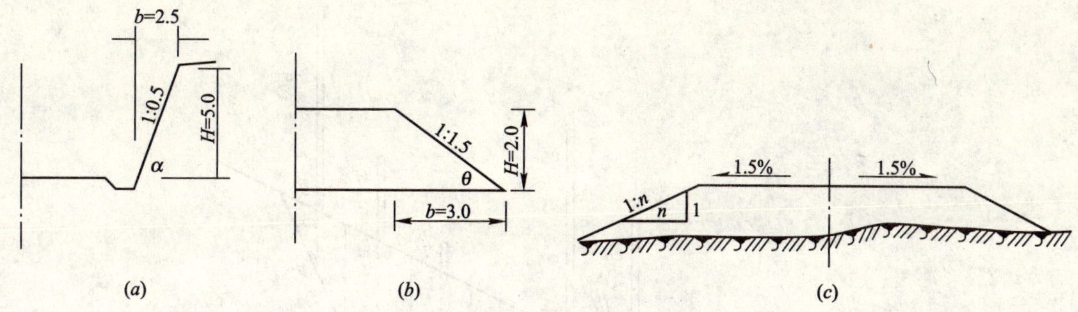

图 4-14　路基边坡坡度(1∶m)示意图

(a)路堑；(b)路堤；(c)路基

注：斜线的倾斜度称为坡度(斜线上任意两点间高差与其水平距离之比)，其标注方法有两种：

(1) 用比例形式表示，如图 4-14“路基边坡坡度(1∶m)示意图”(b)路堤顶中的 1∶1.5 和图 4-14“坡度(m∶1)标注法示意图”(b)桥墩项中的 20∶1；前项数字为竖直方向的高度，后者为水平方向的距离；市政工程中的路基边坡、挡土墙、锥坡、围堰、开槽埋管堆土及桥墩墩身等的坡度都用这种方法表示；

(2) 用百分数(%)表示。当坡度较小时，常用百分数表示，并标注坡度符号，坡度符号由细实线、单边箭头以及在其上标注的百分数组成。箭头的方向指向下坡。如图 4-14“路基边坡坡度(1∶m)示意图”(c)路基项中的 1.5%；道路的纵坡、横坡、管道铺设的纵坡等常采用此种表示法。

斜度与角度变换表　　　　**表 4-28**

斜度		角度	斜度		角度	斜度		角度	斜度		角度
%	H∶L		%	H∶L		%	H∶L		%	H∶L	
1	1∶100	0°34′	12		6°51′	21		11°52′	32		17°45′
2	1∶50	0°09′	12.50	1∶8	7°08′	22		12°24′	33	1∶3	18°16′
3		0°43′	13		7°24′	23		12°57′	33.33		18°26′
4	1∶25	2°17′	14		7°58′	24		13°30′	34		18°47′
5	1∶20	2°52′	14.29	1∶7	8°08′	25	1∶4	14°02′	36		19°48′
6		3°26′	15		8°32′	26		14°34′	38		20°48′
7		4°00′	16		9°05′	27		15°06′	40	1∶2.5	21°48′
8		4°34′	16.67	1∶6	9°28′	28		15°39′	42		22°47′
9		5°08′	17		9°39′	28.57	1∶3.5	15°57′	44		23°45′
10	1∶10	5°43′	18		10°12′	29		16°10′	46		24°42′
11		6°17′	19		10°45′	30		16°42′	48		25°38′
11.11	1∶9	6°20′	20	1∶5	11°19′	31		17°13′	50	1∶2	26°34′

(3) 道路横断面挖、填土方(车行道及人行道)，即挖一般土方

道路土石方工程量(体积)的计算，主要的问题是路基填挖方断面面积的计算。但由于路基的自然地形起伏多变，路基的填挖土方不是简单的几何体，要得到精确的计算结果往往很复杂，而实用的意义又不大。因此，在道路工程中，采用具有一定精度又较为简便的近似方法来进行计算。

1) 土方计算：挖、填土方的积距法

土方计算常采用近似公式。常用计算方法如下：

① 用积距法计算出横断面面积。如图 4-15“积距法计算出横断面面积示意图”所示。

先用两脚规量取 ab 长，随即等量(ab)移至 C 点，固定一脚，将在 c 点的另一脚移至 d 点即得 $ab+cd$ 长，其余以此类推，累计量取纵坐标长度而得到积距。则横断面填(挖)方的总面积：

横断面填方的总面积公式　　$A_t=B\times(ab+cd+ef+gh)=B\times$填方积距　　(4-9)

横断面挖方的总面积公式　　$A_w=B\times(ij+kl+mn+op)=B\times$挖方积距　　(4-10)

式中　A_t——横断面填方面积(m^2)；

A_w——横断面挖方面积(m^2)；

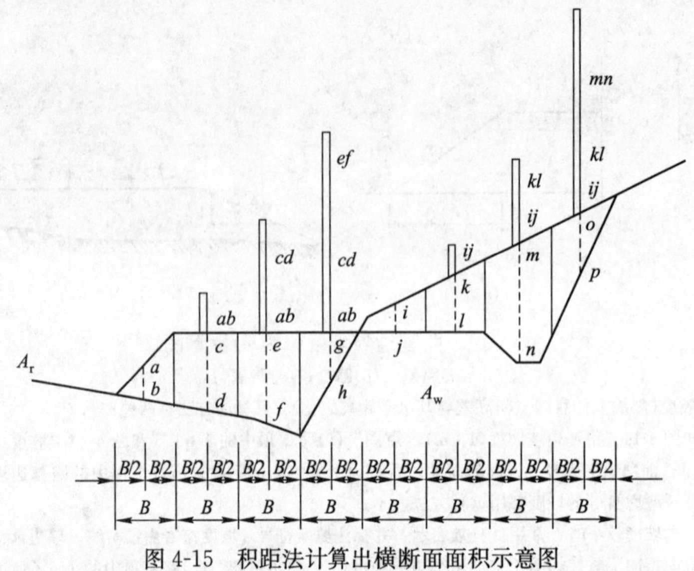

图 4-15　积距法计算出横断面面积示意图

B——横断面上所划分的三角形或梯形的高，通常采用等距 1m 或 2m。

在厘米方格纸上，可根据方格数来计算填挖面积。对于极不规则的较大面积几何图形，可用求积仪量取面积。

② 确定土方体积。为计算方便，一般采用平均断面法。假定相邻两断面间为一棱柱体，其高为两断面向中线长度，则可近似求得计算公式为：

相邻两断面间填方体积公式　　$$V_t=\frac{A_{t1}+A_{t2}}{2}\times L \tag{4-11}$$

相邻两断面间挖方体积公式　　$$V_w=\frac{A_{w1}+A_{w2}}{2}\times L \tag{4-12}$$

式中　A_{t1}、A_{t2}——相邻两断面填方面积(m^2)；

A_{w1}、A_{w2}——相邻两断面挖方面积(m^2)；

V_t、V_w——相邻两断面间填、挖体积(m^3)；

L——相邻两断面问的中线长度(m)。

计算时，可填写“土方挖、填方工程量计算表”（表 4-29）

③ 填土土方指可利用方，不包括耕植土、流砂、淤泥等。填方工程量按总说明中“填土土方的体积变化系数表”计算。

2）回填土 $\Sigma V=V\times$天然密实方或松方系数 1 表中系数详见表 4-72 所示。

3）坐标法

如图 4-16“横断面面积计算(坐标法)”，已知断面图上各转折点坐标(X_i，Y_i)，则断面面积为：

$$F=\frac{1}{2}\sum_{i-1}^{m}(x_i y_{i+1}-x_{i+1}y_i) \tag{4-13}$$

坐标法的精度较高，适宜于用计算机计算。

在路基的横断面面积计算中，除计算设计横断面面积外，还应考虑为保证工程施工质量而进行的原地面处理、路堤两侧宽填和压实沉降等因素带来的横断面面积变化。

① 填方横断面面积＝设计横断面面积＋路堤两侧宽填面积＋原地面处理增加的面积＋压实沉降增加的面积－路面结构层面积　(4-14)

② 挖方横断面面积＝设计横断面面积－清除腐殖土面积＋路面结构层面积　(4-15)

4）几何图形法

当横断面的地面线较规则时，可将横断面当成几个规则的且何图形来看待，如图 4-17“几何图形法横断面面积计算简图”所示的横断面可以划分为两个三角形和一个矩形，然后分别从图上量得有关数据后就可以计算出面积来。

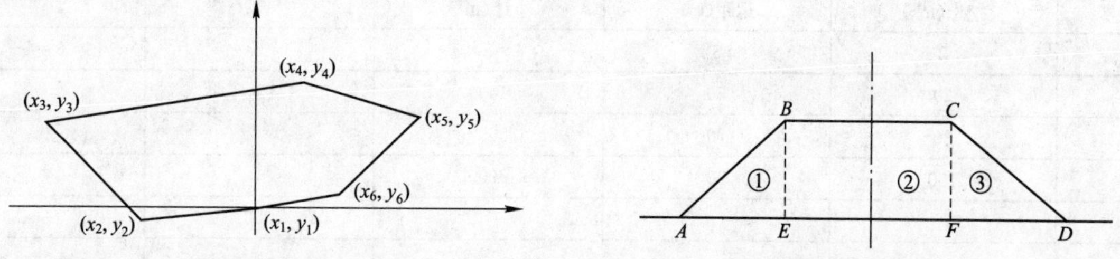

图 4-16　横断面面积计算(坐标法)　　图 4-17　几何图形法横断面面积计算简图

如图 4-18 所示，横断面面积计算时应注意以下几个问题：

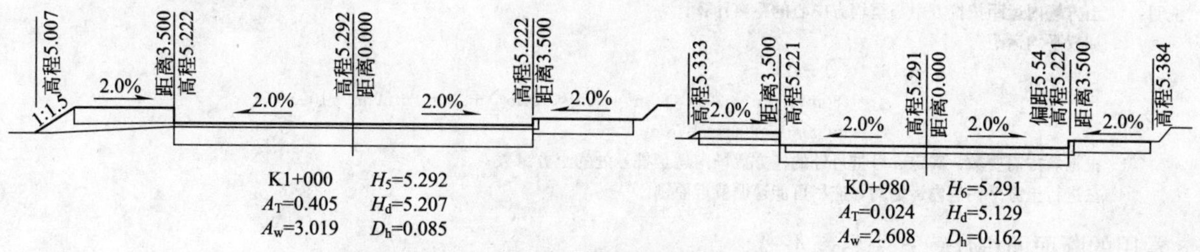

图 4-18　道路横断面图

H_s—设计路中心线标高；H_d—路中心原地面标高；A_t—填方面积；A_w—挖方面积

① 填方面积与挖方面积应分开计算；

② 填方面积又要按填石、加固边坡、填土等分别计算；

③ 挖淤泥的面积应计算出开挖淤泥的面积，同时又要计算填方的面积，这样，同一个地方的面积就算了两次，这是因为要换土的关系。同理，挖台阶的面积也要计算两次；

④ 大、中桥起、终点之间的土石方数量，不计入路基土石方工程数量内。

土方挖、填方工程量计算见表 4-29。

土方挖、填方工程量计算表　　**表 4-29**

工程名称：　　共　页，第　页

类型	序号	桩　号	横断面截面积(m^2)		平均面积(m^2)		距　离	土方量(m^3)	
			挖方(A_w)	填方(A_t)	挖方(A_w)	填方(A_t)	(m)	挖方(A_w)	填方(A_t)
1	2	3	4	5	6	7	8	9=6×8	10=7×8
	1	0+00	2.8	2.6	2.95	2.5	50	147.5	125
	2	0+50	3.1	2.4	3.3	2.75	50	165	137.5
	3	0+100	3.5	3.1	3.8	3.45	50	190	172.5
	4	0+150	4.1	3.8	4.65	4.4	50	232.5	220
	5	0+200	5.2	5	5.5	4.95	50	275	247.5
	6	0+250	5.8	4.9					
合计			24.5	21.8	20.2	18.05	250	1010	902.5
本页土方量小计					A_w 与 A_t 平衡增、减率(±%)			107.5(m^3)/10.64%	

注：1. 车行道及人行道土方挖、填方工程量分别计算；

2. A_w 与 A_t 平衡增、减率(±%)=(A_w−A_t)÷A_w×100%；

3. 关于增加工作面宽度，参照表 4-25“挖土方基本形式及工程量计算规则”释义。

道路工程土方场内运距计算见表4-30。

道路工程土方场内运距计算表　　　　表4-30

桩　号	挖　方			填方 (m^3)	加权平均运距 (m)
	挖土(m^3)	运距(m)	小计(m^3)		
1	2	3	4=2×3	5	6=4÷2
1	20	50	1000		
2	80	70	5600		
3	100	90	9000		
4				200	
…					
n					
合计：	200		15600	200	78

说明：1. 土方场内运距按挖方中心至填方中心的距离计算；

2. 加权平均运距

$$L(\mathrm{m})(6)=(4)\div(2)$$
$$=(50\mathrm{m}\times20\mathrm{m}^3+70\mathrm{m}\times80\mathrm{m}^3+90\mathrm{m}\times100\mathrm{m}^3)\div(20\mathrm{m}^3+80\mathrm{m}^3+100\mathrm{m}^3)$$
$$=15600\mathrm{m}^4\div200\mathrm{m}^3=78\mathrm{m};$$

3. 根据填方需要数，确定 *n* 号桩号处的挖方数场内运至桩号处的土方量数；

4. 在进行土方平衡场内运输时，应尽可能遵循就近原则。

常用的断面面积计算方法见表4-31。

常用的断面面积计算方法　　　　表4-31

项次	类　型	释　义
1	积距法	此种方法计算迅速，适用于手工图上计算。基本方法是将填挖方断面，划分为水平向等高的三角形、梯形或矩形，用卡规量取各自的“平均宽度”并进行累积，累积宽度乘以高度即为面积
2	混合法	对于面积较大的断面，可将其中间部分划分成规则的几何图形，用公式计算，其余用积距法计算，两者之和即为断面积
3	Auto CAD计算	如果使用Auto CAD绘制填挖方断面图，则可直接应用求算闭合图形面积的功能进行计算，但需注意设定的比例换算
4	专业软件计算	目前，已经开发了多种道路工程设计软件，均具有土石方量计算功能

土路基车行道、人行道整修面积“算量”见表4-32。

土路基车行道、人行道整修面积“算量”　　　　表4-32

项次	分类	类型	部位	单位	计算公式	图示	计算基数
1	道路垫层、基层、面层(平面交叉口)面积	直线段面积	直线段	m^2	$A_{车行道直线段}=L\times B$	L；B	L 为道路横断面长度；B 为道路横断面宽度
2			正交交叉口：(十、T字形，错位形)	m^2	$A_{车行道直线段交叉口正交}=L_{pj}\times b_1$	B；L_{pj}；R；R；O；O；b_1	L_{pj} 为交叉口相交的道路横断面平均长度；b_1 为交叉口相交的道路横断面宽度；R 为正交半径

续表

项次	分类	类型	部位	单位	计算公式	图示	计算基数
3		直线段面积	斜交交叉口:(X、Y 字形;环形交叉;复合形交叉)	m^2	$A_{车行道直线段交叉口斜交}=[(r_1+r_2)\times\tan75°/2+(R_1+R_2)\times\tan105°/2]\div2\times b_1$	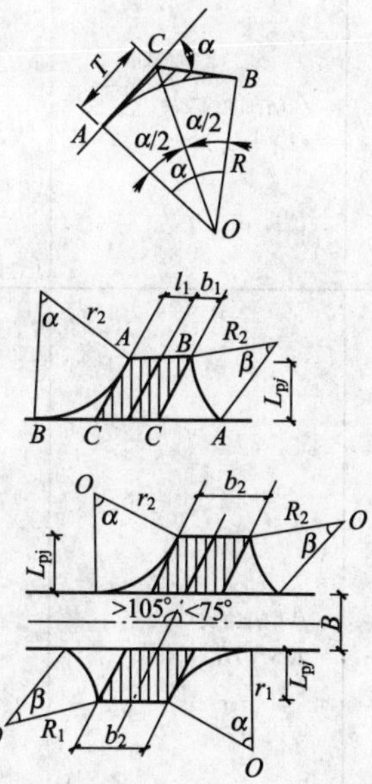	$L_{pj}=[(r_1+r_2)\times\tan75°/2+(R_1+R_2)\times\tan105°/2]\div2$ 当 α 或 β 为同角度时,两个对应角的 R,分别为 $\alpha<75°$时,$R=(r_1+r_2)$;$\beta>105°$时,$R=(R_1+R_2)$ L_{pj} 为交叉口相交的道路横断面平均长度; b_1 为交叉口相交的道路横断面宽度
4	道路垫层、基层、面层(平面交叉口)面积	交叉口段转角面积	正交交叉口:(十、T 字形,错位形)	m^2	$A_{车行道正交}=0.2146R^2\times n$	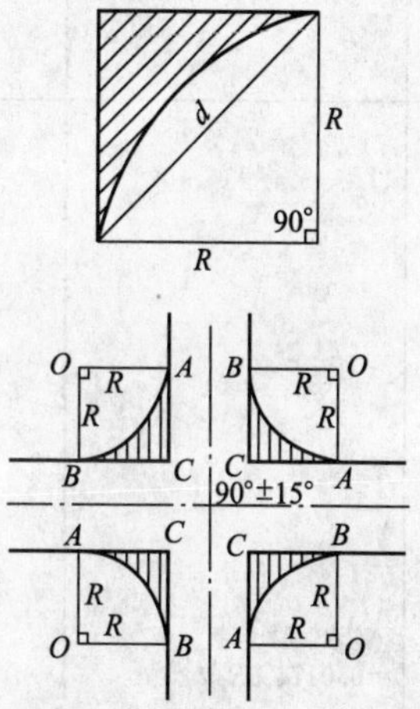	R 为正交半径; n 为有几个转角
5			斜交交叉口:(以 R 为半径的路口转角面积)(X、Y 字形;环形交叉;复合形交叉)	m^2	$A_{车行道斜交}=(r_1^2+r_2^2)(\tan\alpha/2-0.00873\alpha)+(R_1^2+R_2^2)(\tan\beta/2-0.00873\beta)$	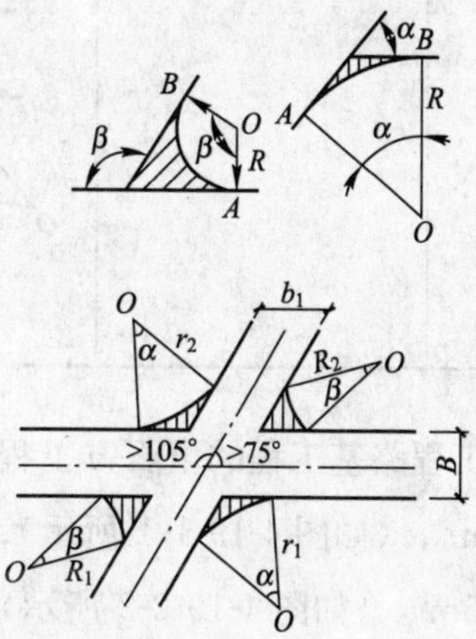	当 α 或 β 为同角度时,两个对应角的 R^2,分别为 $\alpha<75°$时,$R_\alpha^2=(r_1^2+r_2^2)$ $\beta>105°$时,$R_\beta^2=(R_1^2+R_2^2)$

续表

项次	分类	类型	部位	单位	计算公式	图示	计算基数
6	人行道(平面交叉口)面积	直线段	直线段	m^2	$A_{人行道直线段}=(L_1+L_2)\times t$	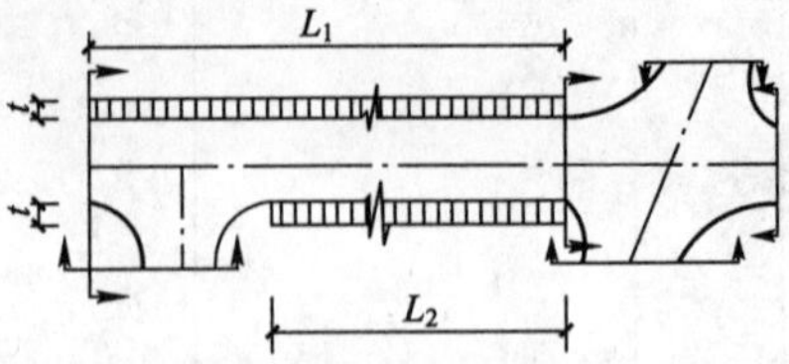	L_1、L_2 为人行道宽度 t 为人行道宽度
7		交叉口段转角面积	正交交叉口：(十、T字形，错位形)		$A_{人行道正交}=1.5707R_{pj}t\times n$	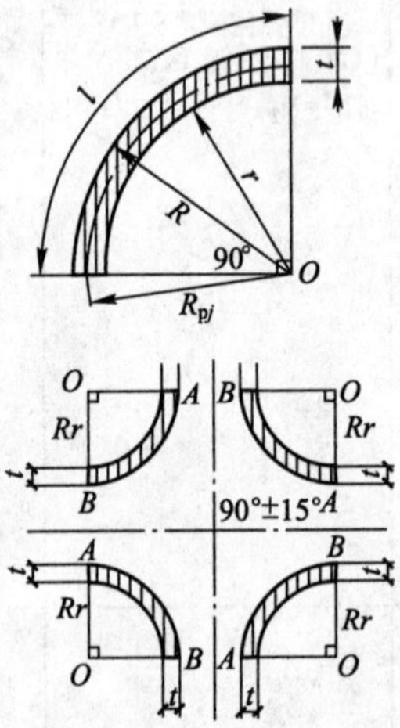	$R_{pj}=R-t/2$ 或者 $(R+r)/2$ t 为人行道宽度； n 为有几个转角
8			斜交交叉口：(X、Y字形；环形交叉；复合形交叉)		$A_{人行道斜交}=0.01745\alpha R_{pj}t$	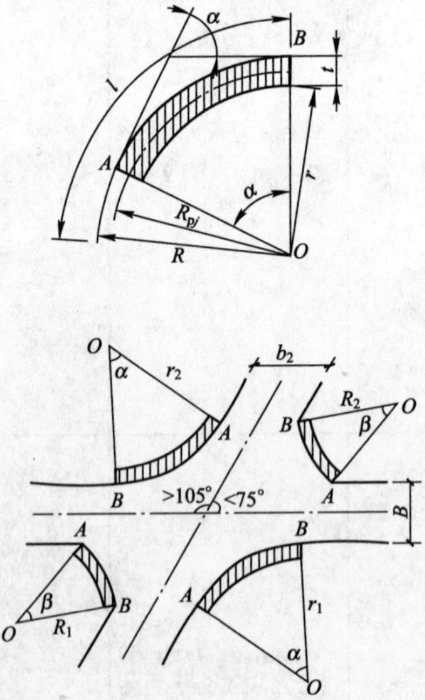	R_{pj} 为平均半径 $=R-(t/2)$ 或者 $(R+r)/2$，t 为人行道宽度 当 α 或 β 为同角度时，两个对应角的 α、β，分别为 $\alpha<75°$ 时，$R_{\alpha pj}=[(R_1+r_1)/2+(R_2+r_2)/2]$；$\beta>105°$ 时，$R_{\beta pj}=[(R_3+r_3)/2+(R_4+r_4)/2]$ $A_{人行道斜交}=\{0.01745\times\alpha\times[(R_1+r_1)/2+(R_2+r_2)/2]+0.01745\times\beta\times[(R_3+r_3)/2+(R_4+r_4)/2]\}\times t$

【例题 4-7】 某道路工程路基工程的土石方工程，设计桩号 0＋000 的挖方横断面截面积为 3.9m^2，填方横断面截面积为 2.8m^2，(如图 4-19 1-1′所示)；设计桩号 0＋020 的挖方横断面截面积为 6.75m^2，填方横断面截面积为 2.35m^2，(如图 4-19 2-2′所示)；两桩间的距离为 20.0m，如图 4-19“土方横断面截面示意图”所示；求：其挖、填土方工程量，并对其进行土方量汇总？

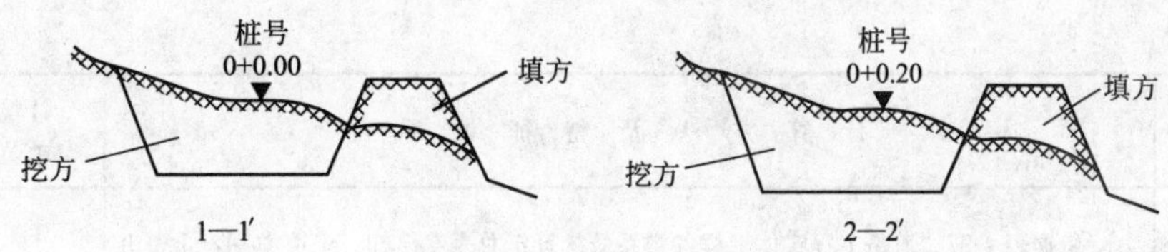

图 4-19　土方横断面截面示意图

【解题分析 4-7】

依题已知：请参阅表 4-33“土方量汇总表”，第 2、3、6 列项数值。

(1) 挖方土方量体积 $V_{挖}$＝挖方(A_w)平均面积(m^2)×截面间距

$$=[(3.9m^2+6.75m^2)\div 2]\times 20.0m=106.5m^3$$

(2) 填方土方量体积 $V_{填}$＝填方(A_t)平均面积(m^2)×截面间距

$$=[(2.8m^2+2.35m^2)\div 2]\times 20.0m=51.5m^3$$

土方量汇总表　　**表 4-33**

断面	横断面截面积(m^2)		平均面积(m^2)		截面间距	土方量(m^3)	
	挖方(A_w)	填方(A_t)	挖方(A_w)	填方(A_t)	(m)	挖方(A_w)	填方(A_t)
1	2	3	4	5	6	7=4×6	8=5×6
1-1′	3.9	2.8	5.325	2.575	20.0	106.5	51.5
2-2′	6.75	2.35					
合计						106.5	51.5

得：该填、挖土方工程量分别为：挖方土方量 106.5m^3，填方土方量 51.5m^3；汇总请详见表 4-33“土方量汇总表”。

但应注意，就上述项目未包括工程量清单中的土方场内运输及挖土路基车行道整修、挖土路基人行道整修；对照工程量清单中工程内容，另增列此项子目，否则就属于漏列。

【例题 4-8】（规范型解题教案一）道路实体工程概况以表 4-97“道路工程实体工程各类‘算量’要素统计汇总表”提供的资料为条件；求：路基工程实体工程挖土工程量？

【解题分析 4-8】

解题分析要点：根据表 1-7“清单项目的工程量‘算量’”计算原则：“所有清单项目的工程量应以实体工程量为准，并以完成后的净值计算；投标人投标报价时，应在单价中考虑施工中的各种损耗和需要增加的工程量；对于分部分项工程量清单项目而言，清单工程量的计算需要明确计算依据、计算规则、计量单位和计算方法”。

列项解题分析时，首先针对工程内容的规定，对拟编制的挖路基土方项目，与表 4-25“挖土方基本形式、定额说明及工程量计算规则”、表 4-24“挖土(分土壤类别或综合取定)定额编制计算规定”、表 4-23“土方场内运输定额划分甄选表”等是否对应的对照依据，也是检查是否重列或漏列的主要依据。

依题已知：

立项顺序	计算方法及特征说明	计量单位	定额子目编号

项目名称：挖一般土方(项目编码：040101001)

1. 项目特征(描述)：——1. 土壤类别，2. 挖土深度
2. 工程内容(规定)：——1. 土方开挖，2. 围护、支撑，3. 场内运输，4. 平整、夯实
3. 计量单位：——m^3
4. 数量：——1800.00

续表

立项顺序	计算方法及特征说明	计量单位	定额子目编号
1. 人工、机械挖土方	1. 依据表 4-97“道路工程实体工程各类系数统计汇总表”已知：土壤类别：Ⅰ、Ⅱ类土；挖土方 $1800.0m^3$、填筑土方（车行道 $628.0m^3$、密实度：90%、人行道 $210.0m^3$、车行道填方：$628.0m^3$） 2. 根据所挖土类别的实际情况，查表 4-3“挖土土壤分类表”，拟确定选用何种方式进行施工，如人工还是机械操作，套取相应《上海市市政工程预算定额》（2000）定额子目	m^3	S2-1-1 或 S2-1-4
2. 土方场内运输	1. 根据土方场内运距按挖方中心至填方中心的距离计算原则。运距按土方场内运距按挖方中心至填方中心的距离计算，或参见表 4-30“道路工程土方场内运距计算表”计算运距 2. 土方场内运输，根据填方处（所处位置）进行确定，车行道及人行道填土方工程量，同本表 1 项次，$V=628.0m^3+210.0m^3=838.0m^3$ 3. 参见表 4-22“填方及土方运输计算表” 4. 如填方有密度要求的要考虑土方的体积变化，如 90%、93%、95%、98%等，具体参见表 4-72“填土土方的体积变化系数表” 5. 当 $V=628.0m^3\times1.135+210.0m^3=922.78m^3$ 时，查表 4-23“土方场内运输定额划分甄选表”套取相应《上海市市政工程预算定额》（2000）定额子目	m^3	S2-1-44
3. 挖土路基车行道整修	1. 依据表 4-90“道路基层工程数量计算公式”工程量计算 2. 根据【例题 4-28】，得知粉煤灰三渣基层面积（即车行道）面积为 $6074.94m^2$	$100m^2$	S2-1-38
4. 挖土路基人行道整修	1. 依据表 4-107“人行道（平面交叉口）面积工程量‘算量’”进行工程量计算 2. 根据【例题 4-31】，得知人行道块料铺设面积为 $1664.26m^2$	$100m^2$	S2-1-40

得：

(1) 工程量计算结果：

项次	项目编码、定额子目编号	工程内容	计量单位	工程数量
1.1	040101001001	挖路基土方（Ⅰ、Ⅱ类土）	m^3	1800
1.1.1	S2-1-1	人工挖（Ⅰ、Ⅱ类土）	m^3	1800
1.1.2	S2-1-44	土方场内运输（自卸汽车运土 200m）	m^3	922.78
1.1.3	S2-1-38	车行道人工整修（Ⅰ、Ⅱ类土）	m^2	6074.94
1.1.4	S2-1-40	人行道人工整修（Ⅰ、Ⅱ类土）	m^2	1664.26

(2) 查表 4-21“挖土、石方工程量清单项目设置、项目子目对应比照表”，得套用道路工程路基工程 S2-1-：1. 人工挖土 2. 机械挖土；3. 机械推土 18. 土方场内运输 17. 整修路基（①车行道、②人行道）定额子目。

注：

(1) 上述 4 项工程内容包括了挖路基土方施工的全部施工工艺过程。

但应注意，上述项目中未包括路基填方、余方弃置，故应对照“填方及土石方运输（项目编码：040103）”另外增列填方的分部分项清单项目，否则就属于漏列。

(2) 还可能出现《建设工程工程量清单计价规范》GB 50500—2008“表 3.3.1 措施项目一览表”中的有关清单项目，查阅表 4-85“道路工程大型机械设备选用表”。

(3) 如本工程定额中未包括大型机械的场外运输、安拆（打桩机械除外）、路基及轨道铺拆等，大型机械进出场运输及安拆，应列入措施项目中，参见表 4-21“挖土、石方工程量清单项目设置、项目子目对应比照表”的释义；如计算，则可参照 5. 措施项目（市政工程）5.1 大型机械设备进出场及安拆（项目编码：0501)表 5-3“大型机械设备进出场选用表”的释义。

(4) 另外根据表 1-20“工程量清单、市政定额、施工工程量‘算量’”，得知其间区别“在于计量的依据、计算规则、目的和计量单位的不同”，注意工程量清单综合单价的计价。

4. 挖沟槽土方(项目编码：040101002)

排水管道施工应合理确定沟槽开挖断面，为管道施工创造条件，同时保证工程质量和安全生产。选定何种沟槽断面形式，要考虑土的种类、地下水水位、管道结构尺寸、管道埋深、开挖方式和方法、施工排水、现场的其他因素等。

(1) 排水管道开槽埋管

根据《全国统一市政工程预算定额》总说明及各册、章说明，依据上海市市政工程预算定额修编大纲，结合上海市情况编制补充定额部分，参见表 2-2“《全国统一市政工程预算定额》(1999)关于各省、自治区、直辖市编制补充定额部分等项目”中“如工程项目的设计要求与本定额所采用的标准图集(1996 年《给水排水标准图集》合订本 S2)不同时，各省、自治区、直辖市可自行调整”的释义。混凝土、塑料管管材品种见表 4-34。

混凝土、塑料管管材品种　　**表 4-34**

管径(mm)	市政管道管材		图纸图号
	材质及制品	管　材	
ϕ230～ϕ450	混凝土管	混凝土管	排通 201(82 排通图)
ϕ600～ϕ2400	钢筋混凝土管	钢筋混凝土管	
ϕ230～ϕ450	混凝土管	承插式混凝土管	PT04-01(1/4，3/4)
ϕ600～ϕ1200	钢筋混凝土管	承插式钢筋混凝土管(PH-48 管)	PT04-02(1/4～4/4)
ϕ1350～ϕ2400		企口式钢筋混凝土管(丹麦管)	PT04-04(1/5～5/5)
ϕ2700～ϕ3000		“F”型钢承口式钢筋混凝土管	PT04-05(1/6～6/6)
DN225～DN400	塑料管	UPVC 管	SPT01-01～04(1997)
DN500～DN1000		增强聚丙烯管(FRPP 管)	SPT01-01～05(2000)
DN400～DN2400	玻璃纤维增强塑料夹砂管	玻璃纤维增强塑料夹砂管(RPM)	

注：1. 管道铺设定额系按上列管材品种分列；
2. 沟槽挖土工程量按“上海市排水管道通用图”、“UPVC 加筋管以及 FRPP 管通用图”中的有支撑沟槽宽度表计算；
3. 机械挖土填土的现场运输，套用“通用工程”中相应定额；
4. 人工挖土、填土的现场运输，套用“道路工程”中相应定额；
5. 封拆头子［井壁(墙)凿洞］及施工区域的临时排水，开挖样洞等费用列入施工费用的综合费用中，请参阅表 2-4“综合费用内容及计算方法”中第 15 项“施工因素增加费”释义。

承插、企口、平口管尺寸示意如图 4-20 所示。

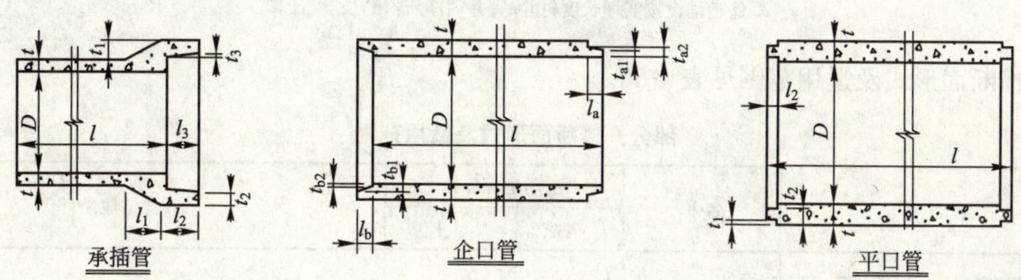

图 4-20　承插、企口、平口管尺寸示意图

窨井(检查井)、进水口规格见表 4-35。

市政管道图例示意如图 4-21 所示。

窨井(检查井)、进水口规格 **表 4-35**

<table>
<tr><th>序号</th><th>分 类</th><th colspan="3">结构形式</th></tr>
<tr><td rowspan="15">1</td><td rowspan="15">窨井(检查井)</td><td rowspan="10"></td><td>混凝土、钢筋混凝土</td><td>分混凝土砖砌直线不落底窨井、混凝土砖砌直线落底窨井、钢筋混凝土砖砌直线不落底窨井、钢筋混凝土砖砌直线落底窨井</td></tr>
<tr><td>不落底(N)、落底↓(Y)</td><td>分混凝土砖砌直线不落底窨井、混凝土砖砌直线落底窨井、钢筋混凝土砖砌直线不落底窨井、钢筋混凝土砖砌直线落底窨井</td></tr>
<tr><td>600×600 砖砌窨井</td><td>PT05～04(1/5～2/5)</td></tr>
<tr><td>750×750 砖砌窨井</td><td>PT05～04(3/5～4/5)</td></tr>
<tr><td>1000×1000～1000×1550 砖砌窨井</td><td>PT05～06(1/3)</td></tr>
<tr><td>1100×1750～1l00×3650 砖砌窨井</td><td>PT05～06(2/3)</td></tr>
<tr><td>1000×1000～1100×3650 窨井底板配筋</td><td>PT05～07</td></tr>
<tr><td>砖砌窨井工程数量表</td><td>PT05～08(1/5～5/5)</td></tr>
<tr><td>Ⅰ型钢筋混凝土盖板</td><td>PT05～04(5/5)</td></tr>
<tr><td>Ⅱ型钢筋混凝土盖板</td><td>PT05～06(3/3)</td></tr>
<tr><td rowspan="3">转折窨井</td><td>分二通(90°、115°、135°、155°)、三通、四通窨井</td><td></td></tr>
<tr><td>砖砌二通转折窨井</td><td>排通 501—11—1～11</td></tr>
<tr><td>钢筋混凝土二通转折窨井</td><td>排通 502—18—1～18</td></tr>
<tr><td colspan="3">现浇混凝土窨井</td></tr>
<tr><td colspan="3">（砖砌直线窨井：自“600×600 砖砌窨井”至“Ⅱ型钢筋混凝土盖板”各行）</td></tr>
<tr><td rowspan="5">2</td><td rowspan="5">进水口</td><td colspan="2">里弄进水口(320×220)</td><td></td></tr>
<tr><td colspan="2">Ⅰ型雨水进水口及盖座 (400×300)</td><td>PT06-02</td></tr>
<tr><td colspan="2">Ⅱ型进水口(400×450)</td><td>PT06～04(1/5～4/5)</td></tr>
<tr><td colspan="2">Ⅲ型进水口(640×500)</td><td>PT06～04(1/3～3/3)</td></tr>
<tr><td colspan="2">双连Ⅲ型进水口(1450×500)</td><td>PT06-05</td></tr>
</table>

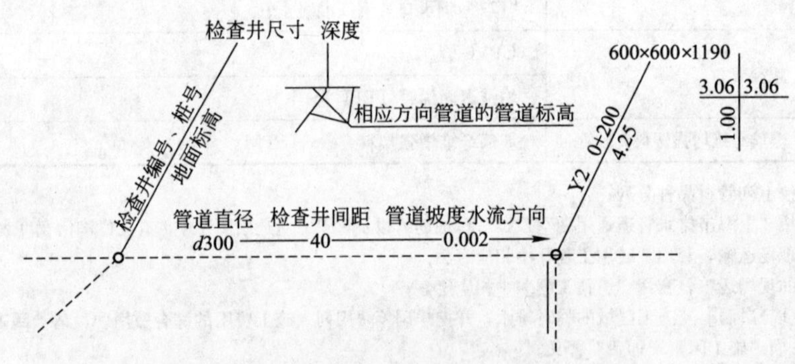

图 4-21　市政管道图例示意图

注：1. 沟槽深度为原地面至槽底土面的深度；

2. 管道铺设按实埋长度(扣除窨井内净所占的长度)计算。

部分开槽断面形式及适用范围见表 4-36。

部分开槽断面形式及适用范围 **表 4-36**

<table>
<tr><th rowspan="2">项次</th><th rowspan="2">示 意 图</th><th rowspan="2">名 称</th><th colspan="2">适用槽深(m)</th><th rowspan="2">其他适应条件</th></tr>
<tr><th>机挖</th><th>人挖</th></tr>
<tr><td>1</td><td>(a)</td><td>直槽或板桩槽</td><td>≤8</td><td>≤3</td><td>施工环境狭窄、周围地下管线密集的施工场合开挖时，应选择直槽断面；开挖深度小于 3m 的沟槽宜采用横列板支护，开挖深度大于 3m 的沟槽宜采用钢板桩支护
一般采用支撑(一步支撑槽)</td></tr>
</table>

续表

项次	示意图	名称	适用槽深(m)		其他适应条件
			机挖	人挖	
2	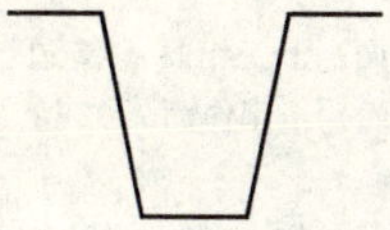 (b)	梯形槽	≤5	≤3	地形空旷、地下水位较低、地质条件较好、土质均匀、沟槽开挖深度不超过 3m、有较好的堆土场地时，可不设支撑，采用梯形槽断面；放坡视土质及地下水位而定，以保证边坡的稳定 一般采用无支撑大开挖(一步大开槽)
3	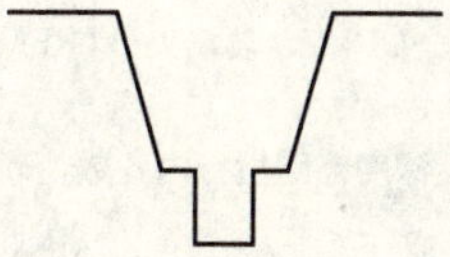 (c)	混合槽	≤8	≤5	上层土质较好、下层土质松软，当环境条件许可、沟槽深度不超过 4.5m 时，可采用混合槽断面，下部直槽部分设支撑 上半部分大开挖、下半部分有支撑(步槽上开下支或两步槽全支撑)
4	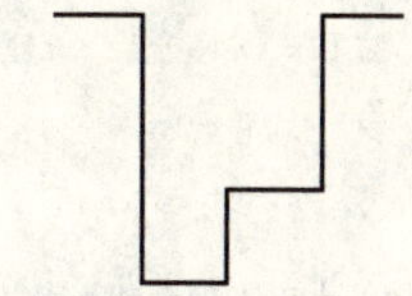 (d)	联合槽	≤8	≤5	当满足以下条件时，平行敷设雨污水管道可以采用同沟槽施工方法。 适用于两条或两条以上的管道埋设在同一沟槽内。 一般是两根管道同沟槽施工(两步槽全支撑)

注：沟槽的支撑是防止施工过程中槽壁坍塌的一种临时有效的挡土结构，是一项临时性施工安全技术措施。

1. 沟槽深度≤3m 采用横列板支撑；沟槽深度>3m 采用钢板桩支撑；
2. 沟槽的支撑，请参阅表 4-54“围护、支撑工程工程量计算规则”释义；
3. 列板支撑适用于深度小于 3m 的沟槽。列板支撑是由横撑板、竖撑板和铁撑柱组成。横撑板采用组织钢撑板(钢围檩)，竖撑板采用木撑板(10cm×20cm)和铁撑柱(一般采用 ϕ63.5×5～6 的钢管)；请参阅表，本丛书之三《常和数据手册》，表 2-42“每 100m(双向)列板使用数量表”及表 4-56“每 100m(沟槽长)列板支撑使用数量表”；
4. 钢板桩支撑适用于大于等于 3m 的沟槽，钢板桩形式一般采用槽型钢板桩(6～12m)和拉森钢板桩(10～20m)。排列有平排、间隔、咬口、密咬等形式，打桩设备采用柴油打桩机和静力压桩机，打桩应符合《市政工程安全操作规程》进行操作施工；请参阅本丛书之三《常用数据手册》表 2-43“每 100m(单面)槽型钢板桩使用数量表”及表 4-56“每 100m(沟槽长)槽型钢板桩支撑使用数量表”；
5. 围护桩支撑包括树根桩、深层搅拌桩等，并配合大型支撑系统，请参阅表 4-60“大型机械设备使用费”中大型支撑使用费释义；
6. 当基坑壁坡不易稳定并有地下水渗入或放坡开挖场地受到限制，或基坑较深、放坡开挖工程数量较大，不符合技术经济要求时，可视具体情况，采取以下的加固坑壁措施，挡板支撑、钢木结合支撑、混囊土壁及锚杆支护(如锚桩式、锚杆式、锚碇板式、斜撑式等)等。

开槽埋管各要素主要计算公式应用分布见表 4-37，各要素主要计算公式见表 4-38。

开槽埋管各要素主要计算公式应用分布表　　　　**表 4-37**

项次	公式名称	挖沟槽土方				回填土方			管道铺设						砌筑窨井
		沟槽	窨井基坑	沟槽支撑	挖土场内运输	沟槽回填土方	管基	窨井外形体积	管道砾石砂垫层	混凝土底板基座	管道铺设	管道接口	管道磅水	黄砂回填管中	落底、不落底
1	窨井基坑		√												
2	沟槽长度(毛长)	√		√			√		√	√	√			√	
3	管道砾石砂垫层长度(净长)								√						
4	管道混凝土底板基座基础长度(净长)										√				
5	管道铺设长度(净长)						√				√				
6	管道黄砂回填长度(净长)						√							√	

开槽埋管各要素主要计算公式　　表 4-38

项次	公式名称	各要素主要计算公式
1	窨井增加部分	1. 窨井工作面：——窨井基坑工作面尺寸：长×宽(a×b) 式中： a=a'+[(砖墙厚×2 边+0.015m/1：2 水泥砂浆厚度×2 面)]+工作面 e×2 边 b=b'+[(砖墙厚×2 边+0.015m/1：2 水泥砂浆厚度×2 面)]+工作面 e×2 边 式中： ① a'、b'为内壁尺寸，即设计图纸中标明窨井内径尺寸：长×宽(a'×b')，如：1000×1300，单位：mm ② 砖墙厚——查表 2-153“标准砖墙计算厚度表”或查设计施工图相关尺寸； ③ 水泥砂浆厚度——查表 2-155“各种厚度砌体砖墙每平方米净用数表”或查设计施工图相关尺寸 ④ 工作面 e——查表 2-31“有支撑沟槽宽度表(混凝土、钢筋混凝土、UPVC、玻璃夹砂(RPM)等管)”中注：④. 确定为 0.85m； 或直接查表 4-42“砖砌直线窨井宽度表”中窨井尺寸及窨井基坑埋设深度范围横行内各数，确定窨井宽度工作面长×宽(a×b)尺寸数值； 2. 窨井基坑土方体积：V=(窨井基坑工作面长 a×窨井基坑工作面宽 b－预留管长×B)×沟槽槽底深度 H×n 座窨井 V=(a×b－a×沟槽工作面宽度 B)×[n 段窨井槽底平均高度 h_1～h_n 之和÷(n 座－1)×n 座窨井] 式中： ① a、b 系数，同本项次 1. ② 沟槽工作面宽度 B，同本表 2 项次沟槽长度 1. ③ 沟槽槽底平均深度 h_1～h_n，查本丛书之三《常用数据手册》表 2-29“下水道工程量计算表”
2	沟槽长度(毛长)	1. 沟槽长度(毛长)：——沟槽长度(毛长)L=预留管长度(一节/端)+(第一座窨井的井中+第一座窨井井内径长一即 a'/2)至 n 座窨井的井中的距离及最后一座窨井井内径长一半即 a'/2+预留管长度(一节/端)　(4-16) 式中： ① 第一座窨井的井中至 n 座窨井的井中的距离，查本丛书之三《常用数据手册》表 2-29“下水道工程量计算表” ② 窨井内径长 a'同本表注：1 项次 ③ 预留管长度，即第一座窨井及最后一座窨井两端长度(一节/端×2 端) 沟槽深度——系指原地面至槽底土面的深度 沟槽槽底深度 H=管底平均深度+基础厚度 $\overline{h}$($\overline{h}$=相邻两窨井的平均原地面积标高－平均管底标高的平均值) 式中： ① 管底平均深度 $\overline{h}$——查本丛书之三《常用数据手册》表 2-29“下水道工程量计算表”，按此表计算； ② 基底厚度=管壁厚度(t+承口壁厚度 t_1)+管底至垫层之间厚度 h_2，查本丛书之三《常用数据手册》表 2-49“《上海市排水管道通用图》中混凝土沟管系数表”、表 2-54“管材系列表及各类沟管、基座成品规格汇总表”，如 ϕ450=0.062+0.05+0.10+0.09=0.30m； ③ 沟槽槽底平深度 $\overline{h}$，查本丛书之三《常用数据手册》表 2-37“沟槽埋设深度定额取定表”确定定额沟槽埋设深度，进行复价计算； 2. 沟槽开挖宽度 B——系指开槽后的槽底挖土宽度 根据铺设管道的沟槽槽底平均埋设深度 h_n 及管径 ϕ，查本丛书之三《常用数据手册》表 2-34“有支撑沟槽宽度表(混凝土、钢筋混凝土、UPVC、玻璃夹砂、RPM 等管)”，确定沟槽工作面宽度 B； 3. 沟槽土方体积： V=[沟槽长度(毛长)L×沟槽开挖宽度 B×沟槽平均深度 $\overline{h}$]+预留管长度×沟槽工作面宽度 B×管道两端窨井槽底平均深度 $\overline{h}$ 式中： 预留管长度，同本表 2.1 项次 4. 沟槽的围护、支撑项目，参见表 4-36“部分开槽断面形式及适用范围”注：1～4 释义
3	管道砾石砂垫层长度(净长)	管道砾石砂垫层长度(净长)：——管道砾石砂垫层长度(净长)L=沟槽长度(毛长)－窨井垫层基础长度(净长)/座×n 座窨井　(4-17) 式中： ① 沟槽长度(毛长)，同本表注：2 项次 ② 窨井垫层基础长度(净长)/座 L=窨井内径长(a')+砖墙厚×2 边+0.6×2 边； ③ a'、砖墙厚，同本表注：1 项次或查设计施工图相关尺寸； ④ 0.6 为系数

续表

项次	公式名称	各要素主要计算公式
4	管道混凝土底板基座基础长度（净长）	管道混凝土底板基座基础长度（净长）：——管道混凝土底板基座基础长度（净长）L＝沟槽长度（毛长）－窨井混凝土底外径长/座×n座窨井 (4-18) 式中： ① 沟槽长度（毛长），同本表注：2 项次 ② 窨井混凝土底外径长/座 L＝窨井内径长（a'）＋砖墙厚×2 边＋0.5×2 边 ③ a'、砖墙厚同本表注：1 项次或查设计施工图相关尺寸 ④ 0.5 为系数
5	管道铺设长度（净长）	管道铺设长度（净长）：——管道铺设长度（净长）L＝沟槽长度（毛长）－窨井内径长（a'）/座×n座窨井 (4-19) 式中： ① 沟槽长度（毛长），同本表注：2 项次 ② 窨井内径长（a'），同本表注：1 项次
6	沟槽黄砂回填长度（净长）	管道黄砂回填长度（净长）：——黄砂回填体积 V＝管道黄砂回填长度（净长）L×沟槽开挖宽度 B×回填高度 H－混凝土底板基座体积－管枕体积－1/2 管子外形体积 (4-20) 式中： ① 管道黄砂回填长度（净长）L＝沟槽长度（毛长）－窨井混凝土底外径长/座×n座窨井 式中： 窨井混凝土底外径长/座 L＝窨井内径长（a'）＋砖墙厚×2 边 ② 沟槽工作面宽度 B——参见表 2-31"有支撑沟槽宽度表" ③ 回填高度（按设计图纸要求黄砂回填） 其中： ① h_2、1/2 管径、t（管壁厚），查表 2-49"《上海市排水管道通用图》中混凝土沟管系数表"、表 2-53"管材系列表及各类沟管、基座成品规格汇总表" ② C 值，查表 2-138"承插式钢筋混凝土管枕、垫板尺寸表" ③ 混凝土底板基座体积——参见表 2-129"管道结构形式及计算要素"1 项次 2.2 基座 ④ 管枕体积——参见表 2-129"管道结构形式及计算要素"1 项次 3. 混凝土管枕 ⑤ 1/2 管子外形体积——参见表 2-129"管道结构形式及计算要素"10 项次
7	沟槽回填土方	沟槽回填土方＝挖土现场运输土方数－余方数 式中： ① 沟槽回填土方，参见表 2-64"填土及土方运输计算表"表 2-65"开槽埋管堆土断面面积表"及图 2-24"开槽埋管堆土数量计算方法示意图" ② 挖土现场运输土方数 V＝沟槽土方体积＋窨井基坑土方体积 —同本表 2-3 项次中沟槽土方体积与 1-2 项次中窨井基坑土方体积之和 ③ 余土数量＝砾石砂垫层体积＋混凝土底板基座体积＋管枕体积＋管子外形体积＋窨井外形体积＋沟槽回填黄砂 其中： ① 砾石砂垫层体积——参见表 2-129"管道结构形式及计算要素"1 项次 1. 垫层 ② 混凝土底板基座体积——参见表 2-129"管道结构形式及计算要素"1 项次 2.2 基座 ③ 管枕体积——参见表 2-129"管道结构形式及计算要素"1 项次 3. 混凝土管枕 ④ 管子外形体积——参见表 2-129"管道结构形式及计算要素"10 项次 ⑤ 窨井外形体积——参见表 2-129"管道结构形式及计算要素"11 项次 ⑥ 沟槽回填黄砂——参见表 2-129"管道结构形式及计算要素"8 项次
8	其他各要素	1. 土石方工程的填方、余土外运等项目，参见填方及土方运输（项目编码：040103）释义； 2. 其他工程实体项目，参见表 2-129"管道结构形式及计算要素"。

注：1. 挖填土的现场运输套用相应定额；
2. 关于增加工作面宽度，参照表 4-25"挖土方基本形式及工程量计算规则"释义；
3. 机械挖土定额深度为 6m 以内，超过 6m 时，每增加 1m 其人工及机械台班数量递增 18%计算；
4. 开槽埋管槽底深度超过 8m 时，根据批准的施工组织设计套用拉森钢板桩定额；
5. 施工组织设计选用施工方法，请参阅《下篇　常用计算数据》第九册 9. 市政施工组织设计及索赔管理 9.1 市政施工组织设计及表 9-1"施工组织设计涉及工程量'算量'对应选用表"释义；
6. 在城市建成区道路上，如需掘路铺设雨污水管道及其他公用管线时，道路掘路修复应套用《上海市城市道路掘路修复工程结算标准》（1998），请参阅 4.8 拆除工程　（项目编码：040801）关于"结合排水管道施工需翻挖道路面层、基层时，路面修复宽度"的释义。

同沟槽(联合槽)施工示意如图 4-22 所示。

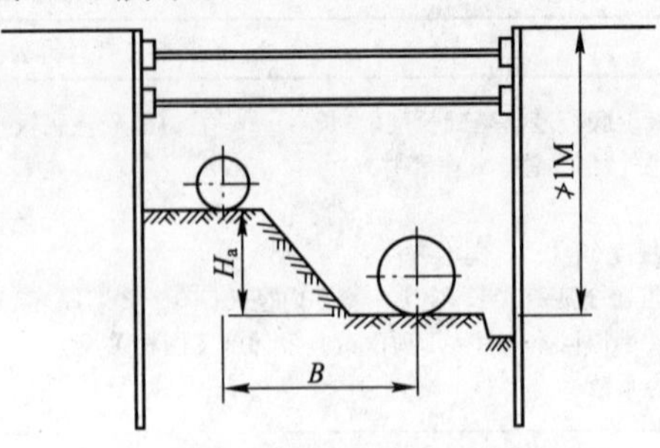

图 4-22　同沟槽(联合槽)施工示意图

注：1. 开槽埋管采用同沟槽施工时，其工程数量、沟槽支撑及井点降水应根据批准的施工组织设计要求，套用相关定额；

2. 施工组织设计选用施工方法，请参阅《下篇　常用计算数据》第九册 9. 市政施工组织设计及索赔管理 9.1 市政施工组织设计及表 9-1“施工组织设计涉及工程量‘算量’对应选用表”释义；

3. 同沟槽施工时，井点降水的使用费可按大的管径加一档的使用周期计算。

由于定额已将支撑宽度增加到 9.0m，同沟槽的支撑已有定额可套，工程数量仍按单根管道的通用图纸计算，井点降水使用周期可按 2 根管道中最大管径 1 根增加一档后的管径，作为计算使用周期的参考依据。

施工及验收技术规程中 2 根管道同沟槽施工规定如下［图 4-22“同沟槽(联合槽)施工示意图”所示］：

同沟槽施工规定如下：

1) 最深点不超过 4m，沟槽开挖宽度不宜大于 4.5m；

2) 雨水管与污水管中心距离能满足 B。

$$B=(\text{大管外径}+\text{小管外径})/2+0.8+H_a$$

H_a——雨污水管管底高程差，不大于 1m。

(2) 关于开槽埋管挖土超深(即>6.0m)事宜

开槽埋管挖土超深(即>6.0m)计算公式：　　6.0m 挖土定额耗量×$(1+18\%)^{n-6}$　　(4-21)

式中 n 为沟槽挖土深度，超过 6.0 的挖土应分层计算并调整定额。

【例题 4-9】　试计算 7.0m 及 8.0m 沟槽挖土定额调整?

【解题分析 4-9】　查定额开槽埋管项 2. 机械挖沟槽土方中“机械挖土定额(现场抛土)”子目，得：机械挖土定额(现场抛土)为人工：0.2077 工日/m^3，挖土机：0.0362 台班/m^3

(1) 当沟槽挖土深度为 6.01～7.0m 时，其的耗量调整为：

人工：0.2077 工日/m^3×$(1+18\%)^{(7-6)}$=0.2451 工日 m^3

挖土机：0.0362 台班/m^3×$(1+18\%)^{(7-6)}$=0.0427 台班/m^3

(2) 沟槽挖土深度为 7.01～8.0m 时，其的耗量调整为：

人工：0.2077 工日/m^3×$(1+18\%)^{(8-6)}$=0.2892 工日/m^3

挖土机：0.0362 台班/m^3×$(1+18\%)^{(8-6)}$=0.0504 台班/m^3

得：当沟槽挖土深度 6.01～7.0m 和 7.01～8.0m 时的挖土超深定额调整人工、挖土机系数分别为：0.2451 工日/m^3、0.2892 工日/m^3 和 0.0427 台班/m^3、0.0504 台班/m^3。

项次	分类		结构形式及计算要素
1	沟槽开挖	形式确定	1.1　根据不同施工方法，沟槽开挖有不同形式，有直壁式沟槽(一般采用支撑)，梯形沟槽(一般采用无支撑大开挖)，混合槽(上半部分大开挖、下半部分有支撑)和联合沟槽(一般是两根管道同沟槽施工)。 请参阅表 4-36“部分开槽断面形式及适用范围”(*a*)、(*b*)、(*c*)、(*d*)。 1.2　由于上海地下水位高，应该采用有支撑的直壁式沟槽(*a*)

续表

项次	分类		结构形式及计算要素
2	土方开挖	1. 挖沟槽土方	1.1　沟槽长度(毛长)L=预留管长度(2.0m/端)+(第一座窨井的井中+第一座窨井井内径长一半即$a'/2$)至n座窨井的井中的距离及最后一座窨井井内径长一半即$a'/2$+预留管长度(2.0m/端) 式中： ① 第一座窨井的井中至n座窨井的井中的距离，查表4-39、表4-40“开槽埋管各类系数统计汇总表” ② 窨井内径长a'同本表3.1项次 ③ 预留管长度，即第一座窨井及最后一座窨井两端长度(2.0m/端×2端) 1.2　沟槽深度——系指原地面至槽底土面的深度 沟槽槽底深度H=管底平均深度$h_1 \sim h_n$+基础厚度 式中： ① 管底平均深度$h_1 \sim h_n$——查表4-39、表4-40“开槽埋管各类系数统计汇总表”，按此表计算； ② 基础厚度=管径+管壁厚度t+承口壁厚度t_1+垫层厚度h_1+混凝土基础厚度h_2，查本丛书之三《常用数据手册》表2-49“《上海市排水管道通用图》中混凝土沟管系数表”，如$\phi 450=0.062+0.05+0.10+0.09=0.302$m； ③ 沟槽槽底平深度$h_1 \sim h_n$，查本丛书之三《常用数据手册》表2-37“沟槽埋设深度定额取定表”确定定额沟槽埋设深度，进行复价计算； 1.3　沟槽工作面宽度B——系指开槽后的槽底挖土宽度 根据铺设管道的沟槽槽底平均埋设深度h_n及管径ϕ，查本丛书之三《常用数据手册》表2-31～表2-34“有支撑沟槽宽度表(混凝土、钢筋混凝土、UPVC、玻璃夹砂、RPM等管)”，确定沟槽工作面宽度B； 1.4　沟槽土方体积： V=[沟槽长度(毛长)L×沟槽工作面宽度B×沟槽平均深度度$h_1 \sim h_n$]+预留管长度×沟槽工作面宽度B×管道两端窨井槽底平均深度即$(h_1+h_n)/2$ 式中： 预留管长度，同本表2.1项次
3	土方开挖	2. 窨井基坑开挖	3.1　窨井基坑工作面尺寸：长×宽($a \times b$) 式中： $a=a'$+[(砖墙厚×2边+0.015m/1：2水泥砂浆厚度×2面)]+工作面e×2边 $b=b'$+[(砖墙厚×2边+0.015m/1：2水泥砂浆厚度×2面)]+工作面e×2边 式中： ① a'、b'为内壁尺寸，即设计图纸中标明窨井内径尺寸：长×宽($a' \times b'$)，如：1000×1300，单位：mm ② 砖墙厚——查本丛书之三《常用数据手册》表2-155“标准砖墙计算厚度表”或查设计施工图相关尺寸； ③ 水泥砂浆厚度——查本丛书之三《常用数据手册》表2-156“各种厚度砌体砖墙每平方米净用数表”或查设计施工图相关尺寸 ④ 工作面e——查本丛书之三《常用数据手册》表2-31～34“有支撑沟槽宽度表(混凝土、钢筋混凝土、UPVC、玻璃夹砂(RPM)等管)”中注：④. 确定为0.85m； 或直接查本丛书之三《常用数据手册》表2-36“砖砌直线窨井宽度表”中窨井尺寸及窨井基坑埋设深度范围横行内各数，确定窨井宽度工作面长×宽($a \times b$)尺寸数值； 3.2　窨井基坑土方体积：V=(窨井基坑工作面长a×窨井基坑工作面宽b−预留管长×B)×沟槽槽底深度H×n座窨井 $V=(a \times b - a \times$沟槽工作面宽度$B) \times [n$段窨井槽底平均高度$h_1 \sim h_n$之和÷(n座−1)×n座窨井] 式中： ① a、b系数，同本表3.1项次 ② 沟槽工作面宽度B，同本表2.3项次 ③ 沟槽槽底平均深度$h_1 \sim h_n$，查表4-39、表4-40“开槽埋管各类系数统计汇总表”
4	围护、支撑	1. 沟槽围护、支撑	4.1　施工沟槽形式为有支撑开槽，沟槽深度≤3m采用横列板支撑，沟槽深度>3m采用钢板桩支撑，根据表4-39、表4-40“开槽埋管各类系数统计汇总表”中的槽底平均埋设深度$h_1 \sim h_n$，查表4-51“打、拔钢板桩定额适用范围表”得选用某型钢板桩进行沟槽支撑； 打拔钢板桩长度L=沟槽长度(毛长)×2面 4.2　安拆钢板桩支撑长度L=沟槽长度(毛长) 4.3　横列、钢板桩使用数量，查本丛书之三《常用数据手册》表2-42“每100m(双面)列板使用数量表”或本丛书之三《常用数据手册》表2-43“每100m(单面)槽型钢板桩使用数量表” 4.4　横列、钢板桩支撑使用数量，查表4-56“每100m(沟槽长)列板支撑使用数量表”或本丛书之三《常用数据手册》表2-45“每100m(沟槽长)槽型钢板桩支撑使用数量表” 式中： 沟槽长度(毛长)，同本表2.1项次 沟槽的支撑，请参阅表4-54“围护、支撑工程工程量计算规则”释义；

续表

项次	分类		结构形式及计算要素
5	围护、支撑	2. 打、拔沟槽钢板桩	排水管道工程定额中不包括组装、拆除柴油打桩机，组装、拆除柴油打桩机套用桥涵及护岸工程 S4-1-：6. 组装拆卸柴油打桩机子目 选用请参阅表 4-150“组装、拆除柴油打桩机桩机类别和锤重甄选表”释义 上述分部工程已列入相应工程工程量清单里边，不需单独列项，不属于措施项目范畴
6	场内运输	挖土场内运输	5.1　挖土场内运输体积 V＝挖土数－堆土数根据现场堆土条件确定。 式中： 堆土数＝堆土断面×可堆土长度 参见本丛书之三《常用数据手册》表 2-64“填土及土方运输计算表”、表 2-65“开槽埋管堆土断面面积表”及图 2-22“开槽埋管堆土数量计算方法示意图” 5.2　挖土场内运输，请参阅表 4-23“土方场内运输定额划分甄选表”释义

注：1. 选自《上海市市政工程预算定额》(2000)工程量计算规则暨总、册说明；
2. 本表项目名称：挖沟槽土方(项目编码：040101002)的工程内容，请参阅表 4-21“挖土、石方工程量清单项目设置、项目子目对应比照表”释义；
3. 但应注意，上述项目中未包括沟槽填方、余方弃置，故应对照“填方及土石方运输(项目编码：040103)”另外增列填方的分部分项清单项目，否则就属于漏列；
4. 又如定额中所涉及施工排水、降水等工程，应列入措施项目中；
5. 组装、拆除柴油打桩机按有关项目计算，已列入挖沟槽土方工程量清单项目内计算综合单价，不需单独列项，不属于措施项目范畴；
6. 而打桩机械进出场费，可按机械台班费用定额计算，列入措施项目费计算；请参阅表 5-3“大型机械设备进出场选用表”中第 7 列项“柴油打桩机”释义及表 5-4“场外运输、安拆的大型机械设备表”。

开槽埋管工程各“算量”要素系数统计汇总见表 4-39～表 4-40。

根据设计图纸，利用 office 中 Excel 列表取定开槽埋管深度表　　**表 4-39**

性质	范围	管径	施工方法	长度	左地面标高	左管底标高	右地面标高	右管底标高	管底平均深度	基础厚	槽底平均深度	定额深度
(1)	(2)	(3)	(4)	(5)	(6)	(7)	(8)	(9)	(10)	(11)	(12)	(13)
预留	1～	1000	开槽	2							3.36	3.5
总	1～2	1000	开槽	36	4.78	2.09	5.22	2.13	2.89	0.47	3.36	3.5
总	2～3	1000	开槽	40	5.2	2.13	5.16	2.17	3.03	0.47	3.50	3.5
总	3～4	1000	开槽	45	5.16	2.17	5.01	2.21	2.90	0.47	3.37	3.5
预留	4～	1000	开槽	2							3.37	3.5

注：1. 管道铺设按实埋长度(扣除窨井内经所占的长度)计算；
2. 沟槽深度为原地面至槽底土面的深度；
3. 开槽埋管管底平均深度(10)＝1/2{[(6)－(7)]＋[(8)－(9)]}；
4. 槽底平均深度(12)＝(10)＋(11)；
5. 定额深度(13)根据(12)查本丛书之三《常用数据手册》表 2-37“沟槽埋设深度定额取定表”；
6. 两窨井之间埋管的长度按两窨井之间的中心距离计算；
7. 预留管道长度 ϕ450 以内按一节管子的长度乘以 1.02 计算，ϕ600 及以上按一节管子的长度乘 1.03 计算；
8. 连管长度按实埋长度计算。

根据设计图纸，利用 office 中 Excel 列表取定窨井深度表　　**表 4-40**

窨井编号	窨井尺寸	管径	设计地面标高	管底标高	平均深度	定额深度	落底
(1)	(2)	(3)	(4)	(5)	(6)	(7)	(8)
1	1000×1300	1000	4.89	2.13	2.48	3.0	N
2	1000×1300	1000	4.95	2.17	2.44	3.0	Y
3	1000×1300	1000	4.98	2.22	2.41	3.0	N
4	1000×1300	1000	5.3	2.44	2.86	3.0	Y

注：1. 窨井平均深度(6)＝(4)－(5)；
2. 定额深度(7)根据(6)查本丛书之三《常用数据手册》表 2-41“窨井埋设深度定额取定表”；
3. 管道磅水以相邻两座窨井为一段。

利用 Excel 中数据透视表汇总统计导出如下：

根据设计图纸，利用 office 中 Excel 列表

续表

雨水管汇总

求和项：长度		
管径	定额深度	汇总
1000	3.5	125
1000 汇总		125
总计		125

说明：N——不落底、Y——落底。

窨井汇总

计数项：窨井尺寸				
窨井尺寸	管径	定额深度	落底	汇总
1000×1300	1000	3	N	2
			Y	2
1000×1300 汇总				4
总计				4

基础厚(沟底至槽底深度)见表 4-41。

基础厚(沟底至槽底深度)　**表 4-41**

管径	基础厚		管壁厚度 t		壁厚度 t_1		垫层厚度 h_1		混凝土基础厚度 h_2
ϕ300	0.26	=	0.043	+	0.035	+	0.10	+	0.08
ϕ450	0.29	=	0.062	+	0.038	+	0.10	+	0.09

注：本开槽埋管的井点布置将采用何种井点降水形式，井点安、拆的根数，井点使用套·天数？详见 5.4 施工排水、降水(项目编码：0504)【例 5-5】案例释义。

沟槽、砖砌直线窨井宽度见表 4-42。

沟槽、砖砌直线窨井宽度表　**表 4-42**

项次	项目名称	《市政工程工程量清单常用数据手册》
1	有支撑混凝土、钢筋混凝土管沟槽宽度	表 2-31“混凝土、钢筋混凝土管有支撑沟槽宽度表”
2	有支撑 PVC 加筋管沟槽宽度	表 2-32“PVC 加筋管沟槽宽度表”
3	有支撑增强聚丙烯(FRPP)管沟槽宽度表　(单位：mm)	表 2-33“增强聚丙烯(FRPP)管沟槽宽度表　(单位：mm)”
4	有支撑玻璃钢夹砂管　RPM 管沟槽宽度	表 2-34“玻璃钢夹砂管　RPM 管沟槽宽度表”
5	砖砌直线窨井宽度表	表 2-36“砖砌直线窨井宽度表”
6	沟槽埋设深度定额取定表	表 2-37“沟槽埋设深度定额取定表”
7	砖砌直线窨井深度适用范围表	表 2-39“砖砌直线窨井深度适用范围表”
8	砖砌直线转折角度适用范围表	表 2-40“砖砌直线转折角度适用范围表”
9	窨井埋设深度定额取定表	表 2-41“窨井埋设深度定额取定表”

注：请分别参阅本《市政工程工程量清单工程系列丛书》姊妹篇之三《市政工程工程量清单常用数据手册》上述计算表格、示意图内的释义。

开槽埋管的深度是指原地面标高至沟槽底的距离。开槽埋管工程按不同管径和深度列项，其深度基本上按 50cm 为一档，遇有因深度需要改变技术标准，另行增列一档。实际深度与定额规定的深度。

【例题 4-10】（规范型解题教案三）排水管道实体工程概况以表 4-39、表 4-40“开槽埋管工程各‘算量’要素系数统计汇总表”提供的资料为条件；求：开槽埋管工程实体工程挖土工程量？

【解题分析 4-10】

解题分析要点：根据表 1-7“清单项目的工程量‘算量’”说明：“所有清单项目的工程量应以实体工程量为准，并以完成后的净值计算；投标人投标报价时，应在单价中考虑施工中的各种损耗和需要增加的工程量；对于分部分项工程量清单项目而言，清单工程量的计算需要明确计算依据、计算规则、计量单位和计算方法”。

列项解题分析时，首先针对工程内容的规定，对拟编制的挖沟槽土方项目，与表4-36“部分开槽断面形式及适用范围”、表4-37“开槽埋管各要素主要计算公式应用分布表”、表4-25“挖土方基本形式、定额说明及工程量计算规则”、表4-24“挖土(分土壤类别或综合取定)定额编制计算规定”、表4-23“土方场内运输定额划分甄选表”等是否对应的对照依据，也是检查是否重列或漏列的主要依据。

<table>
<tr><th>项次</th><th>项目名称及说明</th><th>计量单位</th><th>计算结果</th><th>各主要要素及计算说明</th><th>引用计算方法(释义)</th></tr>
<tr><td>1.1</td><td></td><td></td><td></td><td>挖沟槽土方(项目编码：040101002)</td><td></td></tr>
<tr><td colspan="6">1. 项目特征(描述)：——1. 土壤类别Ⅰ～Ⅱ类 2. 挖土深度3.5m以内
2. 工程内容(规定)：——1. 土方开挖 2. 围护、支撑 3. 场内运输 4. 平整、夯实
3. 计量单位：——m^3
4. 数量：——1105.76</td></tr>
<tr><td rowspan="7">1.1.1</td><td>挖沟槽土方</td><td>m^3</td><td>1105.76</td><td></td><td></td></tr>
<tr><td>(1) 沟槽开挖形式确定</td><td></td><td></td><td>1.1　首先，对工地范围内水文地质资料，进行调查研究。
土的野外鉴别是从事市政工程造价专业技术人员必须掌握的基本技能。除表4-3、表4-4所列，以开挖难易程度鉴别类别，作为工程量清单计价和概预、(结)算的依据外，还要观察与确定构筑物或管沟等基底土质(如：在铺设承插式混凝土管及F型承口式钢筋混凝土有承插式钢筋混凝土管、企口式钢筋混凝土管时，其基底土质在黏性土质中适用混凝土基座；而在铺设承插式混凝土管及F型承口式钢筋混凝土管时，其基底土质在粉性及砂性土质中适用钢筋混凝土基础等等；则需及时向有关单位提出设计变更的报告)。在野外粗略地鉴别各类土的方法见表4-5～表4-7。
1.2　根据不同施工方法，沟槽开挖有不同形式，有直壁式沟槽(一般采用支撑)，梯形沟槽(一般采用无支撑大开挖)，混合槽(上半部分大开挖、下半部分有支撑)和联合沟槽(一般是两根管道同沟槽施工)。
参见表4-30中(a)、(b)、(c)、(d)。
1.3　地下常水位的确定参见表4-5“黏性土的现场鉴别方法”注：1。
1.4　由于上海地下水位高，应该采用有支撑的直壁式沟槽(a)。
1.5　排除地下水或降低地下水位的措施，参见2.2.4施工排水、降水(项目编码：0504)。</td><td>参见表4-2“土的工程分类”、本丛书之三《常用数据手册》表2-8“碎石土密实度现场鉴别方法”、本丛书之三《常用数据手册》表2-9“黏性土的现场鉴别方法”、本丛书之三《常用数据手册》表2-10“人工填土、淤泥、黄土、泥炭的现场鉴别方法”、表4-3“挖土土壤分类表”、表4-36“部分开槽断面形式及适用范围”</td></tr>
<tr><td>(2) 沟槽深度(平均深度)</td><td></td><td></td><td>依据本丛书之三《常用数据手册》表4-21，得知沟槽深度为原地面至槽底土面的深度。
查本丛书之三《常用数据手册》表4-32，得知：沟槽平均深度为h_1=3.36m、h_2=3.50m、h_3=3.37m</td><td>参见表4-24“挖土(分土壤类别或综合取定)定额编制计算规定”、表4-39、表4-40“开槽埋管工程各‘算量’要素系数统计汇总表”；</td></tr>
<tr><td>(3) 管道土方(ϕ1000PH-48)</td><td></td><td></td><td>当管道ϕ1000在3.00～3.49m时，查本丛书之三《常用数据手册》表4-33，得知混凝土管沟槽宽度为2.45m；
管道土方体积＝长×宽×沟槽平均深度。</td><td>参见本丛书之三《常用数据手册》表2-31～表2-34“有支撑沟槽宽度表”；</td></tr>
<tr><td>(4) 窨井尺寸($a\times b$)(1000×1300)</td><td></td><td></td><td>依据《市政工程施工及验收规程》说明砖砌窨井时其宽度应为砖墙外壁各加0.85m计算；根据《上海市排水管道通用图》1000×1300×3.0窨井
砖墙最大厚度为一砖半，即0.37m。
窨井窨井外壁尺寸：a为1.0m＋0.37m×2边＝1.74m；b为1.30m＋0.37m×2边＝2.04m；
工作面宽度0.85m×2边＝1.70m；
窨井外壁尺寸＋工作面宽度即a为1.74m＋1.70m＝3.44m；b为2.04m＋1.70m＝3.74m；
即$a\times b$为(3440mm×3740mm)。</td><td>参见表4-24“挖土(分土壤类别或综合取定)定额编制计算规定”、表4-25“挖土方基本形式、定额说明及工程量计算规则”、表4-37“开槽埋管各要素主要计算公式应用分布表”；</td></tr>
<tr><td>(5) 沟槽开挖长度(ϕ1000</td><td></td><td></td><td>L＝沟槽长度(毛长)L＝1号窨井～4号窨井中～中长＋(1号和4号各中心至外内壁半个窨井)＋预留管2×2＝36m＋40m＋45m＋0.5×2m＋4m＝126.0m。</td><td>参见表4-37“开槽埋管各要素主要计算公式应用分布表”1项次1. 沟槽长度(毛长)；</td></tr>
<tr><td>(6)管道沟槽土方小计：</td><td></td><td></td><td>$V_{(1)}$＝(36.5×2.45×3.36)＋(40.0×2.45×3.50)＋(45.5×2.45×3.37)＋[4×2.45×(3.36＋3.37)÷2]＝1052.12m^3</td><td>参见表4-37“开槽埋管各要素主要计算公式应用分布表”3项次沟槽土方体积；</td></tr>
</table>

续表

项次	项目名称及说明	计量单位	计算结果	各主要要素及计算说明	引用计算方法(释义)
	(7) 窨井增加土方 (8) 窨井增加土方小计: (9) 挖土方合计			(窨井长×宽－管道长×宽)×沟槽平均深×窨井数量。 $V_{(2)}$＝(3.44m×3.74m－3.44×2.45)×(3.36＋3.50＋3.37)m÷3×4 座＝60.53m^3 ΣV＝(5)＋(7)＝1052.12m^3＋60.53m^3＝1112.65m^3	参见表 4-37“开槽埋管各要素主要计算公式应用分布表”2 项次窨井土方体积
	沟槽支护			查表 4-36“部分开槽断面形式及适用范围”、表 4-54，得沟槽深度≤3m 采用横列板支撑；沟槽深度＞3m 采用钢板桩支撑 有支撑开槽埋管沟槽平均深度＝3.01～4.00m；钢板桩长度 4.00～6.00m	参见表 4-36“部分开槽断面形式及适用范围”、表 4-54“围护、支撑工程定额说明及工程量计算规则”
1.1.2～1.1.3	(1) 打拔钢板桩(桩长 4m～6m)	m	252.00	查表 4-54，得撑拆列板、沟槽钢板桩支撑按沟槽长度计算；L＝126m×2 边＝252m	参见表 4-54“围护、支撑工程定额说明及工程量计算规则”
1.1.4	(2) 安拆钢板桩支撑(沟槽宽度 B＝3.0m)	m	126.00	查表 4-54，得撑拆列板、沟槽钢板桩支撑按沟槽长度计算；L＝同项次 1.1.1(4)沟槽长度为 126.0m	参见表 4-54“围护、支撑工程定额说明及工程量计算规则”
1.1.5	(3) 槽型钢板桩使用数量	t·d	3888	1. 查表 4-54，得打拔沟槽钢板桩按沿沟槽方向单排长度计算 2. 当管径≤ϕ1200 沟槽深≤4m 时，查表 4-55，得每 100m(单面)槽型钢板桩使用数量为 1543t·d。 小计：(1543t·d×126m×2 面)÷100＝3888t·d 3. 直接套用法： ① 依据表 4-54“围护、支撑工程定额说明及工程量计算规则”进行工程量计算 ② 根据【解题分析 4-15】沟槽支护工程，得知槽型钢板桩使用费数量为 3888t·d ③ 与查表公式计算方法相符	参见表 4-54“围护、支撑工程定额说明及工程量计算规则”、表 4-55“每 100m(单面)槽型钢板桩使用数量取定表(单位：t·d)”
1.1.6	(4) 槽型钢板桩支撑使用数量	t·d	183	1. 查表 4-54，得撑拆列板、沟槽钢板桩支撑按沟槽长度计算 2. 当管径≤ϕ1200 沟槽深≤4m 时，查表 4-56，得每 100m(沟槽长)槽型钢板桩支撑使用数量为 145t·d。 小计：(145t·d×126m)÷100＝183t·d 3. 当土方场内运输体积为 478.59m^3 时，查表 4-60，得槽型钢板桩使用费、钢板桩支撑使用费套取相应《上海市市政工程预算定额》(2000)定额子目第五册的册说明的文字代码(CSM5-1-3、CSM5-1-5) 4. 直接套用法： ① 依据表 4-54“围护、支撑工程定额说明及工程量计算规则”进行工程量计算 ② 根据【解题分析 4-15】沟槽支护工程，得知槽型钢板桩支撑使用费数量为 183t·d ③ 与查表公式计算方法相符	参见表 4-54“围护、支撑工程定额说明及工程量计算规则”、表 4-56“每 100m(沟槽长)槽型钢板桩支撑使用数量取定表(单位：t·d)”、表 4-60“围护、支撑类大型机械设备使用费”
1.1.7	组装、拆除柴油打桩机	架次	1	1. 根据本表 1.1.2～3 项次，查表 4-148，得知排水管道工程定额中不包括组装、拆除柴油打桩机，组装、拆除柴油打桩机套用第四册桥涵护岸工程相应定额； 2. 当管径≤ϕ1200 沟槽深≤4m 时，查表 4-57，得桩长 4.00～6.00m 采用 0.6t 轨道式柴油打桩机 3. 当采用 0.6t 轨道式柴油打桩机时，查表 4-150，将套用 S4-1-17 组装、拆除柴油打桩机定额子目	参见表 4-148“组装、拆除柴油打桩机定额编制计算规定”、表 4-57“打、拔沟槽钢板桩机械设备甄选表”、组装、表 4-150“拆除柴油打桩机桩机类别和锤重甄选表”
1.1.8	土方场内运输	m^3	478.59	查表 4-70，得挖土现场运输土方数＝(挖土数－堆土数)×60%；本工程有堆土条件长 100m。堆土数＝堆土断面×可堆土长度 当 a(顶宽)＝0.5m、H(堆土高度)＝2.0m、(根据现场条件堆土高度设定为 2.0m)，(两边放坡为 1∶1)时，查表 4-75，得堆土底宽 B 为 4.5(m)、面积 A 为 5.0(m^2) 堆土断面 V＝1/2×(A＋B)×H，V＝1/2×(5.0m^2＋4.5m)×2.0m＝2.5m^3 小计：(1112.65m^3－2.5m^3×126m)×60%＝478.59m^3 当土方场内运输体积为 478.59m^3 时，查表 4-23 套取相应《上海市市政工程预算定额》(2000)定额子目	参见表 4-70“土方平衡选用表”、表 4-61“填方及土方运输工程量‘算量’”、图 4-51“堆土(天然密实方)数量计算方法示意图”、表 4-75“开槽埋管堆土断面面积表”、表 4-23“土方场内运输定额划分甄选表”

得：

(1) 工程量计算结果：

项次	项目编码、定额子目编号	项目名称(工程量清单及分项工程) 列　项	计量单位	计算结果
1.1	040101002	挖沟槽土方	m^3	1112.65
1.1.1	S5-1-7	机械挖沟槽土方(深≤6m，现场抛土)	m^3	1112.65
1.1.2	S5-1-13	打沟槽钢板桩(长 4.00～6.00m，单面)	100m	2.52
1.1.3	S5-1-18	拔沟槽钢板桩(长 4.00～6.00m，单面)	100m	2.52
1.1.4	S5-1-23	安拆钢板桩支撑(槽宽≤3.0m，深 3.01～4.00m)	100m	1.26
1.1.5	CSM5-1-3	槽型钢板桩使用费	t·d	3888
1.1.6	CSM5-1-5	钢板桩支撑使用费	t·d	183
1.1.7	S4-1-17	组装拆卸柴油打桩机	架·次	1
1.1.8	S1-1-37	土方场内运输(装运土 1km 以内)	m^3	367.59

(2) 查表 4-21“挖土、石方工程量清单项目设置、项目子目对应比照表”，得套用排水管道开槽埋管 S5-1-：1. 人工挖沟槽土方 2. 机械挖沟槽土方 3. 撑拆列板 4. 打沟槽钢板桩 5. 拔沟槽钢板桩 6. 安拆钢板桩支撑通用项目一般项目 S1-1：14. 土方场内运输和桥涵及护岸工程 S4-1-：6. 组装拆卸柴油打桩机定额子目。

注：

(1) 上述八项工程内容包括了挖沟槽土方施工的全部施工工艺过程。

但应注意，上述项目中未包括沟槽填方、余方弃置，故应对照“填方及土石方运输(项目编码：040103)”另外增列填方的分部分项清单项目，否则就属于漏列。

(2) 还可能出现《建设工程工程量清单计价规范》GB 50500—2008“表 3.3.1 措施项目一览表”中的有关清单项目：

① 如本工程定额中未包括大型机械的场外运输、安拆(打桩机械除外)、路基及轨道铺拆等，大型机械进出场运输及安拆，应列入措施项目中，参见表 4-21“挖土、石方工程量清单项目设置、项目子目对应比照表”的释义；如计算，则可参照 5. 措施项目(市政工程)5.1 大型机械设备进出场及安拆(项目编码：0501)表 5-3“大型机械设备进出场选用表”的释义。根据本工程采用 0.6t 轨道式柴油打桩机，查表 5-4“场外运输、安拆的大型机械设备表”，得知套用 1.2t 以内柴油打桩机文字代码 ZSM21-2-11 定额子目；

② 又如定额中所涉及施工排水、降水等工程，应列入措施项目中；【例题 5-8】湿土排水工程量及筑拆集水井的工程概况是仍以例题为续，具体分析详见 5.4　施工排水、降水(项目编码：0504)中该【解题分析 5-8】。

(3) 另外根据表 1-20“工程量清单、市政定额、施工工程量‘算量’”，得知其间区别“在于计量的依据、计算规则、目的和计量单位的不同”，注意工程量清单综合单价的计价。

5. 挖基坑土方项目(编码：040101003)

挖基坑(沉井)土方工程量“算量”见表 4-43，计算方法见表 4-44。

挖基坑(沉井)土方工程量“算量”　　**表 4-43**

项次	分部分项工程		开挖基坑(沉井)土方方式		套用对应挖土定额	
			不放坡	放坡	基坑	沉井
1	桥涵及护岸工程	基坑	基坑(包括箱涵顶进工作坑)挖土的底宽按结构物基础外边线每侧增加工作面宽度 50cm 计算	放坡比例见表 4-45“桥涵基坑挖土放坡比例表”	S4-2-： 1. 人工挖土 2. 机械挖土	

续表

项次	分部分项工程		开挖基坑(沉井)土方方式		套用对应挖土定额	
			不放坡	放坡	基坑	沉井
2	隧道工程	基坑	沉井的基坑开挖底宽，按刃脚外沿加2.0m计算	采用井点降水按1：0.5放坡		S6-1-： 2. 沉井挖土
3		大型支撑基坑	定额适用于地下墙建成后的基底开挖，基底宽度取为15.0m以内和15.0m以外，开挖深度取3.5m、7.0m、11.0m、15.0m。一般基坑深3.5m设一道ρ0600钢支撑，钢支撑间距为6m，当开挖场地窄小只能单面施工时，其挖土机械规格允许调整		S7-4-： 7. 支撑基坑挖土	
4	市政管网工程	开槽埋管(检查井处沟槽宽度)	(1) 现场浇捣检查井时，其宽应为构筑物外壁边各加1.10m计算； (2) 砖砌检查井时，其宽应为砖墙外壁边各加0.85m计算		S5-1-：1. 人工挖土 2. 机械挖土	
5		顶管工程(钢板桩支撑基坑和钢筋混凝土沉井)	(1) 顶管工作坑从构造上分为钢板桩支撑基坑和钢筋混凝土沉井两种；应根据地面环境条件、管径、埋设深度、一次顶进长度、工作坑后座反力等因素合理选定工作坑类型； (2) 定额中顶管工作坑均采用钢板桩基坑，并列出了钢板桩顶井坑及接收坑的平面尺寸； (3) 定额规定坑深≥5.50m或管径≥ϕ2200的顶管采用钢筋混凝土沉井坑，套用第六册排水构筑物相应定额，其中沉井挖土项目的人工及机械台班数量增加30%；另外因受施工环境及土质等因素影响，经业主单位认可后		S5-2-： 2. 基坑机械挖土	S6-1-： 2. 沉井挖土
6			沉井基坑：基坑土方开挖的底部尺寸，按沉井外壁每侧加宽2.0m计算，套用第五册"排水构筑物及机械设备安装工程"基坑挖土定额		S5-2-： 2. 基坑机械挖土	
7		排水构筑物工程	有支护基坑挖土： (1) 挖土的底宽均按构筑物基础外沿加宽2.0m计算，每边加1.0m计算； (2) 定额中不包括支护施工，发生时可套用相应定额，基坑支护方案、安装地拉锚的个数按批准的施工组织设计确定	无支护基坑挖土： (1) 4.0m以内采用放坡施工，基坑2.0米以内按1：0.75放坡； (2) 基坑4.0m以内按1：1放坡；若采用井点降水则按1：0.5放坡； (3) 深度大于4.0m时按土体稳定理论计算后的边坡进行放坡	S6-1-： 1. 基坑挖土	S6-1-： 2. 沉井挖土

注：1. 选自《上海市市政工程预算定额》(2000)工程量计算规则暨总、册说明；
2. 请参阅表4-25"挖土方基本形式、定额说明及工程量计算规则"及其注释说明的释义；
3. 顶管工作坑，请参阅表4-47"工作坑(顶进坑、接收坑)平面尺寸"及表4-48"工作坑的深度计算"的释义；
4. 隧道沉井章定额适应于采用沉井方法施工的盾构工作井、暗埋段连续沉井及大型泵站沉井；
5. 土方场内运输：挖土及填土现场运输定额中已考虑土方体积变化，基坑挖土土方按75%直接装车外运，25%按场内运输；
6. 施工组织设计选用施工方法，请参阅《下篇 常用计算数据》第九册 9. 市政施工组织设计及索赔管理 9.1 市政施工组织设计及表9-1"施工组织设计涉及工程量'算量'对应选用表"释义。

挖基坑(沉井)土方工程量"算量"计算方法 **表4-44**

项次	分部分项工程	项目名称		计算方法	图示
1	1. 桥涵及护岸工程土方工程	(1) 桥台挖土(墩台条基础)		长方形棱台挖土体积公式： $V=H/6[AB+ab+(A+a)(B+b)]$ (4-22) 表4-45"桥涵基坑挖土放坡比例表"	图4-23截头长方锥体简图暨体积计算公式、图4-24立体几何中柱体体积
2		(2) 桥墩基础(椭圆形沉井)		椭圆体挖土体积公式： $V=(0.7854d^2+bd)\times H$ (4-23)	图4-25椭圆形简图、图4-26椭圆形沉井示意图
3	2. 隧道工程	基坑土方	a. 矩形基坑	同桥台挖土(墩台条基础) $V=H/6\ [AB+ab+(A+a)(B+b)]$	
4			b. 圆形基坑	同排水构筑物圆形基坑 圆锥体挖土体积公式： $V=\pi H/3(R^2+r^2+Rr)$	

续表

项次	分部分项工程	项目名称		计算方法	图　示
5	3. 市政管网工程	(1) 顶管土方工程		表 4-47“工作坑(顶进坑、接收坑)平面尺寸” 表 4-48“工作坑的深度计算”	图 4-29 工作坑种类、图 4-30 工作坑的底宽和高度
6		(2) 排水构筑物土方工程	基坑挖土	同项次 1	
7					表 4-52“无支护基坑开挖放坡比例表”
8			矩形基坑		
9			圆形基坑	圆锥体挖土体积公式： $V=1/3\pi H(R_1^2+R_2^2+R_1R_2)$　(4-24)	图 4-27 平截正圆锥体简图、图 4-28 圆形基坑简图
10		(3) 沉井挖土(不放坡)	3-1 圆形泵站	圆柱体挖土体积公式： $V=\pi r^2H=1/4\times\pi d^2H=0.7854d^2H=3.1416r^2H$　(4-25)	图 4-37 正圆柱体简图、图 4-38 圆形单孔沉井示意图
11			3-2 矩形泵站	矩形体挖土体积公式： $V=a\times b\times H$　(4-26)	图 4-39 矩形立方体简图、图 4-40 矩形单孔沉井示意图

注：1. 选自《上海市市政工程预算定额》(2000)工程量计算规则暨总、册说明；

2. 请参阅表 4-46“桥涵工程基坑开挖工程量‘算量’”。

(1) 桥涵及护岸工程土方工程

为修筑桥涵基础开挖的临时性坑井称为基坑。基坑属于临时性工程，其作用是提供一个作业空间，使基础的砌筑得以按照设计所指定的位置进行。

1) 桥台挖土(墩台条基础)

一般采用大开挖方法施工，四面放坡，基坑则形成上大下小的截头方锥体，可引用截头方锥体公式计算其体积。

土体积：桥台为长方形棱台，引用本丛书之三《常用数据手册》表 3-23 中 N7 中的截头长方台锥体计算其体积。

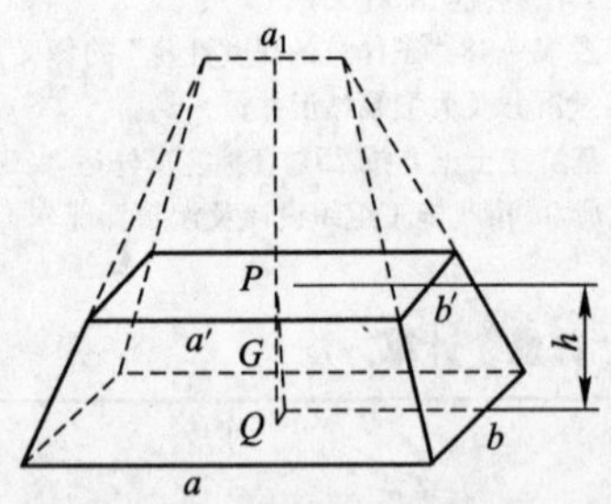

图 4-23　截头长方锥体简图暨体积计算公式

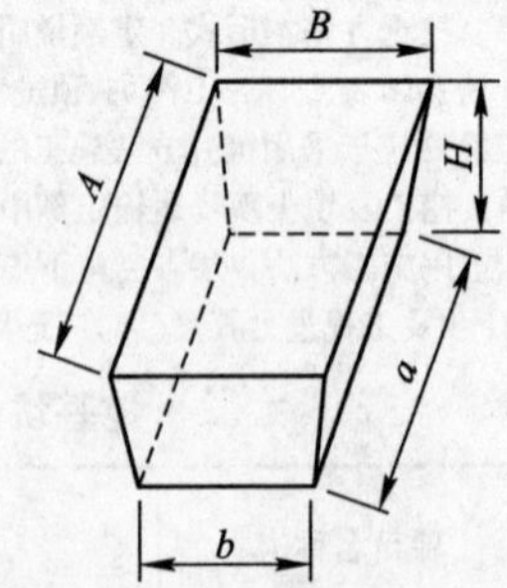

图 4-24　立体几何中柱体体积

长方形棱台挖土体积公式：　$V=H/6[AB+ab+(A+a)(B+b)]$　(4-27)

式中　　H——基坑深度(系指原地面标高与基坑底的高度之差)(m)；

A、B、a、b——分别表示长方形棱台基坑上下底的长和宽(含基坑工作面)(m)。

注：关于增加工作面宽度，参照表 4-25“挖土方基本形式及工程量计算规则”释义。

① 基坑工作面：基坑挖土的底宽按结构物基础外边线每侧增加工作面宽度 50cm。

② 桥涵基坑挖土放坡比例(表 4-45)：

桥涵基坑挖土放坡比例表　　表 4-45

类　别	Ⅰ、Ⅱ类土	Ⅲ类土	Ⅳ类土	打井点
放坡比例	1∶1.25	1∶0.75	1∶0.50	1∶0.50

注：1. 选自《上海市市政工程预算定额》(2000)工程量计算规则暨总、册说明；

2. 基坑挖土工程量按天然密实方计算；

3. 1∶*m* 坡率值计算参见表 6-18“边坡坡率换算角度、对边、斜边、长度表(竖立方向的高度)”释义。

【例题 4-11】 已知：某桥台需挖土的要素分别为土为Ⅰ、Ⅱ类，原地面标高与基坑底的高度之差 $h=1.75$m、基坑上底的长 $a_1=16.2$m、基坑上底的宽 $b_1=1.2$m、基坑工作面宽度 $e=0.5$m，求桥台需挖土数量？

【解题分析 4-11】 按照工程量计算规则：基础挖土的底宽按结构基础外边线每侧增加工作面 0.5m；基坑挖土放坡比例Ⅰ、Ⅱ类土 1∶1.25，查表 6-18“边坡坡率换算角度、对边、斜边、长度表(竖立方向的高度)”中坡率值(1∶*m*)为 1∶1.25、列项对边宽度($b=mh$)系数的横行内各数，得 $b=mh=1.25h$。

$$挖土体积 V=H/6[ab+AB+(a+A)(b+B)]$$

式中：$a'=a_1+2e=16.2\text{m}+(0.5\text{m}/侧\times2 侧)=17.2\text{m}$；

$b'=b_1+2e=1.2\text{m}+(0.5\text{m}/侧\times2 侧)=2.2\text{m}$；

$A=a'+2\times mh=17.2\text{m}+2\times1.25\times1.75\text{m}=21.575\text{m}$；

$B=b'+2\times mh=2.2\text{m}+2\times1.25\times1.75\text{m}=6.575\text{m}$。

则 $V=1.75\text{m}/6\times[17.2\text{m}\times2.2\text{m}+21.575\text{m}\times6.575\text{m}+(2.2\text{m}+6.575\text{m})\times(17.2\text{m}+21.575\text{m})]$

$=0.2916\text{m}\times(37.84\text{m}+141.8556\text{m}+340.2506\text{m})=151.61\text{m}^3$

得：桥台需挖土数量 151.61m^3；查表 4-20“挖土、石方工程量清单项目设置、项目子目对应比照表”，得套用桥涵及护岸工程土方工程 S4-2-：1. 人工挖土 2. 机械挖土；通用项目一般项目 S1-1：14. 土方场内运输定额子目。

2）桥墩基础(椭圆形沉井)

引用表 3-24“截面的几何体形面积”中 N17 中的椭圆形计算其体积，示意见图 4-25、图 4-26。

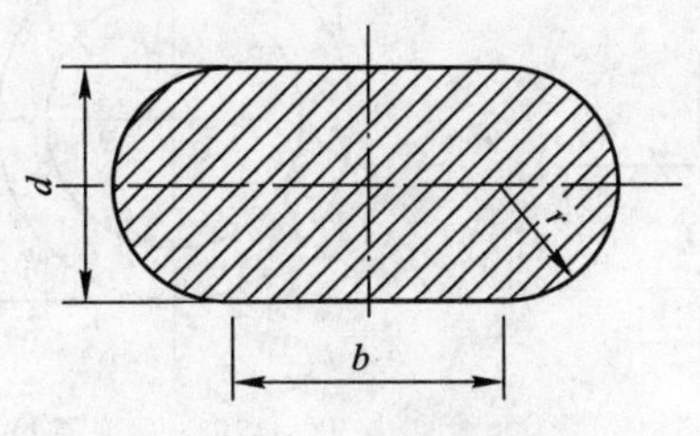

图 4-25　椭圆形简图

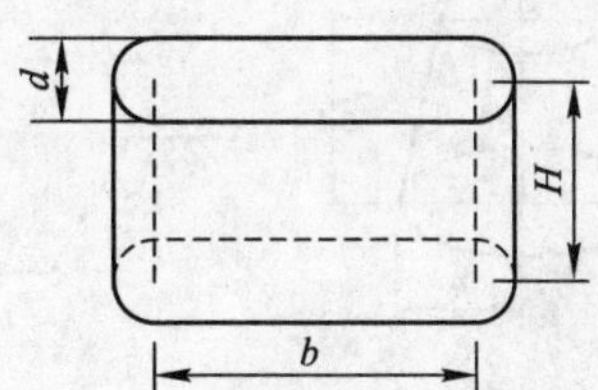

图 4-26　椭圆形沉井示意图

椭圆体挖土体积公式：　$V=(0.7854d^2+bd)\times H$　(4-28)

式中　b——椭圆体沉井边长(含基坑工作面)(m)；

d——沉井半圆直径(含基坑工作面)、边长(m)；

r——沉井半圆半径$=d/2$(m)；

H——沉井基坑深度(m)。

注：关于增加工作面宽度，参照表 4-25“挖土方基本形式及工程量计算规则”释义。

桥涵工程基坑开挖工程量“算量”见表 4-47。

桥涵工程基坑开挖工程量"算量"　　表 4-46

项次	开挖类型	计算方法
1	人工开挖	人工挖土定额深度分别取定为 2.0m 和 4.0m
		土方类别分为Ⅰ、Ⅱ类土、Ⅲ类土、Ⅳ类土
2	机械开挖	机械挖土定额适用于 0～6m，若深度超过 6m 时，超过部分每增加 1m 按机械挖土定额递增 18%计算
		比如：有一基坑深 7.5m，挖土工程量应按 0～6m、6～7m、7～8m 分别计算。其中，0～6m，按定额消耗量计算；6～7m，按定额消耗量乘 1.18 系数；7～8m，按定额消耗量乘 1.182 系数
3	挖钢碴	挖钢碴时按机械挖土定额乘以 2.50 系数
4	在路基箱板上施工	挖土机在路基箱板上施工时，按机械挖土定额乘以 1.25 系数计算

注：1. 选自《上海市市政工程预算定额》(2000)工程量计算规则暨总、册说明；

2. 根据《全国统一市政工程预算定额》总说明及各册、章说明、依据上海市市政工程预算定额修编大纲，结合上海市情况编制补充定额部分，参见表 2-2"《全国统一市政工程预算定额》关于各省、自治区、直辖市编制补充定额部分等项目"中"打桩工程定额中土质类别均按甲级土考虑。各省、自治区、直辖市可按本地区土质类别进行调整"的释义；

3. 土方类别，请参阅表 4-3"挖土土壤分类表"。

(2) 隧道基坑土方工程

1) 沉井的井点布置，按沉井井壁外沿加 2m 作环状布置。井点使用周期按 50d(或根据批准的施工组织设计)，套数按实际长度计算。

2) 沉井的基坑开挖底宽，按刃脚外沿加 2m 计算，采用井点降水按 1∶0.5 放坡。

基坑挖土工程量计算公式：

① 矩形基坑　同桥台挖土(墩台条基础)。

$$V=H/6[AB+ab+(A+a)(B+b)] \tag{4-29}$$

式中　V——基坑挖土体积(m^3)；

H——基坑深度(m)；

A、B、a、b——分别为基坑坡顶、基坑底的长度和宽度(m)。

注：关于增加工作面宽度，请参阅表 4-25"挖土方基本形式及工程量计算规则"释义。

② 圆形基坑

平截正圆锥体如图 4-27 所示，圆形基坑如图 4-28 所示。

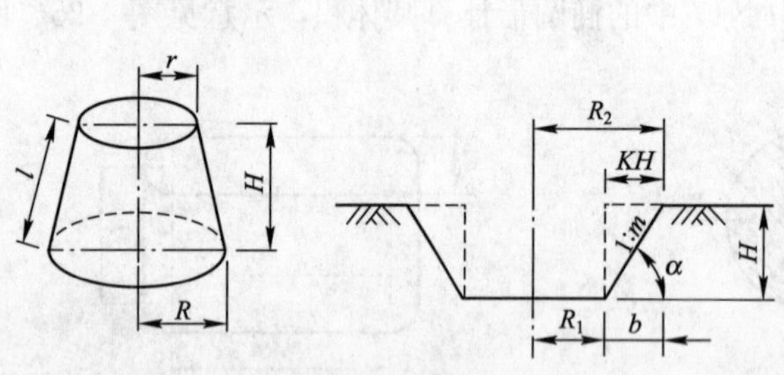

图 4-27　平截正圆锥体简图

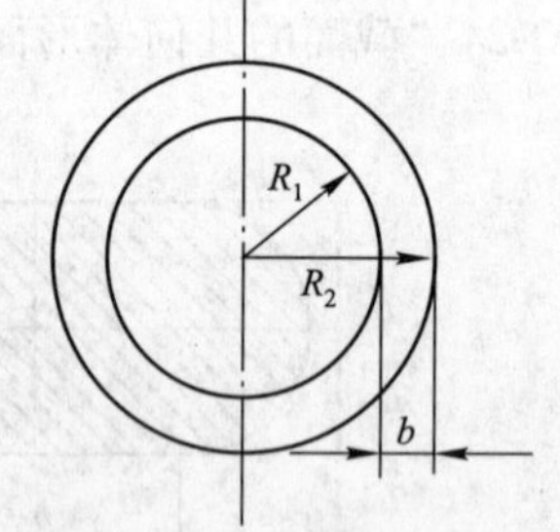

图 4-28　圆形基坑简图

圆锥体挖土体积公式：

$$V=1/3\pi H(R_2^1+R_2^2+R_1R_2) \tag{4-30}$$

式中　V——圆锥体基坑挖土体积(m^3)；

H——基坑深度(m)；

R_1——基坑下底半径(含基坑工作面)(m)；

R_2——基坑上口半径，$R_2=R_1+KH$(m)，K——坡度系数，坡率 K 值计算参见表 6-18"边坡坡率换算角度、对边、斜边、长度表(竖立方向的高度)"。

注：1. 计算圆形的圆周长、截面积及体积，请参阅表 5-65"圆形、直圆柱体的性质"释义；

2. 关于增加工作面宽度，请参阅表 4-25"挖土方基本形式及工程量计算规则"释义。

(3) 市政管网工程

1) 顶管土方工程

工作坑种类见图 4-29，工作坑的底宽和高度见图 4-30。

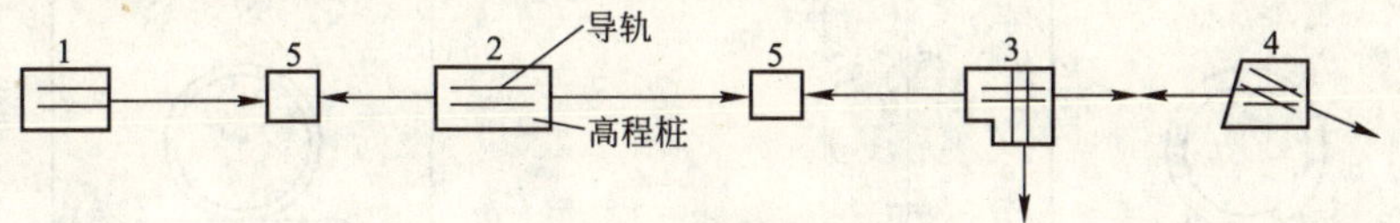

图 4-29　工作坑种类

1—单向坑；2—双向流；3—多向坑；4—转向坑；5—交汇坑

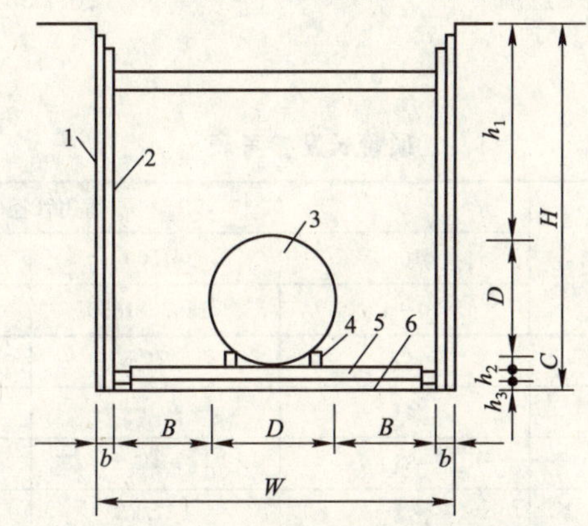

图 4-30　工作坑的底宽和高度

1—撑板；2—支撑立木；3—管子；4—导轨；5—基础；6—垫层

工作坑(顶进坑、接收坑)平面尺寸见表 4-47，工作坑的深度计算见表 4-48。

工作坑(顶进坑、接收坑)平面尺寸(单位：m)　　表 4-47

管　径	顶进坑尺寸(宽×长)		接收坑尺寸(宽×长)	
	敞开式	封闭式	敞开式	封闭式
ϕ800～ϕ1400	3.5×8.0		3.5×4.5	3.5×5.0
ϕ1600	4.0×8.0		4.0×4.5	4.0×5.0
ϕ1800～ϕ2000	4.5×8.0		4.5×4.5	4.5×5.0
ϕ2200～ϕ2400	5.0×9.0		5.0×4.5	5.0×6.0

注：1. 选自《上海市市政工程预算定额》(2000)工程量计算规则暨总、册说明；
2. 斜交顶进坑及接收坑尺寸按实际尺寸计算；
3. 采用拉森钢板桩支撑的基坑，按上表规定尺寸分别增加 0.20m 计；
4. 需采用钢护梯时，可套用第七册隧道工程相关定额子目；
5. 采用钢筋混凝土沉井工作坑时，宜采用双向顶进；采用钢板桩工作坑时，宜采用单向顶进。

工作坑的深度计算　　表 4-48

项目内容	顶 进 坑	接 受 坑
计算公式	$H_1=h_1+h_2+h_3$	$H_2=h_1+t+h_3+h_4$
式中：	h_1——地面至沟底高度	h_1——地面至沟底高度
		t——管壁厚度
	h_2——导轨高度	
	h_3——基础至基坑土面高度	h_3——基础至基坑土面高度
		h_4——顶管机头进坑后支承垫板厚度
	H_1——地面至基坑土面的高度	H_2——地面至基坑土面的高度

注：1. 选自《上海市市政工程预算定额》(2000)工程量计算规则暨总、册说明；
2. 施工机械设备或脚手架与架空线的最小距离应符合上海地区低压用户电气装置规程中的规定；
3. 施工机械设备或脚手架与架空线的最小距离，请参阅 9. 市政施工组织设计及索赔管理 9.1 市政施工组织设计的工地现场临时供电项中表 9-5“施工设施、施工机械设备与导线、高压线最小间距规定”释义。

顶进坑示意见图 4-31，接受坑示意见图 4-32。

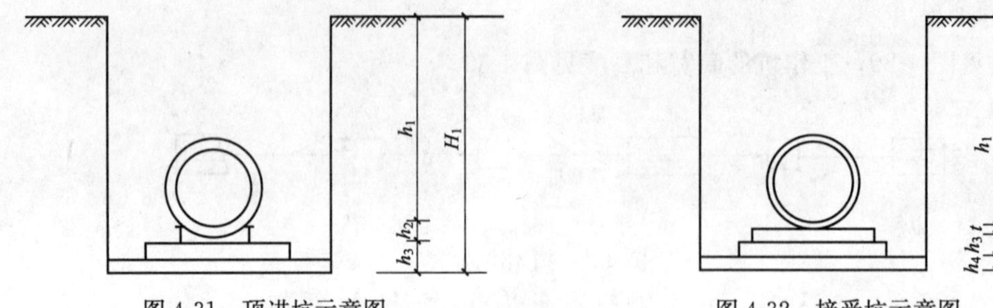

图 4-31　顶进坑示意图　　　　图 4-32　接受坑示意图

顶管长度参考表 4-49。

顶管长度参考表　　　　**表 4-49**

顶进方式	机头型式	适用管径(mm)			
		ϕ1000	ϕ1500	ϕ2000	ϕ2400
		ϕ800～1200	ϕ1350～1650	ϕ1800～2000	ϕ2200～2400
主　顶	敞开式	47	47	48	41
	封闭式	41	40	38	29
主顶+1 号中继间	敞开式	84	84	85	73
	封闭式	78	77	75	61
主顶+2 号中继间	敞开式	131	131	133	114
	封闭式	125	124	123	102
主顶+3 号中继间	敞开式	178	178	181	155
	封闭式	172	171	171	143
主顶+4 号中继间	敞开式	225	225	229	196
	封闭者	219	218	219	184

注：市政工程施工及验收技术规范。

直线工作坑平面尺寸一般按钢板桩工作坑平面尺寸表来选定，当选用的顶管机头及管节长度较长时，其工作坑的长度应经计算后确定，钢板桩工作坑的平面尺寸还应能容纳窨井的砌筑(表 4-50、表 4-51)。

钢板桩工作坑平面尺寸表(单位：m)　　　　**表 4-50**

顶管内径	顶进坑(宽×长)	接收坑(宽×长)	
		敞　开　式	封　闭　式
ϕ800～1400	3.5×8.0	3.5×8.0	3.5×8.0
ϕ1650	4.0×8.0	4.0×4.5	4.0×5.0
ϕ1800～2000	4.5×8.0	4.5×4.5	4.5×5.0
ϕ 2200～2400	5.0×9.0	5.0×4.5	5.0×6.0

注：1. 斜交按实际尺寸计算；

2. 采用拉森钢板桩支撑的基坑，按上表规定的尺寸增加 0.2m 计算。

钢板桩适用范围表(单位：m)　　　　**表 4-51**

项次	钢板桩类型及长度	顶管基坑深(至坑土面)
1	槽型钢板桩 4.00～6.00	<4.00
2	槽型钢板桩 6.01～9.00	≤5.00
3	槽型钢板桩 9.01～12.00	≤6.00
4	拉森钢板桩 8.00～12.00	>6.00
5	拉森钢板桩 12.01～16.00	>8.00

注：打、拔顶管基坑钢板桩套用开槽埋管打、拔沟槽钢板桩相应定额，人工数量及机械台班数量乘以 1.3 系数计算。

【例题 4-12】 顶管实体工程钢筋混凝土沉井基坑挖土工程概况仍以**【例题 4-65】**市政管网顶管工程钢筋混凝土沉井工作坑实体工程提供的资料为条件；求：顶管工程钢筋混凝土沉井工作坑基坑挖土工程量？

【解题分析 4-12】

解题分析要点：根据表 1-7“清单项目的工程量‘算量’”计算原则：“所有清单项目的工程量应以实体工程量为准，并以完成后的净值计算；投标人投标报价时，应在单价中考虑施工中的各种损耗和需要增加的工程量；对于分部分项工程量清单项目而言，清单工程量的计算需要明确计算依据、计算规则、计量单位和计算方法”。

列项解题分析时，首先针对工程内容的规定，对拟编制的钢筋混凝土沉井工作坑项目，与表 4-26“已列入相应工程挖土方工程量清单的部分分部工程项目”、表 4-43“挖基坑(沉井)土方工程量‘算量’”、表 4-23“土方场内运输定额划分甄选表”等是否对应的对照依据，也是检查是否重列或漏列的主要依据。

依题已知：

项次	项目名称及说明	计量单位	计算结果	各主要要素及计算说明	引用计算方法(释义)
			钢筋混凝土沉井工作坑基坑挖土(项目编码：沪 040504009001)		
项目名称：钢筋混凝土沉井工作坑基坑挖土(项目编码：040103001) 1. 项目特征(描述)：——1. 土壤类别Ⅰ、Ⅱ类，2. 挖土深度 3.5m 以内 2. 工程内容(规定)：——1. 土方开挖，2. 围护、支撑，3. 场内运输，4. 平整、夯实 3. 计量单位：——m^3 4. 数量：——201.55					
1.1	040103001	座	1	钢筋混凝土沉井工作坑(项目编码：040103001)	
1	基坑挖土	m^3	201.55	依据表 4-43，得知： 1.“沉井基坑：基坑土方开挖的底部尺寸，按沉井外壁每侧加宽 2.0m 计算，套用第五册“排水构筑物及机械设备安装工程”基坑挖土定额” 2.“无支护基坑挖土：(1) 4.0m 以内采用放坡施工，基坑 2.0m 以内按 1∶0.75 放坡” 当 H=2.0m、A=7.5+0.6×2+2=10.7m、B=3.5+0.6×2+2=6.7m、a=10.7+2×0.75×2=13.7m、b=6.7+2×0.75×2=9.7m 时，查图 4-13“截头长方锥体简图暨体积计算公式”及(4-12)公式，得长方形棱台挖土体积 $V=H/6[AB+ab+(A+a)(B+b)]$=1/6×2.0×[10.7m×6.7m+13.7m×9.7m+(10.7m+13.7m)×(6.7m+9.7m)]=0.3333×(71.69+132.89+400.16)=201.55m^3	表 4-23“挖基坑(沉井)土方工程量‘算量’”
2	土方场内运输	m^3	50.38	查表 4-43“挖基坑(沉井)土方工程量‘算量’”得，基坑挖土按 75%直接外运，25%按场内运输。 沉井挖土为全部外运。 土方场内运输体积 V=201.55m^3×25%=50.38m^3	土表 4-23“土方场内运输定额划分甄选表”

得：

(1) 工程量计算结果：

项次	项目编码、定额子目编号	项目名称(工程量清单及分项工程) 列项	计量单位	计算结果
	040103001	钢筋混凝土沉井工作坑基坑挖土	m^3	201.55
1	S5-2-13	基坑机械挖土	m^3	201.55
2	S1-1-36	土方场内运输(运土 1km 以内)	m^3	50.38

(2) 查表 4-21“挖土、石方工程量清单项目设置、项目子目对应比照表”，得知排水管道工程顶管 S5-2-：2. 基坑机械挖土及通用项目一般项目 S1-1-：14. 土方场内运输定额子目。

注：

(1) 上述两项工程内容包括了钢筋混凝土沉井工作坑基坑挖土施工的全部施工工艺过程。

但应注意，上述项目中未包括沟槽填方、余方弃置，故应对照“填方及土石方运输(项目编码：040103)”另外增列填方的分部分项清单项目，否则就属于漏列。

(2) 还可能出现《建设工程工程量清单计价规范》(GB 50500—2008)“表 3.3.1 措施项目一览表”中的有关清单项目：

如本工程定额中未包括大型机械的场外运输、安拆(打桩机械除外)、路基及轨道铺拆等，大型机械进出场运输及安拆，应列入措施项目中；如计算，则可参照 5. 措施项目(市政工程)5.1 大型机械设备进出场及安拆(项目编码：0501)表 5-3“大型机械设备进出场选用表”的释义。

(3) 另外根据表 1-7“工程量清单、市政定额、施工工程量‘算量’”，得知其间区别“在于计量的依据、计算规则、目的和计量单位的不同”，注意工程量清单综合单价的计价。

2) 排水构筑物土方工程

① 基坑挖土

土方挖方按天然密实体积计算，挖土定额均采用机械挖土。定额综合取定了土方类别及其他一些必要配套设施，如实际施工方法不同时，定额不做调整。

基坑挖土定额分有支护挖土和无支护挖土两种，无支护挖土指放坡大开挖，有支护挖土指有支护措施的挖土。为更准确反映工程造价，有支护挖土定额中剥离了打拔钢板桩等支护措施，新增了安拆地拉锚子目，所以有支护挖土定额中不包括支护措施，可套用第五册“打拔沟槽钢板桩”子目，包括打拔槽形钢板桩及打拔拉森钢板桩。定额中的安拆地拉锚包括挖坑、安置枋木、安装挡土板及钢索、填土夯实、拆除清理等内容。

基坑支护方案、支护使用、安装地拉锚的个数以及其他技术措施，可按批准的施工组织设计计算。

基坑挖土的底宽均按构筑物基础外沿加宽 2m(即工作面宽度 $e=2.0$m)计算。

土方场内运输：挖土及填土现场运输定额中已考虑土方体积变化，基坑挖土土方按 75%直接装车外运，25%按场内运输。

② 基坑挖土(放坡)

无支护基坑开挖放坡比例见表 4-52。

无支护基坑开挖放坡比例表　　**表 4-52**

基坑	≤2m	≤4m	采用井点降水
比例	1∶0.7	1∶1.0	1∶0.5

说明：深度大于 4m 时按土体稳定理论计算后的边坡进行放坡。

注：1. 选自《上海市市政工程预算定额》(2000)工程量计算规则暨总、册说明；

2. 1∶*m* 坡率值计算，请参阅表 6-18“边坡坡率换算角度、对边、斜边、长度表(竖立方向的高度)”。

a. 矩形基坑　同桥台挖土(墩台条基础)，见(4-31)释义。

$$V=H/6[AB+ab+(A+a)(B+b)] \tag{4-31}$$

式中　V——基坑挖土体积(m^3)；

H——基坑深度(m)；

A、B、a、b——分别为基坑坡顶、基坑底的长度和宽度(m)。

注：关于增加工作面宽度，参照表 4-25“挖土方基本形式及工程量计算规则”释义。

b. 圆形基坑

同隧道圆形基坑，见式(4-32)“圆锥体挖土体积公式”释义。

圆锥体挖土体积公式：

$$V=1/3\pi H(R_1^2+R_2^2+R_1R_2) \quad (4\text{-}32)$$

或 $$V=\pi H/3(R^2+r^2+R_r)$$

式中 V——基坑挖土体积(m^3)；

H——基坑深度(m)；

R_1——基坑下底半径(含基坑工作面)，(m)；

R_2——基坑上口半径，$R_2=R_1+K_H$，(m)；

或 R、r——分别为基坑坡顶、基坑底的半径(m)。

注：关于增加工作面宽度，请参阅表 4-25“挖土方基本形式及工程量计算规则”释义。

基坑开挖及沉井下沉示意见图 4-33。

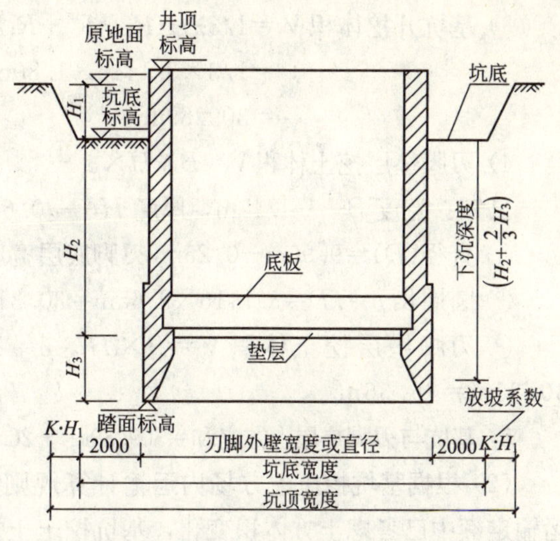

图 4-33　基坑开挖及沉井下沉示意图

【例题 4-13】　某雨水泵站工程采用现场预制钢筋混凝土沉井结构，基坑采用无支护挖土，泵站沉井外径为 9700mm，沉井内径为 9000mm，井壁厚度为 350mm，沉井高度为 6.43m。本工程原地面标高为 +4.00m，原地面无堆土。基坑底直径按刃脚外沿放宽 2m(即工作面 e)计算，基坑开挖深度为 1.8m，本工程采用井点降水，故放坡系数为 1：0.5；根据上海市市政工程施工及验收技术规程计算，刃脚垫层采用 600mm 厚、1450mm 宽黄砂垫层(详见结构图 4-34、图 4-35)，沉井下沉采用排水下沉法机械挖土施工；求其雨水泵站基坑挖土体积？

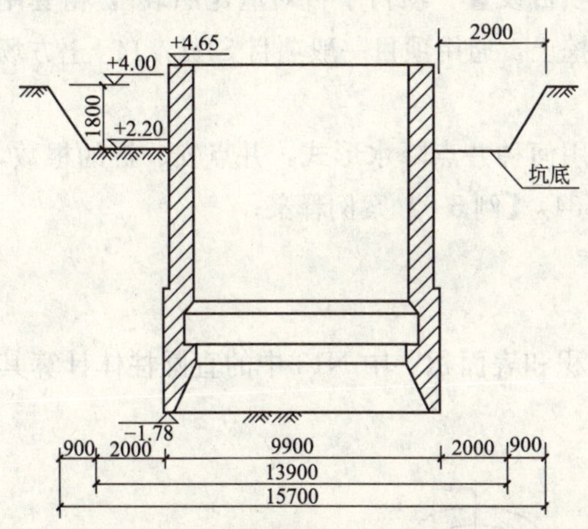

图 4-34　基坑开挖示意图

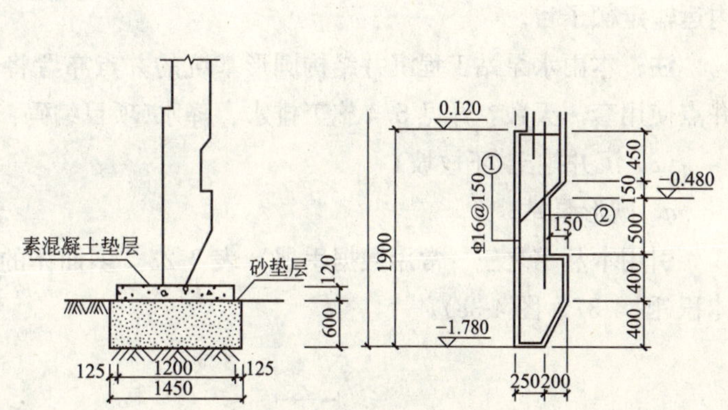

图 4-35　刃脚垫层示意图

【解题分析 4-13】　(1) 基坑与刃脚垫层土方

1) 基坑下底半径(R_1)＝(刃脚外壁宽度或直径＋工作面宽度 $2e$)÷2

＝(9.90m＋2.0m/侧×2 侧)÷2＝13.90m÷2＝6.95m

2) 基坑上口半径(R_2)＝R_1+KH

① 基坑深度(H)＝4.00m－2.2m＝1.80m

② 按照工程量计算规则：基坑挖土的底宽均按构筑物基础外沿加宽 2m(即工作面 e)计算；沉井采用井点降水按 1：0.5 放坡，基坑深 2m，查本丛书之三《常用数据手册》表 4-9“边坡坡率换算角度、对边、斜边、长度表(竖立方向的高度)”中坡率值(1：m)为 1：0.5、列项对边宽度($b=mh$)系数的横行内各数，得 $b=mh$＝0.5h＝0.5×1.80m＝0.9m。

基坑上口半径 $R_2=R_1+KH$

＝6.95m＋0.5×1.80m＝7.85m

3）基坑开挖体积 $V=1/3\pi H(R_1^2+R_2^2+R_1R_2)$

$=1/3\times 3.1416\times 1.80\text{m}(6.95\text{m}\times 6.95\text{m}+7.85\text{m}\times 7.85\text{m}+6.95\text{m}\times 7.85\text{m})$

$=309.89\text{m}^3$

4）刃脚垫层挖土体积 $V=B\times H\times \rho$

已知：宽度 B——1.45m，厚度 H——0.60m，圆周长 $\rho=\pi D$，计算示意见图 4-36。

① 直径(D)＝9.90m－0.25m(刃脚底层宽度)＝9.65m

② 圆周长 $\rho=\pi D=3.1416\times 9.65\text{m}=30.31\text{m}$

③ 刃脚垫层挖土体积 $V=B\times H\times \rho=1.45\text{m}\times 0.60\text{m}\times 30.31\text{m}=26.36\text{m}^3$

5）基坑与刃脚垫层土方之和＝$309.89\text{m}^3+26.36\text{m}^3=336.25\text{m}^3$

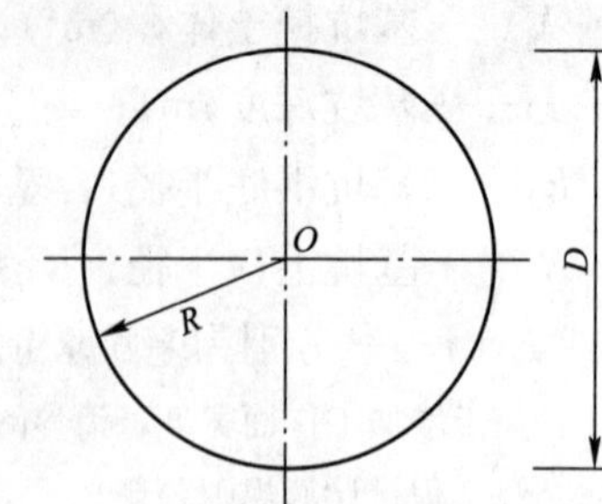

图 4-36　圆形简图暨圆周长(ρ)计算示意

ρ—圆周长（$\rho=\pi D$）　D—直径、R—半径＝$D/2$

(2) 根据基坑挖土土方场内运输计算规则：挖土及填土现场运输定额中已考虑土方体积变化，基坑挖土土方按 75%直接装车外运，25%按场内运输。

1）基坑土方场外运输体积 V＝基坑与刃脚垫层土方之和×75%

$=336.25\text{m}^3\times 75\%=252.19\text{m}^3$

2）基坑土方场内运输体积 V＝基坑与刃脚垫层土方之和×25%

$=336.25\text{m}^3\times 25\%=84.06\text{m}^3$

得：雨水泵站基坑挖土总体积为 336.25m³，其中基坑土方场外运输体积为 252.19m³，基坑土方场内运输体积为 84.06m³；查表 4-20“挖土、石方工程量清单项目设置、项目子目对应比照表”，得套用排水构筑物及隧道基坑土方工程 S6-1-：1. 基坑挖土 2. 沉井挖土，通用项目一般项目 S1-1：14. 土方场内运输定额子目。

注：本雨水泵站工程沉井结构圆形基坑的井点布置将采用何种井点降水形式，井点安、拆的根数，井点使用套·天数？详见 5.4 施工排水、降水(项目编码：0504)【例 5-6】案例释义。

(3) 沉井挖土(不放坡)

a. 圆形泵站

引用本丛书之三《常用数据手册》表 3-23“多面体的体积和表面积”中 N13 中的直圆柱体计算其体积(图 4-37、图 4-38)。

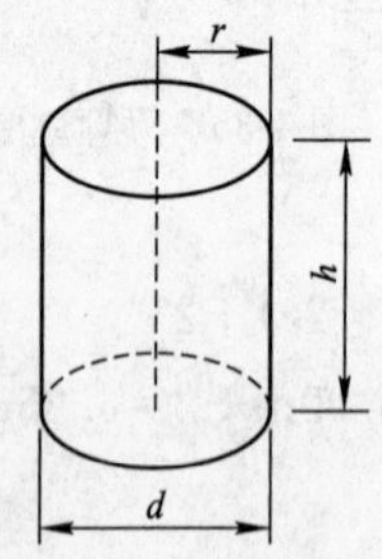

图 4-37　正圆柱体简图

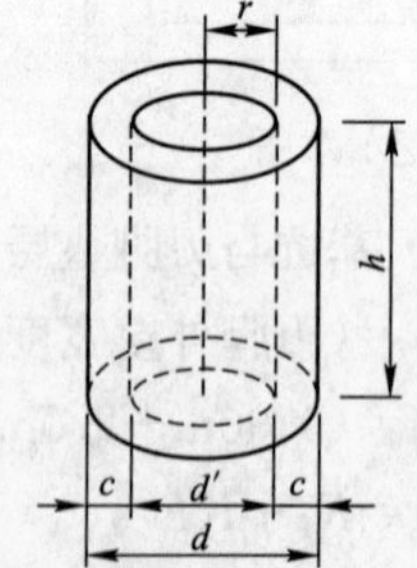

图 4-38　圆形单孔沉井示意图

圆柱体挖土体积公式：

$$V=\pi r^2 H=1/4\times \pi d^2 H=0.7854d^2 H=3.1416r^2 H \tag{4-33}$$

式中　V——沉井基坑挖土体积(m³)；

H——沉井基坑下沉深度(系指原地面标高与基坑底的高度之差)(m)；

r——沉井基坑外壁半径，$r=d/2$(m)；

d——沉井基坑外壁直径(含基坑工作面)(m)。

注：1. 计算圆形的圆周长、截面积及体积，请参阅表 5-65“圆形、直圆柱体的性质”释义；
2. 关于增加工作面宽度，请参阅表 4-25“挖土方基本形式及工程量计算规则”释义。

b. 矩形泵站

引用本丛书之三《常用数据手册》表 3-23“多面体的体积和表面积”中 *N*4 中的矩形立方体计算其体积(图 4-39、图 4-40)。

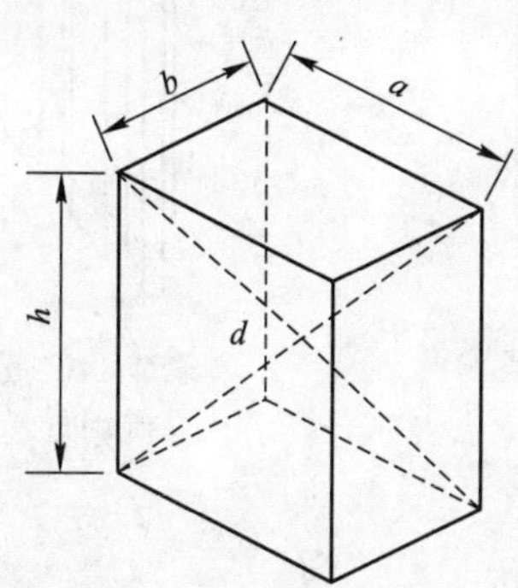

图 4-39　矩形立方体简图

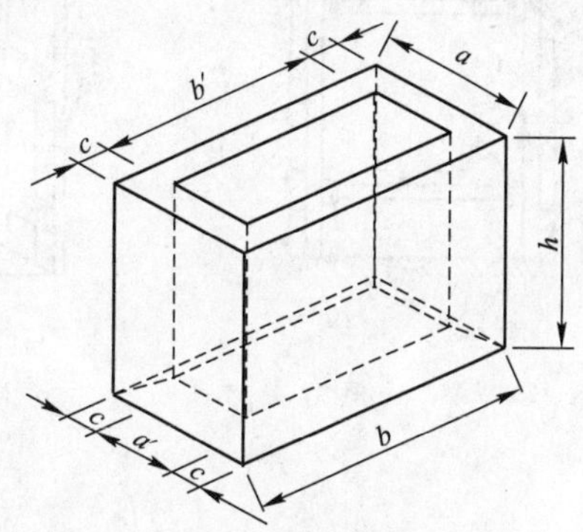

图 4-40　矩形单孔沉井示意图

矩形体挖土体积公式：　$V=a\times b\times H$　(4-34)

式中　V——沉井基坑挖土体积(m^3)；

H——沉井基坑下沉深度(系指原地面标高与基坑底的高度之差)(m)；

a——基坑外壁边长(含基坑工作面)(m)；

b——基坑外壁边宽(含基坑工作面)(m)。

注：关于增加工作面宽度，请参阅表 4-25“挖土方基本形式及工程量计算规则”释义。

【例题 4-14】　如图 4-41 所示，某孔桩孔锥体高为 2.0m、上口半径 r 为 1.0m、下底半径 R 为 1.5m、球缺高 h 为 0.3m、球缺口半径 R_1 为 1.5m；求人工挖孔桩孔土方工程量?

【解题分析 4-14】

依题已知：

(1) 圆台体：圆台下底面半径 R—1.5m、圆台上底面半径 r—1.0m、高 H—2.0m；

(2) 球缺体：球缺(割球)的高 h—0.3m、平切圆半径 R_1—1.5m；

(3) $V=1.0472\times H\times(r_2+R_2+rR)+0.5236\times h\times(3R_1^2+h_2)$

$=1.0472\times2.0\text{m}\times(1.0^2\text{m}+1.5^2\text{m}+1.0\text{m}\times1.5\text{m})+0.5236\times0.3\text{m}\times(3\times1.5^2\text{m}+0.3^2\text{m})$

$=9.948\text{m}^3+1.0744\text{m}^3=11.023\text{m}^3$

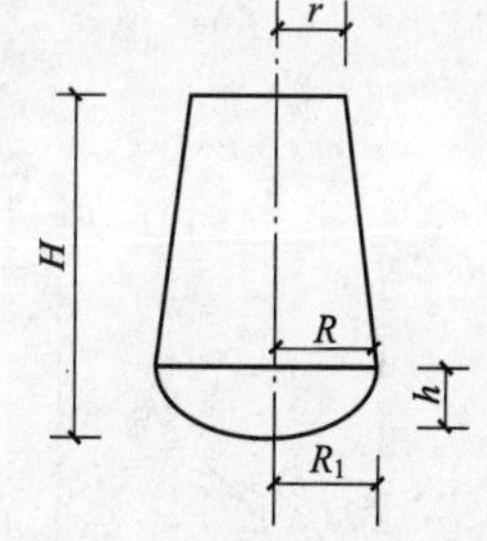

图 4-41　挖孔桩孔示意图

得：该人工挖孔桩孔土方为 11.023m^3。

6. 围护、支撑的种类及其适用条件

支撑形式有横撑、竖撑和板桩撑等(图 4-42～图 4-44)。横撑和竖撑由撑板、立支撑是防止沟槽土壁坍塌的一种临时性挡土结构，创造安全的施工条件。由木材或钢材做成。支撑的荷载就是原土和地面荷载所产生的侧土压力。沟槽支撑与否应根据土质、地下水情况、槽深、槽宽、开挖方法、排水方法、地面荷载等因素确定。工具式撑杠如图 4-45 所示，桩板的断面如图 4-46 所示，钢板桩支撑平面布置如图 4-47 所示，倒撑如图 4-48 所示。

分部工程已列入相应工程工程量清单里边，不需单独列项。

沟槽深度≤3m 采用横列板支撑；沟槽深度＞3m 采用钢板桩支撑。

围护、支撑工程形式见表 4-53，其定额说明及工程量计算规则见表 4-54。

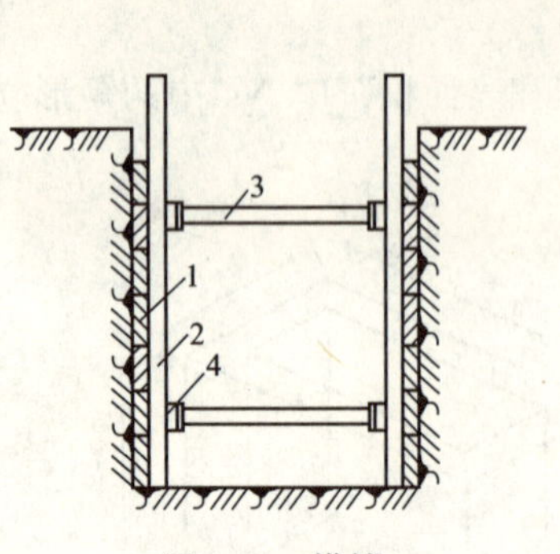

图 4-42　横撑

1—撑板；2—纵梁；3—横撑；4—木楔

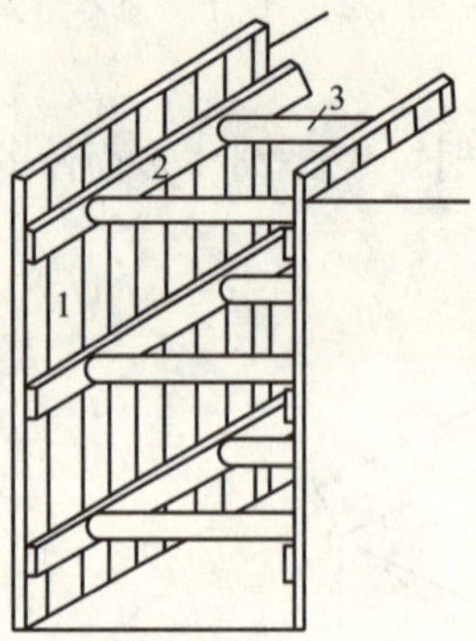

图 4-43　竖撑

1—撑板；2—横木；3—撑杠

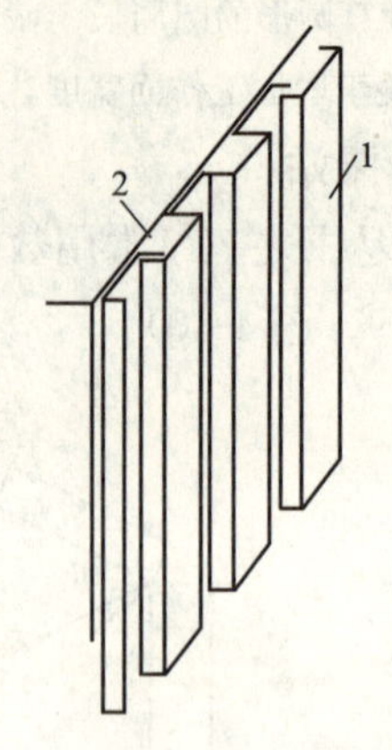

图 4-44　板桩撑

1—钢板桩；2—槽壁

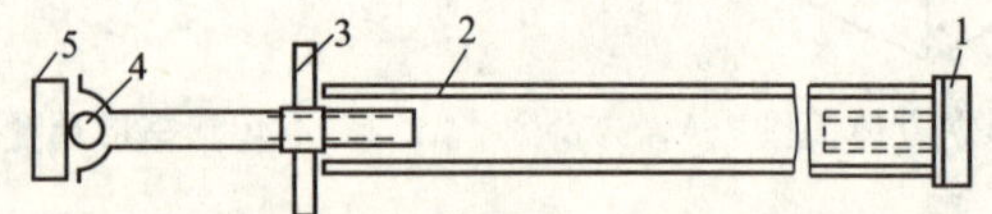

图 4-45　工具式撑杠

1—撑头板；2—圆套管；3—带柄螺母；4—球铰；5—撑头板

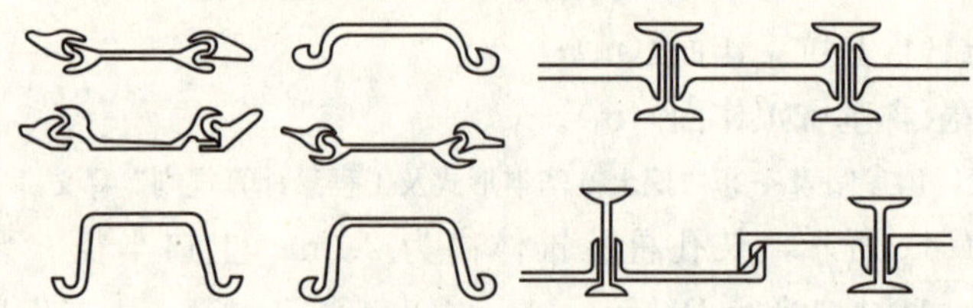

图 4-46　桩板的断面

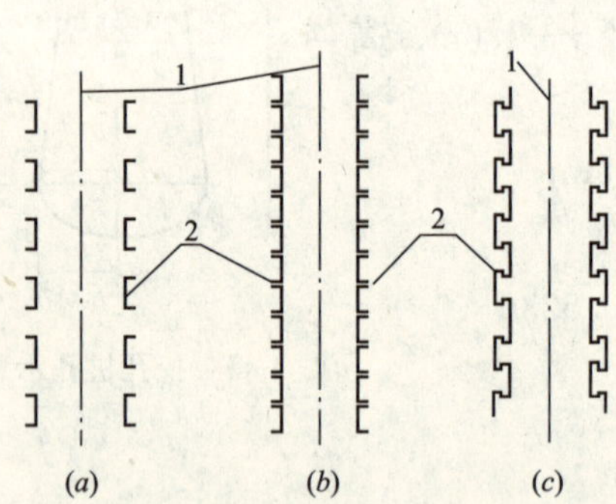

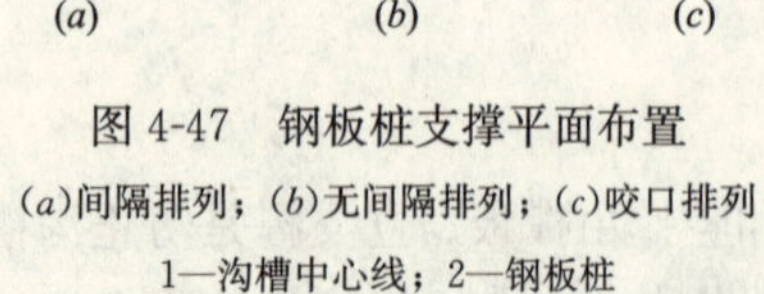

图 4-47　钢板桩支撑平面布置

(*a*)间隔排列；(*b*)无间隔排列；(*c*)咬口排列

1—沟槽中心线；2—钢板桩

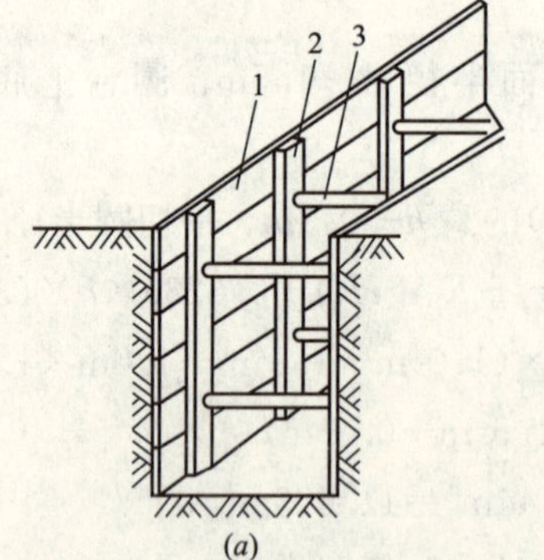

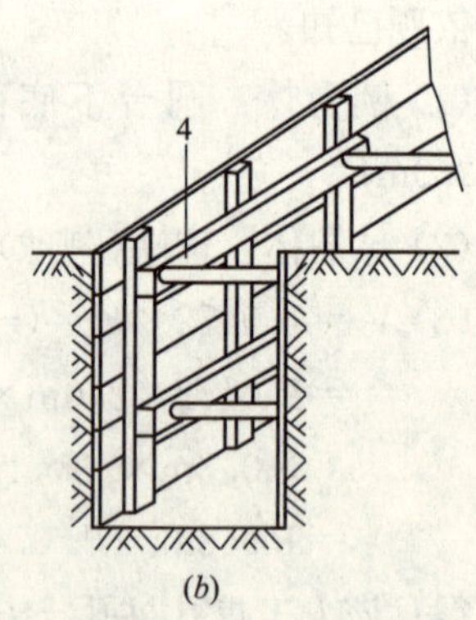

图 4-48　倒撑

(*a*)倒撑前支撑图；(*b*)倒撑后支撑图

1—撑板；2—纵梁；3—横撑；4—横梁

围护、支撑工程形式　　**表 4-53**

项次	形　式	释　义
1	横　撑	1. 用于土质较好、地下水量较小的沟槽 2. 随着沟槽逐渐挖深而设，因此支设容易，但在拆除时首先拆除最下层的撑板和撑杠，因此，施工不安全
2	竖　撑	用于土质较差、地下水量较大或有流砂的情况。竖撑的特点是撑板可在开槽过程中先于挖土插入土中，在回填以后再拔出，因此，支撑和拆撑都较安全

续表

项次	形　式	释　义
3	板桩撑	1. 板桩撑是将桩垂直地打入槽底下一定深度；目前常用的钢桩板为槽钢或工字钢或特制的钢桩板 2. 桩板与桩板之间一般采用啮口连接，以提高板桩撑的整体性和水密性 3. 钢板桩可采用槽钢或拉森板桩，槽钢长度为 6～12m，拉森板桩长度为 10～20m 4. 钢板桩入土深度应根据沟槽开挖深度、土层性质、施工周期、施工荷载、地面超载以及支撑布置等因素经计算后确定，根据上海地区特点和施工经验，板桩入土深度(T)与沟槽深度(H)的比值 a(d 一到 H)可按下列情况取用：在一般土质条件下，沟槽深度 5m 以内，a 值宜取 0.3 5；沟槽深度 5～7m 时宜取 0.5；沟槽深度 7m 以上时宜取 0.65。钢板桩排列有平行排列、间隔排列、咬口排列、密咬排列等几种，如图 4-47。咬口钢板桩应咬合紧密，板桩挺直，垂直度不大于露出高度的 1.5%；打桩时钢板桩顶部应戴桩帽，打桩时做到横平竖直，宜用定位夹板夹住打桩，如出现板桩入土过慢，桩锤回弹过大，应查明原因，进行处理后方可继续施打
4	倒　撑	倒撑是指在施工过程中，更换立柱和撑杠的位置的过程；例如：当原支撑妨碍下一工序进行时、原支撑不稳定时、一次拆撑有危险时或因其他原因必须重新安设支撑时，均应倒撑

注：围护、支撑工程形式只适应市政工程沟槽、基坑、工作坑及检查井的围护、支撑。

围护、支撑工程定额说明及工程量计算规则　　表 4-54

项次	类　型	计 算 方 法
1	横列板、钢板桩支撑划分	1. 沟槽深度≤3m 采用横列板支撑 2. 沟槽深度>3m 采用钢板桩支撑
2	长度计算	1. 撑拆列板、沟槽钢板桩支撑按沟槽长度计算 2. 打、拔沟槽钢板桩按沿沟槽方向单排长度计算
3	打、拔钢板桩(打桩)机械	1. 打、拔钢板桩采用轨道式柴油打桩机，根据桩长甄选打桩机械的吨位，请参阅表 4-57“打、拔沟槽钢板桩机械设备甄选表”释义 2. 打钢板桩定额中不包括组装、拆卸柴油打桩机，发生时请参阅表 4-150“组装、拆除柴油打桩机桩机类别和锤重甄选表”甄选型号、规格，套用“桥涵及护岸工程”相应定额子目 3. 顶管钢板桩支撑基坑中，打、拔顶管基坑钢板桩套用“开槽埋管”打、拔沟槽钢板桩相应定额，人工及机械台班数量乘以 1.3 系数，使用数量在说明中列出
4	支撑使用数量	1. UPVC 加筋管、增强聚丙烯管(FRPP 管)开槽埋管列板、槽型钢板桩及支撑使用数量按混凝土管相应管径的列板、槽型钢板桩及支撑使用数量乘 0.6 系数 2. 顶管钢板桩支撑基坑中，工作坑支撑使用数量，均已包括在安拆支撑定额子目内
5	列板、槽型钢板桩、拉森钢板桩、钢板桩、大型支撑等使用费事宜	1. 在定额中，未包括使用费，发生时，另行计算 2. 参照表 4-58“围护、支撑类大型机械设备使用费甄选表”释义 3. 其中大型支撑项，参见表 4-218“隧道工程金属构件制作适用范围表”释义

注：1. 选自《上海市市政工程预算定额》(2000)工程量计算规则暨总、册说明；
2. 沟槽深度，请参阅表 4-41“沟槽埋设深度定额取定表”释义；
3. 沟槽安、拆支撑最大宽度为 9m；顶管基坑安、拆支撑，最大基坑宽度为 5m；
4. 排水构筑物基坑挖土基坑支护方案、支护使用、安装地拉锚的个数以及其他技术措施，可按批准的施工组织设计计算；
5. 施工组织设计选用施工方法，请参阅《下篇　常用计算数据》第九册 9. 市政施工组织设计及索赔管理 9.1 市政施工组织设计及表 9-1“施工组织设计涉及工程量‘算量’对应选用表”释义；
6. 分部工程已列人相应工程工程量清单里边，不需单独列项；
7. 打桩机械的安装、拆除按有关项目计算，可并入打桩清单项目内计算综合单价，请参阅 4-148“组装、拆除柴油打桩机定额编制计算规定”释义，不能列入措施项目；
8. 而打桩机械进出场费，可按机械台班费用定额计算，列入措施项目费计算；请参阅表 5-3“大型机械设备进出场选用表”中第 7 列项“柴油打桩机”释义及表 5-4“场外运输、安拆的大型机械设备表”。

列板、钢板桩取定见表 4-55，每 100m(沟槽长)列板支撑使用数量取定见表 4-56，打拔沟槽钢板桩机械设备甄选见表 4-57，围护、支撑类大型机械设备使用费甄选见表 4-58。

列板、钢板桩取定表　　表 4-55

项次	项 目 名 称	《市政工程工程量清单常用数据手册》
1	每 100m(双面)列板使用数量取定表(单位：t・d)	表 2-42“每 100m(双面)列板使用数量取定表(单位：t・d)”
2	每 100m(单面)槽型钢板桩使用数量取定表(单位：t・d)	表 2-43“每 100m(单面)槽型钢板桩使用数量取定表(单位：t・d)”

续表

项次	项　目　名　称	《市政工程工程量清单常用数据手册》
3	每 100m(沟槽长)槽型钢板桩支撑使用数量取定表(单位：t·d)	表 2-140“每 100m(沟槽长)槽型钢板桩支撑使用数量取定表（单位：t·d)”
4	管道顶进顶进坑槽型钢板桩使用数量表（单位：每坑）	表 2-141“管道顶进顶进坑槽型钢板桩使用数量表（单位：每坑）”
5	管道顶进坑拉森钢板桩使用数量表（单位：每坑）	表 2-142“管道顶进坑拉森钢板桩使用数量表（单位：每坑）”
6	顶管接收坑槽型钢板桩使用数量表（单位：每坑）	表 2-143“顶管接收坑槽型钢板桩使用数量表（单位：每坑）”
7	打拔钢板桩适用范围(单位：m)	表 2-46“打拔钢板桩适用范围(单位：m)”

注：请分别参阅本《市政工程工程量清单工程系列丛书》姊妹篇之三《市政工程工程量清单常用数据手册》上述计算表格、示意图内的释义。

每 100m(沟槽长)列板支撑使用数量取定表(单位：t·d)　　表 4-56

沟槽深(m)	管径		
	≤ϕ600	ϕ800～ϕ1200	ϕ1400～ϕ1600
≤1.5	65	72	—
≤2.0	89	96	—
≤2.5	111	120	135
≤3.0	133	144	163

打拔沟槽钢板桩机械设备甄选表　　表 4-57

项次	定额章节 S5-1-：	项目名称	范　围	轨道式柴油打桩机	简易拔桩架	震动锤	履带式起重机
1	4. 打沟槽钢板桩	钢板桩（单面）	桩长 4.00～6.00m	0.6t			
2			桩长 6.01～9.00m	0.6t			
3			桩长 9.01～12.00m	1.2t			
4		拉森钢板桩（单面）	桩长 8.00～12.00m	1.8t			
5			桩长 12.01～16.00m	1.8t			
6	5. 拔沟槽钢板桩	钢板桩（单面）	桩长 4.00～6.00m		√		
7			桩长 6.01～9.00m		√		
8			桩长 9.01～12.00m			45kW	15t
9		拉森钢板桩（单面）	桩长 8.00～12.00m			45kW	15t
10			桩长 12.01～16.00m			45kW	15t

注：1. 选自《上海市市政工程预算定额》(2000)第五册排水管道工程第一章开槽埋管的第四、五节打拔沟槽钢板桩 S5-1-13～22；
2. 依据表 4-55“每 100m(单面)槽型钢板桩使用数量取定表(单位：t·d)”，查本表核定将采用何类轨道式柴油打桩机；
3. 顶管钢板桩支撑基坑中，打、拔顶管基坑钢板桩套用“开槽埋管”打、拔沟槽钢板桩相应定额，人工及机械台班数量乘以 1.3 系数，使用数量在说明中列出；
4. 排水管道工程定额中不包括组装、拆除柴油打桩机，发生时组装、拆除柴油打桩机的型号、规格请参阅表 4-150“组装、拆除柴油打桩机桩机类别和锤重甄选表”释义，套用第四册桥涵及护岸工程 S4-1-：6. 组装拆卸柴油打桩机相应定额；
5. 打钢板桩定额中不包括组装、拆卸柴油打桩机，发生时套用相应定额子目，同本表注释第 2 项次；
6. 上述分部工程已列入相应工程工程量清单里边，不需单独列项，不属于措施项目范畴；
7. 而打桩机械进出场费，可按机械台班费用定额计算，列入措施项目费计算；请参阅表 5-3“大型机械设备进出场选用表”中第 7 列项“柴油打桩机”释义及表 5-4“场外运输、安拆的大型机械设备表”。

围护、支撑类大型机械设备使用费甄选表　　表 4-58

项次	分部工程	列板	槽型钢板桩	拉森钢板桩	大型支撑
1	开槽埋管	排水管道开槽埋管 S5-1-：3. 撑拆列板 4. 打沟槽钢板桩 5. 拔沟槽钢板桩 6. 安拆钢板桩支撑			
2	排水箱涵				
3	顶管钢板桩支撑基坑		排水管道工程顶管 S5-2-：1. 安拆钢板桩工作坑支撑(顶进坑、接受坑)		

续表

项次	分部工程	列板	槽型钢板桩	拉森钢板桩	大型支撑
4	型钢水泥土复合桩(SMW)工法工作井(工作坑、接收坑)				隧道工程地下连续墙 S7-4-：8. 大型支撑安装、拆除
5	地下连续墙、混凝土板桩、钢板桩等作围护的跨度大于 8m 的基坑开挖				
6	隧道工程(明挖施工)				隧道工程金属构件制作 S7-7-：5. 盾构钢托架、钢围檩、钢闸墙 6. 钢轨枕、钢支架 8. 钢支撑、钢封门(承插式钢封门)

注：1. 选自《上海市市政工程预算定额》(2000)工程量计算规则暨总、册说明；
2. 上述分部工程已列入相应工程工程量清单里边，不需单独列项；
3. 在定额中，未包括使用费，发生时，另行计算；发生时，请参阅表 4-58“围护、支撑类大型机械设备使用费”释义；
4. 顶管钢板桩支撑基坑中，工作坑支撑使用数量，均已包括在安拆支撑定额子目内，不得重复计算；
5. 请参阅表 4-47“工作坑(顶进坑、接收坑)平面尺寸(单位：m)”、表 4-51“钢板桩适用范围表(单位：m)”、表 4-57“打、拔钢板桩适用范围(单位：m)”的释义；
6. 开槽埋管，套用定额子目请参阅表 4-21“挖土、石方工程量清单项目设置、项目子目对应比照表”中挖沟槽土方(项目编码：040101002)释义；
7. 顶管钢板桩支撑基坑，套用定额子目请参阅表 4-236“井类、设备基础及出水口工程量清单项目设置及工程量计算规则”中钢板桩工作井(项目编码：沪 0405040011)释义；
8. 隧道工程(明挖施工)，套用定额子目请参阅表 4-221“隧道沉井工程量清单项目设置及工程量计算规则”中钢封门(项目编码：040405006)隧道工程金属构件制作 S7-7-：8. 钢支撑、钢封门(承插式钢封门)及表 4-219“隧道工程金属构件制作的消耗量(t)表”的释义。

型钢水泥土复合搅拌桩(SMW)工法围护墙即在水泥土搅拌桩内插入 H 型钢，使之成为同时具有受力和抗渗两种功能的支护结构围护墙，如图 4-49 所示。坑深大时亦可加设支撑。国外已用于坑深一 20m 的基坑，我国已开始应用，用于 8～10m 基坑。

H 型钢桩常用规格见表 4-59，围护、支撑类大型机械设备使用费见表 4-60。

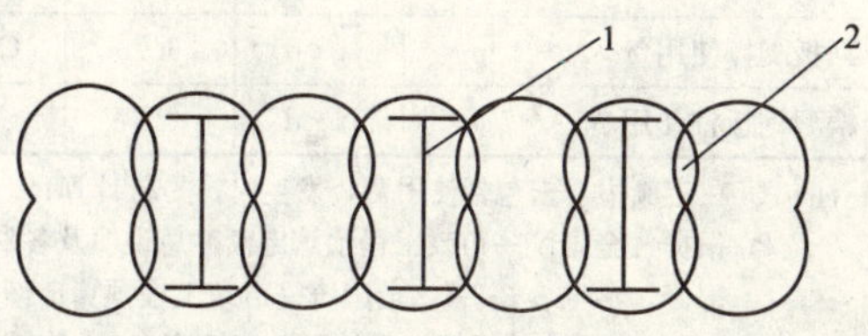

图 4-49　型钢水泥土复合搅拌桩(SMW)工法围护墙

1—插在型钢水泥土复合桩中的 H 型钢；2—型钢水泥土复合桩

H 型钢桩常用规格表　　　　**表 4-59**

简图	H 型钢桩规格 $h\times b$ (mm×mm)	每米质量 (kg/m)	尺寸 h (mm)	尺寸 b (mm)	尺寸 a (mm)	尺寸 e (mm)	尺寸 r (mm)
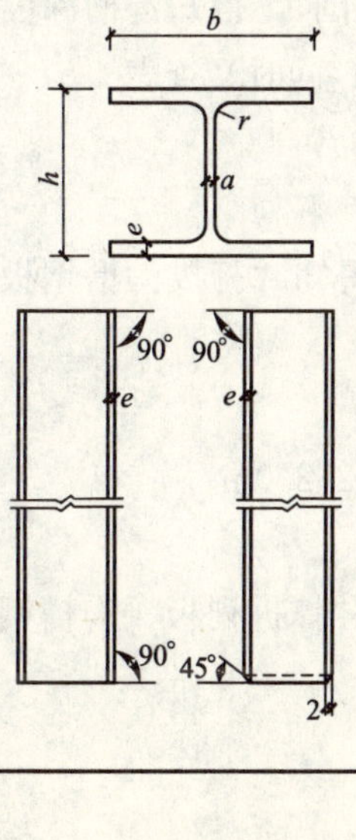	HP200×200	43	200	205	9	9	10
		53	204	207	11.3	11.3	10
	HP250×250	53	243	254	9	9	13
		62	246	256	10.5	10.7	13
		85	254	260	14.4	14.4	13
	HP310×310	64	295	304	9	9	15
		79	299	306	11	11	15
		93	303	308	13.1	13.1	15
		110	308	310	15.4	15.5	15
		125	312	312	17.4	17.4	15
	HP360×370	84	340	367	10	10	15
		108	346	370	12.8	12.8	15

续表

简　图	H 型钢桩规格 $h \times b$ (mm×mm)	每米质量 (kg/m)	尺　寸				
			h (mm)	b (mm)	a (mm)	e (mm)	r (mm)
	HP360×370	132	351	373	15.6	15.6	15
		152	356	376	17.9	17.9	15
		174	361	378	20.4	20.4	15
	HP360×410	105	344	384	12	12	15
		122	348	390	14	14	15
		140	352	392	16	16	15
		158	356	394	18	18	15
		176	360	396	20	20	15
		194	364	398	22	22	15
		213	368	400	24	24	15
		231	372	402	26	26	15

围护、支撑类大型机械设备使用费　　**表 4-60**

围护、支撑类	计量单位	预算价格	文字代码	围护、支撑类	计量单位	预算价格	文字代码
列板使用费	t·d	8.80	CSM5-1-1	拉森钢板桩使用费	t·d	7.50	CSM5-1-4
列板支撑使用费	t·d	6.70	CSM5-1-2	钢板桩支撑使用费	t·d	6.70	CSM5-1-5
槽型钢板桩使用费	t·d	6.87	CSM5-1-3	大型支撑使用费	t·d	8.25	CSM7-4-1

注：1. 在定额中，未包括使用费，发生时，另行计算；

2. 根据《全国统一市政工程预算定额》总说明及各册、章说明、依据上海市市政工程预算定额修编大纲，结合上海市情况编制补充定额部分，参见表 2-2“《全国统一市政工程预算定额》关于各省、自治区、直辖市编制补充定额部分等项目”中“钢板桩的使用费标准[元/(t·d)]由各省、自治区、直辖市自定”的释义；

3. CSM7-为《上海市市政工程预算定额》(2000)第几册的册说明的文字代码。

【例题 4-15】（规范型解题教案三）排水管道实体工程沟槽支护工程概况仍以【例题 4-7】开槽埋管工程实体工程挖土工程为续，以表 4-39、表 4-40“开槽埋管工程各‘算量’要素系数统计汇总表”提供的资料为条件，已知：埋设管径 ϕ1000，沟槽长度为 126.0m，沟槽宽度 2.45m，槽底平均深度分别为 3.36m、3.50m、3.37m；求计算沟槽支护的数量？

【解题分析 4-15】

当沟槽平均深度＝3.01～4.00m 时，查表 4-36“部分开槽断面形式及适用范围”，得知沟槽深度≤3m 采用横列板支撑；沟槽深度＞3m 采用钢板桩支撑，本工程将采用钢板桩支撑；同时又查表 4-57“打拔钢板桩适用范围(单位：m)”，得知采用槽型钢板桩支撑。

(1) 打、拔钢板桩(单面)(桩长 4～6m)

当采用槽型钢板桩支撑时，查表 4-54“围护、支撑工程工程量计算规则”，得知“打拔沟槽钢板桩按沿沟槽方向单排长度计算”；

$$L=126.0\text{m}\times 2\text{ 边}=252.0\text{m}$$

打沟槽钢板桩(单面)(桩长 4～6m)和拔沟槽钢板桩(单面)(桩长 4～6m)各为 252.0m

(2) 安拆钢板桩支撑(沟槽宽度 3.0m 以内)

当沟槽宽度 2.45m 时，查表 4-54“围护、支撑工程工程量计算规则”，得知“撑拆列板、沟槽钢板桩支撑按沟槽长度计算”

$$L=\text{沟槽长度为 }126.0\text{m}$$

(3) 槽型钢板桩使用费：

查表 4-58“围护、支撑类大型机械设备使用费”，得知“在定额中，未包括使用费，发生时，另行计算”

1) 查表 4-58“围护、支撑工程工程量计算规则”，得知“打拔沟槽钢板桩按沿沟槽方向单排长度计算”；

2) 当管径≤ϕ1200 沟槽深≤4m 时，查表 4-55“每 100m(单面)槽型钢板桩使用数量取定表(单位：t·d)”，得使用数量为 1543t·d/100m(单面)。

槽型钢板桩使用数量=(1543t·d×126.0m×2 面)÷100=3888t·d

(4) 槽型钢板桩支撑使用费：

查表 4-58“围护、支撑类大型机械设备使用费”，得知“在定额中，未包括使用费，发生时，另行计算”

1) 查表 4-54“围护、支撑工程工程量计算规则”，得知“撑拆列板、沟槽钢板桩支撑按沟槽长度计算”

2) 当管径≤ϕ1200 沟槽深≤4m 时，查表 4-56“每 100m(沟槽长)槽型钢板桩支撑使用数量取定表(单位：t·d)”，得支撑使用数量为 145t·d/100m(沟槽长)。

槽型钢板桩支撑使用数量=145t·d×126m÷100=183t·d

得：

(1) 打、拔钢板桩(单面)(桩长 4～6m) (桩长 4～6m)各为 252.0m，安拆钢板桩支撑(沟槽宽度 3.0m 以内)为 126.0m，槽型钢板桩使用费数量为 3888t·d，槽型钢板桩支撑使用费数量为 183t·d；

(2) 查表 4-21“挖土、石方工程量清单项目设置、项目子目对应比照表”，得套用排水管道开槽埋管 S5-1-：4. 打沟槽钢板桩、5. 拔沟槽钢板桩、6. 安拆钢板桩支撑子目、CSM5-1-3 槽型钢板桩使用费、CSM5-1-5 钢板桩支撑使用费。

注：

(1) 打钢板桩定额中不包括组装、拆卸柴油打桩机，组装、拆卸柴油打桩机套用“桥涵及护岸工程”相应定额；

(2) 打桩机械的安装、拆除按有关项目计算，见表 5-6“组装、拆除柴油打桩机选用表”释义，已包括在清单的各种不同构件里边，不需单独列项，但不能列入措施项目；而打桩机械进出场费，可按“大型机械设备进出场及安拆”费用定额计算，列入措施项目费计算，见表 5-4“场外运输、安拆的大型机械设备表”释义。

7. 填方及土石方运输(项目编码：040103)

填方及土方运输工程量“算量”见表 4-61。

填方及土方运输工程量“算量”　　**表 4-61**

路基工程	1. 土方场内运距按挖方中心至填方中心的距离计算 2. 填土土方指可利用方，不包括耕植土、硫砂、淤泥等。填方工程量按表 4-72“填土土方的体积变化系数表”计算
桥涵及护岸	1. 基坑回填定额按照不同的回填材料分为回填土、砂、间隔填土、粉煤灰、砾石砂；定额单位立方米均指压实体积。道碴间隔填土比例为 1：2 2. 护岸工程土方场内运动运输数量计算公式如下： 挖土场内运输土方数=(挖土数－填土数)×60% 填土场内运输土方数=挖土现场运输土方数－余土数 3. 土方场内外运输的数量需结合施工现场堆土条件并考虑土方的可利用性按照土方平衡的原则来确定
开槽埋管	1. 挖土现场运输土方数=(挖土数－堆土数)×60% 2. 填土现场运输土方数=挖土现场运输土方数－余土数 3. 堆土(天然密实方)数量计算方法

续表

土方场外运输	按吨计算，其容重按天然密实方(即自然方)1.8t/m³ 计算
沉井箱涵内挖土	沉井、箱涵内挖土为全部外运
泥浆外运工程量	1. 钻孔灌注桩按成孔实土体积计算； 2. 水力机械顶管、水力出土盾构掘进按掘进实土体积计算； 3. 水力出土沉井下沉按沉井下沉挖土数量的实土体积计算； 4. 树根桩按成孔实土体积计算； 5. 地下连续墙按成槽土方量的实土体积计算；地下连续墙废浆外运按挖土成槽定额中护壁泥浆数量折算成实土体积计算； 6. 套用文字代码 ZSM20-1-：1. 泥浆场外运输

注：1. 选自《上海市市政工程预算定额》(2000)工程量计算规则暨总、册说明；
2. 土方挖方按天然密实体积计算，填方按压实后的体积计算；
3. 道路填方按设计线与原地面线之间的体积计算；
4. 选自《上海市市政工程预算定额》(2000)总说明第十九条："土方场外运输按吨计算，其密度按天然密实方(即自然方)1.8t/m³ 计算"释义；
5. 筑拆围堰的土方(天然密实方)量，请参阅表 5-54"筑拆围堰的土方工程量计算"释义。

人工填土类型及地基土组成见表 6-62。

人工填土类型及地基土组成　　表 4-62

序号	填土类型	地基土组成
1	素填土	由碎石、砂土、黏性土等组成的通过分层夯实、压密的填土称素填土
2	杂填土	含有建筑垃圾、工业废料、生活垃圾等杂物的填土称杂填土
3	冲填土	由水力冲填泥砂形成的沉积土为冲填土

注：1. 用人工填筑的地基土就称为人工填土；
2. 碎石土：粒径大于 2mm 的颗粒含量超过全重 50%的土叫碎石土；
3. 砂土：粒径大于 2mm 的颗粒含量不超过全重 50%，塑性指数 L_p 不大于 3 的土叫砂土。按其颗粒级配可分为五类，请参阅表 4-7"砂土分类表"；
4. 黏土：塑性指数 L_p 大于 3 的土为黏土，其按塑性指数可将黏土分成黏质粉土、黏质黏土、黏土等三种，请参阅表 4-12"黏性土按塑性指数 L_p 分类"所示。

(1) 土的物理性质(填土用土)

土的三相物理指标及常用换算的公式，请参阅表 4-10"土的三相比例指标推导换算的公式"的释义。土种的最佳含水量和最大干密度见表 4-63。

土种的最佳含水量和最大干密度表　　表 4-63

土的种类	变动范围		土的种类	变动范围	
	最佳含水量质量比(%)	土颗粒最大干密度(g/cm³)		最佳含水量质量比(%)	土颗粒最大干密度(g/cm³)
花岗岩风化料	9～13	1.9～2.1	粘质黏土	13～18	1.85～1.90
砂　土	8～12	1.8～1.83	重亚黏土	16～20	1.67～1.79
粉　土	13～17	1.67～1.80	粉质亚黏土	15～18	1.65～1.74
砂质粉土	9～14	1.80～2.08	黏　土	15～20	1.68～1.70

注：1. 表中土颗粒最大干密度应以现场实际达到的数字为准；
2. 一般性的填土可不作此项规定。

黏性土的状态，请参阅表 4-13"按液限指数(I_L)值确定黏性土状态"的释义。黏土的可塑性指标见表 4-64。

黏土的可塑性指标表　　表 4-64

指标名称	符号	单位	物理意义	表达式	附　注
塑限	W_p	%	土由固态变到塑性状态时的分界含水量	—	由试验直接测定(通常用搓条法)
液限	W_L	%	土由塑性状态变到流动状态时的分界含水量	$L_p=W_L-W_p$　(4-36)	由试验直接测定(通常用锤式液限仪来测定)
塑性指数	I_p	—	液限与塑限之差	—	
液性指数	I_L	—	含水量与塑限之差对塑性指数之比	$I_L=(W-W_p)/L_p$　(4-37)	

砂土的密实度见表 4-65，按孔隙比确定粉土密实度见表 4-66。

砂土的密实度　　　表 4-65

松　散	$N \leqslant 10$
稍　密	$10 \leqslant N \leqslant 15$
中　密	$15 \leqslant N \leqslant 30$
密　实	$N > 30$

注：1. 砂土的密实度(N)，请参阅表 4-8“砂土根据标准贯入度试验锤击数 N 判定的密实度”的释义；

2. 按孔隙比确定粉土密实度(e)，请参阅表 4-10“粉土的密实度”的释义。

按孔隙比确定粉土密实度　　　表 4-66

e 值	密实度
$e < 0.75$	密　实
$0.75 \leqslant e \leqslant 0.9$	中　密
$e > 0.9$	稍　密

(2) 路基土分类(填土用土分类)

土的基本代号见表 4-67，土的统一分类法与原路基土分类法对应关系见表 4-68。

土的基本代号　　　表 4-67

<table>
<tr><td rowspan="2">特　征</td><td colspan="4">土　分　类</td></tr>
<tr><td>巨粒组
(>200mm、200～60mm)</td><td>粗粒组
(2～60mm、0.074～2mm)</td><td>细粒组
(0.005～0.074mm、<0.005mm)</td><td>有机土</td></tr>
<tr><td>成分代号</td><td>漂石 B
块石 Ba
卵石 Cb
小块石 Cba</td><td>砾 G
角砾 Ga
砂 S</td><td>粉土 M
黏土 C
细粒土(C 和 M 合称)F
粗细粒土 SI</td><td>有机质土 O</td></tr>
<tr><td>级配和液限高低代号</td><td colspan="4">级配良好 W　高液限 H
级配不良 P　低液限 L</td></tr>
</table>

注：1. 土分类体系，请参阅表 4-9“土的粒径范围及一般特征”的释义；

2. 液限指数、属性、表示符号，请参阅表 4-12“黏性土按液限指数(W_L)分类”的释义。

土的统一分类法与原路基土分类法对应关系　　　表 4-68

<table>
<tr><td colspan="4">统一分类法</td><td colspan="7">原路基土分类法</td></tr>
<tr><td colspan="2" rowspan="2">符号</td><td colspan="2" rowspan="2">土　名</td><td rowspan="2">土组</td><td rowspan="2">土　名</td><td colspan="3">土　名</td><td rowspan="2">塑性指数
I_p</td><td rowspan="2">液限指数
(W_L)</td></tr>
<tr><td colspan="2">砂粒
(0.074～2mm)</td><td>黏粒
(<0.002mm)</td></tr>
<tr><td colspan="2">G(包括 G、G-F、GF)、GS(G-S)</td><td colspan="2">砾(包括不含、微含或含细粒土的砾)、砂质砾(微含砂质砾)</td><td rowspan="2">(Ⅰ)
砾石质土</td><td>1. ××土质砾石(>2mm)颗粒含量>50%</td><td colspan="2">—</td><td>—</td><td>—</td><td>—</td></tr>
<tr><td colspan="2">S(包括 S、S-F、SF)、SG(S-G)等</td><td colspan="2">砂(包括不含、微含或含细粒土的砂)、砾质砂(微含砾质砂)等</td><td>2. 砾石质××土(>2mm)颗粒含量占 10%～50%</td><td colspan="2">—</td><td>—</td><td>—</td><td>—</td></tr>
<tr><td rowspan="4">S</td><td rowspan="2">S</td><td rowspan="2">砂</td><td>粗砂土(0.5～2mm)颗粒含量>50%</td><td rowspan="4">(Ⅱ)
砂土</td><td>3. 粗砂土(>0.5mm)颗粒含量>50%</td><td rowspan="4">>30</td><td>>95</td><td>—</td><td>—</td><td>—</td></tr>
<tr><td>中砂土(0.25～0.5mm)颗粒含量>50%</td><td>4. 中砂土(>0.25mm)颗粒含量>50%</td><td rowspan="3">80～95</td><td rowspan="3">0～3</td><td rowspan="3"><1
(<1)</td><td rowspan="3"><16
(<16)</td></tr>
<tr><td rowspan="2">S-F</td><td rowspan="2">微含细粒土的砂</td><td rowspan="2">细砂土(0.075～0.25mm)颗粒含量>50%</td><td>5. 细砂土(>0.1mm)颗粒含量>75%</td></tr>
<tr><td>6. 极细砂土(>0.1mm)颗粒含量<75%</td></tr>
</table>

续表

统一分类法			原路基土分类法					
符号		土　名	土组	土　名	土　名 砂粒 (0.074～2mm)	土　名 黏粒 (<0.002mm)	塑性指数 I_p	液限指数 (W_L)
SFL		含低液限细粒土的砂	(Ⅲ) 砂性土	7. 粉质砂土	50～80	0～3	<7 (<10)	<27 (<30)
				8. 粗亚砂土	>50，粗砂多于细砂	3～10	1～7 (1～10)	16～27 (16～30)
				9. 细亚砂土	>50，细砂多于粗砂	3～10	1～7 (1～10)	16～27 (16～30)
FL		低液限细粒土	(Ⅳ) 粉性土	10. 粉质亚砂土	20～50	0～10	<7 (<10)	<27 (<30)
				11. 粉土	<20	0～10	<7 (<10)	<27 (<30)
FL	CI	中液限细粒土：中液限黏质土		12. 粉质轻亚黏土	<45	10～20	7～12 (10～18)	27～33 (30～40)
	MI	中液限细粒土：中液限粉质土		13. 粉质重亚黏土	<40	20～30	12～17 (18～27)	33～40 (40～50)
FL	CI	中液限细粒土：中液限黏质土	(Ⅴ) 黏性土	14. 轻亚黏土	>45　45～50 40～45	10～20	7～12 (10～18)	27～33 (30～40)
	MI	中液限细粒土：中液限粉质土						
SFI	SCI	含中液限细粒土的砂：含高液限黏质土的砂		15. 重亚黏土	>40　>50	20～30	12～17 (18～27)	33～40 (40～50)
	SMI	含中液限细粒土的砂：含高液限粉质土的砂						
FH	CH	高液限细粒土：高液限黏质土		16. 轻黏土	<70　<50 50～70	30～50	17～27 (27～43)	40～54 (50～70)
	MH	高液限细粒土：高液限粉质土						
SFH	SCH	含高液限细粒土的砂：含高液限黏质土的砂						
	SMH	含高液限细粒土的砂：含高液限粉质土的砂						
FV	CV	很高液限细粒土：很高液限黏质土	(Ⅵ) 重黏土	17. 重黏土	<45	>50	>27 (>43)	>54 (>70)
	MV	很高液限细粒土：很高液限粉质土						

土方工程场外运输计价基本数据系数见表 4-69。

土方工程场外运输计价基本数据系数　　表 4-69

项次	类　型	密度(t/m³)	场外运输计价系数	套用定额子目
1	土方	密度按天然密实方(即自然方) 1.8t/m³ 计算	土方场外运输按吨计算；1	文字代码 ZSN19-1-：1. 土方场外运输
2	淤泥	密度统一按 1.1t/m³ 计算	1.1t/m³÷1.8t/m³=0.611	
3	污泥	污泥(市政设施养护下水道工程)密度按 1.35t/m³ 计算	1.35t/m³÷1.8t/m³=0.75	
4	废(旧)料	废料密度统一按 2.2t/m³ 计算	2.2t/m³÷1.8t/m³=1.222	
5	自然方到松方系数	自然方土方到松方土系数为 1∶1.32	松方÷天然密实方=1.498÷1.135=1.32	
6	泥浆	按实土体积计算	1	文字代码 ZSM20-1-：1. 泥浆场外运输

注：1. 选自《上海市市政工程预算定额》(2000)工程量计算规则暨总、册说明；
2. 土分类按Ⅰ、Ⅱ、Ⅲ、Ⅳ类分，请参阅表 4-3"挖土土壤分类表"的释义；
3. 土方挖方按天然密实体积计算，填方按压实后的体积计算；
4. 土方、泥浆场外运输系数，请参阅表 4-61"填方及土方运输工程量'算量'"的释义；
5. 淤泥、污泥系数，请参阅表 4-25"挖土方基本形式、定额说明及工程量计算规则"的释义；
6. 废(旧)料系数，请参阅表 4-300"翻挖拆除项目工程'算量'"的释义；
7. 自然方土方到松土系数为 1.32，请参阅表 5-62"天然密实方(即自然方)与填土、松方的关系表"的释义。

土方平衡选用见表 4-70。

土方平衡选用表 **表 4-70**

项次	《建设工程工程量清单计价规范》			《市政工程预算定额》分部工程项目、名称
	分部工程	项目编码	项目名称	
1	D.1　土石方工程	040101001	挖一般土方	1. 表 4-29“土方挖、填方工程量计算表” 2. 表 4-30“道路工程土方场内运距计算表”
		040103	填方及土石方运输	1. 表 4-49“填方及土方运输计算表” 2. 图 4-51“堆土(天然密实方)数量计算方法示意图”
2	D.2　道路工程	040201	路基处理	表 4-89“道路工程路基处理间隔填土材料土方(m^3)的消耗量表”
		040205	交通管理设施	表 4-112“道路交通管理设施分类及计算规则”
3	D.3　桥涵护岸工程			桩(钢管桩、挖孔灌注桩等)土方、箱涵顶进土方
4	D.4　隧道工程			盾构掘进出土、沉井下沉挖土、地下连续墙成槽土方
5	D.5　市政管网工程			1. 顶管顶进土(定额中已包括出土现场运输) 2. 钢板桩工作井填方(已列入钢板桩工作井(项目编码:沪0405040011)清单里边)
6	D.6　地铁工程			
7	D.7　钢筋工程			
8	D.8　拆除工程	040801	拆除工程	废(旧)料
9	5. 措施项目(市政工程)	0504	施工排水、降水	表 5-7“施工排水、降水挖土方工程量‘算量’”
		0505	筑拆围堰	1. 表 5-52“筑拆围堰的土方工程量‘算量’” 2. 表 5-53“每延长米筑拆围堰材料土方(天然密实方)的消耗量(m^3)表”

注:1. 土方平衡,请参阅表 4-61“填方及土方运输工程量‘算量’”的释义;
2. 其他类,请参阅表 4-25“已列入相应工程工程量清单的部分分部工程项目”及表 4-2“翻挖拆除项目工程‘算量’”;
3. 弃土地点离施工地点远近(即离施工地点几公里),应根据批准的施工组织设计要求计算;
4. 施工组织设计选用施工方法,请参阅《下篇　常用计算数据》第九册 9. 市政施工组织设计及索赔管理 9.1 市政施工组织设计及表 9-1“施工组织设计涉及工程量‘算量’对应选用表”释义;
5. 钢板桩工作井填方,请参阅表 4-23“填方及土石方运输定额编制计算规定”;
6. 沉井挖土为全部外运。

土石方体积折算系数见表 4-71。

土石方体积折算系数表 **表 4-71**

天然密实度体积	虚方体积	夯实后体积	松填体积
1.00	1.30	0.87	1.08
0.77	1.00	0.67	0.83
1.15	1.49	1.00	1.24
0.93	1.20	0.81	1.00

注:本表摘自《建设工程工程量清单计价规范》GB 50500—2008。

填土土方的体积变化系数见表 4-72。

填土土方的体积变化系数表 **表 4-72**

土类 土方密实度	填　方	天然密实方	松　方
90%	1	1.135	1.498
93%	1	1.165	1.538
95%	1	1.185	1.564
98%	1	1.220	1.610

注:1. 选自《上海市市政工程预算定额》(2000)总说明附表 2;
2. 挖土方按天然密实体积(即自然方)计算;填土方按压实后的体积计算;
3. 关于“松填自然方与填土的关系、天然密实方(即自然方)与松方的关系”,请参阅表 5-62“天然密实方(即自然方)与填土、松方的关系表”的释义。

【例题 4-16】 某土方工程，设计挖土数量为 1200m³，填土数量为 360m³，挖填土考虑现场平衡；试计算：土方场外运输工程量？

【解题分析 4-16】

依题已知：

挖方(A_w)为 1200m³，填方(A_t)为 360m³

参阅表 4-70"土方平衡选用表"；查表 4-71"土石方体积折算系数表"，得知夯实后体积：天然密实度体积＝1∶1.15。

(1) 填土所需天然密实方体积 V_1 ＝填方(A_t)×天然密实度体积系数

＝360m³×1.15m³/m³＝414.0m³，

(2) 土方外运量 V ＝挖方(A_w)－填土所需天然密实方体积 V_1

＝1200m³－414.0m³＝786.0m³

得：该土方工程的土方场外运输工程量为 786.0m³。

单位工程中应考虑土方挖、填平衡。当挖方可作为利用方时，应作平衡处理；当挖土不能作为可利用方及土方平衡后发生余土时，可以作为外运处理。挖填平衡后，仍缺土时则需要计算外来土方数量。

挖土现场运输定额及填土现场运输定额中均已考虑土方体积变化。

当填土有密实度要求时，土方挖、填平衡及缺土时外来土方，均应按表 4-72"填土土方的体积变化系数表"来计算回填土方数量。"道路工程"定额中车行道填土方有密实度 90%，93%，95%，98%四种，道路填土应按不同密实度要求依据表 4-72"填土土方的体积变化系数表"计算土方数量，其他各类工程填土方定额中虽未列出密实度要求，当填土密实度要求≥90%时，也应按表 4-72"填土土方的体积变化系数表"计算土方数量。

机械压实方法见表 4-73。

机械压实方法　　　　**表 4-73**

类　型	工　作　原　理	图　　示
碾压法	压实机械沿着填土表面滚动鼓筒或轮子进行滚压，其重力在短时间内对土体产生静荷作用，在压实过程中，作用力保持常量，不随时间的延续而变化，压实行间的轮压重叠 1/3 轮子宽度	图 4-50"机械压实方法"(*a*)
夯击法	1. 将重量 M 的夯锤举到一定高度 H 垂直夯下，而对回填土体产生动荷载 P_k，对土进行冲击夯实，使土颗粒位置重新排列到密实，为此来达到压实填土的目的； 2. 其作用力为瞬时的冲击动力，其随时间延续而变化，呈瞬时脉冲特性。夯击时掌握锤与锤间重叠 1/3 单锤击面积	图 4-50"机械压实方法"(*b*)
振动法	1. 将重锤 M 放在填土表面借助重锤的振动而对填土压实，由于振动力作用使土颗粒间产生相对移位，使土体密实； 2. 其作用外力 P_k 为瞬时周期重复振动，施工时机械不离开填土面而慢慢平移	图 4-50"机械压实方法"(*c*)

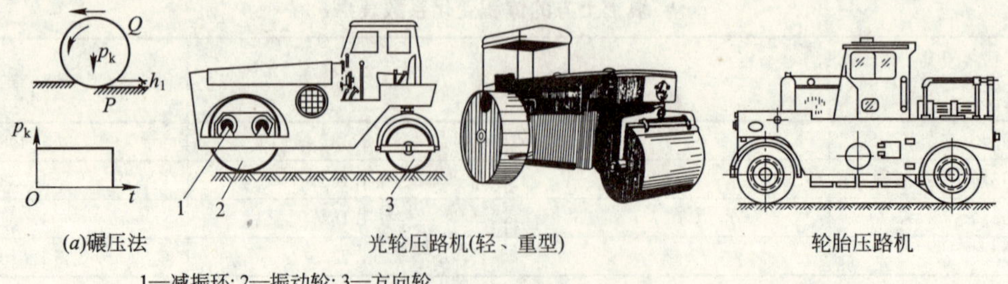

图 4-50　机械压实方法(一)

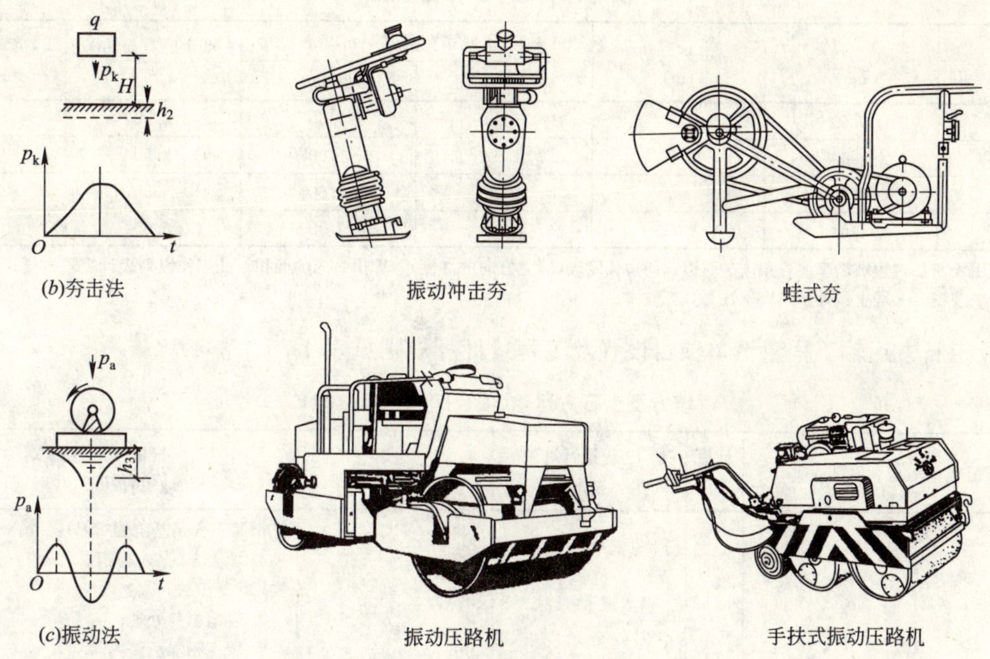

图 4-50　机械压实方法(二)

填土方中机械压实见表 4-74。堆土(天然密实方)数量计算方法示意见图 4-51。

填土方中机械压实　　**表 4-74**

项次	分　类	填土方法	压 实 工 具
1	人行道填土	人工填筑	1. 不分密实度综合取定 2. 采用手扶振动压路机压实
2	车行道填土	人工、机械填筑	1. 按不同的密实度要求分为 90%、93%、95%、98%四个子目 2. 压实方法按不同的密实度要求分为: ① 采用光轮压路机(密实度 90%，93%)压实 ② 振动压路机(密实度 95%，98%)压实

注：1. 选自《上海市市政工程预算定额》(2000)工程量计算规则暨总、册说明；
2. “道路工程”定额中车行道填土方有密实度 90%，93%，95%，98%四种；
3. 定额中未包括大型机械安拆(打桩机械除外)、场外运输、路基及轨道铺拆等；如计算，则请参阅 5. 措施项目(市政工程)5.1 大型机械设备进出场及安拆(项目编码：0501)表 5-3 “大型机械设备进出场选用表”，如计算则可参照市政定额站发布的有关市场价格信息。

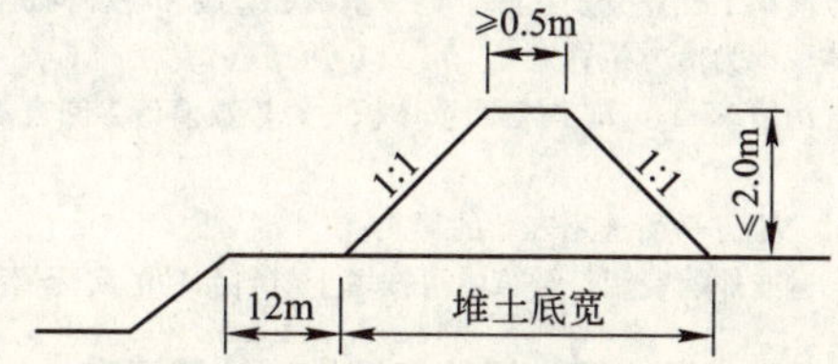

图 4-51　堆土(天然密实方)数量计算方法示意图

注：1. 选自《上海市市政工程预算定额》(2000)工程量计算规则暨总、册说明；
2. 堆土坡脚距槽边 1.20m 以外；
3. 堆土高度一般不宜超过 2.0m，堆土坡度不陡于自然安息角。

开槽埋管堆土断面面积见表 4-75。

开槽埋管堆土断面面积表　　**表 4-75**

坡率值 1∶m	堆土高 h (m)	上顶宽 a (m)	下底拓宽宽度 b(m)		堆土底宽 B(m) $a+2b$	面积 A(m²) $(a+B)/2h$
			$\tan\beta$ 即 m 值	$b=mh$		
1∶1	0.50	0.50	1.00	0.50	1.50	0.5
1∶1	1.00	0.50	1.00	1.00	2.50	1.5
1∶1	1.50	0.50	1.00	1.50	3.50	3.0
1∶1	2.00	0.50	1.00	2.00	4.50	5.0

注：1. 引用表 6-18“边坡坡率换算角度、对边、斜边长度表(竖立方向的高度)”算出每米的面积，此工作以列表计算较方便；
2. 施工现场内无堆土条件，则堆土数为 0。

填方及土石方运输工程量清单项目设置及工程量计算规则见表 4-76、表 4-77。

填方及土石方运输(项目编码：040103)　　**表 4-76**

项目编码	项目名称	项目特征	计量单位	工程量计算规则	工程内容	分部工程项目、名称 (所在《市政工程预算定额》册、章、节)
040103001	填方	1. 填土材料品种 2. 密实度	m³	路基填方	1. 填方 2. 压实 3. 场内运输回填	道路工程路基工程 S2-1-： 4. 填土方(①人行道、②车行道如有密实度要求) 5. 耕地填前处理 6. 填筑粉煤灰路堤 17. 整修路基(车行道、人行道)
				桥涵基坑填方		桥涵及护岸工程土方工程 S4-2-： 3. 回填(土方、黄砂、粉煤灰、砾石砂、间隔土填方)
				排水管道沟槽填方		排水管道开槽埋管沟槽 S5-1-： 7. 沟槽回填(夯填土、间隔填土 1∶2、砾石砂、黄砂)
				排水构筑物及隧道基坑填方		排水构筑物及隧道基坑土方工程 S6-1-： 4. 基坑回填土
040103002	余方弃置	1. 废弃料品种 2. 运距	m³		1. 余方点装料运输至弃置点	文字代码 ZSN19-1-： 1. 土方场外运输
040103003	缺方内运	1. 废弃料品种 2. 运距	m³		1. 余方点装料运输至缺方点	通用项目一般项目 S1-1-： 14. 土方场内运输
沪 040103004	缺土购置	1. 土方来源点 2. 运输	m³		1. 土方来源点 2. 运输	文字代码 ZSN19-1-： 1. 土方场外运输

注：1. 选自国家标准《建设工程工程量清单计价规范》GB 50500—2008“附录 D 市政工程工程量清单项目及计算规则”及《〈建设工程工程量清单计价规范〉上海市市政工程操作指南》；
2. 填方项目中的道路工程路基工程“填土方①人行道、②车行道”工程量，见表 4-29“土方挖、填方工程量计算表”；
3. 计算填方项目中的道路工程路基工程整修路基(①车行道、②人行道)面积时，该数值同表 4-21“挖土、石方工程量清单项目设置、项目子目对应比照表”中数据一致和表 4-107“人行道(平面交叉口)面积工程量‘算量’”的释义；
4. 沟槽及基坑回填方按沟槽或基坑挖方清单工程量分别扣除管道、基础、垫层和各种构筑物所占的体积或减埋入构筑物的体积计算，如有原地面以上填方则再加上这部分体积即为填方量；
5. 计算填方项目中的排水管道开槽埋管沟槽 S5-1-：7. 沟槽回填体积时，该数值请参阅表 4-78“排水管道开槽埋管沟槽回填工程量‘算量’”的释义；
6. 计算余方弃置体积时，请参阅表 4-70“土方平衡选用表”的释义；
7. 缺土购置应计算还土回填土源的挖、运或外购费用，结算中可按填土材料品种的实际情况，确定材料价格的调整。

填方及土石方运输定额编制计算规定　　**表 4-77**

项次	《建设工程工程量清单计价规范》		列入填方及土石方运输工程量清单	已列入相应工程工程量清单
	分部工程	项目名称		
1	D.2　道路工程	路基填方	道路工程路基工程 S2-1-： 4. 填土方(①人行道、②车行道如有密实度要求) 17. 整修路基(车行道、人行道)	

续表

项次	《建设工程工程量清单计价规范》		列入填方及土石方运输工程量清单	已列入相应工程工程量清单
	分部工程	项目名称		
2	D.3　桥涵护岸工程	桥涵基坑填方	桥涵及护岸工程土方工程 S4-2-： 3. 回填(土方、黄砂、粉煤灰、砾石砂、间隔土填方)	
3	D.5　市政管网工程	排水管道沟槽填方	排水管道开槽埋管沟槽 S5-1-： 7. 沟槽回填(夯填土、间隔填土 1∶2、砾石砂、黄砂)	
4		排水构筑物及隧道基坑填方	排水构筑物及隧道基坑土方工程 S6-1-： 4. 基坑回填土	
5		钢板桩工作井填方		排水管道工程顶管 S5-2-： 3. 基坑回填土(夯填土、间隔填土)

注：1. 选自国家标准《建设工程工程量清单计价规范》GB 50500—2008“附录 D 市政工程工程量清单项目及计算规则”及《〈建设工程工程量清单计价规范〉上海市市政工程操作指南》；

2. 路基填方、桥涵基坑填方、排水管道沟槽填方、排水构筑物及隧道基坑填方，套用定额子目请参阅表 4-76“填方及土石方运输工程量清单项目设置及工程量计算规则”；

3. 钢板桩工作井填方，已包括在钢板桩工作井(项目编码：沪 0405040011)清单里边，不需单独列项；

4. 钢板桩工作井，套用定额子目请参阅表 4-236“井类、设备基础及出水口工程量清单项目设置及工程量计算规则”中钢板桩工作井(项目编码：沪 0405040011)排水管道工程顶管 S5-2-：3. 基坑回填土(夯填土、间隔填土)释义。

【例题 4-17】 某道路工程车行道路基挖土 1300m³(天然密实方)，挖土可利用方量为 800m³；设计图纸路基填土数量为 2000m³(密实度为 98%)；采用机械填筑，挖、填土采用现场平衡，其余采用外来土方。求计算土方平衡、外运土方、缺土外来土方的数量?

【解题分析 4-17】

依题已知：

(1) 现场土方平衡土方体积(V)＝路基挖土量－可利用方量＝1300m³－800m³＝500m³；

(2) 外运土方数量＝现场土方平衡土方体积(V)×土方天然密实方(即自然方)密度

＝500m³×1.8t/m³＝900t；

(3) 当填土数量为 2000m³(密实度 98%)时，查表 4-72“填土土方的体积变化系数表”，得密实度 98%填方与天然密实方的填土土方体积变化系数为 1.22，故路基工程填土所需天然密实方体积 V＝设计图纸路基填土数量×1.22 系数＝2000m³×1.22 系数＝2440m³，而可利用方为 800m³，则缺土外来土方数量＝2440m³－800m³＝1640m³(天然密实方)；

(4) 套用道路定额：机械挖土方(S2-1-4) 1300m³；车行道填土方(S2-1-11)(密实度 98%)2000m³。土方外运 900t，另外计算 1640m³ 外来土方的费用。

得：土方平衡为 500m³、土方场外运输为 900t、缺土外来土方的数量为 1640m³(天然密实方)；查表 4-53“填方及土石方运输工程量清单项目设置及工程量计算规则”，得套用余方弃置文字代码 ZSN19-1-：1. 土方场外运输，缺方内运或缺土购置文字代码 ZSN19-1-：1. 土方场外运输。

【例题 4-18】 (规范型解题教案一)道路实体工程路基填方的工程概况是仍以【例题 4-7】挖路基土方为续，以表 4-97“道路工程实体工程各类‘算量’要素统计汇总表”提供的资料为条件；求路基填方、余方弃置工程量?

【解题分析 4-18】

解题分析要点：根据表 1-9“分部分项工程量清单列项编码”说明：“所有清单项目的工程量应以实体工程量为准，并以完成后的净值计算；投标人投标报价时，应在单价中考虑施工中的各种损耗和需要增加的工程量；对于分部分项工程量清单项目而言，清单工程量的计算需要明确计算依据、计算规则、计量单位和计算方法”。

列项解题分析时，首先针对工程内容的规定，对拟编制的挖路基土方项目，与表4-76“填方及土方运输计算表”、表4-107“人行道(平面交叉口)面积工程量‘算量’”、表4-70“土方平衡选用表”、表4-72“填土土方的体积变化系数表”等是否对应的对照依据，也是检查是否重列或漏列的主要依据。

依题已知：

立项顺序	计算方法及特征说明	计量单位	定额子目编号
项目名称：路基人行道填土方(项目编码：040103001001) 1. 项目特征(描述)：——1. 填方材料品种(余土)2. 密实度 2. 工程内容(规定)：——1. 填方 2. 压实 3. 计量单位：——m^3 4. 数量：——210.00			
1. 填人行道土方	1. 参见表4-76“填方及土方运输计算表” 2. 依据表4-97“道路工程实体工程各类‘算量’要素统计汇总表”已知：土壤类别：Ⅰ、Ⅱ类土；挖土方1800.0m^3；填筑土方：车行道628.0m^3、密实度90%，人行道210.0m^3	m^3	S2-1-7
2. 人行道人工整修(Ⅰ、Ⅱ类土)	1. 依据表4-107“人行道(平面交叉口)面积工程量‘算量’”进行工程量计算 2. 根据【例题4-31】，得知人行道块料铺设面积为1664.26m^2	100m^2	S2-1-40
项目名称：路基车行道填筑土方(项目编码：040103001002) 1. 项目特征(描述)：——1. 填方材料品种(余土)2. 密实度(密实度90%) 2. 工程内容(规定)：——1. 填方 2. 压实 3. 计量单位：——m^3 4. 数量：——628.00			
1. 路基车行道填筑土方	1. 参见表4-76“填方及土方运输计算表” 2. 依据表4-97“道路工程实体工程各类‘算量’要素统计汇总表”已知：土壤类别：Ⅰ、Ⅱ类土；挖土方1800.0m^3；填筑土方：车行道628.0m^3、密实度90%，人行道210.0m^3 3. 大型机械进出场运输及安拆，参见表5-3“大型机械设备进出场选用表”的释义，并另行单独增列项，应列入措施项目中	m^3	S2-1-8
2. 车行道人工整修(Ⅰ、Ⅱ类土)	1. 依据表4-96“道路基层工程数量计算公式”进行工程量计算 2. 根据【例题4-28】，得知粉煤灰三渣基层面积(即车行道)面积为6074.94m^2	100m^2	S2-1-38
项目名称：余方场外运输(项目编码：040103001001) 1. 项目特征(描述)：——1. 废弃料品种(土方)2. 运距 2. 工程内容(规定)：——余方点装料运输至弃置点 3. 计量单位：——m^3 4. 数量：——962.00			
1. 土方场外运输	1. 依据表4-97“道路工程实体工程各类‘算量’要素统计汇总表”已知：土壤类别：Ⅰ、Ⅱ类土；挖土方1800.0m^3、填筑土方：车行道628.0m^3、密实度90%，人行道210.0m^3 2. 参见表4-76“填方及土方运输计算表”、表4-70“土方平衡选用表”，按挖填平衡后的数量计算结果计算，土方场外运输V=挖土方数－填土方数： 【$V=1800.0m^3-628.0m^3-210.0m^3=962.0m^3$】 3. 如填方有密度要求的要考虑土方的体积变化，具体参见表4-51“填土土方的体积变化系数表”。 【$V=1800.0m^3-210.0m^3-268.0m^3\times1.135=1285.82m^3$】	m^3	ZSN19-1-1

得：

(1) 工程量计算结果：

项 次	项目编码、定额子目编号	工 程 内 容	计量单位	工程数量
		填方及土方运输(040103)		
1.2	040103001001	路基人行道填土方	m^3	210
1.2.1	S2-1-7	填人行道土方	m^3	210
1.2.2	S2-1-40	人行道人工整修(Ⅰ、Ⅱ类土)	m^2	832.13
1.3	040103001002	路基车行道填筑土方(密实度 90%)	m^3	628
1.3.1	S2-1-8	车行道填筑土方(密实度 90%)	m^3	628
1.3.2	S2-1-38	车行道人工整修(Ⅰ、Ⅱ类土)	m^2	2984.47
		余方弃置(040103002)		
1.4	040103002001	余方场外运输	m^3	962.00
1.4.1	ZSM19-1-1	余方场外运输	m^3	962.00

(2) 查表 4-76“填方及土石方运输工程量清单项目设置及工程量计算规则”，得套用道路工程路基工程 S2-1-：4. 填土方(①人行道、②车行道如有密实度要求)5. 耕地填前处理 6. 填筑粉煤灰路堤17. 整修路基(车行道、人行道)；又得余方弃置：套用文字代码 ZSN19-1-：1. 土方场外运输定额子目。

注：

(1) 上述五项工程内容包括了填方及土方运输施工的全部施工工艺过程。

(2) 还可能出现《建设工程工程量清单计价规范》GB 50500—2008“表 3.3.1 措施项目一览表”中的有关清单项目，查阅表 4-74“填土方中机械压实”的释义。

(3) 如本工程定额中未包括大型机械的场外运输、安拆(打桩机械除外)、路基及轨道铺拆等，大型机械进出场运输及安拆，应列入措施项目中，参见表 4-76“填方及土石方运输工程量清单项目设置及工程量计算规则”的释义；如计算，则可参照 5. 措施项目(市政工程)5.1 大型机械设备进出场及安拆(项目编码：0501)表 5-3“大型机械设备进出场选用表”的释义。

(4) 另外根据表 1-20“工程量清单、市政定额、施工工程量‘算量’”，得知其间区别“在于计量的依据、计算规则、目的和计量单位的不同”，注意工程量清单综合单价的计价。

排水管道开槽埋管沟槽回填工程量“算量”见表 4-78。

排水管道开槽埋管沟槽回填工程量“算量”　　表 4-78

<table>
<tr><th>项次</th><th>分类</th><th colspan="2">结构形式及计算要素</th></tr>
<tr><td rowspan="4">1</td><td rowspan="4">沟槽回填</td><td colspan="2">对不同的部位应有不同的要求，以达到既保护管道的安全又满足上部承受动、静荷载；既保证施工过程中管道安全又保证上部筑路、放行后的安全。对沟槽回填的部位划分为胸腔(管道两侧)、结构顶部(管顶 50cm 内)及路床(槽)以下(管顶 50cm 以上)</td></tr>
<tr><td>填(覆)土</td><td>1. 应与横列板拆除交替进行，填土达到密实要求后方可拆除板桩，并在空隙间及时灌砂
2. 覆土厚度超过规定的最大与最小覆土厚度时，应对管道进行加固处理</td></tr>
<tr><td>回填粗砂</td><td>一般在管道敷设后需立即修复高等级路面，恢复交通，应在管道两侧及管顶 50cm 范围内，回填粗砂</td></tr>
<tr><td>砾石砂间隔填土</td><td>一般在管道敷设后需立即修复高等级路面，恢复交通，应在管顶 50cm 以上直至道路基层底部范围内，采用砾石砂间隔填土</td></tr>
<tr><td>2</td><td>沟槽(黄砂)回填</td><td colspan="2">黄砂回填体积 V＝管道黄砂回填长度(净长)L×沟槽工作面宽度 B×回填高度 H－混凝土底板基座体积－管枕体积－1/2 管子外形体积
式中：
① 管道黄砂回填长度(净长)L＝沟槽长度(毛长)－窨井混凝土底外径长/座×n 座窨井
式中：
窨井混凝土底外径长/座 L＝窨井内径长(a')＋砖墙厚×2 边
② 沟槽工作面宽度 B——参见本丛书之三《常用数据手册》表 3-31～表 2-34“有支撑沟槽宽度表”
③ 回填高度(设计图纸要求黄砂回填到管道的管中高度)H＝h_2 基础厚度＋C 管底至基础面高度＋(1/2 管径＋t)
其中：
① h_2、1/2 管径、t(管壁厚)，查本丛书之三《常用数据手册》表 2-49“《上海市排水管道通用图》中混凝土沟管系数表”
② C 值，查本丛书之三《常用数据手册》表 2-139“承插式 4 管枕垫板尺寸表”
③ 混凝土底板基座体积——同本表 1 项次管道基础-2. 基座 2.2
④ 管枕体积——同本表 1 项次管道基础-3. 混凝土管枕
⑤ 1/2 管子外形体积——同本表 10 项次管子体积-2. 管子外形体积(1/2)</td></tr>
</table>

续表

项次	分类	结构形式及计算要素
3	管道基础	1. 垫层(铺筑) 1.1　管道砾石砂垫层长度(净长)L=沟槽长度(毛长)－窨井垫层基础长度(净长)/座×n座窨井 式中: ① 沟槽长度(毛长),参见本丛书之三《常用数据手册》表2-28“开槽埋管各要素主要计算公式应用分布表”; ② 窨井垫层基础长度(净长)/座L=窨井内径长(a')+砖墙厚×2边+0.6×2边; ③ a'、砖墙厚,同参见本丛书之三《常用数据手册》表2-28“开槽埋管各要素主要计算公式应用分布表”; ④ 0.6为系数。 1.2　碎石垫层体积: V=管道砾石砂垫层长度(净长)L×管道每米碎石垫层用量 或　V=管道砾石砂垫层长度(净长)L×沟槽基坑工作面宽度B×碎石垫层厚度h 式中: ① 管道砾石砂垫层长度(净长)L,参见本丛书之三《常用数据手册》表2-28“开槽埋管各要素主要计算公式应用分布表”; ② 沟槽基坑工作面宽度B,参见本丛书之三《常用数据手册》表2-31～表2-34“有支撑沟槽宽度表”; ③ 管道每米碎石垫层用量、垫层厚度h——参见本丛书之三《常用数据手册》表2-49“《上海市排水管道通用图》中混凝土沟管系数表”
		2. 基座(浇筑) 2.1　管道混凝土底板基座基础长度(净长)L=沟槽长度(毛长)－窨井混凝土底外径长/座×n座窨井 式中: ① 沟槽长度(毛长)L,参见本丛书之三《常用数据手册》表2-28“开槽埋管各要素主要计算公式应用分布表” ② 窨井混凝土底外径长/座L=窨井内径长(a')+砖墙厚×2边+0.5×2边 ③ a'、砖墙厚参见本丛书之三《常用数据手册》表2-28“开槽埋管各要素主要计算公式应用分布表” ④ 0.5为系数 管道混凝土底板基座基础长度(净长),参见本丛书之三《常用数据手册》表2-28“开槽埋管各要素主要计算公式应用分布表” 2.2　混凝土底板基座体积: V=管道混凝土底板基座基础长度(净长)L×管道每米混凝土基座用量 或　V=管道混凝土底板基座基础长度(净长)L×混凝土基座宽度B×混凝土基座厚度h 附:管道混凝土底板基座基础模板面积 按混凝土与模板按接触面积,以平方米计算。 $A=2\times h_2\times$管道混凝土底板基座基础长度(净长)L+两端窨井管道混凝土底板基座宽度$\times h_2\times$(段数+1)
		3. 混凝土管枕(预制、安装) 管枕体积:　V=管枕对数体积×管枕对数 式中: ① 管枕对数体积:$V=[A\times D+1/2(A+B)\times(C-D)+2e\times0.1]\times T\times2$个/管枕对数 管枕尺寸:$A$(底宽)、$B$(顶宽)、$C$(左高)、$D$(右高)、$T$(厚度)$e$查本丛书之三《常用数据手册》“承插式钢筋混凝土管道管枕、垫板尺寸表”及“承插式钢筋混凝土管枕1、2” ② 管枕对数:N=[(沟槽长度(毛长)L÷每节管道长度+1)×每节管枕对数]+[窨井数n×每座窨井管枕对数] 其中: ① 沟槽长度(毛长)L,参见本丛书之三《常用数据手册》表2-28“开槽埋管各要素主要计算公式应用分布表” ② 每节管道长度——m/每节管子;查本丛书之三《常用数据手册》表2-49《上海市排水管道通用图》混凝土沟管系数表 ③ 每节管枕对数——2对管枕/每节管子 ④ 每座窨井管枕对数——4对管枕/每座窨井
4	管子体积	1. 管子外形体积:V=管身体积/m×管道黄砂回填长度(净长)L+承插口体积/只×承插口数量 式中: ① 管身体积/$mV=1/4\times\pi\times D_{外}^2$ $=0.7854\times D_{外}^2$ 其中: 管道黄砂回填长度(净长)L,参见本丛书之三《常用数据手册》表2-28“开槽埋管各要素主要计算公式应用分布表” $D_{外}=r+2t$ r—管道直径 t—壁厚 ② 承插口体积:$V=(L_2\times t_1+1/2\times L_1\times t_1)\times\pi d_{外}\times$承插口数量($N$) 其中: $d_{外}$=承插管直径D+承插壁厚t×2边$+t_2$ 承插口数量:N(只)=管道铺设长度(净长)L÷每节管道长度(m/节) 管道铺设长度(净长)L,参见本丛书之三《常用数据手册》表2-28“开槽埋管各要素主要计算公式应用分布表” 各参数见本丛书之三《常用数据手册》表2-49《上海市排水管道通用图》中混凝土沟管系数表 2. 管子外形体积(1/2):V=管子外形体积÷2 式中: 管子外形体积,同本表1. 项次

续表

<table>
<tr><th>项次</th><th>分类</th><th>结构形式及计算要素</th></tr>
<tr><td>5</td><td>窨井外形体积</td><td>窨井外形体积：V=(窨井砾石砂垫层体积/座+窨井混凝土基础体积/座+窨井盖板体积/座+窨井盖座体积/座+窨井砌筑体体积/座)×n 座窨井
式中：
窨井砾石砂垫层体积/座、窨井混凝土基础体积/座、窨井盖板体积、窨井盖座体积、窨井砌筑体体积/座均可查本丛书之三《常用数据手册》表 2-49“《上海市排水管道通用图》中混凝土沟管系数表”
其中：① 窨井砌筑体体积 $V=n$ 次收口($A\times B\times H_n$)
式中：
$A=a'$+(砖墙厚×2 边+水泥砂浆厚度×2 面)
$B=b'$+(砖墙厚×2 边+水泥砂浆厚度×2 面)
a'、b'、砖墙厚、水泥砂浆厚度，参见本丛书之三《常用数据手册》表 2-28“开槽埋管各要素主要计算公式应用分布表”
② H_n——查设计施工图的 n 次收口，分别计算其 H_1、H_n 数值
③ 窨井盖板体积/座——a^2×高或查本丛书之三《常用数据手册》“混凝土基础砌筑直线窨井工程量计算表”(600×600、750×750、1000×1000～100×1500、1100×1750～1100×3650、包括落底及不落底)或查本丛书之三《常用数据手册》“窨井盖板钢筋配筋表”中窨井盖板体积
④ 窨井盖座体积/座：$V=A$×高
式中：$A=\pi/4d^2=\pi r^2$
$=0.785d^2$
$=3.1416r^2$
其中：d—直径
r—半径
附：窨井混凝土基础模板面积
模板面积=($A+B$−混凝土基座宽度)×2×h×n 座窨井
式中：
① A、B，同本表 3.1 项次；
② 混凝土基座宽度，根据管径 ϕ，查本丛书之三《常用数据手册》“下水道基座宽度表(混凝土、钢筋混凝土、UPVC、玻璃夹砂(RPM)等管)”；
③ h，窨井混凝土基础厚度</td></tr>
</table>

注：1. 选自《上海市市政工程预算定额》(2000)工程量计算规则暨总、册说明；

2. 表中的管道基础“附：管道混凝土底板基座基础模板面积”及窨井外形体积中“附：窨井混凝土基础模板面积”，具体请参阅 5.2 混凝土、钢筋混凝土模板及支架(项目编码：0502)中表 5-19“现浇构件模板面积工程量‘算量’”的释义。

【例题 4-19】(规范型解题教案三)排水管道实体工程沟槽填方的工程概况是仍以**【例题 4-7】**挖路基土方为续，以表 4-32“开槽埋管实体工程各类‘算量’要素统计汇总表”提供的资料为条件；求排水管道沟槽填方、余方弃置工程量?

【解题分析 4-19】

解题分析要点：根据表 1-7“清单项目的工程量‘算量’”计算原则：“所有清单项目的工程量应以实体工程量为准，并以完成后的净值计算；投标人投标报价时，应在单价中考虑施工中的各种损耗和需要增加的工程量；对于分部分项工程量清单项目而言，清单工程量的计算需要明确计算依据、计算规则、计量单位和计算方法”。

列项解题分析时，首先针对工程内容的规定，对拟编制的挖路基土方项目，与“管道设施结构实体工程各类要素工程量‘算量’”等是否对应的对照依据，也是检查是否重列或漏列的主要依据。

依题已知：(引用计算方法，除注照外，均摘自本丛书之一《编制及应用实务》表 3-45“开槽埋管工程数量计算表”)

项次	项目名称及说明	计量单位	计算结果	各主要要素及计算说明	引用计算方法（释义）
1.1				填方(项目编码：040103001)	

项目名称：排水管道沟槽填方(项目编码：040103001)

1. 项目特征(描述)：——1. 填方材料品种土方 2. 密实度：95%

2. 工程内容(规定)：——1. 填方 2. 夯实

3. 计量单位：——m^3

4. 数量：——706.84

项次	项目名称及说明	计量单位	计算结果	各主要要素及计算说明	引用计算方法（释义）
1.1.1	沟槽回填土方	m^3	665.22	参见本丛书之三《常用数据手册》表 2-28“开槽埋管各要素主要计算公式应用分布表”续表 7 项次的沟槽回填	参见本丛书之三《常用数据手册》表 2-28“开槽埋管各要素主要计算公式应用分布表”续表 7 项次的沟槽回填
	(1) 挖土数			挖土数，同本表项次 1.1.1 为 1112.65m	
	(2) 余土数			余土数量＝碎石垫层＋混凝土基础＋管枕体积＋管子外形体积＋窨井外形体积＋沟槽回填黄砂	
	其中：① 砾石砂垫层			$V_{①}$＝同本表项次 2.1.1 为 27.99m^3	
	② 混凝土底板			$V_{②}$＝同本表项次 2.1.2 为 53.21m^3	
	③ 管枕体积			$V_{③}$＝同本表项次 2.1.4 为 2.77m^3	
	④ 管子外形体积			管子外形体积 *a*. $V_{④}=\pi/4\cdot D^2_{外}$×沟槽回填黄砂长 $L=\pi/4\times(1.0m+0.11m\times2边)^2\times119.04m=139.15m^3$ *b*. 承插口体积 V＝同项次 2.1.4(5)②为 3.55m^3 *c*. 小计：$V_{④}=139.15m^3+3.55m^3=142.70m^3$	
	⑤ 窨井外形体积			窨井外形体积 V＝(砾石砂垫层体积＋混凝土底板体积＋窨井外径体积)×N	
	a. 1000×1300×3.0(不落底)(N)			V_a＝[砾石砂垫层体积 2.94×3.24×0.1＋混凝土底板体积 2.74×3.04×0.25＋窨井外径体积(1.3＋0.37×2＋0.015×2)×(1.0＋0.37×2＋0.015×2)×1.8＋(1.0＋0.37×2＋0.015×2)×(1.0＋0.37×2＋0.015×2)×1.4＋1.35×1.35×0.16＋0.355×0.355×π×0.14]×2 座 ＝28.73m^3	
	b. 1000×1300×3.0(落底)↓(Y)			V_a＝[砾石砂垫层体积 2.94×3.24×0.1＋混凝土底板体积 2.74×3.04×0.25＋窨井外径体积(1.3＋0.37×2＋0.015×2)×(1.0＋0.37×2＋0.015×2)×2.1＋(1.0＋0.37×2＋0.015×2)×(1.0＋0.37×2＋0.015×2)×1.4＋1.35×1.35×0.16＋0.355×0.355×π×0.14]×2 座 ＝30.92m^3	
	小计：			$V_{⑤}=28.73+30.92=59.65m^3$	
	⑥ 沟槽回填黄砂			沟槽回填黄砂 设计图纸要求黄砂回填到管中；V＝沟槽长度×沟槽宽度×回填高度－基座体积－管枕体积－管子体积，$V_{⑥}$＝同项次 2.1.4＝155.57m^3	
	⑦ 合计(①～⑥之和)：			$\Sigma V_{(2)}=27.99m^3+53.21m^3+2.77m^3+142.7m^3+59.65m^3+155.57m^3=450.35m^3$	
	(3) 沟槽回填土方合计(1)－(2)之差：			沟槽回填土方合计 $\Sigma V=1112.65m^3-450.35^3=665.22m^3$	
1.1.2	填土场内运输	m^3	28.24	依据《上海市市政工程预算定额》工程量计算规则第五章第一节第 5.1.8 条说明 填土现场运输土方数＝挖土现场运输土方数－余土数(分别同项次 1.1.9 与 1.2.1(2)⑦数值) 小计：478.59m^3－450.35m^3＝28.24m^3	

续表

项次	项目名称及说明	计量单位	计算结果	各主要要素及计算说明	引用计算方法(释义)
1.2				余土外运(项目编码：040103002)	

项目名称：余方场外运输（项目编码：040103001001）
1. 项目特征(描述)：——1. 废弃料品种(土方)2. 运距
2. 工程内容(规定)：——余方点装料运输至弃置点
3. 计量单位：——m^3
4. 数量：——450.35

1.2.1	余土外运	m^3	450.35	V=同本表项次 1.2.1(2)⑦，为 450.35m^3	
(1)	混凝土底板(h=25cm)	m^3	53.21	混凝土底板基座体积 混凝土底板基础长 L×混凝土基础宽度 B×厚度 H， L=沟槽开挖长－窨井混凝土底板长(窨井外壁＋0.5×2) ＝126.0m －(1.74＋0.5×2)×4＝126－2.74×4 ＝115.04m 《排水通用图》中宽度 B=1.85m，H=0.25m。 小计：V=115.04m×1.85m×0.25m ＝53.21m^3	
(2)	沟槽回填黄砂	m^3	155.57	根据设计图纸要求黄砂回填到管中；沟槽回填黄砂 V=沟槽长度×沟槽宽度×回填高度－基座体积－管枕体积－管子体积	
	(1) 沟槽回填黄砂长、沟槽宽度			L=沟槽开挖长－窨井外径×N=126－1.74×4＝119.04m。B=2.45m	
	(2) 回填高度 (H)			$H=H_2$ 基础厚度＋C 管底至基础面高度＋1/2 管径 H=0.25m＋0.11m＋(1.0m÷2＋0.11m)＝0.97m	
	(3) 混凝土底板体积			$V_{混凝土基础}$=同项次 2.1.2 为 53.21m^3	
	(4) 管枕体积			管枕体积；管枕体积/对×管枕数量	
	① 管枕对数体积			管枕尺寸：A(底宽) ＝0.32m、B(顶宽) ＝ 0.08m、C(左高)＝ 0.20m、D(右高)＝ 0.10m　t(厚度)＝0.16m V=[A×D＋1/2(A＋B)×(C－D)＋e×0.11]×t ×2 个/对 ＝[0.32×0.1＋1/2×(0.08＋0.32)×(0.2－0.1) ＋0.1×0.12] ×0.16×2 个/对＝0.023m^3/对	
	② 管枕对数			N=[(管道铺设长度(毛长)÷每节管道长度＋1)×每节管枕对数]＋[窨井数 n×每座窨井管枕对数]	
				已知：管道铺设长度(净长)(3)①－126.0m、2.5m/每节管子、2 对管枕/每节管子、2 对管枕/每座窨井	
				N=(126m÷2.5m/节＋1)×2 对/节＋4×4 对/座 ＝120 对	
	③ 小计：			$V_{管枕体积}$=0.023m^3/对×120 对＝2.77m^3	
	(5) 1/2 管子体积			管子外形体积 1/2×管子体积/m×管子长度＋承插口体积/只×承插口数量	
	① 管身体积			V=1/2×管子每米体积(π×0.61m×0.61m)m^3/m×沟槽 回填黄砂长 119.04m＝69.58m^3	
	② 1/2 承插口体积			承插口数量：N=122m/2.5m＝48.8 只，1/2 承插口体积 V=1/2×($L2$×$T1$＋1/2×T×$L1$)×管子周长×N ＝(0.14m×0.0755m＋1/2×0.0755m)×0.1917m ×3.1412×1.2975m/只×49 只 ＝1/2×0.0725m^3/只×49 只＝1/2×3.55＝1.78m^3	
	③ 小计：			V=69.58m^3＋1.78m^3＝71.35m^3。	
	(6) 合计			$V_{(3)}$=(119.04m×2.45m×0.97m)－53.21m^3 －2.77m^3－71.35m^3＝155.57m^3	

得：

(1) 工程量计算结果：

项次	项目编码、定额子目编号	工　程　内　容	计量单位	工程数量
填方及土方运输(040103)				
1.1	040103001	沟槽回填土方	m^3	706.84
1.1.1	S5-1-36	沟槽回填(夯填土)	m^3	706.84
1.1.2	S2-1-44	填土场内运输	m^2	174.54
余方弃置(040103002)				
1.2	040103002001	余方场外运输	m^3	398.92
1.2.1	ZSM19-1-1	余方场外运输	m^3	398.92

(2) 查表 4-76“填方及土石方运输工程量清单项目设置及工程量计算规则”，得套用排水管道开槽埋管沟槽 S5-1-：7. 沟槽回填(夯填土、间隔填土 1∶2、砾石砂、黄砂)及道路工程路基工程 S2-1-：18. 土方场内运输；又得余方弃置：套用文字代码 ZSN19-1-：1. 土方场外运输定额子目。

注：

(1) 上述三项工程内容包括了排水管道沟槽填方、余方弃置施工的全部施工工艺过程。

(2) 另外根据表 1-20“工程量清单、市政定额、施工工程量‘算量’”，得知其间区别“在于计量的依据、计算规则、目的和计量单位的不同”，注意工程量清单综合单价的计价。

【例题 4-20】 (思考型解题实例七)顶管实体工程钢筋混凝土沉井基坑填方的工程概况仍以【例题 4-61】市政管网顶管工程钢筋混凝土沉井工作坑实体工程提供的资料为条件；求：顶管工程钢筋混凝土沉井工作坑基坑填方、余方弃置工程量？

【解题分析 4-20】

解题分析要点：根据表 1-7“清单项目的工程量‘算量’”计算原则：“所有清单项目的工程量应以实体工程量为准，并以完成后的净值计算；投标人投标报价时，应在单价中考虑施工中的各种损耗和需要增加的工程量；对于分部分项工程量清单项目而言，清单工程量的计算需要明确计算依据、计算规则、计量单位和计算方法”。

列项解题分析时，首先针对工程内容的规定，对拟编制的顶管工程钢筋混凝土沉井工作坑基坑填方、余方弃置项目，与市政管网顶管工程钢筋混凝土沉井工作坑实体工程提供的资料等是否对应的对照依据，也是检查是否重列或漏列的主要依据。

依题已知：挖土 $V_{挖}=201.58m^3$、沉井挖土 $V_{沉}=334.62m^3$

(1) 回填土

$$根据设计图纸回填土\ V_{回}=201.58m^3-1.48\times1.48\times1.75-2.7\times2.7\times0.35=195.20m^3$$

回填土 $V_{回}=195.20m^3$

(2) 余土场外运输

$$挖土-填土V=V_{挖}+V_{沉}-V_{回}=201.58m^3+334.62m^3-195.20m^3=341.00m^3$$

得：

(1) 工程量计算结果：

项次	项目编码、定额子目编号	工　程　内　容	计量单位	工程数量
		填方及土方运输(040103)		
1.1	040103001	基坑回填土方	m^3	195.20
1.1.1	S6-1-10	基坑回填土	m^3	195.20
		余方弃置(040103002)		
1.2	040103002001	余方场外运输	m^3	341.00
1.2.1	ZSM19-1-1	余方场外运输	m^3	341.00

(2) 查表 4-76“填方及土石方运输工程量清单项目设置及工程量计算规则”，得套用排水管道开槽埋管沟槽 S5-1-：7. 沟槽回填(夯填土、间隔填土 1：2、砾石砂、黄砂)及道路工程路基工程 S2-1-：18. 土方场内运输；又得余方弃置：套用文字代码 ZSN19-1-：1. 土方场外运输定额子目。

注：

(1) 上述两项工程内容包括了钢筋混凝土沉井基坑填方、余方弃置施工的全部施工工艺过程。

(2) 另外根据表 1-20“工程量清单、市政定额、施工工程量‘算量’”，得知其间区别“在于计量的依据、计算规则、目的和计量单位的不同”，注意工程量清单综合单价的计价。

【例题 4-21】 (思考型解题实例七)顶管实体工程型钢水泥土复合桩(SMW)工法工作井填方的工程概况仍以【例题 4-61】市政管网顶管工程型钢水泥土复合桩(SMW)工法工作井实体工程提供的资料为条件；求：顶管工程型钢水泥土复合桩(SMW)工法工作井填方、余方弃置工程量?

【解题分析 4-21】

解题分析要点：根据表 1-7“清单项目的工程量‘算量’”计算原则：“所有清单项目的工程量应以实体工程量为准，并以完成后的净值计算；投标人投标报价时，应在单价中考虑施工中的各种损耗和需要增加的工程量；对于分部分项工程量清单项目而言，清单工程量的计算需要明确计算依据、计算规则、计量单位和计算方法”。

列项解题分析时，首先针对工程内容的规定，对拟编制的顶管工程钢筋混凝土沉井工作坑基坑填方、余方弃置项目，与市政管网顶管工程钢筋混凝土沉井工作坑实体工程提供的资料等是否对应的对照依据，也是检查是否重列或漏列的主要依据。

依题已知：挖土 $V_{挖}=201.58m^3$、沉井挖土 $V_{沉}=334.62m^3$

(1) 回填土

$$根据设计图纸回填土\ V_{回}=201.58m^3-1.48\times1.48\times1.75-2.7\times2.7\times0.35=195.20m^3$$

回填土 $V_{回}=195.20m^3$

(2) 余土场外运输

$$挖土-填土\ V=V_{挖}+V_{沉}-V_{回}=201.58m^3+334.62m^3-195.20m^3=341.00m^3$$

得：

(1) 工程量计算结果：

项次	项目编码、定额子目编号	工　程　内　容	计量单位	工程数量
		填方及土方运输(040103)		
1.1	040103001	基坑回填土方	m^3	195.20
1.1.1	S6-1-10	基坑回填土	m^3	195.20
		余方弃置(040103002)		
1.2	040103002001	余方场外运输	m^3	341.00
1.2.1	ZSM19-1-1	余方场外运输	m^3	341.00

(2) 查表 4-76“填方及土石方运输工程量清单项目设置及工程量计算规则”，得套用排水管道开槽埋管沟槽 S5-1-：7. 沟槽回填(夯填土、间隔填土 1：2、砾石砂、黄砂)及道路工程路基工程 S2-1-：18. 土方场内运输；又得余方弃置：套用文字代码 ZSN19-1-：1. 土方场外运输定额子目。

注：

(1) 上述两项工程内容包括了型钢水泥土复合桩(SMW)工法工作井填方、余方弃置施工的全部施工工艺过程。

(2) 另外根据表 1-20“工程量清单、市政定额、施工工程量‘算量’”，得知其间区别“在于计量的依据、计算规则、目的和计量单位的不同”，注意工程量清单综合单价的计价。

4.2　道路工程(项目编码：0402)

4.2.1　道路工程分类及基本形式

1. 城市道路的组成

(1) 车行道：供各种车辆行驶的路面部分。可分为机动车道和非机动车道。供带有动力装置的车辆(大小汽车、电车、摩托车等)行驶的为机动车道，供无动力装置的车辆(自行车、三轮车等)行驶的为非机动车道。

(2) 人行道：人群步行的道路。【通道】包括地下人行通道和人行天桥。

(3) 分隔带(隔离带)：是安全防护的隔离设施。防止车辆越道逆行的分隔带设在道路中线位置，将左右或上下行车道分开，称为中央分隔带【也有机动车道和非机动车道分割的绿化分隔带】。

(4) 排水设施：包括用于收集路面雨水的平式或立式雨水口(进水口)、支管、窨井等。

(5) 交通辅助性设施：为组织指挥交通和保障维护交通安全而设置的辅助性设施。如：信号灯、标志牌、安全岛、道口花坛、护栏、人行横道线(斑马线)、分车道线及临时停车场和公共交通车辆停靠站等。

(6) 街面设施：为城市公用事业服务的照明灯柱、架空电线杆、消防栓、邮政信箱、清洁箱等。

(7) 地下设施：为城市公用事业服务的给水管、污水管、煤气管、通信电缆、电力电缆等。

2. 城市道路分级

除快速路外，每类道路按照所在城市的规模、设计交通流量、地形等分为Ⅰ、Ⅱ、Ⅲ级。大城市应采用各类道路中的Ⅰ级标准；中等城市应采用Ⅱ级标准；小城市应采用Ⅲ级标准。

城市道路按道路的横向布置可分为四类，见表 4-79、图 4-52。

按道路的横向布置分类　　表 4-79

道路类别	车辆行驶情况	适用范围
单幅路(一块板)	机动车与非机动车混合行驶	用于交通量不大的次干路、支路
双幅路(二块板)	分流向，机、非混合行驶	机动车交通量较大，非机动车交通量较少的主干路、次干路
三幅路(三块板)	机动车与非机动车分道行驶	机动车与非机动车交通量均较大的主干路、次干路
四幅路(四块板)	机动车与非机动车分流向分道行驶	机动车交通量大，车速高；非机动车多的快速路，主干路

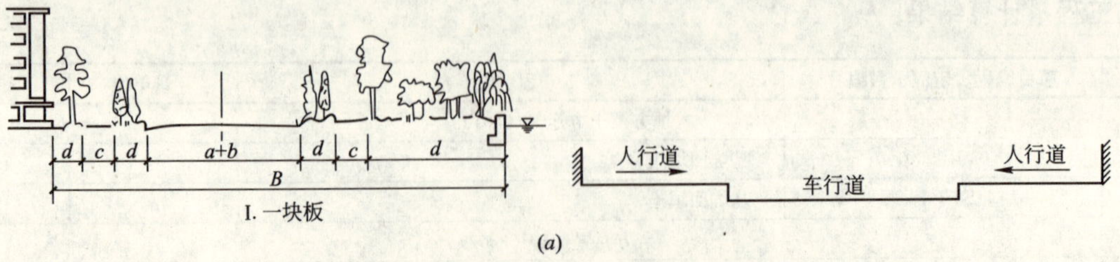

图 4-52　城市道路横断面的形式示意图(一)

(a)单幅路横断面示意图

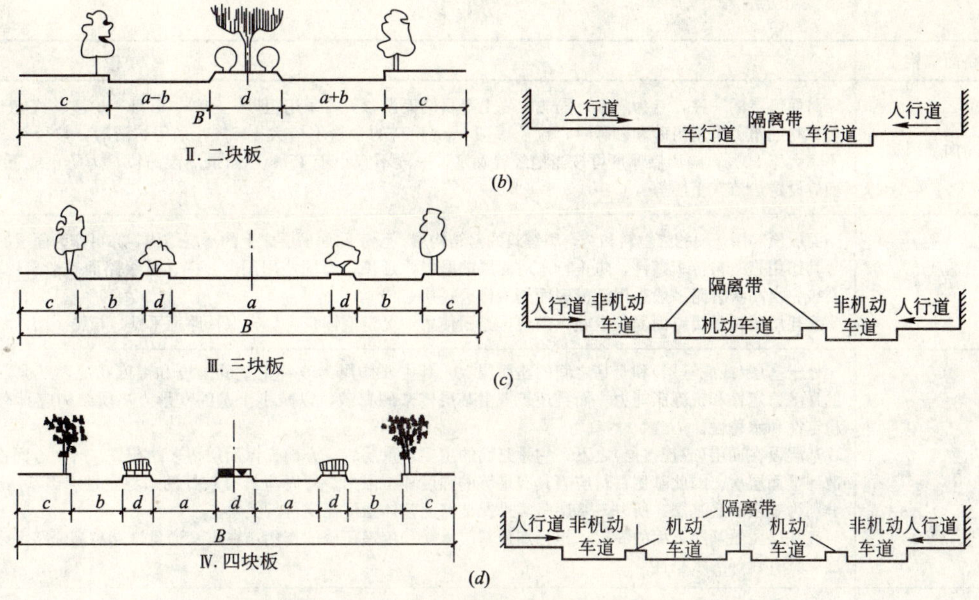

图 4-52　城市道路横断面的形式示意图(二)

(*b*)双幅路横断面示意图；(*c*)三幅路横断面示意图；(*d*)四幅路横断面示意图

a—机动车；*b*—非机动车；*c*—人行道；*d*—隔离带(绿化带)；道路路幅宽度(*B*)

路基断面形式见表 4-80、图 4-53。

路基断面形式　　　**表 4-80**

项次	类　型	释　义
1	路　堤	道路设计线高于原地面，由填方构成的路基断面形式称为路堤，图 4-53(*a*)路堤所示为路堤断面形式
2	路　堑	道路设计线低于原地面，由挖方构成的路基断面形式称为路堑，图 4-53(*b*)路堑所示为路堑断面形式
3	半填半挖	半填半挖路基是路堤和路堑的综合形式，一般是设置在较陡的山坡上，图 4-53(*c*)半填半挖所示为半填半挖断面形式
4	不填不挖	道路设计线与原地面标高基本平齐即构成不填不挖的路基断面形式，图 4-53(*d*)不填不挖所示为不填不挖断面形式

注：1. 路基是路面的基础，一般由土石方工程压实而成，路基与路面结构共同形成稳定的实体，承担车辆荷载的作用；
2. 路基的基本断面形式有：路堤、路堑、半填半挖、不填不挖四种类型。

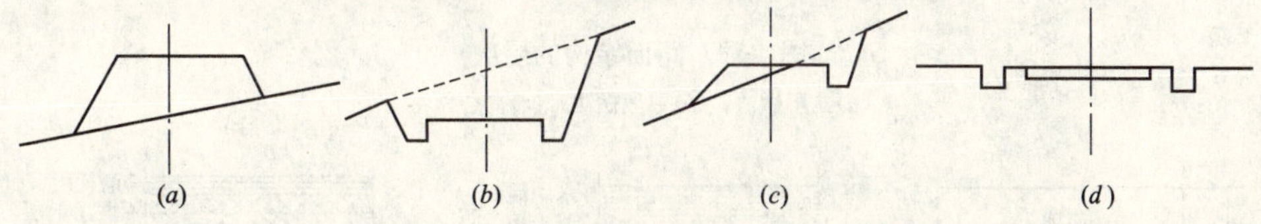

图 4-53　路基断面形式

(*a*)路堤；(*b*)路堑；(*c*)半填半挖；(*d*)不填不挖

3. 路面结构层及标准横断面(表 4-81、图 4-54、图 4-55)

构成路面的各铺砌层　　　**表 4-81**

项次	路面结构层	释　义
1	面　层	直接承受车辆荷载及自然因素的影响，并将荷载传递到基层的路面构层。 主要采用水泥混凝土、沥青混凝土等强度较高的材料铺筑
2	路面排水层	路面结构层之一，用以排除由路基上渗和通过面层裂缝、路肩与行车部分连接处以及绿化带下渗而积聚的水分。 一般设于基层下，由砂、砾石、筛选过的炉渣或其他渗透性良好的材料铺筑，所需的材料渗透系数由计算确定，但不应小于 1m/昼夜，应具一定强度，用于路基常年饱水，路基土透水性不良，地下水位较高和多雨潮湿等路段
3	路面连接层	为加强面层与基层的共同作用或减少基层裂缝对面层的影响，而设在基层上的结构层，为面层的组成部分，亦可作为面层的下层，各国较多采用沥青稳定碎石连接层和碎石连接层两种，前者多设于石灰土基层上，在沥青混凝土面层与半刚性基层之间，以加强两者的连接，防止行车时面层沿基层表面推移，后者多设于石灰土基层上，以防止石灰土冻胀裂缝影响沥青面层。 连接层主要采用黑色碎石、沥青贯入式、沥青稳定碎石及碎石等

续表

项次	路面结构层	释　　义
4	路面隔离层	路面垫层的一种，专为隔水、隔热、隔土等目的而设置。可采用粗砂、砂粒、砂砾、炉渣、石灰土、炉渣灰土等材料铺筑。采用粗砂和砂砾时，粒径 0.074mm 粉料的含量不应大于 5%，采用炉渣时，粒径<0.2cm 的颗粒不宜大于 20%，隔离层厚度可按当地经验确定，一般不宜小于 15cm，如果潮湿路段，为防止地下毛细水上升，面应设置炉渣灰土层等
5	路面磨耗层	面层顶部用坚硬的细粒料和结合料铺筑的薄结构层。设于路面面层之上的薄层结构，亦可作为面层的组成部分。 其作用是改善行车条件，防止行车对面层的磨损，延长路面的使用周期。中、低级路面一般采用砂土磨耗层；高级、次高级公路一般采用沥青表面处治作磨耗层。 磨耗层的设置属路面养护措施，需根据路面使用情况定期铺筑，具有保持路面平整、粗糙、防水、防滑等作用
6	基　　层	处于基层(或底基层)和土基之间的路面层次，其主要作用为改善土基的湿度和温度状况，以保证面层和基层的强度稳定性和抗冻胀能力。而且还扩散由基层传来的荷载，以减小土基的变形。垫层结构应具有良好的抗冻稳定性和水稳性。 基层设在面层(或连接层)之下，它是路面的主要承重层。一方面支撑面层传来的荷载，另一方面把荷载传布扩散到下面层次。因此基层材料应当具有足够的强度和扩散力，同时应具有较好的水稳定性。当基层分为两层时，分别为基层和底基层。所以，基层坚实是保证路面整体强度稳定性的关键。 底基层，是基层下面的一层，担当加强基层承受和传递荷载的作用，在重交通量道路和高速路上多用之，底基层应具有良好的水稳性
7	垫　　层	处于基层(或底基层)和土基之间的路面层次，其主要作用为改善土基的湿度和温度状况，以保证面层和基层的强度稳定性和抗冻胀能力。而且还扩散由基层传来的荷载，以减小土基的变形。 垫层结构应具有良好的抗冻稳定性和水稳性

注：按其所处的层位和作用，主要有面层、基层和垫层【排列次序应为：1. 路面磨耗层 2. 面层 3. 路面连接层 4. 基层 5. 里面排水层 6. 里面隔离层 7. 垫层】。

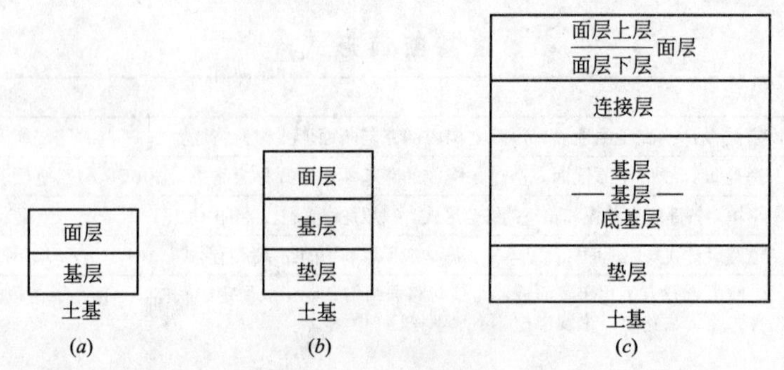

图 4-54　路面结构的层次

(*a*)二层做法；(*b*)一般做法；(*c*)复杂做法

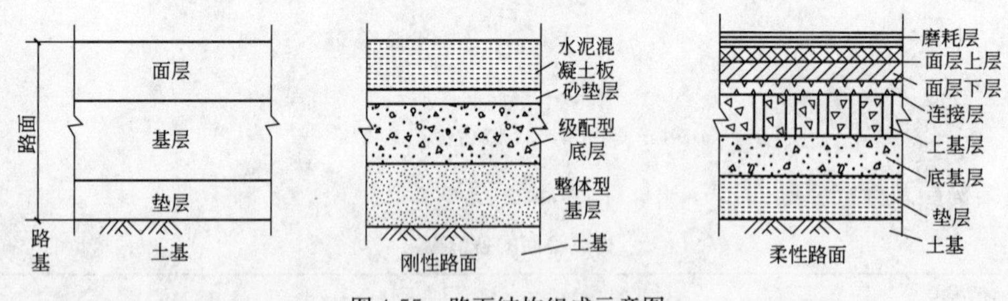

图 4-55　路面结构组成示意图

标准横断面，请参阅本《市政工程工程量清单工程系列丛书》姊妹篇之三《市政工程工程量清单常用数据手册》图 2-26“道路标准横断面示意图”的释义。

4. 道路平面交叉的分类及基本形式

关于平面交叉的形式、平面交叉口的基本类型及特点、交叉口转角处正交、斜交，请分别参阅本《市政工程工程量清单工程系列丛书》姊妹篇之三《市政工程工程量清单常用数据手册》图 2-27“平面交叉的形式示意图”、表 2-74“平面交叉口的基本类型及特点”和图 2-28“交叉口转角处正交、斜交示意图”的释义。

5. 立体交叉的分类及基本形式(图 4-56～图 4-69)

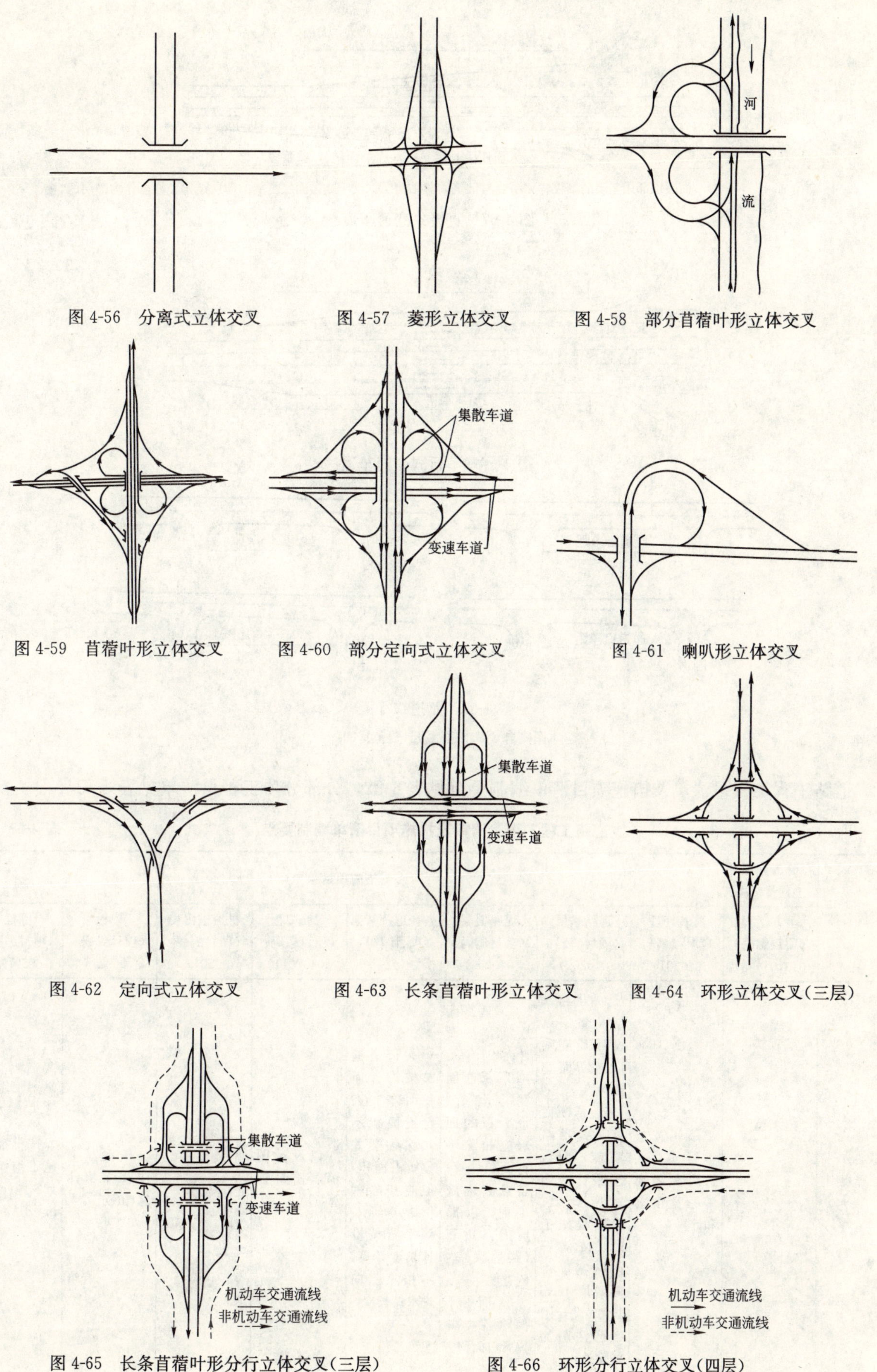

图 4-56　分离式立体交叉

图 4-57　菱形立体交叉

图 4-58　部分苜蓿叶形立体交叉

图 4-59　苜蓿叶形立体交叉

图 4-60　部分定向式立体交叉

图 4-61　喇叭形立体交叉

图 4-62　定向式立体交叉

图 4-63　长条苜蓿叶形立体交叉

图 4-64　环形立体交叉(三层)

图 4-65　长条苜蓿叶形分行立体交叉(三层)

图 4-66　环形分行立体交叉(四层)

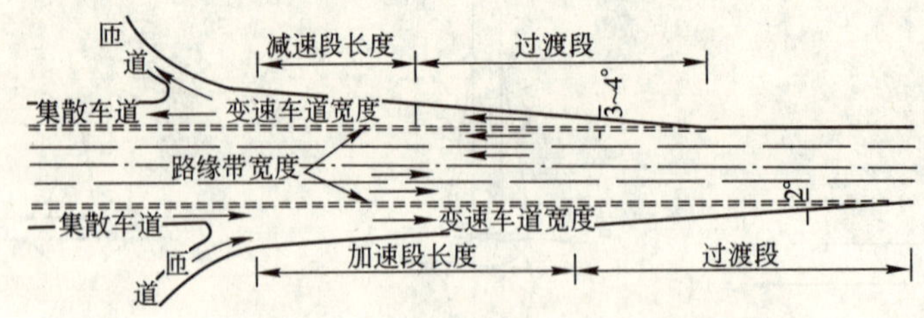

图 4-67　直接式变速车道

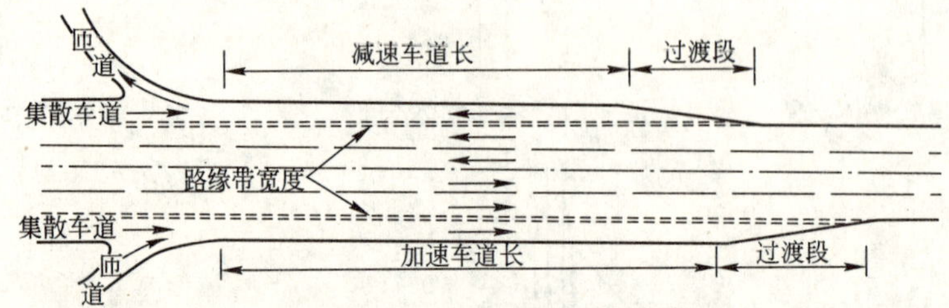

图 4-68　平行式变速车道

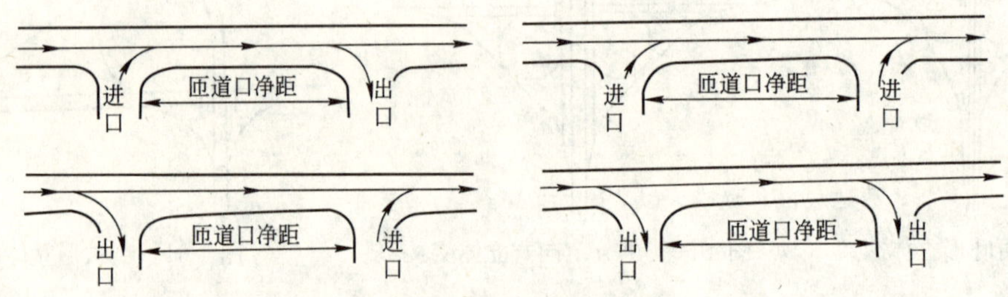

图 4-69　匝道口净距

注：本图摘自《城市道路设计规范》CJJ 37—90。

道路工程工程量清单及措施项目清单编制要点见表 4-82，分部分项工程量清单见表 4-83。

道路工程工程量清单及措施项目清单编制要点　　表 4-82

项目名称	分部分项工程量清单	措施项目							
	土方工程（项目编码：040101～3）	路基处理（项目编码：040201）	道路基层（项目编码：040202）	道路面层（项目编码：040203）	人行道及其他（项目编码：040204）	钢筋工程（项目编码：040701）	机械进出场（项目编码：0501）	模板（项目编码：0502）	围栏（项目编码：0507）
计算规则		路幅宽按车行道、人行道和隔离带的宽度之和计算	1. 道路基层及垫层以设计长度乘以横断面宽度计算 2. 横断面宽度：当路槽施工时，按侧石内侧宽度计算；当路堤施工时，按侧石内侧宽度每侧增加 15cm 计算（设计图纸已注明加宽除外）	1. 道路面层铺筑按设计面积计算 2. 横断面宽度计算：带平石的面层应扣除平石面积计算；若遇路堤施工时，以路肩上路边石（路边线）内侧宽度计算 3. 面层不扣除各类井位所占面积	人行道铺筑按设计面积计算，人行道面积不扣除各类井位所占面积，但应扣除种植树穴面积；侧平石按设计长度计算，不扣除侧向进水口长度	以设计图示以质量计算(t)		按混凝土接触面积计算(m^2)	按批准的施工组织设计实施(m 或 m·d)

续表

项目名称	分部分项工程量清单	措施项目							
	土方工程（项目编码：040101～3）	路基处理（项目编码：040201）	道路基层（项目编码：040202）	道路面层（项目编码：040203）	人行道及其他（项目编码：040204）	钢筋工程（项目编码：040701）	机械进出场（项目编码：0501）	模板（项目编码：0502）	围栏（项目编码：0507）
土方工程	车、人行道面积(直线段＋交叉口面积)、密实度要求及体积变化系数表								
碎石盲沟（横、纵向）		横向盲沟长度按实计算，两条横向盲沟的中间距离为15m；纵向盲沟按批准的施工组织设计计算，断面尺寸同横向盲沟							
混凝土路面	水泥				横断面宽度以侧石内侧宽度计算【宽度】				
	沥青				横断面宽度以侧石内侧减去平石计算				
混凝土模板				模板工程量按与混凝土接触面积以平方米计算				(√)	
人行道铺设					同土方工程人行道面积				
安砌侧石、侧平石					直线段＋交叉口长度				
钢筋	网片								
	构造筋						混凝土路面的传力杆、边缘(角隅)加固筋、纵向拉杆等钢筋套用构造筋定额		
大型机械选用表							定额中未包括大型机械安拆(打桩机械除外)、场外运输、路基及轨道铺拆等。如计算则可参照市政定额站发布的有关市场价格信息		

注：1. 根据《全国统一市政工程预算定额》(1999)总说明及各册、章说明、依据上海市市政工程预算定额修编大纲，结合上海市情况编制补充定额部分，请参阅表 2-2“《全国统一市政工程预算定额》关于各省、自治区、直辖市编制补充定额部分等项目”中“道路工程路基应按设计车行道宽度另计两侧加宽值，加宽值的宽度由各省、自治区、直辖市自行确定”的释义；

2. 编制原则：

(1) 分部分项工程量清单按照设计图纸、施工现场条件和《计价规范》所规定的统一项目编码、统一项目名称、统一计量单位和统一工程量计算规则进行编制列项；

(2) 工程量清单及其计价原则上按《计价规范》所要求的计价顺序格式和内容进行编制。

3. 计算人行道面积时，人行道边的侧石(站石)面积不扣除，种植树穴面积要扣除。侧石(站石)、平石(卧石)均按站石与卧石连接处缝的长度计算。侧向进水口所占卧石长度不扣除。侧(平、缘)石按道路边线长度计算。

分部分项工程量清单

表 4-83

项目名称	路基处理 （项目编码：040201）	道路基层 （项目编码：040202）	道路面层 （项目编码：040203）	人行道及其他 （项目编码：040204）
计算规则	路幅宽按车行道、人行道和隔离带的宽度之和计算	1. 道路基层及垫层以设计长度乘以横断面宽度计算 2. 横断面宽度：当路槽施工时，按侧石内侧宽度计算；当路堤施工时，按侧石内侧宽度每侧增加 15cm 计算（设计图纸已注明加宽除外）	1. 道路面层铺筑按设计面积计算 2. 横断面宽度计算：带平石的面层应扣除平石面积计算；若遇路堤施工时，以路肩上路边石（路边线）【侧平石路缘石】内侧宽度计算 3. 面层不扣除各类井位所占面积	人行道铺筑按设计面积计算，人行道面积不扣除各类井位所占面积，但应扣除种植树穴面积； 侧平石按设计长度计算，不扣除侧向进水口长度
路幅宽、横断面宽、各类井位	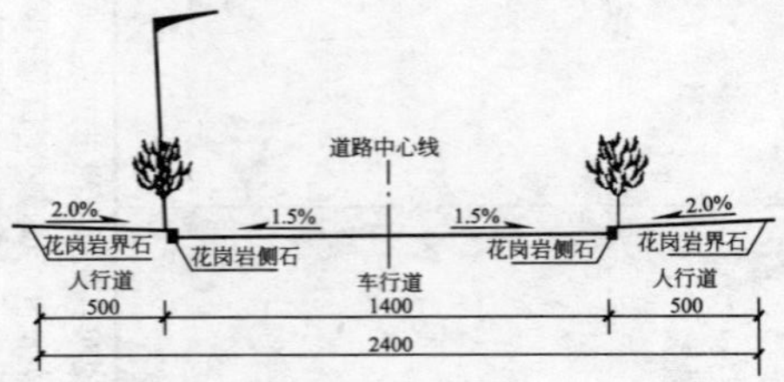 道路中心线　2.0%　1.5%　1.5%　2.0% 花岗岩界石　花岗岩侧石　花岗岩侧石　花岗岩界石 人行道 500　车行道 1400　人行道 500 2400	 3cm细粒式 4cm中粒式 5cm粗粒式 30　1140　30	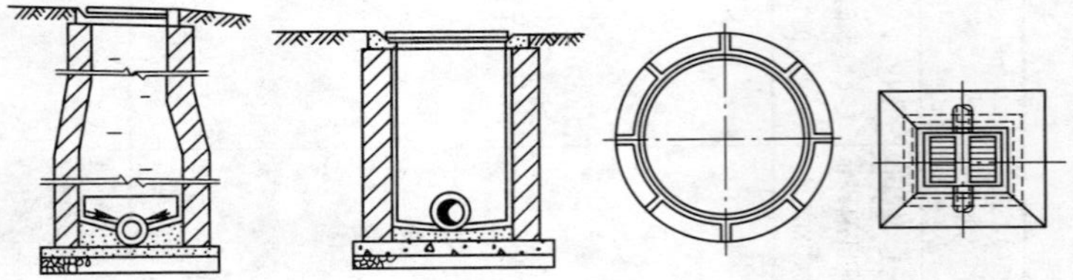	
侧、平石	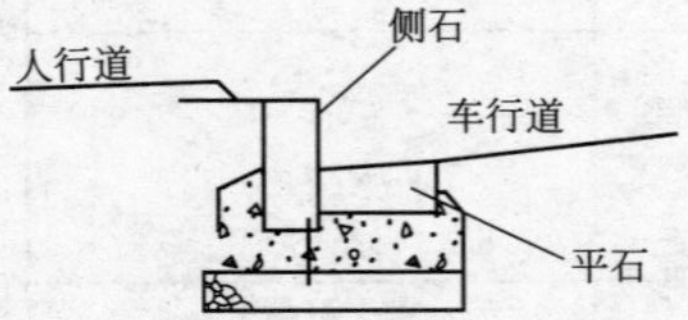 人行道　侧石　车行道　平石	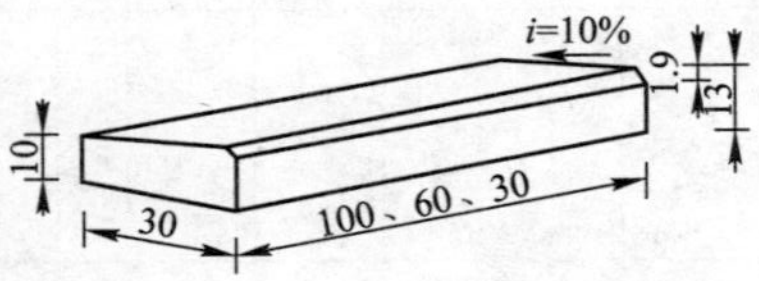 i=10%　1.9　3　10　30　100、60、30	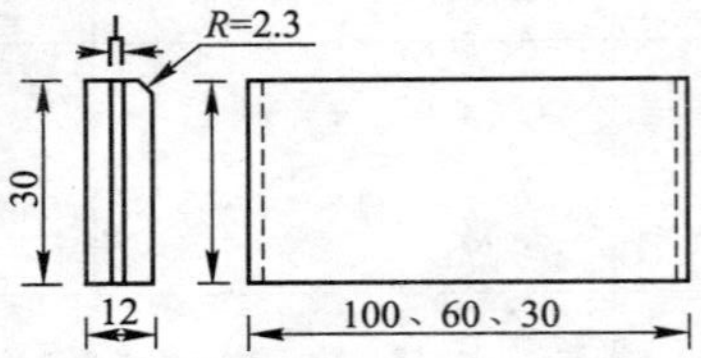 R=2.3　30　12　100、60、30	侧石（站石）、平石（卧石）均按站石与卧石连接处缝的长度计算； 侧向进水口所占卧石长度不扣除； 侧（平、缘）石按道路边线长度计算。
城市道路柔性、刚性（沥青、水泥混凝土）		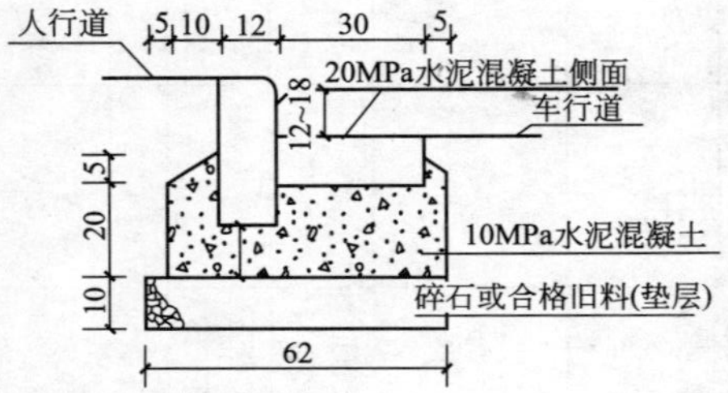 人行道　5　10　12　30　5 20MPa水泥混凝土侧面 车行道 12~18　5　20　10 10MPa水泥混凝土 碎石或合格旧料（垫层） 62	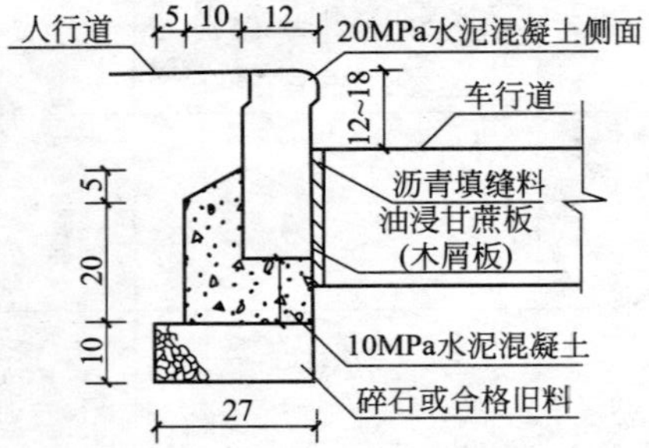 人行道　5　10　12 20MPa水泥混凝土侧面 车行道 12~18　5　20　10 沥青填缝料 油浸甘蔗板 （木屑板） 10MPa水泥混凝土 碎石或合格旧料 27	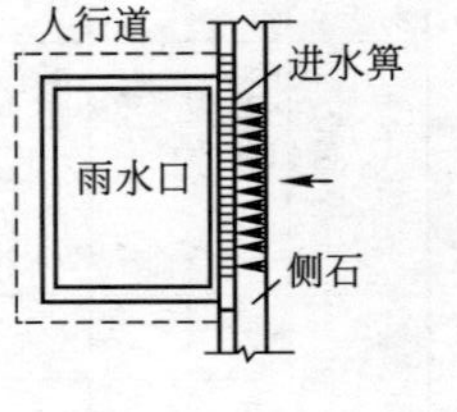 人行道 进水箅 雨水口 侧石

道路工程(项目编码：0402)定额编制计算规定见表 4-84。

道路工程(项目编码：0402)定额编制计算规定　　表 4-84

项次	项目名称	分部分项名称	包括	不(未)包括	可(另)计	不扣除	扣除	设计说明	备注
1	2	3	4	5	6	7	8	9	10
1	道路基层	道路基层及垫层				各种井位所占面积			
2		间隔填土定额消耗量	土方(松方)						土方平衡
3		道碴间隔填土和粉煤灰间隔填土						其材料可换算	
4		二灰填筑						其材料可换算	
5		厂拌石灰土						其材料可换算	
6	道路面层	面层		钢筋用量		各类井位所占面积			
7	人行道及其他	人行道面积				各类井位所占面积	种植树穴面积		
8		现浇人行道及斜坡定额		道渣基础					
9		侧平石				侧向进水口长			
10		现浇圆弧侧石	道渣垫层及模板						
11		升降窨井、进水口及开关箱和调换窨井、进水口盖座、窨井盖板定额		路面修复	发生时				
12		砖砌挡土墙及踏步混凝土基础		模板					
13		升高路名牌套用新装路名牌					路名牌		

注：1. 选自《上海市市政工程预算定额》(2000)工程量计算规则暨总、册说明；
2. 道路基层(项目编码：040202)、道路面层(项目编码：040203)、人行道及其他(项目编码：040204)、交通管理设施(项目编码：040205)；
3. 道路工程定额中的"道碴间隔填土"、"粉煤灰间隔填土"子目中材料土方的消耗量带"( )"，该消耗量均为计算间隔填土所需土方量的依据；在此类定额中带"( )"的土方(松土)所计取的材料费，不纳入总材料费中计算其他材料费；请参阅表 4-1"路工程路基工程隔填土材料土方的消耗量表"释义。

【例题 4-22】　某市摊铺一项沥青混凝土路面工程，其面层结构层采用 3cm 细粒式沥青混凝土，4cm 中粒式沥青混凝土，5cm 粗粒式沥青混凝土，如图 4-70 所示，该道路长 1080.0m，宽 12.0m，甲型路牙沿，沥青混凝土路面上设置乙型窨井共 20 座；求该沥青混凝土路面工程的透层油及各层(细、中、粗粒式)沥青混凝土工程量均为面积？

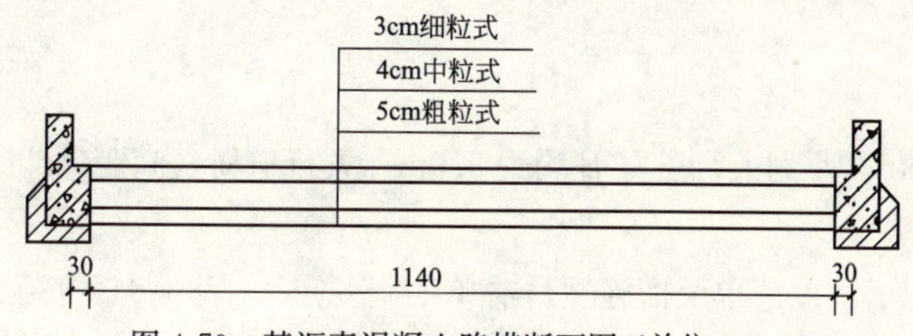

图 4-70　某沥青混凝土路横断面图（单位：cm）

【解题分析 4-22】

依题已知：

道路长度 L 为 1080.0m，宽度 B 为 30cm＋1140cm＋30cm＝1200cm，细粒式沥青混凝土厚度 h_1 为

3cm、中粒式沥青混凝土 h_2 为 4cm、粗粒式沥青混凝土 h_3 为 5cm、带甲型路牙沿其平面宽度 b 为 30cm（两侧），乙型窨井共设置 20 座。

查表 4-82"道路工程工程量清单及措施项目清单编制要点"、表 4-84"道路工程(项目编码：0402)定额编制计算规定"，得知"道路面层：①道路面层铺筑按设计面积计算；②横断面宽度计算：带平石的面层应扣除平石面积计算；若遇路堤施工时，以路肩上路边石(路边线)内侧宽度计算；③面层不扣除各类井位所占面积"及"横断面宽度以侧石内侧减去平石计算，即侧石(站石)、平石(卧石)均按站石与卧石连接处缝的长度计算"。

横断面宽度 $B_1=B-(b\times2$ 侧$)=12.0\text{m}-(0.3\text{m}\times2$ 侧$)=11.40\text{m}$；

鉴于计算规则规定："面层不扣除各类井位所占面积"，故乙型窨井 20 座的井位所占面积不扣除。

(1) 浇透层油面积 $S_1=L\times B-[L\times(b\times2$ 侧$)]$

$=1080.0\text{m}\times12.0\text{m}-[1080.0\text{m}\times(0.3\text{m}\times2$ 侧$)]$

$=12960\text{m}^2-648\text{m}^2=12312\text{m}^2$

(2) 其余各层(细、中、粗)沥青混凝土面积均为

沥青混凝土面积 $S_2=L\times B-[L\times(b\times2$ 侧$)]$

$=1080.0\text{m}\times12.0\text{m}-[1080.0\text{m}\times(0.3\text{m}\times2$ 侧$)]$

$=12960\text{m}^2-648\text{m}^2=12312\text{m}^2$

得：该沥青混凝土路面沥青面层工程量分别是：透层油面积为 12312m²，$h_1=3\text{cm}$ 细粒式沥青混凝土面积为 12312m²，$h_2=4\text{cm}$ 中粒式沥青混凝土面积为 12312m²，$h_3=5\text{cm}$ 粗粒式沥青混凝土面积为 12312m²。

【例题 4-23】 某道路改造工程，全长 200.0m，桩位 0＋000～0＋200，道路设计红线宽度为 24.0m，其中车行道宽 14.0m，两侧人行道宽均为 5.0m，道路设计标高按现有地面标高，人行道预设树穴，树穴间距每 6.0m 设一处，树穴尺寸为 100cm×100cm 结构，如图 4-71 所示；试求：人行道铺设面积工程量？

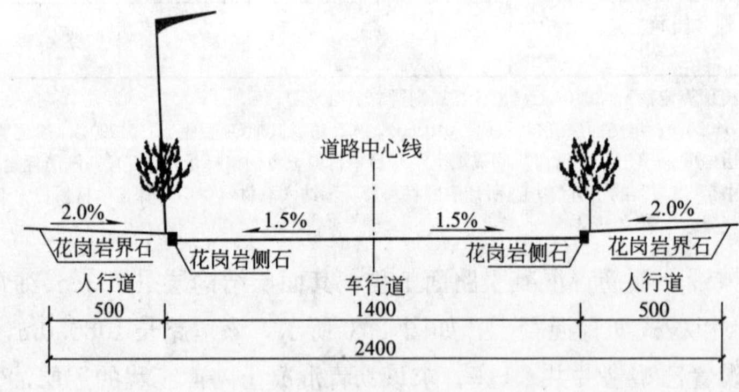

图 4-71 道路横断面示意图

【解题分析 4-23】

依题已知：

道路全长 L 为 200.0m，两侧人行道宽 B 均为 5.0m，人行道树穴间距@6.0m，树穴的形状为方形，直径为 1.0m

查表 4-82"道路工程工程量清单及措施项目清单编制要点"、表 4-84"道路工程(项目编码：0402)定额编制计算规定"，得知"人行道铺筑按设计面积计算，人行道面积不扣除各类井位所占面积，但应扣除种植树穴面积；侧平石按设计长度计算，不扣除侧向进水口长度"。

(1) 人行道树穴面积 A_1

1) 人行道树穴数量＝(L÷@m/处＋1)×两侧

$=(200.0\text{m}\div 6.0\text{m}/处+1)\times 2 侧=34.0 处\times 2 侧=68 处$

2) 方形人行道树穴面积 A_2(图 4-72)：

3) 人行道树穴面积 A_1 ＝人行道树穴数量×圆形面积

$=68 处\times 1.0^2/处=68.0\text{m}^2$

(2) 人行道面积 A

人行道面积 $A=L\times B\times 两侧-A_1$

$=200.0\text{m}\times 5.0\text{m}\times 2 侧-68.0\text{m}^2$

$=2000.0\text{m}^2-68.0\text{m}^2=1932.0\text{m}^2$

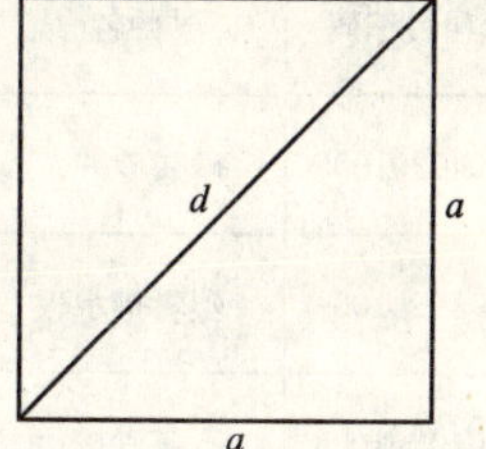

图 4-72　正方形简图暨面积计算公式

$A=a^2$　a——边长

得：该道路改造工程的人行道铺设面积为 1932.0m²。

道路工程大型机械设备选用见表 4-85。

道路工程大型机械设备选用表　　**表 4-85**

分类	项目名称		单斗挖掘机 1m³ 以内	推土机 90kW	压路机(综合)			路面铣刨机	沥青混凝土摊铺机
					轻型	重型	振动		
路基工程	机械挖土		√						
	机械推土			√					
	填土方(密实度)	90、93%			√	√			
		95、98%					√		
	整修路基(车行道)	Ⅰ、Ⅱ类土			√	√			
		Ⅲ、Ⅳ类土			√	√			
道路基层	砾石砂垫层				√	√			
	碎石垫层				√	√			
	粉煤灰三渣						√		
道路面层	路面铣刨机							√	
	沥青混凝土摊铺	人工					√		
		机械					√		√

注：1. 选自《上海市市政工程预算定额》(2000)工程量计算规则暨总、册说明；
2. 其中路基工程项目，属挖土、石方工程范畴，请参阅表 4-21“挖土、石方工程量清单项目设置、项目子目对应比照表”的释义；
3. 大型机械进出场运输及安拆，请参阅表 5-3“大型机械设备进出场选用表”的释义，并另行单独增列项，应列入措施项目中。

4.2.2　路基处理(项目编码：040201)

路基处理工程量清单项目设置、计算规则及项目子目对应比照见表 4-86。

路基处理工程量清单项目设置、计算规则及项目子目对应比照表　　**表 4-86**

路基处理(项目编码：040201)

项目编码	项目名称	项目特征	计量单位	工程量计算规则	工程内容	分部工程项目、名称(所在《市政工程预算定额》册、章、节)
040201001	强夯土方	密实度	m²	按设计图示尺寸以面积计算	土方强夯	
040201002	掺石灰	含灰量	m³	按设计图示尺寸以体积计算	掺石灰	道路工程路基工程 S2-1-：8. 填掺灰土路基；9. 原槽土掺灰(人工、机械)
040201003	掺干土	1. 密实度 2. 掺土率			掺干土	
040201004	掺石	1. 材料 2. 规格 3. 掺石率			掺石	道路工程路基工程 S2-1-：10. 间隔填土
040201005	抛石挤淤	规格			抛石挤淤	

续表

项目编码	项目名称	项目特征	计量单位	工程量计算规则	工程内容	分部工程项目、名称（所在《市政工程预算定额》册、章、节）
040201006	砂袋砂井	1. 直径 2. 填充料品种	m	按设计图示尺寸以长度计算	成孔、装砂袋	道路工程路基工程 S2-1-：11. 砂袋砂井
040201007	塑料排水板	1. 材料 2. 规格			成孔、打塑料排水板	道路工程路基工程 S2-1-：13. 铺设排水板
040201008	石灰砂桩	1. 材料配合比 2. 桩径			成孔、石灰、砂填充	道路工程路基工程 S2-1-：14. 石灰砂桩
040201009	碎石桩	1. 材料规格 2. 桩径			1. 振冲器安装、拆除 2. 碎石填充、振实	
040201010	喷粉桩	1. 桩径 2. 水泥含量			成孔、喷粉固化	通用项目地基加固 S1-6-：6. 喷粉桩
040201011	深层搅拌桩	1. 桩径 2. 水泥含量			1. 成孔 2. 水泥浆制作 3. 压浆、搅拌	通用项目地基加固 S1-6-：2. 深层搅拌桩
040201012	土工布	1. 材料品种 2. 规格	m^2	按设计图示尺寸以面积计算	土工布铺设	道路工程路基工程 S2-1-：12. 铺设土工布(软土、路基)
040201013	排水沟、截水沟	1. 材料品种 2. 断面 3. 混凝土强度等级 4. 砂浆强度等级	m	按设计图示尺寸以长度计算	1. 垫层铺筑 2. 混凝土建筑 3. 砌筑 4. 勾缝 5. 抹面 6. 盖板	1. 桥涵及护岸现浇混凝土工程垫层铺筑 S4-6-：1. 基础(碎石) 2. 排水管道开槽埋管混凝土浇筑底板 S5-1-：13. 排水箱涵(混凝土) 3. 排水管道窨井砌筑 S5-3-：1. 窨井及进水口(窨井) 4. 排水管道窨井抹面 S5-3-：2. 水泥砂浆抹面(进水口) 5. 排水管道窨井盖板、预制、安装 S5-3-：① 5. 预制钢筋混凝土盖板(混凝土) ② 6. 安装盖板及盖座(钢筋混凝土盖板)
040201014	盲沟	1. 材料品种 2. 断面 3. 材料规格			盲沟铺筑	道路工程路基工程 S2-1-：15. 碎石盲沟

注：1. 选自国家标准《建设工程工程量清单计价规范》GB 50500—2008"附录 D 市政工程工程量清单项目及计算规则"及《〈建设工程工程量清单计价规范〉上海市市政工程操作指南》；
2. 定额中列出混凝土消耗量，但未列出级配材料的用量，级配材料用量可根据上海市建设工程定额管理总站。《上海市建设工程普通混凝土、砂浆强度等级配合比表》(修订本)，上海，2001. 计算，请参阅表 2-15"现场现浇混凝土配合比"释义；
3. 定额中的混凝土及砂浆均采用强度等级表示，混凝土采用"C"表示，砂浆用"M"表示；如定额中强度等级与设计强度等级不同时，可按设计强度等级进行换算，请参阅表 2-17"砌筑砂浆配合比"释义；
4. 定额中未包括大型机械的场外运输、安拆(打桩机械除外)、路基及轨道铺拆等，如计算，则请参阅 5. 措施项目(市政工程)5.1 大型机械设备进出场及安拆(项目编码：0501)表 5-3"大型机械设备进出场选用表"；
5. 定额中带"( )"的为子目中带"( )"的土方类，在此类定额中带"( )"的土方(松土)所计取的材料费，不纳入总材料费中计算其他材料费；请参阅表 4-89"道路工程路基处理间隔填土材料土方(m^3)的消耗量表"的释义
6. 喷粉桩、深层搅拌桩，请参阅表 5-74"地基加固工程量'算量'"的释义。

1. 砂井法地基处理

砂井布置见表 4-87，砂桩布置及间距见表 4-88。

砂　井　布　置　　　　**表 4-87**

项　目	图示及说明
砂垫层的厚度	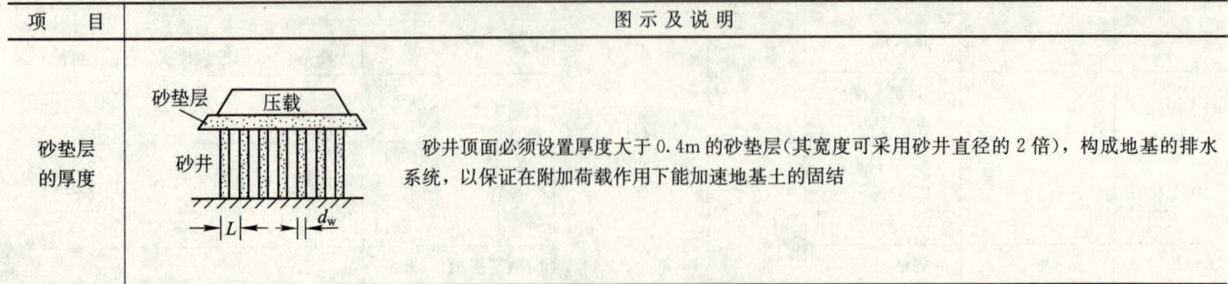 砂井顶面必须设置厚度大于 0.4m 的砂垫层(其宽度可采用砂井直径的 2 倍)，构成地基的排水系统，以保证在附加荷载作用下能加速地基土的固结

续表

<table>
<tr><th colspan="2">项　目</th><th colspan="3">图示及说明</th></tr>
<tr><td rowspan="3">砂井平面布置图</td><td>排列</td><td>正方形</td><td>等边三角形(梅花形)</td><td>砂井排水途径</td></tr>
<tr><td>图示</td><td> 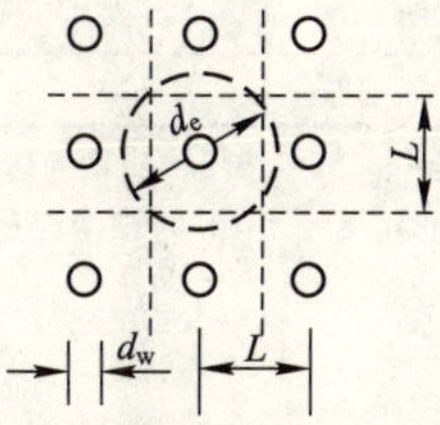d_e　L　d_w</td><td>d_e　L　d_w</td><td>d_e</td></tr>
<tr><td>备注</td><td colspan="3">在两种排列形式中以等边三角形(或称梅花形)排列较为紧凑和有效。在基础边缘外需增加一两排砂井</td></tr>
<tr><td rowspan="5">砂井直径</td><td rowspan="4">有效直径计算公式</td><td colspan="3">上图所示 d_e 为砂井有效直径，对于：</td></tr>
<tr><td>正方形排列</td><td colspan="2">等边三角形排列</td></tr>
<tr><td>$d_e=\sqrt{\frac{4}{\pi}}L=1.13L$</td><td colspan="2">$d_e=\sqrt{\frac{2\sqrt{3}}{\pi}}L=1.05L$</td></tr>
<tr><td colspan="3">L——砂井间距</td></tr>
<tr><td>取用直径</td><td colspan="3">根据施工机具的具体情况，砂井直径可采用 20～30cm；水上施工时砂井直径不宜小于 30cm</td></tr>
<tr><td colspan="2">砂井间距</td><td colspan="3">砂井间距系指两相邻砂井中心的距离，井距愈小固结愈快，井距愈大 j 固结愈慢。因此，当荷载较大、土的固结系数较小和施工期较短时，宜采用较小的井距；相反，当荷载较小，土的固结系数较大和施工期较长时，宜采用较大的井距。
桥涵地基一般采用较密的砂井，其井距与井径比为 6～8。即砂井中心距采用井径的 6～8 倍</td></tr>
</table>

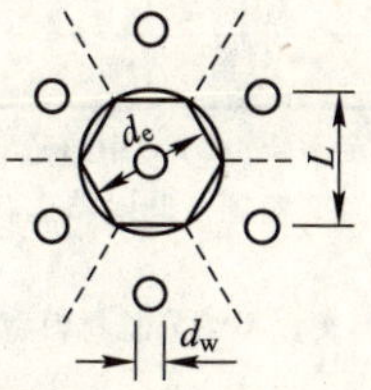

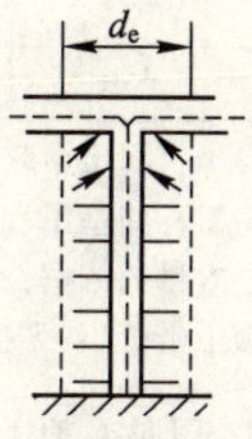

砂桩布置及间距　　**表 4-88**

项次	类型	图　示	计算方法	说　明
1	三角形	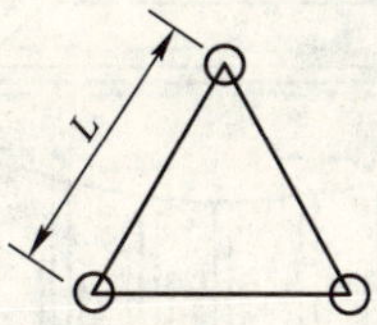 L	$L=0.952d\sqrt{\frac{1+e}{e-e_1}}$ 式中　d——砂桩直径	为使砂桩挤密作用比较均匀，在平面上桩孔可按三角形、正方形、梅花形布置(如图示)；左式中 L 为砂桩间距，e、e_1 分别同前述
2	正方形	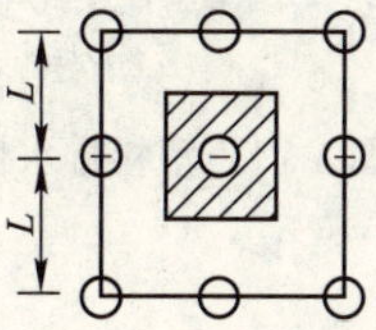 L　L	$L=\sqrt{\frac{a(1+e)}{(e-e_1)}}$ 式中　q——每根砂桩每米灌砂量	
3	梅花形	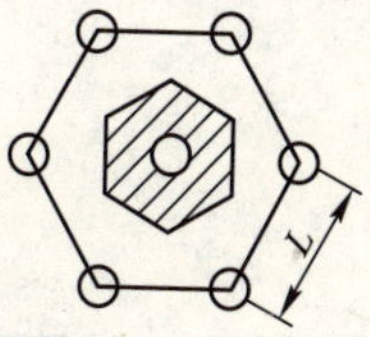 L	$L=1.24\sqrt{\frac{q(1+e)}{(e+e_1)}}$	

间隔填土特别适用于填土较厚的地段，作为湿软土基处理的一种方法。可采用一层透水性较好的材料、一层土的间隔填筑的施工方法，每层压实厚度一般为 20cm 左右。

道路工程路基处理间隔填土材料土方的消耗量见表 4-89。

道路工程路基处理间隔填土材料土方(m^3)的消耗量表　　表 4-89

项目	单位	道碴间隔填土(m^3)	粉煤灰间隔填土(m^3)	
		道渣：土=1：2	粉煤灰：土=1：1	粉煤灰：土=1：2
道渣	t	0.6227		
粉煤灰	t		0.7442	0.4962
土方(松方)	m^3	(1.0766)	(0.8074)	(1.0766)

注：1. 选自《上海市市政工程预算定额》(2000)，定额(S2-1-26)中道碴：土(1：2)，粉煤灰：土(1：1 和 1：2)均为体积比；
2. 道路工程路基工程定额中的"道碴间隔填土"、"粉煤灰间隔填土"子目中材料土方的消耗量带"( )"，该消耗量均为计算间隔填土所需土方量的依据；
3. 定额中带"( )"的土方(松土)所计取的材料费，不纳入总材料费中计算其他材料费。

道碴间隔填土和粉煤灰间隔填土的设计比例与定额不同时，其材料可以换算。

【例题 4-24】 道碴间隔填土设计比例为 0.5：2.5，定额材料换算？

【解题分析 4-24】

(1) 查表 4-89"道路工程路基处理间隔填土材料土方(m^3)的消耗量表"，得道渣：土=1：2 分别为道渣 0.6227t/m^3、土方(松方)(1.0766)m^3/m^3

(2) 定额材料换算(道碴间隔填土设计比例为 0.5：2.5)

道碴 0.6227t/m^3(定额中道碴的消耗量)×(0.5 系数÷1 系数)

=0.3114t

土(松方)(1.0766)m^3/m^3(定额中土的消耗量)×(2.5 系数÷2 系数)

=(1.3458)m^3

得：当道碴间隔填土设计比例为 0.5：2.5 时，道渣：土=0.3114t：土(松方)(1.3458m^3)。

注：定额材料消耗量中列出了土方(松方)的数量，便于大家在编制预算时进行土方平衡。砂袋砂井见图 4-73，塑料排水板见图 4-74。

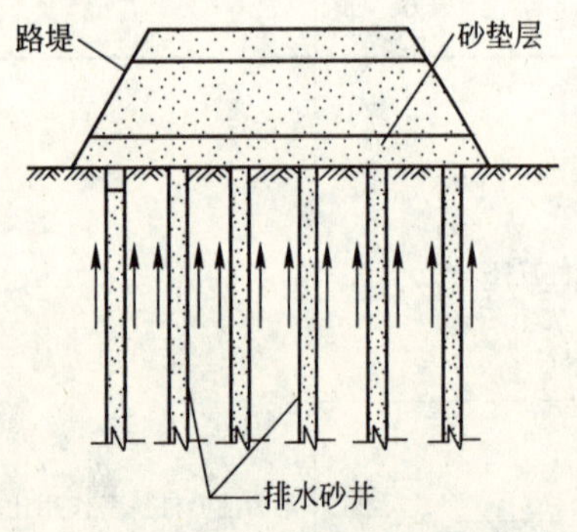

图 4-73　砂袋砂井

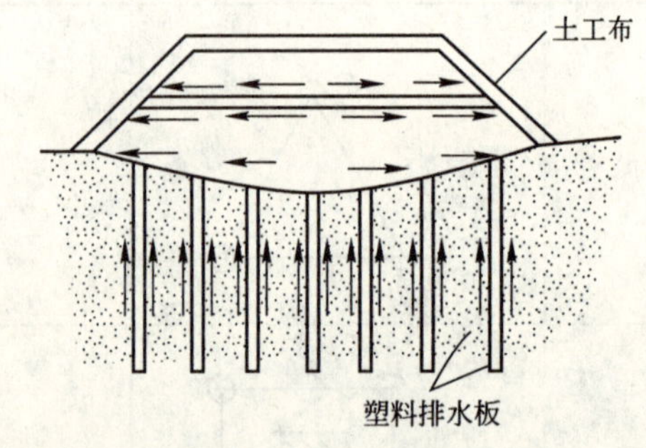

图 4-74　塑料排水板

注：1. 袋装砂井的设计直径与定额不同时，其材料可以换算；
2. 铺设排水板定额中未包括排水板桩尖，可按实计算；
3. 二灰填筑的设计比例与定额不同时，其材料可以换算。

项目名称：土工布(项目编码：040201012)

土工布铺设见表 4-90。

工程内容

土 工 布 铺 设　　表 4-90

特　点	适用范围	图　示
高填土可适当分层，采用土工布加强路堤刚度，并在软土基上隔垫，使荷载均布，避免局部破坏，对地下水防治相当有利	地下水位高、松软地基路堤	图 4-75
以土工布摊铺底层，并折向沿边坡作防护，既提高基底刚度，也使边坡受到维护，有利于排水并因地基应力再分配而增加路基的稳定性	特别松软地基、土壤潮湿、地下水位高	图 4-76

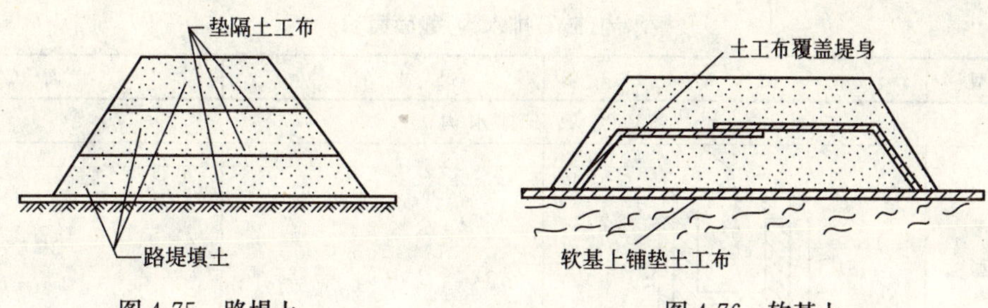

图 4-75　路堤上　　　　图 4-76　软基上

【例题 4-25】 某道路全长为 1460.0m，路面宽度为 14.0m，由于土质较差，用土工布进行处理，土工布布置示意图及各项尺寸如图 4-77 所示，试计算土工布的工程量？

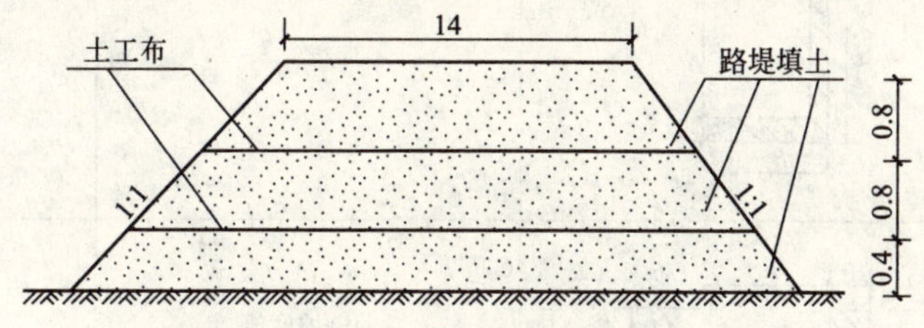

图 4-77　土工布道路横断面图(单位：m)

【解题分析 4-25】

依题已知：道路全长为 1460.0m，路面宽度为 14.0m，路堤的坡率为 1：1，土工布两层

(1) 工程量清单工程量计算

土工布的面积：　　1460.0m×[(14.0m+2×0.8m)+(14.0m+0.8m×4)]

$=47888.0\text{m}^2$

(2) 市政工程预算定额工程量计算

土工布的面积：　1460.0m×[(14.0m+2×0.8m+2a)+(14.0m+0.8m×4+2a)]

$=(47888.0\text{m}^2+5840.0\text{m}^2\times a)(\text{m}^2)$

式中，a 为路基加宽值。

2. 排水沟、截水沟(项目编码：040201013)

截水沟的横断面见图 4-78，明沟和槽沟断面见图 4-79，截水沟(砖石排水沟)截面面积见表 4-91、表 4-92。

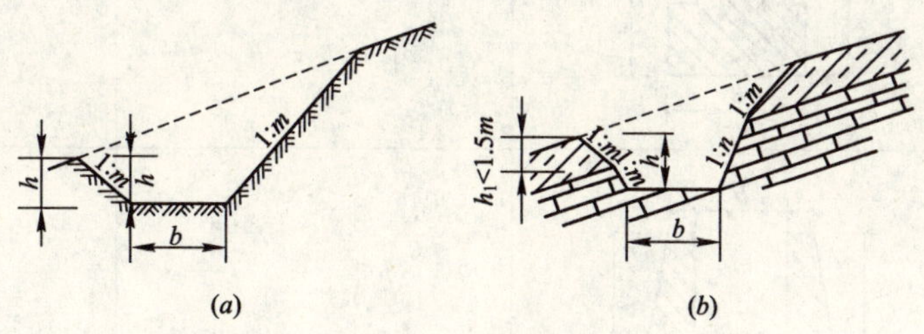

图 4-78　截水沟的横断面图

(a)土沟；(b)石沟

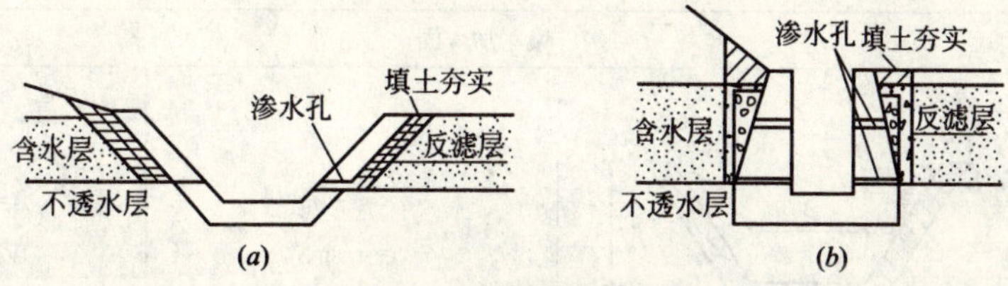

图 4-79　明沟和槽沟断面图

(a)明沟；(b)槽沟

截水沟(砖石排水沟)截面面积　　**表 4-91**

项次	类型	图形	尺寸符号	面积(A)
砖石排水沟				
1	梯型	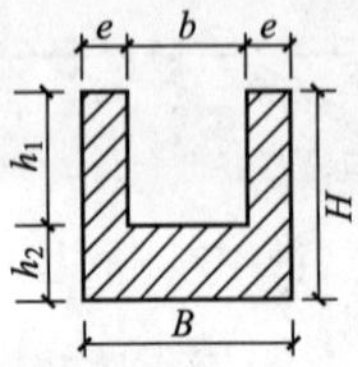		$BH-bh_1$ $2eh_1+Bh_2$
2	L型	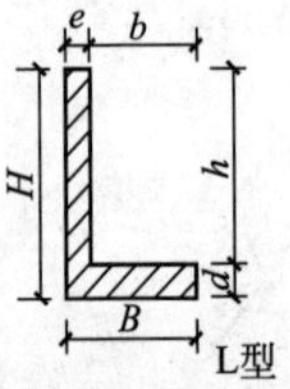 L型		$BH-bh$ $eH+ed$
3	斜U型	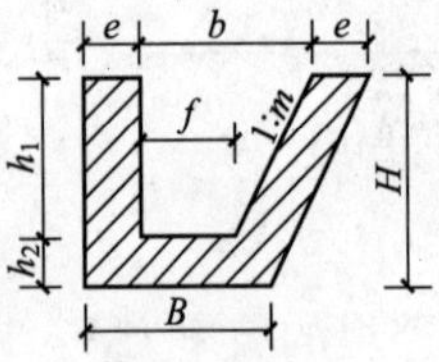	m—坡度值 k—斜率$(1+m)^{1/2}$ L—长度(Kh_1)	$eh_1+Kh_1\times e+h_2\times[(2e+f+B)/2]$
4	U型	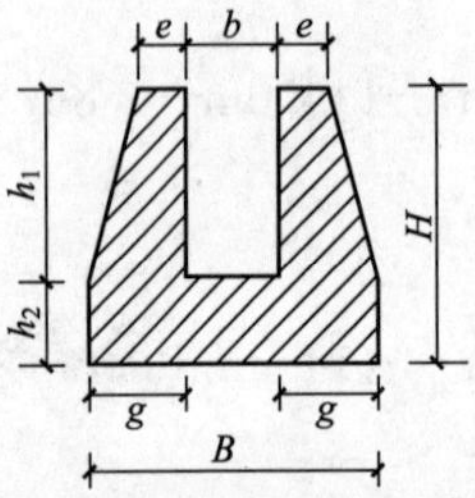		$2[(e+g)/2\times h_1]+h_2\times B$ $B=b+2g$
5	凸型	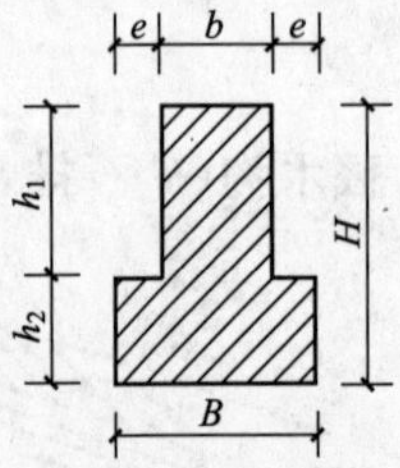		bh_1+Bh_2
6	U型	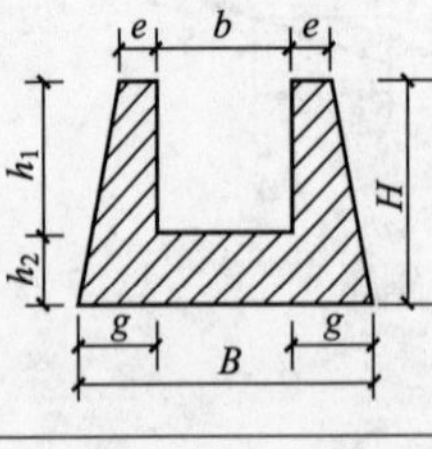		$2[(e+g)/2\times H]+bh_2$ $bh_2+(e+g)H$
沟渠加固				
7	梯型	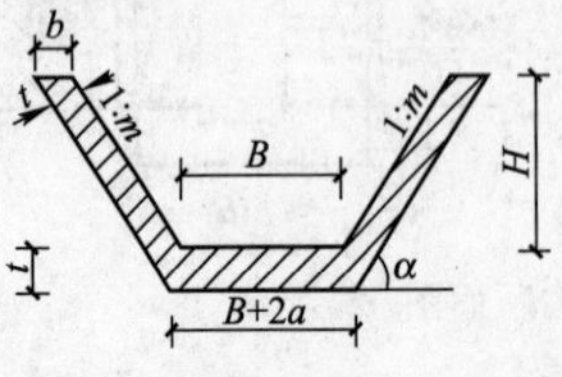	$a=b-mt$ $b=t/\sin\alpha$	$A=B+2H(1+m^2)1/2$ $V=2Bh+(B+a+b)t$

续表

项次	类型	图　形	尺 寸 符 号	面积(A)
沟 渠 加 固				
8	梯型	b_o', b, 1:m, 1:m, t, t', e, H, α, B+2a, B+2a'	$a=b-mt$ $a'=b'-mt$ $b=t/\sin\alpha$ $b'=t/\sin\alpha$	$A=B+2H(1+m^2)1/2$ $V_1=2bh+(B+a+b)t$ $V_2=2b'h+(B+a'+b')t$

截水沟(砖石排水沟)　　**表 4-92**

040201013	排水沟、截水沟	1. 材料品种 2. 断面 3. 混凝土强度等级 4. 砂浆强度等级	m	按设计图示尺寸以长度计算	1. 垫层铺筑 2. 混凝土建筑 3. 砌筑 4. 勾缝 5. 抹面 6. 盖板	1. 桥涵及护岸现浇混凝土工程垫层铺筑 S4-6-：1. 基础(碎石) 2. 排水管道开槽埋管混凝土浇筑底板 S5-1-：13. 排水箱涵(混凝土) 3. 排水管道窨井砌筑 S5-3-：1. 窨井及进水口(窨井) 4. 排水管道窨井抹面 S5-3-：2. 水泥砂浆抹面(进水口) 5. 排水管道窨井盖板、预制、安装 S5-3-： ① 5. 预制钢筋混凝土盖板(混凝土) ② 6. 安装盖板及盖座(钢筋混凝土盖板)

3. 盲沟(项目编码：040201014)

盲沟铺筑的规定见表 4-93，碎石盲沟断面尺寸(横向盲沟规格)的计算规定见表 4-94。

盲沟铺筑的规定　　**表 4-93**

盲沟铺筑	1. 横向盲沟规格选用如表 4-94“碎石盲沟断面尺寸”所示
	2. 横向盲沟长度按实计算，两条横向盲沟的中间距离为 15m
	3. 纵向盲沟按批准的施工组织设计计算，断面尺寸同横向盲沟

注：1. 选自《上海市市政工程预算定额》(2000)工程量计算规则暨总、册说明；

2. 施工组织设计选用施工方法，请参阅《下篇　常用计算数据》下册 9. 市政施工组织设计及索赔管理 9.1 市政施工组织设计及表 9-1“施工组织设计涉及工程量‘算量’对应选用表”释义。

碎石盲沟断面尺寸(横向盲沟规格)的计算规定　　**表 4-94**

路幅宽 B(m)	$B\leqslant10.5$	$10.5<B\leqslant21.0$	$B>21.0$
断面尺寸(宽度×深度)	30cm×40cm	40cm×40cm	40cm×60cm

注：1. 选自《上海市市政工程预算定额》(2000)工程量计算规则暨总、册说明；

2. 工程数量计算公式：

① 横向盲沟长度(m)=(L÷定额间距+1)×路幅宽=(L÷15m+1)×B【用文字说明】　　(4-35)

② 路幅宽按车行道、人行道和隔离带的宽度之和计算；

③ 定额中计量单位为立方米(m^3)，碎石盲沟 $V=\{(L\div15m+1)\times B\}\times(b\times h)$　　(4-36)

【例题 4-26】（规范型解题教案一)道路实体工程某道路工程概况仍以表 4-97“道路工程实体工程各类‘算量’要素统计汇总表”提供的资料为条件，其中长度 L 为 276.0m，路幅宽 B 为 20.0m；分别试求工程量清单盲沟铺筑工程量及市政定额碎石盲沟工程量?

【解题分析 4-26】

根据题意已知：道路长度 L 为 276.0m，道路幅宽度(B)按车行道、人行道和隔离带的宽度之和即路幅宽 B 为 20.0m

(1) 工程量清单工程量(m)

当道路长度 L 为 276.0m 时，查表 4-92 “盲沟铺筑的规定”，得知 “横向盲沟长度按实计算，两条横向盲沟的中间距离为 15m”

根据式(4-35)计算公式横向盲沟长度(m)＝$(L\div @+1)\times$路幅宽＝$(L\div 15.0\text{m}+1)\times B$

$$=(276.0\text{m}\div 15.0\text{m}+1)\times 20.0\text{m}=388.0\text{m}$$

(2) 市政定额工程量(m^3)

1) 当路幅宽 B 为 20.0m 时，查表 4-94 “碎石盲沟断面尺寸(横向盲沟规格)的计算规定”，得知断面尺寸(宽度×深度)为 40cm×40cm

2) 根据式(4-36)计算公式碎石盲沟 $V=\{(L\div 15.0\text{m}+1)\times B\}\times(b\times h)$

$$=[(276.0\text{m}\div 15.0\text{m}+1)\times 20.0\text{m}]\times 0.4\text{m}\times 0.4\text{m}=62.08\text{m}^3$$

得：

(1) 工程量清单盲沟铺筑工程量为 388.0m，市政定额碎石盲沟工程量为 62.08m^3；

(2) 查表 4-1 “路基处理工程量清单项目设置、计算规则及项目子目对应比照表”，套用道路工程路基工程 S2-1-：15. 碎石盲沟 S2-1-35。

注： 根据表 1-20 “工程量清单、市政定额、施工工程量 ‘算量’ 方法”，得知其间区别 “在于计量的依据、计算规则、目的和计量单位的不同”，注意工程量清单综合单价的计价。

综合单价的采用其真正的含义，系为积极推行由投标单位即施工企业根据自己的施工经验、施工能力、技术装备、市场价格信息掌握体系以及对本工程的施工组织设计方案等各种因素，综合利弊，采用《企业定额》，完全自主报价的一种方式，有利于企业发挥自己的最大优势。

4.2.3　道路基层(项目编码：040202)

道路基层工程量清单项目设置、计算规则及项目子目对应比照见表 4-95。

道路基层工程量清单项目设置、计算规则及项目子目对应比照表　　　　**表 4-95**

道路基层(项目编码：040202)

项目编码	项目名称	项目特征	计量单位	工程量计算规则	工程内容	分部工程项目、名称（所在《市政工程预算定额》册、章、节）
040202001	垫层	1. 厚度 2. 材料品种 3. 材料规格	m^2	按设计图示尺寸以面积计算，不扣除各种井所占面积	1. 拌合 2. 铺筑 3. 找平 4. 碾压 5. 养护	道路工程基层工程 S2-2-：1. 砾石砂垫层、2. 碎石垫层
040202002	石灰稳定土	1. 厚度 2. 含灰量			1. 拌合 2. 铺筑 3. 找平层 4. 碾压 5. 养护	道路工程基层工程 S2-2-：3. 石灰土基层(厂拌石灰土基层)
040202003	水泥稳定土	1. 水泥含量 2. 厚度			1. 拌合 2. 铺筑 3. 找平层 4. 碾压 5. 养护	
040202004	石灰、粉煤灰、土	1. 厚度 2. 配合比			1. 拌合 2. 铺筑 3. 找平层 4. 碾压 5. 养护	道路工程基层工程 S2-2-：6. 二灰土基层(厂拌二灰土基层)

续表

项目编码	项目名称	项目特征	计量单位	工程量计算规则	工程内容	分部工程项目、名称（所在《市政工程预算定额》册、章、节）
040202005	石灰、碎石、土	1. 厚度 2. 配合比 3. 碎石规格	m²	按设计图示尺寸以面积计算，不扣除各种井所占面积	1. 拌合 2. 铺筑 3. 找平层 4. 碾压 5. 养护	
040202006	石灰、粉煤灰、碎(砾)石	1. 材料品种 2. 厚度 3. 碎(砾)石规格 4. 配合比			1. 拌合 2. 铺筑 3. 找平层 4. 碾压 5. 养护	道路工程基层工程 S2-2-：4. 二灰稳定碎石基层
040202007	粉煤灰	厚度			1. 拌合 2. 铺筑 3. 找平层 4. 碾压 5. 养护	道路工程路基工程 S2-1-：6. 填筑粉煤灰路堤(车行道)
040202008	砂砾石	厚度			1. 拌合 2. 铺筑 3. 找平层 4. 碾压 5. 养护	
040202009	卵石	厚度			1. 拌合 2. 铺筑 3. 找平层 4. 碾压 5. 养护	
040202010	碎石	厚度			1. 拌合 2. 铺筑 3. 找平层 4. 碾压 5. 养护	
040202011	块石	厚度			1. 拌合 2. 铺筑 3. 找平层 4. 碾压 5. 养护	
040202012	炉渣	厚度			1. 拌合 2. 铺筑 3. 找平层 4. 碾压 5. 养护	
040202013	粉煤灰三渣	厚度				道路工程基层工程 S2-2-：7. 粉煤灰三渣基层(厂拌粉煤灰粗粒径三渣基层)
040202014	水泥稳定碎(砾)石	1. 厚度 2. 水泥含量 3. 石料规格	m²	按设计图示尺寸以面积计算，不扣除各种井所占面积	1. 拌合 2. 铺筑 3. 找平层 4. 碾压 5. 养护	道路工程基层工程 S2-2-：5. 水泥稳定碎石基层
040202015	沥青稳定碎石	1. 厚度 2. 沥青品种 3. 石料粒径				

注：1. 选自国家标准《建设工程工程量清单计价规范》GB 50500—2008“附录D市政工程工程量清单项目及计算规则”及《〈建设工程工程量清单计价规范〉上海市市政工程操作指南》；

2. 基层及面层铺筑厚度均以压实后的厚度为准；

3. 道路基层和面层均按不同结构分别分层设立工程量清单项目面积；

4. 定额中未包括大型机械的场外运输、安拆(打桩机械除外)、路基及轨道铺拆等，如计算，则请参阅5. 措施项目(市政工程)5.1 大型机械设备进出场及安拆(项目编码：0501)表5-3“大型机械设备进出场选用表”。

工程数量计算公式见表 4-96。

道路基层工程数量计算公式　　　　表 4-96

项次	项　目　名　称	《市政工程工程量清单编制及应用实务》
1	积距法计算出横断面面积	图 4-2“积距法计算出横断面面积示意图”
2	横断面填方的总面积	式(4-1)“横断面填方的总面积公式”
3	横断面挖方的总面积	式(4-2)“横断面挖方的总面积公式”
4	相邻两断面间填体积	式(4-3)“相邻两断面间填体积公式”
5	相邻两断面间挖体积	式(4-4)“相邻两断面间挖体积公式”
6	土方挖、填方工程量	表 4-9“土方挖、填方工程量计算表”
7	车行道整修——直线段	图 4-3“车行道整修——直线段示意图”
8	车行道直线段面积	式(4-5)“车行道直线段面积公式”
9	车行道整修——直线段正交	图 4-4“车行道整修——直线段正交示意图”
10	车行道直线段交叉口正交面积	式(4-6)“车行道直线段交叉口正交面积公式”
11	车行道整修——直线段斜交	图 4-5“车行道整修——直线段斜交示意图”
12	车行道直线段交叉口斜交面积	式(4-7)“车行道直线段交叉口斜交面积公式”
13	车行道整修交叉口——正交	图 4-6“车行道整修交叉口——正交示意图”
14	车行道正交面积	式(4-8)“车行道正交面积公式”
15	车行道整修交叉口——斜交	图 4-7“车行道整修交叉口——斜交示意图”
16	车行道斜交面积	式(4-9)“车行道斜交面积公式”
项次	项　目　名　称	《市政工程工程量清单常用数据手册》
1	交叉角类型外、内半径分布	表 2-75“交叉角类型外、内半径分布表”
2	道路平面交叉口路口转角面积、转弯长度	表 2-76“道路平面交叉口路口转角面积、转弯长度表”
3	车行道正交(90°)路口转角面积	表 2-77“车行道正交(90°)路口转角面积表”
4	车行道斜交(α<75°、β>105°)路口转角面积	表 2-78“车行道斜交(α<75°、β>105°)路口转角面积表”
5	直线段交叉口斜交(X、Y 字形；环形交叉；复合形交叉)	表 2-79“直线段交叉口斜交切线长”

注：请分别参阅本《市政工程工程量清单工程系列丛书》姊妹篇之一《市政工程工程量清单编制及应用实务》、姊妹篇之三《市政工程工程量清单常用数据手册》上述计算表格、示意图内的释义。

交叉口转角处转角正交、斜交示意见图 4-80，角度的标注见图 4-81，道路实体工程各类“算量”要素统计汇总见表 4-97。

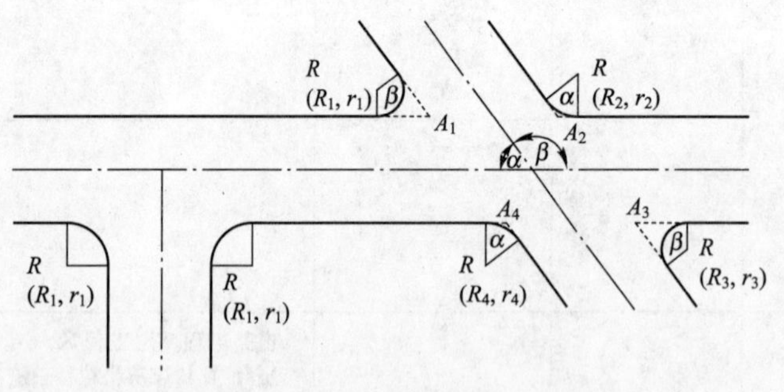

图 4-80　交叉口转角处转角正交、斜交示意图

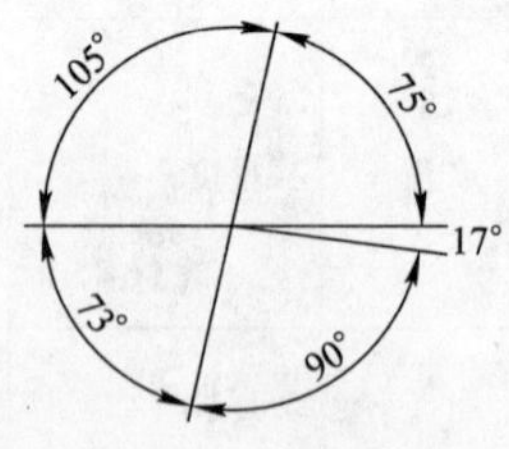

图 4-81　角度的标注

道路实体工程各类“算量”要素统计汇总表　　　　表 4-97

交叉角类型	中心角(度°)	外半径 r(m)		内半径 r(m)			道路面积(m^2)		人行道面积(m^2)		侧(平、缘)石长度(m)	
正交	α=90°	R_1	23	r_1	20	R_1		23	r_1	20	R_1	23
斜交	α<75°	R_2	28	r_2	25	A_2	R_2	28	r_2	25	R_2	28
		R_4	33	r_4	30	A_4	R_4	33	r_4	30	R_4	33
	β>105°	R_1	15	r_1	12	A_1	R_1	15	r_1	12	R_1	15
		R_3	13	r_3	10	A_3	R_3	13	r_3	10	R_3	13

续表

<table>
<tr><th>交叉角类型</th><th>中心角(度°)</th><th>外半径 r(m)</th><th>内半径 r(m)</th><th>道路面积(m^2)</th><th>人行道面积(m^2)</th><th>侧(平、缘)石长度(m)</th></tr>
<tr><td colspan="2">道路长度(L)：281.0m</td><td rowspan="2">其中：</td><td colspan="2">水泥混凝土路面长度(L_1)，即直线段：150.0m</td><td>正交(l)：65.5m 1 个</td><td>斜交(l_1)：69.5m 1 个</td></tr>
<tr><td colspan="2">桩号：2K+713～2K+432</td><td colspan="2">桩号：2K+493.5～2K+643.5</td><td>桩号：2K+432～2K+497.5</td><td>桩号：2K+643.5～2K+713</td></tr>
<tr><td colspan="2">道路路幅宽度(B)：20.0m</td><td colspan="2">车行道宽度(B_1)：14.0m(3.5m/块×4 车道)</td><td>人行道宽度 t：3.0m</td><td>正交宽度(b)：14.0m</td><td>斜交宽度(b_1)：26.0m</td></tr>
<tr><td colspan="4">土壤类别：Ⅰ、Ⅱ类土；挖土方 1800.0m^3</td><td colspan="3">填筑土方车行道 628.0m^3、密实度：90%。人行道 210.0m^3</td></tr>
<tr><td colspan="2">项目名称</td><td>路基</td><td>垫层</td><td>基层</td><td colspan="2">面　层</td></tr>
<tr><td colspan="2">水泥混凝土路面结构层</td><td rowspan="2">盲沟(碎石)
道路路幅宽度(B)：20.0m
($b×h$
40cm×40cm)</td><td rowspan="2">h=15cm
砾石砂隔离层</td><td>h=25cm 厂拌粉煤灰粗粒径三渣</td><td colspan="2">h=20cm　C35 水泥混乱混凝土(5～40mm)
一块板长度×宽度(5.0m×3.5m)/块
采用商品混凝土浇筑</td></tr>
<tr><td colspan="2">沥青混凝土路面结构层(交叉口)</td><td>h=35cm 厂拌粉煤灰粗粒径三渣</td><td colspan="2">h=5cm　AC-30 粗粒式沥青混凝土
h=2.5cm　AC-15 细粒式沥青混凝土</td></tr>
<tr><td colspan="2">附属设施</td><td>预制水泥混凝土人行道板面积</td><td>预制混凝土侧石
现浇混凝土
(5～20mm)C20 长度</td><td>预制混凝土侧平石
现浇混凝土
(5～20mm) C20 长度</td><td colspan="2">混凝土块　现浇混凝土(5～15mm) C20 长度
(双排、宽 30cm)</td></tr>
<tr><td colspan="2" rowspan="2">钢筋工程</td><td colspan="3">水泥混凝土面层构造钢筋(非预应力钢筋)</td><td colspan="2">水泥混凝土面层钢筋网片(非预应力钢筋)</td></tr>
<tr><td colspan="3">胀缝 kg/道、建筑缝 kg/道、缩缝 kg/道、混凝土路面自由端部 kg/道、公用事业设备窨井加固 kg/道</td><td colspan="2">钢筋网加固板块构造钢筋 kg/块</td></tr>
</table>

【例题 4-27】（规范型解题教案一)道路实体工程某道路工程概况仍以表 4-97“道路工程实体项目各类‘算量’要素统计汇总表”提供的资料为条件所示；求该工程的道路基层砾石砂隔离层面积且套取定额子目？

【解题分析 4-27】

解题分析要点：根据表 1-7“清单项目的工程量‘算量’”计算原则：“所有清单项目的工程量应以实体工程量为准，并以完成后的净值计算；投标人投标报价时，应在单价中考虑施工中的各种损耗和需要增加的工程量；对于分部分项工程量清单项目而言，清单工程量的计算需要明确计算依据、计算规则、计量单位和计算方法”。

列项解题分析时，首先针对工程内容的规定，对拟编制的挖路基土方项目，与表 4-82“道路工程工程量清单及措施项目清单编制要点”、表 4-84“道路工程(项目编码：0402)定额编制计算规定”、表 4-86“道路基层工程量清单项目设置、计算规则及项目子目对应比照表”等是否对应的对照依据，也是检查是否重列或漏列的主要依据。

依题已知有：

查表 4-97“道路工程实体项目各类‘算量’要素统计汇总表”，得知如下参数：厚度 h=15cm

项次	项目名称及说明	计量单位	计算结果	各主要要素及计算说明	引用计算方法(释义)
1.1				砾石砂隔离层(项目编码：040202001001)	

项目名称：砾石砂隔离层(项目编码：040202001001)

1. 项目特征(描述)：——1. 厚度 h=15cm，2. 材料品种　砾石砂，3. 材料规格
2. 工程内容(规定)：——1. 拌合，2. 铺筑，3. 找平，4. 碾压，5. 养护
3. 计量单位：——m^2
4. 数量：——5908.11

续表

项次	项目名称及说明	计量单位	计算结果	各主要要 素及计算说明	引用计算方法（释义）
1.1.1	砂砾石	m^2	5968.94	1. 根据表 4-82 路基层及垫层不扣除各种井位所占面积 2. h=15cm 砾石砂隔离层为道路基层车行道整修面积，同【解题分析 4-28】"道路基层厂拌粉煤灰三渣基层面积" 3. 道路路基车行道整修面积 A=水泥混凝土路面面积(直线段)＋沥青混凝土路面面积(正、斜交交叉口转角处含直线段交叉口斜交) $\Sigma A=2100.0m^2+3974.94m^2=6074.94m^2$	请参见表 4-97"道路工程实体项目各类'算量'要素统计汇总表"、表 4-72"道路工程工程量清单及措施项目清单编制要点" 及【解题分析 4-28】"道路基层厂拌粉煤灰三渣基层面积"

得：

(1) 工程量计算结果：

项次	项目编码、定额子目编号	工程内容	计量单位	工程数量
1.1	040202001001	砾石砂隔离层	m^2	5908.11
1.1.1	S2-2-1	砂砾石(h=15cm)	$100m^2$	59.0811

(2) 查表 4-95"道路基层工程量清单项目设置、计算规则及项目子目对应比照表"，得套用道路工程基层工程 S2-2-：1. 砾石砂垫层、2. 碎石垫层额子目。

注：

(1) 上述一项工程内容包括了砾石砂隔离层施工的全部施工工艺过程。

还可能出现《建设工程工程量清单计价规范》GB 50500—2008"表 3.3.1 措施项目一览表"中的有关清单项目，查阅《中篇　分部分项工程与措施项目第二册　措施项目 5. 措施项目(市政工程)》的释义。

(2) 如本工程定额中未包括大型机械的场外运输、安拆(打桩机械除外)、路基及轨道铺拆等，大型机械进出场运输及安拆，应列入措施项目中，参见表 4-98"道路面层工程量清单项目设置、计算规则及项目子目对应比照表"的释义；如计算，则可参照 5. 措施项目(市政工程)5.1 大型机械设备进出场及安拆(项目编码：0501)表 5-3"大型机械设备进出场选用表"的释义。

(3) 另外根据表 1-20"工程量清单、市政定额、施工工程量'算量'"，得知其间区别"在于计量的依据、计算规则、目的和计量单位的不同"，注意工程量清单综合单价的计价。

【例题 4-28】（规范型解题教案一)道路实体工程某道路工程概况仍以表 4-97"道路工程实体项目各类'算量'要素统计汇总表"提供的资料为条件所示；求该工程的道路基层厂拌粉煤灰三渣基层面积且套取定额子目?

【解题分析 4-28】

解题分析要点：根据表 1-7"清单项目的工程量'算量'"计算原则："所有清单项目的工程量应以实体工程量为准，并以完成后的净值计算；投标人投标报价时，应在单价中考虑施工中的各种损耗和需要增加的工程量；对于分部分项工程量清单项目而言，清单工程量的计算需要明确计算依据、计算规则、计量单位和计算方法"。

列项解题分析时，首先针对工程内容的规定，对拟编制的挖路基土方项目，与表 4-82"道路工程工程量清单及措施项目清单编制要点"、表 4-83"道路工程(项目编码：0402)定额编制计算规定"、表 4-86"道路基层工程量清单项目设置、计算规则及项目子目对应比照表"等是否对应的对照依据，也是检查是否重列或漏列的主要依据。

依题已知有：

(1) 水泥混凝土路面（直线段）基层结构：h=25cm 厂拌粉煤灰粗粒径三渣

(2) 沥青混凝土路面（正、斜交交叉口转角处含直线段交叉口斜交）基层结构：h=35cm 厂拌粉煤灰粗粒径三渣：

1) 水泥混凝土路面直线段：桩号：2K+493.5～2K+643.5，长度 L_1－150.0m，道路横断面中车行道宽度 B_1－14.0m；

2) 沥青混凝土路面交叉口转角处转角正交：桩号：2K+432～2K+497.5，交叉角类型—T 字形，正交中心角(度)$\alpha=90°$，正交宽度(b)=14.0m，外半径 R_1=23m、n=2 边；

3) 沥青混凝土路面交叉口转角处转角斜交：交叉角类型—X 字形，斜交中心角(度)$\alpha<75°$时，外半径 R_2=28.0m、R_4=33.0m，斜交中心角(度)$\beta>105°$时，外半径 R_1=15.0m、R_3=13.0m，b_1=26.0m。

依据上述计算要素，查表 4-3“道路垫层、基层、面层(平面交叉口)面积工程量‘算量’”，得知下列数学公式计算：

道路路基车行道整修面积(即挖土路基车行道整修面积)A=水泥混凝土路面面积(直线段)+沥青混凝土路面面积(正、斜交交叉口转角处含直线段交叉口斜交)

(1) 水泥混凝土路面面积(直线段)$A=L_1\times B_1$

$$=150.0\text{m}\times 14.0\text{m}=2100.0\text{m}^2$$

(2) 沥青混凝土路面面积(正、斜交交叉口转角处含直线段交叉口斜交)

A=(正、斜交交叉口转角处含直线段交叉口斜交)之和

1) 正交(90°)交叉口　$\Sigma A_{正}$=转角处$_{正}$+直线段$_{正}$

① 转角处$_{正}$

公式计算：

$$A_{车行道正交}=0.2146R^2\times n$$
$$=0.2146\times 23^2\times 2\text{边}=227.05\text{m}^2$$

② 直线段$_{正}$

$$A_{正}=\text{直线段长度 } l_{正}\times \text{车行道宽度 } B_1+b\times R_1$$
$$=(497.5-432)\times 14.0\text{m}+14.0\text{m}\times 23.0\text{m}=1239.0\text{m}^2$$

合计：正交(90°)交叉口　$\Sigma A_{正}$=转角处$_{正}$+直线段$_{正}$

$$=227.05\text{m}^2+1239.0\text{m}^2=1446.05\text{m}^2$$

2) 斜交($\alpha<75°$、$\beta>105°$) $\Sigma A_{斜}$=转角处$_{斜}$+直线段$_{斜}$+直线段交叉口斜交面积$_{斜}$

① 转角处$_{斜}$

公式计算：$A_{车行道斜交}=(R_2^2+R_4^2)(\tan\alpha/2-0.00873\alpha)+(R_1^2+R_3^2)(\tan\beta/2-0.00873\beta)$

$$=(28.0^2\text{m}+33.0^2\text{m})(\tan\alpha/2-0.00873\alpha)+(15.0^2\text{m}+13.0^2\text{m})(\tan\beta/2-0.00873\beta)$$
$$=473.03\text{m}^2$$

② 直线段$_{斜}$

$$A_{斜}=\text{直线段长度 } l_{1斜}\times \text{车行道宽度 } B_1$$
$$=(713-643.5)\times 14.0\text{m}=973.0\text{m}^2$$

③ 直线段交叉口斜交面积$_{斜}$

公式计算：$A_{车行道直线段交叉口斜交}=[(R_2+R_4)\times\tan75°/2+(R_1+R_3)\times\tan105°/2]\div 2\times b_1$

$$=[(28.0\text{m}+33.0\text{m})\times\tan75°/2+(15.0\text{m}+13.0\text{m})\times\tan105°/2]\div 2\times 26.0\text{m}$$
$$=1082.87\text{m}^2$$

合计：斜交($\alpha<75°$、$\beta>105°$)

$$\Sigma A_{斜}=\text{转角处}_{斜}+\text{直线段}_{斜}+\text{直线段交叉口斜交面积}_{斜}$$

$$=473.03\text{m}^2+973.0\text{m}^2+1082.86\text{m}^2=2528.89\text{m}^2$$

3）沥青混凝土路面面积（正、斜交交叉口转角处含直线段交叉口斜交）合计：

$$\Sigma A_{沥}=1446.05\text{m}^2+2528.89\text{m}^2=3974.94\text{m}^2$$

共计：道路路基车行道整修面积 A＝水泥混凝土路面面积（直线段）＋沥青混凝土路面面积（正、斜交交叉口转角处含直线段交叉口斜交）

$$\Sigma A=2100.0\text{m}^2+3974.94\text{m}^2=6074.94\text{m}^2$$

项次	项目名称及说明	计量单位	计算结果	各主要要素及计算说明	引用计算方法（释义）
1.1		厂拌粉煤灰三渣基层（项目编码：040202013001）			
项目名称：厂拌粉煤灰三渣基层（项目编码：040202013001） 1. 项目特征（描述）：——1. 厚度 h=25cm，2. 配合比，3. 石料规格（厂拌粉煤灰粗粒径三渣） 2. 工程内容（规定）：——1. 拌合，2. 铺筑，3. 找平，4. 碾压，5. 养护 3. 计量单位：——m² 4. 数量：——2100.00					
1.1.1	粉煤灰三渣	m²	2100.00	1. 根据表 4-72 道路基层及垫层不扣除各种井位所占面积。 2. 粉煤灰三渣面积为道路基层车行道整修面积，同本表 2 项次； 3. 其中：h=25cm 厂拌粉煤灰粗粒径三渣基层为水泥混凝土路面面积（直线段），同本表 2.4 项次；【A=2100.0m²】 4. 其中：h=35cm 厂拌粉煤灰粗粒径三渣基层为沥青混凝土路面面积之和，同本表 2.5 项次。【A=3868.94m²】	请参见表 4-97“道路工程实体项目各类‘算量’要素统计汇总表”、表 4-82“道路工程工程量清单及措施项目清单编制要点”
1.2		厂拌粉煤灰三渣基层（项目编码：040202013002）			
项目名称：厂拌粉煤灰三渣基层（项目编码：040202013002） 1. 项目特征（描述）：——1. 厚度 h=35cm，2. 配合比，3. 石料规格（厂拌粉煤灰粗粒径三渣） 2. 工程内容（规定）：——1. 拌合，2. 铺筑，3. 找平，4. 碾压，5. 养护 3. 计量单位：——m² 4. 数量：——3868.94					
1.2.1	厂拌粉煤灰三渣基层	m²	3868.94	h=35cm 厂拌粉煤灰粗粒径三渣基层为沥青混凝土路面面积之和，同本表 2.5 项次。【A=3868.94m²】	请参见表 4-97“道路工程实体项目各类‘算量’要素统计汇总表”、表 4-82“道路工程工程量清单及措施项目清单编制要点”

得：（1）该工程的厂拌粉煤灰三渣基层面积 A 为 6074.94m²。

（2）查表 4-86“道路基层工程量清单项目设置、计算规则及项目子目对应比照表”，得套用道路工程基层工程 S2-2-：7. 粉煤灰三渣基层（厂拌粉煤灰粗粒径三渣基层）定额子目。

注：（1）上述两项工程内容包括了厂拌粉煤灰三渣基层施工的全部施工工艺过程。

还可能出现《建设工程工程量清单计价规范》GB 50500—2008“表 3.3.1 措施项目一览表”中的有关清单项目，查阅《中篇　分部分项工程与措施项目第二册　措施项目 5. 措施项目（市政工程）》的释义。

（2）如本工程定额中未包括大型机械的场外运输、安拆（打桩机械除外）、路基及轨道铺拆等，大型机械进出场运输及安拆，应列入措施项目中，参见表 4-98“道路面层工程量清单项目设置、计算规则及项目子目对应比照表”的释义；如计算，则可参照 5. 措施项目（市政工程）5.1 大型机械设备进出场及安拆（项目编码：0501）表 5-3“大型机械设备进出场选用表”的释义。

（3）本基层车行道面积的计算结论数值可为一算多用，除基层面积外，如挖一般土方（项目编码：040101001）中的道路挖土路基车行道整修面积、填方（项目编码：040103001）中的整修路基，还有面层车行道面积尚属此数值。

(4) 而挖一般土方、填方项目中的整修路基项目套取道路工程路基工程 S2-1-：17. 整修路基①车行道定额子目。

(5) 但依据所整修路基土的类别，填入表 4-97“道路工程实体项目各类‘算量’要素统计汇总表”统计各计算要素。

(6) 另外根据表 1-20“工程量清单、市政定额、施工工程量‘算量’”，得知其间区别“在于计量的依据、计算规则、目的和计量单位的不同”，注意工程量清单综合单价的计价。

4.2.4　道路面层(项目编码：040203)

道路面层工程量清单项目设置、计算规则及项目子目对应比照见表 4-98。

道路面层工程量清单项目设置、计算规则及项目子目对应比照表　　　　**表 4-98**

道路面层(项目编码：040203)

项目编码	项目名称	项目特征	计量单位	工程量计算规则	工程内容	分部工程项目、名称(所在《市政工程预算定额》册、章、节)
040203001	沥青表面处治	1. 沥青品种 2. 层数	m^2	按设计图示尺寸以面积计算，不扣除各种井所占面积	1. 洒油 2. 碾压	
040203002	沥青贯人式	1. 沥青品种 2. 厚度			1. 洒油 2. 碾压	
040203003	黑色碎石	1. 沥青品种 2. 厚度 3. 石料最大粒径			1. 洒铺底油 2. 铺筑 3. 碾压	道路工程道路面层 S2-3-： 4. 沥青透层 5. 沥青混凝土封层(砂砾式) 3. 沥青碎石面层(人工、机械摊铺)
040203004	沥青混凝土	1. 沥青品种 2. 石料最大粒径 3. 厚度			1. 洒铺底油 2. 铺筑 3. 碾压	道路工程道路面层 S2-3-：6. 沥青混凝土面层 ① 人工、机械摊铺粗粒式 ② 人工、机械摊铺中粒式 ③ 人工、机械摊铺细粒式 ④ 人工、机械摊铺砂粒式 ⑤ 机械摊铺细粒粒式防滑层
040203005	水泥混凝土	1. 混凝土强度等级、石料最大粒径 2. 厚度 3. 掺合料 4. 配合比			1. 传力杆及套筒制作、安装 2. 混凝土浇筑 3. 拉毛或压痕 4. 伸缝 5. 缩缝 6. 锯缝 7. 嵌缝 8. 路面养护	道路工程道路面层 S2-3-：7. 混凝土面层 ① 混凝土 ② 商品混凝土 ③ 钢纤维混凝土 道路工程道路面层 S2-3-：8. 混凝土路面锯纹及纵缝切缝 ① 锯纹 ② 纵缝切缝
040203006	块料面层	1. 材质 2. 规格 3. 垫层厚度 4. 强度			1. 铺筑垫层 2. 铺砌块料 3. 嵌缝、勾缝	
040203007	橡胶、塑料弹性面层	1. 材料名称 2. 厚度			1. 配料 2. 铺贴	

注：1. 选自国家标准《建设工程工程量清单计价规范》GB 50500—2008“附录 D 市政工程工程量清单项目及计算规则”及《〈建设工程工程量清单计价规范〉上海市市政工程操作指南》；
2. 基层及面层铺筑厚度为压实厚度；
3. 定额中的混凝土及砂浆均采用强度等级表示，混凝土采用“C”表示，砂浆用“M”表示；如定额中强度等级与设计强度等级不同时，可按设计强度等级进行换算；
4. 定额中列出混凝土消耗量，但未列出级配材料的用量，级配材料用量可根据“上海市建设工程普通混凝土、砂浆强度等级配合比表(2000)”计算；
5. 定额中现浇混凝土分列出现浇混凝土、预制混凝土、预拌(商品)混凝土(泵送、非泵送混凝土)子目，预拌(商品)混凝土请参阅 4.3 桥涵护岸工程（项目编码：0403)中表 4-24“商品混凝土计算”释义；
6. 定额中未包括大型机械的场外运输、安拆(打桩机械除外)、路基及轨道铺拆等，如计算，则请参阅 5. 措施项目(市政工程)5.1 大型机械设备进出场及安拆(项目编码：0501)表 5-3“大型机械设备进出场选用表”。

4.2.4.1　沥青混凝土(项目编码：040203004)

沥青混凝土路面施工工艺流程见图 4-82，摊铺沥青混凝土机械化工作过程见图 4-83。

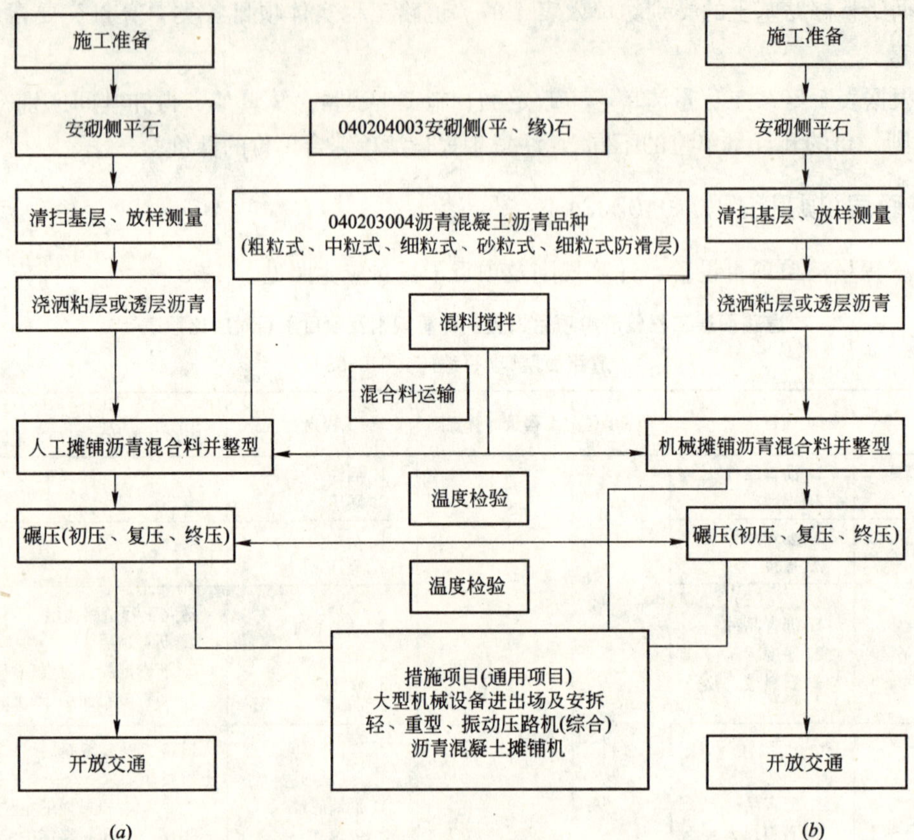

图 4-82　沥青混凝土路面(热拌沥青混合料)施工工艺流程图

(a)人工施工；(b)机械施工

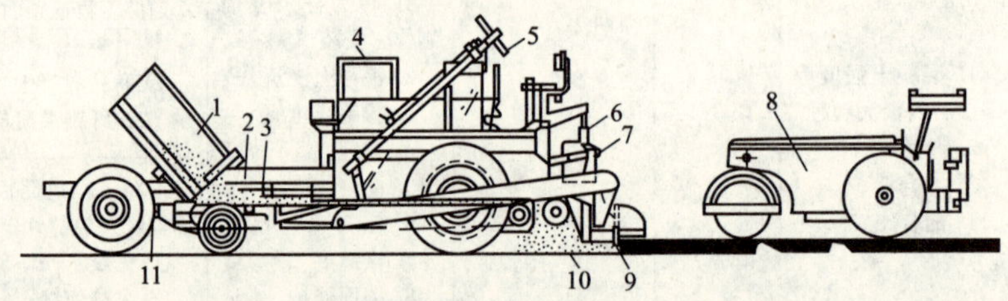

图 4-83　摊铺沥青混凝土机械化工作过程

1—自卸车；2—摊铺机料斗；3—刮板输送机；4—发动机；5—转向机；6—熨平板升降装置；7—调整螺杆；8—压路机；9—熨平板；10—螺旋摊铺器；11—推动滚轮

(1) 计量单位：m^2

(2) 工程量计算规则：按设计图示尺寸以面积计算，不扣除各种井所占面积

工程数量计算公式：(表 4-96“道路基层工程数量计算公式”的释义)

1) 同基层及垫层车行道面积；

2) 直线段依据 $L\times b$ 及直线段交叉口(正交暨斜交)$L_{pj}\times b_1$ 面积算量公式；

3) 交叉口依据正交暨斜交转角面积算量公式；

4) 同时依据《道路通用图》及《计算规则》面层不扣除各种井位所占面积及带平石的面层应扣除平石面积计算；

5) 摊铺面积(m^2)＝车行道整修面积－平石面积($L\times b$、平石宽度 b＝30cm)

6)《市政工程预算定额》中未包括大型机械的场外运输、安拆(打桩机械除外)、路基及轨道铺拆等;大型机械的场外运输、安拆(打桩机械除外)、路基及轨道铺拆等详见 5. 措施项目(市政工程)5.1 大型机械设备进出场及安拆;按【ZSM21-】计取。

城市道路柔性(沥青混凝土)面层侧石通用结构见图 4-84。

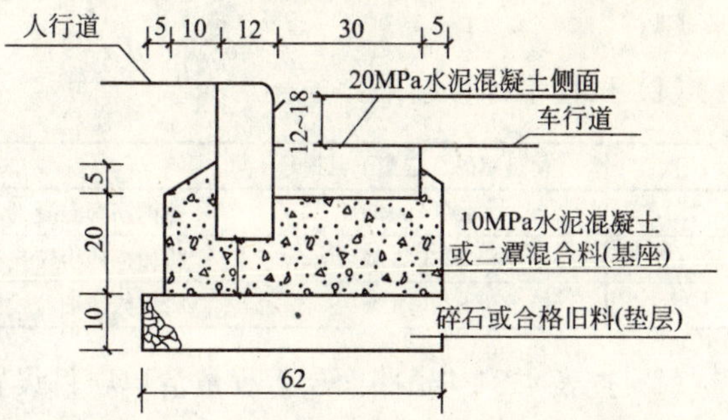

图 4-84　城市道路柔性(沥青混凝土)面层侧石通用结构图

【例题 4-29】(规范型解题教案一)道路实体工程某道路工程概况仍以表 4-97"道路工程实体项目各类'算量'要素统计汇总表"提供的资料为条件所示;求该工程的道路摊铺沥青混凝土面积且套取定额子目?

【解题分析 4-29】

解题分析要点:根据表 1-7"清单项目的工程量'算量'"计算原则:"所有清单项目的工程量应以实体工程量为准,并以完成后的净值计算;投标人投标报价时,应在单价中考虑施工中的各种损耗和需要增加的工程量;对于分部分项工程量清单项目而言,清单工程量的计算需要明确计算依据、计算规则、计量单位和计算方法"。

列项解题分析时,首先针对工程内容的规定,对拟编制的挖路基土方项目,与表 4-82"道路工程工程量清单及措施项目清单编制要点"、表 4-84"道路工程(项目编码:0402)定额编制计算规定"、表 4-98"道路面层工程量清单项目设置、计算规则及项目子目对应比照表"等是否对应的对照依据,也是检查是否重列或漏列的主要依据。

依题已知有:

查表 4-97"道路工程实体项目各类'算量'要素统计汇总表",得知如下参数:

(1) 沥青混凝土路面面积(正、斜交交叉口转角处含直线段交叉口斜交)之和面积 A＝3868.94m^2;

(2) 沥青混凝土路面长度(正、斜交交叉口转角处含直线段交叉口斜交段)之和 L＝263.39m;

(3) 平石宽度 b 为 0.3m;

(4) 路面面层结构:粗粒式沥青混凝土(厚 h_1＝5cm)、细粒式沥青混凝土(厚 h_2＝3cm);

(5) 采用机械摊铺。

项次	项目名称 及说明	计量 单位	计算 结果	各主要要素及计算说明	引用计算方法 (释义)
1.1		摊铺沥青混凝土(项目编码:040203004001)			
项目名称:摊铺沥青混凝土(项目编码:040203004001) 1. 项目特征(描述):——1. 沥青品种(AC-30)2. 石料最大粒径(粗粒式)3. 厚度 h＝5cm 2. 工程内容(规定):——1. 洒铺底油 2. 铺筑 3. 碾压 3. 计量单位:——m^2 4. 数量:——3751.99					
1.1.1	摊铺 沥青混凝土	100m^2	37.5199	1. 查表 4-82,得道路面层铺筑按设计面积计算。带平石的面层应扣除平石面积计算。面层不扣除各类井位所占面积。 2. 沥青混凝土面层带平石的面层应扣除平石面积计算; 3. 沥青混凝土原、现级配调整,参见本丛书之三《常用数据手册》"沥青混凝土原、现级配调整表"; 4. 摊铺 h＝5cm AC-30 机械摊铺粗粒式沥青混凝土及 h＝3cm,AC-15 机械摊铺细粒式沥青混凝土面层,同沥青混凝土路面面积 A＝(正、斜交交叉口转角处含直线段交叉口斜交)之和－沥青混凝土路面长度(正、斜交交叉口转角处含直线段交叉口斜交段)之和×平石宽度 【A＝3868.94m^2－(263.39m×0.3m)＝3789.92m^2】	请参见表 4-97"道路工程实体项目各类'算量'要素统计汇总表"、表 4-82"道路工程工程量清单及措施项目清单编制要点"、本丛书之三《常用数据手册》"沥青混凝土原、现级配调整表"

得：

(1) 工程量计算结果：

项次	项目编码、定额子目编号	工　程　内　容	计量单位	工程数量
1.1	040203004001	摊铺沥青混凝土	m^2	2100.0
1.1.1	S2-3-20 换	机械摊铺粗粒式沥青混凝土(厚 5cm)	$100m^2$	37.51
1.1.2	S2-3-24 换	机械摊铺细粒式沥青混凝土(厚 3cm)	$100m^2$	37.51

(2) 查表 4-84“道路面层工程量清单项目设置、计算规则及项目子目对应比照表”，得套用道路工程道路面层 S2-3-：7. 混凝土面层①混凝土②商品混凝土③钢纤维混凝土 8. 混凝土路面锯纹及纵缝切缝①锯纹②纵缝切缝定额子目。

注：

(1) 上述两项工程内容包括了摊铺沥青混凝土施工的全部施工工艺过程。

还可能出现《建设工程工程量清单计价规范》GB 50500—2008“表 3.3.1 措施项目一览表”中的有关清单项目，查阅《中篇　分部分项工程与措施项目第二册　措施项目 5. 措施项目(市政工程)》的释义。

(2) 如本工程定额中未包括大型机械的场外运输、安拆(打桩机械除外)、路基及轨道铺拆等，大型机械进出场运输及安拆，应列入措施项目中，参见表 4-98“道路面层工程量清单项目设置、计算规则及项目子目对应比照表”的释义；如计算，则可参照 5. 措施项目(市政工程)5.1 大型机械设备进出场及安拆(项目编码：0501)表 5-3“大型机械设备进出场选用表”的释义。

(3) 另外根据表 1-20“工程量清单、市政定额、施工工程量‘算量’”，得知其间区别“在于计量的依据、计算规则、目的和计量单位的不同”，注意工程量清单综合单价的计价。

4.2.4.2　项目名称：水泥混凝土(项目编码：040203005)

工程内容：(1)传力杆及套筒制作、安装，(2)混凝土浇筑，(3)拉毛或压痕，(4)伸缝，(5)缩缝，(6)锯缝，(7)嵌缝，(8)路面养护。

水泥混凝土路面施工工艺流程见图 4-85，其施工程序示意见图 4-86，路面接缝设置见图 4-87，板块划分示意见图 4-88。

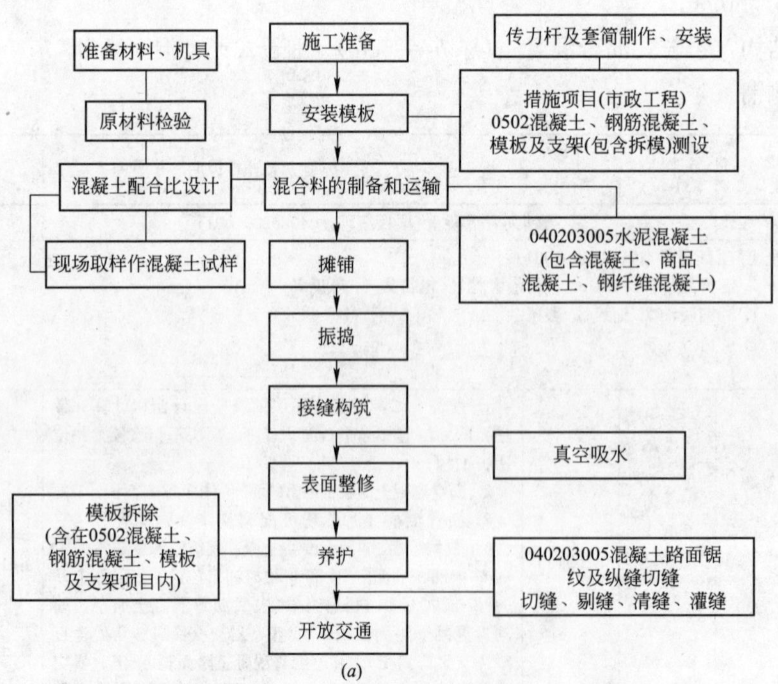

(a)

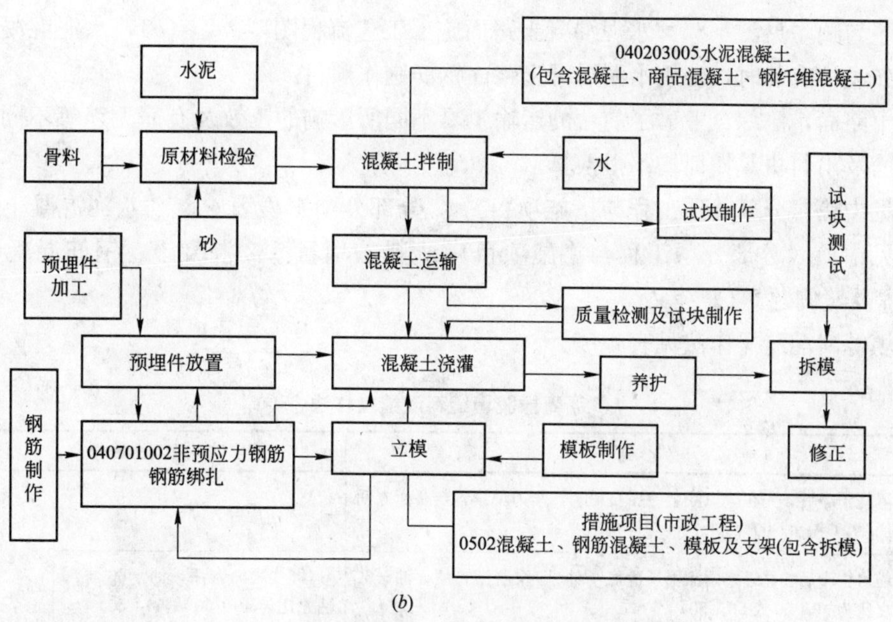

(*b*)

图 4-85　水泥混凝土路面施工工艺流程图

(*a*)水泥混凝土路面；(*b*)钢筋混凝土路面

图 4-86　水泥混凝土路面施工程序示意图

1—行夯；2—真空吸水泵；3—吸水垫(盖垫和尼龙滤布)；4—抹光机(成活器)；5—刷纹机(拉毛器)；6—切缝机；7—搅拌机

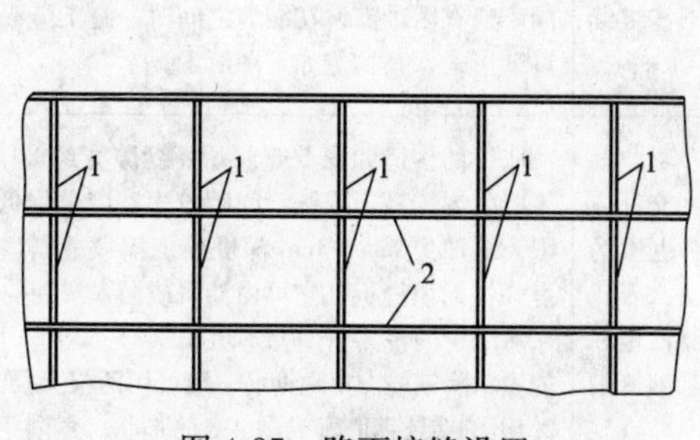

图 4-87　路面接缝设置

1—横缝；2—纵缝

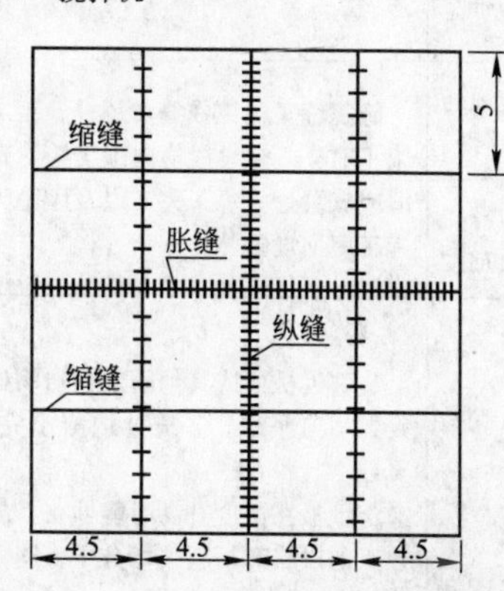

图 4-88　板块划分示意图(单位：m)

各施工工序与顺序见图 4-85“水泥混凝土路面施工工艺流程图”(*a*)、(*b*)，水泥混凝土路面中未包括钢筋用量。如设计有筋时，套用水泥混凝土路面钢筋制作项目。

水泥混凝土路面，已综合考虑了前台的运输工具不同所影响的工效及有筋无筋等不同的工效。施工中无论有筋无筋及出料机具如何均不得换算。

钢筋工程见中篇《分部分项工程与措施项目》4. 分部分项工程表 4-86“水泥混凝土面层钢筋”释义；模板工程见中篇《分部分项工程与措施项目》5. 措施项目 5.2 混凝土、钢筋混凝土模板及支架 5.2.1 道路工程及【例题 5-1】释义。

沥青橡胶填缝料灌缝操作法见表 4-99。

沥青橡胶填缝料灌缝操作法　　**表 4-99**

顺序	操作步骤	使用材料及工具	图　示
1	缝内清理干净后，先在缝口涂上一层石粉水，作为填缝料与路面之间的防粘剂(水∶粉＝2∶1)	防粘剂(水∶粉＝2∶1)	图 4-89
2	待石粉水稍干后，在缝壁内涂甲层冷底子油(即快凝沥青漆，油－60与汽油之比为 40∶60 或 50∶50)	(即快凝沥青漆，油－60 与汽油之比为 40∶60 或 50∶50)	
3	用温度为 180～220℃的填缝料灌入缝中，可用如图 4-89 所示灌缝小车；灌缝一般高于板面 1～2mm，冷却后用烙铁烫平并洒上少量石粉	少量石粉、灌缝小车	

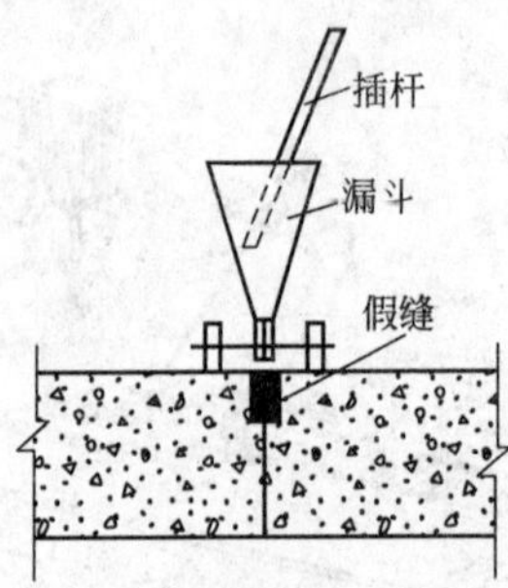

图 4-89　沥青橡胶填缝料灌缝

水泥混凝土路面接缝的种类及构造见表 4-100。

水泥混凝土路面接缝的种类及构造　　**表 4-100**

类型			说　明	构　造
横缝	缩缝(假缝)	设传力杆	缩缝一般每隔 4～6m 设置一道，常采用假缝形式	即只在板的上部设缝隙，当板收缩时将沿此最薄弱断面自行断裂。横向缩缝顶部应锯切槽口，深度为面层厚度的 1/5～1/4，宽度为 3～8mm，槽内填塞填缝料，以防水下渗及石砂等杂物进入缝内
		不设传力杆		
	施工缝(工作缝)	设传力杆的平缝	施工缝又叫工作缝，每日施工结束或因临时原因中断施工时，必须设置横向施工缝，其位置应尽可能选在缩缝或胀缝处。每天完工以及因雨天或其他原因不能继续施工时而设置	设在缩缝处的施工缝，应采用传力杆的平缝形式，其构造如下图所示；设在胀缝处的施工缝，其构造与胀缝相同，遇有困难需设在缩缝之间时，施工缝采用设拉杆的企口缝形式，其构造如下图所示。
		设拉杆的企口缝		
	胀缝(真缝)		在邻近桥梁或其他固定构造物处或其他道路相交处应设置横向胀缝。胀缝处混凝土完全断开，因而也称为真缝。 保证板在温度升高时能伸张，从而避免产生路面板在热天的拱胀和折断破坏分子，同时胀缝也能起到缩缝的作用	胀缝的构造如图 5-5 所示。缝隙宽约 20～25mm。如施工时气温较高，或胀缝间距较短，应采用低限；反之用高限。缝隙上部 3～4cm 深度内浇灌填缝料，下部则设置富有弹性的填缝板扎它可由油浸或沥青浸制的软木板制成。 胀缝中的传力杆一般采用长 40～50cm，直径 28～38mm 的置角隅钢筋。角隅钢筋一般可用两根直径 12～14mm、长 2.4m 的螺纹钢筋弯成图 4-8 的形状。角隅钢筋应设在板的上部，距板顶面不小于 5cm，距胀缝和板边缘各为 10cm

续表

类型		说　明	构　造
纵缝	纵向施工缝	纵缝是指平行于路面行车方向的接缝。 水泥混凝土路面的纵缝处板厚中央应设置拉杆，拉杆应采用螺纹钢筋，并应对拉杆中部 100mm 范围内进行防锈处理。拉杆的长度 70～80cm，直径 14～16mm，间距为 40～90cm，但最外侧的拉杆距横向接缝的距离不得大于 10cm	纵缝间距一般按 3～4.5m 设置，这对行车和施工都较方便。一次铺筑宽度小于路面宽度时，应设置纵向施工缝。纵向施工缝采用平缝形式，上部应锯切槽口，深度为 30～40mm，宽度为 3～8mm，槽内灌塞填缝料，构造如下图所示；一次铺筑宽度大于 4.5m 时，应设置纵向缩缝
	纵向缩缝	纵向缩缝采用假缝形式，锯切的槽口深度应大于施工缝的槽口深度	采用粒料基层时，槽口深度应为板厚的 1/3；采用半刚性基层时，槽口深度为板厚的 2/5 其构造如下图所示

类　型			图　示
横　缝	缩缝(假缝)	设传力杆	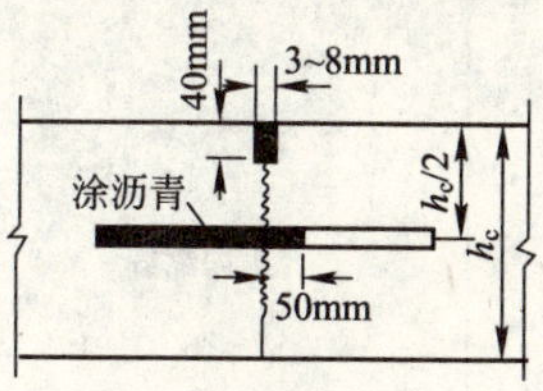 40mm；3~8mm；涂沥青；$h_c/2$；h_c；50mm
		不设传力杆	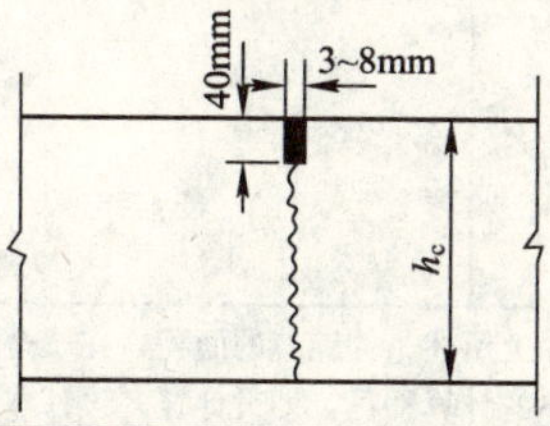 40mm；3~8mm；h_c
	施工缝(工作缝)	设传力杆的平缝	
		不设传力杆	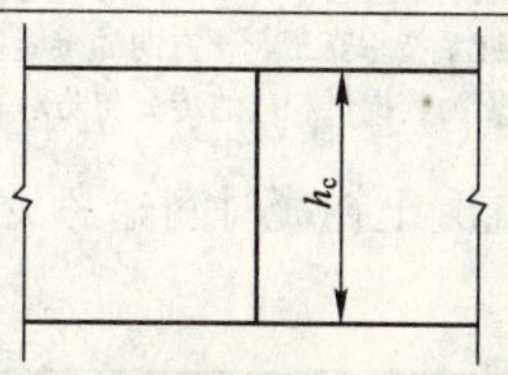 h_c
		设拉杆的企口缝	
	胀缝(真缝)	设传力杆的胀缝	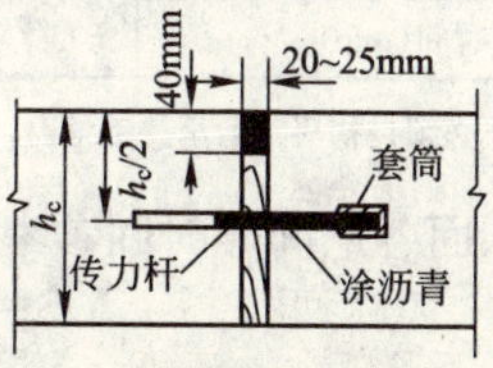 40mm；20~25mm；$h_c/2$；h_c；套筒；传力杆；涂沥青
		不设传力杆的胀缝	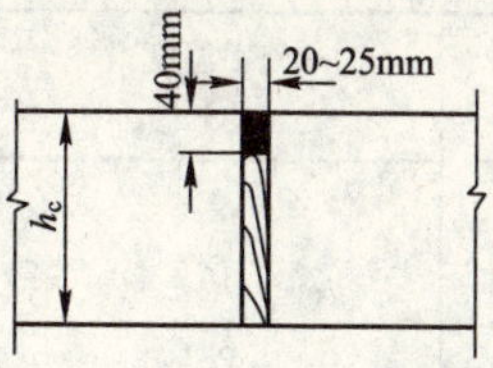 40mm；20~25mm；h_c
		加边缘钢筋的胀缝	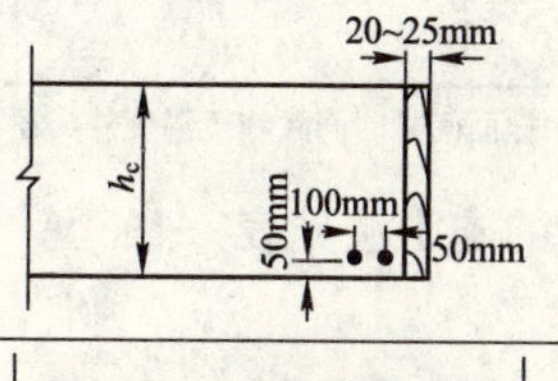 20~25mm；h_c；100mm；50mm；50mm
纵　缝	纵缝构造	加拉杆企口缝	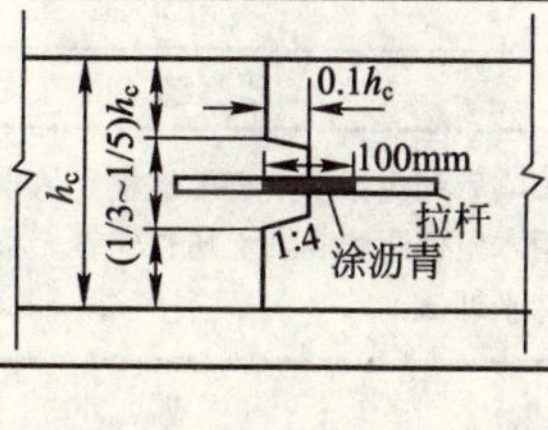 0.1h_c；h_c；(1/3~1/5)h_c；100mm；1:4；拉杆；涂沥青

续表

类型			图示
纵缝	纵缝构造	加拉杆平缝	涂沥青；h_c；$h_c/2$；100mm；拉杆
	纵向施工缝		
	纵向缩缝	设拉杆纵向缩缝	3~8mm；50mm；$h_c/2$；h_c；100mm；拉杆；涂沥青
		不设拉杆纵向缩缝	3~8mm；50mm；h_c

注：1. 综上所述，伸缩缝的面积，在《全国统一市政工程预算定额》(1999)定额中指的是缝的断面积，以面积为计量单位；设计宽乘以设计厚的计算即得，即设计宽×设计厚；
2. 横缝系指垂直于行车方向的接缝；
3. 纵缝系指垂直于行车方向的接缝；
4. 必须为其提供相应的传荷与防水的设施。

水泥混凝土初凝时间参考见表4-101。

水泥混凝土初凝时间参考表　　**表4-101**

施工温度(℃)	20	15	10
初凝时间(min)	45	60	90

注：混凝土必须在初凝前运至摊铺地点，并有足够摊铺、振捣和抹面时间。

收水抹面各遍间隔时间参考表4-102。

收水抹面各遍间隔时间参考表　　**表4-102**

水泥品种	施工温度(℃)	间隔时间(min)	水泥品种	施工温度(℃)	间隔时间(min)
普通水泥	0	35～45	矿渣水泥	0	55～70
	10	30～35		10	40～55
	20	15～25		20	25～40
	30	10～15		30	15～25

注：收水抹面间隔时间除施工温度外，还与日照、风力、水泥用量等各种因素有关，实际操作时还须据情况确定。

缩缝的施工法见表4-103。

缩缝的施工法　　**表4-103**

压缝法	切缝法
混凝土经振实后利用振动梁将压缝板压入混凝土中，待混凝土收水抹平后，再用木条把两侧混凝土压住，轻轻取出压缝板，用铁抹子将混凝土表面抹平即成	在混凝土板浇筑后，经养护使混凝土达到一定强度时，采用切缝机按缩缝位置切割而成。切缝时应准确掌握切缝时间及切缝深度，切缝时间参考表4-104

切缝机开始切缝时间参考 4-104。

切缝机开始切缝时间参考表　　**表 4-104**

序号	昼夜平均气温(℃)	开始切缝时间(d)	序号	昼夜平均气温(℃)	开始切缝时间(d)
1	5	4	4	20	1.5
2	10	3	5	25 以上	1
3	15	2			

注：1. 开始切缝时间指混凝土抹面成活后所经的时间；
2. 切缝时应做到“宁早不晚，宁深不浅”；
3. 为减少早期裂缝，切缝时可采用“跳仓法”，即每隔几块切一缝，然后再逐块锯切。

城市道路刚性(水泥混凝土)面层侧石通用结构见图 4-90。

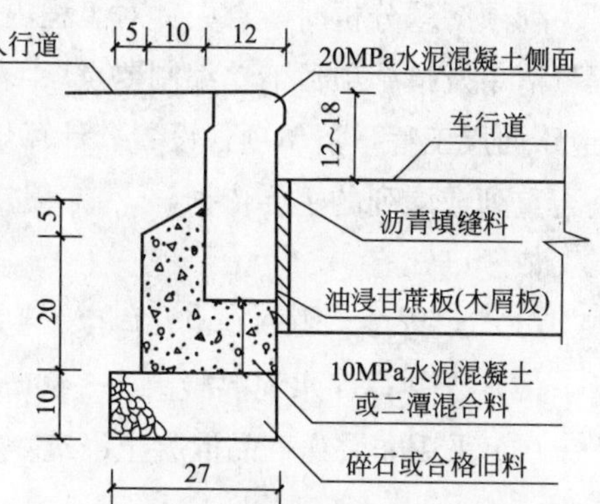

图 4-90　城市道路刚性(水泥混凝土)面层侧石通用结构图

(1) 计量单位：m^2

(2) 工程计算规则：按设计图示尺寸以面积计算，不扣除各种井所占面积

工程数量计算公式：

1) 同车行道人工整修面积；

2) 直线段依据 $L \times b$ 及直线段交叉口(正交暨斜交)$L_{pj} \times b_1$ 面积算量公式(4-5)；

3) 交叉口依据正交暨斜交转角面积算量公式(4-6～8)；

4) 同时依据《道路通用图》及《计算规则》面层不扣除各种井位所占面积。

(3) 项目特征：① 混凝土强度等级、石料最大粒径，②厚度，③掺合料，④配合比

1) 依据总说明混凝土及砂浆强度等级与设计强度等级不同时，可按设计强度等级进行换算的计算方法(表 4-105)；

水泥混凝土路面用水泥的强度等级与品种选用表　　**表 4-105**

交通等级	混凝土设计抗折强度 $f_{cf,k}$(MPa)	水泥强度等级与品种	交通等级	混凝土设计抗折强度 $f_{cf,k}$(MPa)	水泥强度等级与品种
特重	5.0	52.5P，52.5D	中等	4.5	42.5PO，42.5D，52.5PS
重	5.0	52.5P，52.5PO，52.5D，42.5D	轻	4.0	42.5PO，42.5PS

注：选自(GBJ 97—94)。

2) 混凝土强度等级、石料最大粒径及配合比详见下篇“常用计算数据”7. 市政工程材料库 7.2 混凝土、砂浆强度等级配合比表。

(4) 水泥(钢筋)路面的混凝土拌料路面、水平运输、真空吸水等机械设备配置(图 4-91)

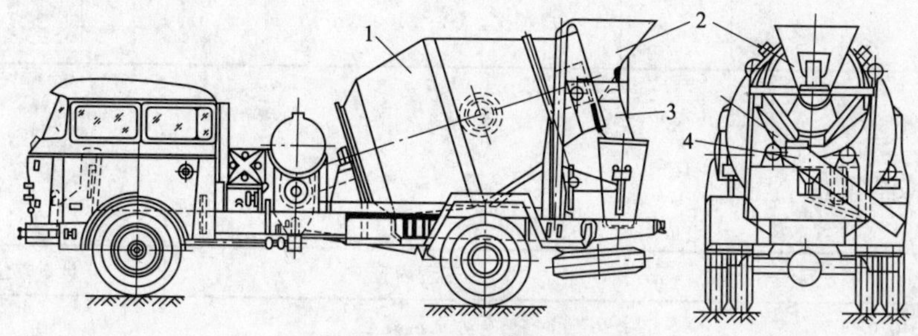

图 4-91　混凝土搅拌输送车

1—拌筒；2—进料斗；3—卸料斗；4—卸料溜槽混凝土搅拌输送车

【例题 4-30】（规范型解题教案一）道路实体工程某道路工程概况仍以表 4-83“道路工程实体项目各类‘算量’要素统计汇总表”提供的资料为条件所示；求该工程的道路浇筑水泥混凝土面积且套取定额子目？

【解题分析 4-30】

解题分析要点：根据表 1-7“清单项目的工程量‘算量’”计算原则：“所有清单项目的工程量应以实体工程量为准，并以完成后的净值计算；投标人投标报价时，应在单价中考虑施工中的各种损耗和需要增加的工程量；对于分部分项工程量清单项目而言，清单工程量的计算需要明确计算依据、计算规则、计量单位和计算方法”。

列项解题分析时，首先针对工程内容的规定，对拟编制的挖路基土方项目，与表 4-82“道路工程工程量清单及措施项目清单编制要点”、表 4-84“道路工程(项目编码：0402)定额编制计算规定”、表 4-98“道路面层工程量清单项目设置、计算规则及项目子目对应比照表”等是否对应的对照依据，也是检查是否重列或漏列的主要依据。

依题已知有：

(1) 面积 $A=2100.0\text{m}^2$、厚度 $h=20\text{cm}$、一块板长度×宽度(5.0m×3.5m)/块

(2) 结构 C35 水泥混凝土(5～40mm)

(3) 采用非泵送商品混凝土浇筑

项次	项目名称及说明	计量单位	计算结果	各主要要素及计算说明	引用计算方法(释义)
1.1				浇筑水泥混凝土(项目编码：040203005)	
项目名称：浇筑水泥混凝土(项目编码：040203005) 1. 项目特征(描述)：——1. 混凝土强度等级、石料最大粒径，2. 厚度，3. 掺合料，4. 配合比 2. 工程内容(规定)：——1. 传力杆及套筒制作、安装，2. 混凝土浇筑，3. 拉毛或压痕，4. 伸缝，5. 缩缝，6. 锯缝，7. 嵌缝，8. 路面养护 3. 计量单位：——m^3 4. 数量：——2100.0					
1.1.1	浇筑水泥混凝土	100m^2	2100.0	1. 查表 4-83 水泥混凝土路面结构层：$h=20\text{cm}$ C35 水泥混乱混凝土(5～40mm)，一块板长度×宽度(5.0m×3.5m)/块，采用商品混凝土浇筑； 2. 查，得知“1. 道路面层铺筑按设计面积计算 2. 横断面宽度计算：带平石的面层应扣除平石面积计算；若遇路堤施工时，以路肩上路边石(路边线)内侧宽度计算 3. 面层不扣除各类井位所占面积” 3. 以设计长度乘以横断面宽度计算，水泥混凝土路面横断面宽度，以侧石内侧宽度计算； 4. 现场现浇混凝土配合比参见本丛书之三《常用数据手册》“现场现浇混凝土配合比”； 5. 浇筑 $h=20\text{cm}$，C30 非泵送商品混凝土(5～40mm)$h=20\text{cm}$ 为水泥混凝土路面面积(直线段)，同表 4-97 项次。【$A=2100.0\text{m}^2$】	请参见表 4-97“道路工程实体项目各类‘算量’要素统计汇总表”、表 4-82“道路工程工程量清单及措施项目清单编制要点”

得：

(1) 工程量计算结果：

项次	项目编码、定额子目编号	工程内容	计量单位	工程数量
1.1	040203005	水泥混凝土	m^2	2100.0
1.1.1	S2-3-32(换)	水泥混凝土	100m^2	21.00

续表

项次	项目编码、定额子目编号	工程内容	计量单位	工程数量
1.1.2	S2-3-39	混凝土路面锯纹	$100m^2$	21.00
1.1.3	S2-3-40	混凝土路面纵缝切缝	$100m^2$	21.00

(2) 查表 4-98“道路面层工程量清单项目设置、计算规则及项目子目对应比照表”，得套用道路工程道路面层 S2-3-：7. 混凝土面层①混凝土②商品混凝土③钢纤维混凝土 8. 混凝土路面锯纹及纵缝切缝①锯纹②纵缝切缝定额子目。

注：

(1) 上述三项工程内容包括了挖路基土方施工的全部施工工艺过程。

但应注意，上述项目中未包括水泥混凝土路面面层构造钢筋、钢筋网片、道路水泥混凝土面层模板，故应对照 4.7 钢筋工程(项目编码：040701)及 5.2 混凝土、钢筋混凝土模板及支架(项目编码：0502)，另外增列非预应力钢筋、道路水泥混凝土面层模板的分部分项清单项目，否则就属于漏列。

(2) 请参阅 4.7 钢筋工程(项目编码：040701) 中【解题分析 4-30】水泥混凝土路面面层的构造钢筋钢筋网片，5.2 混凝土、钢筋混凝土模板及支架(项目编码：0502)中一、现浇构件【解题分析 5-1】水泥混凝土与模板接触面面积；

(3) 另外根据表 1-20“工程量清单、市政定额、施工工程量‘算量’”，得知其间区别“在于计量的依据、计算规则、目的和计量单位的不同”，注意工程量清单综合单价的计价。

附：其他类型水泥混凝土路面简介

干硬性混凝土：水灰比较小，坍落度极小，经强力振捣成型后强度较高的水泥混凝土。

轻质混凝土：采用轻质骨料的水泥混凝土。

(1) 振动灌浆水泥混凝土路面

振动灌浆水泥混凝土路面：振动灌浆水泥混凝土路面是由振动灌浆法铺筑而成的水泥混凝土面层，其主要特点是先将主层砾石铺于模板内，然后铺筑水泥砂浆，利用振动作用将砂浆振入碎石层中达到凝结而成为混凝土。适宜于车辆荷载较轻，交通量不大，工程量较小的工程，具有所需设备简单，节约水泥、节省费用、施工简便等优点。

(2) 装配式混凝土路面

装配式水泥混凝土路面：装配式水泥混凝土路面是在工厂中把混凝土预制成板块，运至工地现场装配铺筑而成，这种路面的优点：板块可以全部加工生产，不受气温的影响，质量容易保证，而且施工速度快，铺筑完毕后即可通车，破坏后易于拆换修理。因此，它较适用于城市道路、厂矿道路、行车站场和软弱地基土上，但路面接缝太多，且整体性差，容易引起行车颠簸跳动。

(3) 钢筋混凝土路面

钢筋混凝土：配置有受力钢筋的水泥混凝土。

钢筋混凝土路面：钢筋混凝土路面是指板内配置有纵横向钢筋(或钢丝)网的混凝土路面，设置钢筋网的主要目的是控制裂缝缝隙的张开量，把开裂的板拉在一起，使板依靠在断裂面上的骨料嵌锁作用而保证结构强度，并非增加板的抗弯强度。因而，钢筋混凝土板所需的厚度与素混凝土板的厚度相同，适用于当混凝土板的平面尺寸较大，或者预计路基或基层可能产生不均匀沉降、沉陷；或者板下面有地下设施等情况时，宜采用钢筋混凝土路面。

4.2.5　人行道及其他(项目编码：040204)

人行道及其他工程量清单项目设置、计算规则及项目子目对应比照见表 4-106。

人行道及其他工程量清单项目设置、计算规则及项目子目对应比照表　　表 4-106

人行道及其他(项目编码：040204)

项目编码	项目名称	项目特征	计量单位	工程量计算规则	工程内容	分部工程项目、名称（所在《市政工程预算定额》册、章、节）
040204001	人行道块料铺设非连锁型、连锁型彩色预制块	1. 材料 2. 尺寸 3. 垫层材料品种、厚度、强度 4. 图形	m^2	按设计图示尺寸以面积计算，不扣除各种井所占面积	1. 整形碾压 2. 垫层、基础铺设 3. 块料铺设	道路工程附属设施 S2-4-： 1. 预制人行道板 2. 铺筑预制人行道(预制人行道) 2. 基础铺设 1. 人行道基础(混凝土、商品混凝土、细级配三渣、级配碎石、道渣) 3. 铺筑预制人行道 ① 非连锁型彩色预制块(砂浆连接层、黄砂连接层) ② 连锁型彩色预制块(砂浆连接层、黄砂连接层)
040204002	现浇混凝土人行道及进口坡现浇斜坡	1. 混凝土强度等级、石料最大粒径 2. 厚度 3. 垫层、基础：材料品种、厚度、强度			1. 整形碾压 2. 垫层、基础铺设 3. 混凝土浇筑 4. 养护	道路工程附属设施 S2-4-： 1. 人行道基础铺设 1. 人行道基础(混凝土、商品混凝土、细级配三渣、级配碎石、道渣) 2. 现浇人行道 3. 现浇人行道(人行道) 3. 现浇彩色人行道 3. 现浇人行道(彩色人行道) ① 纸模 ② 压模 4. 现浇斜坡 3. 现浇人行道(斜坡)
040204003	安砌侧(平、缘)石	1. 材料 2. 尺寸 3. 形状 4. 垫层、基础：材料品种、厚度、强度	m	按设计图示中心长度计算	1. 垫层、基础铺筑 2. 侧（平、缘）石安砌	道路工程附属设施 S2-4-： 4. 排砌预制侧平石(预制侧石、平石、侧平石、隔离带侧石) 4. 排砌预制侧平石(预制高侧平台、高侧石) 6. 混凝土块砌边(单排、双排) 7. 小方石砌路边线(单排、双排)
040204004	现浇侧(平、缘)石	1. 材料品种 2. 尺寸 3. 形状 4. 混凝土强度等级、石料最大粒径 5. 垫层、基础：材料品种、厚度、强度			1. 垫层铺筑 2. 混凝土浇筑 3. 养护	道路工程附属设施 S2-4-：5. 隔离带圆弧侧石
040204005	检查井升降	1. 材料品种 2. 规格 3. 平均升降高度	座	按设计图示路面标高与原有的检查井发生正负高差的检查井的数量计算	升降检查井	道路工程附属设施 S2-4-：10. 升降窨井、进水口及开关箱 ① 降低、升高窨井 ② 升降进水口 ③ 降低、升高开关箱
040204006	树池砌筑	1. 材料品种、规格 2. 树池尺寸 3. 树池盖材料品种	个	按设计图示数量计算	1. 树池砌筑 2. 树池盖制作、安装	

续表

项目编码	项目名称	项目特征	计量单位	工程量计算规则	工程内容	分部工程项目、名称（所在《市政工程预算定额》册、章、节）
沪 040204007	砖砌挡土墙及踏步	1. 基础材料品种 2. 规格	m^3		1. 碎石基础：摊铺找平、夯实、养护 2. 混凝土基础：混凝土配制运输，浇筑抹面、养护 3. 砌筑：配制砂浆、砌筑、养护 4. 砂浆抹面：墙面清理、浇水、配制砂浆、抹面赶完、养护	道路工程附属设施 S2-4-：8. 砖砌挡土墙及踏步(碎石基础、混凝土基础、砌筑、砂浆抹面)
沪 040204008	路名牌	1. 安装 2. 拆除	座		1. 安装 2. 拆除	道路工程附属设施 S2-4-：9. 路名牌(新装、拆除)

注：1. 选自国家标准《建设工程工程量清单计价规范》GB 50500—2008“附录 D 市政工程工程量清单项目及计算规则”及《〈建设工程工程量清单计价规范〉上海市市政工程操作指南》；
2. 现浇人行道及斜坡定额中未包括道碴基础；
3. 升降窨井、进水口及开关箱和调换窨井、进水口盖座、窨井盖板定额中未包括路面修复，发生时套用相关定额计算；
4. 定额中的混凝土及砂浆均采用强度等级表示，混凝土采用“C”表示，砂浆用“M”表示；如定额中强度等级与设计强度等级不同时，可按设计强度等级进行换算；
5. 定额中列出混凝土消耗量，但未列出级配材料的用量，级配材料用量可根据“上海市建设工程普通混凝土、砂浆强度等级配合比表(2000)”计算；
6. 定额中现浇混凝土分列出现浇混凝土、预制混凝土、预拌(商品)混凝土(泵送、非泵送混凝土)子目，预拌(商品)混凝土见 4.3 桥涵护岸工程（项目编码：0403)中表 4-24“商品混凝土计算”释义；
7. 混凝土基础中未包括模板。

人行道(平面交叉口)面积工程量“算量”见表 4-107。

人行道(平面交叉口)面积工程量“算量”　　**表 4-107**

项次	项　目　名　称	《市政工程工程量清单编制及应用实务》
1	人行道整修——直线段	图 4-8“人行道整修——直线段示意图”
2	人行道直线段面积	式(4-10)“人行道直线段面积公式”
3	人行道整修交叉口——正交	图 4-9“人行道整修交叉口——正交示意图”
4	人行道正交面积	式(4-11)“人行道正交面积公式”
5	人行道整修交叉口——斜交	图 4-10“人行道整修交叉口——斜交示意图”
6	人行道斜交面积	式(4-12)“人行道斜交面积公式”
7	人行道及其他路口交叉口转角处弧度长度(f)	表 2-86“人行道及其他路口交叉口转角处弧度长度(f)”

注：1. 请分别参阅本《市政工程工程量清单工程系列丛书》姊妹篇之一《市政工程工程量清单编制及应用实务》上述计算表格、示意图内的释义；
2. 人行道铺筑按设计面积计算，人行道面积不扣除各类井位所占面积，但应扣除种植树穴面积；
3. 计算人行道面积时，人行道边的侧石(站石)面积不扣除，种植树穴面积要扣除；侧石(站石)、平石(卧石)均按站石与卧石连接处缝的长度计算；
4. 本“算量”同时是挖土方(项目编码：040101)的挖一般土方项中整修路基(②人行道)面积数据的重要依据，请参阅表 4-20“挖土、石方工程量清单项目设置、项目子目对应比照表”的释义。

4.2.5.1　项目名称：人行道块料铺设(项目编码：040204001)

(1) 工程内容：1. 整形碾压，2. 垫层、基础铺设，3. 块料铺设

(2) 计量单位：m^2

(3) 工程量计算规则：按设计图示尺寸以面积计算，不扣除各种井所占面积

(4) 工程数量计算公式：

1) 直线段依据 $L\times b$ 及直线段交叉口(正交暨斜交)$L_{pj}\times b_1$ 面积算量公式；

2) 交叉口依据正交暨斜交转角面积算量公式；

3）同时依据《计算规则》人行道铺筑按设计面积计算，人行道面积不扣除各类井位所占面积，但应扣除种植树穴面积。

(5) 项目特征：1. 材料，2 尺寸，3. 垫层材料品种、厚度、强度，4. 图形

【例题 4-31】（规范型解题教案一）道路实体工程某道路工程概况仍以表 4-97“道路工程实体工程各类‘算量’要素统计汇总表”及图 4-80“交叉口转角处转角正交、斜交示意图”提供的资料为条件所示；求该道路工程人行道块料铺设 非连锁型、连锁型彩色预制块面积且套取定额子目？

【解题分析 4-31】

解题分析要点：根据表 1-7“清单项目的工程量‘算量’”计算原则：“所有清单项目的工程量应以实体工程量为准，并以完成后的净值计算；投标人投标报价时，应在单价中考虑施工中的各种损耗和需要增加的工程量；对于分部分项工程量清单项目而言，清单工程量的计算需要明确计算依据、计算规则、计量单位和计算方法”。

列项解题分析时，首先针对工程内容的规定，对拟编制的挖路基土方项目，与表 4-82“道路工程工程量清单及措施项目清单编制要点”、表 4-84“道路工程(项目编码：0402)定额编制计算规定”、表 4-106“人行道及其他工程量清单项目设置、计算规则及项目子目对应比照表”等是否对应的对照依据，也是检查是否重列或漏列的主要依据。

依题已知有：

(1) 水泥混凝土路面直线段：桩号：2K+493.5～2K+643.5，长度 L_1—150.0m，人行道宽度 t—3.0m，n—2 边；

(2) 沥青混凝土路面交叉口转角处转角正交：桩号：2K+432～2K+497.5，交叉角类型—T 字形，正交中心角(度)$\alpha=90°$，人行道宽度 $t=3.0$m，$n=2$ 边，外半径 $R_1=23$m、内半径 $r_1=20$m；

(3) 沥青混凝土路面交叉口转角处转角斜交：交叉角类型—X 字形，斜交中心角(度)$\alpha<75°$时，外半径 $R_2=28.0$m、$R_4=33.0$m、$r_2=25.0$m、$r_4=30.0$m，斜交中心角(度)$\beta>105°$时，外半径 $R_1=15.0$m、$R_3=13.0$m，$r_1=12.0$m、$r_3=10.0$m。

依据上述计算要素，查表 4-109“排砌侧平石(平面交叉口)长度工程量‘算量’”，得知下列数学公式计算：

1）直线段 $A=L_1\times t\times n$ 边

$=(497.5\text{m}-432.0\text{m})\times3.0\text{m}\times2$ 边$=393\text{m}^2$

2）正、斜交交叉口转角处面积 A

① 正交(90°)交叉口　　　$\Sigma A_{正}=$转角处$_{正}+$直线段$_{正}$

a. 转角处$_{正}$

公式计算：$A_{人行道正交}=1.5707R_{pj}t\times n$ 边$=1.5707\times[(R_1+r_1)/2]\times t\times2$ 边；

$=1.5707\times[(23.0\text{m}+20.0\text{m})/2]\times3.0\text{m}\times2$ 边$=202.62\text{m}^2$

b. 直线段$_{正}$

$$A_{正}=\text{直线段长度 } l_{正}\times t$$

$$=(497.5\text{m}-432.0\text{m})\times3.0\text{m}=196.5\text{m}^2$$

小计：$A=202.62\text{m}^2+196.5\text{m}^2=399.12\text{m}^2$

② 斜交($\alpha<75°$、$\beta>105°$)

转角处$_{斜}$

公式计算 $A_{人行道斜交}=R_{\alpha}^2(\tan\alpha/2-0.00873\alpha)+R_{\beta}^2(\tan\beta/2-0.00873\beta)$

$=\{0.01745\times\alpha\times[(R_1+r_1)/2+(R_2+r_2)/2]+0.01745\times\beta\times[(R_3+r_3)/2$

$+(R_4+r_4)/2]\}\times t$

$=\{0.01745\times\alpha\times[(15.0m+12.0m)/2+(28.0m+25.0m)/2]+0.01745\times\beta\times[(13.0m+10.0m)/2+(33.0m+30.0m)/2]\}\times t$

$=365.14m^2$

合计：正、斜交交叉口转角处面积 $A=399.12m^2+365.14m^2=764.26m^2$

3) 道路路基人行道面积

$A=$ 直线段＋正、斜交交叉口转角处(含直线段交叉口斜交)

$=393m^2+764.26m^2=1157.26m^2$

得：

(1) 该工程的道路人行道面积 A 为 1157.26m²；

(2) 查表 4-106 "人行道及其他工程量清单项目设置、计算规则及项目子目对应比照表"，得套用道路工程路基工程 S2-1-：17. 整修路基②人行道及道路工程附属设施 S2-4-：1. 预制人行道板 2. 铺筑预制人行道(预制人行道)2. 基础铺设 1. 人行道基础(混凝土、商品混凝土、细级配三渣、级配碎石、道渣)3. 铺筑预制人行道①非连锁型彩色预制块(砂浆连接层、黄砂连接层)②连锁型彩色预制块(砂浆连接层、黄砂连接层) 定额子目。

注：

(1) 上述一项工程内容包括了厂拌粉煤灰三渣基层施工的全部施工工艺过程。

(2) 本人行道块料铺设 非连锁型、连锁型彩色预制块面积面积的计算结论数值可委一算多用，除人行道块料铺设面积外，如挖一般土方(项目编码：040101001)中的道路挖土路基人行道整修面积、填方(项目编码：040103001) 中的整修路基②人行道均属此数值；

(3) 而挖一般土方、填方项目中的整修路基项目套取道路工程路基工程 S2-1-：17. 整修路基①车行道定额子目；

(4) 但依据所整修路基土的类别，填入表 4-97 "道路工程实体项目各类'算量'要素统计汇总表" 统计各计算要素。

(5) 另外根据表 1-20 "工程量清单、市政定额、施工工程量'算量'"，得知其间区别 "在于计量的依据、计算规则、目的和计量单位的不同"，注意工程量清单综合单价的计价。

4.2.5.2　项目名称：现浇进口坡(项目编码：040204002)

1. 工程内容：1. 整形碾压，2. 垫层、基础铺设，3. 混凝土浇筑，4. 养护

2. 计量单位：m²

3. 工程量计算规则：按设计图示尺寸以面积计算

工程数量计算公式：

(1) 直线段依据 $L\times b$ 及直线段交叉口(正交暨斜交)$L_{pj}\times b_1$ 面积算量公式；

(2) 交叉口依据正交暨斜交转角面积算量公式。

人行道道口的基本类型及特点见表 4-108、图 4-92。

人行道道口的基本类型及特点　　表 4-108

序号	基本类型	特　　点	面积 (m²)	侧、平石长度 (m)	图示
1	通道式	适用于较大道口，转弯半径 $R=1.0\sim5.0$m	$A=0.2146R^2$	$L=1.5707R$	图 4-92(a)
2	过渡式	适用于一般道口，转弯半径为 $R=0.7\sim2.0$m	—	—	图 4-92(b)
3	敞开式	适宜较小道口或无障碍路口	$A=L\times b$	$L=l\times2$ 边	图 4-92(c)

注：1. 道口面积(直线段＋交叉口段转角面积)；
2. 侧、平石长度(直线段＋交叉口段转角长度)。

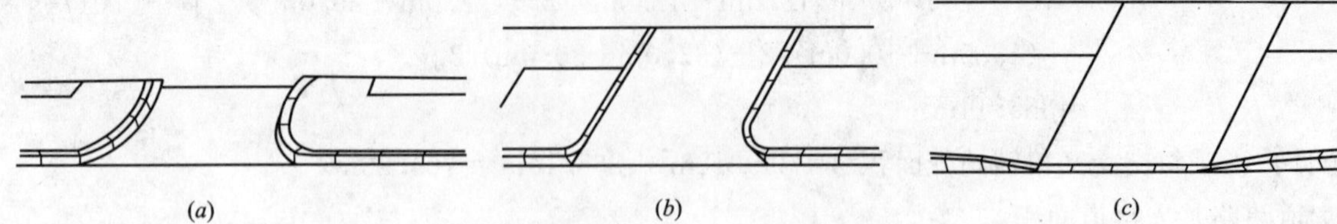

图 4-92　人行道道口基本类型

(*a*)通道式道口示意图；(*b*)过渡式道口示意图；(*c*)敞开式道口示意图

4. 项目特征：1. 混凝土强度等级、石料最大粒径，2. 厚度，3. 垫层、基础：材料品种、厚度、强度

(1) 依据总说明混凝土及砂浆强度等级与设计强度等级不同时，可按设计强度等级进行换算的计算方法；

(2) 混凝土强度等级、石料最大粒径及配合比详见下篇《常用计算数据》7. 市政工程材料库 7.2 混凝土、砂浆强度等级配合比表。

4.2.5.3　项目名称：安砌侧(平、缘)石(项目编码：040204003)

计算人行道面积时，人行道边的侧石(站石)面积不扣除，种植树穴面积要扣除。侧石(站石)、平石(卧石)均按站石与卧石连接处缝的长度计算。侧向进水口所占卧石长度不扣除。侧(平、缘)石按道路边线长度计算(图 4-93、表 4-109)。

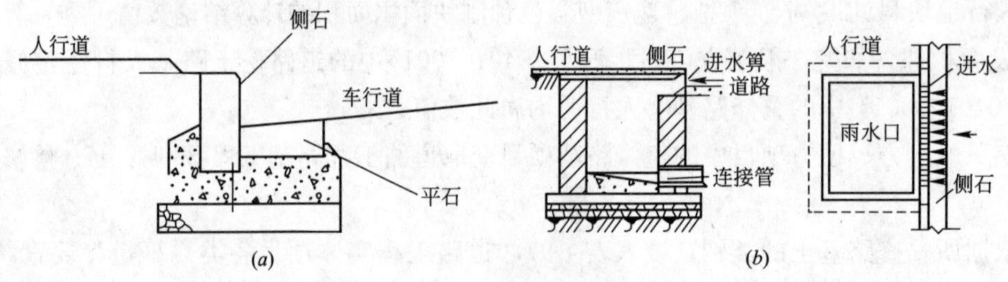

图 4-93　城市道路侧平石示意图

(*a*)侧(平、缘)石；(*b*)侧向进水口(立箅式)雨水口

排砌侧平石(平面交叉口)长度工程量"算量"　　**表 4-109**

项次	项　目　名　称	《市政工程工程量清单编制及应用实务》
1	排砌侧平石——正交	图 4-11"排砌侧平石——正交示意图"
2	侧平石正交长度	式(4-13)"侧平石正交长度公式"
3	排砌侧平石——斜交	图 4-12"排砌侧平石——斜交示意图"
4	侧平石斜交长度	式(4-14)"侧平石斜交长度公式"

注：1. 请分别参阅本《市政工程工程量清单工程系列丛书》姊妹篇之一《市政工程工程量清单编制及应用实务》上述计算表格、示意图内的释义。
2. 侧(平、缘)石按设计长度(即道路边线长度)计算，不扣除侧向进水口长度；
3. 侧石(站石)、平石(卧石)均按站石与卧石连接处缝的长度计算；侧向进水口所占卧石长度不扣除。

4.2.5.4　项目名称：安砌侧(平、缘)石(项目编码：040204003)

1. 工程内容：1. 垫层、基础铺筑，2. 侧(平、缘)石安砌

2. 计量单位：m

3. 工程量计算规则：按设计图示中心线长度计算

4. 工程数量计算公式：

(1) 依据《计算规则》按设计长度计算，不扣除侧向进水口长度计算方法；

(2) 依据交叉口正交暨斜交转角长度算量公式；同时依据《计算规则》按设计长度计算，不扣除侧向进水口长度计算方法。

5. 项目特征：1. 材料，2. 尺寸，3. 形状，4. 垫层、基础：材料品种、厚度、强度

(1) 依据总说明混凝土及砂浆强度等级与设计强度等级不同时，可按设计强度等级进行换算的计算方法；

(2) 混凝土强度等级、石料最大粒径及配合比详见下篇《常用计算数据》7. 市政工程材料库 7.2 混凝土、砂浆强度等级配合比表。

【例题 4-32】 (规范型解题教案一)道路实体工程某道路工程概况仍以表 4-97“道路实体工程项目各类‘算量’要素统计汇总表”及图 4-80“交叉口转角处转角正交、斜交示意图”提供的资料为条件所示；求该工程的道路安砌侧(平、缘)石长度且套取定额子目?

【解题分析 4-32】

解题分析要点：根据表 1-7“清单项目的工程量‘算量’”计算原则：“所有清单项目的工程量应以实体工程量为准，并以完成后的净值计算；投标人投标报价时，应在单价中考虑施工中的各种损耗和需要增加的工程量；对于分部分项工程量清单项目而言，清单工程量的计算需要明确计算依据、计算规则、计量单位和计算方法”。

列项解题分析时，首先针对工程内容的规定，对拟编制的挖路基土方项目，与表 4-82“道路工程工程量清单及措施项目清单编制要点”、表 4-84“道路工程(项目编码：0402)定额编制计算规定”、表 4-109“排砌侧平石(平面交叉口)长度工程量‘算量’”等是否对应的对照依据，也是检查是否重列或漏列的主要依据。

依题已知有：

(1) 水泥混凝土路面直线段：桩号：2K+493.5～2K+643.5，长度 L_1=150.0m，n=2 边

(2) 沥青混凝土路面交叉口转角处转角正交：桩号：2K+432～2K+497.5，交叉角类型—T 字形，正交中心角(度)α=90°，n=2 边，外半径 R_1=23m；

(3) 沥青混凝土路面交叉口转角处转角斜交：交叉角类型—X 字形，斜交中心角(度)α<75°时，外半径 R_2=28.0m、R_4=33.0m，斜交中心角(度)β>105°时，外半径 R_1=15.0m、R_3=13.0m；

项次	项目名称及说明	计量单位	计算结果	各主要要素及计算说明	引用计算方法(释义)
1.1	排砌预制混凝土侧平石(项目编码：040204003002)				
项目名称：排砌预制混凝土侧平石(项目编码：040204003002) 1. 项目特征(描述)：——1. 材料［预制混凝土侧平石、现浇混凝土(5～20mm)C20)］2. 尺寸，3. 形状，4. 垫层、基础：材料品种、厚度、强度 2. 工程内容(规定)：——1. 垫层、基础铺筑，2. 侧(平、缘)石安砌 3. 计量单位：——m 4. 数量：——263.37					
1.1.1	排砌侧(平、缘)石	m	268.88	1. 依据设计施工图，按所排砌侧(平、缘)石的各要素，填入本提纲中附表 1“道路工程各类系数统计汇总表”统计各计算要素； 2. 根据表 4-82 侧平石按设计长度计算，不扣除侧向进水口长度。 3. 公式计算，参见本丛书之三《常用数据手册》表 4-76“道路平面交叉口路口转角面积、转弯长度计算公式”，查表法，参见本丛书之三《常用数据手册》表 4-86“人行道及其他路口交叉口转角处弧度长度(f)表”； 4. 排砌预制混凝土侧石、现浇混凝土(5～20mm)C20 长度 L，同水泥混凝土路面侧(缘)石长度(直线段)=L_1×2 边【150.0m×2 边=300.0m】 5. 排砌预制混凝土侧平石、现浇混凝土(5～20mm)C20 沥青混凝土路面侧(平、缘)石长度(正、斜交交叉口转角处含直线段交叉口斜交段)之和【137.75m+131.13m=268.88m】	请参见表 4-97“道路工程实体项目各类‘算量’要素统计汇总表”、表 4-82“道路工程工程量清单及措施项目清单编制要点”

续表

项次	项目名称及说明	计量单位	计算结果	各主要要素及计算说明	引用计算方法（释义）
1.1.1	排砌侧(平、缘)石	m	268.88	5.1　正交(90°)交叉口　$\Sigma A_{正}$＝转角处$_{正}$＋直线段$_{正}$ 【72.25m＋65.5m＝137.75m】 ① 转角处$_{正}$ (1) 公式计算：$L_{侧(平、缘)石正交}$＝1.5707$R\times n$ 【1.5707×23.0m×2 边＝72.25m】 (2) 查表法：参见表 4-106“人行道及其他路口交叉口转角处弧度长度(f)表”，L＝(f)×n【36.13m×2 边＝72.26m】 ② 直线段$_{正}$ $L_{正}$＝直线段长度 $l_{正}$【497.5m－432.0m＝65.5m】 5.2　斜交(α<75°、β>105°) (1) 公式计算：$L_{侧(平、缘)石斜交}$＝0.01745×α×(R_2＋R_4)＋0.01745×β×(R_1＋R_3) 【L＝0.01745×75×(28＋33)＋0.01745×105×(15＋13)＝131.13m】 (2) 查表法：参见表 4-106“人行道及其他路口交叉口转角处弧度长度(f)表”，L＝R_2＋R_4＋R_1＋R_3 【L＝36.65m＋43.19m＋27.48m＋23.82m＝131.14m】	请参见表 4-97“道路工程实体项目各类‘算量’要素统计汇总表”、表 4-82“道路工程工程量清单及措施项目清单编制要点”
1.2		排砌预制混凝土块(双排、宽 30cm)（项目编码：040204003003）			

项目名称：排砌预制混凝土块(双排、宽 30cm)（项目编码：040204003003）
1. 项目特征(描述)：——1. 材料(现浇混凝土(5～15mm)C20)2. 尺寸(宽 30cm)3. 形状(双排)4. 垫层、基础：材料品种、厚度、强度
2. 工程内容(规定)：——1. 垫层、基础铺筑 2. 侧(平、缘)石安砌
3. 计量单位：——m
4. 数量：——64.00

项次	项目名称及说明	计量单位	计算结果	各主要要素及计算说明	引用计算方法（释义）
1.2.1	混凝土砌边	m	64.00	1. 混凝土块砌边(双排宽 30cm)、现浇混凝土(5～15mm)C20 长度 L＝车行道宽度 B_1×2 端×双排 宽＝【L＝14.0m×2 端×2 排＝64.0m】	请参见表 4-97“道路工程实体项目各类‘算量’要素统计汇总表”、表 4-82“道路工程工程量清单及措施项目清单编制要点”

得：

(1) 工程量计算结果：

项 次	项目编码、定额子目编号	工　程　内　容	计量单位	工程数量
	40204003001	排砌预制混凝土侧石	m	300
1.1		安砌侧(平、缘)石	m	300
1.1.1	40204003002	排砌预制混凝土侧平石	m	268.88
1.1.2		安砌侧(平、缘)石	m	268.88
1.2	40204003003	排砌预制混凝土块(双排、宽 30cm)	m	64.0
1.2.1		安砌预制混凝土块	m	64.0

(2) 查表 4-106“人行道及其他工程量清单项目设置、计算规则及项目子目对应比照表”，得套用道路工程附属设施 S2-4-：4. 排砌预制侧平石(预制侧石、平石、侧平石、隔离带侧石)定额子目。

注：

(1) 上述三项工程内容包括了摊铺沥青混凝土施工的全部施工工艺过程。

(2) 另外根据表 1-20“工程量清单、市政定额、施工工程量‘算量’”，得知其间区别“在于计量的依据、计算规则、目的和计量单位的不同”，注意工程量清单综合单价的计价。

交通管理设施工程量清单项目设置、计算规则及项目子目对应比照见表 4-110。

交通管理设施工程量清单项目设置、计算规则及项目子目对应比照表　　表 4-110

交通管理设施(项目编码：040205)

项目编码	项目名称	项目特征	计量单位	工程量计算规则	工程内容	分部工程项目、名称 (所在《市政工程预算定额》册、章、节)
040205001	接线工作井	1. 混凝土强度等级、石料最大粒径 2. 规格	座		浇筑	道路交通管理设施工程基础项目 S3-1-：4. 工井(JXG-56、76)
040205002	电缆保护管铺设	1. 材料品种 2. 规格 3. 基础材料的品种、厚度、强度	m		电缆保护管制作、安装	道路交通管理设施工程基础项目 S3-1-：5. 电缆保护管(铺设 $\phi63$、$\phi76$)
040205003	标杆	1. 材料品种 2. 规格 3. 基础材料品种、厚度、强度	套		1. 基础浇捣 2. 标杆制作、安装	1. 道路交通管理设施工程基础项目 S3-1-：3. 混凝土基础(混凝土、模板、钢筋) 2. 道路交通管理设施工程交通标志 S3-2-：1. 标杆安装(柱式标杆、反光柱、弯杆、双弯杆)
						1. 道路交通管理设施工程基础项目 S3-1-：3. 混凝土基础(混凝土、模板、钢筋) 2. 道路交通管理设施工程交通标志 S3-2-：1. 标杆安装(F 杆、三 F 杆、四 F 杆、单 T 杆、双 T 杆、三 T 杆、四 T 杆)
040205004	标志板	类型	块		标志板制作、安装	道路交通管理设施工程交通标志 S3-2-：2. 标志板安装(标志板、减速板)
040205005	视线诱导器	—	只		安装	道路交通管理设施工程交通标志 S3-2-：3. 视线诱导器安装(反光道钉、路边线轮廓标、标志器)
040205006	标线	1. 油漆品种 2. 工艺 3. 线型	km		画线	道路交通管理设施工程交通标线 S3-3-：1. 线条 ① 实线(冷漆、温漆、热溶漆) ② 分界虚线(冷漆、温漆、热溶漆) ③ 黄侧石线(冷漆)
040205007	标记	1. 油漆品种 2. 规格 3. 形式	个		画线	1. 道路交通管理设施工程交通标线 S3-3-：2. 箭头 ① 直行箭头(冷漆、温漆、热溶漆) ② 转弯箭头(冷漆、温漆、热溶漆) ③ 直行转弯箭头(冷漆、温漆、热溶漆) ④ 掉头箭头(冷漆、温漆、热溶漆) ⑤ 禁止掉头箭头(冷漆、温漆、热溶漆) 2. 道路交通管理设施工程交通标线 S3-3-：3. 文符标记 ① 文字标记(冷漆、温漆、热溶漆) ② 倒三角让行标记(冷漆、温漆、热溶漆) ③ 菱形预告标志(冷漆、温漆、热溶漆)
040205008	横道线	形式	m^2		画线	道路交通管理设施工程交通标线 S3-3-：1. 线条 横道线(冷漆、温漆、热熔漆)
040205009	清除标线	清除方法			清除	道路交通管理设施工程交通标线 S3-3-：1. 线条 清除标线(机械清除、化学清除)

续表

<table>
<tr><th>项目编码</th><th>项目名称</th><th>项目特征</th><th>计量单位</th><th>工程量计算规则</th><th>工程内容</th><th>分部工程项目、名称（所在《市政工程预算定额》册、章、节）</th></tr>
<tr><td rowspan="2">040205010</td><td rowspan="2">交通信号灯安装</td><td rowspan="2">型号</td><td>套</td><td rowspan="2"></td><td rowspan="2">1. 基础浇捣
2. 安装</td><td>道路交通管理设施工程基础项目 S3-1-：3. 混凝土基础（混凝土）</td></tr>
<tr><td></td><td>道路交通管理设施工程交通信号设施 S3-4-：2. 地下走线安装
① 信号灯杆（单曲臂、长曲臂、柱式）
道路交通管理设施工程交通信号设施 S3-4-：3. 交通信号灯安装
① 交通信号灯</td></tr>
<tr><td>040205011</td><td>环形检测线安装</td><td rowspan="2">1. 类型
2. 垫层、基础：材料品种、厚度、强度</td><td>m</td><td></td><td rowspan="2">1. 基础浇捣
2. 安装</td><td>道路交通管理设施工程交通信号设施 S3-4-：4. 环形检测线安装
① 环形检测线（导线、馈线）</td></tr>
<tr><td>040205012</td><td>值警亭安装</td><td>座</td><td></td><td>道路交通管理设施工程交通岗位设施 S3-5-：1. 值警亭安装
① 值警亭（大型、中型、小型）</td></tr>
<tr><td rowspan="2">040205013</td><td rowspan="2">隔离护栏安装</td><td rowspan="2">1. 部位
2. 形式
3. 规格
4. 类型
5. 材料品种
6. 基础材料品种、强度</td><td>m</td><td rowspan="2"></td><td rowspan="2">1. 基础浇捣
2. 安装</td><td>道路交通管理设施工程交通隔离设施 S3-6-：1. 车行道隔离护栏安装
① 车行道中心隔离护栏安装（活动式、固定式）
② 机非隔离护栏</td></tr>
<tr><td></td><td>道路交通管理设施工程交通隔离设施 S3-6-：2. 人行道隔离护栏安装
① 人行道隔离护栏（半封闭、全封闭）
② 半封闭活动门（单移门、双移门）
③ 全封闭活动门（2m、4m）</td></tr>
<tr><td>040205014</td><td>立电杆</td><td>1. 类型
2. 规格
3. 基础材料品种、强度</td><td>根</td><td></td><td>1. 基础浇捣
2. 安装</td><td>道路交通管理设施工程交通信号设施 S3-4-：1. 架空走线安装
① 立水泥电杆</td></tr>
<tr><td>040205015</td><td>信号灯架空走线</td><td>规格</td><td>km</td><td></td><td>架线</td><td>道路交通管理设施工程交通信号设施 S3-4-：1. 架空走线安装
① 信号灯架空线（钢绞线）
② 信号灯导线（RVV4×48/0.2）
(13) 信号灯电源线（BV2×7/0.9）</td></tr>
<tr><td>040205016</td><td>信号机箱</td><td>1. 形式
2. 规格
3. 基础材料品种、强度</td><td>只</td><td></td><td>1. 基础浇捣
2. 安装
3. 系统调试</td><td>道路交通管理设施工程交通信号设施 S3-4-：1. 架空走线安装
① 信号机箱（悬挂式、落地式）</td></tr>
<tr><td>040205017</td><td>信号灯架</td><td>1. 形式
2. 规格
3. 基础材料品种、强度</td><td>组</td><td></td><td>1. 基础浇筑或砌筑
2. 安装
3. 系统调试</td><td>道路交通管理设施工程交通信号设施 S3-4-：1. 架空走线安装
① 悬臂式信号灯架（1～1.5m、2～2.5m、3m 及以上）</td></tr>
<tr><td>040205018</td><td>管内穿线</td><td>1. 规格
2. 型号</td><td>km</td><td></td><td>穿线</td><td>道路交通管理设施工程交通信号设施 S3-4-：2. 地下走线安装
① 管内穿线（导线、电源线、接地线）
② 进线管</td></tr>
</table>

注：选自国家标准《建设工程工程量清单计价规范》GB 50500—2008“附录 D 市政工程工程量清单项目及计算规则”及《〈建设工程工程量清单计价规范〉上海市市政工程操作指南》。

交通管理设施定额说明及工程量计算规则见表 4-111。

交通管理设施定额说明及工程量计算规则　　　　**表 4-111**

项次	项目名称	分部分项名称	包括	不(未)包括	可(另)计	不扣除	扣除	设计说明	备注
1	2	3	4	5	6	7	8	9	10
1		人工挖填土	挖、运土						基础挖土
2		电缆保护管铺设长度					工井内净长度		
3	交通管理设施	混凝土基础定额		基础下部预埋件	应另行计算				
4		工井定额		电缆管接入工井时的封头材料	应按实计算				
5		电缆保护管辅设定额	连接管数量	砂垫层					套用相应定额计算
6		柱式标杆安装定额中按单柱式编制			若安装双柱式标杆时，按相应定额的2倍计算				
7		反光镜安装参照减速板安装定额						对材料进行抽换	
8		线条的定额宽度						材料数量可按比例换算	
9	交通管理设施	线条的其他材料费、箭头、字符标记的其他材料费	护线帽的摊销、模板的摊销						均不得另行计算
10		温漆子目		反光材料	发生时				
11		信号灯电源线安装定额		电源线进线管及夹箍	按施工中实际发生数量计算				
12		交通信号设施		特征软件的编制及设备调试	发生时				
13		值勤亭安装定额		基础工程和水电安装工作内容	发生时				

注：1. 选自《上海市市政工程预算定额》(2000)工程量计算规则暨总、册说明；
2. 定额中带“( )”的为市政安装工程的未计价材料类，这些带“( )”的构件，均属未计价的构件，在套用定额时，此类未计价的构件，应计入主材价格。计算其他材料费时，只计算辅材，不包括未计价材料的价格；请参阅表 4-114“市政安装工程道路交通管理设施工程的消耗量(只、片、扇)表”。

道路交通管理设施分类及计算规则见表 4-112。

道路交通管理设施分类及计算规则　　　　**表 4-112**

项次	分　类	
1	基础项目	1. 基础挖土定额适用于工井； 2. 混凝土基础定额中未包括基础下部预埋件，应另行计算； 3. 工井定额中未包括电缆管接入工井时的封头材料，应按实计算； 4. 电缆保护管铺设定额中已包括连接管数量，但未包括砂垫层，砂垫层可按设计数量套用第五册排水管道工程的相应定额计算
2	交通标志	1. 本章定额分为标杆安装、标志板安装及视线诱导器安装； 2. 标杆安装定额中包括标杆上部直杆及悬臂杆安装、上法兰安装及上下法兰的连接等工作内容； 3. 柱式标杆安装定额中按单柱式编制。若安装双柱式标杆时，按相应定额的 2 倍计算； 4. 反光镜安装参照减速板安装定额，并对材料进行抽换

续表

项次	分　类	
3	交通标线	1. 本章定额分为线条、箭头及字符标记； 2. 线条的定额宽度：实线及分界虚线为15cm，黄侧石线为20cm。若实际宽度与定额宽度不同时，材料数量可按比例换算； 3. 线条的其他材料费中已包括了护线帽的摊销，箭头、字符标记的其他材料费中已包括了模板的摊销，均不得另行计算； 4. 文字标记的高度应根据计算行车速度确定：计算行车速度≤40km/h时，字高为3m；计算行车速度为60～80km/h时，字高为6.0m；计算行车速度≥100km/h时，字高为9.0m； 5. 温漆子目中未包括反光材料，若发生时按实计算
4	交通信号设施	1. 信号灯电源线安装定额中未包括电源线进线管及夹箍，它们应按施工中实际发生的数量计算； 2. 交通信号灯安装不分国产和进口、车行和人行，定额中已综合取定； 3. 安装信号灯所需的升降车台班已包括在信号灯架定额中； 4. 本章定额中不包括特征软件的编制及设备调试； 5. 环形检测线安装定额适用于在混凝土和沥青混凝土路面上的导线敷设
5	交通岗位设施	1. 值勤亭安装定额中未包括基础工程和水电安装工作内容，发生时套用相关定额另行计算； 2. 值警亭按工厂制作、现场整体吊装考虑
6	交通隔离设施	1. 定额中每片护栏的标准长度 (1) 车行道中心隔离护栏(活动式、固定式)为2.5m； (2) 机非隔离护栏为3.0m； (3) 人行道隔离护栏(半封闭)为6.0m； (4) 人行道隔离护栏(全封闭)为2.0m。 2. 定额中每扇活动门的标准宽度 (1) 半封闭活动门(单移门)为$B \leqslant 4.0$m； (2) 半封闭活动门(双移门)为4m$<B\leqslant 8.0$m； (3) 全封闭活动门分为2.0m和4.0m

注：1. 选自《上海市市政工程预算定额》(2000)工程量计算规则暨总、册说明；
2. 本册定额以《道路交通标志和标线》GB 5768—1999、《上海市道路交通管理设施设置技术规程》(1994)和《上海市道路交通管理设施通用图集》为依据，并结合上海市地区交通设施的施工特点及施工方法进行编制；
3. 定额反映了当前及今后一个阶段道路交通管理设施工程的设计、施工情况，按正常施工条件编制的，定额消耗量水平体现了上海地区道路交通管理设施工程的平均施工水平；
4. 定额适用于道路、桥梁、隧道、广场及停车场(库)的交通管理设施工程，港区、场(厂)区及住宅小区等内部道路也可参照使用；
5. 定额中未包括翻挖原有道路结构层及道路修复内容，发生时套用相关定额。

道路交通管理设施工程工程量“算量”见表4-113。

道路交通管理设施工程工程量“算量”　表4-113

项次	分部工程	分项项目	工程量“算量”
1	基础项目	电缆保护管铺设长度	按实埋长度(扣除工井内净长度)计算
2	交通标志(属市政安装工程)	标杆安装按规格	以直径×长度表示，以套计算
3		反光柱安装	以根计算
4		圆形、三角形标志板安装	按作方面积套用定额，以块计算
5		减速板安装	以块计算
6		视线诱导器安装	以只计算
7		圆形、三角形标志板安装	按作方面积套用定额，以块计算
8	交通标线	实线	按设计长度计算
9		分界虚线	按规格以线段长度×间隔长度表示，工程量按虚线总长度计算
10		横道线	按实漆面积计算
11		停止线、黄格线、导流线、减让线	参照横道线定额按实漆面积计算。减让线按横道线定额人工及机械台班数量乘以1.05系数
12		黄格线	用于告示驾驶人禁止在设置本标线的交叉路口临时停车，防止交通堵塞。为网格状或方框中加叉，颜色为黄色

续表

项次	分部工程	分项项目	工程量"算量"
13	交通标线	导流线	表示车辆需按规定的路线行驶，不得压线或越线行驶。主要用于过宽、不规则或行驶条件比较复杂的交叉路口，立体交叉的匝道口或其他特殊地点。颜色为白色。线型有单实线、V 型线和斜纹线等
14		减速让行线	1. 为两条平行的虚线和一个倒三角形，如图 4-14"减速让行线"所示 2. 表示车辆在此路口必须减速让干道车辆先行。其中，倒三角让行标志套用"字符标记"一节中的相应子目计算
15		文字标记	按每个文字的整体外围作方高度计算。定额编制时已考虑了空心部分的折扣系数
16	交通信号设施(属市政安装工程)	交通信号灯安装	以套计算
17		管内穿线长度	按管内长度与余留长度之和计算。所有的线在工井内都要留有 1～1.5m 的余量
18		环形检测线敷设长度	按实埋长度与余留长度之和计算
19	交通岗位设施(属市政安装工程)	值警亭安装	以只计算
20	交通隔离设施(属市政安装工程)	车行道中心隔离护栏(活动式)底座数量	按实计算。这主要是考虑每条道路的交叉口数量不同，道路交叉口处要增加底座数量
21		机非隔离护栏分隔墩数量	按实计算
22		机非隔离护栏的安装长度	按整段护栏首尾两只分隔墩的外侧面之间的长度计算
23		人行道隔离护栏的安装长度	按整段护栏首尾立杆之间的长度计算

注：1. 选自《上海市市政工程预算定额》(2000)工程量计算规则暨总、册说明；
2.【什么定额】定额第一、第三章属市政工程，其余均属市政安装工程；
3. 本交通管理设施中涉及定额编制计算规定的款项，请参阅表 4-111"交通管理设施(编码：040205)定额编制计算规定"的释义；
4. 人工挖填土定额包括基础挖土、电缆沟槽挖土、夯填土子目；基础挖土适用于标杆基础、信号灯杆基础、工井基础等的挖土；
5. 混凝土基础定额包括混凝土、模板和钢筋子目；
6. 工井是特制的公安交通井，类似于下水道的窨井，但尺寸较小，定额中已综合了铺垫层、混凝土配制、混凝土基础浇捣、砌井、水泥砂浆抹面、安装工井盖座等全部工作内容。

【例题 4-33】 工程概况以招标文本(下表)提供的资料为条件；求：道路交通管理设施工程实体工程挖土工程量？

项次	项目编码	项目名称	项目特征	工程内容	计量单位	工程数量
1	04010	D.1　土石方工程				
1.1		D.1.1　挖土方				
1.1.1	040101002001	挖沟槽土方	1. 土壤类别：Ⅰ、Ⅱ类土 2. 挖土深度 0.7m	1. 土方开挖 2. 围护支撑 3. 场内运输 4. 平整夯实	m^3	85.51
1.1.2	040101003001	挖基坑土方	1. 土壤类别：Ⅲ类土 2. 挖土深度 2m 以内		m^3	75.53
1.3	040103	D.1.3　填方及土方运输				
1.3.1	040103001001	沟槽回填土方	1. 填方材料品种：土方 2. 运距 1km	1. 填方 2. 压实 3. 余方点装料运输至弃置点	m^3	49.18
1.3.2	040103002001	余方弃置	1. 废弃料品种：土方 2. 运距 1km		m^3	26.35

【解题分析 4-33】

解题分析要点：根据表 1-7"清单项目的工程量'算量'"计算原则："所有清单项目的工程量应以实体工程量为准，并以完成后的净值计算；投标人投标报价时，应在单价中考虑施工中的各种损耗和需要增加的工程量；对于分部分项工程量清单项目而言，清单工程量的计算需要明确计算依据、计算规则、计量单位和计算方法”。

列项解题分析时，首先针对工程内容的规定，对拟编制的挖沟槽土方项目，与表4-111“交通管理设施定额说明及工程量计算规则”、表4-112“道路交通管理设施分类及计算规则”、表4-113“道路交通管理设施工程工程量‘算量’”等是否对应的对照依据，也是检查是否重列或漏列的主要依据。

依题已知：Ⅰ、Ⅱ类土

(1) 电缆沟槽长度L为1.5m＋21.5m＋15m＋13.5m＋36.5m＋5.5m＋9m＋10m＋12m＋10m＋40m＝174.5m，沟槽尺寸($a\times b$)为0.7m×0.7m

(2) 标杆基础直杆(14个)($a\times b\times h$)为0.8m×0.8m×1.3m；单弯杆(14个)($a\times b\times h$)为1m×1m×1.5m；双弯杆(3个)($a\times b\times h$)为1m×1m×1.6m；三F杆(7个)($a\times b\times h$)为1.6m×1.7m×2m

项次	项目名称及说明	计量单位	计算结果	各主要要素及计算说明	引用计算方法(释义)
				D.1　土石方工程(项目编码：04010)	
1.1				挖电缆沟槽土方(项目编码：040101002001)	

项目名称：挖电缆沟槽土方(项目编码：040101002001)

1. 项目特征(描述)：——1. 土壤类别：Ⅰ、Ⅱ类土 2. 挖土深度0.7m
2. 工程内容(规定)：——1. 土方开挖 2. 围护支撑 3. 场内运输 4. 平整夯实
3. 计量单位：——m^3
4. 数量：——85.51

项次	项目名称及说明	计量单位	计算结果	各主要要素及计算说明	引用计算方法(释义)
1.1.1	挖电缆沟槽土方	m^3	85.51	(1) 电缆沟槽长度 L＝1.5m＋21.5m＋15m＋13.5m＋36.5m＋5.5m＋9m＋10m＋12m＋10m＋40m＝174.5m (2) 电缆沟槽挖土方 V_1＝(管道0.7m×0.7m)174.5m×0.7m×0.7m＝85.51m^3	参见表4-111“交通管理设施定额说明及工程量计算规则”、表4-112“道路交通管理设施分类及计算规则”及表4-113“道路交通管理设施工程工程量‘算量’”
1.2				挖标杆基础基坑土方(项目编码：40101003001)	

项目名称：挖标杆基础基坑土方(项目编码：040101003001)

1. 项目特征(描述)：——1. 土壤类别：Ⅰ、Ⅱ类土 2. 挖土深度0.7m
2. 工程内容(规定)：——1. 土方开挖 2. 围护支撑 3. 场内运输 4. 平整夯实
3. 计量单位：——m^3
4. 数量：——75.53

项次	项目名称及说明	计量单位	计算结果	各主要要素及计算说明	引用计算方法(释义)
1.2.1	挖标杆基础基坑土方	m^3	496.71	(1) 直杆(14个) $V_{直杆}$＝1/6×1.3m×[1.3m×1.5m＋3.25m×3.45m＋(1.3m＋3.25m)×(1.5m＋3.45m)]×14个＝108.25m^3 (2) 单弯杆(14个) $V_{单弯杆}$＝1/3×1.5m×(1.5m×1.5m＋3.75m×3.75m＋1.5m×3.75m)×14个＝153.56m^3 (3) 双弯杆(3个) $V_{双弯杆}$＝1/3×1.5m×(1.5m×1.5m＋3.9m×3.9m＋1.5m×3.9m)×3个＝37.92m^3 (4) 三F杆(7个) $V_{三F杆}$＝1/6×3m×[2.1m×2.2m＋5.1m×5.2m＋(2.1m＋5.1m)×(2.2m＋5.2m)]×7个＝196.98m^3 小计：ΣV_1＝108.25m^3＋153.56m^3＋37.92m^3＋196.98m^3＝496.71m^3	参见表4-112“道路交通管理设施分类及计算规则”及表4-113“道路交通管理设施工程工程量‘算量’”

续表

项次	项目名称及说明	计量单位	计算结果	各主要要素及计算说明	引用计算方法(释义)
				D. 1. 3　填方及土方运输(项目编码：040103)	
1. 3				沟槽回填土方(项目编码：040103001001)	

项目名称：沟槽回填土方(项目编码：040103001001)
1. 项目特征(描述)：——1. 填方材料品种：土方 2. 运距 1km
2. 工程内容(规定)：——1. 填方 2. 压实余方点装料运输至弃置点
3. 计量单位：——m^3
4. 数量：——49. 18

1. 3. 1	沟槽回填土方	m^3	49. 18	电缆沟槽回填土方 $V_1=85.51m^3-(0.2m\times0.7m\times174.5+1\times1\times0.7\times1个)=49.18m^3$ $V_2=496.71m^3-49.18m^3$	参见表 4-61“填方及土方运输工程量‘算量’”
1. 4				余方弃置(项目编码：040103002001)	

项目名称：余方弃置(项目编码：040103002001)
1. 项目特征(描述)：——1. 填方材料品种：土方 2. 运距 1km
2. 工程内容(规定)：——1. 填方 2. 压实余方点装料运输至弃置点
3. 计量单位：——m^3
4. 数量：——26. 35

1. 4. 1	余方弃置	m^3	26. 35	余土＝挖土方－回填土方 $V_1=75.53m^3-49.18m^3=26.35m^3$ $V_2=496.71m^3-447.53m^3=49.18m^3$	参见表 4-61“填方及土方运输工程量‘算量’”

得：

(1) 工程量计算结果：

项次	项目编码、定额子目编号	项目名称(工程量清单及分项工程)列项	计量单位	计算结果
1. 1	040101002001	挖电缆沟槽土方	m^3	85. 51
	S3-1-5	电缆沟槽人工挖土(Ⅰ、Ⅱ类)		
1. 2	040101003001	挖标杆基础基坑土方	m^3	75. 53
	S3-1-2	基础人工挖土(Ⅲ类)		
1. 3	040103001001	沟槽回填土方	m^3	49. 18
	S3-1-4	夯填土		
1. 4	040103002001	余方弃置	m^3	26. 35
	ZSM19-1-1	土方场外运输		

(2) 查表 4-110“交通管理设施工程量清单项目设置、计算规则及项目子目对应比照表”，得套用 S3-1-5、S3-1-2、S3-1-4 及 ZSM19-1-1 定额子目。

注：

(1) 上述四项工程内容包括了挖沟槽土方施工的全部施工工艺过程。

(2) 另外根据表 1-20“工程量清单、市政定额、施工工程量‘算量’”，得知其间区别“在于计量的依据、计算规则、目的和计量单位的不同”，注意工程量清单综合单价的计价。

混凝土基础形式见图 4-94，地下走线信号灯形式见图 4-95，交通标线见图 4-96，减速让行线见图 4-97，车流向标线见图 4-98。

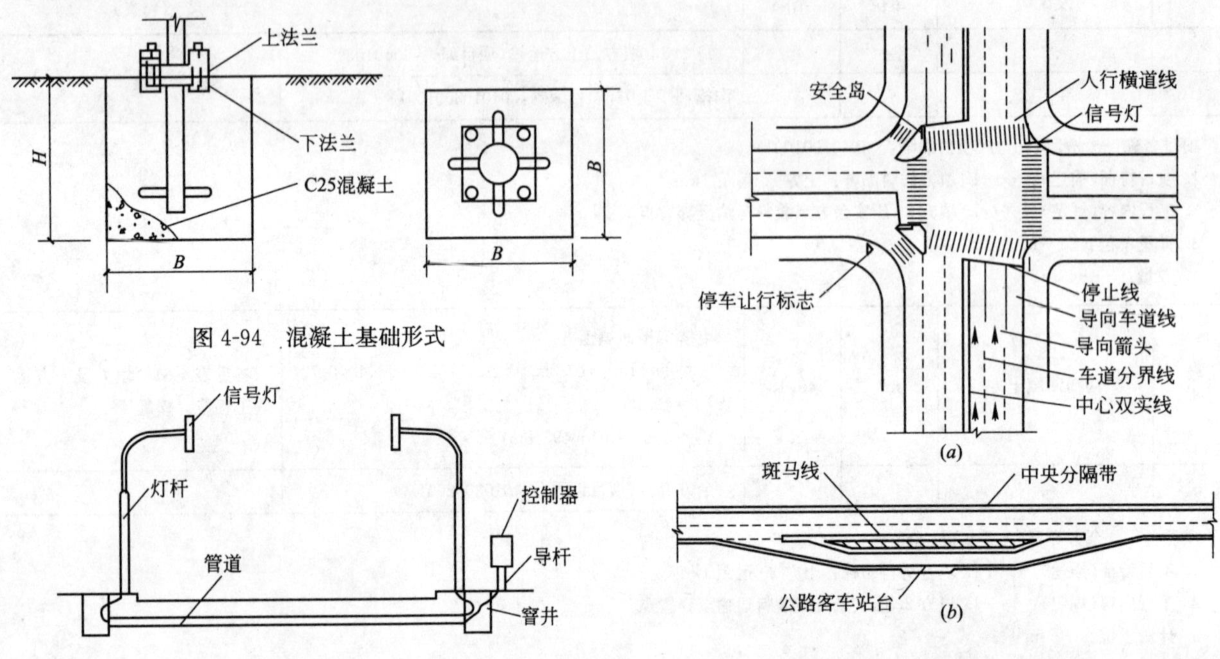

图 4-94　混凝土基础形式

图 4-95　地下走线信号灯形式

图 4-96　交通标线(单位：cm)

(a)路面标线；(b)港湾式停靠站标线

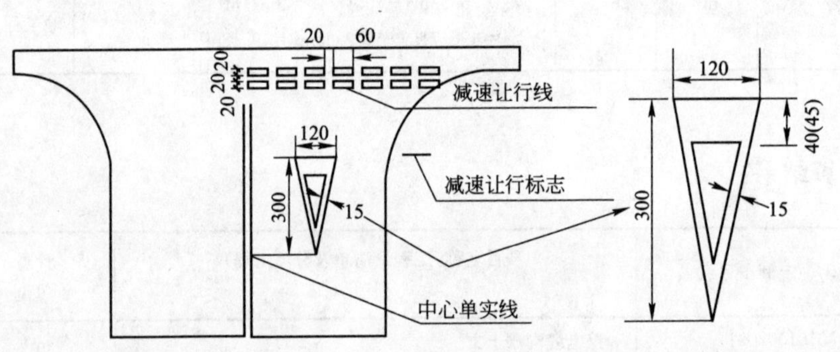

图 4-97　减速让行线(单位：cm)

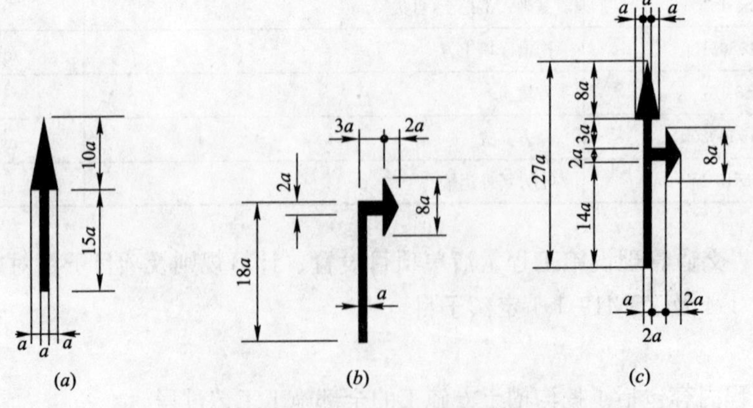

图 4-98　车流向标线

(a)直行线；(b)右转线；(c)直行加右转线

市政安装工程道路交通管理设施工程的消耗量见表4-114。

市政安装工程道路交通管理设施工程的消耗量(只、片、扇)表　　表4-114

项目名称	计量单位	值警亭安装(只)			车行道隔离护栏安装(m)			人道隔离护栏安装					
		大型	中型	小型	中心隔离护栏		机非隔离护栏	人行道隔离护栏(m)		半封闭活动门(扇)		全封闭活动门(扇)	
					活动式	固定式		半封闭	全封闭	单移门	双移门	2m	4m
大型值警亭	只	(1.0000)											
中型值警亭	只		(1.0000)										
小型值警亭	只			(1.0000)									
活动式车行分隔栏	片				(0.4000)								
固定式车行分隔栏	片					(0.4000)							
机非隔离栏	片						(0.3333)						
半封闭人行分隔栏	片							(0.1667)					
全封闭人行分隔栏	片								(0.5000)				
半封闭单移活动门	扇									(1.0000)			
半封闭双移活动门	扇										(1.0000)		
2m全封闭活动门	扇											(1.0000)	
4m全封闭活动门	扇												(1.0000)

注：1. 选自《上海市市政工程预算定额》(2000)，道路交通管理设施工程分册定额："值警亭安装"、"车行道隔离护栏安装"、"人道隔离护栏安装"子目；

2. 定额中带"()"的构件，均属未计价的构件，在套用定额时，此类未计价的构件，应计入主材价格；计算其他材料费时，只计算辅材，不包括未计价材料的价格。

附：实体项目(主体工程和附属工程的结构项目)及措施项目(辅助实体项目)的工程实例

城镇道路工程工程量清单招、投标编制及其对应的施工图预算对照应用的计算实例

(1) 工程概况及主要施工设计图纸

1) 工程概况

工程范围：K3＋500～4＋528，L＝1028m，其中桥梁有两座，为3×10和6＋8＋6，L＝50m，扣除桥梁，道路实际长978m。路幅：B＝5.5(明沟、护坡)＋1.5(土路肩)＋3.5(非机动车道)＋8.5(机动车道)＋2.0(中分)/2＝40/2m。路面结构：机动车道4＋8＋40＋15＝67cm，非机动车道4＋5＋25＋15＝49cm。

① 清单编制依据：《建设工程工程量清单计价规范》上海市市政工程操作指南，施工设计图文件等。

② 工程质量应达到优良标准。

③ 其他项目清单：招标人部分中，列入提供监理工程师设备费5000元(由业主控制使用)。

④ 投标报价按"国家标准《建设工程工程量清单计价规范》GB 50500—20085 工程量清单计价表格"的统一格式。

⑤ 人工、材料、机械费用按上海市市政工程市场信息2006年6月份计取。

2) 主要施工设计图纸

(2) 分部分项工程量、措施项目清单

分部分项工程量清单见表4-115。

分部分项工程量清单表　　表 4-115

工程名称：城镇道路工程　　标段：

序号	项目编码	项目名称	项目特征描述	工程内容	计量单位	工程量
		一、实体项目				
1	D.1.1	挖土方				
1.1.1.1	040101001001	挖路基土方	1. 土壤类别 2. 挖土深度	1. 土方开挖 2. 围护、支撑 3. 场内运输 4. 平整、压实	m^3	10554.22
1.1.1.2	040101001002	挖一般土方	1. 土壤类别 2. 挖土深度	1. 土方开挖 2. 围护、支撑 3. 场内运输 4. 平整、压实	m^3	6999.00
1.1.6.1	040101006003	挖浜塘淤泥	1. 挖淤泥深度	1. 挖淤泥 2. 场内运输 4. 平整、压实	m^3	2940.00
	D.1.3	填方及运输				
1.3.1.1	040103001001	填路基土方	1. 填方材料品种 2. 密实度	1. 填方 2. 压实	m^3	15700.10
1.3.1.2	040103001002	超载预压	1. 填方材料品种 2. 密实度	1. 填方 2. 压实	m^3	3660.00
1.3.2.1	040103002001	余土外运	1. 废弃料品种 2. 运距	余方点装料运输弃置点	m^3	9615.78
1.3.2.2	040103002002	淤泥外运	1. 废弃料品种 2. 运距	余方点装料运输弃置点	m^3	2940.00
1.3.3	040103003001	缺土内运（土源费）	1. 填方材料品种 2. 运距	取料点装料运输至缺方点	m^3	16566.8
	D.2.1	路基处理				
2.1.1	040201012001	土工布	1. 材料品种 2. 规格	1. 垫层铺筑 2. 混凝土浇筑 3. 砌筑 4. 勾缝 5. 抹面 6. 盖板	m^2	1787.40
2.1.2	040201012002	土工网			m^2	2750.00
2.1.3	040201012003	碎石排水沟	1. 材料品种 2. 断面 3. 规格	1. 盲沟铺设	m	12.00
2.1.4	040201015001	粉煤灰填筑	1. 材料品种 2. 密实度	1. 摊铺 2. 找平 3. 碾压 4. 养护	m^3	4295.24
2.1.5	040201016001	粉煤灰间隔土	1. 材料品种 2. 规格 3. 配合比	1. 摊铺 2. 找平 3. 碾压 4. 养护	m^3	3581.55

续表

序号	项目编码	项目名称	项目特征描述	工程内容	计量单位	工程量
	D. 2. 2	道路基层				
2. 2. 1. 1	040202008001	砾石砂垫层 15cm	1. 厚度 2. 材料品种 3. 材料规格	1. 拌合 2. 铺筑 3. 找平 4. 碾压 5. 养护	m^2	23472. 00
2. 2. 1. 2	040202008002	砾石砂垫层 20cm			m^2	1532. 00
2. 2. 1. 3	040202008003	砾石砂垫层 30cm			m^2	945. 00
2. 2. 1. 3	040202013001	粉煤灰三渣 40cm			m^2	16626. 00
2. 2. 1. 4	040202013002	粉煤灰三渣 25cm			m^2	6846. 00
	D. 2. 3	道路面层				
2. 3. 4. 1	040203004001	4cm 细粒式沥青混凝土路面	1. 沥青品种 2. 石料最大粒径 3. 厚度	1. 铺筑 2. 碾压	m^2	22298. 40
2. 3. 4. 2	040203004002	8cm 粗粒式沥青混凝土路面			m^3	16039. 20
2. 3. 4. 3	040203004003	5cm 粗粒式沥青混凝土路面			m^3	6259. 20
	D. 2. 4	人行道及其他				
2. 4. 3. 1	040204003001	侧平石	1. 材料 2. 尺寸 3. 形状 4. 垫出、基础：材料品种、厚度、强度	1. 垫层、基础铺筑 2. 侧(平、缘)石安砌	m	1932. 85
2. 4. 3. 2	040204003002	路缘石			m	1996. 26
	D. 3. 2	现浇混凝土				
3. 2. 16. 1	040302016001	C25 混凝土拱圈	1. 部位 2. 混凝土强度等级、石料最大粒径	1. 混凝土浇筑 2. 养护	m^3	1. 12
	D. 3. 3	预制混凝土				
3. 3. 5. 1	040303005001	C25 混凝土拱圈	1. 部位 2. 混凝土强度等级、石料最大粒径	1. 混凝土浇筑 2. 养护 3. 构件运输 4. 安装 5. 构件连接	m^3	5. 93
	D. 3. 4	砌筑				
3. 4. 2. 1	040304002001	浆砌块石挡墙	1. 部位 2. 材料品种 3. 规格 4. 砂浆强度等级	1. 砌筑 2. 砌体勾缝 3. 砌体抹面 4. 泄水孔制作、安装 5. 滤层铺设 6. 沉降缝	m^3	110. 50
	D. 3. 5	挡墙、护坡				
3. 5. 1. 1	040305001001	挡墙基础	1. 材料品种 2. 混凝土强度等级、石料最大粒径 3. 形式 4. 垫层厚度、材料品种、强度	1. 垫层铺筑 2. 混凝土浇筑	m^3	39. 00
3. 5. 4. 1	040305004001	混凝土压顶	1. 混凝土强度等级、石料最大粒径	1. 混凝土浇筑 2. 养护	m^3	2. 48

续表

序号	项目编码	项目名称	项目特征描述	工程内容	计量单位	工程量
3.5.5.1	040305005001	浆砌块石护坡	1. 材料品种 2. 结构形式 3. 厚度	1. 修整边坡 2. 砌筑	m^2	331.07
	D.7.1					
7.1.2.1	040701002001	非预应力钢筋	1. 材质 2. 部位	制作、安装	t	0.850
	E.1.2					
1.2.1	050102010001	植草皮	1. 草皮种类 2. 铺种方式 3. 养护期	1. 运输 2. 栽植 3. 养护	m^2	1170.670
			二、措施项目清单			
			(一) 通用措施项目费			
	3.3.1.5	大型机械设备进出场及安拆			台次	4.00
	3.3.1.6	施工排水、降水			m^3	7350.00
			(二) 市政措施项目费			
	4.1	围堰			m	38.00
	4.11	混凝土、钢筋混凝土模板及支架			m^2	90.55

(3) 分部分项工程量、措施项目清单计算方法(表 4-116)

城镇道路工程工程数量计算表(工程量清单)　　**表 4-116**

顺序号	项目名称及说明	计 算 说 明	单位	计算结果
1	2	3	4	5
说明	1. 台后处理	胥浦塘桥一侧(K4+488～4+528)$L=40$m，填土平均高度为 4.1m，根据设计图纸断面为上宽 1.5+26+1.5m，两边放坡 1：1.5，则底宽为(29+1.5×4.1×2=41.3m)1.5+38.3+1.5，结构为 20cm 砾石砂+粉煤灰填筑+30 石灰土+两边碎石排水沟+两边土工布包边+两边粘性土包坡	m^3	5488.44
	2. 浜塘处理	在 K3+735 处，$S=1/2\times90\times21=945\text{m}^2$。根据设计图纸说明填浜处理结构为 30cm 砾石砂+土工布+粉煤灰间隔土填筑+二层土工网，根据纵断面计算，平均填土高度为 1/2(5.38−0.45+5.35−4.91)=3.09m	m^3	3865.05
一	D.1.1	挖土方(编码：040101)		
1	挖路基土方 040101001001	*A.* 挖表土：$L=978$m，$B=29+1\times1.5\times2=32$m，$\delta=0.3$m，$V=$(S×B−浜塘面积)$\times\delta=(978\times32+945)\times0.3=9105.3\text{m}^3$ *B.* 根据横断面计算挖土(土方表)，$V=823\text{m}^3$ *C.* 挖边沟土：断面 40×40，边坡 1：1，$V=1/2\times(0.4+1.2)\times0.4\times978\times2=625.92\text{m}^3$ *D.* 合计：$A+B+C=9105.3+823+625.92=10554.2\text{m}^3$	m^3	10554.2
2	挖一般土方 040101001002	(1) 河道改建挖土 根据设计图纸在斜界泾桥处，断面新开河底宽 3.5m，深度 3.9m，两边放坡 1：2.5，则河底宽为 3.9×2.5×2+3.5=23m，$L=70$m， $V_1=1/2\times(3.5+23)\times(3.9-0.3)\times70=3339.0\text{m}^3$。 (2) 挖超载预压土方 $V_2=1/2(A+A_1)\times H\times30\times N=1/2\times(29+29+1.0\times1.5\times2)\times30\times4=3660\text{m}^3$ $\Sigma V=V_1+V_2=3339.0\text{m}^3+3660\text{m}^3=6999.0\text{m}^3$	m^3	6999.0

续表

顺序号	项目名称及说明	计 算 说 明	单位	计算结果
1	2	3	4	5
3	挖浜塘淤泥 040101006	*A*. 挖淤泥：21×140×1.0=2940m^3	m^3	2940
二	D.1.3	填方及运输(编码：040103)		
4	填路基土方 040103001001	*A*. 根据横断面计算挖土(土方表)，V=15973.5 *B*. 扣除浜塘处理：V=3865.05m^3。 *C*. 土方表中填土段的挖表土差：[(978−95)×32−945]×0.3=8193.3 *D*. 扣除台后填筑：20cm 砾石砂＋粉煤灰填筑＝306.4＋4295.24＝4601.64m^3。 *E*. 合计：A+B+C=15973.5−3865.05+8193.3−4601.6=15700.2m^3	m^3	15700.2
5	超载预压 040103001002	根据设计图纸说明桥后填土高<2.5m，采用超载预压，超载高度 1.0m，超载范围台后 30m。本段有斜界泾和建设中心河桥两座。 $V=1/2(A+A_1)\times H\times 30\times N$=1/2×(29+29+1.0×1.5×2)×30×4=3660.00m^3	m^3	3660.00
6	余土外运 040103002001	V=表土+拆坝土=9105.3+1/2×(1.5+1.06+1.5+3.09×1.5)×3.09×38=9615.78m^3	m^3	9615.78
7	淤泥外运 040103002001	V=浜塘淤泥=2940m^3	m^3	2940.00
8	缺土内运 040103003001	土源费 V=填土－可利用挖土＋超载预压土＋粉煤灰间隔土填筑中的土方－改建河道挖土＋筑坝土方＝15700.2－(823＋625.92)＋3660＋3581.55/2－3339+1/2×(1.5+1.06+1.5+3.09×1.5)×3.09×38=16566.83m^3	m^3	16566.83
三	D.2.1	路基处理(编码：040201)		
9	土工布 040201012001	(1) 台后处理 *D*. 土工布：斜边长＝(4.1－0.56)^2＋(4.1－0.56)×1.5)^2＋2.0＝6.53m，S=6.53×2×40=522.4m^2 (2) 浜塘处理 *D*. 土工布：(1.0×2+21)×(20+90)/2=1265m^2 合计：522.4m^2+1265m^2=1787.40m^2	m^2	1787.40
10	土工网 040201012002	排水沟土工网：2×(2.0×2+21)×(90+20)/2=2750m^2	m^2	2750.00
11	碎石排水沟 040201014001	台后处理 *C*. 碎石排水沟：每道 L=2.0m，B=1.0m，厚度 0.3m，纵向间距 15m，N=(40/15+1)×2=3×2=6 道，V=1.0×2.0×0.3×6=3.6m^3。L=2×6=12m	m	12
12	粉煤灰填筑 040201015001	(1) 台后处理 *B*. 粉煤灰填筑：$V=1/2\times(A+A_1)\times H\times L$=1/2×(26+38.3)×(4.1−0.2−0−0.56)×40=4295.24m^3	m^3	4295.24
13	粉煤灰间隔土 040201016001	(1) 浜塘处理 *E*. 粉煤灰间隔土填筑：$V=S\times H$=945×(3.09+1.0−0.3)=3581.55m^3	m^3	3581.55
四	D.2.2	道路基层(编码：040202)		
	砾石砂垫层	(编码：040202008)		
14	(1) 路基基层 040202008001	H=15cm S=8.5×978×2=16626m^2，S=3.5×978×2=6846m^2	m^2	23472.00
15	(2) 台后处理 040202008002	H=20cm $S=B\times L$=38.3×40=1532.00m^2	m^2	1532.00
16	(3) 浜塘处理 040202008003	H=30cm S=945m^2	m^2	945.00

续表

顺序号	项目名称及说明	计　算　说　明	单位	计算结果
1	2	3	4	5
	粉煤灰三渣	（编码：040202013）		
17	（1）40cm 三渣 040202013001	$S=8.5\times978\times2=16626m^2$	m^2	16626.00
18	（2）25cm 三渣 040202013002	$S=3.5\times978\times2=6846m^2$	m^2	6846.00
五	D.2.3	道路面层（编码：040203）		
	沥青混凝土路面	（编码：040203004）		
19	（1）4cm 细粒式 040203004001	$S_1=(8.5-0.3)\times978\times2=16039.2m^2$ $S_2=(3.5-0.3)\times978\times2=6259.2m^2$ $S=16039.2m^2+6259.2m^2=22298.40m^2$	m^2	22298.40
20	（2）5cm 粗粒式 040203004003	$S_1=(3.5-0.3)\times978\times2=6259.2m^2$	m^2	6259.20
21	（3）8cm 粗粒式 040203004002	$S_1=(8.5-0.3)\times978\times2=16039.2m^2$	m^2	16039.20
六	D.2.4	人行道及其他（编码：040204）		
22	（1）侧平石 040204003001	$L=(978-7\times3+3\times3.1412)\times2=1932.85m$	m	1932.85
23	（2）路缘石 040204003002	$L=978\times2-18\times2+1/4\times3.1412\times16\times4-7\times2+10\times4=1996.26m$	m	1996.26
七	D.3.2	现浇混凝土（编码：040302）		
24	现浇混凝土小构件 040302016001	（1）C25 混凝土拱圈 C20 现浇混凝土：$V=0.02\times56=1.12m^3$	m^3	1.12
八	D.3.3	预制混凝土（编码：040303）		
25	预制混凝土小构件 040303005001	（1）C25 混凝土预制块拱圈 A. C25 混凝土预制块：$V=(0.018H+0.022+0.01)\times56=5.93m^3$	m^3	5.93
九	D.3.4	砌筑（编码：040304）		
26	浆砌块石挡墙 040304002001	根据设计图纸斜界泾桥四个角设长度 5m 的挡土墙。 （*a*）$L=4\times5=20m$，$H=1/2(5.37-1.3+5.4-1.4)+0.5=4.54=4.5m$。 （*d*）浆砌块石挡墙：$V=5.525\times20=110.5m^3$。 （*e*）浆砌块石勾缝：$S=4.25\times20=85m^2$。 （*g*）$\phi50$ 泄水孔：$N=5/1.5+1=4$ 道，$L=1.65\times4\times2=12m$。 （*h*）碎石滤层：尺寸 30×30，$V=0.3\times0.3\times20=1.8m^3$。 （*i*）土工布：$S=0.3\times3\times20=18m^2$。 （*j*）沉降缝二毡三油：$S=1/2(0.45+2.15)\times4.5\times4=23.4m^2$	m	20.00
十	D.3.5	挡墙、护坡（编码：040305）		
27	1 挡墙基础 040305001001	（1）碎石垫层 $V=0.41\times20=8.2m^3$ （2）C20 混凝土基础 $V=1.95\times20=39m^3$	m^3	39.00
28	2 混凝土压顶 040305004001	$V=0.124\times20=2.48m^3$	m^3	2.48
29	3 浆砌块石护坡 040305005001	*A*. 浆砌片石护坡： *a*. 胥浦塘桥 $V=(0.063H+0.178)L\times2=(0.063\times4.1+0.178)\times28\times2=24.44m^3$。 *b*. 斜界泾桥：$V=(0.605\times H+0.047)\times160=306.63m^3$。 $\Sigma=a+b=24.44+306.63=331.07m^3$。 *B*. 浆砌片石勾缝：*a*. $V=24.44/0.3=81.45m^2$。*B*. $V=306.63/0.3=1022.15m^2$，$\Sigma=81.45+1022.15=1103.6m^2$。 *C*. 砂垫层：*a*. $V=24.44/3=8.15m^3$。*b*. $V=[0.202\times(h-0.3)]\times160=90.18m^3$，$\Sigma=8.15+90.18=98.33m^3$。 *D*. 浆砌块石护脚：$V=0.962\times160=153.92m^3$	m^2	331.07

续表

顺序号	项目名称及说明	计 算 说 明	单位	计算结果
1	2	3	4	5
十一	D. 7. 1	钢筋工程(编码：040701)		
30	非预应力钢筋 040701002001	基础钢筋：$V=42.3\times20=846/1000\text{kg/t}=0.85\text{t}$	t	0.85
十二	E. 1. 2	栽植花木(编码：050102)		
31	植草皮 050102010001	栽植草皮 *A.* 胥浦塘桥处：$S=(1.502\times H-0.682)\times56=306.67\text{m}^2$。 *B.* 斜界泾及建设中心河桥：$H=1.8$，$S=1.5\times1.8\times2\times40\times4=864\text{m}^2$。 *C.* $\Sigma=306.67+864=1170.67\text{m}^2$	m^2	1170.67
		二、措施项目		
		(一) 通用措施项目费		
1	大型机械设备进出场及安拆 3.3.1.5	(1) 压路机(综合)场外运输费　2 台·次 (2) 沥青混凝土摊铺机场外运输费　1 台·次 (3) 1m^3 以内单斗挖掘机场外运输费　1 台·次	项	1
2	施工排水 3. 3. 1. 6	抽水：$21\times140\times2.5=7350\text{m}^3$	m^3	7350.00
		(二) 市政专业措施项目费		
3	围堰 4. 1. 1	*A.* 筑坝：$(H=3.0)L=20+18=38\text{m}$ *B.* 养护：$38\times2=76\text{m}$	m	38.00
4	混凝土、钢筋混凝土模板 4. 11. 1	(1) 挡墙基础模板 $S_1=(3.9\times2+20\times2)\times0.5=23.90\text{m}^2$ (2) 混凝土压顶模板 $S_2=0.25\times2\times20+0.25\times0.5\times2=10.25\text{m}^2$。 (3) 预制块拱圈模板 $S_3=8\times5.93=47.44\text{m}^2$ (4) 现浇块拱圈模板 $S_4=1.12\times8=8.96\text{m}^2$ 合计：$S_1+S_2+S_3+S_4=23.90\text{m}^2+10.25\text{m}^2+47.44\text{m}^2+8.96\text{m}^2=90.55\text{m}^2$	m^2	90.55

注：E. 1. 2　栽植花木(编码：050102)，为园林绿化工程类，请参阅国家标准《建设工程工程量清单计价规范》GB 50500—2008“附录 E 园林绿化工程工程量清单项目及计算规则”的释义。

(4) 单位工程费用汇总表(表 4-117)

单位工程费用汇总表　　　　**表 4-117**

序　号	项 目 名 称	金额(元)
1	分部分项工程量清单计价合计	13152824
2	措施项目清单计价合计	149696
3	其他项目清单计价合计	5000
4	规费	
5	税金	443484
6	总　计	13751004

(5) 分部分项工程量、措施项目清单计价表(综合单价)

分部分项工程量清单与计价表(表 4-118)

分部分项工程量清单与计价表

表 4-118

工程名称：　　　　　　　　　　　　标段：

序号	项目编码	项目名称	项目特征描述	工程内容	计量单位	工程量	金额		
							综合单价	合价	其中：暂估价
1	D. 1. 1	挖土方							
1. 1. 1. 1	040101001001	挖路基土方	1. 土壤类别 2. 挖土深度	1. 土方开挖 2. 围护、支撑 3. 场内运输 4. 平整、压实	m^3	10554. 22	6. 53	68935	
1. 1. 1. 2	040101001002	挖一般土方	1. 土壤类别 2. 挖土深度	1. 土方开挖 2. 围护、支撑 3. 场内运输 4. 平整、压实	m^3	6999. 00	3. 90	27306	
1. 1. 6. 1	040101006003	挖浜塘淤泥	1. 挖淤泥深度	1. 挖淤泥 2. 场内运输 4. 平整、压实	m^3	2940. 00	30. 14	88619	
	D. 1. 3	填方及运输						0	
1. 3. 1. 1	040103001001	填路基土方	1. 填方材料品种 2. 密实度	1. 填方 2. 压实	m^3	15700. 10	11. 08	174020	
1. 3. 1. 2	040103001002	超载预压	1. 填方材料品种 2. 密实度	1. 填方 2. 压实	m^3	3660. 00	6. 59	24124	
1. 3. 2. 1	040103002001	余土外运	1. 废弃料品种 2. 运距	余方点装料运输弃置点	m^3	9615. 78	16. 50	158660	
1. 3. 2. 2	040103002002	淤泥外运	1. 废弃料品种 2. 运距	余方点装料运输弃置点	m^3	2940. 00	30. 25	88935	
1. 3. 3	040103003001	缺土内运(土源费)	1. 填方材料品种 2. 运距	取料点装料运输至缺方点	m^3	16566. 8	25. 00	414171	
	D. 2. 1	路基处理						0	
2. 1. 1	040201012001	土工布	1. 材料品种 2. 规格	1. 垫层铺筑 2. 混凝土浇筑 3. 砌筑 4. 勾缝 5. 抹面 6. 盖板	m^2	1787. 40	14. 53	25976	
2. 1. 2	040201012002	土工网			m^2	2750. 00	16. 10	44284	
2. 1. 3	040201012003	碎石排水沟	1. 材料品种 2. 断面 3. 规格	1. 盲沟铺设	m	12. 00	30. 84	370	
2. 1. 4	040201015001	粉煤灰填筑	1. 材料品种 2. 密实度	1. 摊铺 2. 找平 3. 碾压 4. 养护	m^3	4295. 24	64. 57	277348	
2. 1. 5	040201016001	粉煤灰间隔土	1. 材料品种 2. 规格 3. 配合比	1. 摊铺 2. 找平 3. 碾压 4. 养护	m^3	3581. 55	46. 75	167432	

续表

序号	项目编码	项目名称	项目特征描述	工程内容	计量单位	工程量	金额 综合单价	合价	其中：暂估价
	D.2.2	道路基层						0	
2.2.1.1	040202008001	砾石砂垫层 15cm	1. 厚度 2. 材料品种 3. 材料规格	1. 拌合 2. 铺筑 3. 找平 4. 碾压 5. 养护	m^2	23472.00	20.64	484519	
2.2.1.2	040202008002	砾石砂垫层 20cm			m^2	1532.00	27.32	41856	
2.2.1.3	040202008003	砾石砂垫层 30cm			m^2	945.00	40.68	38440	
2.2.1.3	040202013001	粉煤灰三渣 40cm			m^2	16626.00	64.67	1075211	
2.2.1.4	040202013002	粉煤灰三渣 25cm			m^2	6846.00	40.18	275048	
	D.2.3	道路面层						0	
2.3.4.1	040203004001	4cm 细粒式沥青混凝土路面	1. 沥青品种 2. 石料最大粒径 3. 厚度	1. 铺筑 2. 碾压	m^2	22298.40	38.23	852520	
2.3.4.2	040203004002	8cm 粗粒式沥青混凝土路面			m^3	16039.20	61.46	985689	
2.3.4.3	040203004003	5cm 粗粒式沥青混凝土路面			m^3	6259.20	38.59	241551	
	D.2.4	人行道及其他						0	
2.4.3.1	040204003001	侧平石	1. 材料 2. 尺寸 3. 形状 4. 垫出、基础：材料品种、厚度、强度	1. 垫层、基础铺筑 2. 侧(平、缘)石安砌	m	1932.85	57.84	111802	
2.4.3.2	040204003002	路缘石			m	1996.26	64.41	128572	
	D.3.2	现浇混凝土						0	
3.2.16.1	040302016001	C25 混凝土拱圈	1. 部位 2. 混凝土强度等级、石料最大粒径	1. 混凝土浇筑 2. 养护	m^3	1.12	337.14	378	
	D.3.3	预制混凝土						0	
3.3.5.1	040303005001	C25 混凝土拱圈	1. 部位 2. 混凝土强度等级、石料最大粒径	1. 混凝土浇筑 2. 养护 3. 构件运输 4. 安装 5. 构件连接	m^3	5.93	1871.82	11100	
	D.3.4	砌筑						0	
3.4.2.1	040304002001	浆砌块石挡墙	1. 部位 2. 材料品种 3. 规格 4. 砂浆强度等级	1. 砌筑 2. 砌体勾缝 3. 砌体抹面 4. 泄水孔制作、安装 5. 滤层铺设 6. 沉降缝	m^3	110.50	318.94	35243	
	D.3.5	挡墙、护坡						0	

续表

序号	项目编码	项目名称	项目特征描述	工程内容	计量单位	工程量	金额		
							综合单价	合价	其中：暂估价
3.5.1.1	040305001001	挡墙基础	1. 材料品种 2. 混凝土强度等级、石料最大粒径 3. 形式 4. 垫层厚度、材料品种、强度	1. 垫层铺筑 2. 混凝土浇筑	m^3	39.00	294.20	11474	
3.5.4.1	040305004001	混凝土压顶	1. 混凝土强度等级、石料最大粒径	1. 混凝土浇筑 2. 养护	m^3	2.48	292.44	725	
3.5.5.1	040305005001	浆砌块石护坡	1. 材料品种 2. 结构形式 3. 厚度	1. 修整边坡 2. 砌筑	m^2	331.07	470.98	155926	
	D.7.1							0	
7.1.2.1	040701002001	非预应力钢筋	1. 材质 2. 部位	制作、安装	t	0.850	4034.59	3429	
	E.1.2							0	
1.2.1	050102010001	植草皮	1. 草皮种类 2. 铺种方式 3. 养护期	1. 运输 2. 栽植 3. 养护	m^2	1170.670	6.12	7163	
		措施项目清单							
		措施项目费						72809	
	3.3.1.5	大型机械设备进出场及安拆			台次	4.00	2820.68	11283	
	3.3.1.6	施工排水、降水			m^3	7350.00	0.71	5199	
	4.1	围堰			m	38.00	1385.08	52633	
	4.11	混凝土、钢筋混凝土模板及支架			m^2	90.55	40.80	3694	

措施项目清单见表4-119。

措施项目清单 **表4-119**

序号	项目编码	项目名称	单位	数量	综合单价
5.1	501	大型机械设备进出场及安拆			
5.2	502	混凝土、钢筋混凝土模板及支架			
5.3	503	脚手架			
5.4	504	施工排水、降水			
5.5	505	围堰			
5.6	506	现场施工围栏			
5.7	507	施工便道	m^2	2700.00	18
5.8	508	混凝土拌合站	座	1.00	105161

（6）分部分项工程量清单计价表分析表（表4-120）

分部分项工程量清单计价分析表

表 4-120

工程名称：　　　　　　　　　　　　　　　　标段：

序号	定额编号	定额名称	定额单位	综合单价	工程量	清单综合单价组成明细 人工费	材料费	机械费	周材运输费	管理费	合计 1	安全防护、文明	规费	税金	总计
	1	2	3	4	5	6	7	8	9	10	6～10	11	12	13	14
				4=14/5											6～10
		挖路基土方	m^3	6.53	10554.22	62356.06	0.00	0.00	311.78	6266.78	68934.62	1654.43	122.82	2411.28	73123.16
1	S2-1-12	耕地填前处理(挖腐殖土)	m^3	4.86	9105.30	44251.76			221.26	4447.30	48920.32	1174.09	87.16	1711.19	51893
2	S2-1-1	人工挖土方(Ⅰ、Ⅱ类)	m^3	6.84	823.00	5627.47			28.14	565.56	6221.17	149.31	11.08	217.61	6599
3	S2-1-36	开挖明沟	m^3	16.88	625.92	10562.40			52.81	1061.52	11676.73	280.24	20.81	408.44	12386
4	S2 - 1 - 37	整修明沟	m	0.98	1956.00	1914.43			9.57	192.40	2116.40	50.79	3.77	74.03	2245
		挖一般土方	m^3	3.90	6999.00	1653.51	0.00	23047.04	123.50	2482.41	27306.46	655.35	48.65	955.16	28965.62
5	S2-1-4	机械挖土方	m^3	3.53	6999.00	1653.51		23047.04	123.50	2482.41	27306.46	655.35	48.65	955.16	28966
		挖淤泥	m^3	30.14	2940.00	53779.95	0.00	26382.38	400.81	8056.31	88619.46	2126.87	157.90	3099.83	94004.06
6	S1-1-7	挖淤泥	m^3	27.27	2940.00	53779.95		26382.38	400.81	8056.31	88619.46	2126.87	157.90	3099.83	94004
		填路基土方	m^3	11.08	15700.10	97109.50	0.00	60303.47	787.06	15820.00	174020.04	4176.48	310.06	6087.07	184593.66
7	S2-1-10	填车行道土方(密实度 95%)	m^3	6.55	15700.10	70155.90		32699.29	514.28	10336.95	113706.41	2728.95	202.60	3977.35	120615
8	S2-1-44	土方场内自卸汽车运输(运距≤200m)	m^3	11.39	4787.92	26953.60		27604.18	272.79	5483.06	60313.63	1447.53	107.46	2109.72	63978
		超载预压	m^3	6.59	3660.00	16045.90	0.00	5776.14	109.11	2193.12	24124.27	578.98	42.98	843.85	25590.08
9	S2-1-8	填车行道土方(密实度 90%)	m^3	5.96	3660.00	16045.90		5776.14	109.11	2193.12	24124.27	578.98	42.98	843.85	25590
		余土场外运输	m^3	16.50	9615.78	0.00	0.00	144236.70	0.00	14423.67	158660.37	3807.85	282.69	5549.81	168300.72
10	ZSM19-1-1	土方场外运输	m^3	15.00	9615.78			144236.70	0.00	14423.67	158660.37	3807.85	282.69	5549.81	168301
		淤泥场外运输	m^3	30.25	2940.00	0.00	0.00	80850.00	0.00	8085.00	88935.00	2134.44	158.46	3110.87	94338.77
11	ZSM20-1-1	泥浆场外运输	m^3	27.50	2940.00			80850.00		8085.00	88935.00	2134.44	158.46	3110.87	94339
		土源费	m^3	25.00	16566.83	0.00	414170.75	0.00	0.00	0.00	414170.75	0.00	0.00	14123.22	428293.97
12	BC	土源费	m^3	25.00	16566.83		414170.75		0.00	0.00	414170.75	0.00	0.00	14123.22	428294

续表

序号	定额编号	定额名称	定额单位	清单综合单价组成明细								安全防护、文明	规费	税金	总计
				综合单价	工程量	人工费	材料费	机械费	周材运输费	管理费	合计1				
	1	2	3	4	5	6	7	8	9	10	6～10	11	12	13	14
		土工布	m^2	14.53	1787.40	404.18	23093.13	0.00	117.49	2361.48	25976.28	623.43	46.28	908.63	27554.62
13	S2-1-31	铺设土工布	m^2	13.15	1787.40	404.18	23093.13		117.49	2361.48	25976.28	623.43	46.28	908.63	27555
		土工网	m^2	16.10	2750.00	696.09	39361.46	0.00	200.29	4025.78	44283.62	1062.81	78.90	1549.00	46974.34
14	S2-1-32	铺设土工网	m^2	14.57	2750.00	696.09	39361.46		200.29	4025.78	44283.62	1062.81	78.90	1549.00	46974
		碎石盲沟	m	30.84	12.00	68.42	266.38	0.00	1.67	33.65	370.12	8.88	0.66	12.95	392.61
15	S2-1-35	碎石盲沟	m^3	93.00	3.60	68.42	266.38		1.67	33.65	370.12	8.88	0.66	12.95	393
		填筑粉煤灰路堤	m^3	64.57	4295.24	24745.41	217188.55	8945.89	1254.40	25213.42	277347.67	6656.34	494.17	9701.39	294199.57
16	S2-1-17	填筑粉煤灰车行道路堤(密实度95%)	m^3	58.41	4295.24	24745.41	217188.55	8945.89	1254.40	25213.42	277347.67	6656.34	494.17	9701.39	294200
		粉煤灰间隔填土	m^3	46.75	3581.55	46888.31	93954.98	10610.75	757.27	15221.13	167432.44	4018.38	298.32	5856.65	177605.79
17	S2-1-27	粉煤灰间隔填土(粉煤灰：土=1：1)	m^3	42.29	3581.55	46888.31	93954.98	10610.75	757.27	15221.13	167432.44	4018.38	298.32	5856.65	177606
		砾石砂垫层(厚15cm)	m^2	20.64	23472.00	16160.47	409688.81	12431.08	2191.40	44047.18	484518.94	11628.45	863.30	16948.06	513958.75
18	S2-2-1	砾石砂垫层(厚15cm)	$100m^2$	1867.25	234.72	16160.47	409688.81	12431.08	2191.40	44047.18	484518.94	11628.45	863.30	16948.06	513959
		砾石砂垫层(厚20cm)	m^2	27.32	1532.00	1186.63	35653.64	1020.94	189.31	3805.05	41855.57	1004.53	74.58	1464.07	44398.75
19	S2-2-1换	砾石砂垫层(厚20cm)	$100m^2$	2471.36	15.32	1186.63	35653.64	1020.94	189.31	3805.05	41855.57	1004.53	74.58	1464.07	44399
		砾石砂垫层(厚30cm)	m^2	40.68	945.00	894.62	32989.10	888.30	173.86	3494.59	38440.47	922.57	68.49	1344.62	40776.15
20	S2-2-1换	砾石砂垫层(厚30cm)	$100m^2$	3679.58	9.45	894.62	32989.10	888.30	173.86	3494.59	38440.47	922.57	68.49	1344.62	40776
		粉煤灰粗粒径三渣基层(厚40cm)	m^2	64.67	16626.00	45114.65	913881.07	13605.80	4863.01	97746.45	1075210.98	25805.06	1915.77	37609.97	1140541.79
21	S2-2-14换	厂拌粉煤灰粗粒径三渣基层(厚40cm)	$100m^2$	5849.88	166.26	45114.65	913881.07	13605.80	4863.01	97746.45	1075210.98	25805.06	1915.77	37609.97	1140542
		粉煤灰粗粒径三渣基层(厚25cm)	m^2	40.18	6846.00	9819.73	235444.72	3534.91	1244.00	25004.34	275047.69	6601.14	490.07	9620.94	291759.84
22	S2-2-13	厂拌粉煤灰粗粒径三渣基层(厚25cm)	$100m^2$	3634.23	68.46	9819.73	235444.72	3534.91	1244.00	25004.34	275047.69	6601.14	490.07	9620.94	291760

续表

序号	定额编号	定额名称	定额单位	清单综合单价组成明细								安全防护、文明	规费	税金	总计
				综合单价	工程量	人工费	材料费	机械费	周材运输费	管理费	合计 1				
	1	2	3	4	5	6	7	8	9	10	6～10	11	12	13	14
		细粒式沥青混凝土(厚 4cm)	m^2	38.23	22298.40	8980.43	738168.72	24012.94	3855.81	77501.79	852519.69	20460.47	1518.99	29820.42	904319.57
23	S2-3-24 换	机械摊铺细粒式沥青混凝土(厚 4cm)	$100m^2$	3458.37	222.98	8980.43	738168.72	24012.94	3855.81	77501.79	852519.69	20460.47	1518.99	29820.42	904320
		粗粒式沥青混凝土(厚 8cm)	m^2	61.46	16039.20	7686.79	866888.78	17047.36	4458.11	89608.10	985689.15	23656.54	1756.26	34478.58	1045580.53
24	S2-3-20	机械摊铺粗粒式沥青混凝土(厚 8cm)	$100m^2$	5559.02	160.39	7686.79	866888.78	17047.36	4458.11	89608.10	985689.15	23656.54	1756.26	34478.58	1045581
		粗粒式沥青混凝土(厚 5cm)	m^2	38.59	6259.20	2397.66	211718.48	4382.99	1092.50	21959.16	241550.79	5797.22	430.39	8449.24	256227.64
25	S2-3-20 换	机械摊铺粗粒式沥青混凝土(厚 5cm)	$100m^2$	3490.85	62.59	2397.66	211718.48	4382.99	1092.50	21959.16	241550.79	5797.22	430.39	8449.24	256228
		侧平石	m	57.84	1932.85	8669.56	92462.66	0.00	505.66	10163.79	111801.67	2683.24	199.20	3910.73	118594.84
26	S2-4-23	排砌预制侧平石　现浇混凝土(5～20mm)C20	m	52.32	1932.85	8669.56	92462.66		505.66	10163.79	111801.67	2683.24	199.20	3910.73	118595
		路缘石	m	64.41	1996.26	10389.04	105913.29	0.00	581.51	11688.38	128572.23	3085.73	229.08	4497.35	136384.39
27	S2-4-31	路缘石　现浇混凝土(5～16mm)C20	m	58.26	1996.26	10389.04	105913.29		581.51	11688.38	128572.23	3085.73	229.08	4497.35	136384
		现浇 C25 混凝土拱圈	m^3	337.14	1.12	99.58	219.80	22.18	1.71	34.33	377.59	9.06	0.67	13.21	400.54
28	S4-6-73	现浇混凝土拱圈　现浇混凝土(5～40mm)C25	m^3	304.96	1.12	99.58	219.80	22.18	1.71	34.33	377.59	9.06	0.67	13.21	401
		预制 C25 混凝土拱圈		1871.82	5.93	1093.18	8838.90	108.53	50.20	1009.08	11099.89	266.40	19.78	388.26	11774.33
29	S4-7-64 换	预制混凝土拱圈　预制混凝土(5～16mm)C25	m^3	356.55	5.93	778.80	1227.01	108.53	10.57	212.49	2337.40	56.10	4.16	81.76	2479
30	S4-8-44	安装缘石　水泥砂浆 M7.5	m^3	1336.64	5.93	314.38	7611.89		39.63	796.59	8762.49	210.30	15.61	306.50	9295
		浆砌块石挡墙	m^3	318.94	110.50	5158.27	24717.16	2004.03	159.40	3203.89	35242.74	845.83	62.79	1232.76	37384.12

续表

序号	定额编号	定额名称	定额单位	清单综合单价组成明细								安全防护、文明	规费	税金	总计
				综合单价	工程量	人工费	材料费	机械费	周材运输费	管理费	合计 1				
	1	2	3	4	5	6	7	8	9	10	6～10	11	12	13	14
31	S4-5-15	浆砌块石台身及挡墙　水泥砂浆 M7.5	m^3	269.68	110.50	4561.40	23238.48	2000.26	149.00	2994.91	32944.05	790.66	58.70	1152.36	34946
32	S4-5-20	浆砌块石坞工勾凸缝　水泥砂浆 M7.5	m^2	5.76	85.00	349.41	136.47	3.77	2.45	49.21	541.31	12.99	0.96	18.93	574
33	S4-5-24	护岸泄水孔	m	43.52	12.00	141.22	381.06		2.61	52.49	577.38	13.86	1.03	20.20	612
34	S4-5-23	碎石滤层	m^3	98.17	1.80	26.10	150.61		0.88	17.76	195.35	4.69	0.35	6.83	207
35	S2-1-32	铺设土工布(路基)	m^2	14.57	18.00	4.56	257.64		1.31	26.35	289.86	6.96	0.52	10.14	307
36	S4-8-66 系	安装油毡沉降缝(二毡)	m^2	5.02	23.40	5.21	112.18		0.59	11.80	129.77	3.11	0.23	4.54	138
37	S4-8-67 系	安装油毡沉降缝(三油)	m^2	21.84	23.40	70.37	440.72		2.56	51.36	565.01	13.56	1.01	19.76	599
		挡墙基础	m^3	294.20	39.00	1776.32	7790.86	811.75	51.89	1043.08	11473.91	275.37	20.44	401.35	12171.07
38	S4-6-1	基础碎石垫层	m^3	115.06	8.20	182.21	761.29		4.72	94.82	1043.04	25.03	1.86	36.48	1106
39	S4-6-4 换	基础混凝土　现浇混凝土(5～40mm)C20	m^3	241.93	39.00	1594.11	7029.57	811.75	47.18	948.26	10430.87	250.34	18.59	364.86	11065
		压顶混凝土	m^3	292.44	2.48	127.89	460.46	67.69	3.28	65.93	725.25	17.41	1.29	25.37	769.32
40	S4-6-88	压顶混凝土　现浇混凝土(5～40mm)C20	m^3	264.53	2.48	127.89	460.46	67.69	3.28	65.93	725.25	17.41	1.29	25.37	769
		浆砌块石护坡	m^3	470.98	331.07	26016.17	114180.42	849.28	705.23	14175.11	155926.21	3742.23	277.82	5454.17	165400.43
41	S4-5-9	浆砌块石护坡　水泥砂浆 M7.5	m^3	255.84	331.07	13208.33	70947.56	546.37	423.51	8512.58	93638.35	2247.32	166.84	3275.39	99328
42	S4-5-20	浆砌块石坞工勾凸缝　水泥砂浆 M7.5	m^2	5.76	1103.60	4536.62	1771.87	48.89	31.79	638.92	7028.08	168.67	12.52	245.84	7455
43	S4-6-1 换	基础黄砂垫层	m^3	111.83	98.33	2184.99	8811.16		54.98	1105.11	12156.24	291.75	21.66	425.22	12895
44	S4-5-8	浆砌块石护脚　水泥砂浆 M7.5	m^3	253.31	153.92	6086.23	32649.83	254.02	194.95	3918.50	43103.53	1034.48	76.80	1507.73	45723
		非预应力钢筋	t	4034.59	0.85	301.52	2758.71	41.90	15.51	311.76	3429.40	82.31	6.11	119.96	3637.78

续表

序号	定额编号	定额名称	定额单位	清单综合单价组成明细								安全防护、文明	规费	税金	总计
				综合单价	工程量	人工费	材料费	机械费	周材运输费	管理费	合计1				
	1	2	3	4	5	6	7	8	9	10	6～10	11	12	13	14
45	S4-6-7	基础钢筋	t	3649.57	0.85	301.52	2758.71	41.90	15.51	311.76	3429.40	82.31	6.11	119.96	3638
		植草皮	m^2	6.12	1170.67	6321.62	158.04	0.00	32.40	651.21	7163.26	171.92	12.76	250.56	7598.51
46	S1-2-74	栽植 草皮	m^2	5.54	1170.67	6321.62	158.04		32.40	651.21	7163.26	171.92	12.76	250.56	7599
		大型机械设备进出场及安拆	台·次	2820.68	4.00	0.00	0.00	10206.00	51.03	1025.70	11282.73	270.79	20.10	394.66	11968.28
47	ZSM21-2-7	压路机(综合)场外运输费	台·次	1829.00	2.00			3658.00	18.29	367.63	4043.92	97.05	7.21	141.45	4290
48	ZSM21-2-8	沥青混凝土摊铺机场外运输费	台·次	3814.00	1.00			3814.00	19.07	383.31	4216.38	101.19	7.51	147.49	4473
49	ZSM21-2-4	$1m^3$ 以内单斗挖掘机场外运输费	台·次	2734.00	1.00			2734.00	13.67	274.77	3022.44	72.54	5.39	105.72	3206
		施工排水	m^3	0.71	7350.00	1240.31	0.00	3462.73	23.52	472.66	5199.21	124.78	9.26	181.86	5515.12
50	S1-1-12	抽水	m^3	0.64	7350.00	1240.31		3462.73	23.52	472.66	5199.21	124.78	9.26	181.86	5515
		围堰	m	1385.08	38.00	40977.41	4729.53	1903.34	238.05	4784.83	52633.16	1263.20	93.78	1841.06	55831.20
51	S1-2-5	草包围堰筑拆(高≤3m)	延长米	1165.67	38.00	40074.53	4220.77		221.48	4451.68	48968.45	1175.24	87.25	1712.88	51944
52	S1-2-6	草包围堰养护(高≤3m)	延长米·次	43.62	76.00	902.88	508.76	1903.34	16.57	333.16	3664.71	87.95	6.53	128.19	3887
		混凝土、钢筋混凝土模板	m^2	40.80	90.55	1339.12	1762.12	240.54	16.71	335.85	3694.34	88.66	6.58	129.22	3918.81
53	S4-7-65	预制混凝土拱圈模板	m^2	43.91	47.44	943.05	956.08	184.12	10.42	209.37	2303.03	55.27	4.10	80.56	2443
54	S4-6-75	地梁侧石缘石模板	m^2	31.26	8.96	92.41	184.55	3.09	1.40	28.15	309.60	7.43	0.55	10.83	328
55	S4-6-6	基础模板	m^2	26.16	23.90	179.88	399.61	45.70	3.13	62.83	691.15	16.59	1.23	24.18	733
56	S4-6-90	压顶模板	m^2	34.47	10.25	123.78	221.88	7.63	1.77	35.51	390.56	9.37	0.70	13.66	414
		造价	元			584499.22	5322294.89	533218.19	32200.06	647221.24	7119433.60	185105.27	12709.90	249518.18	7566767

(7) 施工图预算书(表 4-121、表 4-122)

城镇道路工程工程数量计算表(施工图预算书)　　**表 4-121**

顺序号	项目名称及说明	计算说明	单位	计算结果	预算顺序号
1	2	3	4	5	6
一	路基工程				
	土方				
1	(1) 挖土	A. 挖表土：L=978m，B=29+1×1.5×2=32，δ=0.3m，V=(S×B−浜塘面积)×δ=(978×32+945)×0.3=9105.3m³ B. 根据横断面计算挖土(土方表)，V=823m³ C. 挖边沟土：断面 40×40，边坡 1∶1，V=1/2×(0.4+1.2)×0.4×978×2=625.92m³ D. 河道改建挖土：根据设计图纸在斜界泾桥处，断面新开河底宽 3.5m，深度 3.9m，两边放坡 1∶2.5，则河底宽为 3.9×2.5×2+3.5=23m。L=70m。V=1/2×(3.5+23)×(3.9−0.3)×70=3339.0m³。 E. 合计：A+B+C+D=9105.3+823+625.92+3339=13893.2m³	m³	13893.2	
	(2) 填土	A. 根据横断面计算挖土(土方表)，V=15973.5m³ B. 扣除浜塘处理：V=3865.05m³。 C. 土方表中填土段的挖表土差：[(978−95)×32−×45]×0.3=8193.3m³ D. 扣除台后填筑：20cm 砾石砂+粉煤灰填筑+包坡土=306.4+4295.24+886.8=5488.44m³。 E. 合计：A+B+C=15973.5−3865.05+8193.3−5488.44=14813.3m³	m³	14813.3	
	(3) 余土外运	9105.3+1/2×(1.5+1.06+1.5+3.09×1.5)×3.09×38	m³	9615.78	
2	台后处理	胥浦塘桥一册(K4+488～4+528)L=40m，填土平均高度为 4.1m，根据设计图纸断面为上宽 1.5+26+1.5m，两边放坡 1∶1.5，则底宽为(29+1.5×4.1×2=41.3m)两边黏性土包坡各 1.5，(1.5+38.3+1.5)，结构为 20cm 砾石砂+粉煤灰填筑+30 石灰土+两边碎石排水沟+两边土工布包边+两边黏性土包坡。 A. 20cm 砾石砂：S=B×L×h=38.3×40=1532m²。 B. 粉煤灰填筑：V=1/2×(A+A_1)×H×L=1/2×(26+38.3)×(4.1−0.2−0−0.56)×40=4295.24m³。 C. 碎石排水沟：每道 L=2.0m，B=1.0m，厚度 0.3m，纵向间距 15m，N=(40/15+1)×2=3×2=6 道，V=1.0×2.0×0.3×6=3.6m³。L=2×6=12m	m³	5488.44	
		D. 土工布：斜边长=$\sqrt{(4.1-0.56)^2+((4.1-0.56)\times1.5)^2}$+2.0=6.53m， S=6.53×2×40=522.4m²			
		E. 黏性土包坡土：斜边长=$\sqrt{4.1^2+(4.1\times1.5)^2}$=7.39m， V=7.39×1.5×2×40=886.8m³			
3	超载预压	根据设计图纸说明桥后填土高<2.5m，采用超载预压，超载高度 1.0m，超载范围台后 30m。本段有斜界泾和建设中心河桥两座	m³	3660.0	
	(填土、挖土、外运)	V=1/2(A+A_1)×H×30×N=1/2×(29+29+1.0×1.5×2)×30×4			
4	浜塘处理	在 K3+735 处，S=1/2×90×21=945m²。根据设计图纸说明填浜处理结构为 30cm 砾石砂+土工布+粉煤灰间隔土填筑+二层土工网，根据纵断面计算，平均填土高度为 1/2(5.38−0.45+5.35−4.91)=3.09m。 A. 筑坝：(H=3.0)L=20+18=38m。养护 L=38×2=76m。 B. 抽水：21×140×2.5=7350m³。 C. 挖淤泥：21×140×1.0=2940m³。	m³	3865.05	

续表

顺序号	项目名称及说明	计　算　说　明	单位	计算结果	预算顺序号
1	2	3	4	5	6
	浜塘处理	*D*. 30cm 砾石砂：$S=945m^2$。 *E*. 土工布：$(1.0\times2+21)\times(20+90)/2=1265m^2$。 *F*. 粉煤灰间隔土填筑：$V=S\times H=945\times(3.09+1.0-0.3)=3581.55m^3$。 *G*. 土工网：$2\times(2.0\times2+21)\times(90+20)/2=2750m^2$。 *H*. 淤泥外运：$21\times140\times1.0=2940m^3$			
5	土源费	V=填土－可利用挖土＋超载预压土＋粉煤灰间隔土填筑中的土方－改建河道挖土＋筑坝土方$=15700.2-(823+625.92)+3660+3581.55/2-3339+1/2\times(1.5+1.06+1.5+3.09\times1.5)\times3.09\times38=16566.83m^3$	m^3	16566.83	
6	防护工程	根据设计图纸路基高度$H<2.5m$的路段采用边坡植草防护，路基高度$H>2.5m$的采用单层拱圈防护，胥浦塘桥 K4＋500～4＋528，$L=28m$，$H=4.1m$。斜界泾改道后，河浜两侧采用浆砌块石防护，$L=(50+30)\times2=160m$，$H=3.09m$。斜界泾桥四角设浆砌块石挡墙$L=5\times4=20m$	m	188.00	
	(1) 浆砌片石护坡	*A*. 浆砌片石护坡：*a*. 胥浦塘桥$V=(0.063H+0.178)L\times2=(0.063\times4.1+0.178)\times28\times2=24.44m^3$。*b*. 斜界泾桥：$V=(0.605\times H+0.047)\times160=306.63m^3$。$\Sigma=24.44+306.63=331.07m^3$。 *B*. 浆砌片石勾缝：*a*. $V=24.44/0.3=81.45m^2$。*b*. $V=306.63/0.3=1022.15m^2$，$\Sigma=81.45+1022.15=1103.6m^2$。 *C*. 砂垫层：*a*. $V=24.44/3=8.15m^3$。*b*. $V=(0.202\times(h-0.3))\times160=90.18m^3$，$\Sigma=8.15+90.18=98.33m^3$。 *D*. 浆砌片石基础：$V=0.962\times160=153.92m^3$			
	(2) C25 混凝土预制块拱圈	*A*. C25 混凝土预制块：*a*. $V=(0.018H+0.022+0.01)\times56=5.93m^3$。 *B*. C20 现浇混凝土：$V=0.02\times56=1.12m^3$			
	(3) 植草皮	*A*. 胥浦塘桥处：$S=(1.502\times H-0.682)\times56=306.67m^2$。 *B*. 斜界泾及建设中心河桥：$H=1.8$，$S=1.5\times1.8\times2\times40\times4=864m^2$。 *C*. $\Sigma=306.67+864=1170.67m^2$			
	(4) 浆砌块石挡墙	根据设计图纸斜界泾桥四个角设长度 5m 的挡土墙。$L=4\times5=20m$，$H=1/2(5.37-1.3+5.4-1.4)+0.5=4.54=4.5m$	m	20.00	
	(*a*) 碎石垫层	$V=0.41\times20=8.2m^3$			
	(*b*) C20 混凝土基础	$V=1.95\times20=39m^3$			
	(*c*) C20 混凝土基础模板	$S=(3.9\times2+20\times2)\times0.5=23.90m^2$			
	(*d*) 基础钢筋	$V=42.3\times20=846/1000=0.85t$			
	(*e*) 浆砌块石挡墙	$V=5.525\times20=110.5m^3$			
	(*f*) 浆砌块石勾缝	$S=4.25\times20=85m^2$			
	(*g*) C25 混凝土压顶	$V=0.124\times20=2.48m^3$			
	(*h*) C25 混凝土压顶模板	$S=0.25\times2\times20+0.25\times0.5\times2=10.25m^2$			
	(*i*) ϕ50 泄水孔	$N=5/1.5+1=4$ 道，$L=1.65\times4\times2=12m$			
	(*j*) 碎石滤层	尺寸 30×30，$V=0.3\times0.3\times20=1.8m^3$			
	(*k*) 土工布	$S=0.3\times3\times20=18m^2$			

续表

顺序号	项目名称及说明	计　算　说　明	单位	计算结果	预算顺序号
1	2	3	4	5	6
	(*l*) 沉降缝二毡三油	$S=1/2(0.45+2.15)\times4.5\times4=23.4\text{m}^2$			
二	路面工程				
1	机动车道	$S=8.5\times978\times2=16626\text{m}^2$，$S$(面层)$=(8.5-0.3)\times978\times2=16039.2\text{m}^2$	m^2	16039.20	
2	非机动车道	$S=3.5\times978\times2=6846\text{m}^2$，$S$(面层)$=(3.5-0.3)\times978\times2=6259.2\text{m}^2$	m^2	6259.20	
3	侧平石	$L=(978-7\times3+3\times3.1412)\times2=1932.85\text{m}$	m	1932.85	
4	路缘石	$L=978\times2-18\times2+1/4\times3.1412\times16\times4-7\times2+10\times4=1996.26\text{m}$	m	1996.26	

施工图预算书

表 4-122

工程名称：城镇道路工程

编制单位：

序号	定额编号	项目名称	单位	单价	工程量	合价
		城镇道路	m^2	289.39	22298.40	6452849
1	S2-1-12	耕地填前处理(挖腐殖土)	m^3	4.86	9105.30	44252
2	S2-1-1	人工挖土方(Ⅰ、Ⅱ类)	m^3	6.84	823.00	5627
3	S2-1-36	开挖明沟	m^3	16.88	625.92	10562
4	S2-1-37	整修明沟	m	0.98	1956.00	1914
5	S2-1-4	机械挖土方	m^3	3.53	3339.00	11784
6	S2-1-44	土方场内自卸汽车运输(运距≤200m)	m^3	11.39	4787.92	54558
7	S2-1-10	填车行道土方(密实度95%)	m^3	6.55	14813.30	97046
8	ZSM19-1-1	土方场外运输	m^3	15.00	9615.78	144237
9	S2-2-1换	砾石砂垫层(厚20cm)	100m^2	2471.36	15.32	37861
10	S2-1-17	填筑粉煤灰车行道路堤(密实度95%)	m^3	58.41	4295.24	250880
11	S2-1-35	碎石盲沟	m^3	93.00	3.60	335
12	S2-1-31	铺设土工布	m^2	13.15	522.40	6868
13	S2-1-10	填车行道土方(密实度95%)	m^3	6.55	886.80	5810
14	S2-1-8	填车行道土方(密实度90%)	m^3	5.96	3660.00	21822
15	S2-1-4	机械挖土方	m^3	3.53	3660.00	12917
16	S1-2-5	草包围堰筑拆(高≤3m)	延长米	1165.67	38.00	44295
17	S1-2-6	草包围堰养护(高≤3m)	延长米·次	43.62	76.00	3315
18	S1-1-12	抽水	m^3	0.64	7350.00	4703
19	S1-1-7	挖淤泥	m^3	27.27	2940.00	80162
20	S2-2-1换	砾石砂垫层(厚30cm)	100m^2	3679.58	9.45	34772
21	S2-1-31	铺设土工布(软土)	m^2	13.15	1265.00	16630
22	S2-1-27	粉煤灰间隔填土(粉煤灰：土=1：1)	m^3	42.29	3581.55	151454
23	S2-1-32	铺设土工网	m^2	14.57	2750.00	40058
24	ZSM20-1-1	泥浆场外运输	m^3	27.50	2940.00	80850
25	S4-5-9	浆砌块石护坡　水泥砂浆M7.5	m^3	255.84	331.07	84702
26	S4-5-20	浆砌块石坞工勾凸缝　水泥砂浆M7.5	m^2	5.76	1103.60	6357
27	S4-6-1换	基础黄砂垫层	m^3	111.83	98.33	10996
28	S4-5-8	浆砌块石护脚　水泥砂浆M7.5	m^3	253.31	153.92	38990

续表

序号	定额编号	项　目　名　称	单位	单价	工程量	合价
29	S4-7-64 换	预制混凝土拱圈　预制混凝土(5～16mm)C25	m^3	356.55	5.93	2114
30	S4-7-65	预制混凝土拱圈模板	m^2	43.91	47.44	2083
31	S4-8-44	安装混凝土拱圈　水泥砂浆 M7.5	m^3	1336.64	5.93	7926
32	S4-6-73	现浇混凝土拱圈　现浇混凝土(5～40mm)C25	m^3	304.96	1.12	342
33	S4-6-75	现浇混凝土拱圈模板	m^2	31.26	8.96	280
34	S1-2-74	栽植　马尼拉	m^2	5.54	1170.67	6480
35	S4-6-1	基础碎石垫层	m^3	115.06	8.20	943
36	S4-6-4 换	基础混凝土　现浇混凝土(5～40mm)C20	m^3	241.93	39.00	9435
37	S4-6-6	基础模板	m^2	26.16	23.90	625
38	S4-6-7	基础钢筋	t	3649.57	0.85	3102
39	S4-5-15	浆砌块石台身及挡墙　水泥砂浆 M7.5	m^3	269.68	110.50	29800
40	S4-5-20	浆砌块石坞工勾凸缝　水泥砂浆 M7.5	m^2	5.76	85.00	490
41	S4-6-88	压顶混凝土　现浇混凝土(5～40mm)C20	m^3	264.53	2.48	656
42	S4-6-90	压顶模板	m^2	34.47	10.25	353
43	S4-5-24	护岸泄水孔	m	43.52	12.00	522
44	S4-5-23	碎石滤层	m^3	98.17	1.80	177
45	S2-1-32	铺设土工布(路基)	m^2	14.57	18.00	262
46	S4-8-66 系	安装油毡沉降缝(二毡)	m^2	5.02	23.40	117
47	S4-8-67 系	安装油毡沉降缝(三油)	m^2	21.84	23.40	511
48	S2-3-24 换	机械摊铺细粒式沥青混凝土(厚 4cm)	$100m^2$	3458.37	160.39	554696
49	S2-3-20	机械摊铺粗粒式沥青混凝土(厚 8cm)	$100m^2$	5559.02	160.39	891623
50	S2-2-14 换	厂拌粉煤灰粗粒径三渣基层(厚 40cm)	$100m^2$	5849.88	166.26	972602
51	S2-2-1	砾石砂垫层(厚 15cm)	$100m^2$	1867.25	166.26	310449
52	S2-3-24 换	机械摊铺细粒式沥青混凝土(厚 4cm)	$100m^2$	3458.37	62.59	216467
53	S2-3-20 换	机械摊铺粗粒式沥青混凝土(厚 5cm)	$100m^2$	3490.85	62.59	218499
54	S2-2-13	厂拌粉煤灰粗粒径三渣基层(厚 25cm)	$100m^2$	3634.23	68.46	248799
55	S2-2-1	砾石砂垫层(厚 15cm)	$100m^2$	1867.25	68.46	127832
56	S2-4-23	排砌预制侧平石　现浇混凝土(5～20mm)C20	m	52.32	1932.85	101132
57	S2-4-31	路缘石　现浇混凝土(5～16mm)C20	m	58.26	1996.26	116302
58	ZSM21-2-7	压路机(综合)场外运输费	台·次	1829.00	2.00	3658
59	ZSM21-2-8	沥青混凝土摊铺机场外运输费	台·次	3814.00	1.00	3814
60	ZSM21-2-4	$1m^3$ 以内单斗挖掘机场外运输费	台·次	2734.00	1.00	2734

(8) 费用表(表 4-123)

费　用　表　　　　**表 4-123**

序号	定额编号	项　目　名　称	单位	单价	工程量	合价
1	定额直接费	直接费合计				4913496
2	大型周材运输费	[1]×0.5%				24567
3	土方泥浆外运费	土方泥浆外运费				225087
4	直接费	[1]+[2]+[3]				5163150
5	综合费	[4]×10%				516315
6	安全防护、文明	([4]+[5])×2.4%				136307
7	施工措施费	施工措施费				
8	其他费用	([4]+[5]+[6]+[7])×(0.1%+0.074%)				10119

续表

序号	定额编号	项　目　名　称	单位	单价	工程量	合价
9	税前补差	16566.83×25				414171
10	税金	([4]+[5]+[6]+[7]+[8]+[9])×3.41%				212786
11	甲供材料	-甲供材料				
12	税后补差	税后补差				
13	总造价	[4]+[5]+[6]+[7]+[8]+[9]+[10]+[11]+[12]				6452849

(9) 工程综合实体单价分析表［项目编码暨子目编号顺序对应编列］

1) 分部分项工程项目清单(表 4-124)

分部分项工程项目清单　　**表 4-124**

清单序号		项目编码	项目名称	项目特征描述	工程内容	计量单位	工程量	综合单价	预算顺序号
1	2	3	4	5	6	7	8	9	10
				一、实体项目					
	1	D.1.1		挖土方(编码：040101)					
1	1.1.1.1	040101001001	挖路基土方	1. 土壤类别 2. 挖土深度	1. 土方开挖 2. 围护、支撑 3. 场内运输 4. 平整、压实	m^3	10554.22	6.53	1～4
2	1.1.1.2	040101001002	挖一般土方	1. 土壤类别 2. 挖土深度	1. 土方开挖 2. 围护、支撑 3. 场内运输 4. 平整、压实	m^3	6999.00	3.90	5、15
3	1.1.6.1	040101006003	挖浜塘淤泥	挖淤泥深度	1. 挖淤泥 2. 场内运输 3. 平整、压实	m^3	2940.00	30.14	19
		D.1.3		填方及运输(编码：040103)					
4	1.3.1.1	040103001001	填路基土方	1. 填方材料品种 2. 密实度	1. 填方 2. 压实	m^3	15700.10	11.08	6、7、13
5	1.3.1.2	040103001002	超载预压	1. 填方材料品种 2. 密实度	1. 填方 2. 压实	m^3	3660.00	6.59	14
6	1.3.2.1	040103002001	余土外运	1. 废弃料品种 2. 运距	余方点装料运输弃置点	m^3	9615.78	16.50	8
7	1.3.2.2	040103002002	淤泥外运	1. 废弃料品种 2. 运距	余方点装料运输弃置点	m^3	2940.00	30.25	24
8	1.3.3	040103003001	缺土内运(土源费)	1. 填方材料品种 2. 运距	取料点装料运输至缺方点	m^3	16566.8	25.00	
		D.2.1		路基处理(编码：040201)					
9	2.1.1	040201012001	土工布	1. 材料品种 2. 规格	1. 垫层铺筑 2. 混凝土浇筑 3. 砌筑 4. 勾缝 5. 抹面 6. 盖板	m^2	1787.40	14.53	12、21
10	2.1.2	040201012002	土工网			m^2	2750.00	16.10	23

续表

清单序号		项目编码	项目名称	项目特征描述	工程内容	计量单位	工程量	综合单价	预算顺序号
1	2	3	4	5	6	7	8	9	10
11	2.1.3	040201012003	碎石排水沟	1. 材料品种 2. 断面 3. 规格	盲沟铺设	m	12.00	30.84	11
12	2.1.4	040201015001	粉煤灰填筑	1. 材料品种 2. 密实度	1. 摊铺 2. 找平 3. 碾压 4. 养护	m^3	4295.24	64.57	10
13	2.1.5	040201016001	粉煤灰间隔土	1. 材料品种 2. 规格 3. 配合比	1. 摊铺 2. 找平 3. 碾压 4. 养护	m^3	3581.55	46.75	22
		D.2.2	道路基层(编码：040202)						
14	2.2.1.1	040202008001	砾石砂垫层 15cm	1. 厚度 2. 材料品种 3. 材料规格	1. 拌合 2. 铺筑 3. 找平 4. 碾压 5. 养护	m^2	23472.00	20.64	51、55
15	2.2.1.2	040202008002	砾石砂垫层 20cm			m^2	1532.00	27.32	9
16	2.2.1.3	040202008003	砾石砂垫层 30cm			m^2	945.00	40.68	20
17	2.2.1.3	040202013001	粉煤灰三渣 40cm			m^2	16626.00	64.67	50
18	2.2.1.4	040202013002	粉煤灰三渣 25cm			m^2	6846.00	40.18	54
		D.2.3	道路面层(编码：040203)						
19	2.3.4.1	040203004001	4cm 细粒式沥青混凝土路面	1. 沥青品种 2. 石料最大粒径 3. 厚度	1. 铺筑 2. 碾压	m^2	22298.40	38.23	48、52
20	2.3.4.2	040203004002	8cm 粗粒式沥青混凝土路面			m^3	16039.20	61.46	49
21	2.3.4.3	040203004003	5cm 粗粒式沥青混凝土路面			m^3	6259.20	38.59	53
		D.2.4	人行道及其他(编码：040204)						
22	2.4.3.1	040204003001	侧平石	1. 材料 2. 尺寸 3. 形状 4. 垫出、基础：材料品种、厚度、强度	1. 垫层、基础铺筑 2. 侧(平、缘)石安砌	m	1932.85	57.84	56
23	2.4.3.2	040204003002	路缘石			m	1996.26	64.41	57
		D.3.2	现浇混凝土(编码：040302)						
24	3.2.16.1	040302016001	C25 混凝土拱圈	1. 部位 2. 混凝土强度等级、石料最大粒径	1. 混凝土浇筑 2. 养护	m^3	1.12	337.14	32
		D.3.3	预制混凝土(编码：040303)						
25	3.3.5.1	040303005001	C25 混凝土拱圈	1. 部位 2. 混凝土强度等级、石料最大粒径	1. 混凝土浇筑 2. 养护 3. 构件运输 4. 安装 5. 构件连接	m^3	5.93	1871.82	29、31

续表

清单序号		项目编码	项目名称	项目特征描述	工程内容	计量单位	工程量	综合单价	预算顺序号
1	2	3	4	5	6	7	8	9	10
	D. 3. 4		砌筑(编码：040304)						
26	3. 4. 2. 1	040304002001	浆砌块石挡墙	1. 部位 2. 材料品种 3. 规格 4. 砂浆强度等级	1. 砌筑 2. 砌体勾缝 3. 砌体抹面 4. 泄水孔制作、安装 5. 滤层铺设 6. 沉降缝	m^3	110. 50	318. 94	30、40、43～47
	D. 3. 5		挡墙、护坡(编码：040305)						
27	3. 5. 1. 1	040305001001	挡墙基础	1. 材料品种 2. 混凝土强度等级、石料最大粒径 3. 形式 4. 垫层厚度、材料品种、强度	1. 垫层铺筑 2. 混凝土浇筑	m^3	39. 00	294. 20	35～36
28	3. 5. 4. 1	040305004001	混凝土压顶	混凝土强度等级、石料最大粒径	1. 混凝土浇筑 2. 养护	m^3	2. 48	292. 44	41
29	3. 5. 5. 1	040305005001	浆砌块石护坡	1. 材料品种 2. 结构形式 3. 厚度	1. 修整边坡 2. 砌筑	m^2	331. 07	470. 98	25～28
	D. 7. 1		钢筋工程(编码：040701)						
30	7. 1. 2. 1	040701002001	非预应力钢筋	1. 材质 2. 部位	制作、安装	t	0. 850	4034. 59	38
	E. 1. 2		栽植花木(编码：050102)						
31	1. 2. 1	050102010001	植草皮	1. 草皮种类 2. 铺种方式 3. 养护期	1. 运输 2. 栽植 3. 养护	m^2	1170. 670	6. 12	34

注：请参阅表 4-120“工程量清单综合单价分析表”、表 4-120“施工图预算书”的释义。

2）措施项目清单(表 4-125)

措施项目清单 **表 4-125**

清单序号		项目编码	项目名称	项目特征描述	工程内容	计量单位	工程量	综合单价	预算顺序号
			一、通用措施项目费						
1	2	3	4	5	6	7	8	9	10
1		3. 3. 1. 5	大型机械设备进出场及安拆			台次	4. 00	2820. 68	58～60
2		3. 3. 1. 6	施工排水、降水			m^3	7350. 00	0. 71	18
			二、市政专业通用措施项目费						
3		4. 1	围堰			m	38. 00	1385. 08	16～17
4		4. 11	混凝土、钢筋混凝土模板及支架			m^2	90. 55	40. 80	30、33、37、42

注：请参阅表 4-120“工程量清单综合单价分析表”、表 4-122“施工图预算书”的释义。

4.3　桥涵护岸工程(项目编码：0403)

桥梁涵洞按总长或跨径分类见表 4-126。

桥梁涵洞按总长或跨径分类　　**表 4-126**

桥涵分类	多孔跨径总长 L_d(m)	单孔跨径 L_b(m)	桥涵分类	多孔跨径总长 L_d(m)	单孔跨径 L_b(m)
特大桥	$L_d \geqslant 500$	$L_b \geqslant 100$	小　桥	$30 \geqslant L_d \geqslant 8$	$20 > L_b \geqslant 5$
大　桥	$500 > L_d \geqslant 100$	$100 > L_b \geqslant 40$	涵　洞	$L_d < 8$	$L_b < 5$
中　桥	$100 \geqslant L_d > 30$	$40 > L_b \geqslant 20$			

注：1. 单孔跨径系指标准跨径而言；
2. 多孔跨径总长仅作为划分特大桥、大、中、小桥及涵洞的一个指标；梁式桥、板式桥涵为多孔标准跨径的总长，拱式桥涵为两岸桥台内起拱线间的距离，其他形式桥梁为桥面系车道长度；
3. 圆管涵及箱涵不论管径或跨径大小、孔数多少，均称为涵洞。

标准跨径：梁式桥、板式桥涵是以两个桥(涵)墩中线之间的距离或桥(涵)墩中线与台背前缘之间的距离为准，拱式桥涵、箱涵、圆管涵则以净跨径为准。

桥梁全长(总长度)的计算规定：有桥台的桥梁为两岸桥台的侧墙或八字墙尾端之间的距离；无桥台的桥梁则为桥面系行车道的长度；涵洞的长度是以其洞身两端洞口之间的水平距离为准，即路基横方向的长度(图 4-99)。

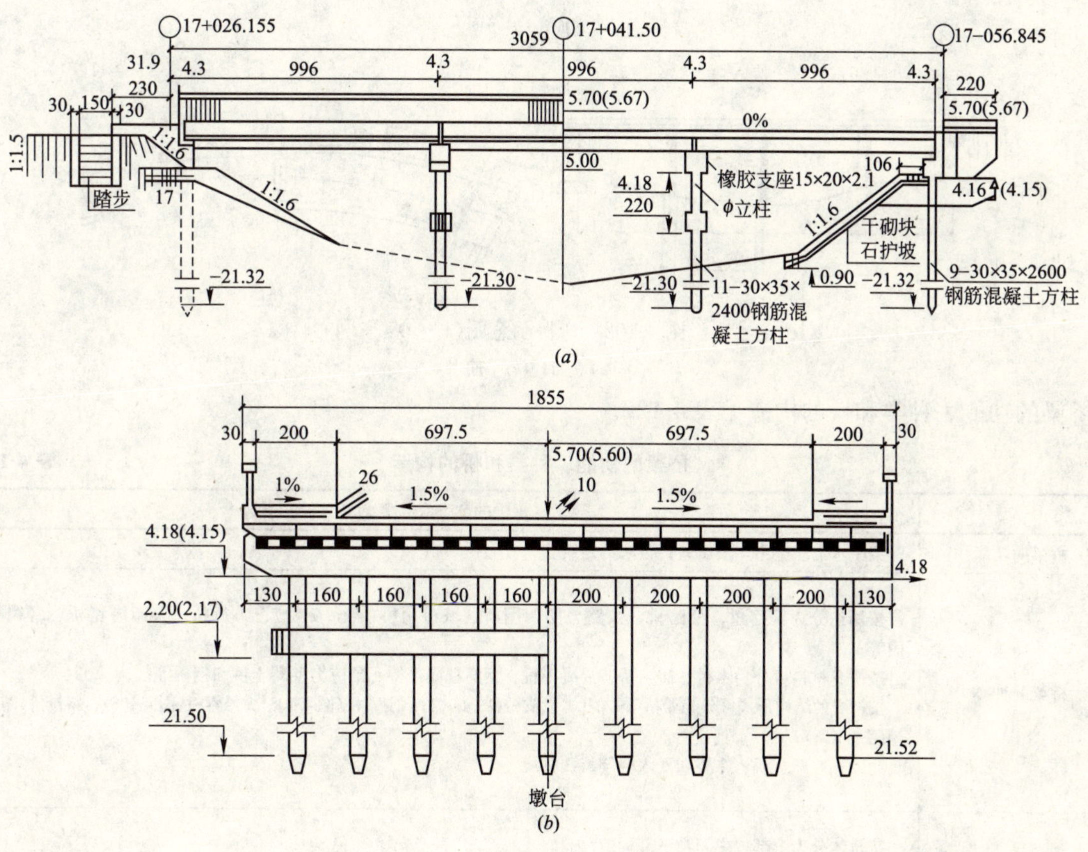

图 4-99　桥梁基本组成部分

(*a*)桥梁示立面图(单位：mm)；(*b*)桥梁横剖面(单位：mm)

正交桥梁和斜交桥梁：根据桥梁跨越河流中线与道路中线的关系，桥梁可分为正交和斜交桥梁，桥梁中线与道路中线垂直时为正交桥梁，否则为斜交桥梁(图 4-100～图 4-102)。

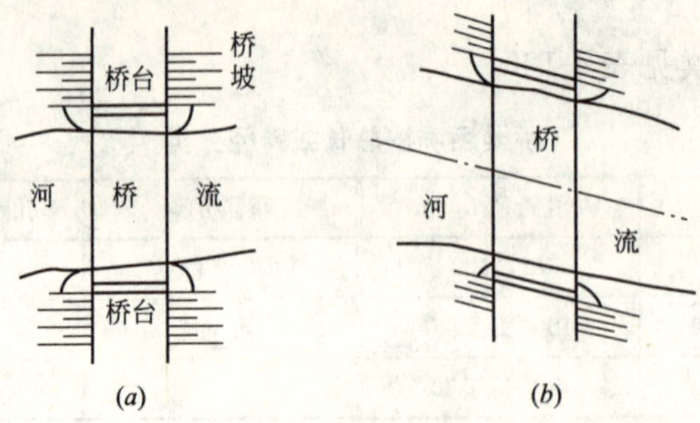

图 4-100　跨越河流(正、斜交)示意图

(a)正交；(b)斜交

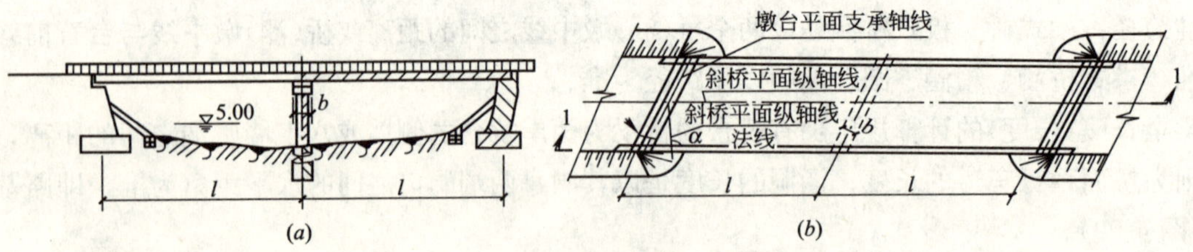

图 4-101　斜桥示意图(1∶n)

(a)立面；(b)平面

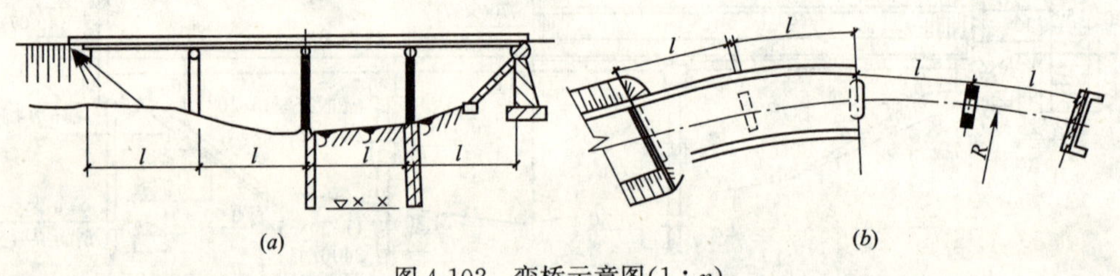

图 4-102　弯桥示意图(1∶n)

(a)立面；(b)平面

桥梁的功能、种类和桥的构造见表 4-127。

桥梁的功能、种类和桥的构造　　　　**表 4-127**

类　型	桥梁的“三大”概念释义
1. 桥梁的功能	架于水上或空中，便于通行往来的建筑物
2. 桥梁的种类	按用途分为铁路桥、公路桥、铁路公路两用桥、城市用桥(含立交桥)、人行桥、公园游览桥、管线桥和渡槽等； 按桥身材料可分为木桥、砖石桥、混凝土桥、钢筋混凝土桥、预应力混凝土桥和钢桥等； 按桥身的结构形式可分为梁桥(图 4-103)、拱桥(图 4-104)、刚架桥(图 4-105)、悬索桥(图 4-106)、斜拉桥(图 4-107)等(图 4-108)。 此外，有开合桥、浮桥和漫水桥等特殊桥梁
3. 桥梁的构造	按桥体分为上部、中间和下部构造。 上部构造有桥面、防水、排水、伸缩缝、人行道、车道、安全带、护栏或栏杆、灯柱和桥头引道等； 下部构造有桥台、桥墩和基础等； 中间构造为纵横梁或桁架连接上下部桥身为整体桥梁

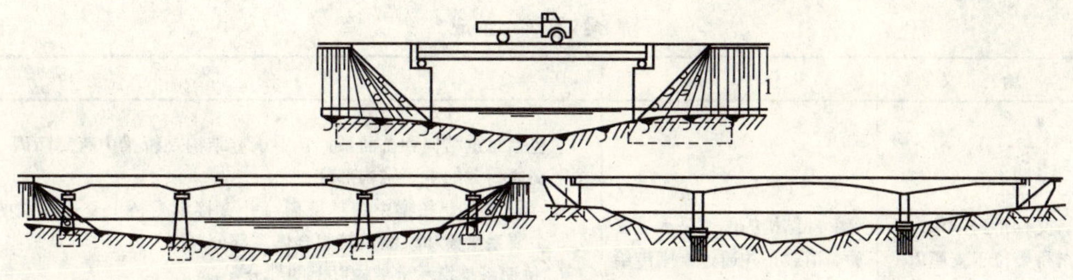
图 4-103 梁桥

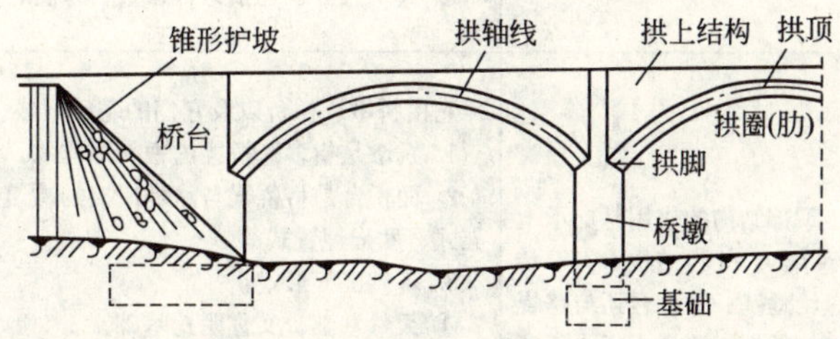

图 4-104 拱桥

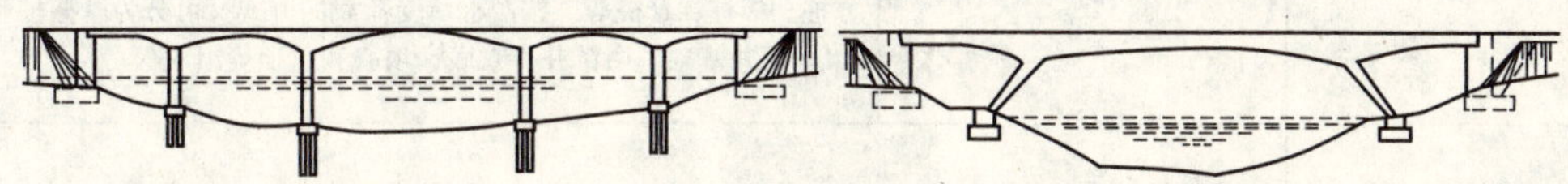
图 4-105 刚架桥

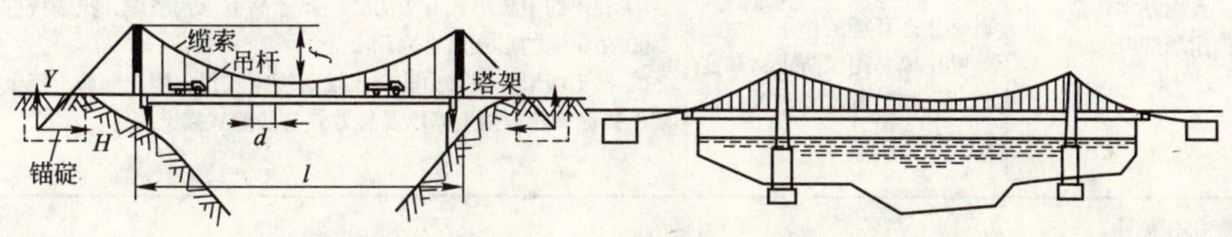

图 4-106 吊桥(悬索桥)

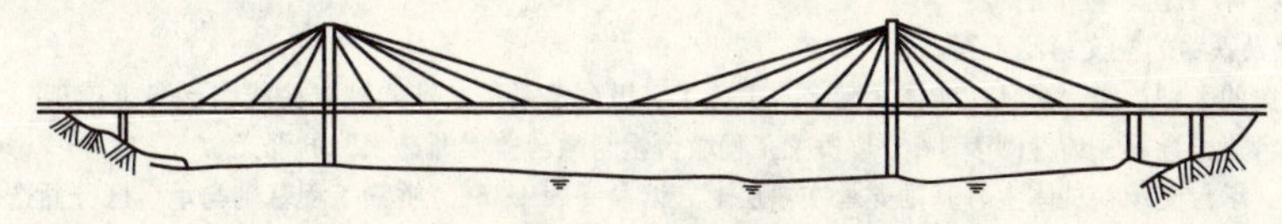
图 4-107 斜拉桥简图

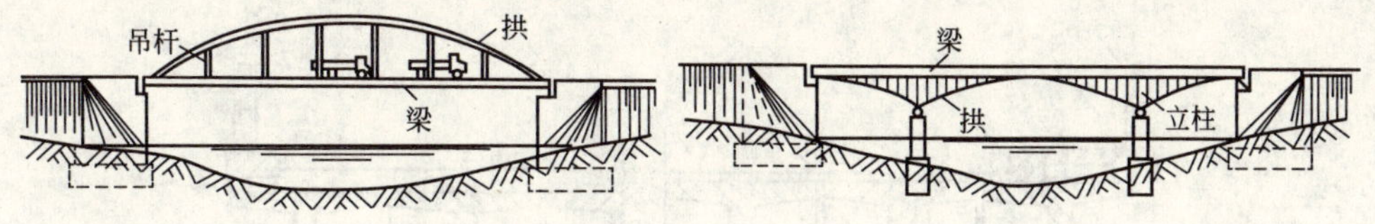

图 4-108 组合体系桥梁

桥梁结构组成见表 4-128,桥梁基本组成见表 4-129。

桥梁结构组成 表 4-128

结构类型	结构部位
上部结构	即桥梁的直接承重部分,指梁(板)墩台帽或盖梁顶面以上、拱桥拱座顶面以上的部分
下部结构	即桥墩及桥台,是支撑上部结构的,指基础或承台顶面至墩帽或梁底面的部分
墩台基础	墩台基础将桥梁全部荷载传至地基,指基础顶面或承台顶面以下的部分

桥梁基本组成 **表 4-129**

组成部分	涵 义	作 用	分 类
上部结构	又称桥跨结构，系指桥梁位于支座以上的部分	上部结构的作用是承受车辆等荷载，并通过支座传给墩台	它包括承重结构和桥面系。其中承重结构是桥梁中跨越障碍，并直接承受桥上交通荷载的主要结构部分； 1. 承重结构是桥梁中跨越障碍，并直接承受桥上交通荷载的主要结构部分，主要系指桥梁和拱圈及其组合体系部分。 2. 桥面系是指承重结构以上的部分： ① 其中桥面铺装包括混凝土三角垫层、防水混凝土或沥青混凝土面层、泄水管和伸缩缝等。 ② 其中人行道包括人行道板、缘石、安全带、栏杆、扶手等
下部结构	系指桥梁位于支座以下的部分	下部结构的作用是支承上部结构，并将结构重力等传递给地基；下桥台还与路堤连接并抵御路堤土压力，防止路堤滑塌	它由桥墩、桥台以及它们的基础组成。 1. 桥墩是指多跨桥梁的中间结构物，常见的形式有实体式、柱式等； 2. 而桥台是将桥梁与路堤衔接的构筑物，常见的形式有实体式、柱式、框架式、肋形埋置式等 3. 基础工程形式： ① 天然基础 又称明挖基础。 ② 桩基础 有打入桩和灌注桩。打入桩根据材料不同又有木桩、钢筋混凝土桩、预应力钢筋混凝土桩、钢管桩等。根据打入桩断面形状不同又可分为方桩、板桩、管桩等。按照桩承受荷载的方式又可分为摩擦桩和柱桩。 ③ 沉井基础 由沉井、封底、填心和封顶等组成
附属结构	系指基本构造以外的附属部分	它的作用是抵御水流的冲刷、起到保证河道流水顺畅；防止路堤的坍塌，防止破坏生态环境的作用。 挡土墙是用以防止路基变形或支挡路基本身，以保证路基的稳定性	它包括桥头锥形护坡、台前护坡、护岸以及导流结构物等。 护岸主要指驳岸、防汛墙和挡土墙等，其中： ① 驳岸的主要形式有重力式驳岸、高桩承台驳岸、拉锚板桩式驳岸。 ② 防汛墙的形式通常采用 L 形。 ③ 挡土墙形式有重力式挡土墙、衡重式挡土墙、加筋土挡土墙、锚杆挡土墙、锚锭板等。挡土墙以及悬臂式与扶壁式挡土墙等

注：1. 定额适用范围：
① 单跨 100m 以内的城市钢筋混凝土及预应力钢筋混凝土桥梁工程。
② 单跨 5m 以内、多跨总长 8m 以内的涵洞工程(圆管涵、箱涵套用第五册排水管道工程相应定额)。
③ 护岸(包括防洪墙)工程。
④ 穿越城市道路及铁路的立交箱涵工程。
2. 墩台帽与墩台盖梁的区别：墩台帽是在实体式墩台身上施工，墩台盖梁是在排架桩或柱式墩台身上施工。台帽或台盖梁上有耳墙时，耳墙并入台帽或台盖梁计算；请参阅表 4-167“桥梁工程墩台帽与墩台盖梁甄选表”的释义；
3. 基础与承台区分：承台支承在桩体上，基础支承在垫层上，请参阅表 4-166“桥梁工程基础与承台区分甄选表”的释义。

桥面系构造见图 4-109。

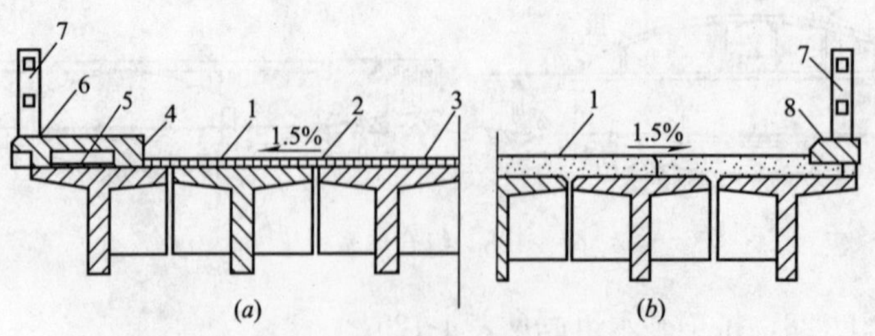

图 4-109 桥面系构造
(*a*)设放水层；(*b*)不设放水层
1—桥面铺装层；2—防水层；3—三角垫层；4—缘石；5—人行道；
6—人行道铺装层；7—栏杆；8—安全带

桥墩、桥台(桥梁下部结构)见表 4-130。

桥墩、桥台(桥梁下部结构)　　**表 4-130**

组成	设置位置	作　用	类　型
桥墩	则在两桥台之间	多孔桥梁中，处于相邻桥孔之间支承上部结构的构筑物	重力式墩、台：在承受外力时，依靠自身重力以及作用其上的重力保持稳定的墩、台
			柱式桥墩：墩身由一个或几个立柱所组成的桥墩
			排架桩墩：在成排的桩的桩顶以盖梁联结构成的桥墩
			柔性墩：墩身较细长、墩顶可随着上部结构顺桥向的位移而相应变位的桥墩
			制动墩：多跨桥梁中，可承受全桥或分段水平推力的桥墩
			单向推力墩：多孔拱桥中，可承受单向恒载推力的桥墩
桥台	设在桥梁两端	位于桥梁两端并与路基相连接的支承上部结构和承受桥头填土侧压力的构造物	U 形桥台：前墙和两侧翼墙连成一体，在平面上呈 U 字形的桥台
			八字形桥台：两侧翼墙在平面上呈八字形的桥台
			埋置式桥台：台身大部分埋于土中，仅设置耳墙局部挡土的桥台
			扶壁式桥台：由钢筋混凝土前墙、踵板和扶壁构成的桥台
			锚碇板式桥台：台身借埋置在台后稳定土体内的锚碇板和锚杆的拉力以抵抗土体侧压力的桥台
			支撑式桥台：台身顶部与梁或板铰接，下部设置支撑梁，使桥梁构成四铰框架体系的桥台
基础	直接承受构造物荷载影响的地层	将桥梁墩、台所承受的各种荷载传递至地基上的构造物	基础是介于墩身与地基之间的传力结构 1. 扩大基础：这是桥涵墩台常用的基础形式。它属于直接基础，是将基础底板设在直接承载地基上，来自上部结构的荷载通过基础底板直接传递给承载地基。 2. 桩与管柱基础：当地基浅层地质较差，持力土层埋藏较深，需要采用深基础才能满足结构物对地基强度、变形和稳定性要求可用桩基础。桩基础依其施工工艺不同分为沉入桩及钻孔灌注桩。当水文地质条件较复杂，特别是深水岩面不平，无覆盖层或覆盖层很厚时，采用管柱基础比较合适。 3. 沉井基础：桥梁工程常用沉井作为墩台的梁基础。沉井是一种井筒状结构物，依靠自身重量克服井壁摩擦阻力下沉至设计标高而形成基础。通常用混凝土或钢筋混凝土制成

注：1. 桥墩、桥台，它是支承桥跨结构并将恒载和车辆活载传至地基的建筑物；
2. 下部结构：支承桥梁上部结构并将其荷载传递至地基的桥墩、桥台和基础的总称；
3. 重力式墩、台：在承受外力时，依靠自身重力以及作用其上的重力保持稳定的墩、台(图 4-110～图 4-112、表 4-131)。

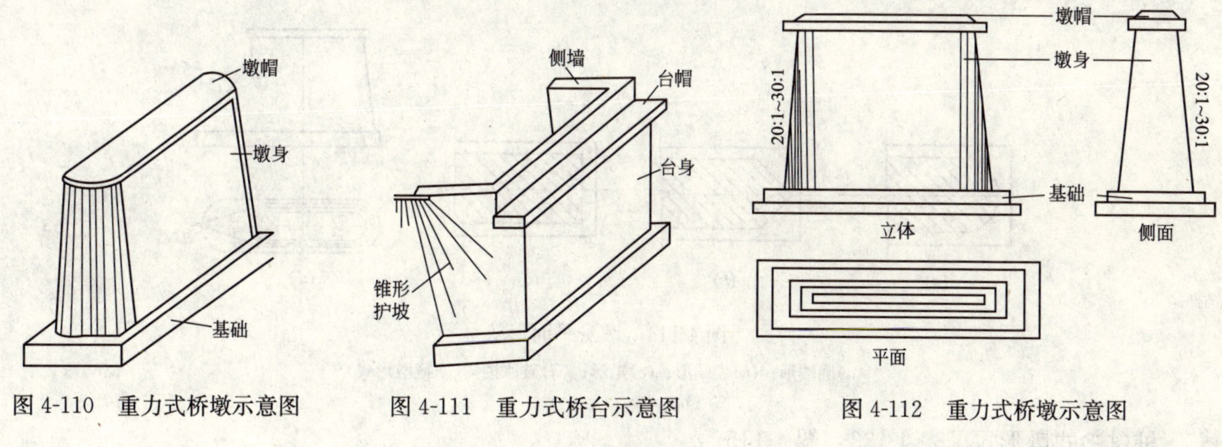

图 4-110　重力式桥墩示意图　　图 4-111　重力式桥台示意图　　图 4-112　重力式桥墩示意图

墩、台身　　**表 4-131**

项目名称	形　式	种　类	主要特点
桥墩(台)	重力式桥墩(台)即实体式桥墩(台)	墩身与台身分实体式与柱式两种	靠自身重量来平衡外力而保持其稳定，因此墩(台)身较厚，圬工体积大，一般用浆砌块石，也可用混凝土浇筑
	轻型桥墩(台)		是柱式桥墩(台)，柱式桥墩(台)是城市(公路)桥梁中采用较多的桥墩(台)型式，从外型上可以将柱式桥墩(台)分为单柱式，双柱式和多柱式，墩身刚度大，能减轻墩(台)身重量，节约圬工材料，且外形较美观
桥墩			支承桥跨结构

续表

项目名称	形　式	种　类	主要特点
桥台			除了起支承桥跨结构的作用外，还要与路堤衔接，并防止路堤滑塌。为保护桥台和路堤填土，桥台两侧常做一些防护和导流工程
墩台基础			它是使桥上全部荷载传至地基的底部奠基的结构部分

注：1. 柱式墩(台)身已综合考虑了矩形、方形及圆形，但不包括异形立柱；

2. 梁桥常用的重力式桥台为U形桥台，一般情况是桥台外侧都是垂直面，而内侧则向内。

悬臂式和托盘式桥墩示意见图4-113。

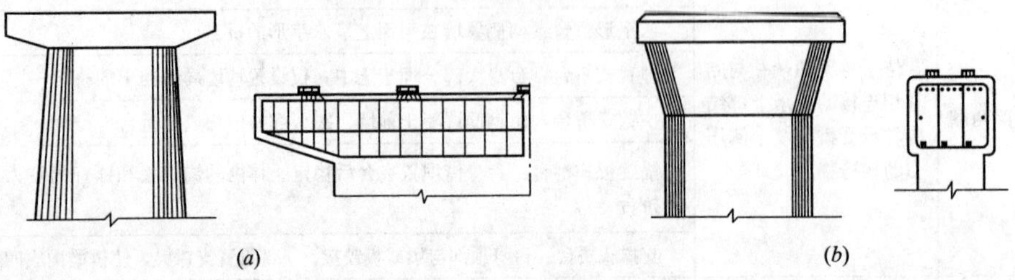

图4-113　悬臂式和托盘式桥墩

(*a*)悬臂式桥墩；(*b*)托盘式桥墩

墩身平面形状见表4-132、图4-114。

墩身平面形状　　**表4-132**

项　次	水面状态	平面形状	备　注
1	便于水流和漂浮物通过	圆端形或尖端形	图4-114(*a*)、(*b*)
2	无水桥墩	矩形	图4-114(*c*)
3	在有强烈流水或大量漂浮物的河流上	在桥墩的迎水端做破冰棱体	图4-114(*d*)

注：墩身是桥墩的主体；通常采用料石、块石或混凝土建造。

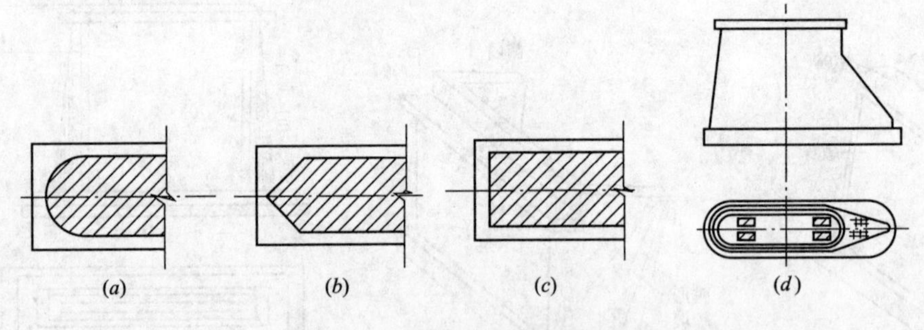

图4-114　墩身平面形状

(*a*)圆端形；(*b*)尖端形；(*c*)矩形；(*d*)破冰棱体(防撞墩形式)

桩(柱)式墩形式见表4-133、图4-115。

桩(柱)式墩形式　　**表4-133**

项次	类　型	桩(柱)式墩形式	图　示
1	a、b型	为灌注桩顶浇一承台，然后再在承台上设立柱，或在浅基础上设立柱(b型)，再在立柱上浇盖梁	图4-115(*a*)、(*b*)
2	c、d、f、g型	双柱式	图4-115(*c*)、(*d*)、(*f*)、(*g*)
3	c型	双柱间设哑铃式隔梁	图4-115(*c*)
4	d型	柱实体式的混合墩	图4-115(*d*)

续表

项次	类　型	桩(柱)式墩形式	图　示
	e型	单柱式，适用于窄桥	图 4-115(*e*)
5	f和g型	桩既作墩身，又作基础，在桩上浇盖梁，当采用大直径灌注桩时，水面以上部分可减小桩径，但在变径处需设置横系梁	图 4-115(*f*)、(*g*)

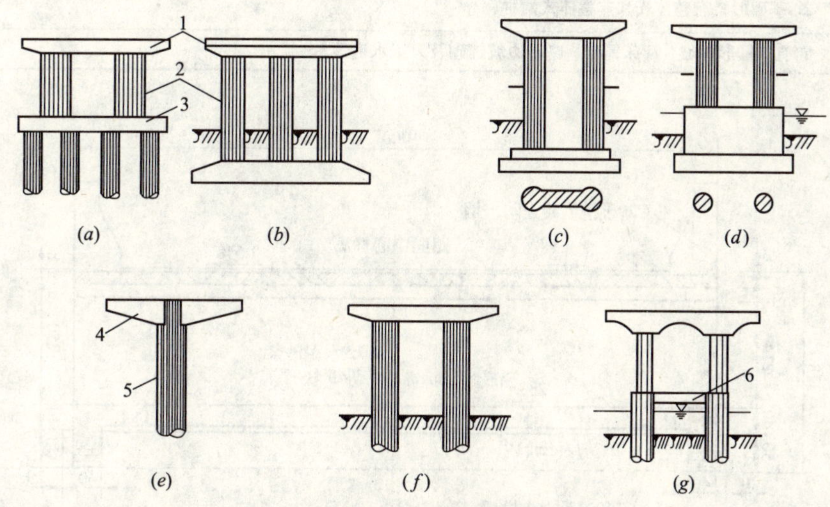

图 4-115　梁桥桩(柱)式桥墩示意图

1—盖梁；2—立柱；3—承台；4—悬臂盖梁；5—单立柱；6—横系梁

涵洞与小桥的区别及其种类见表 4-134。

涵洞与小桥区别及其种类　　**表 4-134**

项次	种　类	涵洞分类及类型	小　桥
1	涵洞	1. 涵洞是路基的一个组成部分，并不中断路基，是修建在路基中，用来沟通两侧水流的人工构筑物 2. 设计规范规定：多跨总长小于 8.0m，单跨小于 5.0m 的桥梁也归入涵洞 3.《公路工程技术标准》JTJ 001—97 中规定：凡是多孔跨径的全长不到 8.0m 和单孔跨径不到 5.0m 的泄水结构，均称为涵洞	而小桥则中断路基，自成一体
2	管涵	洞身以圆形管节修建的涵洞	
3	拱涵	洞身顶部呈拱形的涵洞	
4	箱涵	洞身以钢筋混凝土箱形管节修建的涵洞	
5	盖板涵	洞身上部以钢筋混凝土板、条石等作盖板的涵洞	
6	无压力式涵洞	入口处水流的水位低于洞口上缘，洞身全长范围内水面不接触洞顶的涵洞	
7	压力式涵洞	入口处水流的水位高于洞口上缘，洞身全长范围内充满水流，洞顶承受水头压力的涵洞	
8	半压力式涵洞	入口处水流的水位高于洞口上缘，部分洞顶承受水头压力的涵洞	
9	倒虹涵	渠道与道路平面交叉时，为连接渠道而设在道路下面洞身形似倒置的虹吸管的压力式涵洞	

注：1. 涵洞：是用来排泄路堤下水流的构筑物；
2. 类型：
① 根据中轴线，它可分为正交和斜交涵洞，涵洞中线与道路中线垂直时为正交涵洞，否则为斜交涵洞；
② 按结构类型，它可分为圆管涵、盖板涵、拱涵和箱涵。

涵洞的构造见表 4-135，其布置见图 4-116。

涵洞的构造　　表 4-135

组成部分	形　式
洞身	1. 它是涵洞的主要部分，其截面形式有圆形、拱形、箱形 2. 洞口建筑设置在洞口两端，位于上游的称为进水口，位于下游的称为出水口，涵洞进出口的作用是保证水流顺畅，形成良好的泄水条件，使河床、洞口基础和洞侧路基免受冲刷，确保洞身安全
洞口建筑	1. 它的常用形式有八字墙、直墙加翼墙、一字墙等 2. 基础形式有整体式和非整体式两种
附属工程	它有：锥形护坡、河床铺砌、路基边坡铺砌及人工水道等

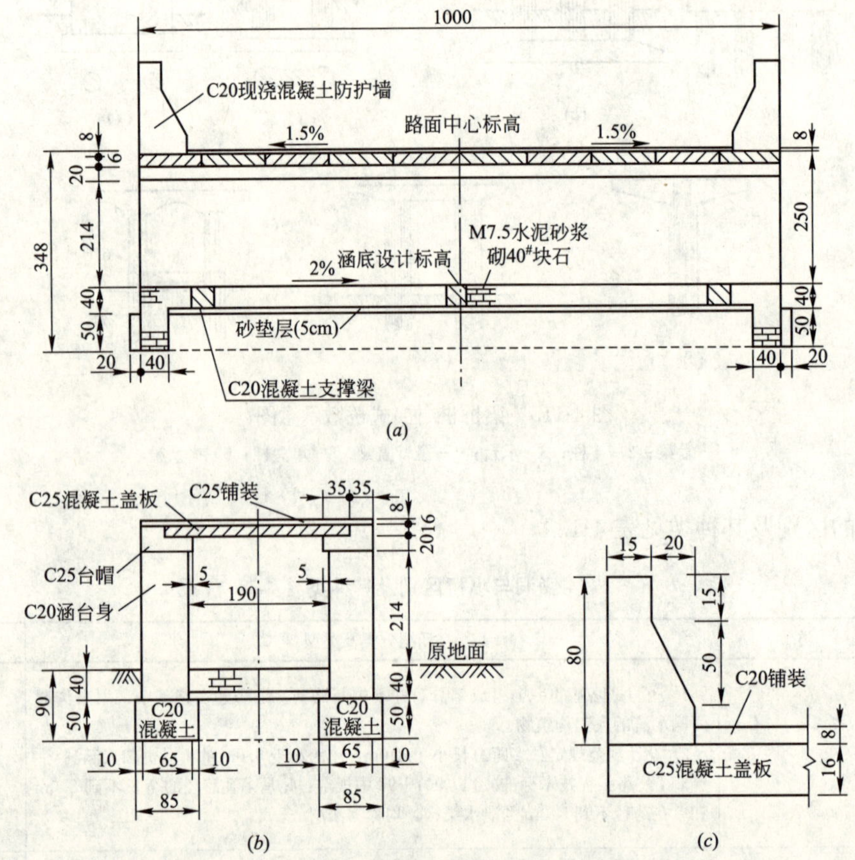

图 4-116　涵洞布置示意图(说明：图中尺寸均以 cm 为单位)

(a)涵洞洞身纵向布置；(b)涵洞断面布置；(c)防护墙构造

耳背墙即挡土墙，此处挡土墙专指桥梁、涵洞的挡土墙，一般用于挡土和防水。挡土墙是土建工程和水利工程中常用的一种挡土结构物。常用砖石、混凝土、钢筋混凝土、混合材料筑成。主要作用是支撑边坡土体和填土，以防土体坍塌和失稳。在工程中，挡土墙也是建筑物的一个重要组成部分，例如，地下室的侧墙、储藏粒状材料的挡墙、码头、水闸和船闸的闸墙、船坞的坞墙以及河道的护岸墙等。

桥涵及护岸工程定额说明及工程量计算规则见表 4-136。

桥涵及护岸工程定额说明及工程量计算规则　　表 4-136

项次	类　型	定额说明及工程量计算规则
1	定额适用范围	1. 单跨 100m 以内的城市钢筋混凝土及预应力钢筋混凝土桥梁工程； 2. 单跨 5.0m 以内、多跨总长 8.0m 以内的涵洞工程(圆管涵、箱涵套用第五册排水管道工程相应定额)； 3. 护岸(包括防洪墙)工程； 4. 穿越城市道路及铁路的立交箱涵工程

续表

项次	类　型	定额说明及工程量计算规则
2	提升高度	本册定额中的提升高度(指单跨内原地面至梁底的纵向平均高度)以8.0m为界，若超过8.0m时，应考虑超高因素(悬浇箱梁除外) (1)现浇混凝土项目按提升高度不同将全桥划分为若干段，以超高段承台顶面以上混凝土(不含泵送混凝土)、模板、钢筋的工程量，按下表调整相应定额中起重机械的规格及人工、起重机械台班的消耗量分段计算； (2)陆上安装梁可按下表调整相应定额中的人工及起重机械台班的消耗量，但起重机械的规格不作调整
3	绝对标高2.2m以下部分	桥涵及护岸工程中绝对标高2.2m以下部分的项目(不包括打桩与搭拆支架)，在无筑围堰等防水措施而需赶潮施工时，可按相应定额增计75%的人工及机械台班数数量
4	现浇混凝土项目	1. 现浇混凝土项目中的起重机调整仅限于5t履带式电动起重机，不包括用于钢模回库维修的5t汽车吊 2. 定额中混凝土均按自然养生考虑，如果需要采用蒸气养护时应另行计算
5	预制混凝土构件	1. 预制混凝土构件仅适用于现场预制构件，地模、张拉台座费用另行计算 2. 工厂预制构件按构件到工地的成品价格计算(包括供应价、场外运输、损耗)，拟发布信息价供建设、设计、施工单位参考
6	小型构件	小型构件在安装定额中仍包括150m场内运输，超过150m时按实际超过的距离计算，其他构件按实际距离，套用相应定额计算
7	预埋铁件	本册定额子目消耗量中预埋铁件系施工用的周材铁件。如设计图规定需预埋铁件时，可套用通用项目册定额计算
8	未包括脚手架	1. 定额未包括各类操作脚手架，发生时套用第一册通用项目相应定额 2. 在编制预算时不要漏列脚手架项目

注：1. 选自《上海市市政工程预算定额》(2000)工程量计算规则暨总、册说明；
2. 仅适用于城市桥梁工程，郊区公路桥梁应套用公路定额，由于城市高架道路的发展，定额不再对桥梁总长作限制性规定。

超高调整的计算方法见表4-137。

超高调整的计算办法　　表4-137

项次	类　型	超高调整的计算办法
1	现浇混凝土项目	1. 以超高段承台顶面以上混凝土、模板、钢筋的工程量，其中，混凝土中不包括泵送混凝土的工程量，按表4-138“桥梁工程现浇混凝土、陆上安装梁超高调整系数”调整相应定额中起重机械的规格及人工、起重机械台班的消耗量分段计算 2. 泵送混凝土需要用泵车或输送泵、安拆泵管或需要中间设接力泵输送时按通用项目册定额计算
2	陆上安装梁	按表4-138“桥梁工程现浇混凝土、陆上安装梁超高调整系数”，调整相应定额中的人工及起重机械台班的消耗量，但起重机械的规格不作调整

注：1. 选自《上海市市政工程预算定额》(2000)工程量计算规则暨总、册说明；
2. 定额中的提升高度以8.0m为界，如果超过8.0m时，应考虑超高因素，但悬浇箱梁不考虑超高；提升高度指单跨内原地面至梁底的纵向平均高度；
3. 按提升高度不同将全桥桥长方向垂直切割划分为若干段，切割点就定在桥墩位置。是否超高，梁跨部分以该跨的梁底平均高度来判定，桥墩就以桥墩盖梁顶面高度来判定。对现浇混凝土和陆上安装梁应分别计算。超高调整的工程量从承台顶面起算，每一段中不再按高度进行水平切割。即该段桥梁的立柱、盖梁、梁等均按同一档超高高度来调整；
4. 定额明确了因超高而引起的人工及起重机械降效和规格调整的办法。

桥梁工程现浇混凝土、陆上安装梁超高调整系数　　表4-138

项　目	现浇混凝土			陆上安装梁	
	人　工	5t履带式电动起重机		人　工	起重机械
提升高度 H(m)	消耗量系数	消耗量系数	规格调整为	消耗量系数	消耗量系数
$H\leqslant 15$	1.02	1.02	15t履带式起重机	1.10	1.25
$H\leqslant 22$	1.05	1.05	25t履带式起重机	1.25	1.60
$H>22$	1.10	1.10	40t履带式起重机	1.50	2.00

注：1. 选自《上海市市政工程预算定额》(2000)工程量计算规则暨总、册说明；
2. 根据《全国统一市政工程预算定额》(1999)总说明及各册、章说明、依据上海市市政工程预算定额修编大纲，结合上海市情况编制补充定额部分，参见表2-2“《全国统一市政工程预算定额》关于各省、自治区、直辖市编制补充定额部分等项目”中“本册定额中提升高度按原地面标高至梁底标高8m为界，若超过8m时，超过部分可另行计算超高费；本册定额河道水深取定为3m，若水深大于3m时，应另行计算。当超高以及水深大于3m时，超过部分增加费用的具体计算办法按各省、自治区、直辖市规定执行。”的释义。

通过举例来说明超高的具体计算：

1号墩处梁底高度为7.8m，显然1号墩的盖梁顶高度不到8.0m，1号墩桥墩就不计超高。2号墩处梁底高度为8.8m，扣除支座后墩顶高度仍超过8.0m，2号墩的立柱、盖梁，它们的非泵送商品混凝土或现浇混凝土、模板、钢筋工程量套定额时可以按超高调整。1号～2号墩的梁跨部分，1号墩处梁底高度7.8m和2号墩处梁底高度8.8m，它们的平均高度为8.3m，大于8.0m，可以计超高，按是现浇梁还是架梁来计算超高。

桩基础工程量清单项目设置、计算规则及项目子目对应比照见表4-139。

桩基础工程量清单项目设置、计算规则及项目子目对应比照表　　表4-139

桩基础（项目编码：040301）

<table>
<tr><th>项目编码</th><th>项目名称</th><th>项目特征</th><th>计量单位</th><th>工程量计算规则</th><th>工程内容</th><th>分部工程项目、名称
（所在《市政工程预算定额》册、章、节）</th></tr>
<tr><td>040301001</td><td>圆木桩</td><td>1. 材质
2. 尾径
3. 斜率</td><td>m</td><td></td><td>1. 工作平台搭拆
2. 桩机组装、拆除
3. 运桩
4. 安装桩靴
5. 沉桩
6. 截桩头
7. 废料弃置</td><td></td></tr>
<tr><td rowspan="6">040301002</td><td rowspan="6">钢筋混凝土板桩</td><td rowspan="6">1. 混凝土强度等级、石料最大粒径
2. 部位</td><td rowspan="6">m^3</td><td rowspan="6"></td><td rowspan="2">1. 工作平台搭拆
2. 桩机竖拆
3. 厂内外运桩
4. 沉桩
5. 送桩
6. 凿除桩头
7. 废料弃置
8. 混凝土浇筑
9. 废料弃置</td><td>桥涵护岸工程临时工程S4-1-：
1. 陆上桩基础工作平台(锤重≤2.5t)
2. 水上桩基础工作平台(锤重≤2.5t)
5. 组装拆卸船排(2×60以内)</td></tr>
<tr><td>桥涵护岸工程临时工程S4-1-：
6. 组装拆卸柴油打桩机(锤重≤2.5t-轨道、履带式)</td></tr>
<tr><td rowspan="4">1. 工作平台搭拆
2. 桩机竖拆
3. 厂内外运桩
4. 沉桩
5. 送桩
6. 凿除桩头
7. 废料弃置
8. 混凝土浇筑
9. 废料弃置</td><td>桥涵护岸工程临时工程S4-1-：
8. 筑地模(砖地模)</td></tr>
<tr><td>桥涵护岸工程预制混凝土构件S4-7-：
1. 预制桩(板桩混凝土)
10. 预制构件场内运输(构件重10t内)</td></tr>
<tr><td>桥涵护岸工程打桩工程S4-3-：
2. 打钢筋混凝土板桩(陆上、支架上、船上一L≤8、12、16m)</td></tr>
<tr><td>通用项目翻挖拆除项目S1-3-：
10. 拆除混凝土结构(拆除结构钢筋混凝土)
文字代码ZSN19-1-：1. 土方场外运输</td></tr>
<tr><td>040301003</td><td>钢筋混凝土方桩(管柱)</td><td>1. 形式
2. 混凝土强度等级、石料最大粒径
3. 断面
4. 斜率
5. 部位</td><td>m</td><td>按设计图示桩长(包括桩尖)计算</td><td>1. 工作平台搭拆
2. 桩机竖拆
3. 场内外运桩
4. 沉桩
5. 送桩
6. 凿除桩头
7. 废料弃置
8. 混凝土浇筑
9. 废料弃置
10. 桩芯混凝土填充</td><td>钢筋混凝土方桩：——
桥涵护岸工程临时工程S4-1-：
1. 陆上桩基础工作平台(锤重≤2.5、5.0、8.0t)
2. 水上桩基础工作平台(锤重≤2.5、4.0t)
5. 组装拆卸船排(2×60以内)
6. 组装拆卸柴油打桩机(履带式-锤重≤2.5、5.0t，轨道式-锤重≤2.5、4.0t)
8. 筑地模(砖)地模
桥涵护岸工程预制混凝土构件S4-7-：
1. 预制桩(方桩-混凝土)
10. 预制构件场内运输(构件重10t内)</td></tr>
</table>

续表

项目编码	项目名称	项目特征	计量单位	工程量计算规则	工程内容	分部工程项目、名称 (所在《市政工程预算定额》册、章、节)
						桥涵护岸工程打桩工程 S4-3-: 1. 打钢筋混凝土方桩(陆上、支架上、船上) 2. 打钢筋混凝土板桩(陆上、支架上、船上) 6. 接桩(方桩焊接、法兰接桩) 7. 送桩(陆上、支架上、船上) 通用项目翻挖拆除项目 S1-3-: 10. 拆除混凝土结构(拆除结构钢筋混凝土) 文字代码 ZSN19-1-: 1. 土方场外运输
040301003	钢筋混凝土方桩(管柱)	1. 形式 2. 混凝土强度等级、石料最大粒径 3. 断面 4. 斜率 5. 部位	m	按设计图示桩长(包括桩尖)计算	1. 工作平台搭拆 2. 桩机竖拆 3. 场内外运桩 4. 沉桩 5. 送桩 6. 凿除桩头 7. 废料弃置 8. 混凝土浇筑 9. 废料弃置 10. 桩芯混凝土填充	钢筋混凝土管桩:—— 桥涵护岸工程临时工程 S4-1-: 1. 陆上桩基础工作平台(锤重≤2.5、5.0、8.0t) 2. 水上桩基础工作平台(锤重≤0.6~≤4.0t) 5. 组装拆卸船排(船排吨位－2×60 以内) 6. 组装拆卸柴油打桩机(履带式-锤重≤2.5、5.0t,轨道式-锤重≤2.5、4.0t) 桥涵护岸工程预制混凝土构件 S4-7-: 10. 预制构件场内运输(构件重 10t 内) 桥涵护岸工程打桩工程 S4-3-: 3. 打钢筋混凝土管桩(陆上、支架上、船上) 6. 接桩(钢筋混凝土管桩焊接桩、法兰接桩) 7. 送桩(管桩-陆上、支架上、船上) 11. 管桩填心(混凝土、土、黄砂、碎石) 通用项目翻挖拆除项目 S1-3-: 10. 拆除混凝土结构(拆除结构钢筋混凝土) 文字代码 ZSN19-1-: 1. 土方场外运输
						钢筋混凝土 PHC 管桩:—— 桥涵护岸工程临时工程 S4-1-: 1. 陆上桩基础工作平台(锤重≤2.5t、5.0t、8.0t) 6. 组装拆卸柴油打桩机(履带式-锤重≤5.0t、7.0t、8.0t) 桥涵护岸工程预制混凝土构件 S4-7-: 10. 预制构件场内运输(构件重 10t 内) 桥涵护岸工程打桩工程 S4-3-: 4. 陆上打 PHC 管桩(ϕ≤600~≤1000) 6. 接桩(PHC 管桩电焊接桩、法兰接桩) 7. 送桩(陆上 PHC 管桩－ϕ≤600~≤1000) 11. 管桩填心(混凝土、土、黄砂、碎石) 通用项目翻挖拆除项目 S1-3-: 10. 拆除混凝土结构(拆除结构钢筋混凝土) 文字代码 ZSN19-1-: 1. 土方场外运输
040301004	钢管桩	1. 材质 2. 加工工艺 3. 管径、壁厚 4. 斜率 5. 强度	m		1. 工作平台搭拆 2. 桩机竖拆 3. 钢管制作 4. 厂内外运桩 5. 沉桩 6. 接桩 7. 送桩 8. 切割钢管 9. 精割盖帽 10. 管内取土 11. 余土弃置 12. 管内填心 13. 废料弃置	桥涵护岸工程临时工程 S4-1-: 1. 陆上桩基础工作平台 6. 组装拆卸柴油打桩机(履带式) 桥涵护岸工程预制混凝土构件 S4-7-: 10. 预制构件场内运输(构件重 10t 内)
						桥涵护岸工程打桩工程 S4-3-: 5. 陆上打钢管桩 6. 接桩(钢管桩电焊接桩) 8. 钢管桩内切割 9. 钢管桩精割盖帽 10. 钢管桩管内钻孔取土 文字代码 ZSN19-1-: 1. 土方场外运输 桥涵护岸工程打桩工程 S4-3-: 11. 管桩填心(混凝土、土、黄砂、碎石)

续表

项目编码	项目名称	项目特征	计量单位	工程量计算规则	工程内容	分部工程项目、名称（所在《市政工程预算定额》册、章、节）
040301005	钢管成孔灌注	1. 桩径 2. 深度 3. 材料品种 4. 混凝土强度等级、石料最大粒径	m		1. 工作平台搭拆 2. 桩机竖拆 3. 沉桩及灌注、拔管 4. 凿除桩头 5. 废料弃置	
040301006	挖孔灌注桩	1. 桩径 2. 深度 3. 岩土类别 4. 混凝土强度等级、石料最大粒径	m		1. 挖桩成孔 2. 护壁制作、安装、浇捣 3. 土方运输 4. 灌注混凝土 5. 凿除桩头 6. 废料弃置 7. 余方弃置	
040301007	机械成孔灌注桩	1. 桩径 2. 深度 3. 岩石类别 4. 混凝土强度等级、石料最大粒径	m	按设计图示以长度计算	1. 工作平台搭拆 2. 成孔机械竖拆 3. 护筒埋设 4. 泥浆制作 5. 钻、冲成孔 6. 余方弃置 7. 灌注混凝土 8. 凿除桩头 9. 废料弃置	桥涵护岸工程临时工程 S4-1-： 1. 陆上桩基础工作平台(锤重≤2.5t、5.0t) 2. 水上桩基础工作平台(锤重≤2.5t、4.0t) 桥涵护岸工程钻孔灌注桩工程 S4-4-： 1. 埋设拆除钢护筒(陆上、支架上) 2. 回旋钻机钻孔 文字代码 ZSM20-1-：1. 泥浆场外运输 桥涵护岸工程钻孔灌注桩工程 S4-4-： 3. 灌注桩混凝土(混凝土、商品混凝土) 通用项目翻挖拆除项目 S1-3-： 10. 拆除混凝土结构(混凝土) 文字代码 ZSN19-1-：1. 土方场外运输

注：1. 选自国家标准《建设工程工程量清单计价规范》GB 50500—2008“附录D市政工程工程量清单项目及计算规则”及《〈建设工程工程量清单计价规范〉上海市市政工程操作指南》；

2. 陆上、水上工作平台搭拆已包括在各种不同类型桩基里边，不需单独列项；

3. 现场混凝土浇筑预制钢筋混凝土方桩构件(或采用购置工厂制作的成品钢筋混凝土方桩)；

4. 拆除混凝土结构(拆除结构钢筋混凝土)已包括在清单的各种不同构件里边，不需单独列项，计算规则请参阅表 4-4“翻挖拆除项目工程计算”拆除砖、石砌体及混凝土结构项释义；

5. 定额中的混凝土及砂浆均采用强度等级表示，混凝土采用“C”表示，砂浆用“M”表示；如定额中强度等级与设计强度等级不同时，可按设计强度等级进行换算；请参阅表 2-17“砌筑砂浆配合比(m^3)”的释义；

6. 定额中列出混凝土消耗量，但未列出级配材料的用量，级配材料用量可根据“上海市建设工程普通混凝土、砂浆强度等级配合比表(2000)”计算；请参阅表 2-15“现场现浇混凝土配合比(m^3)”的释义；

7. 定额中现浇混凝土分列出现浇混凝土、预制混凝土、预拌(商品)混凝土(泵送、非泵送混凝土)子目，预拌(商品)混凝土请参阅 4.3 桥涵护岸工程(项目编码：0403)中表 4-24“商品混凝土计算”释义；

8. 打桩机械的安装、拆除按有关项目计算，请参阅表 5-6“组装、拆除柴油打桩机选用表”释义，已包括在清单的各种不同构件里边，不需单独列项，但不能列入措施项目；而打桩机械进出场费，可按“大型机械设备进出场及安拆”费用定额计算，列入措施项目费计算，请参阅表 5-4“场外运输、安拆的大型机械设备表”释义。

桩基础一般构造见图 4-117。

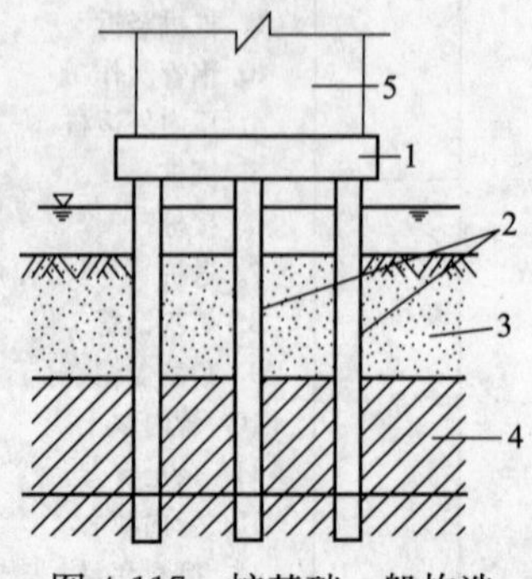

图 4-117　桩基础一般构造

1—承台；2—基础；3—松软土层；4—持力层；5—墩身

打桩工程见表 4-140。

打　桩　工　程　　　　表 4-140

打桩形式	桩　机	内　　容	打桩适用范围
陆上	履带式柴油打桩机	桩架的行走靠桩机底部履带的行走而运行的打桩机	钢筋混凝土方、板桩(m^3)，钢筋混凝土管、PHC 桩(立方米实体)，钢管桩(t)
支架上、船上	轨道式柴油打桩机、60t 木船	桩架的行走靠已铺设好的轨道而运动的打桩机，是一种常见的桩架移动方式	钢筋混凝土方桩(m^3)，钢筋混凝土板、管桩(立方米实体)

注：1. 定额均考虑在已搭置的支架平台上操作，但不包括支架平台，其支架平台的搭设与拆除应定额均考虑在已搭置的支架平台上操作，但不包括支架平台，其支架平台的搭设与拆除应按有关定额子目计算；
2. 定额中按打直桩计算，打斜桩斜度在 1∶6 以内时，人工数量乘以 1.33 系数，机械台班数量乘以 1.43 系数；
3. 船上打桩定额按两艘船只拼搭、捆绑考虑，在水中的墩台桩应先打好水中脚手桩(支架柱)，上面搭设打桩工作平台。当水中墩台较多或河水较深时，也可采用将打桩架放在船上施工，但必须加 30% 的船载压仓；
4. 陆上、支架上、船上打桩定额中未包括运桩；
5. 护岸工程按每 100m 组装拆卸一次桩机计算，其尾数不足 100m 时按 100m 计算，但不得增计设备运输；
6. 桥梁及护岸工程的桩基础因航运、交通、高压线等影响不能连续施工时，可增计组装拆卸桩机的次数，设备运输视现场具体情况另行计算。

打桩机工作平台(搭置支架平台)划分范围见表 4-141。

打桩机工作平台(搭置支架平台)划分范围　　　　表 4-141

名　称	分　类	划　分	适用范围
桩基础工作平台	水上工作平台	凡从河道原有河岸线向陆地延伸 2.5m 范围，均属水上工作平台 定额水上工作平台打桩全部采用轨道式柴油打桩机、履带式起重机机械(按锤重分≤0.6t、1.2t、1.8t、2.5t、4.0t 位五类，以平方米计算)	陆上、支架上打桩及钻孔桩，如图 4-118 水上、陆上工作平台划分图示所示
	陆上工作平台	水上工作平台范围以外的陆地部分，均属陆上工作平台，但不包括河塘坑洼地段 定额打桩平台均以 $h=20$cm 碎石垫层，压路机碾压 (按锤重分≤2.5t、5.0t、8.0t 位三类，以平方米计算)	

注：1. 选自《上海市市政工程预算定额》(2000)工程量计算规则暨总、册说明；
2. 根据《全国统一市政工程预算定额》(1999)总说明及各册、章说明、依据上海市市政工程预算定额修编大纲，结合上海市情况编制补充定额部分，参见表 2-2“《全国统一市政工程预算定额》(1999)关于各省、自治区、直辖市编制补充定额部分等项目”中“支架平台分陆上平台与水上平台两类，其划分范围由各省、自治区、直辖市根据当地的地形条件和特点确定”的释义；
3. 在河塘坑洼地段，如平均水深超过 2m 时，可套用水上工作平台定额；平均水深在 1～2m 范围内，按水上工作平台定额消耗量乘以 50% 计算；平均水深在 1m 以内时，按陆上工作平台计算；
4. 需注意的是安装梁不以上述标准来区分，以实际施工方法来套用，陆上架梁指用吊车架梁，水上架梁指用船排架梁；
5. 打桩工作平台应根据相应的打桩定额中柴油打桩机的锤重进行选择。钻孔灌注棚工作平台按孔径 $\phi\leqslant1000$ 套用锤重≤2.5t 的桩基础工作平台，$\phi>1000$ 套用锤重≤4.0t 的桩基础工作平台计算。当钻孔桩采用硬地法施工时，按批准的施工组织设计另行计算，陆上工作平台不再计算。若原有道路可利用时，则不计陆上工作平台；
6. 施工组织设计选用施工方法，请参阅《下篇　常用计算数据》第九册 9. 市政施工组织设计及索赔管理 9.1 市政施工组织设计及表 9-1“施工组织设计涉及工程量”算量“对应选用表”释义。

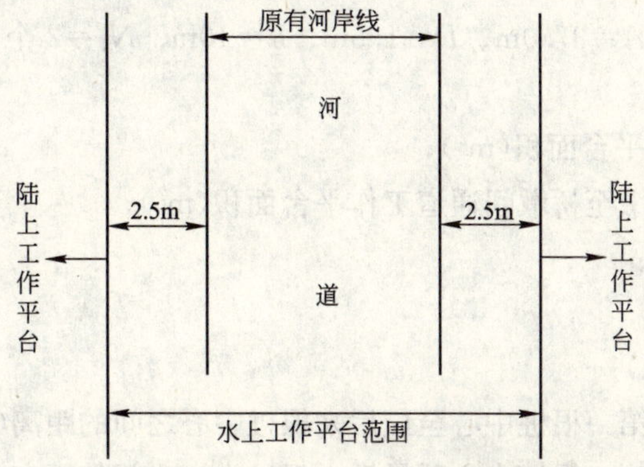

图 4-118　水上、陆上工作平台划分示意图

搭拆工作平台面积工程量“算量”见表 4-142。

搭拆工作平台面积工程量“算量”　　　　表 4-142

项次	类型	工作平台总面积(m²)	每座桥台(桥墩)(m²)	每条通道(m²)	备注
1	桥梁打桩	$F=N_1F_1+N_2F_2$	$F_1=(5.5+A+2.5)\times(6.5+D)$ (宽度两桩之间距离＋6.5m，长度两桩之间距离＋8.0m)×N 个	$F_2=6.5[L-(6.5+D)]$ 6.5m×[桥长－N 个(宽度两桩之间距离＋6.5m)]	桥梁基础桩，包括预制钢筋混凝土方桩、预制钢筋混凝土板桩、钢筋混凝土管桩、PHC 管桩和钢管桩； 工作平台面积计算如图 4-119 所示
2	护岸打桩	$F=(L+6)\times(6.5+D)$ (宽度两桩之间距离＋6.5m，6.5m＋长度两桩之间距离)×N 个			
3	钻孔灌注桩	$F=N_1F_1+N_2F_2$	$F_1=(A+6.5)\times(6.5+D)$ (宽度两桩之间距离＋6.5m，6.5m＋长度两桩之间距离)×N 个	$F_2=6.5[L-(6.5+D)]$ 6.5m×[桥长－N 个(宽度两桩之间距离＋6.5m)]	

注：选自《上海市市政工程预算定额》(2000)工程量计算规则暨总、册说明；

式中　F——工作平台总面积(m²)；

F_1——每座桥台(墩)工作平台面积(m²)；

F_2——桥台至桥墩间或桥墩至桥墩间通道工作平台面积(m²)；

N_1——桥台和桥墩总数量；

N_2——通道总数量；

D——两排桩之间距离(m)；

L——桥梁跨径或护岸的第一根桩中心至最后来根桩中心之间的距离(m)；

A——桥台(墩)每排桩的第一根桩中心至最后一根桩中心之间的距离(m)。

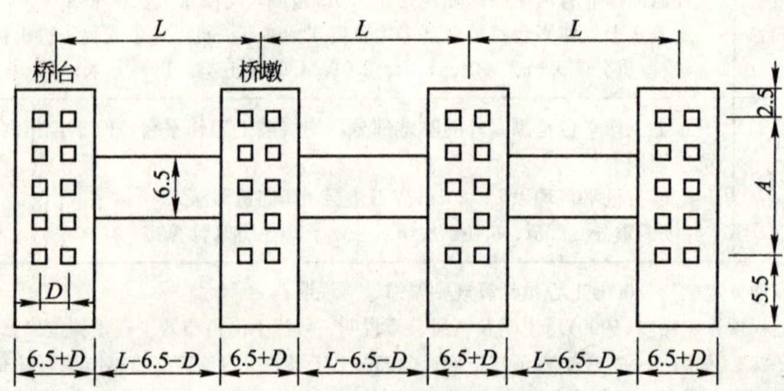

注：图示尺寸均为 m。

图 4-119　工作平台面积计算示意图

【例题 4-34】　某桥梁工程概况仍以【解题分析 4-16】提供的资料为条件；工程中陆上打方桩需搭拆水上工作平台，已知每排桩的第一根桩中心至最后一根桩中心之间的距离 $A=37.0$m、两排桩之间的距离 $D=0.75$m、桥梁跨径或护岸的第一根桩中心至最后一根桩中心之间的距离 $L=7.8$m、$N_1=2$ 个、$N_2=2$ 个，求：工作平台总面积？

【解题分析 4-34】　已知：$A=37.0$m、$D=1.5$m、$L=10$m、$N_1=2$ 个、$N_2=2$ 个

工作平台总面积

F_1——每座桥台(墩)工作平台面积(m²)；

F_2——桥台至桥墩间或桥墩至桥墩间通道工作平台面积(m²)；

N_1——桥台和桥墩总数量；

N_2——通道总数量；

D——两排桩之间距离(m)；

L——桥梁跨径或护岸的第一根桩中心至最后来根桩中心之间的距离(m)；

A——桥台(墩)每排桩的第一根桩中心至最后一根桩中心之间的距离(m)；

$$
\begin{aligned}
F &= N_1F_1 + N_2F_2 \\
&= N_1\times(5.5+A+2.5)\times(6.5+D)+N_2\times6.5\times[L-(6.5+D)] \\
&= 2\times(5.5+37.0+2.5)\times(6.5+0)+2\times6.5\times[7.8-(6.5+0.75)] \\
&= 585.0+7.15 = 592.15\text{m}^2
\end{aligned}
$$

【例题 4-35】 某桥梁工程概况仍以【解题分析 4-16】提供的资料为条件；工程中支架上打方桩需搭拆水上工作平台，已知每排桩的第一根桩中心至最后一根桩中心之间的距离 A=34.9m、两排桩之间的距离 D=1.5m、桥梁跨径或护岸的第一根桩中心至最后一根桩中心之间的距离 L=10m、N_1=2 个、N_2=0 个，求：工作平台总面积?

【解题分析 4-35】 已知：A=34.9m、D=1.5m、L=10m、N_1=2 个、N_2=0

工作平台总面积

F_1——每座桥台(墩)工作平台面积(m^2)；

F_2——桥台至桥墩间或桥墩至桥墩间通道工作平台面积(m^2)；

N_1——桥台和桥墩总数量；

N_2——通道总数量；

D——两排桩之间距离(m)；

L——桥梁跨径或护岸的第一根桩中心至最后来根桩中心之间的距离(m)；

A——桥台(墩)每排桩的第一根桩中心至最后一根桩中心之间的距离(m)；

$$
\begin{aligned}
F &= N_1F_1 + N_2F_2 \\
&= N_1\times(5.5+A+2.5)\times(6.5+D)+N_2\times6.5\times[L-(6.5+D)] \\
&= 2\times(5.5+34.9\text{m}+2.5)\times(6.5+1.5\text{m})+1\times6.5\times[10\text{m}-(6.5+1.5\text{m})] \\
&= 686.40\text{m}^2+13.0\text{m}^2=699.40\text{m}^2
\end{aligned}
$$

得：

(1) 该桥梁工程中支架上打方桩需搭拆水上工作平台总面积为 699.40m^2；

(2) 查表 4-139“桩基础工程量清单项目设置、计算规则及项目子目对应比照表”，得套用桥涵护岸工程临时工程 S4-1-：2. 水上桩基础工作平台(锤重≤2.5t、4.0t)的定额子目。

【例题 4-36】 某桥梁工程概况仍以【解题分析 4-16】提供的资料为条件；工程中桥墩打方桩在支架上送桩，已知钢筋混凝土方桩的桩横截面为 40×40(cm)，设计桩顶标高为 2.0m，总共 56 根，当地施工期间的最高潮水位 2.7m，求：支架上送桩体积?

【解题分析 4-36】

查表 4-154“钢筋混凝土方桩(陆上、支架上打方桩)工程量‘算量’”，得送桩工程量根据施工图设计要求的标高(深度)来确定，以立方米计算

送桩高度指送桩起始点以下至设计桩顶面的距离。送桩起始点规定：支架上打桩以当地施工期间的最高潮水位以上 0.5m 的地方作为送桩的起始点

(1) 送桩高度(h)=(当地施工期间的最高潮水位+0.5m)-设计桩顶面标高

=(2.7m+0.5m)-2.0m=1.2m

(2) 送桩工程量(m^3)=桩横截面面积(m^2)/根×总根数×送桩高度 h(m)

=(0.4m×0.4m)/根×56 根×1.2m=10.75m^3

得：

(1) 该桥梁工程中桥墩打方桩在支架上送桩体积为 10.75m^3；

(2) 查表 4-139“桩基础工程量清单项目设置、计算规则及项目子目对应比照表”，得套用桥涵护岸工程打桩工程 S4-3-：7. 送桩(陆上、支架上、船上)的定额子目。

基础桩工程量项目“算量”见表 4-143。

基础桩工程量项目"算量"　　表 4-143

项次	类型		单位	计算公式	图示	计算基数
1	钢筋混凝土桩	预制方桩	m^3	V=按设计截面积×设计长度(包括桩尖长度)×N根数	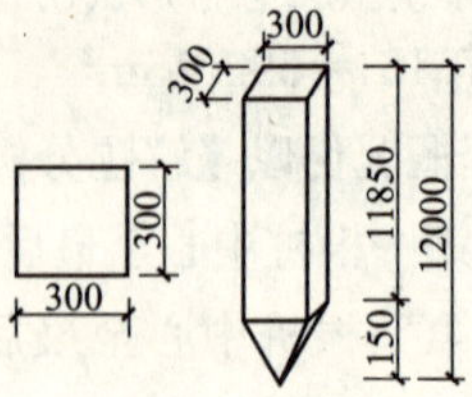	
2		预制板桩	m^3			
3		管桩	立方米实体		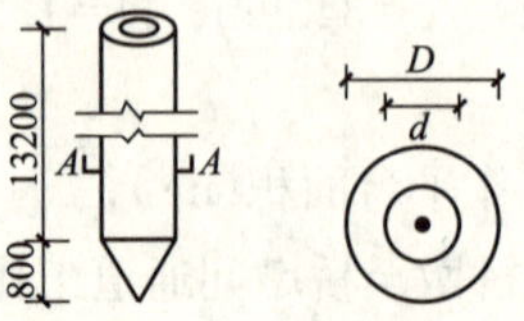	
4		PHC管桩	立方米实体			
5	钢管桩		吨(t)	$W=(D-\delta\times1/2)\times c'\times L\times$密度		W—钢管桩质量(t); D—钢管桩直径(mm); δ—钢管桩壁厚(mm); c'—钢管密度(kg/m); L—钢管桩长度[设计长度(设计桩顶至桩底标高)](m)
6	钻孔灌注桩	陆上	m^3	V=每根钻孔灌注桩体积×N根数 $V=0.7854\ D^2L$/根	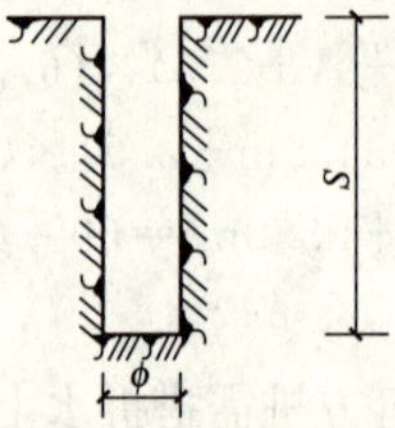	L=设计桩长(设计桩顶至桩底)+0.25m [《上海市市政工程预算定额》(2000)定额中已考虑扩孔因素]
7		水上	m^3		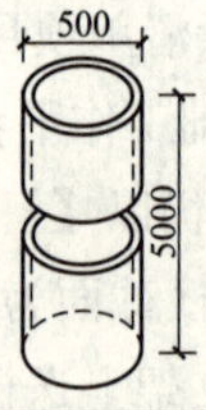	
8		混凝土爆扩桩	m^3	$V=A_{管}\times(L-D)+V_{圆}$ $A_{管}=0.7854d^2$ $V_{圆}=0.5236d^3$	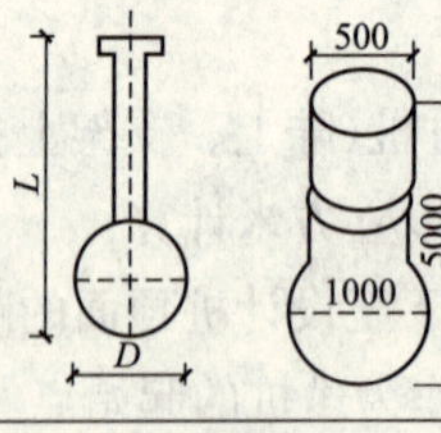	d—管桩、圆球体直径(m); L—管桩长度(m); D—圆球体直径(m)
9		人工挖孔扩底混凝土桩	m^3	$V=V_1+V_2+V_3+V_4$ 圆台体 $V_1=1.0471h(R^2+r^2+Rr)$ 扩大圆台体 $V_2=1.0471h(R^2+r^2+Rr)$ 圆柱体 $V_3=3.1416r^2h$ 割球(球缺)$V_4=0.5235h(3a^2+h^2)$	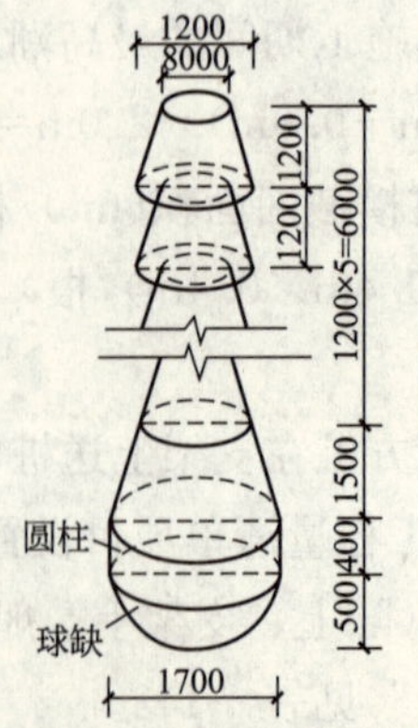	圆台下底面半径 R—0.6m、圆台上底面半径 r—0.4m、高 H—1.2m、共5个圆台;扩大圆台下底面半径 R—0.85m、圆台上底面半径 r—0.6m、高 H—1.5m、共1个圆台;圆柱半径 R—0.85m、高 H—0.4m、共1个圆柱;球缺(割球)的高 h—0.5m、平切圆半径 a—0.85m

续表

项次	类型	单位	计算公式	图　示	计算基数
10	钻孔灌注桩 钻机成孔	m^3	$V=0.7854D^2L$/根		成孔深度——系指原地面标高(或河床)至设计桩底标高的深度(L) L=原地面标高(或河床)至设计桩底标高

桥梁基础桩工程量计算规则见表 4-144。

桥梁基础桩工程量计算规则　　表 4-144

施工方法	按成孔方式	桩的制作按材料		计量单位	计算方法
灌注桩	沉管灌注桩				
	钻孔灌注桩			m^3	成孔深度——系指原地面标高(或河床)至设计桩底标高的深度(L) 工程量按成孔深度乘以设计截面面积以立方米计算 每根钻孔灌注桩钻机成孔体积 $V=0.7854D^2L$/根 其中：L=原地面标高(或河床)至设计桩底标高
		陆上		m^3	按设计桩长(设计桩顶至桩底)增加 0.25 米乘以设计桩截面面积，以立方米计算 灌注陆上混凝土桩体积 V=每根钻孔灌注桩体积×N 根数 每根灌注桩体积 $V=0.7854D^2L$/根 其中：L=设计桩长(设计桩顶至桩底)+0.25m[定额中已考虑扩孔因素]
		水上		m^3	按设计桩长增加 1.0 米乘以设计桩截面面积，以立方米计算 灌注水下混凝土体积 V=每根钻孔灌注桩体积×N 根数 每根灌注桩体积 $V=0.7854D^2L$/根 其中：L=设计桩长+1.0m[定额中已考虑扩孔因素]
	挖孔灌注桩				
沉桩		钢筋混凝土桩	预制方桩	m^3	按桩长(包括桩尖长度)乘以桩截面积，以立方米计算，不包括管桩空心部分的体积 体积 V=按设计截面积×设计长度(包括桩尖长度)×N 根数
			预制板桩		
			管桩	立方米实体	
			PHC 管桩		
		钢管混凝土桩		吨(t)	按设计长度(设计桩顶至桩底标高)、管径、壁厚，以吨计算。 $W=(D-\delta)\times\sigma\times0.0246\times L\div1000$kg/t 式中 W——钢管桩质量(t)； D——钢管桩直径(mm)； δ——钢管桩壁厚(mm)； σ——钢管密度(kg/m)； L——钢管桩长度[设计长度(设计桩顶至桩底标高)](m)。 套用这个公式时特别要注意钢管桩管径、壁厚和长度的单位，直径和壁厚都按毫米计，而长度按米计
		钢桩			

注：1. 选自《上海市市政工程预算定额》(2000)工程量计算规则暨总、册说明；

2. 桥梁工程中的基础桩类型较多，在国家标准《建设工程工程量清单计价规范》GB 50500—2008 的清单项目名称中，其按照桩身材质的不同可分为圆木桩、钢筋混凝土板桩、钢筋混凝土板桩、钢筋混凝土方桩(管柱)、钢管桩等；另外按照成孔方式的不同，分为钢管成孔灌注、挖孔灌注桩、机械成孔灌注桩等；

3. 钢筋混凝土管桩的直径是用外径来计算的，如 ϕ400 是指钢筋混凝土管桩的外径为 400mm；

4. PHC 管桩，是预应力混凝土管桩，采用先张法预应力工艺和离心成型法制作；经高压蒸汽养护生产的为 PHC 桩，其桩身混凝土强度等级为 C80 或高于 C80；未经高压蒸汽养护生产的为 PC 管桩(C60～C80)；建筑工程中常用的 PHC、PC 管桩的外径为 300～600mm，而在桥涵工程中的桩直径要大一些，一般为 600～1000mm；

5. 预制桩桩尖按虚体积计算，请参阅表 5-22“现场预制混凝土构件模板工程量‘算量’”的释义；

6. 定额中带“( )”的为桥梁预制构件安装类，这些带“( )”的预制构件，在套用定额时，当采用工厂制品构件者，以此制品构件价格直接进入子目计算；若采用现场预制时，应以预制构件数量套用该册“预制构件”相应子目单列计算费用(不进入打桩子目计算)，请参阅表 4-146“桥涵及护岸工程打桩工程预制方桩、板桩、PHC 管桩的消耗量(m^3)表”的释义。

预应力混凝土管桩类型见表 4-145。

预应力混凝土管桩类型　　**表 4-145**

项次	项目名称	类型及管径规格
1	混凝土管桩	PC 桩就是预应力混凝土管桩
2		PTC 桩为预应力混凝土薄壁管桩，它们的混凝土强度等级为 C60，按外径分为 ϕ300，ϕ400，ϕ500，ϕ550，ϕ600，ϕ800 六种规格
3		PHC 桩即高强预应力混凝土管桩，它的混凝土强度等级为 C80，按外径分为 ϕ300，ϕ400，ϕ500，ϕ550，ϕ600，ϕ800，ϕ1000 和 ϕ1200 八种规格，并根据混凝土有效压应力值或管桩的抗弯性能分为 A 型、AB 型、B 型和 C 型

注：1. 这里要注意的是：定额中钢筋混凝土管桩与 PHC 管桩只是为了区分节名称，是子目编排的需要，管桩打桩套用定额时应以管径为准；
2. 打管桩定额同样分为陆上打桩、支架上打桩和船上打桩，按管径与桩长两个条件划分为管径 ϕ400 以内、桩长 16m 以内与管径 ϕ550 以内、桩长 24m 以内两项；
3. PC 桩根据 2000 年 10 月 1 日起实行的先张法预应力管桩标准设计 DBJT 08—92—2000；
4. 打 PHC 管桩定额只适用陆上打桩，按管径划分为 ϕ600 以内、ϕ800 以内和 ϕ1000 以内，分别编制了桩长 16m 以内、24m 以内、32m 以内和 40m 以内的子目。

桥涵及护岸工程打桩工程预制方桩、板桩、PHC 管桩的消耗量(m^3)表　　**表 4-146**

分部分项工程项目名称		计量单位	预制钢筋混凝土			
			方桩	板桩	管桩	PHC 管桩
打钢筋混凝土方桩(m^3)	陆上	m^3	(1.0000)			
	支架上	m^3	(1.0000)			
	船上	m^3	(1.0000)			
打钢筋混凝土板桩(m^3)	陆上	m^3		(1.0000)		
	支架上	m^3		(1.0000)		
	船上	m^3		(1.0000)		
打钢筋混凝土管桩(立方米实体)	陆上	m^3			(1.0000)	
	支架上	m^3			(1.0000)	
	船上	m^3			(1.0000)	
陆上打 PHC 管桩(立方米实体)	陆上	m^3				(1.0000)

注：1. 选自《上海市市政工程预算定额》(2000)，桥涵及护岸工程分册打桩工程章定额："打钢筋混凝土方桩"、"打钢筋混凝土板桩"、"打钢筋混凝土管桩"、"陆上打 PHC 管桩" 等节子目；
2. 定额中带"( )"的预制构件，在套用定额时，当采用工厂制品构件者，以此制品构件价格直接进入子目计算；
3. 若采用现场预制时，应以预制构件数量套用该册"预制构件"相应子目单列计算费用(不进入打桩子目计算)。

【例题 4-37】 某桥梁工程采用钢筋混凝土方桩基础，因其工程量小，在工地用柴油打桩机打预制钢筋混凝土方桩 100 根，如图 4-120 所示，试计算打方桩工程量？

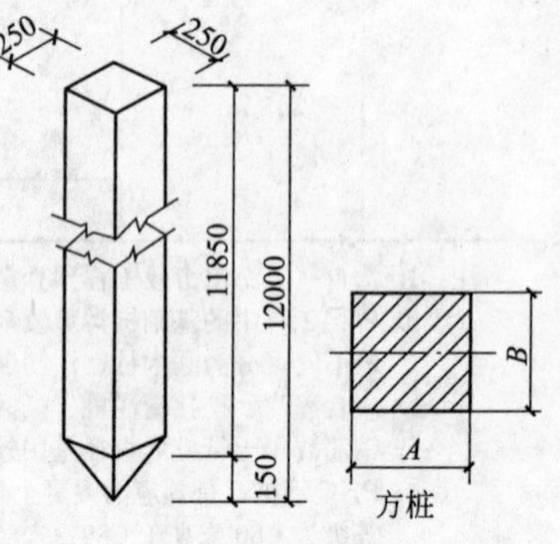

图 4-120　某桥梁工程预制方桩(单位：mm)

【解题分析 4-37】

查表 4-144 "桥梁基础桩工程量计算规则"，得知"按桩长(包括桩尖长度)乘以桩截面积，以立方米计算，体积 V = 按设计截面积×设计长度(包括桩尖长度)×N 根数"

打桩工程量体积 V = 按设计截面积×设计长度(包括桩尖长度)×N 根数

= [0.25m×0.25m×(11.85m+0.15m)]/根×100.0 根

= 75.0m^3

得：钢筋混凝土方桩工程量为 75.0m^3。

但应注意：

(1) 钢筋混凝土方桩可以现场混凝土浇筑预制钢筋混凝土方桩构件或采用购置工厂制作的成品钢筋混凝土方桩。

(2) 上述项目中打桩定额中未包括：桩头凿除、试桩及测试，其费用可另行计算；故应对照表 4-4 “翻挖拆除项目工程计算”，另外增列桩头凿除的分部分项清单项目，否则就属于漏列。

(3) 桩头凿除工程量，按表 4-154 “钢筋混凝土方桩(陆上、支架上打方桩)工程量‘算量’”，项次 6. 截除桩顶钢筋混凝土结构“按设计图纸需凿除桩顶桩头，以设计桩截面面积乘以截除高度(H)，以立方米计算”进行计算。

(4) 桩头凿除、试桩及测试，其中拆除混凝土结构(拆除结构钢筋混凝土)已包括在清单的各种不同构件里边，不需单独列项，但不能列入措施项目，计算规则详见表 4-4 “翻挖拆除项目工程计算”拆除砖、石砌体及混凝土结构项释义。

【例题 4-38】

某桥梁工程中，需要打预制钢筋混凝土管桩 80 根，按设计要求，桩全长需 14.0m，外径为 30cm，其截面面积如图 4-121(a)、(b)所示。求单桩体积?

【解题分析 4-38】

查表 4-144 “桥梁基础桩工程量计算规则”，得知“按桩长(包括桩尖长度)乘以桩截面积，以立方米计算，不包括管桩空心部分的体积(图 4-122)；体积 V = 按设计截面积×设计长度(包括桩尖长度)×N 根数”及注：3. 预制桩桩尖按虚体积计算，参见表 5-22 “现场预制混凝土构件模板工程量‘算量’”的释义

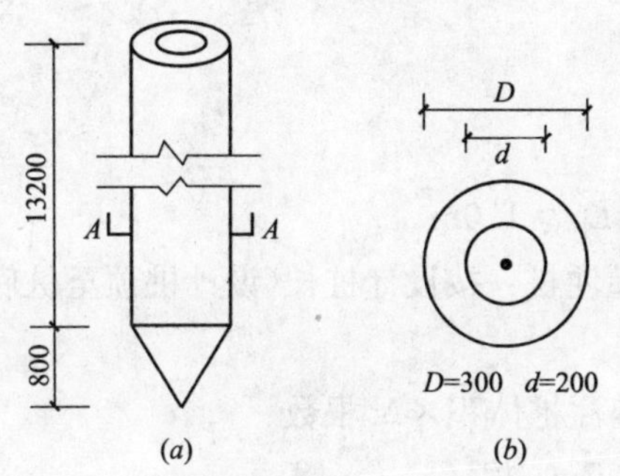

图 4-121　预制钢筋混凝土管桩(单位：mm)
(a)侧面图；(b)俯视图

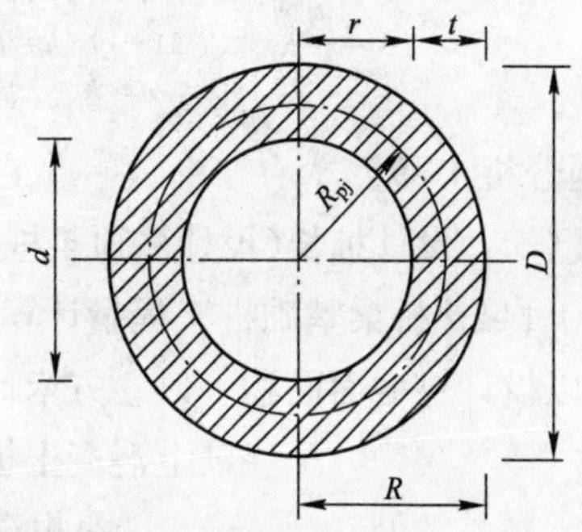

图 4-122　圆环(中空圆形)及计算公式

$A=\pi(R^2-r^2)=2\pi R_{pj}t=3.1416(R^2-r^2)=3.1416(R+r)(R-r)$
$=0.7854(D^2-d^2)$
$=0.7854(D+d)(D-d)=6.2832R_{pj}t$

R—外半径；r—内半径；D—外直径；d—内直径；
t—厚度；R_{pj}—平均半径 $R-t/2$ 或$(R+r)/2$

(1) 管桩体积

① 管桩截面积 A

$$A=0.7854(D^2-d^2)$$
$$=0.7854\times(0.30^2-0.20^2)=0.0392\text{m}^2$$

② 管桩体积 V = 按设计截面积×设计长度(包括桩尖长度)×N 根数

$$V_1=\text{管桩截面积 }A\times L$$
$$=0.0392\text{m}^2\times14.0\text{m}$$
$$=0.5488\text{m}^3$$

(2) 预制桩尖体积(预制桩桩尖按虚体积计算)

如图 4-123 所示，预制桩尖体积 $V_2=0.7854d^2\times h$

$$=0.7854\times0.30^2\times0.80\text{m}$$

$$=0.0565\text{m}^3$$

每根管桩体积：$V=0.5488\text{m}^3+0.0565\text{m}^3=0.605\text{m}^3$/根

总体积 V = 按设计截面积×设计长度(包括桩尖长度)×N 根数

$=0.605\text{m}^3$/根×80 根=52.0m^3

【例题 4-39】

某桥梁工程，陆上需要进行机械成孔灌注桩如图 4-124 所示，其中桩深 $S=38.50$m，孔径为 1.0m，共 20 根；求：机械成孔灌注桩的工程量?

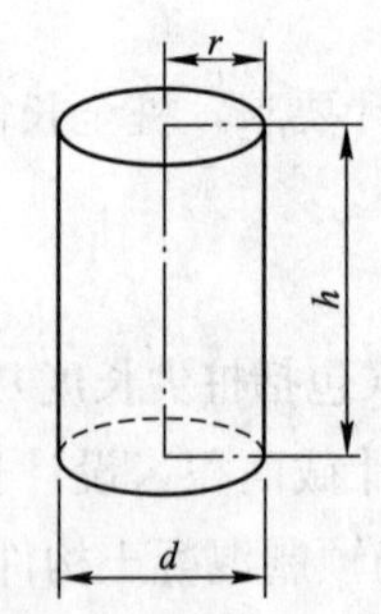

图 4-123　直圆柱体简图及体积计算公式

$V=\pi r^2h=[(d^2\pi)\div4]\times h=0.7854d^2\times h$

r—半径；d—直径；h—高

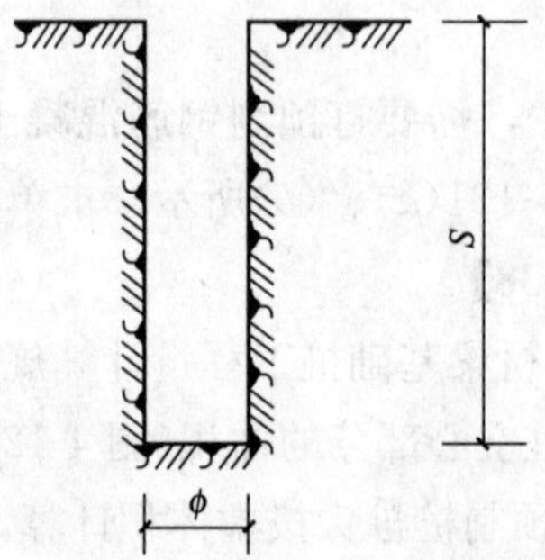

图 4-124　钻孔灌注桩示意图

【解题分析 4-39】

依题已知：设计桩长(设计桩顶至桩底)为 38.50m，孔径 D 为 1.0m

查表 4-144 "桥梁基础桩工程量计算规则"，得陆上钻孔灌注桩：按设计桩长(设计桩顶至桩底)增加 0.25m 乘以设计桩截面面积，以立方米计算

灌注陆上混凝土桩体积 V=每根钻孔灌注桩体积×N 根数

每根灌注桩体积 $V=0.7854D^2L$/根

其中：L=设计桩长(设计桩顶至桩底)+0.25m

[《上海市市政工程预算定额》(2000)定额中已考虑扩孔因素]

(1) L =设计桩长(设计桩顶至桩底)+0.25m

=38.50m+0.25m=38.75m

(2) 每根灌注桩体积 $V=0.7854D^2L$/根

$=0.7854\times1.0^2\times38.75$m/根

$=30.43\text{m}^3$/根

(3) 灌注桩总体积 $V=30.43\text{m}^3$/根×20 根=608.6m^3

得：

该桥梁工程陆上需要进行机械成孔灌注桩的工程量为 608.6m^3。

【例题 4-40】 某桥梁工程，现场灌注混凝土桩共 100 根、用柴油打桩机打孔，钢管外径为 300mm，桩深 6.0m，如图 4-125 所示采用扩大桩复打两次；试计算扩大桩工程量?

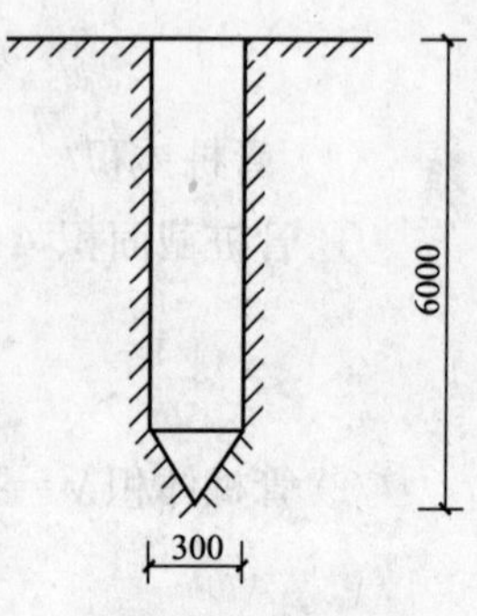

图 4-125　现场灌注混凝土桩示意图

【解题分析 4-40】

依题已知：钢管外径 R 为 300mm，桩深 L 为 6.0m，扩大桩复打两次

在《全国统一市政工程预算定额》(1999)预算定额中，扩大桩的体积按单桩体积乘以复打次数+1 计算。

查《全国统一市政工程预算定额》(1999)总说明及册说明，得扩大桩工程量计算式为 V=单桩体积×(复打次数+1)及扩大桩长 L_1=设计桩长(设计桩顶至桩底)+0.50m

(1) 单桩体积

参图 4-123 “直圆柱体简图及体积计算公式” 中直圆柱体体积 $V=\pi r^2 h=0.7854d^2h=3.1416r^2h$

1) 单桩体积 $=0.7854d^2h=0.7854d^2\times L_1$

其中：扩大桩长 L_1=设计桩长(设计桩顶至桩底)+0.50m=6.0m+0.25m=6.25m

$$\text{单桩体积}=0.7854d^2/\text{单根}\times L_1$$
$$=0.7854\times 0.3\text{m}\times 0.3\text{m}\times(6.0\text{m}+0.25\text{m})$$
$$=0.4417\text{m}^3/\text{单根}$$

2) 扩大桩体积 V=单桩体积×(复打次数+1)

其中：复打=复打次数+1=2 次+1 次=3 次

$$\text{扩大桩体积 } V=\text{单桩体积}\times(\text{复打次数}+1)$$
$$=0.4417\text{m}^3/\text{单根}\times(2\text{ 次}+1\text{ 次})=1.32469\text{m}^3/\text{单根}$$

(2) 扩大桩总体积

$$\text{扩大桩总体积 } V=\text{单桩体积 m}^3/\text{单根}\times n\text{ 根}$$
$$=1.3251\text{m}^3/\text{单根}\times 100\text{ 根}=132.51\text{m}^3$$

得：该桥梁工程现场灌注混凝土桩扩大桩总体积为 132.51m³。

【例题 4-41】 某工程桥梁用到 C20 混凝土爆扩桩，该爆扩桩全长 L 为 8.0m、桩管直径 d 为 0.4m、圆球体直径 D 为 1.0m，如图 4-126 所示；试求：一根混凝土爆扩桩所用混凝土体积?

【解题分析 4-41】

依题已知：混凝土爆扩桩全长 L 为 8.0m、桩管直径 d 为 0.4m、圆球体直径 D 为 1.0m

(1) 管桩截面面积：

参图 4-127 “圆形简图暨截面积计算公式”，截面积 $A=\pi r^2=1/4\times\pi d^2=0.7854d^2=3.1416r^2$

$$\text{管桩截面面积 } A_{管}=0.7854d^2$$
$$=0.7854\times 0.4^2=0.1256\text{m}^2$$

(2) 圆球体体积：

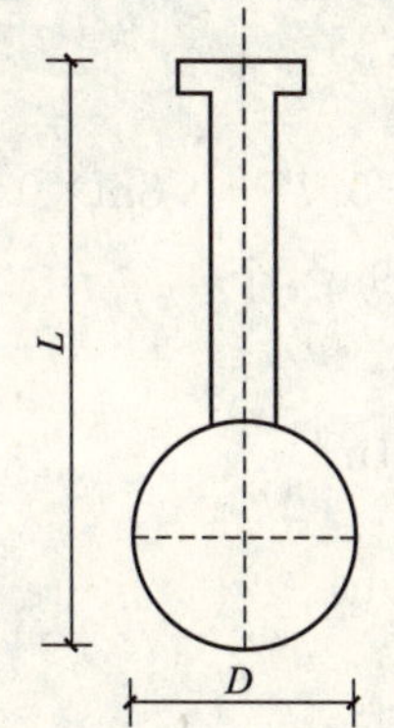

图 4-126　混凝土爆扩桩示意图

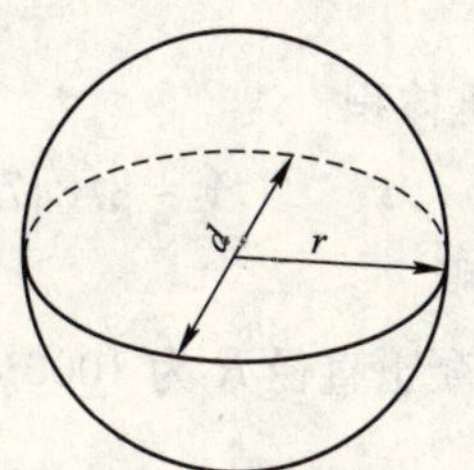

图 4-127　圆球体简图暨体积计算公式

$V=(4/3)\pi r^2=(1/6)\pi d^3=4.1887r^2=0.5236d^3$

r—半径；D—直径

$$圆球体体积V_{圆} = 0.5236d^3 = 0.5236 \times 1.0^3 = 0.5236m^3$$

(3) 混凝土爆扩桩体积：

$$混凝土爆扩桩体积V = A_{管} \times (L-D) + V_{圆}$$
$$= 0.1256m^2 \times (8.0m - 1.0m) + 0.5236m^3 = 0.8792 + 0.5236m^3$$
$$= 1.4028m^3$$

得：一根混凝土爆扩桩所用混凝土体积为 1.4028m³。

【例题 4-42】 某市某河桥工程中，护壁混凝土如图 4-128 所示，共有 15 个，桩孔从上往下开挖时，护壁混凝土每节高度 1.0m，一节一节往下沉注，防止坍孔；试计算护壁混凝土工程量？

【解题分析 4-42】

依题已知：护壁混凝土直径 R 为 1000mm，护壁混凝土深度 H 为 5000mm，$R_1 = (1000mm - 100mm) \times 2$ 边 $= 800mm$，$R_2 = [1000mm - (200mm + 100mm) \div 2] \times 2$ 边 $= 700mm$，护壁混凝土每节高度 h_1 为 1.0m，护壁混凝土共有 15 个

(1) 每个护壁混凝土体积：

1) 平截正圆锥体(图 4-129)

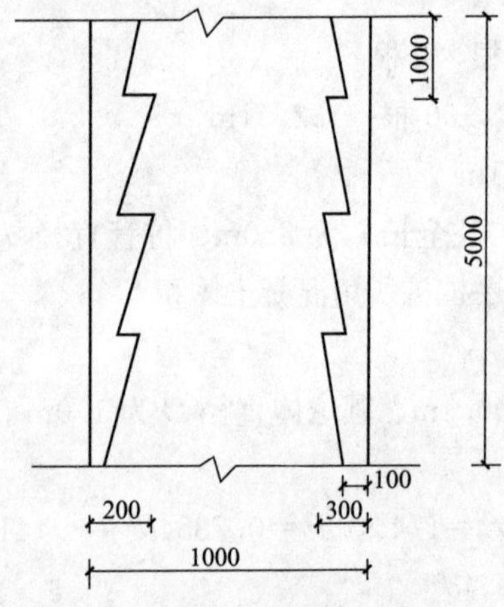

图 4-128　某工程护壁混凝土示意图(单位：mm)

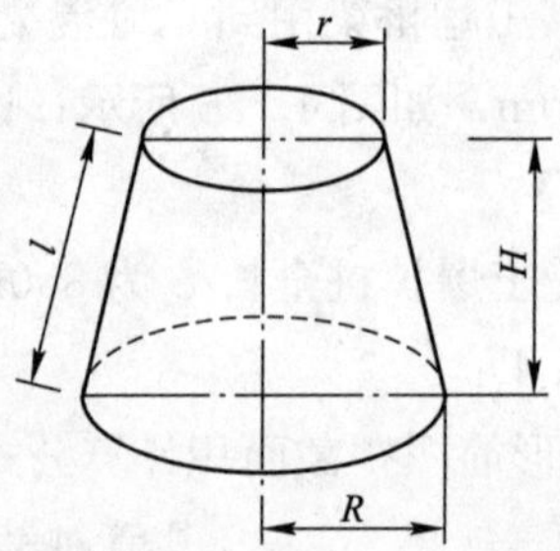

图 4-129　平截正圆锥体简图及体积计算公式

$V = (1/3)\pi H(R^2 + r^2 + Rr) = 1.0471H(R^2 + r^2 + Rr)$

R、r—下、上底面半径；H—高

$$V = 1.0471H(R^2 + r^2 + Rr)$$
$$= 1.0471 \times 5.0m \times (0.8^2 + 0.7^2 + 0.8m \times 0.7m)$$
$$= 5.2355m \times 1.69 = 8.8479m^3/个$$

2) 15 个护壁混凝土体积

$$V = 8.8479m^3/个 \times 15个 = 132.71m^3$$

(2) 人工挖桩孔体积

依题已知：护壁混凝土直径 R 为 1000mm，$R_1 = 0.9m$

人工挖桩孔体积

$$V = \pi R_1^2 H \times 15个$$
$$= 3.14 \times 0.9^2 \times 5.0m \times 15个$$
$$= 190.85m^3$$

(3) 护壁混凝土总体积

$$护壁混凝土总体积V=人工挖桩孔体积-15个护壁混凝土体积 =190.85m^3-132.71m^3=58.14m^3$$

得：某市某河桥工程中护壁混凝土工程量为 58.14m^3。

【例题 4-43】 某市的某桥梁工程需人工挖孔扩底灌注混凝土桩，如图 4-130 所示，试计算其工程量。

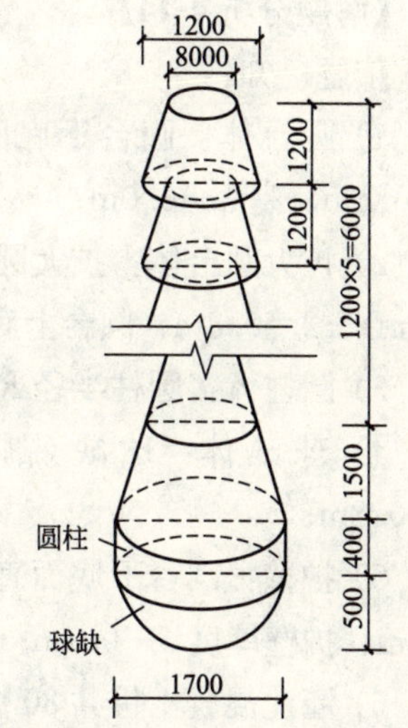

图 4-130　某工程人工挖孔扩底混凝土桩示意图(单位：mm)

【解题分析 4-43】

依题已知：圆台下底面半径 R—0.6m、圆台上底面半径 r—0.4m、高 H—1.2m、共 5 个圆台；扩大圆台下底面半径 R—0.85m、圆台上底面半径 r—0.6m、高 H—1.5m、共 1 个圆台；圆柱半径 R—0.85m、高 H—0.4m、共 1 个圆柱；球缺(割球)的高 h—0.5m、平切圆半径 a—0.85m、共 1 个球缺。

(1) 圆台体体积(平截正圆锥体)：

参图 4-129 "平截正圆锥体简图暨体积计算公式"，$V=(1/3)\pi h(R^2+r^2+Rr)=1.0471h(R^2+r^2+Rr)$

$$圆台体 V_1=1.0471h(R^2+r^2+Rr) =1.0471\times1.2m\times(0.6^2+0.4^2+0.6m\times0.4m)\times5个=4.78m^3$$

(2) 扩大圆台体体积：

计算公式同上述"圆台(平截正圆锥体)"

$$扩大圆台体 V_2=1.0471h(R^2+r^2+Rr) =1.0471\times1.5m\times(0.85^2+0.6^2+0.85m\times0.6m)\times1个=2.5m^3$$

(3) 圆柱体体积：

参图 4-123 "直圆柱体简图暨体积计算公式" 中直圆柱体体积 $V=\pi r^2h=0.7854d^2h=3.1416r^2h$

$$圆柱体 V_3=3.1416r^2h =3.1416\times0.85^2\times0.4m\times1个=0.91m^3$$

(4) 球缺体体积(图 4-131)：

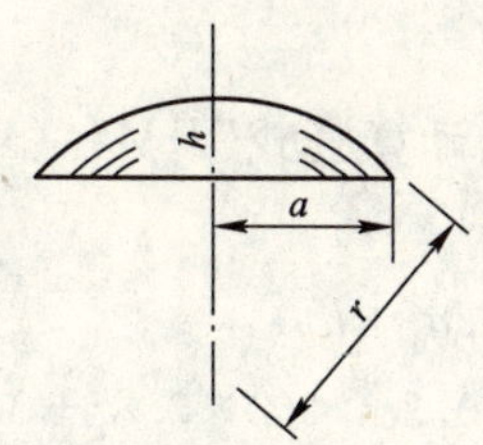

图 4-131　割球(球缺)简图暨体积计算公式

$V=(1/6)\pi h(3a^2+h^2)=(1/3)\pi h^2(3r-h)=0.5235h(3a^2+h^2)=1.0471h^2(3r-h)$

h—球缺的高；r—球缺的半径；a—平切圆半径

$$割球(球缺)V_4=0.5235h(3a^2+h^2) =0.5235\times0.5m\times(3\times0.85^2+0.5^2)\times1个=0.63m^3$$

(5) 工程量体积 $V=V_1+V_2+V_3+V_4=4.78m^3+2.5m^3+0.91m^3+0.63m^3=8.82m^3$

得：该工程人工挖孔扩底混凝土桩工程量为 8.82m^3。

【例题 4-44】 某市的某桥梁工程需人工挖孔扩底灌注混凝土桩，如图 4-132 所示，试计算其人工挖孔灌注桩工程量、钢筋混凝土护壁工程量、人工挖孔灌注桩挖土方工程量各为多少？

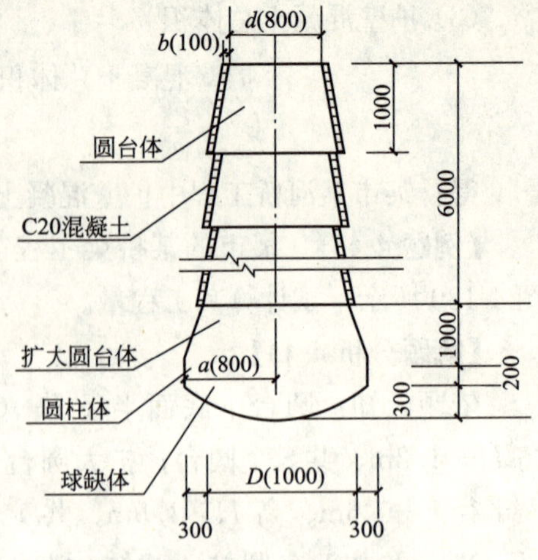

图 4-132　灌注桩及护壁剖面图(单位：mm)

【解题分析 4-44】

依题已知：

1）圆台体：圆台下底面半径 R—0.5m、圆台上底面半径 r—0.4m、高 h—6.0m；

2）扩大圆台体：扩大圆台下底面半径 R—(0.3m＋1.0m＋0.3m)÷2＝0.8m、圆台上底面半径 r—0.5m、高 h—1.0m；

3）圆柱体：圆柱半径 R—0.8m、高 h—0.2m；

4）球缺体：球缺（割球）的高 h—0.3m、平切圆半径 a—0.8m；

5）护壁：圆台下底面直径 D—1.0m、圆台上底面直径 d—0.8m、护壁厚度 b—0.1m；

6）灌注混凝土桩共 80 个。

(1) 人工挖孔灌注桩 C25

1）圆台体体积(平截正圆锥体)：

参图 4-129“平截正圆锥体简图及体积计算公式”，$V=(1/3)\pi h(R^2+r^2+Rr)=1.0471h(R^2+r^2+Rr)$

$$V_1=1.0471h(R^2+r^2+Rr)$$

$$=1.0471\times6.0\text{m}\times(0.5^2+0.4^2+0.5\text{m}\times0.4\text{m})\times80\text{个}=306.46\text{m}^3$$

2）扩大圆台体体积：

计算公式同图 4-24“圆台简图暨体积计算公式”，$V=(1/3)\pi h(R^2+r^2+Rr)$

$$V_2=1.0471h(R^2+r^2+Rr)$$

$$=1.0471\times1.0\text{m}\times(0.8^2+0.5^2+0.8\text{m}\times0.5\text{m})\times80\text{个}=108.02\text{m}^3$$

3）圆柱体体积：

参图“直圆柱体简图暨体积计算公式”中直圆柱体体积 $V=\pi r^2h=0.7854d^2h=3.1416r^2h$

$$V^3=3.1416r^2h$$

$$=3.1416\times0.80^2\times0.2\text{m}\times80\text{个}=32.15\text{m}^3$$

4）球缺体体积：

参图 4-130“割球(球缺)简图暨体积计算公式”，$V=(1/6)\pi h(3a^2+h^2)=(1/3)\pi h^2(3r-h)=0.5235h(3a^2+h^2)=1.0471h^2(3r-h)$

$$\text{割球(球缺)}V_4=0.5235h(3a^2+h^2)$$

$$=0.5235\times0.3\text{m}\times(3\times0.8^2+0.3^2)\times80\text{个}=25.24\text{m}^3$$

5）工程量体积 $V=V_1+V_2+V_3+V_4=306.46\text{m}^3+108.02\text{m}^3+32.15\text{m}^3+25.24\text{m}^3=471.87\text{m}^3$

(2) 钢筋混凝土护壁 C20

$$\text{护壁体积}V=[(D+b)+(d+b)]\times1/2\times\pi hb$$

$$=[(1.0\text{m}+0.1\text{m})+(0.8\text{m}+0.1\text{m})]\times(1/2)\times3.14\times6.0\text{m}\times0.1\text{m}\times80\text{个}$$

$$=150.72\text{m}^3$$

(3) 人工挖孔灌注桩挖土方

$$V=\text{人工挖孔灌注桩}+\text{钢筋混凝土护壁}$$

$$=471.87\text{m}^3+150.72\text{m}^3=622.59\text{m}^3$$

得： 该工程人工挖孔灌注桩工程量为 471.87m³，钢筋混凝土护壁工程量为 150.72m³，人工挖孔灌注桩挖土方工程量为 622.59m³。

陆上、水上桩基础工作平台组装拆卸柴油打桩机、船排分类见表 4-147。

陆上、水上桩基础工作平台组装拆卸柴油打桩机、船排分类　　表 4-147

项次	名　　称	分　类	计　量　单　位
1	组装拆卸柴油打桩机	轨道式	按锤重分≤0.6t、1.2t、1.8t、2.5t、4.0t 吨位五类，以架·次计算
		履带式	
2	组装拆卸船排	船排(吨位)	按 2(船排)×60、80、100、120(吨位)以内四类，以次计算

注：1. 组装拆卸船排定额未包括压舱，发生时压舱的块石数量可按船排总吨位的 30%另计；如发生时，参照表 4-150“组装、拆除柴油打桩机桩机类别和锤重甄选表”；
2. 搭拆水上工作平台定额已包括组装卸船排及打拔桩架。

组装、拆装柴油打桩机定额编制计算规定见表 4-148。

组装、拆除柴油打桩机定额编制计算规定　　表 4-148

项次	《建设工程工程量清单计价规范》			《市政工程预算定额》分部工程项目、名称
	分部工程	项目编码	项目名称	
1	D.1　土石方工程	040101002	挖沟槽土方	排水管道工程的打沟槽钢板桩、顶管基坑
2	D.2　道路工程			
3	D.3　桥涵护岸工程	040301	临时工程	水上打桩机工作平台、钻孔灌注桩
4	D.4　隧道工程			
5	D.5　市政管网工程			D.1 土石方工程“挖沟槽土方”项目中打沟槽钢板桩、顶管基坑
6	D.6　地铁工程			
7	D.7　钢筋工程			
8	D.8　拆除工程	040801005	拆除管道	拆除排水管道(混凝土管道)
9	措施项目(市政工程)	0505	筑拆围堰	定额中已包括组装、拆除柴油打桩机的工作内容

注：1. 系指桥涵护岸工程定额中不、未包括组装、拆除柴油打桩机，发生时套用第四册桥涵护岸工程相应定额；
2. 排水管道工程定额中不包括组装、拆除柴油打桩机，组装、拆除柴油打桩机套用桥涵及护岸工程 S4-1-：6. 组装拆卸柴油打桩机子目；
3. 筑拆围堰定额中已包括组装、拆除柴油打桩机的工作内容；
4. 打桩机械的安装、拆除按有关项目计算，可并入打桩清单项目内计算综合单价，请参阅表 4-150“组装、拆除柴油打桩机类别和锤重甄选表”，不能列入措施项目；
5. 而打桩机械进出场费，可按机械台班费用定额计算，列入措施项目费计算；请参阅表 5-3“大型机械设备进出场选用表”中第 7 列项“柴油打桩机”释义及表 5-4“场外运输、安拆的大型机械设备表”。

柴油打桩机及打桩船只(锤重、吨位)甄选见表 4-149。

柴油打桩机及打桩船只(锤重、吨位)甄选表　　表 4-149

项目名称	项次	分项名称(长度断面、及规格)	柴油打桩机	打桩船只	
			锤重(t)	吨位(t)	锤重(t)
1	2	3	4	5	6
		方桩的长度及断面			
打钢筋混凝土方桩	1	桩长在 8m 以内，断面在 0.05m² 以内	0.6	30	
	2	桩长在 8m 以内，断面在 0.05m² 以外～1.05m² 以内	1.2	30	
	3	桩长在 8m 以外～16m 以内，断面在 0.105m² 以内	1.8	50	
	4	桩长在 16m 以外～24m 以内，断面在 0.125m² 以内	2.5	80	
	5	桩长在 24m 以外～28m 以内，断面在 0.16m² 以内	4.0	100	
	6		5.0		
	7		7.0		
		板桩的长度			
打钢筋混凝土板桩	1	桩长在 8m 以内	1.2	30	
	2	桩长在 12m 以内	2.5	80	

续表

项目名称	项次	分项名称(长度断面、及规格)	柴油打桩机	打桩船只	
			锤重(t)	吨位(t)	锤重(t)
1	2	3	4	5	6
打钢筋混凝土板桩	3	桩长在16m以内	4.0	100	
	4		5.0		
	5		7.0		
		送桩的断面			
打送桩	1	断面在0.05m² 以内	0.6	30	
	2	断面在0.105m² 以内	1.2	30	
	3	断面在0.16m² 以内	2.5	50	
		管桩规格			
打钢筋混凝土管桩	1	直径40cm、桩长24m以内	2.5		80
	2	直径55cm、桩长24m以内	4.0		100
	3		5.0		
	4		7.0		
	5		5.0		
	6		7.0		
	7		7.0		
	8		8.0		

注：1. 打桩机械的选用，全部按柴油打桩机计算；
2. 水上工作平台采用圆木桩作支架，按锤重划分为≤0.6t、≤1.2t、≤1.8t、≤2.5t、≤4.0t五类；
3. 此表是每艘船的吨位，以两艘计算。

组装、拆除柴油打桩机桩机类别和锤重甄选表　　**表4-150**

序号	分部分项工程名称	型号、规格	计量单位	预算价格(元)	定额子目编号
1	组装、拆除柴油打桩机	轨道式锤重≤0.6t	架·次	2534.04	S4-1-17
2	组装、拆除柴油打桩机	轨道式锤重≤1.2t	架·次	3519.34	S4-1-18
3	组装、拆除柴油打桩机	轨道式锤重≤1.8t	架·次	4513.93	S4-1-19
4	组装、拆除柴油打桩机	轨道式锤重≤2.5t	架·次	5793.57	S4-1-20
5	组装、拆除柴油打桩机	轨道式锤重≤4t	架·次	7238.16	S4-1-21
6	组装、拆除柴油打桩机	履带式锤重≤2.5t	架·次	4504.41	S4-1-22
7	组装、拆除柴油打桩机	履带式锤重≤5t	架·次	5315.53	S4-1-23
8	组装、拆除柴油打桩机	履带式锤重≤7t	架·次	6408.74	S4-1-24
9	组装、拆除柴油打桩机	履带式锤重≤8t	架·次	6543.28	S4-1-25
10	使用块石压舱费(输入船排总吨位)	(筑拆围堰)	t	19.75	CSM1-2-1
11	使用块石压舱费(输入船排总吨位)	(桥涵及护岸工程)	t	19.75	CSM4-1-1

注：1. 选自《上海市市政工程预算定额》(2000)桥涵及护岸工程S4-1-：6. 组装拆卸柴油打桩机；S4为《上海市市政工程预算定额》(2000)第几册；S4-1为第几册第几章；CSM1、4-为第几册的册说明的文字代码；
2. 上述分部工程已列入相应工程工程量清单里边，不需单独列项，不属于措施项目范畴；
3. 根据《全国统一市政工程预算定额》(1999)总说明及各册、章说明，依据依据上海市市政工程预算定额修编大纲，结合上海市情况编制补充定额部分，参见表2-2“《全国统一市政工程预算定额》(1999)关于各省、自治区、直辖市编制补充定额部分等项目”中“本定额提供的人工单价、材料预算价格、机械台班价格以北京市价格为基础，不足部分参考了部分省市的价格，各省、自治区、直辖市可结合当地的价格情况，调整换价”的释义；
4. 组拆柴油打桩机分为轨道式和履带式，应根据打桩定额中相应的桩机类别和锤重选用定额，请参阅表4-149“柴油打桩机及打桩船只(锤重、吨位)甄选表”；
5. 定额中未考虑使用路基箱板，发生时请参阅表5-5“路基及轨道铺拆使用费”释义另计；
6. 护岸工程按每100m组装拆卸一次桩机计算，其尾数不足100m时按100m计算，但不得增计设备运输；
7. 桥梁及护岸工程的桩基础因航运、交通、高压线等影响不能连续施工时，可增计组装拆卸桩机的次数，设备运输视现场具体情况另行计算；
8. 筑拆围堰、桥涵及护岸工程打桩机工作平台定额中已包括组装拆卸船排和桩机的工作内容，但未包括船排的压舱，如发生船排压舱时，压舱的块石数量可按船排总吨位的30%另计；
9. 施工机械设备或脚手架与架空线的最小距离，请参阅9. 市政施工组织设计及索赔管理9.1市政施工组织设计的工地现场临时供电项中表9-5“施工设施、施工机械设备与导线、高压线最小间距规定”释义。

送桩起始点计算规定见表 4-151。

送桩起始点计算规定　　表 4-151

项　次	类　型	送桩起始点计算规定
1	陆上打桩	以原地面平均标高以上 0.5m 的地方作为送桩的起始点
2	支架上打桩	以当地施工期间的最高潮水位以上 0.5m 的地方作为送桩的起始点
3	船上打桩	以当地施工期间的平均水位以上 1m 的地方作为送桩的起始点

注：1. 选自《上海市市政工程预算定额》(2000)工程量计算规则暨总、册说明；
2. 送桩高度指送桩起始点以下至设计桩顶面的距离；
3. 钢筋混凝土桩送桩工程量按预制桩截面面积乘以送桩高度以立方米计算；
4. 钢管桩送桩工程量按送桩高度、管径、壁厚以吨计算。

混凝土桩送桩系数调整见表 4-152。

混凝土桩送桩系数调整表　　表 4-152

项次	送桩高度(h)	乘以调整系数	备　注
1	4m	0	定额界限
2	超过 4m，在 5m 以下	1.2	
3	超过 4m，在 6m 以下	1.5	
4	超过 4m，在 7m 以下	2.0	
5	超过 4m，在 7m 以上	每超过 1m 按调整后为基数递增 75%计算	
6	超过 4m，在 8m 以下	2.75	
7	超过 4m，在 9m 以下	3.5	依此类推

注：1. 定额中本规定不适应钢管桩送桩；
2. 乘送桩调整系数时，工程量不按高度分段计算，工程量统算；
3. 钢管桩送桩不论送桩深度大小，统一按打桩定额堤人工、机械台班数量乘以 1.9 系数计算。

接桩工程量计算见表 4-153，桩的接头型式见图 4-133。

接桩工程量计算表　　表 4-153

项次	项目名称	项目名称	计量单位	计　算　方　法
1	焊接桩	方桩焊接桩	个	不分桩截面大小
2	法兰接桩	法兰接桩	个	
3	电焊接桩	钢管桩电焊接桩	个	区分管径不同
		钢筋混凝土管桩	个	
		PHC 管桩电焊接桩	个	

注：钢管桩内切割以根计算，精割盖帽以只计算。

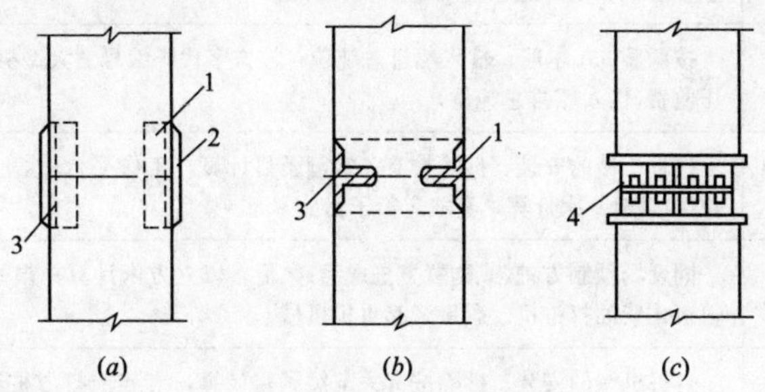

图 4-133　桩的接头型式

(a)、(b)焊接接合；(c)管桩螺栓接合

1—角钢与主筋焊接；2—钢板；3—焊缝；4—预埋法兰，角螺栓连接

钢筋混凝土方桩(陆上、支架上打方桩)工程量“算量”见表 4-154。

钢筋混凝土方桩(陆上、支架上打方桩)工程量"算量"　　表4-154

项次	项目名称	计算方法
一	陆上打方桩	一般为桥台部位
	1. 工作平台(陆上)	以平方米计算(定额陆上打桩全部采用履带式桩机机械，所以打桩平台均以碎石垫层，产生压路机场外运输费)
	1.1　组装拆卸履带式柴油打桩机	打桩机械的安装、拆除按有关定额子目计算(见表5-7"组装、拆除柴油打桩机桩机类别和锤重甄选表"释义)，工作平台(陆上)组拆以架·次计算，履带式柴油打桩机按锤重的吨位(t)套取定额子目
	1.2　履带式柴油打桩机场外运输费	按文字代码编号计取场外运输费，以台·次计算 [定额中未包括大型机械的场外运输、安拆(打桩机械除外)、路基及轨道铺拆等]
	1.3　压路机场外运输费	按文字代码编号计取场外运输费，以台·次计算 [定额中未包括大型机械的场外运输、安拆(打桩机械除外)、路基及轨道铺拆等]
	2. 陆上打方桩	根据桩长/根套取定额子目，定额中全部采用履带式柴油打桩机机械
	2.1　组装拆卸柴油打桩机	打桩机械的安装、拆除按有关定额子目计算，陆上打方桩组拆以架·次计算，履带式柴油打桩机按锤重的吨位(t)套取定额子目
	2.2　履带式柴油打桩机场外运输费	按文字代码编号计取场外运输费，以台·次计算 [定额中未包括大型机械的场外运输、安拆(打桩机械除外)、路基及轨道铺拆等]
	3. 现场预制方桩(或购置工厂制作的成品方桩)	1. 桥台桩——桩长/根×桩截面面积/根×总根数(根数/单排×排数)，以立方米计算 2. 现场预制方桩或购置工厂制作的成品方桩，见表4-22"桥涵及护岸工程打桩工程预制方桩、板桩、PHC管桩的消耗量(m^3)表"释义
	4. 预制构件场内运输	预制构件场内运输按构件(单件)重量及实际运距以实体积计算［构件重(单件)分10t、40t、60t以内］，以立方米计算 定额按单件预制构件重计取，如单节桩重V(t)＝单节桩长度×桩截面面积/节×钢筋混凝土密度(2.5t/m^3)，来套取定额子目
	5. 接桩	以个计算(定额方桩焊接桩子目中采用履带式柴油打桩机及轨道式柴油打桩机机械)
	6. 截除桩顶钢筋混凝土结构	按设计图纸需凿除桩顶桩头，以设计桩截面面积乘以截除高度(H)，以立方米计算
	7. 废料(土方)场外运输	按文字代码编号ZSN19-1-1计取土方场外运输，以立方米计算 土方场外运输按吨计算，密度按天然密实方密度1.8t/m^3计算 体积V＝Nm^3(同项次6)×2.2t/m^3［旧(废)料密度］÷1.8t/m^3(土方密度)
	8. 履带式起重机装拆费	按文字代码编号"大型机械设备安装及拆除费"计取履带式起重机(25t以内)装卸费，以台计算
	9. 履带式起重机场外运输费	按文字代码编号计取场外运输费，以台·次计算 [定额中未包括大型机械的场外运输、安拆(打桩机械除外)、路基及轨道铺拆等]
二	支架上打方桩	一般为桥墩部位
	1. 工作平台(水上)	以平方米计算(定额水上工作平台采用轨道式柴油打桩机、履带式起重机机械及60t木船，所以产生大型机械场外运输费及使用块石压舱)
	1.1　使用块石压舱费	按两艘60t木船，输入船排总吨位；按文字代码编号"大型机械设备安装及拆除费"计取使用块石压舱费(输入船排总吨位)
	1.2　组装拆卸轨道式柴油打桩机	打桩机械的安装、拆除按有关定额子目计算，工作平台(水上)组拆轨道式柴油打桩机按锤重的吨位(t)以架·次计算，套取定额子目
	2. 支架上打方桩	同现场预制方桩(或购置方桩成品)数值，以立方米计算；根据桩长/根套取定额子目，定额中采用轨道式柴油打桩机、履带式起重机机械
	2.1. 组装拆卸柴油打桩机	打桩机械的安装、拆除按有关定额子目计算，支架上打方桩组拆以架·次计算，轨道式柴油打桩机按锤重的吨位(t)套取定额子目
	3. 现场预制方桩(或购置工厂制作的成品方桩)	1. 桥墩桩——桩长/根×桩截面面积/根×总根数(根数/单排×排数)，以立方米计算 2. 现场预制方桩或购置工厂制作的成品方桩，见表4-22"桥涵及护岸工程打桩工程预制方桩、板桩、PHC管桩的消耗量(m^3)表"释义

续表

项次	项目名称	计算方法
	4. 支架上送桩	送桩工程量根据施工图设计要求的标高（深度）来确定，以立方米计算 送桩工程量（m^3）＝桩横截面面积（m^2）/根×总根数×送桩高度（m） 送桩高度指送桩起始点以下至设计桩顶面的距离。送桩起始点规定：支架上打桩以当地施工期间的最高潮水位以上 0.5m 的地方作为送桩的起始点 送桩高度（h）＝（当地施工期间的最高潮水位＋0.5m）－设计桩顶面标高 （定额支架上送桩子目中采用轨道式柴油打桩机及履带式起重机机械）
	5. 接桩	以个计算（定额方桩焊接桩子目中采用履带式柴油打桩机及轨道式柴油打桩机机械）
	6. 截除桩顶钢筋混凝土结构	按设计图纸需凿除桩顶桩头，以设计桩截面面积乘以截除高度（H），以立方米计算
	7. 废料（土方）场外运输	按文字代码编号 ZSN19-1-1 计取土方场外运输，以立方米计算 土方场外运输按吨计算，密度按天然密实方密度 1.8t/m^3 计算 体积 V＝Nm^3（同项次 6）×2.2t/m^3 ［旧（废）料密度］÷1.8t/m^3（土方密度）
	8. 履带式起重机装拆费	以支架上打方桩工程，按文字代码编号“大型机械设备安装及拆除费”计取履带式起重机（25t 以内）装卸费，以台计算
	9. 履带式起重机场外运输费	按文字代码编号计取场外运输费，以台·次计算 ［定额中未包括大型机械的场外运输、安拆（打桩机械除外）、路基及轨道铺拆等］
三	大型机械设备场外运输费	以陆上、支架上打方桩工程为整体
	轨道式柴油打桩机场外运输费	按文字代码编号计取场外运输费，以台·次计算 ［定额中未包括大型机械的场外运输、安拆（打桩机械除外）、路基及轨道铺拆等］

注：1. 选自《上海市市政工程预算定额》（2000）工程量计算规则暨总、册说明；
2. 打桩定额中未包括：桩头凿除、试桩及测试，其费用可另行计算；
3. 陆上打桩采用履带式桩机，支架上、船上打桩采用轨道式柴油打桩机，船上打桩定额按两艘船只拼搭、捆绑考虑，定额不作调整；船上打桩定额已包括船只运桩；
4. 预制构件场内运输按构件重量及实际运距以实体积计算；
5. 定额中未包括大型机械的场外运输、安拆（打桩机械除外）、路基及轨道铺拆等，如计算则可参照市政定额站发布的有关市场价格信息，列在措施项目（5. 市政工程）大型机械设备进出场及安拆（项目编码：0501）内；
6. 土方场外运输，请参阅表 4-72“填方及土方运输计算表”土方场外运输项释义，废旧料（土方）场外运输系数 1.222 请参阅表 4-2“翻挖拆除项目工程计算”旧（废）料项释义；按文字代码编号 ZSN20-1-1、ZSN19-1-1 分别计取计取泥浆场外运输、土方场外运输，以立方米计算。

机械成孔灌注桩（项目编码：040301007）

钻孔灌注桩钻机成孔制作泥浆见表 4-155。

钻孔灌注桩钻机成孔制作泥浆　　表 4-155

项次	泥浆的作用	泥浆的组成
1	一是在钻孔过程中可增大静水压力，防止孔壁坍塌	泥浆主要是由黏土和水拌和而成，必要时可用膨润土替换黏土，根据需要还可适量添加纯碱、化学浆糊等以改善泥浆性能，定额中护壁泥浆已在钻孔子目中考虑
2	二是延迟泥渣的沉淀，减少沉渣	
3	三是悬浮沉渣	

注：1. 根据《全国统一市政工程预算定额》（1999）总说明及各册、章说明、依据上海市市政工程预算定额修编大纲，结合上海市情况编制补充定额部分，参见表 2-2“《全国统一市政工程预算定额》（1999）关于各省、自治区、直辖市编制补充定额部分等项目”中“泥浆制作定额按普通泥浆考虑，若需采用膨润土，各省、自治区、直辖市可作相应调整”的释义；
2. 定额中未包括废泥浆处理及外运，其费用可另行计算；
3. 废泥浆外运工程量，请参阅表 4-61“填方及土方运输工程量‘算量’”的释义；
4. 护壁泥浆比例，请参阅表 4-156“回旋钻机钻孔定额中护壁泥浆（m^3）”的释义。

混凝土护壁形式见图 4-134。

回旋钻机钻孔定额中护壁泥浆见表 4-156。

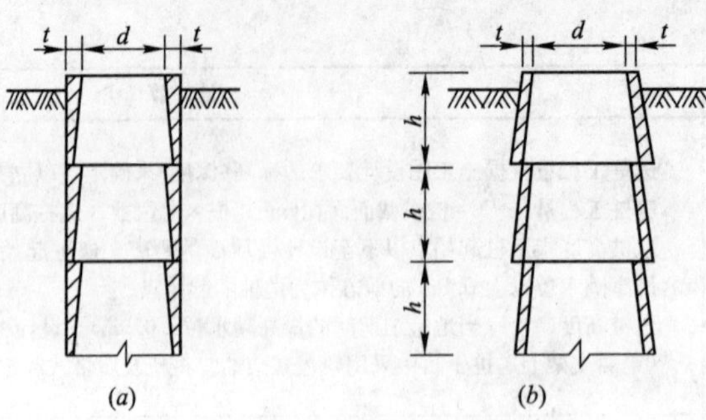

图 4-134　混凝土护壁形式

(a)外齿式；(b)内齿式

回旋钻机钻孔定额中护壁泥浆(m^3)　　　　表 4-156

材料名称	单位	$\phi \leqslant 1600$	$\phi \leqslant 1600$	$\phi \leqslant 1600$	$\phi \leqslant 1600$	$\phi \leqslant 1600$
护壁泥浆	m^3	(0.2200)	(0.2200)	(0.2200)	(0.2200)	(0.2200)
水	m^3	(2.3770)	(2.3770)	(2.3770)	(2.3770)	(2.3770)

注：1. 选自《上海市市政工程预算定额》(2000)第四册桥涵护岸工程第四章钻孔灌注桩工程中 2. 回旋钻机钻孔；

2. 定额中护壁泥浆已在钻孔子目中考虑；

3. 定额中护壁泥浆按 1∶10.08 计算。

灌注水下混凝土见图 4-135。

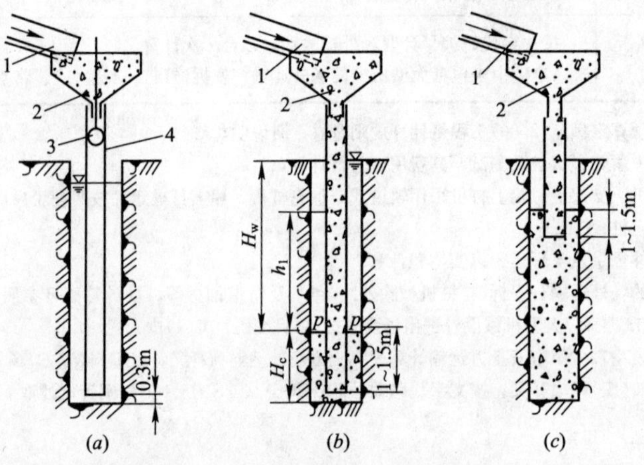

图 4-135　灌注水下混凝土

1—通混凝土储料槽；2—漏斗；3—隔水球；4—导管

机械成孔灌注桩工程量“算量”见表 4-157。

机械成孔灌注桩工程量“算量”　　　　表 4-157

项次	项目名称	计算方法
1	桩径划分	适用 ϕ1600 以内的钻孔灌注桩，遇桩径大于 ϕ1600 时，应另行计算
2	工作平台搭拆	钻孔灌注桩工作平台按孔径 $\phi \leqslant 1000$ 套用锤重 2.5t 的桩基础工作平台，$\phi > 1000$ 套用锤重 4.0t 的桩基础工作平台，以平方米计算；当钻孔桩采用硬地法施工时，按批准的施工组织设计另行计算，陆上工作平台不再计算。若原有道路可利用时，则不计陆上工作平台。
3	护筒埋设(陆上、支架上)	由于各地土质不同，埋设深度根据《施工组织设计》而定，一般护筒高度设定为 1.5～2.0m/孔，以长度(m)计算 陆上埋设钢护筒 L=m/孔×N 根桩(孔)； (定额中采用履带式起重机机械)
4	钻孔灌注桩钻机成孔	成孔深度－系指原地面标高(或河床)至设计桩底标高的深度(L) 工程量按成孔深度乘以设计截面面积以立方米计算，每根灌注桩体积 $V=0.7854D^2L$/根

续表

项次	项目名称	计算方法
5	安装及拆除钻孔灌注桩钻机	按文字代码编号“大型机械设备安装及拆除费”计取钻孔灌注桩钻机安装及拆除费，以台计算 (定额未包括装拆钻机、截除余桩、废泥浆处理)
6	钻孔桩机场外运输	按文字代码编号计取场外运输费，以台·次计算 [定额中未包括大型机械的场外运输、安拆(打桩机械除外)、路基及轨道铺拆等]
7	陆上灌注混凝土桩	按设计桩长(设计桩顶至桩底)增加 0.25m 乘以设计桩截面面积，以立方米计算 灌注陆上混凝土桩体积 V=每根钻孔灌注桩体积×N 根数 每根灌注桩体积 $V=0.7854D^2L$/根 L=设计桩长(设计桩顶至桩底)+0.25m
8	水上灌注混凝土桩	按设计桩长增加 1.0m 乘以设计桩截面面积，以立方米计算 灌注水下混凝土体积 V=每根钻孔灌注桩体积×N 根数 每根灌注桩体积 $V=0.7854D^2L$/根 L=设计桩长+1.0m
9	混凝土	按现场拌制和商品混凝土分列子目
10	钻孔灌注桩钢筋笼	按设计图纸以吨(t)计算(定额中采用 5t 履带式起重机机械) 钢筋的计量单位比重为 1000kg/t
11	履带式起重机装卸费	护筒埋设(陆上、支架上)、灌注桩钢筋笼定额中采用，按文字编号“大型机械设备安装及拆除费”计取履带式起重机(25t 以内)装卸费，以台计算
12	预埋铁件	钻孔灌注桩需预埋铁件，按设计图纸，另行计算，定额已含消耗量
13	废泥浆外运工程量	钻孔灌注桩按成孔实土体积计算，同项次 4 按文字代码编号 ZSN20-1-1 计取泥浆场外运输，以立方米计算 (定额未包括装拆钻机、截除余桩、废泥浆处理)
14	截除余桩	按设计图纸需凿除桩头，以设计桩截面面积乘以截除高度(H)，以立方米计算旧(废)料 (定额未包括装拆钻机、截除余桩、废泥浆处理)
15	废旧料(土方)场外运输	按文字代码编号 ZSN19-1-1 计取土方场外运输，以立方米计算 土方场外运输按吨计算，密度按天然密实方密度 1.8t/m³ 计算 体积 V=Nm³(同项次 6)×2.2t/m³ [旧(废)料密度]÷1.8t/m³(土方密度) 或=Nm³(同项次 6)×1.222 系数

注：1. 选自《上海市市政工程预算定额》(2000)工程量计算规则暨总、册说明；
2. 定额中未包括：组装拆除钻机、截除余桩、废泥浆处理及外运，其费用可另行计算；
3. 钻机的安拆及场外运输，可根据钻机实际作业台数计算；
4. 定额中不包括各类试验费用，如预埋的测试管，做超声波探测等；
5. 定额中未包括大型机械的场外运输、安拆(打桩机械除外)、路基及轨道铺拆等，如计算则可参照市政定额站发布的有关市场价格信息，列在措施项目(5. 市政工程)大型机械设备进出场及安拆(项目编码：0501)内；
6. 截除余桩，请参阅表 4-4“翻挖拆除项目工程计算”拆除砖、石砌体及混凝土结构项释义另行计算；
7. 土方场外运输，请参阅表 4-72“填方及土方运输计算表”土方场外运输项释义，废旧料(土方)场外运输系数 1.222 请参阅表 4-2“翻挖拆除项目工程计算”旧(废)料项释义；按文字代码编号 ZSN20-1-1、ZSN19-1-1 分别计取计取泥浆场外运输、土方场外运输，以立方米计算；
8. 钢筋的计量单位密度为 1000kg/t；
9. 类似小直径钻孔灌注桩，请参阅表 5-74“树根桩与灌注桩区分甄选表”的释义。

(1) 工作平台搭拆

钻孔灌注桩塔拆工作平台　　$F=N_1F_1+N_2F_2$

① 每座桥台的工作平台　　$F_1=(A+6.5)\times(6.5+D)$

② 每条通道的工作平台　　$F_2=6.5\times[L-(6.5+D)]$

式中　F——工作平台总面积；

N_1——个数；

N_2——个数；

F_1——每座桥台的工作平台面积；

F_2——桥台至桥墩间或桥墩至桥墩间通道工作平台面积；

A——每排桩的第一根桩中心至最后一根桩中心之间的距离；

D——两排桩之间的距离；

L——桥梁跨径或护岸的第一根桩中心至最后一根桩中心之间的距离。

【例题 4-45】 某桥梁工程中机械成孔灌注桩需搭拆陆上工作平台，已知每排桩的第一根桩中心至最后一根桩中心之间的距离 $A=14.64$m、两排桩之间的距离 $D=0$m、桥梁跨径或护岸的第一根桩中心至最后一根桩中心之间的距离 $L=10$m、$N_1=2$ 个、$N_2=0$ 个，求：工作平台总面积？

【解题分析 4-45】 已知：$A=14.64$m、$D=0$m、$L=10$m、$N_1=2$ 个、$N_2=0$ 个

工作平台总面积

$$
\begin{aligned}
F &= N_1F_1+N_2F_2=(A+6.5)\times(6.5+D)+6.5\times[L-(6.5+D)] \\
&= N_1\times(A+6.5)\times(6.5+D)+N_2\times6.5\times(L-(6.5+D)) \\
&= 2\times(14.64\text{m}+6.5)\times(6.5+0\text{m})+6.5\times[10\text{m}-(6.5+0\text{m})] \\
&= 274.95\text{m}^2+22.75\text{m}^2=297.70\text{m}^2
\end{aligned}
$$

(2) 埋设拆除钢护筒(陆上、支架上)(表 4-158)

护筒埋设(陆上、水上)　　**表 4-158**

序号	埋设条件	埋设方法	平面位置	备注
1	在旱地或岸滩埋设护筒	可挖埋法	当地下水位大于 1.0m 时	图 4-136(*a*)
		宜填筑法	当桩位处的地面高程与施工水位的高差小于 1.5～2.0m 时	图 4-136(*b*)
2	水深小于 3m 的浅水处埋设护筒	一般须围堰筑岛	岛面应当高出施工水位 0.5～0.7m	图 4-136(*c*)
		沉水法	当桩位处无法围堰筑岛，先可将套箱或套筒沉入水中，再在套箱或套筒内安放护筒	图 4-136(*d*)
3	水深大于 3m 的深水河床安放护筒	通常利用浮船工作平台		图 4-136(*e*)

注：1. 护筒的作用是：一是固定桩位，引导钻锥方向；二是隔离地面水免其流入井孔，三是保护孔口，四是并保证孔内水位(泥浆)高出地下水位或施工水位一定高度，形成静水压力(水头)，保持孔内外有一定的水位差以维护孔壁不致坍塌；

2. 护筒顶标高应高出地下水位 1.5～2.0m 以上，以形成水头差，保持孔壁稳定(一般护筒高度设定为 1.5～2.0m/孔)；

3. 制作护筒的材料有木、钢、钢筋混凝土三种。

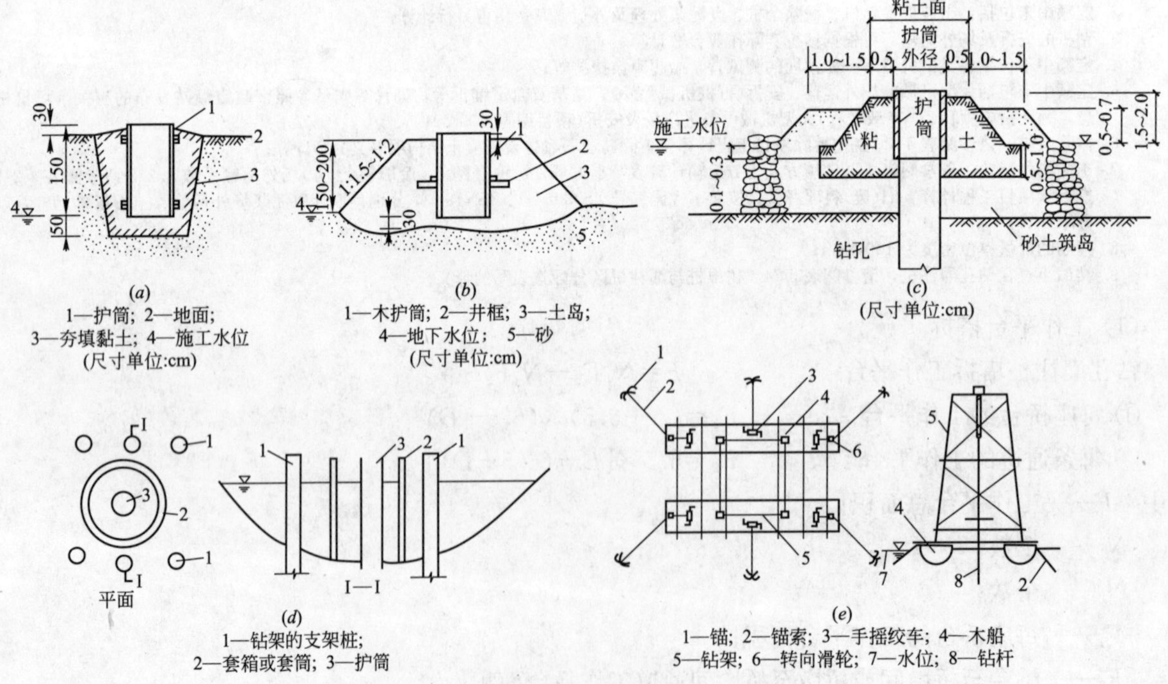

图 4-136　护筒埋设

(*a*)挖埋护筒；(*b*)填筑式护筒；(*c*)筑岛法定桩位；(*d*)套箱式套筒内安放护筒示意；(*e*)木船工作平台

钢护筒质量参考表 4-159。

钢护筒质量参考表　　**表 4-159**

桩径(mm)	ϕ600	ϕ800	ϕ1000	ϕ1200	ϕ1600
每米护筒质量(kg/m)	92.4	122.0	151.6	241.6	320.4

注：1. 埋设钢护筒定额中的直径指钻孔桩桩径，定额中已包括钢护筒摊销量；
2. 若在水中(深水)作业，钢护筒无法拔出时，经建设单位签证后，可按钢护筒实际用量(或参考本表质量)减去定额钢护筒用量一次增列计算，但该部分不得计取除税金外的其他费用。

【例题 4-46】 工程概况以表 4-97“道路工程实体工程各类系数统计汇总表”提供的资料为条件；求：机械成孔灌注桩实体工程工程量?

【解题分析 4-46】

解题分析要点：根据表 1-7“清单项目的工程量‘算量’”说明：“所有清单项目的工程量应以实体工程量为准，并以完成后的净值计算；投标人投标报价时，应在单价中考虑施工中的各种损耗和需要增加的工程量；对于分部分项工程量清单项目而言，清单工程量的计算需要明确计算依据、计算规则、计量单位和计算方法。”。

列项解题分析时，首先针对工程内容的规定，对拟编制的挖路基土方项目，与表 4-140“打桩工程”、表 4-141“打桩机工作平台(搭置支架平台)划分范围”、表 4-142“搭拆工作平台面积工程量计算”、表 4-144“桥梁基础桩工程量计算规则”、表 4-146“桥涵及护岸工程打桩工程预制方桩、板桩、PHC 管桩的消耗量(m^3)表”、表 4-148“组装、拆除柴油打桩机定额编制计算规定”、表 4-149“柴油打桩机及打桩船只(锤重、吨位)甄选表”、表 4-150“组装、拆除柴油打桩机桩机类别和锤重甄选表”、表 4-151“送桩起始点计算规定”、表 4-153“接桩工程量计算表”、表 4-154“钢筋混凝土方桩(陆上、支架上打方桩)工程量‘算量’”等是否对应的对照依据，也是检查是否重列或漏列的主要依据。

项次	项目名称及说明(列项)	计量单位	计算结果	各主要要素“算量”、工程计算规则及说明	引用计算方法(计算公式、计算表格、示意图)
				桩基工程	
项目名称：机械成孔灌注桩(项目编码：040301007) 1. 项目特征(描述)：——1. 桩径 2. 深度 3. 岩石类别 4. 混凝土强度等级、石料最大粒径 2. 工程内容(规定)：——1. 工作平台搭拆 2. 成孔机械竖拆 3. 护筒埋设 4. 泥浆制作 5. 钻、冲成孔 6. 余方弃置 7. 灌注混凝土 8. 凿除桩头 9. 废料弃置 3. 计量单位：——m 4. 数量：——276.00					
1	机械成孔灌注桩 ϕ600	m	276.00		
1.1	(1) 搭拆陆上工作平台	m^2	297.57	(1) 依据《上海市市政工程预算定额》工程量计算规则(2000)第 4.1.1 条，钻孔灌注桩塔拆工作平台 $F=N_1F_1+N_2F_2$，或表“桥梁打桩”注：临时工程、图4-119“工作平台面积计算示意图” ① 每座桥台的工作平台 $F_1=(A+6.5)\times(6.5+D)$ ② 每条通道的工作平台 $F_2=6.5\times[L-(6.5+D)]$ ③ 式中 F 为工作平台总面积　F_1 为每座桥台的工作平台面积　F_1 为桥台至桥墩间或桥墩至桥墩间通道工作平台面积　A 为每排桩的第一根桩中心至最后一根桩中心之间的距离　D 为两排桩之间的距离　L 为桥梁跨径或护岸的第一根桩中心至最后一根桩中心之间的距离 根数根据设计图纸需铺设混凝土的要素分别为：A=14.64m　D=0m　L=10.0m 工作平台 $S=(A+6.5)\times(6.5+D)\times2+6.5\times[L-(6.5+D)]$ $=(14.64\text{m}+6.5)\times(6.5+0)\times2+6.5\times[10.0\text{m}-(6.5+0)]$ $=297.57\text{m}^2$	参见表“桥梁打桩”、图 4-119“工作平台面积计算示意图”

续表

项次	项目名称及说明(列项)	计量单位	计算结果	各主要要素"算量"、工程计算规则及说明	引用计算方法(计算公式、计算表格、示意图)
1.2	(2) 陆上埋设钢护筒	m	18	(2) 护筒顶标高应高出地下水位 1.5～2.0m 以上，以形成水头差，保持孔壁稳定；地下水位参见表 2-9"黏性土的现场鉴别方法"注：1. 由于各地土质不同，埋设深度根据《施工组织设计》而定，本工程设定护筒高度为 1.5m/孔 陆上埋设钢护筒 L=m/孔×N根桩(孔) 根数根据设计图纸需陆上埋设钢护筒的要素分别为：成孔灌注桩 ϕ600、单排 6 根桩、两边、H=0.65m N根数=单排 6 根桩×2 边=12 根桩(孔) L=1.5m/孔×12 根桩(孔)=18.0m	参见《施工组织设计》、表 2-9"黏性土的现场鉴别方法"
1.3	(3) 回旋机钻孔 ϕ600	m^3	80.50	(3) 依据《上海市市政工程预算定额》工程量计算规则(2000)第 4.4.1 条，说明回旋机钻孔体积 V=钻孔灌注桩面积($\pi D^2/4$)×H×N根数 根据设计图纸需回旋机钻孔 ϕ 600 的要素分别为：成孔灌注桩 ϕ600 即 D=0.6m、单排 6 根桩、2 边、原地面标高 4.31m、设计桩底标高为−19.42m 钻孔灌注桩体积=钻孔灌注桩面积×桩长 L，查参见本丛书之三《常用数据手册》表 2-104"桥梁工程各构筑物面积、体积计算表"3 项次 $V=0.7854D^2L$ 每根钻孔灌注桩截面积，查本丛书之三《常用数据手册》表 2-104"桥梁工程各构筑物面积、体积计算表"3 项次 $A=0.78554D^2$ 每根钻孔灌注桩截面积 $A=0.7854\times0.6^2=0.2827m^2$/根桩 深度 H，按原地面标高至设计桩底标高即 H=4.31m+19.42m=23.73m 每根钻孔灌注桩体积=0.2827m^2×23.73m=6.7084m^3/根 N根数，同本表 1.2 项次数值，即 12 根桩 V=6.7084m^3/根×12 根桩=80.50m^3	参见本丛书之三《常用数据手册》表 2-104"桥梁工程各构筑物面积、体积计算表"
1.4	(4) 钢筋笼制作	t	6.31	(4) 根据设计图纸需钢筋笼制的要素分别为：成孔灌注桩 ϕ600、单排 6 根桩、两边 N根数，同本表 1.2 项次数值，即 12 根桩 根据设计图纸(441.17kg/根+84.43kg/根)×12 根桩÷1000kg /t=6.31t	
1.5	(5) 灌注水下混凝土 C25	m^3	78.88	(5) 依据《上海市市政工程预算定额》工程量计算规则(2000)第 4.4.1 条，灌注水下混凝土体积 V=每根钻孔灌注桩体积×N根数 根据设计图纸需灌注水下混凝土的要素分别为：成孔灌注桩 ϕ600 即 D=0.6m、设计桩长 L 为 23.0m、单排 6 根、两边钻孔灌注桩体积=每根钻孔灌注桩截面积×桩长 L，查参见本丛书之三《常用数据手册》表 2-104"桥梁工程各构筑物面积、体积计算表"3 项次 $V=0.78554D^2L$ 钻孔灌注桩面积，查表 2-104"桥梁工程各构筑物面积、体积计算表"3 项次 $A=0.78554D^2$ 钻孔灌注桩面积，同本表 1.3 项次数值，即 0.2827m^2/根桩 陆上灌注桩按设计桩长 L 增加 0.25m=23.0m+0.25m=23.25m 钻孔灌注桩体积=0.2827m^2/根桩×23.25m=6.5727m^3/根桩 N根数，同本表 1.2 项次数值，即 12 根桩 灌注水下混凝土 V=6.5727m^3/根桩×12/根桩=78.88m^3	参见本丛书之三《常用数据手册》表 2-104"桥梁工程各构筑物面积、体积计算表"
1.6	(6) 组装拆除钻孔桩机	台次	1	(6) 根据《上海市市政工程预算定额》第四册《桥涵及护岸工程》第四章说明"四．定额未包括装拆钻机、截除余桩、废泥浆处理。" 依据《上海市市政工程预算定额》工程量计算规则(2000)第 4.1.2 条组装拆卸桩机 2. 桥梁及护岸工程的桩基础因航运、交通、高压线等影响不能连续施工时，可增计组装拆卸桩机的次数，设备运输视现场具体情况另行计算或参见表 2-193"大型机械设备安装及拆除费"	参见表 5-2"大型机械设备安装及拆除费"
1.7	(7) 履带式起重机(25t 以内)装卸费	台次	1	(7) 依据《上海市市政工程预算定额》总说明二十一、"本定额中未包括大型机械的场外运输、安拆(打桩机械除外)、路基及轨道铺拆等"及查表 2-192"大型机械设备进出场选用表"	参见表 5-3"大型机械设备进出场选用表"
1.8	(8) 钻孔桩机场外运输	台次	1	(8) 同上	参见表 5-3"大型机械设备进出场选用表"
1.9	(9) 泥浆外运	m^3	80.50	(9) 根据《上海市市政工程预算定额》第四册《桥涵及护岸工程》第四章说明"四．定额未包括装拆钻机、截除余桩、废泥浆处理。" 依据《上海市市政工程预算定额》(2000)总说明二十、"泥浆外运工程量计算"1. 钻孔灌注桩按成孔实土体积计算。 同回旋机钻孔 ϕ600 项目数值，即 V=80.50m^3	

续表

项次	项目名称及说明(列项)	计量单位	计算结果	各主要要素"算量"、工程计算规则及说明	引用计算方法(计算公式、计算表格、示意图)
1.10	(10) 凿桩头	m^3	2.21	(10) 根据《上海市市政工程预算定额》第四册《桥涵及护岸工程》第四章说明"四．定额未包括装拆钻机、截除余桩、废泥浆处理。" 根据设计图纸说明每根钻孔灌注桩截面积 $A\times H\times N$ 根数 根据设计图纸需凿桩头的要素分别为：成孔灌注桩 ϕ600、单排 6 根桩、两边、$H=0.65$m 每根钻孔灌注桩截面积，查表 2-104"桥梁工程各构筑物面积、体积计算表"3 项次 $A=0.7854D^2$ 钻孔灌注桩面积，同本表 1.3 项次数值，即 0.2827m^2/根桩 N 根数，同本表 1.2 项次数值，即 12 根桩 桩头体积 $V=0.2827m^2$/根桩$\times0.65m\times12$ 根桩$=2.21m^3$	参见本丛书之三《常用数据手册》表 2-104"桥梁工程各构筑物面积、体积计算表"
1.11	(11) 废料场外运输	m^3	2.70	(11) 废料数量，同本表 1.10 项次数值，即 2.21m^3 土方、旧(废)料系数，查本丛书之三《常用数据手册》表 3-14"市政工程常用材料容重及损耗率表"八、其他材料 11、12，得土方、旧(废)料为 2.2m^3/1.8t 系数 $V=2.21m^3\times2.2m^3/1.8t=2.70m^3$	参见本丛书之三《常用数据手册》表 3-14"市政工程常用材料容重及损耗率表"

得：

(1) 工程量计算结果：

项 次	项目编码、定额子目编号	工 程 内 容	计量单位	工程数量
1.1	040301007	机械成孔灌注桩	m	276.00
1.1.1	S4-1-1	陆上桩基础工作平台(锤重≤2.5t)	m^2	297.57
1.1.2	S4-4-1	陆上埋设拆除钢护筒(ϕ≤600)	m	18
1.1.3	S4-4-11	回旋钻机钻孔(ϕ≤600)	m^3	80.5
1.1.4	S4-4-22	灌注桩钢筋笼	t	6.31
1.1.5	4-4-17 换	灌注桩商品水下混凝土(ϕ≤600)非泵送水下商品混凝土(5～40mm)C25	m^3	78.88
1.1.6	ZSM21-1-1	钻孔灌注桩钻机安装及拆除费	台	1
1.1.7	ZSM21-1-5	履带式起重机(25t 以内)装卸费	台	1
1.1.8	ZSM21-2-15	钻孔灌注桩钻机场外运输费	台·次	1
1.1.9	ZSM20-1-1	泥浆场外运输	m^3	80.5
1.1.10	S1-3-37	凿桩头	m^3	2.21
1.1.11	ZSM19-1-1	旧料场外运输	m^3	2.70

(2) 查表 4-139"桩基础工程量清单项目设置、计算规则及项目子目对应比照表"，得套用桥涵护岸工程临时工程 S4-1-：1. 陆上桩基础工作平台(锤重≤2.5t、5.0t)2. 水上桩基础工作平台(锤重≤2.5t、4.0t)桥涵护岸工程钻孔灌注桩工程 S4-4-：1. 埋设拆除钢护筒(陆上、支架上)2. 回旋钻机钻孔；文字代码 ZSM20-1-：1. 泥浆场外运输桥涵护岸工程钻孔灌注桩工程 S4-4-：3. 灌注桩混凝土(混凝土、商品混凝土)通用项目翻挖拆除项目 S1-3-：10. 拆除混凝土结构(混凝土)及文字代码 ZSN19-1-：1. 土方场外运输定额子目。

注：

(1) 上述十一项工程内容包括了挖路基土方施工的全部施工工艺过程。

但应注意，表 4-157"机械成孔灌注桩工程量'算量'"中，得知"定额中未包括：组装拆除钻机、截除余桩、废泥浆处理及外运，其费用可另行计算"，故应对照表 4-139"桩基础工程量清单项目设置、计算规则及项目子目对应比照表"分部分项清单项目，否则就属于漏列；①组装拆除钻机请参阅表 5-5"大型机械设备安装及拆除费(打桩机械除外)"的释义，②截除余桩按设计图纸需凿除桩头，以设计桩截面面积乘以截除高度(H)，以立方米计算旧(废)料，③废泥浆外运工程量，请参阅表 4-61"填方及土方运输工程量'算量'"的释义。

(2) 还可能出现《建设工程工程量清单计价规范》GB 50500—2008“表 3.3.1 措施项目一览表”中的有关清单项目，查阅表 4-85“道路工程大型机械设备选用表”。

(3) 如本工程定额中未包括大型机械的场外运输、安拆(打桩机械除外)、路基及轨道铺拆等，大型机械进出场运输及安拆，应列入措施项目中，参见表 4-21“挖土、石方工程量清单项目设置、项目子目对应比照表”的释义；如计算，则可参照 5. 措施项目(市政工程)5.1 大型机械设备进出场及安拆(项目编码：0501)表 5-3“大型机械设备进出场选用表”的释义。

(4) 另外根据表 1-20“工程量清单、市政定额、施工工程量‘算量’”，得知其间区别“在于计量的依据、计算规则、目的和计量单位的不同”，注意工程量清单综合单价的计价。

现浇混凝土工程量清单项目设置、计算规则及项目子目对应比照见表 4-160。

现浇混凝土工程量清单项目设置、计算规则及项目子目对应比照表　　**表 4-160**

现浇混凝土(项目编码：040302)

项目编码	项目名称	项目特征	计量单位	工程内容	分部工程项目、名称(所在《市政工程预算定额》册、章、节)
040302001	混凝土基础	1. 混凝土强度等级、石料最大粒径 2. 嵌料(毛石)比例 3. 垫层厚度、材料品种、强度		1. 垫层铺筑 2. 混凝土浇筑 3. 养护	桥涵护岸工程现浇混凝土工程 S4-6-： 1. 基础(垫层-碎石、混凝土；基础-嵌石混凝土、混凝土、商品混凝土) 通用项目一般项目 S1-1-： 13. 商品混凝土输送及泵管安拆使用
040302002	混凝土承台				桥涵护岸工程现浇混凝土工程 S4-6-： 1. 基础(垫层-碎石、混凝土) 2. 承台(混凝土、商品混凝土) 通用项目一般项目 S1-1-： 13. 商品混凝土输送及泵管安拆使用
040302003	墩(台)帽				桥涵护岸工程现浇混凝土工程 S4-6-： 5. 墩帽(墩、台帽-混凝土、商品混凝土) 通用项目一般项目 S1-1-： 13. 商品混凝土输送及泵管安拆使用
040302004	墩(台)身	1. 部位 2. 混凝土强度等级、石料最大粒径	m^3	1. 混凝土浇筑 2. 养护	桥涵护岸工程现浇混凝土工程 S4-6-： 4. 墩台身(实体、柱式墩台身-混凝土、商品混凝土) 通用项目一般项目 S1-1-： 13. 商品混凝土输送及泵管安拆使用
040302005	支撑梁及横梁				桥涵护岸工程现浇混凝土工程 S4-6-： 3. 支撑梁与横梁(支撑梁、横梁-混凝土、商品混凝土) 通用项目一般项目 S1-1-： 13. 商品混凝土输送及泵管安拆使用
040302006	墩(台)盖梁				桥涵护岸工程现浇混凝土工程 S4-6-： 6. 墩台盖梁(墩盖梁、台盖梁-混凝土、商品混凝土) 通用项目一般项目 S1-1-： 13. 商品混凝土输送及泵管安拆使用
040302007	拱桥拱座	混凝土强度等级、石料最大粒径			
040302008	拱桥拱肋				
040302009	拱上构件				
040302010	混凝土箱梁	1. 部位 2. 混凝土强度等级、石料最大粒径	m^3	1. 混凝土浇筑 2. 养护	桥涵护岸工程现浇混凝土工程 S4-6-： 7. 箱梁(现浇 0 号块、悬浇箱梁、现浇箱梁-混凝土、商品混凝土) 通用项目一般项目 S1-1-： 13. 商品混凝土输送及泵管安拆使用

续表

项目编码	项目名称	项目特征	计量单位	工程内容	分部工程项目、名称（所在《市政工程预算定额》册、章、节）
040302011	混凝土连续板	1. 部位 2. 强度 3. 形式	m^3	1. 混凝土浇筑 2. 养护	桥涵护岸工程现浇混凝土工程 S4-6-： 8. 板（实体板-混凝土、商品混凝土） 通用项目一般项目 S1-1-： 13. 商品混凝土输送及泵管安拆使用
040302012	混凝土板梁	1. 部位 2. 形式 3. 混凝土强度等级、石料最大粒径			桥涵护岸工程现浇混凝土工程 S4-6-： 9. 板梁（实体、空心式板梁-混凝土、商品混凝土） 通用项目一般项目 S1-1-： 13. 商品混凝土输送及泵管安拆使用
040302013	拱板	1. 部位 2. 混凝土强度等级、石料最大粒径			
040302014	混凝土楼梯	1. 形式 2. 混凝土强度等级、石料最大粒径			
040302015	混凝土防撞护栏	1. 断面 2. 混凝土强度等级、石料最大粒径	m		桥涵护岸工程现浇混凝土工程 S4-6-： 10. 其他构件（防撞护栏-混凝土、商品混凝土） 通用项目一般项目 S1-1-： 13. 商品混凝土输送及泵管安拆使用
040302016	混凝土小型构件	1. 部位 2. 混凝土强度等级、石料最大粒径	m^3		桥涵护岸工程现浇混凝土工程 S4-6-： 10. 其他构件（立柱端柱灯柱、地梁侧石缘石-混凝土、商品混凝土）
040302017	桥面铺装	1. 部位 2. 混凝土强度等级、石料最大粒径 3. 沥青品种 4. 厚度 5. 配合比	m^2	1. 混凝土浇筑 2. 养护 3. 沥青混凝土铺装 4. 碾压	桥涵护岸工程现浇混凝土工程 S4-6-： 15. 桥面铺装（人行道-混凝土）
					桥涵护岸工程现浇混凝土工程 S4-6-： 15. 桥面铺装（车行道-混凝土、商品混凝土） 通用项目一般项目 S1-1-： 13. 商品混凝土输送及泵管安拆使用
					道路工程道路面层 S2-3-：6. 沥青混凝土面层 ① 人工、机械摊铺粗粒式 ② 人工、机械摊铺中粒式 ③ 人工、机械摊铺细粒式 ④ 人工、机械摊铺砂粒式 ⑤ 机械摊铺细粒粒式防滑层
040302018	桥头搭板	混凝土强度等级、石料最大粒径	m^3	1. 混凝土浇筑 2. 养护	桥涵护岸工程现浇混凝土工程 S4-6-： 8. 板（桥头搭板-混凝土、商品混凝土）
040302019	桥塔身	1. 形式 2. 混凝土强度等级、石料最大粒径			
040302020	连系梁				

注：1. 选自国家标准《建设工程工程量清单计价规范》GB 50500—2008“附录 D 市政工程工程量清单项目及计算规则”及《〈建设工程工程量清单计价规范〉上海市市政工程操作指南》；

2. 定额中的混凝土及砂浆均采用强度等级表示，混凝土采用“C”表示，砂浆用“M”表示；如定额中强度等级与设计强度等级不同时，可按设计强度等级进行换算；

3. 定额中列出混凝土消耗量，但未列出级配材料的用量，级配材料用量可根据“上海市建设工程普通混凝土、砂浆强度等级配合比表（2000）”计算；

4. 商品混凝土输送及泵管安拆使用已包括在清单的各种不同构件里边，不需单独列项；

5. 商品混凝土输送及泵管安拆使用，详见表 4-24“商品混凝土计算”释义；

6. 沥青混凝土面层桥面铺装套用道路工程道路面层 S2-3-：6. 沥青混凝土面层；

7.《上海市市政工程预算定额》（2000）未考虑拱桥项目，主要是因为上海地区的地质情况不太适宜建造拱桥，与拱桥相关的定额使用不多的原因，如果发生该类项目，可以套用《全国统一市政工程预算定额》（1999）桥涵工程分册相应定额。

各类桥台形式见图 4-137～图 4-141。

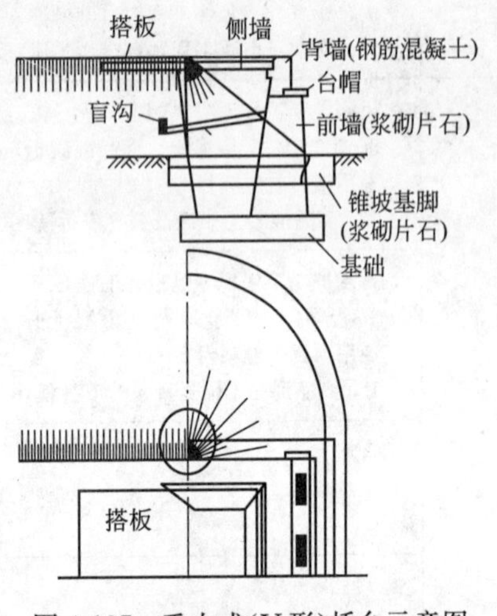

图 4-137　重力式(U 形)桥台示意图

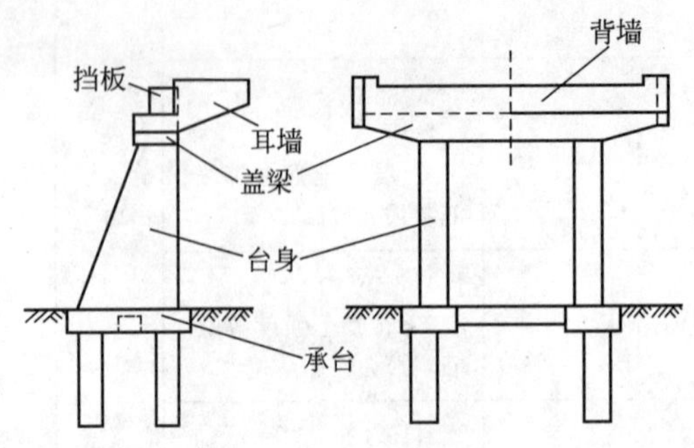

图 4-138　肋板式桥台

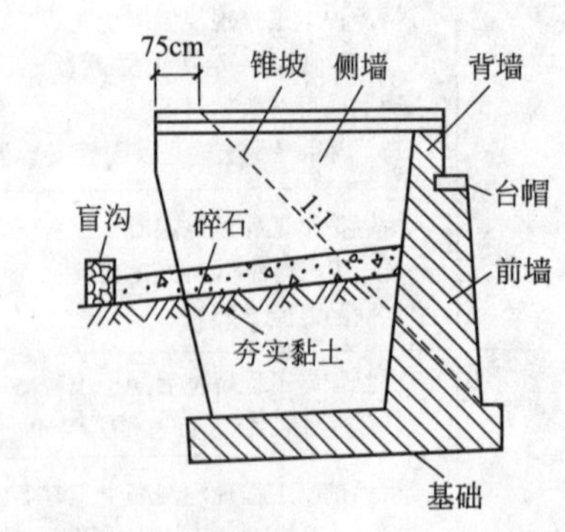

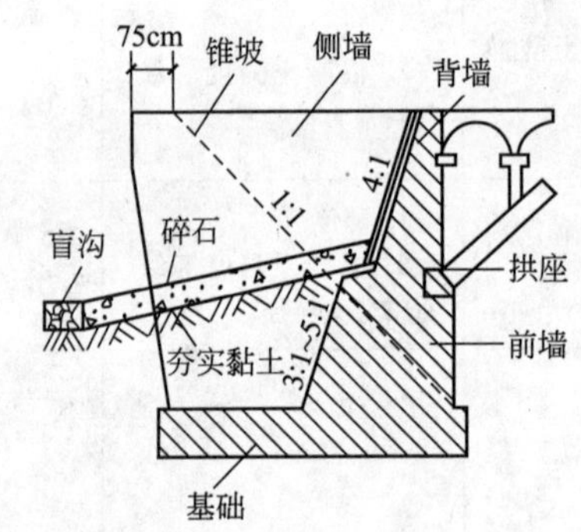

图 4-139　U 形桥台构造

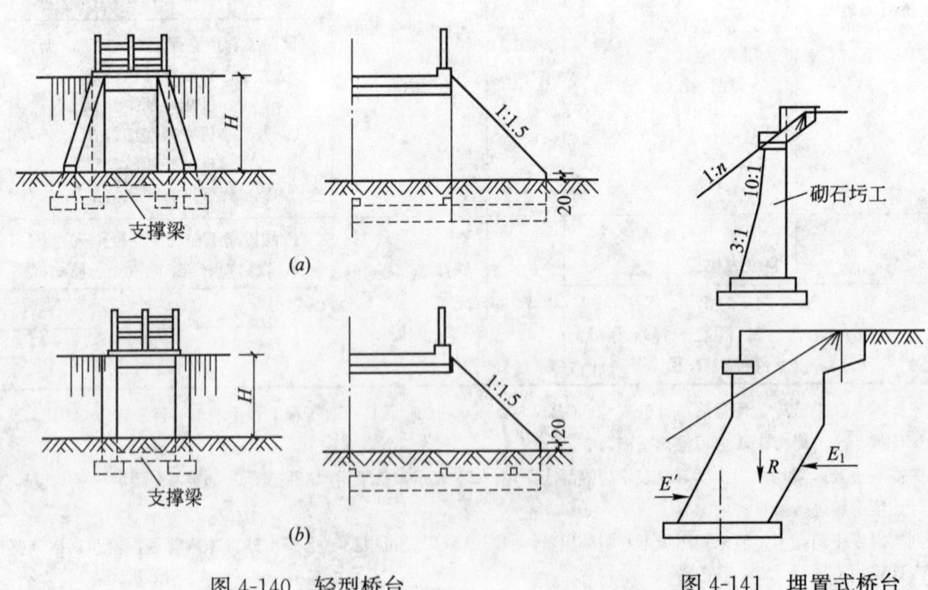

图 4-140　轻型桥台　　　　图 4-141　埋置式桥台

拱桥分类形式见表 4-161，其基本组成见图 4-142，其构造见表 4-162，按示拱圈横截面形式分见表 4-163，按结构受力体系划分见表 4-164。

拱桥分类形式

表 4-161

分　　类	拱　桥　形　式
建筑材料	可分为圬工拱桥、钢筋混凝土拱桥和钢拱桥
拱上结构形式	可分为实腹式拱桥和空腹式拱桥
主拱圈拱轴线形式	可分为圆弧拱、悬链线拱和抛物线拱

注：1. 拱桥是在竖向荷载作用下具有水平推力的结构物；

2. 由于水平推力的存在，拱的截面上的弯矩将比同跨径的梁桥的弯矩小很多，而使拱主要承受压力。因此拱桥不仅可以利用钢、钢筋混凝土等材料修建，还可以充分利用石料、砖、混凝土等抗压性能良好而抗拉性能差的材料修建；

3. 用砖、石、混凝土修建的拱桥又称圬工拱桥。

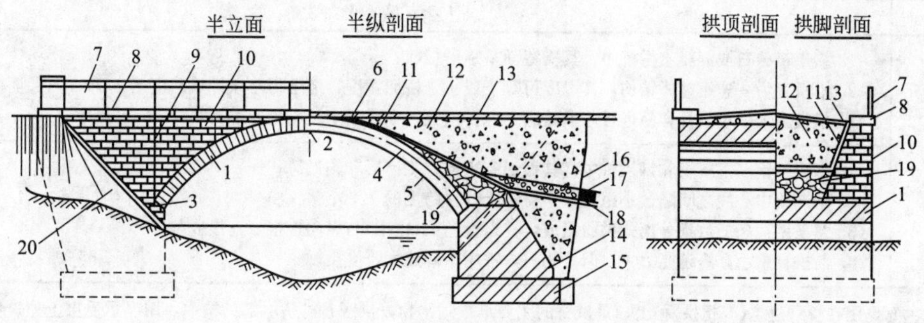

图 4-142　拱桥构造的基本组成

1—主拱圈；2—拱顶；3—拱脚；4—拱轴线；5—拱腹；6—拱背；7—栏杆；8—路缘；9—伸缩缝；10—拱上侧墙；11—防水层；12—拱上填料；13—桥面铺装；14—桥台；15—基础；16—台墙；17—盲沟；18—黏土层；19—护拱；20—锥坡

拱　桥　构　造

表 4-162

种　　类	形　　式
拱　　圈	在拱桥上部结构中，支承各种荷载并将其传递至墩、台的拱形结构
拱上结构	拱桥拱圈以上各部分结构的总称
腹　　拱	在空腹式拱桥拱圈以上设置的小拱
拱上侧墙	在实腹式拱桥拱圈以上沿桥纵向两侧设置的挡土墙

拱桥按主拱圈横截面形式

表 4-163

类　　型	横截面形式	图　　例
板拱桥	主拱圈为矩形实体截面，是圬工拱桥的基本形式。主要特点构造简单、施工方便	
肋拱桥	在板拱桥基础上，将板拱划分成两条或多条分离的高度较大的拱肋，肋与肋之间用横系梁连接。肋拱桥可用较小的横截面积获得较大的截面抵抗矩，以节省材料、同时减轻拱桥的自重	横系梁　拱肋
双曲拱桥	由于主拱圈在纵向和横向都呈曲线，故称双曲拱桥。 双曲拱桥横截面抵抗矩较之相同材料用量的板拱大，因而节约材料；同时又具有装配式桥梁的优点，故曾得到广泛使用。 但由于施工工序多、组合截面整体性较差。因此，双曲拱桥仅适宜于中、小跨径桥梁	拱板　拱波　拱肋　横向联系　(*e*)
箱形拱桥	箱形拱桥拱圈外形与板拱相似，但由于截面挖空使之与相同材料用量的板拱相比，截面抵抗矩大很多，又由于它是闭口箱形截面，截面抗扭刚度大，整体性强，稳定性好，是大跨径拱桥主拱圈的基本形式	顶板　腹板　底板　横隔板

拱桥按结构受力体系划分种类　　表 4-164

类　型	结构受力体系
三铰拱	三铰拱属静定结构，所以当地基条件较差时可以采用。但由于铰的存在，降低了拱的整体刚度，因此主拱圈一般不采用三铰拱，而主要作为空腹式拱桥的腹拱使用
无铰拱	无铰拱属三次超静定结构。无铰拱内力分布均匀，整体刚度大，施工方便。尽管由于温度变化、材料收缩、基础位移在拱内会产生较大的附加内力，但无铰拱仍然是各种拱桥中主要的结构型式
两铰拱	两铰拱属一次超静定结构。其特点介于三铰拱与无铰拱之间，因此在地基条件较差不宜修建无铰拱时，可考虑修建两铰拱

拱圈种类见表 4-165。

拱圈的种类　　表 4-165

种　类	拱圈形式
板拱	1. 多用于砖石或混凝土拱桥中，其横截面呈矩形板状； 2. 沿桥宽为一连续整体结构，其宽度可等于或小于桥面宽度，但不得小于计算跨度的 1/20，以保证横向稳定； 3. 板拱施工简单，且容易进行艺术处理，但自重大，常用于中、小跨度拱桥
肋拱	1. 多用于钢筋混凝土和钢拱桥中，其截面有矩形、工字形和箱形等； 2. 两外肋中心线之间隔最小距离亦不得小于计算跨度的 1/20； 3. 常采用两条或数条分离式拱肋组成，并以横向梁(横撑)与纵向连接，连接成整体； 4. 肋拱自重小，跨越能力大，但费钢材，常用于修建大跨度拱桥

注：1. 拱圈它主要是用在桥梁建筑(专指拱桥)上；是拱桥的主要承重结构物，拱圈是拱桥上部结构中，用以承受拱上建筑传来的各种荷载到桥台或桥墩上，支承各种荷载并将其传递至墩台的拱形结构；
2. 常用于砌基础、勒脚、桥墩、涵洞、墙身、踏步等；在一般民用建筑中很少用，但是也用来制作拱形门、窗和装饰拱等。

拱上砌体砌筑程序见图 4-143，空腹式拱桥构造见图 4-144，拱桥桥墩见图 4-145，墩台上腹拱的布置方式见图 4-146，桁架拱桥的组成见图 4-147，刚架拱桥的组成见图 4-148，常备拼装式桁架型拱架见图 4-149。

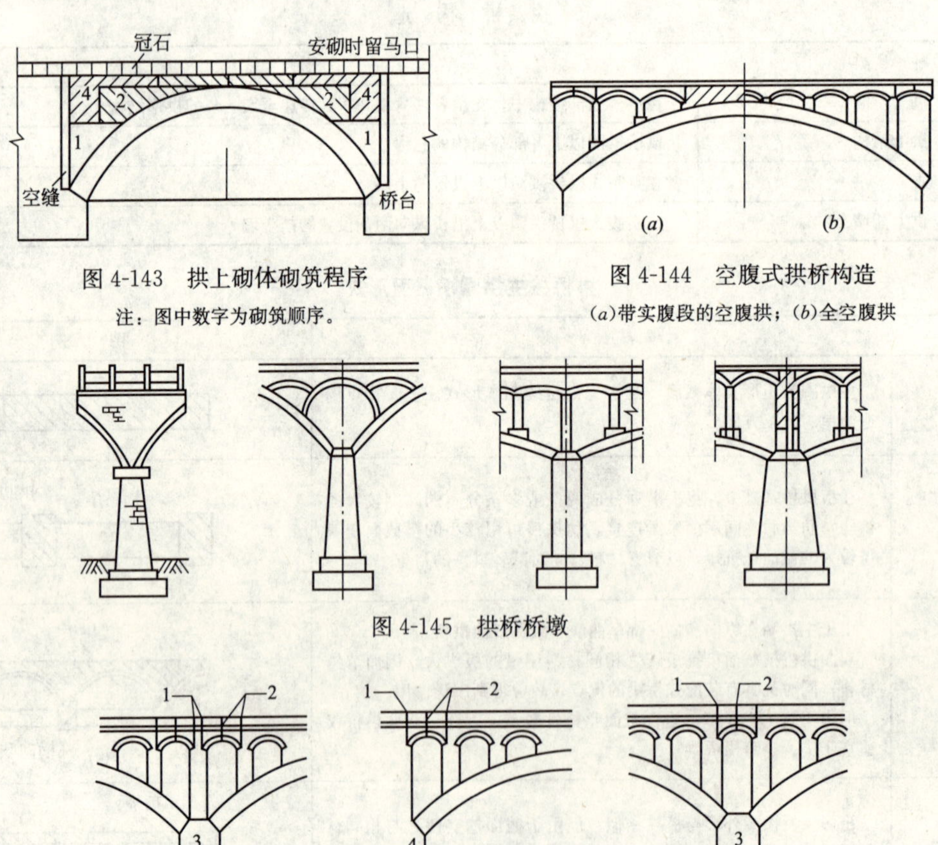

图 4-143　拱上砌体砌筑程序

注：图中数字为砌筑顺序。

图 4-144　空腹式拱桥构造

(a)带实腹段的空腹拱；(b)全空腹拱

图 4-145　拱桥桥墩

图 4-146　墩台上腹拱的布置方式

1—伸缩缝；2—变形缝；3—桥墩；4—桥台

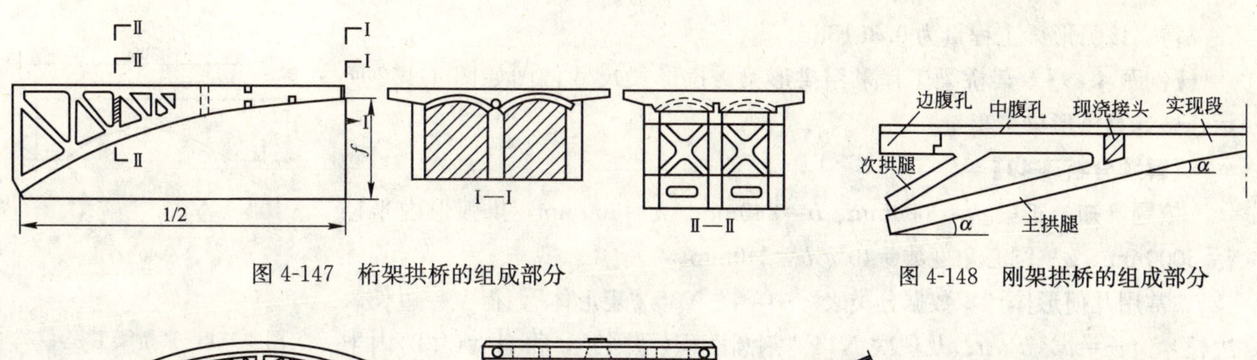

图 4-147　桁架拱桥的组成部分

图 4-148　刚架拱桥的组成部分

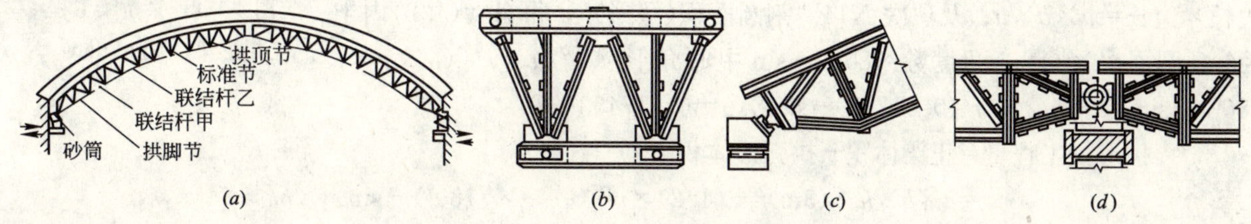

图 4-149　常备拼装式桁架型拱架

(a)常备拼装式；(b)标准节；(c)拱脚节；(d)拱顶

【例题 4-47】　某桥梁工程采用拱形梁，拱形梁尺寸依图如图 4-150 所示，试计算拱筒形工程量？

【解题分析 4-47】

依题已知：弧线长 θ＝同一角的弧的对应中心角＝96°、R＝2000mm，梁截面 L＝6000mm。

“常用几何形体计算数据分类表”中项次 $N30$“分圆(弧长)”，得 L(m)＝圆周率×(中心角÷/180°)×弧半径［圆弧公式］＝$\theta\times(\pi/180°)\times R=0.01745\times\theta\times R(\alpha=0.017453\times\theta)$

$$拱筒形工程量=分圆(弧长)\times L=(0.01745\times\theta\times R)\times L$$
$$=(0.01745\times96°\times2.0\text{m})\times6.0\text{m}$$
$$=20.1024\text{m}^2$$

得：该拱筒形工程量为 20.1024m^2。

【例题 4-48】　某桥梁工程采用弧形梁，拱形梁尺寸依图如图 4-151 所示，试计算弧形梁工程量？

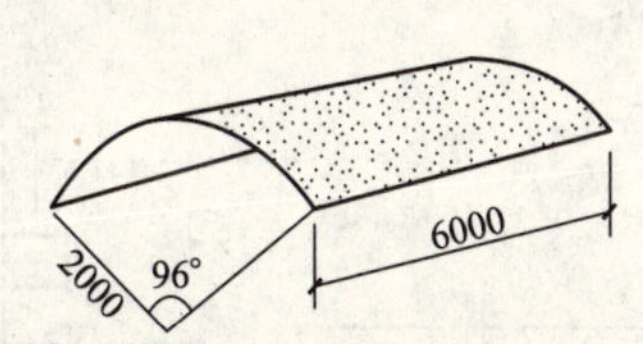

图 4-150　某桥梁工程拱筒形(单位：mm)

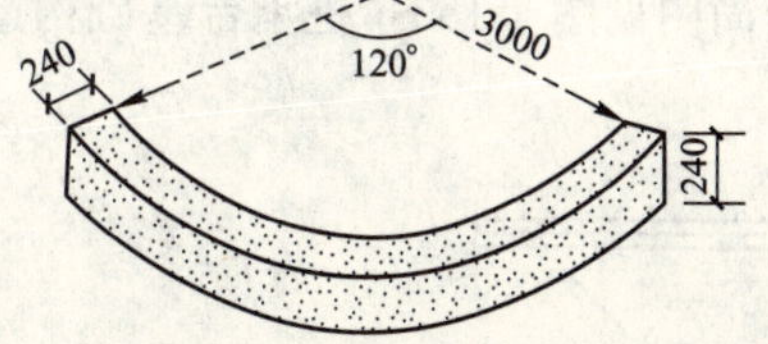

图 4-151　某桥梁工程弧形梁(单位：mm)

【解题分析 4-48】

依题已知：弧线长 θ＝同一角的弧的对应中心角＝120°、R＝3000mm，梁截面 B＝240mm、H＝240mm。

“常用几何形体计算数据分类表”中项次 $N30$“分圆(弧长)”，得 L(m)＝圆周率×(中心角÷/180°)×弧半径［圆弧公式］＝$\theta\times(\pi/180°)\times R=0.01745\times\theta\times R(\alpha=0.017453\times\theta)$；及项次 $N2$“矩方形”，得 $A(\text{m}^2)$＝短边×长边＝$B\times H$

$$弧形梁工程量=弧线长\times梁截面积$$
$$=(0.01745\times\theta\times R)\times(B\times H)$$
$$=(0.01745\times120°\times3.0\text{m})\times(0.24\text{m}\times0.24\text{m})$$
$$=6.282\text{m}\times0.0576\text{m}^2=0.3618\text{m}^3$$

得：该弧形梁工程量为 $0.3618m^3$。

【例题 4-49】 某桥梁工程采用拱形梁，拱形梁尺寸依图如图 4-152 所示，试计算拱形梁工程量？

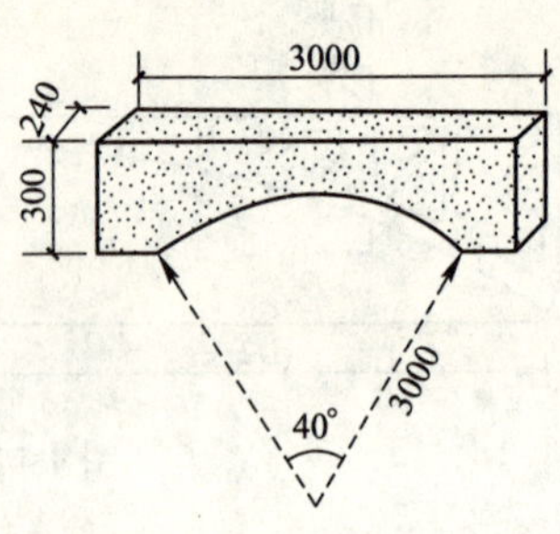

图 4-152　某桥梁工程拱形梁(单位：mm)

【解题分析 4-49】

依题已知：正梁 a=3000mm、b=240mm、h=300mm，拱弧形内半径 r=3000mm、α—圆心角度数=40°、b=240mm。

“常用几何形体计算数据分类表”中项次 $N35$“矩形体”，得 V=边长×边长×边长=$a\times b\times h$；及项次 $N14$“割圆面积(弓形)”，得 A=(1/2)内半径²×[圆周率×(圆心角度数/180°)－sin 中心角]=$(1/2)\times r^2[(\alpha\times\pi\times/180°)-\sin\alpha]=(1/2)\times r^2(0.01745\alpha-\sin\alpha)(\alpha=0.017453\times\theta)$

拱形梁工程量=正梁体积－拱弧形体积

$$=a\times b\times h-(3m)^2-(1/2)\times r^2[(\alpha\times\pi\times/180°)-\sin\alpha]\times b$$
$$=0.24m\times0.3m\times3.0m-(1/2)\times3.0^2m(0.01745\times40-\sin40°)\times0.24m$$
$$=0.216m^3-4.5m^2\times(0.698133-0.64279)\times0.24m$$
$$=0.156m^3$$

得：该拱形梁工程量为 $0.156m^3$。

桥梁工程基础与承台区分甄选见表 4-166。

桥梁工程基础与承台区分甄选表　　**表 4-166**

项次	分类	释　义	支承位置区分	施工位置不同	作　用
1	基础	基础是介于墩身与地基之间的传力结构	基础支承在垫层上	基础在垫层上施工	直接承受构造物荷载影响的地层
2	承台	承台系指在基桩(群桩)顶部设置的联络各桩顶的浇筑的钢筋混凝土平台	承台支承在桩体上	承台应在支承体(桩体)上施工，故承台分有底模或无底模承台	承受、分布由墩身传来的荷载

注：1. 基础的专业常识，请参阅图 4-110“重力式桥墩示意图”及表 4-130“桥墩、桥台(桥梁下部结构)”及表 4-131“墩、台身”的释义；
2. 承台的专业常识，请参阅图 4-115“梁桥桩(柱)式桥墩示意图”及“桥梁工程承台模板有底模、无底模区分甄选表”的释义。

U 形桥台简图见图 4-153，桩承台基础构造示意见图 4-154。

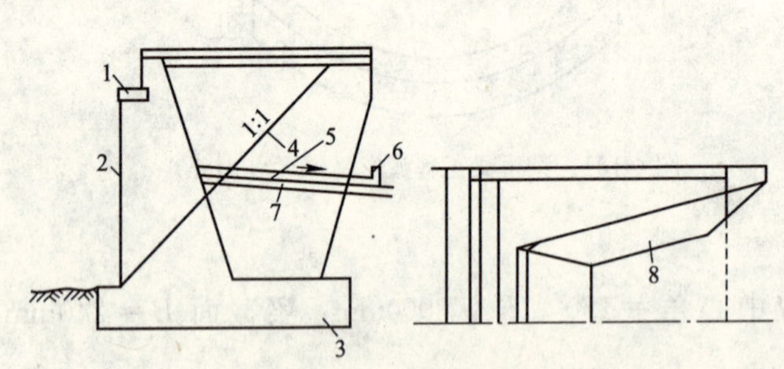

图 4-153　U 形桥台简图

1—台帽；2—前墙；3—基础；4—锥形护坡；5—碎石；6—盲沟；7—夯实填土；8—侧墙

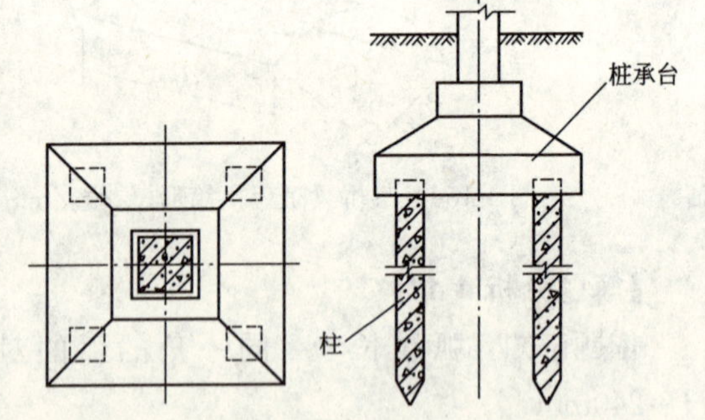

图 4-154　桩承台基础构造示意图

梁桥常用的重力式桥台为 U 形桥台，是实体式墩台的常用形式，一般情况是桥台外侧都是垂直面，而内侧则向内放坡。台帽部分做成 L 形，工程量计量以体积计取，其体积计算方法可以近似地按照从一个长方体［图 4-155(a)］中减去中间空的一块截头长方台锥体［图 4-155(b)］，再减去台帽处的长方体［图 4-155(c)］，用此方法计算较为简单：

引用 N4、6 中的长方体（矩形）、截头长方台锥体公式计算其体积。

大长方体体积：　$V_1=A\times B\times H$

中间空的截头长方台锥体体积：　$V_2=H/6[a_1b_1+a_2b_2+(a_1+b_1)(a_2+b_2)]$

台帽处的长方体体积：　$V_3=A\times b_3\times h_1$

桥台体积：　$V=V_1-V_2-V_3$　(4-37)

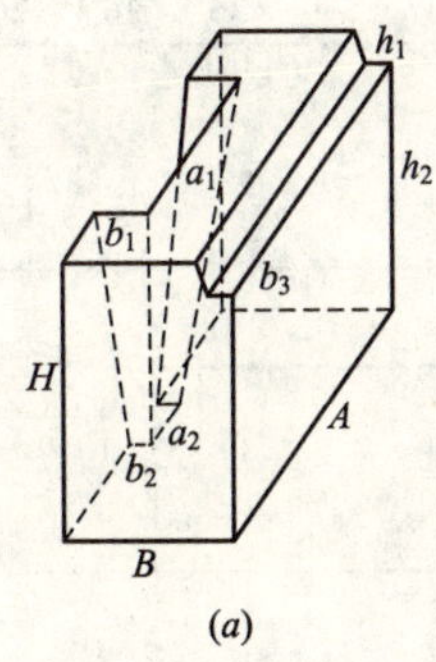

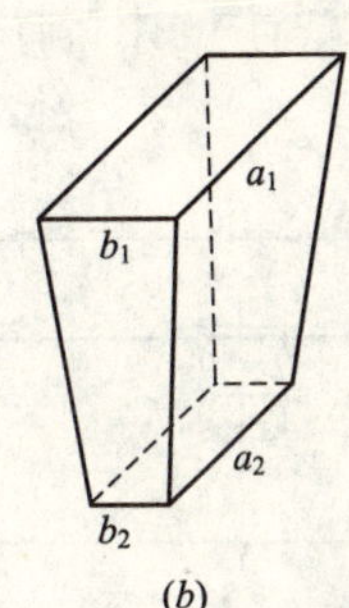

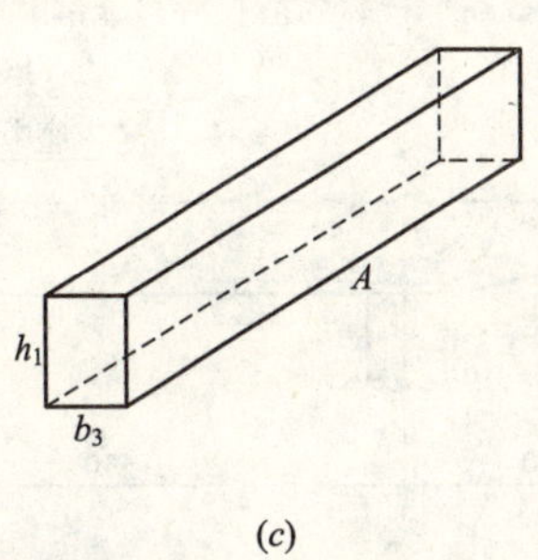

图 4-155　U 形桥台体积计算示意图

(a)大长方体；(b)截头方锥体（中间空）；(c)长方体（台帽处）

桥梁工程墩台帽与墩台盖梁甄选见表 4-167。

桥梁工程墩台帽与墩台盖梁甄选表　　**表 4-167**

类别	名称	安放位置	识别	外形与尺寸	作　用	施工方法区别	备　注
墩、台盖梁	墩盖梁	放在墩身顶部	前者为挑	一般相同，都为槽形或 T 形梁	盖梁是柱式桥墩顶部联结各柱顶的横梁。其作用是支承、分布和传递上部结构的荷载	在排架桩或柱式墩、台身上施工	墩盖梁中的盖梁制作成槽形，通过吊装安放在墩台上
	台盖梁	放在桥台上					
墩、台帽	墩帽	位于墩身以上、支座下面	而后者为戴	取决于支座布置情况；可采用钢筋混凝土悬臂式和托盘式墩帽	通过支座承托上部结构的荷载并传递给墩身	在实体式墩、台身上施工	是桥墩的一部分，也是桥墩顶端的传力部分；墩帽顶部常做成一定的排水坡，四周应挑出墩身约 5～10cm 作为滴水（檐口）
	台帽	位于墩身以上、支座以下，另一侧砌筑背墙		台帽的构造和尺寸要求与相应的桥墩墩帽有许多共同之处	台帽是桥台前墙顶部出檐的部分		不同的是台帽顶面只设单排支座，在另一侧则要砌筑挡住路堤填土的矮墙或称背墙

注：1. 墩、台盖梁是指在排架桩或柱式桥墩（台）上的构筑物，请参阅图 4-157(a)、(b)“桥墩盖梁立面图、左视图”；

2. 墩、台帽是指实体式（重力式）墩（台）身上的构筑物，请参阅图 4-110“重力式桥墩示意图”、图 4-115“梁桥桩（柱）式桥墩示意图”及图 4-156“墩帽构造示意图”；

3. 墩、台帽是考虑在实体式墩身或台身上进行施工，因此定额未包括底模费用。台帽定额中已包括耳墙在内，如发生台帽中有耳墙部分，应套用台帽定额（台帽或台盖梁上有耳墙时，耳墙并入台帽或台盖梁计算）。

墩帽构造示意见图 4-156。

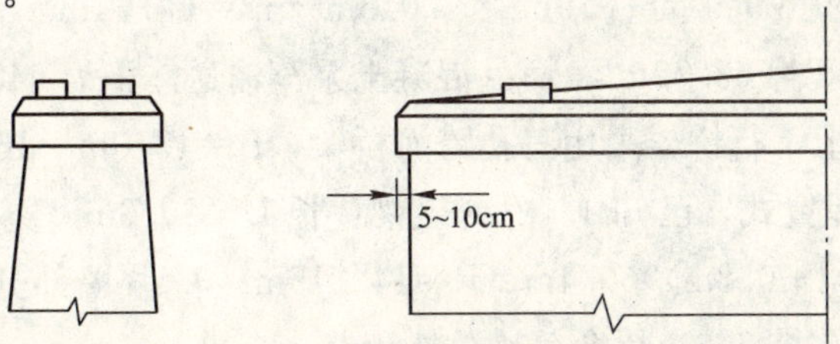

图 4-156　墩帽构造示意图

【例题 4-50】 某工程分上下行桥，采用三孔跨河桥梁，桥墩采用柱式，已知①柱式盖梁：$L=16.6m$、$b=1.2m$、$h=0.85m$；②顶部：$L=0.25m$、$b=1.2m$、$h=0.25m$、两端；③挑出部分：$L=2.1m$、$b=1.2m$、$h=0.45m$、两端，见图 4-157；④桥墩盖梁混凝土结构采用泵送商品混凝土；求：桥墩盖梁总体积？

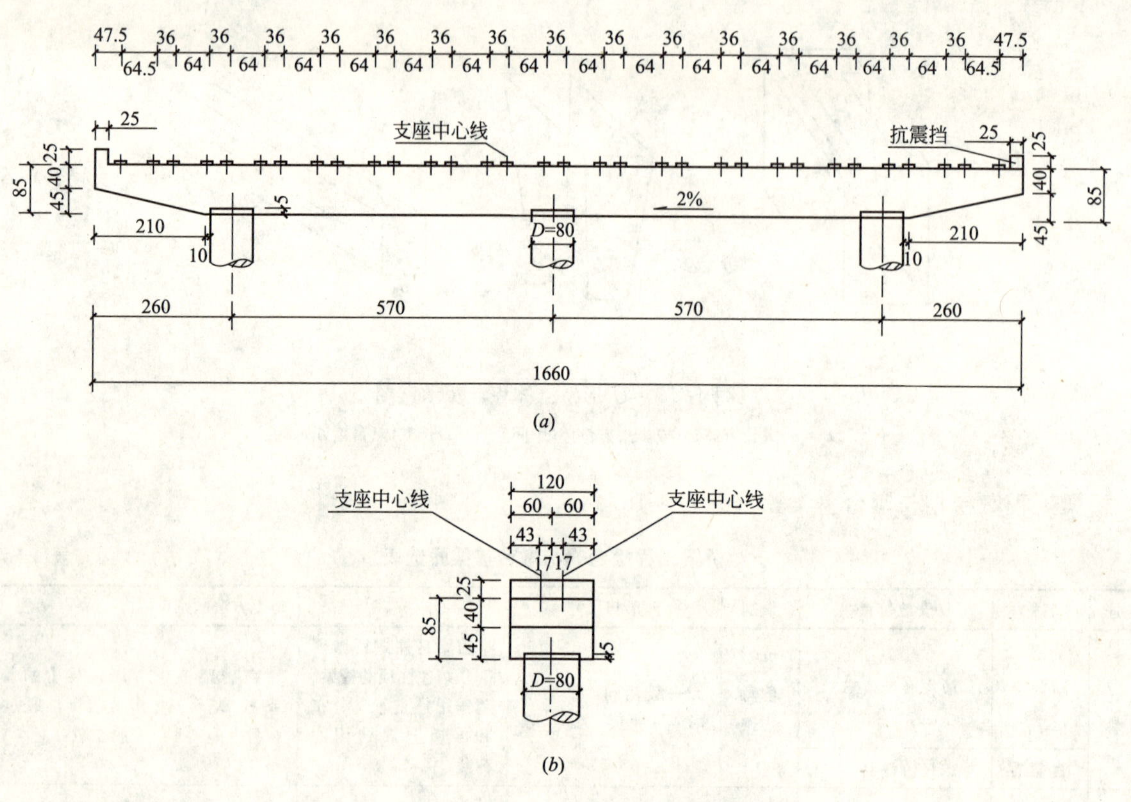

图 4-157　桥墩盖梁立面图、左视图

(a)立面图；(b)左视图

【解题分析 4-50】 (1) 桥墩盖梁总体积(V)＝[(16.6m×1.2m×0.85m)－(2.1m×1.2m×0.45m÷2×两端)＋(0.25m×1.2m×0.25m×两端)]×2 座×2(上、下行)

＝15.948m^3×2 座×2(上、下行)

＝63.79m^3

(2) 混凝土中不包括泵送混凝土的工程量，泵送混凝土需要用泵车或输送泵、安拆泵管或需要中间设接力泵输送时按通用项目册定额计算；查表 4-24“商品混凝土输送及泵管安拆使用”得，商品混凝土输送按商品混凝土相应定额子目的混凝土消耗量计算，定额中混凝土的消耗量 1.15m^3/m^3 并不允许调整。

商品混凝土泵车输送体积(V)：＝63.79m^3×1.015m^3/m^3＝64.74m^3

得：桥墩盖梁混凝土 C25 为 63.79m^3；商品混凝土泵车输送体积为 64.74m^3。

【例题 4-51】 某工程分上下行桥，采用三孔跨河桥梁，$L=13.0m+16.0m+13.0m=42.0m$，桥与道路斜交顺 10°。桥台采用埋置式，已知 1. 桥台盖梁：长 $L-20.6m$、宽 $b-1.4m$、h(平均)＝2.5m；2. 后挑部分：断面 1/2(0.4m＋0.8m)×0.4m、$L=14.215m$；3. 耳墙部分：$L-1.8m$、$b-0.5m$、$h=2.308m$、一端，见图 4-158；求：一个桥台盖梁总体积？

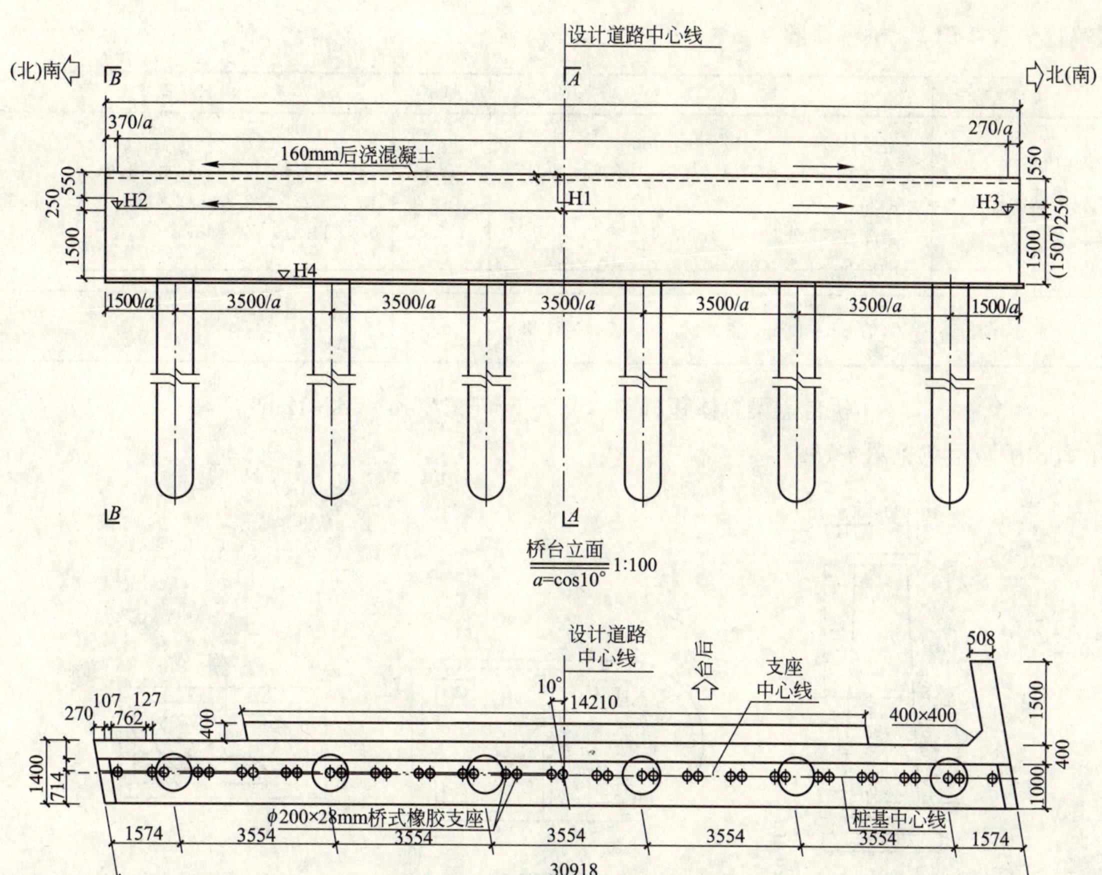

桥台要素表

台号	桥面标高(m)	H1(m)	H2(m)	H3(m)	H4(m)
D	6.478	5.670	5.476	5.564	3.976
3	6.477	5.669	5.478	5.559	3.978

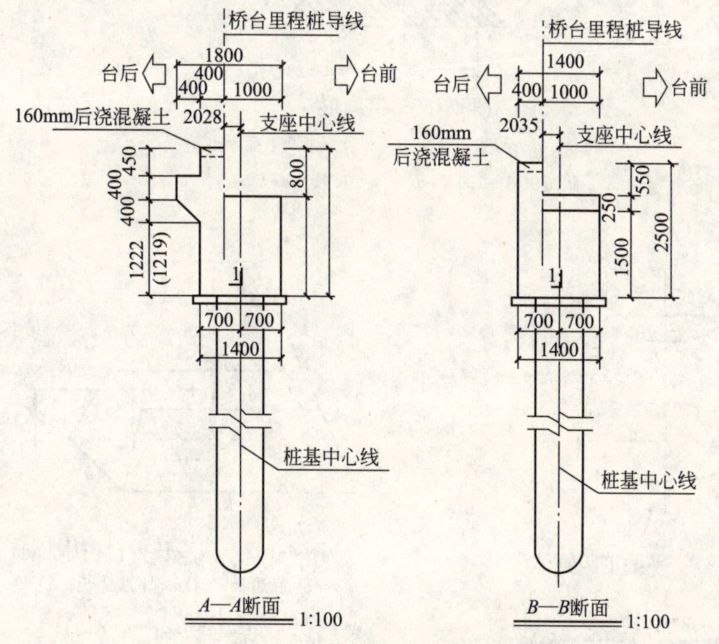

图 4-158　桥台盖梁立面图、剖视图

【解题分析 4-51】 桥台算量：

项目	项目名称	算量要素	计量单位	计算式
1	桥台盖梁	盖梁长 $L=0.6/\cos10°=20.918$m 盖梁断面 $S_1=(1.4\times2.5-0.808\times1.0)=2.692\text{m}^2$ 盖梁后突部分 $L=14.216$m， 断面 $S_2=1/2\times(0.4+0.8)\times0.4=0.24\text{m}^2$	m^3	$V=(1.4\times2.5-0.808\times1.0)\times20.6/\cos10°+1.0\times0.25\times0.27/\cos10°\times2+1/2\times(0.4+0.8)\times0.4\times14.216=59.86\text{m}^3$
2	桥台耳墙	耳墙长 $L=1.8$m，宽 $B=0.5$m，高 $H=2.308$m	m^3	$V=1.8\times2.308\times0.5+1/2\times0.4\times0.4\times2.308=2.26\text{m}^3$

桥台盖梁总体积$(V)=59.86\text{m}^3+2.26\text{m}^3=62.12\text{m}^3$

重力式桥墩示意见图 4-159。

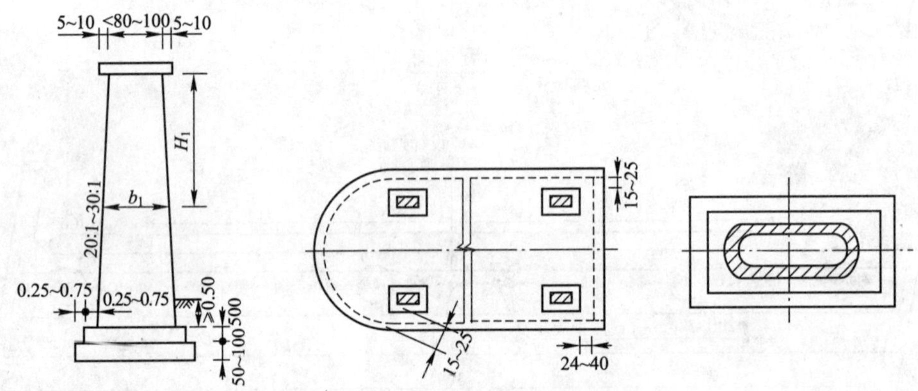

图 4-159　重力式桥墩示意图

各形状示意见图 4-160～图 4-162。

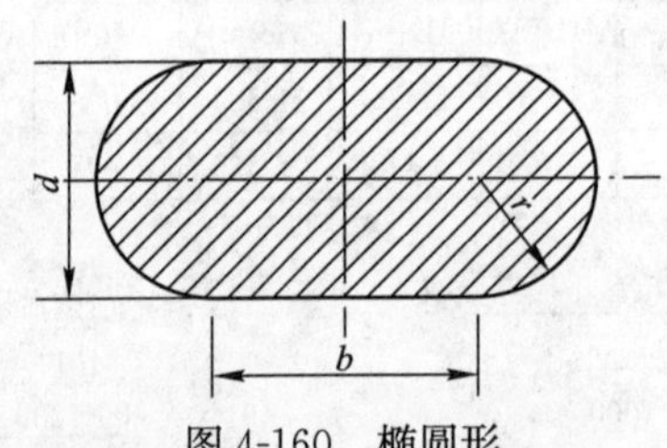

图 4-160　椭圆形

b—边长；d—半圆直径、边长；(r—半圆半径$=d/2$)

截面积 $A=1/4\times\pi d^2+bd=0.7854d^2+bd$

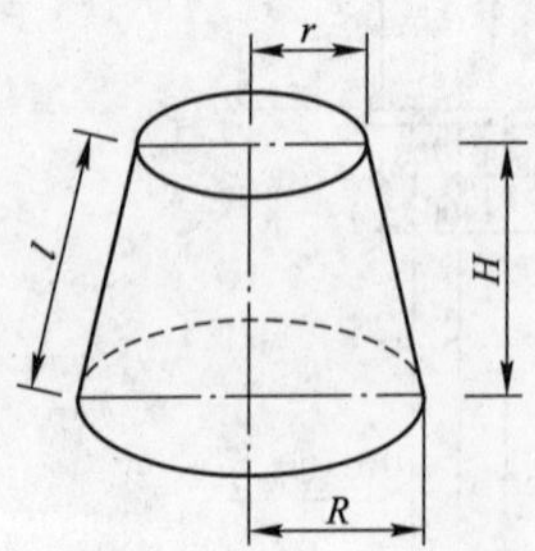

图 4-161　平截正圆锥体

R、r—下、上底面半径；H—高

体积 $V=\frac{1}{3}\pi H(R^2+r^2+Rr)$

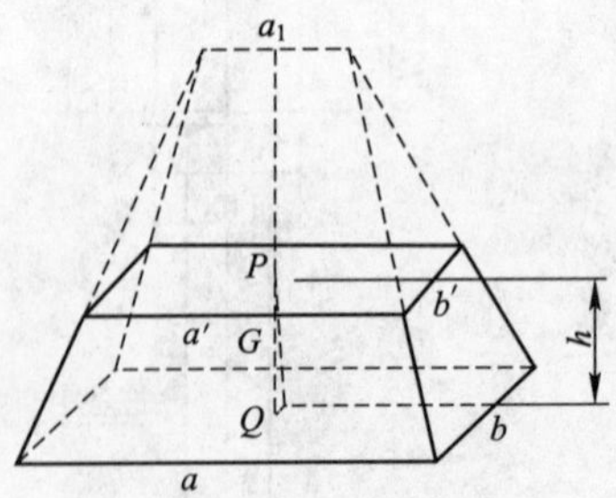

图 4-162　截头长方台楔体

a' b'—上底边长；a、b—下底边长；h—高

$V=\frac{h}{6}[(a_1+2a)b+(2a_1+a)\times b_1]$

$=\frac{h}{6}[ab+(a+a_1)\times(b+b_1)+a_1b_1]$

【例题 4-52】 某工程桥梁采用重力式桥墩，详见下图 4-163～图 4-166；求：桥墩墩身体积、基础体积？

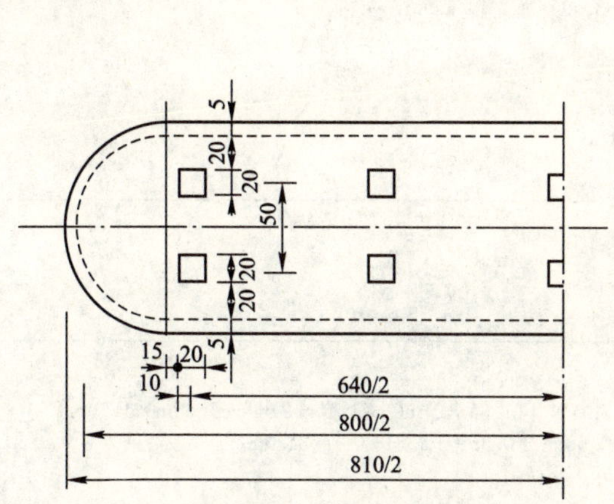

图 4-163　墩身顶面

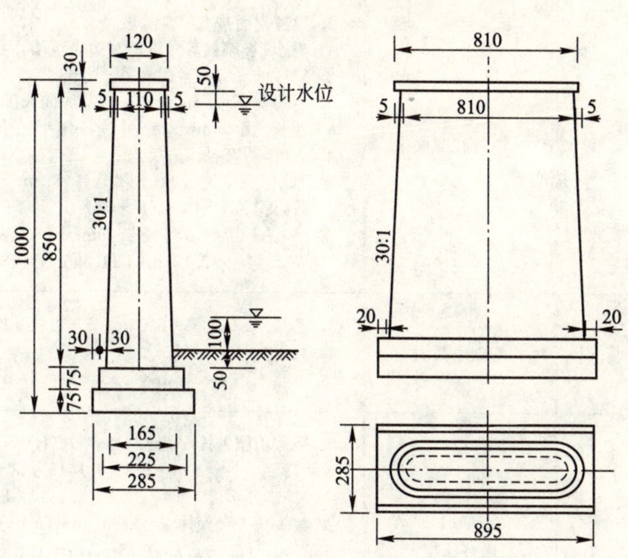

图 4-164　桥墩各部尺寸

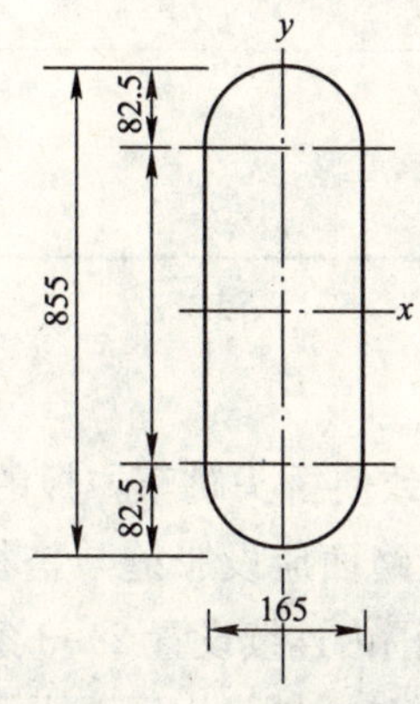

图 4-165　墩身底截面

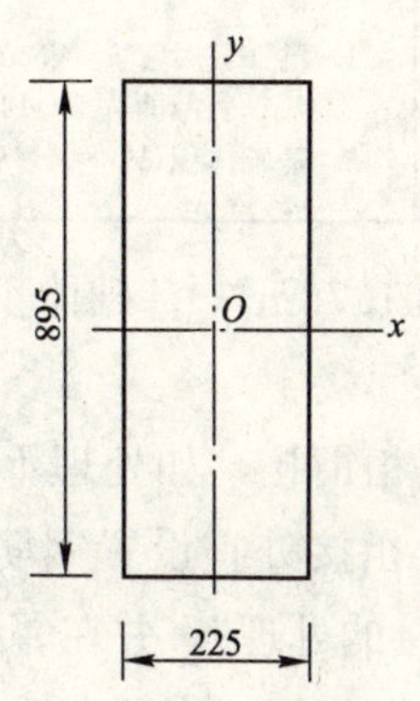

图 4-166　基础底截面

【解题分析 4-52】

重力式桥墩身体积、基础体积计算方法见表 4-168。

重力式桥墩身体积、基础体积计算方法　　表 4-168

项次	项目名称	计算方法
1	墩帽	已知：厚度为 30cm，挑檐墩帽宽度为 5cm，墩帽宽度为 120cm，长度为 810cm
2	墩顶宽度	50cm＋2×10cm＋2×20cm＝110cm，即 r 为两端上底面半径＝110÷2＝55cm 或墩帽宽度为 120cm－2 端×挑檐墩帽宽度为 5cm＝110cm
3	墩顶截面	1. 横桥方向两主梁的中心距离为 4×160cm/每中心距离＝640cm 2. 墩的两端头为半圆墩长度 L＝640cm＋110cm＋2×10cm＋2×15cm＝800cm 或 L＝墩帽长度 810cm－2×挑檐墩帽宽度 5cm＝800cm 3. b—边长＝640cm＋10cm＋15cm＋110cm÷2＝665cm 或 b＝800cm－110cm＝690cm 4. d—半圆直径、边长＝110cm 或半圆直径 $d=2r$(半圆半径＝$d/2$)＝55cm×2＝110cm 5. 截面积 $A=1/4\times\pi d^2+bd=0.7854d^2+bd$ $=0.7854\times1.10^2\text{m}+(6.90\text{m}\times1.10\text{m})$ $=0.86\text{m}^2+7.595\text{m}^2=8.45\text{m}^2$

续表

项次	项目名称	计算方法
4	墩身底截面	1. 墩身侧面按 30∶1 放坡 查“边坡坡率换算角度、对边表”得：当放坡为 30∶1 时，其系数为 30.9，对边宽度(b')$=H/30.9$ 2. b—边长；d—半圆直径、边长 3. 当高度 H 为 8.5m 时，墩身底面长度为 8.0m+[2 端×(8.5m÷30.9)/加宽]=8.55m b—边长=8.55m−2 端×[0.55m/半径+(8.5m÷30.9)/加宽]=6.9m； 4. d—半圆直径、边长 墩身底面宽度为 1.1m+[2 端×(8.5m÷30.9)/加宽]=1.65m 5. 截面积 $A=1/4\times\pi d^2+bd=0.7854d^2+bd$ $=0.7854\times1.65\text{m}^2+(6.9\text{m}\times1.65\text{m})$ $=2.138\text{m}^2+11.385\text{m}^2=13.52\text{m}^2$
5	基础底截面	1. 已知：a—边长=8.95m；b—边长=2.55m 2. 截面积 $A=a\times b$ $=8.95\text{m}\times2.55\text{m}=20.14\text{m}^2$
6	墩身体积	1. 平截正圆锥体 $V=1/3\times\pi\times H(R^2+r^2+Rr)$ $=1/3\times3.1415\times(8.50\text{m}-0.3\text{m})\times[(1.65\div2)\text{m}^2+(1.10\div2)\text{m}^2+1.65\text{m}\times1.10\text{m}]$ $=0.333\times3.1415\times8.20\text{m}\times(0.68\text{m}^2+0.3\text{m}^2+1.815\text{m}^2)=24.0\text{m}^3$ 2. 截头长方台楔体 $V=1/6h[ab+(a+a_1)\times(b+b_1)+a_1b_1]$ 当 $a=a_1=6.9\text{m}$，$b=1.65\text{m}$，$b_1=1.10\text{m}$ 时， $V=1/6\times(8.50\text{m}-0.3\text{m})\times[6.9\text{m}\times1.65\text{m}+(6.9\text{m}+6.9\text{m})\times(1.10\text{m}+1.65\text{m})+6.9\text{m}\times1.10\text{m}]$ $=0.1666\times8.20\text{m}\times(11.385\text{m}^2+37.95\text{m}^2+7.59\text{m}^2)=77.76\text{m}^3$ 3. 墩身体积 V=平截正圆锥体 V+截头长方台楔体 V $=24.00\text{m}^3+77.76\text{m}^3=101.76\text{m}^3$
7	基础体积	1. 已知：厚度 $h=75\text{cm}$ 2. 基础底截面为 20.14m^2 3. 基础体积(V)$=A\times h=20.14\text{m}^2\times0.75\text{m}=15.105\text{m}^3$

得： 墩身体积为 101.76m^3；基础体积为 15.105m^3。

桥梁与相混凝土路面接

桥梁与混凝土路面相衔接，如处理不好，往往形成错台，致使桥头跳车，板的局部提早损坏。因此，混凝土路面与桥梁相接处宜设置钢筋混凝土搭板，混凝土路面应设胀缝与搭板相接，如图 4-167“混凝土路面与桥梁相接的处理”，并在邻近搭板的 2～3 块板范围内连续设置 2～3 条胀缝。如为斜交桥梁尚应设置钢筋混凝土渐变板，当已有桥梁未设搭板，在原有道路上铺设水泥混凝土路面时，可在桥梁与混凝土路面之间用预制混凝土块或条石铺砌一段过渡。

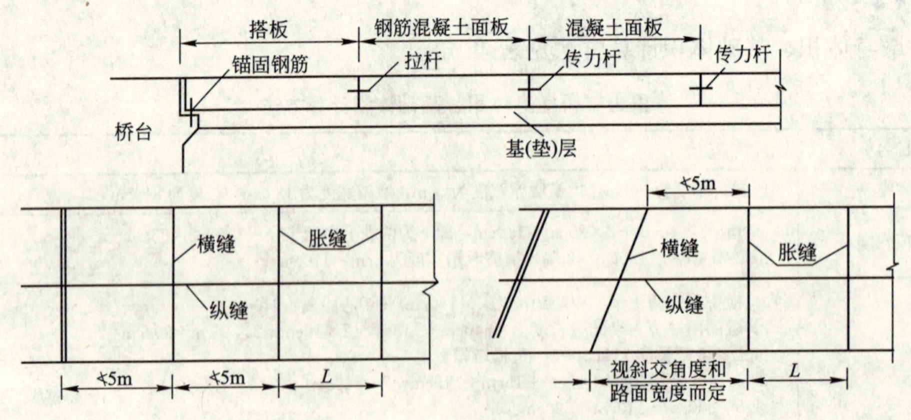

图 4-167　桥头搭板路面接缝设置

【例题 4-53】 桥头搭板

已知台后搭板长 8.0m，宽 14.0m，厚度 0.4～0.55m，见图断面。

求：一块台后搭板混凝土数量。

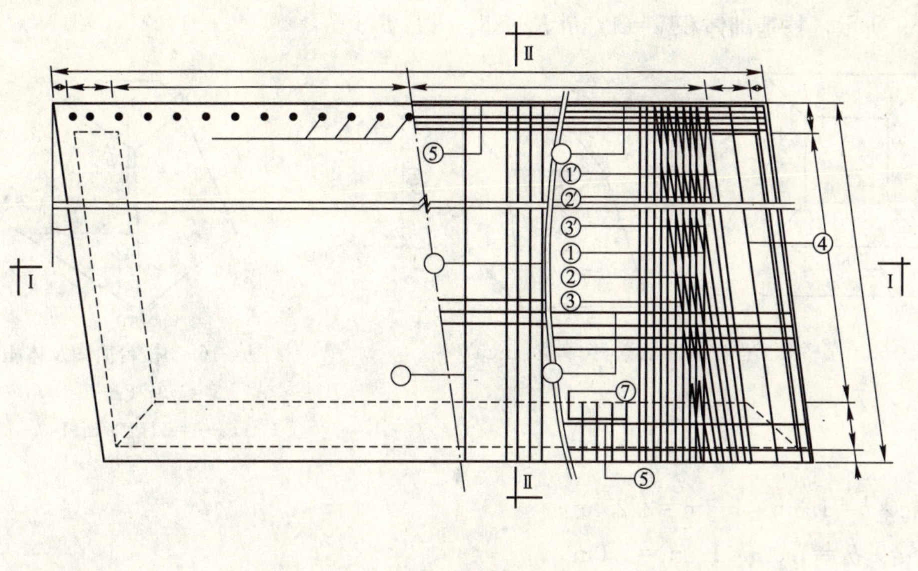

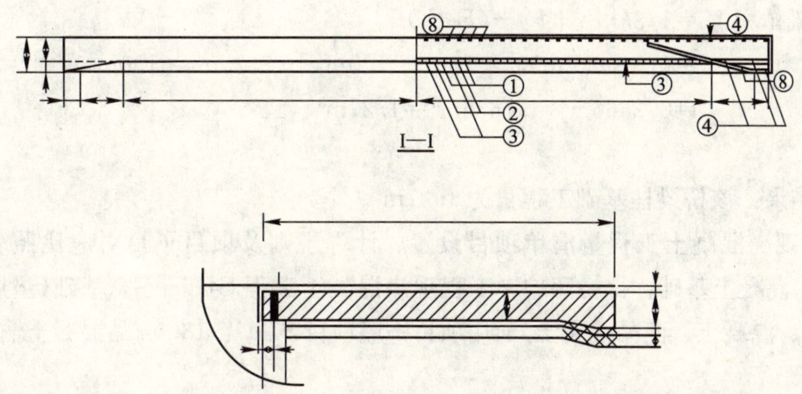

【解题分析 4-53】

$$S_1 = 14 \times 8 \times 0.4 = 44.8\text{m}^3$$

$$S_2 = 0.25 \times 0.15 \times (13.75 + 7.475 \times 2) = 1.076\text{m}^3$$

$$S_3 = (0.75 \times 0.15 - 1/2 \times 0.15 \times 0.75) \times (12.75 + 6.975 \times 2) = 1.502\text{m}^3$$

得：

$$44.8\text{m}^3 + 1.076\text{m}^3 + 1.502\text{m}^3 = 47.38\text{m}^3$$

(1) 47.38m³。

(2) 查表 4-24“现浇混凝土工程量清单项目设置、计算规则及项目子目对应比照表”，得桥头搭板套用桥涵护岸工程现浇混凝土工程 S4-6-：8. 板(桥头搭板-混凝土、商品混凝土)定额子目。

【例题 4-54】 在某桥梁工程中，桥梁柱基础为现浇钢筋混凝土独立基础，形式采用棱台柱基础，如图 4-168 所示。试求该基础的工程量？

【解题分析 4-54】

解题分析要点：根据表 1-9“分部分项工程量清单列项编码”说明：“所有清单项目的工程量应以实体工程量为准，并以完成后的净值计算；投标人投标报价时，应在单价中考虑施工中的各种损耗和需要增加的工程量；对于分部分项工程量清单项目而言，清单工程量的计算需要明确计算依据、计算规则、计量单位和计算方法”。

依题已知：柱基础上、下底边距离(高)H 为 800mm，下底面长、宽 a、b 各为 1500cm，上底面长、

宽 a_1、b_1 各为 1000cm。

如图 4-169 所示，柱基础体积 $V=1/3h[F_1+F_2+(F_1F_2)^{1/2}]$

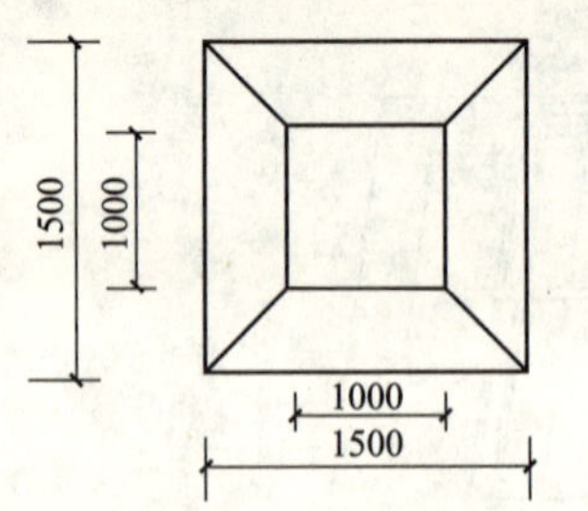

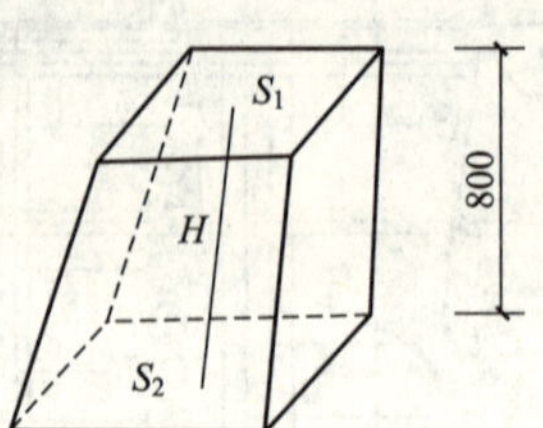

图 4-168　某桥梁工程柱基础示意图(单位：mm)

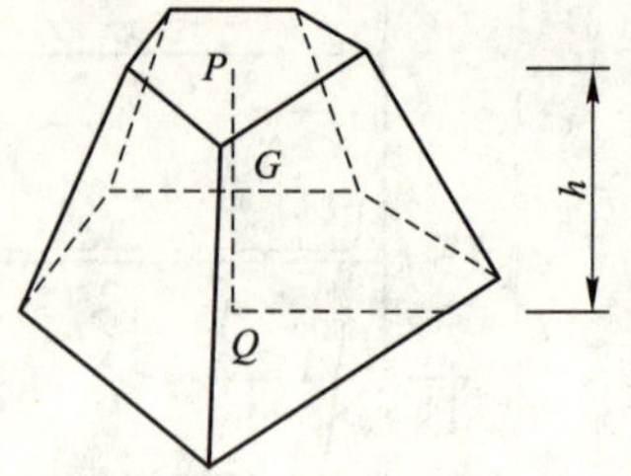

图 4-169　棱台简图及体积计算公式

$V=1/3h[F_1+F_2+(F_1F_2)^{1/2}]$

F_1、F_2—两平行底面面积；h—底面间的距离

其中：

(1) $F_1=a\times b=1.5\text{m}\times1.5\text{m}=2.25\text{m}^2$

(2) $F_2=a_1\times b_1=1.0\text{m}\times1.0\text{m}=1.0\text{m}^2$

$$\begin{aligned}\text{柱基础体积 } V&=1/3h[F_1+F_2+(F_1F_2)^{1/2}]\\&=1/3\times0.8\text{m}\times[2.25\text{m}^2+1.0\text{m}^2+(2.25\text{m}^2\times1.0\text{m}^2)^{1/2}]\\&=0.2666\text{m}\times4.7636\text{m}^2=1.27\text{m}^3\end{aligned}$$

得：

(1) 工程量计算结果：该桥梁柱基础工程量为 1.27m³。

(2) 查表 4-160“现浇混凝土工程量清单项目设置、计算规则及项目子目对应比照表”项目编码：040302001 项目名称：混凝土基础，得桥涵护岸工程现浇混凝土工程 S4-6-：1. 基础(垫层-碎石、混凝土；基础-嵌石混凝土、混凝土、商品混凝土)通用项目一般项目 S1-1-：13. 商品混凝土输送及泵管安拆使用定额子目。

注：

(1) 上述一项工程内容包括了挖路基土方施工的全部施工工艺过程。

(2) 另外根据表 1-20“工程量清单、市政定额、施工工程量‘算量’”，得知其间区别“在于计量的依据、计算规则、目的和计量单位的不同”，注意工程量清单综合单价的计价。

混凝土弧形拱顶工程量

计算规则：当混凝土为弧形拱顶时，应按实体体积计算，见图 4-170 所示。

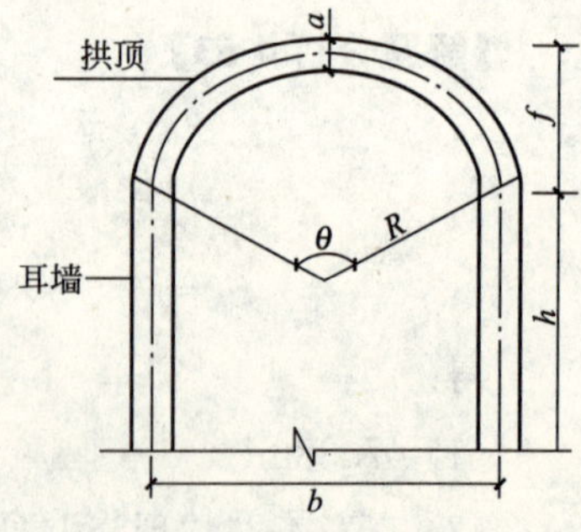

图 4-170　弧形拱顶简图

(1) 当拱顶标注尺寸为矢高 f 时，拱顶体积

$$V=a\times b\times L\times k \tag{4-38}$$

式中　f——拱顶矢高(m)；

a——拱顶厚度(m)；

b——中心线跨度(m)；

L——构筑物长度(m)；

k——延长系数，由 f/b 值，查表 4-169“拱顶延长系数表”可得。

拱顶延长系数表　　**表 4-169**

f/b	1/2	1/3	1/4	1/5	1/6	1/7	1/8	1/9	1/10
k	1.57	1.27	1.16	1.10	1.07	1.05	1.04	1.03	1.02

(2) 当拱顶标注尺寸为圆弧形半径 R 和中心角 θ 时，拱顶体积

$$V=[(\theta\times\pi)/180°]\times R\times a\times L \tag{4-39}$$

式中　θ——中心角(度)；

π——圆周率(3.1416 系数)；

R——圆弧形半径(m)；

a——拱顶厚度(m)；

L——构筑物长度(m)。

【例题 4-55】 某工程涵洞大样图，图 4-170“弧形拱顶简图”所示，已知 f=1.0m，b=1.0m，涵洞长度 L=120.0m，涵洞直段高 h=6.0m，涵洞拱顶、两壁都用 C25 混凝土浇筑，浇筑厚度 a=0.4m；试计算此涵洞混凝土工程量?

【解题分析 4-55】

依题已知：f=1.0m，b=1.0m，L=120.0m，h=6.0m，a=0.4m

当 f=1.0m，b=1.0m，由 f/b=1/10 查表 4-169“拱顶延长系数表”得：k=1.02

(1) 弧形拱顶混凝土工程量 $V_{拱}=a\times b\times L\times k$

$=0.4\text{m}\times 10.0\text{m}\times 120.0\text{m}\times 1.02=489.6\text{m}^3$

(2) 涵洞直段混凝土工程量 $V_{直}=2a\times h\times L$

$=2\times 0.4\text{m}\times 6.0\text{m}\times 120.0\text{m}=576.0\text{m}^3$

(3) 涵洞混凝土工程量 $\Sigma=V_{拱}+V_{直}=489.6\text{m}^3+576.0\text{m}^3=1065.6\text{m}^3$

得：该涵洞 C25 混凝土浇筑工程量为 1065.6m^3。

预拌(商品)混凝土工程量“算量”见表 4-170。

预拌(商品)混凝土工程量“算量”　　表 4-170

项次	类　型	工程量计算
1	凡是采用泵送商品混凝土的子目	除套用商品混凝土子目外，还应套用商品混凝土输送，同时，应按实际需要计算泵管安拆、使用
2	商品混凝土输送	1. 按商品混凝土相应定额子目的混凝土消耗量计算； 2. 若采用多级输送对，工程量应分级计算
3	混凝土的消耗量	定额中混凝土的消耗量为 1.015m^3/m^3，并不允许调整
4	泵管安拆	1. 按实际需要的长度计算，泵管使用以延长米·d计算； 2. 使用天数根据批准的施工组织设计计算

注：1. 选自《上海市市政工程预算定额》(2000)工程量计算规则暨总、册说明；

2. 根据《全国统一市政工程预算定额》(1999)总说明及各册、章说明，依据上海市市政工程预算定额修编大纲，结合上海市情况编制补充定额部分，参见表 2-2“《全国统一市政工程预算定额》(1999)关于各省、自治区、直辖市编制补充定额部分等项目”中“混凝土消耗量按现场拌合考虑，采用预拌(商品)混凝土的，可由各省、自治区、直辖市进行调整”的释义；

3. 适用于除隧道工程外(隧道工程的泵送商品混凝土子目中，已包括混凝土输送泵车台班，不得重复计算)的桥涵及护岸工程、排水管道工程、排水构筑物工程定额；

4. 定额中现浇混凝土分列出现浇混凝土、预制混凝土、预拌(商品)混凝土(泵送、非泵送混凝土)子目；

5. 混凝土中不包括泵送混凝土的工程量，泵送混凝土需要用泵车或输送泵、安拆泵管或需要中间设接力泵输送时，按相应的定额计算，请参阅图 4-172“商品混凝土布料杆泵车简图”所示；

6. 定额中商品混凝土中未包括输送泵(车)台班和泵管安拆使用，泵送混凝土需要用泵车或输送泵、安拆泵管或需要中间设接力泵输送时，可套用通用项目册的定额子目，见表 4-171“商品混凝土输送及泵管安拆使用”释义；

7. 施工组织设计选用施工方法，请参阅《下篇　常用计算数据》第九册 9. 市政施工组织设计及索赔管理 9.1 市政施工组织设计及表 9-1“施工组织设计涉及工程量”算量“对应选用表”释义。

臂架式液压混凝土泵车外形示意见图 4-171，商品混凝土布料杆泵车见图 4-172。

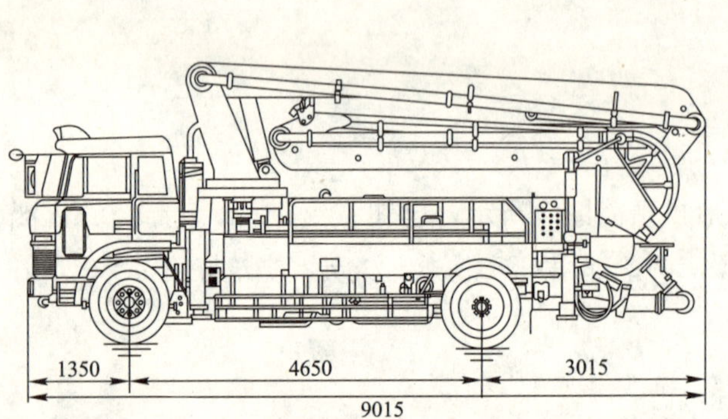

图 4-171　臂架式液压混凝土泵车外形示意图(单位：mm)

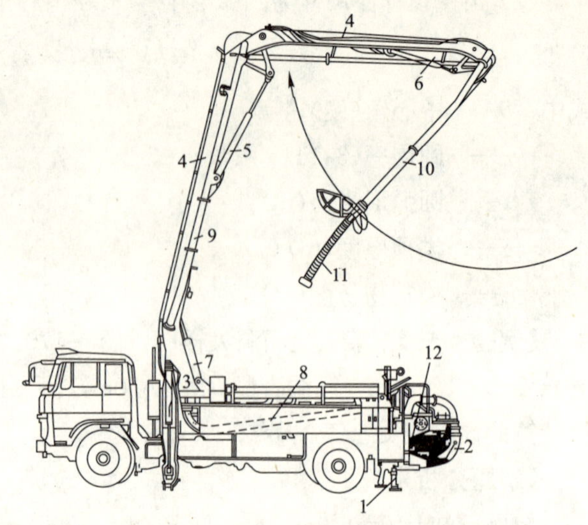

图 4-172　商品混凝土布料杆泵车简图

1—支腿；2—输送管；3—回转支承；4—布料杆臂架；5、6、7—布料杆油缸；8、9、10—输送管；11—橡胶软管；12—混凝土泵

预拌(商品)混凝土输送及泵管安拆使用见表 1-171，其计算选用见表 4-172。

预拌(商品)混凝土输送及泵管安拆使用　　表 4-171

项次	项目名称	计量单位	泵　车	固定泵	安　拆	使　用
1	商品混凝土输送	m^3	√	√		
2	垂直泵管	延长米			√	√
3	水平泵管	延长米·d			√	√

注：1. 选自《上海市市政工程预算定额》(2000)，通用项目一般项目 S1-1-：13. 商品混凝土输送及泵管安拆使用；

2. 商品混凝土输送及泵管安拆使用不适用隧道工程；隧道工程的泵送商品混凝土子目中，已包括混凝土输送泵车台班，不得重复计算。

预拌(商品)混凝土计算选用表　　表 4-172

项次	项目编码	项目名称	计量单位	非泵送混凝土	泵送混凝土	输送泵(车)台班	泵管安拆使用	定额子目
	0402	道路工程		√				
	040203	道路面层		√				
1	040203005	混凝土面层	$100m^2$	√				S2-3-32、33
	040204	人行道及其他		√				
	040204001	人行道基础	$100m^2$	√				S2-4-3、4
	040204002	人行道基础	$100m^2$	√				
2	0403	桥涵及护岸工程			√	√	√	
	040301	桩基础						
	040301007	机械成孔灌注桩	m^3	√				S4-4-16、19、21
3	040302	现浇混凝土工程		√				
	040302001	混凝土基础	m^3					S4-6-5
	040302002	混凝土承台	m^3					S4-6-9
	040302003	墩(台)帽	m^3					S4-6-28、31
	040302004	墩(台)身	m^3					S4-6-21、24
	040302005	支撑梁及横梁	m^3					S4-6-14、17

续表

项次	项目编码	项目名称	计量单位	非泵送混凝土	泵送混凝土	输送泵(车)台班	泵管安拆使用	定额子目
	040302006	墩(台)盖梁	m^3					S4-6-35、39
	040302010	混凝土箱梁	m^3					S4-6-43、47、50
	040302011	混凝土连续板(板)	m^3					S4-6-54、57
	040302012	混凝土板梁	m^3					S4-6-61、64
	040302015	混凝土防撞护栏	m^3					S4-6-68
	040302016	混凝土小型构件	m^3					S4-6-71、74
	040302017	桥面铺装(车行道)	m^3					S4-6-99
		非泵送商品混凝土	m^3					S4-6-101
	040305	挡墙、护坡						
	040305001	挡墙基础	m^3					S4-6-85
	040305002	现浇混凝土挡墙墙身	m^3					S4-6-85
	040305004	挡墙混凝土压顶	m^3					S4-6-89
	040306	立交箱涵						
	040306001	滑板	m^3					S4-9-8
	040306002	箱涵底板	m^3					S4-9-10
	040306003	箱涵侧墙	m^3					S4-9-13
	040306004	箱涵顶板	m^3					S4-9-16
	0405	市政管网工程						
4	040501	管道铺设	m^3	√				
5	040501002	混凝土管道铺设(管道基座)	m^3		√	√	√	S4-1-44
	040504	井类、设备基础及出水口						
	040504001	砌筑检查井(管道基座)						S4-1-44
	040504002	混凝土检查井(管道基座、现浇钢筋混凝土窨井)						S4-1-44; S5-3-9
	040504003	雨水进水井(管道基座)						S4-1-44
	040504006	出水口(管道基座)						S4-1-44
	040504008	混凝土工作井						
		排水构筑物及机械设备安装工程泵站下部结构(刃脚、井壁)						S6-2-6、10
		排水构筑物及机械设备安装工程泵站下部结构沉井垫层、沉井底板						S6-2-28、30
	沪 0405040012	型钢水泥土复合桩(SMW)工法、工作井(工作坑、接收坑)						
		地下内部结构(圈梁)						S6-2-59
		管道基座						S5-1-44
		现浇钢筋混凝土窨井						S5-3-9
	040506	构筑物						

注：1. 输送泵(车)台班和泵管安拆使用，见表 4-170“商品混凝土计算”释义；

2. 现浇混凝土工程定额中商品混凝土已按结构部位取定泵送或非泵送，如果定额中所列形式为泵送而实际采用非泵送时，不分部位统一按非泵送商品混凝土子目计算。实际上现浇混凝土定额中列有市品混凝土的项目，除其他构件中的立柱端柱灯柱、地梁侧石缘石等小构件为非泵送外，其余均为泵送。

预制混凝土工程量清单项目设置、计算规则及项目子目对应比照见表 4-173。

预制混凝土工程量清单项目设置、计算规则及项目子目对应比照表　　**表 4-173**

预制混凝土(项目编码：040303)

项目编码	项目名称	项目特征	计量单位	工程内容	分部工程项目、名称 (所在《市政工程预算定额》册、章、节)
040303001	预制 混凝土立柱	1. 形状、尺寸 2. 混凝土强度等级、石料最大粒径 3. 预应力、非预应力 4. 张拉方式		1. 混凝土浇筑 2. 养护 3. 构件运输 4. 立柱安装 5. 构件连接	桥涵护岸工程临时工程 S4-1-： 8. 筑地模(混凝土地模-混凝土) 桥涵护岸工程预制混凝土构件 S4-7-： 2. 预制立柱(立柱-混凝土) 10. 预制构件场内运输(构件重 10t、40t、60t 内) 桥涵护岸工程安装工程 S4-8-： 1. 安装排架立柱 桥涵护岸工程现浇混凝土工程 S4-6-： 11. 混凝土接头及灌缝(柱与柱接头-混凝土)
040303002	预制 混凝土板			1. 混凝土浇筑 2. 养护 3. 构件运输 4. 安装 5. 构件连接	桥涵护岸工程临时工程 S4-1-： 8. 筑地模(混凝土地模-混凝土) 桥涵护岸工程预制混凝土构件 S4-7-： 3. 预制板(矩形、空心、微弯板) 10. 预制构件场内运输(构件重 10t、40t、60t 内) 桥涵护岸工程安装工程 S4-8-： 3. 安装板(矩形、空心板)
040303003	预制 混凝土梁				T 形梁 桥涵护岸工程临时工程 S4-1-： 8. 筑地模(混凝土地模-混凝土) 桥涵护岸工程预制混凝土构件 S4-7-： 4. 预制梁(T 形梁) 6. 预应力钢筋制作安装(后张法、后张法群锚-束长 40m 以内、外、临时钢丝束拆除) 7. 安装压浆管道和压浆(压浆管道、压浆) 10. 预制构件场内运输(构件重 10t、40t、60t 内) 桥涵护岸工程安装工程 S4-8-： 4. 安装梁(陆上、水上安装 T 形梁) 桥涵护岸工程现浇混凝土工程 S4-6-： 11. 混凝土接头及灌缝(梁与梁接头-混凝土)
		1. 形状、尺寸 2. 混凝土强度等级、石料最大粒径 3. 预应力、非预应力 4. 张拉方式			I 形梁 桥涵护岸工程临时工程 S4-1-： 8. 筑地模(混凝土地模-混凝土) 桥涵护岸工程预制混凝土构件 S4-7-： 4. 预制梁(I 形梁) 6. 预应力钢筋制作安装(后张法、后张法群锚-束长 40m 以内、外、临时钢丝束拆除) 7. 安装压浆管道和压浆(压浆管道、压浆) 10. 预制构件场内运输(构件重 10t、40t、60t 内) 桥涵护岸工程安装工程 S4-8-： 4. 安装梁(陆上、水上安装 I 形梁) 桥涵护岸工程现浇混凝土工程 S4-6-： 11. 混凝土接头及灌缝(梁与梁接头-混凝土)
					槽形梁 桥涵护岸工程临时工程 S4-1-： 8. 筑地模(混凝土地模-混凝土) 桥涵护岸工程预制混凝土构件 S4-7-： 4. 预制梁(槽形梁) 6. 预应力钢筋制作安装(后张法、后张法群锚-束长 40m 以内、外、临时钢丝束拆除) 7. 安装压浆管道和压浆(压浆管道、压浆) 10. 预制构件场内运输(构件重 10t、40t、60t 内) 桥涵护岸工程安装工程 S4-8-： 4. 安装梁(陆上、水上安装槽形梁) 桥涵护岸工程现浇混凝土工程 S4-6-： 11. 混凝土接头及灌缝(梁与梁接头-混凝土)

续表

项目编码	项目名称	项目特征	计量单位	工程内容	分部工程项目、名称 (所在《市政工程预算定额》册、章、节)
040303003	预制 混凝土梁	1. 形状、尺寸 2. 混凝土强度等级、石料最大粒径 3. 预应力、非预应力 4. 张拉方式			槽形梁 桥涵护岸工程临时工程 S4-1-： 8. 筑地模(混凝土地模-混凝土) 桥涵护岸工程预制混凝土构件 S4-7-： 4. 预制梁(槽形梁) 6. 预应力钢筋制作安装(后张法、后张法群锚-束长 40m 以内、外、临时钢丝束拆除) 7. 安装压浆管道和压浆(压浆管道、压浆) 10. 预制构件场内运输(构件重 10t、40t、60t 内) 桥涵护岸工程安装工程 S4-8-： 4. 安装梁(陆上、水上安装槽形梁) 桥涵护岸工程现浇混凝土工程 S4-6-： 11. 混凝土接头及灌缝(梁与梁接头-混凝土)
					箱形梁箱形块件 桥涵护岸工程临时工程 S4-1-： 8. 筑地模(混凝土地模-混凝土) 桥涵护岸工程预制混凝土构件 S4-7-： 4. 预制梁(槽形梁) 6. 预应力钢筋制作安装(后张法、后张法群锚-束长 40m 以内、外、临时钢丝束拆除) 7. 安装压浆管道和压浆(压浆管道、压浆) 10. 预制构件场内运输(构件重 10t、40t、60t 内) 桥涵护岸工程安装工程 S4-8-： 4. 安装梁(双导梁安装-简支梁、箱形块) 桥涵护岸工程现浇混凝土工程 S4-6-： 11. 混凝土接头及灌缝(梁与梁接头-混凝土)
					预应力空心板梁 桥涵护岸工程临时工程 S4-1-： 8. 筑地模(混凝土地模-混凝土) 桥涵护岸工程预制混凝土构件 S4-7-： 4. 预制梁(预应力空心板梁) 6. 预应力钢筋制作安装(先张法-低合金钢、钢绞线) 7. 安装压浆管道和压浆(压浆管道、压浆) 10. 预制构件场内运输(构件重 10t、40t、60t 内) 桥涵护岸工程安装工程 S4-8-： 4. 安装梁(陆上、水上安装板梁) 桥涵护岸工程现浇混凝土工程 S4-6-： 11. 混凝土接头及灌缝(板梁间灌缝、板梁底勾缝)
040303003					非预应力空心板梁 桥涵护岸工程临时工程 S4-1-： 8. 筑地模(混凝土地模-混凝土) 桥涵护岸工程预制混凝土构件 S4-7-： 4. 预制梁(非预应力空心板梁) 7. 安装压浆管道和压浆(压浆管道、压浆) 10. 预制构件场内运输(构件重 10t、40t、60t 内) 桥涵护岸工程安装工程 S4-8-： 4. 安装梁(陆上、水上安装板梁) 桥涵护岸工程现浇混凝土工程 S4-6-： 11. 混凝土接头及灌缝(板梁间灌缝、板梁底勾缝土)

续表

项目编码	项目名称	项目特征	计量单位	工程内容	分部工程项目、名称 （所在《市政工程预算定额》册、章、节）
					实心板梁 桥涵护岸工程临时工程 S4-1-： 8. 筑地模（混凝土地模-混凝土） 桥涵护岸工程预制混凝土构件 S4-7-： 4. 预制梁（非预应力空心板梁） 7. 安装压浆管道和压浆（压浆管道、压浆） 10. 预制构件场内运输（构件重 10t、40t、60t 内） 桥涵护岸工程安装工程 S4-8-： 4. 安装梁（陆上、水上安装板梁） 桥涵护岸工程现浇混凝土工程 S4-6-： 11. 混凝土接头及灌缝（板梁间灌缝、板梁底勾缝）
040303004	预制混凝土桁架拱构件	1. 部位 2. 混凝土强度等级、石料最大粒径			
040303005	预制混凝土小型构件				桥涵护岸工程临时工程 S4-1-： 8. 筑地模（混凝土地模-混凝土） 桥涵护岸工程预制混凝土构件 S4-7-： 8. 预制其他构件（混凝土-缘石人行道板锚锭板、灯柱端柱栏杆） 10. 预制构件场内运输（构件重 10t、40t 内） 桥涵护岸工程安装工程 S4-8-： 5. 安装其他构件（缘石、人行道板、锚锭板、端柱、灯柱、混凝土栏杆）

注：1. 选自国家标准《建设工程工程量清单计价规范》GB 50500—2008“附录 D 市政工程工程量清单项目及计算规则”及《〈建设工程工程量清单计价规范〉上海市市政工程操作指南》；
2. 现场预制构件在清单已包括地模、混凝土、模板，不需单独列项；
3. 预制构件场内运输已包括在清单的各种不同预制构件里边，不需单独列项；
4. 定额中的混凝土及砂浆均采用强度等级表示，混凝土采用“C”表示，砂浆用“M”表示；如定额中强度等级与设计强度等级不同时，可按设计强度等级进行换算；
5. 定额中列出混凝土消耗量，但未列出级配材料的用量，级配材料用量可根据“上海市建设工程普通混凝土、砂浆强度等级配合比表（2000）”计算。

混凝土栏杆的尺寸及形式见表 4-174，栏杆示意见图 4-173。

混凝土栏杆的尺寸及形式　　**表 4-174**

高度	栏杆高度通常为 1.0～1.2m	1. 城市桥梁栏杆应该美观实用、朴素大方 2. 城市桥梁中用量较多的双菱形和长腰圆形预制花板的栏杆图式（图 4-174）
间距	栏杆柱的间距一般为 1.6～2.7m	

注：1. 栏杆是桥梁的防护设备；
2. 对于特别重要的城市桥梁，栏杆和灯柱设计更应注意艺术造型，使之与周围环境和桥型相协调，可采用易于制成各种图案和艺术性强的花板金属栏杆；
3. 预制栏杆的工程量按设计图示尺寸以体积计算。

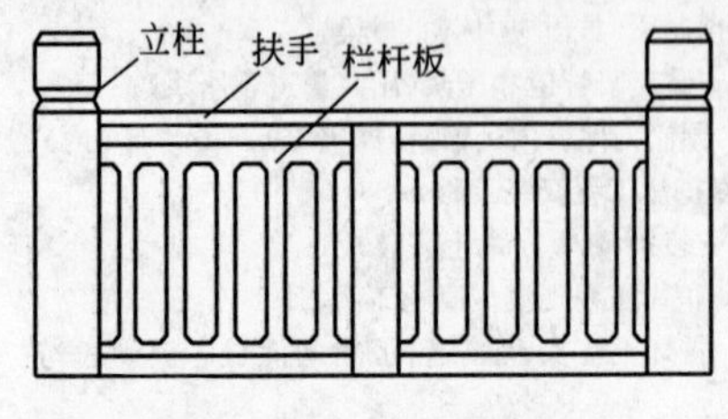

图 4-173　栏杆示意图

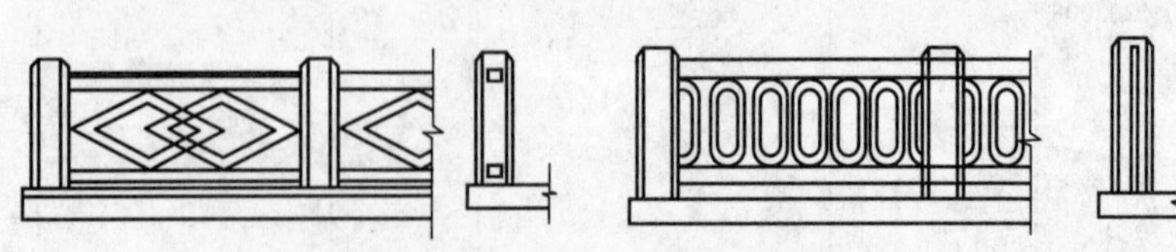
图 4-174　双菱形和长腰圆形栏杆

预应力混凝土构件截面形式见图 4-175。

图 4-175　预应力混凝土构件截面形式图

预制构件(施工现场或工厂)与现浇构件类型甄选见表 4-175。

预制构件(施工现场或工厂)与现浇构件类型甄选表　　**表 4-175**

项次	类型	组　成	主要不同处	套用定额
1	预制构件	1. 外形尺寸较大的混凝土结构预制构件因重量大，不便运输，在施工现场预制 2. 中小型构件在预制构件厂制作，利用工厂的定型设备，实现机械化、自动化生产 3. 预制构件螺纹钢筋：是指使用在预制构件中的螺纹钢筋(圆钢筋)	在构件预制工厂或施工现场先制作好的钢筋混凝土构件	在套用定额时，当采用工厂制品构件者，以此制品构件价格直接进入子目计算
2	现浇构件	在施工现场，在结构构件的设计位置，架设模板、绑扎钢筋、浇灌混凝土、振捣成型，经过养护混凝土达到拆模强度后拆除模板，制成的结构构件	在施工时浇筑而成的构件	若采用现场预制时，应以预制构件数量套用该册“预制构件”相应子目单列计算费用(不进入打桩子目计算)

注：1. 定额适用于桥涵工程现场预制的混凝土构件，不适用于工厂预制的构件；构件可采用购置工厂制作的成品；
2. 现场预制构件未包括地模铺筑、地模拆除，发生时套用相应定额子目。

空心板梁截面形式见图 4-176，箱形梁桥截面形式见图 4-177。

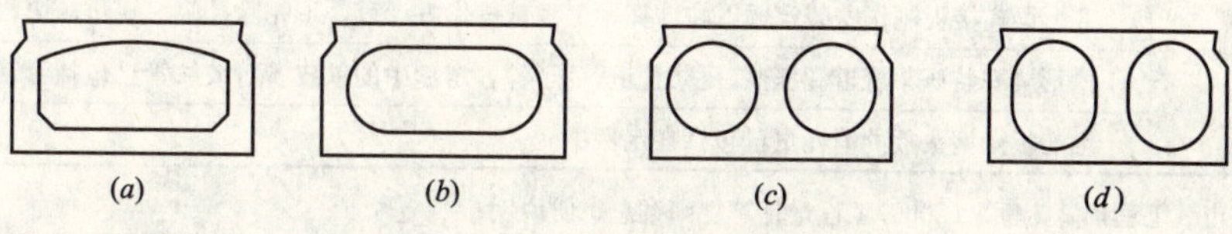

图 4-176　空心板梁截面形式

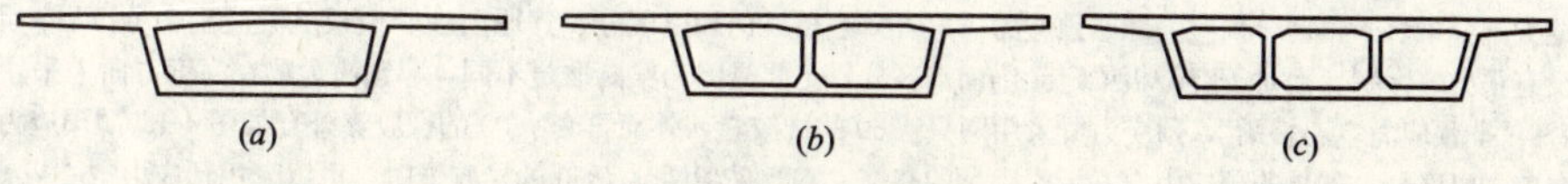

图 4-177　箱形梁桥截面形式

【例题 4-56】　某一梁桥，其标准跨径为 20m，梁长为 19.96m，中板梁的横断面构造如图 4-178 所示；试计算该板的混凝土体积？

【解题分析 4-56】

依题已知：标准跨径为 20m，梁长为 19.96m，梁宽 1.24m，梁高 0.9m

一块中板混凝土量计算

(1) 中板横截面的面积计算如下：

① 据图所示 S_1 为整个中板横截面的面积，S_2 为该板湿接缝的面积，S_3 为该板空心的面积；则整个中板横截面的面积$=S_1-S_2-S_3$。

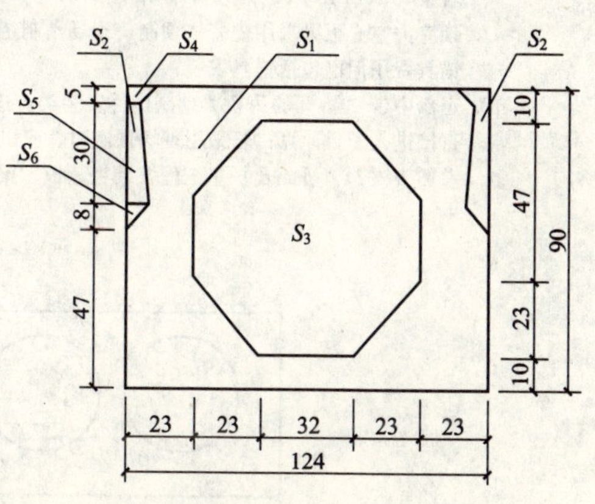

图 4-178　空心板中板构造图(单位：cm)

S_1(矩方形)＝短边×长边＝1.24m×0.9m

＝1.116m²

S_3(六角形面积)＝(0.23＋0.47)×0.32＋[(0.23＋0.47)＋(0.47－0.23)]/2×0.23×2

＝0.224m²＋0.2162m²＝0.4402m²

② S_4＝(0.1m＋0.05m)×0.05m/2＝0.004m²

S_5＝(0.1m＋0.05m)×0.3m/2＝0.024m²

S_6＝0.1m×0.08m/2＝0.004m²

$S_2=S_4+S_5+S_6$＝0.004m²＋0.024m²＋0.004m²＝0.032m²

③ 整个中板横截面的面积＝$S_1-S_2-S_3$＝1.116m²－0.032m²－0.4402m²

＝0.64m²/块

(2) 一块中板的混凝土量为：

一块中板的混凝土量 V(m³/块)＝中板横截面的面积×梁长

＝0.64m²/块×19.96m＝12.96m³/块

得：一块中板的混凝土量为 12.96m³/块。

预制混凝土构件计算方法见表 4-176。

预制混凝土构件计算方法表　　**表 4-176**

项次	项目名称	计算方法
1	预制混凝土立柱	按矩形、方形立柱考虑，未包括圆形、异形立柱，以立方米计算
2	预制混凝土板	分矩形板、空心板和微弯板，以立方米计算
3	预制混凝土梁	分T形梁、I形梁、实心板梁、非预应力空心板梁、预应力空心板梁、箱形梁、箱形块件和槽形梁，以立方米计算
		T形梁连接板制作安装定额以吨计算，工程量按作方计算，不扣除孔眼、缺角、切肢和切边重量
		槽形梁安装压浆管道和压浆(压浆管道、压浆)，定额中的铁皮管、波纹管已包括套管及三通管，不得再另计
		空心板梁堵头板的消耗量已包括在定额中

注：1. 选自《上海市市政工程预算定额》(2000)工程量计算规则暨总、册说明；
2. 定额适用于桥涵工程现场预制的混凝土构件，不适用于工厂预制的构件；构件可采用购置工厂制作的成品；
3. 现场预制构件未包括地模铺筑、地模拆除，发生时套用相应定额子目；请参阅表 5-21“现场预制混凝土构件模板工程量‘算量’”及表 5-23“现场预制混凝土构件地模工程量‘算量’”；
4. 定额中绝大部分梁都不再区分预应力和非预应力，只有空心板梁仍加以区分，其原因在于模板从混凝土中分离后，预应力梁和非预应力梁已经没有很大的区别，而对于空心板梁定额仍加以区分，主要是因为梁高取定不同，非预应力梁在高度方向上采用单只 ϕ360 的橡胶囊如图 4-179“非预应力空心板梁”，预应力梁采用两只 ϕ360 的橡胶囊，外面再套 ϕ600 的橡胶囊外套如图 4-180“预应力空心板梁”。所以定额编制时就加以区分，如果非预应力空心板梁因梁的高交，需要采用两只 ϕ360 的橡胶囊时，可以套用预应力空心板梁定额；
5. 预应力钢筋制作安装定额中所列预应力筋的品种、规格如与设计要求不同时可以调整；
6. 凡采用橡胶囊做内模，如设计未考虑橡胶囊变形因素，可增加计算混凝土工程量，当梁长 16m 以内时，可按设计计算体积增计 7%，若梁长 16m 大于(以外)时，则增计 9%；
7. 预应力空心板梁采用先张法预制，现场预制定额未包括张拉台座摊销费用，可另行计算；预应力其他梁采用后张法预制，定额未包括锚具费用但已包括锚具安装；
8. 定额中带“( )”的为桥梁预制构件安装类，这些带“( )”的预制构件，在套用定额时，当采用工厂制品构件者，以此制品构件价格直接进入子目计算；若采用现场预制时，应以预制构件数量套用该册“预制构件”相应子目单列计算费用(不进入打桩子目计算)，请参阅表 4-24“桥涵及护岸工程安装柱、板、梁的消耗量(m³)表”的释义。

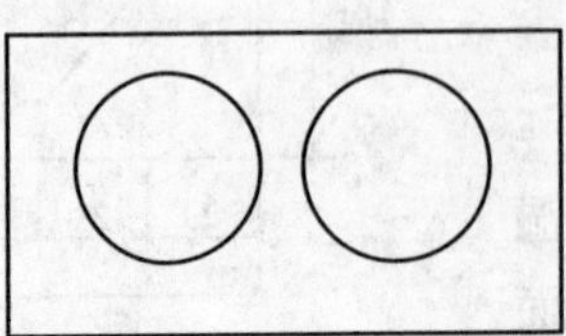

图 4-179　非预应力空心板梁

图 4-180　预应力空心板梁

张拉台座（先张法预制）分类见表 4-177。

张拉台座（先张法预制）分类表　　表 4-177

项次	名称	分类
1	台座	台座按构造形式不同，可分为压柱式和墩式两类
2	压柱式台座	压柱式台座。压柱式台座主要由底板（台面）、支承梁（压柱）、横梁、定位钢板和固端装置几部分组成，如图 4-181(*a*)所示
3	墩式台座	墩式台座亦称重力式台座，如图 4-181(*b*)所示 它是靠自重和土压力来平衡张拉力产生的倾覆力矩，并靠土壤的反力和摩擦力抵抗水平位移

注：台座是先张法生产中的主要设备之一，用于承受张拉预应力钢筋的反力，要求有足够的强度、刚度和稳定性。

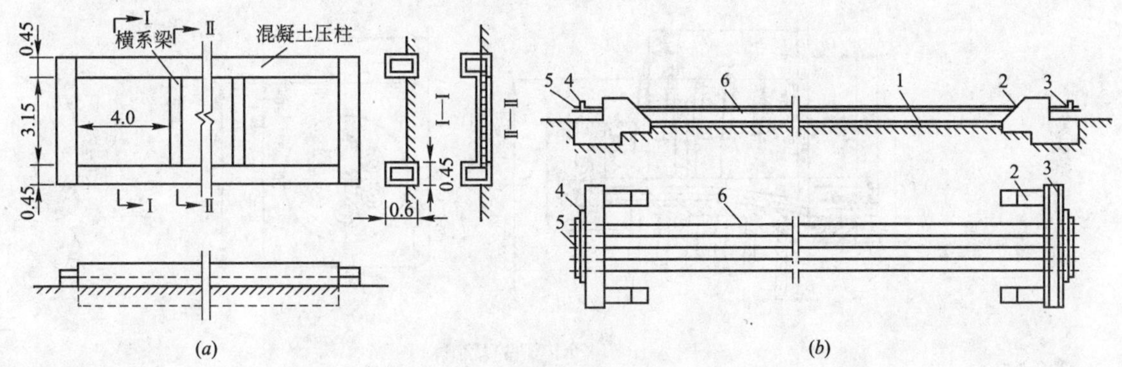

图 4-181　张拉台座台座示意图

(*a*)压柱式台座(单位：m)；(*b*)重力式台座

1—台面；2—承力架；3—横梁；4—定位钢板；5—夹具；6—预应力筋

锚具分类见表 4-178，各类锚具示意见图 4-182～图 4-186。

锚具分类表　　表 4-178

项次	名称	分类
1	锚固体系	锚具（夹具）有钢丝束镦头锚固体系、精轧螺纹钢筋体系、和钢绞线夹片锚固体系等
		1. 其中钢绞线可采用有夹片锚具(JM)及锲片锚具(XM、QM、OVM、YM)两种锚固体系，在预应力混凝土构件中目前最常用的是 OVM 系列 2. 0VM 锚，选用 ϕ15.24 高强度低松弛预应力钢绞线，每米 1.02kg，张拉设备选用 OVM 锚相应的 YCW 型千斤顶
2	锚固原理	支承锚固、锲紧锚固、握裹锚固和组合锚固等
3	锚具	由锚环和夹片两部分组成，如图 4-182 所示

注：1. 预应力锚具是预应力工程中的核心元件，这种元件永久置于混凝土中，承受着长期的荷载，是预应力是否存在的关键；

2. 锚具(夹具)要与不同的预应力钢筋相适应。

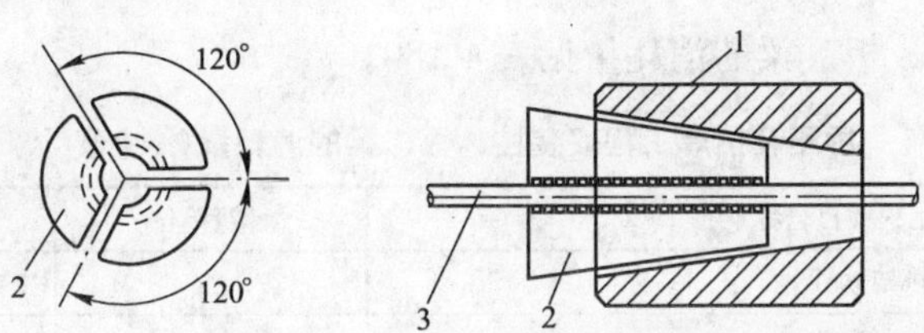

图 4-182　穿心式锚具示意图

1—锚环；2—夹片；3—钢筋(钢绞线)

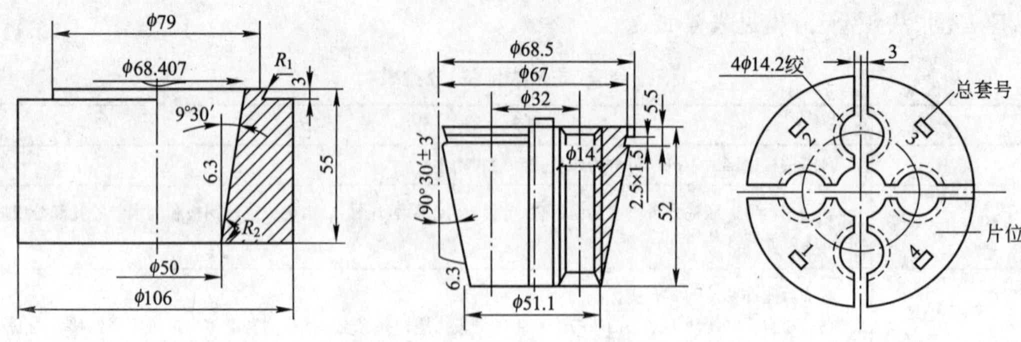

图 4-183　JM 型锚具(夹片锚具)简图

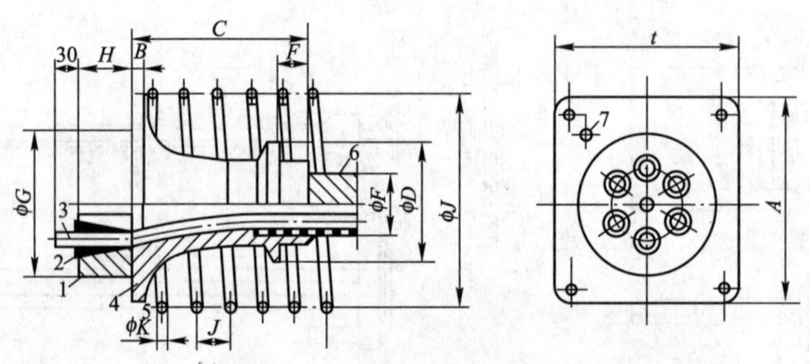

图 4-184　QM 型锚具简图

1—锚环；2—夹片；3—钢绞线；4—喇叭形铸铁垫板；5—弹簧圈；6—波纹管；7—灌浆孔

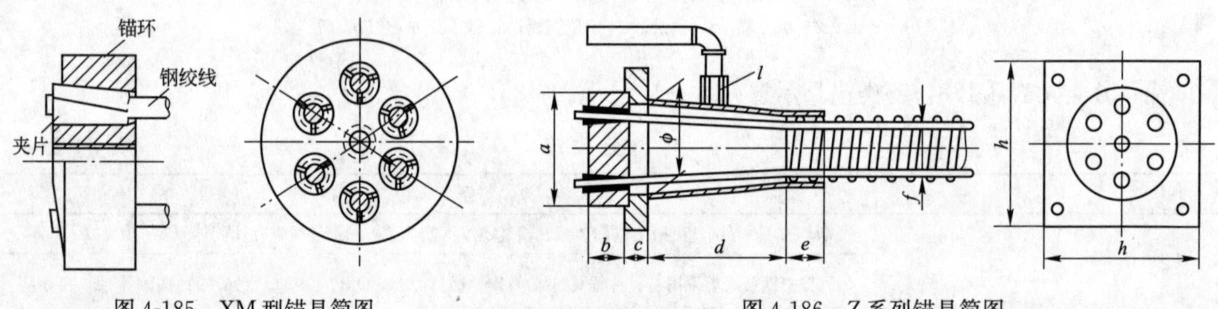

图 4-185　XM 型锚具简图　　图 4-186　Z 系列锚具简图

锚具损耗系数见表 4-179。

锚 具 损 耗 系 数　　**表 4-179**

锚具类型	锥形锚、群锚、弗氏锚	墩头锚、螺栓锚
系　　数	1.05	1.00

注：锚具数量按设计数量乘以上表系数计算。

桥涵及护岸工程安装柱、板、梁的消耗量见表 4-180。

桥涵及护岸工程安装柱、板、梁的消耗量(m³)表　　**表 4-180**

分部分项工程项目名称		计量单位	预制混凝土构件
1. 安装排架立柱(m³)	排架立柱	m³	(1.0000)
3. 安装板(m³)	矩形板	m³	(1.0000)
	空心板	m³	(1.0000)
4. 安装梁(m³)	陆上安装板梁	m³	(1.0000)
	水上安装板梁	m³	(1.0000)

续表

分部分项工程项目名称		计量单位	预制混凝土构件
4. 安装梁(m^3)	陆上安装T形梁	m^3	(1.0000)
	水上安装T形梁	m^3	(1.0000)
	陆上安装槽形梁	m^3	(1.0000)
	水上安装槽形梁	m^3	(1.0000)
	双导梁安装简支梁	m^3	(1.0000)
	双导梁安装箱形块	m^3	(1.0000)
5. 安装其他构件(m^3)	缘石	m^3	(1.0000)
	人行道板	m^3	(1.0000)
	锚锭板	m^3	(1.0000)
	端柱	m^3	(1.0000)
	灯柱	m^3	(1.0000)
	混凝土栏杆	m^3	(1.0000)

注：1. 选自《上海市市政工程预算定额》(2000)，桥涵及护岸工程分册安装工程章定额："1. 安装排架立柱"、"3. 安装板"、"4. 安装梁"、"5. 安装其他构件"等节子目；
2. 定额中带"( )"的预制构件，在套用定额时，当采用工厂制品构件者，以此制品构件价格直接进入子目计算；
3. 若采用现场预制时，应以预制构件数量套用该册"预制构件"相应子目单列计算费用(不进入打桩子目计算)。

预制混凝土构件场内运输工程量"算量"见表4-181。

预制混凝土构件场内运输工程量"算量"(单位：m^3)　　**表 4-181**

项次	预制混凝土构件名称		工程量计算方法	定额套用说明
1	预制混凝土立柱		1. 预制桩的单节桩重 m^3/单节 2. 按桩长(包括桩尖长度)乘以桩截面面积以立方米计算	1. 摘自《上海市市政工程预算定额》(2000)第四册第七章 S4-7-：10. 预制构件场内运输(构件重10t、40t内) 2. 定额以构件重(单件)分10t、40t、60t以内三档，每档又分别划分100m及每增50m共6个子目(即S4-7-70～75) 3. 除预制桩的单节桩重 m^3/单节外，其他构件的单件重 m^3/单件
2	预制混凝土板			
3	预制混凝土梁	T形梁		
4		I形梁		
5		槽形梁		
6		箱形梁箱形块件		
7		预应力空心板梁	1. 凡采用橡胶囊做内模，如设计未考虑橡胶囊变形因素，可增加计算混凝土工程量 2. 当梁长16m以内时，可按设计计算体积增计7%，若梁长16m大于(以外)时，则增计9%	
8		非预应力空心板梁	1. 按设计图尺寸扣除(不包括)空心部分的体积，以实体积计算 2. 空心板梁的堵头板体积不计人工程量内，其消耗量已在定额中考虑	
9		实心板梁		
10	预制混凝土小型构件	缘石、人行道板、锚锭板、端柱、灯柱、混凝土栏杆	小型构件应扣除定额运距150m，套用每增50m定额计算	

注：1. 选自《上海市市政工程预算定额》(2000)工程量计算规则暨总、册说明；
2. 根据《全国统一市政工程预算定额》(1999)总说明及各册、章说明，依据上海市市政工程预算定额修编大纲，结合上海市情况编制补充定额部分，请参阅表2-2"《全国统一市政工程预算定额》(1999)关于各省、自治区、直辖市编制补充定额部分等项目"中"定额未包括的预制构件场内、场外运输，可按各省、自治区、直辖市的有关规定计算"的释义；
3. 预制混凝土构件：又叫装配式构件；预制钢筋混凝土工程是在施工现场或构件预制厂预先制好钢筋混凝土构件，在施工现场用起重机械把预制构件安装到设计位置；
4. 定额中预制构件场内运输定额子目适用于陆上运输，构件的水上运输已在打桩和安装定额中考虑；
5. 定额中预制构件场内运输以构件单件重量按实际运距以实体积计算；实际运距不足100m按100m计算；小型构件应扣除定额运距150m，套用每增50m定额计算；
6. 注意各构件混凝土的密度，钢筋混凝土密度为2.5t/m^3。

【例题 4-57】

某(工程实例)桥梁工程概况仍以【解题分析 4-16】提供的资料为条件；工程中分上下行桥，采用三孔跨河桥梁，其中 8m 中跨梁的预制空心板梁 56 根、单件 2.66m³/根，8m 边跨梁预制空心板梁 8 根、单件 3.03m³/根，10m 中跨梁预制空心板梁 28 根、单件 3.32m³/根，10m 边跨梁预制空心板梁 4 根、单件 4.06m³/根，在运距 200m 以内，求：现场预制空心板梁或预制混凝土构件(工厂)、陆上安装板梁、预制构件场内运输各多少立方米？

【解题分析 4-57】

鉴于设计未考虑橡胶囊变形因素，查表 4-181“预制混凝土构件场内运输工程量‘算量’”，得中跨梁、边跨梁长均小于 16m(在 16m 以内)，按相关计算规则即可按设计计算体积增计 7%的混凝土工程量；同时又查得预制空心板梁的密度为 2.5t/m³，现按已知条件进行计算；

当采用陆上安装板梁时，查表 4-176“安装预制混凝土(构件)计算方法表”，得“安装梁工程量按梁的混凝土实体积以立方米计算”。

项次	型号、规格	计算式	构件重(单件)m³		工程量(m³)
			10t 以内	40t 以内	
1	8m 中跨梁 预制空心板梁	单件重：2.66m³/根×(1+0.7%)×2.5t/m³=7.12t/根 2.66m³/根×(1+0.7%)×56 根=159.39m³	159.39		159.39
2	8m 边跨梁 预制空心板梁	单件重：3.03m³/根×(1+0.7%)×2.5t/m³=8.11t/根 3.03m³/根×(1+0.7%)×8 根=25.94m³	25.94		25.94
3	10m 中跨梁 预制空心板梁	单件重：3.32t/根×(1+0.7%)×2.5t/m³=8.88t/根 3.32m³/根×(1+0.7%)×28 根=99.47m³	99.47		99.47
4	10m 边跨梁 预制空心板梁	单件重：4.06m³/根×(1+0.7%)×2.5t/m³=10.86t/根 4.06m³/根×(1+0.7%)×4 根=17.38m³		17.38	17.38
	合　计		284.80	17.38	302.18

得：

(1) 现场预制空心板梁或购置预制混凝土构件(工厂)成品空心板梁、陆上安装板梁为 302.18m³、陆上安装板梁(L≤10m) 为 302.18m³、预制构件场内运输(重≤10t，运距 200m)为 284.80m³、预制构件场内运输(重≤40t，运距 200m) 为 17.38m³；

(2) 查表 4-173“预制混凝土工程量清单项目设置、计算规则及项目子目对应比照表”，得桥涵护岸工程安装工程 S4-8-：4. 安装梁(陆上、水上安装 T 形梁)及桥涵护岸工程预制混凝土构件 S4-7-：10. 预制构件场内运输(构件重 10t、40t、60t 内)的定额子目。

注：

(1) 上述两项工程内容包括了现场预制空心板梁或预制混凝土构件(工厂)、陆上安装板梁、预制构件场内运输施工的全部施工工艺过程。

但应注意，定额中未包括预应力空心板梁的增计，故应对照表 4-176“预制混凝土构件计算方法表”，关于“凡采用橡胶囊做内模，如设计未考虑橡胶囊变形因素，可增加计算混凝土工程量，当梁长 16m 以内时，可按设计计算体积增计 7%，若梁长 16m 大于(以外)时，则增计 9%”，及表 4-181“预制混凝土构件场内运输工程量‘算量’”，另外增计预应力空心板梁内容，否则就属于漏列。

又查表 4-181“预制混凝土构件场内运输工程量‘算量’”，得知“定额以构件重(单件)分 10t、40t、60t 以内三档，每档又分别划分 100m 及每增 50m 共 6 个子目(即 S4-7-70～75)”，注意定额的计量单位及预制混凝土构件单件重量。

(2) 另外根据表 1-20“工程量清单、市政定额、施工工程量‘算量’”，得知其间区别“在于计量的依据、计算规则、目的和计量单位的不同”，注意工程量清单综合单价的计价。

各种常用架梁方法的工艺特点见表 4-182。

各种常用架梁方法的工艺特点　　**表 4-182**

项次	架梁方法		工艺特点
1	陆地架设法	自行式吊车架梁	在桥不高、场内又可设置行车便道的情况下，用自行式吊车(汽车吊车或履带吊车)架设中、小跨径的桥梁十分方便，如图 4-187(*a*)所示
2		跨墩门式吊车架梁	对于桥不太高，架桥孔数又多，沿桥墩两侧铺设轨道不困难的情况，可以采用一台或两台跨墩门式吊车来架梁，如图 4-187(*b*)所示
3		摆动排架架梁	用木排架或钢排架作为承力的摆动支点，由牵引绞车和制动绞车控制摆动速度梁就位后，再用千斤顶落梁就位。此法适用于小跨径桥梁，如图 4-187(*c*)所示
4		移动支架架梁	当预制对于高度不大的中、小跨径桥梁，当桥下抽基良好能设置简易轨道时，可采用木制或钢制的移动支架架梁，如图 4-187(*d*)所示
5	浮吊架设法	浮吊船架梁	在海上或深水大河上修建桥梁时，用可回转的伸臂式浮吊架梁比较方便，如图 4-188(*a*)所示
6		固定式悬臂浮吊架梁	在缺乏大型伸臂式浮吊时，也可用钢制万能插件或贝雷钢架拼装固定式的悬臂浮吊进行架梁，如图 4-188(*b*)所示
7	高空架设法	联合架桥机架梁	1. 此法适用于架设中、小跨径的多跨简支梁桥，其优点是不受水深和墩高的影响，并且在作业过程中不阻塞通航 2. 联合架桥机由一根两跨长的钢导梁、两套门式吊机和一个托架(又称蝴蝶架)三部分组成，如图 4-189 所示
8		闸门式架桥机架梁	在桥高、水深的情况下，也可用闸门式架桥机(或称穿巷式吊机)来架设多孔中、小跨径的装配式梁桥。架桥机主要由两根分离布置的安装梁、两根起重横梁和可伸缩的钢支腿三部分组成，如图 4-190 所示

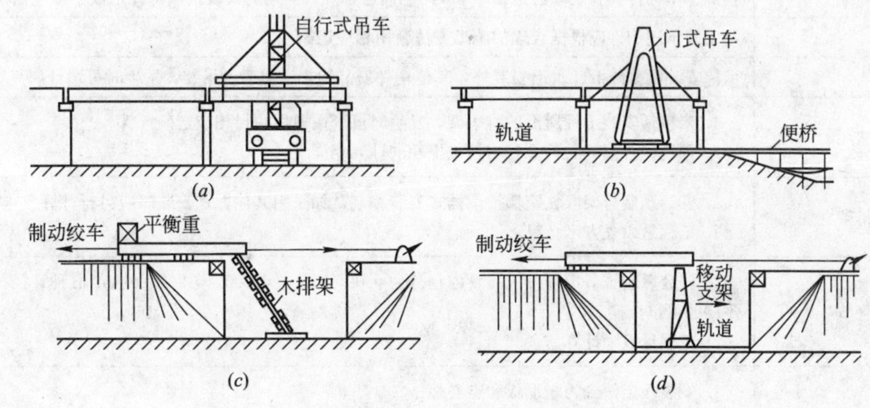

图 4-187　陆地架设法

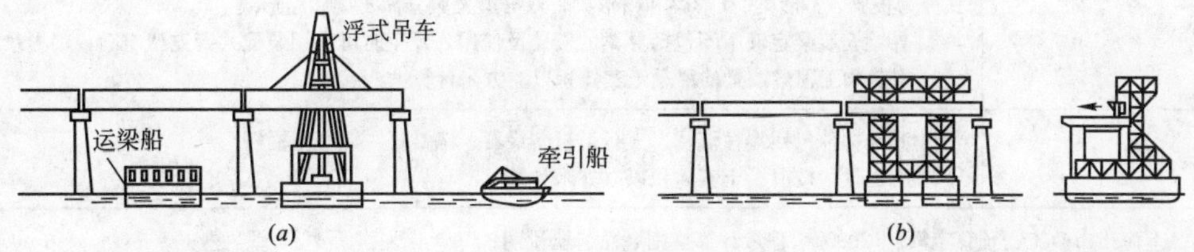

图 4-188　浮吊架设法

(*a*)浮吊船架梁；(*b*)固定式悬臂浮吊架梁

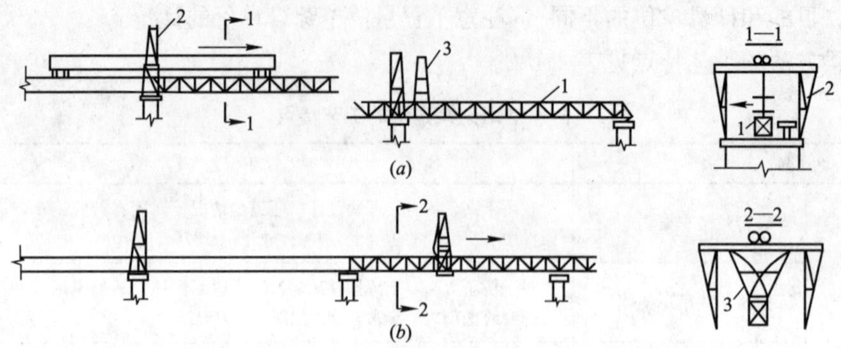

图 4-189　联合架桥机架梁

1—钢导梁；2—门式吊车；3—托架(运送门式吊车用)

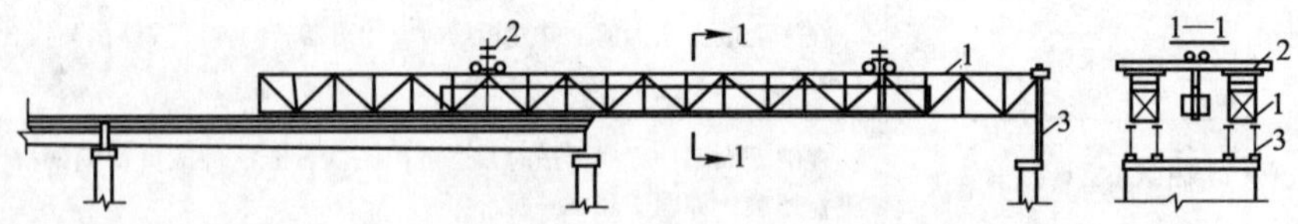

图 4-190　闸门式架桥机架梁

1—安装梁；2—起重横梁；3—可伸缩支腿

安装预制混凝土(构件)定额说明及工程量计算规则见表 4-183。

安装预制混凝土(构件)定额说明及工程量计算规则　　表 4-183

项次	项目名称	计算方法
1	小型构件	指单件混凝土体积 0.05m³ 以内的构件
2	构件场内运输	除小型构件安装定额已包括 150m 的场内运输外，其他的安装预制构件定额中未包括构件场内运输
3	套用定额	安装预制构件应根据合理的施工方法套用相应定额
4	船上吊装	除安装梁分陆上、水上安装外，其他构件安装均未考虑船上吊装，发生时可增计船只
5	安装定额选用	1. 未包括安装工程所需的脚手架，发生时可套用通用项目相应定额计算 2. 预制构件损耗的计算，与打桩损耗的计算相同
6	安装预制排架立柱	1. 安装预制排架立柱定额按承插式安装编制，如采用其他方式安装时应另行计算 2. 工程量以立方米计算
7	安装墩台管节	1. 安装墩台管节定额按成品管内径分为 ϕ600，ϕ800，ϕ1000，ϕ1200，ϕ1650 五种管径，如果成品管品种不同的可以抽换 2. 工程量以米计算
8	安装板	1. 安装板定额分为矩形板和空心板； 2. 工程量按板的混凝土实体积以立方米计算
9	安装梁	1. 安装梁定额分为陆上架梁、水上架梁和双导梁架梁三种施工方式，陆上、水上架梁又按梁的断面形式分为板梁、T 形梁、I 形梁和槽形梁，双导梁架梁分简支梁和箱形块 2. 导梁安装梁定额中不包括导梁的安装及使用，发生时可套用装配式钢支架定额，工程量按实计算 3. 安装梁工程量按梁的混凝土实体积以立方米计算
10	安装其他构件	1. 其他构件包括端柱灯柱、人行道板、缘石、锚锭板、混凝土栏杆 2. 工程量均按混凝土实体积以立方米计算

注：1. 选自《上海市市政工程预算定额》(2000)工程量计算规则暨总、册说明；
2. 定额适用于桥涵工程现场安装构件；
3. 需注意的是安装梁不以水上工作平台、陆上工作平台标准(请参阅表 4-141“打桩机工作平台(搭置支架平台）划分范围”及图 4-118“水上、陆上工作平台划分示意图”图示的释义)来区分，以实际施工方法来套用，陆上架梁指用吊车架梁，水上架梁指用船排架梁；
4. 定额中未包括各类操作脚手架(在编制工程量清单时不要漏列脚手架项目)，发生时套用相应定额，请参阅 5.3 脚手架(项目编码：0503)的释义。

板梁间(板间)灌缝、板梁底勾缝工程量“算量”见表 4-184。

板梁间(板间)灌缝、板梁底勾缝工程量“算量”　　　　表 4-184

项次	项目名称		计量单位	计 算 式
1	灌缝	板梁间	立方米	V=每米灌缝体积 m^3/m×板梁跨长长度×(板梁根数－1)
		板间		V=体积/每条缝(m^3/条)×(板梁数量－1)
2	勾缝	板梁底	延长米	L=板梁跨长长度×(板梁总数量－1)
		带桥台搭板		L=板梁长(桥台长－桥台搭板梁长)×(板梁数量－1)

注：选自《上海市市政工程预算定额》(2000)工程量计算规则暨总、册说明。

【例题 4-58】 某工程简支梁桥台长 9.96m，板梁数量共有 15 块(其中：13 块中板、2 块边板)；中板板间灌缝 0.155m^3/块、边板板间灌缝 0.15m^3/块；桥台搭板梁长为 0.70m/座、共 2 座；求：板梁间灌缝、板梁底勾缝各多少立方米及延长米?

【解题分析 4-58】 已知：

(1) 板间灌缝 V =体积/每条缝(m^3/条)×(板梁数量－1)

=0.155m^3/块×(13 块－1)+0.15m^3/块×2 块

=2.16m^3

(2) 板梁底勾缝 L =板梁长(桥台长－桥台搭板梁长)×(板梁数量－1)

=[9.96m－(0.70m/座×2 座)] ×(15.0－1)

=8.56m×14

=119.84m

【例题 4-59】 某工程分上下行桥，采用三孔跨河桥梁，8.0m+10.0m+8.0m 的预制空心板梁，每跨 16 根空心板梁，板梁底每米灌缝 0.0164m^3/m；(1.2m×2+0.75m×2)；求：板梁间灌缝、板梁底勾缝各多少立方米及延长米?

【解题分析 4-59】 已知：本桥梁分上下行桥，采用三跨 8.0m+10.0m+8.0m 的预制空心板梁，每跨 16 根空心板梁，(1.2m×2+0.75m×2)

(1) 板梁底灌缝 V =每米灌缝体积 m^3/m×板梁跨长长度×(板梁总根数/跨－1)

=0.0164m^3/m×(8.0m+10.0m+8.0m)/三跨长

×[(16 根/跨－1) ×2(上下行)]

=0.0164m^3/m×26m×30=12.79m^3

(2) 板梁底勾缝 L =板梁跨长长度×(板梁总数量－1)

=[(8.0m+10.0m+8.0m)/三跨长－(1.2m×2+0.75m×2)]

×[(16 根/跨－1) ×2(上下行)]

=(26.00m－3.9m)×30=663.00m

【例题 4-60】 某桥梁采用了 C30 混凝土预制非预应力空心板，中板四块、边板两块，板厚 40cm，设计图如图 4-191 所示，试计算空心板，绞缝 M10 水泥砂浆，勾缝工程量?

【解题分析 4-60】

解题分析要点：根据表 1-7 “清单项目的工程量‘算量’”计算原则：“所有清单项目的工程量应以实体工程量为准，并以完成后的净值计算；投标人投标报价时，应在单价中考虑施工中的各种损耗和需要增加的工程量；对于分部分项工程量清单项目而言，清单工程量的计算需要明确计算依据、计算规则、计量单位和计算方法。”。

列项解题分析时，首先针对工程内容的规定，对拟编制的挖路基土方项目，与表 4-175 “预制构件

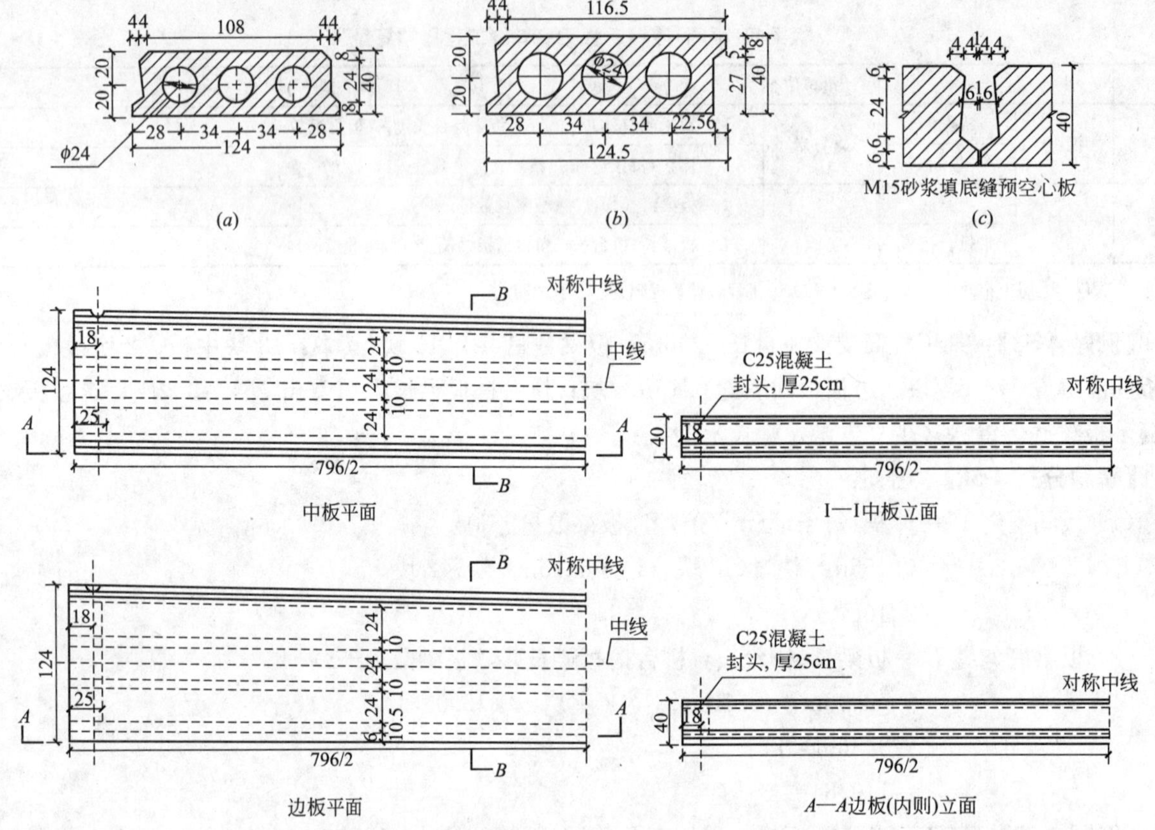

图 4-191　某工程混凝土预制空心板示意图(单位：cm)
(a)中板截面；(b)边板截面；(c)铰缝大样

(施工现场或工厂)与现浇构件类型甄选表”、表 4-176“预制混凝土构件计算方法表”、表 4-180“桥涵及护岸工程安装柱、板、梁的消耗量(m^3)表”、表 4-181“预制混凝土构件场内运输工程量‘算量’”、表 4-183“安装预制混凝土(构件)定额说明及工程量计算规则”、表 4-184“板梁间(板间)灌缝、板梁底勾缝工程量‘算量’”等是否对应的对照依据，也是检查是否重列或漏列的主要依据。

依题已知：

1) 混凝土预制空心板，中板四块、边板两块，板厚为 h40cm；

2) 中板长度 L_1 为 796cm、下底宽 b_1 为 124cm、上底宽 b_2 为 4cm＋4cm＋108cm＋4cm＋4cm＝120cm、板内尚有 ϕ24 的圆洞三个，每块圆洞封头 6 个/块；

3) 边板长度 L_2 为 796cm、下底宽 b_3 为 124.5cm、上底宽 b_4 为 4cm＋4cm＋116.5cm＝124.5cm、板内尚有 ϕ24 的圆洞三个，每块圆洞封头 6 个/块；

4) 绞缝：中板 4 块，边板 2 块，板宽长 7.96m。

5) 当板内圆洞为 ϕ24 时，查图 5-37“圆形简图暨截面积计算公式”，截面积 $A=\pi r^2=1/4\times\pi d^2=0.7854d^2=3.1416r^2$

$$圆形截面积\ A=0.7854d^2=0.7854\times0.24\text{m}=0.0452\text{m}^2/个$$

(1) 混凝土预制空心板

查表 4-176“预制混凝土构件计算方法表”，得知预制混凝土空心板，以立方米计算

1) 混凝土预制空心板中板(m^3)

① 中板工程量体积 $V_中=[b_1\times h-圆形截面积\ A\times3\ 个-(0.08+0.04)\times0.04-(0.06+0.04)\times0.24-0.06\times0.06]\times L_1\times n\ 块$

$=[1.24m\times0.4m-0.0452m^2/$个$\times3$ 个$-(0.08+0.04)\times0.04-(0.06+0.04)\times0.24-0.06\times0.06]\times7.96m\times4$ 块

$=(0.496m^2-0.136m^2-0.005m^2-0.024m^2-0.0036m^2)\times7.96m\times4$ 块

$=0.3272m^2\times7.96m\times4$ 块$=10.424m^3$

② 中板封头工程量体积 $V_{中封}=0.7854d^2/$个$\times6$ 个/块$\times n$ 块$\times0.25$

$V_{中封}=0.7854d^2/$个$\times6$ 个/块$\times n$ 块$\times0.25$

$=0.0452m^2/$个$\times6$ 个/块$\times4$ 块$\times0.25=0.271m^3$

2) 混凝土预制空心板边板工程量(m^3)

① 边板工程量体积 $V_{边}=[b_1\times h-$圆形截面积 $A\times3$ 个$-0.05\times0.06\div2-0.27\times0.06-(0.08+0.04)\times0.04\div2-(0.06+0.04)\times0.24\div2-0.06\times0.06\div2]\times L_1\times n$ 块

$=[1.245\times0.4-0.05\times0.06\div2-0.27\times0.06-(0.08+0.04)\times0.04\div2-(0.06+0.04)\times0.24\div2-0.06\times0.06\div2-0.12^2\times3.14\times3$ 个$]\times7.96m\times2$ 块

$=(0.498-0.0015-0.0162-0.0024-0.012-0.0018-0.1356)\times7.96m\times2$ 块

$=5.23m^3$

② 边板封头工程量体积 $V_{边封}=0.7854d^2/$个$\times6$ 个/块$\times n$ 块$\times0.25$

$V_{边封}=0.7854d^2/$个$\times6$ 个/块$\times n$ 块$\times0.25$

$=0.0452m^2/$个$\times6$ 个/块$\times2$ 块$\times0.25$

$=0.1356m^3$

3) 空心预制板总工程量(m^3)

$\Sigma V=$(中板工程量＋中板封头工程量)＋(边板工程量＋边板封头工程量)

$=(10.424m^3+0.271m^3)+(5.23m^3+1.1304m^3)=17.055m^3$

(2) 绞缝工程量(m^3)

绞缝工程量 $V_{绞}=[(0.09+0.17)\times0.04\div2+(0.09+0.13)\times0.24\div2+(0.01+0.13)\times0.06\div2]\times L_1\times$(板梁总数量$-1$)

$=[(0.09+0.17)\times0.04\div2+(0.09+0.13)\times0.24\div2+(0.01+0.13)\times0.06\div2]\times7.96m\times[(4$ 块$_{中}+2$ 块$_{边})-1)]$

$=0.0358m^2\times7.96m\times5$ 块$=1.425m^3$

(3) M10 水泥砂浆勾缝(延长米)

水泥砂浆勾缝 $A_{勾}=L_1\times$(板梁总数量-1)

$=7.96m/$块$\times[(4$ 块$_{中}+2$ 块$_{边})-1)]=39.8m$

得：

(1) 该桥梁混凝土预制空心板总工程量为 $17.055m^3$，绞缝工程量为 $1.425m^3$，M10 水泥砂浆勾缝工程量体积为 39.8m；

(2) 查表 4-173"预制混凝土工程量清单项目设置、计算规则及项目子目对应比照表"，得桥涵护岸工程预制混凝土构件 S4-7-：3. 预制板(矩形、空心、微弯板)10. 预制构件场内运输(构件重 10t、40t、60t 内)桥涵护岸工程安装工程 S4-8-：3. 安装板(矩形、空心板)；

(3) 定额适用于桥涵工程现场预制的混凝土构件，不适用于工厂预制的构件；构件可采用购置工厂制作的成品；

(4) 定额中带"( )"的为桥梁预制构件安装类，这些带"( )"的预制构件，在套用定额时，当采用工厂制品构件者，以此制品构件价格直接进入子目计算；若采用现场预制时，应以预制构件数量套用该册"预制构件"相应子目单列计算费用(不进入打桩子目计算)，参见表 4-180"桥涵及护岸工程安装柱、板、梁的消耗量(m^3)表"的释义。

注：

(1) 上述 4 项工程内容包括了预制混凝土板施工的全部施工工艺过程。

但应注意，上述项目中未包括绞缝、M10 水泥砂浆勾缝，故应对照表 4-173"预制混凝土工程量清单项目设置、计算规则及项目子目对应比照表"中桥涵护岸工程预制混凝土构件 S4-7-：11. 混凝土接头及灌缝(板梁间灌缝、板梁底勾缝)，另外增列绞缝、M10 水泥砂浆勾缝的分部分项清单项目，否则就属于漏列。

(2) 还可能出现《建设工程工程量清单计价规范》GB 50500—2008"表 3.3.1 措施项目一览表"中的有关清单项目，请查阅 5.2 混凝土、钢筋混凝土模板及支架(项目编码：0502)、5.2 混凝土、钢筋混凝土模板及支架(项目编码：0502)。

(3) 如本工程定额中未包括现地模铺筑、地模拆除，发生时套用相应定额子目、定额未包括安装工程所需的脚手架，发生时可套用通用项目相应定额计算，应列入措施项目中，参见、表 5-37"简易、双排脚手架工程量计算"的释义；如计算，则可参照表 5-14"混凝土、钢筋混凝土模板工程量清单项目设置、项目子目对应比照表"、表 5-36"脚手架工程量清单项目设置、项目子目对应比照表"的释义。

(4) 另外根据表 1-20"工程量清单、市政定额、施工工程量'算量'"，得知其间区别"在于计量的依据、计算规则、目的和计量单位的不同"，注意工程量清单综合单价的计价。

【例题 4-61】 在某桥梁工程中，桥梁柱基础为独立现浇的钢筋混凝土基础中的截锥式柱基，如图 4-192所示；求钢筋混凝土基础工程量?

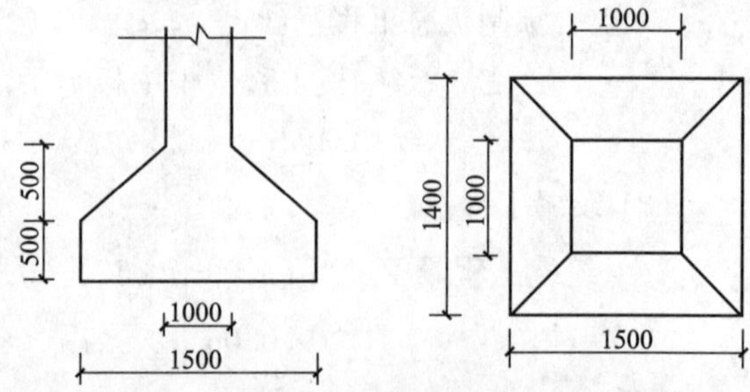

图 4-192　某桥梁工程柱基示意图(单位：mm)

【解题分析 4-61】

依题已知：

(1) 底边长度 a_1 为 1500mm、底边宽度 b_1 为 1400mm、底边厚度 h_1 为 500mm、截锥面顶边长度 a_2 为 1000mm、顶边宽度 b_2 为 1000mm、底边厚度 h_2 为 500mm

(2) 底座面积 $F_1=a_1\times b_1=1.50\text{m}\times1.40\text{m}=2.10\text{m}^2$

(3) 截锥面积 $F_2=a_2\times b_2=1.00\text{m}\times1.00\text{m}=1.0\text{m}^2$

(4) 截锥面体积 $V_{锥}$，参见图"棱台简图暨体积计算公式"，按 $V=1/3h[F_1+F_2+(F_1F_2)^{1/2}]$ 公式进行计算。

$$
\begin{aligned}
\text{截锥面体积}\ V_{锥} &= 1/3h_2[F_1+F_2+(F_1F_2)^{1/2}]\\
&= 1/3\times0.5\text{m}\times[2.10\text{m}^2+1.0\text{m}^2+(2.10\text{m}^2\times1.0\text{m}^2)^{1/2}]\\
&= 0.1666\times(2.10\text{m}^2+1.0\text{m}^2+1.45\text{m}^2)=0.7580\text{m}^3
\end{aligned}
$$

$$
\begin{aligned}
\text{钢筋混凝土基础体积}\ V &= a_1b_1h_1+1/3h_2[F_1+F_2+(F_1F_2)^{1/2}]\\
&= 1.50\text{m}\times1.40\text{m}\times0.5\text{m}+0.7580\text{m}^3\\
&= 1.05\text{m}^3+0.7580\text{m}^3\\
&= 1.808\text{m}^3
\end{aligned}
$$

得：该钢筋混凝土基础中的截锥式柱基工程量为 1.808m^3。

砌筑工程量清单项目设置、计算规则及项目子目对应比照见表 4-185。

砌筑工程量清单项目设置、计算规则及项目子目对应比照表　　**表 4-185**

砌筑（项目编码：040304）

项目编码	项目名称	项目特征	计量单位	工程量计算规则	工程内容	分部工程项目、名称（所在《市政工程预算定额》册、章、节）
040304001	干砌块料	1. 部位 2. 材料品种 3. 规格			1. 砌筑 2. 勾缝	桥涵护岸工程砌筑工程 S4-5-： 1. 干砌块石（基础、护底、护坡、锥坡、挡墙） 4. 坞工勾缝（干砌块石-平、凸缝）
040304002	浆砌块料	1. 部位 2. 材料品种 3. 规格 4. 砂浆强度等级	m^3		1. 砌筑 2. 砌体勾缝 3. 砌体抹面 4. 泄水孔制作、安装 5. 滤层铺设 6. 沉降缝	桥涵护岸工程砌筑工程 S4-5-： 2. 浆砌块石（基础） 4. 坞工勾缝（浆砌块石-平、凸、凹缝） 桥涵护岸工程安装工程 S4-8-： 10. 安装沉降缝（油毡、沥青木丝板、发泡聚乙烯） 桥涵护岸工程安装工程 S4-8-： 10. 安装沉降缝（油毡、沥青木丝板、发泡聚乙烯）
040304003	浆砌拱圈	1. 材料品种 2. 规格 3. 砂浆强度			1. 砌筑 2. 砌体勾缝 3. 砌体抹面	
040304004	抛石	1. 要求 2. 品种规格			抛石	桥涵护岸工程砌筑工程 S4-5-： 6. 抛石（陆上、船上）

注：1. 选自国家标准《建设工程工程量清单计价规范》GB 50500—2008“附录 D 市政工程工程量清单项目及计算规则”及《〈建设工程工程量清单计价规范〉上海市市政工程操作指南》；

2. 定额中的混凝土及砂浆均采用强度等级表示，混凝土采用“C”表示，砂浆用“M”表示，参见表 7-49“砌筑砂浆配合比（m^3）”；如定额中强度等级与设计强度等级不同时，可按设计强度等级进行换算；

3. 定额中列出混凝土消耗量，但未列出级配材料的用量，级配材料用量可根据“上海市建设工程定额管理总站.《上海市建设工程普通混凝土、砂浆强度等级配合比表》（修订本）. 上海. 2001.”计算；请参阅表 7-49“现场现浇混凝土配合比（m^3）”。

砌筑工程定额编制及工程量计算规则见表 4-186。

砌筑工程定额编制及工程量计算规则　　**表 4-186**

项次	类　型	定额及工程量计算规则
1	砌筑工程量	按设计图尺寸以立方米计算，不扣除嵌入砌体中的钢管、沉降缝、伸缩缝以及单孔面积 0.3m^2 以内的预留孔所占体积
2	定额适用	1. 适用于砌筑高度 8.0m 以内的桥涵砌筑工程 2. 未包括垫层、拱背和台背的填充项目 3. 考虑到目前工程的景观要求，将块石细分为块石和护坡块石两类，护坡块石是指经加工成长方体或正方体的规则块石。如设计要求与定额不符时，块石材料可进行抽换
3	圬工勾缝	1. 按干砌块石和浆砌块石，分为勾平缝、凸缝和凹缝，其中勾凹缝只有浆砌块石有 2. 圬工勾缝工程量按需勾缝的砌体表面积以平方米计算
4	抛　石	1. 分为陆上抛石和船上抛石 2. 工程量按松方体积计算

注：1. 选自《上海市市政工程预算定额》（2000）工程量计算规则暨总、册说明；

2. 浆砌块石系指将料石打平成块状，利用砂浆作粘结剂的一种砌筑材料，它比砖砌体的强度高；

3.《上海市市政工程预算定额》（2000）未考虑拱桥项目，主要是因为上海地区的地质情况不太适宜建造拱桥，与拱桥相关的定额使用不多的原因，如果发生该类项目，可以套用全国统一市政工程预算定额桥涵工程分册相应定额；本《市政工程工程量清单“算量”手册》则在拱圈方面作简单的简述，请参阅表 5-23“拱圈的种类”释义。

圬工勾缝的形式见表 4-187、图 4-193。

圬工勾缝的形式　　表 4-187

类　型	勾缝的形式
平缝	操作简便，勾缝后墙面平整，不易剥落和积污，防雨水渗透好，但墙面较为单调，平缝一般有深、浅两种做法，深的约凹进墙面 3～5mm
凹缝	凹缝凹进墙面 5～8mm，凹面可做成半圆形，勾凹缝的墙面有立体感
斜缝	斜缝是把灰缝的上 I-5 压进墙面 3～4mm，下口与墙面平，使其成为斜向上的缝，斜缝泄水方便
凸缝	凸缝是在灰缝面做成一个半圆形的凸线，凸出墙面约 5mm 左右。 凸缝墙面线条明显、清晰，外表美观，但操作过程却费工

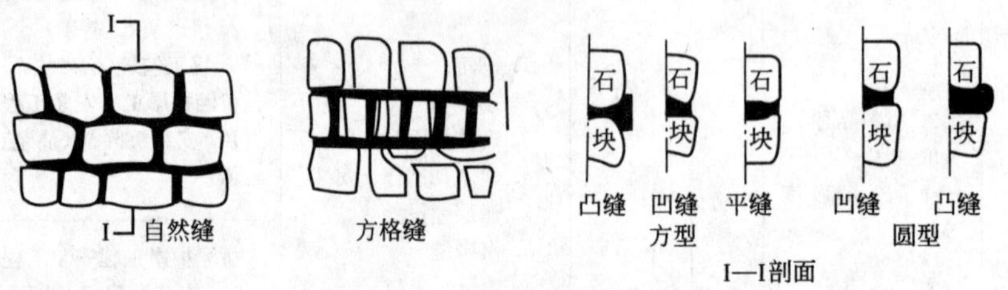

图 4-193　圬工勾缝的形式

【例题 4-62】 某桥梁工程，其桥墩侧壁需干砌块料挡土墙，全长 150.0m，如图 4-194、图 4-195 所示，求干砌块料挡土墙基础、墙身和内墙面及顶面勾缝的工程量？

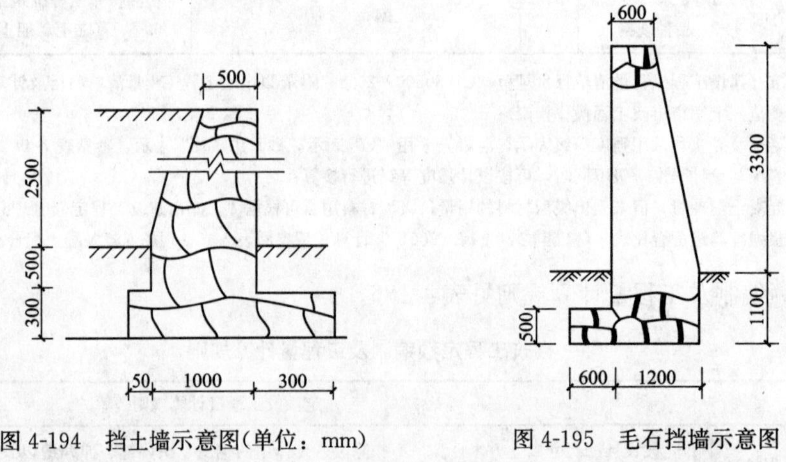

图 4-194　挡土墙示意图(单位：mm)　　图 4-195　毛石挡墙示意图

【解题分析 4-62】 基础、墙身及内墙面勾缝应分别计算工程量。

(1) 干砌块石基础工程量

$$[(0.5m+1.0m+0.3m)\times 0.3m+1.0m\times 0.5m]\times 150.0m=135.75m^3$$

(2) 干砌块石墙身工程量

$$(1.0m+0.5m)\div 2\times 2.5m\times 150.0m=281.25m^3$$

(3) 平、凸缝勾缝工程量

$$(2.5m+0.5m)\times 150.0m=450.0m^2$$

得：

(1) 干砌块石基础工程量体积为 135.75m^3；干砌块石墙身工程量体积为 281.25m^3；平、凸缝勾缝工程量面积为 450.0m^2；

(2) 查表 4-188 “挡墙、护坡工程量清单项目设置、计算规则及项目子目对应比照表”，得桥涵护岸工程砌筑工程 S4-5-：1. 干砌块石(基础、护底、护坡、锥坡、挡墙)4. 坞工勾缝(干砌块石-平、凸缝)定额子目。

【例题 4-63】 某桥梁工程，其护坡如图 4-196 所示，其计算简图如右图所示，试计算锥坡，锥坡 M7.5 砂浆砌片石，锥坡边护坡，1∶2 水泥砂浆勾缝工程量。

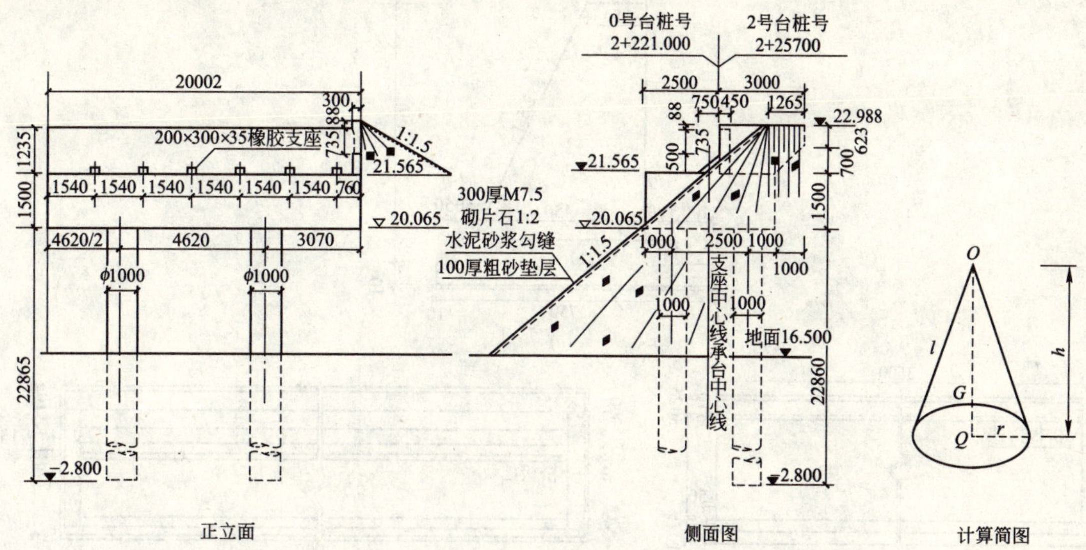

图 4-196　某桥梁工程护坡示意图(单位：mm)

【解题分析 4-63】

依题所知：

锥坡：h＝22.988m－16.5m＝6.488m；r＝6.488×1.5m＝9.732m

$$L=(L^2-h^2)^{1/2}$$
$$=(9.732^2-6.388^2)^{1/2}=7.342\text{m}$$

(1) 锥坡 M7.5 砂浆砌块石

依题所知：M7.5 砂浆砌片石 h＝30cm

$$\text{其工程量}=\pi r^2 L\times \text{M7.5 砂浆砌片石 } h$$
$$=3.14\times 7.342^2\times 9.732\text{m}\times 0.3\text{m}=494.18\text{m}^3$$

(2) 锥坡边护坡

依题所知：M7.5 砂浆砌片石 h＝30cm

$$\text{其工程量}=9.732\times 2.5\times 4\times 0.3\text{m}=29.2\text{m}^3$$

(3) 1∶2 水泥砂浆勾缝

$$\text{其工程量}=(494.18+29.2)\div 0.3=1744.6\text{m}$$

得：

该桥梁工程其护坡锥坡 M7.5 砂浆砌片石工程量为 494.18m^3，锥坡边护坡工程量为 29.2m^3，1∶2 水泥砂浆勾缝工程量为 1744.6m^2。

【例题 4-64】 某桥梁下部为重力式砌石桥台，具体设计图如图 4-197 所示；试求 C15 垫层、C25 基础、台身(M10 料石镶面、M10 浆砌块石、M10 水泥砂浆勾缝)、台帽工程量各多少？

【解题分析 4-64】

依题已知：

1) 结构形式：①垫层：C15 混凝土；②基础：C25 混凝土；③台身：M10 浆砌块石填芯，M10 料石镶面，M10 水泥砂浆勾缝，镶面厚度为 20cm；④台帽：C30 混凝土；

2) C15 垫层：长度 L_1 为(10cm＋3900cm＋10cm)＝3920cm、宽 B_1 为(10cm＋750cm＋10cm)＝770cm、厚度 h_1 为 10cm；

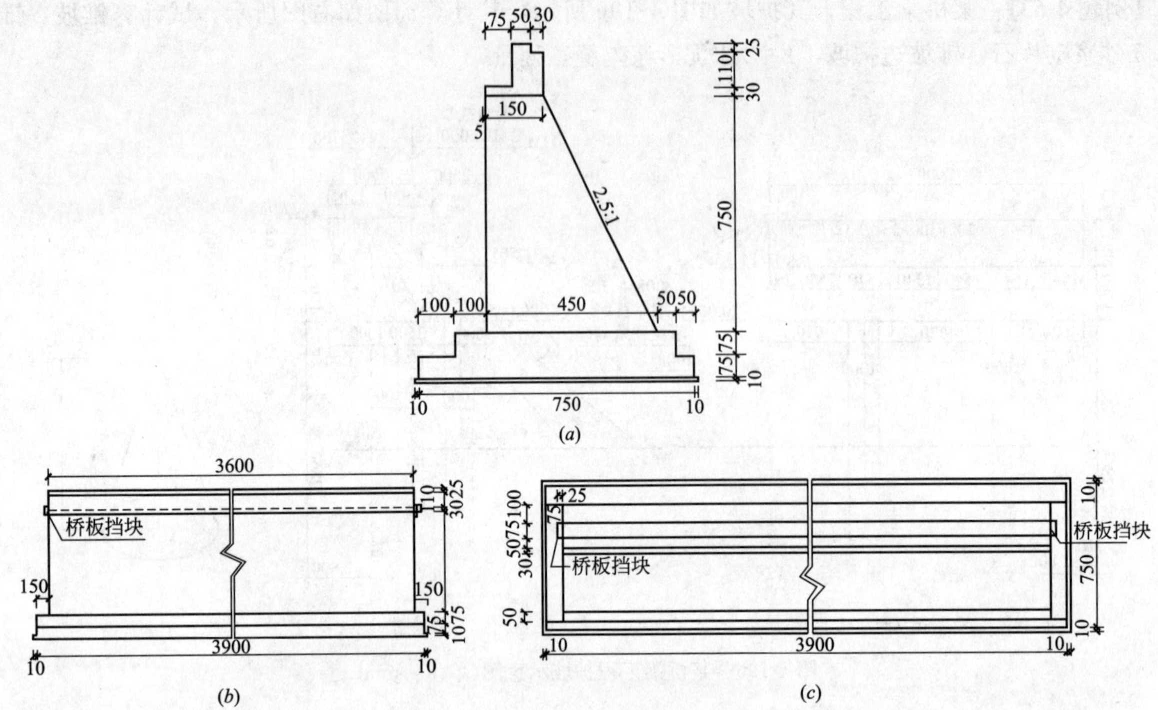

图 4-197　重力式砌石桥台断面示意图(单位：cm)

(a)桥台断面图；(b)桥台立面图层；(c)桥台平面图

3) C25 基础：长度 L_2 为 3900cm、宽 B_2 为 750cm、宽 B_3 为(100cm＋450cm＋50cm)＝600cm、厚度 h_2 为 75cm、厚度 h_3 为 75cm；

4) 台身：长度 L_2 为 3600cm、上底面宽 B_3 为 150cm、下底面宽 B_4 为 450cm、高 H 为 750cm，边坡的坡率(m：1)为 2.5：1，M10 料石镶面厚度 h_1 为 20cm；

5) 台帽：下底面宽 B 为(5cm＋150cm)＝155cm、具体尺寸见图 4-197“重力式砌石桥台断面示意图”所示。

(1) C15 垫层体积：

$$V_{垫}=L_1\times B_1\times h_1$$
$$=39.2\text{m}\times 7.7\text{m}\times 0.1\text{m}=30.18\text{m}^3$$

(2) C25 基础体积：

$$V_{基}=L_2\times(B_2\times h_2+B_3\times h_3)$$
$$=39.0\text{m}\times(7.5\text{m}\times 0.75\text{m}+6.0\text{m}\times 0.75\text{m})=394.88\text{m}^3$$

(3) 台身体积：

$$V_{身}=L_2\times[(B_3+B_4)\div 2]\times H$$
$$=36.0\text{m}\times[(1.5\text{m}+4.5\text{m})\div 2]\times 7.5\text{m}=810.0\text{m}^3$$

1) M10 料石镶面体积：

$$V_{镶}=[(B_3+B_4)\div 2\times H\times 2+H\times(L_2-0.4\text{m})]\times h_1$$
$$=[(1.5\text{m}+4.5\text{m})\div 2\times 7.5\text{m}\times 2+7.5\text{m}\times(36.0\text{m}-0.4\text{m})]\times 0.2\text{m}=62.4\text{m}^3$$

2) M10 浆砌块石体积：

$$V_{浆}=\text{台身体积}-\text{M10 料石镶面}$$
$$=810.0\text{m}^3-62.4\text{m}^3=747.6\text{m}^3$$

3) M10 水泥砂浆勾缝面积：

$$A_{勾}=L_2\times B_2+[(B_3+B_4)\div 2]\times H\times 2$$
$$=36.0\text{m}\times 7.5\text{m}+[(1.5\text{m}+4.5\text{m})\div 2\times 7.5\text{m}]\times 2=315\text{m}^2$$

(4) C30 台帽体积：

$$V_{帽}=36.0\text{m}\times[(1.55\text{m}\times 0.3\text{m}+(0.5\text{m}+0.3\text{m})\times(1.1\text{m}+0.25\text{m})-0.25\text{m}\times 0.3\text{m})]$$
$$+0.25\times 0.5\text{m}\times 0.75\text{m}\times 2$$
$$=36.0\text{m}\times 1.47\text{m}^2+0.1875\text{m}^3=53.11\text{m}^3$$

得：该重力式砌石桥台 C15 垫层工程量为 30.18m^3、C25 基础工程量为 394.88m^3、台身工程量为 810m^3(其中：M10 料石镶面工程量为 62.4m^3、M10 浆砌块石工程量为 747.6m^3、M10 水泥砂浆勾缝工程量为 315m^2)、台帽工程量为 53.11m^3。

挡墙、护坡工程量清单项目设置、计算规则及项目子目对应比照见表 4-188。

挡墙、护坡工程量清单项目设置、计算规则及项目子目对应比照表　　表 4-188

挡墙、护坡(项目编码：040305)

项目编码	项目名称	项目特征	计量单位	工程量计算规则	工程内容	分部工程项目、名称(所在《市政工程预算定额》册、章、节)
040305001	挡墙基础	1. 材料品种 2. 混凝土强度等级石料最大粒径 3. 形式 4. 垫层厚度、材料品种、强度	m³		1. 垫层铺筑 2. 混凝土浇筑	桥涵护岸工程现浇混凝土工程 S4-6-： 1. 基础(垫层-碎石、混凝土) 1. 基础(基础-嵌石混凝土、混凝土、商品混凝土)
040305002	现浇混凝土挡墙墙身	1. 混凝土强度等级、石料最大粒径 2. 泄水孔材料品种、规格 3. 滤水层要求	m³		1. 混凝土浇筑 2. 养护 3. 抹灰 4. 泄水孔制作、安装 5. 滤水层铺筑	桥涵护岸工程现浇混凝土工程 S4-6-： 12. 挡墙(嵌石混凝土、混凝土、商品混凝土) 通用项目一般项目 S1-1-： 13. 商品混凝土输送及泵管安拆使用 桥涵护岸工程砌筑工程 S4-5-： 5. 滤层及泄水孔(泄水孔、砂、碎石滤层)
040305003	预制混凝土挡墙墙身		m³		1. 混凝土挠筑 2. 养护 3. 构件运输 4. 安装 5. 泄水孔制作、安装 6. 滤水层铺筑	
040305004	挡墙混凝土压顶	混凝土强度等级、石料最大粒径	m³		1. 混凝土浇筑 2. 养护	桥涵护岸工程现浇混凝土工程 S4-6-： 13. 压顶(混凝土、商品混凝土) 通用项目一般项目 S1-1-： 13. 商品混凝土输送及泵管安拆使用
040305005	护坡	1. 材料品种 2. 结构形式 3. 厚度	m²		1. 修整边坡 2. 砌筑	桥涵护岸工程砌筑工程 S4-5-： 1. 干砌块石(护坡) 2. 浆砌块石(护坡)

注：1. 选自国家标准《建设工程工程量清单计价规范》GB 50500—2008“附录 D 市政工程工程量清单项目及计算规则”及《〈建设工程工程量清单计价规范〉上海市市政工程操作指南》；

2. 商品混凝土输送及泵管安拆使用已包括在清单的各种不同构件里边，不需单独列项；

3. 定额中现浇混凝土分列出现浇混凝土、预制混凝土、预拌(商品)混凝土(泵送、非泵送混凝土)子目，预拌(商品)混凝土请参阅 4.3 桥涵护岸工程 (项目编码：0403)中“商品混凝土计算”释义；

4. 定额中的混凝土及砂浆均采用强度等级表示，混凝土采用“C”表示，砂浆用“M”表示；如定额中强度等级与设计强度等级不同时，可按设计强度等级进行换算；

5. 定额中列出混凝土消耗量，但未列出级配材料的用量，级配材料用量可根据“上海市建设工程定额管理总站.《上海市建设工程普通混凝土、砂浆强度等级配合比表》(修订本). 上海. 2001.”计算。

挡土墙分类见表4-189、图4-198、图4-199。

挡土墙分类 **表4-189**

项次	分类	类型	图示
1	道路路横断面上的位置	路堤墙、路堑墙、路肩墙、山坡墙等	如图4-198所示
2	结构形式	重力式、衡重式、半重力式、悬臂式、锚杆式、垛式、扶壁式等	如图4-199所示
3	砌筑墙身材料	石砌、砖砌、混凝土、钢筋混凝土、加筋挡土墙等。道路中常用的挡土墙有石砌重力式、衡重式及混凝土、钢筋混凝土悬臂式	
4	常用的石砌挡土墙	一般由基础、墙身、排水设施、沉降缝等组成	

注：挡土墙是设置于天然地面或人工坡面上，用以抵抗侧向土压力，防止墙后土体坍塌的支挡结构物。在道路工程中，它可以稳定路堤和路堑边坡，减少土方和占地面积，防止水流冲刷及避免山体滑坡，路基坍方等病害发生。

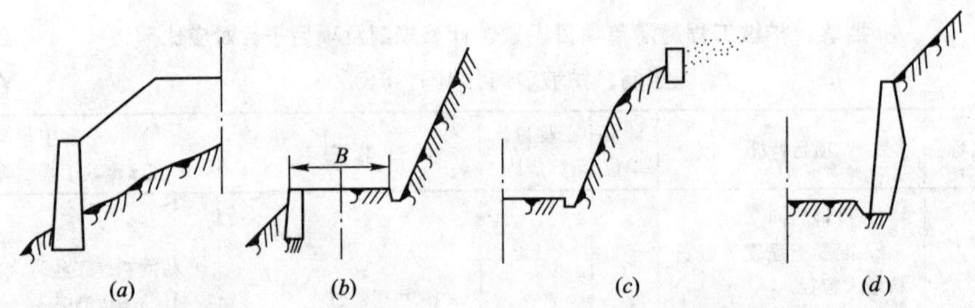

图4-198 挡土墙按其在道路横断面上的位置分类

(a)路堤墙；(b)路堑墙；(c)路肩墙；(d)山坡墙

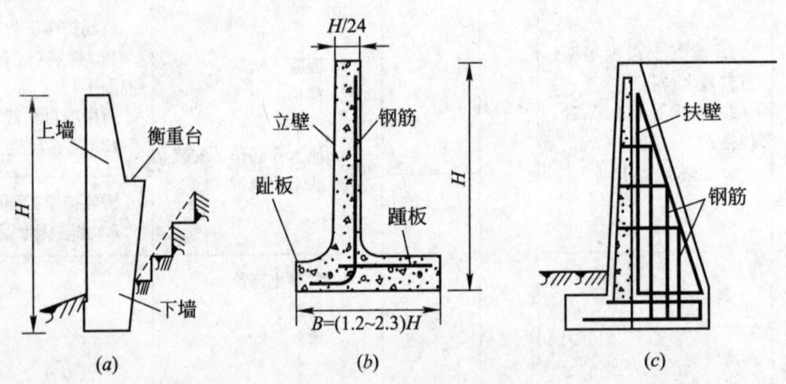

图4-199 挡土墙按其结构形式分类

(a)衡重式；(b)悬臂式；(c)扶壁式

护坡(项目编码：040305005)、护坡基础(项目编码：040305001)

【例题4-65】 某桥涵工程护坡中采用干砌块石护坡，全长100.0m，具体尺寸如图4-200所示；试计算其工程量。

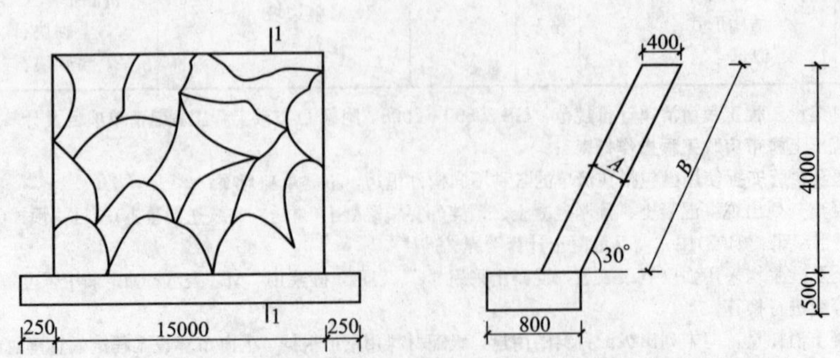

图4-200 某桥涵工程护坡示意图(单位：mm)

【解题分析 4-65】

依题已知有：如图 4-201 所示，护坡长度 L＝100.0m、干砌块石护坡厚度 A＝400mm、护坡高度 H＝4000mm、交叉角 30°；护坡基础截面：长度 L_1 为 250mm＋15000mm＋250mm、厚度 B 为 800mm、高度 h 为 500mm

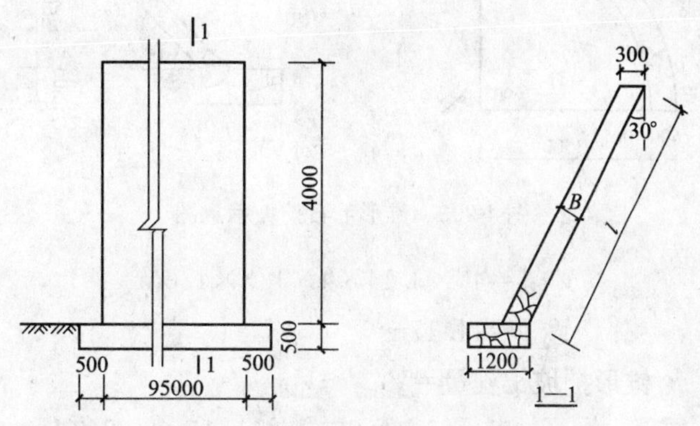

图 4-201　毛石护坡示意图

护坡工程量 V＝护坡断面积×护坡长度

(1) 护坡断面积＝$A\times B$

$$A=0.4\text{m}$$

$$B=4.0\text{m}\times(1\div\cos 60°)=4.0\text{m}\times(1\div 1/2)=8.0\text{m}$$

(2) 护坡工程量

$$V=A\times B\times L=0.4\text{m}\times 8.0\text{m}\times 100.0\text{m}=320\text{m}^3$$

(3) 护坡基础工程量

$$V=L_1\times B\times h$$

$$=(15.0\text{m}+0.25\text{m/边}\times 2\text{边})\times 0.8\text{m}\times 0.5\text{m}=6.2\text{m}^3$$

得：

(1) 干砌块石(护坡)体积为 320m^3，护坡基础(垫层-碎石、混凝土)体积为 6.2m^3；

(2) 查表 4-188“挡墙、护坡工程量清单项目设置、计算规则及项目子目对应比照表”，得套用桥涵护岸工程砌筑工程 S4-5-：1. 干砌块石(护坡)2. 浆砌块石(护坡)及桥涵护岸工程现浇混凝土工程 S4-6-：1. 基础(垫层-碎石、混凝土)1. 基础(基础-嵌石混凝土、混凝土、商品混凝土)定额子目。

【例题 4-66】　××桥涵工程，护坡采用浆砌块石锥形护坡，如图 4-202 所示，试计算其工程量。

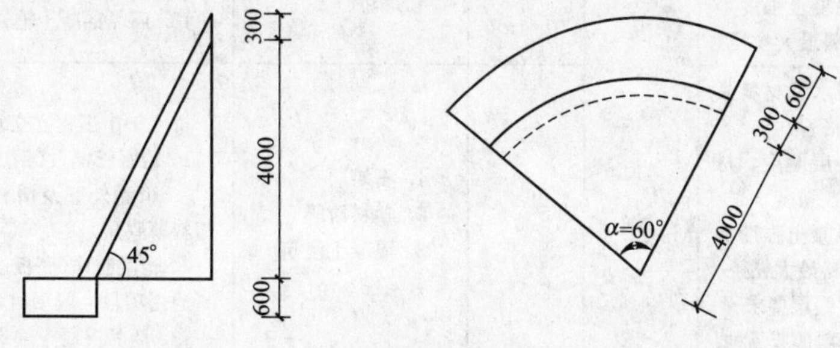

图 4-202　锥形护坡示意图(单位：mm)

【解题分析 4-66】　锥形护坡工程量计算(图 4-203)

依题已知有：

(1) 锥形护坡工程量＝外锥体积－内锥体积

$$V_{外锥}=底面积\times高\times 1/3\times 1/6$$

$$=(4.0+0.3)^2\times3.14\times4.3\times1/3\times1/6\text{m}^3$$
$$=13.87\text{m}^3$$

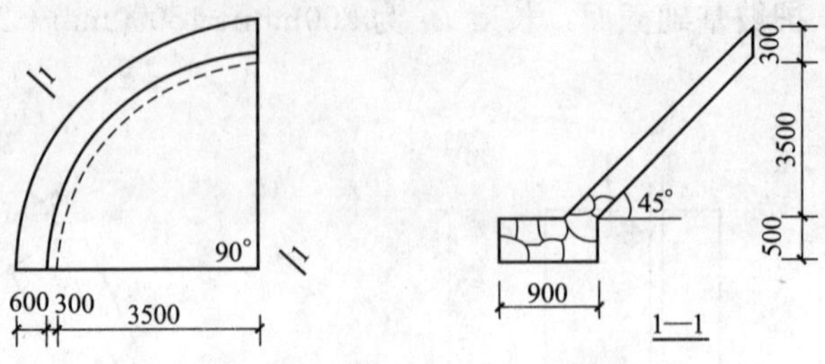

图 4-203　锥形毛石护坡示意图

$$V_{内锥}=4^2\times3.14\times4\times1/3\times1/6\text{m}^3$$
$$=11.17\text{m}^3$$

锥形护坡工程量$=V_{外锥}-V_{内锥}$

$$=13.87\text{m}^3-11.17\text{m}^3=2.7\text{m}^3$$

(2) 护坡基础工程量

$$V=(0.3+0.6)\times0.6\times[4+(0.3+0.6)\div2]\times2\times3.1416\times1/6\text{m}^3$$
$$=2.52\text{m}^3$$

得：

(1) 浆砌块石(护坡)体积为 2.7m³，护坡基础(垫层-碎石、混凝土)体积为 2.52m³；

(2) 查表 4-188“挡墙、护坡工程量清单项目设置、计算规则及项目子目对应比照表”，得套用桥涵护岸工程砌筑工程 S4-5-：1. 干砌块石(护坡)2. 浆砌块石(护坡)及桥涵护岸工程现浇混凝土工程 S4-6-：1. 基础(垫层-碎石、混凝土)1. 基础(基础-嵌石混凝土、混凝土、商品混凝土)定额子目。

立交箱涵工程量清单项目设置、计算规则及项目子目对应比照见表 4-190。

立交箱涵工程量清单项目设置、计算规则及项目子目对应比照表　　表 4-190

立交箱涵(项目编码：040306)

项目编码	项目名称	项目特征	计量单位	工程量计算规则	工程内容	分部工程项目、名称（所在《市政工程预算定额》册、章、节）
040306001	滑板	1. 透水管材料品种、规格 2. 垫层厚度、材料品种、强度 3. 混凝土强度等级、石料最大粒径	m³		1. 透水管铺设 2. 垫层铺筑 3. 混凝土浇筑 4. 养护	桥涵护岸工程立交箱涵工程 S4-9-： 1. 透水管铺设(钢透水管、混凝土透水管) 2. 箱涵制作(滑板-混凝土、商品混凝土) 通用项目一般项目 S1-1-： 13. 商品混凝土输送及泵管安拆使用
040306002	箱涵底板	1. 透水管材料品种、规格 2. 垫层厚度、材料品种、强度 3. 混凝土强度等级、石料最大粒径 4. 石蜡层要求 5. 塑料薄膜品种、规格	m³		1. 石蜡层 2. 塑料薄膜 3. 混凝土浇筑 4. 养护	桥涵护岸工程立交箱涵工程 S4-9-： 1. 透水管铺设(钢透水管、混凝土透水管) 3. 箱涵外壁及滑板面处理(滑板面层-石蜡层、塑料薄膜层) 2. 箱涵制作(底板-混凝土、商品混凝土) 通用项目一般项目 S1-1-： 13. 商品混凝土输送及泵管安拆使用
040306003	箱涵侧墙	1. 混凝土强度等级、石料最大粒径 2. 防水层工艺要求	m³		1. 混凝土浇筑 2. 养护 3. 防水砂浆 4. 防水层铺涂	桥涵护岸工程立交箱涵工程 S4-9-： 2. 箱涵制作(侧墙-混凝土、商品混凝土) 通用项目一般项目 S1-1-： 13. 商品混凝土输送及泵管安拆使用 3. 箱涵外壁及滑板面处理(箱涵外壁-防水层、沥青层)

续表

项目编码	项目名称	项目特征	计量单位	工程量计算规则	工程内容	分部工程项目、名称(所在《市政工程预算定额》册、章、节)
040306004	箱涵顶板					桥涵护岸工程立交箱涵工程 S4-9-: 2. 箱涵制作(顶板-混凝土、商品混凝土) 通用项目—般项目 S1-1-: 13. 商品混凝土输送及泵管安拆使用 3. 箱涵外壁及滑板面处理(箱涵外壁-防水层、沥青层)
040306005	箱涵顶进	1. 断面 2. 长度	kt·m		1. 顶进设备安装、拆除 2. 气垫安装、拆除 3. 气垫使用 4. 钢刃角制作、安装、拆除 5. 挖土实顶 6. 场内外运输 7. 中继间安装、拆除	桥涵护岸工程立交箱涵工程 S4-9-: 4. 气垫安拆及使用(安拆、使用) 5. 箱涵顶进(空顶、无中间实土顶) 6. 箱涵内挖土(人工、机械挖土) 文字代码 ZSN19-1-：1. 土方场外运输
						桥涵护岸工程立交箱涵工程 S4-9-: 4. 气垫安拆及使用(安拆、使用) 5. 箱涵顶进(空顶、有中间实土顶) 6. 箱涵内挖土(人工、机械挖土) 文字代码 ZSN19-1-：1. 土方场外运输
040306006	箱涵接缝	1. 材质 2. 工艺要求	m		接缝	桥涵护岸工程立交箱涵工程 S4-9-: 7. 箱函接缝处理(石棉水泥嵌缝、嵌防水膏、沥青二度、沥青封口、嵌沥青木丝板)

注：1. 选自国家标准《建设工程工程量清单计价规范》GB 50500—2008“附录 D 市政工程工程量清单项目及计算规则”及《〈建设工程工程量清单计价规范〉上海市市政工程操作指南》;

2. 商品混凝土输送及泵管安拆使用已包括在清单的各种不同构件里边，不需单独列项;

3. 定额中现浇混凝土分列出现浇混凝土、预制混凝土、预拌(商品)混凝土(泵送、非泵送混凝土)子目，预拌(商品)混凝土请参阅 4.3 桥涵护岸工程(项目编码：0403)中“商品混凝土计算”释义;

4. 定额中的混凝土及砂浆均采用强度等级表示，混凝土采用“C”表示，砂浆用“M”表示；如定额中强度等级与设计强度等级不同时，可按设计强度等级进行换算;

5. 定额中列出混凝土消耗量，但未列出级配材料的用量，级配材料用量可根据“上海市建设工程定额管理总站.《上海市建设工程普通混凝土、砂浆强度等级配合比表》(修订本). 上海. 2001.”计算。

立交箱涵工程定额说明编制及工程量计算规则见表 4-191。

立交箱涵工程定额说明编制及工程量计算规则　　表 4-191

项次	类　别	释　义
1	箱涵制作	箱涵制作按结构部位分为滑板、底板、侧墙和顶板，箱涵滑板下肋楞的工程量并入滑板内计算。钢筋不分部位统一执行箱涵钢筋子目
2	箱涵顶进	1. 箱涵顶进分空顶、无中继间实土顶和有中继间实土顶。有中继间实土顶定额适用于一级中继间接力顶进 2. 箱涵顶进定额中的自重指箱涵顶进时的总重量，应包括拖带的设备重量，拖带的设备重量可按箱涵重量的 5%计算。如果采用中继间接力顶进时，还应包括中继间的重量
3	工程量计算规则	1. 箱涵滑板下肋楞的工程量并入滑板内计算。混凝土、模板、钢筋的工程量计算规则参照现浇混凝土工程。 2. 箱涵顶柱、中继间护套及挖土支架均属专用周转性金属构件，其制作工程量按顶进及挖土定额括号内所列的摊销量计算。 3. 箱涵顶进工程量按顶进时不同自重的箱涵顶进长度分别计算，计量单位为米。 4. 气垫仅适用于预制箱涵底板下使用，按箱涵底面积计算。气垫的使用天数由批准的施工组织设计确定。但采用气垫后在套用顶进定额时应乘以 0.7 系数

注：1. 选自《上海市市政工程预算定额》(2000)工程量计算规则暨总、册说明;

2. 本章定额适用于穿越城市道路及铁路的立交箱涵顶进工程及现浇箱涵工程;

3. 本章定额中未包括箱涵顶进的后靠背设施。本章定额中未包括深基坑开挖、支撑及井点降水;

4. 下立交引道的结构及路面铺筑工程，根据施工方法套用相关定额计算。

箱涵顶柱、中继间护套及挖土支架的摊销量见表4-192。

箱涵顶柱、中继间护套及挖土支架的摊销量(m、m^3)表　　表4-192

项次	项目名称	单位	5. 箱涵顶进									6. 箱涵内挖土	
			空顶			无中继间实土顶			有中继间实土顶			人工挖土	
			自重≤1000t	自重≤2000t	自重≤3000t	自重≤1000t	自重≤2000t	自重≤3000t	自重≤1000t	自重≤2000t	自重≤3000t	人运机吊	机运机吊
			m	m	m	m	m	m	m	m	m	m^3	m^3
1	2	3	4	5	6	7	8	9	10	11	12	13	14
1	箱涵顶柱	t	(0.2848)	(0.5378)	(0.8299)	(0.2848)	(0.5378)	(0.8299)	(0.2951)	(0.5539)	(0.8560)		
2	中继间护套	kg							(44.2000)	(59.2000)	(75.3000)		
3	挖土支架	kg										(0.1549)	(0.1549)

注：1. 选自《上海市市政工程预算定额》(2000)第四册桥涵护岸工程第九章立交箱涵工程；

2. 箱涵顶柱、中继间护套及挖土支架均属专用周转性金属构件，其制作工程量按顶进及挖土定额括号内所列的摊销量计算；

3. 请参阅表4-191“立交箱涵工程工程量计算规则”释义；

4. 根据《全国统一市政工程预算定额》(1999)总说明及各册、章说明、依据上海市市政工程预算定额修编大纲，结合上海市情况编制补充定额部分，请参阅表2-2“《全国统一市政工程预算定额》关于各省、自治区、直辖市编制补充定额部分等项目”中“立交箱涵定额顶进土质按Ⅰ、Ⅱ类土考虑，若实际土质与定额不同时，可由各省、自治区、直辖市进行调整”的释义；参见表4-3“挖土土壤分类表”的释义；

5. 土方类别，请参阅表4-3“挖土土壤分类表”。

【例题4-67】 设有一立交箱涵顶进工程，共分为两节，每节长40m，单节重量为900t，不设中继间。本例中未考虑顶进时的拖挂重量，顶距按管节全部顶人土面为止计算，预制时箱涵头距土面为8.0m；求：箱涵自重确定?

【解题分析4-67】

(1) 第Ⅰ节空顶　自重900t，套用S4-9-25自重1000t以内的空顶定额，工程量8.0m。

(2) 第Ⅰ节元中继间实土顶　自重900t，套用S4-9-28自重1000t以内的元中继间实土顶定额，工程量40m。

(3) 第Ⅱ节空顶　自重900t，套用S4-9-25自重1000t以内的空顶定额，工程量8.0m。

(4) 第ⅠⅡ节元中继间实土顶　自重1800t，套用S4-9-29自重2000t以内的无中继间实土顶定额，工程量40.0m。

【例题4-68】 设有一立交箱涵顶进工程，共分为两节，每节长40m，单节重量为900t，采用中继间接力顶进。本例中未考虑顶进时的拖挂重量和中继间重量，顶距按管节全部顶人土面为止计算，预制时箱涵头距土面为8.0m；求：顶进工程量?

【解题分析4-68】

(1) 第Ⅰ节空顶　自重900t，套用S4-9-25自重1000t以内的空顶定额，工程量8.0m。

(2) 第Ⅰ节无中继间实土顶　自重900t，套用S4-9-28自重1000t以内的元中继间实土顶定额，工程量40.0m。

(3) 第Ⅱ节空顶　自重900t，套用S4-9-25自重1000t以内的空顶定额，工程量8.0m。

(4) 第ⅠⅡ节有中继间实土顶　自重1800t，套用S4-9-32自重2000t以内的有中继间实土顶定额，工程量40.0m。

钢结构工程量清单项目设置、计算规则及《市政工程预算定额》项目子目对应比照见表4-193。

钢结构工程量清单项目设置、计算规则及《市政工程预算定额》项目子目对应比照表　　表 4-193

钢结构（项目编码：040307）

<table>
<tr><th>项目编码</th><th>项目名称</th><th>项目特征</th><th>计量单位</th><th>工程量计算规则</th><th>工程内容</th><th>分部工程项目、名称
（所在《市政工程预算定额》册、章、节）</th></tr>
<tr><td>040307001</td><td>钢箱梁</td><td rowspan="7">1. 材质
2. 部位
3. 油漆品种、色彩、工艺要求</td><td rowspan="9">t</td><td></td><td rowspan="7">1. 制作
2. 运输
3. 试拼
4. 安装
5. 连接
6. 除锈、油漆</td><td></td></tr>
<tr><td>040307002</td><td>钢板梁</td><td></td><td></td></tr>
<tr><td>040307003</td><td>钢桁梁</td><td></td><td></td></tr>
<tr><td>040307004</td><td>钢拱</td><td></td><td></td></tr>
<tr><td>040307005</td><td>钢构件</td><td></td><td></td></tr>
<tr><td>040307006</td><td>劲性钢结构</td><td></td><td></td></tr>
<tr><td>040307007</td><td>钢结构叠合梁</td><td></td><td></td></tr>
<tr><td>040307008</td><td>钢拉索</td><td rowspan="2">1. 材质
2. 直径
3. 防护方式</td><td rowspan="2"></td><td>1. 拉索安装
2. 张拉
3. 锚具
4. 防护壳制作、安装</td><td></td></tr>
<tr><td>040307009</td><td>钢拉杆</td><td>1. 连接、紧锁件安装
2. 钢拉杆安装
3. 钢拉杆防腐
4. 钢拉杆防护壳制作、安装</td><td></td></tr>
</table>

注：选自国家标准《建设工程工程量清单计价规范》GB 50500—2008“附录 D 市政工程工程量清单项目及计算规则”及《〈建设工程工程量清单计价规范〉上海市市政工程操作指南》。

装饰工程量清单项目设置、计算规则及项目子目对应比照见表 4-194。

装饰工程量清单项目设置、计算规则及项目子目对应比照表　　表 4-194

装饰（项目编码：040308）

<table>
<tr><th>项目编码</th><th>项目名称</th><th>项目特征</th><th>计量单位</th><th>工程量计算规则</th><th>工程内容</th><th>分部工程项目、名称
（所在《市政工程预算定额》册、章、节）</th></tr>
<tr><td>040308001</td><td>水泥砂浆抹面</td><td>1. 砂浆配合比
2. 部位
3. 厚度</td><td rowspan="5">m^2</td><td rowspan="5"></td><td>砂浆抹面</td><td></td></tr>
<tr><td>040308002</td><td>水刷饰面</td><td>1. 材料
2. 部位
3. 砂浆配合比
4. 形式、厚度</td><td rowspan="2">饰面</td><td></td></tr>
<tr><td>040308003</td><td>剁斧石饰面</td><td>1. 材料
2. 部位
3. 部位
4. 部位</td><td></td></tr>
<tr><td>040308004</td><td>拉毛</td><td>1. 材料
2. 砂浆配合比
3. 部位
4. 厚度</td><td>砂浆、水泥浆拉毛</td><td></td></tr>
<tr><td>040308005</td><td>水磨石饰面</td><td>1. 规格
2. 砂浆配合比
3. 材料品种
4. 部位</td><td>饰面</td><td></td></tr>
</table>

续表

项目编码	项目名称	项目特征	计量单位	工程量计算规则	工程内容	分部工程项目、名称（所在《市政工程预算定额》册、章、节）
040308006	镶贴面层	1. 材质 2. 规格 3. 厚度 4. 部位			镶贴面层	
040308007	水质涂料	1. 材料品种 2. 部位	m²		涂料涂刷	
040308008	油漆	1. 材料品种 2. 部位 3. 工艺要求			1. 除锈 2. 刷油漆	

注：选自国家标准《建设工程工程量清单计价规范》GB 50500—2008“附录D市政工程工程量清单项目及计算规则”及《〈建设工程工程量清单计价规范〉上海市市政工程操作指南》。

其他工程量清单项目设置、计算规则及项目子目对应比照见表4-195。

其他工程量清单项目设置、计算规则及项目子目对应比照表　　**表4-195**

其他（项目编码：040309）

项目编码	项目名称	项目特征	计量单位	工程量计算规则	工程内容	分部工程项目、名称（所在《市政工程预算定额》册、章、节）
040309001	金属栏杆	1. 材质 2. 规格 3. 油漆品种、工艺要求	t		1. 制作、运输、安装 2. 除锈、刷油漆	桥涵护岸工程安装工程S4-8-： 6. 钢管栏杆与扶手安装（钢管栏杆与防撞护栏钢管扶手安装）
040309002	橡胶支座	1. 材质 2. 规格				桥涵护岸工程安装工程S4-8-： 7. 安装支座（板式橡胶支座）
040309003	钢支座	1. 材质 2. 规格 3. 形式	个		支座安装	桥涵护岸工程安装工程S4-8-： 7. 安装支座（切线、摆式支座）
040309004	盆式支座	1. 材质 2. 承载力				桥涵护岸工程安装工程S4-8-： 7. 安装支座（盆式组合支座）
040309005	油毛毡支座	1. 材质 2. 规格	m²		制作、安装	桥涵护岸工程安装工程S4-8-： 7. 安装支座（油毛毡支座）
040309006	桥梁伸缩装置	1. 材料品种 2. 规格	m		1. 制作、安装 2. 嵌缝	桥涵护岸工程安装工程S4-8-： 9. 安装伸缩缝（梳形钢板、钢板、板式橡胶、毛勒、沥青麻丝、镀锌铁皮）
040309007	隔声屏障	1. 材料品种 2. 结构形式 3. 油漆品种、工艺要求	m²		1. 制作、安装 2. 除锈、刷油漆	
040309008	桥面泄水管	1. 材料 2. 管径 3. 滤层要求	m		1. 进水口、泄水管制作、安装 2. 滤层铺设	桥涵护岸工程安装工程S4-8-： 8. 安装泄水孔（钢管、铸铁管、PVC塑料管）
040309009	防水层	1. 材料品种 2. 规格 3. 部位 4. 工艺要求	m²		防水层铺涂	桥涵护岸工程现浇混凝土工程S4-6-： 14. 桥面防水层（一布、一油、防水砂浆2cm、防水橡胶板2cm、聚氨酯沥青防水涂料）
040309010	钢桥维修设备	按设计图要求	套		1. 制作 2. 运输 3. 安装 4. 除锈、刷油漆	

注：选自国家标准《建设工程工程量清单计价规范》GB 50500—2008“附录D市政工程工程量清单项目及计算规则”及《〈建设工程工程量清单计价规范〉上海市市政工程操作指南》。

安装金属栏杆、支座等项目计算见表 4-196。

安装金属栏杆、支座等项目计算表　　表 4-196

分类	项目名称	计量单位	备注
金属栏杆	钢管栏杆安装	t	栏杆和扶手工程量计算时不扣除孔眼、切肢、切边重量，不规则或多边形钢板应作方计算
	防撞护栏钢管扶手安装		钢板、钢管 kg/m×敷设长度 钢筋的计量单位比重为 1000kg /t 钢管栏杆及钢扶手定额中钢材的品种、规格与设计不符时可以换算
支座	切线支座	t	均按成品考虑
	摆式支座		
	板式橡胶支座	dm^3	
	盆式组合	个	
	油毛毡支座	m^2	
支座	切线支座	t	标准跨径小于 10m 的简支板或简支梁
	摆式支座		标准跨径等于或大于 20m 的梁式桥
	板式橡胶支座	dm^3	V=体积/块×数量/1000cm^3 板式橡胶支座以立方分米计算
	盆式组合	个	盆式组合支座按支座承载力分为 5000kN 以内、10000kN 以内、20000kN 以内和 30000kN 以内四档以个计算
	油毛毡支座	m^2	跨径较小的钢筋混凝土梁板
桥梁伸缩装置	梳型钢板伸缩缝	m	均按成品考虑
	钢板伸缩缝		
	板式橡胶伸缩缝		
	毛勒伸缩缝		
	镀锌铁皮伸缩缝		
	沥青麻丝伸缩缝	m^2	
泄水孔	钢管	m	定额中安装泄水孔定额适用于桥涵工程，护岸工程泄水孔应套用砌筑工程中的泄水孔定额
	铸铁管		
	PVC 塑料管		

注：1. 选自《上海市市政工程预算定额》(2000)工程量计算规则暨总、册说明；
2. 定额适用于桥涵工程现场安装构件；
3. 切线支座、摆式支座、板式橡胶支座、盆式组合均按成品考虑；
4. 除沥青麻丝以平方米计算外，其余的均按实铺长度以米计算。

桥梁支座类型及释义见表 4-197。

桥　梁　支　座　　表 4-197

项次	类　型	释　义
1	简易垫层支座	1. 跨径小于 5m 的涵洞，可不设专门的支座结构，而采用由几层油毛毡或石棉做成的简易支座 2. 为防止墩、台顶部前缘与上部结构相抵，通常将墩台顶部的前缘削成斜角
2	板式支座	① 板式橡胶支座 板式橡胶支座有圆形和方形两种，它是由几层橡胶和薄钢板叠合而成，如图 9-2 所示。它的活动机理是利用橡胶的不均匀弹性压缩实现转角秒，利用其剪切变形实现水平位移 Δ ② 乙烯滑板式有时简称四氟滑板橡胶支座，它是按照支座平面尺寸大小，在普通板式橡胶支座上粘附一层聚四氟乙烯板(厚 2～4mm)而成。它除了具有普通板式橡胶支座的优点外，还能利用四氟板与梁底不锈钢板之间的低摩擦系数(小于 0.08)，使得桥梁上部构造的水平位移不受限制。 聚四氟乙烯滑板式橡胶支座适用于较大跨径的简支梁桥、桥面连续的梁桥和连续梁桥；此外，还可用于连续梁顶推施工的滑块

续表

项次	类　型	释　义
2	板式支座	③ 球冠圆板式橡胶支座是一种改进后的圆形板式支座，其中间层橡胶和钢板布置与圆形板式橡胶支座完全相同，只是在支座顶面用纯橡胶制成球冠形表面，球冠中心橡胶最大厚度为4～10mm 适用于弯桥、坡桥、斜桥弋宽桥及大跨径桥 球冠支座安装方法与板式橡胶支座基本相同 ④ 盆式橡胶支座 当竖向力较大时，应使用盆式橡胶支座，它是由不锈钢滑板、聚四氟乙烯板、盆环、氯丁橡胶块、钢密封圈、钢盆塞及橡胶防水圈组成

注：1. 按照梁式桥的受力的要求，在墩台帽或盖梁上需要设置支座，其主要作用是将上部结构的支承反力(包括结构重力和活载引起的竖向力和水平力)传递到桥梁墩台，同时保证结构在活载、温度变化、混凝土收缩和徐变等因素作用下能够自由变形，以使上、下部结构的实际受力情况符合结构的静力图图式；
2. 按支座变形的可能性，桥梁的支座一般分为固定支座和活动支座两种。

盆式橡胶支座结构见图4-204。

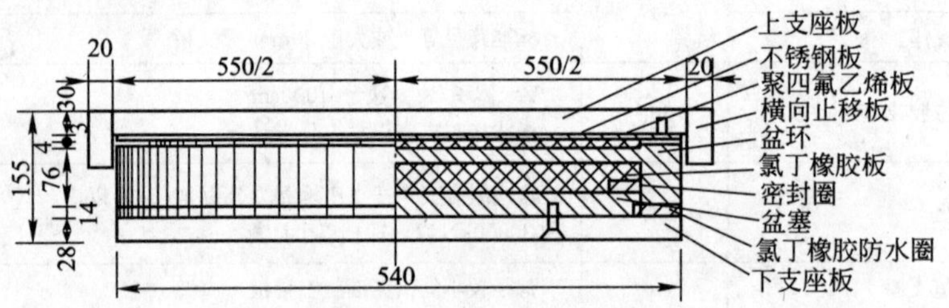

图4-204　盆式橡胶支座结构图

桥梁伸缩缝情况见表4-198。

桥梁伸缩缝　　**表4-198**

项次	类　型	释　义
1	钢板伸缩缝	1. 以钢板作为跨缝材料， 2. 适用梁端变形量在4～6cm以上的情况(图4-205)
2	橡胶伸缩缝	它是以橡胶板作为跨缝材料，其构造如图4-206所示。这种伸缩缝的构造简单，使用方便
3	毛勒伸缩缝	是采用热轧整体成型的异型钢材及密封橡胶等构件组成的伸缩装置。根据型钢的形状又分为C型(图4-207)、E型、F型等，对弯桥、坡桥、斜桥、宽桥适应能力强，可满足各种桥梁结构使用要求，位移量为20～80mm
4	TST弹塑体伸缩缝	1. 它是以TST弹塑体作为跨缝材料（图4-208) 2. 该弹塑体在温度140℃以上时呈熔融状，可以直接浇灌；在低温下具有弹性和防水性。小缝直接浇灌；大缝添加碎石，适用于伸缩量为0～50mm的桥梁伸缩缝

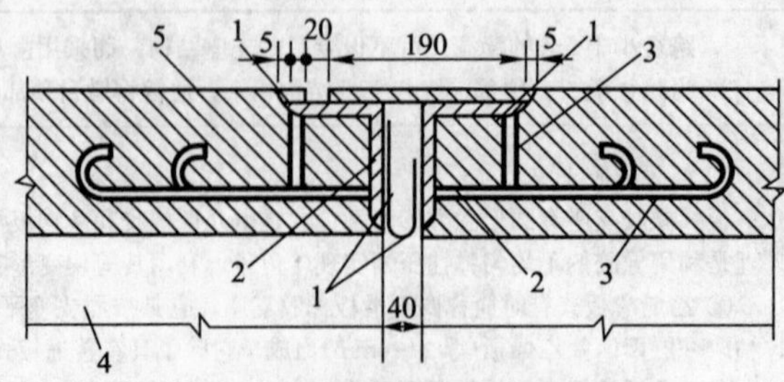

图4-205　钢板伸缩缝(单位：mm)

1—钢板；2—角钢；3—钢筋；4—行车道块件；5—行车道铺装层

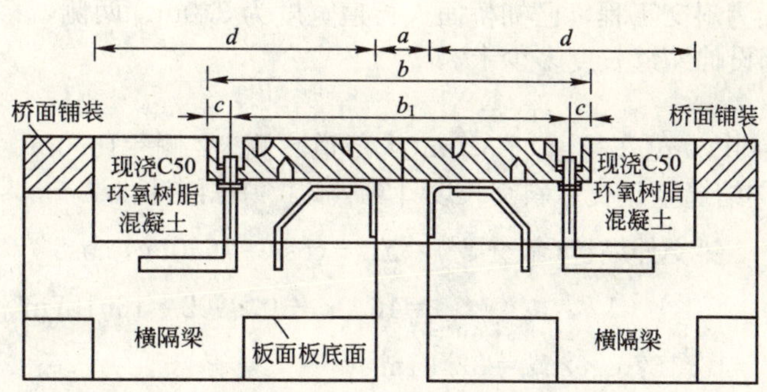

图 4-206　橡胶伸缩缝

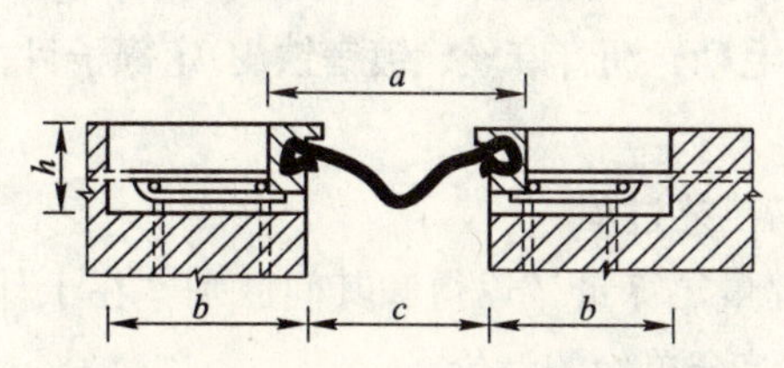

图4-207　GQF-C 型系列伸缩缝装置断面图

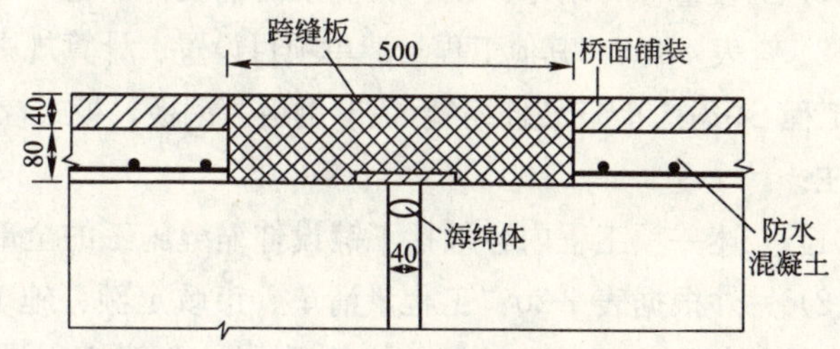

图 4-208　TST 弹塑体伸缩缝构造(单位：mm)

组合伸缩缝见图 4-209、图 4-210。

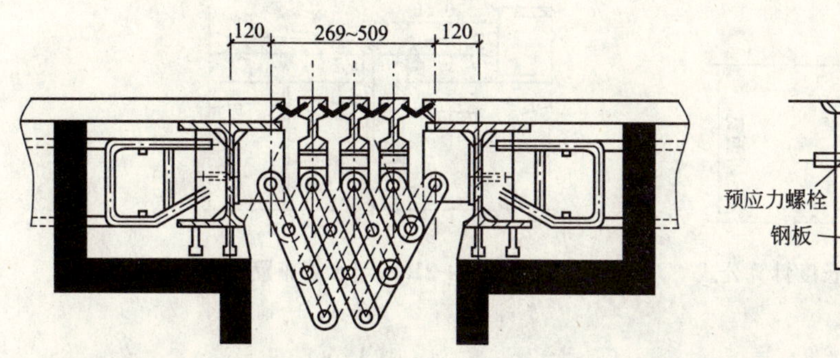

图 4-209　四联 V 型橡胶型材与型钢组合伸缩缝（单位：mm）

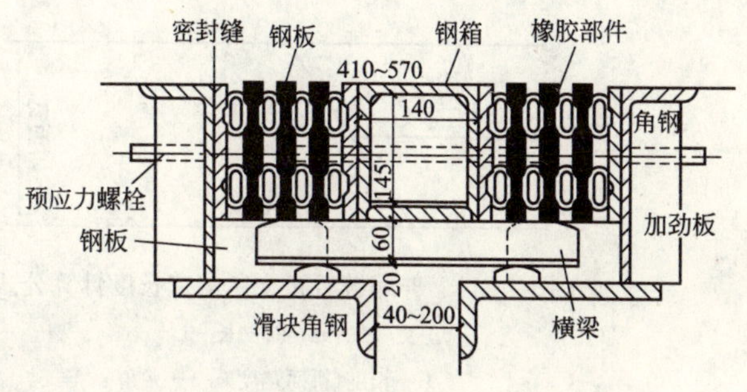

图 4-210　双联橡胶、钢板组合伸缩缝（单位：mm）

【例题 4-69】 某桥梁工程，已知板式橡胶支座 64 个；求：将铺设板式橡胶支座工程量?

【解题分析 4-69】

依题已知：根据设计图纸需铺设型钢伸缩缝的要素分别为：国内常用的橡胶支座规格尺寸为：短边口－15cm，长边口－20cm，高度 h 分 14、21、28、42mm 四档，其中：短边口－15cm、长边口－20cm、高度 2.8cm 的 60 块，短边口－15cm、长边口－20cm、高度 2.1cm 的 4 块

根据设计图纸板式橡胶支座

V＝体积/块×数量/1000cm^3

＝(20cm×15cm×2.8cm×60 块＋20cm×15cm×2.1cm)×4 块/1000cm^3＝52.92dm^3

得：

(1) 工程量计算结果：板式橡胶支座体积 52.92dm^3。

(2) 查表 4-195 “其他工程量清单项目设置、计算规则及项目子目对应比照表”，得套用桥涵护岸工程安装工程 S4-8-：7. 安装支座(板式橡胶支座)定额子目。

注：

(1) 上述一项工程内容包括了铺设板式橡胶支座施工的全部施工工艺过程。

(2) 另外根据表 1-20 “工程量清单、市政定额、施工工程量‘算量’”，得知其间区别“在于计量的依据、计算规则、目的和计量单位的不同”，注意工程量清单综合单价的计价。

【例题 4-70】 某桥梁为斜交工程，已知桥面人行道宽度为 3.0m、两侧，桥面车行道宽度为 10.0m；该斜交 α 为 8°；求：将铺设伸缩缝长度多少米？

【解题分析 4-70】

(1) 桥面总宽度 ΣL＝10.0m(车行道)＋3.0m(人行道)/侧×2 侧＝16.0m

(2) 根据图 4-211“伸缩缝暨正交、斜交长度计算公式”中斜交长＝$L\div\cos\alpha$ 计算公式

$$\text{斜交伸缩缝(斜交 }8^\circ)=\Sigma L\div\cos\alpha=16.0\text{m}\div\cos8^\circ$$

$$=16.0\text{m}\div0.9902=16.157\text{m}$$

(3) 桥台总长度：L_1＝16.157m×2 端＝32.31m

得：

(1) 工程量计算结果：该斜交桥梁需铺设伸缩缝 32.31m 长。

(2) 查表 4-195“其他工程量清单项目设置、计算规则及项目子目对应比照表”，得套用桥涵护岸工程安装工程 S4-8-：9. 安装伸缩缝(梳形钢板、钢板、板式橡胶、毛勒、沥青麻丝、镀锌铁皮)定额子目。

注：

(1) 上述一项工程内容包括了铺设伸缩缝施工的全部施工工艺过程。

(2) 另外根据表 1-20“工程量清单、市政定额、施工工程量‘算量’”，得知其间区别“在于计量的依据、计算规则、目的和计量单位的不同”，注意工程量清单综合单价的计价。

泄水管布置见图 4-212，设在桥台处的排水管道见图 4-213，桥面雨水的排除见图 4-214。

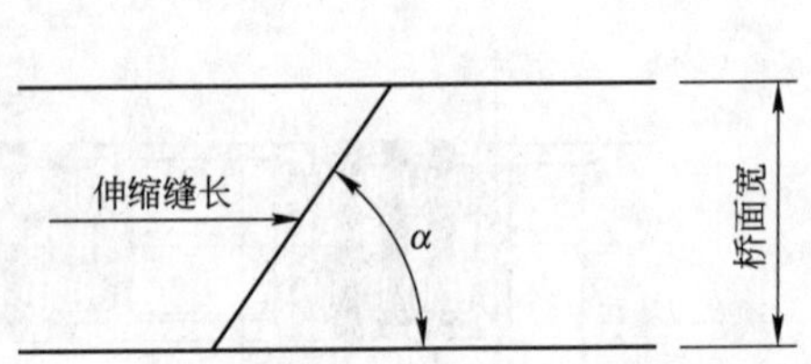

图 4-211　伸缩缝暨正交、斜交长度计算公式

正交—L×m、斜交长—$L\div\cos\alpha$

L—长度(桥面宽度)、α—夹角

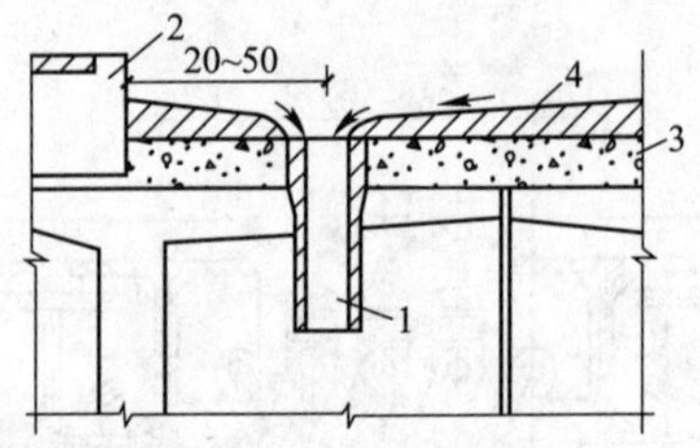

图 4-212　泄水管布置

1—泄水管；2—路缘石；3—铺岩层；4—沥青面层(单位：cm)

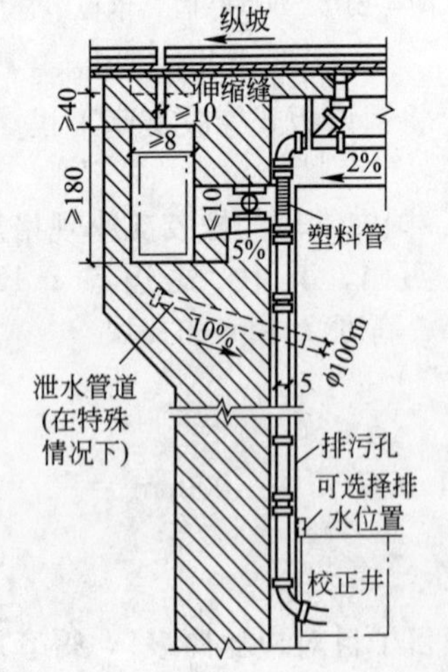

图 4-213　设在桥台处的排水管道

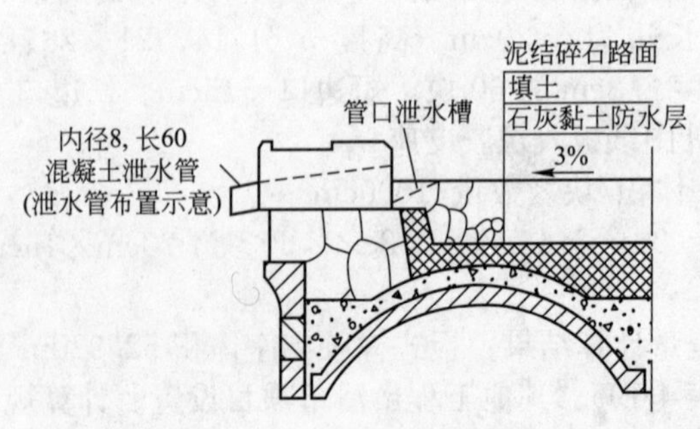

图 4-214　桥面雨水的排除

(单位：cm)

附：实体项目(主体工程和附属工程的结构项目)及措施项目(辅助实体项目)的工程实例

1. 人行拱桥桥涵护岸工程工程量清单招、投标编制及其对应的施工图预算对照应用的计算实例

工程量清单综合单价分析表

工程名称：人行拱桥　　　　标段：

序号	定额编号	定额名称	定额单位	清单综合单价组成明细								安全防护、文明	规费	税金	总计
				综合单价	工程量	人工费	材料费	机械费	周材运输费	管理费	合计1				
	1	2	3	4	5	6	7	8	9	10	6～10	11	12	13	14
				4=14/5											6～13
		挖沟槽土方	m^3	83.00	85.29	1834.63	1712.98	2411.15	29.79	658.74	6647.29	186.12	11.89	233.43	7079
1	5-1-7	机械挖沟槽土方(深≤6m，现场抛土)	m^3	14.52	155.11	1087.30		1164.94	11.26	248.99	2512.49	70.35	4.49	88.23	2676
2	1-1-36	土方场内运输(运土1km以内)	m^3	9.10	155.11	165.42		1246.21	7.06	156.06	1574.74	44.09	2.82	55.30	1677
3	5-1-12	满堂撑拆列板(深≤3.0m，双面)	100m	7470.99	0.19	581.91	807.69		6.95	153.62	1550.17	43.40	2.77	54.44	1651
4	CSM5-1-1	列板使用费	t·d	8.80	79.79		702.15		3.51	77.62	783.28	21.93	1.40	27.51	834
5	CSM5-1-2	列板支撑使用费	t·d	6.70	30.32		203.14		1.02	22.46	226.61	6.35	0.41	7.96	241
		挖基坑土方	m^3	42.73	210.86	1054.50	0.00	6529.93	37.92	838.46	8460.81	236.90	15.13	297.11	9010
6	6-1-2	基坑无支护挖土(深≤4m)	m^3	5.15	532.27	486.83		2253.49	13.70	302.94	3056.96	85.59	5.47	107.35	3255
7	1-1-36	土方场内运输(运土1km以内)	m^3	9.10	532.27	567.67		4276.44	24.22	535.52	5403.85	151.31	9.67	189.76	5755
		回填土	m^3	70.66	170.46	5511.55	0.00	4627.58	50.70	1120.88	11310.71	316.70	20.23	397.18	12045
8	5-1-36	沟槽夯填土	m^3	11.48	102.72	1091.70		87.27	5.89	130.34	1315.20	36.83	2.35	46.18	1401
9	6-1-10	基坑回填土	m^3	10.39	411.71	3871.21		407.21	21.39	472.98	4772.79	133.64	8.54	167.60	5083
10	1-1-36	土方场内运输(运土1km以内)	m^3	9.10	514.43	548.64		4133.10	23.41	517.57	5222.72	146.24	9.34	183.40	5562
		回填二灰土厚83cm	m^3	160.12	215.42				0.00	0.00	0.00	0.00	0.00	0.00	0
11	2-2-11换	厂拌二灰土基层(厚83cm)	$100m^2$	11183.24	2.60	1831.89	26146.51	1056.64	145.18	3209.82	32390.04	906.92	57.94	1137.40	34492
		余土外运	m^3	41.68	134.87				0.00	0.00	0.00	0.00	0.00	0.00	0
12	ZSM19-1-1	土方场外运输	m^3	27.50	172.95			4756.13	0.00	523.17	5279.30	147.82	9.44	185.39	5622
		旧料外运	m^3	32.51	4.78				0.00	0.00	0.00	0.00	0.00	0.00	0
13	ZSM19-1-1	土方场外运输	m^3	27.50	4.78			131.45	0.00	14.46	145.91	4.09	0.26	5.12	155
		钢筋混凝土混凝土方桩	m^3	1770.70	209.61	7479.36	278325.23	26629.28	1562.17	34539.56	348535.60	9759.00	623.43	12239.10	371157
14	4-7-70换	预制构件场内运输(重≤10t，运距200m)	m^3	39.29	209.61	2892.70	4876.09	465.78	41.17	910.33	9186.07	257.21	16.43	322.58	9782
15	4-3-4	陆上打钢混凝土方桩(L≤28m)	m^3	1370.10	209.61	1903.70	268312.88	16969.95	1435.93	31748.47	320370.93	8970.39	573.05	11250.08	341164

续表

工程名称：人行拱桥　　　标段：

序号	定额编号	定额名称	定额单位	清单综合单价组成明细								安全防护、文明	规费	税金	总计
				综合单价	工程量	人工费	材料费	机械费	周材运输费	管理费	合计 1				
	1	2	3	4	5	6	7	8	9	10	6～10	11	12	13	14
16	4-3-44	方桩焊接桩	个	266.31	46.00	1649.53	4955.56	5645.37	61.25	1354.29	13666.00	382.65	24.44	479.89	14553
17	4-3-57	陆上送方桩(L≤28m)	m³	188.20	16.85	307.03	122.05	2742.03	15.86	350.57	3537.53	99.05	6.33	124.22	3767
18	1-3-37 系	凿桩	m³	332.89	4.78	726.40	58.65	806.15	7.96	175.91	1775.06	49.70	3.18	62.33	1890
		C20 混凝土护拱	m³	391.58	25.45	99.21	7579.35	710.52	41.95	927.41	9358.44	262.04	16.74	328.63	9966
19	4-6-5	基础商品混凝土泵送商品混凝土(5～40mm)C20	m³	302.50	25.45	99.21	7572.38	26.93	38.49	851.07	8588.08	240.47	15.36	301.58	9145
20	1-1-30	商品混凝土泵车输送	m³	26.73	25.83		6.97	683.59	3.45	76.34	770.35	21.57	1.38	27.05	820
		C25 混凝土桥墩承台	m³	418.48	48.71	377.68	15342.94	1438.24	85.79	1896.91	19141.57	535.96	34.24	672.17	20384
21	4-6-2	基础混凝土垫层现浇混凝土(5～40mm)C15	m³	230.12	3.68	155.25	612.88	78.73	4.23	93.62	944.71	26.45	1.69	33.17	1006
22	4-6-9	承台商品混凝土　泵送商品混凝土(5～40mm)C25	m³	307.74	48.71	222.43	14716.71	51.09	74.95	1657.17	16722.35	468.23	29.91	587.22	17808
23	1-1-30	商品混凝土泵车输送	m³	26.73	49.44		13.35	1308.42	6.61	146.12	1474.50	41.29	2.64	51.78	1570
		C25 混凝土桥台承台	m³			851.49	35370.84	3312.84	197.68	4370.61	44103.46	1234.90	78.89	1548.73	46966
24	4-6-2	基础混凝土垫层　现浇混凝土(5～40mm)C15	m³	230.12	8.00	337.50	1332.34	171.16	9.21	203.52	2053.73	57.50	3.67	72.12	2187
25	4-6-9	承台商品混凝土　泵送商品混凝土(5～40mm)C25	m³	307.74	112.56	513.99	34007.65	118.07	173.20	3829.42	38642.33	1081.99	69.12	1356.96	41150
26	1-1-30	商品混凝土泵车输送	m³	26.73	114.25		30.85	3023.61	15.27	337.67	3407.40	95.41	6.09	119.65	3629
		C30 混凝土拱板	m³	457.07	89.25	2412.16	28461.13	3465.94	171.70	3796.20	38307.13	1072.60	68.52	1345.19	40793
27	4-6-43	箱梁 0 号块商品混凝土　泵送商品混凝土(5～20mm)C40	m³	357.62	89.25	2412.16	28436.67	1068.49	159.59	3528.46	35605.37	996.95	63.69	1250.31	37916
28	1-1-30	商品混凝土泵车输送	m³	26.73	90.59		24.46	2397.45	12.11	267.74	2701.76	75.65	4.83	94.87	2877
		C25 混凝土地梁	m³	420.76	12.40	330.99	3540.35	520.62	21.96	485.53	4899.45	137.18	8.76	172.05	5217
29	4-6-74	地梁侧石缘石商品混凝土　非泵送商品混凝土(5～40mm)C25	m³	327.05	12.40	330.99	3536.95	187.43	20.28	448.32	4523.97	126.67	8.09	158.86	4818

续表

工程名称：人行拱桥　　　　标段：

序号	定额编号	定额名称	定额单位	清单综合单价组成明细							安全防护、文明	规费	税金	总计
				综合单价	工程量	人工费	材料费	机械费	周材运输费	管理费	合计1			
	1	2	3	4	5	6	7	8	9	10	6～10	11	12	13	14
30	1-1-30	商品混凝土泵车输送	m^3	26.73	12.59		3.40	333.19	1.68	37.21	375.48	10.51	0.67	13.19	400
		C25混凝土立柱	m^3	429.87	3.25	130.31	921.90	123.82	5.88	130.01	1311.92	36.73	2.35	46.07	1397
31	4-6-71	立柱端柱灯柱商品混凝土　非泵送商品混凝土(5～40mm)C25	m^3	334.71	3.25	130.31	921.01	36.49	5.44	120.26	1213.51	33.98	2.17	42.61	1292
32	1-1-30	商品混凝土泵车输送	m^3	26.73	3.30		0.89	87.33	0.44	9.75	98.41	2.76	0.18	3.46	105
		C25混凝土扶手	m^3	415.67	1.52	28.04	460.84	42.98	2.66	58.80	593.32	16.61	1.06	20.83	632
33	6-2-50	矩形梁商品混凝土　泵送商品混凝土(5～40mm)C25	m^3	322.81	1.52	28.04	460.42	2.22	2.45	54.24	547.38	15.33	0.98	19.22	583
34	1-1-30	商品混凝土泵车输送	m^3	26.73	1.54		0.42	40.76	0.21	4.55	45.94	1.29	0.08	1.61	49
		桥面铺装	m^2	68.89	213.13	945.18	10931.33	482.84	61.80	1366.33	13787.47	386.05	24.66	484.16	14682
35	2-2-7换	二灰稳定砂基层(厚45cm)	$100m^2$	5798.97	2.13	945.18	10931.33	482.84	61.80	1366.33	13787.47	386.05	24.66	484.16	14682
		桥面铺装人行道混凝土厚20cm	m^2	74.18	160.50	1959.28	6634.24	1429.18	50.11	1108.01	11180.82	313.06	20.00	392.62	11907
36	4-6-97	桥面铺装人行道混凝土现浇混凝土(5～40mm)C25	m^3	285.10	32.10	1959.28	6625.44	566.96	45.76	1011.72	10209.16	285.86	18.26	358.50	10872
37	1-1-30	商品混凝土泵车输送	m^3	26.73	32.58		8.80	862.22	4.36	96.29	971.67	27.21	1.74	34.12	1035
		桥面铺装人行道混凝土厚16.5cm	m^2	61.22	72.00	725.12	2455.29	529.79	18.55	410.16	4138.91	115.89	7.40	145.34	4408
38	4-6-97	桥面铺装人行道混凝土　现浇混凝土(5～40mm)C25	m^3	285.10	11.88	725.12	2452.03	209.83	16.93	374.43	3778.35	105.79	6.76	132.68	4024
39	1-1-30	商品混凝土泵车输送	m^3	26.73	12.09		3.26	319.96	1.62	35.73	360.57	10.10	0.64	12.66	384
		浆砌块石挡墙	m^3	379.77	50.88	2923.32	12417.16	925.20	81.33	1798.17	18145.18	508.07	32.46	637.18	19323
40	4-5-15	浆砌块石台身及挡墙　水泥砂浆M7.5	m^3	269.68	50.88	2100.31	10700.22	921.03	68.61	1516.92	15307.09	428.60	27.38	537.52	16301
41	4-5-19	浆砌块石坞工勾平缝　水泥砂浆M7.5	m^2	3.27	150.62	311.61	176.78	4.17	2.46	54.45	549.48	15.39	0.98	19.30	585
42	4-5-22	砂滤层	m^3	96.61	1.55	15.82	133.92		0.75	16.55	167.04	4.68	0.30	5.87	178

续表

工程名称：人行拱桥　　　　标段：

序号	定额编号	定额名称	定额单位	清单综合单价组成明细								安全防护、文明	规费	税金	总计
				综合单价	工程量	人工费	材料费	机械费	周材运输费	管理费	合计 1				
	1	2	3	4	5	6	7	8	9	10	6～10	11	12	13	14
43	4-5-23	碎石滤层	m^3	98.17	1.55	22.48	129.69		0.76	16.82	169.75	4.75	0.30	5.96	181
44	4-5-24	护岸泄水孔	m	43.52	40.20	473.10	1276.55		8.75	193.42	1951.82	54.65	3.49	68.54	2079
		混凝土挡墙	m^3	391.74	3.45	14.22	1024.93	98.54	5.69	125.77	1269.15	35.54	2.27	44.57	1352
45	4-6-85	挡墙商品混凝土　泵送商品混凝土(5～40mm)C20	m^3	302.64	3.45	14.22	1023.98	5.91	5.22	115.43	1164.76	32.61	2.08	40.90	1240
46	1-1-30	商品混凝土泵车输送	m^3	26.73	3.50		0.95	92.63	0.47	10.35	104.39	2.92	0.19	3.67	111
		预埋铁件	kg	5.70	3949.00	1602.41	15991.55	1368.65	94.81	2096.32	21153.74	592.30	37.84	742.83	22527
47	1-1-26	预埋铁件(单件重>30kg)	t	4801.88	3.95	1602.41	15991.55	1368.65	94.81	2096.32	21153.74	592.30	37.84	742.83	22527
		非预应力钢筋	t	5483.12	30.63	17624.54	118292.56	5458.64	706.88	15629.09	157711.71	4415.93	282.10	5538.17	167948
48	4-6-7	基础钢筋	t	3649.57	2.03	720.10	6588.45	100.07	37.04	819.02	8264.69	231.41	14.78	290.22	8801
49	4-6-12	承台钢筋	t	3845.38	11.98	4989.53	39267.78	1810.35	230.34	5092.78	51390.78	1438.94	91.92	1804.63	54726
50	4-6-45	箱梁 0 号块钢筋	t	3987.54	18.11	9772.49	59183.55	3258.36	361.07	7983.30	80558.77	2255.65	144.10	2828.89	85787
51	4-6-100	桥面铺装钢筋	t	3971.01	2.57	1460.27	8596.70	148.53	51.03	1128.22	11384.75	318.77	20.36	399.78	12124
52	4-6-76	其他构件钢筋	t	3886.06	0.51	277.98	1662.17	41.74	9.91	219.10	2210.90	61.91	3.95	77.64	2354
53	4-6-76	其他构件钢筋	t	3886.06	0.37	201.67	1205.89	30.28	7.19	158.95	1603.98	44.91	2.87	56.33	1708
54	6-2-52	矩形梁钢筋	t	3902.54	0.22	86.17	720.40	52.00	4.29	94.91	957.78	26.82	1.71	33.63	1020
55	4-6-87	挡墙钢筋	t	3640.18	0.33	116.33	1067.62	17.31	6.01	132.80	1340.07	37.52	2.40	47.06	1427
		大型机械设备进出场及安装				902.47	0.00	27518.27	142.10	3141.91	31704.76	887.73	56.71	1113.34	33763
56	ZSM21-2-7	压路机(综合)场外运输费	台·次	1829.00	2.00			3658.00	18.29	404.39	4080.68	114.26	7.30	143.30	4346
57	ZSM21-2-4	$1m^3$ 以内单斗挖掘机场外运输费	台·次	2734.00	1.00			2734.00	13.67	302.24	3049.91	85.40	5.46	107.10	3248
58	ZSM21-2-14	5.0t 以外柴油打桩机场外运输费	台·次	9810.00	1.00			9810.00	49.05	1084.50	10943.55	306.42	19.57	384.29	11654
59	4-1-24	组拆履带式柴油打桩机(锤重≤7.0t)	架·次	6408.74	1.00	902.47		5506.27	32.04	708.49	7149.27	200.18	12.79	251.05	7613
60	ZSM21-2-19	履带式起重机(25t 以内)场外运输费	台·次	5164.00	1.00			5164.00	25.82	570.88	5760.70	161.30	10.30	202.29	6135

续表

工程名称：人行拱桥　　　　标段：

序号	定额编号	定额名称	定额单位	清单综合单价组成明细								安全防护、文明	规费	税金	总计
				综合单价	工程量	人工费	材料费	机械费	周材运输费	管理费	合计 1				
	1	2	3	4	5	6	7	8	9	10	6～10	11	12	13	14
61	ZSM21-1-5	履带式起重机(25t 以内)装卸费	台	646.00	1.00			646.00	3.23	71.42	720.65	20.18	1.29	25.31	767
		施工排水				808.80	124.10	2733.15	18.33	405.28	4089.66	114.51	7.32	143.61	4355
62	1-1-9	湿土排水	m^3	9.63	363.78	771.03		2733.15	17.52	387.39	3909.09	109.45	6.99	137.27	4163
63	1-1-11	筑拆竹箩滤井	座	40.47	4.00	37.77	124.10		0.81	17.89	180.57	5.06	0.32	6.34	192
		混凝土、钢筋混凝土模板				21207.92	31326.88	3326.82	279.31	6175.50	62316.43	1744.86	111.47	2188.29	66361
64	4-6-6	基础模板	m^2	26.16	47.36	356.44	791.86	90.56	6.19	136.96	1382.01	38.70	2.47	48.53	1472
65	4-6-11	承台无底模模板	m^2	26.34	130.21	1115.35	2074.02	239.97	17.15	379.11	3825.60	107.12	6.84	134.34	4074
66	4-6-44	箱梁 0 号块模板	m^2	100.79	237.13	11060.34	10363.17	2477.60	119.51	2642.27	26662.88	746.56	47.69	936.29	28393
67	4-6-75	地梁侧石缘石模板	m^2	31.26	62.64	646.07	1290.18	21.60	9.79	216.44	2184.08	61.15	3.91	76.70	2326
68	4-6-72	立柱端柱灯柱模板	m^2	51.96	80.23	1960.42	2025.51	183.14	20.85	460.89	4650.81	130.22	8.32	163.32	4953
69	4-6-86	挡墙模板	m^2	32.05	18.63	166.94	342.54	87.59	2.99	66.01	666.06	18.65	1.19	23.39	709
70	4-6-55	实体板模板	m^2	23.96	13.84	109.44	164.98	57.22	1.66	36.66	369.96	10.36	0.66	12.99	394
71	4-1-10	满堂式钢管支架	m^3 空间体积	7.13	523.24	2965.00	764.12		18.65	412.25	4160.02	116.48	7.44	146.08	4430
72	CSM4-1-2	钢管支架使用费	t・d	6.50	916.55		5957.57		29.79	658.61	6645.97	186.09	11.89	233.38	7077
73	4-1-3	陆上桩基础工作平台(锤重≤8.0t)	m^2	20.07	525.66	2827.92	7552.93	169.14	52.75	1166.30	11769.04	329.53	21.05	413.28	12533
		地基加固	m^2	86.00	135.30	1204.38	6208.51	2388.46	49.01	1083.54	10933.90	306.15	19.56	383.95	11644
74	2-2-3 换	碎石垫层(厚 10cm)	$100m^2$	1229.24	1.35	116.21	1433.15	113.79	8.32	183.86	1855.33	51.95	3.32	65.15	1976
75	2-2-13	厂拌粉煤灰粗粒径三渣基层(厚 25cm)	$100m^2$	3634.23	1.35	194.07	4653.18	69.86	24.59	543.59	5485.28	153.59	9.81	192.62	5841
76	1-3-1 换	翻挖沥柏类道路(厚 25cm)	m^2	10.51	135.30	665.32	87.27	669.63	7.11	157.23	1586.56	44.42	2.84	55.71	1690
77	1-3-15 换	翻挖碎石类基层(厚 10cm)	m^2	3.67	135.30	228.78	34.91	232.78	2.48	54.88	553.84	15.51	0.99	19.45	590
78	ZSM19-1-1	土方场外运输	m^3	27.50	47.36			1302.40	0.00	143.26	1445.66	40.48	2.59	50.77	1539
		堆料场地	m^2	40.14	150.00	2207.25	2715.65	145.30	25.34	560.29	5653.83	158.31	10.11	198.54	6021
79	1-4-20	堆料场地　现浇混凝土(5～20mm)C15	m^2	33.79	150.00	2207.25	2715.65	145.30	25.34	560.29	5653.83	158.31	10.11	198.54	6021

组 合 报 表

工程名称：人行拱桥-YS

编制单位：

	编　号	名　称	单位	单价	工程量	合价
		人行桥	m^2	4407.93	210.80	929192
1	5-1-7	机械挖沟槽土方(深≤6m，现场抛土)	m^3	14.52	155.11	2252
2	5-1-12	满堂撑拆列板(深≤3.0m，双面)	100m	7470.99	0.19	1390
3	CSM5-1-1	列板使用费	t·d	8.80	79.79	702
4	CSM5-1-2	列板支撑使用费	t·d	6.70	30.32	203
5	6-1-2	基坑无支护挖土(深≤4m)	m^3	5.15	532.27	2740
6	1-1-9	湿土排水	m^3	9.63	363.78	3504
7	1-1-11	筑拆竹箩滤井	座	40.47	4.00	162
8	5-1-36	沟槽夯填土	m^3	11.48	102.72	1179
9	6-1-10	基坑回填土	m^3	10.39	411.71	4278
10	1-1-36	土方场内运输(运土1km以内)	m^3	9.10	1201.81	10937
11	2-2-11 换	厂拌二灰土基层(厚83cm)	$100m^2$	11183.24	2.60	29035
12	ZSM19-1-1	土方场外运输	m^3	27.50	177.73	4888
13	4-1-24	组拆履带式柴油打桩机(锤重≤7.0t)	架·次	6408.74	1.00	6409
14	ZSM21-2-14	5.0t以外柴油打桩机场外运输费	台·次	9810.00	1.00	9810
15	4-7-70 换	预制构件场内运输(重≤10t，运距200m)	m^3	39.29	209.61	8235
16	4-3-4	陆上打钢混凝土方桩(L≤28m)	m^3	1370.10	209.61	287187
17	4-3-44	方桩焊接桩	个	266.31	46.00	12250
18	4-3-57	陆上送方桩(L≤28m)	m^3	188.20	16.85	3171
19	1-3-37 系	凿桩	m^3	332.89	4.78	1591
20	4-6-5	基础商品混凝土泵送商品混凝土(5～40mm)C20	m^3	302.50	25.45	7699
21	4-6-6	基础模板	m^2	26.16	47.36	1239
22	4-6-7	基础钢筋	t	3649.57	2.03	7409
23	4-6-2	基础混凝土垫层　现浇混凝土(5～40mm)C15	m^3	230.12	11.68	2688
24	4-6-9	承台商品混凝土　泵送商品混凝土(5～40mm)C25	m^3	307.74	161.27	49630
25	4-6-11	承台无底模模板	m^2	26.34	130.21	3429
26	4-6-12	承台钢筋	t	3845.38	11.98	46068
27	4-6-43	箱梁0号块商品混凝土　泵送商品混凝土(5～20mm)C40	m^3	357.62	89.25	31917
28	4-6-44	箱梁0号块模板	m^2	100.79	237.13	23901
29	4-6-45	箱梁0号块钢筋	t	3987.54	18.11	72214
30	4-6-74	地梁侧石缘石商品混凝土　非泵送商品混凝土(5～40mm)C25	m^3	327.05	12.40	4055
31	4-6-75	地梁侧石缘石模板	m^2	31.26	62.64	1958
32	4-6-76	其他构件钢筋	t	3886.06	0.51	1982

组 合 报 表

工程名称：人行桥-YS

编制单位：

	编　号	名　称	单位	单价	工程量	合价
33	4-6-71	立柱端柱灯柱商品混凝土　非泵送商品混凝土(5～40mm)C25	m^3	334.71	3.25	1088
34	6-2-50	矩形梁商品混凝土　泵送商品混凝土(5～40mm)C25	m^3	322.81	1.52	491

续表

	编　号	名　　称	单位	单价	工程量	合价
35	4-6-72	立柱端柱灯柱模板	m^2	51.96	80.23	4169
36	4-6-76	其他构件钢筋	t	3886.06	0.59	2293
37	2-2-7 换	二灰稳定砂基层(厚 45cm)	$100m^2$	5798.97	2.13	12359
38	4-6-97	桥面铺装人行道混凝土　现浇混凝土(5～40mm)C25	m^3	285.10	32.10	9152
39	4-6-97	桥面铺装人行道混凝土　现浇混凝土(5～40mm)C25	m^3	285.10	11.88	3387
40	4-6-55	实体板模板	m^2	23.96	13.84	332
41	4-6-100	桥面铺装钢筋	t	3971.01	2.57	10206
42	4-5-15	浆砌块石台身及挡墙　水泥砂浆 M7.5	m^3	269.68	50.88	13722
43	4-5-19	浆砌块石坞工勾平缝　水泥砂浆 M7.5	m^2	3.27	150.62	493
44	4-5-22	砂滤层	m^3	96.61	1.55	150
45	4-5-23	碎石滤层	m^3	98.17	1.55	152
46	4-5-24	护岸泄水孔	m	43.52	40.20	1750
47	4-6-85	挡墙商品混凝土　泵送商品混凝土(5～40mm)C20	m^3	302.64	3.45	1044
48	4-6-86	挡墙模板	m^2	32.05	18.63	597
49	4-6-87	挡墙钢筋	t	3640.18	0.33	1201
50	1-1-30	商品混凝土泵车输送	m^3	26.73	345.71	9242
51	1-1-26	预埋铁件(单件重>30kg)	t	4801.88	3.95	18963
52	ZSM21-2-7	压路机(综合)场外运输费	台·次	1829.00	2.00	3658
53	ZSM21-2-4	$1m^3$ 以内单斗挖掘机场外运输费	台·次	2734.00	1.00	2734
54	ZSM21-2-19	履带式起重机(25t 以内)场外运输费	台·次	5164.00	1.00	5164
55	ZSM21-1-5	履带式起重机(25t 以内)装卸费	台	646.00	1.00	646
56	4-1-10	满堂式钢管支架	m^3 空间体积	7.13	523.24	3729
57	CSM4-1-2	钢管支架使用费	t·d	6.50	916.55	5958
58	4-1-3	陆上桩基础工作平台(锤重≤8.0t)	m^2	20.07	525.66	10550
59	2-2-3 换	碎石垫层(厚 10cm)	$100m^2$	1229.24	1.35	1663
60	2-2-13	厂拌粉煤灰粗粒径三渣基层(厚 25cm)	$100m^2$	3634.23	1.35	4917
61	1-3-1 换	翻挖沥柏类道路(厚 25cm)	m^2	10.51	135.30	1422
62	1-3-15 换	翻挖碎石类基层(厚 10cm)	m^2	3.67	135.30	496
63	ZSM19-1-1	土方场外运输	m^3	27.50	47.36	1302
64	1-4-20	堆料场地　现浇混凝土(5～20mm)C15	m^2	33.79	150.00	5068
1	定额直接费	直接费合计				776019

组 合 报 表

工程名称：人行桥-YS

编制单位：

	编　号	名　　称	单位	单价	工程量	合价(元)
2	大型周材运输费	[1]×0.5%				3880
3	土方泥浆外运费	土方泥浆外运费				6190
4	直接费	[1]+0+[2]+[3]				786089
5	综合费	[4]×11%				86470
6	安全防护、文明	([4]+[5])×2.8%				24432
7	施工措施费	施工措施费				
8	其他费用	([4]+[5]+[6]+[7])×(0.1%+0.074%)				1561
9	税前补差	税前补差				
10	税金	([4]+[5]+[6]+[7]+[8]+[9])×3.41%				30641
11	甲供材料	-甲供材料				

续表

	编　号	名　称	单位	单价	工程量	合价(元)
12	税后补差	税后补差				
13	总造价	[4]+[5]+[6]+[7]+[8]+[9]+[10]+0+[12]				929192

2. 挡土墙工程工程量清单招、投标编制及其对应的施工图预算对照应用的计算实例

(1) 工程概况及主要施工设计图纸

1) 工程概况

工程范围：×××工程中，其中桩号 K0＋125～K0＋250 处，设置浆砌块石挡土墙，全长 $L=100$m，挡墙顶标高为 4.0m，基础面标高为 1.5m，挡墙高 $H=2.5$m。

① 清单编制依据：《建设工程工程量清单计价规范》上海市市政工程操作指南，施工设计图文件等。

② 工程质量应达到优良标准。

③ 投标报价按“国家标准《建设工程工程量清单计价规范》GB 50500—2008　5 工程量清单计价表格”的统一格式。

④ 人工、材料、机械费用按上海市市政工程市场信息 2006 年 6 月份计取。

2) 主要施工设计图纸

(2) 分部分项工程量清单、措施项目清单

1) 分部分项工程量清单与计价表　　——08(表 4-199)

分部分项工程量清单与计价　　**表 4-199**

工程名称：挡墙工程　　　　标段

清单序号	项目编码	项目名称	项目特征	工程内容	计量单位	工程数量
1	D.1.1	挖土方				
1.1.1	040101002	挖土方	1. 土壤类别 2. 挖土深度	1. 土方开挖 2. 围护、支撑 3. 场内运输 4. 平整、压实	m^3	650.00
2	D.1.3	填方及运输				
1.3.1	040103001	填土方	1. 填方材料品种 2. 密实度	1. 填方 2. 压实	m^3	818.32
1.3.2	040103002	余土外运	1. 废弃料品种 2. 运距	余方点装料运输弃置点	m^3	1246.77
1.3.5	040103003	缺土内运(土源费)	1. 填方材料品种 2. 运距	取料点装料运输至缺方点	m^3	900.8
3	D.3.4	砌筑				
3.4.1	040304002	浆砌块石挡墙	1. 部位 2. 材料品种 3. 规格 4. 砂浆强度等级	1. 砌筑 2. 砌体勾缝 3. 砌体抹面 4. 泄水孔制作、安装 5. 滤层铺设 6. 沉降缝	m^3	202.50
4	D.3.5	挡墙、护坡				
3.5.1	040305001	挡墙基础	1. 材料品种 2. 混凝土强度等级，石料最大粒径 3. 形式 4. 垫层厚度、材料品种、强度	1. 垫层铺筑 2. 混凝土浇筑	m^3	107.5
3.5.2	040305004	挡墙混凝土压顶	混凝土强度等级，石料最大粒径	1. 混凝土浇筑 2. 养护	m^3	12.38

续表

清单序号	项目编码	项目名称	项目特征	工程内容	计量单位	工程数量
5	D.7.1	钢筋				
7.1.2	040701002	非预应力钢筋			t	0.821

2) 措施项目清单与计价表　　——08(表 4-200)

措施项目清单与计价表　　**表 4-200**

工程名称：挡墙工程　　标段：

清单序号	项目编码	项目名称	项目特征	工程内容	计量单位	工程数量
6						
	3.3.1.5	大型机械设备进出场及安拆			台·次	1
	3.3.1.6	施工排水、降水			m^3	1040
7						
	4.1	围堰			m	112.6
	4.11	混凝土、钢筋混凝土模板及支架			m^2	264.1725

(3) 分部分项工程量、措施项目清单计算方法(表 4-201)

挡墙工程工程数量计算表(工程量清单)　　**表 4-201**

挡墙工程数量计算表(清单)

顺序号	项目名称及说明	计 算 说 明	单位	计算结果	预算顺序号
1	2	3	4	5	6
工程概述：浆砌块石挡墙 $L=100$m，$h=2.5$m					
一	浆砌块石挡墙：$L=100$m，$h=2.5$m				
	(一) 实体项目				
	挖土	40101002			
1	挖土、运输(1) 招标	$H=2.0$m，$A_1=05+2.25+0.5=3.25$m，$L=100$m。$V=A_1\times H\times L=3.25\times 2.0\times 100$	m^3	650.00	
	(2) 投标	$H=2.0$m，$A_1=05+2.25+0.5=3.25$m，$A_2=3.25+1.5\times 2=6.25$m。$V=1/2\times(A_1+A_2)\times H\times L=1/2\times(3.25+6.25)\times 2.0\times 100$	m^3	950.00	
2	回填土	40103001			
		$V=950-(23.59+107.5+202.5+12.38)$	m^3	818.32	
3	余土外运	40103002			
		$V_1=23.59+107.5+202.5+12.38$			
		$V_2=1/2\times(1.5+2.0+2.0\times 1.5+1.5)\times 2\times 112.6$			
		$V=345.97+900.8$	m^3	1246.77	
4	筑坝土源费	40103003			
		$V_2=1/2\times(1.5+2.0+2.0\times 1.5+1.5)\times 2\times 112.6$	m^3	900.80	
5	浆砌块石墙身	40304002			
	(1) 浆砌块石墙身	$V=1/2\times(0.45+1.35)\times 2.25\times 100$	m^3	202.50	
	(2) 浆砌块石墙身勾缝	$S=2.15\times 100+1/2\times(0.45+1.35)\times 2.25\times 2$	m^2	219.05	
	(3) 砂砾石反滤层	$V=0.5\times 0.4\times 100$	m^3	20.00	
	(4) 土工布	$S=(0.5+0.4\times 2)\times 100+0.5\times 0.4\times 2$	m^2	130.40	
	(5) 泄水孔 ϕ50PVC	$L=100/2\times 1.2$	m	60.00	
	(6) 二毡三油沉降缝	$n=100/10=10$ 道，$S=1/2\times(0.45+1.35)\times 2.25\times 10$	m^2	20.25	
6	挡墙混凝土基础	40305001			
	(1) 碎石垫层	$B=2.15$，$b=0.1\times 2+B=2.35$，$h=b-0.35=0.65$，$V=(0.3^2+2.35^2)^{1/2}\times 0.1\times 100$	m	23.59	
	(2) C20 混凝土基础	$V=1/2\times(0.35+0.65)\times 2.15\times 100$	m^3	107.5	

续表

顺序号	项目名称及说明	计算说明	单位	计算结果	预算顺序号
1	2	3	4	5	6
	(3) 商品混凝土泵车输送	$V=107.5\times1.015$	m^3	109.1	
7	C25 混凝土压顶	40305004			
	(1) C25 混凝土基础	$V=(0.5\times0.25-1/2\times0.05\times0.05)\times100$	m^3	12.38	
	(2) 商品混凝土泵车输送	$V=12.38\times1.015$	m^3	12.6	
8	非预应力钢筋	40701002			
		$8.21kg\times100/1000$	t	0.821	
	(二) 措施项目				
1	3.3.1.5 大型机械设备进出场及安拆	1	台	1.000	
2	3.3.1.6	施工排水	m^3	1040	
	(1) 湿土排水	$H=2.0-1.0=1.0m$，$A_1=05+2.25+0.5=3.25m$，$A_2=3.25+1.0\times2=5.25m$。$V=1/2\times(A_1+A_2)\times H\times L=1/2\times(3.25+5.25)\times1.0\times100$	m^3	425	
	(2) 抽水	$b=2.0+2.15+2.0=6.15$，$h=1.0$，$V=6.15\times1.0\times100$	m^3	615	
3	4.1 围堰				
(1)	搭拆草包围堰	$H=2.0m$，$L=100+[(0.5+1.5+0.3)+1/2\times(1.5+2.0+1.5+3.0)]\times2$	m	112.60	
(2)	草包围堰养护费	$L=112.6m\times2$ 次	m	225.20	
4	4.11	混凝土、钢筋混凝土模板	m^2	264.17	
	(1) 混凝土基础模板	$S=(0.35+0.65)\times2\times100+1/2\times(0.35+0.65)\times2.15\times(100/10+1)$	m^2	211.83	
	(2) 混凝土压顶模板	$S=[0.25+0.2+(0.05^2\times2)^{1/2}]\times100+(0.5\times0.25-1/2\times0.05\times0.05)\times2$	m^2	52.35	

(4) 单位工程费投标报价汇总表……投表(表 4-202)

单位工程费投标报价汇总表　　　　**表 4-202**

序　号	项目名称	金　额	其中：暂估价
1	分部分项工程		
1.1	挖土方	19578	
1.2	填土方	22050	
1.3	余土外运	58816	
1.4	缺土内运(土源费)	22520	
1.5	浆砌块石挡墙	69646	
1.6	挡墙基础	42558	
1.7	挡墙混凝土压顶	4701	
1.8	非预应力钢筋	3345	
2	措施项目		
2.1	安全防护、文明施工费	8726	
2.2	大型机械进出场及安拆费	3050	
2.3	施工排水、降水	5006	
2.4	围堰	74704	
2.5	混凝土、钢筋混凝土模板及支架	8194	
3	其他项目	0	
4	规费	557	
5	税金	11712	
6	总计	355164	

(5) 工程量清单综合单价表分析表……表-09(表 4-203)

工程量清单综合单价分析表 **表 4-203**

工程名称：浆砌块石挡墙 标段：

序号	定额编号	定额名称	清单综合单价组成明细									安全防护、文明	规费	税金	总计
			定额单位	综合单价	工程量	人工费	材料费	机械费	周材运输费	管理费	合计1				
	1	2	3	4	5	6	7	8	9	10	6～10	11	12	13	14
				4=14/5											6～13
		40101002 挖土	m^3	30.12	650.00	7335.90	0.00	10214.2	87.75	1940.16	19578	548.18	35.02	687.50	20849
1	4-2-7	机械挖土(深≤6m)	m^3	7.90	950.00	1987.87		4737.08	33.62	743.44	7502	210.06	13.42	263.44	7989
2	2-1-44	土方场内自卸汽车运输(运距≤200m)	m^3	12.71	950.00	5348.03		5477.11	54.13	1196.72	12076	338.13	21.60	424.06	12860
		40103001 回填土	m^3	26.95	818.32	14632.17	0.00	5134.18	98.83	2185.17	22050	617.41	39.44	774.32	23482
3	4-2-8	回填土	m^3	14.23	818.32	10025.44		416.25	52.21	1154.33	11648	326.15	20.84	409.04	12404
4	2-1-44	土方场内自卸汽车运输(运距≤200m)	m^3	12.71	818.32	4606.73		4717.93	46.62	1030.84	10402	291.26	18.61	365.28	11077
		40103002 余土外运	m^3	47.17	1246.77	0.00	0.00	52987.7	0.00	5828.65	58816	1646.86	105.21	2065.38	62634
5	ZSM19-1-1	土方场外运输	m^3	47.17	1246.77			52987.7	0.00	5828.65	58816	1646.86	105.21	2065.38	62634
		40103003 筑坝土源费	m^3	25.00	900.80	0.00	0.00	22520.0	0.00	0.00	22520	0.00	0.00	767.93	23288
6	BC	筑坝土源费	m^3	25.00	900.80			22520.0	0.00	0.00	22520	0.00	0.00	767.93	23288
		浆砌块石挡 40304002	m^3	343.93	202.50	9246.26	49514	3671.71	312.16	6901.86	69646	1950.09	124.58	2445.68	74166
7	4-5-15	浆砌块石台身及挡墙 水泥砂浆 M7.5	m^3	300.85	202.50	8359.12	42586	3665.64	273.06	6037.26	60921	1705.80	108.97	2139.30	64876
8	4-5-19	浆砌块石坞工勾平缝 水泥砂浆 M7.5	m^2	3.65	219.05	453.19	257.10	6.07	3.58	79.19	799	22.38	1.43	28.06	851
9	4-8-66 系	安装油毡沉降缝(二毡)	m^2	5.60	20.25	4.51	97.08		0.51	11.23	113	3.17	0.20	3.98	121
10	4-8-67 系	安装油毡沉降缝(三油)	m^2	24.36	20.25	60.89	381.39		2.21	48.89	493	13.81	0.88	17.33	525
11	4-8-59	安装 PVC 塑料管泄水孔 水泥砂浆 M10	m	54.18	60.00	134.87	2779.31		14.57	322.16	3251	91.03	5.81	114.16	3462
12	4-5-22	砂滤层	m^3	107.77	20.00	204.19	1728.04		9.66	213.61	2155	60.35	3.86	75.69	2295
13	2-1-31	铺设土工布(软土)	m^2	14.67	130.40	29.49	1684.76		8.57	189.51	1912	53.55	3.42	67.15	2036

续表

序号	定额编号	定额名称	定额单位	清单综合单价组成明细								安全防护、文明	规费	税金	总计
				综合单价	工程量	人工费	材料费	机械费	周材运输费	管理费	合计1				
	1	2	3	4	5	6	7	8	9	10	6～10	11	12	13	14
				4=14/5											6～13
		40302001　混凝土基础	m^3	395.89	107.50	943.24	34205.0	3001.40	190.75	4217.45	42558	1191.62	76.12	1494.45	45320
14	4-6-1	基础碎石垫层	m^3	128.36	23.59	524.19	2190.09		13.57	300.06	3028	84.78	5.42	106.33	3224
15	4-6-5	基础商品混凝土　泵送商品混凝土(5～40mm)C20	m^3	337.45	107.50	419.05	31985.5	113.76	162.59	3594.90	36276	1015.72	64.89	1273.85	38630
16	1-1-30	商品混凝土泵车输送	m^3	29.82	109.11		29.46	2887.64	14.59	322.49	3254	91.12	5.82	114.27	3465
		混凝土压顶	m^3	379.91	12.38	61.21	3801.81	353.04	21.08	466.09	4703	131.69	8.41	165.16	5008
17	4-6-89换	压顶商品混凝土　泵送商品混凝土(5～40mm)C25	m^3	349.63	12.38	61.21	3798.42	20.49	19.40	428.95	4328	121.20	7.74	152.00	4609
18	1-1-30	商品混凝土泵车输送	m^3	29.81	12.57		3.39	332.55	1.68	37.14	375	10.49	0.67	13.16	399
		非预应力钢筋　40701002	t	4076.23	0.82	291.23	2664.59	40.47	14.98	331.24	3343	93.59	5.98	117.37	3559
19	4-6-7	基础钢筋	t	4076.23	0.82	291.23	2664.59	40.47	14.98	331.24	3343	93.59	5.98	117.37	3559
		大型机械进出场　1.1	台·次	3049.91	1.00	0	0	2734.00	13.67	302.24	3050	85.40	5.46	107.10	3248
20	ZSM21-2-4	$1m^3$ 以内单斗挖掘机场外运输费	台·次	3049.91	1.00			2734.00	13.67	302.24	3050	85.40	5.46	107.10	3248
		施工排水　3.3.1.6	m^3	4.81	1040.00	1004.57	0.00	3482.85	22.44	496.08	5006	140.17	8.95	175.79	5331
21	1-1-12	抽水	m^3	0.71	615.00	103.78		289.74	1.97	43.50	439	12.29	0.79	15.42	467
22	1-1-9	湿土排水	m^3	10.75	425.00	900.79		3193.11	20.47	452.58	4567	127.87	8.17	160.37	4863
		围堰　4.1	米	663.44	112.60	57041.00	7104.90	2819.95	334.83	7403.07	74704	2091.71	133.62	2623.28	79552
23	1-2-3	草包围堰筑拆(高≤2m)	延长米	616.44	112.60	55870.52	6351.13		311.11	6878.60	69411	1943.52	124.16	2437.44	73916
24	1-2-4	草包围堰养护(高≤2m)	延长米次	23.50	225.20	1170.48	753.77	2819.95	23.72	524.47	5292	148.19	9.47	185.85	5636
		模板　4.11	m^2	31.02	264.18	2226.46	4675.01	444.02	36.73	812.04	8194	229.44	14.66	287.75	8726
25	4-6-6	基础模板	m^2	29.18	211.83	1594.29	3541.79	405.05	27.71	612.57	6181	173.08	11.06	217.07	6583
26	4-6-90	压顶模板	m^2	38.45	52.35	632.17	1133.22	38.97	9.02	199.47	2013	56.36	3.60	70.68	2143

(6) 施工图预算书工程数量计算表(表 4-204)

挡墙工程工程数量计算表(施工图预算书)　　表 4-204

挡墙工程数量计算表(预算)

顺序号	项目名称及说明	计算说明	单位	计算结果	预算顺序号
1	2	3	4	5	6
工程概述：浆砌块石挡墙 $L=100$m，$h=2.5$m					
一	浆砌块石挡墙：$L=100$m，$h=2.5$m				
1	搭拆草包围堰	$H=2.0$m，$L=100+[(0.5+1.5+0.3)+1/2\times(1.5+2.0+1.5+3.0)]\times2$	m^2	112.60	
2	草包围堰养护费	$L=112.6$m×2 次	m	225.20	
3	抽水	$b=2.0+2.15+2.0=6.15$，$h=1.0$，$V=6.15\times1.0\times100$	m^3	615.00	
4	挖土、运输	$H=2.0$m，$A_1=05+2.25+0.5=3.25$m，$A_2=3.25+1.5\times2=6.25$m。$V=1/2\times(A_1+A_2)\times H\times L=1/2\times(3.25+6.25)\times2.0\times100$	m^3	950.00	
5	湿土排水	$H=2.0-1.0=1.0$m，$A_1=05+2.25+0.5=3.25$m，$A_2=3.25+1.0\times2=5.25$m。$V=1/2\times(A_1+A_2)\times H\times L=1/2\times(3.25+5.25)\times1.0\times100$	m^3	425.00	
6	碎石垫层	$B=2.15$，$b=0.1\times2+B=2.35$，$h=b-0.35=0.65$，$V=(0.32+2.352)1/2\times0.1\times100$	m^3	23.59	
7	C20 混凝土基础	$V=1/2\times(0.35+0.65)\times2.15\times100$	m^3	107.5	
8	混凝土基础模板	$S=(0.35+0.65)\times2\times100+1/2\times(0.35+0.65)\times2.15\times(100/10+1)$	m^2	211.83	
9	混凝土基础钢筋	8.21kg×100/1000	t	0.821	
10	浆砌块石墙身	$V=1/2\times(0.45+1.35)\times2.25\times100$	m^3	202.50	
11	浆砌块石墙身勾缝	$S=2.15\times100+1/2\times(0.45+1.35)\times2.25\times2$	m^2	219.05	
12	C25 混凝土压顶	$V=(0.5\times0.25-1/2\times0.05\times0.05)\times100$	m^3	12.38	
13	混凝土压顶模板	$S=(0.25+0.2+(0.05^2\times2)^{1/2})\times100+(0.5\times0.25-1/2\times0.05\times0.05)\times2$	m^2	52.35	
14	三油二沉降缝毡	$n=100/10=10$ 道，$S=1/2\times(0.45+1.35)\times2.25\times10$	m^2	20.25	
15	砂砾石反滤层	$V=0.5\times0.4\times100$	m^3	20.00	
16	土工布	$S=(0.5+0.4\times2)\times100+0.5\times0.4\times2$	m^2	130.40	
17	泄水孔 ϕ50PVC	$L=100/2\times1.2$	m	60.00	
18	回填土、运输	$V=950-(23.59+107.5+202.5+12.38)$	m^3	818.32	
19	余土外运	$V_1=23.59+107.5+202.5+12.38$			
		$V_2=1/2\times(1.5+2.0+2.0\times1.5+1.5)\times2\times112.6$			
		$V=345.97+900.8$	m^3	1246.77	
20	筑坝土源费	$V_2=1/2\times(1.5+2.0+2.0\times1.5+1.5)\times2\times112.6$	m^3	900.80	
21	商品混凝土泵车输送	$V=(107.5+10.83)\times1.015$		120.10	

(7) 施工图预算书(表 4-205)

工程名称：挡墙工程

组　合　报　表　　表 4-205

工程名称：浆砌块石挡墙

编制单位：

	编　号	名　称	单位	单价	工程量	合价
		浆砌块石挡墙　$H=2.5$m	m	3551.64	100.00	355164
1	1-2-3	草包围堰筑拆(高≤2m)	延长米	552.59	112.60	62222

续表

编　号		名　称	单位	单价	工程量	合价
2	1-2-4	草包围堰养护(高≤2m)	延米·次	21.07	225.20	4744
3	1-1-12	抽水	m^3	0.64	615.00	394
4	4-2-7	机械挖土(深≤6m)	m^3	7.08	950.00	6725
5	1-1-9	湿土排水	m^3	9.63	425.00	4094
6	2-1-44	土方场内自卸汽车运输(运距≤200m)	m^3	11.39	950.00	10825
7	4-6-1	基础碎石垫层	m^3	115.06	23.59	2714
8	4-6-5	基础商品混凝土　泵送商品混凝土(5～40mm)C20	m^3	302.50	107.50	32518
9	4-6-6	基础模板	m^2	26.16	211.83	5541
10	4-6-7	基础钢筋	t	3649.57	0.82	2996
11	4-5-15	浆砌块石台身及挡墙　水泥砂浆 M7.5	m^3	269.68	202.50	54611
12	4-5-19	浆砌块石坞工勾平缝　水泥砂浆 M7.5	m^2	3.27	219.05	716
13	4-8-66 系	安装油毡沉降缝(二毡)	m^2	5.02	20.25	102
14	4-8-67 系	安装油毡沉降缝(三油)	m^2	21.84	20.25	442
15	4-8-59	安装 PVC 塑料管泄水孔　水泥砂浆 M10	m	48.57	60.00	2914
16	4-5-22	砂滤层	m^3	96.61	20.00	1932
17	2-1-31	铺设土工布(软土)	m^2	13.15	130.40	1714
18	4-6-89 换	压顶商品混凝土　泵送商品混凝土(5～40mm)C25	m^3	313.42	12.38	3880
19	4-6-90	压顶模板	m^2	34.47	52.35	1804
20	4-2-8	回填土	m^3	12.76	818.32	10442
21	2-1-44	土方场内自卸汽车运输(运距≤200m)	m^3	11.39	818.32	9325
22	ZSM19-1-1	土方场外运输	m^3	42.50	1246.77	52988
23	1-1-30	商品混凝土泵车输送	m^3	26.73	121.68	3253
24	ZSM21-2-4	$1m^3$ 以内单斗挖掘机场外运输费	台·次	2734.00	1.00	2734
1	定额直接费	直接费合计				226643
2	大型周材运输费	[1]×0.5%				1133
3	土方泥浆外运费	土方泥浆外运费				52988
4	直接费	[1]+[2]+[3]				280764
5	综合费	[4]×11%				30884
6	安全防护、文明	([4]+[5])×2.8%				8726
7	施工措施费	施工措施费				
8	其他费用	([4]+[5]+[6]+[7])×(0.1%+0.074%)				557
9	土源费	900.8×25				22520
10	税金	([4]+[5]+[6]+[7]+[8]+[9])×3.41%				11712
11	甲供材料	-甲供材料				
12	税后补差					
13	总造价	[4]+[5]+[6]+[7]+[8]+[9]+[10]+[11]+[12]				355164

编制单位：

(8) 工程综合实体单价分析表［项目编码暨子目编号顺序对应编列］(表 4-206、表 4-207)

1) 分部分项工程项目清单

分部分项工程量清单与计价表　　**表4-206**

清单序号	项目编码	项目名称	项目特征	工程内容	计量单位	数量	综合单价	预算顺序号
1	D. 1. 1	挖土方						
1. 1. 1	40101002	挖土方	1. 土壤类别 2. 挖土深度	1. 土方开挖 2. 围护、支撑 3. 场内运输 4. 平整、压实	m^3	650. 00	30. 12	4. 6
	D. 1. 3	填方及运输						
1. 3. 1	40103001	填土方	1. 填方材料品种 2. 密实度	1. 填方 2. 压实	m^3	818. 32	26. 95	20. 21
1. 3. 2	40103001	余土外运	1. 废弃料品种 2. 运距	余方点装料运输弃置点	m^3	1246. 77	47. 17	22
1. 3. 5	4. 0103E+10	缺土内运(土源费)	1. 填方材料品种 2. 运距	取料点装料运输至缺方点	m^3	900. 8	25. 00	税前
	D. 3. 4	砌筑						
3. 4. 1	4. 0304E+10	浆砌块石挡墙	1. 部位 2. 材料品种 3. 规格 4. 砂浆强度等级	1. 砌筑 2. 砌体勾缝 3. 砌体抹面 4. 泄水孔制作、安装 5. 滤层铺设 6. 沉降缝	m^3	202. 50	343. 93	11～17
	D. 3. 5	挡墙、护坡						
2. 1. 1	40305001	挡墙基础	1. 材料品种 2. 混凝土强度等级,石料最大粒径 3. 形式 4. 垫层厚度、材料品种、强度	1. 垫层铺筑 2. 混凝土浇筑	m^3	107. 5	395. 89	7. 8. 23
2. 1. 2	40305004	挡墙混凝土压顶	混凝土强度等级,石料最大粒径	1. 混凝土浇筑 2. 养护	m^3	12. 38	379. 91	18. 23
	D. 7. 1	钢筋						
7. 1. 2	40701002	非预应力钢筋			t	0. 821	4076. 23	10

2）措施项目清单与计价表

措施项目清单与计价表　　**表4-207**

清单序号	项目编码	项目名称	项目特征	工程内容	计量单位	数量	综合单价	预算顺序号
		措施项目费						
	通用							
1	3. 3. 1. 5	大型机械设备进出场及安拆			台·次	1	3049. 91	24
2	3. 3. 1. 6	施工排水、降水			m^3	1040	4. 81	3. 5
3	4. 1	围堰			m	112. 6	663. 44	1. 2
4	4. 11	混凝土、钢筋混凝土模板及支架			m^2	264. 1725	31. 02	9. 12. 19

注:请参阅表4-203"工程量清单综合单价分析表"、表4-205"施工图预算书"的释义。

4.4　隧道工程(项目编码：0404)

市政隧道类型见表 4-208、图 4-215～图 4-217。

市政隧道类型　　表 4-208

项次	类　型	释　义	备　注
1	给水隧道	为城市自来水管网铺设系统修建的隧道	1. 在现代化的城市中，将以上 4 种具有共性的市政隧道，按城市的布局和规划，建成一个共用隧道，称为“共同管沟” 2. 共同管沟是现代城市基础设施科学管理和规划的标志，也是合理利用城市地下空间的科学手段，是城市市政隧道规划与修建发展的方向
2	污水隧道	为城市污水排送系统修建的隧道	
3	管路隧道	为城市能源供给(煤气、暖气、热水等)系统修建的隧道	
4	线路隧道	为电力电缆和通信电缆系统修建的隧道	
5	人防隧道	是为战时的防空目的而修建的防空避难隧道	

注：1. 在城市的建设和规划中，充分利用地下空间，将各种不同市政设施安置在地下而修建的地下孔道，称为“市政隧道”；
2. 市政隧道与城市中人们的生活、工作和生产关系十分密切，对保障城市的正常运转起着重要的作用。

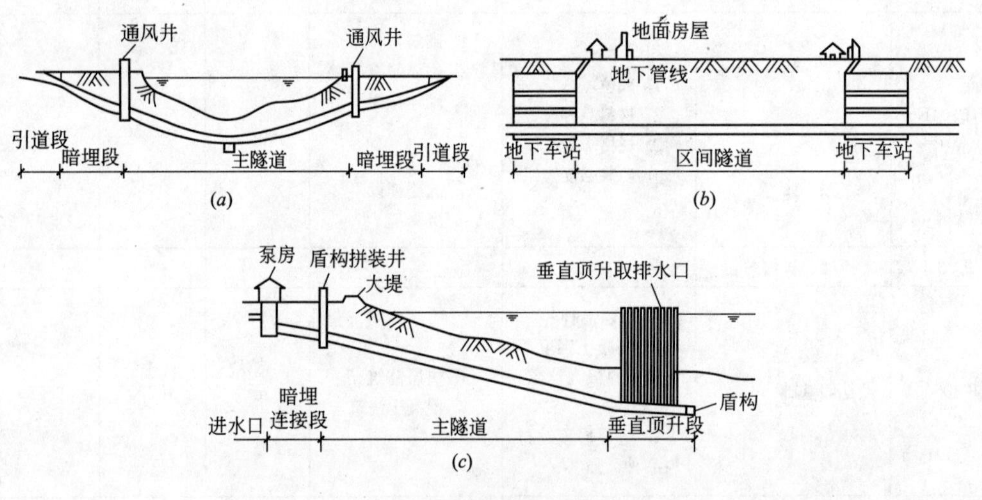

图 4-215　隧道类型示意图

(a)越江隧道；(b)地铁；(c)水工隧道

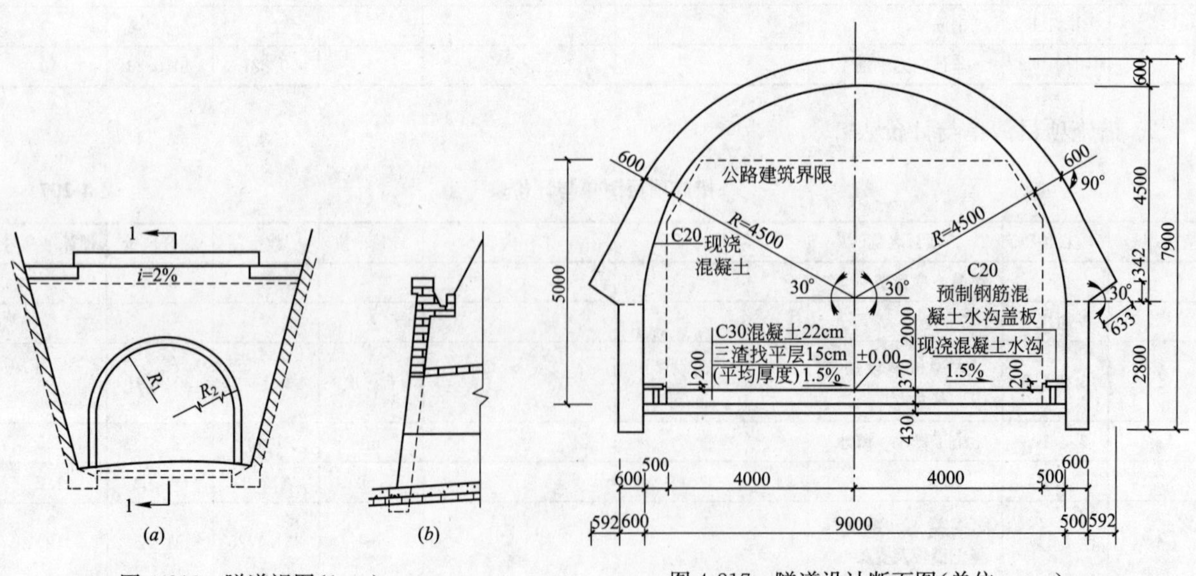

图 4-216　隧道视图(1：n)

(a)立面；(b)平面

图 4-217　隧道设计断面图(单位：mm)

隧道岩石开挖工程量清单项目设置及工程量计算规则见表 4-209。

隧道岩石开挖工程量清单项目设置及工程量计算规则　　表 4-209

隧道岩石开挖（项目编码：040401）

<table>
<tr><th>项目编码</th><th>项目名称</th><th>项目特征</th><th>计量单位</th><th>工程内容</th></tr>
<tr><td>040401001</td><td>平洞开挖</td><td rowspan="3">1. 岩石类别
2. 开挖断面
3. 爆破要求</td><td rowspan="4">m³</td><td>1. 爆破或机械开挖
2. 临时支护
3. 施工排水
4. 弃渣运输
5. 弃渣外运</td></tr>
<tr><td>040401002</td><td>斜洞开挖</td><td>1. 爆破或机械开挖
2. 临时支护
3. 施工排水
4. 洞内石方运输
5. 弃渣外运</td></tr>
<tr><td>040401003</td><td>竖井开挖</td><td>1. 爆破或机械开挖
2. 施工排水
3. 弃渣运输
4. 弃渣外运</td></tr>
<tr><td>040401004</td><td>地沟开挖</td><td>1. 断面尺寸
2. 岩石类别
3. 爆破要求</td><td>1. 爆破或机械开挖
2. 弃渣运输
3. 施工排水
4. 弃渣外运</td></tr>
</table>

注：1. 选自国家标准《建设工程工程量清单计价规范》GB 50500—2008“附录 D 市政工程工程量清单项目及计算规则”及《〈建设工程工程量清单计价规范〉上海市市政工程操作指南》；

2. 上海地区为软土类土层，隧道工程中未编列岩石层隧道工程。

岩石隧道衬砌工程量清单项目设置及工程量计算规则见表 4-210。

岩石隧道衬砌工程量清单项目设置及工程量计算规则　　表 4-210

岩石隧道衬砌（项目编码：040402）

<table>
<tr><th>项目编码</th><th>项目名称</th><th>项目特征</th><th>计量单位</th><th>工程内容</th></tr>
<tr><td>040402001</td><td>混凝土拱部衬砌</td><td rowspan="4">1. 断面尺寸
2. 混凝土强度等级、石料最大粒径</td><td rowspan="4">m³</td><td rowspan="4">1. 混凝土浇筑
2. 养护</td></tr>
<tr><td>040402002</td><td>混凝土边墙衬砌</td></tr>
<tr><td>040402003</td><td>混凝土竖井衬砌</td></tr>
<tr><td>040402004</td><td>混凝土沟道</td></tr>
<tr><td>040402005</td><td>拱部喷射混凝土</td><td rowspan="2">1. 厚度
2. 混凝土强度等级、石料最大粒径</td><td rowspan="2">m²</td><td rowspan="2">1. 清洗岩石
2. 喷射混凝土</td></tr>
<tr><td>040402006</td><td>边墙喷射混凝土</td></tr>
<tr><td>040402007</td><td>拱圈砌筑</td><td>1. 断面尺寸
2. 材料品种
3. 规格
4. 砂浆强度等级</td><td rowspan="4">m³</td><td>1. 砌筑
2. 勾缝
3. 抹灰</td></tr>
<tr><td>040402008</td><td>边墙砌筑</td><td>1. 厚度
2. 材料品种
3. 规格
4. 砂浆强度等级</td><td rowspan="3">1. 砌筑
2. 勾缝
3. 抹灰</td></tr>
<tr><td>040402009</td><td>砌筑沟道</td><td>1. 断面尺寸
2. 材料品种
3. 规格
4. 砂浆强度</td></tr>
<tr><td>040402010</td><td>洞门砌筑</td><td>1. 形状
2. 材料
3. 规格
4. 砂浆强度等级</td></tr>
</table>

续表

项目编码	项目名称	项目特征	计量单位	工程内容
040402011	锚杆	1. 直径 2. 长度 3. 类型	t	1. 钻孔 2. 锚杆制作、安装 3. 压浆
040402012	充填压浆	1. 部位 2. 浆液成分强度	m^3	1. 打孔、安管 2. 压浆
040402013	浆砌块石	1. 部位 2. 材料 3. 规格 4. 砂浆强度等级		1. 调制砂浆 2. 砂筑 3. 勾缝
040402014	干砌块石			1. 砌筑 2. 勾缝
040402015	柔性防水层	1. 材料 2. 规格	m^2	防水层铺设

注：1. 选自国家标准《建设工程工程量清单计价规范》GB 50500—2008“附录D市政工程工程量清单项目及计算规则”及《〈建设工程工程量清单计价规范〉上海市市政工程操作指南》；
2. 上海地区为软土类土层，隧道工程中未编列岩石层隧道工程。

盾构的分类及其适用范围：

盾构是系指修建隧道的正面支护掘进和衬砌拼装的专用机具；盾构法是暗挖隧道的专用机械在地面以下建造隧道的一种施工方法。

盾构是一种集开挖、支护、推进、衬砌等多种作业一体化的大型暗挖隧道施工机械。

盾构主要用于软弱、复杂等地层的隧道施工。盾构的类型很多，可按盾构的断面形状、开挖方式、盾构前部构造和排水与稳定开挖面方式进行分类(表4-211、表4-212)。

盾构类型　　**表4-211**

项次	类型	分类
1	断面形状	1. 可分为：圆形、拱形、矩形和马蹄形四种 2. 圆形因其抵抗地层中的土压力和水压力较好，衬砌拼装简便，可采用通用构件，易于更换，因而应用较广泛
2	开挖方式	1. 敞胸式 2. 闭胸式
3	按排除地下水和稳定开挖面方式	分为：人工井点降水、泥水加压、土压平衡式的无气压盾构、局部气压盾构、全气压盾构等

盾构开挖性能　　**表4-212**

挖掘方式	构造类型	盾构名称	开挖面稳定措施	适用地层	附注
手工挖掘式	敞胸	普通盾构	临时挡板支撑千斤顶	地质稳定或松软均可	辅助以气压，人工井点降水及其他地层加固措施
		棚式盾构	将开挖面分成几层，利用砂的安息角和棚的摩擦	砂性土	
		网格式盾构	利用土和钢制网状格棚的摩擦	黏土淤泥	
	闭胸	半挤压盾构	胸板局部开孔，依靠盾构千斤顶推力土砂自然流入	软可塑黏土	
		全挤压盾构	胸板无孔，不进土	淤泥	
半机械挖掘式	敞胸	反铲式盾构	手掘式盾构装上反铲式挖土机	土质紧硬，稳定面能自立	辅助措施
		旋转式盾构	手掘式盾构装上软岩掘进机	软岩	
		旋转刀盘式盾构	单刀盘加面板多刀盘加面板	软岩	
		插刀式盾构	千斤顶支撑挡土板	硬土层	

续表

挖掘方式	构造类型	盾构名称	开挖面稳定措施	适用地层	附注
半机械挖掘式	闭胸	局部气压盾构	面板与隔板间加气压	含水松软地层	不再另设辅助措施
		泥水加压盾构	面板与隔板间加有压泥水	含水地层冲积层、洪积层	辅助措施
		土压平衡盾构	面板隔板间充满土砂产生的压力和开挖处的地层压力保持平衡	淤泥、淤泥夹砂	
		网格式挤压盾构	胸板为网格，土体通过网格孔挤入盾构	淤泥	

注：盾构按开挖方式可分为：手工挖掘式、半机械挖掘式和机械挖掘式三种。

盾构法施工示意见图 4-218、图 4-219。

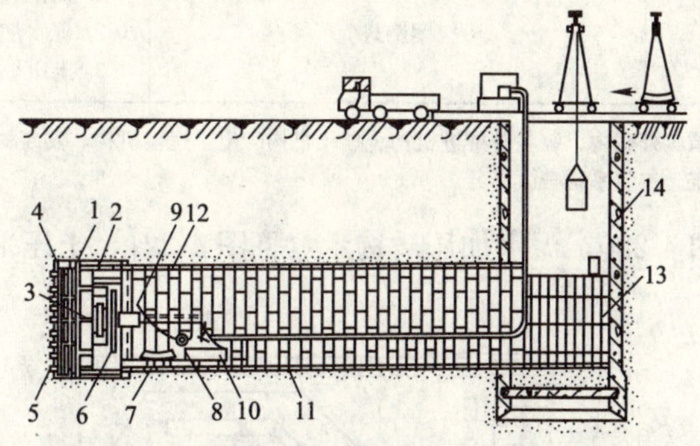

图 4-218　盾构法施工概貌示意图(网格盾构)

1—盾构；2—盾构千斤顶；3—盾构正面网格；4—出土转盘；5—出土皮带运输机；6—管片拼装机；7—管片；8—压浆机；9—压浆孔；10—出土机；11—由管片组成的隧道衬砌结构；12—在盾尾空隙中压浆；13—后盾装置；14—竖井

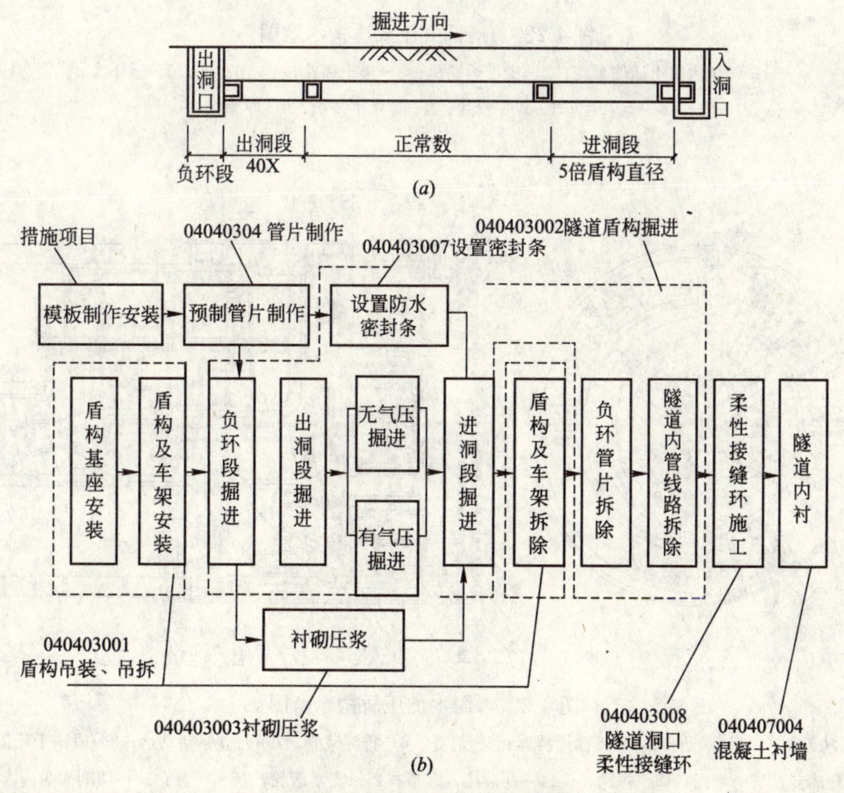

图 4-219　盾构施工示意图

(a)施工阶段划分；(b)施工流程图

盾构的主要种类和开挖方法见表 4-213。

盾构的主要种类和开挖方法　　　　**表 4-213**

盾构种类	开挖方法	结构特点
手掘式盾构	敞开式	1. 正面支撑式 2. 棚式
挤压式盾构	全挤压	1. 局部挤压 2. 局部挤压
半机械式盾构	正、反铲	1. 螺旋切削 2. 软岩掘进机
机械式盾构	开胸大刀盘切削	
	闭胸式	1. 局部气压 2. 泥水加压 3. 土压平衡

注：1. 盾构是在与隧道形状一致的盾构外壳内，装备着推进机构、挡土机构、出土运输机构、安装衬砌机构等部件的隧道开挖专用机械；
2. 主要分为盾构壳体、推进系统、拼装系统三大部分。

局部气压式盾构示意见图 4-220，泥水加压盾构示意见图 4-221，土压平衡盾构示意见图 4-222。

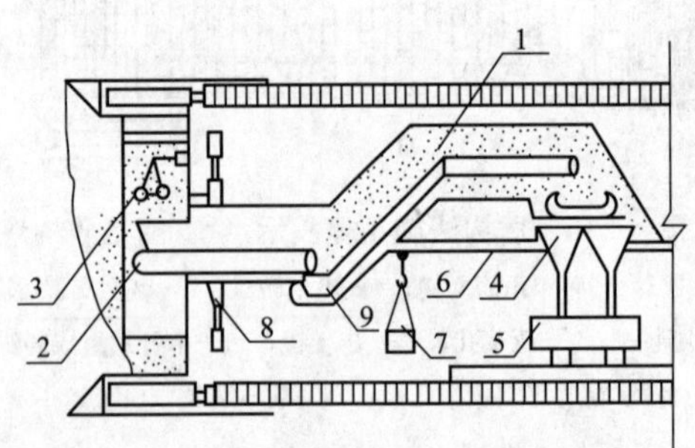

图 4-220　局部气压式盾构示意图

1—气压内出土运输系统；2—皮带运输机；3—排土抓斗；4—出土斗；5—运土车；6—运管片车辆；7—管片；8—管片拼装机；9—伸缩接头

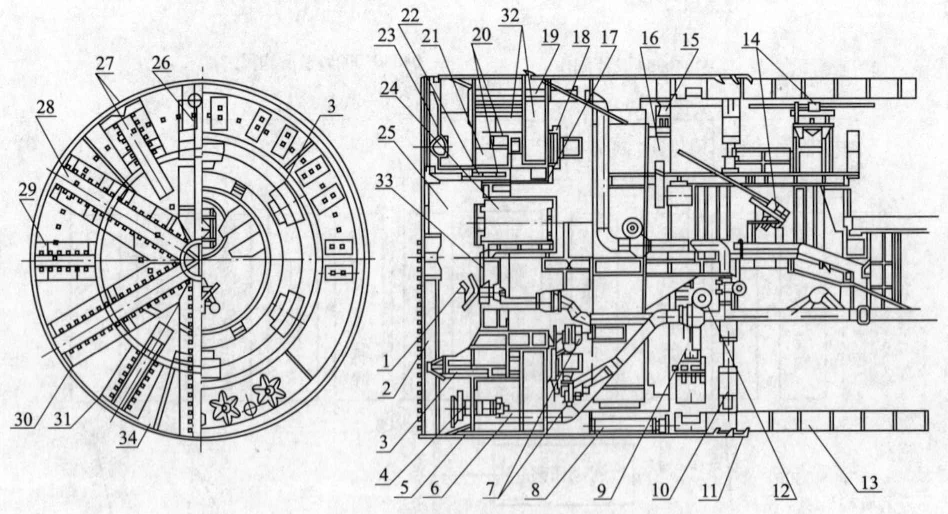

图 4-221　泥水加压盾构示意图

1—中部搅拌器；2—切削刀盘；3—转鼓凸台；4—下部搅拌器；5—盾壳；6—排泥浆管；7—刀盘驱动马达；8—盾构千斤顶；9—举重臂；10—真圆保持器；11—盾尾密封；12—闸门；13—衬砌环；14—药液注入装置；15—支承滚轮；16—转盘；17—切削刀盘内齿圈；18—切削刀盘外齿圈；19—送泥浆管；20—刀盘支承密封装置；21—转鼓；22—超挖刀控制装置；23—刀盘箱形环座；24—进人孔；25—泥水室；26—切削刀；27—超挖刀；28—主刀梁；29—副刀梁；30—主刀槽；31—副刀槽；32—固定鼓；33—隔每；34—刀盘

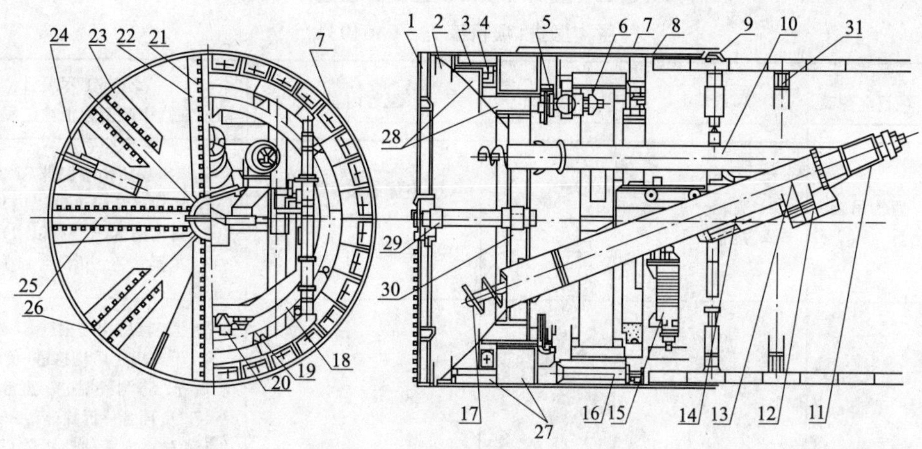

图 4-222　土压平衡盾构示意图

1—切削刀盘；2—泥土仓；3—密封装置；4—支承轴承；5—a Sb N 轮；6—液压马达；7—注浆管；8—盾壳；9—昏尾密封装置；10—小螺旋输送机；11—大螺旋输送机驱动液压马达；12—排土闸门；13—大螺旋输送机；14—闸门滑阀；15—拼装机构；16—盾构千斤顶；17—大螺旋输送机叶轮轴；18—拼装机转盘；19—支承滚轮；20—举升臂；21—切削刀；22—主刀槽；23—副刀槽；24—超挖刀；25—主刀梁；26—副刀梁；27—固定鼓；28—转鼓；29—中心轴；30—隔板；31—真圆保持器

常用的机械式盾构见表 4-214。

常用的机械式盾构　　表 4-214

项次	机械式盾构	释　义
1	局部气压式盾构	这种盾构是在开胸机械式盾构的切口环和支承环之间装上隔板，使切口环部分形成一个密封舱，舱中输入压缩空气，以平衡开挖面的土压力，保证正面土体自立而不坍塌。气压是为了疏干地下水，改变土体的物理性能，有利于施工。用盾构法进行隧道施工，首先是要解决切口前开挖面的稳定，加局部气压是使正面土体稳定的方法，从而代替了在隧道内加气压的全气压施工方法。这样，衬砌拼装和隧道内其他施工人员，就可不在气压条件下工作，这无疑有很大的优越性
2	泥水式盾构和泥水加压平衡盾构	在同样的地层压力差和土质同样条件下，漏气量要比漏水量大 80 倍之多，因此，若在上述局部气压的密封舱内用泥水或泥浆来代替压缩空气，这样既可利用泥水压力来支撑开挖面土体，又可大大减少泄漏。 刀盘切削下来的土在泥水中经过搅拌机搅拌，用杂质泵将泥浆通过管道输送到地面集中处理，这样就解决了连续出土的技术难题。这就是泥水式盾构和泥水加压平衡式盾构的优点
3	土压平衡式盾构	这种盾构又称削土密封式或泥土加压式盾构，是在上述两种机械式盾构的基础上发展起来的，适用于含水饱和软弱地层中施工的新型盾构。 该盾构的前端也是一个全断面切削刀盘，在盾构中心或下部有一个长筒形螺旋输送机的进土口，其出口在密封舱外。 所谓土压平衡，就是盾构密封舱内始终充满了用刀盘切削下来的土，并保持一定压力，平衡开挖面的土压力

注：盾构类型的主要区别是盾构正面对土体支护开挖方法的不同。

盾构法施工建成的地下通道，直径比较大，从 ϕ4m～ϕ12m，盾构机的基本构造有盾构壳体、开挖系统、推进系统、出土输送系统、管片拼装系统、及压浆系统等组成。动力千斤顶安装在机头，以拼装好的管片为后座，向前推进。隧道衬砌是由若干块管片组成环圈，推进一定距离拼装一环管片，拼装好的管片不再移动，掘进长度不受挖力大小的影响，一次掘进长度比较长。盾构掘进工程量清单项目设置及工程量计算规则见表 4-215。

盾构掘进工程量清单项目设置及工程量计算规则　　　　**表 4-215**

盾构掘进(项目编码：040403)

项目编码	项目名称	项目特征	计量单位	工程内容	分部工程项目、名称 (所在《市政工程预算定额》册、章、节)
040403001	盾构吊装、吊拆	1. 直径 2. 规格、型号	台·次	1. 整体吊装 2. 分体吊装 3. 车架安装	隧道工程盾构法掘进 S7-2-： 1. 盾构吊装(φ7000 以内) 2. 盾构吊拆(φ7000 以内) 3. 车架安装、拆除
040403002	隧道盾构掘进	1. 直径 2. 规格 3. 形式	m	1. 负环段掘进 2. 出洞段掘进 3. 进洞段掘进 4. 正常段掘进 5. 负环管片拆除 6. 隧道内管线路拆除 7. 土方外运	隧道工程盾构法掘进 S7-2-： 4. 干式出土盾构掘进(负环段掘进、出洞段掘进、进洞段掘进、正常段掘进) 17. 负环管片拆除(φ7000 以内) 18. 隧道内管线路拆除(干式出土盾构掘进-φ7000 以内) 文字代码 ZSM19-1-：1. 土方场外运输
					隧道工程盾构法掘进 S7-2-： 5. 水力出土盾构掘进(负环段掘进、出洞段掘进、进洞段掘进、正常段掘进) 17. 负环管片拆除 18. 隧道内管线路拆除(水力出土盾构掘进) 文字代码 ZSM19-1-：1. 土方场外运输
					隧道工程盾构法掘进 S7-2-： 6. 刀盘式土压平衡盾构掘进(负环段掘进、出洞段掘进、进洞段掘进、正常段掘进) 17. 负环管片拆除 18. 隧道内管线路拆除(参干式出土盾构掘进) 文字代码 ZSM19-1-：1. 土方场外运输
					隧道工程盾构法掘进 S7-2-： 7. 刀盘式泥水平衡盾构掘进(负环段掘进、出洞段掘进、进洞段掘进、正常段掘进) 17. 负环管片拆除 18. 隧道内管线路拆除(参水力出土盾构掘进) 文字代码 ZSM19-1-：1. 土方场外运输
040403003	衬砌压浆	1. 材料品种 2. 配合比 3. 砂浆强度等级 4. 石料最大粒径	m^3	1. 同步压浆 2. 分块压浆	隧道工程盾构法掘进 S7-2-： 8. 衬砌压浆 ① 同步压浆 ② 分块压浆
040403004	预制钢筋混凝土管片	1. 直径 2. 厚度 3. 宽度 4. 混凝土强度等级，石料最大粒径		1. 钢筋混凝土管片制作 2. 管片成环试拼(每100 环试拼 1 组) 3. 管片安装 4. 管片场内外运输	隧道工程盾构法掘进 S7-2-： 12. 预制钢筋混凝土管片 13. 预制管片成环水平拼装 14. 管片短驳运输
040403005	钢管片	材质	t	1. 钢管片制作 2. 钢管片安装 3. 管片场内外运输	隧道工程金属构件制作 S7-7-： 2. 钢管片(单块质量 1t 以内、外)

续表

项目编码	项目名称	项目特征	计量单位	工程内容	分部工程项目、名称 (所在《市政工程预算定额》册、章、节)
040403006	钢混凝土复合管片	1. 材质 2. 混凝土强度等级、石料最大粒径	m^3	1. 复合管片钢壳制作 2. 复合管片混凝土浇筑 3. 养护 4. 复合管片安装 5. 管片场内外运输	隧道工程金属构件制作 S7-7-： 2. 钢管片(复合钢片钢壳) 隧道工程垂直顶升 S7-3-： 1. 顶升管节、复合管片制作(复合管片钢筋混凝土) 隧道工程盾构法掘进 S7-2-： 14. 管片短驳运输
040403007	管片设置密封条	1. 直径 2. 材料 3. 规格	环	密封条安装	隧道工程盾构法掘进 S7-2-： 15. 管片设备密封条(氯丁橡胶条、821 橡胶条)
040403008	隧道洞口柔性接缝环	1. 材料 2. 规格	m	1. 拆临时防水环板 2. 安装、拆除临时止水带 3. 拆除洞口环管片 4. 安装钢环板 5. 柔性接缝环 6. 洞口混凝土环圈	隧道工程盾构法掘进 S7-2-： 10. 柔性接缝环(使用阶段) ① 拆除 ② 安装钢环板 ③ 柔性接缝环 11. 洞口钢筋混凝土环圈
040403009	管片嵌缝	1. 直径 2. 材料 3. 规格	环	1. 管片嵌缝 2. 管片手孔封堵	隧道工程盾构法掘进 S7-2-： 16. 管片嵌缝(氯丁乳胶水泥)

注：1. 选自国家标准《建设工程工程量清单计价规范》GB 50500—2008“附录 D 市政工程工程量清单项目及计算规则”及《〈建设工程工程量清单计价规范〉上海市市政工程操作指南》；

2. 盾构法掘进定额适用于采用国产盾构掘进机，在地面沉降达到中等程度(盾构在砖砌建筑物下穿越时允许发生结构裂缝)的软土地区隧道施工工程；

3. 国产盾构掘进机主要有以下几种：手工挖掘式盾构机、半机械化盾构机、泥水加压盾构机、土压平衡盾构机、网格挤压式盾构机、插刀式盾构机等；

4. 定额子目中带括号( )的金属构件消耗量为摊销量，单价套用金属构件制作册相应子目，不再计取使用费；

5. 干式出土盾构掘进的土方以吊出井口装车止，水力出土掘进排放的泥浆以送到集中点止；土方及泥浆的场外运输另行计算；水力出土掘进取用天然水，其地面部分的取水及排水措施另行计算。

盾构掘进法是软土地层挖掘隧道的最有效方法。盾构法施工，是系指采用以盾构为挖掘机械是地层中(软土地区)构筑地下隧道和大型管道的一种暗挖式施工方法。盾构掘进机选型见表 4-216。

盾构掘进机选型　　表 4-216

项次	划　分		释义及适用范围
1	地质报告		系指根据地质勘察的结果而编制的报告书，是以简要明确的文字和图表编成的
2	隧道覆土层厚度		系指指隧道上方至地面覆盖土层的厚度，隧道覆土层厚度是根据隧道埋深来决定的
3	盾构种类	手掘式盾构	1. 是盾构的最基本形式 2. 开挖面基本能自稳的土层中
		挤压式盾构	在稳定的软土层中掘进
		半机械式盾构	1. 在土质条件适合时，就成为盾构施工的首选盾构而受到重视 2. 开挖面基本上能自稳且又无水的土层中
		机械式盾构	多用于含水率较高的砂质、砂砾石层、江河、海底等特殊的超软弱地层中
4	盾构施工法		最适于在松软含水地层中修建隧道

注：1. 应根据地质报告，隧道覆土层厚度、地表沉降量要求及掘进机技术性能等条件，由批准的施工组织设计确定；

2. 软土隧道的开挖要注意先行的地基勘察，施工过程中也要注意防止涌水、涌土及坍塌。

盾构法施工是以盾构这种施工机械在地面以下暗挖隧道的一种施工方法。

盾构是一个既可以支承地层压力又可以在地层中推进的活动钢筒结构。钢筒的前端设置有支撑和开挖土体的装置，钢筒的中段安装有顶进所需千斤顶；钢筒尾部可以拼装预制或现浇隧道衬砌环。盾构每推进一环距离，就在盾尾支护下拼装或现浇一环衬砌，并向衬砌环外围空隙中压注水泥砂浆，以防止隧道及地面下沉。盾构推进的反力由衬砌环承担。盾构施工前应先修建一竖井，在竖井处安装盾构，盾构开挖出的土体由竖井通道送出地面。软土隧道盾构机械型式见表 4-217；隧道工程金属构件制作适用范围见表 4-218，其消耗量见表 4-219。

软土隧道盾构机械型式　　表 4-217

盾构掘进型式		释　义	适用范围	盾构机械运作原理
网格式盾构机	干式出土掘进	指采用网格式盾构掘进机掘进，并采用干式出土的施工方法	适用于($\phi\leqslant4000$)～($\phi\leqslant7000$)的盾构掘进	网格式盾构机，机头部分装有一组钢板的网格，当主推进千斤顶顶进时钢板网格片切入土中将正面掘出土体切割成若干碎块，再用水力机械或出土机械将土体运出
	水力出土掘进	指采用网格式盾构掘进机掘进，并将土用高压水冲成泥浆排出的施工方法		
刀盘式盾构机	土压平衡掘进	指盾构头部采用大刀盘切割土体，盾构前仓有一个土压平衡隔离仓，以达到能控制内外土体平衡的一种挖掘方法	适用于($\leqslant\phi4000$)～($\leqslant\phi11000$)的盾构掘进	刀盘式盾构机，机头部分装有一个大刀盘，当主推进千斤顶顶进时，刀盘不断转动，切削土体。切削后的土体进入机头的平衡仓，采用土压平衡或泥水平衡方法，保持机头土体压力平衡，再通过减压设备将土体或泥浆水土体运出
	泥水平衡掘进	指盾构头部采用大刀盘切割土体，盾构前仓有一个泥水平衡隔离仓，以达到能控制内外土体平衡的一种挖掘方法		

注：1. 软土隧道工程是指隧道开挖地段的地基土主要是软土组成；
2. 定额按盾构掘进的四种方法编制，并按不同直径划分子目。

隧道工程金属构件制作适用范围表　　表 4-218

项次	分部分项工程名称	适用范围	属　性	
			金属构件	大型周转材料
1	隧道盾构掘进	走道板、配套定型走道板、钢轨跑板、盾构钢托架、钢闸墙、钢轨枕、角钢支架和金属支架子目	如盾构钢托架、走道板等	
2	盾构工作井	板式钢扶梯、格栅式钢扶梯、直梯钢扶梯、钢管栏杆和承插式钢封门子目		
3	明挖施工大型支撑	钢围檩、钢支撑活络头、钢支撑固定头子目		如钢管支撑、钢围檩等

注：1. 定额中的金属构件(如盾构钢托架、走道板等)和大型周转材料(如钢管支撑、钢围檩等)，消耗量都带括号，其单价应按隧道工程金属构件制作章节定额子目计算，见表 4-219“隧道工程金属构件制作的消耗量(t)表”释义；
2. 金属构件的工程量按设计图纸的主材(型钢、钢板、方钢、圆钢等)质量以吨计算，不扣除孔眼、缺角、切肢、切边的质量；圆形和多边形的钢板按作方计算，但不包括螺栓和焊条的质量；
3. 钢支撑由活络头、固定头和本体组成，本体未编制子目，按固定头子目计算；
4. 钢管支撑、钢围檩等大型周转性材料的场外运输费另行计算；
5. 周转性材料(钢模板、钢管支撑、木模板、脚手架等)已按规定的周转次数所计算的摊销量计入定额中，并包括周转性材料回库维修；
6. 明挖施工大型支撑不包括大型支撑基坑的“大型支撑使用费(t·d)”，可另行计算(CSM7-4-1)，请参阅 4.1 土石方工程(项目编码：040101)六、围护、支撑的种类及其适用条件中的表 4-58“围护、支撑类大型机械设备使用费甄选表”释义；
7. 定额中带“( )”的为套用有关定额计取单价类，在此类定额中凡带“( )”所计取的材料费，应纳入总材料费中计算其他材料费；请参阅表 4-219“隧道工程金属构件制作的消耗量(t)表”的释义。

隧道工程金属构件制作的消耗量(t)表　　表4-219

分部分项工程项目名称		计量单位	型钢(t)	薄钢板(t)	中厚钢板(t)	钢板网(kg)	花纹钢板(t)	重轨(t)	焊接钢管(t)	镀锌焊接钢管(t)	无缝钢管(kg)	ϕ8~10圆钢(t)	ϕ10以内圆钢(t)	ϕ15~18圆钢(t)	ϕ18以外圆钢(t)
4. 走道板、钢跑板	走道板	t	(0.6816)			(378.40000)									
	配套定型走道板	t	(0.0668)	(0.4653)		(202.5000)			(0.3254)						
	钢轨跑板	t			(0.1118)			(0.9482)							
5. 盾构钢托架、钢围檩、钢闸墙	盾构钢托架	t	(1.0420)		(0.0180)										
	钢围檩	t	(0.7920)		(0.3308)										
	钢闸墙	t	(0.0640)		(0.9900)						(6.0000)				
6. 钢轨枕、钢支架	钢轨枕	t	(0.9680)		(0.0920)										
	角钢支架	t	(1.0600)												
	金属支架	t	(0.6700)		(0.1610)									(0.2290)	
7. 钢扶梯、钢栏杆	板式钢扶梯	t	(0.7700)				(0.2900)								
	格栅式钢扶梯	t	(0.6400)												
	直梯钢扶梯	t	(0.6500)									(0.1970)	(0.2130)		
	钢管栏杆	t								(1.0200)					
8. 钢支撑、钢封门	钢支撑活络头	t	(0.1100)		(0.9500)										
	钢支撑固定头	t	(0.0540)		(1.0060)										
	承插式钢封门	t	(1.0580)												(0.0020)

注：1. 选自《上海市市政工程预算定额》(2000)，隧道工程分册第七章金属构件制作章定额："4. 走道板、钢跑板"、"5. 盾构钢托架、钢围檩、钢闸墙"、"6. 钢轨枕、钢支架"、"7. 钢扶梯、钢栏杆"、"8. 钢支撑、钢封门"等节子目；

2. 隧道工程金属构件制作定额中凡带"( )"的金属构件，如钢封门、走道板、钢轨枕、钢支撑、钢围檩等消耗量，在计算子目单价时，这些金属构件的单价，必须套用该册"金属构件制作"的有关子目计算；

3. 定额中凡带"( )"材料所计取的材料费，应纳入总材料费中计算其他材料费；

4. 金属构件制作适用于软土层隧道盾构工作井布置、隧道内施工用的金属支架、安全通道、钢闸墙、取排水隧道的钢管片、复合管片钢壳、垂直顶升的金属构件以及隧道明挖施工中的大型支撑等加工制作。

【例题 4-71】 某工程

【解题分析 4-71】

(1) 分部分项工程量清单计价表(综合单价)……投表 5

清单序号	编　号	名　称	单　位	工程量
1	040403001001	盾构吊装、拆除	台・次	2.00
2	040403002001	盾构掘进 φ11000	m	800.00
3	040403003001	衬砌同步压浆	m^3	3354.63
4	040403004001	预制钢筋混凝土管片	m^3	8917.00
5	040403005001	钢管片制作	t	247.06
6	040403007001	管片氯丁橡胶密封条	环	500.00
7	040403008001	柔性接缝环	m	264.40
8	040403009001	管片嵌缝	环	500.00
9	040701002001	钢筋	t	1800.67
10	040701005001	金属构件	t	104.14

(2) 分部分项工程量、措施项目清单

1) 分部分项工程量清单……招表 4

序号	项目编码	项目名称	项目特征	工程内容	计量单位	数量
3	D. 4. 4	盾构推进				
3. 1	040403001001	盾构吊装、拆除	1. 直径 φ11m 2. 规格型号	1. 整体吊装 2. 分体吊装 3. 车架安装	台・次	2
3. 2	040403002001	盾构掘进 φ11000	1. 直径：11m 2. 规格：5760×1500×480 3. 形式：圆形	1. 负环段掘进 2. 出洞段掘进 3. 进洞段掘进 4. 正常段掘进 5. 负环管电拆除 6. 隧道内管线拆除 7. 土方外运	m	800
3. 3	040403003001	衬砌同步压浆	1. 材料品种：混凝土 2. 配合比 3. 砂浆深度尺寸：C50 4. 石料最大粒径：5～20	1. 同步压浆 2. 分块压浆	m^3	3354. 63
3. 5	040403005001	钢管片制作	材质：钢材	1. 钢管片制作 2. 钢管片安装 3. 钢管片场内外运输	t	247. 06
3. 6	040403007001	管片氯丁橡胶密封条	1. 直径 φ10. 52m 2. 材料：氯丁橡胶 3. 规格：φ45	密封条安装	环	500
3. 7	040403008001	柔性接缝环	1. 材料：乳胶水泥海绵橡胶板 2. 规格：1000mm×5500mm×50mm	1. 拆临时防水环板 2. 安装、拆除临时止水带 3. 拆除洞口环管片 4. 安装钢环板 5. 柔性接缝环 6. 洞口混凝土环圈	m	264. 4
3. 8	040403009001	管片嵌缝	1. 直径 10. 52m 2. 材料：环氧聚氨酯嵌缝管	1. 管片嵌缝 2. 管片末孔封堵	环	500
	D. 7. 1	钢筋工程				

续表

序号	项目编码	项目名称	项目特征	工程内容	计量单位	数量
4	040701001001	预埋铁件	1. 材料：钢板、钢管、钢筋 2. 规格：厚 4mϕ50ϕ40		t	43.76
4.1	040701002001	非预应力钢筋	1. 材质：Ⅰ Ⅱ级 2. 部位：钻孔桩	制作　安装	t	2561.93
4.2	040701002002	钢筋接头	1. 材质：Ⅱ级 2. 部位：导墙	制作　安装	个	5928
4.3	040701005001	金属构件			t	117.41
4.4	040801007001	拆除钢混凝土结构	1. 结构形式：钢筋混凝土 2. 强度：C20	1. 拆除 2. 运输	m^3	799.32

2）措施项目清单……招表 5

序号	项目编码	项目名称	单　　位	数　　量	备　　注
4		措施项目费			
4.1	501	大型机械设备进出场及安拆			
4.2	502	混凝土、钢筋混凝土模板及支架			
4.3	503	脚手架			
4.4	504	施工排水、降水			
4.5	505	围堰			
4.6	507	现场施工围栏			
4.7	508	便道			
4.8	509	便桥			
4.9	沪 0512	地基加固			

（3）分部分项工程量、措施项目清单计算方法

项目名称	计算部位	计算列式	单　　位	数　　量
D.4.3	盾构掘进：	工程量计算规则		
	第 7.2.1 条			
	1	负环段：后靠管片拼装至后尾离开出洞井内壁		
	2	出洞段：负环段掘进结束后的 40m		
	3	正常段：出洞段掘进结束至进洞段掘进开始		
	4	进洞段：盾构切口距进洞井外壁 5 倍，盾构直段的长度		
	第 7.2.2 条	盾构掘进定额中盾构机按摊铺考虑，若遇下列情况时，可将定额中盾构掘进机械台班费中的折旧费和大修理费扣除，保留其他费用作为盾构使用台班进入定额，盾构掘进机费用另行计算		
	1	顶端封闭采用垂直顶升方法施工的给水隧道		
	2	单位工程掘进长度≤800m 的隧道		
	3	采用进口盾构掘进机掘进的隧道		
	4	由业主提供的盾构掘进机的隧道		
	第 7.2.3 条	初砌压浆按盾尾间隙的体积计算，应包括起压量		

续表

项目名称	计算部位	计算列式	单　位	数　量
	第7.2.4条	柔性接缝适合于沉井与圆隧道接缝处理，工程量按管片中心周长计算		
	第7.2.5条	混凝土管片预制工程量按实体计算，盾构掘进时混凝土管片施工损耗按预制量的1%计算，管片试拼装以每100环管片拼装一组（三环）计算		
	总说明十一	本定额中的隧道管片及排水管道成品场内运输已列入定额		
	第二章说明一	本章定额按国产盾构掘进机进行编制		
	二	盾构及车架安装根据现场吊装及试运行，适用于ϕ7000以的盾构，拆除指拆卸装车，ϕ2000以上盾构及车架安拆按实计算。盾构及车架场外运输另计		
040403001001	盾构整体吊装吊拆			
040403002001	隧道盾构掘进			
1	盾构基座制作	22.19	t	22.19
2	盾构基座安装	22.19	t	22.19
3	盾构基座拆除	22.19	t	22.19
4	盾构后靠制作	14.57	t	14.57
5	盾构后靠安装	14.57	t	14.57
6	盾构后靠拆除	14.57	t	14.57
7	盾构钢平台制作	9.51	t	9.51
8	盾构钢平台安装	9.51	t	9.51
9	盾构钢平台拆除	9.51	t	9.51
10	盾构车架安装10t以外	1	节	1
11	盾构车架拆除t以外	1	节	1
040403002001	隧道盾构掘进			
1	负环段掘进	12	m	12
2	出洞段掘进	40	m	40
3	正常段掘进	750－(12＋40＋55)	m	643
4	进洞段掘进	11×5	m	55
5	负环段拆除	12	m	12
040403003001	C50混凝土衬砌压浆	(5.63－5.5)×π×738	m^3	3354.63
040403004001	预制钢筋混凝土管片			
	施工图衬砌国环	［2RN1］制造图说明： 衬砌混凝土强度高度C50，抗渗等级1.0MPa，本衬砌环由一块封底块F_1，2块标准快(L_1)，(L_2)，2块预制牛腿标准快(B_1)n(B_5)n，3块标准块(B_2)1～(B_4)1管片构成		
(1)	封顶块	平均中心弧长 (4214.9＋4097.3＋3906.1＋3766.7)÷4	mm	3996.25
	每块V＝	0.48×1.5×3.996	m^3	2.277
(2)	邻接块(L_1)1	平均中心弧长 (4522＋4367.6＋4019.2＋3863.9)÷4	mm	4193.18
	V＝	0.48×1.5×4.193×2	m^3	6.038

续表

项目名称	计算部位	计算列式	单　位	数　量
(3)	标准块(L_2)	平均中心弧长(4316.7+3941.7)÷2	mm	4129.2
	标准块 3 块 V=	0.48×1.5×4.129×3	m^3	8.919
	每块 V=	2.877+6.038+8.919	m^3	17.834
	暂定衬砌块为	17.834×495	m^3	8825.85
	管片成环拼装	750÷1.5÷100	节	5
	管片安装	750÷15	组	500
	管片场内运输	50	组	50
	管片场内运输	25	m^3	8825.85
040403005001	钢管片 5 环	KR1、RR2、KR3、KR4、KR5 共 5 环	环	5
	KR1=10 块	4911.8×10÷1000	t	49.118
	KR2=10 块	4911.8×10÷1000	t	49.118
	KR3=16 块	4379×16÷1000	t	70.064
	KR4=16 块	4379×16÷1000	t	70.064
	KR5=2 块	4346.8×2÷1000	t	8.694
	Σ	49.118×2+70.064×2+8.694	t	247.66
	钢管片安装	5	组	5
	钢管片场内运输	5	组	5
	钢管片场外运输	25km　247.06÷7.85	m^3	31.47
	钢管片环氧沥青漆	11×π×1.5×4+4.319×1.5×2	m^2	220.3
040403007001	ϕ45 氯丁橡胶密封条	500	环	500
	施工阶段			
040403008001	乳胶水泥海绵橡胶板	10.52×π×2	m	66.1
	实用阶段柔性接缝环	66.1	m	66.1
040403009001	管片嵌缝如胶水泥	500	环	500
	管片手工封堵	21×8×495	孔	83.60

	编　号	名　称	单　位	工程量
	盾构吊装、拆除　040403001001		台·次	2
23	7-2-4 系	ϕ≤11000 盾构整体吊装	只	2
24	7-2-8 系	ϕ≤11000 盾构整体吊拆	只	2
25	7-2-10	安装盾构车架(20t 以内)	节	8
26	7-2-12	拆除盾构车架(20t 以内)	节	8
	盾构掘进 ϕ11000　040403002001		m	800
27	7-7-14	盾构基座制作	t	92.54
28	7-2-81	ϕ≤11000 泥水平衡盾构负环段掘进 非泵送商品混凝土(5～20mm)C25	m	50
29	7-2-82	ϕ≤11000 泥水平衡盾构出洞段掘进	m	80
30	7-2-83	ϕ≤11000 泥水平衡盾构正常段掘进	m	610
31	7-2-84	ϕ≤11000 泥水平衡盾构进洞段掘进	m	110
32	7-2-135	拆除 ϕ≤11000 负环管片	m	50
	衬砌同步压浆　040403003001		m^3	3354.63
33	7-2-85	衬砌同步压浆(石膏：粉煤灰=1：5.5)	m^3	6842.39

续表

	编　号	名　称	单　位	工程量
预制钢筋混凝土管片　040403004001			m^3	8917
34	7-2-104	预制 ϕ≤11000 钢混凝土管片 预制混凝土(5～20mm)C40	m^3	8989.58
35	7-2-110	ϕ≤11000 管片成环水平拼装	组	5
36	7-2-115	ϕ≤11000 管片短驳运输	m^3	8989.58
钢管片制作　040403005001			t	247.06
37	7-7-5	钢管片制作(单重>1t)	t	247.06
38	7-2-115	钢管片短驳运输	m^3	31.47
管片氯丁橡胶密封条　040403007001			环	500
39	7-2-120	ϕ≤11000 管片氯丁橡胶密封条	环	500
柔性接缝环　040403008001			m	264.4
40	7-2-94	柔性接缝环临时止水缝	m	264.4
41	7-2-95	拆除柔性接缝环临时钢环板	t	9.96
42	7-2-96	拆除柔性接缝环洞口环管片	m^3	35.67
43	7-2-97	安装柔性接缝环钢环板	t	19.92
44	7-2-98	柔性接缝环	m	264.4
45	7-2-99	柔性接缝环洞口钢混凝土环圈 泵送商品混凝土(5～20mm)C30	m^3	35.67
管片嵌缝　040403009001			环	500
46	7-2-130	ϕ≤11000 管片氯丁乳胶水泥嵌缝	环	500
47	5-2-138	压浆孔封拆	孔	83160
钢筋　040701002001			t	1800.67
61	7-2-105	预制钢混凝土管片钢筋	t	1800.67
金属构件　040701005001			t	104.14
66	7-7-17	钢轨枕制作	t	20.42
67	7-7-12	配套定型走道板制作	t	42.14
68	7-7-23	钢管栏杆制作	t	16.6
69	7-7-19	混合型支架制作	t	24.98

	编号	名　称	单位	单价	工程量	合价
		盾构				61375324
1	7-2-4 系	ϕ≤11000 盾构整体吊装	只	189020.42	2.00	378041
2	7-2-8 系	ϕ≤11000 盾构整体吊拆	只	148545.18	2.00	297090
3	7-2-10	安装盾构车架(20t 以内)	节	5839.47	8.00	46716
4	7-2-12	拆除盾构车架(20t 以内)	节	4306.84	8.00	34455
5	7-7-14	盾构基座制作	t	5593.60	92.54	517632
6	7-2-81	ϕ≤11000 泥水平衡盾构负环段掘进　非泵送商品混凝土(5～20mm)C25	m	36537.84	50.00	1826892
7	7-2-82	ϕ≤11000 泥水平衡盾构出洞段掘进	m	33850.45	80.00	2708036
8	7-2-83	ϕ≤11000 泥水平衡盾构正常段掘进	m	17108.21	610.00	10436009
9	7-2-84	ϕ≤11000 泥水平衡盾构进洞段掘进	m	27574.88	110.00	3033237
10	7-2-135	拆除 ϕ≤11000 负环管片	m	6019.83	50.00	300991
11	7-2-85	衬砌同步压浆(石膏：粉煤灰＝1：5.5)	m^3	235.13	6842.39	1608876
12	7-2-104	预制 ϕ≤11000 钢混凝土管片　预制混凝土(5～20mm)C40	m^3	931.34	8989.58	8372322

续表

	编号	名　　称	单位	单价	工程量	合价
13	7-2-105	预制钢混凝土管片钢筋	t	4912.63	1800.67	8846022
14	7-2-110	ϕ≤11000 管片成环水平拼装	组	8239.40	5.00	41197
15	7-2-115	ϕ≤11000 管片短驳运输	m^3	45.33	8989.58	407530
16	7-7-5	钢管片制作(单重>1t)	t	9422.63	247.06	2327954
17	7-2-115	钢管片短驳运输	m^3	45.33	31.47	1427
18	7-2-120	ϕ≤11000 管片氯丁橡胶密封条	环	4481.73	500.00	2240866
19	7-2-94	柔性接缝环临时止水缝	m	1815.40	264.40	479992
20	7-2-95	拆除柔性接缝环临时钢环板	t	1659.63	9.96	16530
21	7-2-96	拆除柔性接缝环洞口环管片	m^3	1713.96	35.67	61137
22	7-2-97	安装柔性接缝环钢环板	t	9954.96	19.92	198303
23	7-2-98	柔性接缝环	m	3464.15	264.40	915921
24	7-2-99	柔性接缝环洞口钢混凝土环圈　泵送商品混凝土(5～20mm)C30	m^3	2374.20	35.67	84688
25	7-2-130	ϕ≤11000 管片氯丁乳胶水泥嵌缝	环	1474.37	500.00	737185
26	5-2-138	压浆孔封拆	孔	64.77	83160.00	5385970
27	7-7-17	钢轨枕制作	t	5305.84	20.42	108345
28	7-7-12	配套定型走道板制作	t	8409.73	42.14	354386
29	7-7-23	钢管栏杆制作	t	7659.41	16.60	127146
30	7-7-19	混合型支架制作	t	6155.02	24.98	153752
31	7-6-27	地下监测孔布置(隧道纵向沉降及位移)	孔	212.85	107.00	22775
32	7-6-28	地下监测孔布置(隧道直径变形)	环	349.05	107.00	37349
33	7-6-29	地下监测孔布置(隧道环缝纵缝变化)	个	547.01	107.00	58530
34	7-6-34	地下监控测试(三项以内)	组·d	216.08	150.00	32412
35	7-3-13	安装恒电位仪	只	1999.51	25.00	49988
36	7-3-14	安装阳极	只	2292.37	25.00	57309
37	7-3-15	安装阴极	只	1436.29	25.00	35907
38	7-3-16	安装参比电极	只	1004.90	25.00	25123
39	7-3-17	隧道内铺设电缆	m	44.46	750.00	33345
40	7-3-18	制作接线箱	只	375.29	25.00	9382
41	7-3-19	制作分支箱	只	679.53	25.00	16988
42	7-3-20	制作过渡盒	只	410.10	25.00	10252
43	7-2-141	拆除 ϕ≤11000 水力出土隧道内管线路	m	271.04	750.00	203284

管节顶升、旁通道工程量清单项目设置及工程量计算规则见表 4-220、图 4-223。

管节顶升、旁通道工程量清单项目设置及工程量计算规则　　表 4-220

管节顶升、旁通道(项目编码：040404)

项目编码	项目名称	项目特征	计量单位	工程内容	分部工程项目、名称(所在《市政工程预算定额》册、章、节)
040404001	管节垂直顶升	1. 断面 2. 强度 3. 材质	m	1. 钢壳制作 2. 混凝土浇筑 3. 管节试拼装 4. 管节顶升	隧道工程金属构件制作 S7-7-： 1. 顶升管节钢壳(首节、中间节、末节) 隧道工程垂直顶升 S7-3-： 1. 顶升管节、复合管片制作 2. 垂直顶升设备安装、拆除 3. 管节垂直顶升

续表

项目编码	项目名称	项目特征	计量单位	工程内容	分部工程项目、名称（所在《市政工程预算定额》册、章、节）
040404002	安装止水框、连系梁	材质	t	1. 止水框制作、安装 2. 连系梁制作、安装	隧道工程金属构件制作 S7-7-： 3. 顶升止水框、连系梁、车架（顶升止水框、顶升连系梁） 4. 走道板、钢跑板（走道板-顶升止水框、配套定型走道板-顶升连系梁）
040404003	阴极保护装置	1. 型号 2. 规格	组	1. 恒电位仪安装 2. 阳极安装 3. 阴极安装 4. 参变电极安装 5. 电缆敷设 6. 接线盒安装	隧道工程垂直顶升 S7-3-： 5. 阴极保护安装及附件制作 ① 安装（恒电位、阳极、阴极）、（参变电极、隧道内电缆） ② 制作（接线箱、分支箱、过度盒）
040404004	安装取排水头	1. 部位（水中、陆上） 2. 尺寸	个	1. 顶升口揭顶盖 2. 取排水头部安装	隧道工程垂直顶升 S7-3-： 6. 滩地揭顶盖（含安装取排水头）
040404005	隧道内旁通道开挖	土壤类别	m^3	1. 地基加固 2. 管片拆除 3. 支护 4. 土方暗挖 5. 土方运输	
040404006	旁通道结构混凝土	1. 断面 2. 混凝土强度等级、石料最大粒径		1. 混凝土浇筑 2. 洞门接口防水	
040404007	隧道内集水井	1. 部位 2. 材料 3. 形式	座	1. 拆除管片建集水井 2. 不拆管片建集水井	
040404008	防爆门	1. 形式 2. 断面	扇	1. 防爆门制作 2. 防爆门安装	

注：1. 选自国家标准《建设工程工程量清单计价规范》GB 50500—2008“附录D市政工程工程量清单项目及计算规则”及《〈建设工程工程量清单计价规范〉上海市市政工程操作指南》；

2. 定额中列出混凝土消耗量，但未列出级配材料的用量，级配材料用量可根据“上海市建设工程普通混凝土、砂浆强度等级配合比表（2000）”计算，请参阅本丛书之三《常用数据手册》表2-15“现场现浇混凝土配合比”释义；

3. 定额中的混凝土及砂浆均采用强度等级表示，混凝土采用“C”表示，砂浆用“M”表示；如定额中强度等级与设计强度等级不同时，可按设计强度等级进行换算，请参阅本丛书之三《常用数据手册》表2-17“砌筑砂浆配合比”释义。

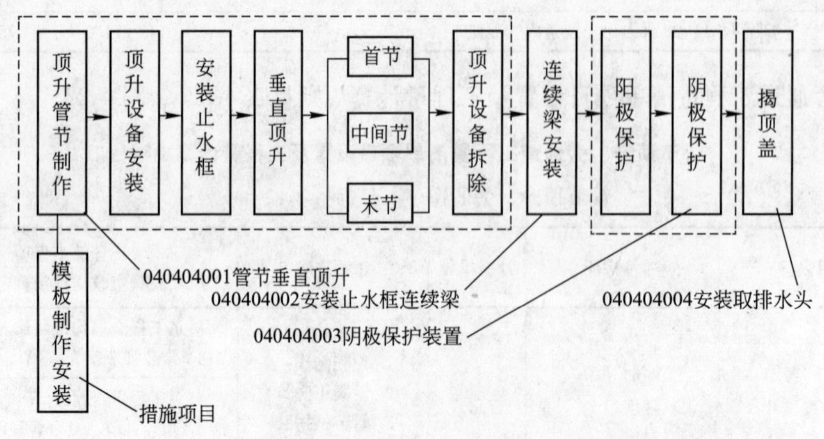

图4-223　管节垂直顶升施工流程图

隧道沉井工程量清单项目设置及工程量计算规则见表4-221。

隧道沉井工程量清单项目设置及工程量计算规则 **表4-221**

隧道沉井(项目编码:040405)

<table>
<tr><th>项目编码</th><th>项目名称</th><th>项目特征</th><th>计量单位</th><th>工程内容</th><th>分部工程项目、名称
(所在《市政工程预算定额》册、章、节)</th></tr>
<tr><td>040405001</td><td>沉井井壁混凝土</td><td>1. 形状
2. 混凝土强度等级、石料最大粒径</td><td rowspan="6">m^3</td><td>1. 沉井砂垫层
2. 刃脚混凝土垫层
3. 混凝土浇筑
4. 养护</td><td>隧道工程隧道沉井S7-1-:
1. 沉井基坑垫层(砂垫层、刃脚基础垫层)
2. 沉井制作(刃脚混凝土)</td></tr>
<tr><td rowspan="2">040405002</td><td rowspan="2">沉井下沉</td><td rowspan="2">深度</td><td rowspan="2">1. 排水挖土下沉
2. 不排水下沉
3. 土方场外运输</td><td>隧道工程隧道沉井S7-1-:
2. 沉井制作
① 井壁、隔墙混凝土
② 框架混凝土</td></tr>
<tr><td>隧道工程隧道沉井S7-1-:
3. 砖封预留孔洞
5. 水力机械冲吸泥下沉
6. 不排水潜水员吸泥下沉
7. 钻吸法出土下沉
8. 触变泥浆制作灌注、环氧沥青防水层
文字代码ZSM19-1-:1. 土方场外运输
文字代码ZSM20-1-:1. 泥浆场外运输</td></tr>
<tr><td>040405003</td><td>沉井混凝土封底</td><td rowspan="2">混凝土强度等级、石料最大粒径</td><td>1. 混凝土干封底
2. 混凝土水下封底</td><td>隧道工程隧道沉井S7-1-:
10. 混凝土封底(干封底、水下封底)</td></tr>
<tr><td>040405004</td><td>沉井混凝土底板</td><td>1. 混凝土浇筑
2. 养护</td><td>隧道工程隧道沉井S7-1-:
2. 沉井制作(底板混凝土)</td></tr>
<tr><td>040405005</td><td>沉井填心</td><td>材料品种</td><td>1. 排水沉井填心
2. 不排水沉井填心</td><td>隧道工程隧道沉井S7-1-:
9. 沉井填心(排水下沉沉井、不排水下沉沉井)</td></tr>
<tr><td rowspan="2">040405006</td><td rowspan="2">钢封门</td><td rowspan="2">1. 材质
2. 尺寸</td><td rowspan="2">t</td><td rowspan="2">1. 钢封门安装
2. 钢封门拆除</td><td>隧道工程金属构件制作S7-7-:
8. 钢支撑、钢封门(承插式钢封门)</td></tr>
<tr><td>隧道工程隧道沉井S7-1-:
11. 钢封门安装、拆除(承插式钢封门)</td></tr>
</table>

注:1. 选自国家标准《建设工程工程量清单计价规范》GB 50500—2008“附录D市政工程工程量清单项目及计算规则”及《〈建设工程工程量清单计价规范〉上海市市政工程操作指南》;
2. 隧道沉井适用于隧道工程中采用沉井法施工的盾构工作井、暗埋段隧道连续沉井及大型地下泵站沉井;
3. 隧道沉井定额包括沉井制作、沉井下沉、沉井砂石料填心、沉井封底以及钢封门安拆等内容;
4. 隧道沉井定额适用于矩形、圆形的沉井;
5. 定额中的混凝土及砂浆均采用强度等级表示,混凝土采用“C”表示,砂浆用“M”表示;如定额中强度等级与设计强度等级不同时,可按设计强度等级进行换算;
6. 定额中列出混凝土消耗量,但未列出级配材料的用量,级配材料用量可根据“上海市建设工程普通混凝土、砂浆强度等级配合比表(2000)”计算。

隧道沉井适用于软土隧道工程中采用沉井方法施工的盾构工作井、暗埋段隧道连续沉井及大型地下泵站沉井。

隧道工程盾构工作井施工

盾构工作井即采用沉井法施工的隧道沉井。在隧道采用盾构掘进施工时,盾构机及车架的安装、负环管片拼装掘进、设备及材料进洞、取水排浆出土等工作都要在井内完成,所以称之为盾构工作井(表4-222)。

隧道沉井工程　　表 4-222

项　次	分　类	释　义
1	平面形状	可分为矩形、圆形、圆端形三种
2	建筑材料	可分为无筋混凝土沉井和有筋混凝土沉井以及钢沉井
3	井孔布置方式	分为单孔、双孔和多孔沉井

注：1. 沉井由井壁、隔墙、取土井孔、刃脚、凹槽、封底、填充及顶盖等部分构成；
2. 沉井主要有刃脚、井壁、横梁、封底等几部分组成；
3. 各部分厚度和配筋考虑制作下沉及使用阶段的永久荷载和使用活荷载作用；由设计计算确定；
4. 沉井的井点布置应根据设计要求及施工要求确定。

沉井施工法是上海在深基础施工中采用的主要施工方法，它与放坡大开挖施工相比，具有占地面积小、挖土量少，对邻近建筑物影响比较小等优点。隧道沉井与泵站沉井不同之处，在于内部结构相对比较简单，一般平面尺寸比较大，埋设比较深，其井壁结构不仅要考虑四周土体的压力，而且要考虑盾构机在隧道掘进时把井壁作为盾构推进后坐力，要承受 20000～30000kN 压力，因此井壁比较厚，往往采用阶梯形井壁(非等截面)，含筋率亦大，称之为厚壁沉井(图 4-224)。

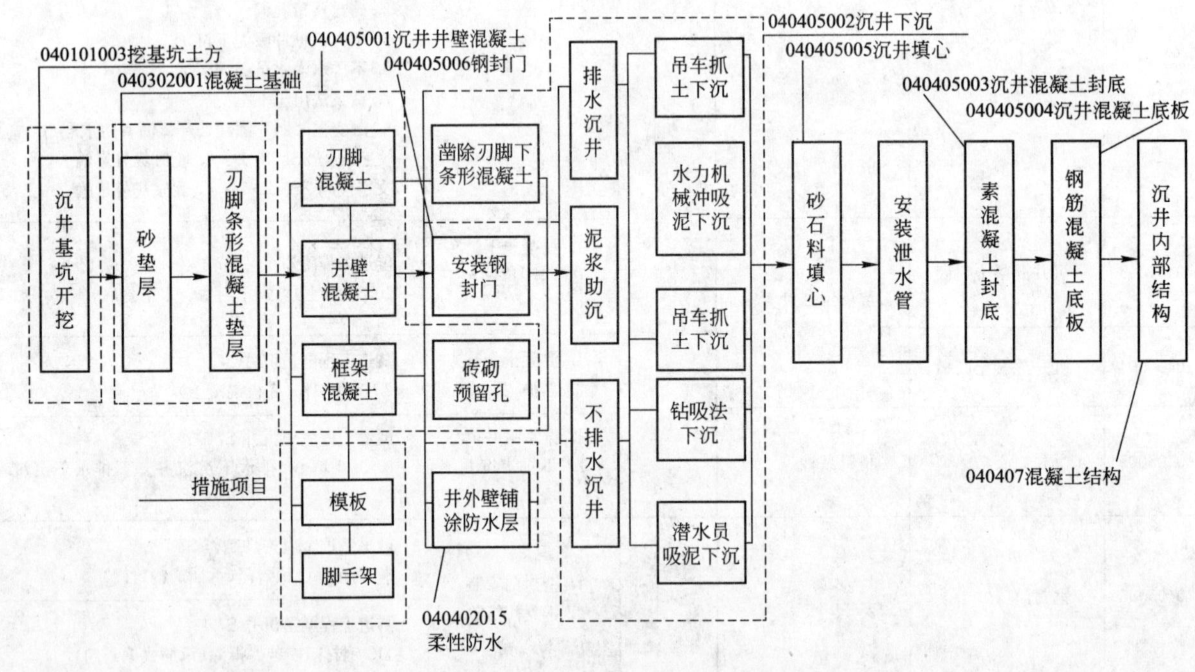

图 4-224　隧道沉井施工流程图

隧道沉井工程工程量"算量"见表 4-223。

隧道沉井工程工程量"算量"　　表 4-223

项次	项目名称	工程名称	计算方法
1	井壁混凝土	沉井基坑砂垫层	不分条形和满堂，均采用砂垫层子目
		刃脚	1. 刃脚的计算高度，以刃脚底面至井壁凸面或刃脚底面至底板面为准 2. 刃脚基础垫层的边沿如需凿除时，可套用相应的子目
		地梁	底板以下的地梁并入底板计算
		框架梁(圈梁)	工程量包括切入井壁部分的体积
		井壁、隔墙和底板结构	不扣除 0.3m^2 以内的孔洞体积
2	沉井下沉	砖封预留孔洞	1. 砖封预留孔洞子目，砖的厚度按综合测算，采用不同厚度时不作调整 2. 按一砖墙取定，外墙面用水泥砂浆粉刷

续表

项次	项目名称	工程名称	计算方法
2	沉井下沉	沉井下沉挖土(超挖土体)	按井壁外沿投影面积乘以下沉深度(基坑底面至刃脚底面距离)，并乘以如下土方回淤系数：排水下沉深度大于 10m 时为 1.05；不排水下沉深度大于 15m 时为 1.02
		吊车挖土下沉	不包括土方场外运输；水力机械冲吸下沉，不包括砌筑集水池及排泥浆处理；均可以另行计算
		水力机械出土下沉及钻吸法出土下沉	1. 子目均包括井内、外的管路及附属设备，不得重复计算 2. 不包括泥浆沉淀池的砌筑项目，可以另行计算
		沉井触变泥浆	1. 工程数量，按刃脚凸面面积乘以基坑底面至刃脚凸面的高度计算 2. 触变泥浆制作灌注工作内容，已包括泥浆池至井壁 100m 的管路敷设，实际长度变化不作调整
		环氧沥青防水层	用于设计要求提高抗渗的外井壁处理，同时适用于施工缝的防水处理
3	混凝土封底	干封底或水下封底	混凝土封底根据排水下沉和不排水下沉情况，分干封底和水下封底子目。其中水下封底子目工作内容，已包括沉井底板抗浮的抽水、封堵以及凿除高出底板面混凝土
4	混凝土底板	沉井混凝土底板	底板结构不扣除 $0.3m^2$ 以内的孔洞体积
5	沉井填心	排水下沉或不排水下沉	1. 工程数量按设计图纸计算 2. 沉井填心，即沉井混凝土封底前的沉井垫层，根据根据施工方法(如排水下沉或不排水下沉)选用相应子目
6	钢封门	钢封门安、拆	1. 按设计图纸用量计算 2. 一般按两根 25a 槽钢叠合的理论质量(54.94kg/m)乘以每根长度，乘以每根长度再乘以根数计算 3. 钢封门安装子目中的钢封门数量带括号，是指使用量，其单价套金属构件制作定额计算。计算费用时，钢封门应按规定回收 70%的主材

注：1. 选自《上海市市政工程预算定额》(2000)工程量计算规则暨总、册说明；
2. 沉井基坑开挖土方、基坑回填土方等项目，可套用第六册排水构筑物的相应子目；沉井井点降水、钢管脚手架等项目，可套用第一册通用项目的相应子目；
3. 沉井制作包括刃脚、框架、井壁、隔墙和底板项目，分别以混凝土、模板和钢筋编列子目。适用于不同井壁厚度和不同制作与下沉方法。

吊车挖土下沉见图 4-225，水力机械冲吸泥下沉见图 4-226，隧道基坑下沉情况见表 4-224。

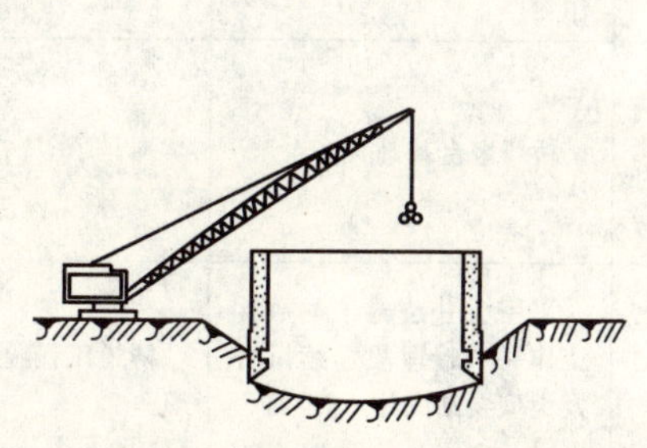

图 4-225　吊车挖土下沉

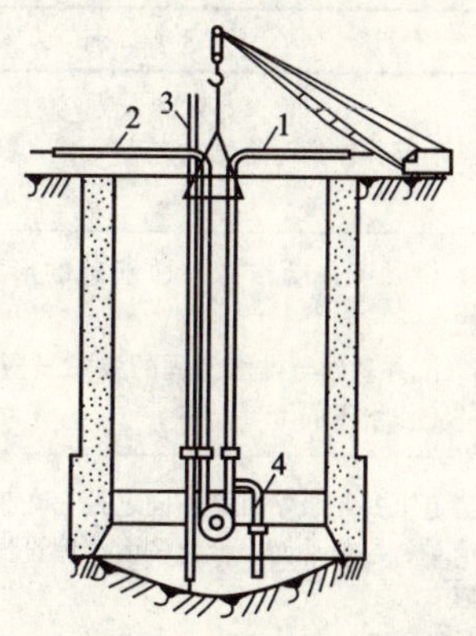

图 4-226　水力机械冲吸泥下沉

1—排泥管；2—供水管；3—冲刷管；4—水力吸泥导管

隧道基坑下沉　　　　表 4-224

项次	形式	工程量计算规则
1	吊车挖土下沉	定额测算时除机械挖土外，另增加了井内人工挖土驳运量按 30%计算
2	水力机械冲吸泥下沉	1. 水力机械出土下沉是利用抽水机将井筒内的水抽出，以机械开挖下沉；挖土要分层、对称、有序进行，使沉井均匀下沉 2. 定额中取水泵站到高压泵站的距离取定为 100m，高压泵站至井边的距离取定为 50m，井边至泥浆沉淀池的距离取定为 100m，采用 15t 吊车配合安装井上的管线，并考虑了井内外冲水枪及管线的摊销费用，但不包括泥浆沉淀池的砌筑项目
3	钻吸法出土下沉	1. 钻吸法吸泥下沉适用松散且有地下水的土层或者淤泥层，采取边钻井边吸泥的办法抽取泥砂使沉井均匀下沉 2. 定额按采用吊车移动钻吸机和井壁四周的射水枪在水下用高压水冲碎泥块并吸出泥浆水的施工方法编制，已考虑了钻机附属设备定位标志，电缆盘平台，自动检测高差仪的费用，井内外管路敷设长度同水力机械

注：1. 选自《上海市市政工程预算定额》(2000)工程量计算规则暨总、册说明；
2. 沉井下沉一般有排水下沉、不排水下沉、射水法下沉、冻结法等方法；
3. 水力机械出土下沉和钻吸法吸土下沉的定额包括井内外管路的费用以及附属设备的费用。

附：其他工程类型混凝土工作井(沉井工程)施工简介

沉井是修筑地下工程和深基础时而采用的一种基础施工方法(图 4-227)。

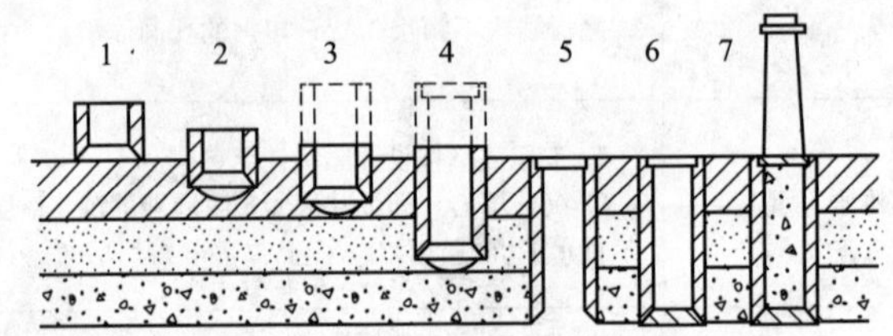

图 4-227　沉井施工程序示意图

1—沉井制作；2—挖土下沉，3—沉井接高；4—继续挖土下沉和接高；
5—清基；6—封底；7—填充和浇筑顶板混凝土

沉井是圆形、长圆形或矩形的钢筋混凝土筒状结构。

施工时首先在地面浇筑井筒，在筒内挖土使其下沉。若在深水中，可先在岸边筑好井筒，并加做一个临时的底板，浮运到预定的下沉位置之后使其下沉。沉到预定深度后，可用混凝土填实沉井内部，作为构筑物的基础，或者只在底部浇筑钢筋混凝土底板，利用沉井内部空间作地下厂房，取水构筑物，排水泵站，大型排水窨井，盾构或顶管的工作井等。其他工程类型混凝土工作井(沉井工程)见表 4-225。

其他工程类型混凝土工作井(沉井工程)　　　　表 4-225

项次	工程项目	区　别	适用工程	定额适用
1	排水工程	泵站沉井作为一个结构工程	取水构筑物、排水泵站、大型排水窨井或顶管的工作井	排水构筑物及机械设备安装工程土方工程 S6-1-、S6-2-
2	桥梁工程	1. 桥梁沉井既作为一种基础的形式又是一种施工方法 2. 沉井基础与排水工程的泵站及隧道工程所采用的沉井工作坑不同	桥梁墩台基础	
3	隧道工程	隧道沉井与泵站沉井不同之处，在于内部结构相对比较简单，一般平面尺寸比较大，埋设比较深，其井壁比较厚	采用沉井法施工的盾构工作井、暗埋段连续沉井及大型泵站沉井	隧道工程隧道沉井 S7-1-

注：1. 桥梁工程的桥梁墩台基础，请参阅表 4-226“桥梁工程沉井基础工程量‘算量’”释义；
2. 隧道工程的沉井工程，请参阅表 4-221“隧道沉井工程量清单项目设置及工程量计算规则”的释义；
3. 排水工程泵站沉井，请参阅 4.5 市政管网工程(项目编码：0405)混凝土工作井(沉井工程)(项目编码：040504008)释义。

一般沉井的自重很大，不便运输，所以在岸滩或浅水中修建沉井时，多采用筑岛法，即先在基础的设计位置上筑岛、再在岛上制作沉井并就地下沉(图 4-228)。

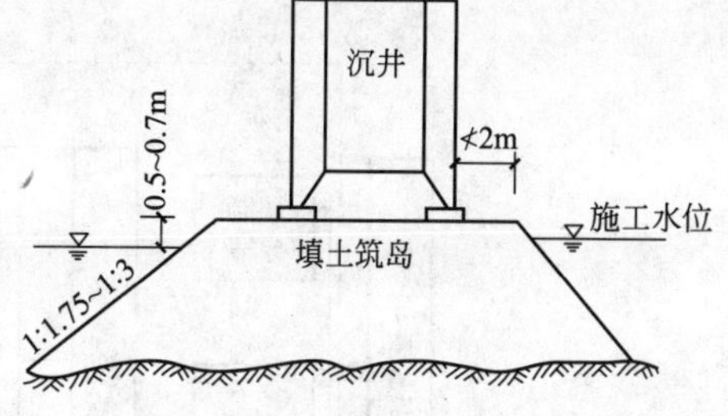

图 4-228　筑岛示意图

筑岛填心：夯填土按相对密度 95% 的填土计算，请查阅表 4-72 “填土土方的体积变化系数表”，松填土按 1.185 压缩系数的自然方折合填方计算；故松填自然方与填土的关系式＝1/1.185＝0.844，请查阅表 5-62 “天然密实方(即自然方)与填土、松方的关系表”，砂的压缩系数为 1.25。

沉井下沉

由于沉井下沉深度，地层土体承载力的不同，沉井下沉分为排水下沉和不排水下沉两种。排水下沉指沉井下沉过程中井内没有水，不排水下沉指沉井下沉过程中井内灌水下沉。排水下沉按出土形式分为吊车抓土，和水力机械冲吸泥下沉两种。不排水下沉分为钻吸法和潜水员冲吸泥下沉三种。沉井下沉前，井壁的预留孔洞及洞门必须用砖砌体封堵，或安装钢封门，以防止下沉时井外土方涌入井内，在沉井下沉过程中，井体四周外壁有时还必须灌注触变泥浆减阻助沉。

沉井下沉定额列了沉井吊车挖土，水力机械冲吸泥下沉，不排水潜水员吸泥下沉，钻吸法下沉四种方案，并根据下沉深度划分子目，在选用定额时应根据地质资料，沉井周围的施工条件，沉井下沉的深度，由施工组织设计选用施工方法套用(表 4-226)。

沉井下沉挖土基本形式及工程量计算规则　　表 4-226

项次	形式	工程量计算规则	套用定额
1	隧道沉井	1. 沉井下沉定额列了沉井吊车挖土、水力机械冲吸泥下沉、不排水潜水员吸泥下沉、钻吸法下沉四种方案，并根据下沉深度划分子目，在选用定额时应根据地质资料，沉井周围的施工条件，沉井下沉的深度，由施工组织设计选用施工方法套用； 2. 沉井挖土定额中未包括平台搭设，如需搭设者，按有关规定计列可编制补充定； 3. 沉井下沉的土方工程量，按沉井外壁所围的面积乘以下沉深度(指沉井基坑底土面至设计垫层底面之距离，再加三分之二垫层底面与刃脚踏面间距离)，再乘以土方回淤系数计算； 4. 回淤系数：排水下沉深度大于 10m 为 1.05；不排水下沉深度大于 15m 为 1.02； 5. 沉井吊车挖土下沉均不包括土方外运费；水力机械冲吸泥下沉也不包括排水沉井的集水坑及泥浆水的外运费用； 6. 水力机械出土下沉及钻吸法下沉等，已包括井内、外管路及附属设备的费用，不得另行计费； 7. 沉井过程中如遇地下大型障碍物费用另计	隧道工程的隧道沉井水力机械冲吸泥下沉、不排水潜水员吸泥下沉、钻吸法出土下沉
2	市政管网工程	1. 顶管工程：顶管钢筋混凝土工作坑沉井下沉挖土计算套用沉井挖土定额时，其人工及机械台班数量增加 30%； 2. 排水构筑物工程： (1) 沉井下沉深度(下沉深度为基坑底土面至刃脚踏面的距离)最大为 16m，当深度大于 16m 时，可套用“隧道工程”相应定额； (2) 沉井下沉挖土数量，按沉井外壁间(即刃脚外壁)的面积乘以沉井下沉深度计算； (3) 沉井下沉深度指沉井基坑底土面至设计垫层底面(即土面)之距离，再加三分之二垫层底面与刃脚踏面间距离	排水构筑物工程的沉井挖土及当深度大于 16m 时，可套用“隧道工程”相应定额

注：1. 选自《上海市市政工程预算定额》(2000)工程量计算规则暨总、册说明；
2. 关于沉井下沉土方量计算中回淤系数的说明，其回淤系数是考虑沉井土方超挖而综合取定的。当沉井下沉时由于井内外土面的高差及地下水渗流作用，井外土体沿刃脚被挤入井内而超挖。沉井到位而超挖土体，根据历年施工资料综合测算取定，回淤系数：排水下沉深度大于 10m 为 1.05；不排水下沉深度大于 15m 为 1.02；
3. 土方及泥浆水外运另计；
4. 施工组织设计选用施工方法，请参阅《下篇　常用计算数据》第九册 9. 市政施工组织设计及索赔管理 9.1 市政施工组织设计及表 9-1 “施工组织设计涉及工程量”算量“对应选用表”释义。

地下连续墙是软土地层建造地下构筑物或挡土墙的一种方法，施工采用分幅施工，先挖槽同时注入护壁泥浆，再放钢筋笼，最后用水下混凝土置换出泥浆，形成一幅地下混凝土墙，逐段连续施工连接成地下连续墙(图 4-229)。

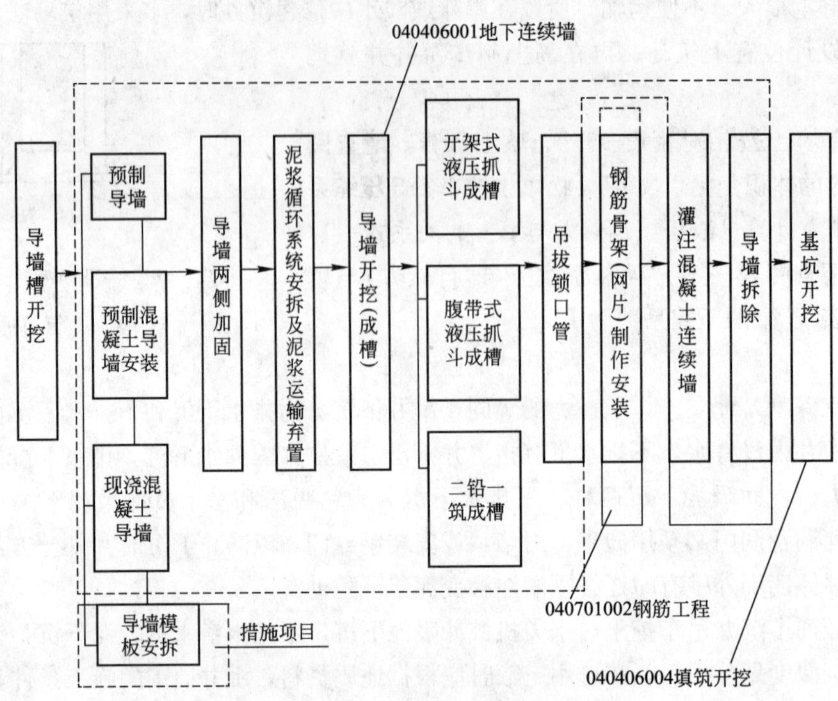

图 4-229　地下连续墙施工流程图

挖槽机械工作机理见表 4-227、图 4-230、图 4-231。

挖槽机械工作机理　　　　表 4-227

机械名称	分　类	种　类	特　点	
挖槽机械	挖斗式	蚌式抓斗	1. 钢索式 2. 液压式 3. 导杆式	
		铲斗		
	冲击式	冲击式		
		凿刨式		
	回转式	回转钻机	1. 单头钻机 2. 多头钻机	
		回转滚刀		

注：挖槽机的运载机械，通常采用起重量 300～600kN 级的履带式起重机。

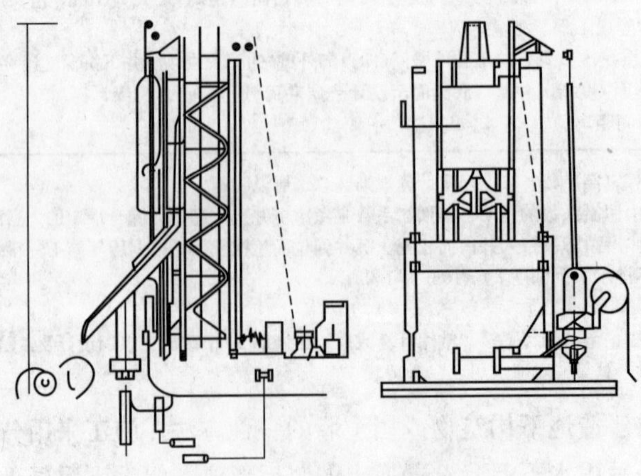

图 4-230　钻抓式挖槽机

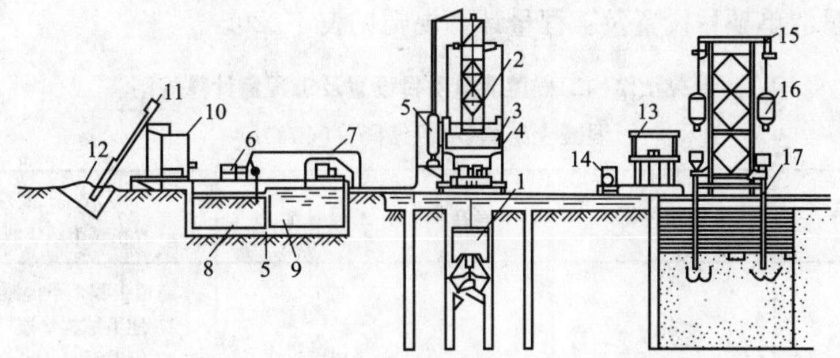

图 4-231　采用钻抓式挖槽机施工时的工艺布置

1—导板抓斗；2—机架；3—出土滑槽；4—翻斗车；5—潜水电钻；6、7—吸泥泵；8—泥浆池；9—泥浆沉淀池；10—泥浆搅拌机；11—螺旋输送机；12—膨润土；13—接头管顶升架；14—油泵车；15—混凝土浇灌机；16—混凝土吊斗；17—混凝土导管

地下连续墙工程量清单项目设置及工程量计算规则见表 4-228。

地下连续墙工程量清单项目设置及工程量计算规则　　表 4-228

地下连续墙(项目编码：040406)

项目编码	项目名称	项目特征	计量单位	工程内容	分部工程项目、名称（所在《市政工程预算定额》册、章、节）
040406001	地下连续墙	1. 深度 2. 宽度 3. 混凝土强度等级、石料最大粒径	m^3	1. 导墙制作、拆除 2. 挖土成槽 3. 锁口管吊拔 4. 混凝土浇筑 5. 养护 6. 土石方场外运输	隧道工程地下连续墙 S7-4-： 1. 导墙(导墙混凝土) 2. 挖土成槽(履带式液压抓斗成槽、二钻一抓成槽) 5. 安拔接头管 6. 安拔接头箱 4. 浇筑混凝土连续墙(清底置换、浇筑混凝土) 文字代码 ZSM19-1-：1. 土方场外运输 文字代码 ZSM20-1-：1. 泥浆场外运输
040406002	深层搅拌桩成墙	1. 深度 2. 孔径 3. 水泥掺量 4. 型钢材质 5. 型钢规格		1. 深层搅拌桩空搅 2. 深层搅拌桩二喷四搅 3. 型钢制作 4. 插拔型钢	通用项目地基加固 S1-6-： 2. 深层搅拌桩 ① 空搅 ② 一喷二搅 ③ 二喷四搅
040406003	桩顶混凝土圈梁	混凝土强度等级、石料最大粒径		1. 混凝土浇筑 2. 养护 3. 圈梁拆除	桥涵及护岸现浇混凝土工程 S4-6-： 13. 压顶(混凝土、商品混凝土) 通用项目一般项目 S1-1-： 13. 商品混凝土输送及泵管安拆使用(商品混凝土输送、垂直泵管、水平泵管) 文字代码 ZSM19-1-：1. 土方场外运输
040406004	基坑挖土	1. 土质 2. 深度 3. 宽度		1. 基坑挖土 2. 基坑排水	隧道工程地下连续墙 S7-4-： 7. 支撑基坑挖土 8. 大型支撑安装、拆除 文字代码 CSM7-4-：1. 大型支撑使用费 通用项目井点降水 S1-5-： 3. 大口径井点 文字代码 ZSM19-1-：1. 土方场外运输

注：1. 选自国家标准《建设工程工程量清单计价规范》GB 50500—2008“附录 D 市政工程工程量清单项目及计算规则”及《〈建设工程工程量清单计价规范〉上海市市政工程操作指南》；

2. 定额中的混凝土及砂浆均采用强度等级表示，混凝土采用“C”表示，砂浆用“M”表示；如定额中强度等级与设计强度等级不同时，可按设计强度等级进行换算；

3. 定额中列出混凝土消耗量，但未列出级配材料的用量，级配材料用量可根据“上海市建设工程普通混凝土、砂浆强度等级配合比表(2000)”计算；

4. 商品混凝土输送及泵管安拆使用已包括在清单的各种不同构件里边，不需单独列项；

混凝土结构工程量清单项目设置及工程量计算规则见表 4-229。

混凝土结构工程量清单项目设置及工程量计算规则　　**表 4-229**

混凝土结构(项目编码：040407)

项目编码	项目名称	项目特征	计量单位	工程内容	分部工程项目、名称 (所在《市政工程预算定额》册、章、节)
040407001	混凝土地梁	1. 垫层厚度、材料品种、强度 2. 混凝土强度等级、石料最大粒径	m^3	1. 垫层铺设 2. 混凝土浇筑 3. 养护	隧道工程地下混凝土结构 S7-5-：(地梁) 1. 地下结构垫层(砂垫层、混凝土垫层) 2. 钢筋混凝土地梁(地梁混凝土)
040407002	钢筋混凝土底板				隧道工程地下混凝土结构 S7-5-：(底梁) 1. 地下结构垫层(砂垫层、混凝土垫层) 3. 钢筋混凝土底板(混凝土底板)
040407003	钢筋混凝土墙	混凝土强度等级、石料最大粒径		1. 混凝土浇筑 2. 养护	隧道工程地下混凝土结构 S7-5-： 4. 钢筋混凝土墙(墙混凝土)
040407004	混凝土衬墙				隧道工程地下混凝土结构 S7-5-： 5. 钢筋混凝土衬墙(衬墙混凝土)
040407005	混凝土柱				隧道工程地下混凝土结构 S7-5-： 6. 钢筋混凝土柱(柱混凝土)
040407006	混凝土梁	1. 部位 2. 混凝土强度等级、石料最大粒径	m^3	1. 混凝土浇筑 2. 养护	隧道工程地下混凝土结构 S7-5-： 7. 钢筋混凝土梁(梁混凝土)
040407007	混凝土平台、顶板	1. 混凝土强度等级 2. 石料最大粒径			隧道工程地下混凝土结构 S7-5-： 8. 钢筋混凝土平台、顶板(平台、顶板混凝土)
040407008	隧道内衬弓形底板				隧道工程地下混凝土结构 S7-5-： 10. 钢筋混凝土内衬弓形底板、支承墙(混凝土内衬弓形底板混凝土)
040407009	隧道内衬侧墙				隧道工程地下混凝土结构 S7-5-： 11. 隧道内衬侧墙及顶内衬、行车道槽形板安装(隧道内衬侧墙及顶内衬混凝土)
040407010	隧道内衬顶板	1. 形式 2. 规格	m^2	1. 龙骨制作、安装 2. 顶板安装	
040407011	罐道内支承墙	1. 强度 2. 石料最大粒径	m^3	1. 混凝土浇筑 2. 养护	隧道工程地下混凝土结构 S7-5-： 10. 钢筋混凝土内衬弓形底板、支承墙(混凝土内衬支承墙混凝土)
040407012	隧道内混凝土路面	1. 厚度 2. 强度等级 3. 石料最大粒径	m^2		隧道工程地下混凝土结构 S7-5-： 12. 隧道内道路(隧道内引道道路混凝土)
040407013	圆隧道内架空路面				隧道工程地下混凝土结构 S7-5-： 12. 隧道内道路(隧道内圆隧道道路混凝土)
040407014	隧道内附属结构混凝土	1. 不同项目名称，如接梯、电缆构、车道侧石等 2. 混凝土强度等级、石料最大粒径	m^3		隧道工程地下混凝土结构 S7-5-： 9. 钢筋混凝土楼梯、侧石、电缆沟(楼梯混凝土、电缆沟混凝土、车道侧石混凝土)

注：1. 选自国家标准《建设工程工程量清单计价规范》GB 50500—2008“附录 D 市政工程工程量清单项目及计算规则”及《〈建设工程工程量清单计价规范〉上海市市政工程操作指南》；

2. 定额中的混凝土及砂浆均采用强度等级表示，混凝土采用“C”表示，砂浆用“M”表示；如定额中强度等级与设计强度等级不同时，可按设计强度等级进行换算；

3. 定额中列出混凝土消耗量，但未列出级配材料的用量，级配材料用量可根据“上海市建设工程普通混凝土、砂浆强度等级配合比表(2000)”计算。

沉管隧道工程量清单项目设置及工程量计算规则见表 4-230。

沉管隧道工程量清单项目设置及工程量计算规则　　**表 4-230**

沉管隧道(项目编码：040408)

项目编码	项目名称	项目特征	计量单位	工程内容
040408001	预制沉管底垫层	1. 规格 2. 材料 3. 厚度	m^3	1. 场地平整 2. 垫层铺设
040408002	预制沉管钢底板	1. 材质 2. 厚度	t	钢底板制作、铺设
040408003	预制沉管 混凝土板底	混凝土强度等级、石料最大粒径	m^3	1. 混凝土浇筑 2. 养护 3. 底板预埋注浆管
040408004	预制沉管 混凝土侧墙			1. 混凝土浇筑 2. 养护
040408005	预制沉管 混凝土顶板			
040408006	沉管外壁防锚层	1. 材质品种 2. 规格	m^2	铺设沉管外壁防锚层
040408007	鼻托垂直剪刀键	材质	t	1. 钢剪力键制作 2. 剪刀键安装
040408008	端头钢壳	1. 材质、规格 2. 强度 3. 石料最大粒径		1. 端头钢壳制作 2. 端头钢壳安装 3. 混凝土浇筑
040408009	端头钢封门	1. 材质 2. 尺寸		1. 端头钢封门制作 2. 端头钢封门安装 3. 端头钢封门拆除
040408010	沉管管段浮运 临时供电系统	规格	套	1. 发电机安装、拆除 2. 配电箱安装、拆除 3. 电缆安装、拆除 4. 灯具安装、拆除
040408011	沉管管段浮运 临时供排水系统			1. 泵阀安装、拆除 2. 管路安装、拆除
040408012	沉管管段浮运 临时通风系统			1. 进排风机安装、拆除 2. 风管路安装、拆除
040408013	航道疏浚	1. 河床土质 2. 工况等级 3. 疏浚深度	m^3	1. 挖泥船开收工 2. 航道疏浚挖泥 3. 土方驳运、卸泥
040408014	沉管河床 基槽开挖	1. 河床土质 2. 工况等级 3. 挖土深度		1. 挖泥船开收工 2. 沉管基槽挖泥 3. 沉管基槽清淤 4. 土方驳运、卸泥
040408015	钢筋混凝土 块沉石	1. 工况等级 2. 沉石深度		1. 预制钢筋混凝土块 2. 装船、驳运、定位沉石 3. 水下铺平石块
040408016	基槽抛铺碎石	1. 工况等级 2. 石料厚度 3. 铺石深度		1. 石料装运 2. 定位抛石 3. 水下铺平石料

续表

项目编码	项目名称	项目特征	计量单位	工程内容
040408017	沉管管节浮运	1. 单节管段质量 2. 管段浮运距离	kt·m	1. 干坞放水 2. 管段起浮定位 3. 管段浮运 4. 加载水箱制作、安装、拆除 5. 系缆柱制作、安装、拆除
040408018	管段沉放连接	1. 单节管段重量 2. 管段下沉深度	节	1. 管段定位 2. 管段压水下沉 3. 管段端面对接 4. 管节拉合
040408019	砂肋软体排覆盖	1. 材料品种 2. 规格	m^2	水下覆盖软体排
040408020	沉管水下压石		m^3	1. 装石船开收工 2. 定位抛石、卸石 3. 水下铺石
040408021	沉管接缝处理	1. 接缝连接形式 2. 接缝长度	条	1. 接缝拉合 2. 安装止水带 3. 安装止水钢板 4. 混凝土浇筑
040408022	沉管底部压浆固封充填	1. 压浆材料 2. 压浆要求	m	1. 制浆 2. 管底压浆 3. 封孔

注：选自国家标准《建设工程工程量清单计价规范》GB 50500—2008“附录 D 市政工程工程量清单项目及计算规则”及《〈建设工程工程量清单计价规范〉上海市市政工程操作指南》。

4.5 市政管网工程(项目编码：0405)

市政管道工程分类

1. 按材质及制品分类：混凝土管、钢筋混凝土管、塑料管、玻璃纤维增强塑料夹砂管等；

2. 按生产工艺分类：混凝土管分离心管、悬辊管、丹麦管、PH-48 管；塑料管分加筋管、双壁波纹管、缠绕管；

3. 按施工工艺分类：开槽埋管工程、顶管工程；

4. 按管口形式分类：承插式管、企口式管、平口式管；

5. 按雨水、污水排放方式：分类合流制、分流制。

《市政工程预算定额》适用于城市公用室外排水管道工程、排水箱涵工程、圆管涵工程及过路管工程，也可适用泵站平面布置中总管(自泵站进水井至泵站出口间的总管)及工业和民用建筑室外排水管道工程。

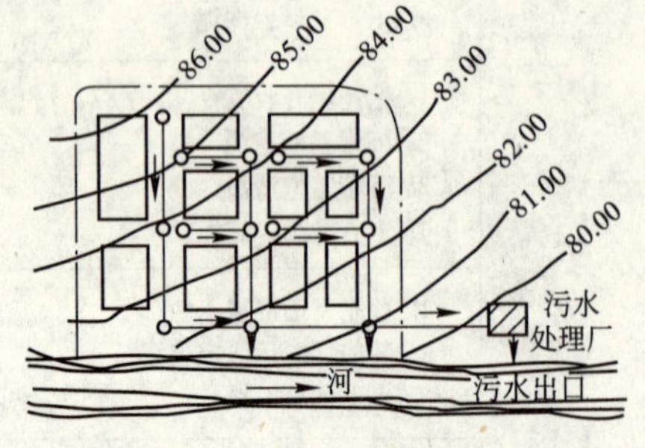

图 4-232 截流式合流制排水系统

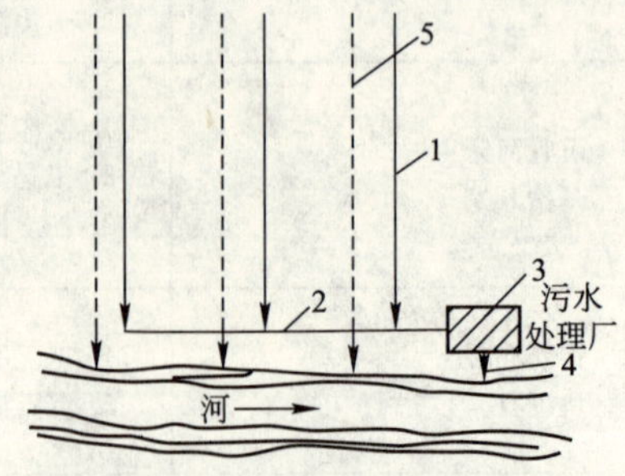

图 4-233 分流制排水系统

1—污水干管；2—污水主干管；3—污水厂；4—出水口；5—雨水干管

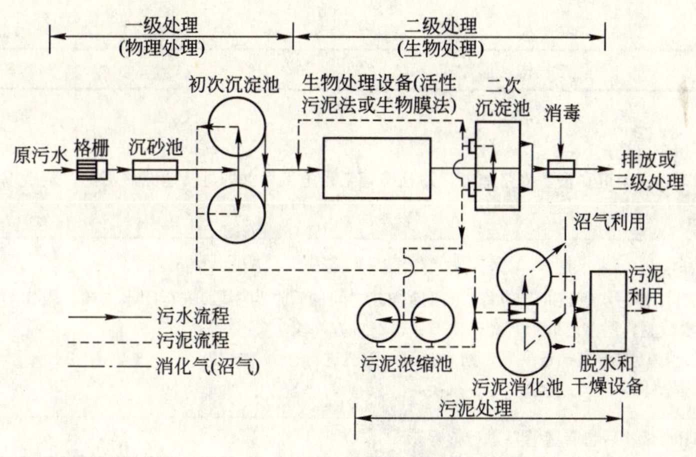

图 4-234　城市污水处理典型流程

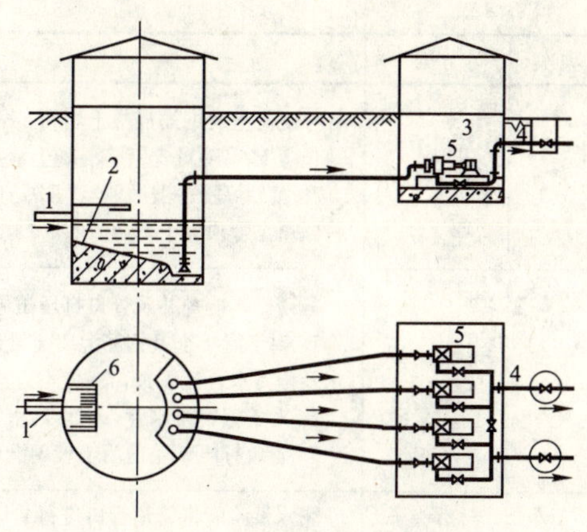

图 4-235　分建式排水泵站

1—排水管渠；2—集水池；3—机器间；4—压水管；5—水泵机组；6—格栅

管道设施结构形式　　表 4-231

<table>
<tr><th>项次</th><th>分类</th><th colspan="4">结 构 形 式</th></tr>
<tr><td rowspan="5">1</td><td rowspan="5">管道基础</td><td colspan="4">砂垫层：——适用于承插式混凝土管(ϕ230、ϕ300、ϕ450)、塑料管(UPVC 管、FRPP 管)、玻璃纤维增强塑料夹砂管(RPM 管)</td></tr>
<tr><td colspan="4">砾石砂：——适用于承插式混凝土管(ϕ230、ϕ300、ϕ450)、承插式钢筋混凝土管(ϕ600～ϕ1200)、企口式钢筋混凝土管(ϕ1350～ϕ2400)、F 型承口式钢筋混凝土管(ϕ2200～ϕ3000)</td></tr>
<tr><td colspan="4">混凝土基座：——适用在黏性土中铺设承插式混凝土管及 F 型承口式钢筋混凝土管、承插式钢筋混凝土管、企口式钢筋混凝土管</td></tr>
<tr><td colspan="4">钢筋混凝土基座：——适用在粉性及砂性土质中铺设承插式混凝土管及 F 型承口式钢筋混凝土管</td></tr>
<tr><td colspan="4">混凝土管枕：——适用于承插式钢筋混凝土管及企口式钢筋混凝土管</td></tr>
<tr><td rowspan="12">2</td><td rowspan="12">混凝土、塑料管管材品种</td><td rowspan="2">管径(mm)</td><td colspan="2">市政管道材</td><td rowspan="2">图纸图号</td></tr>
<tr><td>材质及制品</td><td>管　材</td></tr>
<tr><td>ϕ230～ϕ450</td><td>混凝土管</td><td>混凝土管</td><td>排通 201(82 排通图)</td></tr>
<tr><td>ϕ600～ϕ2400</td><td>钢筋混凝土管</td><td>钢筋混凝土管</td><td></td></tr>
<tr><td>ϕ230～ϕ450</td><td>混凝土管</td><td>承插式混凝土管</td><td>PT04-01(1/4，3/4)</td></tr>
<tr><td>ϕ600～ϕ1200</td><td rowspan="3">钢筋混凝土管</td><td>承插式钢筋混凝土管(PH-48 管)</td><td>PT04-02(1/4～4/4)</td></tr>
<tr><td>ϕ1350～ϕ2400</td><td>企口式钢筋混凝土管(丹麦管)</td><td>PT04-04(1/5～5/5)</td></tr>
<tr><td>ϕ2700～ϕ3000</td><td>“F”型钢承口式钢筋混凝土管</td><td>PT04-05(1/6～6/6)</td></tr>
<tr><td>DN225～DN400</td><td rowspan="2">塑料管</td><td>UPVC 管</td><td>SPT01-01～04(1997)</td></tr>
<tr><td>DN500～DN1000</td><td>增强聚丙烯管(FRPP 管)</td><td>SPT01-01～05(2000)</td></tr>
<tr><td>DN400～DN2400</td><td>玻璃纤维增强塑料夹砂管</td><td>玻璃纤维增强塑料夹砂管(RPM)</td><td></td></tr>
<tr><td colspan="4"></td></tr>
<tr><td>3</td><td>管道铺设</td><td colspan="4">1. 排管：——按材质及制品分类：混凝土管、钢筋混凝土管、塑料管、玻璃纤维增强塑料夹砂管等
2. 从下游往上游排，承插管应承口向上，插口向下；采用手扳葫芦或电动卷扬机进行管节就位</td></tr>
<tr><td rowspan="2">4</td><td rowspan="2">管道接口</td><td>刚性接口</td><td colspan="3">分水泥砂浆、有筋细石混凝土：——
1. 混凝土承插管采用水泥砂浆接口
2. 钢筋混凝土悬辊管、钢筋混凝土离心管采用水泥砂浆接口或有筋细石混凝土接口</td></tr>
<tr><td>柔性接口</td><td colspan="3">分水泥砂浆加沥青麻丝、橡胶圈：——
1. 钢筋混凝土悬辊管、钢筋混凝土离心管采用水泥砂浆接口或有筋细石混凝土接口，分 O 型橡胶圈、Q 型橡胶圈、齿型橡胶圈及沥青麻丝加水泥砂浆等
2. 钢筋混凝土承插管接口采用 O 型橡胶圈，钢筋混凝土企口管接口采用 Q 型橡胶圈，F 型钢承口式钢筋混凝土管采用齿型橡胶圈</td></tr>
</table>

续表

<table>
<tr><th>项次</th><th>分类</th><th colspan="3">结 构 形 式</th></tr>
<tr><td>5</td><td>管道坞膀</td><td colspan="3">分混凝土及钢筋混凝土坞膀
1. 黄砂坞膀对于钢筋混凝土承插管和企口管；
2. 黄砂坞膀一般回填至管中，但在市区主干道和重要道路施工，并且排管工程施工后立即进行道路施工的，黄砂坞膀回填至管顶以上 50cm</td></tr>
<tr><td>6</td><td>管道闭水试验</td><td colspan="3">分磅筒、检查井及管口打压试验三种形式
1. 对于混凝土及钢筋混凝土管道，其用作污水管道时，应每段(两检查井之间的管道为一段)进行闭水试验，用作雨水及雨污水合流管道，一般不进行闭水试验，但在流砂地区应对四节中进行抽查一段
2. 对于塑料排水管，用作污水管时，按四节管道抽查一段，雨水管道可随机进行
3. 管口打压试验适用于玻璃纤维增强塑料夹砂排水管道</td></tr>
<tr><td>7</td><td>封拆头子</td><td colspan="3">闭水试验前将管道管口进行封堵，闭水试验后将管道管口进行拆除</td></tr>
<tr><td rowspan="7">8</td><td rowspan="7">窨井
(检查井)</td><td rowspan="5">砖砌直线窨井</td><td>混凝土、钢筋混凝土</td><td>分混凝土砖砌直线不落底窨井、混凝土砖砌直线落底窨井、钢筋混凝土砖砌直线不落底窨井、钢筋混凝土砖砌直线落底窨井</td></tr>
<tr><td>不落底(N)、
落底↓(Y)</td><td>分混凝土砖砌直线不落底窨井、混凝土砖砌直线落底窨井、钢筋混凝土砖砌直线不落底窨井、钢筋混凝土砖砌直线落底窨井</td></tr>
<tr><td>砖砌窨井</td><td>600×600　图纸图号：PT05-04(1/5～2/5)
750×750　图纸图号：PT05-04(3/5～4/5)
1000×1000～1000×1550　图纸图号：PT05-06(1/3)
1100×1750～1100×3650　图纸图号：PT05-06(2/3)
1000×1000～1100×3650 底板配筋　图纸图号：PT05-07</td></tr>
<tr><td>砖砌窨井工程数量表</td><td>图纸图号：PT05-08(1/5～5/5)</td></tr>
<tr><td>钢筋混凝土盖板</td><td>Ⅰ型　图纸图号：PT05-04(5/5)
Ⅱ型　图纸图号：PT05-06(3/3)</td></tr>
<tr><td>转折窨井</td><td colspan="2">分二通(90°、115°、135°、155°)、三通、四通窨井
砖砌二通转折窨井　图纸图号：排通 501-11-1～11
钢筋混凝土二通转折窨井　图纸图号：排通 502-18-1～18</td></tr>
<tr><td colspan="3">现浇混凝土窨井</td></tr>
<tr><td rowspan="4">9</td><td rowspan="4">沟槽回填</td><td colspan="3">对不同的部位应有不同的要求，以达到既保护管道的安全又满足上部承受动、静荷载；既保证施工过程中管道安全又保证上部筑路、放行后的安全；
对沟槽回填的部位划分为胸腔(管道两侧)、结构顶部(管顶 50cm 内)及路床(槽)以下(管顶 50cm 以上)</td></tr>
<tr><td>填(覆)土</td><td colspan="2">应与横列板拆除交替进行，填土达到密实要求后方可拆除板桩，并在空隙间及时灌砂。覆土厚度超过规定的最大与最小覆土厚度时，应对管道进行加固处理</td></tr>
<tr><td>回填粗砂</td><td colspan="2">一般在管道敷设后需立即修复高等级路面，恢复交通，应在管道两侧及管顶 50cm 范围内，回填粗砂</td></tr>
<tr><td>砾石砂间隔填土</td><td colspan="2">一般在管道敷设后需立即修复高等级路面，恢复交通，应在管顶 50cm 以上直至道路基层底部范围内，采用砾石砂间隔填土</td></tr>
<tr><td rowspan="5">10</td><td rowspan="5">进水口</td><td colspan="3">里弄进水口(320×220)</td></tr>
<tr><td colspan="2">Ⅰ型进水口及盖座(400×300)</td><td>图纸图号：PT06-02</td></tr>
<tr><td colspan="2">Ⅱ型进水口(400×450)</td><td>图纸图号：PT06-04(1/5～5/5)</td></tr>
<tr><td colspan="2">Ⅲ型进水口(640×500)</td><td>图纸图号：PT06-04(1/3～3/3)</td></tr>
<tr><td colspan="2">双连Ⅲ型进水口(1450×500)</td><td>图纸图号：PT06-05</td></tr>
</table>

注：1. 根据《全国统一市政工程预算定额》总说明及各册、章说明、依据上海市市政工程预算定额修编大纲，结合上海市情况编制补充定额部分，请参阅表 1-27“《全国统一市政工程预算定额》关于各省、自治区、直辖市编制补充定额部分等项目”中“如工程项目的设计要求与本定额所采用的标准图集(1996 年《给水排水标准图集》合订本 S2)不同时，各省、自治区、直辖市可自行调整”的释义；

2. 具体内容，请参阅表 4-231“管道设施结构形式”及表 4-232“混凝土、塑料管管材品种”等。

混凝土、塑料管管材品种 　　**表 4-232**

管径(mm)	市政管道管材	
	材质及制品	管　材
ϕ230～ϕ450	混凝土管	混凝土普通管(80、92)
ϕ600～ϕ2400	钢筋混凝土管	钢筋混凝土普通管(80)
ϕ600～ϕ1200		承插式钢筋混凝土管(PH-48 管)(92)
ϕ1350～ϕ2400		企口式钢筋混凝土管(丹麦管)(92)
ϕ2700～ϕ3000		"F"型钢承口式钢筋混凝土管(92)
*DN*225～*DN*400	塑料管	UPVC 加筋管
*DN*500～*DN*1000		增强聚丙烯管(FRPP 管)
*DN*400～*DN*2400	玻璃纤维增强塑料夹砂管	玻璃纤维增强塑料夹砂管(RPM)

注：1. 按材质及制品分类：混凝土管、钢筋混凝土管、塑料管、玻璃纤维增强塑料夹砂管等；
2. 按生产工艺分类：混凝土管分离心管、悬辊管、丹麦管、PH-48 管；塑料管分加筋管、双壁波纹管、缠绕管。

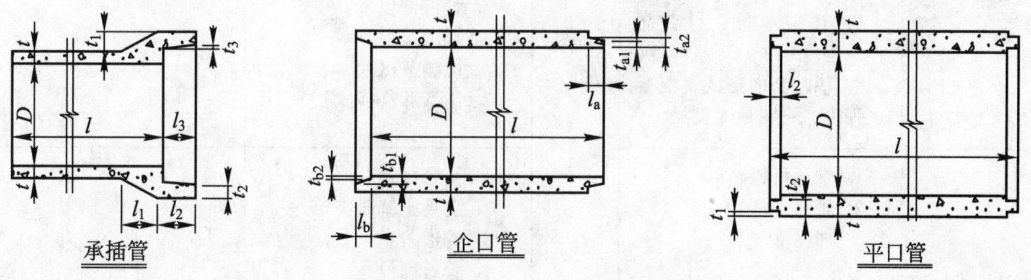

图 4-236　承插、企口、平口管尺寸示意图

管道铺设工程量清单项目设置及工程量计算规则 　　**表 4-233**

管道铺设(项目编码：040501)

项目编码	项目名称	项目特征	计量单位	工程内容	分部工程项目、名称(所在《市政工程预算定额》册、章、节)
040501001	陶土管铺设	1. 管材规格 2. 埋设深度 3. 垫层厚度、材料品种、强度 4. 基础断面形式、混凝土强度等级、石料最大粒径	m	1. 垫层铺筑 2. 混凝土基础浇筑 3. 管道防腐 4. 管道铺设 5. 管道接口 6. 混凝土管座浇筑 7. 预制管枕安装 8. 井壁(墙)凿洞 9. 检测及试验	
040501002	混凝土管道铺设	1. 管有筋无筋 2. 规格 3. 埋设深度 4. 接口形式 5. 垫层厚度、材料品种、深度 6. 基础断面形式、混凝土强度等级、石料最大粒径		1. 垫层铺筑 2. 混凝土基础浇筑 3. 管道防腐 4. 管道铺设 5. 管道接口 6. 混凝土管座浇筑 7. 预制管枕安装 8. 井壁(墙)凿洞 9. 检测及试验 10. 冲洗消毒或吹扫	排水管道工程开槽埋管 S5-1-： 8. 管道垫层(黄砂、碎石、砾石砂) 9. 管道基座(混凝土、商品混凝土) 10. 管道铺设(ϕ230～ϕ3000 各种类型管子) 11. 管道接口(ϕ230～ϕ3000 各种类型管子) 7. 沟槽回填(黄砂) 12. 管道闭水试验(ϕ300～ϕ2400 各种类型管子)
040501003	镀锌钢管铺设	1. 公称直径 2. 接口形式 3. 防腐、保温要求 4. 埋设深度 5. 基础材料品种、厚度		1. 基础铺筑 2. 管道防腐、保温 3. 管道铺设 4. 接口 5. 检测及试验 6. 冲洗消毒或吹扫	

续表

项目编码	项目名称	项目特征	计量单位	工程内容	分部工程项目、名称（所在《市政工程预算定额》册、章、节）
040501004	铸铁管铺设	1. 管材材质 2. 管材规格 3. 埋设深度 4. 接口形式 5. 防腐、保温要求 6. 垫层厚度、材料品种、强度 7. 基础断面形式、混凝土强度、石料最大粒径	m	1. 垫层铺筑 2. 混凝土基础浇筑 3. 管道防腐 4. 管道铺设 5. 管道接口 6. 混凝土管座浇筑 7. 井壁(墙)凿洞 8. 检测及试验 9. 冲洗消毒或吹扫	
040501005	钢管铺设	1. 管材材质 2. 管材规格 3. 埋设深度 4. 防腐、保温要求 5. 压力等级 6. 垫层厚度、材料品种、强度 7. 基础断面形式、混凝土强度、石料最大粒径		1. 垫层铺筑 2. 混凝土基础浇筑 3. 混凝土管座浇筑 4. 管道防腐、保温 5. 管道铺设 6. 管道接口 7. 检测及试验 8. 消毒冲洗或吹扫	
040501006	塑料管道铺设	1. 管道材料名称 2. 管材规格 3. 埋设深度 4. 接口形式 5. 垫层厚度、材料品种、强度 6. 基础断面形式、混凝土强度等级、石料最大粒径 7. 探测线要求		1. 垫层铺筑 2. 混凝土基础浇筑 3. 管道防腐 4. 管道铺设 5. 探测线敷设 6. 管道接口 7. 混凝土管座浇筑 8. 井壁(墙)凿洞 9. 检测及试验 10. 消毒冲洗或吹扫	
040501007	砌筑渠道	1. 渠道断面 2. 渠道材料 3. 砂浆强度等级 4. 埋设深度 5. 垫层厚度、材料品种、强度 6. 基础断面形式、混凝土强度等级、石料最大粒径		1. 垫层铺筑 2. 渠道基础 3. 墙身砌筑 4. 止水带安装 5. 拱盖砌筑或盖板预制、安装 6. 勾缝 7. 抹面 8. 防腐 9. 渠道渗漏试验	
040501008	混凝土渠道	1. 渠道断面 2. 埋设深度 3. 垫层厚度、材料品种、强度 4. 基础断面形式、混凝土强度等级、石料最大粒径		1. 垫层铺筑 2. 渠道基础 3. 墙身浇筑 4. 止水带安装 5. 渠盖浇筑或盖板预制、安装 6. 抹面 7. 防腐 8. 渠道渗漏试验	
040501009	套管内铺设管道	1. 管材材质 2. 管径、壁厚 3. 接口形式 4. 防腐要求 5. 保温要求 6. 压力等级		1. 基础铺筑(支架制作、安装) 2. 管道防腐 3. 穿管铺设 4. 接口 5. 检测及试验 6. 冲洗消毒或吹扫 7. 管道保温 8. 防护	

续表

项目编码	项目名称	项目特征	计量单位	工程内容	分部工程项目、名称（所在《市政工程预算定额》册、章、节）
040501010	管道架空跨越	1. 管材材质 2. 管径、壁厚 3. 跨越跨度 4. 支承形式 5. 防腐、保温要求 6. 压力等级	m	1. 支承结构制作、安装 2. 防腐 3. 管道铺设 4. 接口 5. 检测及试验 6. 冲洗消毒或吹扫 7. 管道保温 8. 防护	
040501011	管道沉管跨越	1. 管材材质 2. 管径、壁厚 3. 跨越跨度 4. 支承形式 5. 防腐要求 6. 压力等级 7. 标志牌灯要求 8. 基础厚度、材料品种、规格	m	1. 管沟开挖 2. 管沟基础铺筑 3. 防腐 4. 跨越拖管头制作 5. 沉管铺设 6. 检测及试验 7. 冲洗消毒或吹扫 8. 标志牌灯制作、安装	
040501012	管道焊口无损探伤	1. 管材外径、壁厚 2. 探伤要求	m	1. 焊口无损探伤 2. 编写报告	
沪 040501022	开槽埋管		m		混凝土普通管(80)PS1-1-001～024
					混凝土普通管(92)PS1-2-001～024
					钢筋混凝土普通管(80)PS1-1-025～136
					钢筋混凝土承插管(92) ① PS1-2-025A～068A ② PS1-2-026B～068B
					钢筋混凝土企口管(92) ① PS1-2-069A～147A ② PS1-2-070B～147B
					钢筋混凝土钢承口式管(92) PS1-2-148～167
					UPVC 加筋管 PS1-3-001～022
					UPVC 加筋管连管 PS1-4-001～003
					增强聚丙烯管 PS1-5-001～042
					玻璃纤维增强塑料夹砂管

注：1. 选自国家标准《建设工程工程量清单计价规范》GB 50500—2008“附录 D 市政工程工程量清单项目及计算规则”及《〈建设工程工程量清单计价规范〉上海市市政工程操作指南》；

2. PS-《上海市市政工程室外排水管道工程预算组合定额》(2000)；PS3、4 为《上海市市政工程室外排水管道工程预算组合定额》(2000)；

3. 定额中的混凝土及砂浆均采用强度等级表示，混凝土采用“C”表示，砂浆用“M”表示；如定额中强度等级与设计强度等级不同时，可按设计强度等级进行换算；

4. 定额中列出混凝土消耗量，但未列出级配材料的用量，级配材料用量可根据“上海市建设工程普通混凝土、砂浆强度等级配合比表(2000)”计算；

5. 定额中现浇混凝土分列出现浇混凝土、预制混凝土、预拌(商品)混凝土(泵送、非泵送混凝土)子目，预拌(商品)混凝土请参阅“商品混凝土计算”释义。

【例题 4-72】（规范型解题教案三）排水管道实体工程管道铺设的工程概况是仍以【例题 4-7】、【例题 4-9】排水管道沟槽挖、填方为续，以表 4-39“开槽埋管工程各”算量“要素系数统计汇总表”提供的资料为条件；求管道铺设工程量？

【解题分析 4-72】

解题分析要点：根据表 1-7“清单项目的工程量‘算量’”计算原则：“所有清单项目的工程量应以

实体工程量为准，并以完成后的净值计算；投标人投标报价时，应在单价中考虑施工中的各种损耗和需要增加的工程量；对于分部分项工程量清单项目而言，清单工程量的计算需要明确计算依据、计算规则、计量单位和计算方法。”

列项解题分析时，首先针对工程内容的规定，对拟编制的挖路基土方项目，与表4-233“管道铺设工程量清单项目设置及工程量计算规则”等是否对应的对照依据，也是检查是否重列或漏列的主要依据。

项次	项目名称及说明	计量单位	计算结果	各主要要素及计算说明	引用计算方法（释义）
1				管道铺设(项目编码：040501002)	
项目名称：混凝土管道铺设(项目编码：040501002) 1. 项目特征(描述)：——1. 管有筋无筋 2. 规格 3. 埋设深度 4. 接口形式 5. 垫层厚度、材料品种、深度 6. 基础断面形式、混凝土强度等级、石料最大粒径 2. 工程内容(规定)：——1. 垫层铺筑 2. 混凝土基础浇筑 3. 管道铺设 4. 管道接口 5. 混凝土管座浇筑 6. 预制管枕安装 7. 井壁(墙)凿洞 8. 检测及试验 3. 计量单位：——m 4. 数量：——121.00m					
1.1				铺设(ϕ1000PH-48管)	
1.1.1	砾石砂垫层(h=10cm)	m^3	27.99	砾石砂垫层体积——参见本丛书之三《常用数据手册》表“管道结构形式及计算要素”1项次1. 垫层 (1) 砾石砂基础长(L)×沟槽宽度(B)×垫层厚度(H) 砾石砂基础长(L)，同本表1.1.1项次(5)沟槽开挖长度(ϕ1000)为126.0m L=沟槽开挖长－窨井砾石砂基础长(窨井外壁+0.6×2) =126.0m－(1.74+0.6×2)×4=126.0－2.94×4 =114.24m B=2.45m；H=0.10 小计：V=114.24m×2.45m×0.1m=27.99m^3	参见本丛书之三《常用数据手册》表“管道结构形式及计算要素”1项次1. 垫层
1.1.2	混凝土底板(h=25cm)	m^3	53.21	混凝土底板基座体积——参见本丛书之三《常用数据手册》表“管道结构形式及计算要素”1项次2.2基座 混凝土底板基础长L×混凝土基础宽度B×厚度H， L=沟槽开挖长－窨井混凝土底板长(窨井外壁+0.5×2) =126.0m－(1.74+0.5×2)×4=126－2.74×4 =115.04m 《排水通用图》中宽度B=1.85m，H=0.25m。 小计：V=115.04m×1.85m×0.25m =53.21m^3	参见本丛书之三《常用数据手册》表“管道结构形式及计算要素”1项次2.2基座
1.1.4	沟槽回填黄砂	m^3	155.57	根据设计图纸要求黄砂回填到管中；沟槽回填黄砂——参见本丛书之三《常用数据手册》表“管道结构形式及计算要素”8项次 V=沟槽长度×沟槽宽度×回填高度－基座体积－管枕体积－管子体积	参见本丛书之三《常用数据手册》表“管道结构形式及计算要素”8项次
	(1) 沟槽回填黄砂长沟槽宽度			L=沟槽开挖长－窨井外径×N=126－1.74×4 =119.04m，B=2.45m	
	(2) 回填高度(H)			H=H_2基础厚度+C管底至基础面高度+1/2管径 H=0.25m+0.11m+(1.0m÷2+0.11m)=0.97m	
	(3) 混凝土底板体积			$V_{混凝土基础}$=同项次2.1.2为53.21m^3	
	(4) 管枕体积			管枕体积——参见本丛书之三《常用数据手册》表“管道结构形式及计算要素”1项次3. 混凝土管枕；管枕体积/对×管枕数量	参见本丛书之三《常用数据手册》表“管道结构形式及计算要素”1项次3. 混凝土管枕
	① 管枕对数体积			管枕尺寸：A(底宽)=0.32m，B(顶宽)=0.08m，C(左高)=0.20m，D(右高)=0.10m，t(厚度)=0.16m V=[A×D+1/2(A+B)×(C－D)+e×0.11]×t×2个/对 =[0.32×0.1+1/2×(0.08+0.32)×(0.2－0.1)+0.1×0.12]×0.16×2个/对=0.023m^3/对	

续表

项次	项目名称及说明	计量单位	计算结果	各主要要素及计算说明	引用计算方法(释义)
	② 管枕对数			N=[(管道铺设长度(毛长)÷每节管道长度+1)×每节管枕对数]+[窨井数 n×每座窨井管枕对数]	
				已知：管道铺设长度(净长)(3)①—126.0m、2.5m/每节管子、2 对管枕/每节管子、2 对管枕/每座窨井	
				N=(126m÷2.5m/节+1)×2 对/节+4×4 对/座 =120 对	
	③ 小计：			$V_{管枕体积}=0.023m^3$/对×120 对$=2.77m^3$	
	(5) 1/2 管子体积			管子外形体积——参见本丛书之三《常用数据手册》表“管道结构形式及计算要素”10 项次 1/2×管子体积/m×管子长度+承插口体积/只×承插口数量	参见本丛书之三《常用数据手册》表“管道结构形式及计算要素”10 项次
	① 管身体积			V=1/2×管子每米体积(π×0.61m×0.61m)m^3/m ×沟槽 回填黄砂长 119.04m$=69.58m^3$	
	② 1/2 承插口体积			a. 承插口数量：N=122m/2.5m=48.8 只，1/2 承插口体积 $V=1/2\times(L_2\times T_1+1/2\times T\times L_1)$×管子周长×$N$ =(0.14m×0.0755m+1/2×0.0755m)×0.1917m ×3.1412×1.2975m/只×49 只 $=1/2\times0.0725m^3$/只×49 只$=1/2\times3.55=1.78m^3$	
	③ 小计：			$V=69.58m^3+1.78m^3=71.35m^3$	
	(6) 合计：			$V_{(3)}$=(119.04m×2.45m×0.97m)$-53.21m^3$ $-2.77m^3-71.35m^3=155.57m^3$	
1.1.5	管道磅水	段	1	依据《上海市市政预算定额》工程量计算规则第五章第一节第 5.1.5 条说明管道磅水以相邻两座窨井为一段。 依据《市政工程施工及验收规程》；每 3 段抽 1 段	

得：

(1) 工程量计算结果：

项次	项目编码、定额子目编号	工　程　内　容	计量单位	工程数量
		混凝土管道铺设(项目编码：040501002)		
1.1	040501002	铺设 ϕ1000PH-50 管	m	122.00
1.1.1	S5-1-42	管道砾石砂垫层	m^3	27.99
1.1.2	S5-1-43	管道基座混凝土　现浇混凝土(5～20mm)C20	m^3	53.21
1.1.3	S5-1-39	铺设 ϕ1000PH-48 管	100m	1.22
1.1.4	S5-1-71	沟槽回填黄砂	m^3	155.57
1.1.5	S5-1-109	ϕ1000 管道闭水试验　水泥砂浆 M10	段	1.00

(2) 查表 4-233“管道铺设工程量清单项目设置及工程量计算规则”，得套用排水管道工程开槽埋管 S5-1-：8. 管道垫层(黄砂、碎石、砾石砾)9. 管道基座(混凝土、商品混凝土)10. 管道铺设(ϕ230～ϕ3000 各种类型管子)11. 管道接口(ϕ230～ϕ3000 各种类型管子)7. 沟槽回填(黄砂)12. 管道闭水试验(ϕ300～ϕ2400 各种类型管子)定额子目。

注：

(1) 上述五项工程内容包括了铺设 ϕ1000PH-50 管施工的全部施工工艺过程。

(2) 还可能出现《建设工程工程量清单计价规范》GB 50500—2008“表 3.3.1 措施项目一览表”中的有关清单项目，查阅表 4-78“排水管道开槽埋管沟槽回填工程量‘算量’”的释义。

(3) 如本工程定额中未包括现管道混凝土基础模板，应列入措施项目中，参见表 5-14“现浇构件模板面积工程量‘算量’”的释义；如计算，则可参照 5. 措施项目(市政工程) 5.2 混凝土、钢筋混凝土模板及支架(项目编码：0502)及【解题分析 5-4】的释义。

(4) 另外根据表 1-20“工程量清单、市政定额、施工工程量‘算量’”，得知其间区别“在于计量的依据、计算规则、目的和计量单位的不同”，注意工程量清单综合单价的计价。

管件、钢支架制作、安装及新旧管连接工程量清单项目设置及工程量计算规则　　表 4-234

管件、钢支架制作、安装及新旧管连接(项目编码：040502)

项目编码	项目名称	项目特征	计量单位	工程内容
040502001	预应力混凝土管转换件安装	转换件规格	个	安装
040502002	铸铁管件安装	1. 类型 2. 材质 3. 规格 4. 接口形式		
040502003	钢管件安装	1. 管件类型 2. 管径、壁厚 3. 压力等级		1. 制作 2. 安装
040502004	法兰钢管件安装			1. 法兰片焊接 2. 法兰管件安装
040502005	塑料管件安装	1. 管件类型 2. 材质 3. 管径、壁厚 4. 接口 5. 探测线要求		1. 塑料管件安装 2. 探测线敷设
040502006	钢塑转换件安装	转换件规格		安装
040502007	钢管道间法兰连接	1. 半焊法兰 2. 对焊法兰 3. 绝缘法兰 4. 公称直径 5. 压力等级	处	1. 法兰片焊接 2. 法兰连接
040502008	分水栓安装	1. 材质 2. 规格	个	1. 法兰片焊接 2. 安装
040502009	盲(堵)板安装	1. 盲板规格 2. 盲板材料		1. 法兰片焊接 2. 安装
040502010	防水套管制作、安装	1. 刚性套管 2. 柔性套管 3. 规格		1. 制作 2. 安装
040502011	除污器安装	1. 压力要求 2. 公称直径 3. 接口形式		1. 除污器组成安装 2. 除污器安装
040502012	补偿器安装			1. 焊接钢套筒补偿器安装 2. 焊接法兰、法兰式波纹补偿器安装
040502013	钢支架制作、安装	类型	kg	1. 制作 2. 安装
040502014	新旧管连接(碰头)	1. 管材材质 2. 管材管径 3. 管材接口	处	1. 新旧管连接 2. 马鞍卡子安装 3. 接管挖眼 4. 钻眼攻丝
040502015	气体置换	管材内径	m	气体置换

注：选自国家标准《建设工程工程量清单计价规范》GB 50500—2008“附录 D 市政工程工程量清单项目及计算规则”及《〈建设工程工程量清单计价规范〉上海市市政工程操作指南》。

阀门、水表、消火栓安装工程量清单项目设置及工程量计算规则　　表4-235

阀门、水表、消火栓安装(项目编码：040503)

项目编码	项目名称	项目特征	计量单位	工程内容
040503001	阀门安装	1. 公称直径 2. 压力要求 3. 阀门类型	个	1. 阀门解体、检查、清洗、研磨 2. 法兰片焊接 3. 操纵装置安装 4. 阀门安装 5. 阀门压力试验
040503002	水表安装	公称直径		1. 螺纹水表安装 2. 法兰片焊接、法兰水表安装
040503003	消火栓安装	1. 部位 2. 型号 3. 规格		1. 法兰片焊接 2. 安装

注：选自国家标准《建设工程工程量清单计价规范》GB 50500—2008“附录D市政工程工程量清单项目及计算规则”及《〈建设工程工程量清单计价规范〉上海市市政工程操作指南》。

井类、设备基础及出水口工程量清单项目设置及工程量计算规则　　表4-236

井类、设备基础及出水口(项目编码：040504)

项目编码	项目名称	项目特征	计量单位	工程内容	分部工程项目、名称(所在《市政工程预算定额》册、章、节)
040504001	砌筑检查井	1. 材料 2. 井深、尺寸 3. 定型井名称、定型图号、尺寸及井深 4. 垫层、基础：厚度、材料品种、强度	座	1. 垫层铺筑 2. 混凝土建筑 3. 养护 4. 砌筑 5. 爬梯制作、安装 6. 勾缝 7. 抹面 8. 防腐 9. 盖板、过梁制作、安装 10. 井盖及井座制作、	排水管道工程开槽埋管S5-1-： 8. 管道垫层(黄砂、碎石、砾石砂) 9. 管道基座(混凝土、商品混凝土) 排水管道工程窨井S5-3-： 1. 窨井及进水口(窨井) 2. 水泥砂浆抹面(窨井)
040504002	混凝土检查井	1. 井深、尺寸 2. 混凝土强度等级、石料最大粒径 3. 垫层厚度、材料品种、强度	座	1. 垫层铺筑 2. 混凝土建筑 3. 养护 4. 盖板、过梁制作、安装 5. 井盖及井座制作、安装	排水管道工程开槽埋管S5-1-： 8. 管道垫层(黄砂、碎石、砾石砂) 9. 管道基座(混凝土、商品混凝土) 排水管道工程窨井S5-3-： 3. 现浇钢筋混凝土窨井(混凝土、商品混凝土) 5. 预制钢筋混凝土盖板(混凝土) 6. 安装盖板及盖座(钢筋混凝土盖板、铸铁盖座)
040504003	雨水进水井	1. 混凝土强度等级、石料最大粒径 2. 雨水进型号 3. 井深 4. 垫层厚度、材料品种、强度 5. 定型井名称、图号、尺寸及井深	座	1. 垫层铺筑 2. 混凝土建筑 3. 养护 4. 砌筑 5. 勾缝 6. 抹面 7. 预制构件制作、安装 8. 井蓖安装	排水管道工程开槽埋管S5-1-： 8. 管道垫层(黄砂、碎石、砾石砂) 9. 管道基座(混凝土、商品混凝土) 排水管道工程窨井S5-3-： 1. 窨井及进水口(进水口) 2. 水泥砂浆抹面(进水口)
040504004	其他砌筑井	1. 阀门井 2. 水表井 3. 消火栓井 4. 排泥湿井 5. 井的尺寸、深度 6. 井身材料 7. 垫层厚度、材料品种、强度 8. 定型井名称、图号、尺寸及井深	座	1. 垫层铺筑 2. 混凝土建筑 3. 养护 4. 砌支墩 5. 砌筑井身 6. 爬梯制作、安装 7. 盖板制作、安装 8. 勾缝(抹面) 9. 井盖及井座制作、安装	

续表

<table>
<tr><th>项目编码</th><th>项目名称</th><th>项目特征</th><th>计量单位</th><th>工程内容</th><th>分部工程项目、名称
(所在《市政工程预算定额》册、章、节)</th></tr>
<tr><td>040504005</td><td>设备基础</td><td>1. 混凝土强度等级、石料最大粒径
2. 垫层厚度、材料品种、强度</td><td>m^3</td><td>1. 垫层铺筑
2. 混凝土建筑
3. 养护
4. 地脚螺栓灌浆
5. 设备底座与基础间灌浆</td><td></td></tr>
<tr><td rowspan="2">040504006</td><td rowspan="2">出水口</td><td rowspan="2">1. 出水口材料
2. 出水口形式
3. 出水口尺寸
4. 出水口深度
5. 出水口砌体强度
6. 混凝土强度等级、石料最大粒径
7. 砂浆配合比
8. 垫层厚度、材料品种、强度</td><td rowspan="2">处</td><td rowspan="2">1. 垫层铺筑
2. 混凝土建筑
3. 养护
4. 砌筑
5. 勾缝
6. 抹面</td><td>排水管道工程开槽埋管 S5-1-：
8. 管道垫层(黄砂、碎石、砾石砂)
9. 管道基座(混凝土、商品混凝土)</td></tr>
<tr><td>桥涵及护岸工程砌筑工程 S4-5-：
1. 干砌块石
2. 浆砌块石
3. 砖砌挡墙
4. 坞工勾缝
① 干砌块石(平缝、凸逢)
② 浆砌块石(平缝、凸逢、凹缝)
5. 滤层及泄水孔
6. 抛石</td></tr>
<tr><td>040504007</td><td>支(挡)墩</td><td>1. 混凝土强度等级、石料最大粒径
2. 垫层厚度、材料品种、强度</td><td>m^3</td><td>1. 垫层铺筑
2. 混凝土建筑
3. 养护
4. 砌筑
5. 起重机电器装置调试</td><td></td></tr>
<tr><td rowspan="8">040504008</td><td rowspan="8">混凝土工作井</td><td rowspan="8">1. 土壤类别
2. 断面
3. 深度
4. 垫层厚度、材料品种、强度</td><td rowspan="8">座</td><td rowspan="8">1. 混凝土工作井制作
2. 挖土下沉定位
3. 土方场内运输
4. 垫层铺设
5. 混凝土浇筑
6. 养护
7. 回填夯实
8. 余方弃置
9. 缺方内运</td><td>排水构筑物及机械设备安装工程泵站下部结构 S6-2-：
1. 刃脚垫层(黄砂、砾石砂、承垫木、混凝土)
2. 刃脚(混凝土、商品混凝土)
5. 井壁(混凝土、商品混凝土)
5. 井壁(预留孔-封堵及拆除)</td></tr>
<tr><td>隧道工程隧道沉井 S7-1-：8. 触变泥浆制作灌注、环氧沥青防水层(环氧沥青防水层-二度)</td></tr>
<tr><td>排水构筑物及机械设备安装工程泵站下部结构 S6-2-：11. 沉井井壁灌砂</td></tr>
<tr><td>排水构筑物及机械设备安装工程土方工程 S6-1-：2. 沉井挖土(抓斗挖土-排水下沉)</td></tr>
<tr><td>排水构筑物及机械设备安装工程泵站下部结构 S6-2-：
6. 沉井垫层(混凝土、商品混凝土)
7. 沉井底板(混凝土、商品混凝土)</td></tr>
<tr><td>通用项目一般项目 S1-1-：13. 商品混凝土输送及泵管安拆使用(商品混凝土输送、垂直泵管、水平泵管)</td></tr>
<tr><td>通用项目一般项目 S1-1-：14. 土方场内运输</td></tr>
<tr><td>文字代码 ZSN19-1-：1. 土方场外运输</td></tr>
</table>

续表

项目编码	项目名称	项目特征	计量单位	工程内容	分部工程项目、名称 (所在《市政工程预算定额》册、章、节)
沪 040504009	砌筑窨井	1. 材料 2. 井深、尺寸 3. 定型井名称、定型图号、尺寸及井深 4. 垫层、基础、材料品种、强度	座	1. 铺筑砾石砂基础 2. 铺筑混凝土(钢筋混凝土)基础 3. 砖砌窨井 4. 浇筑钢筋混凝土墙板、顶板 5. 流槽 6. 安装窨井盖板和盖座 7. 砂浆抹面抹角	直线窨井: ① 混凝土基础砖砌直线不落底窨井 PS3-1-001～140 ② 混凝土基础砖砌直线落底窨井 PS3-2-001～140 ③ 钢筋混凝土基础砖砌直线不落底窨井 PS3-3-001～140 ④ 钢筋混凝土基础砖砌直线落底窨井 PS3-3-001～140
					转折窨井: ① 二通转折窨井(90°)PS4-1-001～083 ② 二通转折窨井(115°)PS4-2-001～083 ③ 二通转折窨井(135°)PS4-3-001～083 ④ 二通转折窨井(155°)PS4-4-001～077
沪 040504010	雨水进水口	1. 混凝土强度石料最大粒径 2. 雨水井型号 3. 井深 4. 定型井名称、图号、尺寸及井深	座	1. 铺筑砾石砂基础 2. 铺筑混凝土基础 3. 砌筑进水口 4. 砂浆抹面 5. 安装进水口盖板和盖座	Ⅰ型雨水进水口(400×300)PS3-5-001
					Ⅱ型雨水进水口(450×400)PS3-5-002
					Ⅲ型雨水进水口(640×500)PS3-5-003
					双联Ⅲ型雨水进水口(1450×500)PS3-5-004
沪 040504011	钢板桩工作井	1. 井深 2. 尺寸	座	1. 安拆钢板桩工作坑支撑设备 2. 挖土 3. 基坑基础 4. 基坑回填土 5. 土方场内运输 6. 余土外运	排水管道工程顶管 S5-2-: 1. 安拆钢板桩工作坑支撑(顶进坑、接受坑) 2. 基坑机械挖土 4. 基坑基础(碎石、混凝土) 3. 基坑回填土(夯填土、间隔填土)
					通用项目一般项目 S1-1-:14. 土方场内运输
					文字代码 ZSN19-1-:1. 土方场外运输
沪 040504012	型钢水泥土复合桩(SMW)工法、工作井(工作坑、接收坑)		座	1. 深层搅拌桩 2. 打、拔 H 型钢 3. 压密注浆 4. 基坑挖土 5. 浇筑混凝土 6. 养护 7. 转砌墙 8. 砖墙粉刷 9. 回填土 10. 余方弃置	通用项目地基加固 S1-6-:2. 深层搅拌桩(一喷二搅) ① 建 2-2-3、建 2-2-9 打、拔 H 型钢 ② 涂脱膜剂(补充) ③ H 型钢使用费(补充)
					通用项目地基加固 S1-6-:4. 压密注浆(人工钻孔、机械钻孔、注浆)
					排水管道工程顶管 S5-2-:2. 基坑机械挖土 通用项目一般项目 S1-1-: 5. 湿土排水 6. 筑拆集水井(竹箩滤井) 排水管道工程顶管 S5-2-:1. 安拆钢板桩工作坑支撑(工作坑、接收坑)
					排水构筑物及机械设备安装工程泵站下部结构 S6-2-:9. 地下内部结构(混凝土圈梁混凝土、商品混凝土)

续表

项目编码	项目名称	项目特征	计量单位	工程内容	分部工程项目、名称（所在《市政工程预算定额》册、章、节）
沪 040504012	型钢水泥土复合桩（SMW）工法、工作井（工作坑、接收坑）		座	1. 深层搅拌桩 2. 打、拔 H 型钢 3. 压密注浆 4. 基坑挖土 5. 浇筑混凝土 6. 养护 7. 转砌墙 8. 砖墙粉刷 9. 回填土 10. 余方弃置	1. 排水管道工程开槽埋管 S5-1-：9. 管道基座（混凝土、商品混凝土） 2. 排水管道工程窨井 S5-3-： 3. 现浇钢筋混凝土窨井（混凝土、商品混凝土） 1. 窨井及进水口（砖砌窨井） 2. 水泥砂浆抹面（窨井） 3. 排水构筑物及机械设备安装工程排水构筑物及机械设备安装工程 s6-2-：5. 井壁（预留孔） 4. 道路工程附属设施 s2-4-：8. 砖砌挡土墙及踏步（砖砌挡墙） 排水管道工程顶管 S5-2-：3. 基坑回填土（夯填土） 通用项目一般项目 S1-1-：14. 土方场内运输（运距 1km 以内） 文字代码 ZSN19-1-：1. 土方场外运输

注：1. 选自国家标准《建设工程工程量清单计价规范》GB 50500—2008“附录 D 市政工程工程量清单项目及计算规则”及《〈建设工程工程量清单计价规范〉上海市市政工程操作指南》；

2. 商品混凝土输送及泵管安拆使用已包括在清单的各种不同构件里边，不需单独列项；

3. 定额中的混凝土及砂浆均采用强度等级表示，混凝土采用“C”表示，砂浆用“M”表示；如定额中强度等级与设计强度等级不同时，可按设计强度等级进行换算；

4. 定额中列出混凝土消耗量，但未列出级配材料的用量，级配材料用量可根据“上海市建设工程普通混凝土、砂浆强度等级配合比表（2000）”计算；

5. 定额中现浇混凝土分列出现浇混凝土、预制混凝土、预拌（商品）混凝土（泵送、非泵送混凝土）子目，预拌（商品）混凝土请参阅 4.3 桥涵护岸工程（项目编码：0403）中表 4-24“商品混凝土计算”释义。

【例题 4-73】（规范型解题教案三）排水管道实体工程混凝土基础砖砌直线窨井的工程概况是仍以**【例题 4-7】**、**【例题 4-9】**排水管道沟槽挖、填方为续，以表 4-39 和表 4-40“开槽埋管工程各”算量“要素系数统计汇总表”提供的资料为条件；求混凝土基础砖砌直线窨井工程量？

【解题分析 4-73】

解题分析要点：根据表 1-7“清单项目的工程量‘算量’”计算原则：“所有清单项目的工程量应以实体工程量为准，并以完成后的净值计算；投标人投标报价时，应在单价中考虑施工中的各种损耗和需要增加的工程量；对于分部分项工程量清单项目而言，清单工程量的计算需要明确计算依据、计算规则、计量单位和计算方法。”

列项解题分析时，首先针对工程内容的规定，对拟编制的挖路基土方项目，与表 4-236“井类、设备基础及出水口工程量清单项目设置及工程量计算规则”等是否对应的对照依据，也是检查是否重列或漏列的主要依据。

项次	项目名称及说明	计量单位	计算结果	各主要要素及计算说明	引用计算方法（释义）
		砖砌窨井（项目编码：040504）			

项目名称：混凝土基础砖砌直线窨井（项目编码：040504001）

1. 项目特征（描述）：——1. 材料 2. 井深、尺寸 3. 定型井名称、定型图号、尺寸及井深 4. 垫层、基础、厚度、材料品种、强度

2. 工程内容（规定）：——1. 垫层铺筑 2. 混凝土浇筑 3. 养护 4. 砌筑 5. 勾缝 6. 抹面 7. 盖板、过梁制作安装 8. 井盖、井座支座安装

3. 计量单位：——座

4. 数量：——不落底 N、↓落底 Y 各 2 座，共 4 座

续表

项次	项目名称及说明	计量单位	计算结果	各主要要素及计算说明	引用计算方法(释义)
1.1	砖砌窨井	座	2	混凝土基础砖砌直线窨井 1000×1300×3.0(不落底 N)(项目编码：040504001001)	
1.1.1	碎石垫层	m³	1.44	1000×1300×3.0(不落底 N)：——1号、3号窨井 碎石垫层、混凝土基础、砖砌体、1∶2 砂浆抹面、预制钢筋混凝土板Ⅰ、Ⅱ型钢筋钢筋混凝土盖板、安装钢筋混凝土盖板、安装铸铁盖座等项目，查表“混凝土基础砌筑直线窨井工程量计算表(600×600、750×750、1000×1000～100－1500、1100×1750～1100×3650、包括落底及不落底窨井、“Ⅱ型钢筋混凝土盖板体积、钢筋用量、重量表”、“1000×1000～1000×1550 砖砌窨井工程数量表”)”得各系数×n座窨井，进行复价计算	参见表“混凝土基础砌筑直线窨井工程量计算表(600×600、750×750、1000×1000～100－1500、1100×1750～1100×3650、包括落底及不落底窨井)”及各续表
1.1.2	混凝土基础	m³	2.46		
1.1.3	砖砌体	m³	7.56		
1.1.4	1∶2 砂浆抹面	m³	58.48		
1.1.5	预制钢筋混凝土板Ⅰ型	m³	2		
1.1.6	Ⅱ型钢筋钢筋混凝土盖板	块	2		
1.1.7	安装钢筋混凝土盖板	块	0.58		
1.1.8	安装铸铁盖座	m³	2		
1.2	砖砌窨井	座	2	混凝土基础砖砌直线窨井 1000×1300×3.0 ↓(落底 Y)(项目编码：040504001002)	
1.2.1	碎石垫层	m³	1.44	1000×1300×3.0 ↓(落底 Y)：——2号、4号窨井 碎石垫层、混凝土基础、砖砌体、1∶2 砂浆抹面、预制钢筋混凝土板Ⅰ、Ⅱ型钢筋钢筋混凝土盖板、安装钢筋混凝土盖板、安装铸铁盖座等项目，查表“混凝土基础砌筑直线窨井工程量计算表(600×600、750×750、1000×1000～100－1500、1100×1750～1100×3650、包括落底及不落底窨井、“Ⅱ型钢筋混凝土盖板体积、钢筋用量、重量表”、“1000×1000～1000×1550 砖砌窨井工程数量表”)”得各系数×n座窨井，进行复价计算	参见表“混凝土基础砌筑直线窨井工程量计算表(600×600、750×750、1000×1000～100－1500、1100×1750～1100×3650、包括落底及不落底窨井)”及各续表
1.2.2	混凝土基础	m³	2.46		
1.2.3	砖砌体	m³	7.68		
1.2.4	1∶2 砂浆抹面	m³	60.00		
1.2.5	预制钢筋混凝土板Ⅰ型	块	2		
1.2.6	Ⅱ型钢筋钢筋混凝土盖板	块	2		
1.2.7	安装钢筋混凝土盖板	m³	0.58		
1.2.8	安装铸铁盖座	套	2		

得：

(1) 工程量计算结果：

项次	项目编码、定额子目编号	工 程 内 容	计量单位	工程数量
		砖砌窨井(项目编码：040504)		
		混凝土基础砖砌直线窨井 1000×1300×3.0(不落底 N)(项目编码：040504001001)		
1.1		砖砌窨井 1000×1300×3.0(不落底 N)	座	2
1.1.1	S5-1-42	碎石垫层	m³	1.44
1.1.2	S5-1-43	混凝土基础	m³	2.46
1.1.3	S5-3-2	砖砌体	m³	7.56
1.1.4	S5-3-6	1∶2 砂浆抹面	m³	58.48
1.1.5	S5-3-16	预制钢筋混凝土板 1	m³	2
1.1.6	S5-3-18	Ⅱ型钢筋钢筋混凝土盖板	块	2
1.1.7	208330	安装钢筋混凝土盖板	块	0.58
1.1.8	208340	安装铸铁盖座	m³	2
		混凝土基础砖砌直线窨井 1000×1300×3.0 ↓(落底 Y)(项目编码：040504001002)		
1.2		砖砌窨井 1000×1300×3.0 ↓(落底 Y)	座	2
1.2.1	S5-1-42	碎石垫层	m³	1.44
1.2.2	S5-1-43	混凝土基础	m³	2.46
1.2.3	S5-3-2	砖砌体	m³	7.68
1.2.4	S5-3-6	1∶2 砂浆抹面	m³	60.00
1.2.5	S5-3-16	预制钢筋混凝土板 1	块	2
1.2.6	S5-3-18	Ⅱ型钢筋钢筋混凝土盖板	块	2
1.2.7	208330	安装钢筋混凝土盖板	m³	0.58
1.2.8	208340	安装铸铁盖座	套	2

(2) 查表 4-236 “井类、设备基础及出水口工程量清单项目设置及工程量计算规则”，得套用排水管道开槽埋管沟槽 S5-1-：8. 管道垫层、窨井 S5-3-：1. 窨井及进水口、6. 安装盖板及盖座［铸铁窨井雨污水盖座(市政 90 型)］定额子目。

注：

(1) 上述十六项工程内容包括了混凝土基础砖砌直线窨井(包括不落底 N、↓落底 Y 窨井)施工的全部施工工艺过程。

(2) 还可能出现《建设工程工程量清单计价规范》GB 50500—2008 “表 3.3.1 措施项目一览表” 中的有关清单项目，查阅表 4-78 “排水管道开槽埋管沟槽回填工程量‘算量’” 的释义。

(3) 如本工程定额中未包括现窨井混凝土基础模板，应列入措施项目中，参见表 5-17 “现浇构件模板面积工程量‘算量’” 的释义；如计算，则可参照 5. 措施项目(市政工程) 5.2 混凝土、钢筋混凝土模板及支架(项目编码：0502)及【解题分析 5-4】的释义。

(4) 另外根据表 1-20 “工程量清单、市政定额、施工工程量‘算量’”，得知其间区别 “在于计量的依据、计算规则、目的和计量单位的不同”，注意工程量清单综合单价的计价。

混凝土工作井(沉井工程) (项目编码：040504008)

沉井是深基础和地下结构物的一种型式，是通过不稳定含水层的一种特殊施工方法。

沉井是修建深基础和地下深构筑物的主要基础类型。它是在地面或地坑上，先制作开口钢筋混凝土筒身，待筒身达到一定强度后，在井筒内分层挖土、运土，随着井内土面逐渐降低，沉井筒身借着自重克服与土壁之间的摩阻力不断下沉、就位的一种深基或地下工程施工工艺。

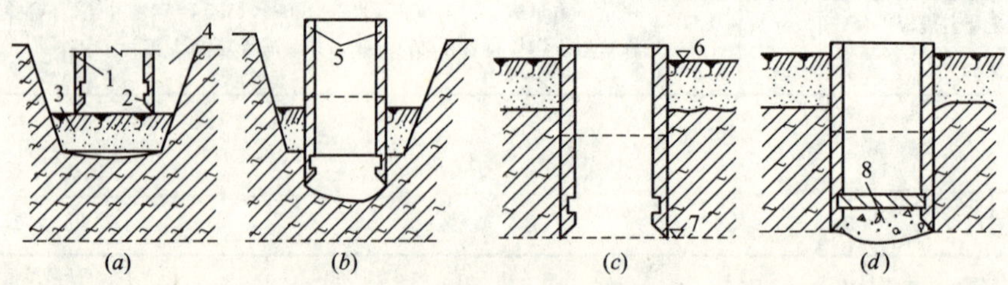

图 4-237　沉井施工

(a)在地面上已经浇好的沉井；(b)下沉时的沉井；(c)沉井下沉到设计标高；(d)封底后的沉井

1—井筒；2—刃脚；3—砂垫层；4—基坑；5—接高井筒；6—地面标高；

7—沉井下沉设计标高；8—钢筋混凝土底板

沉 井 类 型　　　　**表 4-237**

项次	类型	适用范围	横截面和竖剖面形状
1	单孔沉井	多用于功能单一或功能较简单的工程设施中，如顶管、盾构的工作坑、大型排水窨井等	单孔沉井有圆形(a)、矩形(b)等，截面形状又有带地梁和无地梁两种形式
2	单排孔沉井		单排孔沉井常做成矩形(c)、椭圆形等截面形状(d) 沉井内分成两个或更多的井孔，这不仅可以增加沉井的刚度，而且使沉井挖土和下沉工作可以均衡地进行，每个井孔内可设地梁
3	多排孔沉井	适用于平面尺寸大而自重较重的构筑物工程	即在沉井内设置几道纵横交叉的内隔墙(e)，多排孔沉井具有整体刚度较好的空间结构，每个井孔可设地梁，这种沉井在施工中有利于均匀下沉
4	阶梯形沉井	目前大型泵站沉井和隧道、顶管工作井常采用此种形式的沉井	一般沉井下沉深度大于 10m 时，由于作用在井壁上的土压力和水压力随沉井深度增加而增加，相应的井壁厚度就要增加 但是也不必将整个井壁全部加厚，可将井壁设计成一个或多个阶梯的变截面形式，以达到既满足沉井受力及使用要求，又减少工程量的目的(f) 另外，为了在沉井下沉时便于采取灌砂等措施减阻，井壁外侧也多设计为阶梯形，一般称为凸面

续表

项次	类型	适用范围	横截面和竖剖面形状
5	壁式沉井		一般当沉井深度小于 10m 且下沉系数符合要求、或采用触变泥浆助沉时，可采用上下井壁厚度相同的直壁式沉井(*j*) 由于直壁式沉井周围的土体可以约束沉井，使它沿垂直方向下沉，周围土体的塌陷也较小，故其倾斜和偏转的可能相对减少，减少了对四周土扰动范围和沉井纠偏的工程量

注：1. 按建筑材料可分为无筋混凝土沉井、有筋混凝土沉井以及钢沉井；按井孔布置方式不同，可分为单孔、双孔和多孔沉井；
2. 沉井由井壁、隔墙、取土井孔，刃脚、凹槽、封底填充及顶盖等几个部分构成；
3. 其他工程类型混凝土工作井(沉井工程)，请参阅 4.4 隧道工程(项目编码：0404)隧道沉井(项目编码：040405)中附录：其他工程类型混凝土工作井(沉井工程)施工简介。

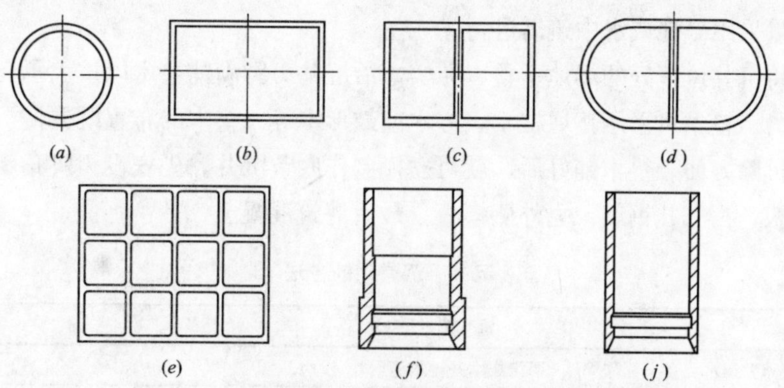

图 4-238　沉井类型示意图

(*a*)圆形单孔沉井；(*b*)矩形单孔沉井；(*c*)矩形单排孔沉井；(*d*)椭圆形单排孔沉井；
(*e*)多排孔沉井；(*f*)阶梯形沉井；(*j*)壁式沉井

沉井构造各部分构成　　**表 4-238**

项次	项目名称	部分构成
1	刃脚	沉井井壁最下端制作成刀刃状结构称为刃脚。其作用是减少土的阻力，易于切入土层，破坏土体结构，使沉井获得下沉。刃脚一般为钢筋混凝土结构，当沉井须穿越硬土或有障碍物的地层时，刃脚常做成尖状，刃尖用型钢加固或钢板包裹。 刃脚底端的水平面俗称踏面。其宽度视土层的性质及井壁厚度而定。在上海地区软土层中踏面宽度一般约 40～60cm。刃脚内侧的倾角 40°～60° 刃脚的高度，当土质坚硬时可小些；当土质松软或湿封底时要大些。 刃脚。是沉井井壁底部一段有特殊形状和结构的混凝土墙体的俗称，主要起减小沉井下沉阻力的作用。其断面一般为斜梯形，为减少沉井下沉阻力，有些沉井还没有外凸口，即刃脚凸出井壁
2	井壁	井壁厚度的确定，除应考虑满足承受水、土压力的强度和下沉时的刚度需要外，沉井还应具有足够自重，能使其顺利下沉。井壁厚度一般为 0.4～1.2m
3	隔墙	根据使用和结构上的需要在井内设置的纵、横向隔墙，可以有效地增加沉井的刚度。大型沉井不仅设置多道横向隔墙，同时还设置纵向隔墙。隔墙厚度通常要比井壁薄，一般为 0.6～1.0m，其刃脚踏面高出外墙刃脚踏面 0.5～1.0m。 在软土地层中可防止突沉和下沉速度过快。为便于施工，常在隔墙下部设人孔，供井孔间往来联络之用
4	框架	大型沉井，特别是面积较大的矩形沉井，当不能设置内隔墙或隔墙间距过大时，通常在井壁内侧设置水平框架，或用壁柱与上、下横梁构成的竖向框架来代替隔墙 框架有下列作用： ① 减小井壁、底板的计算跨度，增大沉井在制作、下沉和使用阶段的整体刚度； ② 在下沉过程中，通过调整各井孔的挖土量，能使沉井下沉较为均匀，易于纠偏，并能有效地控制和减少沉井的突沉； ③ 有利分格进行封底，特别是采用水下封底时，分格有利于提高封底混凝土的施工质量
5	底板及其同井壁连接处的凹槽	沉井下沉到位后，将井底土面整平并浇捣钢筋混凝土底板，使沉井支承在土层上，常称封底。封底可分为干封底和湿封底(水下浇筑混凝土)两种方式。 底板同井壁联结处，在井壁内侧设置凹槽和构造钢筋，主要是为加强钢筋混凝土底板与井壁间的结合，更好地传递底板荷载。 凹槽深度一般为 15～25cm

注：沉井是系指软土地层建造地下构筑物一种方法。即先在地面上浇筑一个上无盖、下无底的筒状结构物，采用机构挖土或水力冲洗泥的方法将井内的土取出，借助其自重下沉。下沉中井壁起着挡土防水作用。下沉到设计标高后，再封底板、加顶板，使之成为一个地下构筑物。

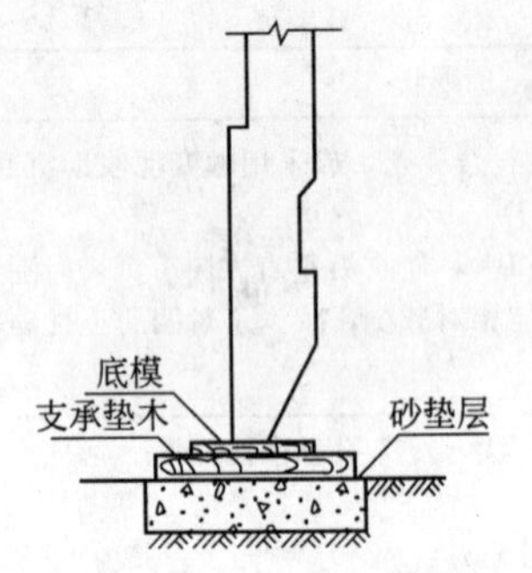

图 4-239　支承垫木示意图

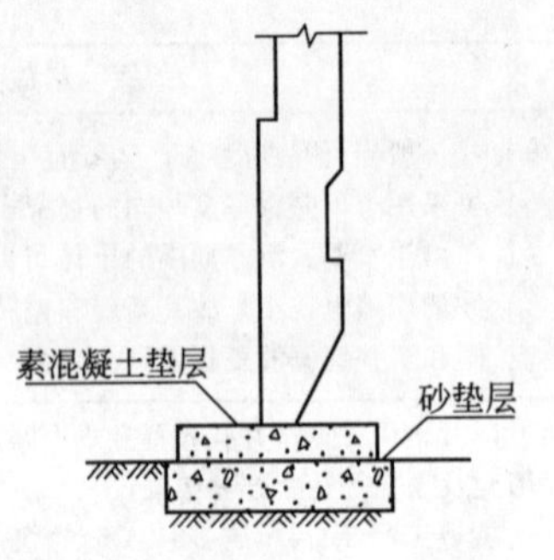

图 4-240　混凝土垫层示意图

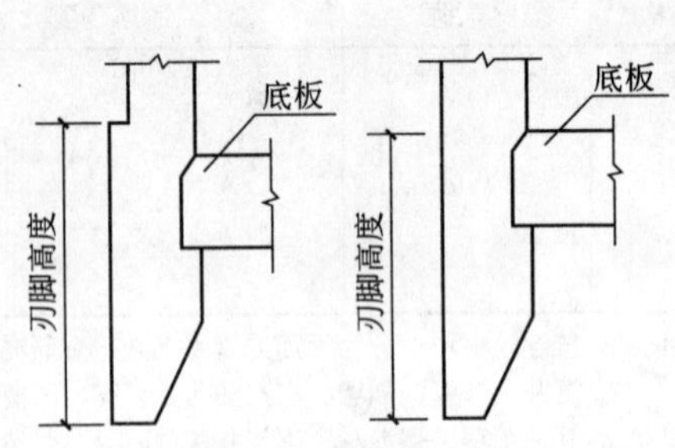

图 4-241　刃脚高度示意图

沉井施工应尽量采用旱地或水中筑岛进行。

沉井施工首先将沉井位置处的场地平整、夯实，沿沉井刃脚满铺垫木以扩大承压面积，降低承托沉井的土层所受的压力。垫木可采用普通枕木、方木或鼓形木等。垫木的布置既要使沉井在制造过程中受力均匀，还要考虑拆除方便。垫木铺好后，就可立模制作底节沉井。先安设刃脚角钢，然后立刃脚斜面和取土井内侧的模板，再安扎钢筋，立外侧模板，最后灌筑混凝土。

沉井下沉常用的方法　　**表 4-239**

类型	下沉方法		图例
有排水下沉	明沟集水井排水	明沟集水井排水	图 4-242(*a*)
	井点降水	井点系统降水	图 4-242(*b*)
	井点与明沟排水相结合	井点与明沟排水相结合的方法	图 4-242(*c*)
不排水下沉	不排水下沉	有抓斗在水中取土——用水枪冲土、抓斗水中抓土	图 4-243(*a*)
		水力机械冲土——水力吸泥器水中冲土	图 4-243(*b*)
	沉井辅助下沉	射水下沉法是用预先设在沉井外壁的水枪，借助高压水冲刷土层，使沉井下沉	图 4-243(*c*)
		触变泥浆护壁下沉法，是利用沉井制作时制成的台阶为泥浆槽，用泥浆泵、砂浆泵或气压罐通过预埋在井壁内或设在井内的垂直压浆管将泥浆压入，使外井壁泥浆槽内充满触变泥浆，其液面接近于自然地面，以减小下沉摩阻力，下沉到设计标高后，再采用水泥浆、水泥砂浆或其他材料置换出触变泥浆。 触变泥浆是由 20%膨润土及 5%面碱（碳酸钠）加水调制而成	图 4-243(*d*)

注：1. 沉井下沉有整体式和分节式下沉两种型式，分节制作高度以 7～8m 为宜；
2. 沉井下沉有排水下沉和不排水下沉两种方法：前者适用于渗水量不大、稳定的黏性土或砂砾层中渗水量虽很大，但排水并不困难时使用；后者适用于严重的流砂地层中的渗水量大的砂砾层中，以及地下水无法排除或大量排水会影响建筑物安全的情况下使用。

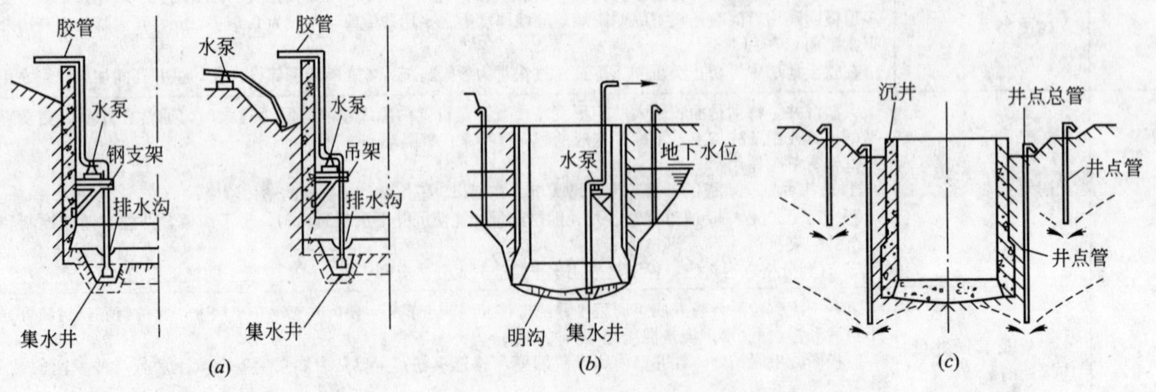

图 4-242　有排水下沉方法

(*a*)明沟集水井排水；(*b*)井点系统降水；(*c*)井点与明沟排水相结合的方法

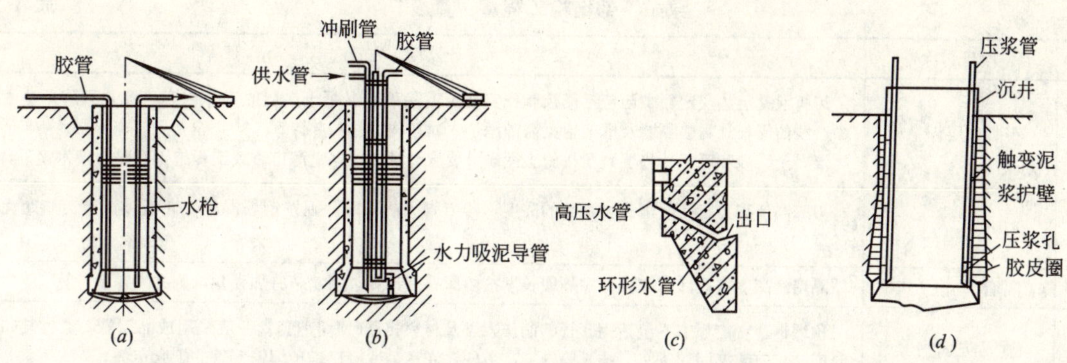

图 4-243　不排水下沉

(a)用水枪冲土、抓斗水中抓土；(b)水力吸泥器水中冲土；(c)射水下沉法；(d)触变泥浆护壁下沉法

沉井下沉减摩技术：——沉井下沉阻力来自井壁同土层接触而产生的井壁侧面摩擦阻力和井底刃脚踏面下土体的正面阻力。由于井壁侧面摩阻力随沉井下沉深度的增加而增大，为使沉井能顺利下沉，并减轻沉井结构自重，因此在深沉井下沉施工中，经常在井壁外围采用减摩措施，以减少井壁与土层间的井壁侧面摩阻力。

采用触变泥浆润滑套助沉，其下沉深度可达 200m。

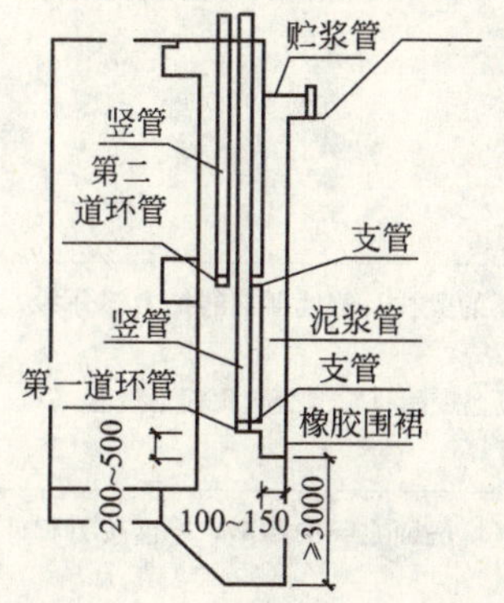

图 4-244　触变泥浆套示意图

触变泥浆配比（重量比）　　表 4-240

膨润土的胶质价	膨润土	水	碱（碳酸钠）
60～70	100	524	2～3
70～80	100	524	1.5～2
80～90	100	614	2～3
90～100	100	614	1.5～2

注：1. 顶进触变泥浆减阻定额适用于敞开式和封闭式管道顶进；
2. 压注触变泥浆填充管道的外周空隙作为减少地层损失，控制地面沉降，减少顶进阻力和长距离顶管的重要措施；
3. 沉井下沉采用触变泥浆润滑套助沉时，套用隧道工程隧道沉井的触变泥浆制作灌注相应定额子目。

触变泥浆掺入剂配比（重量比，以膨润土为 100）　　表 4-241

石灰膏	工业六糖	松香酸钠（干重）	水
42	1	0.1	28

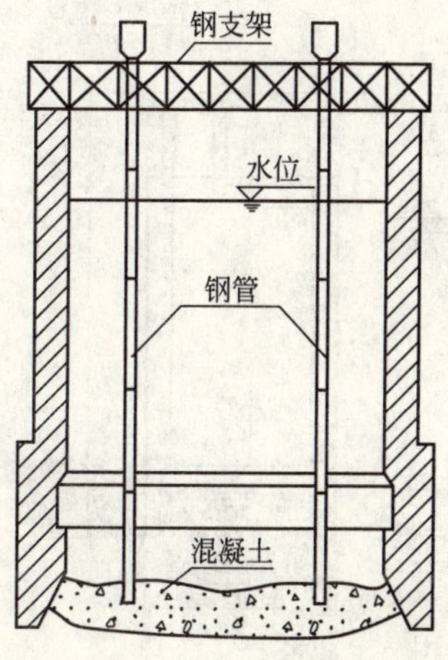

图 4-245　排水封底沉井构造图

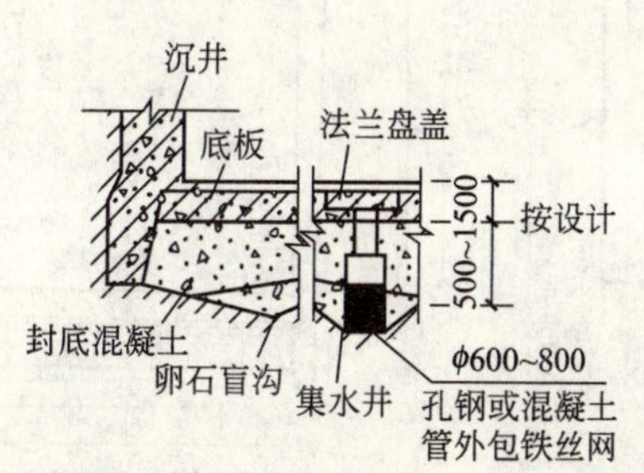

图 4-246　不排水封底导管法灌筑混凝土

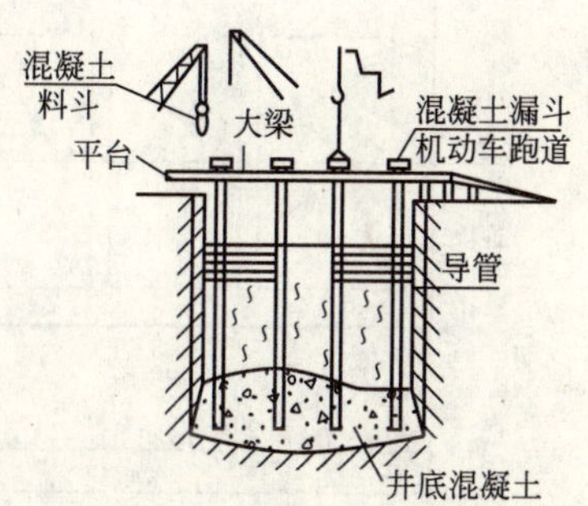

图 4-247　水下混凝土封底示意图

泵站下部结构工程量“算量” **表 4-242**

项次	项目名称	计 算 方 法
1	刃脚垫层	刃脚混凝土垫层定额中已包括模板制作安装及凿除刃脚混凝土垫层的工作内容。沉井刃脚承垫木按刃脚中心线的周长计算，隔墙及框架地梁需铺承垫木时按内净长一并计算 混凝土、砂和砾石砂垫层数量按施工图设计要求计算或根据上海市市政工程施工及验收技术规程计算确定
2	刃脚	刃脚高度指刃脚凸面至刃脚踏面的高度，若刃脚无凸面时，则按钢筋混凝土底板顶面至刃脚踏面的高度计算
3	隔墙	隔墙的高度按设计高度计算，隔墙长度按内净长度计算，隔墙若有加强角，则并入隔墙计算
4	预埋防水钢套管与接口	预埋钢套管定额中不包括钢套管的制作人工及材料耗量(预埋钢套管一般采用成品钢管，柔性接口包括材料配制、安装捣固、压实、抹光等内容，另外要注意柔性接口是预埋钢套管的配套定额) 柔性接口的面积按预埋钢套管外径周长乘以混凝土的墙体厚度计算
5	井壁	定额中的相应子目均不分混凝土厚度，并新增了模板及商品混凝土子目。对于隔墙，不论是与沉井同时制作下沉，还是下沉之后再浇筑的隔墙均套用隔墙定额 砖封预留孔及拆除，是指因工艺需要而在井壁上的预留孔洞的封堵及拆除。预留孔的大小、砖墙的厚度均已综合考虑，并包括了调制砂浆、选砖、砌筑、水泥砂浆抹面、沉井完成后封堵的拆除及现场清理工作
6	沉井垫层	混凝土、砂和砾石砂垫层数量按施工图设计要求计算
7	沉井底板	沉井底板按实体积以立方米计算，底板下的地梁并入底板计算
8	平台	平台宽度、长度均按内净尺寸，乘以厚度以立方米计算，并应扣除其他结构所占的体积
9	地下内部结构	井的内部结构按混凝土框架、扶梯、挡水板、矩形梁、异形梁、平台圈梁设立子目。地下内部结构中的柱、牛腿等项目可套用第三章污水处理构筑物的相应定额 梁的高度及宽度按设计断面计算，梁的长度均按内净长度计算，即： 1. 梁与柱连接时，梁长算至柱的侧面 2. 主梁与次梁连接时，次梁长算至主梁的侧面 3. 梁与井壁(隔墙)连接时，梁长算至井壁(隔墙)的侧面
10	矩形渐扩管	1. 钢筋混凝土进出水渐扩管的底板宽度及厚度按设计计算，底板下的梁枕及侧墙下部的扩大部分并入底板计算 2. 侧墙的高度不包括侧墙扩大部分，无扩大部分时，按混凝土底板上表面算至混凝土顶板下表面 3. 顶板的宽度及厚度按设计计算，侧墙上部的扩大部分并入顶板计算
11	沉井井壁灌砂	计算沉井灌砂或触变泥浆数量时，高度按刃脚外凸面设计标高至基坑底面之间的距离，厚度按刃脚外凸面的宽度，长度按外凸面的中心周长计算 当沉井井壁为直壁式，设计要求采用触变泥浆助沉时，高度按刃脚踏面至基坑底面的距离计算，长度按沉井外壁周长计算，厚度按设计厚度计算
12	流槽	流槽分混凝土、商品混凝土、模板三个子目，模板采用木模板

注：1. 选自《上海市市政工程预算定额》(2000)工程量计算规则暨总、册说明；
2. 泵站下部结构定额适用于开挖式和沉井施工的泵房下部结构，进水闸门井、计量井、出水压力井、顶管工程的顶进坑及接收坑沉井也可套用本定额相应子目。

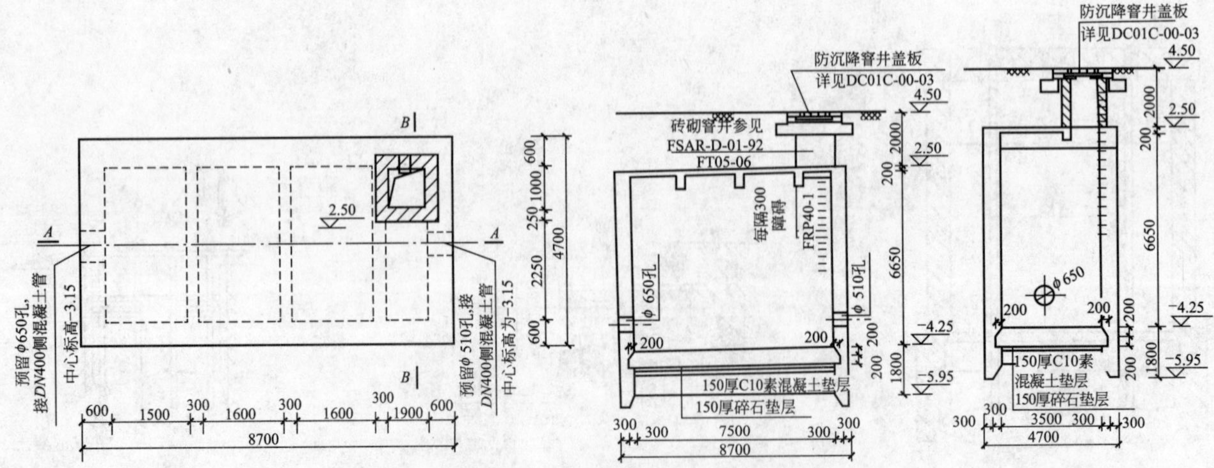

图 4-248 型钢水泥土复合桩(SMW)工法接受井(一)

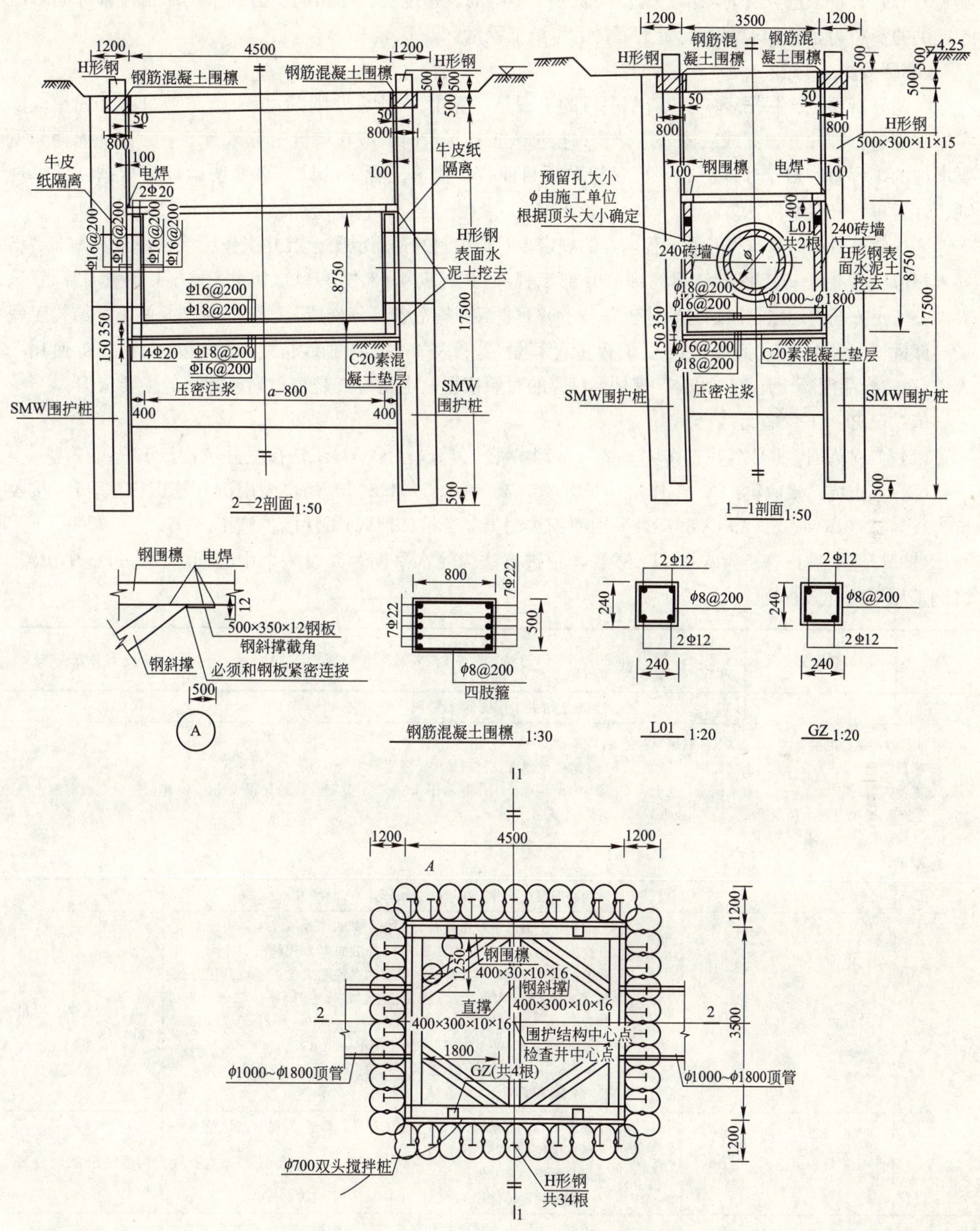

图 4-248　型钢水泥土复合桩(SMW)工法接受井(二)

【例题 4-74】（思考型解题实例七）顶管实体工程市政管网顶管工程钢筋混凝土沉井工作坑的工程概况：(1)工程范围：1 号沉井工作坑～2 号型钢水泥土复合桩(SMW)工法接受井坑，长 115m。(2)工作坑、接收坑：A. 工作坑为长×宽×高 ＝ 7.5×4.5×9.45，采用沉井施工方法。B. 接收坑为长×宽×高 ＝ 7.5×4.5×8.75，采用型钢水泥土复合桩（SMW）工法围护施工。(3)管道顶进：管径为

ϕ1000TLM管，顶进方法为泥水平衡。并设一个中继间。顶进过程中出洞、进洞采用压密注浆加固，已此提供的资料为条件；求钢筋混凝土沉井工作坑工程量？

【解题分析4-74】

解题分析要点：根据表4-4“清单项目的工程量‘算量’”计算原则：“所有清单项目的工程量应以实体工程量为准，并以完成后的净值计算；投标人投标报价时，应在单价中考虑施工中的各种损耗和需要增加的工程量；对于分部分项工程量清单项目而言，清单工程量的计算需要明确计算依据、计算规则、计量单位和计算方法”。

列项解题分析时，首先针对工程内容的规定，对拟编制的钢筋混凝土沉井工作坑项目，与表4-26“已列入相应工程挖土方工程量清单的部分分部工程项目”、表4-43“挖基坑(沉井)土方工程量‘算量’”、表4-23“土方场内运输定额划分甄选表”、表4-238“沉井构造各部分构成”、表4-242“泵站下部结构工程量‘算量’”、表4-170“商品混凝土工程量‘算量’”、表4-171“商品混凝土输送及泵管安拆使用”、表4-172“商品混凝土计算选用表”等是否对应的对照依据，也是检查是否重列或漏列的主要依据。

依题已知：工程概况

(1) 工程范围：1号沉井工作坑 ～2号型钢水泥土复合桩(SMW)工法接受井坑，长115m。

(2) 工作坑、接收坑：A. 工作坑为长×宽×高 ＝ 7.5×4.5×9.45，采用沉井施工方法。B. 接收坑为长×宽×高＝7.5×4.5×8.75，采用型钢水泥土复合桩(SMW)工法围护施工。

(3) 管道顶进：管径为ϕ1000TLM管，顶进方法为泥水平衡。并设一个中继间。顶进过程中出洞、进洞采用压密注浆加固。

项次	项目名称及说明	计量单位	计算结果	各主要要素及计算说明	引用 计算方法(释义)
		钢筋混凝土沉井工作坑(项目编码：沪040504009001)			

项目名称：钢筋混凝土沉井工作坑(项目编码：沪040504009001)

1. 项目特征(描述)：——1. 土壤类别 2. 断面 3. 深度 4. 垫层厚度、材料品种、强度

2. 工程内容(规定)：——1. 基坑挖土：挖土、支撑围护 2. 混凝土工作井制作 3. 挖土下沉定位、触变泥浆助沉 4. 垫层铺设底板混凝土浇筑、养护 5. 砖砌井筒、预制盖板安装 6. 土方回填、运输 7. 余土弃置

3. 计量单位：——座

4. 数量：——1

	沪040504009001	座	1	钢筋混凝土沉井工作坑(项目编码：沪040504009001)	
1	基坑挖土	m^3	201.58	依据《上海市市政工程预算定额》第六章第6.1.1条说明基坑开挖均按构筑物基础(或沉井结构)外沿加宽2m计算。《上海市市政工程预算定额》第六册第一章第四点说明无支护基坑开挖开挖深度z在2.0m内以1∶0.75坡度放坡。$a=7.5+0.6\times2+2=10.7$m，$b=3.5+0.6\times2+2=6.7$m，$a_1=10.7+2\times0.75\times2=13.7$m，$b_1=6.7+2\times0.75\times2=9.7mV=h/6\times[a\times b+a_1\times b_1+(a+b)\times(a_1+b_1)]=1/6\times2.0\times[10.7\times6.7+13.7\times9.7+(10.7+13.7)\times(6.7+9.7)]$	表4-43“挖基坑(沉井)土方工程量‘算量’”
2	土方场内运输	m^3	50.40	查表4-42“挖基坑(沉井)土方工程量‘算量’”得，基坑挖土按75%直接外运，25%按场内运输。 沉井挖土为全部外运。 土方场内运输体积$V=201.58m^3\times25\%=50.40m^3$	表4-23“土方场内运输定额划分甄选表”
3	混凝土刃脚下砂垫层	m^3	13.72	依据《上海市市政工程预算定额》总则第六章第二节第6.2.2条说明混凝土、砂垫层和砾石砂垫层数量按施工及验收技术规程计算。根据施工组织设计断面乘周长， $V=(8.35+4.35)\times2\times1/2(1.5+2.1)\times0.3$	
4	混凝土刃脚下混凝土垫层	m^3	11.43	依据《上海市市政工程预算定额》总则第六章第二节第6.2.2条说明混凝土、砂垫层和砾石砂垫层数量按施工及验收技术规程计算。根据施工组织设计断面乘周长， $V=(8.35+4.35)\times2\times1/2(1.5+2.1)\times0.25$	

续表

项次	项目名称及说明	计量单位	计算结果	各主要要素及计算说明	引用计算方法(释义)
5	混凝土刃脚混凝土	m^3	22.37	根据设计图纸计算，8.7×4.7×1.8－0.5/6×[7.5×3.5＋8.1×4.1＋(7.5＋8.1)×(3.5＋4.1)]－7.5×3.5×0.7－7.9×3.9×0.4－0.2/6×[7.5×3.5＋7.9×3.9＋(7.5＋7.9)×(3.5＋3.9)]	
6	混凝土井壁混凝土	m^3	93.29	根据设计图纸计算， (8.7×4.7－7.5×3.5)×(8.45－1.8－0.2)－π×0.55×0.55×0.48×2	
7	混凝土框架梁混凝土	m^3	3.15	根据设计图纸计算，L_1＝0.25×0.4×1.9＝0.19，L_2＝0.3×0.7×4.7×3＝2.96，Σ＝0.19＋2.96＝3.15	
8	预制、安装混凝土顶板混凝土	m^3	7.04	根据设计图纸计算， (8.7×4.7－1.0×1.0－0.25×1.9－0.3×4.7×3)×0.2	
9	砖砌预留孔封拆	m^3	0.91	根据设计图纸 π×0.55×0.55×0.48×2＝0.91m^3	
10	沉井挖土	m^3	334.62	依据表 4-191，得知”1. 顶管工程：顶管钢筋混凝土工作坑沉井下沉挖土计算套用沉井挖土定额时，其人工及机械台班数量增加 30%； 2. 排水构筑物工程： (1) 沉井下沉深度(下沉深度为基坑底土面至刃脚踏面的距离)最大为 16m，当深度大于 16m 时，可套用“隧道工程”相应定额； (2) 沉井下沉挖土数量，按沉井外壁间(即刃脚外壁)的面积乘以沉井下沉深度计算； (3) 沉井下沉深度指沉井基坑底土面至设计垫层底面(即土面)之距离，再加三分之二垫层底面与刃脚踏面间距离。” 沉井挖土 V＝8.7×4.7×(7.45＋2/3×1.1)＝334.62m^3	表 4-226“沉井下沉挖土基本形式及工程量计算规则”
11	沉井触变泥浆	m^3	22.98	依据表 4-216，得知“当沉井井壁为直壁式，设计要求采用触变泥浆助沉时，高度按刃脚踏面至基坑底面的距离计算，长度按沉井外壁周长计算，厚度按设计厚度计算。” (设计要求厚度为 10cm)V＝(8.8＋4.8)×2×8.45×0.1	表 4-240“触变泥浆配比(重量比)”
12	碎石垫层	m^3	3.94	根据设计图纸 V＝7.5×3.5×0.15	
13	混凝土封底	m^3	3.94	根据设计图纸 V＝7.5×3.5×0.15	
14	混凝土底板混凝土	m^3	18.02	根据设计图纸 V＝7.9×3.9×0.4＋1/6×0.2×[7.5×3.5＋7.9×3.9＋(7.5＋7.9)×(3.5＋3.9)]	
15	内壁防水砂浆粉刷	m^2	140.00	根据设计图纸 V＝(7.5＋3.5)×2×6.45－π×0.55×0.55×2	
16	外壁沥青防水层涂料	m^2	224.56	根据设计图纸 V＝(8.7＋4.7)×2×8.45－π×0.55×0.55×2	
17	砖砌井筒砖墙	m^3	2.08	根据设计图纸 V＝(1.48×1.48－1.0×1.0)×1.75	
18	砖砌井筒粉刷	m^2	17.36	根据设计图纸 V＝(1.48＋1.0)×4×1.75	
19	预制、安装防沉降窨井大盖板混凝土	块	1.00	根据设计图纸 V＝1 块(1.154m^3)	
20	铸铁窨井盖座	套	1.00	根据设计图纸 V＝1 套	

续表

项次	项目名称及说明	计量单位	计算结果	各主要要素及计算说明	引用 计算方法(释义)
21	回填土	m^3	195.20	根据设计图纸 V=201.58－1.48×1.48×1.75－2.7×2.7×0.35	
22	余土场外运输	m^3	341.00	挖土-填土 V=201.58m^3－195.2m^3＋334.62m^3	
23	商品混凝土泵车输送	m^3	138.88	查表得混凝土的消耗量“定额中混凝土的消耗量为1.015m^3/m^3，并不允许调整” 商品混凝土泵车输送体积V(m^3)＝刃脚泵送商品混凝土＋井壁泵送商品混凝土＋矩形梁泵送商品混凝土＋底板泵送商品混凝土 商品混凝土泵车输送体积V＝(22.37m^3＋93.29m^3＋3.15m^3＋18.02m^3)×1.015m^3/m^3＝138.88m^3	“商品混凝土工程量‘算量’表”、表“商品混凝土计算选用表”、“商品混凝土输送及泵管安拆使用表”

得:

(1) 工程量计算结果:

项次	项目编码、定额子目编号	项目名称(工程量清单及分项工程)列项	计量单位	计算结果
	沪 040504009001	钢筋混凝土沉井工作井 $a×b×h$＝3.5×9×8.5	座	1
1	S5-2-13	基坑机械挖土	m^3	201.58
2	S1-1-36	土方场内运输(运土1km以内)	m^3	50.4
3	S6-2-1	刃脚黄砂垫层	m^3	13.72
4	S6-2-4 换	C15 刃脚混凝土垫层　非泵送商品混凝土(5～40mm)C20	m^3	11.43
5	S6-2-6	C25 刃脚商品混凝土　泵送商品混凝土(5～40mm)C25	m^3	22.37
6	S6-2-19	C25 井壁商品混凝土　泵送商品混凝土(5～40mm)C25	m^3	93.29
7	S6-2-50	C25 矩形梁商品混凝土　泵送商品混凝土(5～40mm)C25	m^3	3.15
8	S6-2-23	井壁预留孔封堵及拆除　混合砂浆 M7.5	m^3	0.91
9	S6-1-7 系	履带吊抓斗沉井挖土(深≤16m)	m^3	334.62
10	S7-1-31	触变泥浆制作灌注	m^3	22.98
11	S6-2-24	沉井碎石垫层	m^3	3.94
12	S6-2-28	C20 沉井商品混凝土垫层　非泵送商品混凝土(5～40mm)C20	m^3	3.94
13	S6-2-30	C25 底板商品混凝土　泵送商品混凝土(5～40mm)C25	m^3	18.02
14	S6-3-71 换	C30 预制盖板混凝土(顶板)　非泵送商品混凝土(5～40mm)C30	m^3	7.04
15	S6-3-74	安装预制盖(顶板)	m^3	7.04
16	S5-3-2	砖砌窨井(深≤4m)　水泥砂浆 M10	m^3	2.08
17	S5-3-6	窨井水泥砂浆抹面　水泥砂浆 1∶2	m^2	17.36
18	S6-4-21	工程防水(防水砂浆)　水泥砂浆 1∶2.5	m^2	140
19	S6-4-20	工程防水(喷涂沥青)	m^2	224.56
20	S5-3-14	预制防沉降大盖板混凝土　预制混凝土(5～40mm)C20	m^3	1.15
21	S5-3-17	安装钢混凝土防沉降大盖板(1m^3以内)　水泥砂浆 1∶2	m^3	1.15
22	S5-3-18	安装铸铁盖座　水泥砂浆 1∶2	套	1
23	S6-1-10	基坑回填土	m^3	195.2
24	S1-1-30	商品混凝土泵车输送	m^3	138.88
25	ZSM19-1-1	土方场外运输	m^3	341

(2) 查表 4-236 “井类、设备基础及出水口工程量清单项目设置及工程量计算规则”，得知排水管道工程顶管 S5-2-：2. 基坑机械挖土通用项目一般项目 S1-1-：14. 土方场内运输；排水构筑物及机械设备

安装工程泵站下部结构 S6-2-：1. 刃脚垫层(黄砂、砾石砾、承垫木、混凝土)2. 刃脚(混凝土、商品混凝土)5. 井壁(混凝土、商品混凝土)5. 井壁(预留孔-封堵及拆除)；隧道工程隧道沉井 S7-1-：8. 触变泥浆制作灌注、环氧沥青防水层(环氧沥青防水层-二度)；排水构筑物及机械设备安装工程泵站下部结构 S6-2-：Ⅱ. 沉井井壁灌砂；排水构筑物及机械设备安装工程土方工程 S6-1-：2. 沉井挖土(抓斗挖土-排水下沉)；排水构筑物及机械设备安装工程泵站下部结构 S6-2-：6. 沉井垫层(混凝土、商品混凝土) 7. 沉井底板(混凝土、商品混凝土)；通用项目一般项目 S1-1-：13. 商品混凝土输送及泵管安拆使用(商品混凝土输送、垂直泵管、水平泵管)；通用项目一般项目 S1-1-：14. 土方场内运输；文字代码 ZSN19-1-：1. 土方场外运输定额子目。

注：

(1) 上述二十五项工程内容包括了钢筋混凝土沉井工作坑施工的全部施工工艺过程。

但应注意，上述项目中未包括非预应力钢筋，故应对照“4.7 钢筋工程(项目编码：040701)”另外增列填方的分部分项清单项目，否则就属于漏列。

(2) 还可能出现《建设工程工程量清单计价规范》GB 50500—2008“表 3.3.1 措施项目一览表”中的有关清单项目：

① 如本工程定额中未包括大型机械的场外运输、安拆(打桩机械除外)、路基及轨道铺拆等，大型机械进出场运输及安拆，应列入措施项目中，参见表 4-21“挖土、石方工程量清单项目设置、项目子目对应比照表”的释义；如计算，则可参照 5. 措施项目(市政工程)5.1 大型机械设备进出场及安拆(项目编码：0501)表 5-3“大型机械设备进出场选用表”的释义。根据本工程采用 0.6t 轨道式柴油打桩机，查表 5-4“场外运输、安拆的大型机械设备表”，得知套用 1.2t 以内柴油打桩机文字代码 ZSM21-2-11 定额子目；

② 又如定额中所涉及框架、刃脚、井壁、矩形梁、预制盖板模板(顶板)模板，应列入措施项目中；【例题 5-8】混凝土、钢筋混凝土模板的工程概况是仍以钢筋混凝土沉井工作坑例题为续，具体分析详见 5.2 混凝土、钢筋混凝土模板及支架(项目编码：0502)中该【解题分析 5-8】。

③ 又如定额中所涉及施工排水、降水等工程，应列入措施项目中；【例题 5-8】湿土排水工程量及筑拆集水井的工程概况是仍以例题为续，具体分析详见 5.4　施工排水、降水(项目编码：0504)中该【解题分析 5-8】。

④ 又如定额中所涉及现场施工围栏等工程，应列入措施项目中；现场施工围栏的工程概况是仍以钢筋混凝土沉井工作坑例题为续，具体分析详见 5.7　现场施工围栏(项目编码：0507)；

⑤ 又如定额中所涉及便道等工程，应列入措施项目中；便道的工程概况是仍以钢筋混凝土沉井工作坑例题为续，具体分析详见 5.8　便道(项目编码：0508)；

⑥ 又如定额中所涉及堆料场地等工程，应列入措施项目中；堆料场地的工程概况是仍以钢筋混凝土沉井工作坑例题为续，具体分析详见 5.14 堆料场地(项目编码：临-001)。

(3) 另外根据表 4-1“工程量清单、市政定额、施工工程量‘算量’”，得知其间区别“在于计量的依据、计算规则、目的和计量单位的不同”，注意工程量清单综合单价的计价。

【例题 4-75】(思考型解题实例七)顶管实体工程市政管网顶管工程型钢水泥土复合桩(SMW)工法、工作井(工作坑、接收坑)的工程概况工程概况仍以市政管网顶管工程钢筋混凝土沉井工作坑实体工程为续，已此提供的资料为条件；求型钢水泥土复合桩(SMW)工法、工作井(工作坑、接收坑)工程量？

【解题分析 4-75】

解题分析要点：根据表 1-7“清单项目的工程量‘算量’”计算原则：“所有清单项目的工程量应以实体工程量为准，并以完成后的净值计算；投标人投标报价时，应在单价中考虑施工中的各种损耗和需要增加的工程量；对于分部分项工程量清单项目而言，清单工程量的计算需要明确计算依据、计算规则、计量单位和计算方法。”。

列项解题分析时，首先针对工程内容的规定，对拟编制的钢筋混凝土沉井工作坑项目，与表4-26“已列入相应工程挖土方工程量清单的部分分部工程项目”、表4-43“挖基坑(沉井)土方工程量‘算量’”、表4-23“土方场内运输定额划分甄选表”、表4-238“沉井构造各部分构成”、表4-242“泵站下部结构工程量‘算量’”、表4-54“围护、支撑工程定额说明及工程量计算规则”、表4-58“围护、支撑类大型机械设备使用费甄选表”、表4-60“围护、支撑类大型机械设备使用费”、表4-170“商品混凝土工程量‘算量’”、表4-171“商品混凝土输送及泵管安拆使用”、表4-172“商品混凝土计算选用表”、等是否对应的对照依据，也是检查是否重列或漏列的主要依据。

依题已知：工程概况

(1) 工程范围：1＃沉井工作坑～2＃型钢水泥土复合桩(SMW)工法接受井坑，管道顶进长115m。

(2) 工作坑、接收坑：A. 工作坑为长×宽×高＝7.5×4.5×9.45，采用沉井施工方法。B. 接收坑为长×宽×高＝7.5×4.5×8.75，采用型钢水泥土复合桩(SMW)工法围护施工。

(3) 管道顶进：管径为ϕ1000TLM管，顶进方法为泥水平衡。并设一个中继间。顶进过程中出洞、进洞采用压密注浆加固。

接收坑内净尺寸4.5m×3.5m，H＝4.5＋4.25＝8.75外围为双头一喷一搅深层搅拌桩，内插H型钢。(坑内砖砌窨井本工程不包括)

项次	项目名称及说明	计量单位	计算结果	各主要要素及计算说明	引用 计算方法(释义)
		型钢水泥土复合桩(SMW)工法、工作井(工作坑、接收坑)(项目编码：沪040504009002)			

项目名称：型钢水泥土复合桩(SMW)工法、工作井(工作坑、接收坑)(项目编码：沪040504009002)

1. 项目特征(描述)：——1. 土壤类别 2. 断面 3. 深度 4. 垫层厚度、材料品种、强度

2. 工程内容(规定)：——1. 深层搅拌桩 2. 打、拔H型钢 3. 压密注浆 4. 基坑挖土 5. 浇筑混凝土 6. 养护 7. 转砌墙 8. 砖墙粉刷 9. 回填土 10. 余方弃置

3. 计量单位：——座

4. 数量：——1

项次	项目名称及说明	计量单位	计算结果	各主要要素及计算说明	引用 计算方法(释义)
	沪040504009002	座	1	型钢水泥土复合桩(SMW)工法、工作井(工作坑、接收坑)	
1	深层搅拌桩	m³	530.71	根据设计图纸数量(根数)N＝[(4.5＋1.2＋3.5＋1.2)×2]/0.5＝42根。搅拌桩长L＝18m/根。 型钢水泥土复合桩(SMW)工法D＝700的双头深层搅拌桩，二个园交叉200，面积计算扣除交叉部分。计算公式：$S-2\times S_1$(S_1为扣除的弓型面积) $S=0.702\text{m}^3/\text{m}$ $V=0.702\ \text{m}^3/\text{m}\times18\text{m}/根\times42根=530.71\text{m}^3$	
2	插拔H型钢	t	45.36	H型钢为500×300×11×15，间隔插，H型钢的每米质量为120kg/m。 18m/根×42根÷2(间隔插)×120kg/m÷1000kg/t＝45.36t	
3	H型钢使用费	t·d	2722	根据施工组织设计使用60d，45.36t×60d＝2722t·d	
4	基坑挖土	m³	145.69	根据设计图纸$V=a\times b\times h=4.5\times3.5\times(8.75+0.5)$	
5	混凝土垫层	m³	2.36	根据设计图纸$V=A\times B\times h_1=4.5\times3.5\times0.15$	
6	混凝土底板	m³	5.51	根据设计图纸$V=A\times B\times h_2=4.5\times3.5\times0.35$	
7	钢支撑安、拆	t	4.42	根据设计图纸HM400×300×10×16　L＝(4.5＋2.9)×2×2＝29.6m，双拼 [28b L＝1.15×2×4×2＝18.4m，双拼[32bL＝3.5×2×2＝14.0m， V＝(29.6m×106.76kg/m＋18.4m×35.83kg/m＋14m×43.11kg/m)÷1000kg/t＝4.42t	

续表

项次	项目名称及说明	计量单位	计算结果	各主要要素及计算说明	引用 计算方法(释义)
8	钢支撑使用费	t・d	265	4.42t×60d=265t・d	表 4-54"围护、支撑工程定额说明及工程量计算规则"、表 4-58"围护、支撑类大型机械设备使用费甄选表"、表 4-60"围护、支撑类大型机械设备使用费"
9	钢筋混凝土框架梁混凝土	m^3	3.84	根据设计图纸 $V=a\times b\times L=0.5\times0.8\times(4.5+0.8+3.5+0.8)$	
10	商品混凝土泵车输送	m^3	3.90	查表 4-146，得混凝土的消耗量"定额中混凝土的消耗量为 $1.015m^3/m^3$，并不允许调整" 商品混凝土泵车输送体积 $V(m^3)$＝钢筋混凝土框架梁混凝土×$1.015m^3/m^3=3.84m^3\times1.015m^3/m^3=3.90m^3$	表 4-170"商品混凝土工程量'算量'"、表 4-171"商品混凝土输送及泵管安拆使用"、表 4-172"商品混凝土计算选用表"
11	回填土	m^3	105.75	根据设计图纸， $V=145.69-2.36-5.51-\pi\times0.6\times0.6\times2.95\times2-$(井)25.4	
12	坑内排管 ϕ1000	m	2.95	根据施工组织设计，SMW 工法接收井内排管 $L=7.5/2-1/2-0.3$ (根据第五册第二章说明，第九点人工、机械可乘 1.25 系数)	
13	余土场外运输	m^3	39.94	根据设计图纸 V＝基坑挖土－回填土＝145.69－105.75	

得:

(1) 工程量计算结果:

项次	项目编码、定额子目编号	项目名称(工程量清单及分项工程)列项	计量单位	计算结果
	沪 040504009002	型钢水泥土复合桩(SMW)工法、工作井(工作坑、接收坑)	座	1
1	S1-6-4	深层搅拌桩一喷二搅(水泥掺量 12%)	m^3	530.71
2	S1-6-18	型钢水泥土复合桩(SMW)工法搅拌桩插拔型钢	t	45.36
3	CSM5-1-4	H 型钢使用费	t・d	2722
4	S7-4-23 系	支撑基坑挖土(宽≤15m，深≤11m)	m^3	145.69
5	S6-3-2	池底混凝土垫层　现浇混凝土(5～40mm)C15	m^3	2.36
6	S6-2-30	底板商品混凝土　泵送商品混凝土(5～40mm)C25	m^3	5.51
7	S7-4-29	安装大型支撑(宽≤15m)	t	4.42
8	S7-4-30	拆除大型支撑(宽≤15m)	t	4.42
9	CSM7-4-1	大型支撑使用费	t・d	265
10	S6-2-38	C25 框架商品混凝土　泵送商品混凝土(5～40mm)C25	m^3	3.84
11	S5-2-14	基坑夯填土	m^3	105.75
12	S5-1-71 系	铺设 ϕ1000PH-48 管	100m	0.03
13	S1-1-30	商品混凝土泵车输送	m^3	3.9
14	ZSM19-1-1	土方场外运输	m^3	39.94

(2) 查表 4-236“井类、设备基础及出水口工程量清单项目设置及工程量计算规则”，得知套用通用项目地基加固 S1-6-：2. 深层搅拌桩(一喷二搅)①建 2-2-3、建 2-2-9 打、拔 H 型钢；②涂脱膜剂(补充)；③H 型钢使用费(补充)；通用项目地基加固 S1-6-：4. 压密注浆(人工钻孔、机械钻孔、注浆)；排水管道工程顶管 S5-2-：2. 基坑机械挖土；通用项目一般项目 S1-1-：5. 湿土排水 6. 筑拆集水井(竹箩虑井)；排水管道工程顶管 S5-2-：1. 安拆钢板桩工作坑支撑(工作坑、接收坑)；排水构筑物及机械设备安装工程泵站下部结构 S6-2-：9. 地下内部结构(混凝土圈梁混凝土、商品混凝土)；1. 排水管道工程开槽埋管 S5-1-：9. 管道基座(混凝土、商品混凝土)2. 排水管道工程窨井 S5-3-：3. 现浇钢筋混凝土窨井(混凝土、商品混凝土)1. 窨井及进水口(砖砌窨井)2. 水泥砂浆抹面(窨井)3. 排水构筑物及机械设备安装工程排水构筑物及机械设备安装工程 s6-2-：5. 井壁(预留孔)4、道路工程附属设施 s2-4-：8. 砖砌挡土墙及踏步(砖砌挡墙)；1. 排水管道工程开槽埋管 S5-1-：9. 管道基座(混凝土、商品混凝土)2. 排水管道工程窨井 S5-3-：3. 现浇钢筋混凝土窨井(混凝土、商品混凝土)1. 窨井及进水口(砖砌窨井)2. 水泥砂浆抹面(窨井)3. 排水构筑物及机械设备安装工程排水构筑物及机械设备安装工程 s6-2-：5. 井壁(预留孔)4. 道路工程附属设施 s2-4-：8. 砖砌挡土墙及踏步(砖砌挡墙)；排水管道工程顶管 S5-2-：3. 基坑回填土(夯填土)；通用项目一般项目 S1-1-：14. 土方场内运输(运距 1km 以内)；文字代码 ZSN19-1-：1. 土方场外运输定额子目。

注：

(1) 上述二十五项工程内容包括了型钢水泥土复合桩(SMW)工法、工作井(工作坑、接收坑)工程量施工的全部施工工艺过程。

但应注意，上述项目中未包括非预应力钢筋，故应对照“4.7　钢筋工程(项目编码：040701)”另外增列填方的分部分项清单项目，否则就属于漏列。

(2) 还可能出现《建设工程工程量清单计价规范》GB 50500—2008“表 3.3.1 措施项目一览表”中的有关清单项目：

① 如本工程定额中未包括大型机械的场外运输、安拆(打桩机械除外)、路基及轨道铺拆等，大型机械进出场运输及安拆，应列入措施项目中，参见表 4-21“挖土、石方工程量清单项目设置、项目子目对应比照表”的释义；如计算，则可参照 5. 措施项目(市政工程)5.1 大型机械设备进出场及安拆(项目编码：0501)表 5-3“大型机械设备进出场选用表”的释义。根据本工程采用 0.6t 轨道式柴油打桩机，查表 5-4“场外运输、安拆的大型机械设备表”，得知套用 1.2t 以内柴油打桩机文字代码 ZSM21-2-11 定额子目；

② 又如定额中所涉及框架、刃脚、井壁、矩形梁、预制盖板模板(顶板)模板，应列入措施项目中；【例题 5-8】混凝土、钢筋混凝土模板的工程概况是仍以钢筋混凝土沉井工作坑例题为续，具体分析详见 5.2 混凝土、钢筋混凝土模板及支架(项目编码：0502)中该【解题分析 5-8】。

③ 又如定额中所涉及施工排水、降水等工程，应列入措施项目中；【例题 5-8】湿土排水工程量及筑拆集水井的工程概况是仍以例题为续，具体分析详见 5.4　施工排水、降水(项目编码：0504)中该【解题分析 5-8】。

④ 又如定额中所涉及现场施工围栏等工程，应列入措施项目中；现场施工围栏的工程概况是仍以钢筋混凝土沉井工作坑例题为续，具体分析详见 5.7　现场施工围栏(项目编码：0507)；

⑤ 又如定额中所涉及便道等工程，应列入措施项目中；便道的工程概况是仍以钢筋混凝土沉井工作坑例题为续，具体分析详见 5.8　便道(项目编码：0508)；

⑥ 又如定额中所涉及堆料场地等工程，应列入措施项目中；堆料场地的工程概况是仍以钢筋混凝土沉井工作坑例题为续，具体分析详见 5.14　堆料场地(项目编码：临-001)。

(3) 另外根据表 1-20“工程量清单、市政定额、施工工程量‘算量’”，得知其间区别“在于计量的依据、计算规则、目的和计量单位的不同”，注意工程量清单综合单价的计价。

【例题 4-76】 某雨水泵站工程采用现场预制钢筋混凝土沉井结构，内设格栅井、压力井及水泵平台(详见结构图)。泵站沉井外径为9700mm，沉井内径为9000mm，井壁厚度为350mm，沉井高度为6.43m。本工程原地面标高为+4.00m，原地面无堆土。沉井下沉到位后，沉井底板上表面桥高为-0.48m，刃脚踏面标高为-1.78m。沉井井壁上有三个预留孔，透气管采用ϕ600钢套管，长度为550mm，钢管厚度为12mm；进水箱涵采用钢筋混凝土渐扩管结构，管内高度为1.00m，宽度为1.50～2.00m，另一端接转折井，转折井与沉井之同的长度为5.00m；出水管直径为900mm，采用柔性接口。本工程钢筋混凝土结构均采用C25，素混凝土垫层均采用C10，沉井内钢筋混凝土平台厚度为150～300mm，工程防水采用喷涂沥青，沉井外壁全部喷涂。

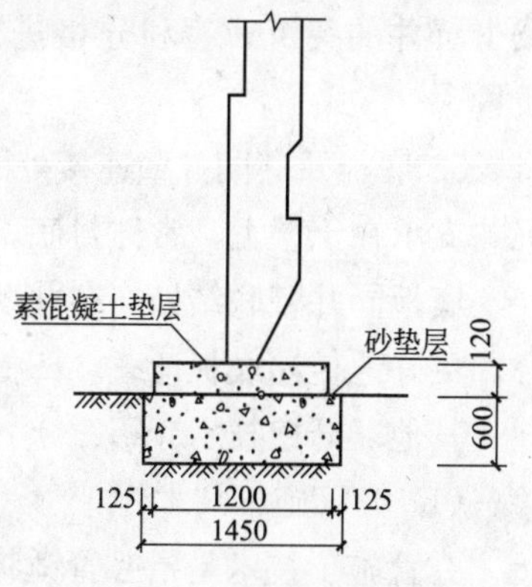

图 4-249　刃脚垫层示意图

【解题分析 4-76】

附：其他类型水泥混凝土路面简介

非开挖技术介绍　　表 4-243

项次	类型	释义	构　造	施工的程序
1	沉井施工法	所谓沉井施工法，是将位于软土地层中的地下构筑物先在地面制作成井状结构，然后不断挖除井内土体，借其自身重量克服各种阻力而沉入地下预定深度的一种施工方法	1. 刃脚。沉井井壁最下端制作成刀刃状结构称为刃脚。 2. 隔墙。根据使用和结构上的需要在井内设置的纵、横向隔墙，可以有效地增加沉井的刚度。 3. 框架。大型沉井，特别是面积较大的矩形沉井，当不能设置内隔墙或隔墙间距过大时，通常在井壁内侧设置水平框架，或用壁柱与上、下横梁构成的竖向框架来代替隔墙。 4. 底板及其同井壁连接处的凹槽。沉井下沉到位后，将井底土面整平并浇捣钢筋混凝土底板，使沉井支承在土层上，常称封底。封底可分为干封底和湿封底(水下浇筑混凝土)两种方式	沉井法施工的程序有基坑开挖、井筒制作、井筒下沉和封底

所谓沉井施工法，是将位于软土地层中的地下构筑物先在地面制作成井状结构，然后不断挖除井内土体，借其自身重量克服各种阻力而沉入地下预定深度的一种施工方法。沉井法施工的程序有基坑开挖、井筒制作、井筒下沉和封底。

沉井构造

1. 刃脚。沉井井壁最下端制作成刀刃状结构称为刃脚。其作用是减少土的阻力，易于切入土层，破坏土体结构，使沉井获得下沉。刃脚一般为钢筋混凝土结构，当沉井须穿越硬土或有障碍物的地层时，刃脚常做成尖状，刃尖用型钢加固或钢板包裹。

刃脚底端的水平面俗称踏面。其宽度视土层的性质及井壁厚度而定。在上海地区软土层中踏面宽度一般约40～60cm。刃脚内侧的倾角40°～60°。刃脚的高度，当土质坚硬时可小些；当土质松软或湿封底时要大些。

2. 井壁。井壁厚度的确定，除应考虑满足承受水、土压力的强度和下沉时的刚度需要外，沉井还应具有足够自重，能使其顺利下沉。井壁厚度一般为0.4～1.2m。

3. 隔墙。根据使用和结构上的需要在井内设置的纵、横向隔墙，可以有效地增加沉井的刚度。大型沉井不仅设置多道横向隔墙，同时还设置纵向隔墙。隔墙厚度通常要比井壁薄，一般为0.6～1.0m，其刃脚踏面高出外墙刃脚踏面0.5～1.0m。在软土地层中可防止突沉和下沉速度过快。为便于施工，常在隔墙下部设人孔，供井孔间往来联络之用。

4. 框架。大型沉井，特别是面积较大的矩形沉井，当不能设置内隔墙或隔墙间距过大时，通常在井壁内侧设置水平框架，或用壁柱与上、下横梁构成的竖向框架来代替隔墙。

框架有下列作用：减小井壁、底板的计算跨度，增大沉井在制作、下沉和使用阶段的整体刚度；在下沉过程中，通过调整各井孔的挖土量，能使沉井下沉较为均匀，易于纠偏，并能有效地控制和减少沉井的突沉；有利分格进行封底，特别是采用水下封底时，分格有利于提高封底混凝土的施工质量。

5. 底板及其同井壁连接处的凹槽。沉井下沉到位后，将井底土面整平并浇捣钢筋混凝土底板，使沉井支承在土层上，常称封底。封底可分为干封底和湿封底(水下浇筑混凝土)两种方式。

底板同井壁联结处，在井壁内侧设置凹槽和构造钢筋，主要是为加强钢筋混凝土底板与井壁间的结合，更好地传递底板荷载。凹槽深度一般为15～25cm。

其他非开挖技术介绍：

(1) 夯管施工技术

夯管施工技术是指夯管锤将铺设的钢管沿设计路线直接夯入地层，实现非开挖穿越铺管。夯管锤实质上是一个低频、大冲击力的气动冲击器，它由压缩空气驱动。夯管锤和气动矛相似，有的气动矛也可以兼作夯管锤。在夯管施工过程中，夯管锤产生较大的冲击力，这个冲击力直接作用在钢管的后端，通过钢管传递到前端的管鞋上切削土体，并克服土层与管体之间摩擦力使钢管不断进入土层。随着钢管的前进，被切削土芯进入钢管内，待钢管抵达目标后，取下管鞋，钢管留孔内。可用压气、高压水射流或螺旋钻杆等方法将其排出，有时为了减少管内壁与土的摩擦阻力，在施工过程中夯入一节钢管后，间断地将管内的土排出。

(2) 定向钻进技术

定向钻进施工法最初是从石油钻进技术引入的，主要用于穿越河流、湖泊、建筑物等障碍物，铺设大口径、长距离的石油和污水管道。定向钻进施工时，按设计的钻孔轨迹，采用定向钻进技术先施工一个导向孔，随后在钻杆柱端部换接大直径的扩孔钻头和直径小于扩孔钻头的待铺设管线，在回拉扩孔的同时，将待铺设的管线拉人钻孔，完成铺管作业。有时根据钻机的能力和待铺设管线的直径大小，可先专门进行一次或多次扩孔后再回拉管线。在定向钻进中，大多数工作是通过回转钻杆柱来完成的，钻机的扭矩与轴向给进力和回拉力同样重要。

(3) 旧管线更换施工技术

随着城市现代化建设的不断深入，城市的地下管线如污水管道、自来水管道、煤气管道、热力管道、动力电缆和通信电缆等管线将越来越密集，形成一个庞大的地下管网系统。由于所有管线的寿命都是有限的，当使用到一定的年限以后必然会发生腐蚀而导致破坏。同时，城市的现代化发展日新月异，以前铺设的管线往往无法满足当今现代化城市发展的需要。这些已到使用寿命和不能满足需要的管线必须进行修复或更换。

原位更换法是指以待更换的旧管道为导向，在将其切碎或压碎的过程中，将新管道拉入或顶入的换管技术。该技术可用于原位更换相同直径或加大直径的PE、PVC、铸铁管或陶土管。根据破坏旧管和置入新管的方式不同，将原位更换方法分为爆管法、吃管法和抽管法。

顶管工程(项目编码：040505)

顶管法施工是借助千斤顶的推力，把工具管(即顶管掘进机)以及紧随其后的若干管节，从工作井内顶出，并穿越土层一直顶进到接收井内的一种非开挖的敷设地下管道的施工方法。

顶管工程包括工作坑土方、人工挖土顶管、挤压顶管，混凝土方(拱)管涵顶进，不同材质不同管径的顶管接口等项目，适用于雨、污水管(涵)以及外套管的不开槽顶管工程项目。

顶管施工的基本流程是：先制作顶管工作井及接收井，作为一段顶管的起点和终点，工作井中有一面或两面井壁设有预留孔，作为顶管出口，其对面井壁是承压壁，其前侧安装有顶管的千斤顶和承压垫板(即钢后靠)，千斤顶将工具管顶出工作井预留孔，而后以工具管为先导，逐节将预制管节按设计轴线

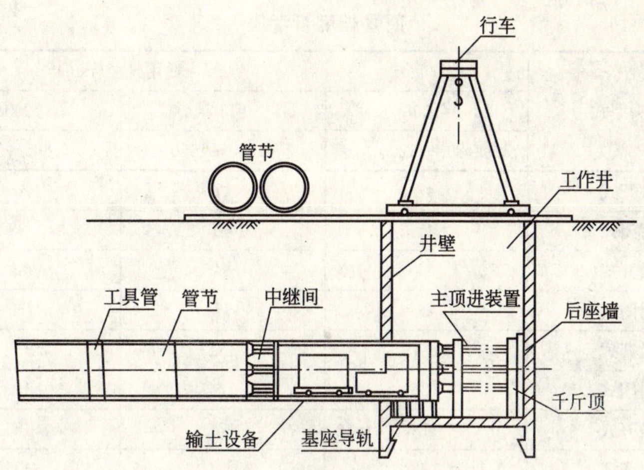

图 4-250　顶管法施工示意图

顶入土层中，直至工具管后第一节管节进入接收井预留孔，施工完成一段管道。为了进行较长距离的顶管施工，可在管道中间设置一至几个中继间作为接力顶进，并在管道外周压注润滑泥浆。

混凝土管道顶管类型、形式及计算规则　　表 4-244

项次	类型	形　式	计 算 规 则
1	顶管机头	1. 敞开式顶管工具管：——主要有手掘式、挤压式等形式； 2. 封闭式顶管掘进机：——主要有泥水平衡、土压平衡等形式	1. 泥水平衡顶进定额按天然水考虑，未包括泥浆处理及运输； 2. 在单位工程中敞开式顶进（管径≤ϕ1650）在100m以内，封闭式顶进（不分管径）在50m以内时，顶进定额中的人工及机械数量乘以1.3系数
2	工作坑	从类型上分为顶进工作坑和接收工作坑 1. 顶进工作坑：——供顶管机头安装和出坑用的工作坑； 2. 接收工作坑：——供顶管机头进坑和拆卸用的工作坑 从构造上分为钢板桩支撑基坑和钢筋混凝土沉井两种；应根据地面环境条件、管径、埋设深度、一次顶进长度、工作坑后座反力等因素合理选定工作坑类型	1. 顶管钢板桩支撑基坑中，打、拔钢板桩套用第一章开槽埋管相应定额，人工数量及机械台班数量乘以1.3系数，使用数量在说明中列出。但工作坑支撑使用数量，均已包括在安拆支撑定额子目内； 2. 顶管基坑坑内排管套用开槽埋管排管相应定额，人工数量及机械台班数量乘以1.25系数计算； 3. 安拆除顶管设备定额中，已包括双向顶进时设备调向的拆除和安装以及拆除后设备转移至另一个顶进坑所需的人工和机械台班； 4. 安拆顶管后座及坑内平台定额已综合取定，适用于敞开式和封闭式施工方法

注：1. 选自《上海市市政工程预算定额》（2000）工程量计算规则暨总、册说明；
2. 类型：分钢板桩工作坑、钢筋混凝土沉井工作坑、钻孔灌注桩工作坑、地下连续墙工作坑、型钢水泥土复合桩（SMW）工法工作坑；
3. 定额适用于敞开式和封闭式顶管；
4. 定额中顶管工作坑均采用钢板桩基坑，并列出了钢板桩顶井坑及接收坑的平面尺寸；
5. 定额规定坑深＞5.5m或管径≥ϕ2200的顶管采用钢筋混凝土沉井坑，套用第六册排水构筑物相应定额，其中沉井挖土项目的人工及机械台班数量增加30%。另外因受施工环境及土质等因素影响，经业主单位认可后，也可采用钢筋混凝土沉井坑。

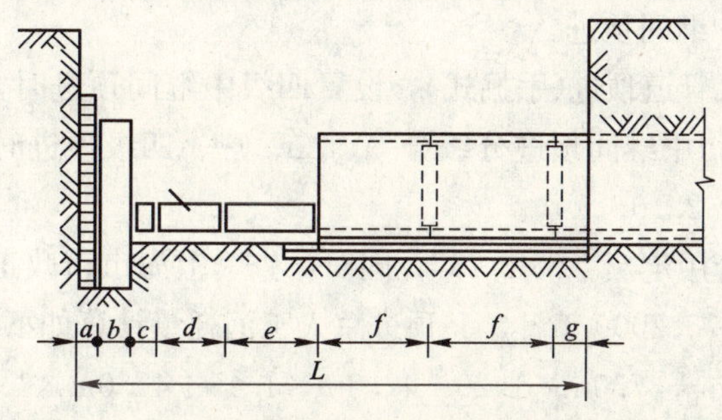

图 4-251　工作坑底的长度简图

a—后背宽度；b—立铁宽度；c—横铁宽度；d—千斤顶长度；e—顺铁长度；f—单节管长；g—已顶入管子的余长

顶管长度参考表　　　　**表 4-245**

顶进方式	机头型式	适用管径(mm)			
		ϕ1000	ϕ1500	ϕ2000	ϕ2400
		ϕ800～1200	ϕ1350～1650	ϕ1800～2000	ϕ2200～2400
主顶	敞开式	47	47	48	41
	封闭式	41	40	38	29
主顶＋1 号中继间	敞开式	84	84	85	73
	封闭式	78	77	75	61
主顶＋2 号中继间	敞开式	131	131	133	114
	封闭式	125	124	123	102
主顶＋3 号中继间	敞开式	178	178	181	155
	封闭式	172	171	171	143
主顶＋4 号中继间	敞开式	225	225	229	196
	封闭者	219	218	219	184

注：市政工程施工及验收技术规范。

中继间顶进人工及机械台班调整系数表　　　　**表 4-246**

中继间顶进分级	一级顶进	二级顶进	三级顶进	四级顶进	超过四级
人工及机械台班调整系数	1.20	1.45	1.75	2.10	另外计算

注：1. 选自《上海市市政工程预算定额》(2000)工程量计算规则暨总、册说明；
2. 中继间顶进就是把管道一次顶进的全长分成若干段；在相邻两段之间设置一个钢制套管，套管与管壁之间应有防水措施，在套管内的两管之间沿管壁均匀地安装若干个千斤顶，该装置称为中继间。中继间以前的管段用中继间顶进设备顶进，中继间以后的管段由工作坑的主千斤顶顶进；
3. 当顶进阻力(即机头迎面阻力与混凝土管外壁磨擦之和)超过主顶(千斤顶)的容许总顶力或混凝土管节容许的压力或工作坑后靠背土体容许反推力时，而无法一次完成顶进距离要求时，需采用中继接力技术，设置中继间进行分段逐次顶进；
4. 当顶管实际启动中继间顶进时，各级中继间后面的顶管，在套用管道顶进定额时，顶进定额中的人工及机械台班数量乘以上表系数分级计算。

【例题 4-77】

某 ϕ1500 顶管工程，总长度 225m，采用敞开式管道顶进(手掘式)，设置四级中继间顶进，如图 4-252所示；试求人工的总消耗量？

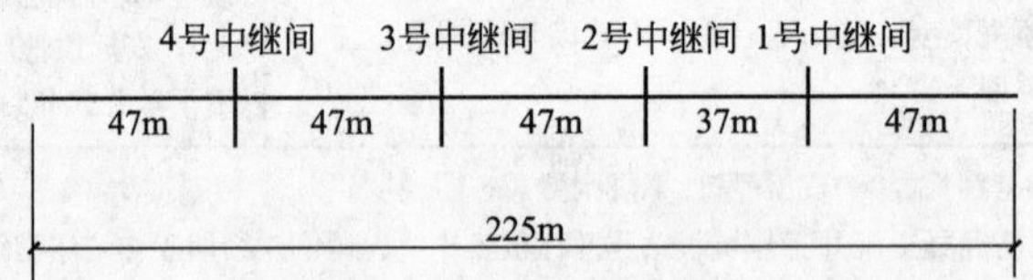

图 4-252　中继间顶进示意图

【解题分析 4-77】 依题已知：顶管直径为 ϕ1500，总长度 L 为 47.0m＋37.0m＋47.0m＋47.0m＋47.0m＝225m，且设置四级中继间顶进。

当本顶管工程采用敞开式管道顶进(手掘式)，设置四级中继间顶进时，查表 4-246 “中继间顶进人工及机械台班调整系数表”，得中继间顶进分级分一、二、三、四级顶进时，其人工及机械台班调整系数分别为 1.20、1.45、1.75、2.10。

据题意，该顶管工程应套用定额 “S5-2-76”，同时，查《上海市市政工程预算定额》(2000)，得知每 100 米定额的综合人工为 475.2000 工日，其顶进总人工消耗量计算如下：

顶进总人工消耗量＝(47.0m＋37.0m×1.20＋47.0m×1.45＋47.0m×1.75＋47.0m×2.10)×475.2000 工日/100m÷100＝340.5m×475.2000 工日/100m÷100＝1618.05 工日

得：该顶管工程人工的总消耗量为人工的总消耗量为 1618.05 工日。

顶管工程量清单项目设置及工程量计算规则　　　　**表 4-247**

顶管（项目编码：040505）

<table>
<tr><th>项目编码</th><th>项目名称</th><th>项目特征</th><th>计量单位</th><th>工程内容</th><th>分部工程项目、名称
（所在《市政工程预算定额》册、章、节）</th></tr>
<tr><td rowspan="2">040505001</td><td rowspan="2">混凝土管道顶进</td><td rowspan="2">1. 土壤类别
2. 管径
3. 深度
4. 规格</td><td rowspan="6">m</td><td rowspan="3">1. 顶进后座及坑内工作平台搭拆
2. 顶进设备安装、拆除
3. 中继间安装、拆除
4. 触变泥浆减阻
5. 套环安装
6. 防腐涂刷
7. 挖土、管道顶进
8. 洞口止水处理
9. 余方弃置</td><td>排水管道工程顶管 S5-2-：
6. 安拆顶进后座及坑内平台（枋木后座 ϕ600～ϕ2400、钢筋混凝土后座）
7. 安拆敞开式顶管设备及附属设施（敞开式 ϕ2200～ϕ1000）
8. 安拆封闭式顶管设备及附属设施（泥水平衡、土压平衡 ϕ600～ϕ2400）
5. 洞口处理（钢筋混凝土沉井洞口 ϕ600～ϕ3000）
9. 敞开式管道顶进
① 手掘式 ϕ1000～ϕ2400
② 挤压式 ϕ1000～ϕ2400
10. 封闭式管道顶进
① 泥水平衡 ϕ600～ϕ2000
② 土压平衡 ϕ1650～ϕ3500
14. 接口
① 水泥砂浆内接口 ϕ600～ϕ2400
② T 型接口 ϕ600～ϕ2400
11. 安拆中继间（ϕ600～ϕ3500）
12. 顶进触变泥浆减阻（ϕ600～ϕ3500）
13. 压浆孔封拆</td></tr>
<tr><td>文字代码 ZSN19-1-：1. 土方场外运输
文字代码 ZSN20-1-：1. 泥浆场外运输</td></tr>
<tr><td>040505002</td><td>钢管顶进</td><td>1. 土壤类别
2. 材质
3. 管径
4. 深度</td><td></td></tr>
<tr><td>040505003</td><td>铸铁管顶进</td><td rowspan="2">1. 土壤类别
2. 管径
3. 深度</td><td rowspan="2">1. 顶进后座及坑内工作平台搭拆
2. 顶进设备安装、拆除
3. 套环安装
4. 管道顶进
5. 洞口止水处理
6. 余方弃置</td><td></td></tr>
<tr><td>040505004</td><td>硬塑料管顶进</td><td></td></tr>
<tr><td>040505005</td><td>水平导向钻进</td><td>1. 土壤类别
2. 管径
3. 管材材质</td><td>1. 钻进
2. 泥浆制作
3. 扩孔
4. 穿管
5. 余方弃置</td><td></td></tr>
</table>

注：1. 选自国家标准《建设工程工程量清单计价规范》GB 50500—2008“附录 D 市政工程工程量清单项目及计算规则”及《〈建设工程工程量清单计价规范〉上海市市政工程操作指南》；

2. 管道顶进定额已包括出土现场运输。

【例题 4-78】

某 ϕ2000 顶管工程，总长度为 155m，采用敞开式管道顶进（挤压式），设置四级中继间顶进；试求人工的总消耗量及总机械台班消耗量？

【解题分析 4-78】

据题意，该顶管工程应套用定额“S5-2-88”，同时，查《上海市市政工程预算定额》（2000），得知每 100m 定额的综合人工为 476.3000 工日，其顶进总人工消耗量计算如下：

1. 总人工消耗量＝(41.0m ＋32.0m×1.2＋41.0m×1.45＋41.0m

×1.75+41.0m×2.1)×476.3000 工日/100m÷100

=296.7m×476.3000 工日/100m÷100=1413.18 工日

2. 总机械台班消耗量按同样方法计算(如图 4-253 所示)

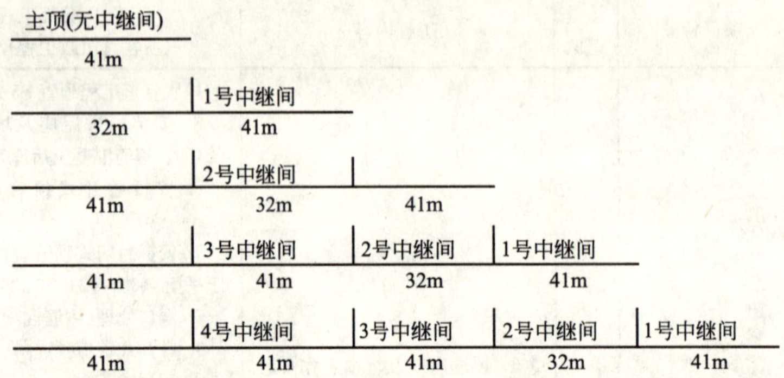

图 4-253　四级中继间顶进示意图

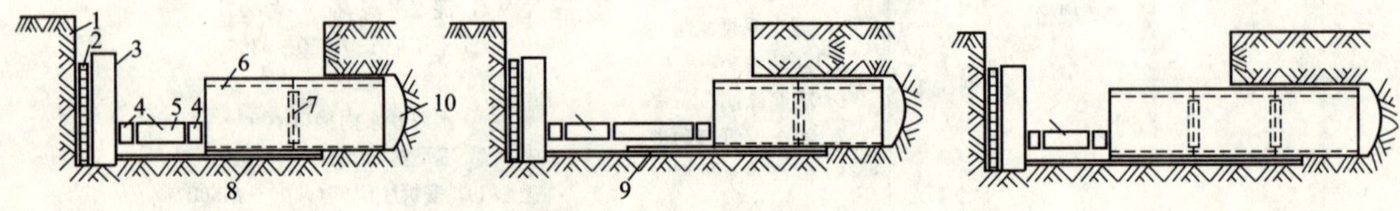

图 4-254　掘进顶管过程示意图

1—后座墙；2—后背；3—立铁；4—横铁；5—千斤顶；6—管子；7—内胀圈；8—基础；9—导轨；10—掘进工作面

顶管工作坑定额说明及工程量计算规则　表 4-248

项次	项目名称	计 算 规 则	包　括	未 包 括
1	顶管工作坑	采用钢板桩时，其工程量按“钢板桩工作坑平面尺寸”计算，定额按开槽埋管中的打拔钢板桩相应定额套用，其人工及机械台班数量乘以 1.3 系数	工作坑的钢板桩支撑使用数量已包括在安拆钢板桩支撑的定额中	打钢板桩定额中不包括组装、拆卸柴油打桩机，套用相应定额
2	顶管工作坑	在坑深>5.5m 或管径≥ϕ2200 的顶管采用钢筋混凝土沉井工作坑，按第六册“排水构筑物及机械设备安装工程”相应定额		
3	在单位工程中	敞开式顶进在 100m 内，且管径≤ϕ1650 的，封闭式顶进在 50m 时，顶进定额的人工及机械台班数量乘以 1.3 系数		
4	顶管基坑坑内排管	按开槽埋管相应定额的人工及机械乘以 1.25 系数		
5	中继间的数量	按批准的施工组织设计计算		
6	工作坑中的钢扶梯	套用第七册“隧道工程”的相应定额		
7	安拆顶管设备		已包括双向顶进时设备调向的拆除和安装以及拆除后的设备转移到另一个顶进坑所需的人工和机械台班	
8	泥水平衡顶进			未包括泥浆的处理及运输
9	管道顶进定额		包括出土的现场运输	
10	顶管长度	按相邻两坑井壁内侧之间的长度加 0.6m 计算		

续表

项次	项目名称	计 算 规 则	包 括	未 包 括
11	坑内排管长度	按实排长度计算		
12	顶管触变泥浆减阻	按两坑外壁之间的距离计算		

注：1. 选自《上海市市政工程预算定额》(2000)工程量计算规则暨总、册说明；

2. 顶管工作坑，请参阅表 4-33“工作坑(顶进坑、接收坑)平面尺寸”释义；

3. 中继间的数量，施工组织设计选用施工方法，请参阅《下篇　常用计算数据》第九册 9. 市政施工组织设计及索赔管理 9.1 市政施工组织设计及表 9-1“施工组织设计涉及工程量”算量“对应选用表”的释义。

【例题 4-79】

项次	项目名称及说明	计量单位	计算结果	各主要要素及计算说明	引用计算方法(释义)
		ϕ1000 管道顶进 TLM 管(项目编码：040505001001)			

项目名称：ϕ1000 管道顶进 TLM 管(项目编码：040505001001)

1. 项目特征(描述)：——1. 填方材料品种土方 2. 密实度：95%

2. 工程内容(规定)：——1. 顶进后座及坑内工作平台搭拆 2. 顶进设备安、拆 3. 中继间安、拆 4. 触变泥浆减摩助顶 5. 套环安装 6. 挖土、顶进 7. 洞口止水处理 8. 余方弃置

3. 计量单位：——m

4. 数量：——115.00

1.1.1	沟槽回填土方	m^3	665.22	参见“开槽埋管各要素主要计算公式应用分布表”续表 7 项次的沟槽回填	

【解题分析 4-79】

ϕ1000 封闭式泥水平衡管道顶进　D.5.5 顶管(编码：040505)040505001

顺序号	项目名称及说明	计 算 说 明	单位	计算结果	预算顺序号
1	2	3	4	5	6
		管道 ϕ1000 顶进 L=115.0m 设中继间 1 只(ϕ1000 为 TLM 管，管长 L=3m/节)			
一		ϕ1000 封闭式泥水平衡管道顶进	m	115	

1. 项目特征：——1. 土壤类别 2. 管径 3. 深度 4. 规格

2. 工程内容：——1. 顶进后座及坑内工作平台搭拆 2. 顶进设备安装、拆除 3. 中继间安装、拆除 4. 触变泥浆减阻 5. 套环安装 6. 防腐涂刷 7. 挖土、管道顶进 8. 洞口止水处理 9. 余方弃置

3. 计量单位：——m

4. 数量：——150.00

1	按拆顶进枋木后座	1	座	1.00	1
2	按拆 ϕ1000 泥水平衡顶进设备	1	套	1.00	2
3	ϕ1000 钢筋混凝土洞口处理	2	套	2.00	3
4	ϕ1000 管道顶进无中继间	根据施工组织设计，第一节无中继间 $L_1=40$	m	40	4
5	ϕ1000 管道顶进一级中继间	根据《上海市市政工程预算定额》总则第五章第二节第 5.2.1 条说明，顶进长度按相邻两坑井壁内侧之间的长度加 0.6m。 L=115.0m －1/2×(7.5＋4.5)＋0.6m＝109.60m， L_1＝40m $L_2=L-L_1$＝109.60m－40m＝69.60m	m	69.6	5
6	ϕ1000 中继间	根据施工组织设计，设一只中继间 n＝1	只	1	6
7	ϕ1000 顶进触变泥浆减阻	实际顶进长度 L＝109.60m	m	109.60	7
8	压浆孔封拆	根据施工组织设计，间隔管子设压浆孔，每个管子设 3 个。 N＝109.60m/(3m・节)÷2×3 个	只	55	8
9	ϕ1000 管道内接口	n＝109.6m/(3m・节)－1＝37	只	37	9

续表

顺序号	项目名称及说明	计　算　说　明	单位	计算结果	预算顺序号
1	2	3	4	5	6
10	ϕ1000管道T型接口	n=109.6m/(3m·节)−1=37	只	37	10
11	泥浆外运	$V=\pi\times R^2\times L$ =3.1416×0.7×0.7×109.60m=168.70m^3	m^3	168.70	11
二		措施费			
1	置换浆	根据施工组织设计，在管道顶进后，在管子外壁采用10cm水泥砂浆置换$V=\pi\times D\times\delta\times L$=3.1412×(1.4+0.1)×0.1×109.60m	m^3	51.64	12
2	进出洞口压密注浆		m^3	153.62	
	(1) 钻孔	平面布置为间距1.5m，H=1.5，$H_1=\sqrt{1.5^2-0.75^2}$=1.3，N=(3.5/1.5)×(5/1.3)+(3.5/1.5)×(4/1.3)=21根，L=21×(1+1.2+3)=109.2m	m	109.2	13
	(2) 注浆	根据施工组织设计顶管在出洞和进洞处采用压密注浆加固，平面位置是出洞为离井壁外5m，进洞为井壁外4m，深度为管顶以上1m，管底以下3m。 V=(3.5×5+3.5−4)×5.2−π×0.6×0.6×9=153.62m^3	m^3	153.62	14

	第三部分	ϕ1000TLM管道顶管		3001.35	115.00	345155
预算顺序号	定额编号	项目名称	单位		数量	
1	S5-2-41	安拆ϕ600-ϕ1200顶进枋木后座	座	2280.14	1.00	2280
2	S5-2-56	安拆ϕ1000泥水平衡顶管设备	套	16124.53	1.00	16125
3	S5-2-29	ϕ1000钢混凝土沉井洞口处理	个	2004.29	2.00	4009
4	S5-2-93	ϕ1000泥水平衡管道顶进	100m	144958.12	0.40	57983
5	S5-2-93系	ϕ1000泥水平衡管道顶进	100m	157222.91	0.69	108248
6	S5-2-112	安拆ϕ1000中继间	套	13417.63	1.00	13418
7	S5-2-126	ϕ1000顶进触变泥浆减阻	100m	9935.12	1.10	10889
8	S5-2-138	压浆孔封拆	孔	64.77	55.00	3562
9	S5-2-141	ϕ1000水泥砂浆内接口　水泥砂浆1∶2	只	48.88	37.00	1808
10	S5-2-155	ϕ1000T型接口	只	914.42	37.00	33834
11	ZSM20-1-1	泥浆场外运输	m^3	75.00	168.70	12653
12	S7-2-88	置换浆(水泥砂浆1∶2.5)　水泥砂浆1∶2.5	m^3	408.01	51.64	21069
13	S1-6-10	压密注浆(机械钻孔)	m	15.08	109.20	1646
14	S1-6-11	压密注浆(注浆)	m^3	55.83	153.62	8577

构筑物工程量清单项目设置及工程量计算规则　表4-249

构筑物(项目编码：040506)

项目编码	项目名称	项目特征	计量单位	工程内容	分部工程项目、名称(所在《市政工程预算定额》册、章、节)
040506001	管道方沟	1. 断面 2. 材料品种 3. 混凝土强度等级、石料最大粒径 4. 深度 5. 垫层、基础：厚度、防料品种、强度	m	1. 垫层铺筑 2. 方沟基础 3. 墙身砌筑 4. 拱盖砌筑或盖板预制、安装 5. 勾缝 6. 抹面 7. 混凝土浇筑	

续表

项目编码	项目名称	项目特征	计量单位	工程内容	分部工程项目、名称 (所在《市政工程预算定额》册、章、节)
040506002	现浇混凝土沉井井壁及隔墙	1. 混凝土强度等级 2. 混凝土抗渗需求 3. 石料最大粒径		1. 垫层铺筑、垫木铺设 2. 混凝土浇筑 3. 养护 4. 预留孔封口	排水构筑物及机械设备安装工程泵站下部结构 S6-2-： 1. 刃脚垫层(黄砂、砾石砂、承垫木、混凝土) 2. 刃脚(混凝土、商品混凝土) 通用项目一般项目 S1-1-：13. 商品混凝土输送及泵管安拆使用
					排水构筑物及机械设备安装工程泵站下部结构 S6-2-： 3. 隔墙(混凝土、商品混凝土) 5. 井壁(混凝土、商品混凝土) 4. 预埋防水钢套管与接口(预埋防水钢套管、刚性接口、柔性接口) 隧道工程隧道沉井 S7-1-：8. 触变泥浆制作灌注、环氧沥青防水层(环氧沥青防水层) 通用项目一般项目 S1-1-：13. 商品混凝土输送及泵管安拆使用
040506003	沉井下沉	1. 土壤类别 2. 深度	m^3	1. 垫木拆除 2. 沉井挖土下沉 3. 填充 4. 余方弃置	排水构筑物及机械设备安装工程土方工程 S6-1-：2. 沉井挖土 排水构筑物及机械设备安装工程泵站下部结构 S6-2-： 11. 沉井井壁灌砂 5. 井壁(封堵及拆除) 隧道工程隧道沉井 S7-1-：8. 触变泥浆制作灌注、环氧沥青防水层(触变泥浆制作灌注) 文字代码 ZSN19-1-：1. 土方场外运输
040506004	沉井混凝土底板	1. 混凝土强度等级 2. 混凝土抗渗需求 3. 石料最大粒径 4. 地梁截面 5. 垫层厚度、材料品种、强度		1. 垫层铺筑 2. 混凝土浇筑 3. 养护	排水构筑物及机械设备安装工程泵站下部结构 S6-2-： 6. 沉井垫层(碎石、黄砂、砾石砂、混凝土、商品混凝土) 7. 沉井底板(混凝土、商品混凝土) 通用项目一般项目 S1-1-：13. 商品混凝土输送及泵管安拆使用
040506005	沉井内地下混凝土结构	1. 所在部位 2. 混凝土强度等级、石料最大粒径		1. 混凝土浇筑 2. 养护	排水构筑物及机械设备安装工程泵站下部结构 S6-2-： 9. 地下内部结构(混凝土、商品混凝土-框架、挡水板) 通用项目一般项目 S1-1-：13. 商品混凝土输送及泵管安拆使用
					排水构筑物及机械设备安装工程泵站下部结构 S6-2-： 9. 地下内部结构(混凝土、商品混凝土-框架、挡水板、矩形梁、异形梁、平台圈梁) 通用项目一般项目 S1-1-：13. 商品混凝土输送及泵管安拆使用
040506006	沉井混凝土顶板	1. 混凝土强度等级、石料最大粒径 2. 混凝土抗渗需求		1. 垫层铺筑 2. 混凝土浇筑 3. 养护	

续表

项目编码	项目名称	项目特征	计量单位	工程内容	分部工程项目、名称（所在《市政工程预算定额》册、章、节）
040506007	现浇混凝土池底	1. 混凝土强度等级、石料最大粒径 2. 混凝土抗渗要求 3. 池底形式 4. 垫层厚度、材料品种、强度		1. 混凝土浇筑 2. 养护	排水构筑物及机械设备安装工程土方工程 S6-1-： 3. 整修基坑坡面 排水构筑物及机械设备安装工程污水处理构筑物 S6-3-： 1. 池底垫层（黄砂、混凝土） 2. 池底（混凝土、商品混凝土-平、斜坡、锥形、架空） 通用项目一般项目 S1-1-：13. 商品混凝土输送及泵管安拆使用
040506008	现浇混凝土池壁（隔墙）	1. 混凝土强度等级、石料最大粒径 2. 混凝土抗渗要求		—	排水构筑物及机械设备安装工程污水处理构筑物 S6-3-： 3. 池壁（混凝土、商品混凝土） 通用项目一般项目 S1-1-：13. 商品混凝土输送及泵管安拆使用
040506009	现浇混凝土池柱		m^3		排水构筑物及机械设备安装工程污水处理构筑物 S6-3-： 4. 柱（混凝土、商品混凝土-矩形柱、异形柱、圆形柱） 通用项目一般项目 S1-1-：13. 商品混凝土输送及泵管安拆使用
040506010	现浇混凝土池梁	1. 混凝土强度等级、石料最大粒径规格 2. 规格		1. 混凝土浇筑 2. 养护	排水构筑物及机械设备安装工程污水处理构筑物 S6-3-： 5. 梁（混凝土、商品混凝土-配水井矩形圈梁、配水井异形圈梁）
040506011	现浇混凝土池盖				排水构筑物及机械设备安装工程污水处理构筑物 S6-3-： 9. 池盖（混凝土、商品混凝土-无梁池盖、球形池盖）
040506012	现浇混凝土板	1. 名称、规格 2. 混凝土强度等级、石料最大粒径			
040506013	池槽	1. 混凝土强度等级、石料最大粒径 2. 池槽断面	m	1. 混凝土浇筑 2. 养护 3. 盖板 4. 其他材料铺设	排水构筑物及机械设备安装工程污水处理构筑物 S6-3-： 7. 水槽（混凝土、商品混凝土-VU 型水槽、悬臂式水槽及耳池）
040506014	砌筑导流壁、筒	1. 块体材料 2. 断面 3. 砂浆强度等级		1. 砌筑 2. 抹面	
040506015	混凝土导流壁、筒	1. 断面 2. 混凝土强度等级、石料最大粒径	m^3	1. 混凝土浇筑 2. 养护	排水构筑物及机械设备安装工程泵站下部结构 S6-2-： 12. 流槽（混凝土、商品混凝土） 通用项目一般项目 S1-1-：13. 商品混凝土输送及泵管安拆使用
040506016	混凝土扶梯	1. 规格 2. 混凝土强度等级、石料最大粒径		1. 混凝土浇筑或预制 2. 养护 3. 扶梯安装	排水构筑物及机械设备安装工程泵站下部结构 S6-2-： 9. 地下内部结构（混凝土、商品混凝土-扶梯） 通用项目一般项目 S1-1-：13. 商品混凝土输送及泵管安拆使用

续表

项目编码	项目名称	项目特征	计量单位	工程内容	分部工程项目、名称（所在《市政工程预算定额》册、章、节）
040506017	金属扶梯、栏杆	1. 材质 2. 规格 3. 油漆品种、工艺要求	t	1. 钢扶梯制作、安装 2. 除锈、刷油漆	排水构筑物及机械设备安装工程其他工程 S6-4-： 1. 金属构件制作安装（制作、安装-螺旋、钢直、踏步扶梯，钢管栏杆、连接通道、走道）
040506018	其他现浇混凝土构件	1. 规格 2. 混凝土强度等级、石料最大粒径	m^3	1. 混凝土浇筑 2. 养护 3. 构件移动及堆放 4. 构件安装	排水构筑物及机械设备安装工程污水处理构筑物 S6-3-： 6. 中心管（混凝土、商品混凝土） 8. 挑檐式走道板及牛腿（混凝土、商品混凝土-挑檐式走道板、牛腿）
040506019	预制混凝土板	1. 混凝土强度等级、石料最大粒径 2. 名称、部位、规格	m^3	1. 混凝土浇筑 2. 养护 3. 构件移动及堆放 4. 构件安装	排水构筑物及机械设备安装工程污水处理构筑物 S6-3-： 10. 预制、安装混凝土盖板（混凝土、安装盖板）
040506020	预制混凝土槽	1. 混凝土强度等级、石料最大粒径 2. 名称、部位、规格	m^3	1. 混凝土浇筑 2. 养护 3. 构件移动及堆放 4. 构件安装	排水构筑物及机械设备安装工程污水处理构筑物 S6-3-： 7. 水槽（混凝土、安装）
040506021	预制混凝土支墩	1. 规格 2. 混凝土强度等级、石料最大粒径	m^3	1. 混凝土浇筑 2. 养护 3. 构件移动及堆放 4. 构件安装	
040506022	预制混凝土异型构件	1. 规格 2. 混凝土强度等级、石料最大粒径	m^3	1. 混凝土浇筑 2. 养护 3. 构件移动及堆放 4. 构件安装	
040506023	滤板	1. 滤板材质 2. 滤板规格 3. 滤板厚度 4. 滤板部位	m^2	1. 制作 2. 安装	
040506024	折板	1. 折板材料 2. 折板形式 3. 折板部位	m^2	1. 制作 2. 安装	
040506025	壁板	1. 壁板材料 2. 壁板部位	m^2	1. 制作 2. 安装	
040506026	滤料铺设	1. 滤料品种 2. 滤料规格	m^3	铺设	
040506027	尼龙网板	1. 材料品种 2. 材料规格	m^2	1. 制作 2. 安装	
040506028	刚性防水	1. 工艺要求 2. 材料品种	m^2	1. 配料 2. 铺筑	排水构筑物及机械设备安装工程其他工程 S6-4-： 4. 工程防水（防水砂浆）
040506029	柔性防水	1. 工艺要求 2. 材料品种	m^2	涂、贴、粘、刷防水材料	排水构筑物及机械设备安装工程其他工程 S6-4-： 4. 工程防水（喷涂沥青、铺油毡）
040506030	沉降缝	1. 材料品种 2. 沉降缝规格 3. 沉降缝部位	m	铺、嵌沉降缝	排水构筑物及机械设备安装工程其他工程 S6-4-： 5. 接缝处理（橡胶止水带、接缝处理）
040506031	井、池渗漏试验	构筑物名称	m^3	渗漏试验	排水构筑物及机械设备安装工程污水处理构筑物 S6-3-： 12. 满水试验

续表

项目编码	项目名称	项目特征	计量单位	工程内容	分部工程项目、名称（所在《市政工程预算定额》册、章、节）
沪 040506032	压重混凝土	1. 规格 2. 混凝土强度等级、石料最大粒径	m³	1. 混凝土配制 2. 混凝土浇筑	排水构筑物及机械设备安装工程污水处理构筑物 S6-3-： 11. 压重混凝土（混凝土、商品混凝土-压重混凝土、毛石混凝土）
沪 040506033	渐扩管	1. 规格 2. 混凝土强度等级、石料最大粒径		1. 混凝土配制 2. 混凝土浇筑	排水构筑物及机械设备安装工程泵站下部结构 S6-2-： 10. 矩形渐扩管（混凝土、商品混凝土-底板、侧墙、顶板） 通用项目一般项目 S1-1-：13. 商品混凝土输送及泵管安拆使用
沪 0405060341	排水箱涵	1. 断面 2. 材料品种 3. 混凝土强度等级 4. 石料最大粒径 5. 抗掺要求 6. 深度		1. 混凝土配制 2. 混凝土浇筑	排水管道工程开槽埋管 S5-1-： 8. 管道垫层（黄砂、碎石、砾石砂） 9. 管道基座（混凝土、商品混凝土） 13. 排水箱涵（混凝土、商品混凝土-侧墙、顶板、底板） 通用项目一般项目 S1-1-：13. 商品混凝土输送及泵管安拆使用

注：1. 选自国家标准《建设工程工程量清单计价规范》GB 50500—2008“附录 D 市政工程工程量清单项目及计算规则”及《〈建设工程工程量清单计价规范〉上海市市政工程操作指南》；
2. 商品混凝土输送及泵管安拆使用已包括在清单的各种不同构件里边，不需单独列项；
3. 定额中的混凝土及砂浆均采用强度等级表示，混凝土采用“C”表示，砂浆用“M”表示；如定额中强度等级与设计强度等级不同时，可按设计强度等级进行换算；
4. 定额中列出混凝土消耗量，但未列出级配材料的用量，级配材料用量可根据“上海市建设工程普通混凝土、砂浆强度等级配合比表（2000）”计算；
5. 定额中现浇混凝土分列出现浇混凝土、预制混凝土、预拌（商品）混凝土（泵送、非泵送混凝土）子目，预拌（商品）混凝土请参阅 4.3 桥涵护岸工程（项目编码：0403）中表 4-24“商品混凝土计算”释义。

设备安装工程量清单项目设置及工程量计算规则　　表 4-250

设备安装（项目编码：040507）

项目编码	项目名称	项目特征	计量单位	工程内容	分部工程项目、名称（所在《市政工程预算定额》册、章、节）
040507001	管道仪表	1. 规格、型号 2. 仪表名称	个	1. 取源部件安装 2. 支架制作、安装 3. 套管安装 4. 表弯制作、安装 5. 仪表脱脂 6. 仪表安装	
040507002	格栅制作	1. 材质 2. 规格、型号	kg	1. 制作 2. 安装	
040507003	格栅除污机	规格、型号	台	1. 安装 2. 无负荷试运转	排水构筑物及机械设备安装工程机械设备安装 S6-5-：1. 拦污设备（固定式格栅除污机、进水格栅片组） 排水构筑物及机械设备安装工程机械设备安装 S6-5-：1. 拦污设备（移动式格栅除污机、进水格栅片组） 排水构筑物及机械设备安装工程机械设备安装 S6-5-：1. 拦污设备（回旋式格栅除污机、进水格栅片组）
040507004	滤网清污机				

续表

项目编码	项目名称	项目特征	计量单位	工程内容	分部工程项目、名称（所在《市政工程预算定额》册、章、节）
040507005	螺旋泵	规格、型号	台	1. 安装 2. 无负荷试运转	排水构筑物及机械设备安装工程机械设备安装 S6-5-：2. 提水设备（螺旋泵）
040507006	加氯机		套		
040507007	水射器	公称直径	个		
040507008	管式混合器				
040507009	搅拌机械	1. 规格、型号 2. 重量	台		排水构筑物及机械设备安装工程机械设备安装 S6-5-：3. 曝气和排泥设备（潜水搅拌机械）
040507010	曝气器	规格、型号	个		
040507011	布气管	1. 材料品种 2. 直径	m	1. 钻孔 2. 安装	
040507012	曝气机	规格、型号	台	1. 安装 2. 无负荷试运转	排水构筑物及机械设备安装工程机械设备安装 S6-5-：3. 曝气和排泥设备（卧式表面曝气机）
040507013	生物转盘	规格			
040507014	吸泥机	规格、型号			排水构筑物及机械设备安装工程机械设备安装 S6-5-：3. 曝气和排泥设备（垂架式中心、单周边传动吸泥机、垂架式双周边传动吸泥机）
040507015	刮泥机				排水构筑物及机械设备安装工程机械设备安装 S6-5-：3. 曝气和排泥设备（链条牵引式刮泥机-单双链、垂架式中心传动刮泥机、垂架式单周边传动刮泥机、垂架式双周边传动刮泥机）
040507016	辊压转鼓式吸泥脱水机				
040507017	带式压滤机	设备质量			
040507018	污泥造粒脱水机	转鼓直径			
040507019	闸门	1. 闸门材质 2. 闸门形式 3. 闸门规格、型号	座	安装	排水构筑物及机械设备安装工程机械设备安装 S6-5-：4. 闸门和堰门（铸铁圆、铸铁方闸门）
040507020	旋转门	1. 材质 2. 规格、型号			
040507021	堰门	1. 材质 2. 规格			排水构筑物及机械设备安装工程机械设备安装 S6-5-：4. 闸门和堰门（铸铁、钢制调节堰门）
040507022	升杆式铸铁泥阀	公称直径	台		
040507023	平底盖闸				
040507024	启闭机械	规格、型号			排水构筑物及机械设备安装工程机械设备安装 S6-5-：4. 闸门和堰门（螺杆启闭机）

续表

项目编码	项目名称	项目特征	计量单位	工程内容	分部工程项目、名称（所在《市政工程预算定额》册、章、节）
040507025	集水槽制作	1. 材质 2. 厚度	m^2	1. 制作 2. 安装	
040507026	堰板制作	1. 堰板材质 2. 堰板厚度 3. 堰板形式			
040507027	斜板	1. 材料品种 2. 厚度		安装	
040507028	斜管	1. 斜管材料品 2. 斜管规格	m		
040507029	凝水缸	1. 材料品种 2. 压力要求 3. 型号、规格 4. 接口	组	1. 制作 2. 安装	
040507030	调压器	型号、规格		安装	
040507031	过滤器				
040507032	分离器				
040507033	安全水封	公称直径			
040507034	检漏管	规格			
040507035	调长器	公称直径	个		
040507036	牺牲阳极、测试桩	1. 牺牲阳极多装 2. 测试桩安装 3. 组合及要求	组	1. 安装 2. 测试	
沪 040507037	轴流泵	规格、型号	台	安装	排水构筑物及机械设备安装工程机械设备安装 S6-5-：2. 提水设备(轴流泵、潜水轴流泵)
沪 040507038	曝气管		组		排水构筑物及机械设备安装工程机械设备安装 S6-5-：2. 提水设备(曝气管)
沪 040507039	污泥脱水机		台		排水构筑物及机械设备安装工程机械设备安装 S6-5-：5. 污泥、垃圾处理设备(离心式、过滤式污泥脱水机)
沪 040507040	垃圾处理设备				排水构筑物及机械设备安装工程机械设备安装 S6-5-：5. 污泥、垃圾处理设备(垃圾压榨机、垃圾输送机、垃圾打包机)
沪 040507041	铸铁活便门		座		排水构筑物及机械设备安装工程机械设备安装 S6-5-：6. 水泵管配件及活便门等(铸铁活便门)
沪 040507042			个		排水构筑物及机械设备安装工程机械设备安装 S6-5-：6. 水泵管配件及活便门等(铸铁过墙管)
沪 040507043	铸铁双法直管				排水构筑物及机械设备安装工程机械设备安装 S6-5-：6. 水泵管配件及活便门等(铸铁双法直管)
沪 040507044	铸铁双法异径管				排水构筑物及机械设备安装工程机械设备安装 S6-5-：6. 水泵管配件及活便门等(铸铁双法异径管-大口径)

续表

项目编码	项目名称	项目特征	计量单位	工程内容	分部工程项目、名称（所在《市政工程预算定额》册、章、节）
沪 040507045	铸铁双法弯管	规格、型号	个	安装	排水构筑物及机械设备安装工程机械设备安装 S6-5-：6. 水泵管配件及活便门等(铸铁双法弯管)
沪 040507046	铸铁压力井座盖	规格	台		排水构筑物及机械设备安装工程机械设备安装 S6-5-：6. 水泵管配件及活便门等(铸铁压力井座盖)

注：1. 选自国家标准《建设工程工程量清单计价规范》GB 50500—2008 "附录 D 市政工程工程量清单项目及计算规则" 及《〈建设工程工程量清单计价规范〉上海市市政工程操作指南》；
2. 市政管网工程设备安装专用设备的项目、标准、定型设备应按本列表中相关项目编码列项。

沉井井壁混凝土实体工程量(泵站下部结构圆形)

引用表 3.2.5.1 中 N15 中的中空心圆柱体计算其体积。

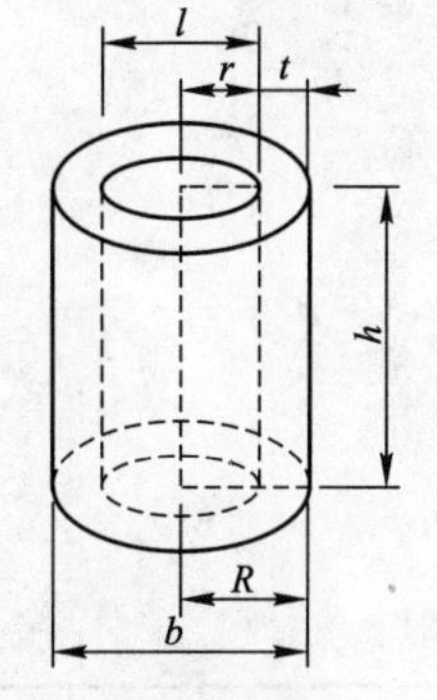

图 4-255　中空心圆柱体简图

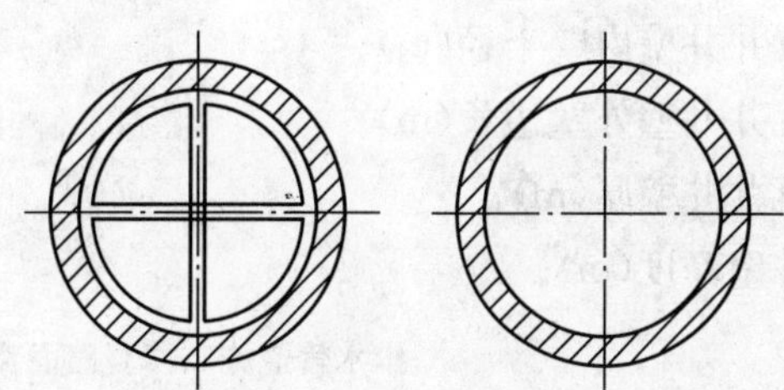

图 4-256　圆形单孔沉井示意图

圆形井壁混凝土工程量计算公式：

$$V=\pi h(R^2-r^2) \tag{4-40}$$

式中 V——圆形井壁体积(m^3)；

h——井壁高度(m)；

R——井壁外半径(m)；

r——井壁内半径(m)。

沉井井壁混凝土实体工程量(泵站下部结构矩形)

引用本丛书之三《常用数据手册》表 3-24 中 N4 中的中空矩形计算其体积。

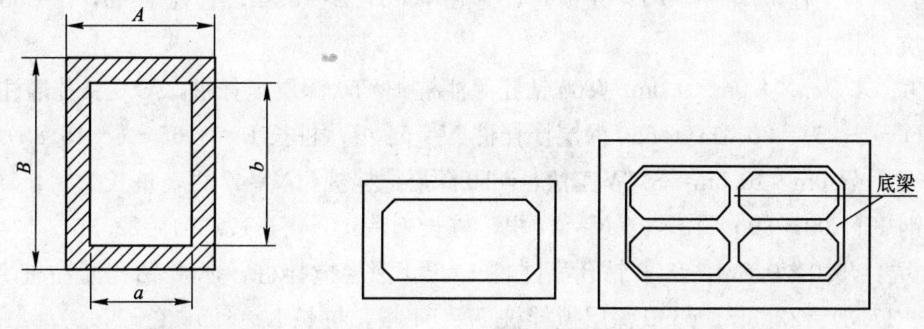

图 4-257　中空矩形简图　　图 4-258　矩形单孔沉井示意图

矩形井壁混凝土工程量计算公式：　$V=(A\times B-a\times b)\times h$　(4-41)

式中　V——矩形井壁体积(m^3)；

A、B——分别表示沉井井壁外壁长和宽(m)；

a、b——分别表示沉井井壁内壁长和宽(m)；

h——井壁高度(m)。

沉井井壁混凝土实体工程量(泵站下部结构椭圆形)

引用表 3.2.6.1 中 N18 中的椭圆环计算其体积。

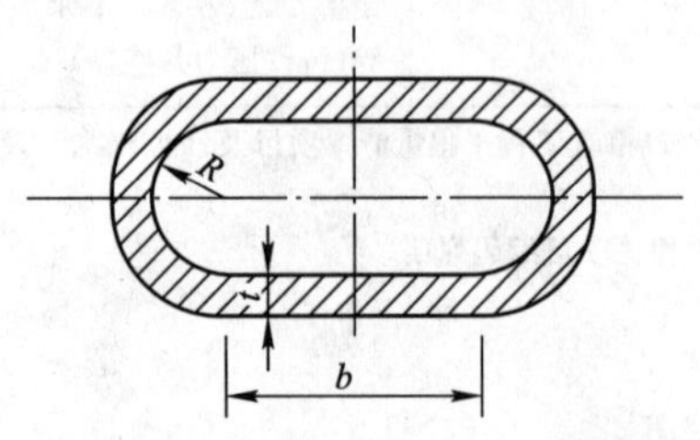

图 4-259　椭圆环简图

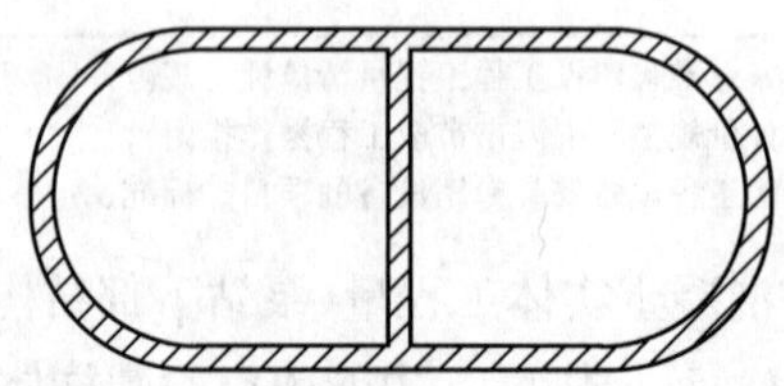

图 4-260　椭圆形单排孔沉井示意图

椭圆形井壁混凝土工程量计算公式：　$V=2(\pi R+b)t\times h$　(4-42)

式中　V——矩形井壁体积(m^3)；

R——沉井井壁内壁半径(m)；

b——沉井井壁外壁边长(m)；

t——沉井井壁厚(m)；

h——井壁高度(m)。

排水管道施工修复路面宽度工程量"算量"　**表 4-251**

打井管抽槽	单排井管为 0.8m，双排井管为 1.6m
开槽埋管	按有支撑沟槽宽度表(混凝土管、PVC 等管)增加 1m，即沟槽宽度＋1m，路面修复长为：沟槽长度＋1m
顶管基坑	按规定的基坑平面尺寸宽度方向增加 1m，长度方向：顶进坑增加 2m，接收坑增加 1m
其他	施工中由于非正常情况发生沉陷，超过上述范围时，其修复部位经建设单位认可后，按实另行计算

注：1. 选自上海市市政工程定额管理站、上海市市政工程管理处.《上海市城市道路掘路修复工程收费标准》. 上海. 1998；
2. 路面修复宽度原则上参照《上海市城市道路掘路修复工程收费标准》中的有关规定计算。

附一：实体项目(主体工程和附属工程的结构项目)及措施项目(辅助实体项目)的工程实例

顶管(二中继间沉井工作井、型钢水泥土复合桩(SMW)工法接受井、ϕ800TLM 管道顶管)工程量清单招、投标编制及其对应的施工图预算对照应用的计算实例

工程概况及主要施工设计图纸

1. 工程概况

工程范围：××工程 73♯井～75♯井顶管，管径 ϕ600，L＝82m；管径 ϕ800，L＝88m。一个工作坑，二个接收坑。其中：

73 号接收坑：4.50m×4.0m×9.0m：ϕ800 钻孔灌注桩＋ϕ650 深层搅拌桩，ϕ800 钻孔灌注桩 N＝22 根，桩长 L＝3.65－(－16.45)＝20.1m。ϕ650 深层搅拌桩 N＝54 根，桩长 L＝3.65－(－15.85)＝19.5m。

74 号工作坑：ϕ8.0m×10.5m：SMW 工法，ϕ850 深层搅拌桩，N＝47 根，桩长 L＝4.5－(－17.8)＝22.3m。H 型钢 HN700×300×13×24 N＝34 根，桩长 L＝5.0－(－17.30)＝22.3m。

75 号接收坑：ϕ5.0×9.5m：ϕ800 钻孔灌注桩＋ϕ650 深层搅拌桩，ϕ800 钻孔灌注桩 N＝21 根，桩长 L＝4.5－(－17.8)＝22.3m。ϕ650 深层搅拌桩 N＝51 根，桩长 L＝4.5－(－17.3)＝21.8m。

1) 清单编制依据：《〈建设工程工程量清单计价规范〉上海市市政工程操作指南》，施工设计图文件等。

2）工程质量应达到优良标准。

3）投标报价按“国家标准《建设工程工程量清单计价规范》GB 50500—2008 5 工程量清单计价表格”的统一格式。

4）人工、材料、机械费用按上海市市政工程市场信息2006年6月份计取。

(2) 分部分项工程量清单、措施项目清单

1）分部分项工程量清单

工程名称：顶管工程　　　　　　　　　　　　　　标段：

分部分项工程量清单与计算表

清单序号	项目编码	项目名称	项目特征	工 程 内 容	计量单位	工程数量
1	沪040504009001	73号接收坑(ϕ800钻孔灌注桩+ϕ650深层搅拌桩)	4.50m×4.0m×9.0m	1. 基坑挖土：挖土、运输。2. 混凝土浇筑、养护。3. 坑内排管。4. 窨井砌筑、粉刷、盖板安装。5. 土方回填、运输。6. 余土弃置	座	1
2	沪040504009002	74号工作坑SMW工法接收坑	ϕ8.0m×10.5m	1. 基坑挖土：挖土、运输。2. 混凝土浇筑、养护。3. 坑内排管。4. 窨井砌筑、粉刷、盖板安装。5. 土方回填、运输。6. 余土弃置	座	1
3	沪040504009003	75号接收坑ϕ800钻孔灌注桩+ϕ650深层搅拌桩	ϕ5.0×9.5m	1. 基坑挖土：挖土、运输。2. 混凝土浇筑、养护。3. 坑内排管。4. 窨井砌筑、粉刷、盖板安装。5. 土方回填、运输。6. 余土弃置	座	1
4	40505001001	ϕ800管道顶进	TLM管	1. 顶进后座及坑内工作平台搭拆。2. 顶进设备安、拆。3. 中继间安、拆。4. 触变泥浆减摩助顶。5. 套环安装。6. 挖土、顶进。7. 洞口止水处理。8. 余方弃置	m	170
5	40701002	非预应力钢筋	1. 材质：Ⅰ、Ⅱ级。2. 按设计图示各部位	制作、安装	t	65.00

2）措施项目清单与计价表

工程名称：顶管工程　　　　　　　　　　　　　　标段：

清单序号	项目编码	项目名称	项目特征	工程内容	计量单位	工程数量
		措施项目费				
1	3.3.1.5	大型机械设备进出场及安拆			台	10
2	3.3.1.6	施工排水			m^3	850.88
3	3.3.1.7	施工降水			根	22
4	4.3.1	便道			m^2	656.49
	4.3.2	堆料场地			m^2	600
5	4.5	脚手架			m^2	268.77
6	4.11	混凝土、钢筋混凝土模板及支架			m^2	635.99
7	4.12	地基加固			m^3	727.77

(3) 分部分项工程量、措施项目清单计算方法

顶管工程工程数量计算表(工程量清单)

1) 73号接收井：

顶管工程数量计算表(清单)

顺序号	项目名称及说明	计 算 说 明	单位	计算结果	预算顺序号
1	2	3	4	5	6
工程概述：××工程73号井～75号井顶管，管径ϕ600，L=82m；管径ϕ800，L=88m。一个工作坑，二个接收坑					
一	73号接收坑：4.50m×4.0m×9.0m：ϕ800钻孔灌注桩+ϕ650深层搅拌桩，ϕ800钻孔灌注桩N=22根，桩长L=3.65−(−16.45)=20.1m。ϕ650深层搅拌桩N=54根，桩长L=3.65−(−15.85)=19.5m。			1	
	沪040504009001				
1	基坑挖土	H=0.5m，A_1=4.5+0.8+6.5=11.8m，A_2=11.8+0.5×2=12.8m，B_1=4.0+0.8+6.5=11.3m，B_2=11.3+0.5×2=12.3m，V=1/6×H×(A_1×B_1+A_2×B_2+(A_1+A_2)×(B_1+B_2))=0.5/6×(11.8×11.3+12.8×12.3+(11.8+12.8)×(11.3+12.3))	m^3	72.6	
2	陆上工作平台	S=(6.5×(4.2+6.5)×2+6.5×(3.7+6.5))×2	m^2	410.8	
3	陆上埋设钢护筒ϕ800	N=22根，L=1.2m/根×22根	m	26.4	
4	钻孔ϕ800	V=0.4×0.4×3.1412×21.1×22	m^3	233.3	
5	灌注混凝土ϕ800	V=0.4×0.4×3.1412×(21.1+0.25)×22	m^3	236.07	
6	灌注桩钢筋笼	根据设计图　1031kg×22/1000	t	22.68	
7	泥浆外运	V=236.07	m^3	236.07	
8	凿桩	V=0.4×0.4×0.6×22	m^3	2.11	
9	深层搅拌桩ϕ650	V=0.325×0.325×3.1412×19.5×54	m^3	349.37	
10	接收坑挖土	V=4.5×4.0×(3.65−(−4.81)+0.5)	m^3	161.28	
11	C20混凝土垫层	V=4.5×4.0×0.15	m^3	2.70	
12	C30混凝土底板	V=4.5×4.0×0.35	m^2	6.30	
13	C30混凝土围檩	围檩1：V=1.1×0.6×(5.4+4.9)×2=13.60	m^3	19.92	
		围檩2：V=0.5×0.4×(4.2+3.7)×2×2 =6.32			
		小计：Σ=13.60+6.32=19.92			
14	钢支撑	[28b双拼：L=1.4142×2×4×3=33.94m，@=35.823×2=71.646kg/m，	t	2.432	
		小计：Σ=33.94×71.646/1000=2.432			
15	钢支撑使用费	2.432t×30d	t·d	72.96	
16	坑内排管ϕ800	L=1/2×4.5−1/21.7−0.3	m	1.1	
17	回填土	V=7.26+161.28−36.86	m^3	131.68	
18	余土外运	V=(1.93+1.7×2.7×8.06−1.24×1.24×2)+3.1412×0.48×0.48×(1.1+0.3)	m^3	36.86	
19	钢筋混凝土1100×2100特殊井	(1) 混凝土底板：2.9×1.9×0.35	m^3	1.93	
		(4) 混凝土墙板：2.4×4×0.3×7.85+1.24×4×0.24×1.69−3.1412×0.5125×0.5125×0.3×2	m^3	24.12	
		(7) 混凝土矩形梁：0.25×0.3×1.1	m^3	0.08	
		(10) 混凝土顶板：(2.7×1.7−1.0×1.0)×0.2	m^3	0.72	
		(13) Ⅱ型钢筋混凝土盖板：0.22	m^3	0.22	
		(14) 铸铁窨井盖板：1	套	1.00	
20	商品混凝土泵车输送	V=(6.3+19.92+1.93+24.12+0.08+0.72)×1.015	m^3	53.87	

2) 74 号工作井：

顶管工程数量计算表(清单)

顺序号	项目名称及说明	计　算　说　明	单位	计算结果	预算顺序号
1	2	3	4	5	6
工程概述：××工程 73 号井～75 号井顶管，管径 ϕ600，L=82m；管径 ϕ800，L=88m。一个工作坑，二个接收坑					
一	74 号工作坑：ϕ8.0m×10.5m：SMW 工法，ϕ850 深层搅拌桩，N=47 根，桩长 L=4.5－(－17.8)=22.3m。H 型钢 HN700×300×13×24 N=34 根，桩长 L=5.0－(－17.30)=22.3m			1	
	沪 040504009002				
1	基坑挖土	H=0.5m，R_1=(8.0+0.85+6.5)/2=15.35/2=7.675m，R_2=7.675+0.5=8.175m，V=1/3×H×(R_1×R_1+R_2×R_2+R_1×R_2)=0.5/3×(7.675×7.675+8.175×8.175+7.675×8.175)	m^3	72.6	
2	深层搅拌桩 ϕ850	V=0.425×0.425×3.1412×22.3×47	m^3	594.67	
3	插拔 H 型钢	22.3×34×179.6/1000	t	136.17	
4	H 型钢使用费	136.17×45	t·d	6128	
5	注浆	(0.7×0.013+0.3×0.024)×22.3×34	m^3	12.36	
6	工作坑挖土	V=4.0×4.0×3.1412×(4.50－(－5.6)+0.55)	m^3	535.2605	
7	C20 混凝土垫层	V=4.0×4.0×3.1412×0.15	m^3	7.54	
8	C30 混凝土底板	V=4.0×4.0×3.1412×0.4	m^2	20.10	
9	C30 混凝土围檩	围檩 1：V=1.1×0.6×(7.8+1.1)×3.1412=18.45	m^3	49.55	
		围檩 1：V=1.1×0.6×(6.8+0.7)×3.1412×2 =31.10			
		小计：Σ=18.45+31.10=49.55			
10	C30 混凝土前后座墙	3.1412×4×4×(40+23)×2/360×2.5－3.1412×0.475×0.475×0.29×2	m^3	43.57	
11	坑内排管 ϕ800	L=8.0－2.7－0.6	m	4.7	
12	回填土	V=72.6+535.6－60.93	m^3	547.27	
13	余土外运	V=(2.94+2.7×2.7×7.85－1.24×1.24×2)+3.1412×0.48×0.48×(4.7+0.6)	m^3	60.93	
14	钢筋混凝土检查井	(1) 混凝土底板：2.9×2.9×0.35	m^3	2.94	
		(4) 混凝土墙板：2.4×4×0.3×7.65+1.24×4×0.24×1.69－3.1412×0.5125×0.5125×0.3×2	m^3	23.55	
		(7) 混凝土矩形梁：0.25×0.4×2.1+0.25×0.3×1.0	m^3	0.29	
		(10) 混凝土顶板：(2.7×2.7－1.0×1.0)×0.2	m^3	1.26	
		(13) Ⅱ型钢筋混凝土盖板：0.22	m^3	0.22	
		(14) 铸铁窨井盖板：1	套	1.00	
15	商品混凝土泵车输送	V=(20.1+22.65+43.57+2.94+23.55+0.29+1.26)×1.015	m^3	116.08	

3) 75 号接收井；

顶管工程数量计算表(清单)

顺序号	项目名称及说明	计　算　说　明	单位	计算结果	预算顺序号
1	2	3	4	5	6
工程概述：××工程 73 号井～75 号井顶管，管径 ϕ600，L=82m；管径 ϕ800，L=88m。一个工作坑，二个接收坑					
一	75 号接收坑：ϕ5.0×9.5m：ϕ800 钻孔灌注桩+ϕ650 深层搅拌桩，ϕ800 钻孔灌注桩 N=21 根，桩长 L=4.5－(－17.8)=22.3m。ϕ650 深层搅拌桩 N=51 根，桩长 L=4.5－(－17.3)=21.8m			1	
	沪 040504009003				
1	基坑挖土	H=0.5m，R_1=(5.0+0.8+6.5)/2=12.3/2=6.15m，R_2=(12.3+0.5×2)/2=6.65m，V=1/3×H×(R_1×R_1+R_2×R_2+R_1×R_2)=0.5/3×(6.15×6.15+6.65×6.65+6.15×6.65)	m^3	20.5	

续表

顺序号	项目名称及说明	计　算　说　明	单位	计算结果	预算顺序号
1	2	3	4	5	6
2	陆上工作平台	S=6.5×(5.8×3.1412)	m^2	118.42	
3	陆上埋设钢护筒 ϕ800	N=21 根，L=1.2m/根×21 根	m	25.2	
4	钻孔 ϕ800	V=0.4×0.4×3.1412×22.3×21	m^3	235.4	
5	灌注混凝土 ϕ800	V=0.4×0.4×3.1412×(22.3+0.25)×21	m^3	238.00	
6	灌注桩钢筋笼	根据设计图　1232kg×21/1000	t	25.87	
7	泥浆外运	V=238	m^3	238.00	
8	凿桩	V=0.4×0.4×0.6×21	m^3	2.02	
9	深层搅拌桩 ϕ650	V=0.325×0.325×3.1412×21.8×51	m^3	368.88	
10	接收坑挖土	V=3.1412×2.5×2.5×(4.5+5.6)	m^3	198.29	
11	C20 混凝土垫层	V=3.1412×2.5×2.5×0.15	m^3	2.94	
12	C30 混凝土底板	V=3.1412×2.5×2.5×0.35	m^2	6.87	
13	C30 混凝土围檩	围檩 1：V=1.1×0.6×(5.9×3.1412)=12.23	m^3	18.14	
		围檩 1：V=0.5×0.4×(4.7×3.1412)×2 =5.91			
		小计：Σ=12.23+5.91=18.14			
14	坑内排管 ϕ800	L=1/2×5.0−1/2×1.7−0.3	m	1.35	
15	回填土	V=20.5+198.29−57.12	m^3	161.67	
16	余土外运	V=(2.94+2.7×2.7×7.69−1.24×1.24×2)+3.1412×0.48×0.48×(1.35+0.3)	m^3	57.12	
17	钢筋混凝土检查井	(1) 混凝土底板：2.9×2.9×0.35	m^3	2.94	
		(4) 混凝土墙板：2.4×4×0.3×7.55+1.24×4×0.24×1.69−3.1412×0.5125×0.5125×0.3×2	m^3	23.26	
		(7) 混凝土矩形梁：0.25×0.4×2.1+0.25×0.3×1.0	m^3	0.29	
		(10) 混凝土顶板：(2.7×2.7−1.0×1.0)×0.2	m^3	1.26	
		(13) Ⅱ型钢筋混凝土盖板：0.22	m^3	0.22	
		(14) 铸铁窨井盖板：1	套	1.00	
18	商品混凝土泵车输送	V=(6.87+18.14+2.94+23.26+0.29+1.26)×1.015	m^3	53.55	

4）管道顶进：

顶管工程数量计算表(清单)

顺序号	项目名称及说明	计　算　说　明	单位	计算结果	预算顺序号
1	2	3	4	5	6
		三、ϕ1000 管道顶进			
	40505002001	管道 ϕ800 顶进 7 号～75 号井，L=82+88=170m，二段各设中继间 1 只(ϕ800 为 TLM 管，管长 L=3m)			4
一	ϕ800 管道顶进	L=170	m	170	

《根据建设工程工程量清单计价规范》附录 D 市政工程工程量清单项目及计算规则：表 D.5.5 顶管(编码：040505)040505001 混凝土管顶进的工作内容：1. 顶进后座及坑内工作平台搭拆 2. 顶进设备安装、拆除 3. 中继间安装拆除 4. 触变泥浆减阻 5. 套环安装 6. 挖土、管道顶进 7. 洞口止水处理 8. 余土弃置 9. 泥浆弃置

1	按拆顶进枋木后座	1	座	1	
2	按拆 ϕ800 泥水平衡顶进设备	1	套	1	
3	ϕ800 钢筋混凝土洞口处理	2×2	套	4	

续表

顺序号	项目名称及说明	计 算 说 明	单位	计算结果	预算顺序号
1	2	3	4	5	6
4	ϕ800 管道顶进无中继间	根据施工组织设计，第一节无中继间 $L_1=40×2=80$	m	80	
5	ϕ800 管道顶进一级中继间	根据《上海市市政工程预算定额》总则第五章第二节第 5.2.1 条说明，顶进长度按相邻两坑井壁内侧之间的长度加 0.6m。$L=170-8.0-1/2×(4.5+5.0)+0.6×2=158.45$，$L_1=80$m，$L_2=158.45-80=78.45$m	m	78.45	
6	ϕ800 中继间	根据施工组织设计，各设一只中继间 $n=1×2=2$	只	2	
7	ϕ800 顶进触变泥浆减阻	实际顶进长度 $L=158.45$m	m	158.45	
8	压浆孔封拆	根据施工组织设计，间隔管子设压浆孔，每个管子设 3 个。$N=158.45/3/2×3$	只	79	
9	ϕ800 管道内接口	$n=158.45/3-1=52$	只	52	
10	ϕ800 管道 T 型接口	$n=158.45/3-1=52$	只	52	
11	泥浆外运	$V=\pi×R_2×L=3.1412×0.48×0.48×158.45$	m^3	114.68	
12	置换浆	根据施工组织设计，在管道顶进后，在管子外壁采用 10cm 水泥砂浆置换 $V=\pi×D×\delta×L=3.1412×(1.4+0.1)×0.1×158.45$	m^3	74.66	

5）钢筋工程：

顶管工程数量计算表(清单)

顺序号	项目名称及说明	计 算 说 明	单位	计算结果	预算顺序号
1	2	3	4	5	6
		040701002　非预应力钢筋	t	65.00	
一	73 号接收井				
1	灌注桩钢筋笼	根据设计图纸数量　1031kg×22/1000	t	22.68	
2	底板钢筋	根据设计图纸数量　664kg/1000	m^3	0.66	
3	围檩钢筋	根据设计图纸数量　(1610+957)/1000	t	2.567	
4	特殊井混凝土底板钢筋	根据设计图纸数量　243kg/1000	t	0.24	
5	特殊井混凝土墙板钢筋	根据设计图纸数量　2336kg/1000	t	2.34	
6	特殊井混凝土矩形梁钢筋	根据设计图纸数量　17kg/1000	t	0.02	
7	特殊井混凝土顶板钢筋	根据设计图纸数量　33kg/1000	t	0.03	
二	74 号工作井				
1	底板钢筋	根据设计图纸数量　350kg/1000	m^3	0.35	
2	围檩钢筋	根据设计图纸数量　87/1000	t	0.087	
3	特殊井混凝土底板钢筋	根据设计图纸数量　350kg/1000	t	0.35	
4	特殊井混凝土墙板钢筋	根据设计图纸数量　2708kg/1000	t	2.71	
5	特殊井混凝土混凝土矩形梁钢筋	根据设计图纸数量　52kg/1000	t	0.05	
6	特殊井混凝土混凝土顶板钢筋	根据设计图纸数量　96kg/1000	t	0.10	
三	75 号接收井				
1	灌注桩钢筋笼	根据设计图纸数量　1232kg×21/1000	t	25.87	
2	底板钢筋	根据设计图纸数量　704kg/1000	m^3	0.704	
3	围檩钢筋	根据设计图纸数量　(1856+1169)kg/1000	t	3.025	

续表

顺序号	项目名称及说明	计 算 说 明	单位	计算结果	预算顺序号
1	2	3	4	5	6
4	特殊井混凝土底板钢筋	根据设计图纸数量　350kg/1000	t	0.35	
5	特殊井混凝土墙板钢筋	根据设计图纸数量　2708kg/1000	t	2.71	
6	特殊井混凝土混凝土矩形梁钢筋	根据设计图纸数量　52kg/1000	t	0.05	
7	特殊井混凝土混凝土顶板钢筋	根据设计图纸数量　96kg/1000	t	0.10	

6）措施项目：

顶管工程数量计算表(清单)

顺序号	项目名称及说明	计 算 说 明	单位	计算结果	预算顺序号
1	2	3	4	5	6
		3.3.1　措施费			
一	3.3.1.5　大型机械设备进出场及安拆				
1	$1m^3$ 以内单斗挖掘机场外运输费	1+1+1	台次	3	
2	履带式起重机(25t 以内)装卸费	1+1+1	台	3	
3	30～50t 履带式起重机安装及拆除费	1+1+1	台	3	
4	深层搅拌桩钻机安装及拆除费	1+1+1	台	3	
5	深层搅拌桩钻机场外运输费	1+1+1	台次	3	
6	钻孔灌注桩进出场	1+1	架次	2	
7	钻孔灌注桩场外运输	1+1	架次	2	
二	3.3.1.6　施工排水				
1	73 号湿土排水	V=4.5×4.0×(3.65−(−4.81)+0.5−0.5)	m^3	152.28	
2	74 号湿土排水	V=4.0×4.0×3.1412×(4.50−(−5.6)+0.55−0.5)	m^3	510.13	
3	75 号湿土排水	V=3.1412×2.5×2.5×(4.5+5.6−0.5)	m^3	188.47	
4	筑拆混凝土管集水井	2+2+2	座	6	
三	3.3.1.7　降水				
1	轻型井点安装	6+10+6	根	22	
2	轻型井点拆除	6+10+6	根	22	
3	轻型井点使用	30×3	套天	90	
四	4.3.1　施工便道				
1	施工便道				
(1)	73 号施工便道	S=(11.4+10.9)×2×5	m^2	223.00	
(2)	74 号施工便道	S=3.1412×14.7×5	m^2	230.88	
(3)	75 号施工便道	S=3.1412×12.9×5	m^2	202.61	
五	4.3.2　堆料场地				
2	堆料场地	堆料场地			

续表

顺序号	项目名称及说明	计　算　说　明	单位	计算结果	预算顺序号
1	2	3	4	5	6
(1)	73 号堆料场地	根据第一册第一章第四节第 1.4.3 条，第 2.(2)说明，工程主体采用商品混凝土时，堆料场地按 50%计算。$S=400\times50\%$	m^2	200.00	
(2)	74 号堆料场地	根据第一册第一章第四节第 1.4.3 条，第 2.(2)说明，工程主体采用商品混凝土时，堆料场地按 50%计算。$S=400\times50\%$	m^2	200.00	
(3)	75 号堆料场地	根据第一册第一章第四节第 1.4.3 条，第 2.(2)说明，工程主体采用商品混凝土时，堆料场地按 50%计算。$S=400\times50\%$	m^2	200.00	
六	4.5　脚手架				
1	73 号脚手架	(1.7+2.7)×2×8.06+1.48×4×1.69	m^2	80.93	
2	74 号脚手架	2.7×4×7.85+1.48×4×1.69	m^2	94.78	
3	75 号脚手架	2.7×4×7.69+1.48×4×1.69	m^2	93.06	
七	4.11　混凝土、钢筋混凝土模板及支架		m^2	480.10	
1	73 号接收坑				
(1)	围檩模板	围檩 1：$S=(0.6+0.1)\times(4.3+3.8)\times2=11.34$	m^2	33.42	
		围檩 2：$S=(0.4+0.4)\times(3.7+3.2)\times2\times2=22.08$			
		小计：$\Sigma=11.34+22.08=33.42$			
(2)	特殊井混凝土底板模板	(2.9+1.9)×2×0.35	m^2	3.36	
(3)	特殊井混凝土墙板模板	(2.7+2.1)×4×7.85+(1.48+1.0)×4×1.69−3.1412×0.5125×0.5125×4	m^2	164.18	
(4)	特殊井混凝土矩形梁模板	(0.3+0.25+0.3)×1.1	m^2	0.94	
(5)	特殊井混凝土顶板模板	((2.7+1.7)×2+1.0×4)×0.2	m^2	2.56	
2	74 号工作坑				
(1)	围檩模板	围檩 1：$S=(0.6+0.1)\times(7.8+1.1)\times3.1412=19.57$	m^2	57.26	
		围檩 2：$S=(0.4+0.4)\times7.5\times3.1412\times2=37.69$			
		小计：$\Sigma=19.57+37.69=57.26$			
(2)	特殊井混凝土底板模板	2.9×4×0.35	m^2	4.06	
(3)	特殊井混凝土墙板模板	(2.7+2.1)×4×7.65+(1.48+1.0)×4×1.69−3.1412×0.5125×0.5125×4	m^2	160.34	
(4)	特殊井混凝土矩形梁模板	(0.4+0.25+0.2)×2.1+(0.3+0.25+0.1)×1.0	m^2	2.44	
(5)	特殊井混凝土顶板模板	(2.7×4+1.0×4)×0.2	m^2	2.95	
3	75 号接收坑				
(1)	围檩模板	围檩 1：$S=(0.6+0.1)\times(5.9\times3.1412)=12.97$	m^2	36.59	
		围檩 2：$S=(0.4+0.4)\times(4.7\times3.1412)\times2=23.62$			
		小计：$\Sigma=12.97+23.62=36.59$			
(2)	特殊井混凝土底板模板	2.9×4×0.35	m^2	4.06	
(3)	特殊井混凝土墙板模板	(2.7+2.1)×4×7.55+(1.48+1.0)×4×1.69−3.1412×0.5125×0.5125×4	m^2	158.42	
(4)	特殊井混凝土矩形梁模板	(0.4+0.25+0.2)×2.1+(0.3+0.25+0.1)×1.0	m^2	2.44	

续表

顺序号	项目名称及说明	计　算　说　明	单位	计算结果	预算顺序号
1	2	3	4	5	6
(5)	特殊井混凝土顶板模板	(2.7×4+1.0×4)×0.2	m^2	2.96	
八	4.12　地基加固				
1	74号底版下压密注浆				
	(1)钻孔	平面布置为间距1.5m，$H=1.5$，$H_1=\sqrt{1.5\times1.5-0.75\times0.75}=1.3$，(8/1.5)=5(8/1.3)=6 $N=6+4\times2+2\times2=18$根，$L=18\times13=234$m	m	234	
	(2)注浆	$V=3.1412\times4.0\times4.0\times3=150.78$	m^3	150.78	
2	管道顶进进出洞口压密注浆	根据施工组织设计顶管在出洞和进洞处采用压密注浆加固，平面位置是出洞为离井壁外5m，进洞为井壁外4m，深度为管顶以上1m，管底以下3m	m^3	576.97	
	(1)钻孔	平面布置为间距1.5m，$H=1.5$，$H_1=\sqrt{1.5\times1.5-0.75\times0.75}=1.3$，$N=(8.0/1.5)\times(5/1.3)+(4.5/1.5)\times(4/1.3)+(8.0/1.5)\times(5/1.3)+(4.5/1.5)\times(4/1.3)=60$根，$L=60\times(8.15+9.0+9.15)/3=60\times8.76=526$m	m	526	
	(2)注浆	$V=(8\times5+4.5\times4+8\times5+5\times4)\times5.0-\pi\times0.48\times0.48\times(5+4+5+4)=576.97$	m^3	576.97	

(4)单位工程投标报价汇总表

单位工程投标报价汇总表

序号	项目名称	金　额	其中：暂估价
1	分部分项工程		
1.1	73号接收坑　ϕ800钻孔灌注桩+ϕ650深层搅拌桩	271620	
1.2	74号工作坑　SMW工法接收坑	349261	
1.3	75号接收坑　ϕ800钻孔灌注桩+ϕ650深层搅拌桩	270784	
1.4	ϕ800管道顶进	282090	
1.5	非预应力钢筋	296063	
2	措施项目清单计价合计		
2.1	安全防护、文明施工费	45688	
2.2	大型机械进出场及安拆费	55221	
2.3	施工排水、降水	87341	
2.4	施工便道、堆场	48493	
2.5	脚手架	2832	
2.6	混凝土、钢筋混凝土模板及支架	36397	
2.7	地基加固	57114	
3	其他项目		
4	规费	3137	
5	税金	61586	
6	总计	1867626	

(5)工程量清单综合单价表分析表

工程量清单综合单价分析表

工程名称：××工程顶管

序号	定额编号	定额名称	定额单位	清单综合单价组成明细								安全防护、文明	规费	税金	总计
				综合单价	工程量	人工费	材料费	机械费	周材运输费	管理费	合计1				
	1	2	3	4	5	6	7	8	9	10	6～10	11	12	13	14
				4＝14/5											6～10
		73号井(4.5×4.0钻孔灌注桩＋深层搅拌桩围护接收坑)	座	271620	1	25459.13	152139.27	68161.25	1167.66	24692.73	271620	7062.12	484.91	9519.60	288687
1	6-1-1	基坑无支护挖土(深≤2m)	m^3	5.14	72.6	50.97		286.88	1.69	33.95	373.49	9.71	0.67	13.09	397
2	4-1-1	陆上桩基础工作平台(锤重≤2.5t)	m^2	12.38	411	1569.46	2951.28	81.38	23.01	462.51	5087.64	132.28	9.08	178.31	5407
3	4-4-2	陆上埋设拆除钢护筒(ϕ≤800)	m	77.82	26.4	1395.31	323.62	139.38	9.29	186.76	2054.36	53.41	3.67	72.00	2183
4	4-4-12	回旋钻机钻孔(ϕ≤800)	m^3	170.40	233	5094.40	7712.87	23153.07	179.80	3614.01	39754.16	1033.61	70.97	1393.28	42252
5	4-4-18换	灌注桩现浇水下混凝土(ϕ≤800) 非泵送水下商品混凝土(5～40mm)C30	m^3	522.80	236	4667.28	95898.73	11074.07	558.20	11219.83	123418	3208.87	220.33	4325.49	131173
6	ZSM20-1-1	泥浆场外运输	m^3	52.25	236			11213.32	0.00	1121.33	12335	320.70	22.02	432.30	13110
7	1-3-37系	拆除钢混凝土结构	m^3	368.01	2.11	320.65	25.89	355.85	3.51	70.59	776.49	20.19	1.39	27.21	825
8	1-6-5	深层搅拌桩二喷四搅(水泥掺量12%)	m^3	156.81	349	7211.52	24488.26	17856.50	247.78	4980.41	54784.47	1424.40	97.80	1920.06	58227
9	5-2-13	基坑机械挖土	m^3	19.67	161	1551.31		1318.35	14.35	288.40	3172.41	82.48	5.66	111.18	3372
10	5-2-17	基坑混凝土 基础现浇混凝土(5～40mm)C20	m^3	297.62	2.7	174.20	490.46	62.23	3.63	73.05	803.58	20.89	1.43	28.16	854
11	6-2-30换	底板商品混凝土 泵送商品混凝土(5～40mm)C30	m^3	347.87	6.3	38.14	1928.95	15.34	9.91	199.23	2191.58	56.98	3.91	76.81	2329
12	6-2-38换	框架商品混凝土 泵送商品混凝土(5～40mm)C30	m^3	357.54	19.9	289.29	6124.03	29.11	32.21	647.46	7122.11	185.17	12.71	249.61	7570
13	7-4-29	安装大型支撑(宽≤15m)	t	653.39	2.43	221.81	723.16	491.24	7.18	144.34	1587.73	41.28	2.83	55.65	1687
14	7-4-30	拆除大型支撑(宽≤15m)	t	281.12	2.43	235.57	61.43	320.93	3.09	62.10	683.12	17.76	1.22	23.94	726
15	CSM7-4-1	大型支撑使用费	t·d	9.12	73		601.92		3.01	60.49	665.42	17.30	1.19	23.32	707

续表

序号	定额编号	定额名称	定额单位	综合单价	工程量	清单综合单价组成明细					合计 1	安全防护、文明	规费	税金	总计
						人工费	材料费	机械费	周材运输费	管理费					
	1	2	3	4	5	6	7	8	9	10	6～10	11	12	13	14
16	5-1-70 系	铺设 ϕ800PH-48 管	100m	55250.68	0.01	8.28	475.28	16.22	2.50	50.23	552.51	14.37	0.99	19.36	587
17	6-1-10	基坑回填土	m^3	11.49	132	1238.15		130.24	6.84	137.52	1512.76	39.33	2.70	53.02	1608
18	ZSM19-1-1	土方场外运输	m^3	30.25	36.9			1013.65	0.00	101.37	1115.02	28.99	1.99	39.08	1185
19	6-2-30 换	底板商品混凝土　泵送商品混凝土(5～40mm)C30	m^3	347.87	1.93	11.69	590.93	4.70	3.04	61.04	671.39	17.46	1.20	23.53	714
20	5-3-9	窨井商品混凝土　非泵送商品混凝土(5～40mm)C20	m^3	394.80	24.1	1343.18	6698.33	572.29	43.07	865.69	9522.56	247.59	17.00	333.74	10121
21	6-2-34	平台商品混凝土　泵送商品混凝土(5～40mm)C25	m^3	347.54	0.72	5.36	219.52	1.47	1.13	22.75	250.23	6.51	0.45	8.77	266
22	6-2-50	矩形梁商品混凝土　泵送商品混凝土(5～40mm)C25	m^3	356.94	0.08	1.48	24.23	0.12	0.13	2.60	28.56	0.74	0.05	1.00	30
23	5-3-16	安装钢混凝土盖板(0.5m^3 以内)水泥砂浆 1：2	m^3	141.40	0.22	18.43	2.10	7.61	0.14	2.83	31.11	0.81	0.06	1.09	33
24	208330	Ⅱ型钢筋混凝土盖板	块	294.20	1		266.12		1.33	26.75	294.20	7.65	0.53	10.31	313
25	5-3-18	安装铸铁盖座　水泥砂浆 1：2	套	604.83	1	12.65	517.16	17.30	2.74	54.98	604.83	15.73	1.08	21.20	643
26	BC	包塑爬梯	格	71.86	31		2015.00		10.08	202.51	2227.58	57.92	3.98	78.07	2368
		74 号井(ϕ8.0SMW 工法工作坑)	座	349261	1	27765.99	191229.76	96942.60	1571.31	31750.97	349261	9080.78	623.51	12240.70	371206
27	6-1-1	基坑无支护挖土(深≤2m)	m^3	5.14	72.6	50.97		286.88	1.69	33.95	373.49	9.71	0.67	13.09	397
28	1-6-17	SMW 工法搅拌桩　一喷一搅	m^3	197.53	595	3883.57	55814.74	46556.01	531.27	10678.56	117464	3054.07	209.70	4116.82	124845
29	1-6-18	SMW 工法搅拌桩　插拔型钢	t	628.69	136	3171.06	50406.41	23860.85	387.19	7782.55	85608	2225.81	152.83	3000.35	90987
30	CSM5-1-3	槽型钢板桩使用费	t・d	7.59	6128		42099.36		210.50	4230.99	46540.84	1210.06	83.09	1631.14	49465
	1-6-11	压密注浆(注浆)	m^3	61.07	####	166.86	419.53	96.39	3.41	68.62	754.81	19.63	1.35	26.45	802
31	5-2-13	基坑机械挖土	m^3	19.67	535	5148.53		4375.39	47.62	957.15	10528.69	273.75	18.80	369.00	11190
32	5-2-17	基坑混凝土　基础现浇混凝土(5～40mm)C20	m^3	297.62	7.54	486.48	1369.65	173.80	10.15	204.01	2244.09	58.35	4.01	78.65	2385

续表

序号	定额编号	定额名称	定额单位	清单综合单价组成明细								安全防护、文明	规费	税金	总计
				综合单价	工程量	人工费	材料费	机械费	周材运输费	管理费	合计 1				
	1	2	3	4	5	6	7	8	9	10	6～10	11	12	13	14
33	6-2-30 换	底板商品混凝土　泵送商品混凝土(5～40mm)C30	m^3	347.87	20.1	121.70	6154.28	48.95	31.62	635.66	6992.21	181.80	12.48	245.06	7432
34	6-2-38 换	框架商品混凝土　泵送商品混凝土(5～40mm)C30	m^3	357.54	22.7	328.94	6963.31	33.10	36.63	736.20	8098.17	210.55	14.46	283.82	8607
35	6-1-10	基坑回填土	m^3	11.49	547	5145.84		541.29	28.44	571.56	6287.12	163.47	11.22	220.35	6682
36	ZSM19-1-1	土方场外运输	m^3	30.25	60.9			1675.58	0.00	167.56	1843.14	47.92	3.29	64.60	1959
37	5-2-44 换	安拆钢混凝土后座　现浇混凝土(5～40mm)C30	m^3	1070.36	43.6	7600.36	15981.94	18602.58	210.92	4239.58	46635.38	1212.52	83.26	1634.45	49566
38	6-2-23	井壁预留孔封堵及拆除混合砂浆 M7.5	m^3	638.84	1.24	286.58	332.05	97.93	3.58	72.01	792.16	20.60	1.41	27.76	842
39	6-2-30 换	底板商品混凝土　泵送商品混凝土(5～40mm)C30	m^3	347.87	2.94	17.80	900.18	7.16	4.63	92.98	1022.74	26.59	1.83	35.84	1087
40	5-3-9	窨井商品混凝土　非泵送商品混凝土(5～40mm)C20	m^3	394.80	23.6	1311.44	6540.03	558.77	42.05	845.23	9297.52	241.74	16.60	325.85	9882
41	6-2-34	平台商品混凝土　泵送商品混凝土(5～40mm)C25	m^3	347.54	1.26	9.38	384.15	2.58	1.98	39.81	437.90	11.39	0.78	15.35	465
42	6-2-50	矩形梁商品混凝土　泵送商品混凝土(5～40mm)C25	m^3	360.55	0.29	5.40	88.75	0.43	0.47	9.51	104.56	2.72	0.19	3.66	111
43	5-3-16	安装钢混凝土盖板(0.5m^3 以内)　水泥砂浆 1∶2	m^3	141.40	0.22	18.43	2.10	7.61	0.14	2.83	31.11	0.81	0.06	1.09	33
44	208330	Ⅱ型钢筋混凝土盖板	块	294.20	1		266.12		1.33	26.75	294.20	7.65	0.53	10.31	313
45	5-3-18	安装铸铁盖座　水泥砂浆 1∶2	套	604.83	1	12.65	517.16	17.30	2.74	54.98	604.83	15.73	1.08	21.20	643
46	BC	包塑爬梯	格	71.86	46		2990.00		14.95	300.50	3305.45	85.94	5.90	115.85	3513
		75 号井(φ5.0 钻孔灌注桩＋深层搅拌桩围护接收坑)	座	270784	1	23509.07	150934.96	70562.61	1160.65	24616.73	270784	7040.38	483.41	9490.30	287798
47	6-1-1	基坑无支护挖土(深≤2m)	m^3	5.14	20.5	14.39		81.01	0.48	9.59	105.46	2.74	0.19	3.70	112
48	4-1-1	陆上桩基础工作平台(锤重≤2.5t)	m^2	12.38	118	452.42	850.76	23.46	6.63	133.33	1466.60	38.13	2.62	51.40	1559

续表

序号	定额编号	定额名称	定额单位	清单综合单价组成明细								安全防护、文明	规费	税金	总计
				综合单价	工程量	人工费	材料费	机械费	周材运输费	管理费	合计1				
	1	2	3	4	5	6	7	8	9	10	6～10	11	12	13	14
49	4-4-2	陆上埋设拆除钢护筒(φ≤800)	m	77.82	25.2	1331.88	308.91	133.04	8.87	178.27	1960.97	50.99	3.50	68.73	2084
50	4-4-12	回旋钻机钻孔(φ≤800)	m³	170.40	235	5140.25	7782.30	23361.48	181.42	3646.55	40112.00	1042.91	71.61	1405.82	42632
51	4-4-18换	灌注桩现浇水下混凝土(φ≤800)　非泵送水下商品混凝土(5～40mm)C30	m³	522.80	238	4705.44	96682.75	11164.61	562.76	11311.56	124427	3235.11	222.13	4360.86	132245
52	ZSM20-1-1	泥浆场外运输	m³	52.25	238			11305.00	0.00	1130.50	12435.50	323.32	22.20	435.83	13217
53	1-3-37	拆除钢混凝土结构	m³	249.86	2.02	204.65	24.79	227.12	2.28	45.88	504.73	13.12	0.90	17.69	536
54	1-6-5	深层搅拌桩二喷四搅(水泥掺量12%)	m³	156.81	369	7614.24	25855.76	18853.66	261.62	5258.53	57843.81	1503.94	103.27	2027.28	61478
55	7-4-23	支撑基坑挖土(宽≤15m，深≤11m)	m³	20.22	198	661.87		2964.65	18.13	364.47	4009.12	104.24	7.16	140.51	4261
56	5-2-17	基坑混凝土　基础现浇混凝土(5～40mm)C20	m³	297.63	2.94	189.69	534.06	67.77	3.96	79.55	875.03	22.75	1.56	30.67	930
57	6-2-30换	底板商品混凝土　泵送商品混凝土(5～40mm)C30	m³	347.87	6.87	41.60	2103.48	16.73	10.81	217.26	2389.88	62.14	4.27	83.76	2540
58	6-2-38换	框架商品混凝土　泵送商品混凝土(5～40mm)C30	m³	357.54	18.1	263.44	5576.80	26.51	29.33	589.61	6485.69	168.63	11.58	227.31	6893
59	5-1-70系	铺设φ800PH－48管	100m	67808.05	0.01	10.16	583.30	19.91	3.07	61.64	678.08	17.63	1.21	23.77	721
60	6-1-10	基坑回填土	m³	11.49	162	1520.14		159.90	8.40	168.84	1857.28	48.29	3.32	65.09	1974
61	ZSM19-1-1	土方场外运输	m³	30.25	57.1			1570.80	0.00	157.08	1727.88	44.92	3.08	60.56	1836
62	6-2-30换	底板商品混凝土　泵送商品混凝土(5～40mm)C30	m³	347.87	2.94	17.80	900.18	7.16	4.63	92.98	1022.74	26.59	1.83	35.84	1087
63	5-3-9	窨井商品混凝土　非泵送商品混凝土(5～40mm)C20	m³	394.80	23.3	1295.29	6459.50	551.89	41.53	834.82	9183.03	238.76	16.39	321.84	9760
64	6-2-34	平台商品混凝土　泵送商品混凝土(5～40mm)C25	m³	347.54	1.26	9.38	384.15	2.58	1.98	39.81	437.90	11.39	0.78	15.35	465

续表

序号	定额编号	定额名称	定额单位	综合单价	工程量	清单综合单价组成明细 人工费	材料费	机械费	周材运输费	管理费	合计1	安全防护、文明	规费	税金	总计
	1	2	3	4	5	6	7	8	9	10	6～10	11	12	13	14
65	6-2-50	矩形梁商品混凝土 泵送商品混凝土(5～40mm)C25	m^3	356.85	0.29	5.35	87.84	0.42	0.47	9.41	103.49	2.69	0.18	3.63	110
66	5-3-16	安装钢混凝土盖板(0.5m^3以内)水泥砂浆1∶2	m^3	141.40	0.22	18.43	2.10	7.61	0.14	2.83	31.11	0.81	0.06	1.09	33
67	208330	Ⅱ型钢筋混凝土盖板	块	294.20	1		266.12		1.33	26.75	294.20	7.65	0.53	10.31	313
68	5-3-18	安装铸铁盖座水泥砂浆1∶2	套	604.83	1	12.65	517.16	17.30	2.74	54.98	604.83	15.73	1.08	21.20	643
69	BC	包塑爬梯	格	71.86	31		2015.00		10.08	202.51	2227.58	57.92	3.98	78.07	2368
		顶管(ϕ800)	m	1659.35	170	24335.55	117287.04	113574.16	1248.75	25644.55	282090	7334.34	503.60	9886.54	299815
70	5-2-41	安拆ϕ600－ϕ1200顶进枋木后座	座	2542.16	1	448.92	1034.09	816.55	11.50	231.11	2542.16	66.10	4.54	89.10	2702
71	5-2-55	安拆ϕ800泥水平衡顶管设备	套	17538.80	1	2413.79	3989.06	9462.19	79.33	1594.44	17538.80	456.01	31.31	614.69	18641
72	5-2-28	ϕ800钢混凝土沉井洞口处理	个	1920.69	2	50.75	3296.40	127.64	17.37	349.22	3841.38	99.88	6.86	134.63	4083
73	5-2-92	ϕ800泥水平衡管道顶进	100m	114351	0.8	5365.60	37851.48	39533.60	413.75	8316.44	91480.88	2378.50	163.32	3206.17	97229
74	5-2-92系	ϕ800泥水平衡管道顶进一节中继间	100m	127491	0.78	6313.97	37118.10	46521.17	449.77	9040.30	99443.31	2585.53	177.53	3485.24	105692
75	5-2-125	ϕ800顶进触变泥浆减阻	100m	9768.37	1.58	1941.21	1251.39	10768.52	69.81	1403.09	15434.02	401.28	27.55	540.92	16404
76	5-2-138	压浆孔封拆	孔	71.62	79	1495.77	2732.85	889.70	25.59	514.39	5658.30	147.12	10.10	198.31	6014
77	5-1-85	ϕ800水泥砂浆接口水泥砂浆1∶2	只	14.28	52	461.74	202.28	7.49	3.36	67.49	742.35	19.30	1.33	26.02	789
78	5-2-154	ϕ800T型接口	只	758.02	52	5843.80	29811.39		178.28	3583.35	39416.81	1024.84	70.37	1381.46	41893
79	ZSM20-1-1	泥浆场外运输	m^3	52.25	115			5447.30	0.00	544.73	5992.03	155.79	10.70	210.01	6369
		钢筋	t	4554.82	65	29505.33	214525.42	23778.46	1339.05	26914.83	296063	7697.64	528.54	10376.26	314666
80	4-4-22	灌注桩钢筋笼	t	4634.57	22.7	10311.38	74868.84	9900.75	475.40	9555.64	105112	2732.91	187.65	3683.91	111716
81	6-2-32	底板钢筋	t	4236.71	0.66	204.61	2161.14	163.63	12.65	254.20	2796.23	72.70	4.99	98.00	2972
82	6-2-40	框架钢筋	t	4225.96	2.57	814.15	8364.16	645.95	49.12	987.34	10860.72	282.38	19.39	380.64	11543
83	6-2-32	底板钢筋	t	4263.82	0.24	74.88	790.90	59.88	4.63	93.03	1023.32	26.61	1.83	35.86	1088
84	5-3-11	窨井钢筋	t	4419.13	2.34	1409.82	7816.27	127.83	46.77	940.07	10340.76	268.86	18.46	362.42	10990
85	6-2-36	平台钢筋	t	4674.05	0.03	12.32	107.97	6.55	0.63	12.75	140.22	3.65	0.25	4.91	149

续表

序号	定额编号	定额名称	定额单位	清单综合单价组成明细								安全防护、文明	规费	税金	总计
				综合单价	工程量	人工费	材料费	机械费	周材运输费	管理费	合计1				
	1	2	3	4	5	6	7	8	9	10	6～10	11	12	13	14
86	6-2-52	矩形梁钢筋	t	4314.21	0.02	7.83	65.49	4.73	0.39	7.84	86.28	2.24	0.15	3.02	92
87	6-2-32	底板钢筋	t	4211.20	0.35	107.85	1139.16	86.25	6.67	133.99	1473.92	38.32	2.63	51.66	1567
88	6-2-40	框架钢筋	t	4089.86	0.09	27.59	283.48	21.89	1.66	33.46	368.09	9.57	0.66	12.90	391
89	6-2-32	底板钢筋	t	4199.13	0.35	107.54	1135.90	86.00	6.65	133.61	1469.70	38.21	2.62	51.51	1562
90	5-3-11	窨井钢筋	t	4420.76	2.71	1633.35	9055.52	148.10	54.18	1089.12	11980.27	311.49	21.39	419.88	12733
91	6-2-36	平台钢筋	t	4248.99	0.1	37.32	327.18	19.85	1.92	38.63	424.90	11.05	0.76	14.89	452
92	6-2-52	矩形梁钢筋	t	4314.32	0.05	19.58	163.73	11.82	0.98	19.61	215.72	5.61	0.39	7.56	229
93	4-4-22	灌注桩钢筋笼	t	4634.57	25.9	11761.70	85399.33	11293.32	542.27	10899.66	119896	3117.30	214.04	4202.06	127430
94	6-2-32	底板钢筋	t	4235.23	0.7	216.93	2291.33	173.48	13.41	269.51	2964.66	77.08	5.29	103.90	3151
95	6-2-40	框架钢筋	t	4230.90	3.03	960.99	9872.77	762.46	57.98	1165.42	12819.62	333.31	22.89	449.30	13625
96	6-2-32	底板钢筋	t	4211.20	0.35	107.85	1139.16	86.25	6.67	133.99	1473.92	38.32	2.63	51.66	1567
97	5-3-11	窨井钢筋	t	4419.13	2.71	1632.74	9052.18	148.05	54.16	1088.71	11975.85	311.37	21.38	419.72	12728
98	6-2-36	平台钢筋	t	4248.99	0.1	37.32	327.18	19.85	1.92	38.63	424.90	11.05	0.76	14.89	452
99	6-2-52	矩形梁钢筋	t	4314.32	0.05	19.58	163.73	11.82	0.98	19.61	215.72	5.61	0.39	7.56	229
	1	措施费 3.3.1.5	台	5522.08	10	0.00	0.00	49951.00	249.76	5020.08	55220.83	1435.74	98.58	1935.35	58691
100	ZSM21-1-1	钻孔灌注桩钻机安装及拆除费	台	4069.35	1			3681.00	18.41	369.94	4069.35	105.80	7.26	142.62	4325
101	ZSM21-2-15	钻孔灌注桩钻机场外运输费	台次	10270.10	1			9290.00	46.45	933.65	10270.10	267.02	18.33	359.94	10915
102	ZSM21-1-2	深层搅拌桩钻机安装及拆除费	台	2893.09	1			2617.00	13.09	263.01	2893.09	75.22	5.16	101.40	3075
103	ZSM21-2-16	深层搅拌桩钻机场外运输费	台次	5954.22	1			5386.00	26.93	541.29	5954.22	154.81	10.63	208.68	6328
104	ZSM21-1-2	深层搅拌桩钻机安装及拆除费	台	2893.09	1			2617.00	13.09	263.01	2893.09	75.22	5.16	101.40	3075
105	ZSM21-2-16	深层搅拌桩钻机场外运输费	台次	5954.22	1			5386.00	26.93	541.29	5954.22	154.81	10.63	208.68	6328
106	ZSM21-1-1	钻孔灌注桩钻机安装及拆除费	台	4069.35	1			3681.00	18.41	369.94	4069.35	105.80	7.26	142.62	4325

续表

序号	定额编号	定额名称	定额单位	清单综合单价组成明细								安全防护、文明	规费	税金	总计
				综合单价	工程量	人工费	材料费	机械费	周材运输费	管理费	合计1				
	1	2	3	4	5	6	7	8	9	10	6～10	11	12	13	14
107	ZSM21-2-15	钻孔灌注桩钻机场外运输费	台次	10270.10	1			9290.00	46.45	933.65	10270.10	267.02	18.33	359.94	10915
108	ZSM21-1-2	深层搅拌桩钻机安装及拆除费	台	2893.09	1			2617.00	13.09	263.01	2893.09	75.22	5.16	101.40	3075
109	ZSM21-2-16	深层搅拌桩钻机场外运输费	台次	5954.22	1			5386.00	26.93	541.29	5954.22	154.81	10.63	208.68	6328
	2	施工排水	m^3	14.05	851	2714.69	1703.10	6392.83	54.05	1086.47	11951.14	310.73	21.34	418.86	12702
110	1-1-9	湿土排水	m^3	10.65	152	322.76		1144.11	7.33	147.42	1621.62	42.16	2.89	56.83	1724
111	1-1-9	湿土排水	m^3	10.65	510	1081.22		3832.71	24.57	493.85	5432.35	141.24	9.70	190.39	5774
112	1-1-9	湿土排水	m^3	10.65	188	399.46		1416.01	9.08	182.45	2007.00	52.18	3.58	70.34	2133
113	1-1-10	筑拆混凝土管集水井	座	481.69	2	303.75	567.70		4.36	87.58	963.39	25.05	1.72	33.76	1024
114	1-1-10	筑拆混凝土管集水井	座	481.69	2	303.75	567.70		4.36	87.58	963.39	25.05	1.72	33.76	1024
115	1-1-10	筑拆混凝土管集水井	座	481.69	2	303.75	567.70		4.36	87.58	963.39	25.05	1.72	33.76	1024
	2	施工降水	根	3426.80	22	10228.46	6230.68	51735.83	340.97	6853.59	75389.54	1960.13	134.59	2642.21	80126
116	1-5-1	轻型井点安装	根	148.35	6	245.83	272.93	286.39	4.03	80.92	890.09	23.14	1.59	31.20	946
117	1-5-2	轻型井点拆除	根	19.62	6	58.52	4.92	43.07	0.53	10.70	117.75	3.06	0.21	4.13	125
118	1-5-3	轻型井点使用	套天	796.60	30	3037.50	1737.30	16842.60	108.09	2172.55	23898.04	621.35	42.66	837.57	25400
119	1-5-1	轻型井点安装	根	148.35	10	409.72	454.88	477.32	6.71	134.86	1483.49	38.57	2.65	51.99	1577
120	1-5-2	轻型井点拆除	根	19.63	10	97.54	8.20	71.79	0.89	17.84	196.26	5.10	0.35	6.88	209
121	1-5-3	轻型井点使用	套天	796.60	30	3037.50	1737.30	16842.60	108.09	2172.55	23898.04	621.35	42.66	837.57	25400
122	1-5-1	轻型井点安装	根	148.35	6	245.83	272.93	286.39	4.03	80.92	890.09	23.14	1.59	31.20	946
123	1-5-2	轻型井点拆除	根	19.62	6	58.52	4.92	43.07	0.53	10.70	117.75	3.06	0.21	4.13	125
124	1-5-3	轻型井点使用	套天	796.60	30	3037.50	1737.30	16842.60	108.09	2172.55	23898.04	621.35	42.66	837.57	25400
	3	施工便道	m^2	39.73	656	13183.14	9920.30	488.68	117.96	2371.01	26081.09	678.11	46.56	914.08	27720
125	1-4-19	铺筑施工便道	m^2	39.73	656	13183.14	9920.30	488.68	117.96	2371.01	26081.09	678.11	46.56	914.08	27720
	3	堆场	m^2	37.35	600	8829.00	10862.61	581.19	101.36	2037.42	22411.58	582.70	40.01	785.47	23820
126	1-4-20	堆料场地现浇混凝土(5～20mm)C15	m^2	37.35	200	2943.00	3620.87	193.73	33.79	679.14	7470.53	194.23	13.34	261.82	7940

续表

序号	定额编号	定额名称	定额单位	综合单价	工程量	清单综合单价组成明细						安全防护、文明	规费	税金	总计
						人工费	材料费	机械费	周材运输费	管理费	合计1				
	1	2	3	4	5	6	7	8	9	10	6～10	11	12	13	14
127	1-4-20	堆料场地现浇混凝土（5～20mm）C15	m^2	37.35	200	2943.00	3620.87	193.73	33.79	679.14	7470.53	194.23	13.34	261.82	7940
128	1-4-20	堆料场地现浇混凝土（5～20mm）C15	m^2	37.35	200	2943.00	3620.87	193.73	33.79	679.14	7470.53	194.23	13.34	261.82	7940
	4	脚手架	m^2	10.54	269	1041.35	1340.55	180.10	12.81	257.48	2832.29	73.64	5.06	99.26	3010
129	1-1-16	双排脚手架（高≤10m）	m^2	10.54	269	1041.35	1340.55	180.10	12.81	257.48	2832.29	73.64	5.06	99.26	3010
	5	模板	m^2	57.23	636	14642.70	14161.57	4119.20	164.62	3308.81	36396.90	946.32	64.98	1275.62	38684
130	6-2-39	框架模板	m^2	55.55	33.4	527.30	434.24	717.73	8.40	168.77	1856.43	48.27	3.31	65.06	1973
131	6-2-31	底板模板	m^2	44.87	3.36	46.29	29.04	61.06	0.68	13.71	150.78	3.92	0.27	5.28	160
132	5-3-10	窨井模板	m^2	58.08	164	4155.81	4171.97	297.37	43.13	866.83	9535.10	247.91	17.02	334.18	10134
133	6-2-35	平台模板	m^2	55.15	2.56	47.04	24.67	55.99	0.64	12.83	141.17	3.67	0.25	4.95	150
134	6-2-51	矩形梁模板	m^2	50.96	0.94	15.54	8.88	18.91	0.22	4.35	47.90	1.25	0.09	1.68	51
135	6-2-39	框架模板	m^2	55.55	57.3	903.46	744.00	1229.73	14.39	289.16	3180.73	82.70	5.68	111.48	3381
136	6-2-31	底板模板	m^2	44.88	4.06	55.93	35.09	73.79	0.82	16.56	182.20	4.74	0.33	6.39	194
137	5-3-10	窨井模板	m^2	58.08	160	4058.61	4074.39	290.42	42.12	846.55	9312.09	242.11	16.62	326.37	9897
138	6-2-35	平台模板	m^2	55.15	2.96	54.39	28.53	64.74	0.74	14.84	163.24	4.24	0.29	5.72	173
139	6-2-51	矩形梁模板	m^2	50.97	2.44	40.34	23.06	49.09	0.56	11.31	124.36	3.23	0.22	4.36	132
140	6-2-39	框架模板	m^2	55.55	36.6	577.32	475.42	785.81	9.19	184.77	2032.52	52.85	3.63	71.23	2160
141	6-2-31	底板模板	m^2	44.88	4.06	55.93	35.09	73.79	0.82	16.56	182.20	4.74	0.33	6.39	194
142	5-3-10	窨井模板	m^2	58.08	158	4010.01	4025.60	286.94	41.61	836.42	9200.58	239.22	16.43	322.46	9779
143	6-2-35	平台模板	m^2	55.15	2.96	54.39	28.53	64.74	0.74	14.84	163.24	4.24	0.29	5.72	173
144	6-2-51	矩形梁模板	m^2	50.97	2.44	40.34	23.06	49.09	0.56	11.31	124.36	3.23	0.22	4.36	132
	6	地基加固	m^3	78.48	728	12928.55	27680.11	11055.19	258.32	5192.22	57114.39	1484.97	101.96	2001.72	60703
145	1-6-10	压密注浆（机械钻孔）	m	15.08	234	955.60	916.87	1656.32	17.64	354.64	3901.08	101.43	6.96	136.72	4146
146	1-6-11	压密注浆（注浆）	m^3	55.24	151	2035.80	5118.51	1176.05	41.65	837.20	9209.21	239.44	16.44	322.76	9788
147	1-6-10	压密注浆（机械钻孔）	m	15.08	526	2148.05	2060.99	3723.18	39.66	797.19	8769.07	228.00	15.65	307.33	9320
148	1-6-11	压密注浆（注浆）	m^3	55.24	577	7789.10	19583.74	4499.64	159.36	3203.18	35235.03	916.11	62.90	1234.90	37449

(6) 施工图预算书工程数量计算表

顶管工程工程数量计算表(施工图预算书)

1) 73 号接收井:

顺序号	项目名称及说明	计算说明	单位	计算结果	预算顺序号
1	2	3	4	5	6
工程概述:××工程 73 号井～75 号井顶管，管径 ϕ600，L=82m；管径 ϕ800，L=88m。一个工作坑，二个接收坑					
一	73 号接收坑：4.50m×4.0m×9.0m：ϕ800 钻孔灌注桩＋ϕ650 深层搅拌桩，ϕ800 钻孔灌注桩 N=22 根，桩长 L=3.65－(－16.45)＝20.1m。ϕ650 深层搅拌桩 N=54 根，桩长 L=3.65－(－15.85)＝19.5m。				
1	基坑挖土	H=0.5m，A_1=4.5＋0.8＋6.5＝11.8m，A_2=11.8＋0.5×2＝12.8m，B_1=4.0＋0.8＋6.5＝11.3m，B_2=11.3＋0.5×2＝12.3m，V=1/6×H×(A_1×B_1＋A_2×B_2＋(A_1＋A_2)×(B_1＋B_2))＝0.5/6×(11.8×11.3＋12.8×12.3＋(11.8＋12.8)×(11.3＋12.3))	m^3	72.6	
2	陆上工作平台	S=(6.5×(4.2＋6.5)×2＋6.5×(3.7＋6.5))×2	m^2	410.8	
3	陆上埋设钢护筒 ϕ800	N=22 根，L=1.2m/根×22 根	m	26.4	
4	钻孔 ϕ800	V=0.4×0.4×3.1412×21.1×22	m^3	233.3	
5	灌注混凝土 ϕ800	V=0.4×0.4×3.1412×(21.1＋0.25)×22	m^3	236.07	
6	灌注桩钢筋笼	根据设计图　1031kg×22/1000	t	22.68	
7	泥浆外运	V=236.07	m^3	236.07	
8	凿桩	V=0.4×0.4×0.6×22	m^3	2.11	
9	深层搅拌桩 ϕ650	V=0.325×0.325×3.1412×19.5×54	m^3	349.37	
10	接收坑挖土	V=4.5×4.0×(3.65－(－4.81)＋0.5)	m^3	161.28	
11	C20 混凝土垫层	V=4.5×4.0×0.15	m^3	2.70	
12	C30 混凝土底板	V=4.5×4.0×0.35	m^2	6.30	
13	底板钢筋	根据设计图　664kg/1000	m^3	0.66	
14	C30 混凝土围檩	围檩 1：V=1.1×0.6×(5.4＋4.9)×2＝13.60	m^3	19.92	
		围檩 1：V=0.5×0.4×(4.2＋3.7)×2×2＝6.32			
		小计：Σ=13.60＋6.32＝19.92			
15	围檩模板	围檩 1：S=(0.6＋0.1)×(4.3＋3.8)×2=11.34	m^2	33.42	
		围檩 1：S=(0.4＋0.4)×(3.7＋3.2)×2×2＝22.08			
		小计：Σ=11.34＋22.08＝33.42			
16	围檩钢筋	根据设计图　(1610＋957)/1000	t	2.567	
17	钢支撑	[28b 双拼：L=1.4142×2×4×3＝33.94m，@＝35.823×2＝71.646kg/m，	t	2.432	
		小计：Σ=33.94×71.646/1000＝2.432			
18	钢支撑使用费	2.432t×30d	t·d	72.96	
19	坑内排管 ϕ800	L=1/2×4.5－1/2×1.7－0.3	m	1.1	
20	回填土	V=7.26＋161.28－36.86	m^3	131.68	
21	余土外运	V=(1.93＋1.7×2.7×8.06－1.24×1.24×2)＋3.1412×0.48×0.48×(1.1＋0.3)	m^3	36.86	
22	钢筋混凝土 1100×2100 特殊井	(1) 混凝土底板：2.9×1.9×0.35	m^3	1.93	
		(2) 混凝土底板模板：(2.9＋1.9)×2×0.35	m^2	3.36	
		(3) 混凝土底板钢筋：243kg/1000	t	0.24	

顶管工程数量计算表(预算)

顺序号	项目名称及说明	计算说明	单位	计算结果	预算顺序号
1	2	3	4	5	6
		(4) 混凝土墙板：2.4×4×0.3×7.85+1.24×4×0.24×1.69−3.1412×0.5125×0.5125×0.3×2	m^3	24.12	
		(5) 混凝土墙板模板：(2.7+2.1)×4×7.85+(1.48+1.0)×4×1.69−3.1412×0.5125×0.5125×4	m^2	164.18	
		(6) 混凝土墙板钢筋：2336kg/1000	t	2.34	
		(7) 混凝土矩形梁：0.25×0.3×1.1	m^3	0.08	
		(8) 混凝土矩形梁模板：(0.3+0.25+0.3)×1.1	m^2	0.94	
		(9) 混凝土矩形梁钢筋：17kg/1000	t	0.02	
		(10) 混凝土顶板：(2.7×1.7−1.0×1.0)×0.2	m^3	0.72	
		(11) 混凝土顶板模板：((2.7+1.7)×2+1.0×4)×0.2	m^2	2.56	
		(12) 混凝土顶板钢筋：33kg/1000	t	0.03	
		(13) Ⅱ型钢筋混凝土盖板：0.22	m^3	0.22	
		(14) 铸铁窨井盖板：1	套	1.00	
23	钻孔灌注桩进出场	1	架次	1.00	
24	钻孔灌注桩场外运输	1	架次	1.00	
25	深层搅拌桩进出场	1	架次	1.00	
26	深层搅拌桩场外运输	1	架次	1.00	
27	挖掘机场外运输	1	架次	1.00	

2) 74号工作井：

顶管工程数量计算表(预算)

顺序号	项目名称及说明	计算说明	单位	计算结果	预算顺序号
1	2	3	4	5	6
工程概述：××工程73号井～75号井顶管，管径ϕ600，L=82m；管径ϕ800，L=88m。一个工作坑，二个接收坑					
一	74号工作坑：ϕ8.0m×10.5m：SMW工法，ϕ850深层搅拌桩，N=47根，桩长L=4.5−(−17.8)=22.3m。H型钢HN700×300×13×24 N=34根，桩长L=5.0−(−17.30)=22.3m				
1	基坑挖土	H=0.5m，R_1=(8.0+0.85+6.5)/2=15.35/2=7.675m，R_2=7.675+0.5=8.175m，V=1/3×H×(R_1×R_1+R_2×R_2+R_1×R_2)=0.5/3×(7.675×7.675+8.175×8.175+7.675×8.175)	m^3	72.6	
2	深层搅拌桩ϕ850	V=0.425×0.425×3.1412×22.3×47	m^3	594.67	
3	插拔H型钢	22.3×34×179.6/1000	t	136.17	
4	H型钢使用费	136.17×45	t·d	6128	
5	注浆	(0.7×0.013+0.3×0.024)×22.3×34	m^3	12.36	
6	工作坑挖土	V=4.0×4.0×3.1412×(4.50−(−5.6)+0.55)	m^3	535.2605	
7	C20混凝土垫层	V=4.0×4.0×3.1412×0.15	m^3	7.54	
8	C30混凝土底板	V=4.0×4.0×3.1412×0.4	m^2	20.10	
9	底板钢筋	根据设计图　350kg/1000	m^3	0.35	
10	C30混凝土围檩	围檩1：V=1.1×0.6×(7.8+1.1)×3.1412 =18.45	m^3	22.65	
		小计：Σ=18.45+4.2=22.65			

续表

顺序号	项目名称及说明	计算说明	单位	计算结果	预算顺序号
1	2	3	4	5	6
11	围檩模板	围檩 1：$S=(0.6+0.1)\times(7.8+1.1)\times3.1412=19.57$	m^2	57.26	
		围檩 1：$S=(0.4+0.4)\times7.5\times3.1412\times2=37.69$			
		小计：$\Sigma=19.57+37.69=57.26$			
12	围檩钢筋	根据设计图　87/1000	t	0.087	
13	C30 混凝土前后座墙	$3.1412\times4\times4\times(40+23)\times2/360\times2.5-3.1412\times0.475\times0.475\times0.29\times2$	m^3	43.57	
14	坑内排管 ϕ800	$L=8.0-2.7-0.6$	m	4.7	
15	回填土	$V=72.6+535.6-60.93$	m^3	547.27	
16	余土外运	$V=(2.94+2.7\times2.7\times7.85-1.24\times1.24\times2)+3.1412\times0.48\times0.48\times(4.7+0.6)$	m^3	60.93	
17	底版下压密注浆				
	(1) 钻孔	平面布置为间距 1.5m，$H=1.5$，$H_1=\sqrt{1.5\times1.5-0.75\times0.75}=1.3$，$(8/1.5)=5(8/1.3)=6$ $N=6+4\times2+2\times2=18$ 根，$L=18\times13=234$m	m	234	
	(2) 注浆	$V=3.1412\times4.0\times4.0\times3=150.78$	m^3	150.78	
18	钢筋混凝土检查井	(1) 混凝土底板：$2.9\times2.9\times0.35$	m^3	2.94	
		(2) 混凝土底板模板：$2.9\times4\times0.35$	m^2	4.06	
		(3) 混凝土底板钢筋：350kg/1000	t	0.35	
		(4) 混凝土墙板：$2.4\times4\times0.3\times7.65+1.24\times4\times0.24\times1.69-3.1412\times0.5125\times0.5125\times0.3\times2$	m^3	23.55	
		(5) 混凝土墙板模板：$(2.7+2.1)\times4\times7.65+(1.48+1.0)\times4\times1.69-3.1412\times0.5125\times0.5125\times4$	m^2	160.34	
		(6) 混凝土墙板钢筋：2708kg/1000	t	2.71	
		(7) 混凝土矩形梁：$0.25\times0.4\times2.1+0.25\times0.3\times1.0$	m^3	0.29	
		(8) 混凝土矩形梁模板：$(0.4+0.25+0.2)\times2.1+(0.3+0.25+0.1)\times1.0$	m^2	2.44	
		(9) 混凝土矩形梁钢筋：52kg/1000	t	0.05	
		(10) 混凝土顶板：$(2.7\times2.7-1.0\times1.0)\times0.2$	m^3	1.26	
		(11) 混凝土顶板模板：$(2.7\times4+1.0\times4)\times0.2$	m^2	2.96	
		(12) 混凝土顶板钢筋：96kg/1000	t	0.10	
		(13) Ⅱ型钢筋混凝土盖板：0.22	m^3	0.22	
		(14) 铸铁窨井盖板：1	套	1.00	
19	深层搅拌桩进出场	1	架次	1.00	
20	深层搅拌桩场外运输	1	架次	1.00	
21	挖掘机场外运输	1	架次	1.00	

3）75 号接收井：

顶管工程数量计算表(预算)

顺序号	项目名称及说明	计算说明	单位	计算结果	预算顺序号
1	2	3	4	5	6
工程概述：××工程 73 号井～75 号井顶管，管径 ϕ600，L=82m；管径 ϕ800，L=88m。一个工作坑，二个接收坑					
一	75 号接收坑：ϕ5.0×9.5m：ϕ800 钻孔灌注桩＋ϕ650 深层搅拌桩，ϕ800 钻孔灌注桩 N=21 根，桩长 L=4.5－(－17.8)＝22.3m。ϕ650 深层搅拌桩 N=51 根，桩长 L=4.5－(－17.3)＝21.8m				
1	基坑挖土	H=0.5m，R_1＝(5.0＋0.8＋6.5)/2＝12.3/2＝6.15m，R_2＝(12.3＋0.5×2)/2＝6.65m，V=1/3×H×(R_1×R_1＋R_2×R_2＋R_1×R_2)＝0.5/3×(6.15×6.15＋6.65×6.65＋6.15×6.65)	m³	20.5	
2	陆上工作平台	S=6.5×(5.8×3.1412)	m²	118.42	
3	陆上埋设钢护筒 ϕ800	N=21 根，L=1.2m/根×21 根	m	25.2	
4	钻孔 ϕ800	V=0.4×0.4×3.1412×22.3×21	m³	235.4	
5	灌注混凝土 ϕ800	V=0.4×0.4×3.1412×(22.3＋0.25)×21	m³	238.00	
6	灌注桩钢筋笼	根据设计图　1232kg×21/1000	t	25.87	
7	泥浆外运	V=238	m³	238.00	
8	凿桩	V=0.4×0.4×0.6×21	m³	2.02	
9	深层搅拌桩 ϕ650	V=0.325×0.325×3.1412×21.8×51	m³	368.88	
10	接收坑挖土	V=3.1412×2.5×2.5×(4.5＋5.6)	m³	198.29	
11	C20 混凝土垫层	V=3.1412×2.5×2.5×0.15	m³	2.94	
12	C30 混凝土底板	V=3.1412×2.5×2.5×0.35	m²	6.87	
13	底板钢筋	根据设计图　704kg/1000	m³	0.704	
14	C30 混凝土围檩	围檩 1：V=1.1×0.6×(5.9×3.1412)＝12.23	m³	18.14	
		围檩 1：V=0.5×0.4×(4.7×3.1412)×2＝5.91			
		小计：Σ＝12.23＋5.91＝18.14			
15	围檩模板	围檩 1：S=(0.6＋0.1)×(5.9×3.1412)＝12.97	m²	36.59	
		围檩 1：S=(0.4＋0.4)×(4.7×3.1412)×2＝23.62			
		小计：Σ＝12.97＋23.62＝36.59			
16	围檩钢筋	根据设计图　(1856＋1169)kg/1000	t	3.025	
17	坑内排管 ϕ800	L=1/2×5.0－1/2×1.7－0.3	m	1.35	
18	回填土	V=20.5＋198.29－57.12	m³	161.67	
19	余土外运	V=(2.94＋2.7×2.7×7.69－1.24×1.24×2)＋3.1412×0.48×0.48×(1.35＋0.3)	m³	57.12	
20	钢筋混凝土检查井	(1) 混凝土底板：2.9×2.9×0.35	m³	2.94	
		(2) 混凝土底板模板：2.9×4×0.35	m²	4.06	
		(3) 混凝土底板钢筋：350kg/1000	t	0.35	
		(4) 混凝土墙板：2.4×4×0.3×7.55＋1.24×4×0.24×1.69－3.1412×0.5125×0.5125×0.3×2	m³	23.26	
		(5) 混凝土墙板模板：(2.7＋2.1)×4×7.55＋(1.48＋1.0)×4×1.69－3.1412×0.5125×0.5125×4	m²	158.42	
		(6) 混凝土墙板钢筋：2708kg/1000	t	2.71	
		(7) 混凝土矩形梁：0.25×0.4×2.1＋0.25×0.3×1.0	m³	0.29	
		(8) 混凝土矩形梁模板：(0.4＋0.25＋0.2)×2.1＋(0.3＋0.25＋0.1)×1.0	m²	2.44	

续表

顺序号	项目名称及说明	计算说明	单位	计算结果	预算顺序号
1	2	3	4	5	6
		(9) 混凝土矩形梁钢筋：52kg/1000	t	0.05	
		(10) 混凝土顶板：(2.7×2.7－1.0×1.0)×0.2	m^3	1.26	
		(11) 混凝土顶板模板：(2.7×4＋1.0×4)×0.2	m^2	2.96	
		(12) 混凝土顶板钢筋：96kg/1000	t	0.10	
		(13) Ⅱ型钢筋混凝土盖板：0.22	m^3	0.22	
		(14) 铸铁窨井盖板：1	套	1.00	
21	钻孔灌注桩进出场	1	架次	1.00	
22	钻孔灌注桩场外运输	1	架次	1.00	
23	深层搅拌桩进出场	1	架次	1.00	
24	深层搅拌桩场外运输	1	架次	1.00	
25	挖掘机场外运输	1	架次	1.00	

4）管道顶进：

顶管工程数量计算表(清单)

顺序号	项目名称及说明	计算说明	单位	计算结果	预算顺序号
1	2	3	4	5	6
		三、ϕ800 管道顶进			
		管道 ϕ800 顶进 73 号～75 号井，L＝82＋88＝170m，二段各设中继间 1 只（ϕ800 为 TLM 管，管长 L＝3m）			
一	ϕ800 管道顶进	L＝170	m	170	

根据《建设工程工程量清单计价规范》附录 D 市政工程工程量清单项目及计算规则：表 D.5.5 顶管（编码：040505）040505001 混凝土管顶进的工作内容：1. 顶进后座及坑内工作平台搭拆 2. 顶进设备安装、拆除 3. 中继间安装拆除 4. 触变泥浆减阻 5. 套环安装 6. 挖土、管道顶进 7. 洞口止水处理 8. 余土弃置 9. 泥浆弃置

顺序号	项目名称及说明	计算说明	单位	计算结果	预算顺序号
1	按拆顶进枋木后座	1	座	1	
2	按拆 ϕ800 泥水平衡顶进设备	1	套	1	
3	ϕ800 钢筋混凝土洞口处理	2×2	套	4	
4	ϕ800 管道顶进无中继间	根据施工组织设计，第一节无中继间 L_1＝40×2＝80	m	80	
5	ϕ800 管道顶进一级中继间	根据《上海市市政工程预算定额》总则第五章第二节第 5.2.1 条说明，顶进长度按相邻两坑井壁内侧之间的长度加 0.6m。L＝170－8.0－1/2×(4.5＋5.0)＋0.6×2＝158.45，L_1＝80m，L_2＝158.45－80＝78.45m	m	78.45	
6	ϕ800 中继间	根据施工组织设计，各设一只中继间 n＝1×2＝2	只	2	
7	ϕ800 顶进触变泥浆减阻	实际顶进长度 L＝158.45m	m	158.45	
8	压浆孔封拆	根据施工组织设计，间隔管子设压浆孔，每个管子设 3 个。N＝158.45/3/2×3	只	79	
9	ϕ800 管道内接口	n＝158.45/3－1＝52	只	52	

续表

顺序号	项目名称及说明	计算说明	单位	计算结果	预算顺序号
1	2	3	4	5	6
10	ϕ800 管道 T 型接口	$n=158.45/3-1=52$	只	52	
11	泥浆外运	$V=\pi\times R^2\times L=3.1412\times0.48\times0.48\times158.45$	m³	114.68	
12	置换浆	根据施工组织设计，在管道顶进后，在管子外壁采用 10cm 水泥砂浆置换 $V=\pi\times D\times\delta\times L=3.1412\times(1.4+0.1)\times0.1\times158.45$	m³	74.66	
13	进出洞口压密注浆	根据施工组织设计顶管在出洞和进洞处采用压密注浆加固，平面位置是出洞为离井壁外 5m，进洞为井壁外 4m，深度为管顶以上 1m，管底以下 3m	m³	576.97	
	(1) 钻孔	平面布置为间距 1.5m，$H=1.5$，$H_1=\sqrt{1.5\times1.5-0.75\times0.75}=1.3$，$N=(8.0/1.5)\times(5/1.3)+(4.5/1.5)\times(4/1.3)+(8.0/1.5)\times(5/1.3)+(4.5/1.5)\times(4/1.3)=60$ 根，$L=60\times(8.15+9.0+9.15)/3=60\times8.76=526$m	m	526	
	(2) 注浆	$V=(8\times5+4.5\times4+8\times5+5\times4)\times5.0-\pi\times0.48\times0.48\times(5+4+5+4)=576.97$	m³	576.97	

(7) 施工图预算书

组合报表

工程名称：××工程顶管

编制单位：

	编号	名称	单位	单价	工程量	合价
		73 号井(4.5×4.0 钻孔灌注桩+深层搅拌桩围护接收坑)	座	511830	1.00	511830
1	6-1-1	基坑无支护挖土(深≤2m)	m³	4.65	72.60	338
2	4-1-1	陆上桩基础工作平台(锤重≤2.5t)	m²	11.20	410.80	4602
3	4-4-2	陆上埋设拆除钢护筒(ϕ≤800)	m	70.39	26.40	1858
4	4-4-12	回旋钻机钻孔(ϕ≤800)	m³	154.14	233.30	35960
5	4-4-22	灌注桩钢筋笼	t	4192.28	22.68	95081
6	4-4-18 换	灌注桩现浇水下混凝土(ϕ≤800)　非泵送水下商品混凝土(5～40mm)C30	m³	472.91	236.07	111640
7	ZSM20-1-1	泥浆场外运输	m³	47.50	236.07	11213
8	ZSM21-1-1	钻孔灌注桩钻机安装及拆除费	台	3681.00	1.00	3681
9	ZSM21-2-15	钻孔灌注桩钻机场外运输费	台·次	9290.00	1.00	9290
10	1-3-37 系	凿桩	m³	332.89	2.11	702
11	1-6-5	深层搅拌桩二喷四搅(水泥掺量 12%)	m³	141.84	349.37	49556
12	ZSM21-1-2	深层搅拌桩钻机安装及拆除费	台	2617.00	1.00	2617
13	ZSM21-2-16	深层搅拌桩钻机场外运输费	台·次	5386.00	1.00	5386
14	5-2-13	基坑机械挖土	m³	17.79	161.28	2870
15	1-1-9	湿土排水	m³	9.63	152.28	1467
16	5-2-17	基坑混凝土基础　现浇混凝土(5～40mm)C20	m³	269.22	2.70	727
17	6-2-30 换	底板商品混凝土　泵送商品混凝土(5～40mm)C30	m³	314.67	6.30	1982
18	6-2-32	底板钢筋	t	3809.30	0.66	2529
19	6-2-38 换	框架商品混凝土　泵送商品混凝土(5～40mm)C30	m³	323.42	19.92	6442
20	6-2-39	框架模板	m²	50.25	33.42	1679

续表

	编号	名　称	单位	单价	工程量	合价
21	6-2-40	框架钢筋	t	3827.14	2.57	9824
22	7-4-29	安装大型支撑(宽≤15m)	t	590.55	2.43	1436
23	7-4-30	拆除大型支撑(宽≤15m)	t	254.08	2.43	618
24	CSM7-4-1	大型支撑使用费	t·d	8.25	72.96	602
25	1-5-1	轻型井点安装	根	134.19	6.00	805
26	1-5-2	轻型井点拆除	根	17.75	6.00	107
27	1-5-3	轻型井点使用	套·d	720.58	30.00	21617
28	1-1-10	筑拆混凝土管集水井	座	435.72	2.00	871
29	5-1-70 系	铺设 ϕ800PH-48 管	100m	45434.95	0.01	500
30	6-1-10	基坑回填土	m^3	10.39	131.68	1368
31	ZSM19-1-1	土方场外运输	m^3	27.50	36.86	1014
32	6-2-30 换	底板商品混凝土　泵送商品混凝土(5～40mm)C30	m^3	314.67	1.93	607
33	6-2-31	底板模板	m^2	40.59	3.36	136
34	6-2-32	底板钢筋	t	3809.30	0.24	926
35	5-3-9	窨井商品混凝土　非泵送商品混凝土(5～40mm)C20	m^3	357.12	24.12	8614
36	5-3-10	窨井模板	m^2	52.53	164.18	8625
37	5-3-11	窨井钢筋	t	3997.40	2.34	9354
38	6-2-34	平台商品混凝土　泵送商品混凝土(5～40mm)C25	m^3	314.37	0.72	226
39	6-2-35	平台模板	m^2	49.88	2.56	128
40	6-2-36	平台钢筋	t	3843.48	0.03	127
41	6-2-50	矩形梁商品混凝土　泵送商品混凝土(5～40mm)C25	m^3	322.81	0.08	26
42	6-2-51	矩形梁模板	m^2	46.10	0.94	43
43	6-2-52	矩形梁钢筋	t	3902.54	0.02	78
44	5-3-16	安装钢混凝土盖板(0.5m^3 以内)　水泥砂浆 1∶2	m^3	127.93	0.22	28
45	208330	Ⅱ型钢筋混凝土盖板	块	266.12	1.00	266
46	1-1-16	双排脚手架(高≤10m)	m^2	9.53	80.93	771
47	5-3-18	安装铸铁盖座　水泥砂浆 1∶2	套	547.11	1.00	547
48	BC	包塑爬梯	格	65.00	31.00	2015
49	1-4-20	堆料场地　现浇混凝土(5～20mm)C15	m^2	33.79	200.00	6758
50	1-4-19	铺筑施工便道	m^2	35.94	223.00	8014
[1]	定额直接费	直接费合计				423448
[2]	大型周材运输费	[1]×0.5%				2117
[3]	土方泥浆外运费	土方泥浆外运费				12227
[4]	直接费	[1]+[2]+[3]				437792
[5]	综合费	[4]×10%				43779
[6]	安全防护、文明	([4]+[5])×2.6%				12521
[7]	施工措施费	施工措施费				
[8]	其他费用	([4]+[5]+[6]+[7])×(0.1%+0.074%)				860
[9]	税前补差	税前补差				
[10]	税金	([4]+[5]+[6]+[7]+[8]+[9])×3.41%				16878

续表

	编号	名　称	单位	单价	工程量	合价
[11]	甲供材料	—甲供材料				
[12]	税后补差	税后补差				
[13]	总造价	[4]+[5]+[6]+[7]+[8]+[9]+[10]+[11]+[12]				511830

组 合 报 表

工程名称：××工程顶管

编制单位：

	编号	名　称	单位	单价	工程量	合价
		74号井(φ8.0SMW工法工作坑)	座	477986	1.00	477986
51	6-1-1	基坑无支护挖土(深≤2m)	m^3	4.65	72.60	338
52	1-6-17	SMW工法搅拌桩　一喷一搅	m^3	178.68	594.67	106254
53	1-6-18	SMW工法搅拌桩　插拔型钢	t	568.69	136.17	77438
54	CSM5-1-3	槽型钢板桩使用费	t·d	6.87	6128	42099
55	1-6-11	压密注浆(注浆)	m^3	55.24	12.36	683
56	5-2-13	基坑机械挖土	m^3	17.79	535.26	9524
57	1-1-9	湿土排水	m^3	9.63	510.13	4914
58	5-2-17	基坑混凝土基础　现浇混凝土(5～40mm)C20	m^3	269.22	7.54	2030
59	6-2-30换	底板商品混凝土　泵送商品混凝土(5～40mm)C30	m^3	314.67	20.10	6325
60	6-2-32	底板钢筋	t	3809.30	0.35	1333
61	6-2-38换	框架商品混凝土　泵送商品混凝土(5～40mm)C30	m^3	323.42	22.65	7325
62	6-2-39	框架模板	m^2	50.25	57.26	2877
63	6-2-40	框架钢筋	t	3827.14	0.09	333
64	1-5-1	轻型井点安装	根	134.19	10.00	1342
65	1-5-2	轻型井点拆除	根	17.75	10.00	178
66	1-5-3	轻型井点使用	套·d	720.58	30.00	21617
67	1-1-10	筑拆混凝土管集水井	座	435.72	2.00	871
68	6-1-10	基坑回填土	m^3	10.39	547.27	5687
69	ZSM19-1-1	土方场外运输	m^3	27.50	60.93	1676
70	5-2-44换	安拆钢混凝土后座　现浇混凝土(5～40mm)C30	m^3	968.21	43.57	42185
71	6-2-23	井壁预留孔封堵及拆除　混合砂浆M7.5	m^3	577.88	1.24	717
72	1-6-10	压密注浆(机械钻孔)	m	15.08	234.00	3529
73	1-6-11	压密注浆(注浆)	m^3	55.24	150.80	8330
74	6-2-30换	底板商品混凝土　泵送商品混凝土(5～40mm)C30	m^3	314.67	2.94	925
75	6-2-31	底板模板	m^2	40.59	4.06	165
76	6-2-32	底板钢筋	t	3809.30	0.35	1329
77	5-3-9	窨井商品混凝土　非泵送商品混凝土(5～40mm)C20	m^3	357.12	23.55	8410
78	5-3-10	窨井模板	m^2	52.53	160.34	8423
79	5-3-11	窨井钢筋	t	3997.40	2.71	10837
80	6-2-34	平台商品混凝土　泵送商品混凝土(5～40mm)C25	m^3	314.37	1.26	396
81	6-2-35	平台模板	m^2	49.88	2.96	148
82	6-2-36	平台钢筋	t	3843.48	0.10	384
83	6-2-50	矩形梁商品混凝土　泵送商品混凝土(5～40mm)C25	m^3	322.81	0.29	95
84	6-2-51	矩形梁模板	m^2	46.10	2.44	112

续表

	编号	名　　称	单位	单价	工程量	合价
85	6-2-52	矩形梁钢筋	t	3902.54	0.05	195
86	5-3-16	安装钢混凝土盖板(0.5m^3 以内)　水泥砂浆 1∶2	m^3	127.93	0.22	28
87	208330	Ⅱ型钢筋混凝土盖板	块	266.12	1.00	266
88	5-3-18	安装铸铁盖座　水泥砂浆 1∶2	套	547.11	1.00	547
89	BC	包塑爬梯	格	65.00	46.00	2990
90	1-1-16	双排脚手架(高≤10m)	m^2	9.53	94.78	903
91	ZSM21-1-2	深层搅拌桩钻机安装及拆除费	台	2617.00	1.00	2617
92	ZSM21-2-16	深层搅拌桩钻机场外运输费	台·次	5386.00	1.00	5386
93	1-4-20	堆料场地　现浇混凝土(5～20mm)C15	m^2	33.79	200.00	6758
94	1-4-19	铺筑施工便道	m^2	35.94	230.88	8297
[1]	定额直接费	直接费合计				405143
[2]	大型周材运输费	[1]×0.5%				2026
[3]	土方泥浆外运费	土方泥浆外运费				1676
[4]	直接费	[1]+[2]+[3]				408844
[5]	综合费	[4]×10%				40884
[6]	安全防护、文明	([4]+[5])×2.6%				11693
[7]	施工措施费	施工措施费				
[8]	其他费用	([4]+[5]+[6]+[7])×(0.1%+0.074%)				803
[9]	税前补差	税前补差				
[10]	税金	([4]+[5]+[6]+[7]+[8]+[9])×3.41%				15762
[11]	甲供材料	—甲供材料				
[12]	税后补差	税后补差				
[13]	总造价	[4]+[5]+[6]+[7]+[8]+[9]+[10]+[11]+[12]				477986

组 合 报 表

工程名称：××工程顶管

编制单位：

	编号	名　　称	单位	单价	工程量	合价
		75 号井(ϕ5.0 钻孔灌注桩+深层搅拌桩围护接收坑)	座	531227	1.00	531227
95	6-1-1	基坑无支护挖土(深≤2m)	m^3	4.65	20.50	95
96	4-1-1	陆上桩基础工作平台(锤重≤2.5t)	m^2	11.20	118.42	1327
97	4-4-2	陆上埋设拆除钢护筒(ϕ≤800)	m	70.39	25.20	1774
98	4-4-12	回旋钻机钻孔(ϕ≤800)	m^3	154.14	235.40	36284
99	4-4-22	灌注桩钢筋笼	t	4192.28	25.87	108454
100	4-4-18 换	灌注桩现浇水下混凝土(ϕ≤800)　非泵送水下商品混凝土(5～40mm)C30	m^3	472.91	238.00	112553
101	ZSM20-1-1	泥浆场外运输	m^3	47.50	238.00	11305
102	ZSM21-1-1	钻孔灌注桩钻机安装及拆除费	台	3681.00	1.00	3681
103	ZSM21-2-15	钻孔灌注桩钻机场外运输费	台·次	9290.00	1.00	9290
104	1-3-37	拆除钢混凝土结构	m^3	226.01	2.02	457
105	1-6-5	深层搅拌桩二喷四搅(水泥掺量 12%)	m^3	141.84	368.88	52324

续表

	编号	名　　称	单位	单价	工程量	合价
106	ZSM21-1-2	深层搅拌桩钻机安装及拆除费	台	2617.00	1.00	2617
107	ZSM21-2-16	深层搅拌桩钻机场外运输费	台·次	5386.00	1.00	5386
108	7-4-23	支撑基坑挖土(宽≤15m，深≤11m)	m^3	18.29	198.29	3627
109	1-1-9	湿土排水	m^3	9.63	188.47	1815
110	5-2-17	基坑混凝土基础　现浇混凝土(5～40mm)C20	m^3	269.22	2.94	792
111	6-2-30换	底板商品混凝土　泵送商品混凝土(5～40mm)C30	m^3	314.67	6.87	2162
112	6-2-32	底板钢筋	t	3809.30	0.70	2682
113	6-2-38换	框架商品混凝土　泵送商品混凝土(5～40mm)C30	m^3	323.42	18.14	5867
114	6-2-39	框架模板	m^2	50.25	36.59	1839
115	6-2-40	框架钢筋	t	3827.14	3.03	11596
116	5-1-70系	铺设ϕ800PH-48管	100m	45434.95	0.01	613
117	1-5-1	轻型井点安装	根	134.19	6.00	805
118	1-5-2	轻型井点拆除	根	17.75	6.00	107
119	1-5-3	轻型井点使用	套·d	720.58	30.00	21617
120	1-1-10	筑拆混凝土管集水井	座	435.72	2.00	871
121	6-1-10	基坑回填土	m^3	10.39	161.67	1680
122	ZSM19-1-1	土方场外运输	m^3	27.50	57.12	1571
123	6-2-30换	底板商品混凝土　泵送商品混凝土(5～40mm)C30	m^3	314.67	2.94	925
124	6-2-31	底板模板	m^2	40.59	4.06	165
125	6-2-32	底板钢筋	t	3809.30	0.35	1333
126	5-3-9	窨井商品混凝土　非泵送商品混凝土(5～40mm)C20	m^3	357.12	23.26	8307
127	5-3-10	窨井模板	m^2	52.53	158.42	8323
128	5-3-11	窨井钢筋	t	3997.40	2.71	10833
129	6-2-34	平台商品混凝土　泵送商品混凝土(5～40mm)C25	m^3	314.37	1.26	396
130	6-2-35	平台模板	m^2	49.88	2.96	148
131	6-2-36	平台钢筋	t	3843.48	0.10	384
132	6-2-50	矩形梁商品混凝土　泵送商品混凝土(5～40mm)C25	m^3	322.81	0.29	94
133	6-2-51	矩形梁模板	m^2	46.10	2.44	112
134	6-2-52	矩形梁钢筋	t	3902.54	0.05	195
135	5-3-16	安装钢混凝土盖板(0.5m^3以内)　水泥砂浆1：2	m^3	127.93	0.22	28
136	208330	Ⅱ型钢筋混凝土盖板	块	266.12	1.00	266
137	5-3-18	安装铸铁盖座　水泥砂浆1：2	套	547.11	1.00	547
138	1-1-16	双排脚手架(高≤10m)	m^2	9.53	93.06	887
139	BC	包塑爬梯	格	65.00	31.00	2015
140	1-4-20	堆料场地　现浇混凝土(5～20mm)C15	m^2	33.79	200.00	6758
141	1-4-19	铺筑施工便道	m^2	35.94	202.61	7281
[1]	定额直接费	直接费合计				439311
[2]	大型周材运输费	[1]×0.5%				2197
[3]	土方泥浆外运费	土方泥浆外运费				12876
[4]	直接费	[1]+[2]+[3]				454383

续表

	编号	名　称	单位	单价	工程量	合价
[5]	综合费	[4]×10%				45438
[6]	安全防护、文明	([4]+[5])×2.6%				12995
[7]	施工措施费	施工措施费				
[8]	其他费用	([4]+[5]+[6]+[7])×(0.1%+0.074%)				892
[9]	税前补差	税前补差				
[10]	税金	([4]+[5]+[6]+[7]+[8]+[9])×3.41%				17517
[11]	甲供材料	—甲供材料				
[12]	税后补差	税后补差				
[13]	总造价	[4]+[5]+[6]+[7]+[8]+[9]+[10]+[11]+[12]				531227

组合报表

工程名称：××工程顶管

编制单位：

	编号	名　称	单位	单价	工程量	合价
		顶管(ϕ800)	m	2038.73	170.00	346584
142	5-2-41	安拆 ϕ600—ϕ1200 顶进枋木后座	座	2299.56	1.00	2300
143	5-2-55	安拆 ϕ800 泥水平衡顶管设备	套	15865.04	1.00	15865
144	5-2-28	ϕ800 钢筋混凝土沉井洞口处理	个	1737.40	2.00	3475
145	5-2-92	ϕ800 泥水平衡管道顶进	100m	103438	0.80	82751
146	5-2-92 系	ϕ800 泥水平衡管道顶进　一节中继间	100m	114663	0.78	89953
147	5-2-125	ϕ800 顶进触变泥浆减阻	100m	8811.06	1.58	13961
148	5-2-138	压浆孔封拆	孔	64.79	79.00	5118
149	5-1-85	ϕ800 水泥砂浆接口　水泥砂浆 1：2	只	12.91	52.00	672
150	5-2-154	ϕ800T 型接口	只	685.68	52.00	35655
151	ZSM20-1-1	泥浆场外运输	m^3	47.50	114.68	5447
152	1-6-10	压密注浆(机械钻孔)	m	15.08	526.00	7932
153	1-6-11	压密注浆(注浆)	m^3	55.24	576.97	31872
[1]	定额直接费	直接费合计				289554
[2]	大型周材运输费	[1]×0.5%				1448
[3]	土方泥浆外运费	土方泥浆外运费				5447
[4]	直接费	[1]+[2]+[3]				296449
[5]	综合费	[4]×10%				29645
[6]	安全防护、文明	([4]+[5])×2.6%				8478
[7]	施工措施费	施工措施费				
[8]	其他费用	([4]+[5]+[6]+[7])×(0.1%+0.074%)				582
[9]	税前补差	税前补差				
[10]	税金	([4]+[5]+[6]+[7]+[8]+[9])×3.41%				11429
[11]	甲供材料	—甲供材料				
[12]	税后补差	税后补差				
[13]	总造价	[4]+[5]+[6]+[7]+[8]+[9]+[10]+[11]+[12]				346584

(8) 工程综合实体单价分析表［项目编码暨子目编号顺序对应编列］

工程综合实体单价分析表

分部分项工程项目清单

序号	项目编码	项目名称	项目特征	工程内容	计量单位	数量	综合单价	预算顺序号
一、实体项目清单								
1	沪 040504009001	73 号接收坑（ϕ800 钻孔灌注桩＋ϕ650 深层搅拌桩）	4.50m×4.0m×9.0m	1. 基坑挖土：挖土、运输。2. 混凝土浇筑、养生。3. 坑内排管。4. 窨井砌筑、粉刷、盖板安装。5. 土方回填、运输。6. 余土弃置	座	1	271620	
2	沪 040504009002	74 号工作坑 SMW 工法接收坑	ϕ8.0m×10.5m	1. 基坑挖土：挖土、运输。2. 混凝土浇筑、养护。3. 坑内排管。4. 窨井砌筑、粉刷、盖板安装。5. 土方回填、运输。6. 余土弃置	座	1	349261	
3	沪 040504009003	75 号接收坑ϕ800 钻孔灌注桩＋ϕ650 深层搅拌桩	ϕ5.0×9.5m	1. 基坑挖土：挖土、运输。2. 混凝土浇筑、养护。3. 坑内排管。4. 窨井砌筑、粉刷、盖板安装。5. 土方回填、运输。6. 余土弃置	座	1	270784	
4	40505001001	ϕ800 管道顶进	TLM 管	1. 顶进后座及坑内工作平台搭拆。2. 顶进设备安、拆。3. 中继间安、拆。4. 触变泥浆减摩助顶。5. 套环安装。6. 挖土、顶进。7. 洞口止水处理。8. 余方弃置	m	170	1659.35	
5	40701002001	非预应力钢筋	1. 材质：Ⅰ Ⅱ级。2. 按设计图示各部位	制作、安装	t	65.00	4554.82	

二、措施项目清单

序号	项目编码	项 目 名 称			单位	数量	单价
		措施项目费					
1	3.3.1.5	大型机械设备进出场及安拆			台	10	5522.08
2	3.3.1.6	施工排水			m^3	850.88	14.05
3	3.3.1.7	施工降水			根	22	3426.80
4	4.3.1	便道			m^2	656.49	39.73
5	4.3.2	堆料场地			m^2	600	37.35
6	4.5	脚手架			m^2	268.77	10.54
7	4.11	混凝土、钢筋混凝土模板及支架			m^2	635.99	57.23
8	4.12	地基加固			m^3	727.77	78.48

注：请参阅表 4-105“工程量清单综合单价分析表”、表 4-105“施工图预算书”的释义。

附二：非开挖型拖拉管工程的市政管网工程工程量清单招、投标编制及其对应的施工图预算对照应用的计算实例

水平定向钻穿越施工运用

随着市政工程的发展，市政管网工程大量的管道需穿越河道、建筑物和道路、公路等，带来了交通

问题和环境污染问题，为了减少拆迁和开挖路面，非开挖施工技术运用越来越多，其中采用管道顶进技术已相当成熟，顶管的管径大多在 $\phi600$～$\phi3500$。对非开挖施工的水平定向钻穿越技术(熟称拖管)近来在穿越河道、公路、建筑物中运用也开始，管径在 *DN*225～*DN*800 居多。拖管工作过程是通过计算机控制进行导向和探测，先钻出一个与设计线路相同的导向孔，然后再将导向孔扩大，把产品管道回拖到扩大了的导向孔中，完成管线穿越的施工过程。

例如：某工程有一段污水管，管径 *DN*300～*DN*400，1 号～2 号～3 号和 4 号～6 号～7 号均为开槽埋管，其中 3 号～4 号为穿越河道，管径 *DN*400，长 86m，埋深 H=4.5m，比邻近二段开槽埋管埋深 1.5m，拖管起点和终点可利用开槽埋管的沟槽。两端遭斜段钻孔斜度约 25°～45°。扩孔系数约 1.3～1.5。

	名　称	单位	计算式	数量
	*DN*400 水平定向钻进拖拉管	m		86
1	水平定向钻进敷设给水管道　钻导向孔	m	86+4×2	94
2	水平定向钻进敷设给水管道　扩孔 *DN*500 以内	m	86+4×2	94
3	水平定向钻进敷设给水管道　回拖布管 *DN*500 以内	m	86.00	86
4	泥浆场外运输	m^3	0.35×0.35×3.1412×94	36.17
5	水平定向钻机 CASE6080 场外运输费	台次	1.00	1

预　算　书

工程名称：*DN*400 拖拉管

编制单位：

	编号	名　称	单位	单价	工程量	合价
		*DN*400 水平定向钻进拖拉管	m	2677.47	86.00	230262
1	2B-1-25-1	水平定向钻进敷设给水管道　钻导向孔	m	105.04	94.00	9874
2	2B-1-25-3	水平定向钻进敷设给水管道　扩孔 *DN*500 以内	m	1174.27	94.00	110381
3	2B-1-25-7	水平定向钻进敷设给水管道　回拖布管 *DN*400 以内	m	775.42	86.00	66686
4	ZSM20-1-1	泥浆场外运输	m^3	75.00	36.17	2713
5	SM1-8	水平定向钻机 CASE6080 场外运输费	台·次	4568.00	1.00	4568
[1]	定额直接费	直接费合计				191510
[2]	大型周材运输费	[1]×0.5%				958
[3]	土方泥浆外运费	土方泥浆外运费				2713
[4]	直接费	[1]+[2]+[3]				195180
[5]	综合费	[4]×11%				21470
[6]	安全防护、文明	([4]+[5])×2.6%				5633
[7]	施工措施费	施工措施费				
[8]	其他费用	([4]+[5]+[6]+[7])×(0.1%+0.074%)				387
[9]	税前补差	税前补差				
[10]	税金	([4]+[5]+[6]+[7]+[8]+[9])×3.41%				7593
[11]	甲供材料	—甲供材料				
[12]	税后补差	税后补差				
[13]	总造价	[4]+[5]+[6]+[7]+[8]+[9]+[10]+0+[12]				230262

清　单

工程名称：*DN*400 拖拉管单价 06.10

编制单位：

序号	定额编号	定额名称	清单综合单价组成明细									安全防护、文明	规费	税金	总计
			定额单位	综合单价	工程量	人工费	材料费	机械费	周材运输费	管理费	合计 1				
	1	2	3	4	5	6	7	8	9	10	6～10	11	12	13	14
				4＝14/5											6～10
		*DN*400 水平定向钻进拖拉管	m	2677.47	86.00	3750.63	156768.87	33702.80	971.11	21471.28	216649.63	5632.89	386.77	7593.02	230262
1	2B-1-25-1	水平定向钻进敷设给水管道钻导向孔	m	105.04	94.00	716.34	3247.74	5909.74	49.37	1091.55	11014.74	286.38	19.66	386.04	11707
2	2B-1-25-3	水平定向钻进敷设给水管道扩孔 *DN*500 以内	m	1174.27	94.00	1886.89	94179.51	14314.89	551.91	12202.65	123135.85	3201.53	219.83	4315.60	130873
3	2B-1-25-7	水平定向钻进敷设给水管道回拖布管 *DN*400 以内	m	775.42	86.00	1147.40	59341.62	6197.42	333.43	7372.19	74392.06	1934.19	132.81	2607.25	79066
4	ZSM20-1-1	泥浆场外运输	m^3	75.00	36.17			2712.75	0.00	298.40	3011.15	78.29	5.38	105.53	3200
5	SM1-8	水平定向钻机 CASE6080 场外运输费	台・次	4568.00	1.00			4568.00	22.84	504.99	5095.83	132.49	9.10	178.60	5416

工　料　机　表

工程名称：*DN*400 拖拉管单价 06.10

编制单位：

编码	名　称	规格	单位	单价	数量	合价	百分比	
GA00004	公用综合工		工日	39.000	96.17	3750.63	100.00	
GB00011	民用自来水		m^3	1.030	72.42	74.59	0.05	*
GB00444	膨润土		kg	0.350	4560.00	1596.00	1.02	*
GB03002	化学泥浆		kg	16.000	68.89	1102.20	0.70	
GB03003	小苏打		kg	1.230	50.69	62.35	0.04	*
GB03004	导向钻刀片		只	1839.930	1.16	2127.33	1.36	
GB03005	钻杆		根	5620.000	0.60	3384.36	2.16	
GB03006	回扩器 *DN*350		只	18879.040	0.87	16504.06	10.53	
GB03007	回扩器 *DN*450		只	27065.730	0.69	18572.50	11.85	
GB03008	回扩器 *DN*600		台	38688.350	0.59	22911.24	14.61	
GB03009	回扩器 *DN*700		只	44315.010	0.69	30408.96	19.40	
GB03014	*DN*400 PE 管(包括熔接)		m	649.440	88.58	57527.40	36.70	
X0045	其他材料费		%			2497.88	1.59	
GC00005	汽车式起重机 5t		台班	403.903	5.90	2382.22	7.07	*
GC03001	水平定向钻机 CASE6080		台班	3782.370	5.19	19629.74	58.24	
GC03002	电动单级离心清水泵 $\phi100$		台班	95.790	10.08	965.54	2.86	
GC03003	载重汽车 2.5t		台班	270.990	8.07	2186.35	6.49	
GC05108	水平定向钻机 CASE6080 场外运输费		台·次	4568.000	1.00	4568.00	13.55	
JX2030	其他机械费		%			1258.19	3.73	
ZTF002	泥浆场外运输		m^3	75.000	36.17	2712.75	8.05	*

说明

在市政工程施工中，一般均为管道工程中某一段由于要穿越建筑物、穿越河浜，无法开挖，则采用顶管、拖管的施工方法。采用拖管时，拖管的入口和出口有两种方法，造斜钻孔或采用入口和出口处挖到需要深度。举例：

某工程 5 号井～6 号井这一段需穿越建筑物，采用拖管施工方法管径 $\phi800$，$L=85m$，埋深 $H=4.5m$。4 号～5 号和 6 号～7 号，埋深均为 $H=4.0\sim4.5m$，本拖管的工作井可利用 4 号～5 号和 6 号～7 号的开槽埋管的沟槽。

（十二）排水箱涵工程量清单招、投标编制及其对应的施工图预算对照应用的计算实例

箱涵工程数量计算表(清单)

顺序号	项目名称及说明	计 算 说 明	单位	计算结果	预算顺序号
1	2	3	4	5	6
工程概述：箱涵一道，$B\times H=4.0\times3.5$，$L=5.6m$。涵顶铺装 80mm 钢筋混凝土。					
一	土石方工程				
1	挖土方	40101001001			5
		$V=1.0\times19\times(0.6+0.5)\times2=41.8$	m^3	41.80	
2	挖淤泥	40101006001			4
		$V=14\times19.5\times1.0$	m^3	273.0	
3	锥坡填土	40103001001			27
		$V=1/3\times3.1412\times4.23\times6.195\times3.97$	m^3	108.93	

续表

顺序号	项目名称及说明	计 算 说 明	单位	计算结果	预算顺序号
1	2	3	4	5	6
4	淤泥外运	40103002001			32
		V=14×19.5×1.0	m^3	273.00	
5	余土外运	40103002002			33
		V=1/2(1.5+9)×3×28	m^3	441.00	
6	缺土内运	40103003001			34
		V=1/3×3.1412×4.23×6.195×3.97−41.8	m^3	67.13	
二	箱涵				6
1	箱涵砾石砂垫层	40302010001			
		(1) 箱涵：V=5.6×4.9×0.15=4.12	m^3	16.42	
		(2) 出口涵：V=(12.46×6.595×2−3.1412×4.23×6.195)×0.15=12.3			
2	箱涵底板	40302010002			7
		V=4.7×5.6×0.35=9.21	m^3	9.21	
3	箱涵侧墙	40302010003			9
		V=(3.5×0.35+1/2×0.2×0.2+1/2×0.2×0.4)×2×5.6=1.285×2×5.6=14.39	m^3	14.39	
4	箱涵顶板	40302010004			11
		V=4.7×5.6×0.35+1/2×(0.3+0.5)×0.5×0.5×4	m^3	9.61	
三	现浇混凝土小型构件				
1	侧沿石混凝土	40302016001			15
		V=0.3×0.2×5.6×2	m^3	0.672	
2	现浇栏杆立柱	40302016002			28
		V=0.23×0.23×1.21×8	m^3	0.51	
3	桥面铺装	40302017001			18
		V=5.0×4.7×0.08	m^3	1.88	
四	预制混凝土小型构件				
1	预制栏杆花板	40303005001			31
		V=0.117×5.6×2−0.51	m^3	0.80	
五	砌筑				
1	浆砌块石护底	40304002001			
(1)	浆砌块石护底	V=(12.46×6.595×2−3.1412×4.23×6.195)×0.3+12.46×0.4×0.5×2	m^3	29.59	23
(2)	浆砌块石勾缝	S=12.46×6.595×2−3.1412×4.23×6.195+12.46×0.5×2	m^2	94.49	25
2	浆砌块石锥坡	40304002002			
(1)	浆砌块石锥坡	V=(3.1412×1/2×(4.23+6.195)×1/2×(5.8+7.36))×0.3	m^3	32.32	24
(2)	浆砌块石勾缝	S=3.1412×1/2×(4.23+6.195)×1/2×(5.8+7.36)	m^2	107.73	25
(3)	基础碎石垫层	V=107.73×0.1	m^3	10.77	26
六	挡墙				
1	现浇混凝土翼墙	40305002001			20
		V=((0.65×4.48+1/2×(0.98+4.48)×4.0)×0.3×2+1/2×0.5×0.5×4.48×2)×2	m^3	18.84	
七	钢筋工程	40701002001	t	7.17	
1	箱涵钢筋	4359.61/1000	t	4.36	13
2	侧沿石钢筋	76/1000	t	0.08	17

续表

顺序号	项目名称及说明	计算说明	单位	计算结果	预算顺序号
1	2	3	4	5	6
3	涵顶铺装钢筋	42.14×4.7/1000	t	0.20	19
4	翼墙钢筋	2426.22/1000	t	2.43	22
5	现浇栏杆钢筋	9.33×5.6×2/1000	t	0.10	30
八	措施费				
1	钢筋混凝土模板	1.1.1	m^2	236.39	
(1)	箱涵底板模板	$S=(4.7+5.6)\times2\times0.35=7.21$	m^2	7.21	8
(2)	箱涵侧墙模板	$S=((3.5+3.1+\sqrt{0.2^2+0.4^2+0.2^2\times2})\times2)\times5.6+1.285\times2=82.10$	m^2	82.10	10
(3)	箱涵顶板模板	$S=5.6\times0.35\times2+4.7\times0.35\times2+1.069\times4=11.49$	m^2	11.49	12
(4)	侧沿石模板	$S=(0.2\times5.6\times2+0.3\times0.2\times2)\times2$	m^2	4.72	16
(5)	翼墙模板	$S=((0.65\times4.48+1/2\times(0.98+4.48)\times4+6.295\times0.3+(0.15+0.71)\times4.48+1/2\times(0.98+4.48)\times4))\times2\times2$	m^2	121.97	21
(6)	现浇栏杆模板	$S=0.23\times4\times1.21\times8$	m^2	8.91	29
2	施工排水	3.3.1.6			3
(1)	抽水	$V=14\times19.5\times2.0$	m^3	546	
3	围堰	4.1.1			
(1)	筑拆草包坝	$H\leqslant3.0$，$L=14\times2=28m$	m	28.00	1
(2)	草包坝养护	2次，$L=28\times2$	m	56.0	2
4	脚手架	4.5.1			
(1)	简易脚手架	$S=5.6\times3.5\times2$	m^2	39.20	14

分部分项工程量清单与计算表

序号	项目编码	项目名称	项目特征描述	计量单位	工程量	金额		
						综合单价	合价	其中暂估价
1	D.1.1	挖土方					9500	
1.1.1	40101001001	挖土方	1. 土壤类别 2. 挖土深度	m^3	41.80	28.61	1196	
1.1.2	40101006001	挖淤泥	1. 挖淤泥深度	m^3	273.00	30.42	8304	
	D.1.3	填方及运输					2935	
1.3.1	40103001001	填土方	1. 填方材料品种 2. 密实度	m^3	108.93	26.95	2935	
	D.1.3	余方弃置					30816	
1.3.2	40103002001	淤泥外运	1. 废弃料品种 2. 运距	m^3	273.00	30.53	8333	
	40103002002	余土外运		m^3	441.00	47.18	20804	
1.3.3	40103003001	缺土内运(土源费)	1. 填方材料品种 2. 运距	m^3	67.13	25.00	1678	
	D.3.2.1	现浇混凝土箱涵					17090	
3.2.1	40302010001	箱涵砾石砂垫层	1. 混凝土强度等级、石料最大粒径 2. 垫层厚度、材料品种、强度	m^3	16.42	146.09	2399	
	40302010002	箱涵底板	1. 部位 2. 混凝土强度等级、石料最大粒径	m^3	9.21	491.65	4528	
	40302010003	箱涵侧墙		m^3	14.39	433.03	6231	
	40302010004	箱涵顶板		m^3	9.61	409.1074	3932	

续表

序号	项目编码	项目名称	项目特征描述	计量单位	工程量	金额		
						综合单价	合价	其中暂估价
	D. 3. 2. 2	现浇混凝土小型构件					1213	
3. 2	40302016001	侧沿石混凝土	1. 部位 2. 混凝土强度等级、石料最大粒径	m^3	0. 67	365. 93	246	
	40302016002	现浇栏杆立柱		m^3	0. 51	516. 06	264	
	40302017001	桥面铺装		m^3	1. 88	373. 63	702	
3. 3	D. 3. 3. 1	预制混凝土小型构件					1433	
	40303005001	预制栏杆花板	1. 部位 2. 混凝土强度等级、石料最大粒径	m^3	0. 80	1790. 07	1433	
3. 4	D. 3. 4	砌筑					20617	
	40304002001	浆砌块石护底	1. 部位 2. 材料品种 3. 规格 4. 砂浆强度等级	m^3	29. 59	301. 67	8926	
	40304002002	浆砌块石锥坡		m^3	32. 32	361. 70	11690	
3. 5	D. 3. 5	挡墙					6931	
	40305002001	现浇混凝土翼墙	1. 混凝土强度等级、石料最大粒径 2. 泄水孔材料品种、规格 3. 滤水层	m^3	18. 84	367. 88	6931	
	D. 7. 1	钢筋工程					30151	
7. 1. 1	40701002001	非预应力钢筋	1. 材质 2. 部位	t	7. 17	4205. 18	30151	
		措施项目清单						
8		措施项目费工程					48823	
	1. 1. 1	混凝土、钢筋混凝土模板		m^2	236. 39	38. 71	9151	
	3. 3. 1. 6	施工排水		m^3	546. 00	0. 71	390	
	4. 1. 1	围堰		m	28. 00	1397. 67	39135	
	4. 5	脚手架		m^2	39. 20	3. 75	147	

单位工程费投标报价汇总表

序　号	项目名称	金　额
1	分部分项工程	120684
1. 1	挖 土 方	9500
1. 3. 1	填方及运输	2935
1. 3. 2	余方弃置	30816
3. 2. 1	现浇混凝土箱涵	17090
3. 2. 2	现浇混凝土小型构件	1213
3. 3	预制混凝土小型构件	1433
3. 4	砌　筑	20617
3. 5	挡　墙	6931
7. 1	钢筋工程	30151
2	措施项目清单计价合计	48823
3	全防护、文明施工费	4696
4	规　费	300
5	税　金	5950
6	总　计	180454

工程量清单综合单价分析表

工程名称：箱涵　　标段：

序号	定额编号	定额名称	定额单位	综合单价	工程量	人工费	材料费	机械费	周材运输费	管理费	合计 1	安全防护、文明	规费	税金	总计
						清单综合单价组成明细									
	1	2	3	4	5	6	7	8	9	10	6～10	11	12	13	14
				4=14/5											6～13
		挖土 40101003001	m^3	28.61	41.80	830.93	0.00	240.99	5.36	118.50	1195.78	30.16	2.13	41.88	1270
1	4-2-1	人工挖Ⅰ、Ⅱ类土(深≤2m)	m^3	15.90	41.80	595.62			2.98	65.85	664.44	18.60	1.19	23.33	708
2	2-1-44	土方场内自卸汽车运输(运距≤200m)	m^3	12.71	41.80	235.31		240.99	2.38	52.65	531.34	14.88	0.95	18.66	566
		挖淤泥 40101006001	m^3	30.42	273.00	4993.85	0.00	2449.79	37.22	822.89	8303.75	232.51	14.85	291.59	8843
3	1-1-7	挖淤泥	m^3	30.42	273.00	4993.85		2449.79	37.22	822.89	8303.75	232.51	14.85	291.59	8843
		锥坡填土 40103001001	m^3	26.95	108.93	1947.75	0.00	683.43	13.16	290.88	2935.21	82.19	5.25	103.07	3126
4	4-2-8	回填土	m^3	14.23	108.93	1334.53		55.41	6.95	153.66	1550.55	43.42	2.77	54.45	1651
5	2-1-44	土方场内自卸汽车运输(运距≤200m)	m^3	12.71	108.93	613.22		628.02	6.21	137.22	1384.67	38.77	2.48	48.62	1475
		泥浆场外运输 40103002001	m^3	30.53	273.00	0.00	0.00	7507.50	0.00	825.83	8333.33	233.33	14.91	292.63	8874
6	ZSM20-1-1	泥浆场外运输	m^3	30.53	273.00			7507.50	0.00	825.83	8333.33	233.33	14.91	292.63	8874
		土方场外运输 40103002002	m^3	47.18	441.00	0.00	0.00	18742.50	0.00	2061.68	20804.18	582.52	37.21	730.56	22154
7	ZSM19-1-1	土方场外运输	m^3	47.18	441.00			18742.50	0.00	2061.68	20804.18	582.52	37.21	730.56	22154
		缺土内运 40103003001	m^3	25.00	67.13	0.00	0.00	1678.25	0.00	0.00	1678.25	0.00	0.00	57.23	1736
8	BC	土源费	m^3	25.00	67.13			1678.25	0.00	0.00	1678.25	0.00	0.00	57.23	1736

续表

序号	定额编号	定额名称	定额单位	清单综合单价组成明细								安全防护、文明	规费	税金	总计
				综合单价	工程量	人工费	材料费	机械费	周材运输费	管理费	合计 1				
	1	2	3	4	5	6	7	8	9	10	6～10	11	12	13	14
		箱涵垫层 40302010001	m^3	146.09	16.42	312.72	1807.46	30.12	10.75	237.72	2398.77	67.17	4.29	84.23	2555
9	4-2-11	回填砾石砂	m^3	146.09	16.42	312.72	1807.46	30.12	10.75	237.72	2398.77	67.17	4.29	84.23	2555
		箱涵底板 40302010002	m^3	491.65	9.21	475.78	3256.83	326.50	20.30	448.73	4528.14	126.79	8.10	159.01	4822
10	5-1-118	排水箱涵底板商品混凝土　泵送商品混凝土(5～40mm)C25	m^3	388.08	9.21	364.83	2816.30	22.83	16.02	354.20	3574.18	100.08	6.39	125.51	3806
11	4-6-2	基础混凝土垫层　现浇混凝土(5～40mm)C15	m^3	256.72	2.63	110.95	438.01	56.27	3.03	66.91	675.16	18.90	1.21	23.71	719
12	1-1-30	商品混凝土泵车输送	m^3	29.82	9.35		2.52	247.40	1.25	27.63	278.80	7.81	0.50	9.79	297
		箱涵侧墙 40302010003	m^3	433.03	14.39	801.34	4370.59	413.94	27.93	617.52	6231.32	174.48	11.15	218.82	6636
13	5-1-121	排水箱涵侧墙商品混凝土　泵送商品混凝土(5～40mm)C25	m^3	402.76	14.39	801.34	4366.65	27.40	25.98	574.35	5795.72	162.28	10.37	203.52	6172
14	1-1-30	商品混凝土泵车输送	m^3	29.82	14.61		3.94	386.54	1.95	43.17	435.60	12.20	0.78	15.30	464
		箱涵顶板 40302010004	m^3	409.11	9.61	306.47	2941.25	276.57	17.62	389.61	3931.52	110.08	7.03	138.06	4187
15	5-1-124	排水箱涵顶板商品混凝土　泵送商品混凝土(5～40mm)C25	m^3	378.84	9.61	306.47	2938.62	18.43	16.32	360.78	3640.62	101.94	6.51	127.84	3877
16	1-1-30	商品混凝土泵车输送	m^3	29.84	9.75		2.63	258.14	1.30	28.83	290.90	8.15	0.52	10.22	310
		侧石 40302016001	m^3	365.93	0.67	17.94	191.68	10.16	1.10	24.30	245.18	6.86	0.44	8.61	261
17	4-6-74	地梁侧石缘石商品混凝土　非泵送商品混凝土(5～40mm)C25	m^3	365.93	0.67	17.94	191.68	10.16	1.10	24.30	245.18	6.86	0.44	8.61	261
		现浇混凝土栏杆立柱 40302016002	m^3	516.06	0.51	82.99	144.82	8.12	1.18	26.08	263.19	7.37	0.47	9.24	280

续表

序号	定额编号	定额名称	清单综合单价组成明细									安全防护、文明	规费	税金	总计
			定额单位	综合单价	工程量	人工费	材料费	机械费	周材运输费	管理费	合计 1				
	1	2	3	4	5	6	7	8	9	10	6～10	11	12	13	14
18	4-6-70	立柱端柱灯柱混凝土　现浇混凝土(5～40mm)C25	m^3	516.06	0.51	82.99	144.82	8.12	1.18	26.08	263.19	7.37	0.47	9.24	280
		桥面铺装 40302017001	m^3	373.63	1.88	12.98	615.21	1.47	3.15	69.61	702.42	19.67	1.26	24.67	748
19	4-6-99 换	桥面铺装车行道商品混凝土非泵送商品混凝土(5～40mm)C40	m^3	373.63	1.88	12.98	615.21	1.47	3.15	69.61	702.42	19.67	1.26	24.67	748
		安装预制混凝土栏杆 40303005001		1790.07	0.80	87.05	1159.23	37.44	6.42	141.92	1432.05	40.10	2.56	50.29	1525
20	4-8-46	安装预制混凝土栏杆	m^3	1790.07	0.80	87.05	1，159.23	37.44	6.42	141.92	1432.05	40.10	2.56	50.29	1525
		浆砌块石护底 40304002001	m^3	301.67	29.59	1512.61	6436.16	53.02	40.01	884.60	8926.40	249.94	15.97	313.46	9506
21	4-5-7	浆砌块石护底　水泥砂浆 M7.5	m^3	281.15	29.59	1124.19	6284.45	48.83	37.29	824.42	8319.18	232.94	14.88	292.13	8859
22	4-5-20	浆砌块石坞工勾凸缝　水泥砂浆 M7.5	m^2	6.43	94.49	388.42	151.71	4.19	2.72	60.17	607.22	17.00	1.09	21.32	647
		浆砌块石锥坡 40304002002	m^3	361.70	32.32	2352.95	8068.27	58.12	52.40	1158.49	11690.22	327.33	20.91	410.51	12449
23	4-5-10	浆砌块石锥坡　水泥砂浆 M7.5	m^3	297.51	32.32	1670.78	6895.41	53.34	43.10	952.89	9615.52	269.23	17.20	337.66	10240
24	4-5-20	浆砌块石坞工勾凸缝　水泥砂浆 M7.5	m^2	6.43	107.73	442.85	172.97	4.78	3.10	68.61	692.30	19.38	1.24	24.31	737
25	4-6-1	基础碎石垫层	m^3	128.36	10.77	239.32	999.89		6.20	136.99	1382.40	38.71	2.47	48.54	1472
		翼墙 40305002001	m^3	367.88	18.84	77.64	5596.96	538.33	31.06	686.84	6930.83	194.06	12.40	243.38	7381

续表

序号	定额编号	定额名称	定额单位	清单综合单价组成明细								安全防护、文明	规费	税金	总计
				综合单价	工程量	人工费	材料费	机械费	周材运输费	管理费	合计 1				
	1	2	3	4	5	6	7	8	9	10	6～10	11	12	13	14
26	4-6-85	翼墙商品混凝土　泵送商品混凝土(5～40mm)C20	m^3	337.61	18.84	77.64	5591.80	32.25	28.51	630.32	6360.52	178.09	11.38	223.35	6773
27	1-1-30	商品混凝土泵车输送	m^3	29.83	19.12		5.16	506.08	2.56	56.52	570.31	15.97	1.02	20.03	607
		钢筋 40701002001	t	4205.18	7.17	2586.41	23293.91	1147.76	135.14	2987.95	30151.17	844.23	53.93	1058.78	32108
28	5-1-126	排水箱涵钢筋	t	4268.99	4.36	1517.54	14173.43	993.91	83.42	1844.51	18612.82	521.16	33.29	653.60	19821
29	4-6-87	翼墙钢筋	t	4060.80	2.43	856.58	7861.57	127.48	44.23	977.88	9867.74	276.30	17.65	346.51	10508
30	4-6-100	桥面铺装钢筋	t	4429.85	0.20	113.64	669.00	11.56	3.97	87.80	885.97	24.81	1.58	31.11	943
31	4-6-76	其他构件钢筋	t	4118.33	0.08	41.42	247.70	6.22	1.48	32.65	329.47	9.23	0.59	11.57	351
32	4-6-76	其他构件钢筋	t	4551.78	0.10	57.23	342.21	8.59	2.04	45.11	455.18	12.74	0.81	15.98	485
		模板　1.1.1	m^2	38.71	236.40	2520.68	4251.31	1431.81	41.02	906.93	9151.75	256.25	16.37	321.37	9746
33	5-1-119	排水箱涵底板模板	m^2	29.98	7.21	86.00	53.51	54.28	0.97	21.42	216.18	6.05	0.39	7.59	230
34	5-1-122	排水箱涵侧墙模板	m^2	42.20	82.10	934.62	1489.16	682.10	15.53	343.36	3464.76	97.01	6.20	121.67	3690
35	5-1-125	排水箱涵顶板模板	m^2	37.34	11.49	140.73	143.85	99.98	1.92	42.51	429.00	12.01	0.77	15.06	457
36	4-6-86	翼墙模板	m^2	35.75	121.97	1092.93	2242.63	573.48	19.55	432.14	4360.73	122.10	7.80	153.13	4644
37	4-6-75	地梁侧石缘石模板	m^2	34.87	4.72	48.68	97.22	1.63	0.74	16.31	164.58	4.61	0.29	5.78	175
38	4-6-72	立柱端柱灯柱模板	m^2		8.91	217.72	224.94	20.34	2.32	51.18	516.50	14.46	0.92	18.14	550
		施工排水　3.3.1.6	m^3	0.71	546.00	92.14	0.00	257.23	1.75	38.62	389.74	10.91	0.70	13.69	415
39	1-1-12	抽水	m^3	0.71	546.00	92.14		257.23	1.75	38.62	389.74	10.91	0.70	13.69	415
		围堰　4.1.1	m	1397.67	28.00	30193.88	3484.92	1402.46	175.41	3878.23	39134.90	1095.78	70.00	1374.25	41675
40	1-2-5	草包围堰筑拆(高≤3m)	m	1300.36	28.00	29528.60	3110.04		163.19	3608.20	36410.03	1019.48	65.13	1278.57	38773
41	1-2-6	草包围堰养护(高≤3m)	米次	48.66	56.00	665.28	374.88	1402.46	12.21	270.03	2724.86	76.30	4.87	95.69	2902
		脚手架　4.5.1	m^2	3.75	39.20	66.81	60.33	4.57	0.66	14.56	146.93	4.11	0.26	5.16	156
42	1-1-18	简易脚手架	m^2	3.75	39.20	66.81	60.33	4.57	0.66	14.56	146.93	4.11	0.26	5.16	156
		总计				49273	65679	37300	622	16631	169506	4696	300	5950	180454

组 合 报 表

工程名称：×××路箱涵

编制单位：

	编号	名　称	单位	单价	工程量	合价
		×××路箱涵 $B\times H=4\times 3.5$ $L=5.6$ $\alpha=0$	m	32224.10	5.60	180455
1	1-2-5	草包围堰筑拆(高≤3m)	延长米	1165.67	28.00	32639
2	1-2-6	草包围堰养护(高≤3m)	延长米·次	43.62	56.00	2443
3	1-1-12	抽水	m^3	0.64	546.00	349
4	1-1-7	挖淤泥	m^3	27.27	273.00	7444
5	4-2-1	人工挖ⅠⅡ类土(深≤2m)	m^3	14.25	41.80	596
6	2-1-44	土方场内自卸汽车运输(运距≤200m)	m^3	11.39	41.80	476
7	4-2-11	回填砾石砂	m^3	130.96	16.42	2150
8	4-6-2	基础混凝土垫层　现浇混凝土(5～40mm)C15	m^3	230.12	2.63	605
9	5-1-118	排水箱涵底板商品混凝土　泵送商品混凝土(5～40mm)C25	m^3	347.88	9.21	3204
10	5-1-119	排水箱涵底板模板	m^2	26.88	7.21	194
11	5-1-121	排水箱涵侧墙商品混凝土　泵送商品混凝土(5～40mm)C25	m^3	361.04	14.39	5195
12	5-1-122	排水箱涵侧墙模板	m^2	37.83	82.10	3106
13	5-1-124	排水箱涵顶板商品混凝土　泵送商品混凝土(5～40mm)C25	m^3	339.60	9.61	3264
14	5-1-125	排水箱涵顶板模板	m^2	33.47	11.49	385
15	5-1-126	排水箱涵钢筋	t	3826.81	4.36	16685
16	1-1-18	简易脚手架	m^2	3.36	39.20	132
17	4-6-74	地梁侧石缘石商品混凝土　非泵送商品混凝土(5～40mm)C25	m^3	327.05	0.67	220
18	4-6-75	地梁侧石缘石模板	m^2	31.26	4.72	148
19	4-6-76	其他构件钢筋	t	3886.06	0.08	295
20	4-6-99 换	桥面铺装车行道商品混凝土　非泵送商品混凝土(5～40mm)C40	m^3	334.92	1.88	630
21	4-6-100	桥面铺装钢筋	t	3971.01	0.20	794
22	4-6-85	翼墙商品混凝土　泵送商品混凝土(5～40mm)C20	m^3	302.64	18.84	5702
23	4-6-86	翼墙模板	m^2	32.05	121.97	3909
24	4-6-87	翼墙钢筋	t	3640.18	2.43	8846
25	4-5-7	浆砌块石护底　水泥砂浆 M7.5	m^3	252.03	29.59	7457
26	4-5-10	浆砌块石锥坡　水泥砂浆 M7.5	m^3	266.69	32.32	8620
27	4-5-20	浆砌块石坞工勾凸缝　水泥砂浆 M7.5	m^2	5.76	202.22	1165
28	4-6-1	基础碎石垫层	m^3	115.06	10.77	1239
29	4-2-8	回填土	m^3	12.76	108.93	1390
30	2-1-44	土方场内自卸汽车运输(运距≤200m)	m^3	11.39	108.93	1241
31	4-6-70 换	立柱端柱灯柱混凝土　非泵送商品混凝土(5～40mm)C25	m^3	462.59	0.51	236
32	4-6-72	立柱端柱灯柱模板	m^2	51.96	8.91	463
33	4-6-76	其他构件钢筋	t	3886.06	0.10	408
34	4-8-46	安装预制混凝土栏杆	m^3	1604.65	0.80	1284
35	1-1-30	商品混凝土泵车输送	m^3	26.73	52.83	1412
36	ZSM20-1-1	泥浆场外运输	m^3	27.50	273.00	7508
37	ZSM19-1-1	土方场外运输	m^3	42.50	441.00	18743
[1]	定额直接费	直接费合计				124324
[2]	大型周材运输费	[1]×0.5%				622
[3]	土方泥浆外运费	土方泥浆外运费				26250
[4]	直接费	[1]+[2]+[3]				151194

续表

编号		名　　称	单位	单价	工程量	合价
[5]	综合费	[4]×11%				16631
[6]	安全防护、文明	([4]+[5])×2.8%				4699
[7]	施工措施费	施工措施费				
[8]	其他费用	([4]+[5]+[6]+[7])×(0.1%+0.074%)				300
[9]	土源费	67.13×25				1678
[10]	税金	([4]+[5]+[6]+[7]+[8]+[9])×3.41%				5951
[11]	甲供材料	—甲供材料				
[12]	税后补差					
[13]	总造价	[4]+[5]+[6]+[7]+[8]+[9]+[10]+[11]+[12]				180454

4.6　地铁工程(编码：0406)

结构工程量清单项目设置及工程量计算规则　　表 4-252

结构(编码：040601)

项目编码	项目名称	项目特征	计量单位	工程内容
040601001	混凝土圈梁	1. 部位 2. 混凝土强度等级、石料最大粒径	m^3	1. 混凝土浇筑 2. 养护
040601002	竖井内衬混凝土			
040601003	小导管(管棚)	1. 管径 2. 材料	m	导管制作、安装
040601004	注浆	1. 材料品种 2. 配合比 3. 规格		1. 浆液制作 2. 注浆
040601005	喷射混凝土	1. 部位 2. 混凝土强度、石料最大粒径	m^3	1. 岩石、混凝土面清洗 2. 喷射混凝土
040601006	混凝土底板	1. 混凝土强度等级、石料最大粒径 2. 垫层厚度、材料品种、强度		
040601007	混凝土内衬墙	混凝土强度等级、石料最大粒径	m^3	1. 混凝土浇筑 2. 养护
040601008	混凝土中层板			
040601009	混凝土顶板			
040601010	混凝土柱			
040601011	混凝土梁			
040601012	混凝土独立柱基			
040601013	混凝土现浇站台板			
040601014	预制站台板			1. 制作 2. 安装
040601015	混凝土楼梯	混凝土强度等级、石料最大粒径	m^3	1. 混凝土浇筑 2. 养护
040601016	混凝土中隔墙			1. 制作 2. 安装
040601017	隧道内衬混凝土			
040601018	混凝土检查沟		m^2	1. 混凝土浇筑 2. 养护
040601019	砌筑	1. 材料 2. 规格 3. 砂浆强度等级	m^3	1. 砂浆运输、制作 2. 砌筑 3. 勾缝 4. 抹灰、养护
040601020	锚杆支护	1. 锚杆形式 2. 材料 3. 砂浆强度等级	m	1. 钻孔 2. 锚杆制作、安装 3. 砂浆灌注
040601021	变形缝（诱导缝）	1. 材料 2. 规格 3. 工艺要求		变形缝安装
040601022	刚性防水层		m^2	1. 找平层铺筑 2. 防水层铺设
040601023	柔性防水层	1. 部位 2. 材料 3. 工艺要求		防水层铺没

注：选自国家标准《建设工程工程量清单计价规范》GB 50500—2008“附录D市政工程工程量清单项目及计算规则”。

轨道工程量清单项目设置及工程量计算规则　　表 4-253

轨道(编码：040602)

项目编码	项目名称	项目特征	计量单位	工程内容
040604001	接触轨	1. 区段 2. 道床类型 3. 防护材料 4. 规格	km	1. 接触轨安装 2. 焊轨 3. 断轨
040604002	接触轨设备	1. 设备类型 2. 规格	口	安装与调试
040604003	接触轨试运行	区段名称	km	试运行
040604004	地下段接链网节点	1. 类型 2. 悬挂方式	处	1. 钻孔 2. 预埋件安装 3. 混凝土浇筑
040604005	地下段接触网悬挂	1. 类型 2. 悬挂方式 3. 材料 4. 规格	处	悬挂安装
040604006	地下段接触网集线及调整	1. 类型 2. 悬挂方式 3. 材料 4. 规格	条 km	1. 接触网架设 2. 附加导线安装 3. 悬挂调整
040604007	地面段、高架段接触网支柱	1. 类型 2. 材料品种 3. 规格	根	1. 基础制作 2. 立柱
040604008	地面段、高架段接触网悬挂	1. 类型 2. 悬挂方式 3. 材料 4. 规格	处	悬挂安装
040604009	地面段、高架段接触网架线及调整	1. 类型 2. 悬挂方式 3. 材料 4. 规格	条 km	1. 接触网架设 2. 附加导线安装 3. 悬挂调整
040604010	接触网设备接触网	1. 类型 2. 设备 3. 规格	台	安装与调试
040604011	附属设施	1. 区段 2. 类型	处	1. 牌类安装 2. 限界门安装
040604012	接触网试运行	区段名称	条 km	试运行

注：选自国家标准《建设工程工程量清单计价规范》GB 50500—2008“附录 D 市政工程工程量清单项目及计算规则”。

信号工程量清单项目设置及工程量计算规则　　表 4-254

信号(编码：040603)

项目编码	项目名称	项目特征	计量单位	工程内容
040603001	信号机	1. 类型 2. 规格	架	1. 基础制作 2. 安装与调试
040603002	电动转辙装置	1. 类型 2. 规格	组	安装与调试
040603003	轨道电路	1. 类型 2. 规格	区段	1. 箱、盒基础制作 2. 安装与调试
040603004	轨道绝缘	1. 类型 2. 规格	组	安装
040603005	钢轨接续线	1. 类型 2. 规格	组	安装
040603006	道岔跳线	1. 类型 2. 规格	组	安装
040603007	极性叉回流线	1. 类型 2. 规格	组	安装
040603008	道岔区段传输环路	长　度	个	安装与调试
040603009	信号电缆柜	1. 类型 2. 规格	架	安装
040603010	电气集中分线柜	1. 类型 2. 规格	架	安装与调试
040603011	电气集中走线架	1. 类型 2. 规格	架	安装
040603012	电气集中组合柜	1. 类型 2. 规格	架	1. 继电器等安装与调试 2. 电缆绝缘测试盘安装与调试 3. 轨道电路测试盘安装与调试 4. 报警装聂安装与调试 5. 防雷组合安装与调试
040603013	电气集中控制台	1. 类型 2. 规格	台	安装与调试
040603014	微机联锁控制台	1. 类型 2. 规格	台	安装与调试
040603015	人工解锁按钮	1. 类型 2. 规格	台	安装与调试
040603016	调度集中控制台	1. 类型 2. 规格	台	安装与调试
040603017	调度集中总机柜	1. 类型 2. 规格	台	安装与调试
040603018	调度集中分机柜	1. 类型 2. 规格	台	安装与调试
040603019	列车自动防护(ATP)中心模拟盘	1. 类型 2. 规格	面	安装与调试

续表

项目编码	项目名称	项目特征	计量单位	工程内容
040603020	列车自动防护(ATP)架	类　型	架	1. 轨道架安装与调试 2. 码发生器架安装与调试
040603021	列车自动运行(ATO)架			安装与调试
040603022	列车自动监控(ATS)架			1. DPU 柜安装与调试 2. RTU 架安装与调试 3. LPU 柜安装与调试
040603023	信号电源设备	1. 类型 2. 规格	台	1. 电源屏安装与调试 2. 电源防雷箱安装与调试 3. 电源切换箱安装与调试 4. 电源开关柜安装与调试 5. 其他电源设备安装与调试
040603024	信号设备接地装置	1. 位置 2. 类型3. 规格	处	1. 接地装置安装 2. 标志桩埋设
040603025	车载设备	类　型	车组	1. 列车自动防护(ATP)车载设备安装与调试 2. 列车自动运行(AT0)车载设备安装与调试 3. 列车识别装置(PTI)车载设备安装与调试
040603026	车站联锁系统调试		站	1. 继电联锁调试 2. 微机联锁调试
040603027	全线信号设备系统调试		系统	1. 调度集中系统调试 2. 列车自动防护(ATP)系统调试 3. 列车自动运行(ATO)系统测试 4. 列车自动监控(A7rS)系统调试 5. 列车自动控制(ATC)系统调试

注：选自国家标准《建设工程工程量清单计价规范》GB 50500—2008“附录D市政工程工程量清单项目及计算规则”。

电力牵引工程量清单项目设置及工程量计算规则　　表 4-255

电力牵引(编码：040604)

项目编码	项目名称	项目特征	计量单位	工程内容
040604001	接触轨	1. 区段 2. 道床类型 3. 防护材料 4. 规格	km	1. 接触轨安装 2. 焊轨 3. 断轨
040604002	接触轨设备	1. 设备类型 2. 规格	口	安装与调试
040604003	接触轨试运行	区段名称	km	试运行
040604004	地下段接链网节点	1. 类型 2. 悬挂方式	处	1. 钻孔 2. 预埋件安装 3. 混凝土浇筑
040604005	地下段接触网悬挂	1. 接触网架设 2. 附加导线安装 3. 悬挂调整		悬挂安装
040604006	地下段接触网集线及调整		条 km	1. 类型 2. 悬挂方式 3. 材料 4. 规格
040604007	地面段、高架段接触网支柱	1. 类型 2. 材料品种 3. 规格	根	1. 基础制作 2. 立柱
040604008	地面段、高架段接触网悬挂	1. 类型 2. 悬挂方式 3. 材料 4. 规格	处	悬挂安装
040604009	地面段、高架段接触网架线及调整		条 km	1. 接触网架设 2. 附加导线安装 3. 悬挂调整
040604010	接触网设备接触网	1. 类型 2. 设备 3. 规格	台	安装与调试
040604011	附属设施	1. 区段 2. 类型	处	1. 牌类安装 2. 限界门安装
040604012	接触网试运行	区段名称	条 km	试运行

注：选自国家标准《建设工程工程量清单计价规范》GB 50500—2008“附录D市政工程工程量清单项目及计算规则”。

4.7　钢筋工程(项目编码：040701)

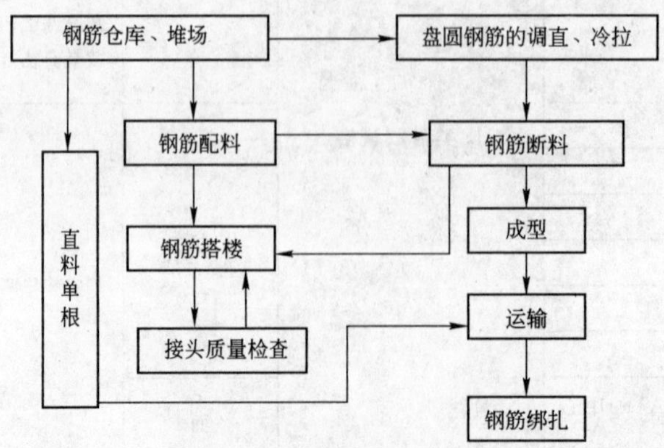

图 4-261　钢筋加工工艺流程图

4.7.1　钢筋数量计算

4.7.1.1　单位工程钢筋用量

单位工程钢筋用量　　表 4-256

类　型	钢筋用量通常含义
定额钢筋用量	在编制市政工程预算定额每个钢筋混凝土工程子项目时，都综合了类似的而有代表性的钢筋混凝土构件，通过工程分析计算汇总求得的钢筋总用量以作为定额钢筋含量，已包括了定额的操作损耗，主要作用是为调整定额钢筋含量的基础数据
钢筋预算用量	根据设计图纸、施工技术规范和验收规范的要求，以及市政工程预算定额的操作损耗率，按实抽料计算汇总求得的单位工程总用量。它和市政工程定额用量内容口径一致，也是用作调整定额钢筋含量差额的依据
钢筋配料用量	它是施工单位根据设计图纸的要求和施工技术措施而制定出钢筋材料的总用量，其中包括了钢筋弯曲延伸和短料利用以及备用钢筋等因素，它是施工单位内部生产管理的计划数据

注：1. 编制市政工程预算定额时，钢筋混凝土构件按图示计算的钢筋总用量(包括 2.5%的损耗)。
2. 市政工程预算定额中，所有钢筋混凝土结构和预应力钢筋混凝土结构项目中均列有钢筋、预应力钢筋钢绞线、高强钢丝、绞线子目，在编制市政工程概预算时，只需参数相应的定额乘以设计图示钢筋数量便得出预算基价和工、机、料消耗数量。其中钢筋消耗量包含了规定的损耗量。

4.7.1.2　钢筋下料长度计算

1. 主筋

钢筋下料长度基本计算　　表 4-257

项　目	计算方法及公式
直钢筋下料长度	下料长度(L)＝构件长度－保护层厚度＋弯钩增加长度＋搭接长度
弯起钢筋下料长度	下料长度(L)＝直段长度＋斜段长度＋弯钩增加斜长－弯钩调整值
箍筋下料长度	下料长度(L)＝ 箍筋周长＋弯钩增加长度±延伸率调整值

钢筋混凝土保护层厚度（设置）　　表 4-258

项　次	项　目		保护层厚度
1	墙和板	厚度等于小于 100mm	10mm
		厚度大于 100mm	15mm
2	梁和柱	受力钢筋	25mm
		箍筋和构造钢筋	15mm
3	基　础	有垫层	35mm
		无垫层	70mm

钢筋下料长度计算　　表 4-259

项　目	计算方法及公式	图示	参考表
弯钩增加长度	钢筋弯钩有半圆弯钩、直弯钩及斜弯钩三种形式，各种弯钩增加长度 lz 按下式计算： 半圆弯钩　$lz=1.071D+0.571d+l_P$　(4-7-1-2-1) 直弯钩　$lz=0.285D-0.215d+l_P$　(4-7-1-2-2) 斜弯钩　$lz=0.678D+0.178d+l_P$　(4-7-1-2-3) 式中　D——圆弧弯曲直径，对Ⅰ级钢筋取 2.5d；Ⅱ级钢筋取 4d；Ⅲ级钢筋取 5d； d——钢筋直径； l_P——弯钩的平直部分长度 采用Ⅰ级钢筋，按圆弧弯曲直径为 2.5d，$l_p=3d$ 考虑，半圆弯钩增加长度位应为 6.25d；直弯钩 l_p 按 5d，考虑增加长度应为 5.5d、斜弯钩 l_p 按 10d 考虑，增加长度为 12d。三种弯钩型式各种规格钢筋弯钩增加长度可参见表 4-269	图 4-264	表 4-269

续表

项　　目	计算方法及公式	图示	参考表
弯起增加斜长	构件常配置弯起钢筋，弯起角度为30°、45°和60°几种，h为弯起高度； 斜边长度：30°$S=2.000h$、45°$S=1.414h$、60°$S=1.155h$； 底边长度：30°$L=1.732h$、45°$L=1.000h$、60°$L=0.577h$； 增加长度：30°$S-L=0.268h$、45°$S-L=0.414h$、60°$S-L=0.578h$	图4-265	表4-270
弯曲调整值	钢筋弯曲时，内皮缩短，外皮延长，只中心线尺寸不变，故下料长度即中心线尺寸。一般钢筋成型后量度尺寸都是沿直线量外包尺寸；同时弯曲处又成圆弧，因此弯曲钢筋的量度尺寸大于下料尺寸，两者之间的差值称为“弯曲调整值”，即在下料时，下料长度应等于量度尺寸减去弯曲调整值。 不同级别钢筋弯折90°和135°时［图4-263(a)、(b)］的弯曲调整值参见表4-268。对一次弯折钢筋［图4-263(c)］和弯起钢筋［图4-263(d)］的弯曲直径D不应小于钢筋直径d的5倍，其弯折角度为30°、45°、60°的弯曲调整值参见表4-268	图4-262、图4-263	表4-271
箍筋弯钩增加长度	用Ⅰ级钢筋或冷拔低碳钢丝制作箍筋，其末端应作成弯钩，弯曲直径应大于受力钢筋直径，且不小于箍筋直径的2.5倍；弯钩平直部分的长度，对一般结构，不宜小于箍筋直径的5倍，对有抗震要求的结构，不应小于箍筋的10倍。 弯钩形式，可按图4-267(a)、(b)制作；但对有抗震要求和受扭的结构，务须按图4-267(c)型135°/135°的形状制作。 常用规格钢筋箍筋弯钩长度增加长度可参见表4-269	图4-266、图4-267	表4-272

钢筋混凝土用热轧钢筋直径、横截面面积及质量　　表4-260

公称直径(mm)		公称横截面面积(mm^2)	公称质量(kg/m)
光圆钢筋	带肋钢筋		
6	6	28.3	0.222
8	8	50.27	0.395
10	10	78.54	0.617
12	12	113.1	0.888
14	14	153.9	1.208
16	16	201.1	1.578
18	18	254.5	1.998
20	20	314.2	2.466
	22	380.1	2.984
	25	490.9	3.853
	28	615.8	4.834
	32	804.2	6.313
	36	1018	7.990
	40	1257	9.865
	50	1964	15.414

注：1.“理论重量”适用于热轧光圆钢筋、热轧带肋钢筋、冷轧带肋钢筋、余热处理钢筋、热处理钢筋和钢丝等圆形钢筋(丝)。冷轧扭钢筋除外；

2. 理论重量——$0.0061654\phi^2$(ϕ—钢筋公称直径，mm)(理论重量按密度7.85g/cm^3计算)；
或$G=0.617d^2$［G—每米钢筋质量(kg/m)；d—钢筋直径，cm］

3. 公称直径8.2mm适用于热处理钢筋；

4. 钢筋实际质量与公称质量偏差按下式计算：

$$质量偏差(\%)=\frac{试样实际总质量-(试样总长度\times公称质量)}{试样总长度\times公称质量}\times100 \tag{4-43}$$

其中：试样数量不少于10支，总长度不小于60m。

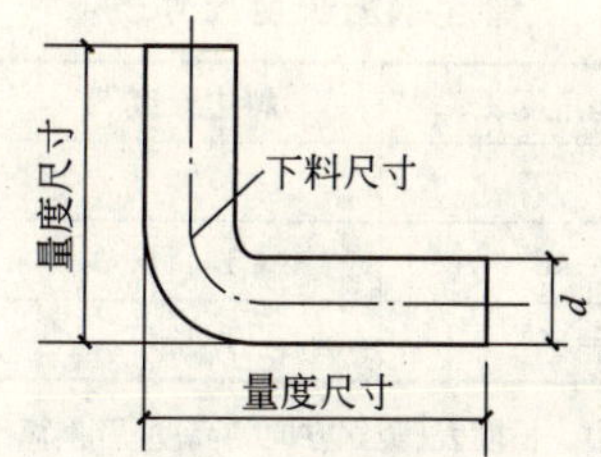

图 4-262　钢筋弯曲时的量度方法

钢筋弯曲调整值　　　　**表 4-261**

钢筋弯曲角度	30°	45°	60°	90°	135°
钢筋弯曲调整值	0.35d	0.5d	0.85d	2d	2.5d

注：1. 钢筋弯曲时的量度，见图 4-47“钢筋弯钩计算简图”中钢筋弯曲时的量度方法；
2. d 为钢筋直径。

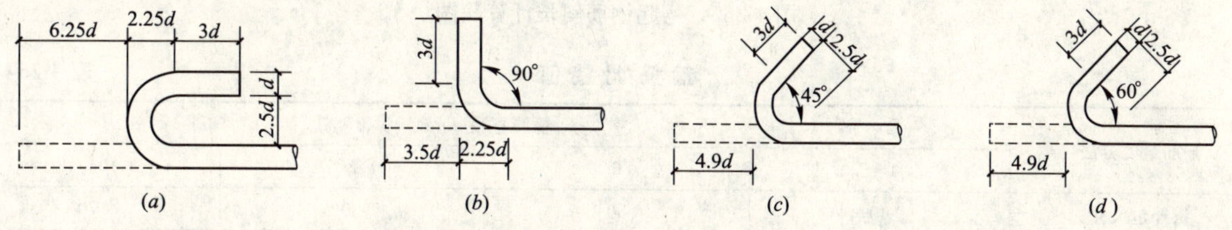

图 4-263　钢筋弯钩计算简图

(a)半圆弯钩；(b)直弯钩；(c)斜弯钩；(d)斜弯钩

光圆钢筋的弯钩增加长度，按图 4-263“钢筋弯钩计算简图”所示的简图(弯心直径为 2.5d、平直部分为 3d)计算：对半圆弯钩为 6.25d，对直弯钩为 3.5d，对斜弯钩为 4.9d。

常用光圆钢筋弯钩增加长度表　　　　**表 4-262**

项　次	弯钩平直长度		180°弯钩	135°弯钩	90°弯钩
1	平直长度=3d	单钩	6.25d	4.87d	4.21d
2		双钩	12.5d	9.74d	8.42d
3	平直长度=5d	单钩	12.5d	6.87d	6.21d
4		双钩	16.50d	13.74d	12.42d
5	平直长度=10d	单钩	13.25d	11.87d	11.21d
6		双钩	26.50d	23.74d	22.42d

注：1. 钢筋的计算长度=钢筋图示外缘长度(构件长度－保护层厚度)＋弯钩增加长度；(d—钢筋直径 ϕ，m)；
2. 弯钩的平直长度按施工图设计；
3. 弯钩增加长度的理论，依据是《混凝土结构工程施工质量验收规范》GB 50204—2002。

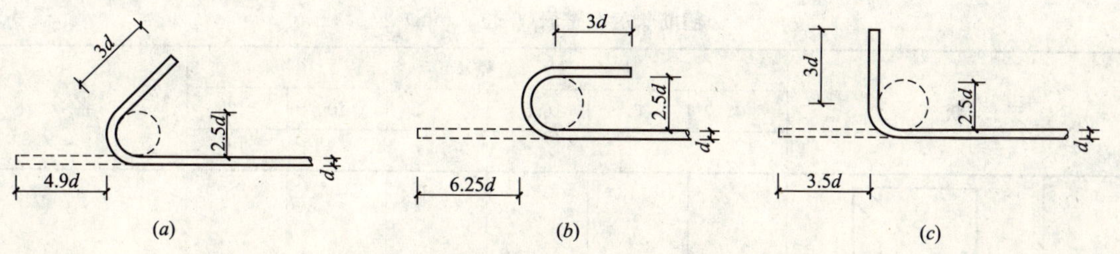

图 4-264　钢筋的弯钩与弯折(d—钢筋直径)

(a)135°斜弯钩；(b)180°半圆弯钩；(c)90°直弯钩

弯起钢筋长度尺寸表　　　　**表 4-263**

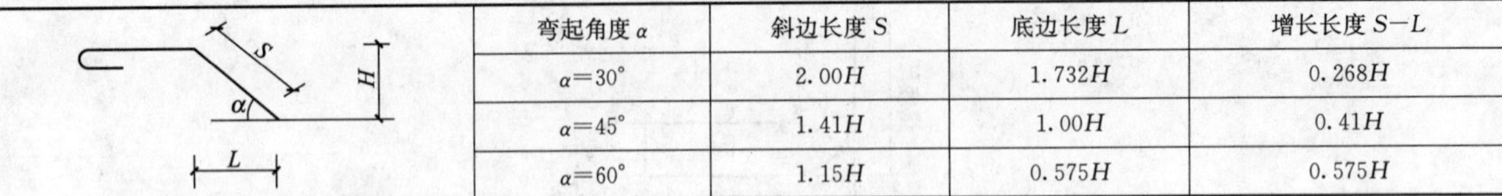

弯起角度 α	斜边长度 S	底边长度 L	增长长度 S−L
α=30°	2.00H	1.732H	0.268H
α=45°	1.41H	1.00H	0.41H
α=60°	1.15H	0.575H	0.575H

注：1. 引用表 4-23“边坡坡率换算角度、对边、斜边、长度表(竖立方向的高度)”换算出“弯起钢筋长度尺寸”等，此工作以列表计算较方便；
2. H 为弯起高度，m；
3. 弯起钢筋形状参照图 4-265“弯起钢筋斜长计算简图”。

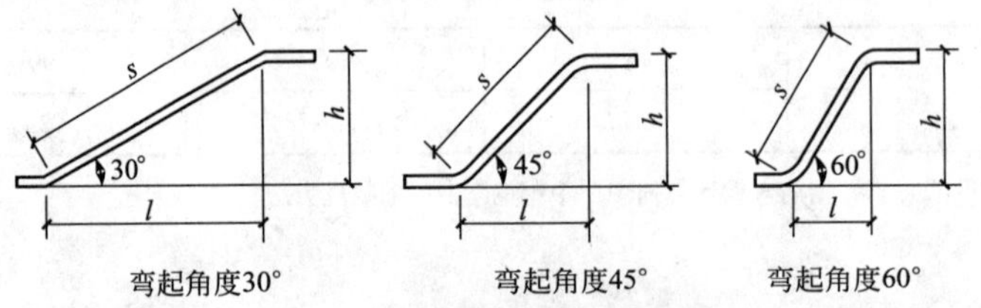

图 4-265　弯起钢筋斜长计算简图

箍筋调整值　　　　**表 4-264**

箍筋量度方法	箍筋直径(mm)			
	4～5	6	8	10～12
量外包尺寸	40	50	60	70
量内皮尺寸	80	100	120	150～170

注：箍筋调整值，即为弯钩增加长度和弯曲调整值两项之差或和，根据箍筋量外包尺寸或内皮尺寸确定，见图 4-28“箍筋量度方法”。

2. 箍筋

除焊接封闭环式箍筋外，箍筋的末端应作弯钩。弯钩形式应符合设计要求；当设计无具体要求时，应符合下列规定：

(1) 箍筋弯钩的弯弧内直径除应满足本条第 1(1)点外，尚应不小于受力钢筋的直径；

(2) 箍筋弯钩的弯折角度：对一般结构，不应小于 90°；对有抗震等要求的结构应为 135°(图 4-267)。

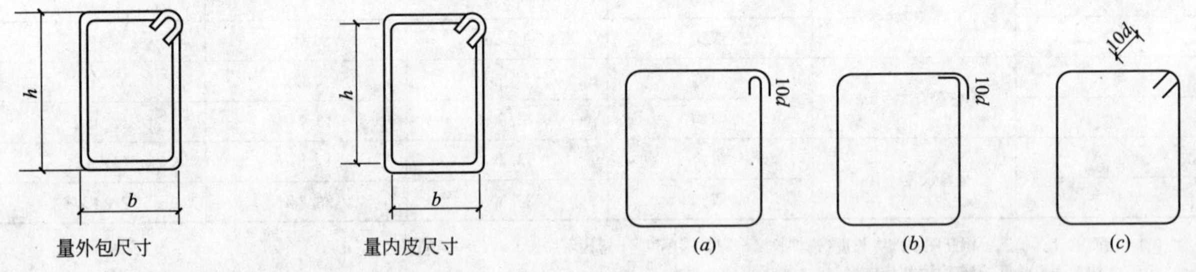

图 4-266　箍筋量度方法

图 4-267　箍筋弯钩长度示意图

(a)90°/180°一般结构；(b)90°/90°一般结构；(c)135°/135°抗震结构

箍筋长度调整表(单位：mm)　　　　**表 4-265**

形　状		直径 d						备　注
		4	6	6.5	8	10	12	
		ΔL						
抗震结构		−88	−33	−20	22	78	133	ΔL=200−27.8d

续表

形　状		直径 d						备　注
		4	6	6.5	8	10	12	
		ΔL						
一般结构		−129	−93.5	−85	−58	−23	13	$\Delta L=200-17.75d$
		−140	−110	−103	−80	−50	−20	$\Delta L=200-15d$

注：本表根据《混凝土结构工程施工质量验收规范》GB 50204—2002 第 5.3.2 条编制，保护层按 25mm 考虑。

(3) 箍筋弯后的平直部分长度：对一般结构，不宜小于箍筋直径的 5 倍；对有抗震等要求的结构，不应小于箍筋直径的 10 倍。

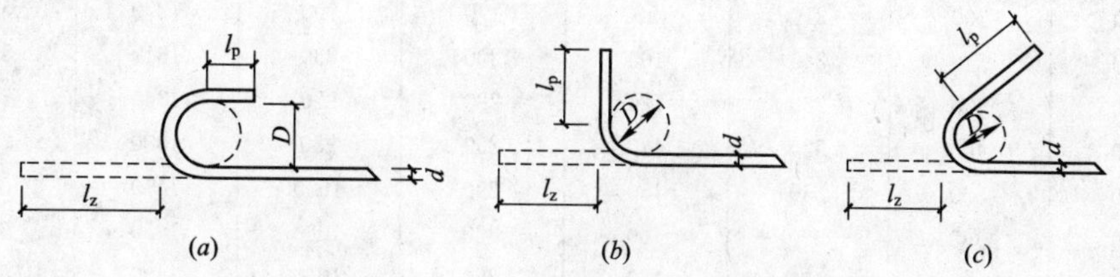

图 4-268　弯钩增加长度钢筋弯钩型式

(a)半圆(180°)弯钩；(b)直(90°)弯钩；(c)斜(135°)弯钩

各种规格钢筋弯钩增加长度参考表　　**表 4-266**

钢筋直径 d(mm)	半圆弯钩(mm)		半圆弯钩(mm)(不带平直部分)		直弯钩(mm)		斜弯钩(mm)	
	1 个钩长	2 个钩长	1 个钩长	2 个钩长	1 个钩长	2 个钩长	1 个钩长	2 个钩长
6	40	75	20	40	35	70	75	150
8	50	100	25	50	45	90	95	190
9	60	115	30	60	50	100	110	220
10	65	125	35	70	55	110	120	240
12	75	150	40	80	65	130	145	290
14	90	175	45	90	75	150	170	170
16	100	200	50	100				
18	115	225	60	120				
20	125	250	65	130				
22	140	275	70	140				
25	160	315	80	160				
28	175	350	85	190				
32	200	400	105	210				
36	225	450	115	230				

注：1. 半圆弯钩计算长度为 $6.25d$；半圆弯钩不带平直部分为 $3.25d$；直弯钩计算长度为 $5.5d$；斜弯钩计算长度为 $12d$；
2. 半圆弯钩取 $l_p=3d$；直弯钩 $l_p=5d$；斜弯钩 $l_p=10d$；
3. 本表为Ⅰ级钢筋，弯曲直径为 $2.5d$，取尾数为 5 或 0 的弯钩增加长度。

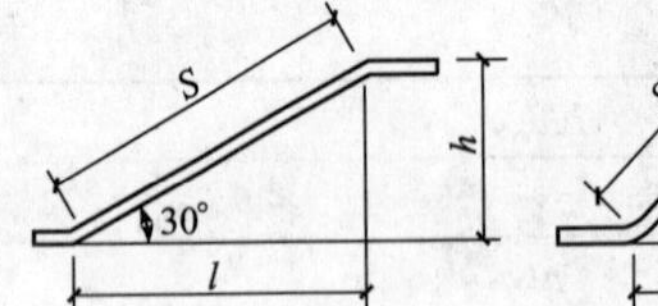

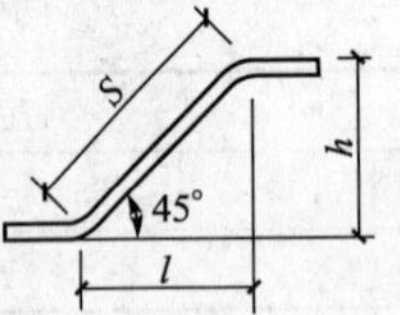

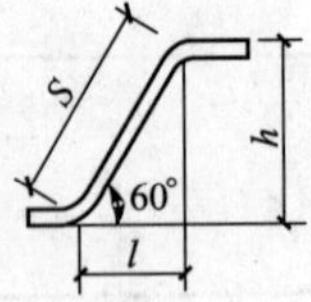

图 4-269　弯起钢筋斜长计算简图

弯起钢筋斜长长度表(参数)　　　　表 4-267

弯起高度	$\alpha=30°$		$\alpha=45°$	$\alpha=60°$		弯起高度	$\alpha=45°$	$\alpha=60°$	
h	L	S	S	L	S	h	S	L	S
40	70	80	60	25	50	650	920	380	750
50	90	100	70	30	60	680	960	390	780
60	100	120	90	35	70	700	990	410	810
70	120	140	100	40	80	730	1030	420	840
80	140	160	110	50	90	750	1060	440	860
90	160	180	130	55	100	780	1100	450	900
100	170	200	140	60	120	800	1130	460	920
110	190	220	160	65	130	830	1170	480	950
120	210	240	170	70	140	850	1200	490	980
130	230	260	180	80	150	880	1240	510	1010
150	260	300	210	90	170	900	1270	520	1040
170	300	340	240	100	200	930	1310	540	1070
200	350	400	280	120	230	950	1340	550	1090
230	400	460	320	130	260	980	1380	570	1130
250	430	500	350	150	290	1000	1410	580	1150
280	480	560	390	160	320	1030	1450	600	1180
300	520	600	420	170	350	1050	1480	610	1210
330	570	660	470	190	380	1080	1520	630	1240
350	610	700	490	200	400	1100	1550	640	1270
380	660	760	540	220	440	1130	1590	660	1300
400	690	800	560	230	460	1150	1620	670	1320
430	740	860	610	250	490	1180	1660	680	1360
450	780	900	630	260	520	1200	1690	700	1380
480	830	960	680	280	550	1230	1730	710	1420
500	870	1000	710	290	580	1250	1760	730	1440
530	920	1060	750	310	610	1280	1800	740	1470
550	950	1100	780	320	630	1300	1830	750	1500
580	1000	1160	820	340	670	1330	1870	770	1530
600	1040	1200	860	350	690	1380	1940	800	1590
630	1090	1260	890	370	720	1430	2000	830	1640

注：表中弯起高度为构件高度减二个保护层厚度；转弯增加长度＝$S-L$。

钢筋弯折 90°和 135°时的弯曲调整值　　　　表 4-268

弯折角度	钢筋级别	变曲调整值	
		计算式	取值
90°	Ⅰ级	$\Delta=0.215D+1.215d$	$1.75d$
	Ⅱ级		$2.08d$
	Ⅲ级		$2.29d$
135°	Ⅰ级	$\Delta=0.822d-0.178D$	0.38
	Ⅱ级		0.11
	Ⅲ级		−0.07

注：1. 弯曲直径：Ⅰ级钢筋 $D=2.5d$；Ⅱ级铆筋 $D=4d$；Ⅲ级钢筋 $D=5d$；

2. 弯曲图见图 4-270 钢筋弯曲调整值计算简图(a)、(b)。

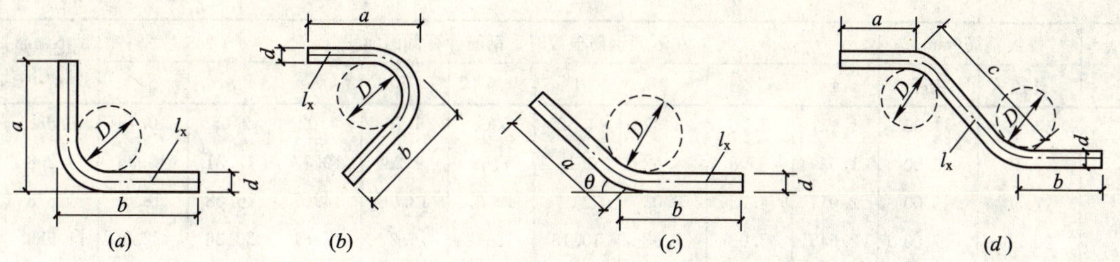

图4-270　钢筋弯曲调整值计算简图

(*a*)钢筋弯折90°；(*b*)钢筋弯折135°；(*c*)钢筋一次弯折30°、45°、60°；(*d*)钢筋弯曲30°、45°、60°

a、*b*—量度尺寸；l_x—下料长度

钢筋一次弯折和弯起30°、45°、60°的弯曲调整值　　表4-269

弯折角度	一次弯折的弯曲调整值		弯起钢筋的弯曲调整值	
	计算式	按 $D=5d$	计算式	按 $D=5d$
30°	$\Delta=0.006D+0.274d$	$0.3d$	$\Delta=0.012D+0.28d$	$0.34d$
45°	$\Delta=0.022D+0.436d$	$0.55d$	$\Delta=0.043D+0.457d$	$0.67d$
60°	$\Delta=0.054D+0.631d$	$0.9d$	$\Delta=0.108D+0.685d$	$1.23d$

注：弯曲图见图4-270钢筋弯曲调整值计算简图(*c*)、(*d*)。

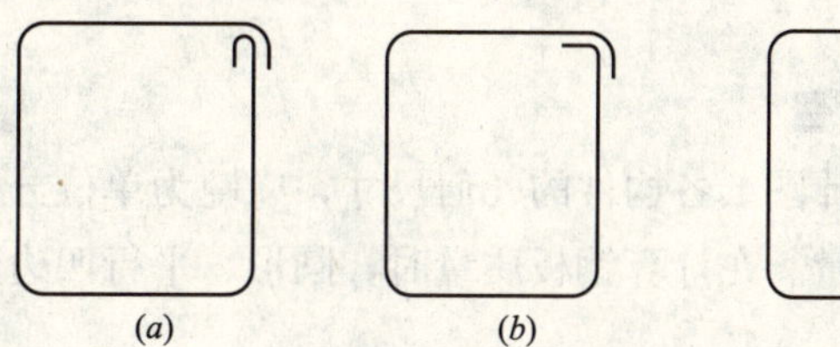

图4-271　箍筋弯钩示意图

(*a*)90°/180°；(*b*)90°/90°；(*c*)135°/135°

箍筋弯钩长度增加值参考表　　表4-270

钢筋直径 d(mm)	一般结构箍筋两个弯钩增加长度		抗震结构两个弯钩增加长度(28d)
	两个弯钩均为90°(15d)	一个弯钩90°另一个弯钩180°(17d)	
≤5	75	85	140
6	90	102	168
8	120	136	224
10	150	170	280
12	180	204	336

注：箍筋一般用内皮尺寸标示，每边加上2d，即成为外皮尺寸，表中已计入。

圆钢筋、螺纹钢筋的截面面积及理论重量表　　表4-271

圆钢筋直径(mm)	螺纹钢筋(mm)		在下列钢筋根数时，钢筋计算截面面积(cm^2)									理论重量(kg/m)	圆钢筋直径(mm)
	外径	内径	1	2	3	4	5	6	7	8	9		
5	—	—	0.196	0.39	0.59	0.79	0.98	1.18	1.37	1.57	1.77	0.154	5
6	6.75	5.75	0.283	0.57	0.85	1.13	1.42	1.7	1.98	2.26	2.55	0.222	6
7	7.75	6.75	0.385	0.77	1.15	1.54	1.92	2.31	2.69	3.08	3.46	0.302	7
8	9.00	7.50	0.503	1.01	1.51	2.01	2.51	3.02	3.52	4.02	4.53	0.395	8
9	10.00	8.50	0.636	1.27	1.91	2.54	3.18	3.82	4.45	5.09	5.72	0.499	9
10	11.30	9.30	0.785	1.57	2.36	3.14	3.93	4.71	5.5	6.28	7.07	0.617	10

续表

圆钢筋直径(mm)	螺纹钢筋(mm)		在下列钢筋根数时，钢筋计算截面面积(cm^2)									理论重量(kg/m)	圆钢筋直径（mm）
	外径	内径	1	2	3	4	5	6	7	8	9		
12	13.00	11.00	1.131	2.26	3.39	4.52	5.65	6.79	7.92	9.05	10.18	0.888	12
14	15.50	13.00	1.539	3.08	4.62	6.16	7.69	9.23	10.77	12.31	13.85	1.208	14
16	17.50	15.00	2.011	4.02	6.03	8.04	10.05	12.06	14.07	16.08	18.1	1.578	16
18	20.00	17.00	2.545	5.09	7.63	10.18	12.72	15.27	17.81	20.36	22.9	1.988	18
19	—	—	2.835	5.67	8.51	11.34	14.18	17.01	19.85	22.68	25.52	2.230	19
20	22.00	19.00	3.142	6.28	9.41	12.56	15.71	18.85	21.99	25.14	28.28	2.466	20
22	21.00	21.00	3.801	7.6	11.4	15.2	19.00	22.81	26.61	30.41	34.21	2.984	22
25	27.00	24.00	4.909	9.82	14.73	19.63	24.54	29.45	34.36	39.27	44.18	3.853	25
28	30.50	26.50	6.158	12.32	18.47	24.63	30.79	36.95	43.1	49.26	55.42	4.834	28
30	—	—	7.069	14.14	21.21	28.28	35.34	42.41	49.48	56.55	63.62	5.549	30
32	34.50	30.50	8.042	16.08	24.18	32.17	40.21	48.25	56.3	64.34	72.38	6.313	32
36	39.50	34.50	10.18	20.36	30.54	40.72	50.9	61.08	71.26	81.44	91.62	7.990	36
38	—	—	11.341	22.68	34.02	45.36	56.71	68.05	79.39	90.73	102.07	8.900	38
40	43.50	38.50	12.56	25.12	37.68	50.24	62.8	75.36	87.92	100.48	113.04	9.870	40

注：螺纹钢筋计算直径与圆钢筋直径相同。

4.7.1.3　钢板的规格表示及理论质量

金属结构制作的工程量，按设计图纸各构件的几何尺寸，以吨为单位分别计算各类型钢和钢板的质量，均不扣除孔眼、切肢和切边质量。在计算钢板质量时，圆形、平行四边形、多边形钢板按正方形或矩形面积计算。

常用钢板和钢带规格、重量表　　　　表 4-272

厚度δ(mm)	理论质量(kg/m^2)	厚度(mm)	理论质量(kg/m^2)	厚度δ(mm)	理论质量(kg/m^2)	厚度δ(mm)	理论质量(kg/m^2)
0.20	1.570	1.50	11.780	10	78.50	29	227.70
0.25	1.963	1.60	12.560	11	86.35	30	235.50
0.27	2.120	1.80	14.130	12	94.20	32	251.20
0.30	2.355	2.00	15.700	13	102.10	34	266.90
0.35	2.748	2.20	17.270	14	109.90	36	282.60
0.40	3.140	2.50	19.630	15	117.80	38	298.30
0.45	3.533	2.8	21.980	16	125.60	40	314.00
0.50	3.925	3.0	23.550	17	133.50	42	329.70
0.55	4.318	3.2	25.120	18	141.30	44	345.40
0.60	4.710	3.5	27.480	19	149.20	46	361.10
0.70	5.495	3.8	29.830	20	157.00	48	376.80
0.75	5.888	4.0	31.400	21	164.90	50	392.50
0.80	6.280	4.5	35.330	22	172.70	52	408.20
0.90	7.065	5.0	39.250	23	180.60	54	423.90
1.00	7.850	5.5	43.180	24	188.40	56	439.60
1.10	8.635	6.0	47.100	25	196.30	58	455.30
1.20	9.420	7.0	54.950	26	204.10	60	471.00
1.25	9.813	8.0	62.800	27	212.00		
1.40	10.990	9.0	70.650	28	219.80		

注：1. 适用于各类普通钢板的理论重量计算，花纹钢板和不锈钢板除外；

2. 表列理论重量＝7.85δ(δ—mm)(理论重量按密度 7.85g/cm^3 计算)。

钢材的规格表示及理论质量换算公式详见上篇《市政工程工程结构与市政工程预算定额》2. 市政工程预算定额 2.3 市政工程材料表 2.3.5 常用钢材截面积与理论质量的简易计算表

4.7.1.4　钢筋配料单

钢 筋 配 料 单　　表 4-273

工程名称：　　工程部位

序号	施工	图号	钢号	钢筋编号	直径(mm)	形状	下料长度(mm)	数量	单位重量	总重(kg)	备注
1											
2											
…											
本页小计											

4.7.2　钢筋代换计算

4.7.2.1　钢筋代换原则

钢 筋 代 换 原 则　　表 4-274

类　型	钢 筋 代 换
等强度	等强度代换结构构件系强度控制时，钢筋按强度相等原则进行代换，等强度代换后的钢筋强度应不小于原有钢筋强度
等面积	等强度截面积代换结构构件按最小配筋率控制时，钢筋则按截面积相等或略大于原截面积原则进行代换
结构构件受控时	结构构件系受裂缝宽度或抗裂性要求时，如用同品种粗钢筋等强代换细钢筋，或用光面筋代替螺纹钢筋，应重新验算裂缝宽度；如代换后钢筋总截面减小，应同时验算裂缝宽度和挠度。

注：1. 当施工图中采用的钢筋品种或规格与库存材料不一致时，可参考上列原则进行钢筋代换；
2. 在施工中往往遇到钢筋的品种或规格与设计要求不符时，应征得设计单位同意，采用代换的办法来满足结构设计的要求；
3. 应当注意，钢筋代换只能按上下一个档次内代换；代换后，若多出的钢筋仍应放在结构内；代换后的钢筋直径、根数还须进一步考虑构造要求(如钢筋间距、根数、锚固长度、混凝土材料等)。

4.7.2.2　钢筋等强度代换方法

1. 计算法

$$n_2 \geqslant (n_1 \times d_1^2 \times f_{y1}) \div (d_2^2 \times f_{y2}) \qquad (4\text{-}44)$$

式中　n_2、d_2——分别为代换钢筋根数和直径；

n_1、d_1——原设计钢筋根数和直径；

f_{y2}——代换钢筋抗拉强度设计值；

f_{y1}——原设计钢筋抗拉强度设计值。

上式有两种特例：

(1) 设计强度相同、直径不同的钢筋代换：

$$n_2 \geqslant n_1 \times (d_1^2 \div d_2^2) \qquad (4\text{-}45)$$

(2) 直径相同、强度设计值不同的钢筋代换：

$$n_2 \geqslant n_1 \times (f_{y1} \div f_{y2}) \qquad (4\text{-}46)$$

普通钢筋强度设计值(N/mm²)　　表 4-275

项　次	钢 筋 种 类		符　号	抗拉强度设计值(f_y)	抗压强度设计值(f_y)
1	热轧钢筋	HPB235(Q235)	ϕ	210	210
		HRB335(20MnSi)	ϕ	300	300
		HRB400(20MnSiV、20MnSiNb、20MnTi)	₵	360	360
		RRB400(K20MnSi)		360	360

续表

项　次	钢　筋　种　类		符　　号	抗拉强度设计值(f_y)	抗压强度设计值(f_y')
2	冷轧带肋钢筋	LL550		360	360
		LL650		430	380
		LL800		530	380

注：在钢筋混凝土结构中，轴心受拉和小偏心受拉构件的钢筋抗拉强度设计值大于 300N/mm² 时，仍应按 300N/mm² 取用。

2. 查表法

表 4-282 列有各种钢筋级别、直径和根数的钢筋拉力(f_yA_s)值。

查表时，首先根据原设计钢筋级别、直径及根数，查得钢筋拉力，然后根据代换钢筋的级别、直径，在相同拉力条件下，查得代换钢筋的根数。

4.7.2.3　钢筋代换实例

1. 直径相同、强度等级不同的钢筋代换

【例题 4-80】　今有一块 6m 宽的现浇混凝土楼板，原设计的底部纵向受力钢筋采用 HPB235 级 ϕ12 钢筋@120mm，共计 50 根。现拟用 HRB335 级 ϕ12 钢筋，求所需 ϕ12 钢筋根数及其间距。

【解题分析 4-80】　本题属于"直径相同、强度等级不同的钢筋代换"，采用公式(4-44)计算：

代换钢筋根数 $n_2 \geqslant n_1 \times (f_{y1} \div f_{y2}) = 50$ 根$\times(210\div300)=35$ 根

代换间距$@_2 = @_1 \times (n_1 \div n_2)$＝原间距@×(原设计钢筋根数 n_1 ÷代换钢筋根数 n_2)

$=120\times(50\div35)=171.4$　取 170mm

式中　$@_2$——代换间距；

$@_1$——原设计间距。

或查表 4-282，已知 50 根 HPB235ϕ12 栏中查得钢筋拉力(f_yA_{s1})值＝23750/根×50 根＝1187500；再从相应的栏中查得 35 根 HRB335 级 ϕ12 钢筋拉力(f_yA_{s2})值＝105180/3 根×10 根＋175301/根＝1227101；

$$f_yA_{s2} \geqslant f_yA_{s2} \div f_yA_{s1} = 1227101 \div 1187500 = 1.033$$

式中　f_yA_{s2}——代换钢筋拉力(f_yA_s)值；

f_yA_{s1}——原设计钢筋拉力(f_yA_s)值。

即知可用钢筋代换。

小结：代换钢筋采用 HRB335 级 ϕ12 钢筋 35 根及其间距为@170mm，满足原设计要求。

4.7.2.4　钢筋等强的截面代换方法

1. 等强截面代换

等强截面代换换算系数　　**表 4-276**

钢筋种类		符号	抗拉强度设计值(f_y)	钢筋种类换算系数				计算式
				HPB 235	HRB 335	HRB 400	HRB 400	
热轧钢筋	HPB235(Q235)	ϕ	210	1.000				HPB235/HPB235＝210/210
	HRB335(20MnSi)	ϕ	300		1.428			HRB335/HPB235＝335/210
	HRB400(20MnSiV、20MnSiNb、20MnTi)	₵	360			1.714		HRB335/HPB235＝335/210
	RRB400(K20MnSi)		360				1.714	HRB335/HPB235＝335/210

钢筋按等强面积计算的截面面积换算 **表 4-277**

直径(mm)	在下列钢筋根数时，钢筋按等强的截面面积(cm^2)												理论重量(kg/m)	直径(mm)
	1			2			3			4				
	HPB 235	HRB 335	HRB 400	HPB 235	HRB 335	HRB 400	HPB 235	HRB 335	HRB 400	HPB 235	HRB 335	HRB 400		
	¢	ϕ	ϕ	¢	ϕ	ϕ	¢	ϕ	ϕ	¢	ϕ	ϕ		
	210	300	360	210	300	360	210	300	360	210	300	360		
	1.000	1.428	1.714	1.000	1.428	1.714	1.000	1.428	1.714	1.000	1.428	1.714		
8	0.5027	0.718	0.862	1.005	1.436	1.723	1.508	4.5243	2.585	2.011	2.871	3.447	0.395	8
9	0.6362	0.908	1.090	1.2724	1.817	2.181	1.909	5.7258	3.271	2.545	3.634	4.362	0.499	9
10	0.7854	1.122	1.346	1.5708	2.243	2.692	2.356	7.0686	4.039	3.142	4.486	5.385	0.617	10
12	1.131	1.615	1.939	2.262	3.230	3.877	3.393	10.179	5.816	4.524	6.460	7.754	0.888	12
14	1.539	2.198	2.638	3.078	4.395	5.276	4.617	13.851	7.914	6.156	8.791	10.551	1.208	14
16	2.011	2.872	3.447	4.022	5.743	6.894	6.033	18.099	10.341	8.044	11.487	13.787	1.578	16
18	2.545	3.634	4.362	5.09	7.269	8.724	7.635	22.905	13.086	10.180	14.537	17.449	1.998	18
20	3.142	4.487	5.385	6.284	8.974	10.771	9.426	28.278	16.156	12.568	17.947	21.542	2.466	20
22	3.801	5.428	6.515	7.602	10.856	13.030	11.403	34.209	19.545	15.204	21.711	26.060	2.984	22
25	4.909	7.010	8.414	9.818	14.020	16.828	14.727	44.181	25.242	19.636	28.040	33.656	3.853	25
28	6.153	8.786	10.546	12.306	17.573	21.092	18.459	55.377	31.639	24.612	35.146	42.185	4.834	28
32	8.042	11.484	13.784	16.084	22.968	27.568	24.126	72.378	41.352	32.168	45.936	55.136	6.313	32
36	10.179	14.536	17.447	20.358	29.071	34.894	30.537	91.611	52.340	40.716	58.142	69.787	7.990	36
40	12.561	17.937	21.530	25.122	35.874	43.059	37.683	113.049	64.589	50.244	71.748	86.118	9.865	40

直径(mm)	在下列钢筋根数时，钢筋按等强的截面面积(cm^2)												理论重量(kg/m)	直径(mm)
	5			6			7			8				
	HPB 235	HRB 335	HRB 400	HPB 235	HRB 335	HRB 400	HPB 235	HRB 335	HRB 400	HPB 235	HRB 335	HRB 400		
	¢	ϕ	ϕ	¢	ϕ	ϕ	¢	ϕ	ϕ	¢	ϕ	ϕ		
	210	300	360	210	300	360	210	300	360	210	300	360		
	1.000	1.428	1.714	1.000	1.428	1.714	1.000	1.428	1.714	1.000	1.428	1.714		
8	2.514	3.589	4.308	3.0162	4.307	5.170	3.519	5.025	6.031	4.022	5.743	6.893	0.395	8
9	3.181	4.542	5.452	3.8172	5.451	6.543	4.453	6.359	7.633	5.090	7.268	8.724	0.499	9
10	3.927	5.608	6.731	4.7124	6.729	8.077	5.498	7.851	9.423	6.283	8.972	10.769	0.617	10
12	5.655	8.075	9.693	6.786	9.690	11.631	7.917	11.305	13.570	9.048	12.921	15.508	0.888	12
14	7.695	10.988	13.189	9.234	13.186	15.827	10.773	15.384	18.465	12.312	17.582	21.103	1.208	14
16	10.055	14.359	17.234	12.066	17.230	20.681	14.077	20.102	24.128	16.088	22.974	27.575	1.578	16
18	12.725	18.171	21.811	15.27	21.806	26.173	17.815	25.440	30.535	20.360	29.074	34.897	1.998	18
20	15.71	22.434	26.927	18.852	26.921	32.312	21.994	31.407	37.698	25.136	35.894	43.083	2.466	20
22	19.005	27.139	32.575	22.806	32.567	39.089	26.607	37.995	45.604	30.408	43.423	52.119	2.984	22
25	24.545	35.050	42.070	29.454	42.060	50.484	34.363	49.070	58.898	39.272	56.080	67.312	3.853	25
28	30.765	43.932	52.731	36.918	52.719	63.277	43.071	61.505	73.824	49.224	70.292	84.370	4.834	28
32	40.21	57.420	68.920	48.252	68.904	82.704	56.294	80.388	96.488	64.336	91.872	110.272	6.313	32
36	50.895	72.678	87.234	61.074	87.214	104.681	71.253	101.749	122.128	81.432	116.285	139.574	7.990	36
40	62.805	89.686	107.648	75.366	107.623	129.177	87.927	125.560	150.707	100.488	143.497	172.236	9.865	40

注：表中换算系数，HRB335/HPB235＝300/210＝1.428；HRB400/HPB235＝360/210＝1.714；HRB400/HPB235＝360/210＝1.714。

2. 等截面代换方法

(1) 按等截面代换

其代换公式如下

$$A_{s1}=A_{s2} \quad 或 \quad n_1 d_1^2=n_2 d_2^2 \tag{4-47}$$

式中 A_{s1}——原设计钢筋计算的截面面积；

A_{s2}——代换钢筋计算的截面面积；

n_1、d_1——原设计钢筋根数和直径；

n_2、d_2——分别为代换钢筋根数和直径。

或根据表 4-283 表中换算系数即 20MnSi(≤25)/Q235＝310/210＝1.476 及表 4-277 中 1 根 12 直径钢筋的原设计的计算截面面积(mm^2)计算：A_{s2}＝5.008cm^2/3 根×10 根＋8.347/根＝58.427cm^2；A_{s1}＝50 根×1.131cm^2/根＝56.55cm^2；A_{s2}≥A_{s1}，即知可用钢筋代换。

市政工程钢筋工程选用表　　　　**表 4-278**

项次	分类	组　成	适应分部工程项目
1	预埋铁件	1. 由锚板和锚筋焊接而成 2. 锚板往往根据要求选用钢板，扁钢或型钢构成矩形、条形或边框形式的预埋件 3. 锚筋使用材料和形式可分为以下三类： (1) 圆锚筋可做成直锚筋或弯折斜锚筋形式 (2) 角钢锚筋预埋件：用于预埋件受力较大时，锚筋采用角钢 (3) 直锚筋与抗剪钢板组成的预埋件 当作用在预埋铁件的剪力较大时，可采用直锚筋与抗剪钢板组成的预埋件	通用项目一般项目 S1-1-：11. 预埋铁件(单件重量 30kg 以内、30kg 以外)
2	非预应力钢筋	1. 系是指一般的钢筋混凝土构件中所用的钢筋，即预应力构件中没有进行张拉的钢筋，比如箍筋 2. 在钢筋混凝土结构中所配置的钢筋，由于在结构中作用不同，有不同的名称，其分类有：受压钢筋、弯起钢筋、架立钢筋、分布钢筋、箍筋等 3. 主筋：是指在预应力混凝土构件中主要承受拉力或压力的钢筋。一般钢筋直径较大，作用较大。 4. 构造筋：是指在预应力混凝土构件中局部起构造作用的钢筋，一般所用钢筋直径较小，承受局部拉力、压力 5. 预制钢筋是指在预制构件中所用的钢筋	1. 道路工程道路面层 S2-3-：7. 混凝土面层钢筋(构造筋、钢筋网) 2. 桥涵及护岸工程 钻孔灌注桩工程 S4-4-：、现浇混凝土工程 S4-6-：、立交箱涵工程 S4-9-： 3. 排水管道工程 开槽埋管 S5-1-：、窨井 S5-3-： 4. 排水构筑物及机械设备安装工程泵站下部结构 S6-2-： 5. 隧道工程 隧道沉井 S7-1-：、盾构法掘进 S7-2-：、地下连续墙 S7-4-：、地下混凝土结构 S7-5-：
3	预应力钢筋	1. 系是指在预应力混凝土构件中使用的钢筋，预应力混凝土是在混凝土结构或构件中对高强钢筋进行张拉、锚固，使混凝土获得预压应力，以改善受拉区混凝土的受力性能，从而使高强度钢材得以合理使用，更完善地满足建筑功能的需要 2. 先张法预应力钢筋是指在先张法预应力混凝土构件中使用的钢筋 3. 后张法预应力筋承受的张拉应力通过锚具传递给预应力混凝土构件，使混凝土获得预压应力 4. 常用的预应力筋有单根粗钢筋、钢筋束和钢丝束等 5. 其中钢绞线可采用有夹片锚具(JM)及锲片锚具(XM、QM、OVM、YM)两种锚固体系，在预应力混凝土构件中目前最常用的是 OVM 系列	桥涵及护岸工程预制混凝土构件 S4-7-： 6. 预应力钢筋制作安装 7. 安装压浆管道和压浆
4	型钢	系指劲性骨架的型钢部分	

注：1. 目前我国钢筋混凝土及预应力混凝土结构中采用的钢筋和钢丝有热轧钢筋、冷拉钢筋、钢丝和热处理钢筋四大类；
2. 钢筋：在钢筋工程中所用的 HPB235、HRB335、HRB400 钢筋，其中 HPB235 钢筋为光圆钢筋(端部涂红色)，HRB335、HRB400 钢筋表面为月牙纹或八字纹(其中 HRB400 尖部涂白色，以示与 HRB335 筋区别)；
3. 在钢筋工程中所用钢筋按直径大小分为钢筋和钢丝两类。直径在 5mm 以上者称为钢筋，5mm 以下的称之为钢丝；按其轧制的外形可分为光圆钢筋和带勒钢筋(人字形、月牙纹和螺纹)；
4. 在定额中各项目中的钢筋规格是综合计算的，子目中的××以内系指主筋最大规格；凡小于 ϕ10 的构造筋均执行 ϕ10 以内子目；
5. 钢丝束：预应力高强钢筋主要有钢丝、钢绞线、粗钢筋三种；钢绞线由 7 根高强钢丝用绞盘绞成一股而成；
6. 型钢是钢材通过辊轧或锻压成型的。型钢的种类很多，有等边角钢、不等边角钢、工字钢、槽钢、H 型钢。

预埋铁件分类　　**表4-279**

项次	按受力情况分	组　成
1	受拉预埋件	此类预埋件用于梁（板）下部需要悬挂重物的情况，或单层工业厂房中吊车梁承受吊车横向水平荷载时，上翼缘与柱连接的柱上预埋件
2	受剪预埋件	受剪预埋件用于梁侧受剪的预埋件，或露天吊车柱柱顶与吊车梁上翼缘连接的预埋件
3	拉弯剪预埋件	在实际工程中，此类构件应用比较广泛，如连接钢牛腿的弯剪预埋件
4	压弯剪预埋件	这类预埋件通常用于钢筋混凝土牛腿面和柱顶处连接屋架、托架、吊车梁以及梁端承受压弯剪的地方
5	构造预埋件	这类预埋件受力较小，且不易确定受力性质，锚板往往根据要求选用钢板，扁钢或角钢构成矩形、条形或边框形式的预埋件

注：预埋铁件一般用于预制构件的拼装焊接，民用建筑中门窗固定，栏杆、晒衣架的焊接等。它是由锚板和锚筋焊接而成。

预应力钢筋　　**表4-280**

项次	类　型	组　成
1	先张法	1. 浇混凝土前在台座之间张拉钢筋至预定值并作临时固定，安置模板，浇混凝土并待混凝土达一定强度后（约为设计强度的70%以上），放松钢筋，利用钢筋弹性回缩，借助于粘结力在混凝土上建立预应力 2. 先张法多用于工厂化生产，台座可以很长，在台座间可生产同类型构件，预应力筋愈快放松就愈能加快生产周期，提高生产率 3. 先张法预应力钢筋是指在先张法预应力混凝土构件中使用的钢筋
2	后张法	1. 在钢筋混凝土构件或块体成型时，在设计规定的位置上预留孔道，待混凝土达到设计规定的强度后，将预应力筋穿入孔道中，进行预应力筋的张拉，并用锚具将预应力筋锚固在构件上，然后进行孔道灌浆 2. 后张法由于直接在钢筋混凝土构件上进行预应力的张拉，所以不需要固定台座设备，不受地点限制，适用于在施工现场生产大型预应力混凝土构件，特别是大跨度构件 3. 后张法施工又是预制构件拼装的一种手段，长、大的预应力混凝土构件，可以在预制构件厂制成小型块体，运到现场后，穿入钢筋，通过施加预应力拼装为整体；后张法施工工序较多，工艺复杂，锚具作为工作锚将永远留置在构件上，不能重复使用
3	预应力钢丝束	1. 预应力高强钢筋主要有钢丝、钢绞线、粗钢筋 2. 钢丝束是用平行的钢丝编制成束

注：1. 预应力混凝土是在混凝土结构或构件中对高强钢筋进行张拉、锚固，使混凝土获得预压应力，以改善受拉区混凝土的受力性能，从而使高强钢材得以合理使用，更完善地满足功能上的需要；

2. 预应力混凝土与钢筋混凝土比较，具有构件截面小、自重轻、刚度略增、抗裂度和耐久性高毒节省结构材料等优点。此外，预应力技术也是一种拼装手段，扩大了高、大、重型结构的预制装配化程度。

普通钢筋强度、标准值（N/mm^2）　　**表4-281**

种　类		符　号	d(mm)	f_{yk}
热轧钢筋	HPB235(Q235)	ϕ	8～20	235
	HRB335(20MnSi)		6～50	335
	HRB400(20MnSiV、20MnSiNb、20MnTi)		6～50	400
	HRB400(K20MnSi)	R	8～40	400

注：1. 热轧钢筋直径d系指公称直径；

2. 当采用直径大于40mm的钢筋时，应有可靠的工程经验；

3. 本表摘自《混凝土结构设计规范》GB 50010—2002。

预应力钢筋强度标准值（N/mm^2）　　**表4-282**

种　类		符　号	d(mm)	f_{ptk}
钢绞线	1×3	ϕ^s	8.6、10.8	1860、1720、1570
			12.9	1720、1570
	1×7标准型		9.5、11.1、12.7	1860
			15.2	1860、1720

续表

种类		符号	d(mm)	f_{ptk}
消除应力钢丝	光面螺旋肋	ϕ^P ϕ^H	4、5	1770、1670、1570
			6	1670、1570
			7、8、9	1570
	刻痕	ϕ^I	5、7	1570
热处理钢筋	40Si2Mn	ϕ^{HT}	6	470
	48Si2Mn		8.2	
	45Si2Cr		10	

注：1. 钢绞线直径 d 系指钢绞线外接圆直径，即现行国家标准《预应力混凝土用钢绞线》GB/T 5224 中的公称直径 D_g，钢丝和热处理钢筋的直径 d 均指公称直径；

2. 除应力光面钢丝直径 d 为 4～9mm，消除应力螺旋肋钢丝直径 d 为 4～8mm；

3. 本表摘自《混凝土结构设计规范》GB 50010—2002。

普通钢筋强度设计值(N/mm^2)　　**表 4-283**

种类		符号	f_y	f'_y
热轧钢筋	HPB235(Q235)	ϕ	210	210
	HRB335(20MnSi)		300	300
	HRB400(20MnSiV、20MnSiNb、20MnTi)		360	360
	HRB400(K20MnSi)	R	360	360

注：1. 在钢筋混凝土结构中，轴心受拉和小偏心受拉构件的钢筋抗拉强度设计值大于 300N/mm^2 时，仍应按 300N/mm^2 取用；

2. 本表摘自《混凝土结构设计规范》GB 50010—2002。

预应力钢筋强度设计值(N/mm^2)　　**表 4-284**

种类		符号	f_{ptk}	f_y	f'_y
钢绞线	1×3	ϕ^s	1860	1320	390
			1720	1220	
			1570	1110	
	1×7 标准型		1860	1320	90
			1720	1220	
消除应力钢丝	光面螺旋肋	ϕ^P ϕ^H	1770	1250	410
			1670	1180	
			1570	1110	
	刻痕	ϕ^I	1570	1110	410
热处理钢筋	40Si2Mn	ϕ^{HT}	1470	1040	400
	48Si2Mn				
	45Si2Cr				

注：1. 当预应力钢绞线、钢丝的强度标准值不符合表 4-282“预应力钢筋强度标准值”的规定时，其强度设计值应进行换算；

2. 本表摘自《混凝土结构设计规范》GB 50010—2002。

钢筋弹性模量(×10^{5}N/mm^2)　　**表 4-285**

种类	E_S
HPB235 级钢筋	2.1
HRB335 级钢筋、HRB400 级钢筋、RRB400 级钢筋、热处理钢筋	2.0
消除应力钢丝(光面钢丝、螺旋肋钢丝、刻痕钢丝)	2.05
钢绞线	1.95

注：1. 必要时钢绞线可采用实测的弹性模量；

2. 本表摘自《混凝土结构设计规范》GB 50010—2002。

常用钢材截面积与理论质量的简易计算表　　表 4-286

分类	名称	截面面积计算公式(mm^2)	理论质量换算公式(kg/m)	各部分名称及代号	图示
型钢	圆钢、圆盘条	$A=0.7854\times d^2$	$W=0.006165\times d^2$	d—直径/mm	上表 N1
	方钢	$A=a^2$	$W=0.00785\times d^2$	d—边宽	上表 N2
	圆角方钢	$A=a^2-0.8584\times r^2$		a—边宽；r—圆角半径	上表 N3
	六角钢	$A=2.5981\times S^2$	$W=0.0068\times S^2$	S—对边距离	上表 N4
	八角钢	$A=4.8285\times S^2$	$W=0.0065\times S^2$	S—对边距离	上表 N5
	等边角钢	$A=d(2b-d)+0.2146\times(r^2-r_1^2)$	$W\approx 0.00795\times d(2b-d)$	B—边宽；d—边厚；r—中圆角半径；r_1—边圆角半径	上表 N6
	不等边角钢	$A=d(B+b-d)+0.2146\times(r^2-r_1^2)$	$W\approx 0.00795\times d\times(B+b-d)$	B—长边宽；d—短边厚；其他同上	上表 N7
	工字钢	$A=h\times d+2\delta(b-d)+0.8584\times(r^2-r_1^2)$	(1) $W=0.00785d[h+3.34\times(b-d)]$ (2) $W=0.00785d[h+2.65\times(b-d)]$ (3) $W=0.00785d[h+2.26\times(b-d)]$	h—高度；d—腰厚；δ—腿厚；b—腿宽；r—腰上下圆角半径；r_1—腿边圆角半径	上表 N9 上表 N9 上表 N9
	槽钢	$A=h\times d+2\delta(b-d)+0.4929\times(r^2-r_1^2)$	(1) $W=0.00785d[h+3.26\times(b-d)]$ (2) $W=0.00785d[h+2.44\times(b-d)]$ (3) $W=0.00785d[h+2.24\times(b-d)]$	同上	上表 N13 上表 N13 上表 N13
钢板和钢带	扁钢	$A=b\times\delta$	$W=0.00785\times\delta$	b—宽度；δ—厚度	上表 N14
	圆角扁钢	$A=b\times\delta-0.8584\times r^2$		b—宽度；δ—厚度；r—圆角半径	上表 N15
	钢板	$A=b\times\delta$	$W=7.85\times\delta(kg/m^2)$	b—宽度；δ—厚度	上表 N16
钢管	钢管	$A=3.1416\times t\times(D-t)$	$W=0.02466\times t(D-t)$	D—外径；t—壁厚	上表 N17
钢丝	钢丝	$A=0.7854\times d^2$	$W=0.006165\times d^2$	d—直径	上表 N18

注：1. 钢的相对密度为 7.85；
2. W 为每米长度(钢板公式中每平方米)的理论质量(kg)；
3. 螺纹钢筋的规格以计算直径表示，预应力混凝土用钢绞线以公称直径表示，水、煤气输送钢管及套管以公称口径或英寸表示；
4. 换算公式中的(1)、(2)、(3)分别表示 a、b、c 型工字钢或槽钢理论质量的计算公式。

圆钢筋、螺纹钢筋的截面面积及理论重量表　　表 4-287

圆钢筋直径(mm)	螺纹钢筋(mm)		在下列钢筋根数时，钢筋计算截面面积(cm^2)									理论重量(kg/m)	圆钢筋直径(mm)
	外径	内径	1	2	3	4	5	6	7	8	9		
6	6.75	5.75	0.283	0.57	0.85	1.13	1.42	1.70	1.98	2.26	2.55	0.222	6
8	9.00	7.50	0.503	1.01	1.51	2.01	2.52	3.02	3.52	4.02	4.53	0.395	8
10	11.30	9.30	0.785	1.57	2.36	3.14	3.93	4.71	5.50	6.28	7.07	0.617	10
12	13.00	11.00	1.131	2.26	3.39	4.52	5.65	6.78	7.91	9.04	10.17	0.888	12
14	15.50	13.00	1.539	3.08	4.61	6.15	7.69	9.23	10.77	12.31	13.85	1.21	14
16	17.50	15.00	2.011	4.02	6.03	8.04	10.05	12.06	14.07	16.08	18.09	1.58	16
18	20.00	17.00	2.545	5.09	7.63	10.17	12.72	15.27	17.81	20.36	22.90	2.00	18
20	22.00	19.00	3.142	6.28	9.42	12.56	15.70	18.84	21.99	25.13	28.27	2.47	20
22	21.00	21.00	3.801	7.60	11.40	15.20	19.00	22.81	26.61	30.41	34.21	2.98	22
25	27.00	24.00	4.909	9.82	14.73	19.64	24.54	29.45	34.36	39.27	44.18	3.85	25
28	30.50	26.50	6.158	12.32	18.47	24.63	30.79	36.95	43.10	49.26	55.42	4.83	28
32	34.50	30.50	8.042	16.09	24.13	32.17	40.21	48.26	56.30	64.34	72.38	6.31	32
36	39.50	34.50	10.18	20.36	30.54	40.72	50.89	61.07	71.25	81.43	91.61	7.99	36
40	43.50	38.50	12.56	25.13	37.70	50.27	62.83	75.40	87.96	100.53	113.10	9.87	40
50	—	—	19.64	39.28	58.92	78.56	98.20	117.84	137.48	157.12	176.76	15.42	50

注：1. 表中直径 $d=8.2mm$ 的计算截面面积及理论重量仅适用于有纵肋的热处理钢筋；
2. 螺纹钢筋计算直径与圆钢筋直径相同。

钢　筋　植　筋　　　　**表 4-288**

项　次	钢筋植筋(mm)	钻孔孔径(mm)	钻孔孔深(mm)	用胶量(mL)
1	10	14	150	15.46
2	12	16	180	24.24
3	14	18	210	35.79
4	16	22	240	61.09
5	18	25	270	88.75
6	20	28	300	123.7
7	22	30	350	165.67
8	25	32	400	215.43
9	28	35	450	289.93
10	32	40	600	504.91
11	40	48	800	964.61

钢筋工程工程量清单项目设置、计算规则及项目子目对应比照表　　　　**表 4-289**

钢筋工程(项目编码：040701)

项目编码	项目名称	项目特征	计量单位	工程内容	分部工程项目、名称 (所在《市政工程预算定额》册、章、节)
040701001	预埋铁件	1. 材质 2. 规格	kg	制作、安装	通用项目一般项目 S1-1-：11. 预埋铁件(单件重量30kg以内、30kg以外)
040701002	非预应力钢筋	1. 材质 2. 部位	t	制作、安装	道路工程道路面层 S2-3-：7. 混凝土面层钢筋(构造筋、钢筋网) 1. 桥涵及护岸工程钻孔灌注桩工程 S4-4-：3. 灌注桩混凝土(钢筋笼) 2. 桥涵及护岸工程现浇混凝土工程 S4-6-： 1. 基础(钢筋)；2. 承台(钢筋)、3. 支撑梁与横梁(钢筋)；4. 墩台身(钢筋)；5. 墩台帽(钢筋)；6. 墩台盖梁(墩盖梁、台盖梁钢筋)；7. 箱梁(现浇0号块、箱梁钢筋)；8. 板(钢筋)；9. 板梁(钢筋)；10. 板梁(钢筋)；12. 挡墙(钢筋)；13. 压顶(钢筋)；15. 桥面铺装(钢筋) 3. 桥涵及护岸工程立交箱涵工程 S4-9-：2. 箱涵制作(箱涵钢筋) 1. 排水管道工程开槽埋管 S5-1-： 9. 管道基座(管道基座钢筋) 11. 管道接口(接口钢筋) 13. 排水箱涵(箱涵钢筋) 2. 排水管道工程窨井 S5-3-： 3. 窨井(窨井钢筋) 5. 预制钢筋混凝土盖板(钢筋混凝土盖板钢筋) 排水构筑物及机械设备安装工程泵站下部结构 S6-2-： 2. 刃脚(钢筋) 1. 隧道工程隧道沉井 S7-1-：2. 沉井制作(刃脚、框架、井壁及隔墙、底板钢筋) 2. 隧道工程盾构法掘进 S7-2-：12. 预制钢筋混凝土管片(管片钢筋) 3. 隧道工程地下连续墙 S7-4-： 1. 导墙(导墙钢筋) 3. 钢筋笼吊运就位(钢筋笼制作)

续表

项目编码	项目名称	项目特征	计量单位	工程内容	分部工程项目、名称 (所在《市政工程预算定额》册、章、节)
040701002	非预应力钢筋	1. 材质 2. 部位	t	制作、安装	4. 隧道工程地下混凝土结构 S7-5-： 2. 钢筋混凝土地梁(地梁钢筋) 3. 钢筋混凝土底板(底板钢筋) 4. 钢筋混凝土墙(墙钢筋) 5. 钢筋混凝土衬墙(衬墙钢筋) 6. 钢筋混凝土柱(柱钢筋) 7. 钢筋混凝土梁(梁钢筋) 8. 钢筋混凝土平板、顶板(平板、顶板钢筋) 9. 钢筋混凝土楼梯、侧石、电缆沟(楼梯、电缆沟、车道侧石钢筋) 10. 钢筋混凝土内衬弓形底板、支撑墙(混凝土内衬弓形底板、混凝土钢筋支撑墙)
040701003	先张法预应力钢筋	1. 材质 2. 直径 3. 部位	t	1. 张拉台座制作、安装、拆除 2. 钢筋及钢丝束制作、张拉	桥涵及护岸工程预制混凝土构件 S4-7-：6. 预应力钢筋制作安装 先张法(低合钢、钢绞线)
040701004	后张法预应力钢筋	1. 材质 2. 直径 3. 部位	t	1. 钢丝束孔道制作、安装 2. 锚具安装 3. 钢筋、钢丝束制作、张拉 4. 孔道压浆	桥涵及护岸工程预制混凝土构件 S4-7-：6. 预应力钢筋制作安装 ① 后张法(螺栓锚、锥形锚、弗式锚、墩头锚) ② 后张法群锚(束长 40m 以内、束长 40m 以外) ③ 临时钢丝束(拆除) 桥涵及护岸工程预制混凝土构件 S4-7-：7. 安装压浆管道和压浆 ① 压浆管道(橡胶管、铁皮管、波纹管) ② 压浆
040701005	型钢	1. 材质 2. 规格 3. 部位	t	1. 制作 2. 运输 3. 安装、定位	

注：1. 选自国家标准《建设工程工程量清单计价规范》GB 50500—2008“附录D市政工程工程量清单项目及计算规则”及《〈建设工程工程量清单计价规范〉上海市市政工程操作指南》；
2. 型钢是钢材通过辊轨或锻压成型的。型钢的种类很多，有等边角钢、不等边角钢、工字钢、槽钢、H型钢；
3. 凡型钢与钢筋组合(除预埋铁件外)的钢格栅，应分别列项；
4. 钢筋、型钢工程量计算中，设计注明搭接时，应计算搭接长度；设计未注明搭接时，不计算搭接长度。

预应力混凝土预应力施加方法　　表 4-290

项次	施加方法	工　序	主要机具设备	适用场合	预应力钢筋制作安装 (定额子目)
1	先张法	在台座(钢模)张拉预应力筋-支模、安装预埋件-浇混凝土-养护-拆模-放张	1. 台座夹具：张拉夹具、锚固夹具 2. 张拉机具：穿心千斤顶、卷扬机、电螺杆机	预制厂生产定型中、小型构件	低合金钢、钢绞线以吨(t)计算
2	后张法	安装模扳-安非预应力筋-埋管制孔-浇混凝土-抽管、养护、拆模-穿预应力筋并张拉-孔道灌浆	1. 锚具：单根粗钢筋锚具、钢筋束锚具、钢丝束锚具 2. 张拉机具：拉杆千斤顶、穿心千斤顶、双作千斤顶	现场制作大型构件或特种构件	1. 后张法：螺栓锚、锥形锚、弗氏锚、墩头锚 2. 后张法群锚(束长 40m 以内一3、7、12孔以内)、(束长 40m 以外一7、12、19孔以内) 3. 临时钢丝束以吨(t)计算

注：1. 预应力施加方法：根据与构件制作相比较的先后顺序，由先张法(浇灌混凝土前张拉钢筋)、后张法(混凝土结硬后在构件上张拉钢筋)两种；
2. 先张法是指浇筑混凝土前张拉预应力钢筋或钢绞线，故需要设置张拉台座；后张法则无需设置张拉台座，是在梁体内预留孔道，先浇筑混凝土，待混凝土达到一定强度后再张拉预应力筋，需要配置锚具，最后进行孔道压浆和浇筑锚固端封头混凝土；
3. 按钢筋的张拉方法：机械张拉、电热张拉；
4. 预应力钢筋的种类：(1)冷拔低碳钢丝(2)冷拉钢筋(3)高强度钢丝(4)钢绞线(5)热处理钢筋。

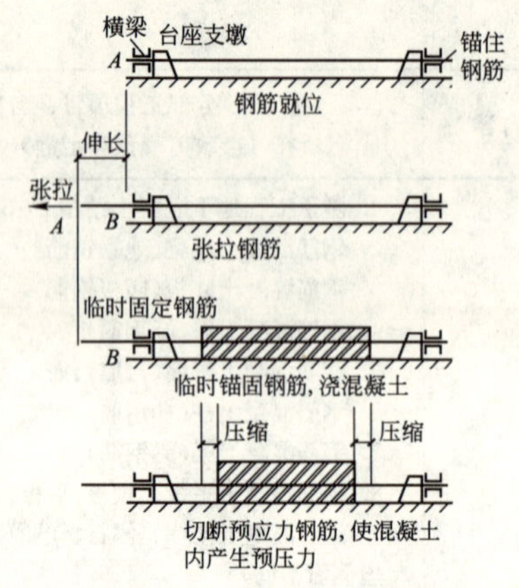

图 4-272　先张法示意图

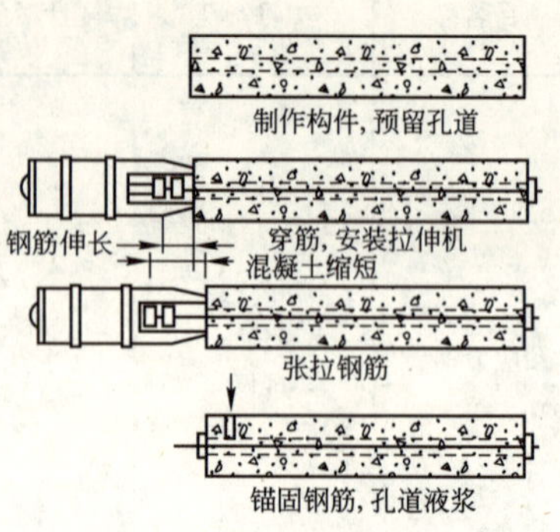

图 4-273　后张法示意图

道路工程

水泥混凝土面层钢筋　　**表 4-291**

项次	分项名称	释　义	类　型	图、表示
1	构造筋	钢筋混凝土构件内，考虑各种难以计量的因素而设置的钢筋	传力杆、边缘(角隅)加固筋、纵向拉杆等钢筋	图 4-275“横向缩缝的构造”、图 4-276“横向施工缝的构造”、图 4-278“纵缝构造”、图 4-279“边缘钢筋布置图”、表 4-293“各种接缝钢筋数量表(机动车道)”、表 4-294“各种接缝钢筋数量表(非机动车道)”、表 4-295“拉杆尺寸与间距”、表 4-296“《公用事业设备窨井加固钢筋数量表》”
2	钢筋网	系指在摊铺水泥混凝土面层时，所需配筋的部位的钢筋纵横交错，形成网状结构	水泥混凝土上部加固钢筋网、水泥混凝土下部加固钢筋网、水泥混凝土双层加固钢筋网	表 4-297“各类板块钢筋网数量表”

注：1. 选自《上海市市政工程预算定额》(2000)工程量计算规则暨总、册说明；
2. 钢筋工程量的计算应以设计图纸为准，不考虑施工下料时的增减因素，另外，套用定额时需区分构造筋和钢筋网；
3. 混凝土路面的传力杆、边缘(角隅)加固筋、纵向拉杆等钢筋套用构造筋定额。

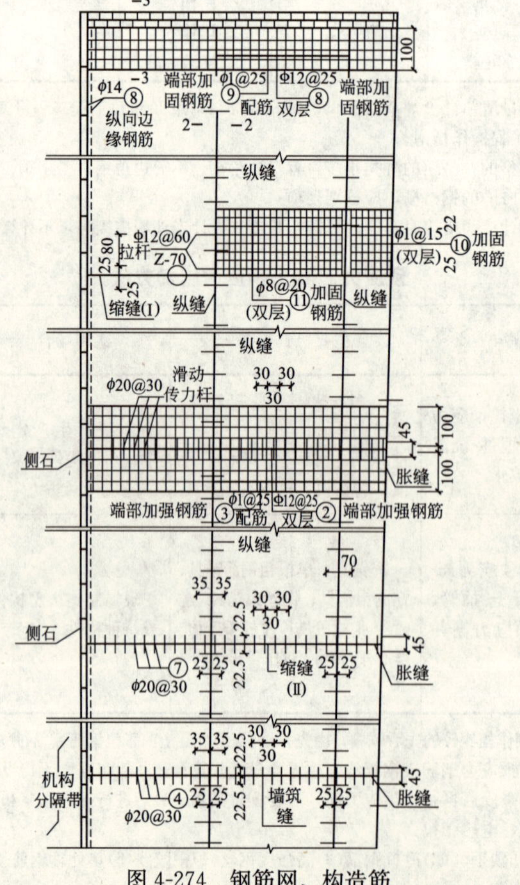

图 4-274　钢筋网、构造筋

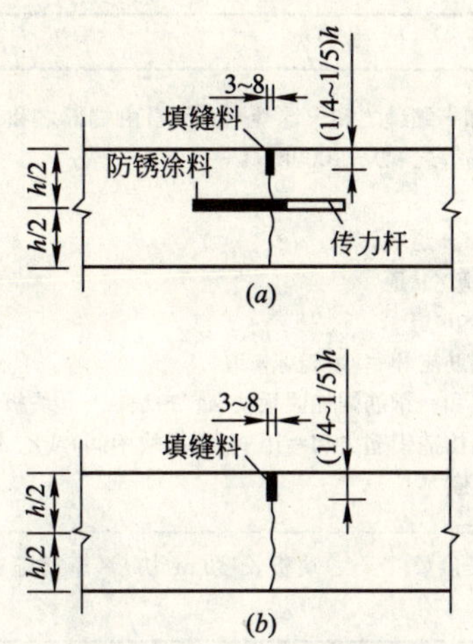

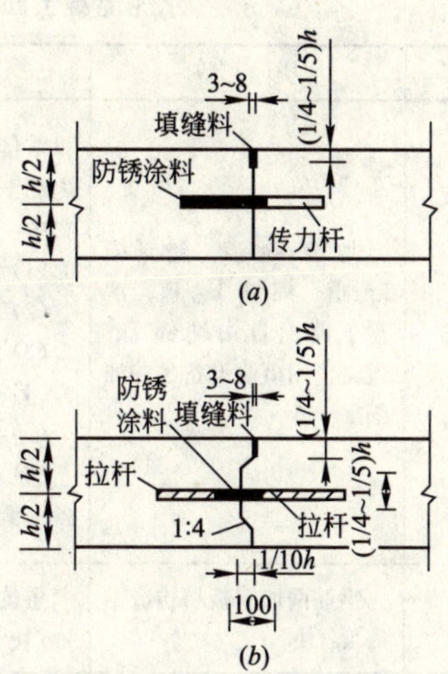

图 4-275　横向缩缝的构造

（单位：mm）

(a)设传力杆的假缝；(b)不设传力杆的假缝

图 4-276　横向施工缝的构造

（单位：mm）

(a)设传力杆的平缝；(b)设拉杆的企口缝

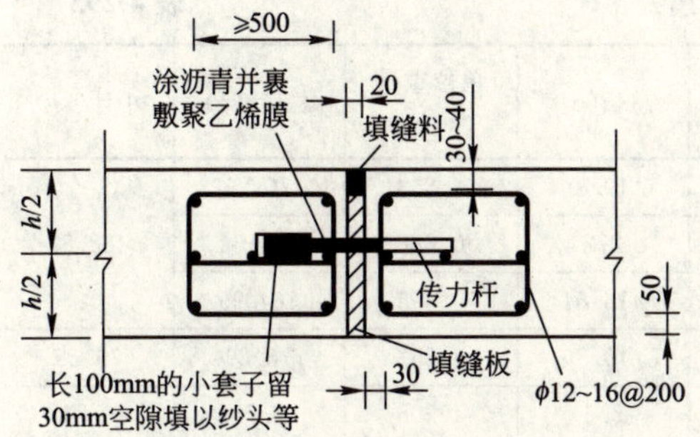

图 4-277　胀缝的构造（尺寸单位：mm）

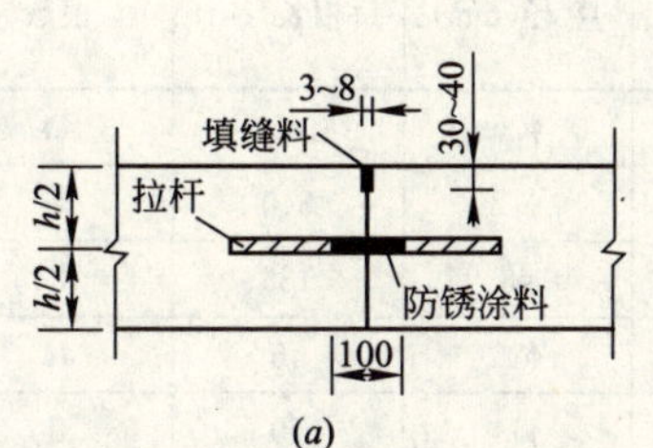

图 4-278　纵缝构造（尺寸单位：mm）

(a)纵向施工缝；(b)纵向缩缝

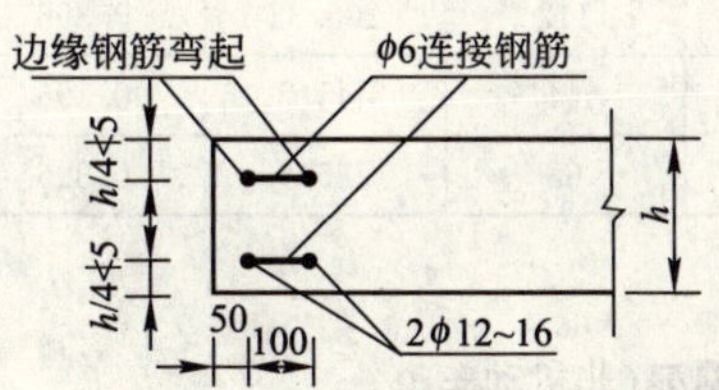

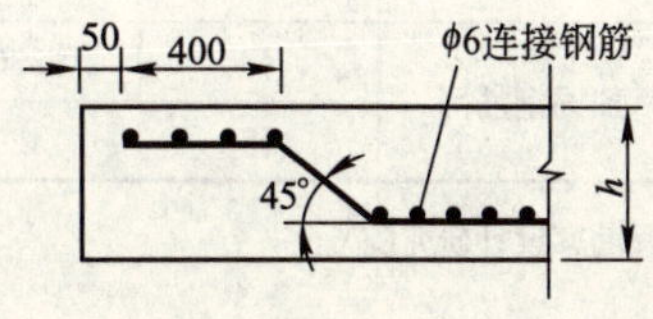

图 4-279　边缘钢筋布置图（单位：mm）

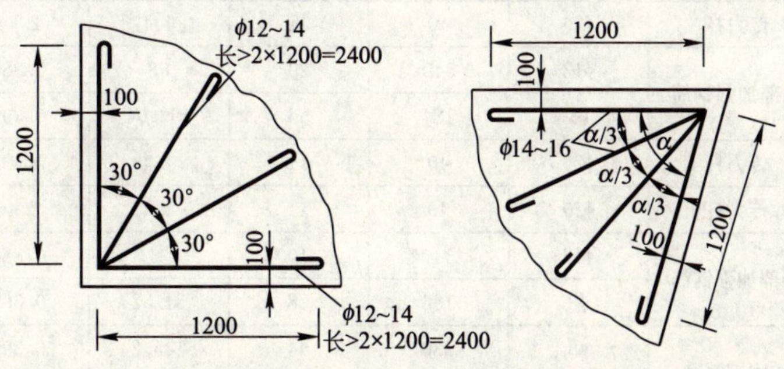

图 4-280　角隅钢筋布置图（单位：mm）

注：本图摘自《城市道路设计规范》(CJJ 37—90)。

水泥混凝土面层钢筋(非预应力钢筋)工程量“算量”　　表4-292

项次	分类	类　型	计 算 公 式
1	构造钢筋	胀缝kg/道、建筑缝kg/道、缩缝kg/道、混凝土路面自由端部kg/道、公用事业设备窨井加固kg/道	重量t=(胀缝之和+建筑缝之和+缩缝之和+混凝土路面自由端部之和+钢筋网加固板块之和+公用事业设备窨井加固钢筋等之和)÷1000kg/t 式中： (1) 胀缝构造钢筋之和=kg/道×n道 (2) 建筑缝构造钢筋之和=kg/道×n道 (3) 缩缝构造钢筋之和=kg/道×n道 (4) 混凝土路面自由端部构造钢筋之和=kg/道×n道 (5) 钢筋网加固板块构造钢筋之和=钢筋网加固板块kg/一块板×n块板 (6) 公用事业设备窨井加固钢筋构造钢筋之和=甲式(在板块中间)或乙式(跨越在纵、横缝各一侧边)或丙式(骑缝式)/座×n座
2	钢筋网片	钢筋网加固板块构造钢筋kg/块	重量t=[道路水泥混凝土面层长度(L_1)÷一块板长度(m/块)×车行道宽度内n块板块×kg/块]÷1000kg/t

注：1. 构造钢筋，请参阅表4-293“各种接缝钢筋数量表(机动车道)”、表4-294“各种接缝钢筋数量表(非机动车道)”、表4-295“拉杆尺寸与间距”、表4-296“公用事业设备窨井加固钢筋数量表”，计算结果套取《市政工程预算定额》水泥混凝土路面构造筋子目；

2. 钢筋网加固板块构造钢筋kg/块，查表4-297“各类板块钢筋网数量表”，计算结果套取《市政工程预算定额》水泥混凝土路面钢筋网片子目。

各种接缝钢筋数量表(机动车道)　　表4-293

图集号	接缝种类	钢筋名称	直径(mm)	每根长(cm)	根数	总长(m)	单位重量(kg/m)	总量(kg)	小计(kg)
	胀缝(每道)	传力杆	ϕ25	45	44	19.8	3.853	76.29	482.82
		端部加强钢筋	ϕ12	340	80	272	0.888	241.54	
			ϕ8	186	224	416.64	0.396	164.99	
	建筑缝(每道)	传力杆	ϕ25	45	44	19.8	3.853	76.29	76.29
	纵缝(每块板)	拉杆	ϕ14	70	8	5.6	1.208	6.76	6.76
	缩缝(每道)	传力杆	ϕ25	45	44	19.8	3.853	76.29	76.29
	混凝土路面自由端部(每道)	端部加强钢筋	ϕ12	340	40	136	0.888	120.77	203.26
			ϕ8	186	112	208.32	0.396	82.49	
	钢筋网加固板块(每块板)	加固钢筋网	ϕ8	330	44	145.2	0.396	57.5	170.6
			ϕ8	420	68	285.6	0.396	113.1	

注：选自(上海市市政工程勘察设计研究院)。

各种接缝钢筋数量表(非机动车道)　　表4-294

图集号	接缝种类	钢筋名称	直径(mm)	每根长(cm)	根数	总长(m)	单位重量(kg/m)	总量(kg)	小计(kg)
	胀缝(每道)	传力杆	ϕ20	40	11	4.4	2.46	10.82	112
		端部加强钢筋	ϕ12	340	20	68	0.888	60.38	
			ϕ8	184	56	103.04	0.396	40.8	
	建筑缝(每道)	传力杆	ϕ20	40	11	4.4	2.46	10.82	10.82
	缩缝(每道)	传力杆	ϕ20	40	11	4.4	2.46	10.82	10.82
	混凝土路面自由端部(每道)	端部加强钢筋	ϕ12	340	10	34	0.888	30.19	50.59
			ϕ8	186	28	51.52	0.396	20.4	
	钢筋网加固板块(每块板)	加固钢筋网	ϕ8	330	44	145.2	0.396	57.5	186.75
			ϕ8	420	68	326.4	0.396	129.25	

注：选自《上海市道路工程通用图》。

拉杆尺寸与间距　　**表 4-295**

类型	路面宽度(m)				路面厚度(cm)
	B=3.00	B=3.50	B=3.75	B=4.50	
拉杆直径（螺纹钢筋）(mm)	14	14	14	14	≤20
	16	16	16	16	21～25
	19	19	19	19	26～30
拉杆最小长度(cm)	70	70	70	70	≤20
	80	80	80	80	21～25
	90	90	90	90	26～30
拉杆最大间距(cm)	100	95	90	80	≤20
	100	95	90	80	21～25
	100	95	90	80	26～30

注：1. 水泥混凝土路面的纵缝处板厚中央应设置拉杆；
2. 应采用螺纹钢筋；
3. 应对拉杆中部 100mm 范围内进行防锈处理。

公用事业设备窨井加固钢筋数量表　　**表 4-296**

位置	型式(mm)	水泥混凝土路面深度(mm)	ϕ12(mm/根)						ϕ6(mm/根)						总重(kg/座)
			2590	2340	1440	1360	1240	1120	920	900	880	840	800	760	
甲式（在板块中间）	Ⅱ型 1000×1000～1000×1100	H=180	16		16									60	67.4
		H=200	16		16								60		67.9
		H=220	16		16							60			68.5
		H=240	16		16						60				69
		H=250	16		16					60					69.3
		H=260	16		16				60						69.5
乙式（跨越在纵、横缝各一侧边缘）	Ⅰ型 600×600～750×750	H=180		16		16								56	62
		H=200		16		16							56		62.5
		H=220		16		16						56			63
		H=240		16		16					56				63.5
		H=250		16		16				56					63.8
		H=260		16		16			56						64
丙式（骑缝式）	Ⅰ型 600×600～750×750	H=180		8		16		16						58	61.6
		H=200		8		16		16					58		62.2
		H=220		8		16		16				58			62.7
		H=240		8		16		16			58				63.2
		H=250		8		16		16		58					63.4
		H=260		8		16		16	58						64.1
	Ⅱ型 1000×1000～1000×1100	H=180	8		16		16							60	66.6
		H=200	8		16		16						60		67.1
		H=220	8		16		16					60			67.7
		H=240	8		16		16				60				68.2
		H=250	8		16		16			60					68.5
		H=260	8		16		16		60						68.7

注：1. 窨井规格（Ⅰ、Ⅱ型）选自《上海市排水管道通用图》PSAR-D-01-92，其中：Ⅰ型用于 600mm×600mm～750mm×750mm 窨井、Ⅱ型用于 1000mm×1000mm～1000mm×1100mm 窨井；
2. 钢筋直径 ϕ12 的质量为 0.888kg/m，钢筋直径 ϕ6 的质量为 0.222kg/m，详见表“圆钢筋、螺纹钢筋的截面面积及理论重量表”释义。

【例题 4-81】　窨井为Ⅱ型 1000mm×1000mm、且安置在板块中间，当水泥混凝土路面深度为 H=200mm 时，试问每座窨井加固制作钢筋多少？

【解题分析 4-81】

(1) 公式计算法：

依题已知有：

1) 当窨井为Ⅱ型 1000mm×1000mm、且安置在板块中间、当水泥混凝土路面深度 H=200 时，查表 4-296“公用事业设备窨井加固钢筋数量表”，得知：

① 采用甲式窨井加固形式

② 且每座需 16 根 ϕ12，每根长 2590mm 钢筋和 16 根、每根长 1440mm 的钢筋；60 根 ϕ6，每根长 760mm 钢筋；

2) 当甲式窨井加固形式需 ϕ12、ϕ6 两类钢筋时，查表 4-287“圆钢筋、螺纹钢筋的截面面积及理论重量表”，得知钢筋直径 ϕ12 的质量为 0.888kg/m，钢筋直径 ϕ6 的质量为 0.222kg/m；

3) 公式计算法：0.888kg/m×(2.59m/根×16 根+1.44 m/根×16 根)+0.222kg/m×(0.76m/根×60 根)=67.92 kg/座，与查表法相符。

(2) 直接查表法：当窨井为Ⅱ型 1000mm×1000mm、且安置在板块中间、当水泥混凝土路面深度 H=200 时，查表 4-296“公用事业设备窨井加固钢筋数量表”，得知：67.9 kg/座，与公式计算法相符。

得：安置在板块中间的窨井为Ⅱ型 1000mm×1000mm 采用甲式窨井加固形式，每座甲式窨井加固制作钢筋 67.92 kg/座。

各类板块钢筋网数量表　　表 4-297

序号	图集号		板块规格(m×m)	3.0×5.0		3.5×5.0		3.75×5.0		4.0×5.0		4.5×5.0	
1	水泥路面 RT011401 DWG～RT011405DWG	水泥混凝土上部加固钢筋网	钢筋规格/间距	ϕ10 @200	ϕ8 @200	ϕ10 @200	ϕ8 @200	ϕ10 @200	ϕ8 @200	ϕ10 @200	ϕ8 @200	ϕ10 @200	ϕ8 @200
2			钢筋长度(m)	73.5	72.5	83.3	85	93.1	91.25	98	97.5	102.9	110
3			钢筋总重量(kg)	45.35	28.64	51.4	33.58	57.44	36.04	60.47	38.51	63.49	43.45
4	水泥路面 RT011501 DWG～RT011505DWG	水泥混凝土下部加固钢筋网	钢筋规格/间距	ϕ10 @200	ϕ8 @200	ϕ10 @200	ϕ8 @200	ϕ10 @200	ϕ8 @200	ϕ10 @200	ϕ8 @200	ϕ10 @200	ϕ8 @200
5			钢筋长度(m)	73.5	72.5	83.3	85	93.1	91.25	98	97.5	102.9	110
6			钢筋总重量(kg)	45.35	28.64	51.4	33.58	57.44	36.04	60.47	38.51	63.49	43.45
7	水泥路面 RT011601 DWG～RT011605DWG	水泥混凝土双层加固钢筋网	钢筋规格/间距	ϕ10 @200	ϕ8 @200	ϕ10 @200	ϕ8 @200	ϕ10 @200	ϕ8 @200	ϕ10 @200	ϕ8 @200	ϕ10 @200	ϕ8 @200
8			钢筋长度(m)	147	145	166.6	170	186.2	182.5	196	195	205.8	220
9			钢筋总重量(kg)	90.7	57.28	102.79	67.15	114.89	72.09	120.93	77.03	126.98	86.9

注：选自(上海市市政工程勘察设计研究院)。

【例题 4-82】　(规范型解题教案一)道路实体工程某道路工程概况仍以“道路工程各类系数统计汇总表”及“交叉口转角处转角正交、斜交示意图”提供的资料为条件，其中水泥混凝土路面面积(直线段)为 2100.0m^2；道路路幅宽度(B)：20.0m、其中：一块板长度×宽度(5.0m×3.5m)/块；车行道宽度(B_1)：14.0m(宽度 3.5m/块×4 车道)，机动车道胀缝 482.82kg/道、混凝土路面自由端部 203.26kg/道、纵缝(拉杆)6.76kg/每块板、缩缝(传力杆)76.29 kg/道；求：水泥混凝土路面面层的构造钢筋钢筋网片各为多少吨？分别套用定额子目？

【解题分析 4-82】

表 4-291“水泥混凝土面层钢筋”、表 4-292“水泥混凝土面层钢筋(非预应力钢筋)工程量‘算量’”

(1) 水泥混凝土路面面层构造钢筋(非预应力钢筋)

重量 t=(胀缝之和＋建筑缝之和＋缩缝之和＋混凝土路面自由端部之和＋钢筋网加固板块之和＋公用事业设备窨井加固钢筋等之和)÷1000kg/t

1) 水泥混凝土面层道路长度 L_1＝水泥混凝土路面面积(直线段)÷车行道宽度(B_1)

＝2100.0m^2÷14.0m＝150.00m

2) 车行道宽度内板块数 n＝车行道宽度 B_1÷一块板宽度(3.5m/块)

＝14.0m÷3.5m/块＝4 块

3) 块板数＝150.00m÷5.0m/一块板长度×4 块/宽度内板块数

＝120 块

4) 构造钢筋，查表 4-293“各种接缝钢筋数量表(机动车道)”，得知机动车道胀缝 482.82kg/道、纵缝(拉杆)6.76kg/每块板、缩缝(传力杆)76.29 kg/道、混凝土路面自由端部 203.26kg/道

5) 依题已知有：

胀缝 4 道、纵缝(拉杆)120 块板、缩缝(传力杆)4 道、混凝土路面自由端部 4 道

重量 t ＝(胀缝之和＋建筑缝之和＋缩缝之和＋混凝土路面自由端部之和)÷1000kg/t

＝(482.82kg/道×4 道＋6.76kg/每块板×120 块板＋76.29kg/道×4 道＋203.26kg/道×4 道)÷1000kg/t

＝3865.465kg÷1000kg/t

＝3.8654t

计算结果套取《市政工程预算定额》水泥混凝土路面构造筋子目。

(2) 水泥混凝土路面面层钢筋网片(非预应力钢筋)

重量 t ＝[道路水泥混凝土面层长度(L_1)÷一块板长度(5.0m/块)×车行道宽度内 n 块板块×kg/块] ÷1000kg/t

1) 水泥混凝土面层道路长度 L_1 ＝水泥混凝土路面面积(直线段)÷车行道宽度(B_1)

＝2100.0m^2÷14.0m＝150.00m

2) 车行道宽度内板块数 n＝车行道宽度 B_1÷一块板宽度(3.5m/块)

＝14.0m÷3.5m/块＝4 块

3) 钢筋网加固板块构造钢筋 kg/块，当一块板长度×宽度(5.0m×3.5m)/块时，查表 4-30“各类板块钢筋网数量表”，得每块板块钢筋网数量＝51.4kg/块＋33.58kg/块＝84.98kg/块；

4) 钢筋单位换算 1000kg/t，与《市政工程预算定额》子目的计量单位统一。

5) 依题已知有：

L_1＝150.00m、B_1 ＝ 14.0m、车行道宽度内板块数 n ＝ 4 块板块、每块板块钢筋网数量为 84.98kg/块

6) 重量 t ＝[道路水泥混凝土面层长度(L_1)÷一块板长度(5.0m/块)×车行道宽度内 n 块板块×kg/块]÷1000kg/t

＝[150.00m÷5.0m/块×4 块×84.98kg/块]÷1000kg/t

＝10197.60kg÷1000kg/t

＝10.1976t

计算结果套取《市政工程预算定额》水泥混凝土路面面层钢筋网片子目。

得：水泥混凝土路面面层构造钢筋(非预应力钢筋)为 3.8654t；水泥混凝土路面面层钢筋网片(非预应力钢筋)为 10.1976t；分别套用道路工程道路面层 S2-3-：7. 混凝土面层钢筋(构造筋、钢筋网)子目。

桥梁所用的钢筋包括基础、下部结构、上部结构钢筋。钢筋按其使用功能可分为非预应力钢筋和先(后)张法预应力钢筋两大类。

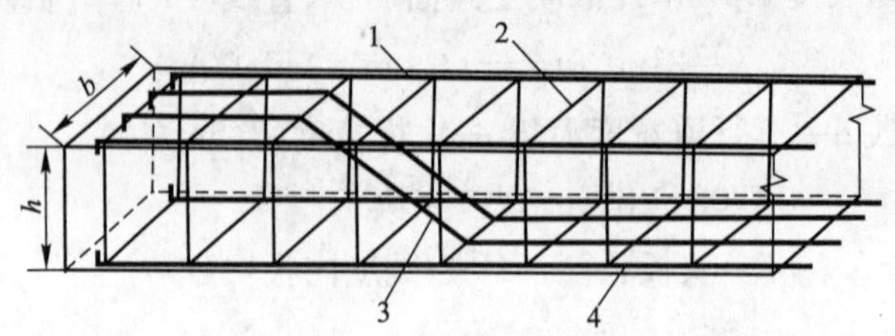

图 4-281　普通矩形截面梁的钢筋骨架构造

1—架立筋；2—箍筋；3—弯起筋；4—纵向主筋

【例题 4-83】

【解题分析 4-83】

依题已知：$L_{直}=3.0\text{m}$，$\phi20$ 筋 $d=0.02\text{m}$，$H=0.4\text{m}$，一个 180°弯钩；当 $\alpha=45°$时，查表 4-263“弯起钢筋长度尺寸表”或查“边坡坡率换算角度、对边、斜边、长度表(竖立方向的高度)”，得 $S=1.41H$；当 l80°弯钩为一个时，查表 4-262“常用光圆钢筋弯钩增加长度表”，得单钩增加长度为 $6.25d$ (d—钢筋直径 ϕ，m)

(1) $\phi20$ 弯起筋长度$=L_{直}+S+6.25d$

$$=3.0\text{m}+1.41\times0.4\text{m}+6.25\times0.02\text{m}=3.689\text{m}$$

(2) $\phi20$ 筋的重量

查表 4-287“圆钢理论重量和表面积表”，得理论重量$=0.0061654\phi^2$(ϕ—钢筋公称直径，mm)或直接查表 $\phi20$ 筋的理论重量为 2.466kg/m

① 公式计算：$\phi20$ 筋的重量$=\phi20$ 弯起筋长度$\times0.0061654\phi^2$

$$=3.689\text{m}\times0.0061654\times20^2=9.1\text{kg}$$

② 查表法：$\phi20$ 筋的重量$=3.689\text{m}\times2.466\text{kg/m}=9.097\text{kg}$

公式计算与查表法数值相符。

得：该桥梁工程需要制作弯起筋的长度为 3.689m 及重量为 9.1kg。

【例题 4-84】 某钢筋混凝土预制板，如图 4-282“钢筋混凝土预制板尺寸简图”所示，其中板长 3.85m，宽 0.65m，厚 0.1m，保护层为 2.5cm；试计算钢筋长度及重量?

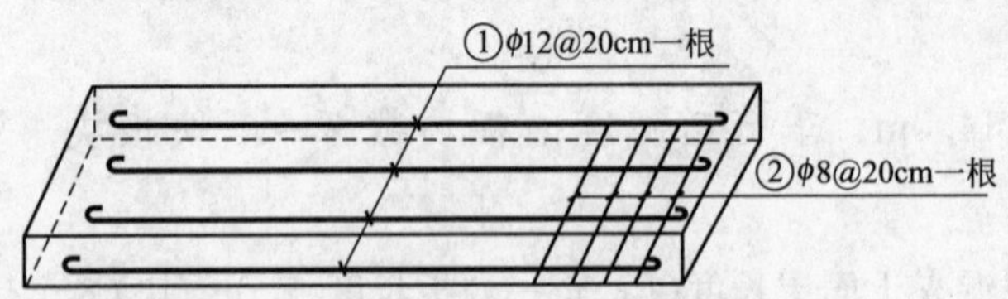

图 4-282　钢筋混凝土预制板尺寸简图

【解题分析 4-84】

依题已知：板长 L 为 3.85m，板宽 B 为 0.65m，板厚 h 为 0.1m，保护层 h_1 为 2.5cm，钢筋间距@为 20cm，两个 180°弯钩。

(1) 计算钢筋长度

1) 先计算 $\phi12$ 钢筋的长度

当 180°弯钩为二个时，查表 4-270“常用光圆钢筋弯钩增加长度表”，得双钩增加长度为 $12.5d$

道数=[(板宽 B-保护层 h_1×2 边)÷钢筋间距@+1]

=[(0.65m-0.025m×2 边)÷0.2m+1] =3+1=4 道

ϕ12 钢筋的长度=(板长 L-保护层 h_1×2 边+双钩增加长度 12.5d)/道×[(板宽 B-保护层 h_1×2 边)÷钢筋间距@+1]

=(3.85m-0.025m×2 边+12.5×0.012m)/道×[(0.65m-0.025m×2 边)÷0.2m+1]

=(3.85m-0.05m+0.15m)/道×4 道=15.8m

2) 再计算 ϕ8 钢筋的长度

道数=[(板长 L-保护层 h_1×2 边)÷钢筋间距@+1]

=[(3.85m-0.025m×2 边)÷0.2m+1]=19+1=20 道

ϕ8 钢筋的长度=(板宽 B-保护层 h_1×2 边)/道×[(板长 L-保护层 h_1×2 边)÷钢筋间距@+1]

=(0.65m-0.025m×2 边)/道×[(3.85m-0.025m×2 边)÷0.2m+1]

=(0.65m-0.05m)/道×20 道=12.0m

(2) 计算钢筋重量

查表 4-271“圆钢筋、螺纹钢筋的截面面积及理论重量表”，得理论重量=0.0061654ϕ^2(ϕ—钢筋公称直径，mm)或直接查表 ϕ12 及 ϕ8 筋的理论重量分别为 0.888kg/m 和 0.395kg/m

1) ϕ12 钢筋重量

① 公式计算：ϕ12 筋的重量=ϕ12 钢筋长度×0.0061654ϕ^2

=15.8m×0.0061654×12^2=14.03kg

② 查表法：ϕ12 筋的重量=15.8m×0.888kg/m=14.03kg

公式计算与查表法数值相符。

2) ϕ8 钢筋重量

① 公式计算：ϕ8 筋的重量=ϕ8 钢筋长度×0.0061654ϕ^2

=12.0m×0.0061654×8^2=4.73kg

② 查表法：ϕ8 筋的重量=12.0m×0.395kg/m=4.74kg

公式计算与查表法数值相符。

3) 共计：钢筋总重量(t)=(ϕ12 钢筋重量+ϕ8 钢筋重量)÷1000kg/t

=(14.03kg+4.74kg)÷1000kg/t=0.0188t

得：该钢筋混凝土预制板需要制作的钢筋长度分别为 ϕ12 钢筋长度 15.8m 和 ϕ8 钢筋长度 12.0m 及钢筋总重量为 0.0188t。

钢筋笼：钢筋笼是灌注桩的一种加固措施，使中心混凝土不易开裂，增加混凝土的延性，其钢筋笼的箍筋形式有环箍、螺旋箍、单肢箍、双肢箍等。其中圆形钢筋笼常用环箍、螺旋箍等，螺旋箍的效果比环箍要好，但制作较麻烦，通常很少用(除设计要求外)。而单肢箍、双肢箍通常是针对方形或矩形钢筋笼而言。

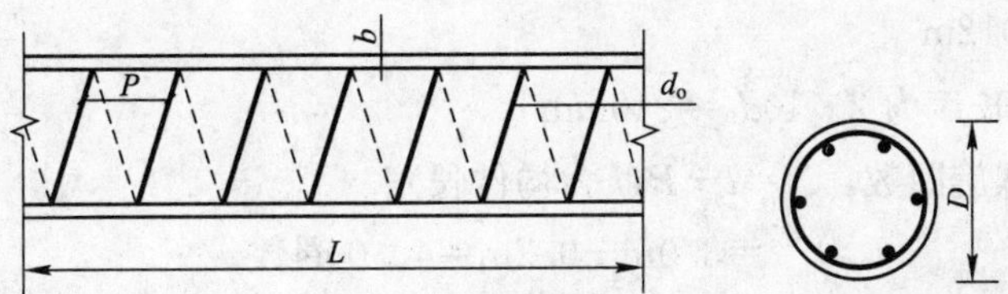

图 4-283　柱中螺旋体钢筋示意图及计算公式

$$L=N[P^2+(D-2b+d_0)^2\pi^2]^{1/2}+\text{两个弯钩增长度}$$

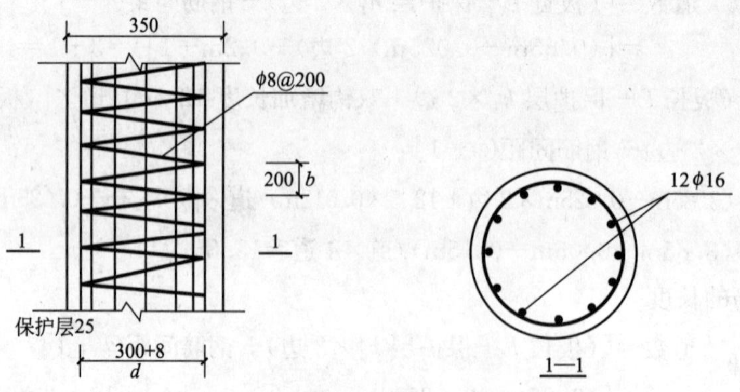

图 4-284　混凝土灌注桩螺旋形箍筋

式中　L——计算长度；

N——螺旋圈数，$N=l\div P$（l 为构件长）；

P——螺距；

D——构件直径；

d_0——螺旋钢筋的直径；

b——保护层厚度。

钢筋理论质量＝钢筋计算长度×该钢筋每米质量

钢筋总耗用量＝钢筋理论质量×[1＋钢筋(铁件)损耗率]

圆柱每米高度内螺旋箍筋长度计算表　　**表 4-298**

圆柱直径(mm)		200	250	300	350	400	450	500	550
保护层厚(mm)		20	25	25	25	25	25	25	25
螺旋箍筋间距(mm)	50	0.11m	12.64m	15.79m	18.93m	22.00m	25.18m	28.33m	31.43m
	60	8.42	10.53	13.15	15.77	18.37	20.98	23.6	26.19
	80	6.32	7.95	9.12	11.89	13.84	15.8	17.76	19.7
	100	5.09	6.36	7.93	9.51	10.07	12.64	14.21	15.76
	150	3.39	4.25	5.291	6.34	7.39	8.43	9.48	10.51

【例题 4-85】 某桥梁工程，需设置 10 根支撑柱，该螺旋体内配置 ϕ12mm 螺旋钢筋，其设计高度 8.0m、间距(螺距)200mm、柱直径 500mm；求钢筋需多少吨？

【解题分析 4-85】

(1) 计算每根螺旋体钢筋长度 L(m)

依据图 4-284“混凝土灌注桩螺旋形砸筋”的计算公式

依题所知：构件长 L 为 8.0m、螺距 P 为 0.2m、构件直径 D 为 0.5m、保护层厚度 b 为 0.025m、螺旋钢筋的直径 d_0 为 0.012m

查表，得两个弯钩增长度为 $2\times10d_0=240$mm

1) 螺旋圈数 N——螺旋圈数，$N=l\div P$（l 为构件长）

$=8.0\text{m}\div0.2\text{m}=40.0$ 圈数

2) 计算长度 $L=N[P^2+(D-2b+d_0)^2\pi^2]^{1/2}$＋两个弯钩增长度

$=40.0$ 圈数$\times[0.2^2+(0.5\text{m}-2\times0.025\text{m}+0.012\text{m})^2\times3.14^2]^{1/2}$＋两个弯钩增长度

$=58.58+0.24=58.82$m/根

(2) 钢筋理论质量

当螺旋体钢筋为 ϕ12mm 时，查得 0.888kg/m

钢筋吨位(t)＝钢筋计算长度×该钢筋每米质量(t)

＝58.82m/根×10 根×0.888kg/m÷1000kg/t＝0.53t

得：螺旋体钢筋吨位为 0.53t。

【例题 4-86】 某桥涵工程用到 30 根矩形预制钢筋混凝土过梁，其长为 4.0m，宽为 0.4m，高为 0.5m，具体尺寸如图 4-285“某矩形预制钢筋混凝土过梁”所示，试计算矩形钢筋混凝土过梁混凝土图示工程量和钢筋图示用量？

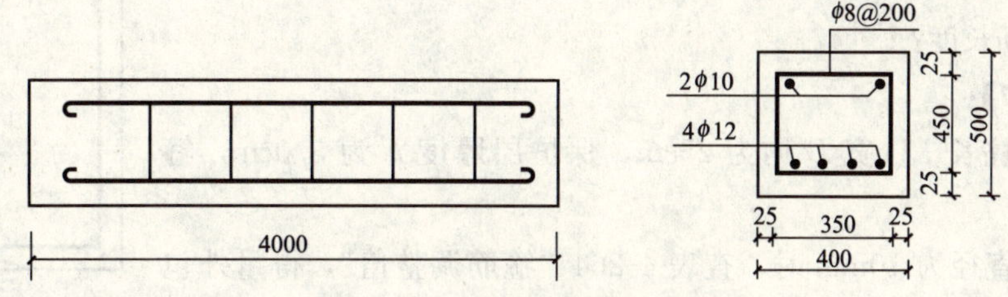

图 4-285　某矩形预制钢筋混凝土过梁

【解题分析 4-86】 依题已知：梁长 L 为 4.0m，梁宽 B 为 0.4m，梁高 h 为 0.5m，保护层 h_1 为 2.5cm，截面内主筋分别为 2 根 ϕ10 钢筋、4 根 ϕ12 钢筋，箍筋间距@为 20cm，梁长的钢筋每根有两个 180°弯钩

当 180°弯钩为二个时，查表 4-262“常用光圆钢筋弯钩增加长度表”，得双钩增加长度为 12.5d(d—钢筋直径 ϕ，m)

查表 4-260“钢筋混凝土用热轧钢筋直径、横截面面积及质量”，得理论重量＝0.0061654ϕ^2(ϕ—钢筋公称直径，mm)或直接查表得 ϕ8 钢筋的理论重量为 0.395kg/m、ϕ10 钢筋的理论重量为 0.617kg/m、ϕ12 钢筋的理论重量为 0.888kg/m

(1) 每根钢筋计算：

1) ϕ10 钢筋用量＝[(梁长 L－保护层 h_1×2 边)/根＋12.5d]×2 根×0.0061654ϕ^2(kg/m)

＝[(4.0m－0.025m×2 边)/根＋12.5×0.01m] ×2 根×0.0061654×102(kg/m)

＝4.075m/根×2 根×0.61654kg/m＝8.15m×0.61654kg/m＝5.02kg

2) ϕ12 钢筋用量＝[(梁长 L－保护层 h_1×2 边)/根＋12.5d]×4 根×0.0061654ϕ^2(kg/m)

＝[(4.0m－0.025m×2 边)/根＋12.5×0.01m]×4 根×0.0061654×12^2(kg/m)

＝4.075m/根×4 根×0.8878kg/m＝16.3m×0.8878kg/m＝14.47kg

3) ϕ8 钢筋用量：

依题已知：梁长 L 为 4.0m，梁宽 B 为 0.4m，梁高 h 为 0.5m，保护层 h_1 为 2.5cm，箍筋间距@为 20cm

① 道数＝[梁长 L÷箍筋间距@＋1]

＝4.0m÷0.2m＋1＝20＋1＝21 道

② ϕ8 钢筋用量＝[(梁宽 B－保护层 h_1×2 边)×2＋(梁高 h－保护层 h_1×2 边)×2＋双钩增加长度 12.5d]×(梁宽 B－保护层 h_1×2 边)×[梁长 L÷箍筋间距@＋1]

＝[(0.4m－0.025m×2 边)×2＋(0.5m－0.025m×2 边)×2＋12.5×0.008m]×(4.0m－0.025m×2 边)/根×(4.0m÷0.2m＋1)

$=1.70m\times0.395kg/m\times21$ 道 $=14.10kg$

4）每根钢筋总重量(kg)

钢筋总重量(kg)＝ϕ10 钢筋用量＋ϕ12 钢筋用量＋ϕ8 钢筋用量

＝5.02kg＋14.47kg＋14.10kg＝33.59kg

（2）钢筋图示用量

33.59kg/根×30 根＝1010.77kg≈1.01t

得：该钢筋混凝土过梁混凝土钢筋重量为 1.01t。

【例题 4-87】　某桥梁工程中，一根支柱需要配钢筋，其截面尺寸如图 4-286“某桥梁工程支柱配筋图”所示。此柱中箍筋 ϕ10，保护层厚度为 3.0cm；试计算箍筋长度？

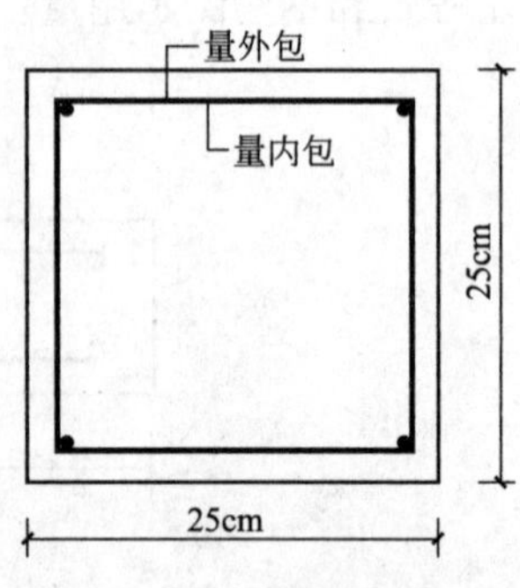

图 4-286　某桥梁工程支柱配筋图（单位：cm）

【解题分析 4-87】：

依题已知：支柱长 L、宽 B 均为 25cm，保护层厚度 h 为 3.0cm，箍筋 ϕ10

当 ϕ10 的箍筋直径为 10mm 时，查表 4-264“箍筋调整值”，得量外包尺寸调整值为 70mm，量内包尺寸调整值为 70～150mm，量内包尺寸调整值取 120mm 数值。

箍筋长度＝箍筋内周长值＋箍筋调整值

（1）量外包尺寸计算箍筋长度

量外包箍筋长度 L_1＝(支柱长 L、宽 B－保护层厚度 h×2 边)×4 边＋量外包尺寸调整值

＝(25cm－3.0cm×2 边)×4 边＋7cm

＝76cm＋7cm＝83cm

（2）量内包尺寸计算箍筋长度

量外包箍筋长度 L_2＝(支柱长 L、宽 B－保护层厚度 h×2 边)×4 边＋量外包尺寸调整值

＝(25cm－3.0cm×2 边)×4 边＋12cm

＝76cm＋12cm＝88cm

得：该量外包尺寸计算箍筋长度为 83cm，量内包尺寸计算箍筋长度为 88cm。

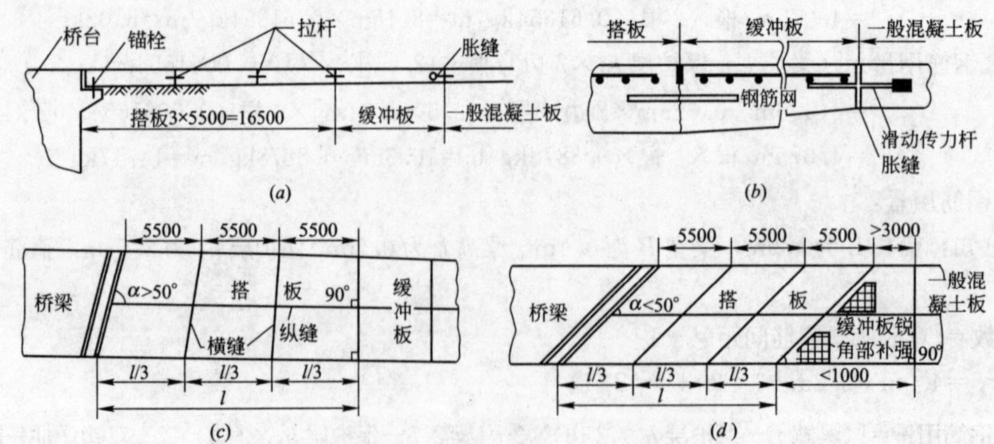

图 4-287　桥头搭板布置图(单位：mm)

(a)桥头搭板的纵断面图；(b)一般混凝土板与桥头搭板的连接；

(c)斜交时搭板的处理(斜角≥50°时)；(d)斜交时搭板的处理(斜角<50°时)

4.8　拆除工程(项目编码：040801)

拆除工程工程量清单项目设置及工程量计算规则　　**表 4-299**

拆除工程(项目编码：040801)

项目编码	项目名称	项目特征	计量单位	工程内容	分部工程项目、名称 （所在《市政工程预算定额》册、章、节）
040801001	拆除路面	1. 材质 2. 厚度	m^2	1. 拆除 2. 废料场外运输	通用项目翻挖拆除项目 S1-3-： 1. 翻挖沥青柏油类道路面层及基层(翻挖沥青柏油类)文字代码 ZSN19-1-：1. 土方场外运输 通用项目翻挖拆除项目 S1-3-： 2. 翻挖混凝土道路面层(空压机翻挖混凝土、空压机翻挖钢筋混凝土、液压镐翻挖混凝土、液压镐翻挖钢筋混凝土) 文字代码 ZSN19-1-：1. 土方场外运输
040801002	拆除基层	1. 材质 2. 厚度	m^2	1. 拆除 2. 废料场外运输	通用项目翻挖拆除项目 S1-3-： 3. 翻挖二渣及三渣类道路基层(二渣及三渣类)文字代码 ZSN19-1-：1. 土方场外运输 通用项目翻挖拆除项目 S1-3-： 4. 翻挖块石、碎石类道路基层(块石、碎石)文字代码 ZSN19-1-：1. 土方场外运输
040801003	拆除人行道	1. 材质 2. 厚度	m^2	1. 拆除 2. 废料场外运输	通用项目翻挖拆除项目 S1-3-： 6. 翻挖人行道(预制人行道、现浇人行道) 文字代码 ZSN19-1-：1. 土方场外运输 通用项目翻挖拆除项目 S1-3-： 6. 翻挖人行道(现浇斜坡) 文字代码 ZSN19-1-：1. 土方场外运输
040801004	拆除侧缘石	材质	m	1. 拆除 2. 废料场外运输	通用项目翻挖拆除项目 S1-3-： 5. 翻挖侧平石（侧石、平石、侧平石） 文字代码 ZSN19-1-：1. 土方场外运输
040801005	拆除管道	1. 材质 2. 管径	m	1. 拆除 2. 废料场外运输	通用项目翻挖拆除项目 S1-3-： 7. 拆除排水管道(混凝土管道) 文字代码 ZSN19-1-：1. 土方场外运输
040801006	拆除砖石结构	1. 结构形式 2. 强度	m^3	1. 拆除 2. 废料场外运输	通用项目翻挖拆除项目 S1-3-： 8. 拆除砖石砌体(进水口、窨井、砖结构) 文字代码 ZSN19-1-：1. 土方场外运输 通用项目翻挖拆除项目 S1-3-： 9. 拆除石砌体(干砌块石、浆砌块石) 文字代码 ZSN19-1-：1. 土方场外运输
040801007	拆除混凝土结构	1. 结构形式 2. 强度	m^3	1. 拆除 2. 废料场外运输	通用项目翻挖拆除项目 S1-3-： 10. 拆除混凝土结构(混凝土、钢筋混凝土) 文字代码 ZSN19-1-：1. 土方场外运输

续表

项目编码	项目名称	项目特征	计量单位	工程内容	分部工程项目、名称（所在《市政工程预算定额》册、章、节）
040801008	伐树、挖树蔸	胸径	棵	1. 伐树 2. 挖树蔸 3. 运输	通用项目一般项目 S1-1-： 2. 挖树根 文字代码 ZSN19-1-：1. 土方场外运输
沪 040801009	拆除钢拉条	直径	根	1. 拆除 2. 运输	通用项目翻挖拆除项目 S1-3-： 11. 拆除钢拉条 文字代码 ZSN19-1-：1. 土方场外运输

注：选自国家标准《建设工程工程量清单计价规范》GB 50500—2008“附录 D 市政工程工程量清单项目及计算规则”及《〈建设工程工程量清单计价规范〉上海市市政工程操作指南》。

翻挖拆除项目工程“算量” **表 4-300**

分　类	计量单位	项　目　内　容
拆除道路结构层及人行道	m^2	1. 按拆除面积以平方米计算 2. 翻挖道路，包括翻挖沥柏类面层、混凝土面层、钢筋混凝土面层、二渣及三渣基层、块石基层、碎石基层，液压镐翻挖混凝土面层、钢筋混凝土面层，翻挖人行道、混凝土进口坡 3. 翻挖道路面层或基层定额按大面积考虑，如遇沟槽或基坑时，人工数量乘以 1.20 系数
拆除侧平石	m	按长度以米计算
拆除排水管道	m	1. 按长度以米计算； 2. 拆除混凝土管道直径从(ϕ300～ϕ1600)； 3. 开挖沟槽或基坑需翻挖道路面层及基层时，人工数量乘以 1.20 系数； 4. 拆除排水管道定额中，未包括撑板、支撑、打拔钢板桩、井点降水以及挖土、运土和填土，发生时可套用相关定额另行计算； 5. 拆除排水管道定额中，包括拆除管道、腰箍、基座及基础内容。如单独拆除管道时，按拆除管道定额乘以 0.75 系数； 6. 在市区建成区，结合排水管道施工需翻挖道路面层、基层时，计算翻挖沟槽范围内道路面层和基层后，沟槽土方部分计算应扣除道路结构层所占体积，不能重复计算
拆除砖、石砌体及混凝土结构	m^3	1. 按实体积以立方米计算； 2. 拆除地模砖地模、混凝土地模厚度，参见表 5-21“现场预制混凝土构件地模工程量‘算量’” 3. 凿除打入桩桩顶混凝土按拆除钢筋混凝土结构子目人工及机械台班数量乘以 1.5 系数，凿除钻孔灌注桩桩顶混凝土不乘系数； 4. 拆除混凝土结构定额中未考虑爆破拆除，如实际采用爆破施工时，可另行计算
拆除钢拉条	根	1. 按直径以根计算； 2. 拆除钢拉条定额中，钢拉条直径在 ϕ25 以内，每根长度取定为 6m；直径在 ϕ25 以外，每根长度取定为 7m； 3. 拆除拉条定额中不包括挖土、运土、回填土，实际发生时，可另行计算
废(旧)料场外运输	t/m^3	1. 废料密度统一按 $2.2t/m^3$ 计算； 2. 废(旧)料场外运输，套用文字代码 ZSN19-1-：1. 土方场外运输； 3. 场外运输计价系数为 $2.2t/m^3 \div 1.8t/m^3$(土方天然密实方密度)＝1.222

注：1. 选自《上海市市政工程预算定额》(2000)工程量计算规则暨总、册说明；
2. 拆除工程均不包括挖土方，挖土方按相应项目计取；定额中未包括挖土、运土和填土，如实际发生时可套用相关定额；
3. 废(旧)料密度 $2.2t/m^3$，选自《上海市市政工程预算定额》(2000)第一册通用项目第三章“翻挖拆除项目”章说明规定：“翻挖、拆除定额中均已包括废料的场内运输，但不包括场外运输，废料密度统一按 $2.2t/m^3$ 计算”；
4. 除液压镐翻挖混凝土面层、钢筋混凝土面层外，其余一般均采用空压机翻挖；定额中机械品种、规格已综合取定，一般不作调整；
5. 凿除打入桩桩顶混凝土的分部工程已列人相应工程工程量清单里边，不需单独列项；
6. 本定额未包括水中拆除，拆除混凝土、钢筋混凝土不包括水中拆除，如需潜水员配合时可另行计算；
7. 本定额不适用拆除人防工程，拆除人防结构工程，应套用人防定额；
8. 本定额不适用特殊结构物拆除，如碉堡、船坞等工程，发生时由承发包双方协商解决；
9. 定额中未包括大型机械的场外运输、安拆(打桩机械除外)、路基及轨道铺拆等，如计算，则请参阅 5. 措施项目(市政工程)5.1 大型机械设备进出场及安拆(项目编码：0501)表 5-3“大型机械设备进出场选用表”的释义；
10. 定额中不、未包括组装、拆除柴油打桩机，发生时套用相应定额子目。

翻挖拆除工程项目定额编制计算规定　　**表 4-301**

项次	分部分项名称	单位	包　括	不(未)包括	扣除	备注
1	2	3	4	5	6	7
1	拆除道路结构层及人行道	m^2	翻挖道路，包括翻挖沥柏类面层、混凝土面层、钢筋混凝土面层、二渣及三渣基层、块石基层、碎石基层，液压镐翻挖混凝土面层、钢筋混凝土面层，翻挖人行道、混凝土进口坡			1. 按拆除面积以平方米计算 2. 翻挖道路面层或基层定额按大面积考虑，如遇沟槽或基坑时，人工数量乘以 1.20 系数
2	拆除侧平石	m				按长度以米计算
3	拆除排水管道	m	1. 拆除混凝土管道直径从(ϕ300～ϕ1600)； 2. 开挖沟槽或基坑需翻挖道路面层及基层时，人工数量乘以 1.20 系数； 3. 拆除排水管道定额中，包括拆除管道、腰箍、基座及基础内容。如单独拆除管道时，按拆除管道定额乘以 0.75 系数	拆除排水管道定额中，未包括撑板、支撑、打拔钢板桩、井点降水以及挖土、运土和填土，发生时可套用相关定额另行计算	在市区建成区，结合排水管道施工需翻挖道路面层、基层时，计算翻挖沟槽范围内道路面层和基层后，沟槽土方部分计算应扣除道路结构层所占体积，不能重复计算	1. 按长度以米计算
4	拆除砖、石砌体及混凝土结构	m^3	1. 拆除地模砖地模、混凝土地模厚度，参见表 5-21“现场预制混凝土构件地模工程量‘算量’” 2. 凿除打入桩桩顶混凝土按拆除钢筋混凝土结构子目人工及机械台班数量乘以 1.5 系数，凿除钻孔灌注桩桩顶混凝土不乘系数	拆除混凝土结构定额中未考虑爆破拆除，如实际采用爆破施工时，可另行计算		1. 按实体积以立方米计算
5	拆除钢拉条	根	拆除钢拉条定额中，钢拉条直径在 ϕ25 以内，每根长度取定为 6m；直径在 ϕ25 以外，每根长度取定为 7m	拆除拉条定额中不包括挖土、运土、回填土，实际发生时，可另行计算。		1. 按直径以根计算
6	废(旧)料场外运输	t/m^3	废(旧)料场外运输，套用文字代码 ZSN19-1-： 1. 土方场外运输			1. 废料容重统一按 $2.2t/m^3$ 计算

结合排水管道施工需翻挖道路面层、基层时，路面修复宽度(如市政管网工程中开槽埋管沟槽翻挖、拆除沟槽范围内道路面层和基层结构层)原则上参照《上海市城市道路掘路修复工程收费标准》，详细见表“排水管道施工修复路面宽度工程量计算”的释义。

拆除混凝土结构(项目编码：040801007)

【例题 4-88】 某桥预制钢筋混凝土方桩工程概况仍以【例题 5-3】提供的资料为条件；求：拆除混凝土结构(混凝土、钢筋混凝土)，旧(废)料外运工程量？

【解题分析 4-88】

依题已知：砖地模工程量＝12.6m^2

(1) 当采用预制钢筋混凝土方桩时，查表 5-21“现场预制混凝土

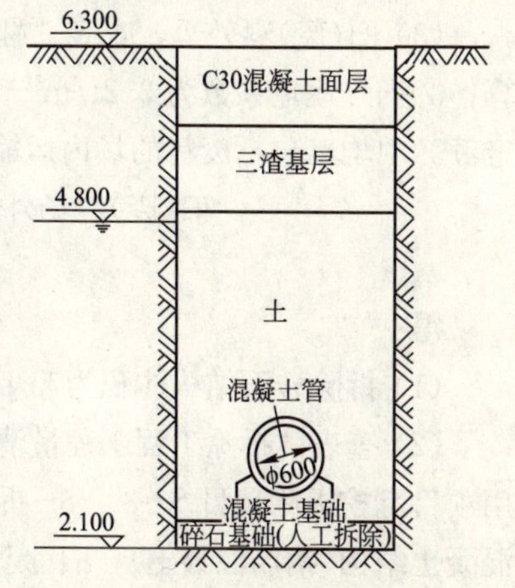

图 4-288　管道拆除工程简图

构件地模工程量‘算量’”，得知“拆除地模砖地模、混凝土地模厚度，分别为 7.5cm 和 10cm”，取 h=7.5cm

又查表 4-300“翻挖拆除项目工程‘算量’”，得知拆除混凝土结构按实体积以立方米计算

拆除地模砖地模体积 V＝砖地模工程量×拆除地模砖地模厚度

＝12.6m^2×0.075m＝0.945m^3

(2) 旧(废)料外运，查表 4-2“翻挖拆除项目工程‘算量’”，得知 1. 旧(废)料容重统一按 2.2t/m^3 计算；2. 场外运输系数为 2.2t/m^3÷1.8t/m^3(土方天然密实方容重)＝1.222 及翻挖、拆除《市政工程预算定额》中均已包括废料的场内运输，但不包括场外运输。

旧(废)料场外运输体积 V＝拆除地模砖地模体积×场外运输系数

＝0.945m^3×1.222＝1.15m^3

得：

(1) 拆除地模砖地模体积为 0.945m^3；旧(废)料外运体积为 1.15m^3；

(2) 查表 4-11“拆除工程工程量清单项目设置及工程量计算规则”，得拆除混凝土结构套用通用项目翻挖拆除项目 S1-3-：10. 拆除混凝土结构(钢筋混凝土)，旧(废)料外运套用文字代码 ZSN19-1-：1. 土方场外运输定额子目。

【例题 4-89】某市政水池如图 4-289“某市政水池平面图”所示，长 7.0m，宽 5.0m，240 砖砌体的围护高度为 900mm，水池底层是 C10 混凝土垫层 100mm；求：拆除砖石结构、混凝土结构各多少工程量及旧(废)料外运工程量多少?

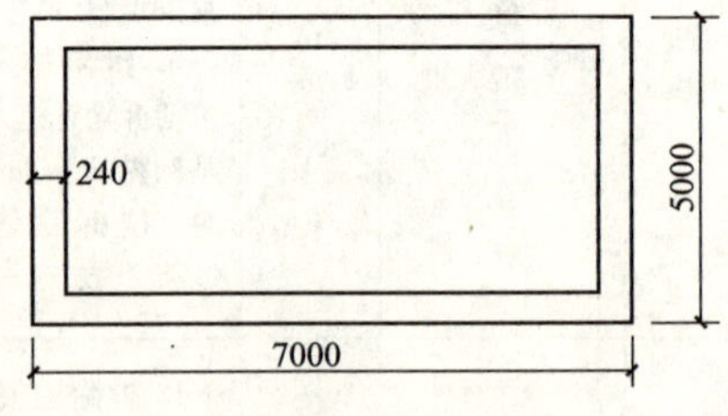

图 4-289　某市政水池平面图(单位：mm)

【解题分析 4-89】

(1) 依题已知：水池长 7.0m，宽 5.0m，砖砌体单边厚度 240mm，240 砖砌体的围护高度为 900mm

拆除水池砖砌体工程量＝L×B×h

＝(7.0m＋5.0m)×2 边×0.24m×0.9m＝5.18m^3

(2) 依题已知：水池 C10 混凝土垫层 100mm

拆除混凝土垫层的工程量＝L_1×B_1×h_1

＝(7.0m－0.24m×2 边)×(5.0m－0.24m×2 边)×0.1m

＝6.52m×4.52m×0.1m＝2.95m^3

拆除废(旧)料合计 ΣV＝水池砖砌体＋混凝土垫层

＝5.18m^3＋2.95m^3＝8.13m^3

(3) 旧(废)料外运，查表“翻挖拆除项目工程‘算量’”，得知：①旧(废)料容重统一按 2.2t/m^3 计算；②场外运输系数为 2.2t/m^3÷1.8t/m^3(土方天然密实方容重)＝1.222 及翻挖、拆除《市政工程预算定额》中均已包括废料的场内运输，但不包括场外运输。

旧(废)料场外运输体积 V＝拆除废(旧)料总体积×场外运输系数

＝8.13m^3×1.222＝9.93m^3

得：

(1) 拆除砖石结构体积为 5.18m^3；拆除混凝土结构体积为 2.95m^3；旧(废)料外运体积为 9.93m^3；

(2) 查表“拆除工程工程量清单项目设置及工程量计算规则”，得拆除混凝土结构套用通用项目通用项目翻挖拆除项目 S1-3-：8. 拆除砖石砌体(进水口、窨井、砖结构)，翻挖拆除项目 S1-3-：10. 拆除混凝土结构(钢筋混凝土)；旧(废)料外运套用文字代码 ZSN19-1-：1. 土方场外运输定额子目。

第二部分　措施项目(辅助实体项目)

第5章　措施项目(市政工程)

5.1　大型机械进出场运输及安拆(项目编码：0501)

大型机械设备进出场及安拆费：属组织性的措施项目范畴，是指机械整体或分体自停放场地运至施工现场或由一个施工地点运至另一个施工地点，所发生的机械进出场运输和转移费用及机械在施工现场进行安装、拆卸所需的人工费、材料费、机械费、试运转费和安装所需的辅助设施的费用。

大型机械的场外运输工程量清单项目设置、项目子目对应此照见表5-1。

大型机械的场外运输工程量清单项目设置、项目子目对应比照表　　表5-1

项目编码	项目名称	项目特征	计量单位	工程内容	分部工程项目、名称 (所在《市政工程预算定额》册、章、节)
0501	大型机械设备进出场及安拆	1. 大型机械设备名称 2. 规格 3. 型号	m^3、台、台·次	1. 场外运输 2. 安装及拆除费 3. 装卸费 4. 进出场、场外运输	安装及拆除费文字代码ZSM20-1-： 1～10. 泥浆场外运输、钻孔灌注桩钻机、深层搅拌桩钻机、树根桩钻机、树根桩钻机、履带式起重机、履带式起重机 场外运输费文字代码ZSM21-2-： 1～24. 推土机、单斗挖掘机、拖式铲运机(连拖斗)、压路机(综合)、沥青混凝土摊铺机、沥青混凝土摊铺机、柴油打桩机、钻孔灌注桩钻机、深层搅拌桩钻机、深层搅拌桩钻机、树根桩钻机、粉喷桩钻机、履带式起重机、地下连续墙成槽机械

注：1. 选自国家标准《建设工程工程量清单计价规范》GB 50500—2008“附录D市政工程工程量清单项目及计算规则”及《〈建设工程工程量清单计价规范〉上海市市政工程操作指南》；

2. 对于措施项目(5市政工程)费的计算，这里只列出通用措施费项目的计算方法(下同)，各专业工程的专用措施费项目的计算方法由各地区或国务院有关专业主管部门的工程造价管理机构自行制定；

3. 大型机械设备各相关技术性能与规格，请参阅“下篇　常用计算数据中册市政工程材料、机械设备库8. 市政工程机械设备库”的释义。

大型机械设备安装及拆除费(打桩机除外)见表5-2。

大型机械设备安装及拆除费(打桩机械除外)　　表5-2

项次	机械或设备名称	型号、规格	单位	预算价格	文字代码
1	钻孔灌注桩钻机安装及拆除		台	3681.00	ZSM21-1-1
2	深层搅拌桩钻机安装及拆除		台	2617.00	ZSM21-1-2
3	树根桩钻机安装及拆除		台	1847.00	ZSM21-1-3
4	粉喷桩钻机安装及拆除		台	2021.00	ZSM21-1-4
5	履带式起重机装卸费	25t以内	台	646.00	ZSM21-1-5
6	履带式起重机装卸费	30～50t	台	896.00	ZSM21-1-6
7	履带式起重机装卸费	60～90t	台	1116.00	ZSM21-1-7
8	履带式起重机装卸费	100～150t	台	2688.00	ZSM21-1-8

续表

项次	机械或设备名称	型号、规格	单位	预算价格	文字代码
9	履带式起重机装卸费	300t	台	4079.00	ZSM21-1-9
10	地下连续墙成槽机械安装及拆除		台	1195.00	ZSM21-1-10

注：1. 根据《全国统一市政工程预算定额》(1999)总说明及各册、章说明，依据依据上海市市政工程预算定额修编大纲，结合上海市情况编制补充定额部分，请参阅表2-2“《全国统一市政工程预算定额》(1999)关于各省、自治区、直辖市编制补充定额部分等项目”中“本定额提供的人工单价、材料预算价格、机械台班价格以北京市价格为基础，不足部分参考了部分省市的价格，各省、自治区、直辖市可结合当地的价格情况，调整换价”的释义；

2. 选自《上海市市政工程预算定额》(2000)，ZSM21-为《市政工程预算定额》总说明第二十一条的文字代码。

大型机械设备进出场选用见表5-3。

大型机械设备进出场选用表　　表5-3

分部分项工程、名称			1 推土机	2单斗挖掘机	3拖式铲运机	4压路机(综合)	5沥青混凝土摊铺机	6铣刨机	7柴油打桩机	8钻孔灌注桩钻机	9深层搅拌桩钻机	10树根桩钻机	11粉喷桩钻机	12履带式起重机	13地下连续墙成槽机械
分类(册)	分部(章)	分项(节)	3项	2项	1项	1项	1项	2项	4项	1项	1项	1项	1项	5项	1项
第一册通用项目	1. 一般项目	平整场地				√									
	2. 筑拆围堰	筑拆圆木桩围堰、筑拆型钢桩围堰、筑拆钢板桩围堰、筑拆拉森钢板桩围堰							√						
	3. 翻挖拆除项目	翻挖混凝土道路面层		√											
		拆除混凝土、钢筋混凝土结构												√	
	4. 临时便桥便道及堆场	搭拆便桥；搭拆装配式钢桥												√	
		铺筑施工便道及堆场				√									
	5. 井点降水	喷射井点；大口径井点；真空深井井点												√	
	6. 地基加固	树根桩										√		√	
		深层搅拌桩									√				
		粉喷桩											√		
第二册道路工程	1. 路基工程	机械挖土方		√											
		机械推土方	√												
		填土方				√									
		耕地填前处理；6. 填筑粉煤灰路堤；7. 二灰填筑				√									
		零填掺灰土路基；原槽土掺灰	√			√									
		间隔填土				√									
		袋装砂井							√						
		铺设排水板												√	
		整修路基(车行道)				√									

续表

分部分项工程、名称			1 推土机	2单斗 挖掘机	3拖式 铲运机	4压 路机 (综合)	5沥青 混凝土 摊铺机	6铣 刨机	7柴油 打桩机	8钻孔 灌注 桩钻机	9深层 搅拌 桩钻机	10树根 桩钻机	11粉 喷桩 钻机	12履 带式 起重机	13地下 连续墙 成槽 机械
分类(册)	分部(章)	分项(节)	3项	2项	1项	1项	1项	2项	4项	1项	1项	1项	1项	5项	1项
第二册道路工程	2. 道路基层	砾石砂垫层；碎石垫层；石灰土基层；二灰稳定碎石基层；水泥稳定碎石基层；二灰土基层				√									
		粉煤灰三渣基层(细粒径)				√	√								
	3. 道路面层	铣刨沥青混凝土路面						√							
		沥青碎石面层				√	√								
		沥青混凝土封层				√									
		沥青混凝土面层				√	√								
第四册桥涵及护岸工程	1. 临时工程	陆上桩基础工作平台				√									
		水上桩基础工作平台							√					√	
		搭拆木垛												√	
		组装拆卸柴油打桩机							√						
		挂篮及扇形支架												√	
	2. 土方工程	机械挖土		√											
	3. 打桩工程	打钢筋混凝土方桩；打钢筋混凝土板桩；打钢筋混凝土管桩；陆上打PHC管桩；陆上打钢管桩；接桩；送桩、凿桩							√					√	
		钢管桩内切割；钢管桩精割盖帽												√	
		钢管桩管内钻孔取土、管内填料							√						
	4. 钻孔灌注桩工程	埋设拆除钢护筒(陆上)												√	
		回旋钻机钻孔；灌注桩混凝土								√					
	5. 砌筑工程	干砌块石；浆砌块石；砖砌挡墙												√	
	6. 现浇混凝土工程	基础；承台；支撑梁与横梁；墩台身；墩台帽；墩台盖梁；箱梁；板；板梁；其他构件；混凝土接头及灌缝；挡墙；压顶；非泵送商品混凝土												√	

续表

分部分项工程、名称			1 推土机	2 单斗挖掘机	3 拖式铲运机	4 压路机（综合）	5 沥青混凝土摊铺机	6 铣刨机	7 柴油打桩机	8 钻孔灌注桩钻机	9 深层搅拌桩钻机	10 树根桩钻机	11 粉喷桩钻机	12 履带式起重机	13 地下连续墙成槽机械
分类（册）	部分（章）	分项（节）	3 项	2 项	1 项	1 项	1 项	2 项	4 项	1 项	1 项	1 项	1 项	5 项	1 项
第四册桥涵及护岸工程	7. 预制混凝土构件	预制桩；预制立柱；预制板；预制梁												√	
	8. 安装工程	安装柱式墩台管节；安装梁；安装其他构件												√	
	9. 立交箱涵工程	箱涵制作；气垫安拆及使用；箱涵顶进；顶柱、护套及支架制作												√	
		6. 箱涵内挖土		√											
第五册排水管道工程	1. 开槽埋管	机械挖沟槽土方		√											
		打沟槽钢板桩							√						
		拔沟槽钢板桩；安拆钢板桩支撑												√	
	2. 顶管	安拆钢板桩工作坑支撑；基坑基础												√	
	3. 窨井	现浇钢筋混凝土窨井												√	
第六册排水构筑物及机械设备安装工程	1. 土方工程	基坑挖土；沉井挖土		√											
	2. 泵站下部结构	刃脚垫层；刃脚；隔墙；预埋防水钢套管与接口；井壁；沉井垫层；沉井底板；平台；地下内部结构；矩形渐扩管；流槽												√	
	3. 污水处理构筑物	池底垫层；池底；池壁；柱；梁；中心管；水槽；挑檐式走道板及牛腿；池盖；预制、安装混凝土盖板；压重混凝土												√	
	4. 其他工程	金属构件制作安装；砖砌体；水泥砂浆粉刷；工程防水												√	
第七册隧道工程	1. 隧道沉井	沉井基坑垫层；沉井制作；砖封预留孔洞；吊车挖土下沉；水力机械冲吸泥下沉；不排水潜水员吸泥下沉；钻吸法出土下沉；沉井填心；混凝土封底；钢封门安装、拆除												√	

续表

分部分项工程、名称			1 推土机	2 单斗挖掘机	3 拖式铲运机	4 压路机（综合）	5 沥青混凝土摊铺机	6 铣刨机	7 柴油打桩机	8 钻孔灌注桩钻机	9 深层搅拌桩钻机	10 树根桩钻机	11 粉喷桩钻机	12 履带式起重机	13 地下连续墙成槽机械
分类（册）	分部（章）	分项（节）	3 项	2 项	1 项	1 项	1 项	2 项	4 项	1 项	1 项	1 项	1 项	5 项	1 项
第七册隧道工程	2. 盾构法掘进	盾构吊装；盾构吊拆；车架安装、拆除；干式出土盾构掘进；水力出土盾构掘进；刀盘式土压平衡盾构掘进；刀盘式泥水平衡盾构掘进；负环管片拆除												√	
	3. 垂直顶升	1. 顶升管节、复合管片制作												√	
	4. 地下连续墙	2. 挖土成槽													√
		3. 钢筋笼吊运就位；4. 浇筑混凝土连续墙；5. 安拔接头管；6. 安拔接头箱；8. 大型支撑安装、拆除												√	√
		7. 支撑基抗挖土	√	√										√	
	5. 地下混凝土结构	1. 地下结构垫层；2. 钢筋混凝土地梁；3. 钢筋混凝土底板；4. 钢筋混凝土墙；5. 钢筋混凝土衬墙；6. 钢筋混凝土柱；7. 钢筋混凝土梁；8. 钢筋混凝土平台、顶板；9. 钢筋混凝土楼梯、侧石、电缆沟；12. 隧道内道路												√	
	6. 地基监测	1. 地表监测孔布置（墙体位移）；2. 地下监测孔布置（钢支撑轴力、混凝土水化热、土压力、孔隙水压力）												√	
	7. 金属构件制作	4. 走道板、钢跑板；5. 盾构钢托架、钢围檩、钢闸墙；8. 钢支撑、钢封门												√	

注：1. 定额中未包括大型机械的场外运输、安拆（打桩机械除外）、路基及轨道铺拆等，如计算则可参照市政定额站发布的有关市场价格信息；

2. 本列表所示均为该章节的分部分项工程，具体取用何种大型机械设备型号、规格详见各分项子目“机械”行；请参阅表“场外运输、安拆的大型机械设备表”，总说明文字代码按十三种类型、二十四项大型机械设备型号、规格分类；

3. 打桩机械的安装、拆除按有关项目计算，可并入打桩清单项目内计算综合单价，请参阅表“组装、拆除柴油打桩机选用表”，不能列入措施项目。而打桩机械进出场费，可按机械台班费用定额计算，列入措施项目费计算；路基及轨道铺拆，请参阅表 5-5“路基及轨道铺拆使用费”。

大型机械设备场外运输、安拆的大型机械设备见表 5-4。

大型机械设备场外运输、安拆的大型机械设备表　　表 5-4

序号	机械或设备名称	型号、规格	单　位	预算价格	文字代码
	一、土方及筑路机械				
1	推土机	60kW 以内	台·次	1829.00	ZSM21-2-1
2	推土机	120kW 以内	台·次	2801.00	ZSM21-2-2
3	推土机	120kW 以外	台·次	3721.00	ZSM21-2-3
4	单斗挖掘机	$1m^3$ 以内	台·次	2734.00	ZSM21-2-4
5	单斗挖掘机	$1m^3$ 以外	台·次	5386.00	ZSM21-2-5
6	拖式铲运机	（连拖斗）	台·次	3019.00	ZSM21-2-6
7	二轮振动压路机	（综合）	台·次	1829.00	ZSM21-2-7
8	沥青混凝土摊铺机		台·次	3814.00	ZSM21-2-8
9	铣刨机	SF500 型	台·次	1793.00	ZSM21-2-9
10	铣刨机	SF1300，SF1900	台·次	6322.00	ZSM21-2-10
	二、打桩机械				
11	柴油打桩机	1.2t 以内	台·次	2594.00	ZSM21-2-11
12	柴油打桩机	3.5t 以内	台·次	3229.00	ZSM21-2-12
13	柴油打桩机	5.0t 以内	台·次	4808.00	ZSM21-2-13
14	柴油打桩机	5.0t 以外	台·次	9810.00	ZSM21-2-14
15	钻孔灌注桩钻机		台·次	9290.00	ZSM21-2-15
16	深层搅拌桩钻机		台·次	5386.00	ZSM21-2-16
17	树根桩钻机		台·次	3029.00	ZSM21-2-17
18	粉喷桩钻机			3613.00	ZSM21-2-18
	三、起重机械				
19	履带式起重机	25t 以内	台·次	5164.00	ZSM21-2-19
20	履带式起重机	30～50t 以内	台·次	8390.00	ZSM21-2-20
21	履带式起重机	60～90t 以内	台·次	13518.00	ZSM21-2-21
22	履带式起重机	100～150t 以内	台·次	53606.00	ZSM21-2-22
23	履带式起重机	300t 以内	台·次	82909.00	ZSM21-2-23
24	地下连续墙成槽机械		台·次	11614.00	ZSM21-2-24

注：选自《上海市市政工程预算定额》（2000），组装拆卸柴油打桩机定额中未考虑路基箱板。

路基及轨道铺拆使用费见表 5-5。

路基及轨道铺拆使用费　　表 5-5

序号	机械或设备名称	型号、规格	单　位	预算价格	文字代码
1	汽车坡式箱使用费	1.20×3.00	块·天		ZSM29-1-1
2	汽车管道箱使用费	1.50×6.00	块·天		ZSM29-1-2
3	汽车标准箱使用费	1.20×6.00	块·天		ZSM29-1-3
4	履带式路基箱使用费	1.50×6.00	块·天		ZSM29-1-4
5	履带式路基箱使用费	1.80×6.00	块·天		ZSM29-1-5
6	履带式路基箱使用费	2.40×6.00	块·天		ZSM29-1-6
7	塔吊路基箱使用费	1.00×6.00	块·天		ZSM29-1-7

注：选自《上海市市政工程预算定额》（2000），ZSM21-为《市政工程预算定额》总说明二十一的文字代码。

【例题 5-1】（规范型解题教案一）道路实体工程大型机械设备进出场及安拆的工程概况是仍以【例题 4-4】挖路基土方、【例题 4-12】路基填方、【例题 4-15】道路基层砾石砂隔离层、【例题 4-16】道路基层厂拌粉煤灰三渣基层、【例题 4-17】道路摊铺沥青混凝土为续，以表 4-97“道路实体工程各类‘算量’

要素统计汇总表”提供的资料为条件；求：道路工程大型机械的场外运输工程量多少且应该套取哪项定额子目？

【解题分析 5-1】

依题已知：

查表 5-3“大型机械设备进出场选用表”，得知 1m³ 以内单斗挖掘机 1 台·次、压路机(综合)2 台·次、沥青混凝土摊铺机 1 台·次。

查表 5-4“大型机械设备场外运输、安拆的大型机械设备表”，得其台·次单价，如工程量计算结果表。

得：

(1) 工程量计算结果：

项次	文字代码	大型机械或设备名称	数量	单位	金额(元/台班)
	0501	道路工程大型机械设备进出场及安拆	1	项	
1	ZSM21-2-4	1m³ 以内单斗挖掘机场外运输费	1	台·次	2734.00
2	ZSM21-2-7	压路机(综合)场外运输费	2	台·次	1829.00
3	ZSM21-2-8	沥青混凝土摊铺机场外运输费	1	台·次	3814.00

(2) 查表 5-1“大型机械的场外运输工程量清单项目设置、项目子目对应比照表”，得套用场外运输费文字代码 ZSM21-2-：1～24. 推土机、单斗挖掘机、拖式铲运机(连拖斗)、压路机(综合)、沥青混凝土摊铺机、沥青混凝土摊铺机、柴油打桩机、钻孔灌注桩钻机、深层搅拌桩钻机、深层搅拌桩钻机、树根桩钻机、粉喷桩钻机、履带式起重机、地下连续墙成槽机械定额子目。

注：

(1) 上述三项工程内容包括了道路工程大型机械的场外运输组织性的全部措施项目；

(2) 另外根据表 4-1“工程量清单、市政定额、施工工程量‘算量’”，得知它们的区别“在于计量的依据、计算规则、目的和计量单位的不同”，注意工程量清单综合单价的计价。

【例题 5-2】 某(工程实例)桥梁实体工程大型机械设备进出场及安拆的工程概况仍以【解题分析 4-16】为续，以其提供的资料为条件；求：桥梁大型机械的场外运输工程量多少且套取哪项定额子目？

【解题分析 5-2】

依题已知：

查表 5-2“大型机械设备安装及拆除费(打桩机械除外)”，得知 25t 以内履带式起重机装卸费 2 台。

查表 5-3“大型机械设备进出场选用表”，得知 1.2t 以内柴油打桩机场外运输费 1 台·次、1m³ 以内单斗挖掘机场外运输费 1 台·次、25t 以内履带式起重机场外运输费 1 台·次。

查表 5-2“大型机械设备安装及拆除费(打桩机械除外)”及表 5-4“大型机械设备场外运输、安拆的大型机械设备表”，得其台·次单价，如工程量计算结果表。

得：

(1) 工程量计算结果：

项次	文字代码	大型机械或设备名称	数量	单位	金额(元/台班)
	0501	桥梁大型机械设备进出场及安拆	1	项	
1	ZSM21-2-11	1.2t 以内柴油打桩机场外运输费	1	台·次	2594.00
2	ZSM21-2-4	1m³ 以内单斗挖掘机场外运输费	1	台·次	2734.00
3	ZSM21-1-5	25t 以内履带式起重机装卸费	2	台	574.00
43	ZSM21-2-19	25t 以内履带式起重机场外运输费	2	台·次	5164.00

(2) 查表 5-1“大型机械的场外运输工程量清单项目设置、项目子目对应比照表”，得套用场外运输费文字代码 ZSM21-2-：1～24. 推土机、单斗挖掘机、拖式铲运机(连拖斗)、压路机(综合)、沥青混凝土摊铺机、沥青混凝土摊铺机、柴油打桩机、钻孔灌注桩钻机、深层搅拌桩钻机、深层搅拌桩钻机、树根桩钻机、粉喷桩钻机、履带式起重机、地下连续墙成槽机械定额子目。

注：

(1) 上述四项工程内容包括了桥梁工程大型机械的场外运输组织性的全部措施项目；

(2) 另外根据表 4-1“工程量清单、市政定额、施工工程量‘算量’”，得知它们的区别“在于计量的依据、计算规则、目的和计量单位的不同”，注意工程量清单综合单价的计价。

【例题 5-3】 (规范型解题教案三)排水管道实体工程大型机械设备进出场及安拆的工程概况是仍以【例题 4-7】挖沟槽土方为续，以表 4-32“开槽埋管实体工程各类‘算量’要素统计汇总表”提供的资料为条件；求：开槽埋管大型机械的场外运输工程量多少且套取哪项定额子目？

【解题分析 5-3】 依题已知：

查表 5-3“大型机械设备进出场选用表”，得知 1.2t 以内柴油打桩机场外运输费 1 台·次、1m³ 以内单斗挖掘机场外运输费 1 台·次、25t 以内履带式起重机场外运输费 1 台·次。

查表 5-4“大型机械设备场外运输、安拆的大型机械设备表”，得其台·次单价，如工程量计算结果表。

得：

(1) 工程量计算结果：

项次	文字代码	大型机械或设备名称	数量	单位	金额(元/台班)
	0501	开槽埋管大型机械设备进出场及安拆	1	项	
1	ZSM21-2-11	1.2t 以内柴油打桩机场外运输费	1	台·次	2594.00
2	ZSM21-2-4	1m³ 以内单斗挖掘机场外运输费	1	台·次	2734.00
3	ZSM21-2-19	25t 以内履带式起重机场外运输费	1	台·次	5164.00

(2) 查表 5-1“大型机械的场外运输工程量清单项目设置、项目子目对应比照表”，得套用场外运输费文字代码 ZSM21-2-：1～24. 推土机、单斗挖掘机、拖式铲运机(连拖斗)、压路机(综合)、沥青混凝土摊铺机、沥青混凝土摊铺机、柴油打桩机、钻孔灌注桩钻机、深层搅拌桩钻机、深层搅拌桩钻机、树根桩钻机、粉喷桩钻机、履带式起重机、地下连续墙成槽机械定额子目。

注：

(1) 上述三项工程内容包括了开槽埋管工程大型机械的场外运输组织性的全部措施项目；

(2) 另外根据表 4-1“工程量清单、市政定额、施工工程量‘算量’”，得知它们的区别“在于计量的依据、计算规则、目的和计量单位的不同”，注意工程量清单综合单价的计价。

【例题 5-4】 (思考型解题实例七)顶管实体工程概况仍以【例题 4-64】市政管网顶管工程钢筋混凝土沉井工作坑实体工程提供的资料为条件；求：钢筋混凝土沉井工作坑实体工程大型机械设备进出场及安拆工程量多少且套取哪项定额子目？

【解题分析 5-4】 依题已知：

查表 5-3“大型机械设备进出场选用表”，得知 1m³ 以内单斗挖掘机场外运输费 1 台·次、25t 以内履带式起重机装卸费 1 台、25t 以内履带式起重机场外运输费 1 台·次。

查表 5-2“大型机械设备安装及拆除费(打桩机械除外)”及表 5-4“大型机械设备场外运输、安拆的大型机械设备表”，得其台·次单价，如工程量计算结果表。

得：

(1) 工程量计算结果：

项次	文字代码	大型机械或设备名称	数量	单位	金额(元/台班)
	0501	钢筋混凝土沉井工作坑大型机械设备进出场及安拆	1	项	
1	ZSM21-2-4	$1m^3$ 以内单斗挖掘机场外运输费	1	台·次	2734.00
2	ZSM21-1-5	25t 以内履带式起重机装卸费	1	台	646.00
3	ZSM21-2-19	25t 以内履带式起重机场外运输费	1	台·次	5164.00

(2) 查表 5-1“大型机械的场外运输工程量清单项目设置、项目子目对应比照表”，得套用场外运输费文字代码 ZSM21-2-：1～24. 推土机、单斗挖掘机、拖式铲运机(连拖斗)、压路机(综合)、沥青混凝土摊铺机、沥青混凝土摊铺机、柴油打桩机、钻孔灌注桩钻机、深层搅拌桩钻机、深层搅拌桩钻机、树根桩钻机、粉喷桩钻机、履带式起重机、地下连续墙成槽机械定额子目。

注：

(1) 上述三项工程内容包括了钢筋混凝土沉井工作坑实体工程大型机械的场外运输组织性的全部措施项目；

(2) 另外根据表 1-20“工程量清单、市政定额、施工工程量‘算量’”，得知其间区别“在于计量的依据、计算规则、目的和计量单位的不同”，注意工程量清单综合单价的计价。

【例题 5-5】 (思考型解题实例七)顶管实体工程概况仍以【例题 4-64】型钢水泥土复合桩(SMW)工法、工作井(工作坑、接收坑)实体工程提供的资料为条件；求：型钢水泥土复合桩(SMW)工法、工作井(工作坑、接收坑)实体工程大型机械的场外运输工程量多少且套取哪项定额子目？

【解题分析 5-5】 依题已知：

查表 5-3“大型机械设备进出场选用表”，得知深层搅拌桩钻机安装及拆除 1 台、深层搅拌桩钻机 1 台·次、30～50t 履带式起重机装卸费 1 台、30～50t 以内履带式起重机 1 台·次。

查表 5-2“大型机械设备安装及拆除费(打桩机械除外)”及表 5-4“大型机械设备场外运输、安拆的大型机械设备表”，得其台·次单价，如工程量计算结果表。

得：

(1) 工程量计算结果：

项次	文字代码	大型机械或设备名称	数量	单位	金额(元/台班)
	0501	钢筋混凝土沉井工作坑大型机械设备进出场及安拆	1	项	
1	ZSM21-1-2	深层搅拌桩钻机安装及拆除	1	台	2617.00
2	ZSM21-2-16	深层搅拌桩钻机	1	台·次	5386.00
3	ZSM21-1-6	30～50t 履带式起重机装卸费	1	台	896.00
4	ZSM21-2-20	30～50t 以内履带式起重机	1	台·次	8390.00

(2) 查表 5-1“大型机械的场外运输工程量清单项目设置、项目子目对应比照表”，得套用场外运输费文字代码 ZSM21-2-：1～24. 推土机、单斗挖掘机、拖式铲运机(连拖斗)、压路机(综合)、沥青混凝土摊铺机、沥青混凝土摊铺机、柴油打桩机、钻孔灌注桩钻机、深层搅拌桩钻机、深层搅拌桩钻机、树根桩钻机、粉喷桩钻机、履带式起重机、地下连续墙成槽机械定额子目。

注：

(1) 上述四项工程内容包括了型钢水泥土复合桩(SMW)工法、工作井(工作坑、接收坑)实体工程大型机械的场外运输组织性的全部措施项目；

(2) 另外根据表 4-1“工程量清单、市政定额、施工工程量‘算量’”，得知其间区别“在于计量的依据、计算规则、目的和计量单位的不同”，注意工程量清单综合单价的计价。

【例题 5-6】（思考型解题实例七）顶管实体工程概况仍以【例题 4-64】ϕ1000TLM 管道顶进实体工程提供的资料为条件；求：ϕ1000TLM 管道顶进实体工程大型机械的场外运输工程量多少且套取哪项定额子目？

【解题分析 5-6】 依题已知：

查表 5-3“大型机械设备进出场选用表”，得知 1m^3 以内单斗挖掘机场外运输费 1 台·次、履带式起重机(25t 以内)装卸费 1 台、履带式起重机(25t 以内)场外运输费 1 台·次、深层搅拌桩钻机安装及拆除费 1 台、深层搅拌桩钻机场外运输费 1 台·次、30～50t 履带式起重机安装及拆除费 1 台、30～50t 履带式起重机场外运输费 1 台·次。

查表 5-2“大型机械设备安装及拆除费(打桩机械除外)”及表 5-4“大型机械设备场外运输、安拆的大型机械设备表”，得其台·次单价，如工程量计算结果表。

得：

(1) 工程量计算结果：

项次	文字代码	大型机械或设备名称	数量	单位	金额(元/台班)
	0501	钢筋混凝土沉井工作坑大型机械设备进出场及安拆	1	项	
1	ZSM21-2-4	1m^3 以内单斗挖掘机场外运输费	1	台·次	2734.00
2	ZSM21-1-5	履带式起重机(25t 以内)装卸费	1	台	646.00
3	ZSM21-2-19	履带式起重机(25t 以内)场外运输费	1	台·次	5164.00
4	ZSM21-1-2	深层搅拌桩钻机安装及拆除费	1	台	2617.00
5	ZSM21-2-16	深层搅拌桩钻机场外运输费	1	台·次	5386.00
6	ZSM21-1-6	30～50t 履带式起重机安装及拆除费	1	台	896.00
7	ZSM21-2-20	30～50t 履带式起重机场外运输费	1	台·次	8390.00

(2) 查表 5-1“大型机械的场外运输工程量清单项目设置、项目子目对应比照表”，得套用场外运输费文字代码 ZSM21-2-：1～24．推土机、单斗挖掘机、拖式铲运机(连拖斗)、压路机(综合)、沥青混凝土摊铺机、沥青混凝土摊铺机、柴油打桩机、钻孔灌注桩钻机、深层搅拌桩钻机、深层搅拌桩钻机、树根桩钻机、粉喷桩钻机、履带式起重机、地下连续墙成槽机械定额子目。

注：

(1) 上述七项工程内容包括了 ϕ1000TLM 管道顶进实体工程大型机械的场外运输组织性的全部措施项目；

(2) 另外根据表 4-1“工程量清单、市政定额、施工工程量‘算量’”，得知其间区别“在于计量的依据、计算规则、目的和计量单位的不同”，注意工程量清单综合单价的计价。

5.2　混凝土、钢筋混凝土模板及支架(项目编码：0502)

由于水泥、砂石、水及外加剂经过搅拌机拌出的混凝土具有一定流动性，需要浇筑在与构件形状尺寸相同的模型内，经过凝结硬化，才能成为所需要的结构构件：而模板则是使钢筋混凝土结构或构件成型的模型。

模板制作、安装拆除的类型：木模、钢模、砖膜和胎膜。

模板工程量除另有规定者外，均按混凝土与模板的接触面积以平方米计算。应用“量、价分离”的《市政工程预算定额》时，计算模板工程量会增加概从事市政工程造价专业技术人员的工作量，但按与混凝土接触面积计算的模板工程量体现实事求是原则，更贴近施工实际。

模 板 系 统　　表 5-6

项次	制作形式	释　义
1	底篮	底篮由前后下横梁和若干纵梁组成，在纵梁上直接铺底模板
2	底模	1. 下横梁和纵梁之间用活动铰链相连，以保证其灵活性。前、后下横梁各有两个(或四个)挂耳，与斜拉带和下后吊带连接，将施工荷载传给已浇段。前下横梁另设两个挂耳，用钢丝绳与主梁前端连接； 2. 后下横梁两端各设一个挂耳，用钢丝绳与后上横梁相连，以保证移动挂篮及侧模与主梁同步移动
3	侧模	外侧模系用型钢杆件组成框架，内置模板
4	内模	内模采用组拼式模板。当内滑梁和托架移位后，根据箱梁变截面高度再组拼新内模

注：模板是浇筑混凝土施工中的一种临时结构物，对构件的制作十分重要，不仅控制尺寸的精度，还直接影响施工进度和混凝土的浇筑质量。

混凝土、钢筋混凝土模板工程　　表 5-7

项次	分类	释　义
1	材料分类	按其用料不同分：有木模板制作，钢模板制作，竹模板制作，土模板制作，砖模板制作，钢、木或混凝土混合模板制作，土、砖、木模板，空心胶囊内模板制作等。 1. 木模板：指由木材制作的板块，常用的木材为松木(红松、白松、落叶松等)和杉木，直接与混凝土接触的模板宽度不宜大于200mm，重复利用率低、损耗大； 2. 钢模板：均为具有一定形状和尺寸的定型模板，由钢板和型钢焊成，钢模板强度和刚度较大，装拆、运输方便，周转率高，一般可达200次以上；钢模板板面平整，不吸水、不漏浆，混凝土表面光洁，易保证工程质量，但钢模板一次投资大，适用于作重复使用次数多的定型模板； 3. 钢木模板：主要用作定型模板，以角钢为边框，以木板为面板而制成的模板，优点是可以充分利用短木料，并可多次周转使用，节约木材； 4. 钢丝网水泥模板：钢丝网水泥一般用来做定型模板的板面，以角钢为边框，板面部分用密编的钢丝网，与边框焊接而成，并用水泥砂浆抹压，厚约8mm，将表面压光； 5. 胶合板模板，由奇数层薄木片制成，相邻片间成直角，用防水胶相互粘牢，形成多层胶合板，胶合板模板具有强度高、自重小、导热性能低、不翘曲、不开裂以及板幅大、接缝少等优点； 6. 塑料模板：是由塑料制成的定型模板，也可按特殊设计制成专用模板浇筑出具有一定图案的混凝土。这种模板自重小、价格低、装拆方便、重复使用次数多，但强度低、不耐冲击，易老化使模板变脆
2	结构类型	1. 基础模板：指根据基础形状而设置的模板，特点是体积大而高度较小； 2. 柱模板：柱的特点是高度大而截面积小，不同形状设置不同的模板，矩形柱模板是由两块相对的内拼板、两块相对的外拼板和柱箍组成的； 3. 梁模板：由底模板和两侧模板组成；梁底模板下面设支撑系统，梁的侧模板承受混凝土侧向压力，梁模板特点是跨度大、宽度小，下面一般是架空的

模板常用隔离剂见表5-8。

模板常用隔离剂　　表 5-8

材料及重量配合比	配制和使用方法	优缺点	适用范围
肥皂液	用肥皂切片泡水，涂刷于模板表面1～2遍	使用方便，便于涂刷，易脱模，价格低廉，冬雨期不能使用	木模、混凝土模、土模
皂角：水＝1：5～7	用温水将皂角稀释，搅匀使用。涂刷2遍，每遍隔0.5～1h	使用方便，便于徐刷，易脱模，价格低廉，冬雨季不能使用	木模、混凝土模、水泥面台座、土模
废机油	稠的刷1遍，较稀的刷2遍，固定胎模表面加撒滑石粉1遍	隔离较稳定，可利用废料；但钢筋和构件表面易沾油污染	各种模板及固定胎模
废机油：水泥(滑石粉)：水＝1：1.4(1.2)：0.4	将3种材料拌和至乳状，刷1～2遍	易脱模，便于涂刷，表面光滑；但钢筋和构件表面易沾油	各种固定胎模
废机油：柴油(煤油)＝1：1～4	将较稠废机油掺柴油(或煤油)稀释搅匀，涂刷1～2遍	隔离较稳定，可利用废料；但钢筋和构件表面易沾油污染	大模板
重柴油(废机油)：肥皂＝1：1～2	将重柴油(或废机油)和肥皂水混合使用	涂刷方便，构件清洁，颜色灰白	各种固定胎模

续表

材料及重量配合比	配制和使用方法	优缺点	适用范围
石灰水	将石灰膏加水拌成糊状，均匀涂1～2遍	取材容易，成本低，涂刷方便；但较易脱落	混凝土模、水泥面台座、土模
石灰膏或麻刀灰	配成适当稠度，抹1～2mm厚于土模或构件表面	成本低，便于操作，易脱模；但耐水性差	土模或重叠生产构件
107建筑水胶：滑石粉：水＝1：1：1	浆水胶与水调匀，再与滑石粉调均匀，涂刷1～2遍	便于操作，易脱模	钢模板

混凝土、钢筋混凝土构件模板、钢筋含量见表5-9。

混凝土、钢筋混凝土构件模板、钢筋含量表　　表5-9

1. 现浇混凝土模板、钢筋含量(每10m³混凝土)

构筑物名称		模板面积(m²)	钢筋含量(kg)	
			φ10以内	φ10以外
基础		7.52		
承台	有底模	9.03	8	77
	无底模	4.73	87	774
支撑梁		100	87	774
横梁		68.33	95	885
轻盈桥台		42	87	774
实体式桥台		7.5	0	65
拱桥	墩身	9.98	0	61
	台身	7.55	0	50
柱式墩台		39.97	0	45
墩毛		7.1	800	700
台帽		37.99	151	254
墩盖梁		24.6	235	254
台盖梁		32.96	144	865
拱座		17.76	30	781
拱肋		53.11	340	530
拱上构件		123.66	170	1300
箱形梁	0号块件	48.79	202	10
	悬浇箱梁	51.08	314	508
	支架上浇箱梁	53.87	314	1516
板	矩形连接板	32.09	600	1516
	矩形空心板	108.11	500	
板梁	实心板梁	15.18	100	
	空心板梁	55.07	236	300
板拱		38.41	450	1077
挡墙		16.08	0	350
接头	梁与梁	67.4		620
	柱与柱	100		
	肋与肋	163.88		
	拱上构件	133.33		
防撞护栏		49	550	750
地梁、侧石、缘石		72	120	810

续表

2. 预制混凝土模板、钢筋含量(每 $10m^3$ 混凝土)

构筑物名称		模板面积(m^2)	钢筋含量(kg)	
方桩		62.87	290	1210
板桩		50.58	375	2051
	矩形	35.19	290	1210
	异形	44.99	290	1210
	矩形	24.03	290	1210
	空心	110.23	600	0
	微弯	92.63	600	0
T形梁		120.11	646	365
实心板梁		21.87	100	800
	10m以内	37.97	285	1077
	25m以内	54.17	202	775
I形梁		115.97	290	1339
横形梁		79.23	314	1556
箱形块件		63.15	202	508
箱形梁		66.41	314	1556
拱肋		180.34	340	1300
拱上构件		278.28	400	0
桁架及拱片		169.82	400	0
桁架拱联系梁		162.5	328	2180
缘石、人行道板		27.4	250	0
栏杆、端住		358.3	231	1190

注：上表中“现浇混凝土模板、钢筋含量”含量仅供参考，编制时仍按设计图纸计算模板接触混凝土面积。

模板支撑见表5-10。

模板支撑　　**表5-10**

项次	类型	释　义
1	组合模板	1. 组合钢模板：是由钢模板连接件(U型卡、穿墙螺栓等)及支承件组成的，组合钢模可以拼成不同结构、不同尺寸、不同形状的钢模，以适应基础、柱、梁、板、墙施工的需要。组合钢模板尺寸适中，装拆方便，既适合于人工装拆，也适合于用起重机吊运安
		2. 复合木模板：是指将胶合板木制、竹制或塑料纤维等制成的板面，用钢、木等制成的框架及配件而组合的定型模板
2	支撑	3. 钢支撑：支撑模板用的钢支撑主要用的是钢管扣件体系
		4. 木板支撑：支撑模板用木支撑，全国统一基础定额主要用的是松木方板材
		5. 组合钢模钢支撑：模板为组合式钢模，配模的模数差部分使用木模，组合钢模由钢模板、连接件及支承件组成。这里的支承件是与组合式钢模板配套的钢管，竖斜水平支撑、拉杆，都使用钢脚手架钢管
		6. 组合式钢模木支撑：木支撑系统由内楞、外楞、木支撑、木楔、垫块组成，内楞与钢模板以8号钢丝相连，内楞、外楞、支撑之间用铁钉连接

注：模板根据不同材质可以分为组合式钢模钢支撑、组合式钢模木支撑、复合木模板钢支撑、复合木模板木支撑、木模板木支撑、大钢模板钢支撑、大钢模板木支撑。

混凝土、钢筋混凝土模板工程量清单项目设置、项目子目对应比照表 　　表 5-11

项目编码	项目名称	项目特征	计量单位	工程内容	分部工程项目、名称（所在《市政工程预算定额》册、章、节）
					道路工程道路面层 S2-3-： 7. 混凝土面层①模板
					道路交通管理设施工程基础项目 S3-1-： 3. 混凝土基础①基础模板
0502	混凝土、钢筋混凝土模板及支架	1. 模板名称 2. 模板所在部位 3. 支架名称 4. 所在部委 5. 规格型号	m²	模板制作安装、涂脱脂剂，拆除、修理、整理等。	现浇构件：—— 桥涵及护岸工程现浇混凝土工程 S4-6-： 1. 基础(基础-模板) 2. 承台(承台-有底模模板、无底模模板) 3. 支撑梁与横梁(模板-支撑梁、横梁) 4. 墩台身(模板-实体式墩台身、柱式墩台身) 5. 墩台帽(模板-墩帽、台帽) 6. 墩台盖梁(模板-墩盖梁、台盖梁) 7. 箱梁(模板-现浇 0 号块、悬浇箱梁、现浇箱梁) 8. 板(模板-实体板、空心板) 9. 板梁(模板-实体板、空心板) 10. 其他构件(模板-防撞护栏、立柱端柱灯柱、地梁侧石缘石) 11. 混凝土接头及灌缝(模板-梁与梁接头、柱与柱接头) 12. 挡墙(挡墙模板) 13. 压顶(压顶模板)
					泵站下部构件：—— 排水构筑物及机械设备安装工程泵站下部结构 S6-2-： 2. 刃脚(刃脚模板) 3. 隔墙(隔墙模板) 4. 预埋防水钢套管与接口(刚性接口模板) 5. 井壁(井壁、预留孔模板) 7. 沉井底板(底板模板) 8. 平台(平台模板)
0502	混凝土、钢筋混凝土模板及支架	1. 模板名称 2. 模板所在部位 3. 支架名称 4. 所在部位 5. 规格型号	m²	模板制作安装、涂脱脂剂，拆除、修理、整理等。	地下内部结构：—— 排水构筑物及机械设备安装工程泵站下部结构 S6-2-： 9. 地下内部结构(模板-框架、扶梯、挡水板、矩形梁、平台圈梁) 12. 流槽(流槽模板)
					矩形渐扩管：—— 排水构筑物及机械设备安装工程泵站下部结构 S6-2-： 10. 矩形渐扩管(模板-底板、侧墙、顶板)
					污水处理构造物：—— 排水构筑物及机械设备安装工程污水处理构筑物 S6-3-： 2. 池底(模板-平斜坡底板、锥形、架空池底) 3. 池壁(池壁模板) 4. 柱(模板-矩形、异形、圆形) 5. 梁(模板-配水井矩形圈梁、配水井异形圈梁) 6. 中心管(中心管模板) 7. 水槽(模板-VU 型水槽、悬臂式水槽及耳池、预制水槽) 8. 挑檐式走道板及牛腿(模板-挑檐式走道板、牛腿) 9. 池盖(模板-无梁、球形、圆形池盖) 10. 预制、安装混凝土盖板(预制盖板模板) 11. 压重混凝土(压重混凝土模板)
					隧道沉井结构：—— 隧道工程隧道沉井 S7-1-： 2. 沉井制作(模板-刃脚、框架、井壁隔墙、底板)

续表

项目编码	项目名称	项目特征	计量单位	工程内容	分部工程项目、名称 (所在《市政工程预算定额》册、章、节)
					导墙： 隧道工程地下连续墙 S7-4-： 1. 导墙(导墙模板)
					地下结构： 隧道工程地下混凝土结构 S7-5-： 2. 钢筋混凝土地梁(地梁模板) 3. 钢筋混凝土底板(底板模板) 4. 钢筋混凝土墙(墙模板) 5. 钢筋混凝土衬墙(衬墙模板) 6. 钢筋混凝土柱(柱模板) 7. 钢筋混凝土梁(梁模板) 8. 钢筋混凝土平台、顶板(平台、顶板模板) 9. 钢筋混凝土楼梯、侧石、电缆沟(模板-楼梯、侧石、电缆沟) 10. 钢筋混凝土内衬弓形底板、支承墙(模板-混凝土内衬弓形底板、混凝土内衬支承墙)
0502	混凝土、钢筋混凝土模板及支架	1. 模板名称 2. 模板所在部位 3. 支架名称 4. 所在部位 5. 规格型号	m^2	模板制作安装、涂脱脂剂，拆除、修理、整理等。	

注：1. 选自国家标准《建设工程工程量清单计价规范》GB 50500—2008“附录D市政工程工程量清单项目及计算规则”及《〈建设工程工程量清单计价规范〉上海市市政工程操作指南》；

2. 模板工程量除另有规定者外，均按混凝土与模板接触面面积以平方米计算。

混凝土、钢筋混凝土模板定额编制计算规定见表5-12。

混凝土、钢筋混凝土模板定额编制计算规定　　表5-12

项次	项目名称		分部分项名称	包括	不(未)包括	可(另)计	备注
1	2		3	4	5	6	7
1	D.1 土石方工程						
2	D.2 道路工程	人行道及其他	现浇圆弧侧石定额	√			
			人行道和斜坡		√		
			砖砌挡土墙及踏步混凝土基础		√		
		交通标线	线条的其他材料费	模板摊销			
3	D.3 桥涵护岸工程	现浇混凝土	水泥混凝土桥面铺装	模板摊销			
			弧形梁			√	
			现浇异形板			√	
			防撞护栏				采用定型钢模
		预制混凝土	预制混凝土构件地模铺筑		√		
4	D.4 隧道工程						
5	D.5 市政管网工程	混凝土管道铺设	有筋水泥砂浆接口	√			
		混凝土检查井	预制钢筋混凝土盖板	√			
6	D.6 地铁工程						

续表

项次	项目名称	分部分项名称	包括	不(未)包括	可(另)计	备注
1	2	3	4	5	6	7
7	D.7　钢筋工程					
8	D.8　拆除工程					
9	5. 措施项目(市政工程)					

注：1. 选自《上海市市政工程预算定额》(2000)工程量计算规则暨总、册说明；

2. 根据《全国统一市政工程预算定额》(1999)总说明及各册、章说明、依据上海市市政工程预算定额修编大纲，结合上海市情况编制补充定额部分，请参阅表2-2"《全国统一市政工程预算定额》(1999)关于各省、自治区、直辖市编制补充定额部分等项目"中"定额中模板以木模、工具式钢模为主(除防撞护栏采用定型钢模外)。若采用其他类型模板时，允许各省、自治区、直辖市进行调整"的释义；

3. 防撞护栏模板定额是整个桥涵护岸册现浇混凝土工程定额中惟一采用定型钢模的，其他模板均按工具式钢模、木模取定。如建设单位要求采用定型模板或大模板时，可以调整。

模板计算规定见表5-13。

模板计算规定　　表5-13

项次	类型	计算规定
1	斜交梁模板	按定额人工数量乘以1.2系数，模板数量乘以1.05系数，此处的模板指定额中木模成材和钢模板的摊销量，不包括支撑等
2	板的高度	板的高度以30cm以内为准，超过时套用板梁定额，现浇板如为斜交板时，其模板参照斜交梁规定执行，即人工数量乘以1.2，模板摊销量乘以1.05系数
3	箱梁内模拆除	箱梁内模无法拆除时，按该部分无法拆除的模板数量每平方米增加木模材料0.03m^3
4	孔洞面积、体积	1. 现浇混凝土墙、板上单孔面积在0.3m^2以内的孔洞体积不予扣除，孔洞侧壁模板不计工程量； 2. 单孔面积在0.3m^2以外的应予扣除，孔洞侧壁模板并入墙、板模板工程量。也就是说：在计算混凝土和模板工程量时如果遇到单孔面积0.3m^2以内的孔洞，就当这个孔洞不存在；而当孔洞单孔面积在0.3m^2以外时，应按实计算

注：选自《上海市市政工程预算定额》(2000)工程量计算规则暨总、册说明。

现浇构件模板面积工程量"算量"方法见表5-14。

现浇构件模板面积工程量"算量"　　表5-14

项次	类型	计算方法
1	道路工程	水泥混凝土面层模板面积： 道路水泥混凝土面层模板A＝水泥混凝土面层道路长度×(车行道横断面宽度÷一块板块宽度＋1)×水泥混凝土面层厚度＋道路横断面宽度×2端×水泥混凝土面层厚度 暨A＝水泥混凝土面层道路长度L_1×[车行道宽度B_1÷一块板宽度(3.5m/块)＋1]×水泥混凝土面层厚度＋车行道宽度B_1×2端×水泥混凝土面层厚度
2	开槽埋管	1. 管道混凝土底板基座基础模板面积： A＝2×h_2×管道混凝土底板基座基础长度(净长)L＋两端窨井管道混凝土底板基座宽度×h_2×(段数＋1)
		2. 窨井混凝土基础模板面积： 模板面积＝(A＋B－混凝土基座宽度)×2×h×n座窨井 式中： ① A、B，同本表3.1项次； ② 混凝土基座宽度，根据管径ϕ，查表4-2"下水道基座宽度表(混凝土、钢筋混凝土、UPVC、玻璃夹砂(RPM)等管)"； ③ h，窨井混凝土基础厚度。

注：1. 选自《上海市市政工程预算定额》(2000)工程量计算规则暨总、册说明；

2. 模板工程量除另有规定者外，均按混凝土与模板接触面面积，以平方米计算；

3. 道路工程中水泥混凝土面层模板面积的模板面积计算，具体数值的释义请参阅表4-17"道路工程工程量清单及措施项目清单编制要点"的释义；

4. 开槽埋管中管道混凝土底板基座基础模板面积及窨井混凝土基础模板面积的模板面积计算，具体数值的释义请参阅表4-54"排水管道开槽埋管沟槽回填工程量'算量'"的释义。

5.2.1 道路工程

1. 项目名称：混凝土、钢筋混凝土模板(项目编码:)

2. 计量单位：m^2

3. 工程计算规则：依据《计算规则》模板工程量按与混凝土接触面积以平方米计算

4. 工程数量计算公式：道路水泥混凝土面层模板 A＝水泥混凝土面层道路长度×(车行道横断面宽度÷一块板块宽度＋1)×水泥混凝土面层厚度＋道路横断面宽度×2 端×水泥混凝土面层厚度。

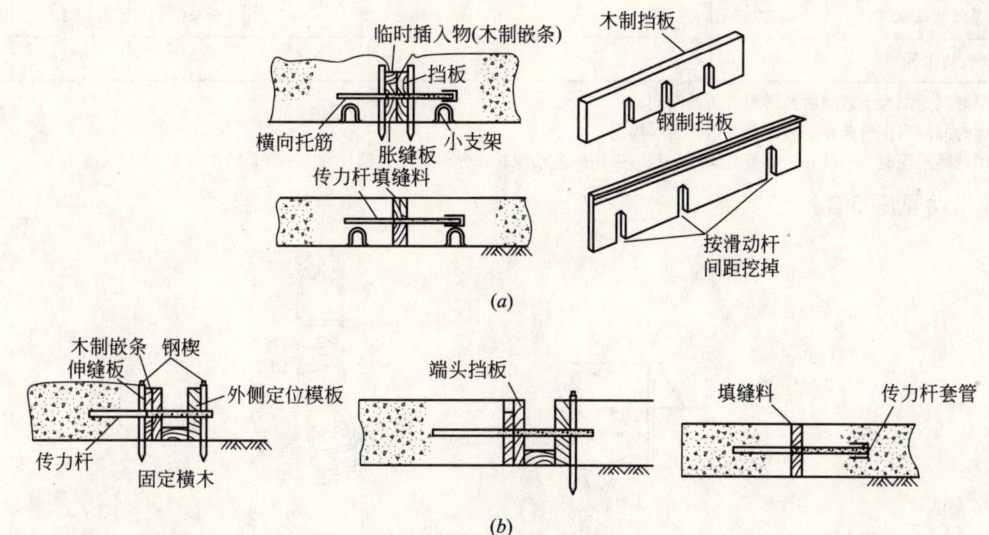

图 5-1 胀缝传力杆的架设

(a)钢筋支架法；(b)顶头木模固定法

【例题 5-7】 (规范型解题教案一)道路实体工程概况仍以表 4-1“道路工程各类系数统计汇总表”及图 4-1“交叉口转角处转角正交、斜交示意图”提供的资料为条件，其中水泥混凝土路面面积(直线段)为 2100.0m^2；两端为沥青混凝土结构；道路路幅宽度(B)：20.0m，其中：一块板长度×宽度(5.0m×3.5m)/块；车行道宽度(B_1)：14.0m(宽度 3.5m/块×4 车道)；水泥混凝土路面结构层 h＝20cm；采用 C35 水泥混凝土(5～40mm)商品混凝土浇筑；求：水泥混凝土与模板接触面需多少平方米模板面积？

【解题分析 5-7】 凡作解题分析，所有工程量的计算都应写出过程，列出算式。(下同)

(1) 水泥混凝土面层道路长度 L_1 ＝水泥混凝土路面面积(直线段)÷车行道宽度(B_1)

＝2100.0m^2÷14.0m＝150.00m

(2) 水泥混凝土板块横向接触面板块数 n ＝车行道宽度 B_1÷一块板宽度(3.5m/块)＋1

＝14.0m÷3.5m/块＋1

＝5 块

(3) 依题已知有：

L_1＝150.00m、B_1＝14.0m、h＝0.2m、板块横向接触面板块数 n＝5 块

(4) 道路水泥混凝土面层模板面积 A＝水泥混凝土面层道路长度 L_1×[车行道宽度 B_1

÷一块板宽度(3.5m/块)＋1]×水泥混凝土面层厚度

＋车行道宽度 B_1×2 端×水泥混凝土面层厚度

A ＝150.0m×(14.0m÷3.5m/块＋1)×0.2m＋14.0m×2 端×0.2m

＝155.6m^2

得：该道路工程的水泥混凝土路面模板面积需要155.6m²；查表5-16“混凝土、钢筋混凝土模板工程量清单项目设置、项目子目对应比照表”，得套用道路工程道路面层S2-3-：7. 混凝土面层①模板子目。

5. 拆模时间

水泥混凝土路面的允许最早拆模时间见表5-15。

水泥混凝土路面的允许最早拆模时间(h)　　表5-15

昼夜平均温度(℃)	−5	0	5	10	15	20	25	≥30
硅酸盐水泥、R型水泥	240	120	60	36	34	28	24	18
道路、普通硅酸盐水泥	360	168	72	48	36	30	24	18
矿渣硅酸盐水泥	—	—	120	60	50	45	36	24

注：1. 拆模时间为混凝土成型后至拆模时所经时间；
2. 拆模时间应根据气温和混凝土强度增长情况确定；
3. 采用普通水泥时，一般允许拆模时间如表列，采用矿渣水泥时，允许时间宜延长50%～100%。

拆模板做法见图5-2。

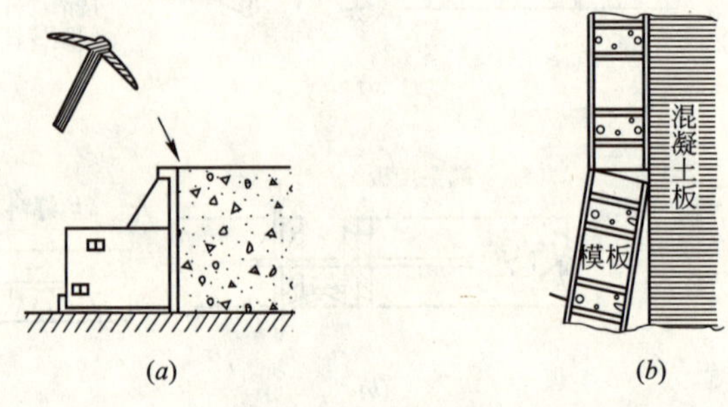

图5-2　拆模板做法

(a)错误做法；(b)正确做法

注：拆模时应先起模板支撑、铁钎等，然后用扁头小铁棒插入模板顶端内侧，慢慢向外竖向撬动。撬动时，切不可损伤混凝土边角及企口。

模板和支架拆除的最短期限见表5-16。

模板和支架拆除的最短期限(天)　　表5-16

混凝土达到设计强度的百分数	拆模项目	昼夜平均温度(℃)			
		30～20	20～15	15～10	10～5
25%	横梁及柱的侧模以及不承受混凝土重力的模板	2	3	4	5
50%	跨径小于3m的板的底模，墩台直立模板，主梁侧模	6	7	8	10
70%	跨径大于3m的板的底模，跨径小于12m的主梁底模及支架	12	14	18	24

【例题5-8】（规范型解题教案三）排水管道实体工程管道混凝土基础和窨井混凝土基础模板概况仍以【例题4-10】混凝土基础砖砌直线窨井工程量为续，以表4-97“道路实体工程各类‘算量’要素统计汇总表”提供的资料图4-80“交叉口转角处转角正交、斜交示意图”及表4-1“管道设施结构形式”表4-29“窨井(检查井)、进水口规格”、有支撑沟槽宽度表(混凝土、钢筋混凝土、PVC、PVC连管、玻璃钢夹砂管RPM管等)及表4-28“混凝土、塑料管管材品种”等提供的资料为条件；求：管道混凝土基础和窨井混凝土基础模板共多少平方米接触面积？

【解题分析5-8】

依题已知：

按混凝土与模板按接触面积，以平方米计算；模板面积S=管道基础摸板面积+窨井基础摸板面积

(1) 管道混凝土底板基座基础模板面积

$$A=2\times h_2\times 管道混凝土底板基座基础长度(净长)L$$
$$+两端窨井管道混凝土底板基座宽度\times h_2\times(段数+1)$$

依据《上海市市政工程预算定额》工程量计算规则第五章第一节第 5.1.7 条第 4. 说明模板工程量按混凝土与模板接触面积以平方米计算；$2\times h_2\times$管道基础长扣除窨井后净长＋两端管道基础混凝土基座宽$\times h_2\times$(段数＋1)。

$$A=2\times h_2\times 管道混凝土底板基座基础长度(净长)L$$
$$+两端窨井管道混凝土底板基座宽度\times h_2\times(段数+1)$$

管道混凝土底板基座基础长度(净长)，参见表 4-37“开槽埋管各要素主要计算公式应用分布表”

沟槽基坑工作面宽度 B，参见本丛书之三《常用数据手册》表 2-31～表 2-34“有支撑沟槽宽度表”，基础宽度为 1.85；

(管道基础长扣除窨井后净长同项次 1.2.1(3)①为 115.04m)，

依题已知如下：

h_2－0.25m、管道混凝土底板基座基础长度(净长)L－115.04m、两端窨井管道混凝土底板基座宽度－1.85m、段数 n－3 段

$$A=2\times h_2\times 管道混凝土底板基座基础长度(净长)L$$
$$+两端窨井管道混凝土底板基座宽度\times h_2\times(段数+1)$$
$$S_1=2\times0.25\text{m}\times115.04\text{m}+1.85\text{m}\times0.25\text{m}\times(3段+1)=59.37\text{m}^2$$

(2) 窨井混凝土基础模板面积

$$模板面积\ S=(A+B-混凝土基座宽度)\times2\times h\times n\ 座窨井$$

式中：

1) A、B，见表 4-20“开槽埋管各要素主要计算公式应用分布表”续表项次 1“窨井增加部分”释义；

2) 混凝土基座宽度，根据管径 ϕ，查表 4-22“混凝土、钢筋混凝土管沟槽宽度表”、表 4-23“PVC 加筋管沟槽宽度表”、表 4-24“增强聚丙烯(FRPP)管沟槽宽度表”、表 4-25“玻璃钢夹砂管 RPM 管管沟槽宽度表”；

3) h，窨井混凝土基础厚度。

依题已知如下：

a'—1000mm、b'—1300mm、砖墙厚—0.85m、工作面 e—0.85m、混凝土基座宽度—1.80m、h—0.25m、n—4 座窨井

$$\begin{aligned}窨井混凝土基础模板面积\ S_2&=(A+B-混凝土基座宽度)\times2\times h\times n\ 座窨井\\&=(2.74\text{m}+3.04\text{m}-1.80\text{m})\times2\times0.25\ \text{m}\times4\ 座窨井\\&=7.96\text{m}^2\end{aligned}$$

$$\begin{aligned}(3)\ 模板面积\ S&=管道基础摸板面积+窨井基础摸板面积=S①+S②\\&=59.37\text{m}^2+7.96\text{m}^2\\&=67.33\text{m}^2\end{aligned}$$

得：市政管网中开槽埋管窨井混凝土基础模板面积及管道混凝土底板基座基础模板面积为 67.33m²；套取“市政管网”中开槽埋管 9. 管道基座 S5-1-45 子目。

5.2.2　桥涵及护岸工程现场预制的混凝土构件

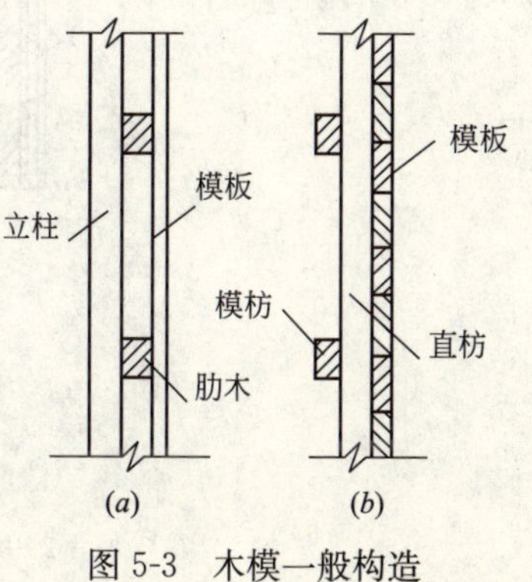

图 5-3　木模一般构造

木模板在桥梁建设中使用最为广泛。它的优点是制作容易，但木材耗损大，成本较高。其一般构造由模板、肋木、立柱或由模板、

直枋、横枋组成(图 5-3)。模板厚度通常为 3～5cm，板宽为 15～20cm，不得过宽，以免翘曲。模板表面常贴以 3～5mm 的薄钢皮，可保证混凝土表面平整及脱模方便。木模的各部尺寸应根据计算确定。

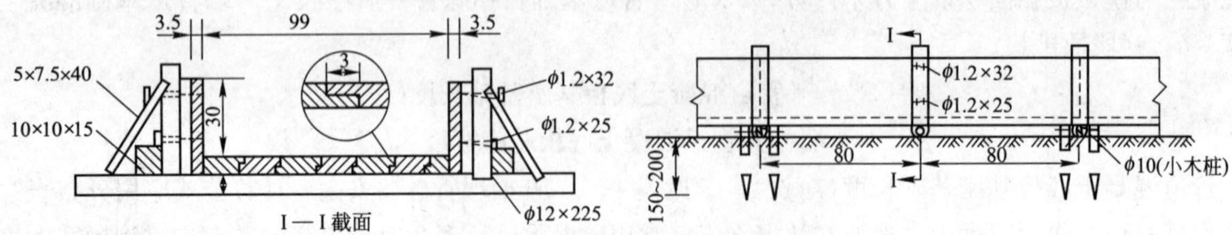

图 5-4　实心板模板图(尺寸单位：cm)

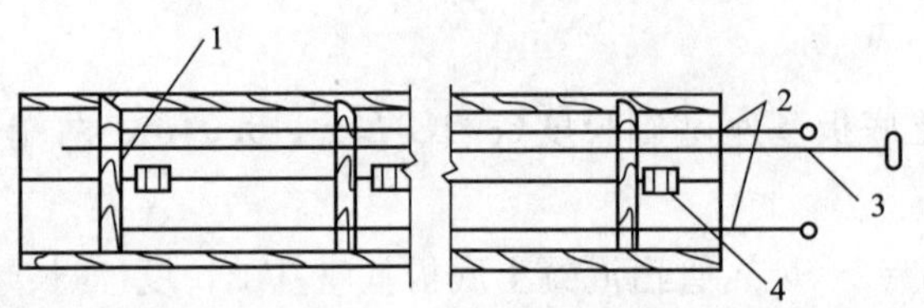

图 5-5　芯模构造

1—活动支撑板；2—扁铁条；3—拉条；4—铁铰

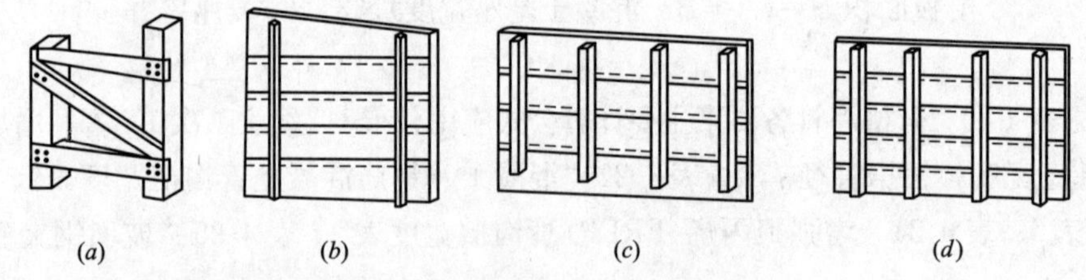

图 5-6　装配式钢筋混凝土 T 梁模板组合构件

(*a*)框架；(*b*)横隔梁侧板；(*c*)翼板；(*d*)主梁侧板

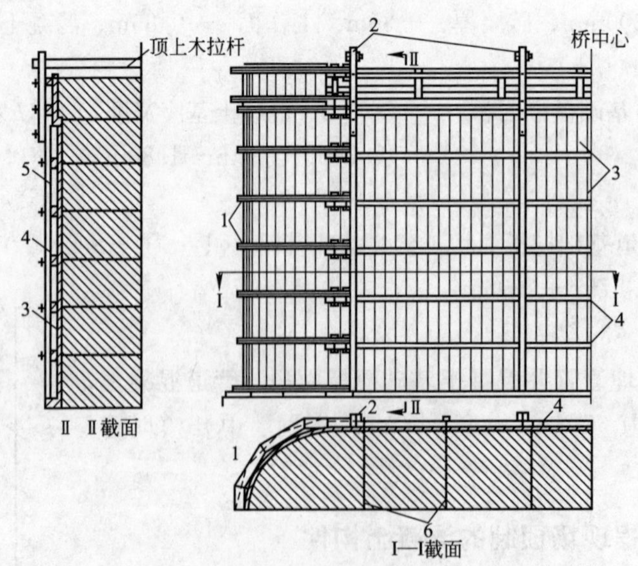

图 5-7　圆端形桥墩模板

1—拱肋木；2—安装柱；3—壳板；4—水平肋木；5—立柱；6—拉杆

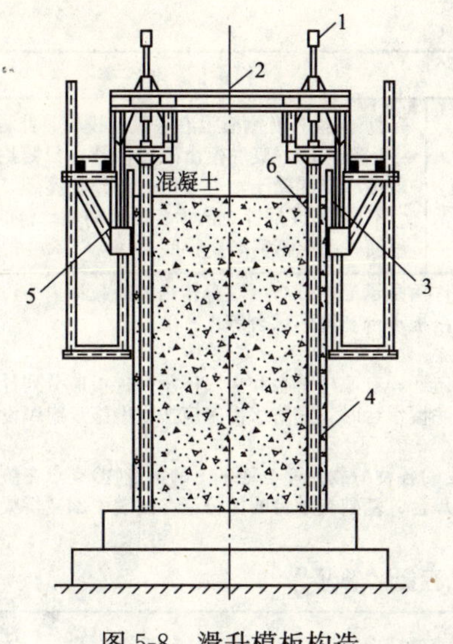

图 5-8　滑升模板构造

1—人工螺杆千斤顶；2—顶架；3—围圈；
4—套筒；5—模板；6—顶杆

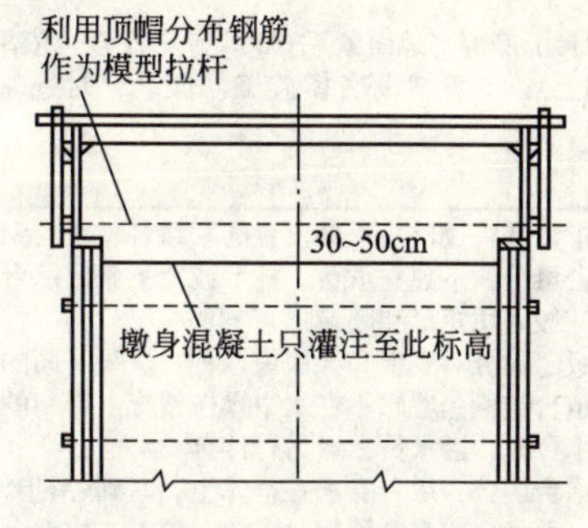

图 5-9　混凝桥墩墩帽模板

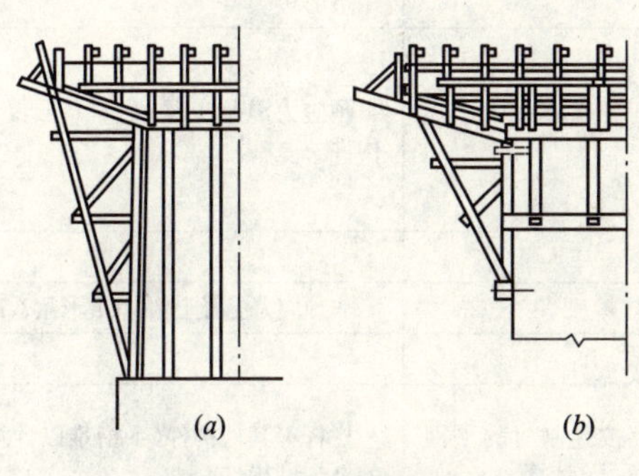

图 5-10　悬臂墩帽模板

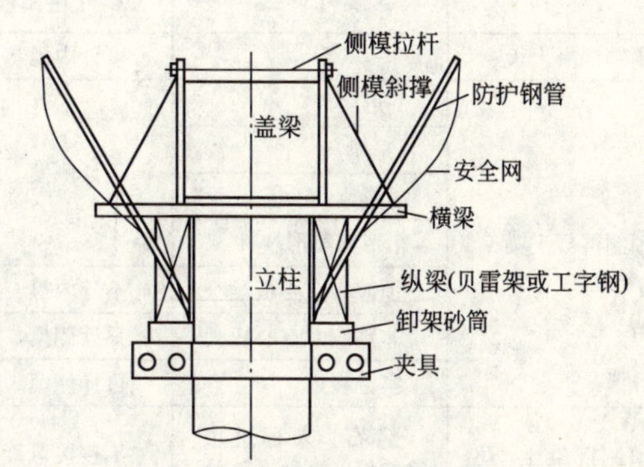

图 5-11　盖梁无支架施工示意图

【例题 5-9】　现浇桥台盖梁根据设计图纸的要素分别为：桥台总长度：L_1＝16.157m、桥台宽度：b＝1.0m、桥台台座中部高度：0.96m、桥台台座边部高度：0.8m、桥台背部厚度：0.3m、挡块长度：0.7m、挡块宽度：0.374m、挡块高度：0.3m、桥台背两边高：0.68m，座数：2 座；求：桥台盖梁模板共多少平方米接触面积？

【解题分析 5-9】　依题已知如下：

$$盖梁长度\ L=16.157\text{m}$$

$$盖梁高度\ h=(0.800\text{m}+0.970\text{m})/2=0.885\text{m}$$

$$盖梁宽度\ b=1.09\text{m}$$

桥台盖梁　模板：——根据设计图纸桥台接触面积×2 个

$$S=[(16.157\text{m}\times0.885\text{m}\times2\ 端+1.09\text{m}\times2\ 个)\times2+0.45\text{m}\times2\ 边]\times2\ 座=124.92\text{m}^2$$

得：该桥台盖梁模板共 124.92m^2 接触面积。

桥梁工程承台模板有底模、无底模区分甄选见表 5-17。

桥梁工程承台模板有底模、无底模区分甄选表　　　　**表 5-17**

分类	释　义	模　板　种　类	
高承台	指承台的底部脱离地面，需铺设底模施工的承台，如高桩承台、水上承台等	有底模	1. 有底模板一般呈槽形，用于浇筑现浇梁或板，其浇筑的梁或板的质量较好，浇筑时，水泥浆不会流失； 2. 有底模的承台是对于高承台而言，在承台的下部浇注混凝土时要支撑模板，这种形式的模板叫底模

续表

分类	释　义	模板种类	
低承台	指承台的底部与地面紧贴(即承台底板直接依附在地面或基础上)，不需铺设底模施工，低承台对地基承载力有利	无底模	1. 系指只有侧模没有底模的模板，此种模板在砖混结构中比较常用，其底模由砖墙代替，只需用铁夹将侧模夹紧即可浇筑混凝土，可节约一部分模板； 2. 无底模是针对低承台而言的，承台的底部可直接接触地面，因此不需要支设底模

注：1. 承台系指在基桩(群桩)顶部设置的联络各桩顶的钢筋混凝土平台；其作用是承受、分布由墩身传来的荷载；
2. 桩基承台可分柱下独立承台、柱下或墙下条形承台(梁式承台)，以及筏板承台和箱形承台等；
3. 其形状一般采用矩形和圆端形；
4. 承台模板定额分有底模和无底模两种，应视不同的施工方法套用相应定额；有底模承台和无底模承台模板应分列计算；
5. 有底模承台定额是考虑不在水中操作情况下编制的；如遇水中施工有底模承台时，其防水措施应按批准施工组织设计计算费用；在水中操作承台时，潜水员台班另行计算；
6. 基础与承台区分：承台支承在桩体上，基础(系指将桥梁墩、台所承受的各种荷载传递至地基上的构造物)支承在垫层上；基础在垫层上施工，而承台应在支承体(桩体)上施工，故承台分有底模或无底模承台；基础与承台的区分请参阅表4-24“桥梁工程基础与承台区分甄选表”的释义。

现场预制混凝土构件模板工程量“算量”　　表5-18

项次	预制混凝土构件名称		工程量计算方法	备　注
1	预制混凝土立柱	预制桩桩尖	1. 按虚体积计算 2. 嵌桩浇筑时，面积按实体积计算 3. 板桩模板面积不考虑凹凸口	
2	预制混凝土板		可计内模	空心板
3	预制混凝土梁	T形梁	可计侧模、底模	预应力混凝土构件及T形梁、I形梁等构件
4		I形梁		
5		槽形梁		
6		箱形梁箱形块件		
7		预应力空心板梁	不计内模	
8		非预应力空心板梁	只计侧模，不计底模	非预应力混凝土构件(T形梁、I形梁除外)
9		实心板梁	可计侧模、底模	
10	预制混凝土小型构件	缘石、人行道板、锚锭板、端柱、灯柱、混凝土栏杆	不按接触面积计算，按预制时的平面投影面积(不扣除空心面积)计算	栏杆等其他构件(系指难以计算实际面积的不规则构件)

注：1. 选自《上海市市政工程预算定额》(2000)工程量计算规则暨总、册说明；
2. 定额中“预制混凝土构件”章节未包括地模，请参阅表5-23“现场预制混凝土构件地模工程量‘算量’”释义；
3. 预制空心板梁采用橡胶囊做内模，如设计未考虑橡胶囊变形可增计混凝土工程量，梁长16m以内时按设计计算体积增计7%，梁长16m以外时增计9%；
4. 定额适用于桥涵工程现场预制的混凝土构件，不适用于工厂预制的构件。

现场预制混凝土构件地模、胎模　　表5-19

项次	类型	内　容	制造材质分类
1	地模	一般指混凝土、砖或水泥砂浆构成的地模，按照构件大小的平面，用混凝土砖砌，表面再用水泥砂浆抹平做成的底模(用不同材质做成) 常用的材料为砖	1. 砖地模：按照构件大小的平面，用砖砌，表面用水泥砂浆抹平做成的底模 2. 砖胎模：按构件形状用砖砌抹水泥砂浆的方法做成的胎模。所谓胎模是指用砖或混凝土等材料筑成构件外型的底模。由于胎模能大量节约木材及圆钉，就地取材，便于养护；因而在现场预制构件支模中广泛用于同一规格尺寸较多的构件
			3. 长线台混凝土地模：利用露天场地，用混凝土做成大面积的生产场地做底模(混凝土一般用C10混凝土)，并用长线法施工的方法，设立台座，露天生产常用的预制构件
2	胎模	指混凝土、砖或水泥砂浆构成的，按构件形状用砖砌抹水泥砂浆的方法做成的胎模，所谓胎模是指用砖或混凝土等材料筑成构件外型的底模，由于胎模能大量节约木材及圆钉，就地取材，便于养护，因而在现场预制构件支模中广泛用于同一规格尺寸较多的构件制作中	1. 土胎模：一般指在施工现场土质为黏土、粉质黏土时，可因地制宜用土制胎模并制作预制构件 土胎模有地上式、地下式及半地下式等多种，土胎模靠木胎成型，应选用干燥、变形小的木料，制作与构件形状相同的木胎，木胎的外形尺寸应比构件设计尺寸每边放大5～10mm(留出土胎模表面抹面厚度)
			2. 砖胎模：是以砖砌体作为构件，砌体表面抹厚20mm的水泥砂浆，再涂刷隔离剂，常用于梁、柱等构件的底模板
			3. 混凝土胎模：常用于预制构件厂生产定型构件，特别是形状较复杂的构件，采用混凝土胎模，能使胎模表面形状与构件的表面形状相同

注：1. 预制构件又叫装配式构件，预制项目工程是在施工现场或构件预制厂预先制成钢筋混凝土构件，在施工现场用起重机械把预制构件安装到设计位置；
2. 木模板：构件侧模以木模板为主；底模以地(胎)模为主。

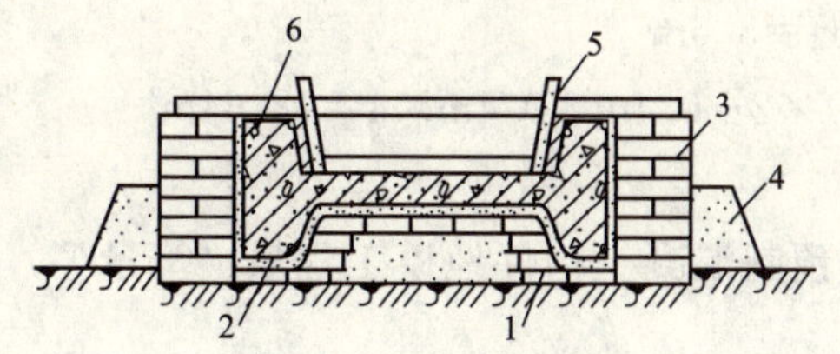

图 5-12　砖胎模

1—砖芯模；2—抹砂浆；3—砖侧模；
4—培土夯实；5—模；6—工字柱类构件

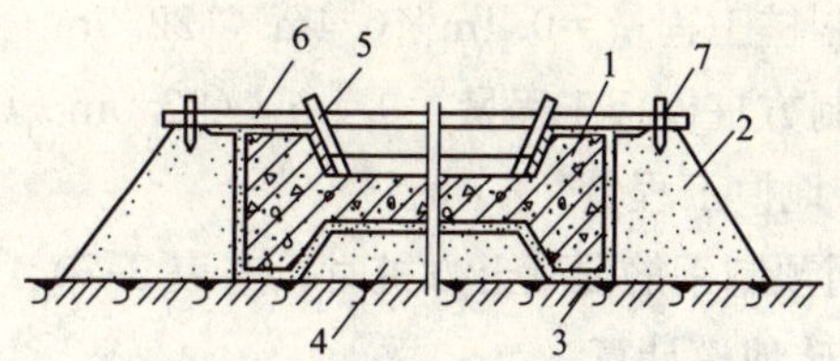

图 5-13　地上式土胎模

1—工字柱类构件；2—培土夯实；3—抹面；
4—灰土芯模；5—木芯模；6—吊帮方木；7—木桩

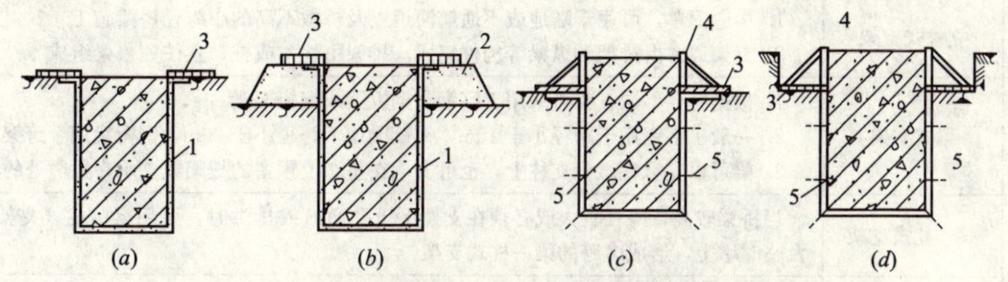

图 5-14　地下和半地下式土胎模制作地梁

(*a*)地下式土胎模；(*b*)、(*c*)、(*d*)半地下式土胎模

1—抹面；2—培土夯实；3—脚手板；4—侧档板；5—塑料薄膜、铁丝钉子固定

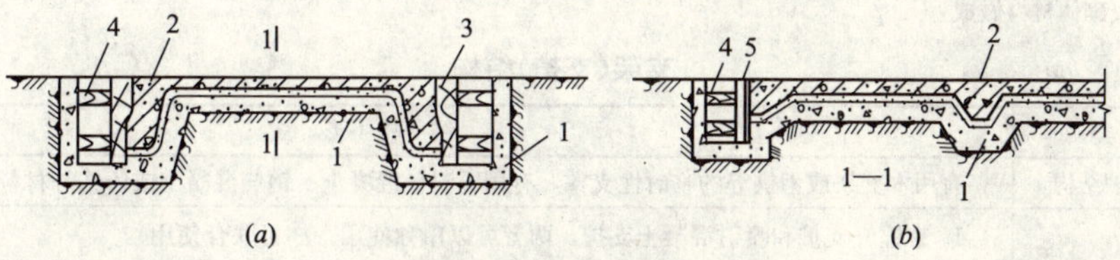

图 5-15　混凝土胎模

(*a*)横截面；(*b*)纵截面

1—混凝土胎模；2—大型屋面板类构件；3—木或钢侧模；4—木撑；5—端模

现场预制混凝土构件地模工程量"算量"　　**表 5-20**

类　型	计算公式	类　型	计算公式
板式梁	按 $4m^2/m^3$ 混凝土地模	利用原有场地时	1. 不计地模费
其他梁	其他梁按 $6m^2/m^3$ 混凝土地模		2. 需加固和修复时，可另行计算
桩	按 $3.5m^2/m^3$ 砖地模计算	拆除地模砖地模、	1. 砖地模为 7.5cm
其他构件	按 $4m^2/m^3$ 砖地模计算	混凝土地模厚度	2. 混凝土地模为 10cm

注：1. 选自《上海市市政工程预算定额》(2000)工程量计算规则暨总、册说明；
2. 根据《全国统一市政工程预算定额》(1999)总说明及各册、章说明、依据上海市市政工程预算定额修编大纲，结合上海市情况编制补充定额部分，请参阅表 1-27"《全国统一市政工程预算定额》(1999)关于各省、自治区、直辖市编制补充定额部分等项目"中"胎、地模的占用面积可由各省、自治区、直辖市另行规定"的释义；
3. 地模铺筑套用"桥涵护岸工程"中临时工程 S4-1-：8. 筑地模(砖地模、混凝土地模)相应定额子目计算；
4. 地模分为砖地模和混凝土地模，地模数量以现场预制构件的数量按上列规定计算；
5. 混凝土地模的混凝土和模板需分别计算；
6. 对地模厚度作了说明，使拆除工程量计算能统一；拆除地模砖地模、混凝土地模套用相应定额，请参阅 4.8 拆除工程（项目编码：040801)中表 4-11"拆除工程工程量清单项目设置及工程量计算规则"释义。

【例题 5-10】 某桥采用预制钢筋混凝土方桩，截面为 0.4m×0.4m，桩长(不包括桩尖)为 22.0m，桩尖长 0.5m，分上下两截预制，求预制钢筋混凝土方桩砖地模、模板工程量？

【解题分析 5-10】

(1) 预制方桩模板工程量

查表 5-22"预制混凝土构件模板工程量'算量'"，得知"预制桩桩尖计算公式：1. 按虚体积计算，3. 板桩模板面积不考虑凹凸口"又"预应力混凝土构件及 T 形梁、I 形梁等构件，可计侧模、底模"

1）预制桩工程量＝0.4m×0.4m×(22.0m＋0.5m)＝3.6m^3

2）预制方桩模板工程量：0.4m×(22.0m＋0.5m)×2＋0.4m×0.4m×4＝18.64m^2

(2) 砖地模工程量

当采用预制钢筋混凝土方桩时，查表5-20“现场预制混凝土构件地模工程量‘算量’”，得知桩按3.5m^2/m^3砖地模计算

$$砖地模工程量＝3.5\ m^2/m^3×3.6m^3＝12.6m^2$$

混凝土、钢筋混凝土支架工程　　表5-21

项次	划分	名　称	组　成
1	构造	立柱式支架	1. 构造简单，可用于陆地或不通航河道以及桥墩不高的小跨径桥梁施工 2. 支架通常由排架和纵梁等构件组成。排架由枕木或桩、立柱和盖梁组成
		梁式支架	1. 根据跨径不同，梁可采用工字钢、钢钣梁或钢桁架梁 2. 一般工字钢用于跨径小于10m，钢钣梁用于跨径小于20m，钢桁梁用于跨架大于20m的情况 3. 梁可以支承在墩旁支柱上，也可支承在桥墩上预留的托架或支承在桥墩处的横梁上
		梁—柱式支架	当桥梁较高，跨径较大或必须在支架下设孔通航或排洪时，可用梁—柱式支架梁支承在桥墩台以及临时墩上，形成多跨的梁—柱式支架
2	材料		木支架、钢支架、钢木混合支架、万能杆件拼装的支架等几种类型

注：1. 桥梁支架系是指桥涵工程施工的浇筑现场搭设的支架结构；就地浇筑施工时用大量的模板支架，一般仅在小跨径桥或交通不便的边远地区采用；
2. 亦称支护结构，可作脚手架；支架与脚手架的区别在于：①支架是用来承受结构重量的；②脚手架只是为了解决施工人员操作的工作面问题，请参阅表5-27“桥涵拱盔、支架区分及空间体积计算”的释义；
3. 常采用金属或砌体材料做成。

支架(支护)结构　　表5-22

项次	种　类	结构形式
1	传统的支护结构	有用木支架或钢拱等的临时性支撑，有用石料、混凝土、钢筋混凝土或铸铁等材料做成的永久性衬砌结构
2	新型的支护结构	1. 有锚杆支护和喷射混凝土支护，两者可以单独使用，亦可联合使用 2. 联合使用的形式，通常称“喷锚支护”，可以作为临时或永久性支撑，这类支护不仅能及时，有效地加固围岩，防止其变形和坍塌，并能发挥围岩的自承能力，具有很大的经济效益

注：1. 支架：亦称支护结构，可作脚手架，也可用在地下建筑工程中；
2. 在开挖坑道或洞涵后，为控制围岩破坏和防止其坍塌的支撑结构或衬砌结构；
3. 采用金属或砌体材料做成。

混凝土、钢筋混凝土支架工程量清单项目设置、　　表5-23
项目子目对应比照表混凝土、钢筋混凝土模板及支架(项目编码：0502)

项目编码	项目名称	计量单位	工作内容	分部工程项目、名称 (所在《市政工程预算定额》册、章、节)
0502	混凝土、钢筋混凝土模板及支架	立方米空间体积、m	搭拆脚手架、脚手笆、安全网、翻铺板子、拆除材料堆放等	桥涵及护岸工程临时工程S4-1-： 4. 桥梁支架(满堂式钢管支架、装配式钢支架、按防撞护栏悬挑支架)
		t·d	桥梁支架使用	桥梁支架使用册文字代码CSM4-1-： 2. 钢管支架使用费、3. 装配式钢支架使用费
		t、t·m	制作、安拆、推移	桥涵及护岸工程临时工程S4-1-： 7. 挂篮及扇形支架(挂篮：——制作、安拆、推移)
		t、m	制作、安拆	桥涵及护岸工程临时工程S4-1-： 7. 挂篮及扇形支架(0号块扇形支架：——制作、安拆)

注：1. 选自国家标准《建设工程工程量清单计价规范》GB 50500—2008“附录D市政工程工程量清单项目及计算规则”及《〈建设工程工程量清单计价规范〉上海市市政工程操作指南》；
2. 桥梁支架在清单已包括桥梁支架使用，不需单独列项；
3. 箱梁定额包括现浇0号块箱梁、悬浇箱梁和现浇箱梁。定额中不包括0号块扇形支架、挂篮和现浇箱梁支架；
4. 定额中带“( )”的为套用有关定额计取单价类，在此类定额中凡带“( )”所计取的材料费，应纳入总材料费中计算其他材料费；请参阅表5-26“桥梁工程挂篮的消耗量(t)与扇形支架工程量计算表”的释义。

桥梁支架工程量"算量" 表5-24

<table>
<tr><th>序号</th><th>类 型</th><th colspan="2">项目名称</th><th>单位</th><th>计 算 规 则</th><th>适用范围</th></tr>
<tr><td>1</td><td>现浇梁、板支架</td><td colspan="2">安、拆</td><td>m^3</td><td>1. 按高度(结构底至原地面的纵向平均高度)乘以纵向距离(两盖梁间的净距离)再乘以宽度(桥宽+1.5m)计算
2. 立方米空间体积$=H\times L\times(B+1.5\text{m})$</td><td>现浇梁、板(各种类形梁、板)</td></tr>
<tr><td>2</td><td>悬挑支架</td><td colspan="2"></td><td>m</td><td>按防撞护栏长度计算</td><td>防撞护栏</td></tr>
<tr><td>3</td><td>现浇盖梁支架</td><td colspan="2">安、拆</td><td>m^3</td><td>1. 按高度(盖梁底至承台顶面的高度)乘以长度(盖梁长+0.9m)乘以宽度(盖梁宽+0.9m)计算，并扣除立柱所占体积
2. 立方米空间体积$=H\times(L+0.9\text{m})\times(b+0.9\text{m})-\pi R^2H$</td><td>墩盖梁</td></tr>
<tr><td rowspan="5">4</td><td rowspan="5">桥梁支架使用工程量</td><td colspan="2">满堂式钢管支架</td><td>m^3</td><td>每m^3空间体积按50kg(包括连接件等)计算</td><td rowspan="3">现浇梁、板、墩盖梁</td></tr>
<tr><td rowspan="2">装配式钢支架</td><td>万能杆件</td><td>m^3</td><td>每m^3空间体积按125kg(包括连接件等)计算</td></tr>
<tr><td>其他形式的装配式支架</td><td>m^3</td><td>每m^3空间体积按实计算</td></tr>
<tr><td colspan="2">桥梁支架使用</td><td></td><td>以t·d计算</td><td></td></tr>
<tr><td colspan="2">支架的使用天数</td><td></td><td>按施工合同计算</td><td></td></tr>
</table>

注：1. 选自《上海市市政工程预算定额》(2000)工程量计算规则暨总、册说明；
2. 根据《全国统一市政工程预算定额》(1999)总说明及各册、章说明、依据上海市市政工程预算定额修编大纲，结合上海市情况编制补充定额部分，请参阅表1-27"《全国统一市政工程预算定额》(1999)关于各省、自治区、直辖市编制补充定额部分等项目"中"使用费单价(t·d)由各省、自治区、直辖市自定"的释义；
3. 桥梁支架(除悬挑支架按防撞护栏长度计算外)，以立方米空间体积计算，水上支架的高度从工作平台顶面起算；
4. 定额中满堂式钢管支架、装配式钢支架等只包括搭拆，未包括支架的使用费，可另行计算；
5. 现浇梁、板等模板定额中已包括底模，但未包括支架，支架可以按相应定额计算；
6. 桥梁支架定额不包括地基加固。

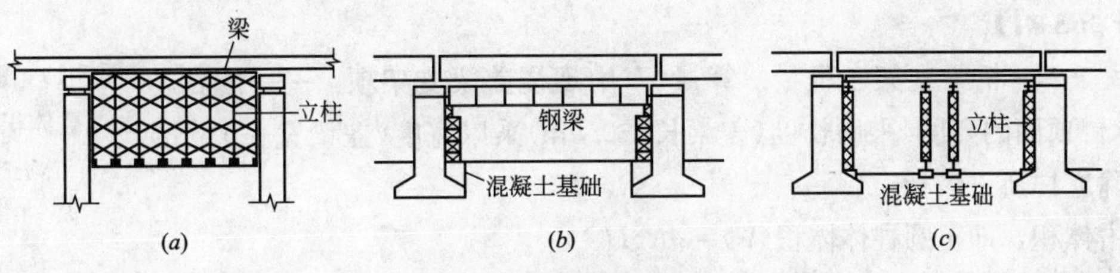

图5-16 支架构造示意图

(a)支柱式；(b)梁式；(c)梁支柱式

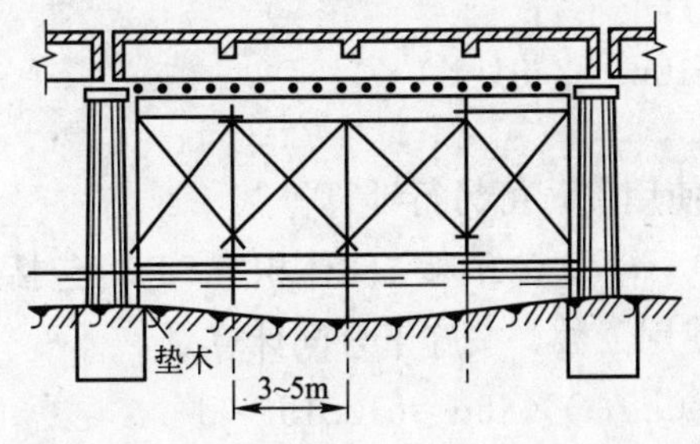

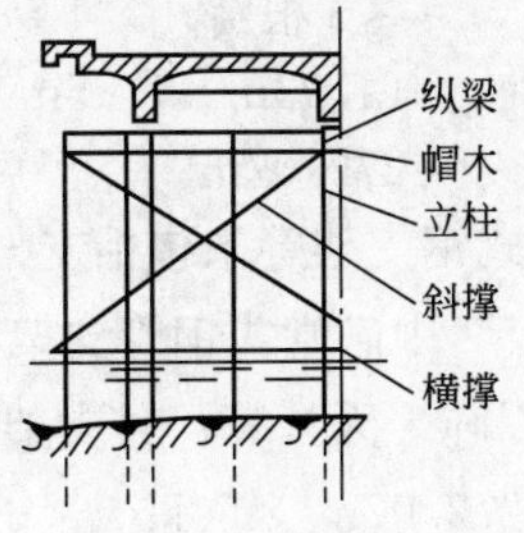

图5-17 简易支架

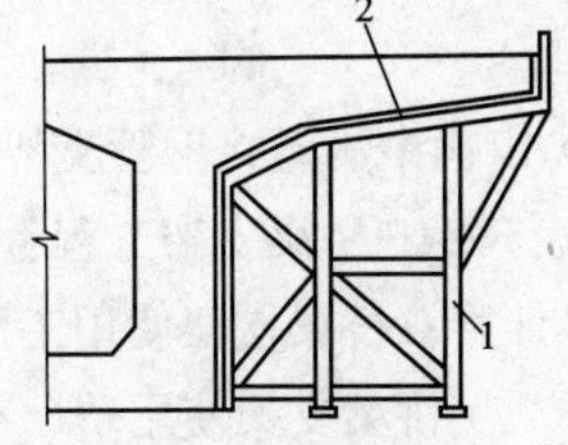

图5-18 全钢整体支架大模板示意图

1—支架；2—钢板(厚4～5mm)

(3) 当采用预制钢筋混凝土方桩时，查表5-20"现场预制混凝土构件地模工程量'算量'"，得知"拆除地模砖地模、混凝土地模厚度，分别为7.5cm和10cm"，取$h=7.5$cm

又查表4-2“翻挖拆除项目工程‘算量’”，得知拆除混凝土结构按实体积以立方米计算

拆除地模砖地模体积 V =砖地模工程量×拆除地模砖地模厚度$=12.6\text{m}^2\times0.075\text{m}=0.945\text{m}^3$

(4) 旧(废)料外运，查表4-300“翻挖拆除项目工程‘算量’”，得知1. 旧(废)料容重统一按 2.2t/m^3 计算；2. 场外运输计价系数为 $2.2\text{t/m}^3\div1.8\text{t/m}^3$(土方天然密实方容重)$=1.222$ 及翻挖、拆除《市政工程预算定额》中均已包括废料的场内运输，但不包括场外运输。

旧(废)料场外运输体积 V =拆除地模砖地模体积×场外运输系数

$=0.945\text{m}^3\times1.222$ 系数$=1.155\text{m}^3$

得：

(1) 预制方桩模板工程量为 18.64m^2；砖地模工程量为 12.6m^2；拆除地模砖地模体积为 0.945m^3；旧(废)料外运体积为 1.155m^3(密度为 1.8t/m^3 度料密度为 2.2t/m^3)。

(2) 模板工程套用桥涵及护岸工程预制混凝土构件S4-7-：1. 预制桩(模板)；砖地模套用桥涵及护岸工程临时工程S4-1-：8. 筑地模(砖地模)定额子目。

(3) 拆除混凝土结构套用通用项目翻挖拆除项目S1-3-：10. 拆除混凝土结构(混凝土、钢筋混凝土)，旧(废)料外运套用文字代码ZSN19-1-：1. 土方场外运输定额子目，属4. 分部分项工程、拆除工程(项目编码：040801)范畴，另行计算。

混凝土、钢筋混凝土支架

【例题5-11】 (工程实例)桥梁实体工程分上下行桥概况仍以现浇混凝土(项目编码：040302)【解题分析4-18】提供的资料为条件，采用三孔跨河桥梁，桥墩采用柱式工程；已知1. 承台与盖梁间设三根 $D=800\text{mm}$ 立柱，2. 柱式盖梁：长为16.6m、宽度为1.2m，3. 盖梁底平均标高为4.33m、承台顶面标高为2.40m，4. 墩盖梁采用钢管支架施工，使用天数为45d；求：现浇盖梁支架多少立方米空间体积且桥梁支架使用多少吨·天？

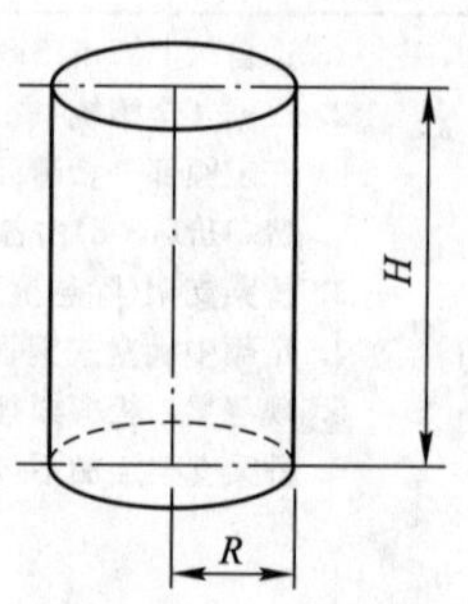

图5-19　正圆柱体简图暨体积计算公式

体积 $V=\pi R^2H$

R—半径；H—高

【解题分析5-11】

(1) 查表5-24“桥梁支架工程量‘算量’”中现浇盖梁支架项：——按高度(盖梁底至承台顶面的高度)乘以长度(盖梁长$+0.9\text{m}$)乘以宽度(盖梁宽$+0.9\text{m}$)计算，并扣除立柱所占体积

立柱所占体积，即正圆柱体体积$(V)=\pi R^2H$

现浇盖梁支架(立方米空间体积)$=H\times(L+0.9\text{m})\times(b+0.9\text{m})-\pi R^2H$

$=[(4.33\text{m}-2.40\text{m})\times(16.6\text{m}+0.9\text{m})\times(1.2\text{m}+0.9\text{m})-\pi\times(0.4\text{m})^2\times(4.33\text{m}-2.40\text{m})\times3$ 根/跨$]\times4$ 跨(孔)/上下行

$=(1.93\text{m}\times17.5\text{m}\times2.10\text{m}-2.91\text{m}^3)\times4$

$=272.07\text{m}^3$

(2) 定额中满堂式钢管支架、装配式钢支架等未包括支架的使用费，可另行计算

查表5-24“桥梁支架工程量‘算量’”中满堂式钢管支架项：——每立方米空间体积按50kg(包括连接件等)计算；桥梁支架使用工程量，以吨·天计算；另支架的使用天数，按施工合同计算

桥梁支架使用费$(\text{t}\cdot\text{d})=(272.07\text{m}^3\times50\text{kg/m}^3\div1000\text{kg/t})\times45\text{d}=612.15\text{t}\cdot\text{d}$

得：

(1) 现浇盖梁支架为 272.07m^3，桥梁支架使用费 $612.15\text{t}\cdot\text{d}$。

(2) 查表5-23“混凝土、钢筋混凝土支架工程量清单项目设置、项目子目对应比照表”，得桥涵及护岸工程临时工程S4-1-：4. 桥梁支架(满堂式钢管支架、装配式钢支架、按防撞护栏悬挑支架)及桥梁支架使用册文字代码CSM4-1-：2. 钢管支架使用费、3. 装配式钢支架使用费的定额子目。

预应力混凝土悬臂体系梁桥的施工要点　表 5-25

项次	类型	悬臂施工方法
1	悬臂浇筑法	悬臂浇筑施工系利用悬吊式的活动脚手架(或称挂篮)，在墩柱两侧对称平衡地浇筑梁段混凝土(每段长 2～5m)，每浇筑完一对梁段待达到规定强度后就张拉预应力筋并锚固，然后向前移动吊篮，进行下一梁段的施工，直到悬臂端为止
2	悬臂拼装法	1. 悬臂拼装法施工是在预制场将梁体分段预制，然后用船或平车运至架设地点，并用吊机向墩柱两侧对称均衡地拼装就位，张拉预应力筋； 2. 重复这些工序直至拼装完全部块件为止
3	施工中的临时固结措施	1. 用悬臂施工法从桥墩两侧逐段延伸来建造预应力混凝土梁桥时，为了承受施工过程中可能出现的不平衡力矩，就需要采取措施使墩顶的零号块件与桥墩临时固结起来； 2. 图 5-21“零号块件与桥墩的临时固结构造”所示为我国某桥在施工中采用的临时固结措施构造。在浇筑零号块件之前，在墩顶靠两侧先浇筑 50 号的混凝土楔型垫块 2，待零号块达到设计强度 70%以上时，在桥墩两侧各用预应力粗钢筋 1 从块件顶部张拉固定。这样就使拼装过程中出现的不平衡力矩完全由临时的混凝土垫块和预应力筋共同承受。待全部块件拼装完毕后，即可拆卸临时固结措施，使体系转换至永久支座发生作用

注：1. 按照梁体的制作方法，悬臂施工法又可分为悬臂浇筑和悬臂拼装两类；

2. 用悬臂施工法来建造悬臂桥梁，要比建造 T 形刚架桥复杂一些。因为在施工中需要采取临时措施使梁体与墩柱保持固结，而待梁体自身达到稳定状态时，又要恢复梁体与墩柱的铰接性质，对此尚需调整所施加的预应力以适应这种体系的转换。

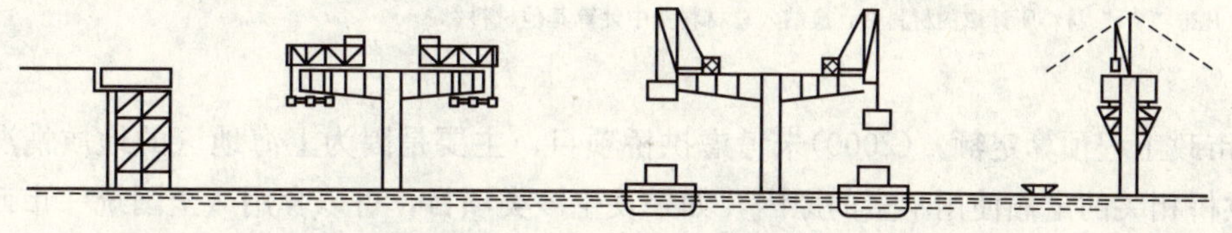

图 5-20　悬臂施工法示意图

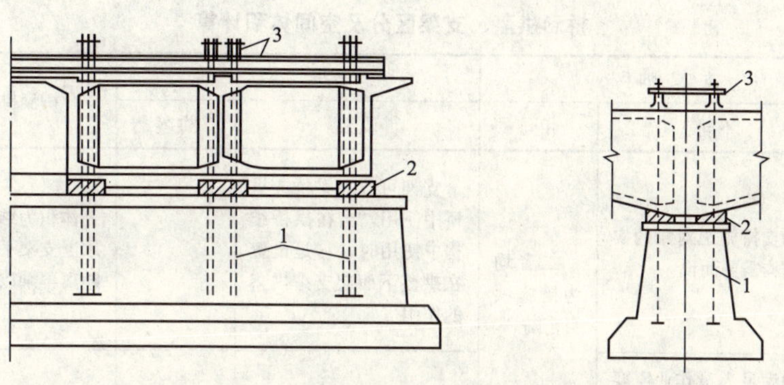

图 5-21　零号块件与桥墩的临时固结构造

挂篮是一个能沿着轨道行走的活动脚手架，挂篮悬挂在已经张拉锚固的箱梁段上。悬臂浇筑时箱梁梁段的模板安装、钢筋绑扎、管道安装、混凝土浇筑、预应力张拉、压浆等工作均在挂篮上进行。当一个梁段的施工程序完成后，挂篮解除后，移向下一梁段施工。所以挂篮既是空间的施工的设备，又是预应力箱末张拉前梁段的承重结构，现在中、大型建筑大都使用此设备。挂篮主要有梁式挂篮、斜拉式挂篮及组合斜拉式挂篮三种形式。

桥梁工程挂篮的消耗量(t)与扇形支架工程量计算　表 5-26

项次	类型	计 算 公 式	适用范围
1	轻型钢挂篮重量	按设计要求确定	挂篮支架
	挂篮支架的制作	工程量按安拆定额括号内(0.3000t/t)所列的摊销量计算，以 t 计算	
	挂篮支架(安拆)	工程量按钢挂篮重量，以 t 计算	
	准移工程量	按挂篮重量乘以推移距离，以 t · m 计算	

续表

项次	类型	计 算 公 式	适用范围
2	0号块扇形支架的制作	工程量计算和钢挂篮一样，工程量按安拆定额括号内(3.2525t/m)所列的摊销量计算，以t计算	0号块扇形支架
	0号块扇形支架(安拆)	1. 工程量按顶面梁宽计算，以m计算 2. 边跨采用挂篮施工时，其合龙段扇形支架均安拆工程量按梁宽的50%计算	
3	挂篮及扇形支架发生场外运输	可另行计算	挂篮、0号块支架

注：1. 挂篮及扇形支架适用于悬臂施工的桥梁工程；
2. 根据《全国统一市政工程预算定额》(1999)总说明及各册、章说明、依据上海市市政工程预算定额修编大纲，结合上海市情况编制补充定额部分，请参阅表1-27“《全国统一市政工程预算定额》(1999)关于各省、自治区、直辖市编制补充定额部分等项目”中“挂篮施工所需压重材料由各省、自治区、直辖市自定，费用另计”的释义；
3. 定额中的挂篮形式为自锚式无压重钢挂篮；
4. 水上安拆挂篮需浮吊配合时应另行计算；
5. 桥涵及护岸工程定额中的挂篮安拆子目，其材料“挂篮”的消耗量带“( )”，在计算该子目单价时，“挂篮”的单价，必须套用该册“挂篮制作”的子目计算；
6. 定额中凡带“( )”材料所计取的材料费，应纳入总材料费中计算其他材料费。

提示

《上海市市政工程预算定额》(2000)未考虑拱桥项目，主要是因为上海地区的地质情况不太适宜建造拱桥，与拱桥相关的定额使用不多的原因，如果发生该类项目，可以套用《全国统一市政工程预算定额》(1999)桥涵工程分册相应定额。

桥涵拱盔、支架区分及空间体积计算　　**表5-27**

项次	项目名称	支架、脚手架		支架、拱盔		桥涵拱盔、支架空间体积计算
		不同	相同	支架	拱盔	
1	支架	为支持施工对象的实体结构需要而设	二者均为措施项目范畴	支架可以在梁桥或拱桥中使用，当在拱桥结构中使用时，它是设置在拱盔下面起支撑拱盔的作用		体积为结构底至原地面(水上支架为水上支架平台顶面)平均标高乘以纵向距离再乘以(桥宽+2.0m)计算
2	脚手架	为满足人员作业需要而设				
3	拱盔			此时以拱桥的起拱线为界划分，应分别计算拱盔和拱架的工程量	拱盔只出现在拱桥现浇或砌筑施工中使用	体积按起拱线以上弓形侧面积乘以(桥宽+2.0m)计算

注：1. 拱盔：拱盔亦指拱帽，其作用是可作雨水的飘沿，又兼起美观作用；
2. 桥涵拱盔支架均不包括底模及地基加固的工程量，应另行计算；
3. 砖、石拱圈的拱盔和支架均以拱盔与圈弧弧形接触面积计算；
4. 关于支架、脚手架间的特性，请参阅表5-29“脚手架、支架的区别与共性”的释义。

桥涵拱盔、支架空间体积计算：

1) 桥涵拱盔体积按起拱线以上弓形侧面积乘以(桥宽+2)计算。

2) 桥涵支架体积为结构底至原地面(水上支架为水上支架平台顶面)平均标高乘以纵向距离，再乘以(桥宽+2)计算。

拱盔立面积F系指起拱线以上的弓形侧面积，其工程量按式(5-1)计算，拱长度对应之K值见表5-28

“拱矢度与 K 值关系表”。

$$F=K\times(\text{净跨})^2 \quad (5\text{-}1)$$

拱矢度与 K 值关系表　　**表 5-28**

拱矢度	1/2	1/2.5	1/3	1/3.5	1/4	1/4.5	1/5	1/5.5
K 值	0.393	0.298	0.241	0.203	0.174	0.154	0.138	0.125
拱矢度	1/6	1/6.5	1/7	1/7.5	1/8	1/9	1/10	
K 值	0.113	0.104	0.096	0.090	0.084	0.076	0.067	

支架立面积为桥梁净跨径乘以高度，拱桥为起拱线以下至地面的高度，梁桥为墩、台落顶至地面的高度，这里的地面是指支架地梁的底面。

【例题 5-12】 某工程拱桥，具体尺寸如图 5-22 所示；求：该桥涵拱盔、支架空间体积各多少立方米且套取哪项定额子目？

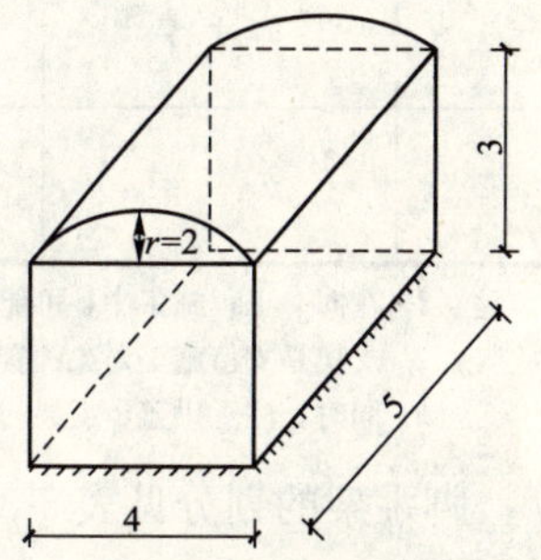

图 5-22　某拱桥拱盔、支架示意图(单位：m)

【解题分析 5-12】

(1) 查表 5-24“桥涵拱盔、支架空间体积计算”，得知“此时以拱桥的起拱线为界划分，应分别计算拱盔和拱架的工程量”；且

1) 拱盔：体积按起拱线以上弓形侧面积乘以(桥宽＋2.00m)计算

2) 支架：体积为结构底至原地面(水上支架为水上支架平台顶面)平均标高乘以纵向距离再乘以(桥宽＋2.00m)计算

(2) 依题已知有：

桥宽 B—5.00m，拱盔、支架纵向距离 L—4.00m，平均标高(即高度)H—3.00m，半径 r—2.00m

(3) 计算：

1) 拱盔＝$(\pi\times r^2)\div2\times$(桥宽 B＋2.00m)

$=(3.1416\times2.00\text{m}\times2.00\text{m})\div2\times(5.00\text{m}+2.00\text{m})=43.98\text{m}^3$

2) 装配式钢支架(t)

① 桥梁支架＝长度 L×桥宽 B×高度 H＝$4.00\text{m}\times5.00\text{m}\times3.00\text{m}=60.0\text{m}^3$

② 装配式钢支架(t)

查表 5-27“桥梁支架工程量‘算量’”，得知：“每 m^3 空间体积按 125kg(包括连接件等)计算”

$$\text{装配式钢支架(t)}=60.0\text{m}^3\times125\text{kg/m}^3\div1000\text{kg/t}=75.0\text{t}$$

③ 定额中满堂式钢管支架、装配式钢支架等未包括支架的使用费，可另行计算。桥梁支架使用，以吨·天计算；支架的使用天数，按施工合同计算(拟定 23d)

$$\text{桥梁支架使用费(t·d)}=75.0\text{t}\times23\text{d}=172.50\text{t·d}$$

得：

(1) 该拱桥工程的拱盔、支架空间体积各为 43.98m^3 和 60.0m^3；装配式钢支架为 75.0t 及桥梁支架使用 172.50t·d；

(2) 查表 5-26“混凝土、钢筋混凝土支架工程量清单项目设置、项目子目对应比照表”，得分别套取“桥梁立柱高 10m 以内”及“桥梁盖梁高 10m 以内”定额子目。

(立方米空间体积)桥涵及护岸工程临时工程 S4-1-：4. 桥梁支架(装配式钢支架)和桥梁支架使用(t·d)：桥梁支架使用册文字代码 CSM4-1-：3. 装配式钢支架使用费。

5.3　脚手架(项目编码：0503)

脚手架是施工过程中堆放材料和施工人员进行操作需要所搭设的架子，即临时设施。

脚手架宽度必须满足工人操作、材料堆放和运输的使用要求，构造要坚固稳定，安全可靠且要简单、易于拆装，能够重复周转使用。

脚手架、支架的区别与共性见表 5-29。

脚手架、支架的区别与共性　　表 5-29

项次	项目名称	区　别	共　性
1	脚 手 架	1. 类似支架，亦可称作支架的支护构件； 2. 只是为了解决施工人员操作的工作面问题	二者均临时设施； 均为措施项目范畴
2	支　架	1. 亦称支护结构，可作脚手架； 2. 而支架是用来承受结构重量的	

注：1. 在同一工程施工中，可能既使用支架，又需要脚手架，应注意二者的不同；
2. 支架是支持施工对象的实体结构需要而设，脚手架是为满足人员作业需要而设；
3. 同时，注意拱盔、支架的区别，请参阅表 5-27“桥涵拱盔、支架区分及空间体积计算”的释义。

脚手架的划分见表 5-30。

脚 手 架 划 分　　表 5-30

项次	划分	项目名称	组　成
1	搭设材料	钢管脚手架	由 $\phi48$ 钢管和扣件连接而成，装拆方便，搭设高度大，周转次数多扎摊销费用低
		木制脚手架	用木杆与镀锌钢丝相互绑扎而成
		竹脚手架	用钢丝或竹篾和竹杆绑扎而成的，竹木脚手架操作技术要求高，耗材多，周转次数少
2	搭设位置	外脚手架	凡搭设在建筑物或构筑物外围的脚手架，统称为外脚手架
		内脚手架	搭设在建筑物或构筑物内部的脚手架，统称为内脚手架
3	结构形式		多立杆式、桥式、框式、悬吊式及挑梁式

注：1. 脚手架类似支架，亦可称作支架的支护构件，请参阅表 5-29“脚手架、支架的区别与共性”所示；
2. 钢管脚手架一般都由 $\phi48$ 钢管和扣件(螺栓、碗扣等)连接而成，具有高强度、方便、稳定性好等优点；但是钢管脚手架对地基和搭设要求也与竹、木脚手架不同。

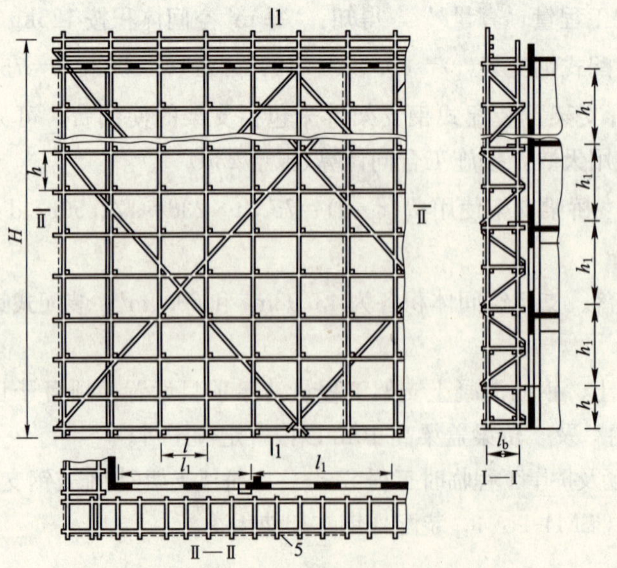

图 5-23　扣件式钢管外脚手架

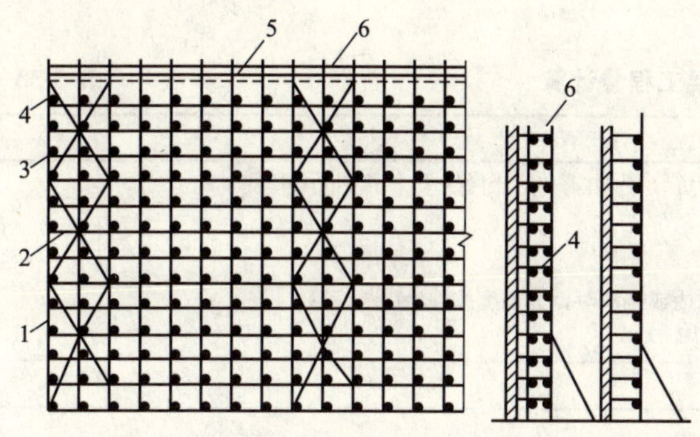

图 5-24　木外脚手架

1—立杆；2—大横杆；3—小横杆；4—剪刀撑；5—脚手板；6—栏杆

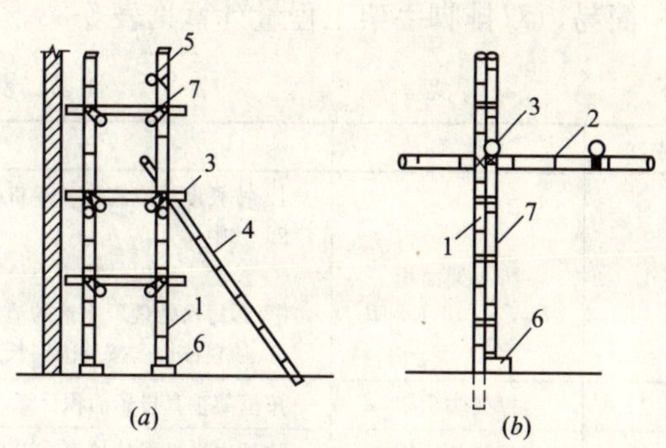

图 5-25　竹外脚手架

(a)竹外脚手架；(b)竹外脚手架顶撑

1—立杆；2—大横杆；3—小横杆；4—抛撑；5—栏杆；6—砖(石)块；7—顶撑

市政工程中脚手架的选用见表 5-31。

市政工程中脚手架选用表　　**表 5-31**

《市政工程预算定额》		项目名称	相应定额(四个)子目	
册	章		通用项目(双排、简易)	桥梁工程(立柱、盖梁)
第一册	通用项目	相应定额子目所在的册、章、节 S1-1-：9. 脚手架	√	√
第二册	道路工程			
第三册	道路交通管理设施工程			
第四册	桥梁工程	本册定额中未包括脚手架项目，如未包括安装工程所需的脚手架	√	
		桥梁立柱		√
		桥梁盖梁		√
		安装工程	√	
第五册	排水管道工程		√	
第六册	排水构筑物及机械设备安装工程	1. 各章定额中未包括脚手架项目 2. 如框架、楼梯、悬空、挡水板等项目	√	
第七册	隧道工程	1. 沉井制作 2. 地下混凝土结构定额中混凝土浇筑内容未包括脚手架项目	√	

注：1. 系指定额中未包括各类操作脚手架，发生时套用相应定额子目；

2. 在编制工程量清单时不要漏列脚手架项目。

脚手架工程量清单项目设置、项目子目对应比照见表 5-32。

脚手架工程量清单项目设置、项目子目对应比照表　　**表 5-32**

项目编码	项目名称	计量单位	工作内容	分部工程项目、名称(所在《市政工程预算定额》册、章、节)
0503	脚手架	m^2	搭拆脚手架、脚手笆、安全网、翻铺板子、拆除材料堆放等	通用工程一般项目 S1-1-： 9. 脚手架(通用项目：——双排、简易)
				通用工程一般项目 S1-1-： 9. 脚手架(桥梁工程：——桥梁立柱、桥梁盖梁)

注：1. 选自国家标准《建设工程工程量清单计价规范》GB 50500—2008“附录 D 市政工程工程量清单项目及计算规则”及《〈建设工程工程量清单计价规范〉上海市市政工程操作指南》；

2. 脚手架为周转使用性材料，预算定额中材料消耗量是使用一次的材料摊销量；周转性材料(钢模板、钢管支撑、木模板、脚手架等)已按规定的周转次数所计算的摊销量计入定额中，并包括周转性材料回库维修。

简易、双排脚手架工程量计算见表 5-33。

简易、双排脚手架工程量计算　　**表 5-33**

项次	类型	计算公式
1	脚手架面积	1. 按长度乘以高度的垂直投影面积计算 2. 其中： ① 长度一般以结构中心长度计算； ② 遇污水处理厂水池的池壁有环形水槽或挑檐时，其长度按外沿周长计算； ③ 独立柱长度按外围周长加 3.6m 计算
2	框架脚手架	按框架垂直投影面积计算
3	楼梯脚手架	按其水平投影的长度乘以顶高计算
4	悬空脚手架	按平台外沿周长乘以支撑底面至平台底的高度计算
5	挡水板脚手架	按其水平投影长度乘以顶高计算
6	隧道工程	沉井制作钢管脚手架面积：不论分几次下沉，其面积均按井壁中心周长(含隔墙长)乘以沉井高度计算；若沉井制作只采用外脚手架时，长度以井壁的外沿长度计算

注：1. 选自《上海市市政工程预算定额》(2000)工程量计算规则暨总、册说明；
2. 各种脚手架定额均按平方米计算，定额均按钢管脚手架编制；
3. 结构高度大于 1.8m 且小于 3.6m 时(即 1.8～3.6m)采用简易脚手架；
4. 结构高度大于 3.6m 时，采用双排脚手架，适用于各类工程；
5. 定额中除通用项目的简易脚手架项外，其他均按高 10m 以内及高 20m 以内的子目套取。

桥梁及预制梁脚手架工程量“算量”　　**表 5-34**

项次	类型	计算公式
1	立柱脚手架	1. 按原地面至盖梁底面的高度乘以长度计算，其长度按立柱外围周长加 3.6m 计算 2. 脚手架面积$(A)=h\times(\pi D+3.6\text{m})$，$\rho$(圆周长)$=\pi D$，$D$—直径(m)
2	盖梁脚手架	1. 按原地面至盖梁顶面的高度乘以长度计算，其长度按盖梁外围周长加 3.6m 计算 2. 脚手架面积$(A)=h\times(L+3.6\text{m})$　外围周长 L [矩形(长方形)]$=(a+b)\times 2$，如图 5-22 所示
3	预制板梁梁底及预制 T 形的梁与梁接头缝脚手架	1. 每一跨(孔)所需的脚手架工程量以按该跨(孔)梁底平均高度乘以该梁长计算，然后累计全桥的数量 2. 脚手架面积$(A)=h\times L\times$全桥的数量，h—跨(孔)梁底平均高度 3. 套用定额时，应根据该跨(孔)梁底平均高度套用简易脚手架(高 3.6m 以内)或双排脚手架定额

注：1. 选自《上海市市政工程预算定额》(2000)工程量计算规则暨总、册说明；
2. 桥梁立柱及盖梁脚手架适用于桥梁的立柱和盖梁施工；
3. 立柱脚手架 ρ(圆周长)公式源自 4.1 土石方工程(项目编码：040101)五、挖基坑土方项目(编码：040101003)中图 4-22“圆形简图暨圆周长(ρ)计算公式”。

【例题 5-13】 某(工程实例)桥梁实体工程分上下行桥，采用三孔跨河桥梁，桥墩采用柱式，已知①承台与盖梁间设三根 $D=800$mm 立柱；②柱式盖梁：长为 16.6m、宽度为 1.2m；③盖梁底平均标高为 4.33m、盖梁顶平均标高为 5.18m、工作平台顶标高按最高潮水位为 2.7m；求：立柱、盖梁脚手架各多少平方米且套取哪项定额子目？

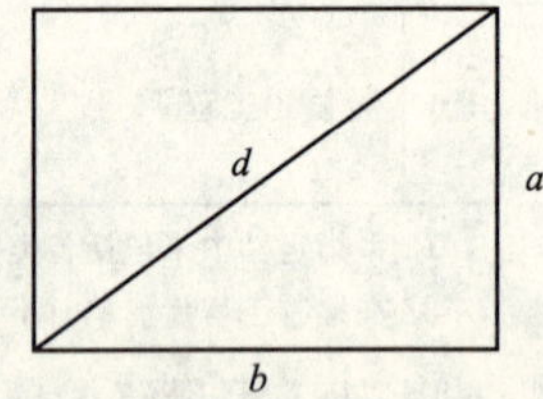

图 5-26　矩形(长方形)简图暨外围周长计算公式

外围周长$=(a+b)\times 2$　(5-2)

a—短边、b—长边

【解题分析 5-13】

(1) 依据表 5-32“桥梁及预制梁脚手架工程量计算”项次 1 立柱脚手架横项中规定：①按原地面至盖梁底面的高度乘以长度计算，其长度按立柱外围周长加 3.6m 计算；②脚手架面积$(A)=h\times(\pi D+3.6\text{m})$ ρ(圆周长)$=\pi D$，D—直径(m)

立柱脚手架面积(A)＝原地面至盖梁底面的高度×立柱外围周长加 3.6m×跨(孔)/上下行

$=h\times(\pi D+3.6\text{m})\times$跨(孔)/上下行

$=(4.33\text{m}-2.7\text{m})\times(\pi\times 0.8\text{m}+3.6\text{m})\times$[3 根/跨×4 跨(孔)/上下行]

$=1.63\text{m}\times 6.11\text{m}\times 12$

$=119.52\text{m}^2$

当立柱结构高度为 4.33m－2.7m＝1.63m 时，套取定额 9. 脚手架中“桥梁立柱高 10m 以内”定额子目，工程量为 119.52m^2。

(2) 依据表 5-34“桥梁及预制梁脚手架工程量‘算量’”项次 2 盖梁脚手架横项中规定：按原地面至盖梁顶面的高度乘以长度计算，其长度按盖梁外围周长加 3.6m 计算

盖梁脚手架面积(A)＝$h\times(L+3.6\text{m})$　外围周长 L[矩形(长方形)]＝$(a+b)\times2$

盖梁脚手架面积(A)＝原地面至盖梁顶面的高度×盖梁外围周长加 3.6m×跨(孔)/上下行

＝$h\times[(a+b)\times2+3.6\text{m}]$×跨(孔)/上下行

＝(5.18m－2.7m)×[(1.2m＋16.6m)×2＋3.6m]×4 跨(孔)/上下行

＝2.48m×39.2m×4

＝388.86m^2

当盖梁结构高度为 5.18m－2.7m＝2.48m 时，套取定额 9. 脚手架中“桥梁立柱高 10m 以内”定额子目，工程量为 388.86m^2。

得：

(1) 立柱脚手架面积为 119.58m^2；盖梁脚手架面积为 388.86m^2。

(2) 查表 5-32“脚手架工程量清单项目设置、项目子目对应比照表”，得知套用通用工程一般项目 S1-1-：9. 脚手架(桥梁工程：——桥梁立柱、桥梁盖梁)定额子目。

注：

(1) 上述两项工程内容包括了立柱、盖梁脚手架工程结构技术措施的全部措施项目；

(2) 另外根据表 1-20“工程量清单、市政定额、施工工程量‘算量’”，得知其间区别“在于计量的依据、计算规则、目的和计量单位的不同”，注意工程量清单综合单价的计价。

【例题 5-14】 某(工程实例)桥梁实体工程分上下行桥，采用三孔跨河桥梁，桥采用预应力空心板梁，高度大于 1.8m 的长度为 16.0m，平均高度 2.5m；求：梁底勾缝脚手架面积且套取哪项定额子目？

【解题分析 5-14】

依据表 5-34“桥梁及预制梁脚手架工程量‘算量’”项次 3 预制板梁梁底及预制 T 形的梁与梁接头缝脚手架横项中规定：梁底勾缝及预制 T 形梁箱梁与梁接头，每一跨(孔)所需的脚手架按该跨(孔) 梁底平均高度套用简易脚手架(高 3.6m 以内)或双排脚手架定额，工程量以该跨(孔)梁底平均高度乘以梁长计算

梁底勾缝脚手架面积(A)＝梁长×跨(孔)梁底平均高度×跨(孔)/上下行

＝16.0m×2.5m×4 跨(孔)/上下行

＝160.0m^2

虽然已知条件该跨(孔)梁底平均高度未超过 3.6m，但由于大部分处于水上故按双排计算；套取定额 9. 脚手架中“双排脚手架高 10m 以内”定额子目，工程量为 160.0m^2。

得：

(1) 工程量计算结果：梁底勾缝脚手架面积为 160.0m^2；

(2) 查表 5-32“脚手架工程量清单项目设置、项目子目对应比照表”，得知套用通用工程一般项目 S1-1-：9. 脚手架(通用项目：——双排、简易)“双排脚手架高 10m 以内”定额子目定额子目。

注：

(1) 上述一项工程内容包括了梁底勾缝脚手架工程结构技术措施的全部措施项目；

(2) 另外根据表 5-20“工程量清单、市政定额、施工工程量‘算量’”，得知其间区别“在于计量的依据、计算规则、目的和计量单位的不同”，注意工程量清单综合单价的计价。

【例题 5-15】 (思考型解题实例七)顶管实体工程钢筋混凝土沉井工作坑浇捣钢筋混凝土脚手架的工程概况是仍以【例题 4-23】顶管钢筋混凝土沉井工作坑实体工程为续，以其提供的资料为条件；求：顶

管钢筋混凝土沉井工作坑浇捣钢筋混凝土脚手架工程量多少且套取哪项定额子目？

【解题分析 5-15】

依题已知：工作坑尺寸(内径)：A=7.50m，B=3.50m，壁厚 h=0.6m

依据《上海市市政工程预算定额》总则第一章第五节第 1.5.4 条第 2 点说明以沉井外壁周长乘高度

(1) 沉井外壁周长 $L=[(A+h\times2)+(B+h\times2)]\times2$

$$=[(7.50\text{m}+0.6\text{m}\times2)+(3.50\text{m}+0.6\text{m}\times2)]\times2=26.8\text{m}$$

(2) 高度 H=2.5m+5.95m=8.45m

(3) 浇捣钢筋混凝土脚手架 $S=L\times h$

$$S=L\times h=26.8\text{m}\times8.45\text{m}=226.46\text{m}^2$$

得：

(1) 工程量计算结果：顶管钢筋混凝土沉井工作坑浇捣钢筋混凝土脚手架面积为 226.46m^2；

(2) 查表 5-32“脚手架工程量清单项目设置、项目子目对应比照表”，得知套用通用工程一般项目 S1-1-：9. 脚手架(通用项目：——双排、简易)定额子目定额子目。

注：

(1) 上述一项工程内容包括了顶管钢筋混凝土沉井工作坑浇捣钢筋混凝土脚手架工程结构技术措施的全部措施项目；

(2) 另外根据表 1-20“工程量清单、市政定额、施工工程量‘算量’”，得知其间区别“在于计量的依据、计算规则、目的和计量单位的不同”，注意工程量清单综合单价的计价。

【例题 5-16】（思考型解题实例七）顶管实体工程 ϕ1000TLM 管道顶进脚手架的工程概况是仍以【例题 4-24】顶管钢筋混凝土沉井工作坑实体工程为续，以其提供的资料为条件；求：ϕ1000TLM 管道顶进脚手架工程量多少且套取哪项定额子目？

【解题分析 5-16】 略。

5.4 施工排水、降水(项目编码：0504)

施工排水和降低地下水位是土方工程施工的重要工作；在施工过程中，是为了改善工作条件，防止流沙现象发生，土方边坡做陡些，从而减少挖方量的措施。施工排水方式见表 5-35。

井点降水是在基坑的一侧(两侧)或四周埋入深于坑底的井点滤水管，以总管连接抽水，使地下水位低于坑底，以便在无水干燥的状态下施工。

排水方式　　表 5-35

项目名称	方法	图示
集水坑排水法	集水坑排水除严重流砂时不宜采用外，一般情况下均可采用。它主要是用水泵将水排出坑外，排水时，泵的抽水量应大于集水坑内的渗水量。集水坑(沟)应设在基础范围之外，坑或沟底要低于基坑底面，深度应大于吸水龙头的高度，坑壁用竹筐围护，防止笼头堵塞。基坑施工接近地下水位时，应在坑角挖集水坑或沟，使渗出的水从沟流集到坑，然后用泵抽出，随着基坑的挖深，集水沟也应随着加深，并低于坑底面约 0.30～0.50mm	图 5-27、图 5-28
井点排水法	井点法是在基坑周围布置钻孔，插入井点管，并抽水降低坑沟水位。排水前，由土层的渗透系数可求出降低水位的深度；由工程特点而选择各井点排水方法及设备。 各井点法排水适用于粉、细砂或地下水位较高、挖基较深、坑壁不易稳定和用普通方法排水难以解决的基坑	图 5-29～图 5-33
改河截流的排水法	在不通航的小河沟、山间小溪，因水浅，流量小，地形有利时，可用改河截流防水排水。改河截流可分为局部和全部改道两种情况，当修筑中小桥，跨越小溪沟或季节性河流，可综合各种排水防水方法以及桥梁的施工工艺加以选择	—

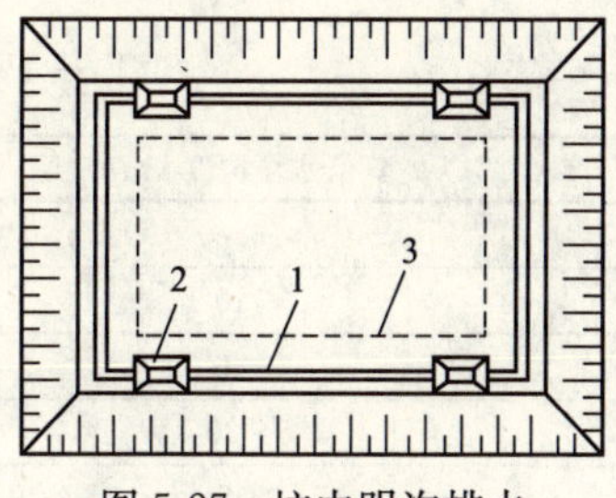

图 5-27　坑内明沟排水

1—排水沟；2—集水井；3—基础外缘线

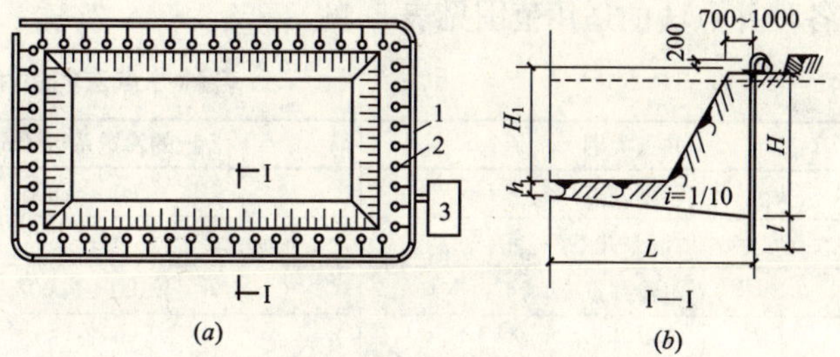

图 5-28　环形井点布置示意图

(a)平面布置；(b)高程布置

1—井点管；2—总管；3—抽水没备

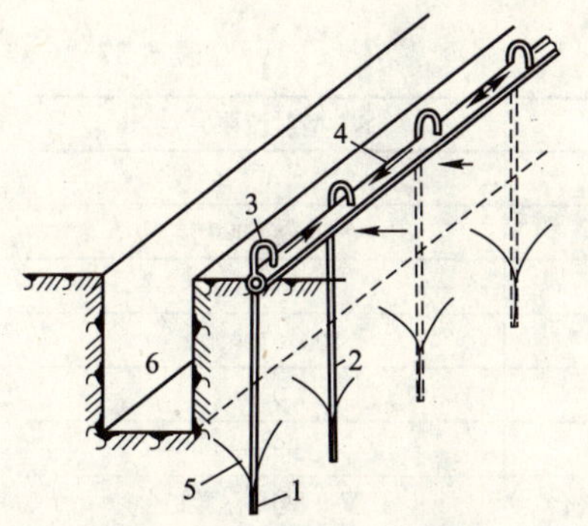

图 5-29　单排井点系统

1—滤水管；2—井管；3—弯联管；

4—总管；5—降水曲线；6—沟槽

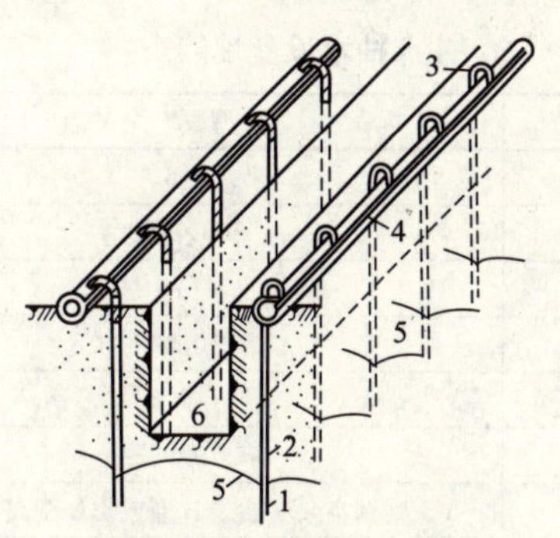

图 5-30　双排井点系统

1—滤水管；2—井管；3—弯联管；

4—总管；5—降水曲线；6—沟槽

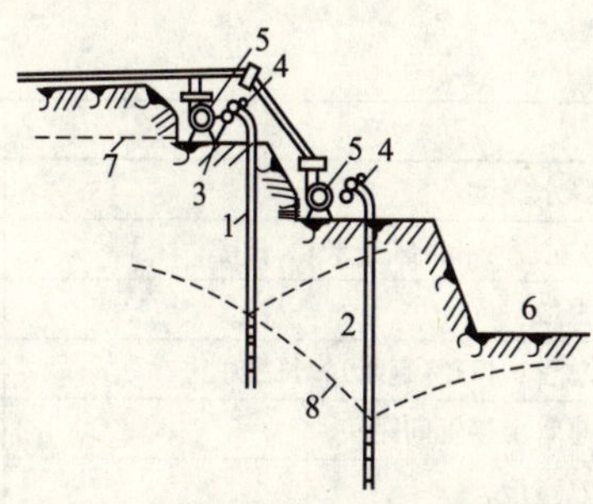

图 5-31　多层轻型井点降水示意图

1—第一层井点；2—第二层井点；3—总管；

4—连接管；5—水泵；6—坑(槽)；

7—原地下水位；8—降水后水位

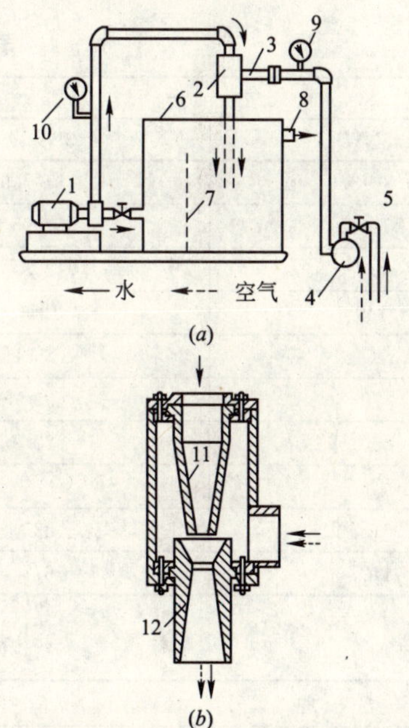

图 5-32　射流泵井点设备工作简图

(a)工作简图；(b)射流器构造

1—离心泵；2—射流器；3—进水管；4—集水总管；5—井点管；6—循环水箱；7—隔板；8—泄水口；9—真空表；10—压力表；11—喷嘴；12—喉管

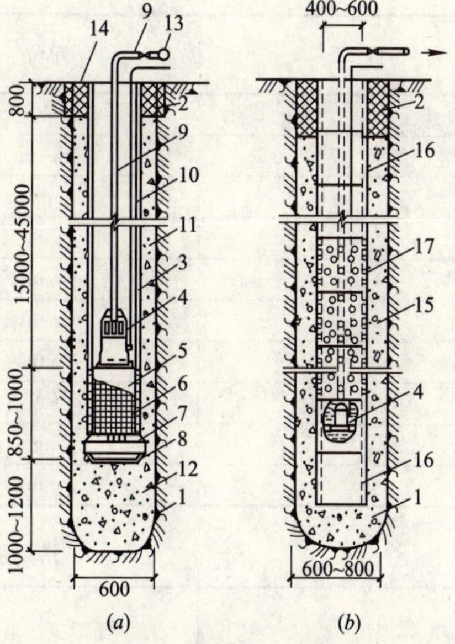

图 5-33　深井井点构造

(a)钢管深井；(b)混凝土管深井

1—井孔；2—井口(黏土封口)；3—ϕ300～ϕ375mm 井管；4—潜水电泵；5—过滤段(内填碎石)；6—滤网；7—导向段；8—开孔底板(下铺滤网)；9—ϕ50mm 出水管；10—电缆；11—小砾石或中粗砂；12—中粗砂；13—ϕ50～ϕ75mm 出水总管；14—20mm 厚钢板井盖；15—小砾石；16—沉砂管(混凝土实管)；17—混凝土过滤管

各种井点法的适用范围见表5-36。

各种井点法的适用范围　　　　表5-36

井点类别	土的渗透系数（m/d）	降低水位深度（m）
轻型井点	0.1～80	≤6～9
射流泵井点	0.1～50	≤10
电渗井点	0.1～0.002	5～6
喷射井点	0.1～50	8～20
深井泵	10～80	>15
管井井点	20～200	3～5

注：真空深井井点适用于涌水量大、较深的砂类土，降低水位深度可达50m以内。

井点抽水设备的性能见表5-37。

井点抽水设备性能表　　　　表5-37

项　　目	单位	VS型真空泵井点	S-1型射流泵井点
降水深度	m	6	6
井点管：口径(毫米)×长度	mm	50×6000	50×6000
根数	根	70	75
总管：口径(毫米)×长度	mm	125×100000	100×100000
总管上接管间距	m	0.8	0.8
真空度	Pa	99992	99992
配套电机设备	台	V5型真空泵一台、B型或BA型离心泵一台	3LV-9型离心泵二台
额定功率	kW	11.5	15
主机外形尺寸，长×宽×高	mm	2400×1400×2000	2300×1000×1350
重量	kg	1800	800

泥浆泵技术性能表　　　　表5-38

项　　目	单位	型　　号	
		2.5NWL	3NWL
工作扬程	m	5.8～3.6	9.8～7.9
工作流量	m^3/h	25～45	55～95
最大扬程	m	7.7	12.3
叶轮直径	mm	149	187
叶片数×叶片高度	mm	3×44	3×53
进口口径	mm	70	90
出白口径	mm	60	70
配用电机功率	kW	1.5	3
全机重量	kg	61.5	83
全机长度	mm	1427	1677

常用潜水泵技术性能　　　　表5-39

项　　目	单位	型　　号			
		QY-3.5	QY-7	QY-15	QY-25
扬程	m	3.5	7	15	25
流量	m^3/h	100	65	25	15
使用范围	m	15	510	1018	1828
水泵出水管内径	mm	125	100	50	40
配用出水管内径	mm	152	102	64	51
水泵型式		轴流泵	混流泵	离心泵	离心泵
电动机：功率	kW	2.2	2.2	2.2	2.2

续表

项　目	单位	型　号			
		QY-3.5	QY-7	QY-15	QY-25
电压	V	380	380	380	380
电流	A	6.5	6.5	6.5	6.5
转速	(转/min)	2800	2800	2800	2800

Sh 型单级双吸离心水泵性能表　　**表 5-40**

水泵型号	流量(m^3/h)	扬程(m)	吸程(m)	电机功率(kW)	重量(kg)
6Sh-6	126～198	—	5	55	150
6Sh-9	—	—	5	40	145
8Sh-6	—	—	4.5	100	309
8Sh-9	—	—	5.33.0	75	265
8Sh-13	—	—	51.8	55	219
10Sh-6	—	—	6	135	598
10Sh-9	—	—	6	75	428
10Sh-13	360～576	27～19	6	55	420

排水降水工程施工机具设备配备见表 5-41。

排水降水工程施工机具设备配备　　**表 5-41**

机　械　设　备	湿土排水	轻型井点	喷射井点	大口径井点	真空深井井点
5t 履带式电动起重机		√	√		√
10t 履带式起重机			√	√	
15t 履带式起重机			√	√	
轻便钻机(XJ-100)		√			
工程钻机(SPJ-300)				√	√
液压钻机(G-2A)			√		
45kW 震动锤				√	
单慢 5t 电动卷扬机					√
泥浆排放设备					√
37kW 泥浆泵					√
660m^3/h 真空泵					√
ϕ50 电动单级离心清水泵	√				
ϕ100 电动单级离心清水泵	√				
ϕ150 电动多级离心清水泵扬程 180m 以下		√	√	√	
射流井点泵		√			
ϕ100 污水泵		√	√	√	√
6m^3/min 电动空气压缩机			√		

注：1. 选自《上海市市政工程预算定额》(2000)，用来计算计量单位分项工程所需的人工、材料、施工机械台班消耗量；
2. 定额中未包括大型机械的场外运输、安拆(打桩机械除外)、路基及轨道铺拆等，如计算，则请参阅 5. 措施项目(市政工程)5.1 大型机械设备进出场及安拆(项目编码：0501)表 5-3"大型机械设备进出场选用表"。

观测孔

一个井点组至少设置两个观测孔，为指导开挖和绘制降水漏斗曲线，应在槽侧和降水漏斗曲线变化处加设观测孔。观测孔的井管、滤管长度和结构以及冲点方式、填加滤料等

均应与井点管一致。

当渗透系数 k=5～20m/d，影响半径 R=80～150m 时，可按表 5-42 布置观测井。

观测井与井点的距离(m)　　**表 5-42**

孔号 地下水状态	第一孔	第二孔	第三孔
承压水	3～5	6～8	10～15
潜水	2～3	4～6	8～12

施工排水、降水工程量清单项目设置、项目子目对应比照表　　**表 5-43**

项目编码	项目名称	项目特征	计量单位	工程内容	分部工程项目、名称 (所在《市政工程预算定额》册、章、节)
0504	施工排水、降水	1. 排水方式 2. 材质 3. 规格 4. 深度	m^3 座 根 套·d	1. 湿土排水施工期间的全部排水 2. 筑拆 水井 3. 抽水 4. 轻型井点、喷射井点 5. 大口径井点 6. 真空深井井点	通用项目一般项目 S1-1-: 5. 湿土排水; 6. 筑拆集水井(混凝土集水井、竹箩滤井); 7. 抽水 通用项目井点降水 S1-5-: 1. 轻型井点(安装、拆除、使用); 2. 喷射井点(安装、拆除、使用); 3. 大口径井点(安装、拆除、使用); 4. 真空深井井点(安装、拆除、使用)

注：1. 选自国家标准《建设工程工程量清单计价规范》GB 50500—2008“附录D市政工程工程量清单项目及计算规则”及《〈建设工程工程量清单计价规范〉上海市市政工程操作指南》;
2. 安装、拆除均以根为单位，使用以套·天;
3. 定额中未包括挖槽工作内容，可另行计算，请参阅 4.1 土石方工程(项目编码：040101)中表 4-5“土质现场鉴别方法”注 5. 采用井点降水的土方应按干土计算;
4. 抽槽宽度为 0.8m，其深度为：建成区挖至道路隔离层底；非建成区挖至 50～70cm。

市政工程中施工排水、降水施工方案选用表　　**表 5-44**

项次	《市政工程预算定额》		项目名称	相应定额(七节)子目	
	册	章		湿土排水	井点降水
1	第一册通用项目	第一章一般工程、第五章井点降水	相应定额子目所在的册、章、节 S1-1-：5. 湿土排水、6. 筑拆集水井、7. 抽水 S1-5-：1. 轻型井点、2. 喷射井点、3. 大口径井点、4. 真空深井井点	√	√
		第三章翻挖、拆除	拆除排水管道(混凝土管道)		√
2	第二册道路工程		—		
3	第三册道路交通管理设施工程		—		
4	第四册桥涵及护岸工程	第二章土方工程、第九章立交箱涵工程	1. 桥台基坑开挖 2. 沉井基坑开挖 3. 立交箱涵工程		√
5	第五册排水管道工程	第一章开槽埋管、第二章顶管	1. 开槽埋管沟槽挖土(含同沟槽施工) 2. 顶管基坑挖土	√	√
6	第六册排水构筑物及机械设备安装工程	第二章泵站下部结构	泵站沉井(顶管沉井坑)		√
7	第七册隧道工程	第一章隧道沉井、第二章盾构掘进、第三章垂直顶升、第四章地下连续墙	1. 盾构沉井基坑开挖 2. 管节顶升基坑开挖 3. 盾构掘进基坑开挖 4. 地下连续墙支撑基坑开挖	已包括	√

注：1. 系指定额中未包括湿土排水、井点降水，发生时套用相应定额子目;
2. 在编制工程量清单时不要漏列湿土排水、井点降水项目;
3. 当采用其他技术措施(如树根桩、深层搅拌桩等)起隔水帷幕作用时，不得重复计算井点降水费用；树根桩、深层搅拌桩等，请参阅表 5-70“树根桩与灌注桩区分甄选表”及表 5-71“地基加固工程量‘算量’”的释义;
4. 隧道工程因其挖土定额中已列抽水设备。

排水技术方法适用范围　　表5-45

井点类型	适合地层	土层渗透系数(m/d)	降水水位深度(m)
明排井(坑)	黏性土、砂土	<0.5	<2
轻型井点	黏性土、粉质黏土、砂土	0.1~8.0	≤6~9(一、二级)
真空井点		0.1~20.0	单级　多级
喷射井点		0.1~50.0	8~20
电渗井点	黏性土	<0.1	根据选用井点类型确定
引渗井点	黏性土、砂土	0.1~20.0	由下伏含水层的埋藏和水头条件确定
管井井点	砂土、碎石土	20.0~200.0	3~5
大口井点	砂土、碎石土	1.0~200.0	<20
辐射井点	黏性土、砂土、砾砂	0.1~20.0	<20
潜埋井点	黏性土、砂土、砾砂	0.1~20.0	>2

注：1. 根据土的渗透系数/要求降低水位的深度及设备条件等；
2. 井点类型采用由施工组织设计确定；
3. 施工组织设计选用施工方法，请参阅《下篇　常用计算数据》第九册9. 市政施工组织设计及索赔管理9.1市政施工组织设计及表9-5“施工组织设计涉及工程量”算量“对应选用表”释义。

湿土排水工程量“算量”　　表5-46

湿土排水	1. 湿土排水按原地面1.0m以下的挖土数量计算
	2. 筑拆集水井按排水管道开槽埋管工程每40m设置一只，其他工程一般按每个基坑设置一只，大型基坑按批准的施工组织设计确定开槽埋管实体工程的长度工程量计算，请参阅表4-39“开槽埋管实体工程各‘算量’要素系数统计汇总表”续表雨水管汇总中注释说明“铺设长度(23)列”计算长度
	3. 抽水适用于河塘及坝内河水的排除，工程量按实际排水体积计算

注：1. 选自《上海市市政工程预算定额》(2000)工程量计算规则暨总、册说明；
2. 根据《全国统一市政工程预算定额》(1999)总说明及各册、章说明、依据上海市市政工程预算定额修编大纲，结合上海市情况编制补充定额部分，请参阅表1-27“《全国统一市政工程预算定额》(1999)关于各省、自治区、直辖市编制补充定额部分等项目”中“沟槽、基坑排水定额由各省、自治区、直辖市自定”的释义；
3. 湿土排水定额适用于挖土明排水施工的工程；
4. 定额内容包括施工期间的全部排水；
5. 挖土时，请参阅表5-47“施工排水、降水挖土方‘算量’”。

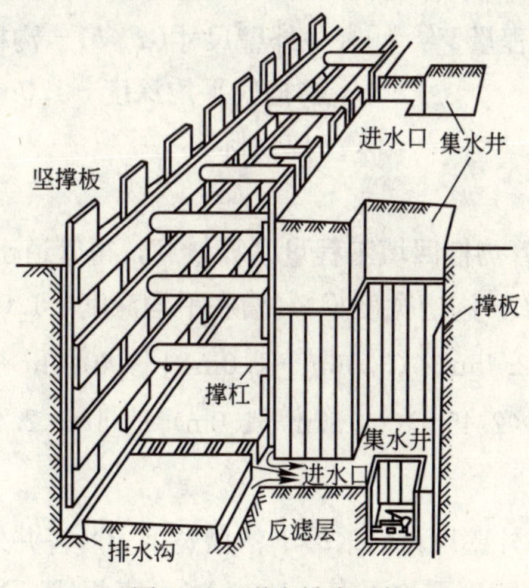

图5-34　明沟排水系统

施工排水、降水挖土方“算量”　　表5-47

项次	类　型	计 算 方 法
1	湿土排水	1. 湿土排水按原地面1.0m以下的挖土数量计算； 2. 当挖土不采用井点降水时，除隧道工程因其挖土定额中已列抽水设备外，都可以计取湿土排水； 3. 若挖土采用了井点降水时，除排水管道工程可以计取10%的湿土排水外，其他工程均不能再计算湿土排水； 4. 通常利用湿土排水的挖土数量约占总土方量的67%系数，进行工程量简化计算，但一般只适用于工程的概算、估算中

续表

项次	类　型	计　算　方　法
2	井点降水	抽槽宽度为 0.8m，其深度为： 1. 建成区挖至道路隔离层底； 2. 非建成区挖至 50～70cm

注：1. 选自《上海市市政工程预算定额》(2000)工程量计算规则暨总、册说明；

2. 湿土排水的挖土数量，请参阅表 5-46 "湿土排水工程量'算量'"；

3. 定额未包括井点抽槽工作内容，可另行计算；

4. 泵站沉井(顶管沉井坑) 挖土时，请参阅表 5-50 "井点布置工程量'算量'"；

5. 修复路面时，请参阅表 4-18 "排水管道施工修复路面宽度工程量'算量'"。

【例题 5-17】（规范型解题教案三）排水管道实体工程湿土排水的工程概况是仍以【例题 4-7】挖沟槽土方为续，以表 4-32 "开槽埋管实体工程各类'算量'要素统计汇总表"提供的资料为条件；求：排水管道湿土排水工程量及筑拆集水井？

【解题分析 5-17】

依题已知：管径 ϕ1000，管道长度分别为 36.5m、40.0m、45.5m，槽底平均深度分别为 3.36m、3.50m、3.37m，定额深度 3.5m，窨井外壁尺寸($a\times b$)为 3.44m×3.74m，相邻窨井座数 n 为 3 座，实际窨井座数 N 为 4 座，沟槽长度(毛长) 126.60m；

依据表 5-46 "湿土排水工程量'算量'"，查表 4-39 "开槽埋管实体工程各'算量'要素系数统计汇总表"续表雨水管汇总中注释说明"铺设长度(23)列，为《措施项目》中 5.4 施工排水、降水(项目编码：0504)，5.7 现场施工围栏(项目编码：0507)，5.8 施工便道(项目编码：0508)等项目的计算长度"，得 L_2 为 125.0m

(1) 湿土排水挖土工程量公式

1) 当管径 ϕ1000 时，查表 4-22 "混凝土、钢筋混凝土管沟槽宽度表"，得沟槽宽度 B 为 2450mm；

2) 查表 5-47 "施工排水、降水挖土方'算量'"，得"湿土排水按原地面 1.0m 以下的挖土数量计算"；

① 管道土方湿土排水工程量 $V_{管}$＝管道长度 L×沟槽宽度 B×(槽底平均深度－1.0m)

② 窨井增加土方湿土排水工程量 $V_{窨}$＝[窨井外壁尺寸($a\times b$)－沟槽宽度 B×窨井外壁尺寸 a]
×[Σ(槽底平均深度－1.0m)÷n 座相邻×N 座实际]
×N 座实际

(2) 湿土排水工程量

查表 4-78 "排水管道开槽埋管沟槽回填工程量'算量'"，得管道土方 $V_{管}$、窨井增加土方 $V_{窨}$ 公式

1) 管道土方 $V_{管}$＝管道长度 L×沟槽宽度 B×(槽底平均深度－1.0m)
＝[36.5m×2.45m×(3.36m－1.0m)]＋[40.0m×2.45m×(3.50m－1.0m)]
＋[45.5m×2.45m×(3.37m－1.0m)]＋[4m×2.45 m×(3.36－1＋3.37－1)÷2]
＝743.42m^3

2) 窨井增加土方 $V_{窨}$＝[窨井外壁尺寸($a\times b$)－沟槽宽度 B×窨井外壁尺寸 a]
×[Σ(槽底平均深度－1.0m)÷n 座相邻×N 座实际]×N 座实际
＝(3.44m×3.74m－2.45m×3.44m)×[(3.36m－1.0m)
＋(3.50m－1.0m)＋(3.37m－1.0m)]÷3×4 座×4 座
＝42.78m^3

3) 小计(1～2 之和)：ΣV＝(743.42m^3＋42.78m^3)×10%＝786.2m^3×10%＝78.62m^3

(3) 筑拆集水井

1) 查表 5-46 "湿土排水工程量'算量'"，得"筑拆集水井按排水管道开槽埋管工程每 40m 设置一

只，其他工程一般按每个基坑设置一只，大型基坑按批准的施工组织设计确定”；

2）筑拆集水井数量：126.60m÷40.0m/只＝3.165 取 3 只

得：

① 湿土排水工程量为 78.62m^3；筑拆集水井数量取 3 只；

② 查表 5-43“施工排水、降水工程量清单项目设置、项目子目对应比照表”，得套用通用项目一般项目 S1-1-：5. 湿土排水；6. 筑拆集水井(混凝土集水井、竹箩滤井)；7. 抽水定额子目。

注：

(1) 上述二项工程内容包括了开槽埋管工程湿土排水、筑拆集水井工程结构技术措施的全部措施项目；

(2) 另外根据表 1-20“工程量清单、市政定额、施工工程量‘算量’”，得知其间区别“在于计量的依据、计算规则、目的和计量单位的不同”，注意工程量清单综合单价的计价。

井点降水基本条件规定　　　　**表 5-48**

类型	井点降水基本条件
采用井点条件	根据上海市市的地下水位和土质情况，当开挖深度在 3m 以上，根据地质钻探资料和土质分析报告，遇到下列情况会产生流砂现象时，可采用井点降水 1. 土质组成颗粒中，粘土含量<10%，粉砂含量>75%； 2. 土质不均匀系数 D60/D10<5(D60—限定颗粒，D10—有效颗粒)； 3. 土质含水量>30%； 4. 土质孔隙率>43%或土质孔隙比>0.75； 5. 在粘性土层中夹薄层粉砂，其厚度超过 25cm
各类井点适用条件	1. 开挖深度指从原地面至沟槽、基坑底面或沉井刃脚设计标高的深度； 2. 开挖深度在 6.0m 以内采用轻型井点； 3. 当开挖深度在 6.0m 以上时，则采用喷射井点； 4. 采用大口径井点、深井井点应按批准的施工组织设计执行

注：1. 选自《上海市市政工程预算定额》(2000)工程量计算规则暨总、册说明；
2. 根据《全国统一市政工程预算定额》(1999)总说明及各册、章说明、依据上海市市政工程预算定额修编大纲，结合上海市情况编制补充定额部分，请参阅表 1-27“《全国统一市政工程预算定额》(1999)关于各省、自治区、直辖市编制补充定额部分等项目”中“其他降水方法如深井降水、集水井排水等，各省、自治区、直辖市可自行补充”的释义；
3. 土方开挖中的重大事故多半与水有关；一般情况下，施工排水和降低地下水位，涉及的是地面水和浅层地下水(潜水)；潜水系指地表以下第一个不透水层(隔水层)以上，是有自由水面的重力水，其自由水面的高程称为地下水位，地表至地下水位之差称为地下水埋深；
4. 地下水就可能带走土体孔隙边上的粉粒、粉砂，形成流砂或管涌，以致土体掏空、边坡失稳，地面下沉，甚至使基坑开挖无法进行；因此必须采取措施，搞好施工排水、降低地下水位；
5. 各指标，请参阅表“土的三相比例指标推导换算的公式”；
6. 施工组织设计选用施工方法，请参阅《下篇　常用计算数据》第九册 9. 市政施工组织设计及索赔管理 9.1 市政施工组织设计及表 9-5“施工组织设计涉及工程量‘算量’对应选用表”释义。

每套井点设备规定　　　　**表 5-49**

井点设备种类	说　明
轻型井点	井点管间距为 1.2m，50 根井管、相应总管 60m 及排水设备
喷射井点	井点管间距为 2.5m，30 根井根、相应总管 75m 及排水设备
大口径井点	井点管间距为 10m，10 根井管、相应总管 100m 及排水设备
深井井点	按施工组织设计计算

井点布置工程量“算量”　　　　**表 5-50**

形　式	说　明
排水管道	1. 开槽埋管除特殊情况根据批准的施工组织设计采用双排布置外，其余均按单排布置，工程量按管道长度以延长米计算(不扣除窨井所占长度) 2. 顶管基坑按外侧加 1.5m 作环状布置

续表

形 式	说 明
泵站沉井(顶管沉井坑)	1. 按沉井外壁直径(不计刃脚与外壁的凸口厚度)加 4.0m 环状布置 2. 沉井挖土工程量计算公式如下: ① 圆形泵站 $C=\pi(D+4)$ 式中 D——为沉井外壁直径(m) ② 矩形泵站 $C=[(A+4)+(B+4)]\times 2$ 式中 A——沉井外壁长(m) B——沉井外壁宽(m)

注:1. 选自《上海市市政工程预算定额》(2000)工程量计算规则暨总、册说明;
2. 施工组织设计选用施工方法,请参阅《下篇 常用计算数据》第九册 9. 市政施工组织设计及索赔管理 9.1 市政施工组织设计及表 9-5 "施工组织设计涉及工程量'算量'对应选用表"释义。

井点使用周期工程量计算 **表 5-51**

形 式	说 明
排水管道轻型井点	1. 使用周期,如表 5-44 所示"排水管道轻型井点使用周期工程量计算(单位:套·天)" 2. 同沟槽施工时,井点降水的使用费可按大的管径加一档的使用周期计算
泵站沉井	1. 沉井内径≤15.0m 为 50 套·d;当内径>15.0m 时为 55d,套数按实际长度计算(矩形沉井按等圆面积计算) 2. 顶管沉井基坑按 30 套·天计算
隧道工程	1. 盾构工作井沉井、暗理段连续沉井和通风井按 50d 2. 大型支撑深基坑开挖采用大口径井点按 114d,套数按实际长度计算

注:真空深井点按不同深度,安拆以座计算,使用以座·d 计算。

排水管道轻型井点使用周期工程量计算(单位:套·d) **表 5-52**

管 径	开槽埋管	顶 管
ϕ300~ϕ600	22	
ϕ300	25	
ϕ1000	27	28
ϕ1200	28	30
ϕ1400	30	32
ϕ1600	32	32
ϕ1800	34	33
ϕ2000	40	33
ϕ2200	42	34
ϕ2400	42	35
ϕ2700	44	37
ϕ3000	47	40
ϕ3500	50	43

注:1. 井点使用单位:套·d,累计尾数不足一套者计作一套,一天按 24h 计算;
2. 采用喷射井点时,按表中减少 5.4 套·d 计算;
3. PH-48 管和丹麦管按表中乘以 0.8 系数;
4. UPVC 管和 FRPP 管按表中乘以 0.6 系数;
5. 同沟槽施工时,井点降水的使用费可按大的管径加一档的使用周期计算。

隧道盾构沉井(矩形基坑)

【例题 5-18】 某隧道盾构沉井矩形基坑沉井的井点布置,按沉井井壁外沿加 2.0m 作环状布置。井点使用周期按 50d(或根据批准的施工组织设计),套数按实际长度计算,图形各尺寸详见 4.1 土石方工程(项目编码:040101)【例 4-2】某隧道沉井的基坑开挖案例释义,求:隧道盾构沉井矩形基坑沉井将采用何种井点降水形式,井点安、拆的根数,井点使用套·d 数?

【解题分析 5-18】 依题已知：

(1) 当本工程沉井高度大于为 6.00m 时，查表 5-48“井点降水基本条件”中“当开挖深度在 6.0m 以上时，则采用喷射井点”规定，得本工程井点降水形式为喷射井点

(2) 环状布置长度：查表 5-50“井点布置工程量‘算量’”，得单排布置，工程量按按沉井外壁直径(不计刃脚与外壁的凸口厚度)加 4.0m 环状布置，为 68.0m。

查表 5-50“井点布置工程量‘算量’”中泵站沉井(顶管沉井坑)系数的横行内各数，参排水构筑物矩形泵站

$$C=[(A+4)+(B+4)]\times 2$$

式中　A——沉井外壁长(m)；

　　　B——沉井外壁宽(m)。

① 沉井外壁长(A)＝构筑物壁厚度＋构筑物基础长度＋构筑物壁厚度

＝1.0m＋13.0m＋1.0m＝15.0m

② 沉井外壁宽(B)＝构筑物壁厚度＋构筑物基础长度＋构筑物壁厚度

＝1.0m＋9.0m＋1.0m＝11.0m

③ 环状布置长度 $C=[(A+4)+(B+4)]\times 2=[(15.0\text{m}+4)+(11.0\text{m}+4)]\times 2=68.0\text{m}$

(3) 喷射井点安、拆

当本工程确定采用喷射井点降水时，查表 5-49“每套井点设备规定”，得喷射井点井点管间距为 2.5m，30 根井根、相应总管 75m 及排水设备；

轻型井点安、拆根数＝68.0m÷2.5m/管间距

＝27.2 根≈27 根(四舍五入)

(4) 喷射井点使用

查表 5-51“井点使用周期工程量计算”，得盾构工作井沉井、暗理段连续沉井和通风井按 50d。

① 轻型井点使用套·天数＝68.0m÷75m/套＝0.907 套≈1 套(计算规则：尾数不足一套者计作一套，一天按 24h 计算)

② 1 套×50d＝50 套·d

得：

(1) 本隧道盾构矩形基坑沉井工程井点降水形式采用喷射井点；喷射井点安、拆为 27 根；喷射井点使用为 50 套·天；

(2) 查表 5-43“施工排水、降水工程量清单项目设置、项目子目对应比照表”，得知套用通用项目井点降水 S1-5-：1. 轻型井点(安装、拆除、使用)2. 喷射井点(安装、拆除、使用)3. 大口径井点(安装、拆除、使用)4. 真空深井井点(安装、拆除、使用)定额子目。

注：

(1) 上述二项工程内容包括了隧道盾构矩形基坑沉井工程井点降水工程结构技术措施的全部措施项目；

(2) 另外根据表 1-20“工程量清单、市政定额、施工工程量‘算量’”，得知其间区别“在于计量的依据、计算规则、目的和计量单位的不同”，注意工程量清单综合单价的计价。

市政管网工程

开槽埋管(排水管道)

【例题 5-19】 (规范型解题教案三)排水管道实体工程井点降水的工程概况是仍以【例题 4-7】挖沟槽土方为续，以表 4-39“开槽埋管实体工程各类‘算量’要素统计汇总表”提供的资料为条件；求：排水管道井点降水将采用何种井点降水形式，井点安、拆的根数，井点使用套·天数?

【解题分析 5-19】

依题已知：沟槽长度为 124.44m，开挖深度从原地面至沟槽平均深度小于 3.0m，在 6.0m 以内，铺设 PH-48 管管道的管径为 ϕ1000，详见 4.1 土石方工程(项目编码：040101)中市政管网工程一、开槽埋管表 4-39“开槽埋管工程各‘算量’要素系数统计汇总表”开挖案例释义

(1) 本工程开挖深度从原地面至沟槽在 6m 以内，查表 5-48“井点降水基本条件”，得“当开挖深度在 6.0m 以内时采用轻型井点”规定，本工程井点降水形式为轻型井点。

(2) 轻型井点安、拆

当本工程确定采用轻型井点降水时，查表 5-49“每套井点设备规定”，得轻型井点井点管间距为 1.2m，50 根井管、相应总管 60.0m 及排水设备；同时又查表 5-50“井点布置工程量计算”，得“开槽埋管除特殊情况根据批准的施工组织设计采用双排布置外，其余均按单排布置，工程量按管道长度以延长米计算(不扣除窨井所占长度)”规定，本工程沟槽长度为 124.44m。

轻型井点安、拆根数＝124.44m÷1.2m/管间距＝103.7 根≈104 根(四舍五入)

(3) 轻型井点使用

查表 5-52“排水管道轻型井点使用周期工程量计算”，得排水管道开槽埋管轻型井点使用周期 ϕ1000 管径为 27 套·天；PH-48 管本表乘以 0.8 系数。

轻型井点使用套·天数＝125.0m÷60.0m/套＝2.08 套≈3 套(计算规则：尾数不足一套者计作一套，一天按 24 小时计算)

3 套×27 套·天×0.8＝64.8 套·天≈65 套·天(四舍五入)

得：

(1) 本工程井点降水形式采用轻型井点；轻型井点安、拆为 104 根；轻型井点使用为 65 套·天；

(2) 查表 5-43“施工排水、降水工程量清单项目设置、项目子目对应比照表”，得知套用通用项目井点降水 S1-5-：1. 轻型井点(安装、拆除、使用)2. 喷射井点(安装、拆除、使用)3. 大口径井点(安装、拆除、使用)4. 真空深井井点(安装、拆除、使用)定额子目。

注：

(1) 上述二项工程内容包括了开槽埋管井点降水工程结构技术措施的全部措施项目；

(2) 另外根据表 1-20“工程量清单、市政定额、施工工程量‘算量’”，得知其间区别“在于计量的依据、计算规则、目的和计量单位的不同”，注意工程量清单综合单价的计价。

排水构筑物——雨水泵站沉井(圆形基坑)

【例题 5-20】 某雨水泵站工程采用现场预制钢筋混凝土沉井结构，基坑采用无支护挖土，泵站沉井外径为 9700mm，沉井内径为 9000mm，井壁厚度为 350mm，沉井高度为 6.43m。本工程原地面标高为＋4.00m，原地面无堆土。基坑底直径按刃脚外沿放宽 2.0m(即工作面 e)计算，基坑开挖深度为 1.8m，本工程采用井点降水，故放坡系数为 1∶0.5；图形各尺寸详见 4.1 土石方工程(项目编码：040101)【例 4-3】某雨水泵站工程的沉井结构圆形基坑开挖案例释义，求：将采用何种井点降水形式，井点安、拆的根数，井点使用套·天数？

【解题分析 5-20】 依题已知：

(1) 当沉井高度为 6.43m 时，查表 5-48“井点降水基本条件”中“当开挖深度在 6m 以上时，则采用喷射井点”规定，得本工程井点降水形式为喷射井点

(2) 环状布置长度：查表 5-50“井点布置工程量‘算量’”，得单排布置，工程量按按沉井外壁直径(不计刃脚与外壁的凸口厚度)加 4m 环状布置，为 43.03m。

查表 5-50“井点布置工程量‘算量’”泵站沉井(顶管沉井坑)系数的横行内各数，沉井挖土工程量计算公式如下：

圆形泵站　　　　　　　　　$C=\pi(D+4)$

式中　D——为沉井外壁直径(m)。

① 为沉井外壁直径(D)＝沉井内径＋构筑物井壁厚度×2 侧

＝9.0m＋0.35m×2 侧＝9.70m

② 圆形泵站环状布置 $C=\pi(D+4)$＝3.1416×(9.70m＋4.0m)＝43.03m

(3) 喷射井点安、拆

当本工程确定采用喷射井点降水时，查表 5-49“每套井点设备规定”，得喷射井点井点管间距为 2.5m，30 根井根、相应总管 75m 及排水设备；

轻型井点安、拆根数＝43.03m÷2.5m/管间距

＝17.21 根≈18 根(四舍五入)

(4) 喷射井点使用

① 轻型井点使用套・天数＝43.03m÷75m/套＝0.573 套≈1 套(计算规则：尾数不足一套者计作一套，一天按 24 小时计算)

② 当泵站沉井的沉井内径为 9000mm 小于等于规定 15.0m 时，查表 5-51“井点使用周期工程量计算”中泵站沉井系数的横行内各数，得沉井内径≤15m 为 50 套・天。

1 套×50 天＝50 套・天

得：本雨水泵站沉井(圆形基坑)沉井工程井点降水形式采用喷射井点；喷射井点安、拆为 18 根；喷射井点使用为 50 套・天。

注：

(1) 上述二项工程内容包括了雨水泵站沉井工程井点降水工程结构技术措施的全部措施项目；

(2) 另外根据表 1-20“工程量清单、市政定额、施工工程量‘算量’”，得知其间区别“在于计量的依据、计算规则、目的和计量单位的不同”，注意工程量清单综合单价的计价。

5.5　围堰(项目编码：0505)

所谓围堰，就是在基坑四周筑一道临时、封闭、挡水的构筑物，然后抽除围堰内的水，使基坑开挖在无水的状态下进行，待墩台等构筑物修筑出水面后，再对基坑回填并拆除围堰；它的作用是确保主体工程及附属设施在修建过程中不受水流侵袭，主要是防水和围水，保证正常施工。

施工桥梁墩台、护岸基础以及泵站出水口时，结构基础常常位于水中，有时水流的流速还比较大，施工时一般希望在无水的条件下进行，故施工桥梁水中基础、护岸基础、泵站出水口等最常用的方法是围堰法。

1. 围堰形式的选择(表 5-53)

围堰形式的选择　　　　**表 5-53**

围堰形式	围堰形式的选择
正常条件下	按围堰高选择形式和相应断面尺寸，按表 5-1“正常条件下按围堰高选择形式和相应断面尺寸”所示
特殊条件下	1. 遇有航运要求的河道，选择围堰形式，首先应考虑不影响河道航运为准。 2. 河床坡度大于 1∶1 或河床坡度有突变者以及河水流速大于 2m/s 时，应视不同施工方法决定围堰形式。 3. 拦河围堰(坝)应视具体情况，通过计算确定围堰(坝)形式。 4. 注意： *A*. 坝高虽在 3m 以内，应套用草土围堰，若围堰筑于小河浜里时，尽管小河浜不通航，由于草围堰放坡使坡脚宽度不允许时，可套用圆木桩围堰(高 3m 以内)。 *B*. 同样，钢板桩围堰适用于 5.0m～6.0m，当遇有特殊条件时(河床坡度、流速因素)，虽围堰高小于 3m，但也可套用钢板桩围堰(高 3m 以内)

正常条件下按围堰高选择形式和相应断面尺寸　　表 5-54

围堰高(m)	选择形式	围堰断面尺寸	
1.00～3.00	草包围堰	顶宽 1.5m；边坡：内侧 1∶1；外侧临水面 1∶1.5	
3.01～4.00	圆木桩围堰	围堰（坝身）宽	2.50m
4.01～5.00	型钢桩围堰		2.50m
5.01～6.00	钢板桩围堰		3.00m
＞6.00	拉森钢板桩围堰		3.35m

注：围堰高＝（当地施工期的最高潮水位－设计图的实测围堰中心河底标高）＋0.50m。围堰中心河底标高是指结构物基础底的外边线增加 0.5m 后，以 1∶1 坡线与原河床线的交点向外平移 0.3m 为围堰脚内侧（或围堰坡脚），再增加围堰底宽一半处的原河床底标高即为围堰中心河底标高。如图 5-35 所示“围堰高选择形式和相应断面尺寸”。

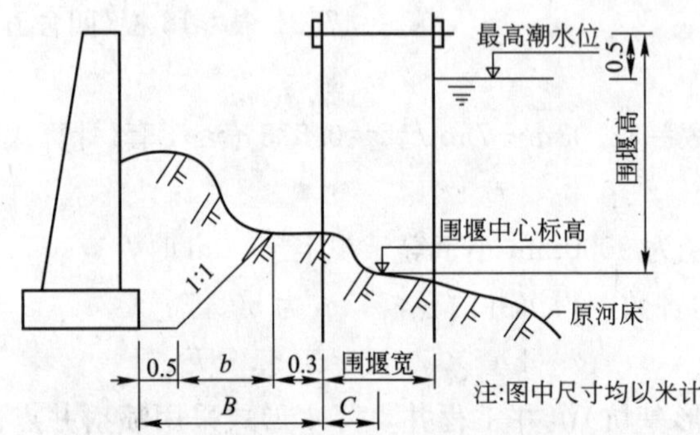

图 5-35　围堰高选择形式和相应断面尺寸

围堰工程量清单项目设置、项目子目对应比照表　　表 5-55

项目编码	项目名称	项目特征	计量单位	工程内容	分部工程项目、名称（所在《市政工程预算定额》册、章、节）
0505	围堰	1. 材料名称 2. 围堰高度 3. 养护	延长米 次 m^3	1. 土坝：挖土、清理基底、筑围堰夯实、清拆围堰等。 2. 草包围堰坝：挖土、装草包、清理基底、筑围堰夯实、拆围堰每过一次高潮汛期养护加固、清理等。 3. 筑拆围堰夯实。 4. 筑拆型钢，掘围堰。 5. 筑拆拉森钢板掘围堰	通用项目筑拆围堰 S1-2-： 1. 筑拆草包围堰(筑拆、养护)及土坝(筑拆) 2. 筑拆圆木桩围堰(筑拆、养护) 3. 筑拆型钢桩围堰(筑拆、使用、养护) 4. 筑拆钢板桩围堰(筑拆、使用、养护) 5. 筑拆拉森钢板桩围堰(筑拆、使用、养护) 通用项目一般项目 S1-1-： 7. 抽水 总说明文字代码 ZSN19-1-： 1. 土方场外运输

注：1. 选自国家标准《建设工程工程量清单计价规范》GB 50500—2008“附录 D 市政工程工程量清单项目及计算规则”及《〈建设工程工程量清单计价规范〉上海市市政工程操作指南》；

2. 筑拆围堰定额中已包括组装、拆除柴油打桩机的工作内容，但未包括船排的压舱，如发生船排压舱时，压舱的块石数量可按船排总吨位的 30%另计；如发生时，请参阅表“组装、拆除柴油打桩机桩机类别和锤重甄选表”；

3. 围堰定额中已包括了土方的场内运输。

2. 围堰工程量计算(表 5-56)

围堰工程量筑拆、使用、养护分类及工程量计算　　表 5-56

围堰分类	围堰工程量计算
筑拆部分	围堰筑拆按长度 $L=A+2(B+C+D)$，如图 5-36“围堰筑拆示意图”所示。
使用部分	按长度乘以使用天数计算，草土围堰及圆木桩围堰不计使用工程量。
	围堰的使用天数、潮汛次数按下列计算：
	1. 驳岸、桥台等新建工程：围堰使用天数为 24d，潮汛次数为 2 次。
	2. 驳岸、桥台等翻建、改建工程：围堰使用天数为 31d，潮汛次数为 2 次。

续表

围堰分类	围堰工程量计算
使用部分	3. 驳岸工程中凡采用高桩承台结构形式的，则不考虑围堰。拆除原有驳岸需筑围堰时，其使用天数为12d，潮讯次数为1次。
	4. 管道出口工程围堰使用天数为：成品管道出口(不分新建和改建)为36d，潮汛次数为3次；现浇钢筋混凝土管道出口(不分新建和改建)为36d，潮汛次数为3次。
养护部分	按长度乘以潮讯次数计算，不受潮汛影响时，不计养护工程量。

注：选自《上海市市政工程预算定额》(2000)工程量计算规则暨总、册说明。

围堰筑拆按长度以米计算，公式如下：

$$L=A+2(B+C+D) \tag{5-3}$$

式中　L——围堰长度(m)；

A——结构物基础长度(m)；

B——结构物基础端边至围堰体内侧的距离(m)；

C——围堰体内侧至围堰中心的距离(即1/2围堰底宽)(m)；

D——平行结构物基础的围堰体一端与岸边的衔接距离(m)。

$$L_{中}=A+2(B+C)$$

式中　$L_{中}$——围堰中心线直线长度。

腰围堰道数=围堰直线长度/50−2(尾数不足1道时，计作1道)

$$腰围堰长度=(D-围堰坝身平均宽度/2)\times 道数 \tag{5-4}$$

【例题5-21】 设某改建驳岸工程在有潮讯河道内筑草包围堰(图5-37)，围堰高度为2.0m，结构物从础长度为40m，平行结构物基础的围堰体一端与岸边衔接距离为20m，根据河床横断面图，基础底的外边线加0.5m后，以1∶1坡线与河床线交点的斜长为8.50m，试计算筑拆围堰费用。

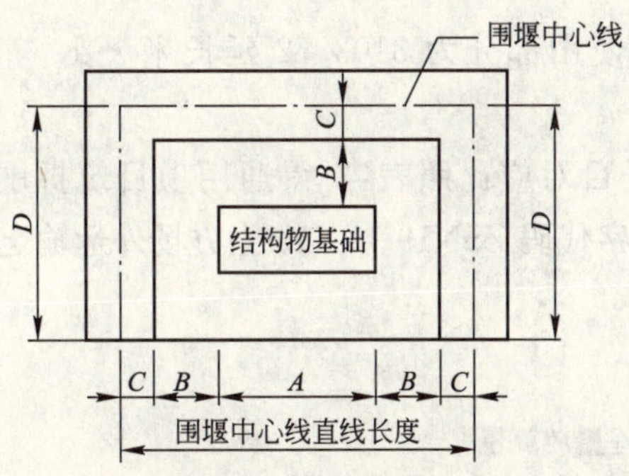

图5-36　围堰筑拆示意图

注：1. 结构物基础外沿(端边)至围堰体内侧的距离，可按围堰中心河底标高附图取定计算：
B=结构物基础底外沿增加0.5m后，以1∶1坡线与原河床线的交点外平移0.3m，$B=0.5\text{m}+b+0.3\text{m}$
2. 当平行结构物的围堰直线长度大于100m时，以100m长为准可设腰围堰一道，而后每50m另增一道，腰围堰按草包围堰计算。

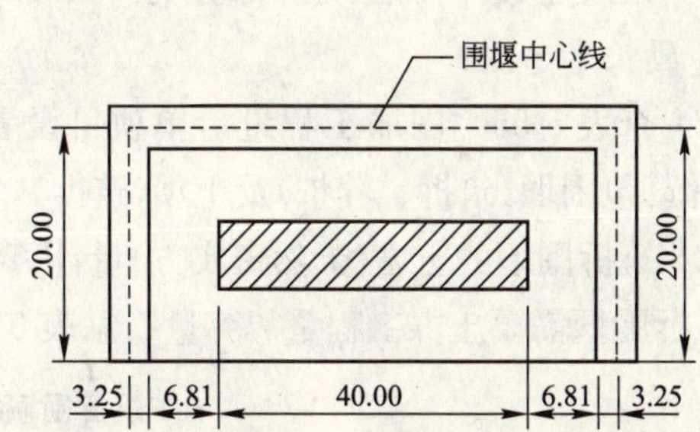

图5-37　有潮讯河道内筑草包围堰简易图

【解题分析5-21】

(1) 筑拆部分

① 结构物基础长度$A=40.0\text{m}$；

② 结构物基础端边至围堰体内侧的距离$B=0.5\text{m}+b+0.3\text{m}=0.8\text{m}+b$，当坡线为1∶1时，斜长为8.50m时，查表5-54“正常条件下按围堰高选择形式和相应断面尺寸”，得1∶1坡线的邻边系数为

0.707，b=0.707×8.50m=6.01m，B=0.5m+b+0.3m=0.8m+b=0.8m+6.01m=6.81m；

③ 围堰高度——最高潮水位-中心河底标高+0.50m，H=2.0m；

④ 围堰宽——当H=2.0m时，查表5-54“正常条件下按围堰高选择形式和相应断面尺寸”，得围堰高在1.00～3.00时，选择草包围堰形式，其围堰断面尺寸为顶宽1.5m；边坡：内侧1∶1；外侧临水面1∶1.5，则草包围堰底宽为3.0m+1.5m+2.0m=6.50m；

⑤ 围堰体内侧至围堰中心的距离(即1/2围堰底宽)C=围堰宽/2=6.50m/2=3.25m；

⑥ 平行结构物基础的围堰体一端与岸边的衔接距离D=20.0m；

⑦ 围堰中心线直线长度$L_{中}$

$$L_{中}=A+2(B+C)=40\text{m}+2(6.81\text{m}+3.25\text{m})=60.12\text{m}$$

平行结构物基础的围堰中心线直线长度$L_{中}$为60.12m，<100m，故可不筑腰围堰；

⑧ 筑拆围堰长度L

$$\begin{aligned}L&=A+2(B+C+D)\\&=40\text{m}+2(6.81\text{m}+3.25\text{m}+20\text{m})\\&=100.12\text{ 延长米}\end{aligned}$$

(2) 使用部分

查表5-56“围堰工程量筑拆、使用、养护分类及工程量计算表”，得改建驳岸工程围堰使用天数为31d

养护工程量=100.12延长米×31天=3103.72延长米·d

(3) 养护部分

查表5-56“围堰工程量筑拆、使用、养护分类及工程量计算表”，得围堰使用经过潮汛次数为二次

养护工程量=100.12延长米×2次=200.24延长米·次

得：

(1) 某改建驳岸工程筑拆部分为100.12延长米，使用部分为3103.72延长米·d，养护部分为200.24延长米·次；

(2) 查表5-55“围堰工程量清单项目设置、项目子目对应比照表”，得通用项目筑拆围堰S1-2-：1. 筑拆草包围堰(筑拆、养护)及土坝(筑拆)，总说明文字代码ZSN19-1-：1. 土方场外运输定额子目。

(3) 筑拆围堰的土方(天然密实方)量计算

筑拆围堰需要土方工程量“算量”见表5-57。

筑拆围堰需要土方工程量“算量”　　**表5-57**

围堰范围	土方量计算
围堰长度在150m以内时	缺土(外来土方)数量按下述规定计算： 缺土数量=围堰需要土方数量-可利用的土方数量
当围堰长度大于150m时	1. 其中150m长的缺土数量按上式计算，超出150m部分的缺土数量，则按超出长度的围堰需要土方数量的50%计算 2. 如有可利用的土方，则不再计算 3. 若因特殊情况需要一次性完成超过150m长的围堰，则土方的数显计算由承发包双方协商解决
场内运输	围堰定额中已包括了土方的场内运输
缺土	缺少部分可采用外来土方，缺土来源费用按实计算

注：1. 选自《上海市市政工程预算定额》(2000)工程量计算规则暨总、册说明；

2. 筑拆围堰定额中未包括土方费用，只列出土方的需要数量，即消耗量带“( )”，围堰所需土方应尽可能利用就地土方，不可利用的土方应作外运处理；

3. 定额中带“( )”的为子目中带“( )”的土方类，在此类定额中带“( )”的土方(松土)所计取的材料费，不纳入总材料费中计算其他材料费；具体定额中材料土方(松方)的消耗量，请参阅表5-58“每延长米筑拆围堰材料土方(天然密实方)的消耗量(m^3)表”的释义；

4. 缺土购置应计算还土回填土源的挖、运或外购费用，结算中可按填土材料品种的实际情况，确定材料价格的调整；请参阅表4-53“填方及土石方运输工程量清单项目设置及工程量计算规则”。

每延长米筑拆围堰材料土方的消耗量见表 5-58。

每延长米筑拆围堰材料土方(天然密实方)的消耗量(m^3)表　　表 5-58

项次	围堰形式	定额高度(m)	定额子目需要土方(松方)量		土方体积变化(天然密实方)量	
			筑拆(延长米)	养护(延长米·次)	筑拆(延长米)	养护(延长米·次)
1	2	3	4	5	6=4÷1.32 系数	7=5÷1.32 系数
1	筑拆草包围堰(筑拆、养护)	高 1m 以内	(3.7853)	(0.0400)	2.8676	0.030
		高 2m 以内	(11.0103)	(0.0900)	8.3411	0.0681
		高 3m 以内	(21.6678)	(0.1700)	16.4150	0.1287
2	土坝(筑拆)	—	(1.9635)	—	1.4875	—
3	筑拆圆木桩围堰(筑拆、养护)	高 3m 以内	(13.4600)	(0.0900)	10.1969	0.0681
		高 4m 以内	(18.9400)	(0.1700)	14.3484	0.1287
4	筑拆型钢桩围堰(筑拆、使用、养护)	高 3m 以内	(14.1330)	(0.0900)	10.7068	0.0681
		高 4m 以内	(18.8370)	(0.1700)	14.2704	0.1287
		高 5m 以内	(23.5515)	(0.2600)	17.8420	0.1969
5	筑拆钢板桩围堰(筑拆、使用、养护)	高 3m 以内	(16.2120)	(0.0900)	12.2818	0.0681
		高 4m 以内	(21.6195)	(0.0900)	16.3784	0.0681
		高 5m 以内	(27.0270)	(0.0900)	20.4750	0.0681
		高 6m 以内	(32.4345)	(0.0900)	24.5715	0.0681
6	筑拆拉森钢板桩围堰(筑拆、使用、养护)	高 7m 以内	(40.3305)	(0.0900)	30.5534	0.0681
		高每增减 1m	(5.7645)	—	4.3677	—

注：1. 选自《上海市市政工程预算定额》(2000)，通用项目筑拆围堰 S1-2-：(1～37 定额子目)1. 筑拆草包围堰(筑拆、养护)及土坝(筑拆)2. 筑拆圆木桩围堰(筑拆、养护)3. 筑拆型钢桩围堰(筑拆、使用、养护)4. 筑拆钢板桩围堰(筑拆、使用、养护)5. 筑拆拉森钢板桩围堰(筑拆、使用、养护)；

2. 筑拆围堰的“筑拆”及“养护”定额子目中，材料土方(松方)的消耗量带“( )”，注意定额中带“( )”的土方(松土)所计取的材料费，不纳入总材料费中计算其他材料费，该消耗量在计算筑拆围堰所需土方时，是计算利用方、缺土及土方来源的依据；

3. 表中“土方体积变化(天然密实方)量”按“天然密实方(即自然方)与松方的关系”中 1.32 系数进行换算而得，请参阅表 5-59“天然密实方(即自然方)与填土、松方的关系表”释义；

4. 筑拆围堰定额中列出每延米所需土方(松方)体积，已考虑土方密实、流失量及损耗量；

5. 土方场外运输按天然密实方体积(即自然方)计算。

天然密实方(即自然方)与填土、松方的关系见表 5-59。

天然密实方(即自然方)与填土、松方的关系表　　表 5-59

土方密实度＼土类	填方	天然密实方	松方	松填自然方与填土的关系	天然密实方(即自然方)与松方的关系
	1	2	3	4=1÷2	5=3÷2
90%	1	1.135	1.498	0.881	1∶1.32
93%	1	1.165	1.538	0.858	1∶1.32
95%	1	1.185	1.564	0.844	1∶1.32
98%	1	1.220	1.610	0.819	1∶1.32

注：引用 4.1 土石方工程 (项目编码：040101)七、填方及土石方运输 (项目编码：040103)中表 4-72“填土土方的体积变化系数表”换算出“松填自然方与填土的关系”、“天然密实方(即自然方)与松方的关系”等，此工作以列表计算较方便。

【例题 5-22】 某一新建驳岸工程，该河道为有潮讯河流。需筑拆高度为 4m 圆木桩围堰，围堰长 350m，本地可利用天然密实方(即自然方)1000m^3，试计算：驳岸工程围堰筑拆部分、养护部分工程量及拆除围堰土方场外运输所需土方量？

【解题分析 5-22】

(1) 筑拆工程量＝350m。

(2) 查表 5-56“围堰工程量筑拆、使用、养护分类及工程量计算表”，得知新建驳岸工程，围堰使用经过潮汛次数为 2 次。

(3) 养护工程量＝350m×2 次＝700 延长米·次

查表 5-58“每延长米筑拆围堰所需土方(天然密实方)量计算表(m^3)”中筑拆圆木桩围堰(高度 4m 以内)横项，得知第 4、5 列项“定额子目需要土方(松方)量”每延长米所需土方(松方)数量为 18.9m^3，养护每延长米·次所需土方(松方)0.17m^3 或按第 6、7 列项“土方体积变化(天然密实方)量”每延长米所需土方(松方)数量为 14.3484m^3，养护每延长米·次所需土方(松方) 0.1287m^3 计取。

又查表 5-59“天然密实方(即自然方)与填土、松方的关系表”中“天然密实方(即自然方)与松方的关系”第 5 列项，得其换算系数为 1.32。

(1) 围堰筑拆需要土方(天然密实方)数量

① 150.0m 长围堰需要土方数量＝150.0m×(18.94m^3/每延长米÷1.32 系数)

＝2152.27m^3(天然密实方)

或　＝150.0m×14.3484m^3/每延长米

＝2152.26m^3(天然密实方)

② 超过 150.0m 部分需要土方数量＝(350.0m－150.0m)×(18.94m^3/每延长米÷1.32 系数)×50％

＝1434.85m^3(天然密实方)

或　＝(350.0m－150.0m)×14.3484m^3/每延长米×50％

＝1434.84m^3(天然密实方)

③ 养护部分需要土方数量＝700 延长米·次×(0.17m^3/每延长米·次÷1.32 系数)＝90.15m^3

或　＝700 延长米·次×0.1287m^3/每延长米

＝90.09m^3(天然密实方)

④ 围堰需要土方数量(V)＝2152.27m^3＋1434.85m^3＋90.15m^3＝3677.27m^3(天然密实方)

(2) 缺土方数量(场内运输)：土方场内运输按按天然密实方体积(即自然方)计算

缺土方数量(场内运输)＝围堰需要土方数量－可利用的土方数量

＝1000m^3(天然密实方)－3677.27m^3(天然密实方)

＝－2677.27m^3(天然密实方)

(3) 拆除围堰土方场外运输土方量：土方场外运输按按天然密实方体积(即自然方)计算

拆除围堰土方场外运输土方量(V)＝150.0m×(18.94m^3/每延长米÷1.32 系数)

＋(350.0m－150.0m)

×(18.94m^3/每延长米÷1.32 系数)×50％

＝3587.12m^3(天然密实方)

或　＝150.0m×14.3484m^3/每延长米＋(350.0m－150.0m)

×14.3484m^3/每延长米×50％

＝3587.10m^3(天然密实方)

得：

(1) 某一新建驳岸工程围堰需要土方数量为 3677.27m^3(天然密实方)、缺土方数量(场内运输)为 2677.27m^3(天然密实方)及拆除围堰土方场外运输土方量为 3587.12m^3(天然密实方)；

(2) 缺土方数量(场内运输)，套用 S1-1-37“土方场内运输(装运土 1km 以内)”子目；拆除围堰土方场外运输土方量，查表 5-55“围堰工程量清单项目设置、项目子目对应比照表”，得套用总说明文字代码 ZSN19-1-：1. 土方场外运输定额子目。

注：(1) 本工程中的缺土方数量(场内运输)及拆除围堰土方场外运输土方量归纳于 4.1 土石方工程

(项目编码：040101)七、填方及土石方运输(项目编码：040103)项内；

(2) 缺土方数量(场内运输)需缺土购置，按表4-76“填方及土石方运输工程量清单项目设置及工程量计算规则”注：5.“缺土购置应计算还土回填土源的挖、运或外购费用，结算中可按填土材料品种的实际情况，确定材料价格的调整。”

5.6 筑岛(项目编码：0506)

筑岛工程量清单项目设置、项目子目对应比照表 表5-60

项目编码	项目名称	项目特征	计量单位	工程内容	分部工程项目、名称（所在《市政工程预算定额》册、章、节）
0506	筑岛	—	—	—	—

注：选自国家标准《建设工程工程量清单计价规范》GB 50500—2008“附录D市政工程工程量清单项目及计算规则”及《〈建设工程工程量清单计价规范〉上海市市政工程操作指南》。

一般沉井的自重很大，不便运输，所以在岸滩或浅水中修建沉井时，多采用筑岛法，即先在基础的设计位置上筑岛、再在岛上制作沉井并就地下沉。

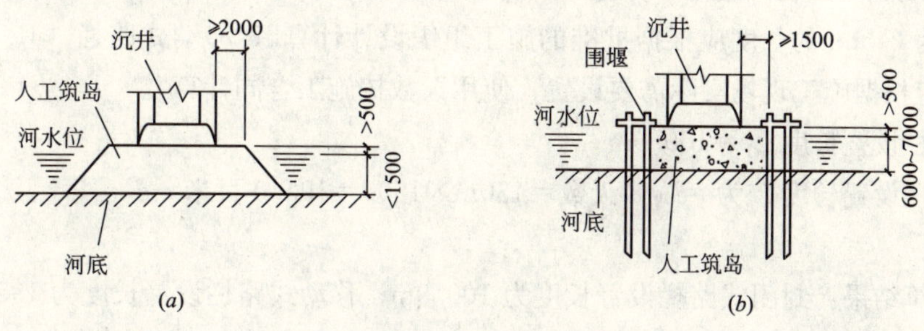

图5-38 人工筑岛简图

(a)无围堰的人工筑岛；(b)有围堰的人工筑岛

筑岛填心：夯填土按相对密度95%的填土计算，请查阅表4-72“填土土方的体积变化系数表”，松填土按1.185压缩系数的自然方折合填方计算；故松填自然方与填土的关系式=1/1.185=0.844，请查阅表5-59“天然密实方(即自然方)与填土、松方的关系表”，砂的压缩系数为1.25。

5.7 现场施工围栏(项目编码：0507)

现场施工围栏工程量清单项目设置、项目子目对应比照表 表5-61

项目编码	项目名称	项目特征	计量单位	工程内容	分部工程项目、名称（所在《市政工程预算定额》册、章、节）
0507	现场施工围栏	1. 围栏形式 2. 材料名称 3. 规格 4. 混凝土最大粒径、强度	m、百米·d	1. 封闭式路栏 2. 移动式路栏	通用项目一般项目S1-1-： 8. 施工路栏 ① 封闭式(混凝土基础、砖基础) ② 移动式

注：1. 选自国家标准《建设工程工程量清单计价规范》GB 50500—2008“附录D市政工程工程量清单项目及计算规则”及《〈建设工程工程量清单计价规范〉上海市市政工程操作指南》。

现场施工围栏工程量“算量” 表5-62

项次	分类	计算规则
1	封闭式路栏	1. 定额计量单位为m 2. 封闭式路栏(封闭式护栏高度为2.5m)的长度应根据批准的施工组织设计计算

续表

项次	分　类	计 算 规 则
2	移动式路栏	1. 定额计量单位为百米·天 2. 长度应根据施工现场实际需要设置，使用天数按施工合同计算

注：1. 选自《上海市市政工程预算定额》(2000)工程量计算规则暨总、册说明；

2. 封闭式路栏的拆除及外运不再计算费用，若基础下地基松软需要加固时，可以另行计算；

3. 移动式路栏采用目前标准成品 L-98 型移动式路栏；

4. 开槽埋管实体工程的长度工程量计算，请参阅表 4-39“开槽埋管实体工程各‘算量’要素系数统计汇总表”续表雨水管汇总中注释说明铺设长度(23)列计算长度；

5. 施工组织设计选用施工方法，请参阅《下篇　常用计算数据》第九册 9. 市政施工组织设计及索赔管理 9.1 市政施工组织设计及表 9-5“施工组织设计涉及工程量‘算量’对应选用表”释义。

【例题 5-23】 某(工程实例)桥梁实体工程分上下行桥的工程概况是仍以【例题 4-7】挖路基土方为续，已知施工组织设计确定的有关施工方案，文明施工路栏设置：封闭式路栏设置长度为 100.0m，移动式路栏 130m，本工程合同工期为 150d；求：桥梁工程封闭、移动式路栏多少且套取哪项定额子目？

【解题分析 5-23】

依题已知：封闭式路栏设置长度 L_1 为 100.0m，移动式路栏 L_2 为 130m，本工程合同工期为 150d；

查表 5-62“现场施工围栏工程量‘算量’”，得知封闭式路栏“1. 定额计量单位为 m^2。封闭式路栏(封闭式护栏高度为 2.5m)的长度应根据批准的施工组织设计计算”；移动式路栏“1. 定额计量单位为百米·天 2. 长度应根据施工现场实际需要设置，使用天数按施工合同计算”。

(1) 封闭式路栏设置长度 L_1＝100.0m

(2) 移动式路栏设置长度 L 为＝L_2×天数＝130m×150d＝195.0 百米·d

得：

(1) 工程量计算结果：封闭式路栏设置长度为 100.0m；移动式路栏设置长度为 195.0 百米·d。

(2) 查表 5-61“现场施工围栏工程量清单项目设置、项目子目对应比照表”，得套用通用项目一般项目 S1-1-：8. 施工路栏①封闭式(混凝土基础、砖基础)②移动式定额子目。

注：

(1) 上述二项工程内容包括了封闭、移动式路栏施工的全部施工工艺过程。

(2) 另外根据表 1-20“工程量清单、市政定额、施工工程量‘算量’”，得知其间区别“在于计量的依据、计算规则、目的和计量单位的不同”，注意工程量清单综合单价的计价。

【例题 5-24】 (规范型解题教案三)排水管道实体工程概况以表 4-39“开槽埋管工程各‘算量’要素系数统计汇总表”提供的资料为条件；求：开槽埋管工程移动式施工路栏多少且套取哪项定额子目？

【解题分析 5-24】

依题已知：移动式路栏 L_2 为 125.0m，本工程合同工期为 60d；

查表 5-62“现场施工围栏工程量‘算量’”，得知封闭式路栏“1. 定额计量单位为 m^2。封闭式路栏(封闭式护栏高度为 2.5m)的长度应根据批准的施工组织设计计算”；移动式路栏“1. 定额计量单位为百米·天 2. 长度应根据施工现场实际需要设置，使用天数按施工合同计算”。

依据表 5-62“现场施工围栏工程量‘算量’”注释说明第四项，查表 4-39“开槽埋管实体工程各‘算量’要素系数统计汇总表”续表雨水管汇总中注释说明“铺设长度(23)列，为《措施项目》中 5.4 施工排水、降水(项目编码：0504)，5.7 现场施工围栏(项目编码：0507)，5.8 施工便道(项目编码：0508)等项目的计算长度”，得 L_2 为 125.0m

开槽埋管移动式路栏设置长度 L＝L_2×2 边×天数＝125.0m×2 边×160d＝15000.0 百米·d

得：

(1) 工程量计算结果：开槽埋管移动式路栏设置长度为 5000.0 百米·d。

(2) 查表 5-61"现场施工围栏工程量清单项目设置、项目子目对应比照表"，得套用通用项目一般项目 S1-1-：8. 施工路栏①封闭式(混凝土基础、砖基础)②移动式定额子目。

注：

(1) 上述一项工程内容包括了开槽埋管移动式路栏施工的全部施工工艺过程。

(2) 另外根据表 1-20"工程量清单、市政定额、施工工程量'算量'"，得知其间区别"在于计量的依据、计算规则、目的和计量单位的不同"，注意工程量清单综合单价的计价。

5.8　便道(项目编码：0508)

施工便道又称临时便道，与交通便道有所区别，见表 5-63。

施工便道与交通便道区别　　表 5-63

项次	项目名称	区　别
1	施工便道	1. 又称临时便道 2. 铺筑施工便道条件：凡新建道路的内侧路边或排水管道的中心线距原有道路边 30m 以上时，可按规定计算修筑施工临时便道 3. 原有道路不能满足运输工程材料需要需加固拓宽时，另行计算
2	交通便道	系指在封锁交通情况下施工，为保持交通线路的畅通，根据交通管理部门的要求，需另辟筑交通便道或将道路加宽

注：交通便道按工程数量套用道路工程相应定额计算。

施工便道工程量清单项目设置、项目子目对应比照见表 5-64。

施工便道工程量清单项目设置、项目子目对应比照表　　表 5-64

项目编码	项目名称	项目特征	计量单位	工作内容	分部工程项目、名称(所在《市政工程预算定额》册、章、节)
0508	便道	1. 材料名称 2. 规格、碾压	m^2	平整场地、摊铺碎石、碾压、混凝土配制、运输、浇筑、抹平、养护、清理等	通用项目临时便桥便道及堆场 S1-4-： 3. 铺筑施工便道及堆场(施工便道)

注：选自国家标准《建设工程工程量清单计价规范》GB 50500—2008"附录 D 市政工程工程量清单项目及计算规则"及《〈建设工程工程量清单计价规范〉上海市市政工程操作指南》。

施工便道工程量"算量"　　表 5-65

项次	类别	应 用 范 围
1	施工便道长度	1. 道路工程：按道路长度的 30%计算 2. 排水管道工程：管道按总管长度的 60%计算(平行或同沟槽施工的雨污水管道可共用便道时，按单根管道长度的 60%计算)，排水现浇箱涵按长度的 80%计算 3. 泵站工程：按沉井基坑坡顶周长计算 4. 桥涵及护岸、污水处理厂及隧道工程：按批准的施工组织设计计算 5. 当一个工地同时施工道路和埋管时，应选取其中一项大值计算便道长度，不得重复计算 6. 排水管道工程遇有泵站时，管道长度计算至泵站平面布置的围墙处
2	施工便道宽度	1. 桥梁、隧道及泵站沉井工程为 5m 2. 道路、护岸、排水管道工程为 4m
3	施工便道结构	1. 便道定额按 20cm 厚道渣取定，实际结构不同允许调整 2. 当便道采用混凝土结构时，按道路工程人行道混凝土基础定额计算

注：1. 选自《上海市市政工程预算定额》(2000)工程量计算规则暨总、册说明；
2. 便道及堆场不计算翻挖及旧料外运；
3. 开槽埋管实体工程的长度工程量计算，请参阅表 4-39"开槽埋管实体工程各'算量'要素系数统计汇总表"续表雨水管汇总中注释说明铺设长度(23)列计算长度；
4. 定额中未包括大型机械的场外运输、安拆(打桩机械除外)、路基及轨道铺拆等，如计算，则请参阅 5. 措施项目(市政工程)5.1 大型机械设备进出场及安拆(项目编码：0501)表 5-3"大型机械设备进出场选用表"释义；
5. 施工组织设计选用施工方法，请参阅《下篇　常用计算数据》第九册 9. 市政施工组织设计及索赔管理 9.1 市政施工组织设计及表 9-5"施工组织设计涉及工程量'算量'对应选用表"释义。

【例题 5-25】 某(工程实例)桥梁实体工程分上下行桥的工程概况是仍以**【例题 4-7】**挖路基土方为续，已知施工组织设计确定的有关施工方案，根据现场条件，需要修筑施工便道 200m；求：桥梁施工便道多少平方米且套取哪项定额子目？

【解题分析 5-25】

依题已知：修筑施工便道长度 L 为 200m

查表 5-65“施工便道工程量‘算量’”，得知“施工便道宽度，桥梁、隧道及泵站沉井工程为 5.0m”。

$$桥梁施工便道\ A=L\times B=200.0\text{m}\times 5.0\text{m}=1000\text{m}^2$$

得：

(1) 工程量计算结果：桥梁施工便道工程量为 1000m^2；

(2) 查表 5-64“施工便道工程量清单项目设置、项目子目对应比照表”，得套用通用项目临时便桥便道及堆场 S1-4-：3. 铺筑施工便道及堆场(施工便道)定额子目。

注：

(1) 上述一项工程内容包括了桥梁施工便道施工的全部施工工艺过程。

(2) 另外根据表 1-20“工程量清单、市政定额、施工工程量‘算量’”，得知其间区别“在于计量的依据、计算规则、目的和计量单位的不同”，注意工程量清单综合单价的计价。

【例题 5-26】 (规范型解题教案三)排水管道实体工程概况以表 4-39“开槽埋管工程各‘算量’要素系数统计汇总表”提供的资料为条件；求：开槽埋管工程施工便道多少平方米且套取哪项定额子目？

【解题分析 5-26】

依题已知：修筑施工便道长度 L 为 125.0m

查表 5-65“施工便道工程量‘算量’”，得知“施工便道长度，2. 排水管道工程：管道按总管长度的 60%计算(平行或同沟槽施工的雨污水管道可共用便道时，按单根管道长度的 60%计算)，排水现浇箱涵按长度的 80%计算；施工便道宽度，2. 道路、护岸、排水管道工程为 4m”。

依据表 5-65“施工便道工程量‘算量’”注释说明第三项，查表 4-39“开槽埋管实体工程各‘算量’要素系数统计汇总表”续表雨水管汇总中注释说明“铺设长度(23)列，为《措施项目》中 5.4 施工排水、降水(项目编码：0504)，5.7 现场施工围栏(项目编码：0507)，5.8 施工便道(项目编码：0508)等项目的计算长度”，得 L 为 125.0m

$$开槽埋管施工便道\ A=L\times B\times\%=125.0\text{m}\times 4.0\text{m}\times 60\%=300.0\text{m}^2$$

得：

(1) 工程量计算结果：开槽埋管施工便道工程量为 300.0m^2；

(2) 查表 5-64“施工便道工程量清单项目设置、项目子目对应比照表”，得套用通用项目临时便桥便道及堆场 S1-4-：3. 铺筑施工便道及堆场(施工便道)定额子目。

注：

(1) 上述一项工程内容包括了开槽埋管施工便道生产性临时设施的全部措施项目；

(2) 另外根据表 1-20“工程量清单、市政定额、施工工程量‘算量’”，得知其间区别“在于计量的依据、计算规则、目的和计量单位的不同”，注意工程量清单综合单价的计价。

5.9 便桥(项目编码：0509)

便桥工程量清单项目设置、项目子目对应比照见表 5-66。

便桥工程量清单项目设置、项目子目对应比照表　　**表 5-66**

项目编码	项目名称	项目特征	计量单位	工程内容	分部工程项目、名称（所在《市政工程预算定额》册、章、节）
0509	便桥	1. 便桥形式 2. 工程部位 3. 排数、层数 4. 宽度 5. 长度	m^2、 座·次、 块·d次、 m、m·d	1. 普通便桥：机动车、非机动车；沟槽便桥，过道便桥 2. 搭拆装配式钢桥	通用项目临时便桥便道及堆场 S1-4-： 1. 搭拆便桥 ① 普通便桥(机动车道、非机动车道) ② 非机动车道沟槽便桥 ③ 机动车道沟槽便桥 ④ 过道便桥 2. 搭拆装配式钢桥 ① 单排单层加强(搭拆、使用) ② 双排单层加强(搭拆、使用) ③ 三排单层加强(搭拆、使用) ④ 双排双层加强(搭拆、使用) ⑤ 三排双层加强(搭拆、使用)

注：选自国家标准《建设工程工程量清单计价规范》GB 50500—2008“附录D市政工程工程量清单项目及计算规则”及《〈建设工程工程量清单计价规范〉上海市市政工程操作指南》。

临时便桥工程量“算量”　　**表 5-67**

项次	类别	项目名称	计算规则
1	搭拆临时便桥	1. 普通便桥	1. 适用于跨河道或沟槽宽度大于5m的临时便桥 2. 机动车道普通便桥适用于汽-10以下的车辆通行，如超过此标准的车辆(荷载等级为汽-10标准)通行时，可以另行计算或按荷载等级套用装配式钢桥定额 3. 定额按机动车或非机动车便桥分别套用 4. 计量单位：按普通便桥，以平方米计算
		2. 沟槽便桥	1. 定额分机、非动车两项 2. 跨越的槽宽均为3m或5m以内 3. 机动车沟槽便桥采用路基箱板 4. 计量单位：按搭拆的座·次计算
		3. 过道桥板	1. 定额分2m和3m两种 2. 规格为1.2m×2m/块、1.2m×3m/块 3. 块数按施工现场实际需要设置，使用天数按施工合同计算 4. 计量单位：按块·天计算
2	搭拆装配式钢桥	装配式钢桥(搭拆、使用)	1. 装配式钢桥桥面净宽3.7m，为单车道，跨径为9～69m 2. 定额分单排单层加强、双排单层加强、三排单层加强、双排双层加强、三排双层加强 3. 搭拆装配式钢桥应按批准的施工组织设计，根据跨径和荷载等级选用相应的钢桥形式 4. 天数按施工合同计算 5. 搭拆按米计算，使用按m·d计算

注：1. 选自《上海市市政工程预算定额》(2000)工程量计算规则暨总、册说明；

2. 装配式钢桥为半穿式桥梁，主梁由各节3m长的桁架用销子连接而成；

3. 装配式钢桥适用于施工及其他车辆通行，也适用于战备时紧急抢修；

4. 定额中未包括大型机械的场外运输、安拆(打桩机械除外)、路基及轨道铺拆等，如计算，则请参阅5. 措施项目(市政工程)5.1大型机械设备进出场及安拆(项目编码：0501)表5-3“大型机械设备进出场选用表”释义；

5. 施工组织设计选用施工方法，请参阅《下篇　常用计算数据》第九册9. 市政施工组织设计及索赔管理9.1市政施工组织设计及表9-5“施工组织设计涉及工程量‘算量’对应选用表”释义。

5.10 洞内施工的通风、供水、供气、供电、照明及通信设施(项目编码：0510)

5.11 驳岸块石清理(项目编码：0511)

洞内施工的通风、供水、供气、供电、照明及通信设施、驳岸块石清理 表 5-68

工程量清单项目设置、项目子目对应比照表

项目编码	项目名称	项目特征	计量单位	工程内容	分部工程项目、名称 (所在《市政工程预算定额》册、章、节)
0510	洞内施工的通风、供水、供气、供电、照明及通讯设施				隧道盾构掘进定额已包括这些内容
0511	驳岸块石清理	1. 清理场地 2. 运输	m^3	1. 清理场地 2. 运输	

注：选自国家标准《建设工程工程量清单计价规范》GB 50500—2008“附录D市政工程工程量清单项目及计算规则”及《〈建设工程工程量清单计价规范〉上海市市政工程操作指南》。

5.12 地基加固(项目编码：沪 0512)

地基加固工程量清单项目设置、项目子目对应比照表 表 5-69

项目编码	项目名称	项目特征	计量单位	工程内容	分部工程项目、名称 (所在《市政工程预算定额》册、章、节)
沪 0512	地基加固	1. 工程部位 2. 桩径、桩长 3. 水泥渗量 4. 加固形式	m^3、m	1. 树根桩 2. 深层搅拌机 3. 分层注浆 4. 压密注浆 5. 高压旋喷浆 6. 粉喷桩	通用项目地基加固 S1-6-： 1. 树根桩(维护、承重) 2. 深层搅拌桩(钻进空搅、一喷二搅、二喷四搅) 3. 分层注浆(钻孔、注浆) 4. 压密注浆(人工钻孔、机械钻孔、注浆) 5. 高压旋喷浆(钻孔、喷浆) 6. 粉喷桩(水泥掺量) 7. 型钢水泥土复合桩(SMW)工法搅拌桩

注：选自国家标准《建设工程工程量清单计价规范》GB 50500—2008“附录D市政工程工程量清单项目及计算规则”及《〈建设工程工程量清单计价规范〉上海市市政工程操作指南》。

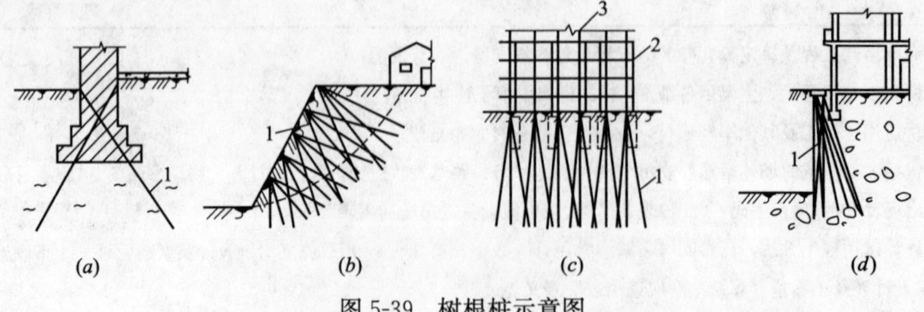

图 5-39 树根桩示意图

(a)加固基础；(b)稳定土坡；(c)加层地基加固；(d)深基支护

1—树根桩；2—原有建筑；3—加层建筑

树根桩与灌注桩区分甄选表 **表5-70**

<table>
<tr><th>项次</th><th>类别</th><th colspan="2">树 根 桩</th><th>灌 注 桩</th></tr>
<tr><td>1</td><td>管径ϕ</td><td colspan="2">1. 直径为ϕ150～ϕ300
2. 桩长为8～30m</td><td>1. 直径为ϕ1600以内的钻孔灌注桩
2. 遇孔径大于ϕ1600时，另行计算</td></tr>
<tr><td>2</td><td>适用范围</td><td colspan="2">1. 类似小直径钻孔灌注桩
2. 在市政工程中通常既可作为侧向支护，用于保护建筑物及地下管线；又可作用抗渗漏水帷幕；还可作为小直径的钻孔灌注桩，承受轴向力，增加地基承载力</td><td>桥涵工程钻孔灌注桩基础工程</td></tr>
<tr><td rowspan="3">3</td><td rowspan="3">工程内容</td><td>围护</td><td>承重</td><td rowspan="3">1. 工作平台搭拆 2. 成孔机械竖拆 3. 护筒埋设 4. 泥浆制作 5. 钻、冲成孔 6. 余方弃置 7. 灌注混凝土 8. 凿除桩头 9. 废料弃置</td></tr>
<tr><td>用于侧向支护及隔水帷幕的套用此围护树根桩子目</td><td>用于承重的套用此承重树根桩子目</td></tr>
<tr><td colspan="2">通用项目地基加固S1-6-：1. 树根桩(维护、承重)</td></tr>
<tr><td>4</td><td>钢筋笼</td><td colspan="3">套用桥涵及护岸工程钻孔灌注桩工程S4-4-：3. 灌注桩混凝土(钢筋笼)</td></tr>
</table>

注：灌注桩，请参阅表4-157“机械成孔灌注桩工程量‘算量’”的释义。

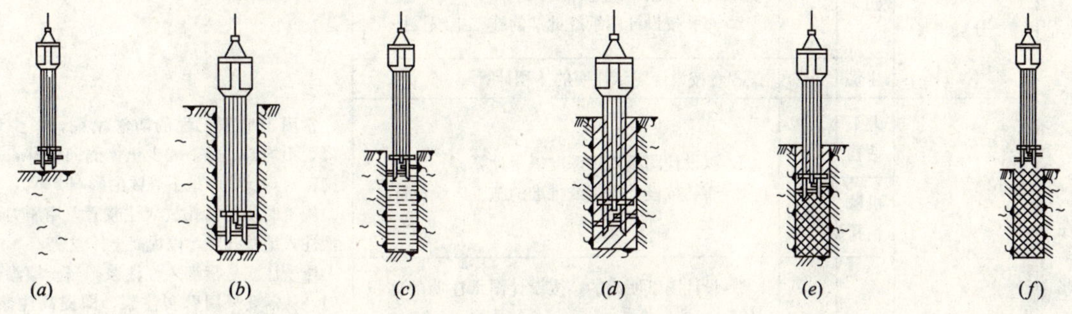

图5-40 深层搅拌法工艺流程

(a)定位下沉；(b)沉入到设计深度；(c)喷浆搅拌提升；(d)原位重复搅拌下沉；(e)重复搅拌提升；(f)加固成桩

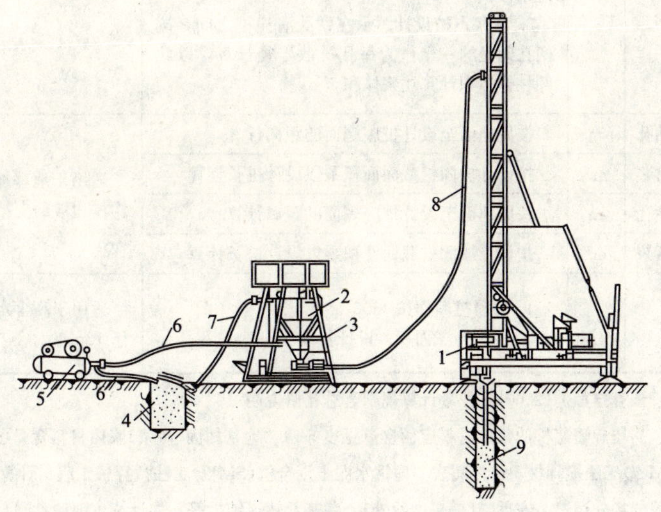

图5-41 喷粉桩机具设备及施工工艺

1—喷粉桩机；2—贮灰罐；3—灰罐架；4—水泥罐；5—空气压缩机
6—进气管；7—进灰管；8—喷粉管；9—喷粉桩

地基加固工程量“算量”　　　　**表 5-71**

<table>
<tr><th>项次</th><th colspan="3">类型</th><th>单位</th><th>计 算 规 则</th><th>设 用 范 围</th></tr>
<tr><td rowspan="3">1</td><td rowspan="3">树根桩</td><td colspan="2">1. 围护子目</td><td>m^3</td><td>1. 用于侧向支护及隔水帷幕的套用此围护树根桩子目
2. 按设计截面积×设计长度</td><td rowspan="3">直径为 $\phi150 \sim \phi300$，桩长为 8～30m
在市政工程中通常既可作为侧向支护，用于保护建筑物及地下管线，又可作用抗渗漏水帷幕</td></tr>
<tr><td colspan="2">2. 承重子目</td><td>m^3</td><td>1. 用于承重的套用此承重树根桩子目
2. 按设计截面积×设计长度</td></tr>
<tr><td colspan="2">钢筋笼</td><td>t</td><td>1. 设计图纸用量
2. 套用桥涵工程钻孔灌注桩钢筋笼定额计算</td></tr>
<tr><td rowspan="3">2</td><td rowspan="3">深层搅拌桩</td><td colspan="2">钻进空搅</td><td>m^3</td><td>空搅按原地面至设计桩顶的高度计算</td><td rowspan="3">可以增加地基承载力和作为基坑开挖的侧向支护，也可以作为抗渗漏水帷幕
应根据不同水泥掺量及喷搅的遍数套用定额</td></tr>
<tr><td colspan="2">一喷二搅
（水泥掺量 12%）</td><td>m^3</td><td rowspan="2">1. 按设计截面积×设计长度
2. 围护桩按设计桩长计算
3. 承重桩桩长按设计桩长增加 0.4m
4. 深层搅拌桩平面单轴（单孔）成桩时，其重叠部分在计算工程量时不予扣除；若双轴（双孔）成桩时，相割的重叠部分不予扣除，设计 $\phi700$ 搅拌桩双孔截面积为 $0.702m^2$</td></tr>
<tr><td colspan="2">二喷四搅
（水泥掺量 12%）</td><td>m^3</td></tr>
<tr><td rowspan="5">3</td><td rowspan="5">注浆</td><td rowspan="2">1. 分层注浆</td><td>钻孔</td><td>m</td><td>1. 以设计图纸规定深度以米计算
2. 布孔按设计图纸或批准的施工组织设计</td><td rowspan="5">常用于地下工程的防渗堵漏，减少地基沉降，不均匀沉降，减少土体侧向位移，可减少施工对建筑物和地下管线的影响
施工时采用钻孔放入注浆管，用压力泵将浆液注入地基孔隙，以提高土体强度
压密注浆是指渗入性注浆，当土壤渗透困难时，就需要采用劈裂注浆，即提高注浆压力，使土体发生剪切裂缝，浆液沿裂缝面渗入土体，因开挖后浆材与土体形成一层层间隔，所以又称分层浆</td></tr>
<tr><td>注浆</td><td>m^3</td><td>工程量按设计图纸注明的体积计算</td></tr>
<tr><td rowspan="3">2. 压密注浆</td><td>人工钻孔</td><td>m</td><td rowspan="2">1. 以设计图纸规定深度以米计算
2. 布孔按设计图纸或批准的施工组织设计</td></tr>
<tr><td>机械钻孔</td><td>m</td></tr>
<tr><td>注浆</td><td>m^3</td><td>1. 设计图纸明确的，按设计图纸注明的体积计算
2. 设计图纸以布点形式图示土体加固范围的，则可按两孔间距的一半作为扩散半径，以布点边线各加扩散半径，以形成计算面积计算注浆体积
3. 注浆点按设计图示在钻孔灌注桩之间，按两孔间距的一半作为每孔扩散半径计算，以此圆柱体体积计算注浆体积</td></tr>
<tr><td rowspan="4">4</td><td rowspan="4">高压旋喷桩</td><td rowspan="2">双重管</td><td>钻孔</td><td>m</td><td>按原地面至设计桩底底面的距离计算</td><td rowspan="4">适用于地基加固和防渗，或作为稳定基坑和沟槽边坡的支挡结构</td></tr>
<tr><td>喷浆</td><td>m^3</td><td>按设计加固桩截面面积乘以设计桩长计算</td></tr>
<tr><td rowspan="2">三重管</td><td>钻孔</td><td>m</td><td>按原地面至设计桩底底面的距离计算</td></tr>
<tr><td>喷浆</td><td>m^3</td><td>按设计加固桩截面面积乘以设计桩长计算</td></tr>
<tr><td>5</td><td colspan="3">粉喷桩
（水泥掺量 45kg/m）</td><td>m^3</td><td>1. 粉喷桩断面按 $\phi500$
2. 按设计截面积×设计长度</td><td>适用于高含水量的淤泥质黏土，加固深度小于 12m</td></tr>
</table>

注：1. 选自《上海市市政工程预算定额》(2000)工程量计算规则暨总、册说明；

2. 分层注浆、压密注浆、高压旋喷浆桩的浆体材料定额含量见表 5-74“地基加固(注浆)浆体材料含量(m^3)表”释义；

3. 型钢水泥土复合桩(SMW)工法搅拌桩，请参阅表“型钢水泥土复合桩(SMW)工法搅拌桩工程量计算”释义；

4. 定额中未包括大型机械的场外运输、安拆(打桩机械除外)、路基及轨道铺拆等，如计算，则请参阅 5. 措施项目(市政工程)5.1 大型机械设备进出场及安拆(项目编码：0501)表 5-3“大型机械设备进出场选用表”释义；

5. 施工组织设计选用施工方法，请参阅《下篇　常用计算数据》第九册 9. 市政施工组织设计及索赔管理 9.1 市政施工组织设计及表 9-5“施工组织设计涉及工程量”算量“对应选用表”释义。

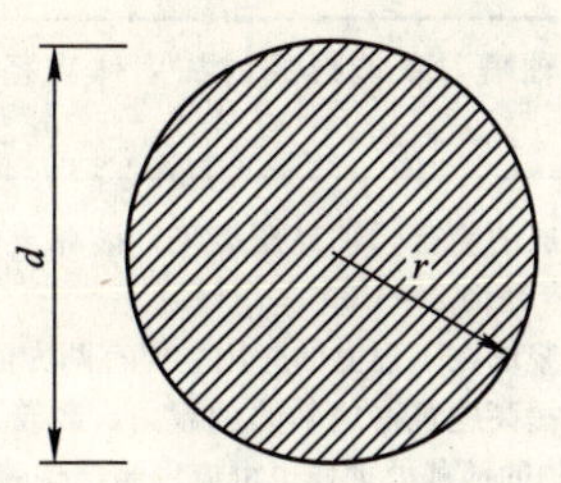

图 5-42　圆形简图暨截面积计算公式

d—直径；r—半径$=d/2$

截面积 $A=\pi r^2=1/4\times\pi d^2=0.7854d^2=3.1416r^2$

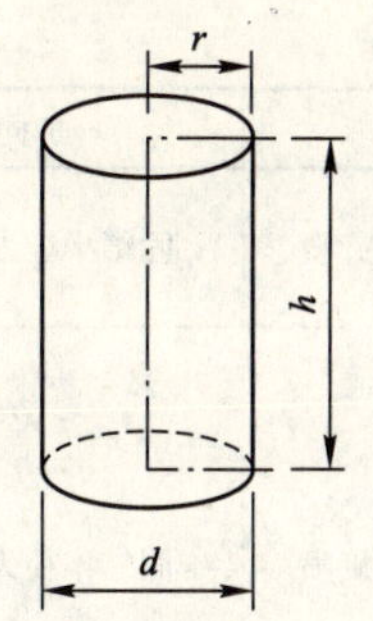

图 5-43　直圆柱体简图暨体积计算公式

r—半径；d—直径；h—高

体积 $V=\pi r^2 h=0.7854d^2 h=3.1416r^2 h$

圆形、直圆柱体的性质　　　**表 5-72**

项次	直径(m)d 或 D	半径(m)r 或 R	高(m)h	截面积(m^2)A	圆周长(m)ρ	体积(m^3)V
1	0.8m	0.40m	1.00m	0.50	2.51	0.50
2	1.00m	0.50m	1.00m	0.79	3.14	0.79
3	1.20m	0.60m	1.00m	1.13	3.76	1.13
4	1.50m	0.75m	1.00m	1.77	4.71	1.77
5	1.60m	0.80m	1.00m	2.01	5.02	2.01
6	2.00m	1.00m	1.00m	3.14	6.28	3.14
7	2.50m	1.25m	1.00m	4.91	7.85	4.91
8	3.00m	1.50m	1.00m	7.07	9.42	7.07
9	3.46m	1.73m	1.00m	9.40	10.86	9.40
10	3.50m	1.75m	1.00m	9.62	10.99	9.62
11	4.00m	2.00m	1.00m	12.57	12.56	12.57
12	4.50m	2.25m	1.00m	15.90	14.13	15.90
13	5.00m	2.50m	1.00m	19.64	15.70	19.64
14	5.50m	2.75m	1.00m	23.76	17.27	23.76
15	6.00m	3.00m	1.00m	28.27	18.84	28.27
16	6.50m	3.25m	1.00m	33.18	20.42	33.18
17	7.00m	3.50m	1.00m	38.48	21.99	38.48
18	7.50m	3.75m	1.00m	44.18	23.56	44.18
19	8.00m	4.00m	1.00m	50.27	25.13	50.27
20	8.50m	4.25m	1.00m	56.75	26.70	56.75
21	9.00m	4.50m	1.00m	63.62	28.27	63.62
22	9.50m	4.75m	1.00m	70.88	29.84	70.88
23	10.00m	5.00m	1.00m	78.54	31.41	78.54

注：1. d 或 D—直径，(m)；r 或 R—半径$=d/2$ 或$=D/2$，(m)；h—高，(m)；

2. 截面积 $A=\pi r^2$ 或 $\pi R^2=1/4\times\pi d^2$ 或 $1/4\times\pi D^2=0.7854d^2$ 或 $0.7854D^2=3.1416r^2$ 或 $3.1416R^2$，(m^2)；

3. 圆周长 $\rho=\pi D$ 或 πd，(m)；

4. 体积 $V=\pi r^2 h$ 或 $\pi R^2 h$，(m^3)。

地基加固(注浆)加固扩散半径　　　**表 5-73**

项次	类型	加固扩散半径	释　义
1	分层注浆	加固扩散半径为 0.8m	轮流将水玻璃和氯化钙溶液灌入每个加固层的注浆方法
2	压密注浆	加固半径为 0.75m	1. 是先根据设计要求向松软土中用带有活动管靴的钢管打入直径为 5cm 的空心管，然后拔出再向管道内压注一定数量的浆液，压力为 0.3～0.6MPa，边压浆边拔出管道的加固方法 2. 加固土体是指对软弱土体和几种特殊地基不能满足承载力的情况下而进行的地基改良措施

续表

项次	类型	加固扩散半径	释　　义
3	双重管高压旋喷	固结半径为0.4m	浆液和气体同轴喷射所能形成的加固体直径为0.8～1.2m的施喷方法
4	三重管高压旋喷	固结半径为0.6m	1. 以水、气形成的复合同轴高压旋喷，破坏土体造成中空，然后注浆形成加固体，其直径为2～4m 2. 高压喷射注浆法在工程上的应用主要有两方面： ① 加固地基，提高建筑物地基的承载力，改善地基的变形性质，既可应用于拟建建筑物的地基处理，也可应用于已建建筑物的事故处理 ② 地基或土体的防渗处理，主要利用定喷或摆喷，形成防渗帷幕，以提高地基的防渗能力，防止渗流破坏、流土和管涌

注：1. 灌注间距：灌注有效半径通过现场试验确定或参考表5-75“有效灌注半径(注浆)”采用；灌注间距应小于两倍灌注有效半径(即$2r$)，常用间距$D=1.73r$，每排间距$D=1.5r$，如图5-44“注浆管的排列及构造”(b)所示；

2. 浆体材料(水泥、粉煤灰、外加剂等)用量按设计含量计算；若设计未提供含量要求时，按批准的施工组织设计计算，检测手段只提供注浆前后N值之变化；

3. 施工组织设计选用施工方法，请参阅《下篇　常用计算数据》第九册9. 市政施工组织设计及索赔管理9.1市政施工组织设计及表9-1“施工组织设计涉及工程量‘算量’对应选用表”释义。

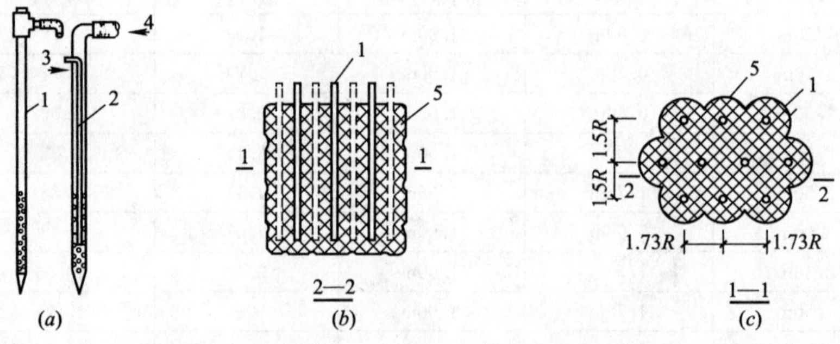

图5-44　注浆管的排列及构造

(a)注浆管构造；(b)注浆管的排列与分层加固；(c)注浆管平面排列

1—单液注浆管；2—双液注浆管；3—第一种溶液；4—第二种溶液；5—加固区

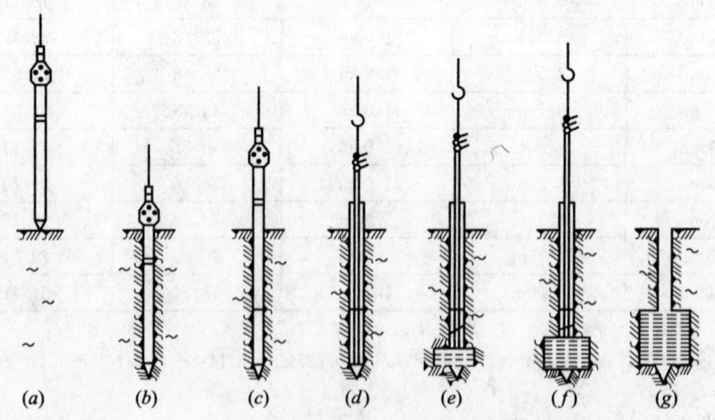

图5-45　旋喷法工艺流程

(a)振动打桩机就位；(b)桩管打入土中；(c)拔起一段套管；(d)拆除地面上套管，插入旋喷管；(e)旋喷；(f)自动提升旋喷管；(g)拔出旋喷管与套管

化学浆液一般用的有以水玻璃为主剂的水玻璃-水泥浆液，水玻璃-氯化钙溶液，水玻璃-铝酸钠溶液，以及单纯的水玻璃等。其中用两种溶液加固土的一般称“双液法”，用一种化学溶液的称“单液法”。

用水玻璃为主剂的双液法，加固土的原理是由于两种溶液(水玻璃和二或三价金属盐溶液)在土中起化学作用，析出硅酸胶凝体，使土粒胶结成有一定强度的土体。

地基加固(注浆)浆体材料含量(m^3)表　　表 5-74

项次	浆体材料	计量单位	分层注浆(m^3)	压密注浆(m^3)	高压旋喷(m^3)	
					双重管	三重管
1	32.5 级水泥	t	0.1091	0.0800		0.5000
2	42.5 级水泥	t			0.2760	
3	磨细粉煤灰	kg	0.0803	0.0680	0.2760	
4	水玻璃	kg	5.6700	0.8000		
5	促进剂	kg	10.3000		20.0850	

注：1. 选自《上海市市政工程预算定额》(2000)，用来计算计量单位分项工程所需的浆体材料消耗量；
2. 分层注浆、压密注浆、高压旋喷浆桩的浆体材料定额含量与设计含量不同时，应按设计含量调整。

加固松软地基的浆液材料主要有水泥浆液和各种化学浆液。水泥浆液采用的水泥应是强度等级为 32.5 级以上的普通硅酸盐水泥。它价格便宜，但由于含有水泥颗粒，是粒状浆液，故对小孔隙的土虽在压力之下也难于压进。根据试验和实践表明，当加固土层粒径 D_{15} : D_{85} ＜10 时，就难以将加固土层灌注好，因此它适用于砾砂、碎石或大裂缝岩石的加固(有时也可用沥青灌注)。

有效灌注半径(注浆)　　表 5-75

加固方法	土的渗透系数(mm/s)	有效灌注半径(m)
压力双液硅化法	0.02～0.10 0.10～0.20 0.20～0.50 0.50～0.80	0.30～0.40 0.4～0.6 0.6～0.8 0.8～1.0
压力单液硅化法 (用于湿陷性黄土)	0.001～0.003 0.003～0.005 0.005～0.01 0.01～0.02	0.3～0.4 0.4～0.6 0.6～0.9 0.9～1.0

注：土的渗透系数，请参阅 4.1 土石方工程(项目编码：040101)中表“按土质颗粒大小的渗透系数参考表”、表“各种土的渗透系数参考表”、表 4-14“各地软土物理力学性质指标”的释义。

地基加固工程机具设备配备　　表 5-76

项次	机械设备	树根桩		深层搅拌桩			注浆		高压旋喷桩			粉喷桩
		围护	承重	钻进空搅	一喷二搅	二喷四搅	分层注浆	压密注浆	钻孔	双重管	三重管	
1	工程钻机(树根桩)	√										
2	10t 履带式起重机		√									
3	深层水泥搅拌桩机(GPJ-7)			√	√	√						
4	液压钻机(STE-1)						√	√				
5	液压钻机(XUL-150)								√			
6	旋喷桩机(D600-800)									√		
7	旋喷车(GP2000)										√	
8	粉喷桩机											√

注：1. 选自《上海市市政工程预算定额》(2000)，用来计算计量单位分项工程所需的人工、材料、施工机械台班消耗量；
2. 定额中未包括大型机械的场外运输、安拆(打桩机械除外)、路基及轨道铺拆等，如需计算，则请参阅 5. 措施项目(市政工程)5.1 大型机械设备进出场及安拆(项目编码：0501)表 5-3“大型机械设备进出场选用表”释义。

【例题 5-27】　(思考型解题实例七)顶管实体工程 ϕ1000TLM 管道顶管进出洞口压密注浆的工程概

况是仍以【例题 4-24】顶管为续，以其提供的资料为条件；求：顶管工程地基加固工程量多少且套取哪项定额子目？

【解题分析 5-27】

依题已知：

首先按表 9-5“施工组织设计涉及工程量‘算量’对应选用表”释义，查《技术标》是否注释了其内容；

查表 5-71“地基加固工程量‘算量’”，得知“孔：以 m 计算，1. 以设计图纸规定深度以米计算 2. 布孔按设计图纸或批准的施工组织设计；注浆：以 m^3 计算，1. 设计图纸明确的，按设计图纸注明的体积计算 2. 设计图纸以布点形式图示土体加固范围的，则可按两孔间距的一半作为扩散半径，以布点边线各加扩散半径，以形成计算面积计算注浆体积 3. 注浆点按设计图示在钻孔灌注桩之间，按两孔间距的一半作为每孔扩散半径计算，以此圆柱体体积计算注浆体积”

(1) 顶管工程机械钻孔长度 L 为 88.4m；

(2) 压密注浆体积 V 为 153.62m^3。

得：

(1) 工程量计算结果：ϕ1000TLM 管道顶管进出洞口压密注浆的机械钻孔长度为 88.4m、注浆体积为 153.62m^3；

(2) 查查表 5-69“地基加固工程量清单项目设置、项目子目对应比照表”，得通用项目地基加固 S1-6-：4. 压密注浆(人工钻孔、机械钻孔、注浆)定额子目。

注：

(1) 上述二项工程内容包括了顶管工程 ϕ1000TLM 管道顶管进出洞口压密注浆地基加固工程结构技术措施的全部措施项目；

(2) 另外根据表 4-1“工程量清单、市政定额、施工工程量‘算量’”，得知其间区别“在于计量的依据、计算规则、目的和计量单位的不同”，注意工程量清单综合单价的计价。

5.13　地基监测(项目编码：沪 0513)

地基监测工程量清单项目设置、项目子目对应比照表　　表 5-77

项目编码	项目名称	项目特征	计量单位	工程内容	分部工程项目、名称 (所在《市政工程预算定额》册、章、节)
沪 0513	地基监测	1. 工程部位 2. 监测材料 3. 监测方式 4. 监控测试	孔、只、断面、环、个、组日	1. 土体分层沉降、土体水平位移，孔隙水压力，水位观测孔，墙体位移 2. 地基坑，衬砌变形，建筑物倾斜，建筑物震动，地下管线沉降位移，钢筋混凝土支撑轴力，混凝土水化热，土压力，孔隙水压力，基坑四弹，混凝土支撑轴力，隧道纵向沿降位移，隧道直径变形，隧道环缝变化，衬砌表面变化计 3. 地面监测、地下检测	隧道工程地表监测 S7-6-： 1. 地表监测孔布置(土体分层沉降、土体水平位移、孔隙水压力、水位观测、墙体位移) 2. 地下监测孔布置(地表桩、衬砌变形、建筑物倾斜、建筑物振动、地下管线沉降位移、钢筋应力、混凝土应变、钢支撑轴力、混凝土水化热、土压力、孔隙水压力、基坑回弹、混凝土支撑轴力、隧道纵向沉降及位移、隧道直径变形、隧道环缝纵缝变化、衬砌表面应变计) 3. 监控测试(地面监测、地下监测)

注：选自国家标准《建设工程工程量清单计价规范》GB 50500—2008“附录 D 市政工程工程量清单项目及计算规则”及《〈建设工程工程量清单计价规范〉上海市市政工程操作指南》。

5.14　堆料场地(项目编码：临-001)

堆料场地工程量清单项目设置、项目子目对应比照表　　表5-78

项目编码	项目名称	项目特征	计量单位	工作内容	分部工程项目、名称(所在《市政工程预算定额》册、章、节)
临-001	材料堆场	1. 材料名称 2. 规格 3. 混凝土强度、最大粒径	m^2	平整场地、摊铺碎石、碾压、混凝土配制、运输、浇筑、抹平、养护、清理等	通用项目临时便桥便道及堆场S1-4-：3. 铺筑施工便道及堆场(堆料场地)

注：选自国家标准《建设工程工程量清单计价规范》GB 50500—2008“附录D市政工程工程量清单项目及计算规则”及《〈建设工程工程量清单计价规范〉上海市市政工程操作指南》。

堆料场地工程量“算量”　　表5-79

类　别	应用范围	规　定
堆场面积的一般规定	主跨≥25m或多孔总长≥100m的桥梁、沉井内径D>20m或矩形面积S≥300m^2的泵站、隧道及污水处理厂	1000m^2
	主跨≥25m或多孔总长≥100m的桥梁跨河两端同时施工	1500m^2
	主跨<25m或多孔总长<100m的桥梁、沉井内径D<20m或矩形面积S<300m^2的泵站	500m^2
	排水管道	400m^2
	驳岸、防汛墙	300m^2
堆场面积的其他规定	当现场有可利用的场地时，堆料场地面积	应扣除该部分面积
	当单位工程主体采用商品混凝土时，堆料场地面积	按上述规定的50%计算
	排水管道与泵站由同一施工企业同时施工时，堆场面积	按两者之和的80%计取

注：1. 选自《上海市市政工程预算定额》(2000)工程量计算规则暨总、册说明；
2. 堆场结构一般不允许调整；
3. 堆场不计算翻挖及旧料外运；
4. 定额中未包括大型机械的场外运输、安拆(打桩机械除外)、路基及轨道铺拆等，如计算，则请参阅5. 措施项目(市政工程)5.1大型机械设备进出场及安拆(项目编码：0501)表5-3“大型机械设备进出场选用表”释义。

5.14.1　桥梁工程

【例题5-28】　某(工程实例)桥梁实体工程分上下行桥的工程概况是仍以**【例题4-7】**挖基坑土方为续，已知主跨为16m、主体采用商品混凝土；求：桥梁工程堆料场地工程量多少且套取哪项定额子目？

【解题分析5-28】

依题已知：主跨为16m、主体采用商品混凝土

查表5-79“堆料场地工程量‘算量’”，得知主跨<25m或多孔总长<100m的桥梁、沉井内径D<20m或矩形面积S<300m^2的泵站“规定500m^2”；当单位工程主体采用商品混凝土时，堆料场地面积“规定按上述规定的50%计算”。

$$桥梁工程堆料场地面积S=500m^2\times50\%=250.0m^2$$

得：

(1) 工程量计算结果：桥梁堆料场地面积为250.0m^2；

(2) 查表5-78“堆料场地工程量清单项目设置、项目子目对应比照表”，得套用通用项目临时便桥便道及堆场S1-4-：3. 铺筑施工便道及堆场(堆料场地)定额子目。

注：

(1) 上述一项工程内容包括了桥梁工程堆料场地生产性临时设施的全部措施项目；

（2）另外根据表4-1“工程量清单、市政定额、施工工程量‘算量’”，得知其间区别“在于计量的依据、计算规则、目的和计量单位的不同”，注意工程量清单综合单价的计价。

5.14.2　市政管网工程

1. 开槽埋管(排水管道)

【例题5-29】（规范型解题教案三)排水管道实体工程堆料场地的工程概况是仍以【例题4-7】挖沟槽土方为续，以表4-32“开槽埋管实体工程各类‘算量’要素统计汇总表”提供的资料为条件；求：堆料场地工程量多少且套取哪项定额子目？

【解题分析5-29】

依题已知：

查表5-79“堆料场地工程量‘算量’”，得知排水管道规定400m²计算。

$$开槽埋管工程堆料场地面积 S=400\text{m}^2$$

得：

（1）工程量计算结果：开槽埋管工程堆料场地面积为400m²；

（2）查表5-78“堆料场地工程量清单项目设置、项目子目对应比照表”，得套用通用项目临时便桥便道及堆场S1-4-：3. 铺筑施工便道及堆场(堆料场地)定额子目。

注：

（1）上述一项工程内容包括了开槽埋管工程堆料场地生产性临时设施的全部措施项目；

（2）另外根据表1-20“工程量清单、市政定额、施工工程量‘算量’”，得知其间区别“在于计量的依据、计算规则、目的和计量单位的不同”，注意工程量清单综合单价的计价。

2. 实例⑦顶管(市政管网顶管工程钢筋混凝土沉井工作坑、ϕ1000TLM管道顶管实体工程)

【例题5-30】（思考型解题实例七)顶管实体工程堆料场地概况以【例题4-64】市政管网顶管工程钢筋混凝土沉井工作坑实体工程提供的资料为条件；求：钢筋混凝土沉井工作坑实体工程堆料场地工程量多少且套取哪项定额子目？

【解题分析5-30】

依题已知：

查表5-79“堆料场地工程量‘算量’”，得知排水管道规定400m²计算；当单位工程主体采用商品混凝土时，堆料场地面积“规定按上述规定的50%计算”。

$$顶管工程堆料场地面积 S=400\text{m}^2\times50\%=200.0\text{m}^2$$

得：

（1）工程量计算结果：钢筋混凝土沉井工作坑实体工程堆料场地面积为400m²；

（2）查表5-78“堆料场地工程量清单项目设置、项目子目对应比照表”，得套用通用项目临时便桥便道及堆场S1-4-：3. 铺筑施工便道及堆场(堆料场地)定额子目。

注：

（1）上述一项工程内容包括了钢筋混凝土沉井工作坑实体工程堆料场地生产性临时设施的全部措施项目；

（2）另外根据表1-20“工程量清单、市政定额、施工工程量‘算量’”，得知其间区别“在于计量的依据、计算规则、目的和计量单位的不同”，注意工程量清单综合单价的计价。

【例题5-31】（思考型解题实例七)顶管实体工程堆料场地概况以【例题4-64】市政管网顶管工程ϕ1000TLM管道顶进实体工程提供的资料为条件；求：ϕ1000TLM管道顶进堆料场地工程量多少且套取哪项定额子目？

【解题分析 5-31】

依题已知：

查表 5-79“堆料场地工程量‘算量’”，得知排水管道规定 400m² 计算；当单位工程主体采用商品混凝土时，堆料场地面积“规定按上述规定的 50％计算”。

$$顶管工程堆料场地面积\ S=400m^2\times50\%=200.0m^2$$

得：

(1) 工程量计算结果：ϕ1000TLM 管道顶进实体工程堆料场地面积为 400m²；

(2) 查表 5-78“堆料场地工程量清单项目设置、项目子目对应比照表”，得套用通用项目临时便桥便道及堆场 S1-4-：3. 铺筑施工便道及堆场(堆料场地)定额子目。

注：

(1) 上述一项工程内容包括了 ϕ1000TLM 管道顶进实体工程堆料场地生产性临时设施的全部措施项目；

(2) 另外根据表 1-20“工程量清单、市政定额、施工工程量‘算量’”，得知其间区别“在于计量的依据、计算规则、目的和计量单位的不同”，注意工程量清单综合单价的计价。

下篇

常 用 计 算 数 据

第一部分　数　据　库

第6章　数　据　库

6.1　一般计算资料(数学公式)

6.1.1　常用数值

常用常数值表　　表6-1

圆周率：$\pi=3.14159265359\approx3.1416$ $2\pi=6.28318530718$ $3\pi=9.424778$ $4\pi=12.566371$ $\pi/2=1.5707963$ $\pi/3=1.047197551$ $2\pi/3=2.0943951$ $4\pi/3=4.18879020479$ $\pi/4=0.78539816340$ $\pi/6=0.52359877560$ $\pi/8=0.39269908$ $\pi/12=0.2617993$ $\pi/15=0.2094395$ $\pi/24=0.1308996$ $1/2\pi=0.15915494309$ $1/3\pi=0.106103295$ $1/4\pi=0.079577472$ $1/\pi=0.31830988618$ $2/\pi=0.636619772$ $3/\pi=0.954929658$ $4/\pi=1.27323954474$ $\pi^2=9.86960440109$ $\pi^3=31.00627668030$ $(\pi)^{1/2}=1.77245385091$ $\sqrt[3]{\pi}=1.46459188756$ $\frac{1}{\sqrt{\pi}}=0.56418958355$ $^3(3/4\pi)^{1/2}=0.62035049090$ $\frac{180}{\pi}=57°295779513$ $10800'/\pi=3437'7467708$ $648000''/\pi=206364''80625$ $\frac{\pi}{180}=0.017453293$ $\pi/360=0.008727$	1弧度(Radian)$=180°/\pi$ $=57.29578°$ $=57°17'44.806''$ $=3437.75'$ $=206264.81''$ 1度(degree)$=180°/\pi$ $1°=0.017453$弧度 $1'=0.000291$弧度 $1''=0.0000048$弧度 自然对数的底： $e=2.71828183\approx2.72$ 对数的换底因子： $\log_e10=2.30258509\approx2.3026$ $(\ln N\approx2.3026\lg N)$ $1/2=0.5$ $1/3=0.3333333$ $2/3=0.6666666$ $4/3=1.3333333$ $1/4=0.25$ $3/4=0.75$ $1/6=0.1666666$ $1/8=0.125$ $1/12=0.0833333$ $1/15=0.0666666$ $1/24=0.0416666$

角的度量与换算

(1) 整个圆周的1/360的弧称为含有1度的弧，而1度的弧所对的圆心角称为1度的角。1度等于60分(记作$1^\circ=60'$)，1分等于60秒(记作$1'=60''$)。这种用度来度量角的方法称为角度制。

(2) 把等于半径长的弧称为含有1弧度的弧，而1弧度的弧所对的圆心角称为1弧度的角，这种用弧度来度量角的方法称为弧度制。

［度与弧度的换算］弧度与度的关系是

$$\alpha/\pi=\theta/180 \tag{6-1}$$

式中θ与α分别表示同一角的度数与弧度数。

角度制与弧度制 Ⅰ 表6-2

弧度 (rad)	度 (°)	分 (′)	秒 (″)
1	57.29577951	3437.746771	206264.8063
0.017453293	**1**	60	3600
0.0002908882	0.016666667	**1**	60
0.0000048481	0.000277778	0.016666667	**1**

1rad≈57°17′44.806″，表中黑体数字为精确值。

角度制与弧度制 Ⅱ 表6-3

度(°)	360°	180°	90°	60°	45°	30°
弧度(rad)	2π	π	(1/2)π	(1/3)π	(1/4)π	(1/6)π

注：上述“角的度量与换算”及角度制与弧度制Ⅰ、Ⅱ摘自《数学手册》。

常 见 函 数 表6-4

项次	函数	释义	项次	函数	释义
1	spr(x)	平方	9	arccos(x)(或 $\cos^{-1}x$)	反余弦主值
2	vqr(x)	三次方	10	arctg(x)(或 $\mathrm{tg}^{-1}x$)	反正切主值
3	sprt(x)	开平方	11	arcctg(x)(或 $\mathrm{ctg}^{-1}x$)	反余切主值
4	sin(x)	正弦	12	yzc(x)	圆周长度
5	cos(x)	余弦	13	ymj(x)	圆面积
6	tg(x)	正切(有时用 tan)	14	qmj(x)	球面积
7	ctg(x)	余切(有时用 cot)	15	qtj(x)	球体积
8	arcsin(x)(或 $\sin^{-1}x$)	反正弦主值			

6.1.2 常用数学基本公式

1. 勾股定理和勾股定理的逆定理

(1) 在直角三角形中，两条直角边的平方和等于斜边的平方(勾股定理)。

(2) 如果三角形两边的平方和等于第三边的平方，那么这个三角形是直角三角形(勾股定理的逆定理)。

(3) 勾、股、弦关系

乘方的特殊应用集中于“2乘方”。一个数自乘便是2乘方，又称“平方”，例如某数a的平方是a^2，它等于$a\times a$。

反过来说，已知平方值，要求出原数的算法则叫做开平方，或简称“开方”，它的代表符号是$(\ )^{1/2}$例如25开方是5，写成$(25)^{1/2}=5$。一个数开方所

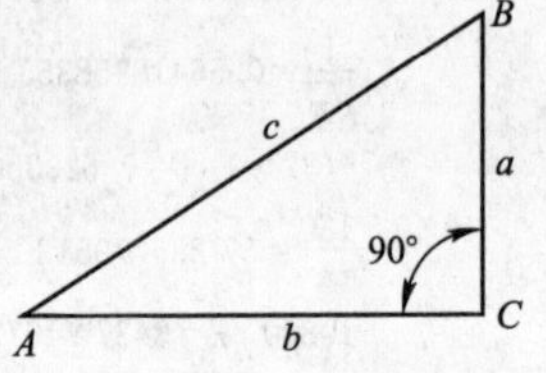

图6-1 勾股定理简图
［a(较短的边)、b(较长的边)—两直角边；c—斜边］

得的数值叫做平方根(例如25的平方根是5)。用手算求平方根比较麻烦，因此，现在一般工程技术人员都应用计算器计算。

在直角三角形中，斜边叫做“弦”(c)、两直角边分别称为“勾”(a)(较短的边)和“股”(b)(较长的边)它们，之间的关系如下，如图6-3“勾股定理简图”所示：

基本表达式：$a^2=c^2-b^2$ 或 $b^2=c^2-a^2$、$c^2=a^2+b^2$ (6-2)

又如，利用勾股定理计算工程数量(一般称为工程量)时，除了要熟悉它的基本表达式：$a^2+b^2=c^2$ 外，还要熟悉它的一些变式，如：

$$a^2=c^2-b^2=(c+b)(c-b) \quad a=(c^2-b^2)^{1/2}$$

$$b^2=c^2-a^2=(c+a)(c-a) \quad b=(c^2-a^2)^{1/2}$$

$$(a+b)^2-2ab=c^2 \quad c=(a^2+b^2)^{1/2} \qquad (6\text{-}3)$$

等，它们有时对计算某些工程量问题能产生奇效。

还应注意，构造直角三角形，并利用它们的有关性质计算相关的工程量。

【例题6-1】 如图6-3“勾股定理简图”所示，较短的边“勾”(a)为450mm、较长的边“股”(b)为320mm；求：斜边“弦”(c)长度？

【解题分析6-1】

依题已知：$a=320\text{mm}$、$b=450\text{mm}$

根据勾股定理变式表达式(6-3)得知，$c=(a^2+b^2)^{1/2}$

$$c^2=a^2+b^2=3202\text{mm}+4502\text{mm}=304900\text{mm}$$

故 $c=(304900)^{1/2}=552\text{mm}$

得：该直角三角形的斜边即“弦”(c)长度为552mm。

三角函数公式 **表6-5**

项 次	项 目	计 算 公 式	结 论
1	α角之正弦	$\sin\alpha$=对边/斜边	$=y/r$ 或 $=MP/OP$
2	α角之余弦	$\cos\alpha$=邻边/斜边	$=x/r$ 或 $=OM/OP$
3	α角之正切	tan(或 tg)α=对边/邻边	$=y/x$ 或 $=MP/OM$
4	α角之余切	cot(或 ctg)α=邻边/对边	$=x/y$ 或 $=OM/MP$
5	α角之正割	$\sec\alpha$=斜边/邻边	$=r/x$ 或 $=OP/OM$
6	α角之余割	$\csc\alpha$=斜边/对边	$=r/y$ 或 $=OP/MP$

注：1. 直角三角形中的边与角有一定的关系，用角表示两条边比值关系的形式叫做“三角函数”；
2. 三角函数是边、角关系计算中的基础；
3. 在下图中，c是斜边；对A角说，a是对边，b是邻边；对B角说，a是邻边，b是对边。

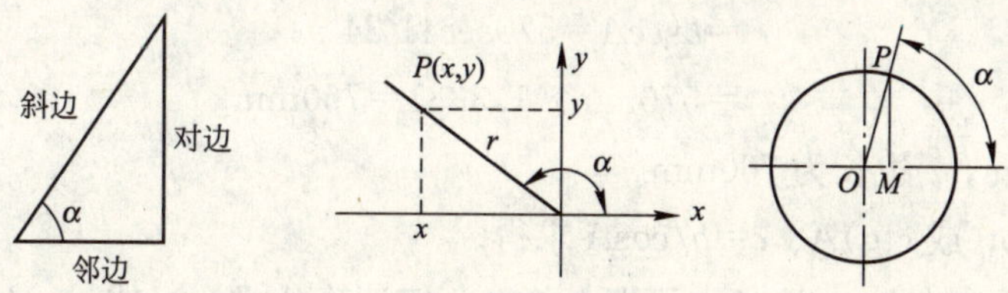

图6-2 三角函数公式示意图

2. 三角函数值计算

三角函数值可从表6-7“三角函数表”中查得，也可以应用计算器计算。在缺乏《三角函数表》和计算器时，可利用以下几个公式手算，虽然数值繁琐，还能够在实践中应急。

$$\sin x=X-(X^3/6)+(X^5/120)-(X^7/5040) \qquad (6\text{-}4)$$

$$\cos x=1-(X^2/2)+(X^4/24)-(X^6/720) \tag{6-5}$$

$$\tan x=X+(X^3/3)+(2X^5/15)+(17X^7/315) \tag{6-6}$$

$$\cot x=1/X-(X/3)-(X^3/45)-(2X^5/945) \tag{6-7}$$

$$\sec x=1+(X^2/2)+(5X^4/24)+(61X^6/720) \tag{6-8}$$

$$\csc x=1/X+(X/6)+(7X^3/360)+(31X^5/15120) \tag{6-9}$$

运用上述公式时，x 是用弧度(rad)表示的，请参阅表 6-1“常用常数值表”或表 6-2“角度制与弧度制Ⅰ”得：1 度(degree)即 $1°=0.017453$ 弧度(rad)

【例题 6-2】 求 $\tan 34°23'=?$

【解题分析 6-2】 $34°23'=(34+23/60)°=34.38°$

$$=34.38\times0.017453(\text{tad})=0.5999\text{tad}$$

据式(6-6)计算公式得：$\tan x=X+(X^3/3)+(2X^5/15)+(17X^7/315)$

$$\tan 34°23'=0.5999+(0.5999^3/3)+(2\times0.5999^5/15)+(17\times0.5999^7/315)$$
$$=0.5999+0.0720+0.0104+0.0015$$
$$=0.6838$$

得：因为计算过程有尾数差，故取小数点后三位数，即 $\tan 34°23'$ 为 0.684。

3. 边长计算

从表 6-5“三角函数公式”可以看出；已知一个角和一条边，就能够求出另一边？

【例题 6-3】 如图 6-3“勾股定理简图”中已知 A 角为 $41°24'$，$b=570\text{mm}$，求 a、c 边长？

【解题分析 6-3】 查表 6-5“三角函数公式”项次 3 得：α 角之正切计算公式为 tan(或 tg)α=对边/邻边、结论为 y/x 或$=MP/OM$；项次 5 得：α 角之正割计算公式为 $\sec\alpha$=斜边/邻边、结论为 r/x 或$=OP/OM$

(1) a 边长：

当 $t\alpha$ 角之正切计算公式为 tan(或 tg)α=对边/邻边、结论为 y/x 或$=MP/OM$ 时，对边 a 边长=tan(或 tg)$\alpha\times A$

当 A 角为 $41°24'$时，查“三角函数表”得数值为 0.8816 系数

$$a=b\tan A=570\tan 41°24'$$
$$=570\text{mm}\times0.8816=503\text{mm}$$

(2) c 边长

当 α 角之正割计算公式为 $\sec\alpha$=斜边/邻边、结论为 r/x 或$=OP/OM$ 时，斜边 c 边长$=\sec\alpha\times A$

当 A 角为 $41°24'$时，查“三角函数表”得数值为 1.3331 系数

$$c=b\sec A=570\sec 41°24'$$
$$=570\text{mm}\times1.3331=760\text{mm}$$

得：a 边长为 503mm，c 边长为 760mm。

也可以据此 $a=b/\cot$(或 ctg)A、$c=b/\cos A$ 求得。

如果已知 B 角、b 边，求 a、c 边长，可据 b 角之余切计算公式 cot(或 ctg)b=邻边/对边 $a=b\cot$(或 ctg)B、b 角之余割计算公式 $\csc b$=斜边/对边 $c=b\csc B$ 求得。

4. 常用公式

(1) 一元二次方程的求根公式：

对于方程 $ax^2+bx+c=0$，它的解为

$$x=[-b\pm(b^2-4ac)^{1/2}]/2a \tag{6-10}$$

(2) 正弦定理和余弦定理：

对于任意三角形，如果用A、B、C分别表示三角形的三个内角，它们的对边分别为a、b、c，便有正弦定理如下：

$$a/\sin A=b/\sin B=c/\sin C \tag{6-11}$$

又有余弦定理如下：

$$a^2=b^2+c^2-2bc\times\cos A$$
$$b^2=a^2+c^2-2ac\times\cos B$$
$$c^2=a^2+b^2-2ab\times\cos C \tag{6-12}$$

如果三角形中有一个角是大于90°的(小于180°)，譬如说，有$90°<A<180°$，那么，正弦和余弦值应按下式计算：

$$\sin A=\sin(180°-A) \tag{6-13}$$
$$\cos A=-\cos(180°-A) \tag{6-14}$$

(3) 已知三角形的三边长度求面积：

任意三角形的三边分别为a、b、c，则三角形面积A据下式计算(任意一边当做a、b或C都可以)：

$$A=1/4\{b^2c^2-[(b^2+c^2-a^2)/2]^2\}^{1/2} \tag{6-15}$$

两角之和或差的函数

(1) $\sin(a\pm b)=\sin a\cos\beta\pm\cos a\sin\beta$

(2) $\mathrm{co}(a\pm b)=\cos a\cos\beta\mp\sin a\sin\beta$

(3) $\mathrm{ta}(a\pm b)=\dfrac{\mathrm{tg}a\pm\mathrm{tg}\beta}{1\mp\mathrm{tg}a\mathrm{tg}\beta}$

(4) $\mathrm{ctg}a(a\pm b)=\dfrac{\mathrm{ctg}a\mathrm{ctg}\beta\mp 1}{\mathrm{ctg}\beta+\mathrm{ctg}a}$

二函数之和差及积

(1) $\sin a+\sin\beta=2\sin\dfrac{1}{2}(a+\beta)\cos\dfrac{1}{2}(a-\beta)$

(2) $\sin a-\sin\beta=2\cos\dfrac{1}{2}(a+\beta)\sin\dfrac{1}{2}(a-\beta)$

(3) $\cos a-\cos\beta=-2\sin\dfrac{1}{2}(a+\beta)\sin\dfrac{1}{2}(a-\beta)$

(4) $\cos a+\cos\beta=2\cos\dfrac{1}{2}(a+\beta)\cos\dfrac{1}{2}(a-\beta)$

(5) $\mathrm{tg}a\pm\mathrm{tg}\beta=\dfrac{\sin(a\pm\beta)}{\cos a\cos\beta}$

(6) $\mathrm{ctg}a\pm\mathrm{ctg}\beta=\dfrac{\sin(\beta\pm a)}{\sin a\sin\beta}$

(7) $\sin a\sin\beta=\dfrac{1}{2}[\cos(a-\beta)-\cos(a+\beta)]$

(8) $\cos a\cos\beta=\dfrac{1}{2}[\cos(a-\beta)+\cos(a+\beta)]$

(9) $\sin a\cos\beta=\dfrac{1}{2}[\sin(a-\beta)+\sin(a+\beta)]$

三角形的性质

abc—边，ABC—角，R—外切圆的半径 $S=\frac{1}{2}(a+b+c)$

(1) 正弦法则：$\frac{a}{\sin A}=\frac{b}{\sin B}=\frac{c}{\sin C}=2R$

(2) 余弦法则 $C=a\cos B+b\cos A$ 等

(3) 由二边及夹角求它边 $c^2=a^2+b^2-2ab\cos C$ 等

$$\sin A=\frac{2}{bc}\sqrt{s(s-a)(s-b)(s-c)},\quad \cos A=\frac{b^2+c^2-a^2}{2bc}$$

(4) $\sin\frac{A}{2}=\sqrt{\frac{(s-b)(s-c)}{bc}}$，$\cos\frac{A}{2}=\sqrt{\frac{s(s-a)}{bc}}$；$\text{tg}\frac{A}{2}=\sqrt{\frac{(s-b)(s-c)}{s(s-a)}}=\frac{r}{s-a}$

(5) 面积 $=\frac{bc}{2}\sin A=\frac{abc}{4R}=\sqrt{s(s-a)(s-b)(s-c)}$

(6) 外切圆半径 $R=\frac{abc}{4\times\text{面积}}=\frac{a}{2\sin A}$

(7) 内切圆半径 $r=\frac{\text{面积}}{s}=(s-a)\text{tg}\frac{A}{2}$

(8) 傍切圆半径 $r_a=\frac{\text{面积}}{s-a}=s\text{tg}\frac{A}{2}$

三角形公式 **表 6-6**

图形	已知	求	公式	直角三角形表解			
	a，c	A，B	$\sin A=\frac{a}{c}$，$\cos B=\frac{a}{c}$	b	a	A	C
		b，F	$b=\sqrt{c^2-a^2}$，$F=\frac{a}{2}\sqrt{c^2-a^2}$	1/12	1	85°14′	1.0035
	a，b	A，B	$\text{tg}A=\frac{a}{b}$，$\text{tg}B=\frac{b}{a}$	1/11	1	84°50′	1.0041
		C，F	$C=\sqrt{a^2+b^2}$，$F=\frac{ab}{2}$	1/10	1	84°17′	1.0050
F=面积	A，a	B，b	$B=90°-A$，$b=a\text{ctg}A$	1/9	1	83°40′	1.0061
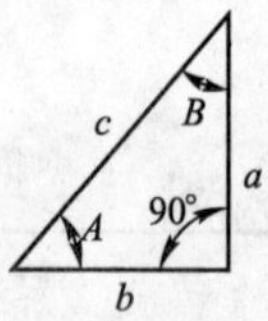		c，F	$c=\frac{a}{\sin A}$，$F=\frac{a^2\text{ctg}A}{2}$	1/8	1	82°53′	1.0080
	A，b	B，a	$B=90°-A$，$a=b\text{tg}A=c\cos B$	1/7	1	81°52′	1.0102
		c，F	$C=\frac{b}{\cos A}$，$F=\frac{b^2}{2}\text{tg}A$	1/6	1	80°31′	1.0133
	A，c	B，a	$B=90°-A$，$a=c\sin A$	1/5	1	78°41′	1.0198
		b，F	$b=c\cos A$；$F=\frac{c^2\sin A\cos A}{2}=\frac{c^2\sin 2A}{4}$	1/4	1	75°58′	1.0307
	c，b	A，B	$\cos A=\frac{b}{c}$，$B=90°-A$	1/2	1	63°26′	1.1180
		a，F	$a=\sqrt{c^2-b^2}$，$F=\frac{ab}{2}$	3/4	1	53°08′	1.2500
$S=\frac{a+b+c}{2}$	a，b，c	A	$\sin\frac{1}{2}A=\sqrt{\frac{(s-b)(s-c)}{bc}}$ $\cos\frac{1}{2}A=\sqrt{\frac{s(s-a)}{bc}}$	1	1	45°00′	1.4142
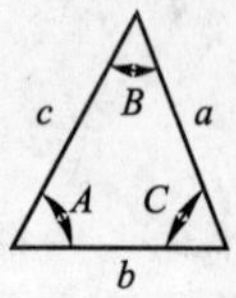			$\text{tg}\frac{1}{2}A=\sqrt{\frac{(s-b)(s-c)}{s(s-a)}}$， $\sin\frac{1}{2}B=\sqrt{\frac{(s-a)(s-c)}{ac}}$	$1\frac{1}{4}$	1	38°40′	1.6000
		B	$\cos\frac{1}{2}B=\sqrt{\frac{s(s-b)}{ac}}$， $\text{tg}\frac{1}{2}B=\sqrt{\frac{(s-a)(s-c)}{s(s-b)}}$	$1\frac{1}{2}$	1	33°42′	1.8028

续表

图形	已知	求	公 式	直角三角形表解			
		C	$\sin\frac{1}{2}C=\sqrt{\frac{(s-a)(s-b)}{ab}}$， $\cos\frac{1}{2}C=\sqrt{\frac{s(s-c)}{ab}}$	$1\frac{3}{4}$	1	29°44′	2.0160
		F	$\tan\frac{1}{2}C=\sqrt{\frac{(s-a)(s-b)}{s(s-c)}}$ $F=\sqrt{s(s-a)(s-b)(s-c)}$	$2\frac{1}{2}$	1	26°34′	2.2360
	a，A，B	b，c	$b=\frac{a\sin B}{\sin A}$， $C=\frac{a\sin C}{\sin A}=\frac{a\sin(A+b)}{\sin A}$	$2\frac{1}{2}$	1	21°50′	2.6880
		F	$F=\frac{1}{2}ab\cdot\sin C$ $=\frac{a^2\sin B\cdot\sin C}{2\sin A}$	3	1	18°26′	3.1620
	a，b，A	B	$\sin B=\frac{b\cdot\sin A}{a}$	$3\frac{1}{2}$	1	16°00′	3.6880
		c	$c=\frac{a\cdot\sin c}{\sin A}=\frac{b\cdot\sin C}{\sin B}$ $=\sqrt{a^2+b^2-2ab\cdot\cos C}$	4	1	14°02′	4.1240
		F	$F=\frac{1}{2}ab\cdot\sin C$	$4\frac{1}{2}$	1	12°32′	4.6081
	a，b，c	A	$\tan A=\frac{a\cdot\sin C}{b-a\cdot\cos C}$	5	1	11°18′	5.1003
			$\tan\frac{1}{2}(A-B)=\frac{a-b}{a+b}\text{cotg}\frac{1}{2}C$	$5\frac{1}{2}$	1	10°18′	5.6000
		c	$C=\sqrt{a^2+b^2-2ab\cdot\cos C}$ $=\frac{a\cdot\sin C}{\sin A}$	6	1	9°25′	6.1121
		F	$F=\frac{1}{2}ab\cdot\sin C=\frac{1}{2}bc\cdot\sin A$	$6\frac{1}{2}$	1	8°45′	6.5733
	$A+B+C=180°$； $\frac{a}{\sin A}=\frac{b}{\sin B}=\frac{c}{\sin C}$			7	1	8°08′	7.0680
	$\sin A+\sin B+\sin C$ $=4\cdot\cos\frac{A}{2}\cdot\cos\frac{B}{2}\cdot\cos\frac{C}{2}$			$7\frac{1}{2}$	1	7°36′	7.5601
	$\cos A+\cos B+\cos C$ $=1+4\cdot\sin\frac{A}{2}\cdot\sin\frac{B}{2}\cdot\sin\frac{C}{2}$			8	1	7°07′	8.0717
	$\tan A+\tan B+\tan C=\tan A\cdot\tan B\cdot\tan C$ $a^2=b^2+c^2-2bc\cdot\cos A$ $b^2=a^2+c^2-2ac\cdot\cos B$ $c^2=a^2+b^2-2ab\cdot\cos C$			$\frac{a+b}{a-b}=\frac{\tan\frac{1}{2}(A+B)}{\tan\frac{1}{2}(A-B)}$			

注：掌握勾股定理，运用勾股定理由直角三角形两边的长求其第三边的长；且用勾股定理的逆定理判定直角三角形。

基本函数的微分公式　　表 6-7

函　数	导　数	函　数	导　数
e(常数)	0	x	1
x^n	nx^{n-1}	$1/x$	$-1/x^2$
$1/x^n$	$-n/(x^{n-1})^{1/2}$	$x^{(1/2)}$	$1/2(x)^{(1/2)}$
$x^{(1/2)n}$	$1/n^n(x^{n+1})^{1/2}$	e^x	e^x
a^x	$a^x\ln a$	$\ln^x$	$1/x$
$\log x$	$(1/x)\log e\approx 1/x\ln a$	$\log x$	$(1/x)\log e\approx 0.4343/x$
$\sin x$	$\cos x$	$\cos x$	$-\sin x$
$\tan x$	$1/\cos^2 x$	$\mathrm{cotg}x$	$-1/\sin^2 x$
$\sec x$	$\tan x\cdot\sec x$	$\csc x$	$-\mathrm{ctg}x\cdot\csc x$
$\arcsin x$	$1/(1-x^2)^{1/2}$	$\arccos x$	$-1/(1-x^2)^{1/2}$
$\arctan x$	$1/1+x^2$	$\mathrm{arccotg}x$	$-1/1+x^2$
$\mathrm{arcsec}x$	$1/x(x^2-1)^{1/2}$	$\mathrm{arecec}x$	$-1/x(x^2-1)^{1/2}$
$\mathrm{sh}x$	$\mathrm{ch}x$	$\mathrm{ch}x$	$\mathrm{sh}x$
$\tan x$	$1/\mathrm{ch}^2 x$	$\mathrm{cth}x$	$-1/\mathrm{sh}^2 x$
$\mathrm{arcsh}x$	$1/(1+x^2)^{1/2}$	$\mathrm{arcch}x$	$-1/(x^2-1)^{1/2}$
$\mathrm{arcth}x$	$1/1-x^2$	$\mathrm{arcth}x$	$-1/x^2-1$

反三角函数的定义　　表 6-8

函数	主值记号	定义域	主值范围	函数	主值记号	定义域	主值范围
反正弦	若 $x=\sin y$， 则 $y=\arcsin x$	$-1\leqslant x\leqslant 1$	$-\pi/2\leqslant y\leqslant\pi/2$	反余切	若 $x=\cot y$， 则 $y=\mathrm{arccot}x$	$-\infty<x<\infty$	$0\leqslant y\leqslant\pi$
反余弦	若 $x=\cos y$， 则 $y=\arccos x$	$-1\leqslant x\leqslant 1$	$0\leqslant y\leqslant\pi$	反正割	若 $x=\sec y$， 则 $y=\mathrm{arcsec}x$	$x\leqslant -1$，$x\geqslant 1$	$0\leqslant y\leqslant\pi$
反正切	若 $x=\tan y$， 则 $y=\arctan x$	$-\infty<x<\infty$	$-\pi/2\leqslant y\leqslant\pi/2$	反余割	若 $x=\csc y$， 则 $y=\mathrm{arccsc}x$	$x\leqslant -1$，$x\geqslant 1$	$-\pi/2\leqslant y\leqslant\pi/2$

三角函数、反三角函数的几何意义　　表 6-9

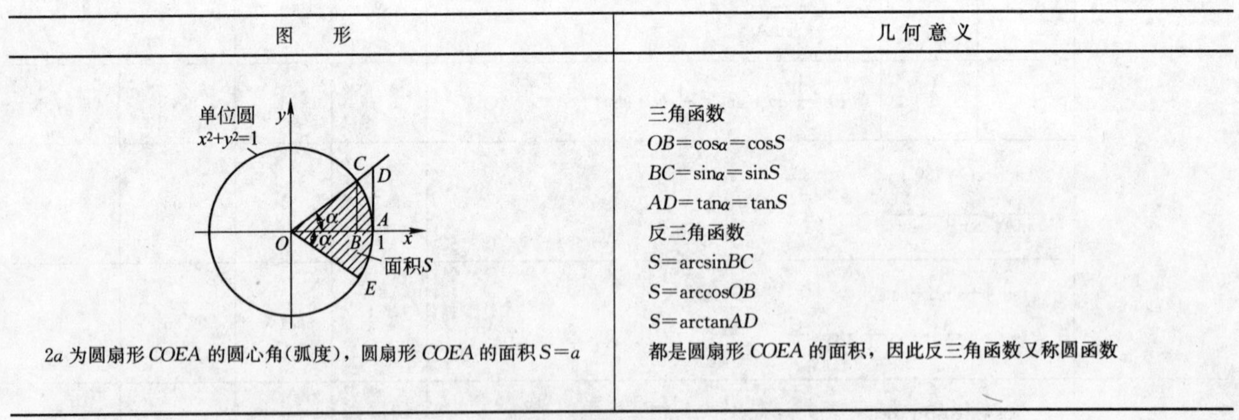

图　形	几何意义
2a 为圆扇形 COEA 的圆心角(弧度)，圆扇形 COEA 的面积 $S=a$	三角函数 $OB=\cos\alpha=\cos S$ $BC=\sin\alpha=\sin S$ $AD=\tan\alpha=\tan S$ 反三角函数 $S=\arcsin BC$ $S=\arccos OB$ $S=\arctan AD$ 都是圆扇形 COEA 的面积，因此反三角函数又称圆函数

5. 圆

(1) 弧度和弧长

1 个半径长的圆弧所对的圆心角定为 1 弧度(1rad)，请参阅图 6-2“弧度和弧长示意图”。

因为 1 圆周所对的圆心角是 360°，而圆周长等于 $2\pi R$，所以，当弧长等于 R 时，所对的圆心角 α 就是

$$\alpha=1\text{rad}=(360/2\pi)=57.3°$$

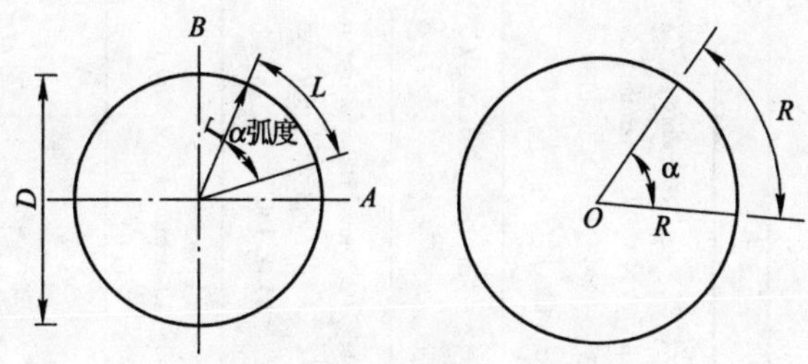

图 6-3 弧度和弧长示意图

因此有(请参阅表 6-1“常用常数值表”或表 6-2“角度制与弧度制Ⅰ”)

$$1\text{rad}=57.29578°\approx 57.3° \quad (6\text{-}16)$$

$$1°=0.017453\text{rad} \quad (6\text{-}17)$$

设某弧所对的圆心角为θ(以 rad 计),圆的半径为R,那么,弧长s可由下式求得:

$$s=R\theta \quad (6\text{-}18)$$

(2) 弦长和矢高

弦长和矢高计算方法 **表 6-10**

项次	已知条件	求	解题分析	图示
1	半径R和圆心角θ	弦长K	$K=2R\sin(\theta/2)$ (6-10)	
2	半径R和弦心距c	弦长K	$K=2(R^2-c^2)^{1/2}$ (6-11)	
3	半径R和圆心角θ	矢高f	当$\theta<180°$时: $f=R(1-\cos\theta/2)$ (6-12)	
4	半径R和圆心角θ	矢高f	当$\theta>180°$时: $f=R[1+\cos(180°-\theta/2)]$ (6-13)	
5	半径R和圆心角θ	矢高f	当$\theta=180°$时: $f=R$ (6-14)	
6	弦长K和矢高f	半径R	$R=f/2+K^2/8f$ (6-15)	
7	弦长K和矢高f	圆心角θ	$\tan\theta/4=2f/K$ (6-16)	

常用面积、体积和表面积及常用截面的几何图形面积的“算量”,请分别参阅本《市政工程工程量清单工程系列丛书》姊妹篇之三《市政工程工程量清单常用数据手册》表 3-15“三角形平面图形面积”、表 3-16“四边形平面图形面积”、表 3-17“内接多边形平面图形面积”、表 3-19“圆形、椭圆形平面面积”、表 3-23“多面体的体积和表面积”和表 3-23“常用截面的几何图形面积”。

常用割圆(弓形)计算公式

表 6-11

项次	项目名城	单位					
	基本图示						
	已知条件		r—半径，b—弦长($b=2a$)，h—拱高，θ—圆心角度数，α—圆心角弧度数，s—弧长，O—圆心	r—半径($r=d/2$) θ°—圆心角	r—半径($r=d/2$) L—弦长	r—半径($r=d/2$) h—矢高	L—弦长 h—矢高
项次	项目名城	单位	计算公式				
1	A—面积	m^2	$\pi\times\theta^{\circ}/360\times r^2-a(r^2-a^2)^{1/2}$ $=(1/2)ar^2-a(r^2-a^2)^{1/2}$ $=(1/2)r^2(\alpha-\sin\alpha)$ $=(1/2)\times[r(s-b)+bh]$	$\pi\times r^2\times\theta^{\circ}/360-r^2\times\sin(\theta^{\circ}/2)\times\cos(\theta^{\circ}/2)=(1/2)r^2\times(0.017453\theta^{\circ}-\sin\theta^{\circ})$ $\alpha=0.017453\theta^{\circ}$(弧度)	$\pi\times r^2\times\arcsin(C/2/r)/180-C/2\times r\times\cos[\arcsin(C/2/r)]$	$\pi\times r^2\times\pi\times r^2\times/180-C/2\times\cos[\arcsin(C/2/r)]$	$\pi\times C/\{2\times\sin\{180-2\arctan[C/(2\times h)]\}\}\times\{[360-4\arctan[C/(2\times h)]\}/360-C\{2\times\sin\{180-2\arctan[C/(2\times h)]-h\}\times C/2$
2	r—半径 ($r=d/2$)	m	$(a^2+h^2)/2h$				$C/\{2\times\sin\{180-2\arctan[C/(2\times h)]\}$
3	L—圆弧长	m		$\pi\times r\times\theta^{\circ}/180=0.017453\theta^{\circ}\times r$ $\alpha=0.017453\theta^{\circ}$(弧度)	$\pi\times r\times\arcsin(C/2/r)/90$	$\pi\times r\times\arccos[(r-h)/r]/90$	$\pi\times C\{2\times\sin\{180-2\arctan[C/(2\times h)]\}\}\times\{360-4\arctan[C/(2\times h)]\}/180$
4	θ°—圆心角度数	°	$2\arcsin b/2r$		$2\times\arcsin(C/2/r)$	$2\times\arccos[(r-h)/r]$	$360-4\times\arctan[C/(2\times h)]$
5	h—矢高	m	$2r\sin^2(1/4)\theta=a\mathrm{tg}(1/4)\theta$ $\tan(1/4)\theta=h/a$				
6	C—弦长	m	$2a=2r\sin(1/2)\theta$	$2\times\theta^{\circ}\times\sin(\theta^{\circ}/2)$		$2\times r\times\sin\{\arccos[(r-h)/r]\}$	
7	周长	m		$\pi\times r\times\theta^{\circ}/180+2\times\theta^{\circ}\times\sin(1/2)\theta^{\circ}$ $=0.017453\theta^{\circ}+2\times\theta^{\circ}\times\sin(1/2)\theta^{\circ}$ $\alpha=0.017453\theta^{\circ}$(弧度)	$\pi\times r\times\arcsin(C/r)/90+C$	$\pi\times r\times\arccos[(r-h)/r]/90+2\times r\times\sin\{\arccos[(r-h)/r]\}$	$\pi\times C/\{2\times\sin\{180-2\arctan[C/(2\times h)]\}\}\times\{360-4\arctan[C/(2\times h)]\}/180+C$

注：1. 当 θ—圆心角度数=180°时，弓形即为半圆形；

2. α(弧度)=0.017453θ°，请参阅计算公式(6-1)“[度与弧度的换算] 弧度与度的关系”的释义；

3. 已知 r—半径；$r=d/2$、H—矢高，求弓形面积，请参阅表 4-67“由矢高、直径求弓形(割圆)面积即弓形(割圆)系数及弧长查对表”；

4. 已知 H—矢高、L—弦长，求弓形面积，请参阅表 4-67“由弦长、矢高求割圆(弓形)面积及弧长即割圆(弓形)面积系数及弧长系数查对表”。

6.2 计量单位及换算

6.2.1 常用计量单位和数据

我国选定的非国际单位制单位 **表 6-12**

量的名称	单位名称	单位符号(一律正体)	换算关系和说明
时间	分	min	1min=60s
	[小] 时	h	1h=60min=3600s
	天(日)	d	1d=24h=86400s
平面角	[角] 秒	(″)	1″=(π/648000)rad(π为圆周率)
	[角] 分	(′)	1′=60″=(π/10800)rad
	度	(°)	1°=60′=(π/180)rad
旋转速度	转每分	r/min	1r/min=(1/60)s^{-1}
长度	海里	nmile	1nmile=1852m(只用于航程)
速度	节	kn	1kn=1nmile/h=(1852/3600)m/s(只用于航程)
质量	吨	t	1t=10^3kg
	原子质量单位	u	1u≈1.6605655×10^{-27}kg
体积	升	L，(l)	1L=1dm^3=$10^{-3}$$m^3$
能	电子伏	eV	1eV≈1.6021892×10^{-19}J
级差	分贝	dB	
线密度	特 [克斯]	tex	1tex=1g/km

常用法定计量单位与非法定计量单位的换算 **表 6-13**

量的名称	法定计量单位		常用非法定计量单位		单位换算
	名 称	符 号	名 称	符 号	
长度	米 海里	m n mile	公里 埃 英尺 英寸 英里	 Å ft in mile	1公里=10^3m 1Å=0.1nm=10^{-10}m 1ft=0.3048m 1in−0.0254m 1mile=1609.344m
面积	平方米	m^2	公亩 平方英尺 平方英寸 平方英里	a ft^2 in^2 $mile^2$	1a=102m^2 1fF=0.092903m^2 1in^2=6.4516×$10^{-4}$$m^2$ 1$mile^2$=2.58999×105m^2
体积容积	立方米 升	m^3 L	立方英尺 立方英寸 英加仑 美加仑	h^3 in^3 Ukgal USgal	1ft^3=0.0283168m^3 1in^3=1.63871×$10^{-5}$$m^3$ 1Ukgal=4.54609dm^3 1Useal=3.78541dm^3
质量	千克(公斤) 吨 原子质量单位	kg t u	磅 英担 英吨 短吨 盎司 米制克拉	lb cwb ton shton oz 	1lb=0.45359237kg 1cwb=50.8023kg 1ton=1016.05kg 1shton=904.185kg 1oz=28.3495g 1米制克拉=2×10^{-4}kg

续表

量的名称	法定计量单位		常用非法定计量单位		单位换算
	名称	符号	名称	符号	
力； 重力	牛［顿］	N	达因 千克力 磅力	dyn kgf lbf	1dyn=10^{-5}N 1kgf=9.80665N 1lbf=4.44822N
力矩	牛顿米	N·m	千克力米 磅力英尺 磅力英寸	kgf·m lbf·h lbf·in	1kgf·m=9.80665N·m 1lbf·h=1.35582N·m 1lbf·in=0.112985N·m
压力 压强	帕［斯卡］	Pa	巴 千克力每平方厘米 工程大气压 标准大气压 磅力每平方英尺 平方英寸	bar kgf/cm^2 at atm lbf/ft^2 lbf/in^2	1bar=10^3Pa 1kgf/cm^2=0.0980665MPa 1at=98066.5Pa=98.0665kPa 1atm=101325Pa=101.325kPa 1lbf/ft^2=47.8803Pa 1lbf/in^2=6894.76Pa=6.89476kPa
能量； 功； 热量	焦［耳］ 电子伏 千瓦小时	J eV kW·h	尔格 千克力米应马力 小时卡 卡 马力小时 英热单位	erg kfg·m hp·h cai Btu	1erg=10^{-7}J 1kW·h=3.6MJ 1kgf·m=9.80665J 1hp·h=2.68452MJ 1cai=4.1868J 1马力小时=2.64779MJ 1Btu=1055.06J=1.05506kJ
功率	瓦［特］	W	千克力米每秒 马力(米制马力) 英马力 千卡每小时伏安	kgf·m/s 德 PS(法 ch，CV) hp kcal/h VA	1kgf·m/s=9.80665W 1PS=735.499W 1hp=745.700W 1kcal/h=1.163W　1VA=1W
密度	千克每立方米	kg/m^3	磅每立方英尺 磅每立方英寸	lb/ft^3 lb/in^3	1lb/ft^3=16.0185kg/m^3 1lb/in^3=27679.9kg/m^3
体积流量	立方米每秒 升每秒	m^3/s L/s	立方英尺每秒 立方英寸每小时	ft^3/s in^3/h	1ft^3/s=0.0283168ms/s 1in^3/h=4.55196×10^{-5}L/s
运动粘度	二次方米每秒	m^2/s	斯［托克斯］ 厘斯［托克斯］	St cSt	1St=$10^{-4}m^2$/s 1cSt=$10^{-6}m^2$/s=1mm^2/s
［动力］ 粘度	帕斯卡妙	Pa·s	泊 厘泊	P cP	1P=10^{-1}Pa·s 1CP=10^{-3}Pa·s
热力学温度 摄氏温度	开［尔文］ 摄氏度	K ℃	华氏度	℉	表示温度差和温度间隔时： 1℃=1K；1℉=$\frac{5}{9}$℃ 表示温度数值时： ℃=(*K*−273.15) $K=\frac{5}{9}$(℉+459.67) ℃=$\frac{5}{9}$(℉−32)

英寸的分数、小数我国习惯称呼与毫米对照表　　表 6-14

英寸(in)		毫米(mm)	我国习惯称呼	英寸(in)		毫米(mm)	我国习惯称呼
分数	小数			分数	小数		
1/16	0.0625	1.5875	半分	9/16	0.5625	14.2875	四分半
1/8	0.1250	3.175	一分	5/8	0.6250	15.875	五分
3/16	0.1875	4.7625	一分半	11/16	0.6875	17.4625	五分半
1/4	0.2500	6.35	二分	3/4	0.7500	19.05	六分
5/16	0.3125	7.9375	二分半	13/16	0.8125	20.6375	六分半
3/8	0.3750	9.525	三分	7/8	0.8750	22.225	七分
7/16	0.4375	11.1125	三分半	15/16	0.9375	23.8125	七分半
1/2	0.5000	12.7	四分	1	1.0000	25.4	一英寸

等分圆周表 表6-15

n	K	n	K	n	K	n	K
		26	0.1205	51	0.0616	76	0.0413
		27	0.1161	52	0.0604	77	0.0408
3	0.8660	28	0.1120	53	0.0595	78	0.0403
4	0.7071	29	0.1081	54	0.0581	79	0.0398
5	0.5857	30	0.1045	55	0.0571	80	0.0393
6	0.5000	31	0.012	56	0.0561	81	0.0388
7	0.4339	32	0.0980	57	0.0551	82	0.0383
8	0.3827	33	0.0951	58	0.0541	83	0.0378
9	0.3420	34	0.0923	59	0.0532	84	0.0374
10	0.3090	35	0.0898	60	0.0523	85	0.0369
11	0.2817	36	0.0872	61	0.0515	86	0.0365
12	0.2588	37	0.0848	62	0.0506	87	0.0361
13	0.2393	38	0.0826	63	0.0498	88	0.0357
14	0.2225	39	0.0805	64	0.0491	89	0.0353
15	0.2079	40	0.0785	65	0.0483	90	0.0349
16	0.1951	41	0.0766	66	0.0476	91	0.0345
17	0.1837	42	0.0747	67	0.0469	92	0.0341
18	0.1737	43	0.0730	68	0.0462	93	0.0338
19	0.1646	44	0.0713	69	0.0455	94	0.0334
20	0.1564	45	0.0698	70	0.0449	95	0.0331
21	0.1490	46	0.0682	71	0.0422	96	0.0327
22	0.1423	47	0.0667	72	0.0436	97	0.0324
23	0.1362	48	0.0654	73	0.0430	98	0.0321
24	0.1305	49	0.0641	74	0.0424	99	0.0317
25	0.1253	50	0.0628	75	0.0419	100	0.0314

注：表中 $K=\frac{180°}{n}$，可由圆直径 d 求得等分圆周的弦长 $a=Kd$。

常 用 数 值 表6-16

自然对数底(e)		
$e=2.71828$	$e^{1/3}=1.39561$	$1/e^{1/2}=0.60653$
$e^2=7.38906$	$1/e=0.36788$	$1/e^{1/3}=0.71653$
$e^{1/2}=1.64872$	$1/e^2=0.13533$	$\lg e=0.43429$
角度和弧度		
$1°=\pi/180=0.01745$ 弧度		
1 弧度$=57.2958°=57°17'44.806''$		

角度、坡度对照表 表6-17

角度 (° ′ ″)	坡度 (%)	角度 (° ′ ″)	坡度 (%)	角度 (° ′ ″)	坡度 (%)	角度 (° ′ ″)	坡度 (%)
0°00′	0.00	1°00′	1.75	2°00′	3.49	3°00′	5.24
10′	0.29	10′	2.04	10′	3.78	10′	5.53
20′	0.58	20′	2.33	20′	4.07	20′	5.82
30′	0.87	30′	2.63	30′	4.37	30′	6.12
40′	1.16	40′	2.91	40′	4.66	40′	6.41
50′	1.45	50′	3.20	50′	4.95	50′	6.70

续表

角度(° ′ ″)	坡度(%)	角度(° ′ ″)	坡度(%)	角度(° ′ ″)	坡度(%)	角度(° ′ ″)	坡度(%)
4°00′	6.99	8°00′	14.05	12°00′	21.26	16°00′	28.68
10′	7.29	10′	14.35	10′	21.56	10′	28.99
20′	7.58	20′	14.65	20′	21.86	20′	29.31
30′	7.87	30′	14.95	30′	22.17	30′	29.62
40′	8.16	40′	15.24	40′	22.48	40′	29.94
50′	8.46	50′	15.54	50′	22.78	50′	30.26
5°00′	8.75	9°00′	15.84	13°00′	23.09	17°00′	30.57
10′	9.04	10′	16.14	10′	23.39	10′	30.89
20′	9.34	20′	16.44	20′	23.70	20′	31.21
30′	9.63	30′	16.73	30′	24.01	30′	31.53
40′	9.92	40′	17.03	40′	24.32	40′	31.85
50′	10.22	50′	17.33	50′	24.62	50′	32.17
6°00′	10.51	10°00′	17.63	14°00′	24.93	18°00′	32.49
10′	10.81	10′	17.93	10′	25.24	10′	32.81
20′	11.10	20′	18.23	20′	25.55	20′	33.14
30′	11.39	30′	18.53	30′	25.86	30′	33.45
40′	11.69	40′	18.83	40′	26.17	40′	33.78
50′	11.98	50′	19.13	50′	26.48	50′	34.11
7°00′	12.28	11°00′	19.44	15°00′	26.79	19°00′	34.43
10′	12.57	10′	19.74	10′	27.11	10′	34.76
20′	12.87	20′	20.04	20′	27.49	20′	35.09
30′	13.17	30′	20.35	30′	27.73	30′	35.41
40′	13.46	40′	20.65	40′	28.05	40′	35.71
50′	13.76	50′	20.95	50′	28.36	50′	36.07

为保证路基稳定，路基两侧需做成具有一定坡度的坡面。路基边坡坡度系数(边坡宽度：边坡高度)是以边坡的高度 H 与宽度 b 之比来表示，见图 6-4“路基边坡坡度示意图”所示。为方便起见，习惯将高度定为 l，相应的宽度是 b/H，一般写成 1∶m，参见图 6-5“边坡坡率换算角度、对边、斜边长度(竖立方向的高度)示意图”所示。

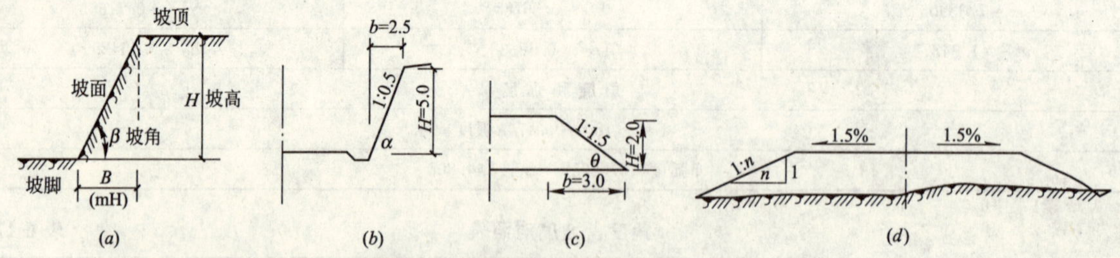

图 6-4 路基边坡坡度(1∶m)示意图

(a)边坡各部位名称；(b)路堑；(c)路堤；(d)路基

注：斜线的倾斜度称为坡度(斜线上任意两点间高差与其水平距离之比)，其标注方法有两种：

(1) 用比例形式表示，如图 4-7“路基边坡坡度(1∶m)示意图”(b)路堤项中的 1∶1.5 和图 4-28“坡度(m∶1)标注法示意图”(b)桥墩项中的 20∶1；前项数字为竖直方向的高度，后者为水平方向的距离；市政工程中的路基边坡、挡土墙、锥坡、围堰、开槽埋管堆土及桥墩墩身等的坡度都用这种方法表示；

(2) 用百分数(%)表示。当坡度较小时，常用百分数表示，并标注坡度符号，坡度符号由细实线、单边箭头以及在其上标注的百分数组成。箭头的方向指向下坡。如图 4-7“路基边坡坡度(1∶m)示意图”(c)路基项中的 1.5%；道路的纵坡、横坡、管道铺设的纵坡等常采用此种表示法。

$m=b/H$ 称为坡率，即为边坡底的宽度 b 与边坡高度 H 的比，如1∶0.5，1∶1.5；当边坡高度 H 为已知时，所需边坡底的宽度 b 即等于 mh（1∶m=h∶b）。m 值愈大，边坡愈缓，稳定性愈好，但工程数量增大，且边坡过缓而暴露面积过大，易受雨、雪侵蚀，反而不利。可见，路基边坡坡度对路基稳定起着重要的作用。如何恰当地设计边坡坡度，既使路基稳定，又节省造价，这在路基横断面设计中是极为重要的，尤其在深路堑及工程地质复杂的地区。

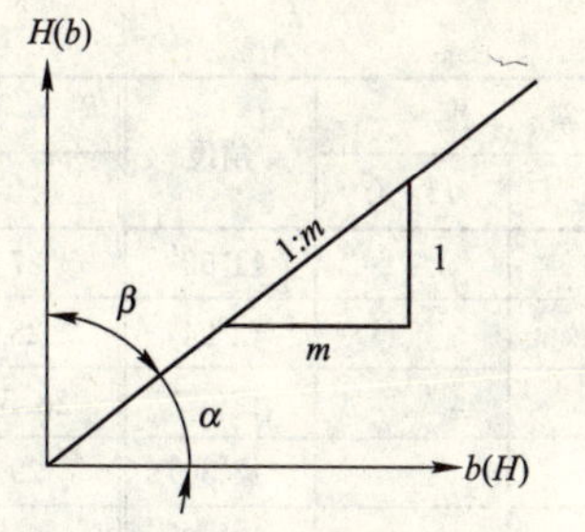

图 6-5 边坡坡率换算角度、对边、斜边长度（竖立方向的高度）示意图

边坡坡率换算角度、对边、斜边长度表（竖立方向的高度） **表 6-18**

顺序号	坡率值（1∶m）	角度(°′)		对边宽度(b)		斜边长度(L)		
				tgβ(对边/邻边)即 m 值	b=tgβ H(m) 即 b=Mh	sinα(对边/斜边)即cosβ(邻边/斜边)	斜率 K 值		长度 L=KH(m)
		α	β				$C=a/\sin\alpha$ 暨 $a/\cos\beta$	$(1+m^2)^{1/2}$	
1	1∶0.10	84°17′	5°43′	0.10	0.10H	0.995	1.0050		1.005H
2	1∶0.15	81°28′	8°32′	0.15	0.15H	0.988	1.0102		1.010H
3	1∶0.20	78°41′	11°19′	0.20	0.20H	0.980	1.0198		1.020H
4	1∶0.25	75°58′	14°02′	0.25	0.25H	0.970	1.0307		1.031H
5	1∶0.30	73°18′	16°42′	0.30	0.30H	0.956	1.0446		1.005H
6	1∶0.33	71°34′	18°26′	0.33	0.33H	0.948	1.0530		1.053H
7	1∶0.40	68°12′	21°48′	0.40	0.40H	0.928	1.0770		1.077H
8	1∶0.50	63°26′	26°34′	0.50	0.50H	0.894	1.1180		1.118H
9	1∶0.67	56°09′	33°51′	0.67	0.67H	0.830	1.2078		1.208H
10	1∶0.75	53°08′	36°52′	0.75	0.75H	0.800	1.2500		1.250H
11	1∶1.00	45°00′	45°00′	1.00	1.00H	0.707	1.4142		1.414H
12	1∶1.25	38°40′	51°20′	1.25	1.25H	0.624	1.6000		1.600H
13	1∶1.50	33°41′	56°19′	1.50	1.50H	0.554	1.8028		1.803H
14	1∶1.75	29°44′	60°16′	1.75	1.75H	0.495	2.0160		2.016H
15	1∶1.80	29°02′	60°58′	1.80	1.80H	0.485	2.0591		2.059H
16	1∶2.00	26°34′	63°26′	2.00	2.00H	0.447	2.2360		2.236H
17	1∶2.50	21°48′	68°12′	2.50	2.50H	0.371	2.6920		2.692H
18	1∶3.00	18°26′	71°34′	3.00	3.00H	0.316	3.1620		3.162H
19	1∶5.00	11°19′	78°41′	5.00	5.00H	0.196	5.0990		5.099H

注：1. α——$m=H/b$，b∶H=1∶H/b=1∶m（坡度值），b——邻边宽度；H——对边高度；K 值——斜率；L——长度；

2. β——$m=b/H$，H∶b=1∶b/H=1∶m（坡度），b——对边宽度；H——邻边高度；K 值——斜率；L——长度。

斜度与角度变换表 **表 6-19**

斜度 %	斜度 H∶L	角度	斜度 %	斜度 H∶L	角度	斜度 %	斜度 H∶L	角度	斜度 %	斜度 H∶L	角度
1	1∶100	0°34′	7		4°00′	12		6°51′	16		9°05′
2	1∶50	0°09′	8		4°34′	12.50	1∶8	7°08′	16.67	1∶6	9°28′
3		0°43′	9		5°08′	13		7°24′	17		9°39′
4	1∶25	2°17′	10	1∶10	5°43′	14		7°58′	18		10°12′
5	1∶20	2°52′	11		6°17′	14.29	1∶7	8°08′	19		10°45′
6		3°26′	11.11	1∶9	6°20′	15		8°32′	20	1∶5	11°19′

续表

斜度		角度	斜度		角度	斜度		角度	斜度		角度
%	H∶L		%	H∶L		%	H∶L		%	H∶L	
22		11°52′	27		15°06′	32		17°45′	40	1∶2.5	21°48′
		12°24′	28		15°39′	33	1∶3	18°16′	42		22°47′
23		12°57′	28.57	1∶3.5	15°57′	33.33		18°26′	44		23°45′
24		13°30′	29		16°10′	34		18°47′	46		24°42′
25	1∶4	14°02′	30		16°42′	36		19°48′	48		25°38′
26		14°34′	31		17°13′	38		20°48′	50	1∶2	26°34′

为保证桥墩稳定，桥墩两侧需做成具有一定坡度的坡面。桥墩边坡坡度系数(边坡高度∶边坡宽度)是以边坡的宽度 b 与高度 H 之比来表示，见图 4-28“坡度(m∶1)标注法示意图”所示。为方便起见，习惯将宽度定为 1，相应的宽度是 H/m，一般写成 m∶1，参见图 4-29“边坡坡率换算角度、对边、斜边长度(水平方向的距离)示意图”所示。

$m=H/b$ 称为坡率，即为边坡底的宽度 b 与边坡高度 H 的比，如 2.5∶1，10∶1；当边坡高度 H 为已知时，所需边坡底的宽度 b 即等于 $b=H/m$。m 值愈大，边坡愈陡，工程数量减小。根据不同的坡度、混凝土(建筑材料)的物理性质和工程的重要性，在设计文件中应有明确规定。

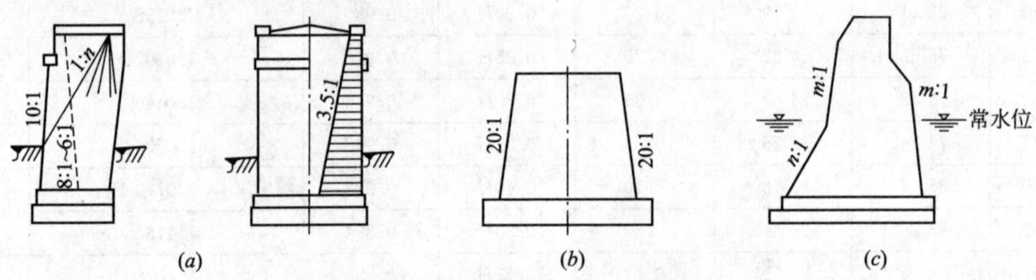

图 6-6 坡度(m∶1)标注法示意图

(a)桥台；(b)桥墩；(c)拱桥桥墩边坡变化

构筑物斜边与垂直边的比例

6.2.2 常用材料和构件自重

常用材料和构件自重 **表 6-20**

名称	自重	备注
1. 木材 kN/m³		
杉木	4	随含水率而不同
冷杉、云杉、红松、华山松、樟子松、铁杉、拟赤杨、红椿、杨木、枫杨	4～5	随含水率而不同
马尾松、云南松、油松、赤松、广东松、桤木、枫香、柳木、檫木、秦岭落叶松、新疆落叶松	5～6	随含水率而不同
东北落叶松、陆均松、榆木、桦木、水曲柳、苦楝、木荷、臭椿	6～7	随含水率而不同
锥木(栲木)、石栎、槐木、乌墨	7～8	随含水率而不同
青冈砾(楮木)、栎木 (柞木)、桉树、木麻黄	8～9	随含水率而不同
普通木板条、椽檩木料	5	随含水率而不同
锯末	2.0～2.5	加防腐剂时为 3kN/m³
木丝板	4～5	
软木板	2.5	
刨花板	6	

续表

名　称	自　重	备　注
2. 胶合板材　kN/m^2		
胶合三夹板(杨木)	0.019	
胶合三夹板(椴木)	0.022	
胶合三夹板(水曲柳)	0.028	
胶合五夹板(杨木)	0.03	
胶合五夹板(椴木)	0.034	
胶合五夹板(水曲柳)	0.04	
甘蔗板(按 10mm 厚计)	0.03	常用厚度为 13mm、15mm、19mm、25mm
隔音板(按 10mm 厚计)	0.03	常用厚度为 13mm、20mm
木屑板(按 10mm 厚计)	0.12	常用厚度为 6mm、10mm
3. 金属矿产　kN/m^3		
铸铁	72.5	
锻铁	77.5	
铁矿渣	27.6	
赤铁矿	25～30	
钢	78.5	
紫铜、赤铜	89	
黄铜、青铜	85	
硫化铜矿	42	
铝	27	
铝合金	28	
锌	70.5	
亚锌矿	40.5	
铅	114	
方铅矿	74.5	
金	193	
白金	213	
银	105	
锡	73.5	
镍	89	
水银	136	
钨	189	
镁	18.5	
锑	66.6	
水晶	29.5	
硼砂	17.5	
硫砂	20.5	
石棉矿	24.6	
石棉	10	压实
石棉	4	松散、含水量不大于 15%
白垩(高岭土)	22	
石膏矿	25.5	
石膏	13.0～14.5	粗块堆放 $\varphi=30°$；细块堆放 $\varphi=40°$
石膏粉	9	
4. 土、砂、砂砾及岩石　kN/m^3		
腐殖土	15～16	干，$\varphi=40°$；湿，$\varphi=35°$；很湿，$\varphi=25°$
粘土	13.5	干，松，空隙比为 1.0
粘土	16	干，$\varphi=40°$，压实
粘土	18	湿，$\varphi=35°$，压实
粘土	20	很湿，$\varphi=20°$，压实
砂土	12.2	干，松
砂土	16	干，$\varphi=35°$，压实
砂土	18	湿，$\varphi=35°$，压实
砂土	20	很湿，$\varphi=25°$，压实
砂子	14	干，细砂

续表

名称	自重	备注
砂子	17	干，粗砂
卵石	16～18	干
粘土夹卵石	17～18	干，松
砂夹卵石	15～17	干，松
砂夹卵石	16.0～19.2	干，压实
砂夹卵石	18.9～19.2	湿
浮石	6～8	干
浮石填充料	4～6	
砂岩	23.6	
页岩	28	
页岩	14.8	片石堆置
泥灰石	14	$\varphi=40°$
花岗岩、大理石	28	
花岗岩	15.4	片石堆置
石灰石	26.4	
石灰石	15.2	片石堆置
贝壳石灰岩	14	
白云石	16	片石堆置，$\varphi=48°$
滑石	27.1	
火石(燧石)	35.2	
云斑石	27.6	
玄武岩	29.5	
长石	25.5	
角闪石、绿石	30	
角闪石、绿石	17.1	片石堆置
碎石子	14～15	堆置
岩粉	16	粘土质或石灰质的
多孔粘土	5～8	作填充料用，$\varphi=35°$
硅藻土填充料	4～6	
辉绿岩板	29.5	
5. 砖及砌块 kN/m^3		
普通砖	18	240mm×115mm×53mm(684 块/m^3)
普通砖	19	机器制
缸砖	21.0～21.5	230mm×110mm×65mm(609 块/m^3)
红缸砖	20.4	
耐火砖	19～22	230mm×110mm×65mm(609 块/m^3)
耐酸瓷砖	23～25	230mm×113mm×65mm(590 块/m^3)
灰砂砖	18	砂：白灰＝92：8
煤渣砖	17.0～18.5	
矿渣砖	18.5	硬矿渣：烟灰：石灰＝75：15：10
焦渣砖	12～14	
烟灰砖	14～15	炉渣：电石渣：烟灰＝30：40：30
粘土坯	12～15	
锯末砖	9	
焦渣空心砖	10	290mm×290mm×140mm(85 块/m^3)
水泥空心砖	9.8	290mm×290mm×140mm(85 块/m^3)
水泥空心砖	10.3	300mm×250mm×110mm(121 块/m^3)
水泥空心砖	9.6	300mm×250mm×160mm(83 块/m^3)
蒸压粉煤灰砖	14～16	干相对密度
陶粒空心砌块	5	长 600、400mm，宽 150、250mm，高 250、200mm
陶粒空心砌块	6	390mm×290mm×190mm
粉煤灰轻渣空心砌块	7～8	390mm×190mm×190mm，390mm×240mm×190mm
蒸压粉煤灰加气混凝土砌块	5.5	
混凝土空心小砌块	11.8	390mm×190mm×190mm

续表

名称	自重	备注
碎砖	12	堆置
水泥花砖	19.8	200mm×200mm×24mm(1042块/m³)
瓷面砖	19.8	150mm×150mm×8mm(5556块/m³)
陶瓷锦砖	0.12kN/m²	厚5mm
6. 石灰、水泥、灰浆及混凝土 kN/m³		
生石灰块	11	堆置，$\varphi=30°$
生石灰粉	12	堆置，$\varphi=35°$
熟石灰膏	13.5	
石灰砂浆、混合砂浆	17	
水泥石灰焦渣砂浆	14	
石灰炉渣	10～12	
水泥炉渣	12～14	
石灰焦渣砂浆	13	
灰土	17.5	石灰：土=3：7，夯实
稻草石灰泥	16	
纸筋石灰泥	16	
石灰锯末	3.4	石灰：锯末=1：3
石灰三合土	17.5	石灰、砂子、卵石
水泥	12.5	轻质松散，$\varphi=20°$
水泥	14.5	散装，$\varphi=30°$
水泥	16	袋装压实，$\varphi=40°$
矿渣水泥	14.5	
水泥砂浆	20	
水泥蛭石砂浆	5～8	
石灰水泥浆	19	
膨胀珍珠岩砂浆	7～15	
石膏砂浆	12	
碎砖混凝土	18.5	
素混凝土	22～24	振捣或不振捣
矿渣混凝土	20	
焦渣混凝土	16～17	承重用
焦渣混凝土	10～14	填充用
铁屑混凝土	28～65	
浮石混凝土	9～14	
沥青混凝土	20	
无砂大孔混凝土	16～19	
泡沫混凝土	4～6	
加气混凝土	5.5～7.5	单块
石灰粉煤灰加气混凝土	6.0～6.5	
钢筋混凝土	24～25	
碎砖钢筋混凝土	20	
钢丝网水泥	25	用于承重结构
水玻璃耐酸混凝土	20.0～23.5	
粉煤灰陶粒混凝土	19.5	
7. 沥青、煤灰及油料 kN/m³		
石油沥青	10～11	根据相对密度
柏油	12	
煤沥青	13.4	
煤焦油	10	
无烟煤	15.5	整体
无烟煤	9.5	块状堆放，$\varphi=30°$
无烟煤	8	碎块堆放，$\varphi=35°$
煤末	7	堆放，$\varphi=15°$
煤球	10	堆放
褐煤	12.5	

续表

名　　称	自　重	备　注
褐煤	7～8	堆放
泥炭	7.5	
泥炭	3.2～3.4	堆放
木炭	3～5	
煤焦	12	
煤焦	7	堆放，$\varphi=45°$
焦渣	10	
煤灰	6.5	
煤灰	8	压实
石墨	20.8	
煤蜡	9	
油蜡	9.6	
原油	8.8	
煤油	8	
煤油	7.2	桶装，相对密度 0.82～0.89
润滑油	7.4	
汽油	6.7	
汽油	6.4	桶装，相对密度 0.72～0.76
动物油、植物油	9.3	
豆油	8	大铁桶装，每桶 360kg
	8. 杂项　kN/m^3	
普通玻璃	25.6	
钢丝玻璃	26	
泡沫玻璃	3～5	
玻璃棉	0.5～1.0	作绝缘层填充料用
岩棉	0.5～2.5	
沥青玻璃棉	0.8～1	导热系数 0.035～0.047［W/(m·K)］
玻璃棉板(管套)	1.0～1.5	导热系数 0.035～0.047［W/(m·K)］
玻璃钢	14～22	
矿渣棉	1.2～1.5	松散，导热系数 0.031～0.044［W/(m·K)］
矿渣棉制品(板、砖、管)	3.5～4.0	导热系数 0.047～0.070［W/(m·K)］
沥青矿渣棉	1.2～1.6	导热系数 0.041～0.052［W/(m·K)］
膨胀珍珠岩粉料	0.8～2.5	干，松散，导热系数 0.052～0.076［W/(m·K)］
水泥珍珠岩制品、憎水珍珠岩制品	3.5～4.0	强度为 1.0N/mm²，导热系数 0.058～0.081［W/(m·K)］
膨胀蛭石	0.8～2.0	导热系数 0.052～0.070［W/(m·K)］
沥青蛭石制品	3.5～4.5	导热系数 0.081～0.105［W/(m·K)］
水泥蛭石制品	4～6	导热系数 0.093～0.140［W/(m·K)］
聚氯乙烯板(管)	13.6～16.0	
聚苯乙烯泡沫塑料	0.5	导热系数不大于 0.035［W/(m·K)］
石棉板	13	含水率不大于 3%
乳化沥青	9.8～10.5	
软橡胶	9.3	
白磷	18.3	
松香	10.7	
磁	24	
酒精	7.85	100%纯
酒精	6.6	桶装，相对密度 0.79～0.82
盐酸	12	浓度 40%
硝酸	15.1	浓度 91%
硫酸	17.9	浓度 87%
火碱	17	浓度 60%
氯化铵	7.5	袋装堆放
尿素	7.5	袋装堆放
碳酸氢铵	8	袋装堆放
水	10	温度 4℃密度最大时
冰	8.96	

续表

名　称	自　重	备　注
书籍	5	书籍藏置
道林纸	10	
报纸	7	
宣纸类	4	
棉花、棉纱	4	压紧平均自重
稻草	1.2	
建筑碎料(建筑垃圾)	15	
	9. 砌体　kN/m³	
浆砌细方石	26.4	花岗岩、方整石块
浆砌细方石	25.6	石灰石
浆砌细方石	22.4	砂岩
浆砌毛方石	24.8	花岗岩，上下面大致平整
浆砌毛方石	24	石灰石
浆砌毛方石	20.8	砂岩
干砌毛石	20.8	花岗岩，上下面大致平整
干砌毛石	20	石灰石
干砌毛石	17.6	砂岩
浆砌普通砖	18	
浆砌机砖	19	
浆砌缸砖	21	
浆砌耐火砖	22	
浆砌矿渣砖	21	
浆砌焦渣砖	12.5～14.0	
土坯砖砌体	16	
粘土砖空斗砌体	17	中填碎瓦砾、一眠一斗
粘土砖空斗砌体	13	全斗
粘土砖空斗砌体	12.5	不能承重
粘土砖空斗砌体	15	能承重
粉煤灰泡沫砌块砌体	8.0～8.5	粉煤灰：电石渣：废石膏＝74：22：4
三合土	17	灰：砂：土＝1：1：9～1：1：4
	10. 隔墙与墙面　kN/m²	
双面抹灰板条隔墙	0.9	每面抹灰厚16～24mm，龙骨在内
单面抹灰板条隔墙	0.5	灰厚16～24mm，龙骨在内
C型轻钢龙骨隔墙	0.27	两层12mm纸面石膏板，无保温层
C型轻钢龙骨隔墙	0.32	两层12mm纸面石膏板，中填岩棉保温板50mm
C型轻钢龙骨隔墙	0.38	三层12mm纸面石膏板，无保温层
C型轻钢龙骨隔墙	0.43	三层12mm纸面石膏板，中填岩棉保温板50mm
C型轻钢龙骨隔墙	0.49	四层12mm纸面石膏板，无保温层
C型轻钢龙骨隔墙	0.54	四层12mm纸面石膏板，中填岩棉保温板50mm
贴瓷砖墙面	0.5	包括水泥砂浆打底，其厚25mm
水泥粉刷墙面	0.36	20mm厚，水泥粗砂
水磨石墙面	0.55	25mm厚，包括打底
水刷石墙面	0.5	25mm厚，包括打底
石灰粗砂粉刷	0.34	20mm厚
剁假石墙面	0.5	25mm厚，包括打底
外墙拉毛墙面	0.7	包括25mm水泥砂浆打底
	11. 屋架及门窗　kN/m²	
木屋架	0.07＋0.007×跨度	按屋面水平投影面积计算，跨度以m计
钢屋架	0.12＋0.011×跨度	无天窗，包括支撑，按屋面水平投影面积计算，跨度以m计
木框玻璃窗	0.2～0.3	
钢框玻璃窗	0.40～0.45	
木门	0.1～0.2	
钢铁门	0.40～0.45	

续表

名　称	自　重	备　注
12. 屋顶　kN/m²		
粘土平瓦屋面	0.55	按实际面积计算，以下同
水泥平瓦屋面	0.50～0.55	
小青瓦屋面	0.9～1.1	
冷摊瓦屋面	0.5	
石板瓦屋面	0.46	厚 6.3mm
石板瓦屋面	0.71	厚 9.5mm
石板瓦屋面	0.96	厚 12.1mm
麦秸泥灰顶	0.16	以 10mm 厚计
石棉板瓦	0.18	仅瓦自重
波形石棉瓦	0.2	1820mm×725mm×8mm
白铁皮	0.05	24 号
瓦楞铁	0.05	26 号
彩色钢板波形瓦	0.12～0.13	彩色钢板厚 0.6mm
拱型彩色钢板屋面	0.3	包括保温及灯具自重 0.15kN/m²
有机玻璃屋面	0.06	厚 1.0mm
玻璃屋顶	0.3	9.5mm 夹丝玻璃，框架自重在内
玻璃砖顶	0.65	框架自重在内
油毡防水层(包括改性沥青防水卷材)	0.05	一层油毡刷油两遍
油毡防水层(包括改性沥青防水卷材)	0.25～0.30	四层作法，一毡二油上铺小石子
油毡防水层(包括改性沥青防水卷材)	0.30～0.35	六层作法，二毡三油上铺小石子
油毡防水层(包括改性沥青防水卷材)	0.35～0.40	八层作法，三毡四油上铺小石子
捷罗克防水层	0.1	厚 8mm
屋顶天窗	0.35～0.40	9.5mm 夹丝玻璃，框架自重在内
13. 顶棚　kN/m²		
钢丝网抹灰吊顶	0.45	
麻刀灰板条顶棚	0.45	吊木在内，平均灰厚 20mm
砂子灰板条顶棚	0.55	吊木在内，平均灰厚 25mm
苇箔抹灰顶棚	0.48	吊木龙骨在内
松木板顶棚	0.25	吊木在内
三夹板顶棚	0.18	吊木在内
马粪纸顶棚	0.15	吊木及盖缝条在内
木丝板吊顶棚	0.26	厚 25mm，吊木及盖缝条在内
木丝板吊顶棚	0.29	厚 30mm，吊木及盖缝条在内
隔声纸板顶棚	0.17	厚 10mm，吊木及盖缝条在内
隔声纸板顶棚	0.18	厚 13mm，吊木及盖缝条在内
隔声纸板顶棚	0.2	厚 20mm，吊木及盖缝条在内
V 型轻钢龙骨吊顶	0.12	一层 9mm 纸面石膏板，无保温层
V 型轻钢龙骨吊顶	0.17	一层 9mm 纸面石膏板，有厚 50mm 的岩棉板保温层
V 型轻钢龙骨吊顶	0.20	二层 9mm 纸面石膏板，无保温层
V 型轻钢龙骨吊顶	0.25	二层 9mm 纸面石膏板，有厚 50mm 的岩棉板保温层
V 型轻钢龙骨及铝合金龙骨吊顶	0.10～0.12	一层矿棉吸音板厚 15mm，无保温层
顶棚上铺焦渣锯末绝缘层	0.2	厚 50mm，焦渣、锯末按 1∶5 混合
14. 地面　kN/m²		
地板格栅	0.2	仅搁栅自重
硬木地板	0.2	厚 25mm，剪刀撑、钉子等自重在内，不包括格栅自重
松木地板	0.18	
小瓷砖地面	0.55	包括水泥粗砂打底
水泥花砖地面	0.6	砖厚 25mm，包括水泥粗砂打底
水磨石地面	0.65	10mm 面层，20mm 水泥砂浆打底
油地毡	0.02～0.03	油地纸，地板表面用
木块地面	0.7	加防腐油膏铺砌厚 76mm
菱苦土地面	0.28	厚 20mm
铸铁地面	4～5	60mm 碎石垫层，60mm 面层
缸砖地面	1.7～2.1	60mm 砂垫层，53mm 面层，平铺

续表

名 称	自 重	备 注
缸砖地面	3.3	60mm砂垫层，115mm面层，侧铺
黑砖地面	1.5	砂垫层，平铺
15. 建筑用压型钢板 kN/m²		
单波型 V-300(S-30)	0.12	波高173mm，板厚0.8mm
双波型 W-500	0.11	波高130mm，板厚0.8mm
三波型 V-200	0.135	波高70mm，板厚1mm
多波型 V-125	0.065	波高35mm，板厚0.6mm
多波型 V-115	0.079	波高35mm，板厚0.6mm
16. 建筑墙板 kN/m²		
彩色钢板金属幕墙板	0.11	两层，彩色钢板厚0.6mm，聚苯乙烯芯材板厚25mm
金属绝热材料(聚氨酯)复合板	0.14	板厚40mm，钢板厚0.6mm
金属绝热材料(聚氨酯)复合板	0.15	板厚60mm，钢板厚0.6mm
金属绝热材料(聚氨酯)复合板	0.16	板厚80mm，钢板厚0.6mm
彩色钢板夹聚苯乙烯保温板	0.12～0.15	两层，彩色钢板厚0.6mm，聚苯乙烯芯材板厚50～250mm
彩色钢板岩棉夹心板	0.24	板厚100mm，两层彩色钢板，Z型龙骨岩棉芯材
彩色钢板岩棉夹心板	0.25	板厚120mm，两层彩色钢板，Z型龙骨岩棉芯材
GRC增强水泥聚苯复合保温板	1.13	
GRC空心隔墙板	0.3	长2400～2800mm，宽600mm，厚60mm
GRC内隔墙板	0.35	长2400～2800mm，宽600mm，厚60mm
轻质GRC保温板	0.14	3000mm×600mm×60mm
轻质GRC空心隔墙板	0.17	3000mm×600mm×60mm
轻质大型墙板	0.7～0.9	1500mm×6000mm×120mm高强水泥发泡芯材
轻质条型墙板(厚度80mm)	0.4	3000mm×1000mm，3000mm×1200mm，3000mm×1500mm
轻质条型墙板(厚度100mm)	0.45	高强水泥发泡芯材，按不同檩距及荷载配有不同钢骨架及
轻质条型墙板(厚度120mm)	0.5	冷拔钢丝网
GRC墙板	0.11	板厚10mm
钢丝网岩棉夹芯复合板(GY板)	1.1	岩棉芯材厚50mm，双面钢丝网水泥砂浆各厚25mm
硅酸钙板	0.08	板厚6mm
硅酸钙板	0.10	板厚8mm
硅酸钙板	0.12	板厚10mm
泰柏板	0.95	板厚100mm，钢丝网片夹聚苯乙烯保温层，每面抹水泥砂浆厚20mm
蜂窝复合板	0.14	板厚75mm
石膏珍珠岩空心条板	0.45	长2500～3000mm，宽600mm，厚60mm
加强型水泥石膏聚苯保温板	0.17	3000mm×600mm×60mm
玻璃幕墙	0.5～1.0	一般可按单位面积玻璃自重增大20%～30%采用

第二部分　市政工程材料、机械设备库

第7章　市政工程材料库

7.1　市政工程三大材料

市政工程的三大材料是：

(1) 钢材(包括型钢、直筋、盘筋、钢板、钢管、钢绞线)；

(2) 水泥(袋装或散装)；

(3) 木材(包括各类木模板)。

7.1.1　钢材

7.1.1.1　钢材主要技术性能

混凝土结构用的普通钢筋，可分为两类：热轧钢筋和冷加工钢筋(冷轧带肋钢筋、冷轧扭钢筋、冷拔螺旋钢筋)。冷拉钢筋与冷拔低碳钢丝已逐渐淘汰。余热处理钢筋属于热轧钢筋一类。

热轧钢筋的强度等级由原来的Ⅰ级、Ⅱ级、Ⅲ级和Ⅳ级更改为按照屈服强度(MPa)分为235级、335级、400级、500级。

根据《混凝土结构设计规范》GB 50010—2002规定：普通钢筋宜采用热轧带肋钢筋HRB400级和HRB335，也可采用热轧光圆钢筋HPB235和余热处理钢筋RRB400级；并提倡用HRB400级(即新Ⅲ级)钢筋作为我国钢筋混凝土结构的主要钢种。冷轧带肋钢筋和冷轧扭钢筋现已有专门规程《冷轧带肋钢筋混凝土结构技术规程》JGJ 95—1995和《冷轧扭钢筋混凝土构件技术规程》JGJ 115—1997，可供参考。

1. 钢筋的分类

在钢筋工程施工或工程设计中，我们经常可以听到多种多样的钢筋名称称呼，如受拉筋、受压筋、分布筋、Ⅰ级钢筋、Ⅱ级钢筋等。如果将这些名称加以分析，就可以看出有的名称是按钢筋在构件中的作用来冠名的，有的是按钢筋的化学成分来冠名的，还有的是按钢筋的外部形状或其强度来冠名的。因此，通过对施工图中的各种钢筋进行分类，就可以比较清楚地了解各种钢筋的性质。施工图中的钢筋按不同方法可分为如图7-1“钢筋分类框图”所示几类。

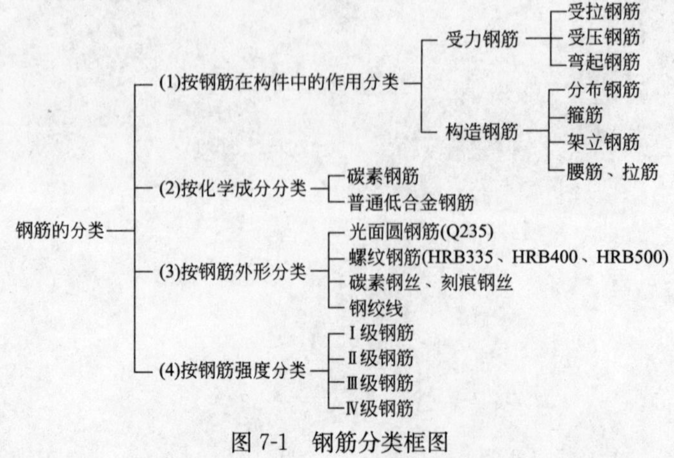

图7-1　钢筋分类框图

热轧钢筋分为热轧光圆钢筋和热轧带肋钢筋两种。热轧光圆钢筋应符合国家标准《钢筋混凝土用热轧光圆钢筋》GB 13013—1991 的规定，热轧带肋钢筋应符合国家标准《钢筋混凝土用热轧带肋钢筋》GB 1499—1998 的规定，详见表 7-1。

热轧、热处理及冷拉钢筋的主要技术性能表　　表 7-1

品种	钢筋等级	轧制外形	钢筋牌号	强度等级代号	钢筋直径（mm）	力学性能			弯心直径 d（mm）	弯心角度 a（°）	引用国家规范标准
						屈服点 σ_a（MPa）	抗拉强度 σ_b（MPa）	伸长率 δ（%）			
热轧钢筋	—	光圆	Q235	R210	8～20	235	370	25	$d=a$	180	（GB 13013—1991）
		带肋钢筋	HRB335		6～25 28～40	≥335	≥490	≥16	$d=3a$ $d=4a$		（GB 1499—1998）
			HRB400		6～25 28～40	≥400	≥570	≥14	$d=4a$ $d=5a$		
			HRB500		6～25 28～32	≥540	≥630	≥12	$d=6a$ $d=7a$		
热处理钢筋	—			RB135	6 8.2 10	135	150	6			（GB 4463—1984）
冷拉钢筋	冷拉Ⅰ级				6～12	280	370	11	$d=3a$	180	（GB 50204—1992）
	冷拉Ⅱ级				8～25 28～40	450 430	510 490	10	$d=4a$ $d=5a$	90 90	
	冷拉Ⅲ级				8～40	500	570	8	$d=5a$	90	
	冷拉Ⅳ级				10～28	700	835	6	$d=5a$	90	

在混凝土结构中钢筋作为其中的骨架，故钢筋必须具有较高的屈服强度和抗拉强度，并且有较好的焊接及冷弯性能。

钢筋的外形有光圆的和螺纹的两种。螺纹钢筋的表面因有凹凸的槽纹，故在混凝土结构中比光圆的钢筋与混凝土的结合力强，因而较广泛的应用。

按加工方法不同，混凝土结构用钢筋有热轧、热处理及冷拉钢筋。冷拉钢筋按其机械性能不同各分为四级。

(1) 冷拉钢筋：钢筋在常温条件下，受外力拉伸后可以提高钢筋的强度，虽对钢筋的塑性及韧性有一定影响，但在预应力混凝土中所用的钢筋，主要要求强度，而对塑性及韧性要求不高，因此为了提高钢筋的强度和节省钢材，常采用冷拉或冷拔工艺。

经冷拉后的钢筋，其强度继续随时间的延长而提高，即称为时效，为了加速时效的效果，多采用人工加热的方法来处理冷拉后的预应力钢筋。

(2) 冷拔钢丝：根据钢材冷作硬化的原理，将普通碳钢 Q235A，通过拔丝机上的拔丝模，经强力拉拔后，抗拉强度可得到大幅提高，通常可提高 40％～60％，高时达 90％。

冷拔钢丝一般都组成钢绞线，由于其强度高，与混凝土结合力好，所以多用于大跨度、重荷载的预应力混凝土结构中的配筋。冷拔钢丝钢筋种类分为甲级和乙级，其技术性能必须符合国家标准(GB 50204—1992)的有关规定。

(3) 冷轧带肋钢筋

冷轧带肋钢筋是将热轧盘圆钢筋，经冷拉或冷拔直径缩小后，再在其表面冷轧成三面有肋的钢筋。GB 13788—1992 规定，冷轧带肋钢筋代号用 LL 表示，并根据抗拉强度不同，划分为 LL50、LL650、LL800 三个强度等级，它们的直径一般为 5mm、6mm、7mm、8mm、9mm、10mm。冷轧带肋钢筋的力学性能和工艺性能指标应符合 GB 13788—1992 的规定要求。

冷轧带肋钢筋比冷拉钢筋、冷拔钢丝同混凝土的握裹力好，在强度上又与冷拉钢筋、冷拔钢丝相接近，因此，近年来在普通混凝土结构件和中小型预应力混凝土结构件的配筋中得到了广泛的应用。

预应力钢材冷拉钢丝的力学性能 **表 7-2**

钢筋直径(mm)	抗拉强度(N/mm²)不小于	屈服强度(N/mm²)不小于	伸长率(%) $L_0=100$mm 不小于	弯曲次数	
				次数不小于	弯曲半径 R(mm)
3.0	1470	1100	2	4	7.5
	1570	1180	2	4	7.5
4.0	1670	1255	3	4	10
5.0	1470	1100	3	5	15
	1570	1180	3	5	15
	1670	1255	3	5	15

注：1. 必须符合 GB/T 5224—1995 的规定要求；

2. 屈服强度 $f_{0.2}$ 值不小于公称抗拉强度 75%。

预应力钢绞线的力学性能 **表 7-3**

钢绞线公称直径(mm)	强度级别(N/mm²)	整根钢绞线破坏负荷(kN)	屈服负荷(kN)	伸长率(%)	1000h 松弛值(%)不大于			
					Ⅰ级松弛		Ⅱ级松弛	
					初始负荷			
		不小于			70%破断负荷	80%破断负荷	70%破断负荷	80%破断负荷
9.0	1670	83.89	71.3	3.5	8.0	12.0	2.5	4.5
	1770	88.79	75.46	3.5	8.0	12.0	2.5	4.5
12.0	1570	140.24	179.17	3.5	8.0	12.0	2.5	4.5
	1670	149.06	126.71	3.5	8.0	12.0	2.5	4.5
15.0	1470	205.8	174.93	3.5	8.0	12.0	2.5	4.5
	1570	219.52	186.59	3.5	8.0	12.0	2.5	4.5

注：1. Ⅰ级松弛即普通松弛级；Ⅱ级松弛即低松弛级；

2. 屈服负荷是整根钢绞线破断负荷的 85%。

按钢筋的外形分 **表 7-4**

项次	名 称	类 型
1	光面圆钢筋	热轧Ⅰ级钢筋均为光面圆钢筋，直径在 6mm 以上，部分Ⅳ级、Ⅴ级钢筋也有光面的。
2	螺纹钢筋	有螺旋纹和人字纹两种，热轧Ⅱ、Ⅲ、Ⅳ、Ⅴ级钢筋普遍都是螺纹钢筋。
3	钢丝	有冷拔低碳钢丝和碳素钢丝两种，直径都在 5mm 以下。冷拔低碳钢丝是用Ⅰ级钢筋冷拔而成；碳素钢丝又称高强度钢丝，经刻痕后称刻痕钢丝。
4	钢绞线	一般是由 7 根 2.5～5mm 碳素钢丝编绞而成，仅用于预应力混凝土构件中。

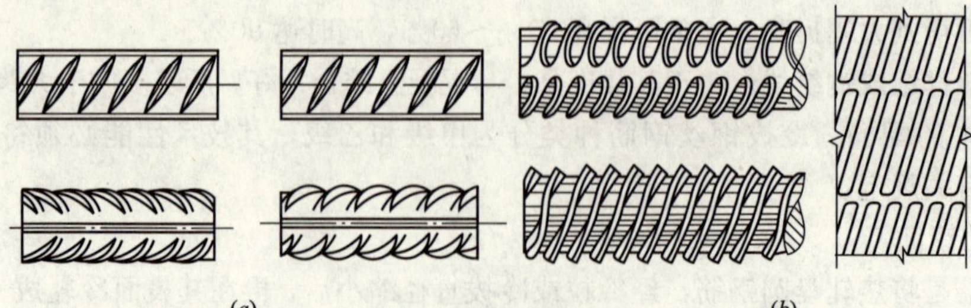

图 7-2 各类钢筋外形示意图(一)

(a)月牙形钢筋；(b)螺旋纹钢筋

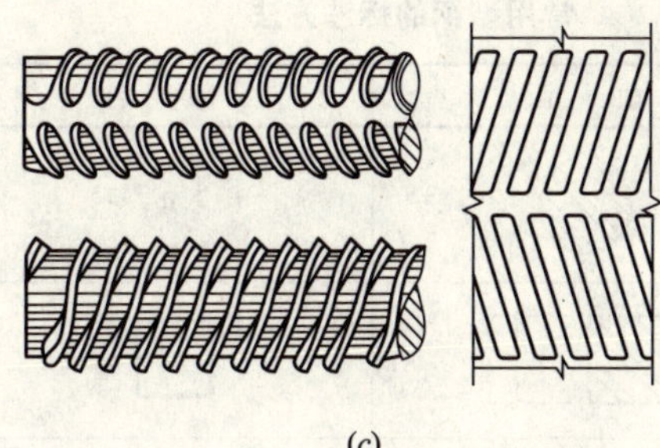

(c)

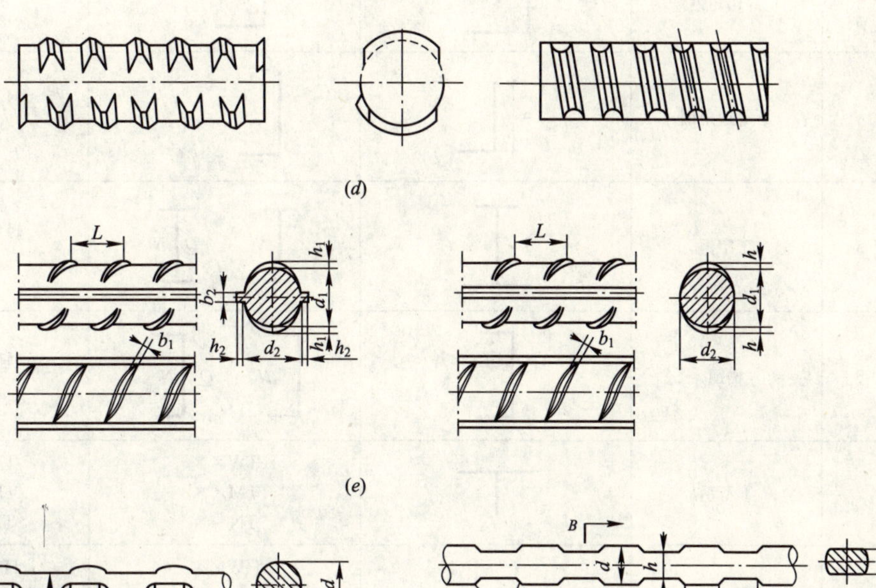

(d)

(e)

(f)

图 7-2　各类钢筋外形示意图(二)

(c)人字纹钢筋；(d)精轧螺纹钢筋；(e)热处理钢筋外形；(f)刻痕钢丝外形

钢筋强度等级代号　　　　表 7-5

项 次	名　称	代 号	项 次	名　称	代 号
1	HPB235(Ⅰ)级钢筋	ϕ	7	冷拉Ⅲ级钢筋	$\underline{\phi\!\!\!-}^{L}$
2	HRB335(Ⅱ)级钢筋	$\underline{\phi}$	8	冷拉Ⅳ级钢筋	$\overline{\underline{\phi}}^{L}$
3	HRB400(Ⅲ)级钢筋	$\underline{\phi\!\!\!-}$	9	冷拔低碳钢丝	ϕ^{b}
4	RRB400(Ⅳ)级钢筋	$\overline{\underline{\phi}}$	10	碳素钢丝	ϕ
5	冷拉Ⅰ级钢筋	ϕ^{L}	11	钢绞线	ϕ^{j}
6	冷拉Ⅱ级钢筋	$\underline{\phi}^{L}$			

注：按钢筋强度分。目前在建筑工程中使用量最大的是热轧钢筋。热轧钢筋品种繁多，为了便于区分，按钢筋的强度(指屈服点和抗拉强度)将热轧钢筋分为五级(下述各种强度等级为钢在施工图中的表示代号)。

1. Ⅰ级钢筋。又称 240/380MPa 级，即屈服点为 240MPa，抗拉强度为 380MPa 的钢筋，钢种一般指 3 号钢。
2. Ⅱ级钢筋。又称 340/520MPa 级，即屈服点为 340MPa，抗拉强度为 520MPa 的钢筋，目前一般指 16 锰低合金钢。
3. Ⅲ级钢筋。又称 420/600MPa 级，即屈服点为 420MPa，抗拉强度为 600MPa 的钢筋，目前一般指 25 锰硅低合金钢。
4. Ⅳ级钢筋。又称 600/900MPa 级，即屈服点为 600MPa，抗拉强度为 900MPa 的钢筋，稍低于上述强度的钢筋也列入该等级，Ⅳ级钢筋品种很多，目前主要指 40 硅$_2$钒、45 锰硅钒、45 硅$_2$钛、44 锰$_2$硅等。
5. Ⅴ级钢筋。又称 1450/1600MPa 级，也称为调质钢筋或热处理钢筋；屈服点为 1450MPa，抗拉强度为 1600MPa，是将部分Ⅳ级钢筋经热处理加工而成的，如热处理 45 锰硅钒、热处理 44 锰$_2$硅钢筋等。

常用型钢的标注方法 **表 7-6**

分类	项次	名称	截面	标注	说明
型钢	1	圆钢、圆盘条		Φ_d	
	2	方钢	b	b	
	3	等边角钢		$b\times t$	b 为肢宽；t 为肢厚
	4	不等边角钢	B	$B\times b\times t$	B 为长肢宽；b 为短肢宽；t 为肢厚
	5	工字钢		N Q N	轻型工字钢加注 Q 字；N 工字钢的型号
	6	槽钢		N Q N	轻型槽钢加注 Q 字；N 槽钢的型号
	7	T 型钢		TW×× TM×× TN××	TW 为宽翼缘 T 型钢 TM 为中翼缘 T 型钢 TN 为窄翼缘 T 型钢
	8	H 型钢		HW×× HM×× HN××	HW 为宽翼缘 H 型钢 HM 为中翼缘 H 型钢 HN 为窄翼缘 H 型钢
钢板和钢带	9	扁钢	b	$b\times t$	
	10	钢板		$\frac{-b\times t}{l}$	$\frac{宽\times厚}{板长}$
钢管	11	钢管		DN×× $d\times t$	内径 外径×壁厚

2. 钢筋的鉴别

钢筋的品种很多，在运输保管中稍不慎，就会使外形相似的品种混淆。如确已混淆，可根据钢筋端部的涂色标记和钢筋轧制外形加以区分，请参阅表 7-7“钢筋端部的涂色标记和钢筋轧制外形区分”。

钢筋端部的涂色标记和钢筋轧制外形区分 **表 7-7**

项次	名称	涂色标记	钢筋轧制外形	说明
1	Ⅰ级钢筋	红色	圆形	Q235(3 号钢)
2	Ⅱ级钢筋	不涂色	人字纹	
3	Ⅲ级钢筋	白色	人字纹	5～15 号
4	Ⅳ级钢筋	黄色	螺旋纹	Q215(2 号钢)
5	5 号钢筋	绿色	人字纹	Q275(5 号钢)
6	35 硅$_2$ 锰钒、35 硅锰钒、35 硅$_2$ 锰钛钢筋	蓝色	螺旋形	Q195(1 号钢)

注：说明项的划分内容，请参阅表 7-5“钢筋强度等级代号”的释义。

如钢筋经多次转运或其他原因造成涂色标记不清，可采用简便易行的火花试验进行鉴别。这种方法是将被检查的钢筋，放在砂轮上，在一定的压力下，打出火花，通过火花的形状、流线、颜色等的不同，来鉴别钢筋的品种。这种鉴别方法只要一台电动砂轮机，以产生 0.3～0.5m 长的火花束为宜，但这种鉴别方法要具有丰富经验的人员进行。无经验的人员可采用钢种明确的钢筋作为原型对比，从而达到鉴别的目的。

7.1.1.2　常用型材理论重量的计算方法

基本公式：

$$W=S\times L\times \rho\times (1\div 1000) \tag{7-1}$$

式中　W——重量(kg)；

S——断面积(mm^2)；

L——长度(m)；

ρ——密度/$g\cdot cm^{-3}$。

注：由于型材在制造过程中有允许偏差值，因此用公式计算的理论重量与实际重量有一定出入，只能作为估算时的参考。

7.1.2　常用钢材截面积与理论质量及每吨钢材展开面积

常用钢材截面积与理论质量的简易计算表　　表 7-8

分类	名　称	截面面积计算公式(mm^2)	理论质量换算公式(kg/m)	各部分名称及代号
型钢	圆钢、圆盘条	$A=0.7854\times d^2$	$W=0.006165\times d^2$	d—直径/mm
	方钢	$A=a^2$	$W=0.00785\times d^2$	d—边宽
	圆角方钢	$A=a^2-0.8584\times r^2$		a—边宽；r—圆角半径
	六角钢	$A=2.5981\times S^2$	$W=0.0068\times S^2$	S—对边距离
	八角钢	$A=4.8285\times S^2$	$W=0.0065\times S^2$	S—对边距离
	等边角钢	$A=d(2b-d)+0.2146\times(r^2-r_1^2)$	$W\approx 0.00795\times d(2b-d)$	B—边宽；d—边厚；r—中圆角半径；r_1—边圆角半径
	不等边角钢	$A=d(B+b-d)+0.2146\times(r^2-r_1^2)$	$W\approx 0.00795\times d\times(B+b-d)$	B—长边宽；d—短边厚；其他同上
	工字钢	$A=h\times d+2\delta(b-d)+0.8584\times(r^2-r_1^2)$	(1) $W=0.00785d[h+3.34\times(b-d)]$ (2) $W=0.00785d[h+2.65\times(b-d)]$ (3) $W=0.00785d[h+2.26\times(b-d)]$	h—高度；d—腰厚；δ—腿厚；b—腿宽；r—腰上下圆角半径；r_1—腿边圆角半径
	槽钢	$A=h\times d+2\delta(b-d)+0.4929\times(r^2-r_1^2)$	(1) $W=0.00785d[h+3.26\times(b-d)]$ (2) $W=0.00785d[h+2.44\times(b-d)]$ (3) $W=0.00785d[h+2.24\times(b-d)]$	同上
钢板和钢带	扁钢	$A=b\times\delta$	$W=0.00785\times\delta$	b—宽度；δ—厚度
	圆角扁钢	$A=b\times\delta-0.8584\times r^2$		b—宽度；δ—厚度；r—圆角半径
	钢板	$A=b\times\delta$	$W=7.85\times\delta(kg/m^2)$	b—宽度；δ—厚度
钢管	钢管	$A=3.1416\times t\times(D-t)$	$W=0.02466\times t(D-t)$	D—外径；t—壁厚
钢丝	钢丝	$A=0.7854\times d^2$	$W=0.006165\times d^2$	d—直径

注：1. 钢的相对密度为 7.85；
2. W 为每米长度(钢板公式中每平方米)的理论质量(kg)；
3. 螺纹钢筋的规格以计算直径表示，预应力混凝土用钢绞线以公称直径表示，水、煤气输送钢管及套管以公称口径或英寸表示；
4. 换算公式中的(1)、(2)、(3)分别表示 a、b、c 型工字钢或槽钢理论质量的计算公式。

每吨钢材展开面积（表面积 m^2/t）计算式　　表 7-9

类型	单位	每 1m 表面积 (m^2/m)	每 1t 表面积 (m^2/t)	说　明	引用国家规范标准
圆钢	m^2/t		509.55÷ϕ	ϕ—钢筋公称直径，mm	
方钢	m^2/t	边长(m)×4	1000/理论重量×每 1m 表面积		GB/T 702—1986
六角钢	m^2/t	3.46415×S	同上	(S—m)	GB/T 705—1989
八角钢	m^2/t	3.3137×S	同上	(S—m)	GB/T 705—1989
工字钢	m^2/t	$2(h-d)+4b-1.7168(r+r_1)$	同上	(h、d、b、r、r_1—m)	GB/T 706—1988
槽钢	m^2/t	$2(h-d)+4b-0.8584(r+r_1)$	同上	(h、d、b、r、r_1—m)	GB/T 707—1988
等边角钢	m^2/t				GB/T 9787—1988
不等边角钢	m^2/t				GB/T 9787—1988
无缝钢管	m^2/t	πD	同上	D—钢管外径(m)	GB/T 17395—1998
热轧剖分T型钢	m^2/t	$2(h+B)-0.8584r$	同上	(高度 h、宽度 B、腹板厚度 r—m)	GB/T 11263—1998
热轧 H 钢	m^2/t	$2(H-t_1)+4B-1.7168r$	同上	(高度 H、腹板厚度 t_1、宽度 B、圆角半径 r—m)	GB/T 11263—1998
热轧 H 钢桩	m^2/t	$2(H-t_1)+4B-1.7168r$	同上	(高度 H、腹板厚度 t_1、宽度 B、圆角半径 r—m)	GB/T 11263—1998
热轧 L 钢	m^2/t	$2(h+b)-0.4292(R+2r)$	同上	(腹板高度 h、面板宽度 b、内圆角半径 R、面板端部圆角半径 r—m)	GB/T 9946—1988

注："表面积"用于环氧树脂涂层和金属结构工程油漆的面积计算。

常用圆钢、圆盘条（GB 702—86、GB/T 905—94）截面面积和理论质量表　　表 7-10

直径 (mm)	截面面积 (cm^2)	理论质量 (kg/m)	直径 (mm)	截面面积 (cm^2)	理论质量 (kg/m)	直径 (mm)	截面面积 (cm^2)	理论质量 (kg/m)
3.5	0.0962	0.075	19	2.835	2.23	42	13.85	10.87
4	0.1257	0.098	20	3.142	2.47	45	15.90	12.48
5	0.1963	0.154	21	3.464	2.72	48	18.10	14.21
5.5	0.2376	0.187	22	3.801	2.98	50	19.64	15.42
6	0.2827	0.222	24	4.524	3.55	52	21.24	16.67
6.5	0.3318	0.260	25	4.909	3.85	55	23.76	18.65
7	0.3848	0.302	26	5.309	4.17	56	24.63	19.33
8	0.5027	0.395	28	6.158	4.83	58	26.42	20.74
9	0.6362	0.499	29	6.605	5.18	60	28.27	22.19
10	0.7854	0.617	30	7.069	5.55	63	31.17	24.47
11	0.9503	0.746	31	7.548	5.93	65	33.18	26.05
12	1.131	0.888	32	8.042	6.31	68	36.32	28.51
13	1.327	1.04	33	8.555	6.71	70	38.48	30.21
14	1.539	1.21	34	9.079	7.13	75	44.18	34.68
15	1.767	1.39	35	9.621	7.55	80	50.27	39.46
16	2.011	1.58	36	10.18	7.99	85	56.75	44.55
17	2.270	1.78	38	11.34	8.90			
18	2.545	2.00	40	12.57	9.87			

常用热轧圆钢、方钢、六角钢理论质量表　　表 7-11

直径(mm)	理论质量(kg/m)			直径(mm)	理论质量(kg/m)			直径(mm)	理论质量(kg/m)		
	圆钢	方钢	六角钢		圆钢	方钢	六角钢		圆钢	方钢	六角钢
5.5	0.186	0.237	—	28	4.83	6.15	5.33	75	34.7	44.2	—
6	0.222	0.283	—	29	5.18	6.60	—	80	39.5	50.2	—
6.5	0.260	0.332	—	30	5.55	7.06	6.12	85	44.5	56.7	—
7	0.302	0.385	—	31	5.92	7.54	—	90	49.9	63.6	—
8	0.395	0.502	0.435	32	6.31	8.04	6.96	95	55.6	70.8	—
9	0.499	0.636	0.551	33	6.71	8.55	—	100	61.7	78.5	—
10	0.617	0.785	0.680	34	7.13	9.07	7.86	105	68.0	86.5	—
11	0.746	0.95	0.823	35	7.55	9.62	—	110	74.6	95.0	—
12	0.888	1.13	0.979	36	7.99	10.2	8.81	115	81.5	104	—
13	1.04	1.33	1.15	38	8.9	11.3	9.82	120	88.8	113	—
14	1.21	1.54	1.33	40	9.86	12.6	10.88	125	96.3	123	—
15	1.39	1.77	1.53	42	10.9	13.8	11.99	130	104	133	—
16	1.58	2.01	1.74	45	12.5	15.9	13.77	140	121	154	—
17	1.78	2.27	1.96	48	14.2	18.1	15.66	150	139	177	—
18	2.0	2.54	2.20	50	15.4	19.6	17.00	160	158	201	—
19	2.23	2.83	2.45	53	17.3	22.0	19.10	170	178	227	—
20	2.47	3.14	2.72	55	18.6	23.7	—	180	200	254	—
21	2.72	3.46	3.00	56	19.3	24.6	21.32	190	223	283	—
22	2.98	3.8	3.29	58	20.7	26.4	22.87	200	247	314	—
23	3.26	4.15	3.60	60	22.2	28.3	24.5	220	298	—	—
24	3.55	4.52	3.92	63	24.5	31.2	26.98	250	385	—	—
25	3.85	4.91	4.25	65	26.0	33.2	28.72				—
26	4.17	5.31	4.60	68	28.5	36.3	31.43				—
27	4.49	5.72	4.96	70	30.2	38.5	33.3				—

热轧等边角钢规格、重量表　　表 7-12

型号	尺寸(mm)		截面面积(cm^2)	理论质量(kg/m)	外表面积(m^2/m)	型号	尺寸(mm)		截面面积(cm^2)	理论质量(kg/m)	外表面积(m^2/m)
	b	*d*					*b*	*d*			
2.5	25	3	1.132	0.889	0.078	7.5	75	5			
		4	1.459	1.145	0.077			6			
3.6	36	3	2.109	1.656	0.141			7			
		4	2.756	2.163	0.141			8			
		5	3.382	2.654	0.141			10	14.12	11.089	0.293
4.5	45	3				10	100	6	11.832	9.366	0.393
		4						7			
		5						8			
		6						10			
5	32	3						12			
		4						14			
		5						16			
		6				14	140	10			
6.3	32	4						12			
		5						14			
		6						16			
		8				16	160	10			
		10						12			

续表

型号	尺寸(mm)		截面面积 (cm²)	理论质量 (kg/m)	外表面积 (m²/m)	型号	尺寸(mm)		截面面积 (cm²)	理论质量 (kg/m)	外表面积 (m²/m)
	b	*d*					*b*	*d*			
16	160	14				20	200	18			
		16						20			
20	200	14						24	90.661	71.168	0.785
		16									

注：1. 表中标注的 *b*—边宽、*d*—边厚；

2. 型号 2～9、通常长度 4～12m；

型号 10～14、通常长度 4～19m；

型号 16～20、通常长度 6～19m。

热轧不等边角钢规格、重量表 **表 7-13**

型号	尺寸(mm)			截面面积 (cm²)	理论质量 (kg/m)	外表面积 (m²/m)	型号	尺寸(mm)			截面面积 (cm²)	理论质量 (kg/m)	外表面积 (m²/m)
	B	*b*	*D*					*B*	*b*	*D*			
3.2/2	32	20	3	1.492	1.171	0.102	10/6.3	100	63	6	9.617	7.55	0.320
			4	1.939	1.522	0.101				7	11.111	8.722	0.320
4.5/2.8	45	28	3	2.149	1.687	0.143				8	12.584	9.878	0.319
			4	2.806	2.203	0.143				10	15.467	12.142	0.319
5/3.2	50	32	3	2.431	1.908	0.161	12.5/8	125	80	7	14.096	11.066	0.403
			4	3.177	2.494	0.160				8	15.989	12.551	0.403
6.3/4	63	40	4	4.058	3.185	0.202				10	19.712	15.474	0.402
			5	4.993	3.92	0.202				12	23.351	18.33	0.402
			6	5.908	4.638	0.201	16/10	160	100	10	25.315	19.872	0.512
			7	6.802	5.339	0.201				12	30.054	23.592	0.511
7/4.5	70	45	4	4.547	3.57	0.226				14	34.709	27.247	0.510
			5	5.609	4.403	0.225				16	39.281	30.835	0.510
			6	6.647	5.218	0.225	20/12.5	200	125	12	37.912	29.761	0.641
			7	7.657	6.011	0.225				14	43.867	34.436	0.640
8/5	80	50	5	6.375	5.005	0.255				16	49.739	39.045	0.639
			6	7.56	5.935	0.255				18	55.526	43.588	0.639
			7	8.724	6.848	0.255							
			8	9.867	7.745	0.254							

注：1. 表中标注的 *B*—长边、*b*—短边、*d*—边厚；

2. 型号 2.5/1.6～9/5.6，通常长度 4～12m；

型号 10/6.3～4/19，通常长度 4～19m；

型号 16/10～20/12.5，通常长度 6～19m。

热轧工字钢规格、重量表 **表 7-14**

型　号		尺寸(mm) *H*	*b*	*d*	截面面积 (cm²)	理论质量 (kg/m)	型　号		尺寸(mm) *H*	*b*	*d*	截面面积 (cm²)	理论质量 (kg/m)
		(mm)							(mm)				
10		100	69	4.5	14.345	11.261	18	a					
12.6		126	74	5	18.118	14.223							
14	a						20	a					
	b												
16	a						22	a					

续表

型号		尺寸(mm)			截面面积 (cm^2)	理论质量 (kg/m)	型号		尺寸(mm)			截面面积 (cm^2)	理论质量 (kg/m)
		H	b	d					H	b	d		
		(mm)							(mm)				
25	a						45	a					
	b							b					
	c							c					
28	a						50	a					
	b							b					
	c							c					
32	A						55	a					
	B							b					
	C	320	134	13.5	79.956	62.765		c					
36	a	360	136	10	76.48	60.037	56	a					
	b							b					
	c							c					
40	a						63	a					
	b							b					
	c							c	630	180	17		141

注：1. 表中标注的 h—高、b—腿宽、d—腹厚；

2. 通常长度 10～18 号，5～19m；通常长度 20～63，通常长度 6～19m。

热轧槽钢(GB 707—88)规格、重量表　　　　**表 7-15**

型号	尺寸(mm)						截面面积 (cm^2)	理论质量 (kg/m)	型号	尺寸(mm)						截面面积 (cm^2)	理论质量 (kg/m)
	h	B	d	T	R	r_1				h	B	d	T	R	r_1		
	(mm)									(mm)							
5	50	37	4.5	7.0	7.0	3.5	6.93	5.44	25a	250	78	9.0	12.0	12.0	6.0	34.917	27.41
6.3	63	40	4.8	7.5	7.5	3.8	8.45	6.63	25b	250	80	9.0	12.0	12.0	6.0	39.917	31.335
8	80	43	5.0	8.0	8.0	4.0	10.2	8.05	25c	250	82	9.0	12.0	12.0	6.0	44.917	35.26
10	100	48	5.3	8.5	8.5	4.2	12.7	10.0	28a	280	82	7.5	12.5	12.5	6.2	40.034	31.427
12.6	126	53	5.5	9.0	9.0	4.5	15.7	12.3	28b	280	84	9.5	12.5	12.5	6.2	45.634	35.823
14a	140	58	6.0	9.5	9.5	4.8	18.5	14.5	28c	280	86	11.5	12.5	12.5	6.2	51.234	40.219
14b	140	60	8.0	9.5	9.5	4.8	21.3	16.7	32a	320	88	8.0	14.0	14.0	7.0	48.513	38.083
16a	160	63	6.5	10.0	10.0	5.0	22.0	17.2	32b	320	90	10.0	14.0	14.0	7.0	54.913	43.107
16	160	65	8.5	10.0	10.0	5.0	25.2	19.8	32c	320	92	12.0	14.0	14.0	7.0	61.313	48.131
18a	180	68	7.0	10.5	10.5	5.2	25.7	20.2	36a	360	96	9.0	16.0	16.0	8.0	60.91	47.814
18	180	70	9.0	10.5	10.5	5.2	29.3	23.0	36b	360	98	11.0	16.0	16.0	8.0	68.11	53.466
20a	200	73	7.0	11.0	11.0	5.5	28.8	22.6	36c	360	100	13.0	16.0	16.0	8.0	75.31	59.118
20	200	75	9.0	11.0	11.0	5.5	32.8	25.8	40a	400	100	10.5	18.0	18.0	9.0	75.068	58.928
22a	220	77	7.0	11.5	11.5	5.8	31.846	24.999	40b	400	102	12.5	18.0	18.0	9.0	83.068	65.208
22	220	79	9.0	11.5	11.5	5.8	36.246	28.453	40c	400	104	14.5	18.0	18.0	9.0	91.068	71.488

注：1. 表中标注的 h—高度、b—腿宽度、d—腰厚度；

2. 理论质量按 7.859/cm^3 计算；

3. 通常长度 5～8 号　5～12m、＞8～18 号　5～19m、＞18～40 号　6～19m。

常用钢板和钢带规格、重量表 表 7-16

厚度 (mm)	理论质量 (kg/m^2)	厚度 (mm)	理论质量 (kg/m^2)	厚度 (mm)	理论质量 (kg/m^2)	厚度 (mm)	理论质量 (kg/m^2)
0.35	2.75	1.5	11.78	6.0	47.10	20.0	157.00
0.42	3.30	1.75	13.74	8.0	62.80	25.0	196.25
0.5	3.93	2.0	15.70	10.0	78.50	30.0	235.50
0.6	4.71	2.5	19.63	12.0	94.20	34.0	266.90
0.8	6.28	3.0	23.55	14.0	109.90	40.0	314.00
1.0	7.85	4.0	31.40	16.0	125.60	50.0	392.50
1.2	9.42	5.0	39.25	18.0	141.30	60.0	471.00

注：表列理论质量按 7.85g/cm^3 计算。

焊接钢管的品种和规格尺寸 表 7-17

公称口径		外径	普通管			加厚管			钢管螺纹				每米钢管分配的管接头质量(以每 6m 一个管接头计)(kg)
			壁厚	不计管接头质量 (kg)		壁厚 (mm)	不计管接头质量 (kg)		基本面外径 (mm)	每英寸扣数	螺纹长度 (mm)		
(mm)	英寸	(mm)		黑管	镀锌管		黑管	镀锌管			锥形螺纹	圆柱形螺纹	
6	1/8″	10	2.00	0.39	0.41	2.50	0.46	0.49	—	—	—	—	—
8	1/4″	13.5	2.25	0.62	0.65	2.75	0.73	0.76	—	—	—	—	—
10	3/8″	17	2.25	0.82	0.87	2.75	0.97	1.01	—	—	—	—	—
15	1/2″	21.3	2.75	1.26	1.32	3.25	1.45	1.51	20.956	14	12	14	0.01
20	3/4″	26.8	2.75	1.63	1.7	3.50	2.01	2.09	26.442	14	14	16	0.02
25	1″	33.5	3.25	2.42	2.52	4.00	2.91	3.00	33.25	11	15	18	0.03
32	1 1/4″	42.3	3.25	3.13	3.25	4.00	3.78	3.90	41.912	11	17	20	0.04
40	1 1/2″	48	3.50	3.84	3.98	4.25	4.58	4.72	47.805	11	19	22	0.06
50	2″	60	3.50	4.88	5.06	4.50	6.16	6.33	59.616	11	22	24	0.08
65	2 1/2″	75.5	3.75	6.64	6.87	4.50	7.88	8.10	75.187	11	23	27	0.13
80	3″	88.5	4.00	8.34	8.61	4.75	9.81	10.07	87.887	11	32	30	0.2
100	4″	114	4.00	10.85	11.2	5.00	13.44	13.79	113.034	11	38	36	0.4
125	5″	140	4.00	13.42	13.8	5.50	18.24	18.66	138.435	11	41	38	0.6
150	6″	165	4.50	17.81	18.31	5.50	21.63	22.13	163.836	11	45	42	0.8

注：1. 公称口径是钢管规格的称呼，它不一定等于钢管外径减 2 倍壁厚之差；
2. 镀锌钢管的镀锌层质量，平均值不小于 500g/m^2；
3. 焊接管的规格尺寸和理论质量录自 GB/T 3091～3092—93。

预应力混凝土用钢丝、钢绞线规格、重量表 表 7-18

钢丝(GB 5223—85)			钢绞线(1×7 型)(GB 5224—85)		
公称直径 (mm)	横截面积 (mm^2)	理论质量 (kg/m)	公称直径 (mm)	横截面积 (mm^2)	理论质量 (kg/m)
3.0	7.07	0.056	9.0	50.34	392.19
4.0	12.57	0.099	12.0	89.45	697.08
5.0	19.63	0.154	15.0	139.98	1091.07

钢丝绳的技术规格、标准 表 7-19

6×19 股钢丝绳				6×37 股钢丝绳			
直径(mm)		钢丝总断面积 (mm^2)	参考重量 (N/100m)	直径(mm)		钢丝总断面积 (mm^2)	参考重量 (N/100m)
钢丝绳	钢丝			钢丝绳	钢丝		
6.2	0.4	14.32	135.3	8.7	0.4	27.88	262.1
7.7	0.5	22.37	211.4	11.0	0.5	43.57	409.6

续表

6×19 股钢丝绳				6×37 股钢丝绳			
直径(mm)		钢丝总断面积 (mm²)	参考重量 (N/100m)	直径(mm)		钢丝总断面积 (mm²)	参考重量 (N/100m)
钢丝绳	钢丝			钢丝绳	钢丝		
9.3	0.6	32.22	304.5	13.0	0.6	62.74	589.8
11.0	0.7	43.85	414.4	15.0	0.7	85.39	802.7
12.5	0.8	57.27	541.2	17.5	0.8	111.52	1048
14.0	0.9	72.49	685.0	19.5	0.9	141.16	1327
15.5	1.0	89.49	845.7	21.5	1.0	174.27	1638
17.0	1.1	108.28	1023	24.0	1.1	210.87	1982
18.5	1.2	128.87	1218	26.0	1.2	250.95	2359
20.0	1.3	151.24	1429	28.0	1.3	294.52	2768
21.5	1.4	175.4	1658	30.0	1.4	341.57	3211
23.0	1.5	201.35	1903	32.5	1.5	392.11	3686
24.5	1.6	229.09	2165	34.5	1.6	446.13	4194
26.0	1.7	258.63	2444	36.5	1.7	503.64	4734
28.0	1.8	289.95	2740	39.0	1.8	564.63	5308

注：1. 6×19—15.5—表示钢丝绳为 6 股，每股中 19 丝排列为 1＋6＋12(绳芯十内层丝数＋外层丝数)；
2. 15.5—表示钢丝绳直径为 15.5mm。

钢丝绳的类型、特点及应用 **表 7-20**

序号	类型	特 点	应 用	图 示
1	同向捻绳	钢丝捻成股的方向与股再捻成绳的方向相同	这种绳的挠性好，使用寿命长，但容易扭转和松散，故适合用来作牵引绳	图 7-3(*a*)
2	交互捻绳	钢丝捻成股的方向与股再捻成绳的方向相反	这种钢丝绳的挠性和寿命都不如同向捻绳，但在应用中不易发生扭转和松散，所以，在起重机中得到了广泛地应用	图 7-3(*b*)
3	混合捻绳	一半同向捻，一半交互捻的钢丝绳称为混合捻绳	这种钢丝绳生产工艺复杂、强度高，只用作重要的缆绳，一般起重机中极少应用	图 7-3(*c*)

注：1. 根据钢丝捻成股，股再捻成绳的相互方向不同分；
2. 根据钢丝绳断面构造不同，又分有普通型构造绳和复合型构造绳。起重机上所用的钢丝绳多为普通型。

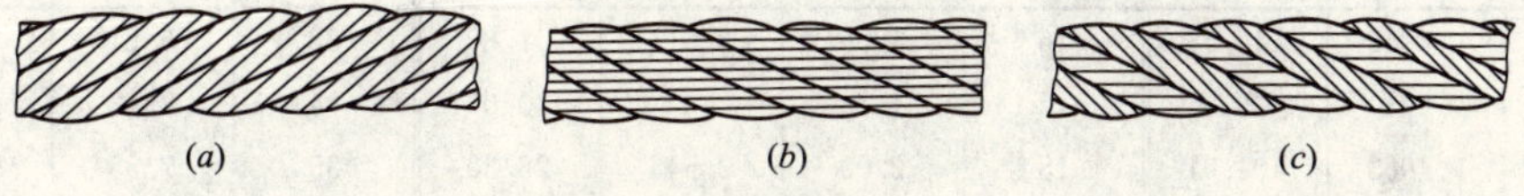

(*a*) (*b*) (*c*)

图 7-3 钢丝绳构造类型

(*a*)顺绕绳；(*b*)交绕绳；(*c*)混绕绳

绑扎钢丝(火烧丝)或镀锌钢丝(铅丝)规格、重量表 **表 7-21**

线号	直径 (mm)	理论质量 (kg/km)	线号	直径 (mm)	理论质量 (kg/km)	线号	直径 (mm)	理论质量 (kg/km)
4	6.0	220.00	11	2.9	51.00	18	1.2	8.00
5	5.5	185.00	12	2.6	41.00	19	1.0	6.00
6	5.0	153.00	13	2.3	32.00	20*	0.9	5.00
7	4.5	124.00	14	2.0	24.00	22*	0.711	3.20
8	4.0	98.00	15	1.8	20.00	24*	0.558	3.10
9	3.5	95.00	16	1.6	16.00			
10	3.2	62.00	17	1.4	12.00			

注：绑扎钢丝常用 20 号、22 号及 24 号退火软钢丝，其长度是根据被绑扎钢筋直径选用 200～400mm(双股)。

7.1.2.1　钢筋每米长度质量

1. 1m 长钢筋的体积计算：

$$V=(\pi\times d^2\div 4)\times 1000=250\pi\times d^2 \tag{7-2}$$

式中　V——1m 长钢筋的体积；

π——圆周率，取 3.1416；

d——钢筋直径(mm)。

2. 1m 长钢筋的质量计算：

$$G=\rho\times(250\pi\times d^2)=0.006165d^2 \tag{7-3}$$

式中　G——单位长度钢筋的质量(kg)；

ρ——钢筋的密度(kg/mm³)，$\rho=7850\times 10^{-9}$；

d——钢筋直径(mm)。

热轧钢筋分级　　**表 7-22**

牌　号	强度级别	符　号	屈服点 σ_s (MPa)	抗拉强度 (MPa)	轧制外形	类　别
HPB235	Ⅰ	Φ	235	370	光圆	盘条、直条
HRB335	Ⅱ	Φ	≥335	≥490	带肋	直条
HRB400	Ⅲ	Φ	≥400	≥570		
HRB500	Ⅳ		≥500	≥630		

注：1. HRB500 级钢筋尚未列入《混凝土结构设计规范》GB 50010—2002；

2. 桥梁钢的牌号由代表屈服点的汉语拼音字母、屈服点数值、桥梁钢的汉语拼音字母、质量等级符号 4 个部分组成。

例如：Q345qC

其中：

Q——桥梁钢屈服点的“屈”字汉语拼音字母的首位字母；

345——表示钢材屈服点数值，单位 MPa；分别有 235、345、370 和 420；

q——桥梁钢的“桥”字汉语拼音的首位字母；

C——质量等级为 C 级；分别有 C、D、E。

桥梁钢材的力学性能和工艺性能指标必须符合国标《桥梁用结构钢》GB/T 714—2000 的规定要求。

常用圆钢、圆盘条(GB 702—1986、GB/T 905—1994)理论质量、截面面积和表面积表　　**表 7-23**

公称直径 (mm)	理论质量 (kg/m)	截面面积 (cm²)	表面积 (m²/t)	公称直径 (mm)	理论质量 (kg/m)	截面面积 (cm²)	表面积 (m²/t)	公称直径 (mm)	理论质量 (kg/m)	截面面积 (cm²)	表面积 (m²/t)
3.5	0.075	0.0962	145.58	16	1.58	2.011	31.80	33	6.71	8.555	15.4
4	0.098	0.1257	127.4	17	1.78	2.27	30.00	34	7.13	9.079	15
5	0.154	0.1963	101.91	18	2.00	2.545	28.30	35	7.55	9.621	14.6
5.5	0.187	0.2376	92.60	19	2.23	2.835	26.8	36	7.99	10.18	14.2
6	0.222	0.2827	84.90	20	2.47	3.142	25.5	38	8.9	11.34	13.4
6.5	0.26	0.3318	78.40	21	2.72	3.464	24.3	40	9.87	12.57	12.7
7	0.302	0.3848	72.80	22	2.98	3.801	23.2	42	10.87	13.85	12.10
8	0.395	0.5027	63.70	24	3.55	4.524	21.2	45	12.48	15.9	11.30
9	0.499	0.6362	56.60	25	3.85	4.909	20.4	48	14.21	18.1	10.60
10	0.617	0.7854	51.00	26	4.17	5.309	19.6	50	15.42	19.64	10.20
11	0.746	0.9503	46.30	28	4.83	6.158	18.2	52	16.67	21.24	9.8
12	0.888	1.131	42.50	29	5.18	6.605	17.6	55	18.65	23.76	9.30
13	1.04	1.327	39.20	30	5.55	7.069	17	56	19.33	24.63	9.10
14	1.21	1.539	36.40	31	5.93	7.548	16.4	58	20.74	26.42	8.80
15	1.39	1.767	34.00	32	6.31	8.042	15.9	60	22.19	28.27	8.50

注：1. “理论重量”适用于热轧光圆钢筋、热轧带肋钢筋、冷轧带肋钢筋、余热处理钢筋、热处理钢筋和钢丝等圆形钢筋(丝)。冷轧扭钢筋除外；

2. “表面积”选自表 3.1.3.3“每吨钢材展开面积(表面积 m²/t)计算式表”。

【例题 7-1】 钢筋直径(mm)18 的钢筋 3m 长有多重?

【解题分析 7-1】 根据计算式(2-3-1-3)乘以 3m 得求重量为

$$0.006165d^2/m\times3m=0.006165\times18^2\times3m=5.99kg$$

光圆(圆)钢筋及带肋(螺纹)钢筋计算质量时，根据上式算出的均可采用表 7-24“钢筋理论质量表”中所列数据。

钢筋理论质量表 表 7-24

圆钢筋直径(mm)	螺纹钢筋(mm)		在下列钢筋长度(m)时，钢筋计算理论重量(kg)									截面面积(mm^2)	圆钢筋内径(mm)
	外径	内径	1	2	3	4	5	6	7	8	9		
5	—	—	0.154	0.308	0.462	0.617	0.771	0.925	1.079	1.233	1.387	19.63	—
6	6.75	5.75	0.222	0.444	0.666	0.888	1.11	1.332	1.554	1.776	1.997	28.27	5.8
7	7.75	6.75	0.302	0.604	0.906	1.208	1.51	1.813	2.11	2.42	2.72	38.48	—
8	9.00	7.50	0.395	0.789	1.184	1.578	1.973	2.37	2.76	3.16	3.55	50.27	7.7
9	10.00	8.50	0.499	0.999	1.498	1.997	2.5	3	3.5	3.99	4.49	63.62	—
10	11.30	9.30	0.617	1.233	1.85	2.47	3.08	3.7	4.32	4.93	5.55	78.54	9.6
11	—	—	0.746	1.492	2.24	2.98	3.73	4.48	5.22	5.97	6.71	95.03	—
12	13.00	11.00	0.888	1.776	2.66	3.55	4.44	5.33	6.21	7.1	7.99	113.1	11.5
14	15.50	13.00	1.208	2.42	3.63	4.83	6.04	7.25	8.46	9.67	10.88	153.9	13.4
16	17.50	15.00	1.578	3.16	4.73	6.31	7.89	9.47	11.05	12.63	14.2	201.1	15.4
18	20.00	17.00	1.988	3.99	5.99	7.99	9.99	11.98	13.98	15.98	17.98	254.5	17.3
20	22.00	19.00	2.466	4.93	7.40	9.86	12.33	14.80	17.26	19.73	22.2	314.2	19.3
22	21.00	21.00	2.984	5.97	8.95	11.94	14.92	17.9	20.9	23.9	26.9	380.1	21.3
25	27.00	24.00	3.853	7.71	11.56	15.41	19.27	23.1	27	30.8	34.7	490.9	24.2
28	30.50	26.50	4.834	9.67	14.5	19.33	24.2	29	33.8	38.7	43.5	615.8	27.2
32	34.50	30.50	6.313	12.63	18.94	25.3	31.6	37.9	44.2	50.5	56.8	804.2	31.0
36	39.50	34.50	7.990	15.98	24	32	39.9	47.9	55.9	63.9	71.9	1018	35.0
40	43.50	38.50	9.870	19.73	29.6	39.5	49.3	59.2	69	78.9	88.8	1257	38.7

常用钢板和钢带规格、重量表 表 7-25

厚度(mm)	理论质量(kg/m^2)	厚度(mm)	理论质量(kg/m^2)	厚度(mm)	理论质量(kg/m^2)	厚度(mm)	理论质量(kg/m^2)
0.20	1.570	1.50	11.780	10	78.50	29	227.70
0.25	1.963	1.60	12.560	11	86.35	30	235.50
0.27	2.120	1.80	14.130	12	94.20	32	251.20
0.30	2.355	2.00	15.700	13	102.10	34	266.90
0.35	2.748	2.20	17.270	14	109.90	36	282.60
0.40	3.140	2.50	19.630	15	117.80	38	298.30
0.45	3.533	2.8	21.980	16	125.60	40	314.00
0.50	3.925	3.0	23.550	17	133.50	42	329.70
0.55	4.318	3.2	25.120	18	141.30	44	345.40
0.60	4.710	3.5	27.480	19	149.20	46	361.10
0.70	5.495	3.8	29.830	20	157.00	48	376.80
0.75	5.888	4.0	31.400	21	164.90	50	392.50
0.80	6.280	4.5	35.330	22	172.70	52	408.20
0.90	7.065	5.0	39.250	23	180.60	54	423.90
1.00	7.850	5.5	43.180	24	188.40	56	439.60
1.10	8.635	6.0	47.100	25	196.30	58	455.30
1.20	9.420	7.0	54.950	26	204.10	60	471.00
1.25	9.813	8.0	62.800	27	212.00		
1.40	10.990	9.0	70.650	28	219.80		

注：表列理论质量按 7.85g/cm^3 计算。

钢丝选用表 表 7-26

钢筋直径(mm)	选用钢丝		
	规格(线号)	直径(mm)	理论质量(m/kg)
<12	22#	0.711	332.0
12～25	20#	0.914	200.7
>25	18#	1.219	112.9

绑扎钢筋所需钢丝长度(cm) 表 7-27

线号 钢筋直径(mm)	3～5	6～8	10～12	14～16	18～20	22	26	28	32
3～5	12	13	15	17	19	—	—	—	—
6～8	—	15	17	18	22	25	27	29	32
10～12	—	—	19	22	25	27	29	31	34
14～16	—	—	—	25	27	29	31	33	36
18～20	—	—	—	—	29	31	33	35	38
22	—	—	—	—	—	33	35	37	40

注：1. 本表是绑扎两根钢筋所需钢丝长度，若有两根相同规格与其他规格者一根相绑，可按同直径的 1.5 倍与其他钢筋相绑查表；

2. 因钢丝是成盘供应的，故习惯上按每盘钢丝周长的几分之一来切断；

3. 绑扎前，先将铁丝在火中烧红后放入冷水中，可提高绑扎铁丝的硬度。

7.1.3 水泥

水泥是土木建筑施工中大量使用的主要材料之一，被广泛用于桥涵、路面、隧道、房建 等构造物的混凝土工程和各种砌筑工程。

1. 水泥强度值

硅酸盐水泥和普通水泥各龄期强度值 表 7-28

品种	强度等级	抗压强度(MPa)		抗折强度(MPa)	
		3d	28d	3d	28d
硅酸盐水泥	42.5	17.0	42.5	3.5	6.5
	42.5R	22.0	42.5	4.0	6.5
	52.5	23.0	52.5	4.0	7.0
	52.5R	27.0	52.5	5.0	7.0
	62.5	28.0	62.5	5.0	8.0
	62.5R	32.0	62.5	5.5	8.0
普通水泥	32.5	11.0	32.5	2.5	5.5
	32.5R	16.0	32.5	3.5	5.5
	42.5	16.0	42.5	3.5	6.5
	42.5R	21.0	42.5	4.0	6.5
	52.5	22.0	52.5	4.0	7.0
	52.5R	26.0	52.5	5.0	7.0

注：各等级、各类型硅酸盐水泥和普通水泥的各龄期强度不得低于本表的数值。如强度低于表中强度等级的指标时为不合格品。

五大水泥品种特性比较　表 7-29

品种	硅酸盐水泥	普通硅酸盐水泥	矿渣水泥	火山灰质水泥	粉煤灰水泥
组成	水泥熟料中不掺混合材料	水泥熟料中掺 15%以下活性混合材料(非活性材料则在 10%以下)	在水泥熟料中掺20%～70%矿渣	在水泥熟料中加 20%～50%火山灰质混合材料	在水泥熟料中加 20%～40%粉煤灰
比重	3.00～3.16	3.00～3.15	2.90～3.10	2.80～3.00	2.80～3.00
质量密度	1006～1600kg/m³	1000～1500kg/m³	1000～1200kg/m³	1000～1200kg/m³	1000～1200kg/m³
标号	425、525，625、725	275、325、425、525、625、725	225、275、325、425、525、625	225、275、325、425、525、625	225、275、325、425、525、625
强度等级类型	42.5、42.5R、52.5、52.5R、62.5、62.5R	32.5、32.5R、42.5、42.5R、52.5、52.5R	同左	同左	同左
主要特性	快硬早强，水化热高，耐冻性好，防腐蚀性和耐热性较差	早强，水化热较高，耐冻性较好，耐热性和耐腐蚀性较差	早强低，后期强度增长较快，水化热较低，耐热性较好，对抗硫酸盐类侵蚀和抗水性能较好，抗冻性较差，干缩性较大	耐热性较差，抗渗性较好，其他和矿渣水泥相同	干缩性较小，抗碳化能力较差，其他和矿渣水泥相同
适用范围	快硬早强工程，配制高标号混凝土	地上、地下及水中的混凝土，包括受冻融循环的结构及早期强度要求较高的工程配制建筑砂浆	大体积工程及一般的上、地下和水中混凝土，可配制建筑砂浆和耐热混凝土，适于蒸汽养护的构件	有抗渗要求的混凝土、大体积混凝土及蒸汽养护混凝土，适于一般钢筋混凝土和配制建筑砂浆	地上地下及大体积混凝土、蒸汽养护构件和一般混凝土工程，配制砌筑砂浆
不适用范围	大体积混凝土工程和受化学侵入及压力水作用的结构	和硅酸盐水泥相同	早期强度要求较高的混凝土工程及严寒地区和水位升降范围内的混凝土工程	干燥环境的混凝土工程，不宜用于耐磨性要求高的部位，其他同矿渣水泥	有抗碳化要求的工程，其他同矿渣水泥

注：1. 强度及强度等级：水泥的强度是评定其质量的重要指标。国家标准规定，采用《水泥胶砂强度检验方法(ISO法)》GB/T 17671—1999 测定水泥强度，该法是将水泥和中国 ISO 标准砂按质量计以 1∶3 混合，用 0.5 的水灰比按规定的方法制成 40mm×40mm×160mm 的试件，在标准温度(20±1)℃的水中养护，分别测定其 3d 和 28d 的抗折强度和抗压强度。根据测定结果，分为 42.5、42.5R、52.5、52.5R、62.5 和 62.5R 等 6 个强度等级；

2. 与硅酸盐水泥相比，普通水泥增加了 32.5 的等级，而减少了 62.5 的等级。水泥按 3d 强度又分为普通型和早强型两种类型，其中有代号 R 者为早强型水泥；

3. 一般袋装为 50kg/袋；水泥每立方米重量为 1000～1600kg，常采用 1300kg/m³ 左右。

矿渣水泥、火山灰水泥、粉煤灰水泥各龄期强度值　表 7-30

强度等级	抗压强度(MPa)		抗折强度(MPa)	
	3d	28d	3d	28d
32.5	10.0	32.5	2.5	5.5
32.5R	15.0	32.5	3.5	5.5
42.5	15.0	42.5	3.5	6.5
42.5R	19.0	42.5	4.0	6.5
52.5	21.0	52.5	4.0	7.0
52.5R	23.0	52.5	4.5	7.0

注：1. 各掺混合材硅酸盐水泥的各龄期强度不得低于本表规定；

2. 三种水泥的密度大致在 2.7～3.0g/cm³ 范围内，堆积密度在 1000～1200kg/m³ 之间。

复合水泥各龄期的强度值　　表 7-31

强度等级	抗压强度(MPa)		抗折强度(MPa)	
	3d	28d	3d	28d
32.5	11.0	32.5	2.5	5.5
32.5R	16.0	32.5	3.5	5.5
42.5	16.0	42.5	3.5	6.5
42.5R	21.0	42.5	4.0	6.5
52.5	22.0	52.5	4.0	7.0
52.5R	26.0	52.5	5.0	7.0

注：1. 符合国家标准《复合硅酸盐水泥》GB 12958—1999 规定；
2. 其余性能要求同火山灰水泥。

2. 预算水泥用量

(1) 按设计图示的不论是预制、现浇、非泵送及泵送，还是混凝土、钢筋混凝土，均按实体体积以立方米计算，混凝土用量(m^3)乘以相应结构定额混凝土子目栏混凝土定额即可得出预算混凝土用量。

(2) 按设计图示水泥砂浆粉刷按其展开面积以平方米计算，水泥砂浆抹面用量(m^2)乘以相应结构定额水泥砂浆抹面子目栏水泥砂浆抹面定额即可得出预算水泥砂浆用量。

(3) 根据混凝土及水泥砂浆不同强度等级的配合比计算出水泥的用量。

7.1.4 木材

木材是工程施工中不可缺少的材料之一。主要用作工程构造物的模型板、支撑脚手板、脚手杆、垫木和各种房架及门窗构件等。

1. 树种的分类

树种一般分为针叶树和阔叶树两大类(表 7-32)。

木材主要树种按特征性质和用途分类　　表 7-32

项目	针叶类树	阔叶类树
特征性质	树叶细长，呈针状，树干直而高大，平行叶脉，多为常绿树，树质轻软(故又称软木)，纹理顺直，缺陷少，年轮疏而明显，有较高强度，含有较多树脂，耐腐性强，加工容易，膨胀变形小	树叶阔大，网状叶脉，多为落叶树，树质坚硬(故又称硬木)，纹理扭曲，年轮密，膨胀，收缩、翘裂、变形和裂缝 较针叶树显著，强度较针叶树差，加工后表面有光泽，耐磨
主要树种	冷杉、云杉、水杉、红杉、铁衫、油杉、杉木、红松、鱼鳞云松、落叶松（黄花松)、马尾松、樟子松、陆均松、柏木	水曲柳、柞木、栎木、桐木、栗木、樟木、榆木、揪木、桦木、极木、槐木、色木、青岗、杨木、桦木、楠木、核桃揪、柳按、柯木
主要用途	门窗、屋架、镶条、龙骨、椽条、地板、屋面板、模板、支撑、脚手架、木桩	高级门窗、室内木装修、地板、胶合板、楼梯、扶手、踏步、家具及次要的承重构件

针叶树树干通直高大，大多生长在寒冷雨水少的地方，其生长较快、纹理平顺、材质均匀、木质较软而易于加工，故又称“软木材”。针叶树强度较高，表观密度和胀缩变形较小，耐腐蚀性比阔叶树好。为土建工程中的主要用材，多用于承重结构构件及其他部件。常用的树种有杉、松、柏等。

阔叶树多数树种其树干通直部分较短，大多生长在温暖而又雨水充足的地方，且生长缓慢，材质坚硬、较难加工，故又称“硬木材”。阔叶树强度较高，胀缩变形大，容易翘曲开裂，不宜作承重构件。建筑上可作尺寸较小的构件，对于具有天然纹理的树种，特别适合做室内装修、家具及胶合板等。常用的树种有水曲柳、榆树、柞树、杨树、槐树等。

2. 材种分类(表 7-33)

材　种　分　类　　　　**表 7-33**

名称	定　　义	品　　种
原条	系只经过修枝，去皮，而未按一定规格进行加工造材的伐倒木	1. 杉原条 2. 水杉原条 3. 柳杉原条
原木	系树木伐倒后，经过修枝，并按规定截成一定长度的木材	1. 直接用原木：包括坑木、房建檩条、电杆 2. 加工用原木：包括针叶树加工用原木(含胶合板用原木)、阔叶树加工用原木(含胶合板用原木) 3. 特级原木 4. 小径原木 5. 造纸用原木 6. 圆材
成材	指按照一定尺寸加工成型的锯材和人造板	1. 锯材：包括针叶树锯材、阔叶树锯材、毛边锯材 2. 枕木 3. 铁路货车锯材 4. 载重汽车锯材 5. 罐道木 6. 机台木 7. 人造板材：包括胶合板、纤维板、刨花板

常用木构件断面的表示方法　　　　**表 7-34**

项次	名　　称	图　　例	说　　明
1	圆木	ϕ或d	1. 木材的断面图均应画出横纹线或顺纹线 2. 立面图一般不画木纹线，但木键的立面图均须画出木纹线
2	半圆木	1/2ϕ或d	
3	方木	$b\times h$	
4	木板	$b\times h$或h	

3. 强度关系

在建筑结构中，木材常用的强度有抗压、抗拉、抗弯和抗剪等强度。

(1) 抗压强度

顺纹抗压强度是作用力方向与木材纤维方向一致时的强度。它是木材各种力学性质中的基本指标，也是最稳定的强度，这类受力形式在工程中应用最广泛，如柱、桩、斜撑、架中的承压杆件等。

横纹抗压强度为木材所受压力与纤维方向垂直时的强度。木材的横纹抗压强度较顺纹抗压强度低，通常约为顺纹抗压强度的10%～30%。

(2) 抗拉强度

顺纹抗拉强度即作用力方向和木材纤维方向一致时的抗拉强度，以标准试件测得，木材顺纹的抗拉强度是各种强度的最高值，约为顺纹抗压强度的2～3倍。

横纹抗拉强度很小，仅相当于顺纹抗拉强度的1/60～1/40，在实际工程中极少应用。

(3) 抗剪强度

顺纹剪切是剪切力方向与纤维方向平行，此种剪力破坏，造成纤维间的连接被破坏。顺纹抗剪强度仅为顺纹抗压强度的1/5左右。横纹剪切是剪切力的方向与纤维方向垂直，它是顺纹剪切强度的2/3左右。横纹切断是剪切力方向的剪切面与木材纤维方向垂直，它的破坏是将纤维切断，因而强度较大，约为顺纹抗剪强度的3～4倍。

(4) 抗弯强度

木材具有良好的抗弯性能，一般弯曲强度是顺纹抗压强度的1.5～2倍，这是木材的重要性质。在市政工程中得到广泛应用，如桁架、梁、桥梁等受弯构件。但木材中的木节、斜纹等疵病对抗弯影响很大，特别是在受拉区更为严重。因此，凡有纵向裂缝的木材是不能作为梁使用的。

木材各项强度关系表 **表7-35**

抗压		抗拉		抗剪		弯曲
顺纹	横纹	顺纹	横纹	顺纹	横纹	
1	1/3～1/10	2～3	1/3～1/20	1/7～1/3	1/23～1	1.5～2.0

注：表中以顺纹抗压强度极限为1，其他各项强度皆为其倍数。

常用木材的物理力学性能 **表7-36**

类别	名称	质量密度 (kg/m³)	干缩率 (%)		抗压强度(顺纹) (MPa)	抗拉强度(顺纹) (MPa)	抗剪强度(顺纹) (MPa)		抗弯强度(弦向) (HPa)
			径向	弦向			(径向)	(弦向)	
针叶类	红松	440	0.122	0.321	32.8	98.1	6.3	6.9	65.3
	臭冷杉	390	0.129	0.366	36.4	78.8	5.7	6.3	65.1
	鱼鳞云杉	551	0.171	0.349	42.4	100.9	6.2	6.5	25.1
	落叶松	594	0.168	0.398	55.7	129.9	8.5	6.8	109.4
	马尾松	533	0.152	0.297	46.5	104.9	7.5	6.7	91
	樟子松	422	0.145	0.325	31.7	94.5	6.7	7.2	74.2
	云杉		0.203	0.318	49.4	140.7	8.2	7.2	89.3
	水杉	342	0.089	0.241	29.6	66.6	4.5	3.8	54.6
	杉木	376	0.178	0.334	41.9	98.4	6.5	6.4	82.9
	柏木	588	0.127	0.18	54.3	117.1	9.6	11.1	100.5
阔叶类	水曲柳	686	0.197	0.353	52.5	138.7	11.3	10.5	118.6
	柞木	756	0.199	0.316	55.6	155.4	11.8	12.9	124
	愉木	643	0.186	0.282	27.5	96	12.2	12.4	79.5
	锻木	500	0.135	0.2	39	106.7	5.8	8.4	92.3
	桦木	635	0.154	0.232	54.5	124.9	10.3	12	95.8
	樟木		0.154	0.245	46.1	—	8.4	9.3	75.1
	杨木		0.162	0.281	42.1	107	9.5	7.3	79.6

注：1. 树木由树根、树干、树冠(枝和叶)组成，工程中所用木材主要取自于树干；

2. 木材的宏观构造可以从树干部分的三个基本切面：即横切面(垂直于树轴的面)、径切面(通过树轴的面)和弦切面(切于年轮而平行于树轴的面)来观察。

木材容许应力和弹性模量提高或降低系数 **表 7-37**

序号	使用条件或荷载组合	提高或降低系数	
		容许应力	弹性模量
1	对原木的横纹受压应力、顺纹剪应力，对最小边宽度不小于 15cm 方木的顺纹应力	1.15	1
2	简支梁上部构造及其他式样桥面系简单构造	1.2	1
3	主要组合	1	1
4	附加组合	1.2	1
5	临时性木桥涵	1.2	1
6	经常干湿交替的构件(如木桩、木涵)	0.9	0.85

注：当上述各项条件同时出现时，各系数可连续叠加，但叠加后的提高系数不得大于 1.5。

4. 分类规格

原木木材分类 **表 7-38**

材种	用途		径级(毫米)	长度(m)
直接用原木	电杆	(普级)	120～180	6～8.5
		(特级)	180～240	9～12
	桩木	(普级)	180～240	6～8.5 桩木适用树种：落叶松、马尾松、云南松、
		(特殊)	200～230	9～12 红松、云杉、冷杉、杉木等
	坑木	(小径)	80～120	＞2 坑木适用树种：所有针叶类树、阔叶类树
		(大径)	140～240	
加工用原木(一般用材)	结构、门窗、家具、地板、屋面板、模板		＞200	针叶树 2～8 阔叶树 2～6
加工用原木(特殊用材)	胶合板材		＞260	2.4～8
	造船材		＞240	针叶树 2～8
	车辆材		针叶树＞240	阔叶树 2～6
			阔叶树＞200	3.6
				2～6

枕木分普通枕木、道岔枕木和桥梁枕木(图 7-4)。适用轨距为 1435mm。枕木根据外观质量分为一等和二等(桥梁枕木适用一等)；普通枕木根据外形尺寸分为Ⅰ类型和Ⅱ类型。枕木树种包括针叶树和阔叶树。

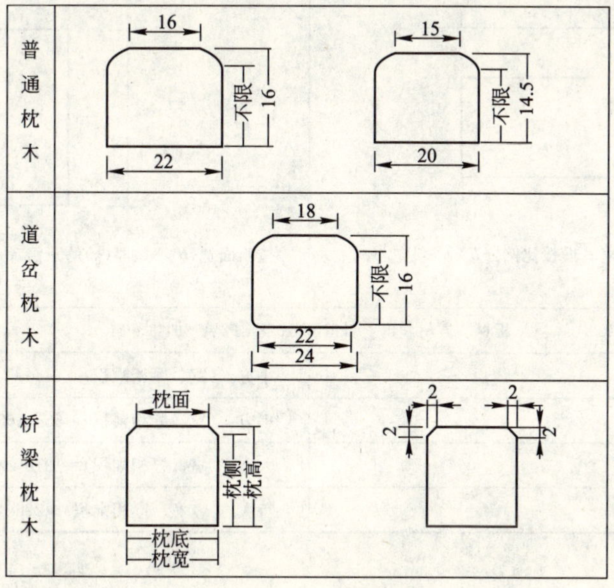

图 7-4 枕木示意图

枕木规格尺寸　　　　**表 7-39**

类别		尺寸			公差			
		长度（m）	宽度（cm）	厚或高度（cm）	长度	枕面宽	宽度	厚或高度
					（cm）			
普通枕木	Ⅰ型	2.5	22	16	±6	−0.5	±1	±0.5
	Ⅱ型	2.5	20	14.5				
道岔枕木		2.6～4.8	24	16	±6	−0.5	±1	±0.5
桥梁枕木		3	20	22	±6		±1	±0.5
			20	24				
			22	26				
		3.2	22	28				
			24	30				
		3.4	24	30				
		4.2	20	22				
			20	24				
			22	26				
			22	28				
			24	30				
		4.8	20	22				
			20	24				
			22	26				
			22	28				
			24	30				

注：1. 道岔枕木的枕底着锯面，不得小于 22cm；

2. 桥梁枕木钝棱的最大尺寸，不得大于示意图断面形状规定的尺寸；

3. Ⅰ类型枕木的宽、厚均超过负公差限度时，应降为Ⅱ类型。

板材、方材规格表　　　　**表 7-40**

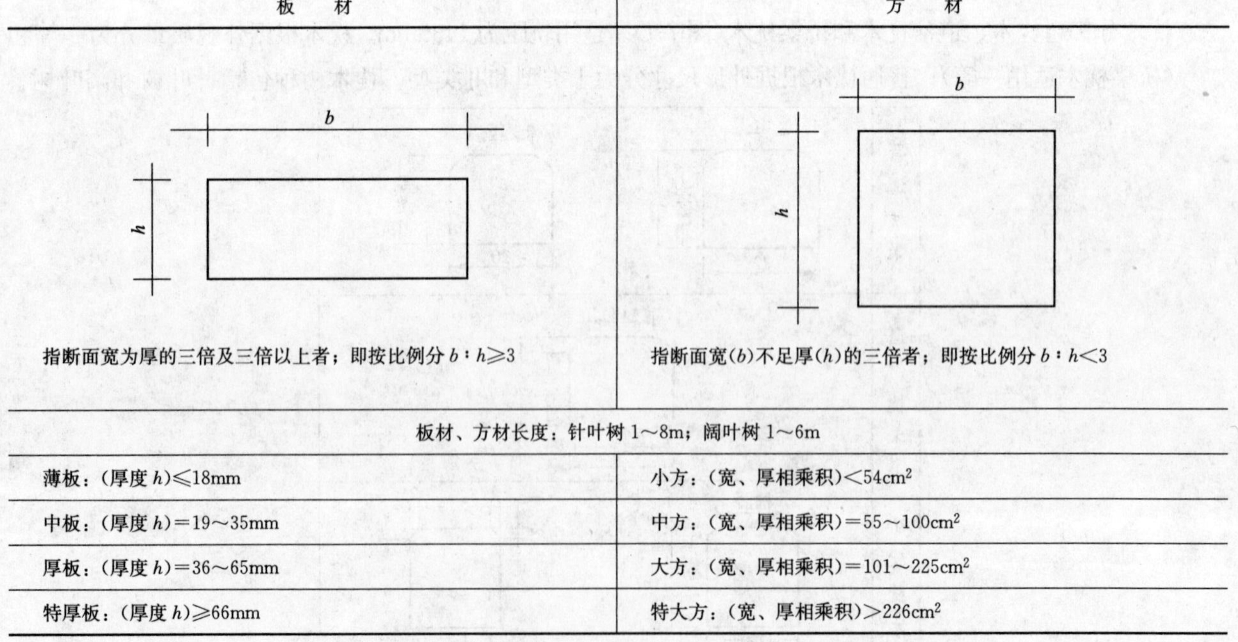

板　材	方　材
指断面宽为厚的三倍及三倍以上者；即按比例分 $b:h\geqslant 3$	指断面宽(b)不足厚(h)的三倍者；即按比例分 $b:h<3$
板材、方材长度：针叶树 1～8m；阔叶树 1～6m	
薄板：(厚度 h)≤18mm	小方：(宽、厚相乘积)＜54cm²
中板：(厚度 h)＝19～35mm	中方：(宽、厚相乘积)＝55～100cm²
厚板：(厚度 h)＝36～65mm	大方：(宽、厚相乘积)＝101～225cm²
特厚板：(厚度 h)≥66mm	特大方：(宽、厚相乘积)＞226cm²

普通锯材的分类规格参考表　　　　表 7-41

分类	厚度（mm）	宽度(mm)														
		50	60	70	80	90	100	120	140	160	180	200	220	240	260	280	300
薄板	12	50	60	70	80	90	100	120	140	160	180	200	—	—	—	—	—
	15	50	60	70	80	90	100	120	140	160	180	200	—	—	—	—	—
中板	25	50	60	70	80	90	100	120	140	160	180	200	220	240	—	—	—
	30	50	60	70	80	90	100	120	140	160	180	200	220	240	—	—	—
厚板	40	50	60	70	80	90	100	120	140	160	180	200	220	240	260	280	300
	50	50	60	70	80	90	100	120	140	160	180	200	220	240	260	280	300

板材、方材宽度及厚度的规定　　　　表 7-42

材种		厚度（mm）	宽度(mm)													材种	
			50	60	70	80	90	100	120	150	180	210	240	270	300		
板材		10	50	60	70	80	90	100	120	150						薄板	板材
		12	50	60	70	80	90	100	120	150	180	210					
		15	50	60	70	80	90	100	120	150	180	210	240				
方材	小方	18	50	60	70	80	90	100	120	150	180	210	240				
		21	50	60	70	80	90	100	120	150	180	210	240	270		中板	
		25	50	60	70	80	90	100	120	150	180	210	240	270			
		30	50	60	70	80	90	100	120	150	180	210	240	270	300		
		35	50	60	70	80	90	100	120	150	180	210	240	270	300		
		40	50	60	70	80	90	100	120	150	180	210	240	270	300	厚板	
		45	50	60	70	80	90	100	120	150	180	210	240	270	300		
		50	50	60	70	80	90	100	120	150	180	210	240	270	300		
		55		60	70	80	90	100	120	150	180	210	240	270	300		
		60		60	70	80	90	100	120	150	180	210	240	270	300		
		65			70	80	90	100	120	150	180	210	240	270	300		
		70			70	80	90	100	120	150	180	210	240	270	300	特厚板	
		75				80	90	100	120	150	180	210	240	270	300		
	中方	80				80	90	100	120	150	180	210	240	270	300		
		85					90	100	120	150	180	210	240	270	300		
		90					90	100	120	150	180	210	240	270	300		
		100						100	120	150	180	210	240	270	300		
	大方	120							120	150	180	210	240	270		方材	
		150								150	180	210	240	270			
	特大方	160									180	210	240	270			
		180									180	210	240	270			
		200										210	240	270			
		220											240	270			
		240											240	270			
		250												270			
		270												270			
		300													300		

注：表内粗线上方为板材宽、厚度范围；下方为方材宽、厚度范围；细线为板、方材规格范围。

5. 木材的材积计算

木材的材积计算公式 **表 7-43**

类别	材积计算式	说明
原条	$V=(\pi\div 4)D_1^2\times L\times(1\div 10000)=0.00007854D_1^2\times L$	L—材长(m)； a—板皮底面宽(mm)； V—材积(m^3)； D_1—中央直径(cm)； B—板宽(mm)； b—板皮厚(mm)； D—小头直径(cm)； H—板厚(mm)； 1/10000、1/1000000—换算系数。
原木	$V=L[D^2(0.00395L+0.8982)+D(0.39L-1.219)+(0.5796L+3.067)]\times(1\div 10000)$	
杉原木	$V=(\pi\div 4)L[(0.025L+1)D^2+D(0.37L+1)+10(L-3)]\times(1\div 10000)$	
锯材	$V=B\times H\times L\times(1\div 1000000)$	
板皮	$V=(2\div 3)a\times b\times L\times(1\div 1000000)=0.000000667a\times b\times L$	

注：根据物资部门统计规定：①1m^3 原木折锯材 0.66m^3；②1m^3 锯材折原木 1.515m^3。

木制板材面积、体积换算表 **表 7-44**

换算量 板材规格 换算项目	换算数量(m^2 或 m^3) 板材厚度(cm) 1.5	1.8	2.0	2.5	3.0	4.0	5.0	6.0
每立方米折合平方米	66.6	55.5	50.0	40.0	33.3	30.0	25.0	16.6
每平方米折合立方米	0.015	0.015	0.020	0.025	0.030	0.040	0.050	0.060

枕木材积表 **表 7-45**

宽×厚(mm) 材积(m^3) 材长(m)	200×145	200×220	200×240	220×160	220×260	220×280	240×160	240×300
2.5	0.0725			0.0880				
2.6							0.0998	
2.8							0.1075	
3.0		0.1320	0.1440		0.1716		0.1152	
3.2						0.1971	0.1229	0.2304
3.4							0.1306	0.2448
3.6							0.1382	
3.8							0.1459	
4.0							0.1536	
4.2		0.1848	0.2016		0.2402	0.2587	0.1613	0.3024
4.4							0.1690	
4.6							0.1766	
4.8		0.2112	0.2304		0.2746	0.2957	0.1843	0.3456

枕木根数、材积换算表 **表 7-46**

枕木种类 名称	规格(mm)	每根枕木材积(m^3)	每立方米材积折合根数
标准轨	160×220×2500	0.0880	0.0036
	145×200×2500	0.0725	13.7931
枕木	135×190×2500	0.064125	15.5945
宽轨枕木	150×250×2700	0.104625	9.5579
窄轨枕木	135×190×2000	0.5130	19.4932

胶合板材积与张数换算表　　表 7-47

幅面（mm）	面积（m^2）	每立方米约张数（张）							
		三层			五层		七层	九层	十一层
		胶合板厚度（mm）							
		3	3.5	4	5	6	7	9	11
915×915	0.837	398	345	303	239	199	172	135	109
915×1220	1.116	294	256	222	179	147	128	96	31
915×1830	1.675	199	171	149	119	100	85	67	54
915×2135	1.935	171	147	128	102	85	73	56	46
1220×1220	1.488	224	192	168	134	112	96	75	61
1220×1830	2.233	149	128	112	90	75	64	50	41
1220×2135	2.605	128	109	96	77	64	55	43	35
1220×2440	2.977	112	96	84	67	56	48	37	30
1525×1525	2.326	143	123	107	86	72	61	48	39
1525×1830	2.791	119	102	90	72	60	51	40	33
1525×2135	3.256	102	88	77	61	51	44	34	28
1525×2440	3.721	90	76	66	53	45	38	30	24

注：根据物资部门统计规定：$1m^3$ 胶合板折原木 $3.3m^3$。

6. 预算木模成材用量

模板工程量除另有规定外，均按混凝土与模板接触面面积以平方米计算，即(m^2)乘以相应混凝土结构定额模板子目栏模板定额即可得出预算木模成材用量。

7.2　市政材料定额基本数据

请参阅本《市政工程工程量清单工程系列丛书》姊妹篇之三《市政工程工程量清单常用数据手册》表 3-14“市政工程常用材料容重及损耗率表”。

7.3　混凝土、砂浆强度等级配合比表

普通混凝土、砂浆强度等级配合比甄选表　　表 7-48

项次	分部工程	项 目 名 称	项目编码	级配材料用量	
				混凝土“C”	砂浆“M”
1	道路工程	路基处理	040201	√	√
2		道路面层	040203	√	√
3		人行道及其他	040204	√	√
4	桥涵护岸工程	桩基础	040301	√	√
5		现浇混凝土	040302	√	√
6		预制混凝土	040303	√	√
7		砌筑	040304	√	√
8		挡墙、护坡	040305	√	√
9		立交箱涵	040306	√	√
10	隧道工程	管节顶升、旁通道	040404	√	√
11		隧道沉井	040405	√	√
12		地下连续墙	040406	√	√
13		混凝土结构	040407	√	√

续表

项次	分部工程	项目名称	项目编码	级配材料用量	
				混凝土"C"	砂浆"M"
14	市政管网工程	管道铺设	040501	√	√
15		井类、设备基础及出水口	040504	√	√
16		构筑物	040506	√	√

注：1. 定额中列出混凝土消耗量，但未列出级配材料的用量，级配材料用量可根据"上海市建设工程定额管理总站.《上海市建设工程普通混凝土、砂浆强度等级配合比表》(修订本). 上海 . 2001."计算，请参阅表 7-49；

2. 定额中的混凝土及砂浆均采用强度等级表示，混凝土采用"C"表示，砂浆用"M"表示；如定额中强度等级与设计强度等级不同时，可按设计强度等级进行换算，请参阅表 7-51"砌筑砂浆强度等级配合比表"释义。

7.3.1 混凝土强度等级配合比表

现场现浇强度等级混凝土配合比表 **表 7-49**

单位：m^3

编号			1修		2修		3修		4修		5修	
项目	单位	单价(元)	碎石(最大粒径：16mm)									
			混凝土强度等级									
			C20		C25		C30		C35		C40	
			数量	合价	数量	合价	数量	合价	数量	合价	数量	合价
32.5级水泥	kg	0.21	393.00	82.53	461.00	96.81						
42.5级水泥	kg	0.24					409.00	98.16	471.00	113.04		
52.5级水泥	kg	0.26									426.00	110.76
中砂	kg	0.384	722	27.72	648	24.88	703	27	639	24.54	683	26.23
5-16碎石	kg	0.0434	1142	49.56	11.44	49.65	1144	49.65	1142	49.56	1145	49.69
水	m^3	0.47	0.22	0.1	2.22	0.1	0.22	0.1	0.22	0.1	0.22	0.1
总价	元			159.91		171.44		174.91		187.24		186.78
编号			6修		7修		8修		9修		10修	
项目	单位	单价(元)	碎石(最大粒径：20mm)									
			混凝土强度等级									
			C15		C20		C25		C30		C35	
			数量	合价	数量	合价	数量	合价	数量	合价	数量	合价
32.5级水泥	kg	0.21	291	61.11	366	76.86	430	90.30	494	103.74		
42.5级水泥	kg	0.24									439	105.36
中砂	kg	0.384	838	32.18	719	27.61	647	24.95	589	22.63	638	24.52
5-20碎石	kg	0.0434	1151	44.89	1188	46.33	1192	46.49	1182	46.10	1192	46.49
水	m^3	0.47	0.21	0.1	0.21	0.1	0.21	0.1	0.21	0.1	0.21	0.1
总价	元			138.28		150.9		161.73		172.56		176.45
编号			11修		12修		13修					
项目	单位	单价(元)	碎石(最大粒径：20mm)									
			混凝土强度等级									
			C40		C45		C50					
			数量	合价	数量	合价	数量	合价				
42.5级水泥	kg	0.24	487	116.88								
52.5级水泥	kg	0.26			437	113.62	477	124.02				

续表

编号			11 修		12 修		13 修					
项目	单位	单价（元）	碎石（最大粒径：20mm）									
			混凝土强度等级									
			C40		C45		C50					
			数量	合价	数量	合价	数量	合价				
中　砂	kg	0.384	594	22.81	640	24.58	603	23.16				
5-20 碎石	kg	0.039	1184	46.18	1192	46.49	1186	46.25				
水	m^3	0.47	0.21	0.1	0.21	0.1	0.21	0.1				
总　价	元			185.97		184.79		193.53				

编号			14 修		15 修		16 修		17 修		18 修	
项目	单位	单价（元）	碎石（最大粒径：40mm）									
			混凝土强度等级									
			C7.5		C10		C15		C20		C25	
			数量	合价	数量	合价	数量	合价	数量	合价	数量	合价
32.5 级水泥	kg	0.21	176	36.96	205	43.05	263	55.23	330	69.30	388	81.48
中　砂	kg	0.0384	922	35.4	909	34.91	817	31.37	700	26.88	630	24.19
5-40 碎石	kg	0.0373	1208	45.06	1190	44.39	1220	45.51	1262	47.07	1271	47.41
水	m^3	0.47	0.19	0.09	0.19	0.09	0.19	0.09	0.19	0.09	0.19	0.09
总　价	元			117.51		122.44		132.2		143.34		153.17

编号			19 修		20 修		21 修		22 修		23 修	
项目	单位	单价（元）	碎石（最大粒径：40mm）									
			混凝土强度等级									
			C30		C35		C40		C45		C50	
			数量	合价	数量	合价	数量	合价	数量	合价	数量	合价
32.5 级水泥	kg	0.21	446	93.66								
42.5 级水泥	kg	0.24			396	95.04	440	105.60				
52.5 级水泥	kg	0.26							394	102.44	431	112.06
中　砂	kg	0.384	574	22.04	621	23.85	579	22.23	623	23.92	587	22.54
5-40 碎石	kg	0.0373	1265	47.18	1271	47.41	1266	47.22	1271	47.41	1268	47.3
水	m^3	0.47	0.19	0.09	0.19	0.09	0.19	0.09	0.19	0.09	0.19	0.09
总　价	元			162.97		166.39		175.14		173.86		181.99

编号			24 修		25 修		26 修					
项目	单位	单价（元）	碎石（最大粒径：70mm）									
			混凝土强度等级									
			C7.5		C10		C15					
			数量	合价	数量	合价	数量	合价				
32.5 级水泥	kg	0.24	162	34.02	188	39.48	241	50.61				
中　砂	kg	0.384	935	35.9	923	35.44	790	30.354				
5-70 碎石	kg	0.045	1225	42.26	1210	41.75	1282	44.23				
水	m^3	0.47	0.17	0.08	0.17	0.08	0.17	0.08				
总　价	元			112.26		116.75			125.26			

续表

编号			1 修		2 修		3 修					
项目	单位	单价(元)	碎石(最大粒径：16mm)									
			混凝土强度等级									
			C20		C25		C30					
			数量	合价	数量	合价	数量	合价				
32.5 级水泥	kg	0.21										
42.5 级水泥	kg	0.24	441	105.84								
52.5 级水泥	kg	0.26			400	104	441	114.66				
中砂	kg	0.384	659	25.31	703	27	659	25.31				
5-16 碎石	kg	0.0434	1164	50.52	1164	50.52	1164	50.52				
水	m^3	0.47	0.21	0.1	0.21	0.1	0.21	0.1				
总价	元			181.77		181.62		190.59				

编号			33 修		34 修		35 修					
项目	单位	单价(元)	碎石(最大粒径：20mm)									
			混凝土强度等级									
			C20		C25		C30					
			数量	合价	数量	合价	数量	合价	数量	合价	数量	合价
32.5 级水泥	kg	0.21	338	70.98	399	83.79	460	96.6				
42.5 级水泥	kg	0.24										
52.5 级水泥	kg	0.26										
中砂	kg	0.384	745	28.61	668	25.65	609	23.39				
5-20 碎石	kg	0.039	1203	46.92	1213	47.31	1207	47.07				
水	m^3	0.47	0.2	0.09	0.2	0.09	0.2	0.09				
总价	元			146.6		156.84		167.15				

编号			36 修		37 修		38 修		39 修			
项目	单位	单价(元)	碎石(最大粒径：20mm)									
			混凝土强度等级									
			C35		C40		C45		C50			
			数量	合价	数量	合价	数量	合价	数量	合价		
32.5 级水泥	kg	0.21										
42.5 级水泥	kg	0.24	409	98.16	456	109.44						
52.5 级水泥	kg	0.26					409	106.34	448	116.48		
中砂	kg	0.384	657	25.23	613	23.54	657	25.23	620	23.81		
5-20 碎石	kg	0.039	1213	47.31	1209	47.15	1213	47.31	1210	47.19		
水	m^3	0.47	0.2	0.09	0.2	0.09	0.2	0.09	0.2	0.09		
总价	元			170.79		180.22		178.97		187.57		

编号			40 修		41 修		42 修		43 修		44 修	
项目	单位	单价(元)	碎石(最大粒径：40mm)									
			混凝土强度等级									
			C20		C25		C30		C35		C40	
			数量	合价	数量	合价	数量	合价	数量	合价		
32.5 级水泥	kg	0.21	303	63.63	358	75.18	413	86.73				
42.5 级水泥	kg	0.24							367	88.08	409	98.16
52.5 级水泥	kg	0.26										

续表

编号			40 修		41 修		42 修		43 修		44 修	
项　目	单位	单价（元）	碎石（最大粒径：40mm）									
			混凝土强度等级									
			C20		C25		C30		C35		C40	
			数量	合价	数量	合价	数量	合价	数量	合价		
中　砂	kg	0.384	725	27.84	651	25	593	22.77	639	24.54	596	22.89
5-40 碎石	kg	0.0373	1276	47.59	1291	48.15	1290	48.12	1292	48.19	1291	48.15
水	m^3	0.47	0.18	0.08	0.18	0.08	0.18	0.08	0.18	0.08	0.18	0.08
总　价	元			139.14		148.41		157.70		160.89		169.28

编号			45 修		46 修							
项　目	单位	单价（元）	碎石（最大粒径：40mm）									
			混凝土强度等级									
			C45		C50							
			数量	合价	数量	合价						
32.5 级水泥	kg	0.21										
42.5 级水泥	kg	0.24										
52.5 级水泥	kg	0.26	367	95.42	402	104.52						
中　砂	kg	0.384	639	24.54	603	23.16						
5-40 碎石	kg	0.0373	1292	48.19	1291	48.15						
水	m^3	0.47	0.18	0.08	0.18	0.08						
总　价	元			168.23		175.91						

水下混凝土强度等级配合比表　　表 7-50

单位：m^3

编号			47 修		48 修		49 修		50 修		51 修	
项　目	单位	单价（元）	碎石（最大粒径：40mm）									
			混凝土强度等级									
			C20		C25		C30		C35		C40	
			数量	合价	数量	合价	数量	合价	数量	合价	数量	合价
32.5 级水泥	kg	0.21	402	84.42	471	98.91						
42.5 级水泥	kg	0.24					419	100.56				
52.5 级水泥	kg	0.26							392	101.92	436	113.36
中　砂	kg	0.384	659	25.31	587	22.54	640	24.58	670	25.73	621	23.85
5-40 碎石	kg	0.0373	1188	44.31	1185	44.20	1189	44.35	1186	44.24	1189	44.35
水	m^3	0.47	0.23	0.11	0.23	0.11	0.23	0.11	0.23	0.11	0.23	0.11
木　钙	m^3	1.284	1	1.28	1.17	1.50	1.04	1.34	0.97	1.25	1.08	1.39
总　价	元			155.43		167.26		170.94		173.25		183.06

砌筑砂浆强度等级配合比表　　表 7-51

单位：m^3

编号			87 修		88 修		89 修		90 修			
项　目	单位	单价（元）	混合砂浆									
			砂浆强度等级									
			M10		M7.5		M5.0		M2.5			
			数量	合价	数量	合价	数量	合价	数量	合价		
32.5 级水泥	kg	0.21	274	57.54	244	51.24	214	44.94	185	38.85		
中　砂	kg	0.0384	1515	58.18	1515	58.18	1515	58.18	1515	58.18		

续表

编号			87修		88修		89修		90修			
项目	单位	单价（元）	混合砂浆									
			砂浆强度等级									
			M10		M7.5		M5.0		M2.5			
			数量	合价	数量	合价	数量	合价	数量	合价		
石灰膏	m³	99.76	0.02	2	0.04	3.99	0.07	6.98	0.09	8.98		
水	m³	0.47	0.3	0.14	0.3	0.14	0.36	0.14	0.3	0.14		
总价	元			117.86		113.55		110.24		106.15		

编号			91修		92修		93修		94修			
项目	单位	单价（元）	混合砂浆									
			砂浆强度等级									
			M10		M7.5		M5.0		M2.5			
			数量	合价	数量	合价	数量	合价	数量	合价		
32.5级水泥	kg	0.21	260	54.6	240	50.4	220	46.2	210	44.1		
中砂	kg	0.0384	1515	58.18	155	58.18	1515	58.18	1515	58.18		
水	m³	0.47	0.3	0.14	0.3	0.14	0.3	0.14	0.3	0.14		
总价	元			112.92		108.72		104.52		102.42		

注：1. 根据《全国统一市政工程预算定额》(1999)总说明及各册、章说明，依据依据上海市市政工程预算定额修编大纲，结合上海市情况编制补充定额部分，请参阅表1-27“《全国统一市政工程预算定额》(1999)关于各省、自治区、直辖市编制补充定额部分等项目”中“混凝土、沥青混凝土、砌筑砂浆、抹灰砂浆及各种胶泥等均按半成品消耗量以体积(m^3)表示，各省、自治区、直辖市可按当地配合比情况确定材料用量”的释义；

2. 选自上海市建设工程定额管理总站.《上海市建设工程普通混凝土、砂浆强度等级配合比表》(修订本). 上海. 2001。

混凝土施工配合比及每盘灰的材料用量

1. 混凝土施工配合比的计算

若混凝土实验室配合比为：水泥：砂：石子＝1：X：Y，水灰比 $W/C=A$。则混凝土施工配合比为：

$$水泥：砂：石子=1：X(1+W_x)：Y(1+W_y)$$

式中 W_x——砂子的含水率；

W_y——石子的含水率。

2. 每盘混凝土的材料用量计算

水泥：$L\times C$

砂：$L\times C\times X(1+W_x)$

石子：$L\times C\times Y(1+W_y)$

水：$L\times C\times(A-W_x-W_y)$

式中 L——搅拌机出料容积(m^3)；

C——每立方米混凝土中水泥材料用量(kg)。

钢钎维混凝土配合比 表7-52

材料名称	计量单位	数量
钢钎维(销铣)HAREX	kg	40
减水剂(SH-Ⅱ液体高速)	kg	6.12
32.5号	kg	350

续表

材料名称	计量单位	数量
黄砂(中粗)	kg	760
5～15 碎石	kg	285
15～25 碎石	kg	856
水	kg	154

注：1. 根据《全国统一市政工程预算定额》总说明及各册、章说明，依据依据上海市市政工程预算定额修编大纲，结合上海市情况编制补充定额部分，参见表 1-27“《全国统一市政工程预算定额》关于各省、自治区、直辖市编制补充定额部分等项目”中“混凝土、沥青混凝土、砌筑砂浆、抹灰砂浆及各种胶泥等均按半成品消耗量以体积(m^3)表示，各省、自治区、直辖市可按当地配合比情况确定材料用量”的释义；
2. 选自《上海市市政设施养护维修定额》(2000)。

7.3.2　砂浆强度等级配合比表

砂浆的种类及其成分　　　**表 7-53**

项次	种类	成分
1	水泥砂浆	1. 它是由水泥与砂加水拌合而成，不加掺合料，故也称纯水泥砂浆。具有硬化快、强度高、耐久性好，但和易性差的特点，适用于水中及潮湿环境中的砌体 2. 还由于它的耐磨性好，适用于做地面工程
2	水泥混合砂浆	1. 它是掺入塑性掺合料的水泥砂浆。如掺入石灰或黏土就是广为应的水泥石灰砂浆和水泥黏土砂浆 2. 这类水泥混合砂浆的和易性好，便于施工，容易保证

注：1. 砂浆又称“灰浆”。由胶结材料和细集料按适当比例混合拌匀而成的一种胶结材料或抹面材料；
2. 砂浆的作用是将块材按一定的砌簿方法粘结成整体而共同工作。同时，因在铺砌时填满块材的间隙，使砌体受力均匀，并可提高砌体的保温性能、防水性能和防冻性能等。

砌筑砂浆配合比(m^3)　　　**表 7-54**

编号		87 修	88 修	89 修	90 修	91 修	92 修	93 修	94 修
项目	单位	混合砂浆				水泥砂浆			
		混凝土强度等级				混凝土强度等级			
		M10	M7.5	M5.0	M2.5	M10	M7.5	M5.0	M2.5
		数量	数量	数量	数量	数量	数量	数量	数量
32.5 级水泥	kg	274	244	214	185	260	240	220	210
中砂	kg	1515	1515	1515	1515	1515	1515	1515	1515
石灰膏		0.02	0.04	0.07	0.09				
水	m^3	0.3	0.3	0.3	0.3	0.3	0.3	0.3	0.3

注：1. 根据《全国统一市政工程预算定额》总说明及各册、章说明，依据依据上海市市政工程预算定额修编大纲，结合上海市情况编制补充定额部分，参见表 1-27“《全国统一市政工程预算定额》关于各省、自治区、直辖市编制补充定额部分等项目”中“混凝土、沥青混凝土、砌筑砂浆、抹灰砂浆及各种胶泥等均按半成品消耗量以体积(m^3)表示，各省、自治区、直辖市可按当地配合比情况确定材料用量”的释义；
2. 选自上海市建设工程定额管理总站.《上海市建设工程普通混凝土、砂浆强度等级配合比表》(修订本). 上海 . 2001。

7.4　道路工程

无纺土工织物品种规格　　　**表 7-55**

品种	等级	规格(g/m^2)				项目
		U350	U450	U550	U650	
针刺土工织物	一等品	3.0±0.5	3.5±0.5	4.0±0.5	4.5±0.5	厚度(2kPa 压力下)(mm)
	合格品	3.0±0.8	3.5±0.8	4.0±0.8	4.5±0.8	

续表

品　种	等　级	规格(g/m^2)				项　目
PVC复合土工织物		U500+350	U500+450	U500+550	U500+650	厚度(2kPa压力下)(mm)
	一等品	3.5±0.5	4.0±0.5	4.5±0.5	5.0±0.5	
	合格品	3.5±0.8	4.0±0.8	4.5±0.8	5.0±0.8	
PP编织复合土工织物		U100+350	U100+450	U100+550	U100+650	
	一等品	3.0±0.5	3.5±0.5	4.0±0.5	4.5±0.5	
	合格品	3.0±0.8	3.5±0.8	4.0±0.8	4.5±0.8	

注：1. U—表示土工织物，PVC—聚氯乙烯，PP—聚丙烯；

2. U后的500及100分别为PVC及PP复合土工织物的g/m^2值，“+”号后的数字分别为各该型的针刺土工织物的g/m^2值；

3. 无纺土工织物每30～50m为一卷。

机织土工布产品型号和参数　　表7-56

产品型号		CEF-2000	CEF-2002	CEF-2006	CEF-2044
项　目	单位	平均值	平均值	平均值	平均值
经纬密	根/吋^2	24×12	16×14	12×12.5	24×21
单位面积质量	g/m^2	120	150	210	450
厚度(2kPa)	mm	0.48	0.53	0.68	1.38
幅　宽	m	4.33～5.50			
每卷面积	m^2	850	700	500	250
每卷质量	kg	102	105	105	112

沥青混合料类型　　表7-57

结构层次	高速公路、一级公路、城市快速路、主干路		其他等级公路		一般城市道路及其他道路工程	
	三层式沥青混凝土路面	两层式沥青混凝土路面	沥青混凝土路面	沥青碎石路面	沥青混凝土路面	沥青碎石路面
上面层	AC-13 AC-16 AC-20	AC-13 AC-16	AC-13 AC-16	AC-13 —	AC-5 AC-10 AC-13	AM-5 AM-10
中面层	AC-20 AC-25	— —	— —	— —	— —	— —
下面层	AC-25 AC-30	AC-20 AC-25 AC-30	AC-20 AC-25 AC-30 AM-25 AM-30	AM-25 AM-30	AC-20 AM-25 AM-25 AM-30	AC-25 AM-30 AM-40

注：当铺筑抗滑表层时，可采用AK-13或AK-16型热拌沥青混合料，也可在AC-10(LH-15)型细粒式沥青混凝土上嵌压沥青预拌单粒径碎石S-10铺筑而成。

热拌沥青混合料种类　　表7-58

混合料类别	方孔筛系列			对应的圆孔筛系列		
	沥青混凝土	沥青碎石	最大集料粒径(mm)	沥青混凝土	沥青碎石	最大集料粒径(mm)
特粗式	—	AM-40	37.5	—	LS-50	50
粗粒式	AC-30	AM-30	31.5	LH-40或LH-35	LS-40	40
					LS-35	35
	AC-25	AM-25	26.5	LH-30	LS-30	30

续表

混合料类别	方孔筛系列			对应的圆孔筛系列		
	沥青混凝土	沥青碎石	最大集料粒径(mm)	沥青混凝土	沥青碎石	最大集料粒径(mm)
中粒式	AC-20	AM-20	19.0	LH-25	LS-25	25
	AC-16	AM-16	16.0	LH-20	LS-20	20
细粒式	AC-13	AM-13	13.2	LH-15	LS-15	15
	AC-10	AM-10	9.5	LH-10	LS-10	10
砂粒式	AC-5	AM-5	4.8	LH-5	LS-5	5
抗滑表层	AK-13	—	13.2	LK-15	—	15
	AK-16	—	16.0	LK-20	—	20

沥青混凝土配合比　　表 7-59

材料名称		石油沥青	煤	砂	矿粉	石屑	碎石		
							1.5cm	2.5cm	3.5cm
		t	t	m^3	t	m^3	m^3	m^3	m^3
粗粒式沥青混凝土(AC-30)		12.438		35.8	9.991	41.21	24.73	32.97	24.73
中粒式沥青混凝土(AC-20)		14.914		47.03	17.255	48.74			
细粒式沥青混凝土	AC-13	16.615		61.42	19.488	20.87	67.45	56.86	
	AC-10	17.621		61.17	19.406	87.94			
砂粒式沥青混凝土(AC-5)		20.138		145.53	26.381				
细粒式沥青混凝土(防滑层)(AK-13-0)									
改性沥青混凝土									

沥青混凝土路面配合比(单位：m^3)　　表 7-60

项次	材料名称	规格	矿料配合比(%)					沥青用量(%)外加	单位重/(t/m^3)
			碎石			粗砂	矿粉		
			10～30mm	5～20mm	2～10mm				
1	粗粒式沥青碎石	LS-30	58	—	25	17	—	3.2±5	2.28
2	粗粒式沥青混凝土	LH-30	35	—	24	36	5	4.2±5	2.36
3	中粒式沥青混凝土	LH-20	—	38	29	28	5	4.3±5	2.35
4	细粒式沥青混凝土	LH-10	—	—	48	44	8	5.1±5	2.30

注：选自《全国统一市政工程预算定额》(1999)。

沥青混合料配合比(单位：m^3)　　表 7-61

材料名称	石油沥青	石子	砂子	滑石粉
	kg	kg	kg	kg
沥青混凝土	152.000	876.000	878.000	381.000

注：选自《北京市建设工程预算定额》第一册　建筑工程. 北京市建设委员会. 2001 年。

沥青混凝土原、现级配调整表　　表 7-62

项次	材料名称	原级配编号	现级配编号
1	粗粒式沥青混凝土	LH-38	AC-30
2	中粒式沥青混凝土	LH-25	AC-20

续表

项次	材料名称	原级配编号	现级配编号
3	细粒式沥青混凝土	LH-15	AC-13
4	砂粒式沥青混凝土	LH-06	AC-5
5	细粒式沥青混凝土(防滑层)		AK-13-0

注：选自《上海市市政工程预算定额(2000)》工程量计算规则暨总、册说明。

沥青混凝土面层工程定额用量(配合比)(单位：100m²) **表 7-63**

项次	定额章节名称 S2-3-：	操作分类		厚度 (cm)	粗粒式沥青碎石	沥青混凝土					乳化沥青	重质柴油	水
						粗粒式	中粒式	细粒式	砂粒式	抗滑表层			
					(AM-30)	(AC-30)	(AC-20)	(AC-13)	(AC-5)	(AK-13-0)			
					t	t	t	t	t	t	kg	kg	m³
1	3. 沥青碎石面层	摊铺	人工	厚度 6cm	14.0760	—	—	—	—	—	4.1200	0.9450	0.1249
2				每增减 1cm	2.3460	—	—	—	—	—	—	0.1575	0.0126
3			机械	厚度 6cm	14.0760	—	—	—	—	—	4.1200	0.9450	0.1249
4				每增减 1cm	2.3460	—	—	—	—	—	—	0.1575	0.0126
5	4. 沥青透层				—	—	—	—	—	—	154.5000	—	—
6	5. 沥青混凝土封层				—	—	—	—	2.3345	—	30.9000	0.1575	0.0126
7	6. 沥青混凝土面层	人工摊铺	粗粒式	厚度 8cm	—	19.2038	—	—	—	—	4.1200	1.2600	0.1375
8				每增减 1cm	—	2.4005	—	—	—	—	—	0.1575	0.0126
9			中粒式	厚度 4cm	—	—	9.5410	—	—	—	30.9000	0.6300	0.0876
10				每增减 1cm	—	—	2.3852	—	—	—	—	0.1575	0.0126
11			细粒式	厚度 2.5cm	—	—	—	5.8362	—	—	30.9000	0.3937	0.0876
12				每增减 0.5cm	—	—	—	1.1672	—	—	—	0.0840	0.0126
13			砂粒式	厚度 2cm	—	—	—	—	4.6690	—	30.9000	0.3150	0.0876
14				每增减 0.5cm	—	—	—	—	1.1672	—	—	0.0787	0.0126
15		机械摊铺	粗粒式	厚度 8cm	—	19.2038	—	—	—	—	4.1200	1.2600	0.1375
16				每增减 1cm	—	2.4005	—	—	—	—	—	0.1575	0.0126
17			中粒式	厚度 4cm	—	—	9.5411	—	—	—	30.9000	0.6300	0.0876
18				每增减 1cm	—	—	2.3852	—	—	—	—	0.1575	0.0126
19			细粒式	厚度 2.5cm	—	—	—	5.8362	—	—	30.9000	0.3937	0.0876
20				每增减 0.5cm	—	—	—	1.1672	—	—	—	0.0840	0.0126
21			砂粒式	厚度 2cm	—	—	—	—	4.6690	—	30.9000	0.3150	0.0876
22				每增减 0.5cm	—	—	—	—	1.1672	—	—	0.0787	0.0126
23			抗滑层	厚度 4cm	—	—	—	—	—	9.4801	30.9000	0.6300	8.6400
24				每增减 1cm	—	—	—	—	—	2.3700	—	0.1575	0.0126

注：1. 摘自《上海市市政工程预算定额》(2000)第二册道路工程第三章 S2-3-：子目 6～29；

2. 根据《全国统一市政工程预算定额》(1999)总说明及各册、章说明、依据上海市市政工程预算定额修编大纲，结合上海市情况编制补充定额部分，参见表 1-27“《全国统一市政工程预算定额》关于各省、自治区、直辖市编制补充定额部分等项目”中“混凝土、沥青混凝土、砌筑砂浆、抹灰砂浆及各种胶泥等均按半成品消耗量以体积(m³)表示，各省、自治区、直辖市可按当地配合比情况确定材料用量”的释义。

绝缘电线电缆类塑料绝缘电缆(电线)　　表 7-64

型号	名　称	用　途	额定电压(V)	芯数	导体标称截面(mm^2)	芯数×标称截面(mm^2)	导电线芯 根数/单线标称直径(mm)	电线参考质量(kg/km)
RVV	铜芯聚氯乙烯绝缘聚氯乙烯护套圆型连接软电缆	家用电器，小型电动工具，仪器仪表及动力照明用	300/500	2，3，4，5		4×1	32/0.20	97.2
BV	铜芯聚氯乙烯绝缘电线	固定敷设用，其一中：BVR用于要求柔软的场合	300/500	1	0.75		1/0.97	12.2

注：分项工程“管内穿线”内型号。

地聚合物注浆混合料配合比　　表 7-65

注浆加固部位	地聚合物注浆材料类型	重量配合比(地聚合物注浆料：细集料：水)
路基	路基加固用	1：(0～0.50)：(0.50～0.60)
路面基层	基层加固用(快凝早强型)	1：(1.50～2.50)：(0.50～0.60)
	基层加固用(普通型)	1：(1.50～2.50)：(0.50～0.60)

注：1. 选自上海市市政工程管理局专业标准 SZ—G—B04—2007《公路路基与基层地聚合物注浆加固技术规程》；
2. 上海科联建筑特种混凝土工程有限公司研发的“地聚合物注浆混合料”，并已申报国家发明专利，申请专利号 200510110126.5。

WK-G1 省资源环保型粉状土壤固化剂适应范围　　表 7-66

项次	工 程 类 型	适 应 范 围
1	软弱地盘改良工程	• 沼地地盘改良工程 • 损坏道路、堤坝斜面的安定处理 • 超软弱土(污水沉淀物等)表面固化 • 软弱地盘、软弱路床改良工程
2	铺装工程	• 道路的上层、下层改良工程 • 城市马路、山道、行人道等的简易铺装工程 • 临时道路铺设工程 • 网球场及各种竞赛场地的建设 • 停车场、学校、公园等场地的建设 • 住宅区内的道路建设
3	海底地盘工程	• 海底地盘改良工程(深层混合工程) • 疏浚、港湾埋立工程 • 防止地盘下沉工程 • 护岸基础工程
4	基础工程	• 岸、堤的安定处理 • 工场、仓库、水库等工程 • 铁塔、电柱、管道的基础工程 • 各种打桩工程的侧壁加固

注：1. 对固化类混合料用土，应取有代表性的试样，并应进行下列试验：颗粒分析、液限和塑性指数、有机质含量、含水率、pH 值、压碎值试验(需要时做)；
2. 普通硅酸盐水泥、矿渣硅酸盐水泥、火山灰质硅酸盐水泥，均可用于固化路面基层和底基层。但水泥强度等级不得低于 42.5，且应选用终凝时间能满足施工要求的水泥；不宜使用快硬水泥、早强水泥；
3. 水泥的掺量根据固化类混合料用土试样，试验数据管理由设计而定；
4. 上海定基新材料科技有限公司引进国外先进技术、研发符合中国国情的“WK-G1 省资源环保型粉状土壤固化剂”，并已申报国家发明专利，申请专利号 200910053184.7。

WK-G1 省资源环保型粉状土壤固化剂标准混合比例及基层和底基层见下列续表。

		标准混合比例(配合比) 计量单位：素土 m^3	路面基层和底基层 计量单位：m^3
素土(即固化土基料)	m^3	(1)	(0.7)
水泥(P.042.5)	kg	100～150	166.66

续表

		标准混合比例(配合比) 计量单位：素土 m³	路面基层和底基层 计量单位：m³
中砂(黄砂)	kg		136
5～40 碎石	kg		276
WK-G1 省资源环保型粉状土壤固化剂	kg	1.5	1.5
水	m³	0.0833	0.0833

注：1. 固化类混合料的强度标准(MPa)，请参阅中华人民共和国城镇建设行业标准《土壤固化剂》CJ/T 3073—1998，表 1“固化土抗压标准表(MPa)”暨中华人民共和国行业标准《固化类路面基层和底基层技术规程》CJJ/T 80—98，表 3.3.3“固化类混合料的强度标准(MPa)”；

2. 密度：黄砂—1.36t/m³、5～40 碎石—1.38t/m³、水—1000 升(L)/m³；

3. 固化类路面基层和底基层结构具有半刚性的特性，其厚度不宜小于 15cm；

4. 水泥的掺量根据固化类混合料用土试样，试验数据管理由设计而定；

5. 固化类混合料的配合比设计，应符合注：1 国家行业标准的强度要求。

7.5 桥涵护岸工程

常用钢管桩规格　　表 7-67

项次	钢管桩尺寸 外径 (mm)	厚度 (mm)	内径 (mm)	重量 (kg/t)	重量 (m/t)	断面积 (cm²)	面积 外包面积 (cm²)	外表面积 (cm²/m)
1	406.5	9	388.4	88.2	11.34	112.4	0.130	1.28
2								
3		12	382.4	117	148.7			
4	508	9	490	111	9.01	141	0.203	1.60
5		12	484	147	6.8	187.0		
6		14	480	171	5.85	217.3		
7	609.6	9	591.6	133	7.52	169.8	0.292	1.92
8		12	585.6	177	5.65	225.3		
9		14	581.6	206	4.85	262.0		
10		16	577.6	234	4.27	298.4		
11	711.2	9	693.2	156	6.41	198.5	0.397	2.23
12		12	687.2	207	4.83	263.6		
13		14	683.2	241	4.15	306.6		
14		16	679.2	274	3.65	349.4		
15	812.8	9	794.8	178	5.62	227.3	0.519	2.55
16		12	788.8	237	4.22	301.9		
17		14	784.8	276	3.62	351.3		
18		16	780.8	314	3.18	400.5		
19	914.4	12	890.4	267	3.75	340.2	0.567	2.87
20		14	886.4	311	3.22	396.0		
21		16	882.4	351	2.85	451.6		
22		19	876.4	420	2.38	534.5		
23	1016	12	992	297	3.37	378.5	0.811	3.19
24		14	998	346	2.89	440.7		
25		16	984	395	2.53	502.7		
26		19	978	467	2.14	595.4		

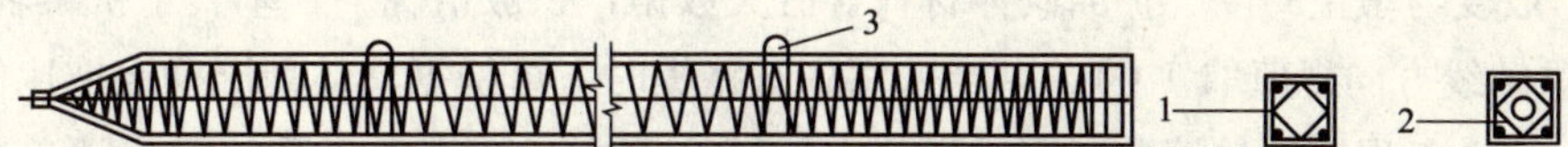

图 7-5　预制钢筋混凝土方桩

1—实心方桩；2—空心方桩；3—吊环

预制钢筋混凝土方桩体积表　　　**表 7-68**

桩截面（mm）	桩尖长（mm）	桩全长（m）	混凝土体积（m^3）①	混凝土体积（m^3）②
250×250	400	2.50	0.140	0.156
		3.00	0.171	0.188
		3.50	0.202	0.129
		4.00	0.233	0.250
		5.00	0.296	0.312
		6.00	0.358	0.375
		每增减轻 0.50	0.031	0.031
300×300	400	2.50	0.201	0.225
		3.00	0.246	0.270
		3.50	0.291	0.315
		4.00	0.336	0.360
		5.00	0.426	0.450
		6.00	0.516	0.540
		每增减轻 0.50	0.045	0.045
320×320	400	2.50	0.229	0.356
		3.00	0.280	0.307
		3.50	0.331	0.358
		4.00	0.382	0.410

桩截面（mm）	桩尖长（mm）	桩全长（m）	混凝土体积（m^3）①	混凝土体积（m^3）②
320×320	400	5.00	0.484	0.512
		6.00	0.587	0.614
		每增减轻 0.50	0.051	0.051
350×350	400	2.50	0.273	0.306
		3.00	0.335	0.368
		3.50	0.396	0.429
		4.00	0.457	0.490
		5.00	0.580	0.613
		6.00	0.702	0.735
		每增减轻 0.50	0.060	0.063
400×400	400	3.00	0.437	0.480
		3.50	0.517	0.560
		4.00	0.597	0.640
		5.00	0.757	0.800
		6.00	0.917	0.960
		每增减轻 0.50	0.087	0.080

注：1. 混凝土体积栏中：①列栏理论计算体积，②列栏为按工程量计算体积；

2. 桩长包括桩尖长度混凝土体积理论计算公式：

$$V=(L\times A)+1/3A\times H \tag{7-4}$$

式中 L——桩长(不包括桩尖长)(m)；

A——桩截面面积(m^2)；

H——桩尖长度(m)。

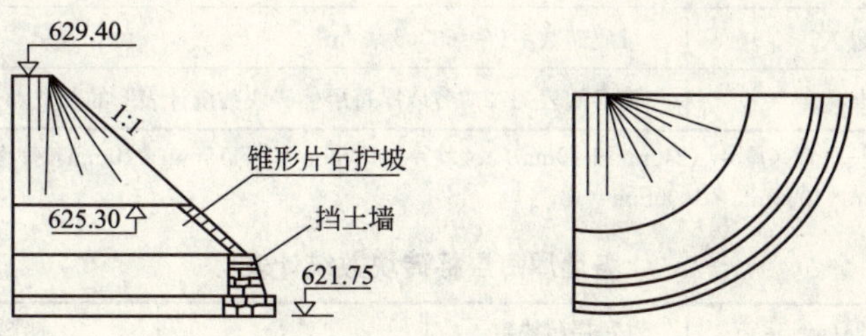

图 7-6　桥台护坡的重合断面图

锥形护坡(简称锥坡)是桥梁中附属结构。主要作用是防止桥台后路堤土向河中坍落，并抵御水流对桥台的冲击。

锥坡主要由夯实土体组成，表面用浆砌或干砌片石护面，在夯实的土体积和砌体之间设砂砾垫层。

锥坡形式、坡度与填土高度、护面砌体材料等有关数据，一般情况下，垂直于桥梁轴线方向坡度的值取 1∶1.5，顺轴线方向视值取 1∶1.0，当采用砌石路堤时，可根据具体情况确定坡比值。

请参阅本《市政工程工程量清单工程系列丛书》姊妹篇之三《市政工程工程量清单常用数据手册》图 2-37、图 2-38 “锥坡坡度与填土高度、护面砌体材料等锥形护坡示意图、斜交锥坡示意图”；单个锥坡其体积中“片石砌体体积”、“砂砾垫层体积”、“锥心填土体积”、“锥基体积体积”、“勾缝面积”、“椭圆周长系数表”计算公式(2-33)～公式(2-37)及表 2-111 “椭圆周长系数表”；锥坡体积计算(锥坡体积及正锥坡)表 2-112 “锥坡体积计算参数表”、表 2-113 “正锥坡工程量数量表”。

砖砌体用砖及砂浆数量

定额中的混凝土及砂浆均采用强度等级表示，混凝土采用“C”表示，砂浆用“M”表示。如定额中强度等级与设计强度等级不同时，可按设计强度等级进行换算。砂浆配合比详见表 7-54 “砌筑砂浆配合比”的释义。

砖砌体甄选表　　表 7-69

项目名称	隧道工程	开槽埋管		排水构筑物	
	砖封预留孔洞	砖砌窨井	砖墙凿洞	泵站下边结构砖封预留孔洞	其他
砖砌体	√	√	√	√	√

注：砌筑砂浆配合比选自“上海市建设工程定额管理总站.《上海市建设工程普通混凝土、砂浆强度等级配合比表》(修订本). 上海. 2001.”，请参阅表 7-54 “砌筑砂浆配合比”释义。

标准砖、八五砖砖规格　　表 7-70

项次	分类名称	规格尺寸(厘米)	每块体积(立方米)	一砖墙	
				考虑二面灰缝(包括灰缝体积)	砂浆
1	标准砖(长×宽×高)	24×11.5×5.3	0.0014628	0.00189m³	0.0004272m³
2	八五砖(长×宽×高)	22×10.5×4.3	0.0009933	0.0013409m³	0.0003476m³

注：引用图 4-23 “砖墙平面简图”及“砌砖计算”等，此工作以列表计算较方便。

砌砖有关数据　　表 7-71

项次	项目名称	内容
1	标准砖尺寸及灰缝厚	1. 标准砖尺寸：长×宽×厚=240mm×115mm×53mm 2. 灰缝厚度：10mm
2	单位正方体的砌砖用量	1. 砖长(240mm) 4 块×(0.24m+0.01m)=1m 2. 砖宽(115mm) 8 块×(0.115m+0.01m)=1m 3. 砖厚(53mm)16 块×(0.053m+0.01m)=1.008m≈1m 4. 每立方米用砖量=4 块×8 块×16 块=512 块
3	无灰缝堆码 1m³ 砖数量	堆码砖数=1/=683.6 块/m³
4	每米长各墙厚每层标砖块数	请参阅表 7-72 “各墙厚每层标砖块数统计表”的释义

注：单位正方体的砌砖用量：长×宽×厚=[(240mm+10mm)×4 块=1000mm]×[(115mm+10mm)×8 块=1000mm]×[(53mm+10mm)×16 块=1000mm]=1000mm×1000mm×1000mm=1m³。

各墙厚每层标砖块数统计表　　表 7-72

墙长	墙厚(m)	每层砖块数	墙长	墙厚(m)	每层砖块数
1m	0.115(半砖)	4 块	1m	0.615(二砖半)	20 块
	0.240(一砖)	8 块		0.740(三砖)	24 块
	0.365(一砖半)	12 块		0.865(三砖半)	28 块
	0.490(二砖)	16 块		0.999(四砖)	32 块

注：砌体中标准块的体积=墙厚×(砖长+灰缝)×(砖厚+灰缝)=墙厚×[(240mm+10mm)×(53mm+10mm)]=墙厚×0.01575。

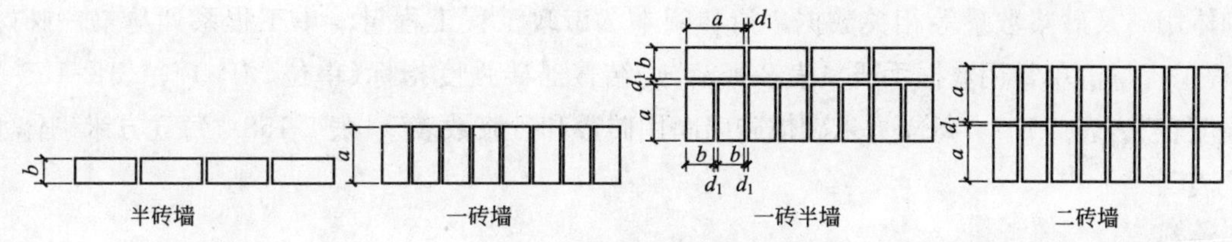

图 7-7　砖墙平面简图

a—砖长；b—砖宽；d_1—竖缝

砌砖计算：

(1) 选用标准砖：

每块砖的体积＝240mm×115mm×53mm＝0.0014628m^3

灰缝横、竖均考虑 1 厘米，(cm)。

(2) 一砖墙计算砖及砂浆：

考虑二面灰缝(包括灰缝体积)：

(240mm＋10mm)×(115mm＋5mm)×(53mm＋10mm)＝250×120×63＝0.00189m^3

砂浆：0.00189m^3－0.0014628m^3＝0.0004272m^3

砂浆：(0.0004272m^2÷0.00189m^3)×100％＝22.60％

砖：(0.0014628m^3÷0.00196875m^3)×100％＝74.40％。

(3) 一砖以上墙计算砖及砂浆：

考虑三面灰缝(包括灰缝体积)：

(210mm＋10mm)×(115mm＋10mm)×(53mm＋10mm)＝220×125×63＝0.0017325m^3

砂浆：0.00196875m^3－0.0014628m^3＝0.00050595m^3

砂浆：(0.00050595m^3÷0.00196875m^3)×100％＝25.70％

砖：(0.0014628m^3÷0.00196875m^3)×100％＝74.30％

(4) 浸砖用水量按使用砖体积的 50％计算。

砖块数净用量：

$$A=[1/墙厚(砖长+灰缝)(砖厚+灰缝)]\times K \tag{7-5}$$

式中　A——砖块数净用数量；

K——墙厚的砖数×2(墙厚的砖数指：0.5、1.0、1.5、2.0 等，请参阅表 4-207“标准砖墙计算厚度表”)；

墙厚——砖长＋灰缝；

(砖长＋灰缝)
(砖厚＋灰缝)——为定数。

砂浆净用量：

$$B=1-砖块数\times每块砖体积 \tag{7-6}$$

式中　B——砂浆用量。

各种厚度砌体砖墙每平方米净用数表　　**表 7-73**

序号	墙　厚	砖数量(块)	砂浆数量(m^3)	序号	墙　厚	砖数量(块)	砂浆数量(m^3)
1	半砖	64	0.0325	4	二砖墙	256	0.1300
2	一砖墙	128	0.0650	5	二砖半墙	320	0.1625
3	一砖半墙	192	0.0975				

注：1. 按标准黏土砖，规格 240mm×115mm×53mm，加砖缝(竖横均为 10mm)计算；

2. 按砌筑面积计算，最后确定砖块用量时可酌加 8％。

砖砌体用砖及砂浆数量等相关数据，请参阅本《市政工程工程量清单工程系列丛书》姊妹篇之三《市政工程工程量清单常用数据手册》表2-153“烧结普通砖强度指标（单位MPa）”、表2-155“标准砖墙计算厚度表”、表2-157“每立方米砌体砖墙净用砖数和砂浆数表”、表2-158“每立方米砌体水泥砂浆材料用量表”。

油漆涂料

1. 常用厚漆遮盖力计算公式

$$遮盖力(g/m^2)=\{[黑白格完全遮盖时涂漆用量\times(100-涂料中含清油重量百分比)]\div黑白格涂漆面积(cm^2)\}\times1000-37.5g \quad (7-7)$$

厚漆遮盖力 表7-74

厚漆颜色	厚漆遮盖力	厚漆颜色	厚漆遮盖力
黑色	≤40g/m²	黄色	≤180g/m²
铁红色	≤70g/m²	红色	≤200g/m²
灰、绿色	≤80g/m²	白色	≤220g/m²
蓝色	≤100g/m²	象牙色	≤220g/m²

说明：厚漆与清油以3∶1的比例调匀后进行试验的。

2. 各种油漆遮盖力（表7-75）

各类油漆遮盖力表 表7-75

产品及颜色	遮盖力(g/m²)	产品及颜色	遮盖力(g/m²)	产品及颜色	遮盖力(g/m²)
(1) 各色调合漆		红、黄色	≤160	柠檬黄色	≤120
黑色	≤40	乳白色	≤140	(6) 各色过氯乙烯	
铁红色	≤60	地板漆(棕、红)	≤50	外用磁漆	
绿色	≤80	(4) 各色醇酸磁漆		黑色	≤20
蓝色	≤100	黑色	≤40	深复色	≤40
红、黄色	≤180	灰、绿色	≤55	浅复色	≤50
白色	≤200	蓝色	≤80	正蓝、白色	≤60
(2) 各色酯胶漆		白色	≤110	红色	≤80
黑色	≤40	红、黄色	≤140	黄色	≤90
铁红色	≤60	(5) 各种硝基外用		深蓝、紫红色	≤100
蓝、绿色	≤80	磁漆		柠檬、黄色	≤120
红、黄色	≤160	黑色	≤20	(7) 聚氨酯磁漆	≤140
灰色	≤100	铝色	≤30	红色	
(3) 各色酚醛磁漆		深复色	≤40	白色	≤140
黑色	≤40	浅复色	≤50	黄色	≤150
铁红、草绿色	≤60	正蓝、白色	≤60	黑色	≤40
绿灰色	≤70	黄色	≤70	蓝色、绿色	≤80
蓝色	≤80	红色	≤80	军黄、军绿色	≤110
浅灰色	≤100	紫红、深蓝色	≤100		

查表说明：

【例】 用黄色厚漆涂刷200m²一遍，需多少油漆？

【解】 查表7-75“各类油漆遮盖力表”，黄色厚漆遮盖力为180g/m²，所以：

$$黄色厚漆用量=200m^2\times180g/m^2\times(1/1000)=36kg$$

3. 油漆用量计算

计算油漆用量，首先计算涂刷面积，再从油漆产品技术条件中查该油漆每平方米用量(g/m^2)，两者相乘再除以 1000，即得这种油漆每 $1m^2$ 刷一遍的用量(kg)。 (7-8)

以 100%固体含量计，每千克涂料所涂面积与厚度关系(表 7.4.15“涂层厚度与涂刷面积的关系”)。

涂层厚度与涂刷面积的关系 表 7-76

涂层厚度(μm)	100	50	33.3	25	20	16.7	14.3	12.5	11.1	10
涂层面积(m^2)	10	20	30	40	50	60	70	80	90	100

查表说明：

涂层厚度(μm)＝[所耗漆量(kg)×固体含量(%)]÷[固体含量密度×涂刷面积(m^2)]×1000 (7-9)

或将涂料固体含量(不挥发部分)所占容积的百分数与涂料涂刷面积的厚度之乘积即得总厚度。

【例题 7-2】 涂刷面积 $40m^2$，固体含量所占容积 52%，当固体含量为 100%时，其涂层厚度可从上表“涂层厚度与涂刷面积的关系”查出为 25μm，求涂层厚度？

【解题分析 7-2】 涂层厚＝52%×25μm＝13μm

常用色漆颜色的调配 表 7-77

颜色	配比(质量比)
奶白色	98 份白漆，2 份黄漆
奶黄	96.5 份白漆，3.5 份黄漆，微量红漆
桔黄	18 份黄漆，80 份铁红漆，2 份黑漆
灰色	93.5 份白漆，6.5 份黑漆
蓝灰色	90 份白漆，7.5 份黑漆，2.5 份蓝漆
绿色	55 份蓝漆，45 份黄漆
苹果绿色	94.6 份白漆，3.6 份绿漆，1.8 份黄漆
豆绿色	75 份白漆，15 份黄漆，10 份蓝漆
墨绿色	56 份蓝漆，37 份黄漆，7 份黑漆
天蓝色	95 份白漆，4.5 份蓝漆，0.5 份黄漆
海蓝色	75 份白漆，21.5 份蓝漆，3 份黄漆，0.5 份黑漆
深蓝色	13 份白漆，85 份蓝漆，2 份黑漆
紫红色	85 份红漆，14.5 份黑漆，0.5 份蓝漆
粉红色	96.5 份白漆，3.5 份红漆
肉红色	92.7 份白漆，3.5 份红漆，3.5 份黄漆，0.3 份蓝漆
棕色	62 份红漆，30 份黄漆，8 份黑漆
奶油色	95 份白漆，5 份黄漆
象牙色	99 份白漆，1 份黄漆

常用腻子配方 表 7-78

腻子名称	配合比形式	配合比例及调制	用途
石膏腻子	体积比	1. 石膏粉：熟桐油：松香水：水＝16：5：1：(4～6)，另加少量催干剂。调制时，先将熟桐油、松香水、催干剂拌匀，再加石膏粉，并加水调制 2. 石膏粉：白厚漆：熟桐油：松香水(或汽油)＝3：2：1：0.6(或 0.7) 3. 石膏粉：干性油：水＝8：5：(4～6)室外及干燥环境应适量加入煤油	金属、木材及刷过油的墙面
	质量比	石膏粉：熟桐油：水＝20：7：50	木材表面
清漆腻子	质量比	1. 大白粉：水：硫酸钡：钙脂清漆：颜料＝51.2：2.5：5.8：23：17.5 2. 石膏：清油：厚漆：松香水＝50：15：25：10，适量加入水 3. 石膏：油性清漆：颜料：松香水：水＝75：6：4：14：1	木材表面刷清漆
油粉腻子	质量比	大白粉：松香水：熟桐油＝24：16：2	木材表面刷清漆
水粉腻子	质量比	大白粉：骨胶：土黄(或其他颜料)：水＝14：1：1：18	木材表面刷清漆

续表

腻子名称	配合比形式	配合比例及调制	用　途
油胶腻子	质量比	大白粉：动物胶水(6%)：红土子：熟桐油：颜料＝55：26：10：6：3	木材表面油漆
虫胶腻子	质量比	虫胶清漆：大白粉：颜料＝24：75：1 虫胶清漆浓度为15%～20%	木器油漆
金属面腻子	体积比	氯化锌：炭黑：大白粉：滑石粉：油性腻子涂料：酚醛涂料：甲苯＝5：0.1：70：7.9：6：6：5	金属表面油漆
	质量比	石膏粉：熟桐油：油性腻子(或醇酸腻子)：底漆：水＝20：5：10：7：45	
喷漆腻子	体积比	石膏粉：白厚漆：熟桐油：松香水＝3：1.5：1：0.6，加适量水和催干剂(为白厚漆和熟桐油总重量的1%～2.5%)	物面喷漆
聚醋酸乙烯乳液腻子	质量比	聚醋酸乙烯乳液：清石粉(或大白粉)：2%羧甲基纤维素溶液＝1：5：3.5	混凝土表面或抹灰面
大白腻子及大白水泥腻子	体积比	1. 大白粉：滑石粉：聚醋酸乙烯乳液：羧甲基纤维素溶液(2%)：水＝100：100：(5～10)：适量：适量 2. 大白粉：滑石粉：水泥：108胶＝100：100：50：(20～30)，适量加入羧甲基纤维素溶液(2%)和水	混凝土表面及抹灰面，常用于内墙
	体积比	大白粉：滑石粉：聚醋酸乙烯乳液＝7：3：2，适量加入2%羧甲基纤维素溶液	混凝土表面及抹灰面，常用于外墙
内墙涂料腻子	体积比	大白粉：滑石粉：内墙涂料＝2：2：10	内墙涂料
水泥腻子	质量比	1. 水泥：108胶＝100：(15～20)，适量加入水和羧甲基纤维素 2. 聚醋酸乙烯乳液：水泥：水＝1：5：1 3. 水泥：108胶：细砂＝1：0.2：2.5，加入适量水	外墙、内墙、地面、厨房、厕所墙面涂料

7.6　市政管网工程开槽埋管工程

项次	项目名称	请参阅本《市政工程工程量清单工程系列丛书》姊妹篇	
		之一《市政工程工程量清单编制及应用实务》	之三《市政工程工程量清单常用数据手册》
1	混凝土沟管基座设计图	图3-26“开槽埋管单位工程平面图”	
2			图2-40“135、180承插、企口管混凝土沟管基座设计图”
3		图3-31～3-35“开槽埋管单位工程1-1～3剖面图”、“开槽埋管单位工程1-1及橡胶圈断面图”、“开槽埋管单位工程”、“承插式钢筋混凝土管1～2”	
4	下水道基座宽度、高度		表2-137～表2-138“下水道基座宽度表(混凝土、钢筋混凝土、PVC-U、玻璃钢夹砂管)”及“下水道基座高度表(80版、92版)”
5	承插式钢筋混凝土管管道管枕、垫板		表2-139“承插式钢筋混凝土管管枕、垫板尺寸”及图2-41～图2-43“承插式钢筋混凝土管管道管枕一1～2和垫板”
6	混凝土基础砌筑直线窨井工程量		表2-145～表2-150“混凝土基础砌筑直线窨井工程量计算表”、“Ⅰ型钢筋混凝土盖板体积、钢筋用量、重量表”、“1000×1000～1000×1550砖砌窨井”、“1000×1000～1100×3650砖砌窨井”、“Ⅱ型钢筋混凝土盖板体积、钢筋用量、重量表”、“1000×1000～1000×1550砖砌窨井工程量数量”
7	沟管出口护坡数量		表2-151～表2-152“沟管出口护坡数量表”及“沟管出口护坡”

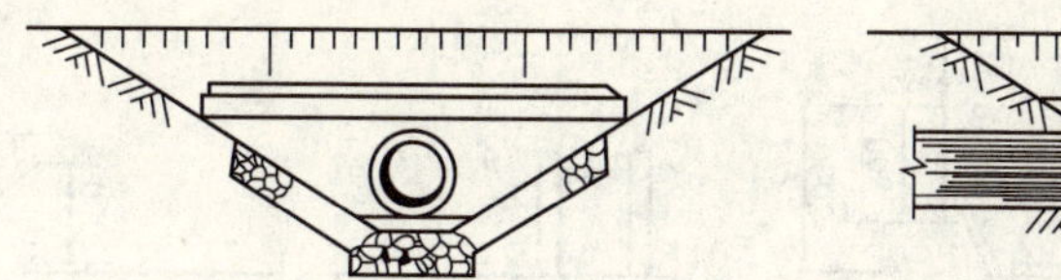

图 7-8　一字式出水口

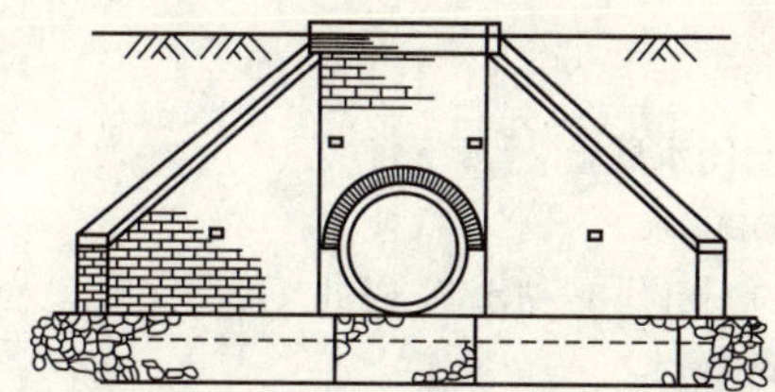

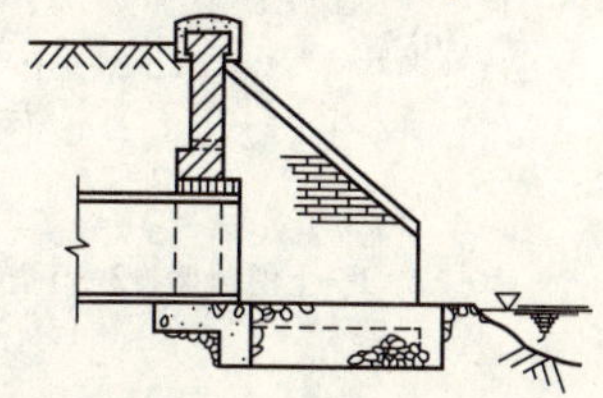

图 7-9　八字式出水口

排水管道的接口形式　**表 7-79**

项次	接口形式	接　口　方　法	图　示
1	柔性接口	柔性接口允许管道纵向轴线交错 3～5mm 或交错一个较小的角度，而不致引起渗漏。柔性接口一般用在地基软硬不一，沿管道轴向沉陷不均匀的无压管道上。柔性接口施工复杂，造价较高，在地震区采用有它独特的优越性	(*a*)、(*b*)
2	刚性接口	刚性接口不允许管道有轴向的交错，但比柔性接口施工简单、造价较低，因此采用较广泛。刚性接口抗震性能差，用在地基比较良好，有带形基础的无压管道上。	(*c*)、(*d*)
3	半柔半刚性接口	介于上述两种接口形式之间，使用条件与柔性接口类似	(*e*)、(*f*)

注：根据接口的弹性，一般将接口分为柔性、刚性、半柔半刚性三种形式。

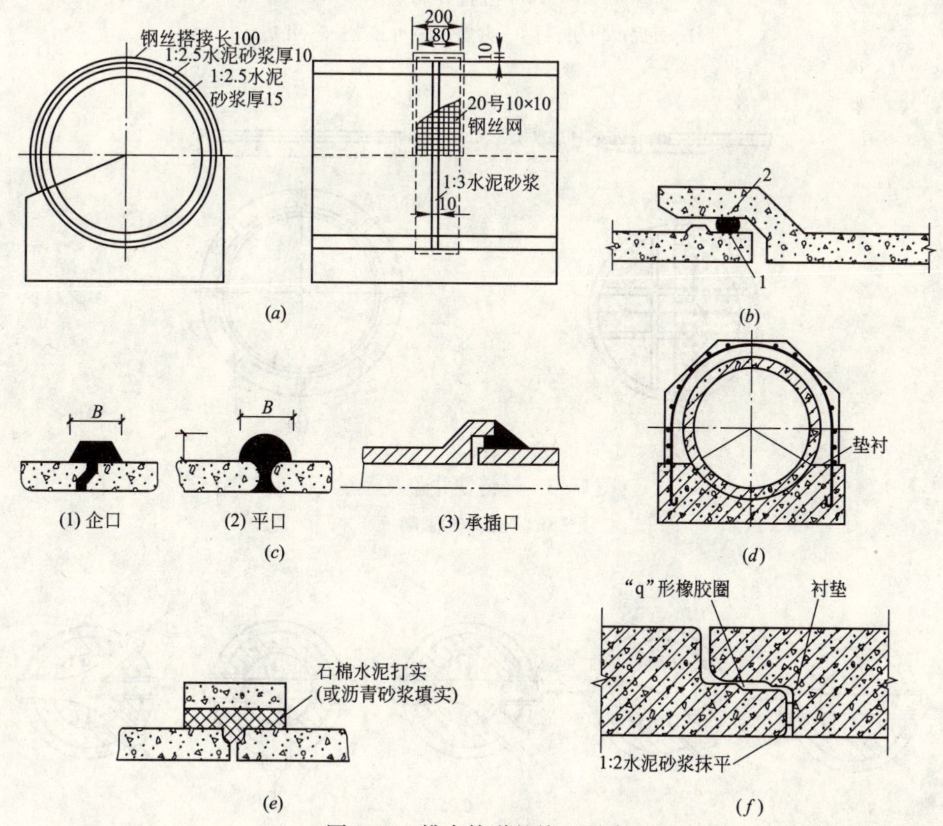

图 7-10　排水管道的接口形式

(*a*)钢丝网水泥砂浆抹带接口；(*b*)承插管橡胶圈接口；(*c*)水泥砂浆抹带接口；(*d*)现浇混凝土套环接口；(*e*)预制套环石棉水泥(沥青砂)接口；(*f*)企口管橡胶圈接口

1—橡胶圈；2—管壁

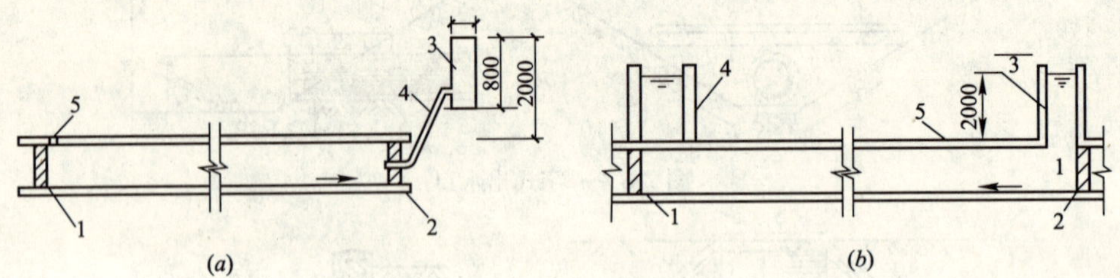

图 7-11　闭水试验

(a)磅筒磅水

1—上游封墙；2—下游封墙；3—磅筒；4—进水管；5—出气孔

(b)窨井磅水

1、2—封强；3、4—检查井；5—管道

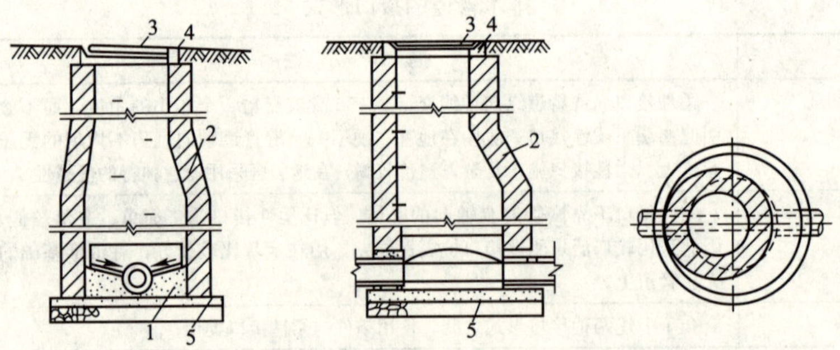

图 7-12　检查井构造图

1—井底；2—井身；3—井盖；4—井盖座；5—井基

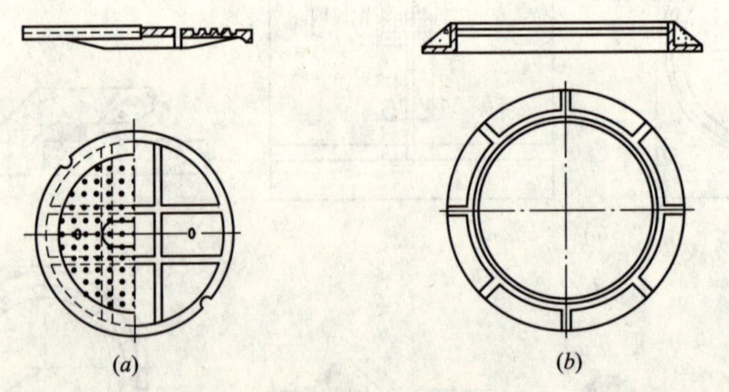

图 7-13　轻铸铁井盖及盖座

(a)井盖；(b)盖座

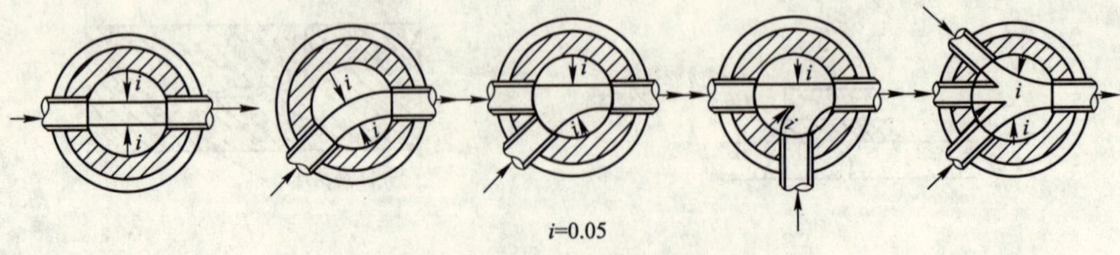

图 7-14　检查井底流槽的形式

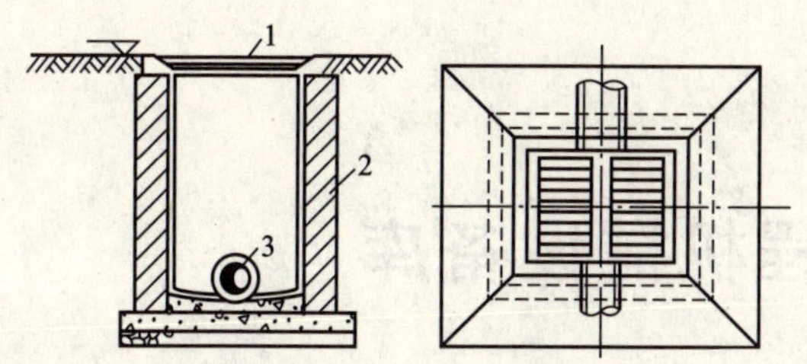

图 7-15　平箅式雨水口简图

1—进水箅；2—井筒；3—连接管

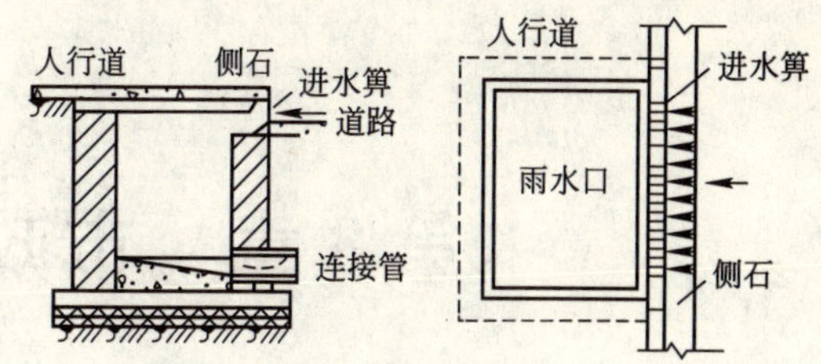

图 7-16　立箅式雨水口简图

产品名称：HMC 复合材料(玻璃钢)防盗窨井盖

生产企业：浙江瑞森化工有限公司　上海斯雄复合材料有限公司

专利号：ZL2004200500019

《上海市道路地下管线检查井新型窨井盖产品信息》认定证书编号：RD-06-005

产品规格(直径)：ϕ489、ϕ680、ϕ700、ϕ710 等系列

承载强度可达 40 吨，重量不及铸铁产品的三分之一，具有防盗、防锈、耐腐蚀、防响、防弹、破损安全性好、安装便利、美观耐用、价格适中等特点。

第 8 章　市政工程机械设备库

8.1　市政机械定额基本数据

常用主要机械台班产量及完好率、利用率见表 8-1。

常用主要机械台班产量及完好率、利用率(%)　　**表 8-1**

<table>
<tr><th rowspan="2">项次</th><th rowspan="2">机械名称</th><th rowspan="2">型号</th><th rowspan="2">主要性能</th><th colspan="2">理论生产率</th><th colspan="2">常用台班产量</th><th rowspan="2">完好率
(%)</th><th rowspan="2">利用率
(%)</th></tr>
<tr><th>单位</th><th>数量</th><th>单位</th><th>数量</th></tr>
<tr><td>1</td><td>推土机</td><td>T_1-100</td><td>90HP，切土深 18cm</td><td>m^3/h</td><td>45</td><td>m^3</td><td>300～500</td><td rowspan="3">75～90</td><td rowspan="3">55～70</td></tr>
<tr><td>2</td><td>推土机</td><td>T_2-100</td><td>90HP，切土深 65cm</td><td>m^3/h</td><td>75～80</td><td>m^3</td><td>300～500</td></tr>
<tr><td>3</td><td>推土机</td><td>T_2-200</td><td>120HP，切土深 30cm</td><td>m^3/h</td><td>80</td><td>m^3</td><td>400～600</td></tr>
<tr><td>4</td><td>履带式挖土机</td><td>W_1-50</td><td>斗容量 0.5m^3，最大挖深 5.56m</td><td>m^3/h</td><td>120</td><td>m^3</td><td>250～350</td><td rowspan="3">80～95</td><td rowspan="3">55～75</td></tr>
<tr><td>5</td><td>履带式挖土机</td><td>W_1-100</td><td>斗容量 1.0m^3，最大挖深 6.5m</td><td>m^3/h</td><td>180</td><td>m^3</td><td>350～550</td></tr>
<tr><td>6</td><td>履带式挖土机</td><td>W_2-100</td><td>斗容量 1.0m^3，最大挖深 5.0m</td><td>m^3/h</td><td>240</td><td>m^3</td><td>400～600</td></tr>
<tr><td>7</td><td>拖式铲运机</td><td>C_6-2.5</td><td>斗容量 2.5m^3，最大铲深 15cm</td><td></td><td></td><td>m^3</td><td>100～150</td><td rowspan="3">70～95</td><td rowspan="3">50～75</td></tr>
<tr><td>8</td><td>拖式铲运机</td><td>C_5-6</td><td>斗容量 6m^3，最大铲深 15cm</td><td></td><td></td><td>m^3</td><td>250～350</td></tr>
<tr><td>9</td><td>拖式铲运机</td><td>C_4-7</td><td>斗容量 7m^3，最大铲深 30cm</td><td></td><td></td><td>m^3</td><td>250～350</td></tr>
<tr><td>10</td><td>压路机</td><td>综合</td><td></td><td></td><td></td><td></td><td></td><td>75～95</td><td>50～65</td></tr>
<tr><td>11</td><td>履带式起重机</td><td></td><td></td><td></td><td></td><td>t</td><td>5～10</td><td>80～95</td><td>55～70</td></tr>
</table>

1. 推土机

推土机的简图和作业示意图见图 8-1 和图 8-2。

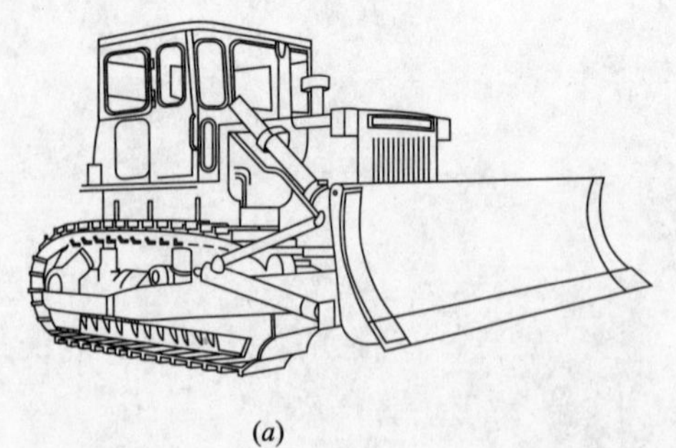

(*a*)　(*b*)

图 8-1　推土机简图

(*a*)液压式；(*b*)固定式推土机

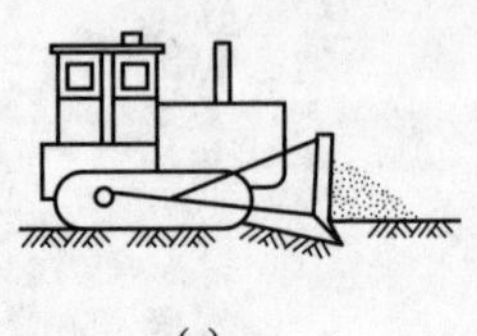

(*a*)

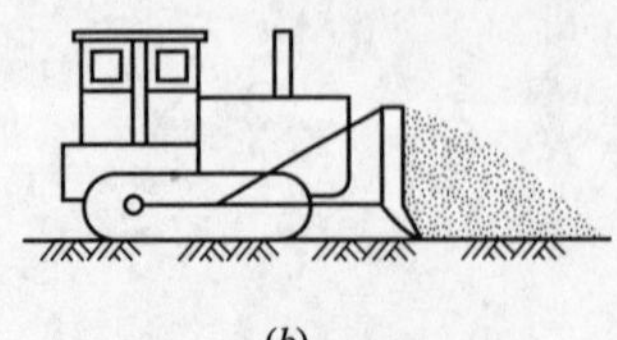

(*b*)

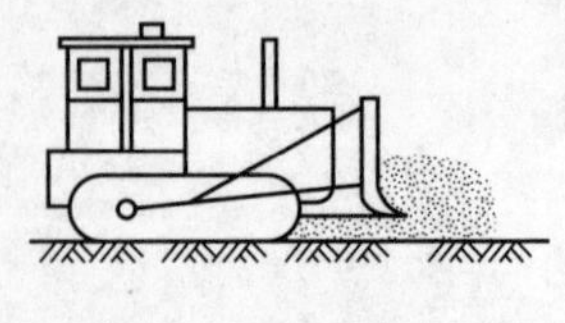

(*c*)

图 8-2　推土机的基本作业示意图

(*a*)铲土行程；(*b*)运土行程；(*c*)卸土行程

推土机性能与规格见表 8-2。

推土机技术性能与规格　　表 8-2

项目名称	单位	机型				
		T2-60	T3-100	T-120	上海-120A	T-180
铲刀(宽×宽)	mm	2280×798	3030×1100	3760×1100	2760×1000	4200×1100
最大提升高度	mm	625	900	1000	1000	1260
最大切土深度	mm	290	180	300	300	530
移动速度：前进 后退	km/h	3.25～8.09 3.14～5.0	2.36～10.13 2.79～7.63	2.27～0.44 2.73～8.09	2.23～0.23 2.68～8.82	2.43～10.12 3.16～9.78
额定牵引力	kN	36	90	120	130	188
发动机额定功率	kW	44.1	73.5	99.2	88.2	132.3
对地面单位压力	N/mm	0.053	0.065	0.059	0.064	—
外形尺寸 (长×宽×高)	m	4.214×2.28× 2.30	5.0×3.03× 2.992	6.506×3.76× 2.875	5.366×3.76× 3.010	7.176×4.20× 3.091
总重量	t	5.9	13.43	14.7	16.2	—

推土机上坡推土降低台班产量参考表　　表 8-3

上坡坡度	台班产量定额乘以系数
10%～15%	0.92
10%～25%	0.88
25%以上	0.80

推土机上坡推土高度折合水平运距表　　表 8-4

上坡坡度	每升高 1m 折合水平距离
6%～10%	4
10%～20%	7
20%～25%	9

注：本表摘自《全国统一市政工程预算定额》(1999)。

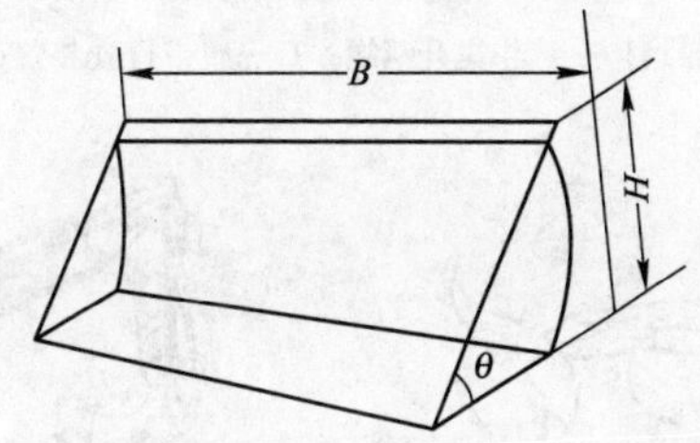

图 8-3　按三角棱柱计算推土量示意图

H—推土刀高度(m)；B—推土刀宽度(m)；θ—土壤自然堆坡角(°)

推土机的生产率计算　　表 8-5

项次	分类	计算式	单位	式中
1	挖运土壤	$Q=3600V/t\times(1\div K_s)$	m^3/h	K_s—土壤的松散系数，即土壤经过挖掘后松土的体积与原土体积的比值，一般可用 $K_s=1.12\sim1.25$
2		假定推土刀前的土壤推成三角形断面的棱柱体，倾角等于自然静止角 ξ，刀长及刀高各为 l(m)和 H(m)则体积 $V=lH^2/2\mathrm{tg}\xi\times K$	m^3	K—土壤的损耗系数，根据实验： $K=1-0.005L_2$，L_2 为推土距离(m)； 工作循环的延续时间 t 是： $t=L_1/V_1+L_2/V_2+L_3/V_3+t_0+t_1$(s) 式中：$L_1$、$L_2$、$L_3$——推土机挖土和运土和回程的距离(m)，挖土距离通常是 6～8m； V_1、V_2、V_3——推土机挖土和运土和回程的速度(m/s)，通常取 $V_1=0.4\sim0.5$、$V_2=0.9\sim1.0$、$V_3=1.1\sim1.2$； t_0——换挡所需时间($t_0\approx5$s)； t_1——放下推土刀所需时间($t_1\approx1\sim2$s)。

续表

项次	分类	计算式	单位	式中
3	平整场地	$Q=3600l(l\sin\alpha-b)\div n(L/V_1+t_1)$	米^2/小时	L——平整地段的长度(m)； l——推土刀的长度(m)； α——推土刀片与推土机纵向轴线所成之角度； b——相邻两平整行程的互相重叠部分宽度(m)；通常取 b=0.3～0.5m； n——每一地段的重复平整次数，一般 n=1～2； t_2——推土机调头所需时间(t_2≈10s)。

2. 挖掘机

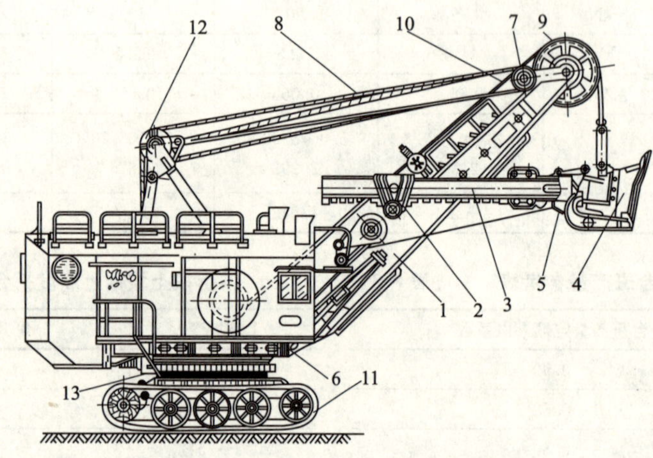

图 8-4 机械式挖掘机正铲施工简图

1—动臂；2—推压机构；3—斗杆；4—铲斗；5—开斗机构；6—回转平台；7—动臂提升滑轮；8—动臂提升钢绳；9—铲斗提升滑轮；10—铲斗提升钢绳；11—履带行驶装置；12—双脚支滑轮；13—回转装置

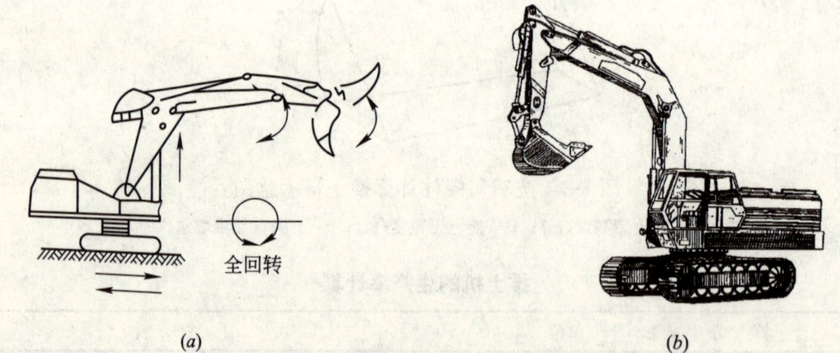

图 8-5 全液压挖掘机简图

(a)正铲式挖掘机；(b)反铲式挖掘机

挖掘机类型及工作能力 **表 8-6**

项次	机械类型名称	挖掘深度、铲斗容量		图例
		深度	铲斗容量	
1	正铲挖掘机	1.5m 以内 2.0m 以内 2.0m 以外		全回转

续表

项次	机械类型名称	挖掘深度、铲斗容量		图例
		深　度	铲斗容量	
2	反铲挖掘机	1.5m 以内 2.5m 以内 4.0m 以内 4.0m 以外		
3	液压挖掘机		0.6m^3、0.75m^3、1.0m^3 1.25m^3、1.4m^3、1.8m^3	
4	拉铲挖掘机		0.5m^3、0.75m^3、1.0m^3	

挖掘机铲斗容量甄选表(m^3)　　**表 8-7**

项次	土壤类别	工作面高度(m)					
		1.5	2.0	2.5	3.0	4.0	5.0
1	Ⅰ～Ⅱ	0.5	1.00	1.50	2.50	3.00	—
2	Ⅲ	—	0.5	1.00	1.50	2.50	3.00
3	Ⅳ	—	—	0.5	1.00	1.50	2.50

注：本表摘自《全国统一市政工程预算定额》(1999)。

挖掘机正铲的开挖高度参考数值表　　**表 8-8**

项次	土壤类别	挖掘机的斗容量(m^3)			
		0.5	1.00	1.50	2.0
1	Ⅰ～Ⅱ	1.5	2.0	2.5	3.0
2	Ⅲ	2.0	2.5	3.0	3.5
3	Ⅳ	2.5	3.0	3.5	4.0

挖掘机的生产率计算

单斗挖掘机的生产率决定于机械的铲斗容量、机械的工作速度，以及土壤的特性，可按下式计算：

$$Q=Vn(K_c/K_s)K_b \tag{8-1}$$

式中　Q——单斗挖掘机生产率(m^3/h)；

V——铲斗容量(m^3)；

K_c——铲斗充满系数(请参阅表 8-9“挖掘机铲斗的充满系数 K_c 和土壤松散 K_s”)或可取 0.8～1.1;

K_s——土壤的松散系数(请参阅表 8-9“挖掘机铲斗的充满系数 K_c 和土壤松散 K_s”);

K_b——时间利用系数，一般取 0.7～0.9;

n——每小时的挖土次数，请参阅表 8-10“单斗挖掘机每小时的挖土次数 n(理论值)”中的数值或按下式确定。

$$n=3600/\Sigma t \tag{8-2}$$

式中 Σt——挖掘机每一工作循环所需的总时间(s)，其中包括挖土时间、回转时间、卸土时间以及辅助动作时间等。

挖掘机铲斗的充满系数 K_c 和土壤松散 K_s 表 8-9

项次	土壤类别	土壤松散 K_s	铲斗充满系数 K_c 最大值	
			正 铲	拉 铲
1	Ⅰ	1.0～1.15	0.95～1.23	0.80～1.22
2	Ⅱ	1.14～1.16	1.05～1.12	0.90～1.00
3	Ⅲ	1.15～1.17	1.00～1.18	0.98～1.08
4	Ⅳ	1.16～1.28	1.30～1.42	1.18～1.26

单斗挖掘机每小时的挖土次数 n(理论值) 表 8-10

项次	工作装置	挖掘机的斗容量(m^3)				图示
		0.25	0.5	1	2	
1	正铲	215	200	180	160	(*a*)
2	反铲	175	155	145	—	(*b*)
3	拉铲	175	155	145	125	(*c*)
4	抓铲	160	150	135	—	(*d*)

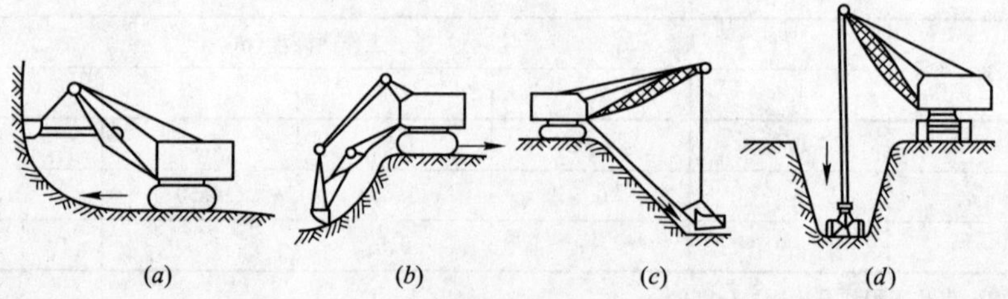

图 8-6 单斗挖掘机工作装置作业示意图

(*a*)正铲;(*b*)反铲;(*c*)拉铲;(*d*)抓铲

挖掘机挖土、自卸汽车运土的施工作业中，挖掘机就是主导机械，自卸汽车为辅助机械，并以挖掘机的生产率为依据，确定自卸汽车的数量。

挖掘机数量 N:

$$N=P\div Q\times[1\div(T\times C\times K)] \tag{8-3}$$

式中 P——土方量(m^3);

Q——单斗挖掘机生产率(m^3/h)，请参阅(8-1)计算公式;

T——工期(d);

C——每天工作班数;

K——时间利用系数(0.7～0.9)。

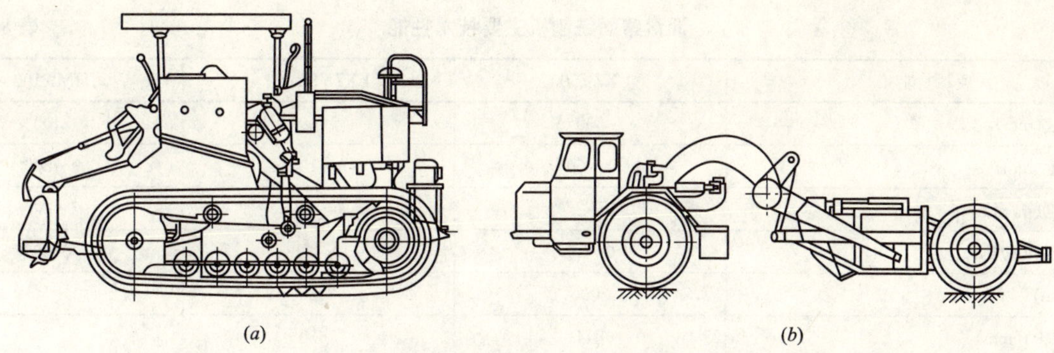

(a)　　　　　　(b)

图 8-7　自行式铲运机简图

(a)履带式铲运机；(b)轮胎式铲运机

铲运机技术性能与规格　　　　**表 8-11**

项目名称	单位	拖式铲运机			自行铲运机		
铲斗							
几何容量	m^3	2.5	6.0	—	6.0	7.0	7.0
堆尖容量	m^3	2.75	8.0	—	8.0	9.0	9.0
铲刀宽度	mm	1900	2600	2600	2600	2700	2700
切土深度	mm	150	300	300	300	300	—
铺土厚度	mm	230	380	—	380	400	—
铲土角度	°	35～68	30	30	30	—	—
最小回转半径	m	2.7	3.75	—	—	6.7	—
操纵形式		液压	钢绳	—	液压及钢绳	液压及钢绳	液压
功率	kW	44.1	73.5	—	88.1	132.3	—
卸土方式		自由	强制式	—	强制式	强制式	—
外形尺寸(长×宽×高)	m	4.214×2.28×2.30	8.77×3.12×2.54	8.77×3.12×2.54	10.39×3.07×3.06	9.7×3.1×2.8	9.8×3.2×2.98
重量	t	2.0	7.3	7.3	14.0	14.0	15.0

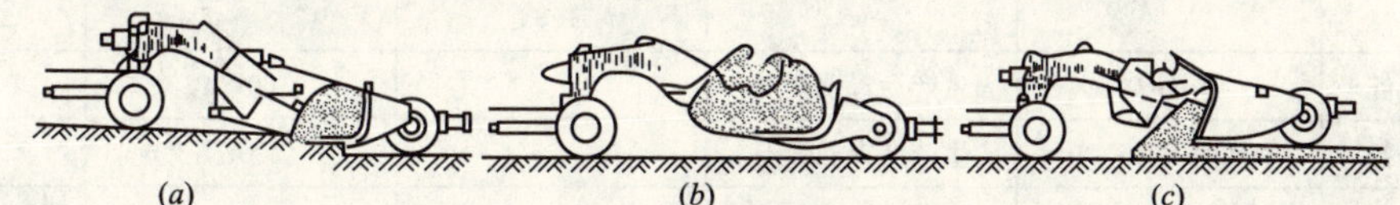

(a)　　　　(b)　　　　(c)

图 8-8　铲运机的作业过程

(a)铲土；(b)运土；(c)卸土

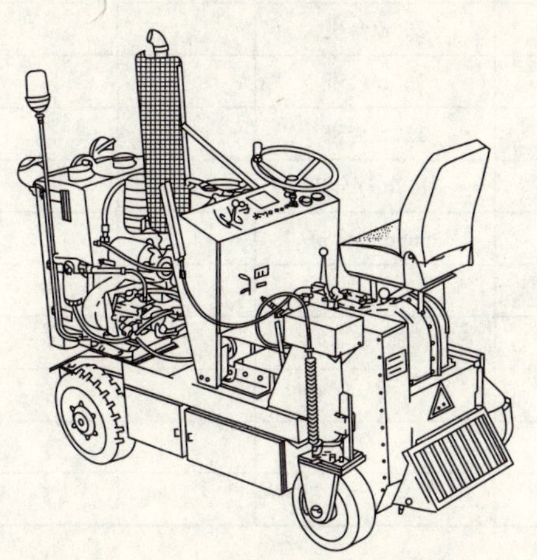

图 8-9　不带输送机铣刨机简图

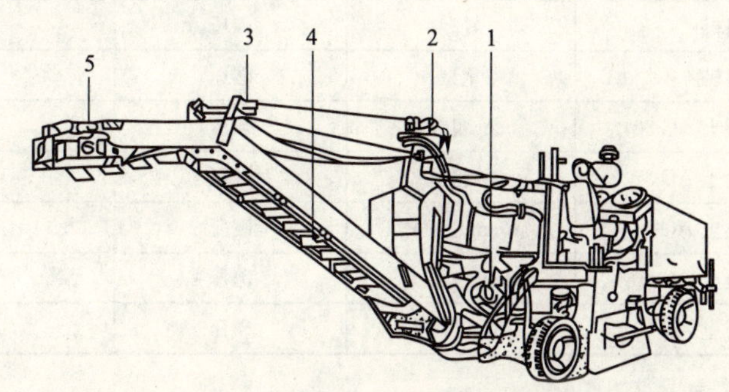

图 8-10　铣刨机上的带式输送机简图

1—拾料输送机；2—钢索绞盘；3—钢索滑轮；4—装车输送机；5—输送带张紧装器

沥青路面铣刨机主要技术性能 **表 8-12**

性能	LXZY500	LXZYH1000	HMl2100
铣刨宽度(mm)	500	1000	2100
铣刨深度(mm)	0～60	0～100	0～300
铣刨速度(m/min)	0～28	0～13	0～33
行驶速度(km/h)	0～14	0～11	0～5
轴距(mm)	2000	2235	—
轮距(前轮)(mm)	844	1650	—
(后轮)(mm)	1147	1810	—
爬坡能力(%)	≥15	≥15	≥80
输料皮带宽度(mm)	—	—	800
最大卸料高度(mm)	—	—	≥4500
最小转弯直径(m)	≤14	≤11	—
最小离地间隙(mm)	≥80	≥80	—
水箱容量(L)	150	350	—
电器系统电压(V)	12	24	—
发动机型号	F4L912T	BF6L913-G31	BF8M1015CP
额定功率(kW)	46	112	400
额定转速(r/mim)	2000	2300	—
整机质量(kg)	4800	13500	28000
外形尺寸(长×宽×高)(mm×mm×mm)	3160×1420×2700	9800×2170×3000	14020×2850×4100

路面沥青混凝土施工机械主要计算参数表 **表 8-13**

机械设备名称	型号、规格	用途	幅度差系数	台班产量	碾压遍数	
					轻型	重型
筑路机械			1.33			
沥青混凝土搅拌设备	LJG60	生产沥青混凝土		60t/h		
沥青混凝土搅拌设备	DHNB100	生产沥青混凝土		100t/h		
沥青混凝土搅拌设备	DHNB160	生产沥青混凝土		160t/h		
沥青混凝土摊铺机	8t	5cm 粗粒式		200t/台班		
沥青混凝土摊铺机	8t	8cm 粗粒式		260t/台班		
沥青混凝土摊铺机	8t	3cm 中粒式		130t/台班		
沥青混凝土摊铺机	8t	细粒式		120t/台班		
光轮压路机	轻型	碾压		8403m^2/台班		
光轮压路机	重型	碾压		3666m^2/台班		
沥青混凝土 AC-30	5cm 粗粒式	碾压			4	5
沥青混凝土 AC-30	8cm 粗粒式	碾压			5	6
沥青混凝土 AC-30	10cm 粗粒式	碾压			6	6
沥青混凝土 AC-20	4cm 中粒式	碾压			4	3
沥青混凝土 AC-13	2.5cm 细粒式	碾压			4	3

3. 沥青混凝土搅拌设备

(1) 间歇强制式沥青混凝土搅拌设备

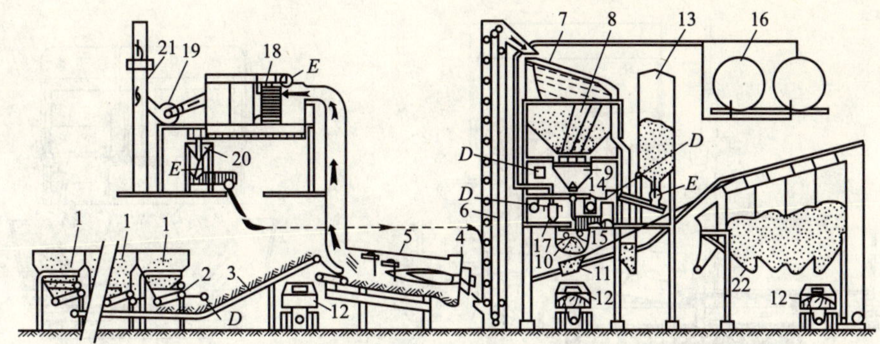

图 8-11　周期式作业沥青混凝土制备厂工艺过程示意

1—冷矿料供料斗；2—冷料给料输送机；3—胶带输送机；4—喷燃器；5—烘干筒；6—热料提升机；7—筛分机；8—热料储仓；9—热料计量斗；10—拌和机；11—混合料提升斗；12—自卸汽车；13—封闭式石粉储仓；14—螺旋输送机；15—石粉计量斗；16—沥青保温罐；17—沥青计量斗；18—布袋除尘器；19—鼓风机；20—集尘器；21—烟囱；22—热混合料成品保温储仓

(2) 连续滚筒式沥青混凝土搅拌设备

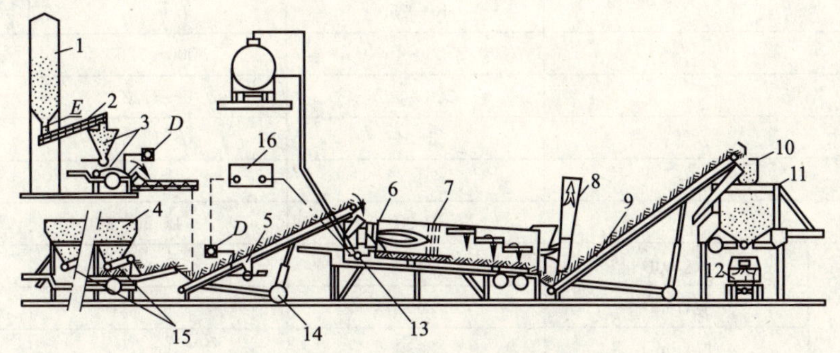

图 8-12　连续作业式沥青混凝土制备设备

1—石粉储仓；2—螺旋输送机；3—石粉计量斗；4—冷料供给斗；5—胶带输送机；6—喷燃器；7—烘干拌合筒；8—烟囱(附有除尘集尘装置)；9—热混料升运机；10—贮仓进料斗及斜槽；11—热混料储仓；12—运输车；13—沥青泵；14—轮胎；15—给料机；16—控制屏

沥青混凝土拌合机主要技术性能　　**表 8-14**

性　能	QLB-1000	QLB-1500	QLB-2000
额定生产率(t/h)	6080	90120	120160
拌缸容量(kg)	1000	1500	2000
装机容量(kW)	195	285	395
燃油消耗率(kg/t)	6～7	6～7	6～7
燃料种类	柴油、重油	柴油、重油	柴油、重油
成品温度(℃)	130～160	130～160	130～160
矿料累计计量精度	±0.5%	±0.5%	±0.5%
沥青材料计量精度	±0.35%	±0.35%	±0.35%
粉料计量精度	±0.5%	±0.5%	±0.5%
油石比偏差	±0.45%	±0.3%	±0.3%
出料温度稳定精度(℃)	±5	±5	±5
粉尘排放浓度(mg/Nm^3)	≤100	≤100	≤100

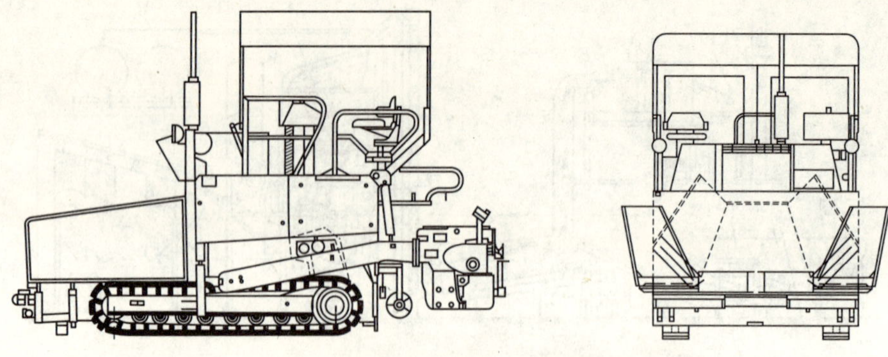

图 8-13 履带式沥青混凝土摊铺机简图

沥青混凝土摊铺机主要性能 **表 8-15**

技术参数 \ 型号		LT4500 (2LTLZ45)	LTY8000 (LTY8)	LTLY9000
发动机功率(kW)		46	82	96
行走方式		轮胎式	轮胎式	轮胎式
摊铺厚度(mm)		10～250	0～270	10～300
摊铺宽度(mm)		2500～4500	3000～7250	3000～9000
摊铺速度(m/min)		2.8～9.2	0～31.2	0～18
行走速度(km/h)		16.4	0～18.6	0～4.2
料斗容量(t)		11	12	
整机质量(t)		9.98	15.56	
外形尺寸	长(mm)	5850		6400
	宽(mm)	2490		9000
	高(mm)	2630		2540
生产厂家		镇江路面机械厂	西安筑路机械厂	镇江路面机械厂

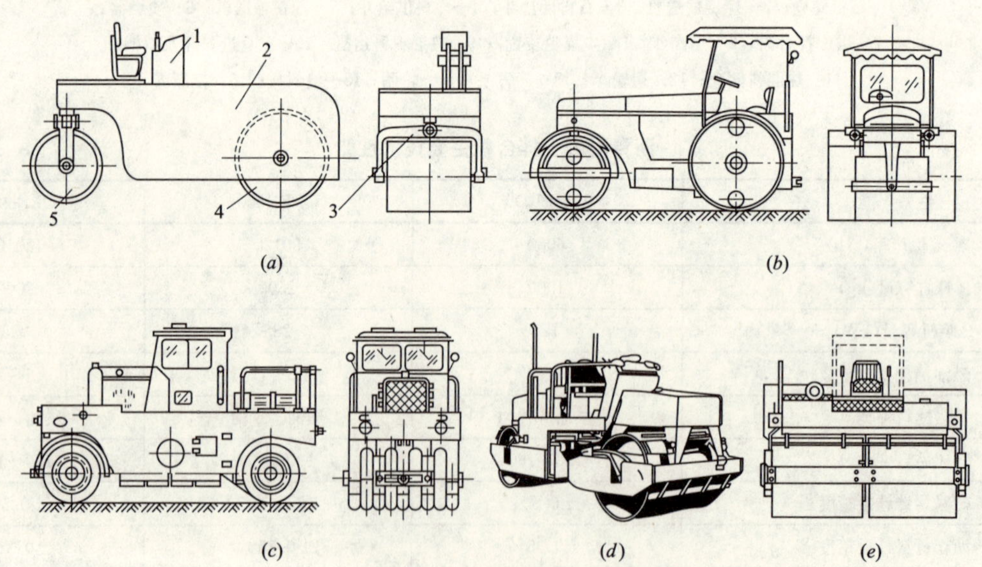

图 8-14 压路机(综合)简图

(*a*)轻型光轮压路机(双轮二轴)

(*b*)重型光轮压路机(三轮二轴); (*c*)自行式轮胎压路机;

(*d*)双轮振动压路机; (*e*)四轮振动压路机

1—操纵台; 2—机罩; 3—方向轮叉脚; 4—驱动轮; 5—方向轮

压路机机械效率表　　　　**表 8-16**

项　　目		压路机型号(光轮)	
		双轮 6～8t(轻型)	三轮 12～15t(重型)
行驶速度(m/h)		1500	1500
轮宽(cm)	轮　　宽	127	2×50
	计算轮宽	97	25×2=50
工作小时(h)		7	7
有效工作系数		0.9	0.9
台班产量(m²)		8403	3666
每 100m² 碾压一遍(定额台班)		0.0123	0.0272

注：本表摘自《全国统一市政工程预算定额》(1999)。

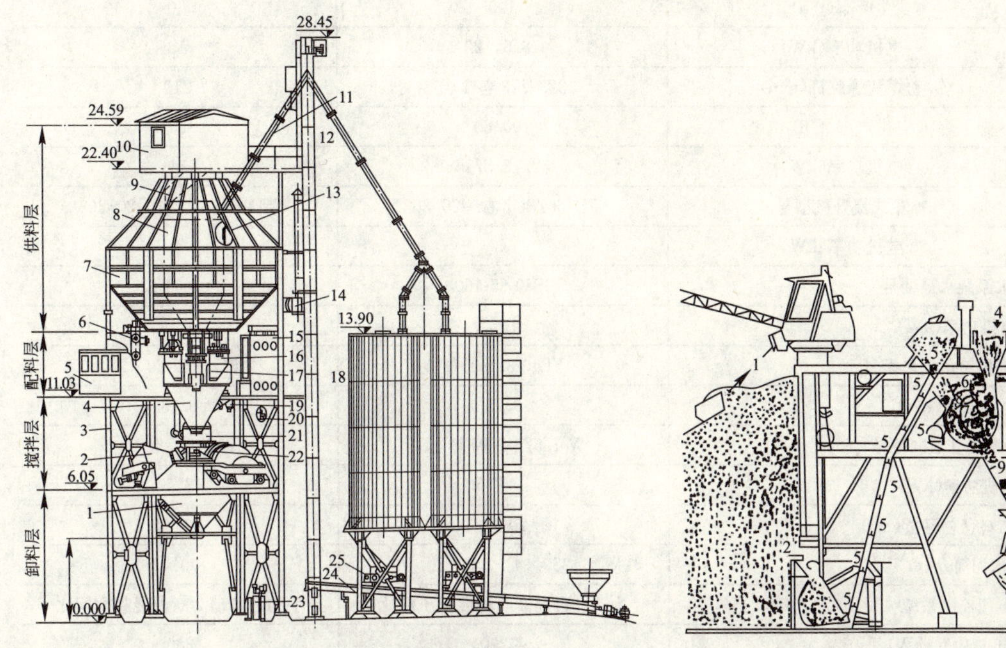

图 8-15　HL1-90 型混凝土搅拌楼外形　　　　图 8-16　搅拌楼工作流程图

混凝土搅拌楼(站)的工艺流程：①用径向拉铲机或自动拦运机将砂石等骨料拦运至秤量处；②将砂、石骨料送入秤量斗中；③将水定量器放入水量分配斗中；④借助螺旋输送器将水泥配入水泥秤盘中；⑤将秤量斗中砂、石骨料放入搅拌机中；⑥将定量水放入搅拌机中；⑦将水泥放入搅拌机中；⑧将骨料、水泥及水进行搅拌；⑨将已搅拌完毕的混凝土放出。

水泥混凝土拌合设备主要性能　　　　**表 8-17**

性　　能		HZS150	HZS90
搅拌机型号		JS3000	JS1500
生产率(m³/h)		150	90
出料容量(m³)		3	1.5
电机功率(kW)		55×2	30×2
集料粒径(mm)		40/60	40/60
称量系统	砂、石形式	独立、累积式	独立、累积式
	计量范围(kg)	50～6000	50～4000
	计量精度	±2%	±2%
	粉料形式	独立、累积式	独立、累积式
	计量范围(kg)	10～2800	5～1000

续表

性能		HZS150	HZS90
称量系统	计量精度	±1%	±1%
	附加剂、水型式	独立、累积式	独立、累积式
	计量范围(kg)	1～850	1～500
	计量精度	±1%	±1%
物料运输系统	水平皮带机带度(mm)	1000	800
	电机功率(kW)	22	18.5
	斜皮带机带度(mm)	1000	800
	电机功率(kW)	37	30
	水泥螺旋机(mm)	323×3台	273×2台
	生产率(t/h)	100	80
	电机功率(kW)	18.5，22	15
	粉煤灰螺旋机(mm)	323/273各1台	219
	生产率(t/h)	100/80	55
	电机功率(kW)	22/18.5/15	11
	斗式提升机型号	TD160ZdC1右～20.263	TD160ZdC1右～20.263
	电机功率(kW)	4	4
供水系统水泵型号		IS80-65-160	IS80-65-125
电机功率(kW)		7.5	5.5
附加剂供给系统泵型号		FB40-32-20×2	FB40-32-20×2
电机功率(kW)		0.75	0.75
气路系统空压机型号		W-1.5/7-S W-1/7-S	W-1.0/7-S×2
电机功率(kW)		11/7.5	7.5
砂石贮料仓总容量(m^3)		20×4	20×3
水泥筒仓(t)		350×4+200×2	100×3
电气控制系统		手动、自动200种混凝土配比	手动、自动200种混凝土配比
装机总功率(kW)		＜290	200
整机质量(t)		＜95	＜65
主体外形尺寸(长×宽×高)(mm×mm×mm)		7200×5400×13500	5900×4000×11500

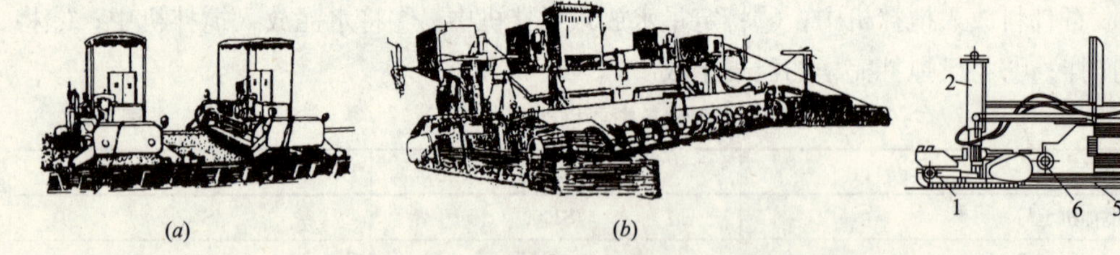

图 8-17　混凝土摊铺机简图

(a)固定模式水泥混凝土摊铺机；(b)滑模式水泥混凝土摊铺机

(c)自动控制的滑模式水泥混凝土摊铺机

1—履带式行走台车；2—液压支腿；3—发动机；4—修角器；5—滑模板；6—螺旋摊铺器

滑模式水泥摊铺机主要技术性能　　　**表 8-18**

	1220MAXl-DAV	HTH6000		1220MAXl-DAV	HTH6000
摊铺宽度	4.25～8.50m	3.75～6.00m	发动机型号	CAT3306B，19.4kW	CUMMINS6BT，118kW
摊铺速度	0～7m/min	0～10m/min		1220MAXl-DAV	HTH6000

续表

	1220MAXl-DAV	HTH6000		1220MAXl-DAV	HTH6000
刮平板	液压调节刮平板	液压调节刮平板	行驶速度	0～12m/min	0～20m/min
捣固杆	液压调节捣固杆	液压调节捣固杆	螺旋布料器	重型406mm	重型406mm
拱度调整	中心调整152mm	—	振捣棒	液压振捣棒	液压振捣棒
履带	两履带行走	两履带行走	抹平板	10mm×1219mm	10mm×1219mm
驱动	全液压驱动	全液压驱动	转向和找平控制	5只液压传感器	5只液压传感器
外形尺寸	长3.66m，宽5.44～9.69m	长3.66m，宽4.94～7.19m	水系统	高压水冲洗系统	高压水冲洗系统
摊铺深度	0～450mm	0～300mm	整机质量	25000kg	15000kg

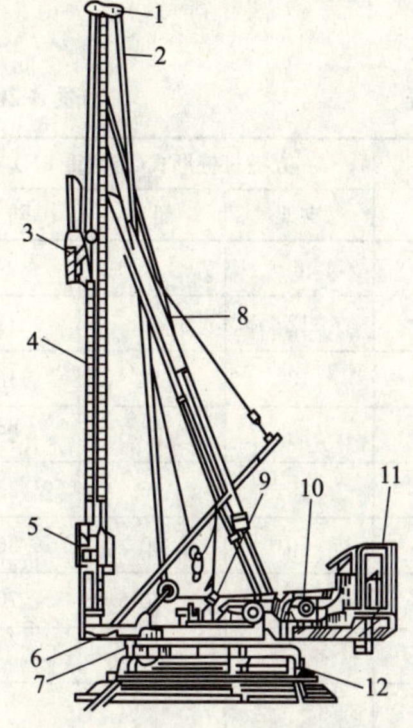

图8-18　轨道式桩架构造简图

1—顶部滑轮组；2—起吊钢丝绳；3—桩锤；4—立柱；5—升降梯；6—上平台；7—下平台；8—斜撑；9—升降梯卷扬机；10—吊锤、吊桩卷扬机；11—驾驶室；12—行走机构

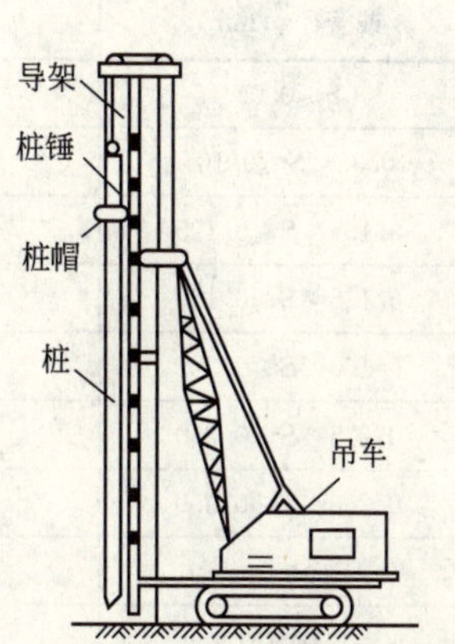

图8-19　起重履带式锤击桩机简图

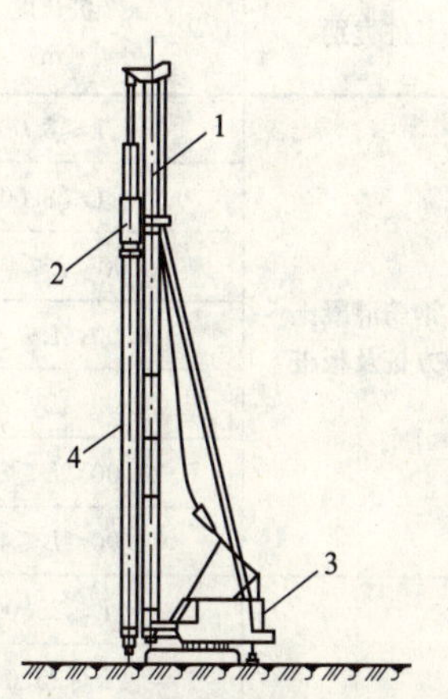

图8-20　柴油锤击打桩机简图

1—桩架；2—桩锤；3—履带式起重机；4—桩

打桩土质取定表　　**表8-19**

项次	类别	名称	打桩			送桩	
			甲级土	乙级土	丙级土	乙级土	丙级土
1	木制桩	圆木桩，梢径，ϕ20，L6m	90				
2	木制桩	木板桩，宽0.20m，厚0.06m，L6m	100				
3	混凝土方桩	$L\leqslant$8m，$S\leqslant$0.05m^2	80	20		100	
4	混凝土方桩	$L\leqslant$8m，0.05m^2<$S\leqslant$0.105m^2	80	20		100	
5	混凝土方桩	8m<$L\leqslant$16m，0.105m^2<$S\leqslant$0.125m^2	50	50		100	
6	混凝土方桩	16m<$L\leqslant$24m，0.125m^2<$S\leqslant$0.160m^2	40	60		100	
7	混凝土方桩	24m<$L\leqslant$28m，0.160m^2<$S\leqslant$0.225m^2	10	90		100	
8	混凝土方桩	28m<$L\leqslant$32m，0.225m^2<$S\leqslant$0.25m^2		50	50		100
9	混凝土方桩	32m<$L\leqslant$40m，0.250m^2<$S\leqslant$0.30m^2		40	60		100
10	混凝土板桩	$L\leqslant$8m	80	20			
11	混凝土板桩	$L\leqslant$12m	70	30			
12	混凝土板桩	$L\leqslant$16m	60	40			

续表

项次	类别	名称	打桩			送桩	
			甲级土	乙级土	丙级土	乙级土	丙级土
13	管桩	ϕ400，$L\leqslant$24m	40	60		100	
14		ϕ550，$L\leqslant$24m	30	70		100	
15	PHC管桩	ϕ600，$L\leqslant$25m	20	80		100	
16		$L\leqslant$50m		50	50		100
17		ϕ800，$L\leqslant$25m	20	80		100	
18		$L\leqslant$50m		50	50		100
19		ϕ1000，$L\leqslant$25m	20	80		100	
20		$L\leqslant$50m		50	50		100

注：本表摘自《全国统一市政工程预算定额》(1999)有关数据。

根据桩长与桩截面积或管径甄选打桩机械锤重表 **表 8-20**

桩类别	桩长度(m)	桩截面积 S(m^2)或管径 ϕ(mm)	柴油桩机锤重(kg)	方桩打桩形式(桩锤重 kN)		
				支架	船上	陆上
钢筋混凝土方桩及板桩	$L\leqslant$8.00	$S\leqslant$0.05	600	6	6	6
	$L\leqslant$8.00	0.05<$S\leqslant$0.105	1200	12	12	12
	8.00<$L\leqslant$16.00	0.105<$S\leqslant$0.125	1800	18	18	18
	16.00<$L\leqslant$24.00	0.125<$S\leqslant$0.160	2500	25	25	25
	24.00<$L\leqslant$28.00	0.160<$S\leqslant$0.225	4000	35	35	35
	28.00<$L\leqslant$32.00	0.225<$S\leqslant$0.250	5000	50	50	50
	32.00<$L\leqslant$40.00	0.250<$S\leqslant$0.300	700	70	70	70
钢筋混凝土管桩	$L\leqslant$25.00	ϕ400	2500			
	$L\leqslant$25.00	ϕ550	4000			
	$L\leqslant$25.00	ϕ600	5000			
	$L\leqslant$50.00	ϕ600	7000			
	$L\leqslant$25.00	ϕ800	5000			
	$L\leqslant$50.00	ϕ800	7000			
	$L\leqslant$25.00	ϕ1000	7000			
	$L\leqslant$50.00	ϕ1000	8000			

注：1. 本表摘自《全国统一市政工程预算定额》(1999)有关数据；

2. 钢筋混凝土方桩，桩长 8～28m，选用 12～40kN 的桩锤；

3. 钢管桩，当直径在 406.40～914.40mm，桩长在 30～70m，选用 25～70kN 的桩锤；

4. 钻孔灌注桩工作平台按孔径 ϕ 不大于 1000，套用锤重 1800kg 打桩工作平台；ϕ 大于 1000，套用锤重 2500kg 打桩工作平台。

锤重与桩重的比值甄选表 **表 8-21**

桩的类别	锤的类别			
	单动汽锤	双动汽锤	柴油机锤	吊锤
钢筋混凝土桩	0.4～1.4	0.6～1.8	1.0～1.5	0.35～1.5
木桩	2.0～3.0	1.5～2.5	2.5～3.5	2.0～4.0
钢板桩	0.7～2.0	1.5～2.5	2.0～2.5	1.0～2.0

注：1. 锤重指锤体总重，桩重包括桩帽、桩垫、送桩等重量；

2. 本表仅适用于桩长不超过 20m，超过 20m 长的桩可配合射水沉桩；

3. 桩基土质松软时采用低限值，紧硬时采用高限值。

打混凝土方桩、板桩、管桩的桩帽及送桩帽取定表　　**表 8-22**

项次	类别	名　称	单位	打桩帽	送桩帽
1	混凝土方桩	$L≤8$m，$S≤0.05$m^2	kg/只	100	200
2		$L≤8$m，0.05m$^2<S≤0.105$m^2	kg/只	200	400
3		8m$<L≤$16m，0.105m$^2<S≤0.125$m^2	kg/只	300	600
4		16m$<L≤$24m，0.125m$^2<S≤0.160$m^2	kg/只	400	800
5		24m$<L≤$28m，0.160m$^2<S≤0.225$m^2	kg/只	500	1000
6		28m$<L≤$32m，0.225m$^2<S≤0.25$m^2	kg/只	700	1400
7		32m$<L≤$40m，0.250m$^2<S≤0.30$m^2	kg/只	900	1800
8	混凝土板桩	$L≤8$m	kg/只	200	
9		$L≤12$m	kg/只	300	
10		$L≤16$m	kg/只	400	
11	管桩	ϕ400，壁厚 9cm	kg/只	400	800
12		ϕ5500，壁厚 9cm	kg/只	500	1000
13		ϕ600，壁厚 10cm	kg/只	600	1200
14		ϕ800，壁厚 11cm	kg/只	800	1600
15		ϕ1000，壁厚 12cm	kg/只	1000	2000

注：本表摘自《全国统一市政工程预算定额》(1999)有关数据。

顶管机技术参数表　　**表 8-23**

技术参数 \ 型号	单位	多边形偏心破碎泥水平衡顶管机	土压平衡顶管机	多刀盘土压平衡矩形顶管机
规格	mm	DIN600～DIN3500	DIN1500～DIN4000	3.0m×4.0m～4.0m×6.0m
适用的混凝土管	mm	DIN600～DIN3500	DIN1500～DIN4000	高 2500～4000 宽 3000～6000
顶管机外径	mm	ϕ740～ϕ4160	ϕ1800～ϕ4700	高 3400～4900 宽 3900～6900
顶管机刀盘直径	mm	ϕ760～ϕ4180	ϕ1820～ϕ4720	大 1000～2500 小 3420～4920
顶管机长度	mm	2500～4500	3500～5100	3200～5500
顶管机刀盘个数	个	1	1	1～5
顶管机刀盘转速	r/min	3.93～1.21	2.93～1.08	1.68～1.12
电动机功率	kN	4～30	22～30	22～30
电动机数量	台	2～6	3～9	7～16
机头重量	t	0.4～35	16～40	45～85
专利号		ZL00249400.0		200920067574.5

注：本表有关数据由江苏省扬州市扬州广鑫机械有限公司提供。

DBNP∅1000mm顶管机

图 8-21　多边形偏心破碎泥水平衡顶管机

图 8-22　土压平衡顶管机

图 8-23 多刀盘土压平衡矩形顶管机

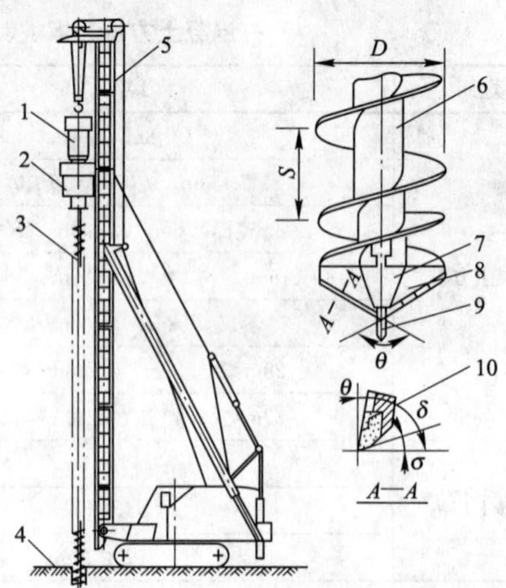

图 8-24 长螺旋钻孔机简图

1—电动机；2—减速器；3—钻杆；4—钻头；5—钻架；6—无缝钢管；7—钻头接口；8—刀板；9—定心尖；10—切削刃

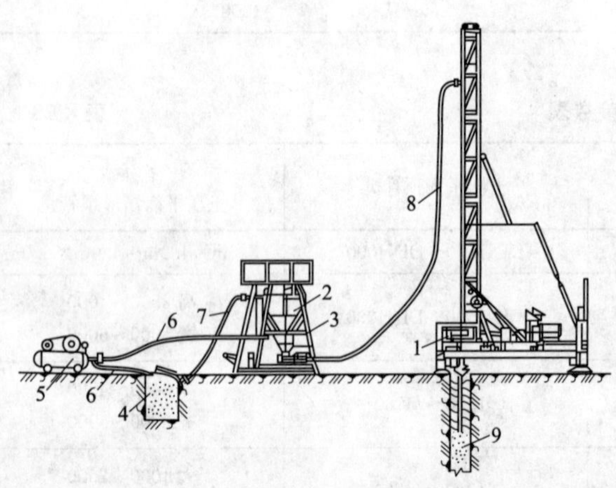

图 8-25 喷粉桩机具设备及施工工艺

1—喷粉桩机；2—贮灰罐；3—灰罐架；4—水泥罐；5—空气压缩机；6—进气管；7—进灰管；8—喷粉管；9—喷粉桩

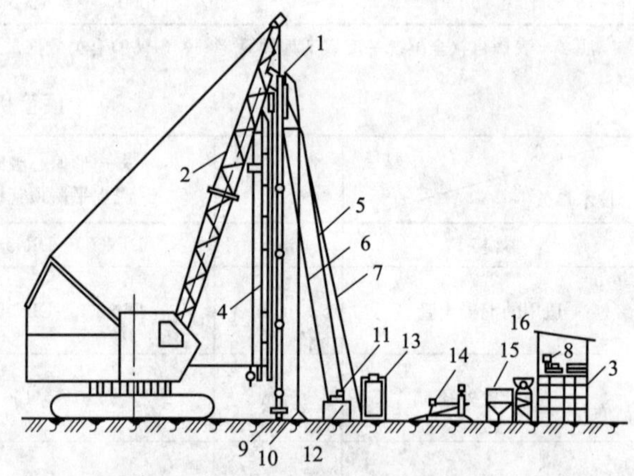

图 8-26 深层搅拌机配套机械及布置简图

1—深层搅拌机；2—履带式起重机；3—工作平台；4—导向架；5—进水管；6—回水管；7—电缆；8—磅秤；9—搅拌头；10—输浆压力胶管；11—冷却泵；12—贮水池；13—电气控制柜；14—灰浆泵；15—集料斗；16—灰浆搅拌机

SJB 系列深层搅拌机技术参数表 **表 8-24**

技术参数	单位	SJB-1	SJB-30	SJB-37	SJB-40	SJB-45	SJB-60
电机功率	kW	2×26	2×30	2×37	2×40	2×45	2×30
额定电流	A	2×55	2×60	2×72	2×75	2×85	2×60
搅拌轴转速	r·min	46	43	42	43	40	35
额定扭矩	N·m	2×6000	2×6400	2×8500	2×8500	2×10000	2×15000
搅拌轴数量	根	2	3	2	2	2	1
搅拌头距离	mm	515	515	530	515	515	
	mm	700～800	700	700	700	760	800～1000
	m²	0.71～0.88	0.71	0.71	0.71	0.85	0.5～0.8
加固深度	m	10	10～12	15～20	15～20	18～25	20～28
主机外形尺寸	mm	950×440×1150	950×482×1617	950×740×1750	950×480×1737		
主机质量		3.0	2.25	2.5	2.45		
电动冷却方式		水冷却	水冷却	风冷却	水冷却	风冷却	风冷却

适用于 SMW 工法的国产搅拌桩机主要技术参数表 **表 8-25**

项目名称 \ 型号	单位	SHDF45 型	SHD60 型	JJ 型
电机功率	kW	2×45	2×30	2×60
搅拌轴转速	r·min	40	35	35
额定扭矩	kN·m	2×10	15	2×15
搅拌轴数		2	1	2
一次处理面积	m^2	0.85	0.5～0.78	0.90
搅拌头直径	mm	2ϕ760	800～1000	2×800
搅拌深度	m	18～25	20～28	20～28

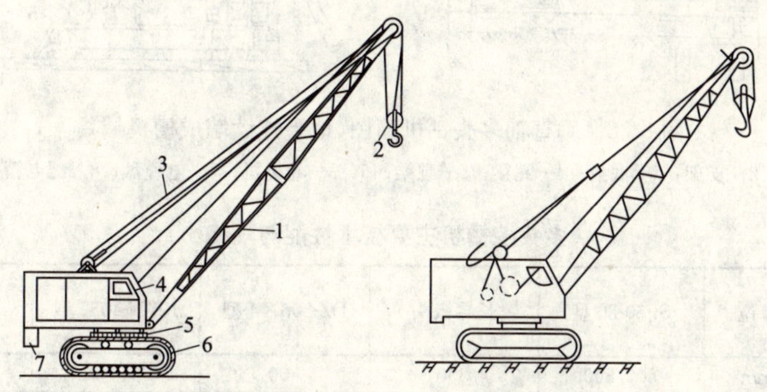

图 8-27 履带式起重机简图

1—起重杆；2—起重滑轮组；3—变幅滑轮组；4—驾驶室；5—回转机构；6—履带；7—平衡重

履带式起重机主要技术性能与规格 **表 8-26**

型号		单位	W1-100	QU20	QU25	QU32A	QU40	QUY50	W200A	KH180-3
最大起重量	主钩 副钩	t	15 —	20 2.3	25 3	36 3	40 3	50	50 5	50
最大起升高度	主钩 副钩	m	19 —	11～27.6	28 32.3	29 33	31.5 36.2	9～50	12～36 40	9～50
臂长	主钩 副钩	m	23 —	13～30 5	13～30	10～31 4	10～34 6.2	13～52	15、30、40 6	13～62 6.1～15.3
起升速度 行走速度		m/min km/h	1.5	23.4、46.8 1.5	50.8 1.1	7.95～23.8 1.26	6～23.9 1.26	35、70 1.1	2.94～30 0.361.5	35、70 1.5
最大爬坡度 接地比压	20 0.089	(%) MPa	36 0.096	36 0.082	30 0.091	30 0.086	40 0.068	31 0.123	40 0.061	
发电机	型号 功率	kN	6135 88	6135k-1 88.24	6135Ak-1 110	6135Ak-1 110	6135Ak-1 110	6135k-15 128	12V135D 176	PD604 110
外形尺寸	长 宽 高	mm	5303 3120 4170	5348 3488 4170	6105 2555 5327	6073 3875 3920	6073 4000 3554	7000 3300～4300 3300	7000 4000 6300	7000 3300～4300 3100
整机自重		t	40.74	44.5	41.3	51.5	58	50	75、77、 79	46.9
生产厂			抚顺挖 掘机厂	抚顺挖 掘机厂	长江挖 掘机厂	江西采矿 机械厂	江西采矿 机械厂	抚顺挖 掘机厂	杭州重型 机械厂	抚顺、日立 合作生产

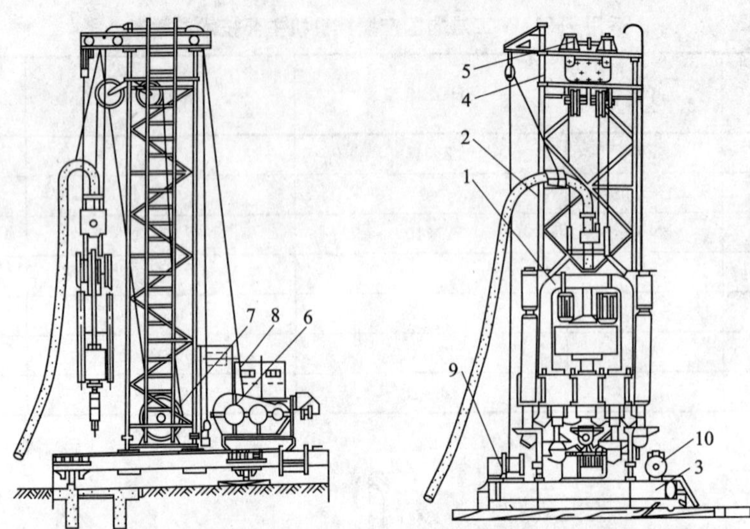

图 8-28　垂直轴多头钻机简图(地下连续墙成槽机械)

1—多轴钻机；2—支架；3—底盘；4—圈梁；5—顶梁；6、9—卷扬机；7—电缆盘；8—配电箱；10—空压机

多头挖槽机主要技术性能与规格　　**表 8-27**

项目名称＼型号	单位	SF60-80 型	长导板头	DZ-800×4 型	BWN-4055 型	BWN-5580	BWN-80120 型
成槽宽度	mm	600/800	600	800	400～550	550～800	800～1200
一次挖掘长度	mm	2600/2800	1900	2600	2500～2650	2470～2720	3600～4000
有效长度	mm	2000	1300	1800	2100	1920	2800
高度	mm	4340/4540	7000	5200	4300～4320	4525～4555	5505～5555
钻头个数	个	5	4	4	7	5	5
钻头转速	r/min	39～50	200	38.5	50	35	25
电动机功率	kN	×2	22×4	22×4	15×2	15×2	18.5×2
吸浆排渣管直径	mm	150	114	150	150	150	200
最大工作深度	m	50～60	50	35	50	50	50
机头重量	t	9.7～10.2	7.0	10.5	7.5	10	18

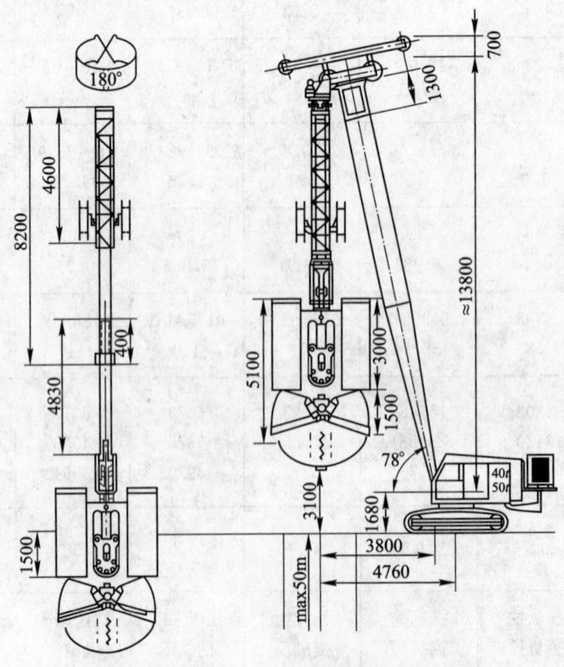

图 8-29　半导杆式连续墙液压抓斗简图

8.2　市政工程机械及设备

《工日、材料设备、机械设备台班清单》，统一按本《市政工程工程量清单工程系列丛书》姊妹篇之一《市政工程工程量清单编制及应用实》的计价月份，以二〇〇六年度十月份计取。

《机械设备台班清单》　表 8-28

编码	名　称	规格	单位	单价	土方工程	道路工程	桥涵护岸工程	隧道工程	市政管网工程	轨道交通工程	钢筋工程	拆除工程
301020	履带式推土机	105kW	台班	736.260								
301050	轮胎式装载机	$1m^3$	台班	487.31								
301150	履带式液压单斗挖掘机	$0.6m^3$	台班	505.300								
301160	履带式液压单斗挖掘机	$1m^3$	台班	940.83								
301180	履带式机械单斗挖掘机	$1m^3$	台班	800.350								
301200	0.2～$0.4m^3$ 电动履带式挖土机		台班	207.47								
301240	轻型内燃光轮压路机		台班	248.13								
301290	ϕ265 内燃夯实机		台班	22.90								
302060	0.6t 轨道式柴油打桩机		台班	229.04								
302150	简易拔桩架		台班	130.93								
302240	轻便钻机(XJ-100)		台班	130.69								
302250	反循环钻机(60P45A)		台班	2170.170								
303010	5t 履带式电动起重机		台班	149.56								
303100	90t 履带式起重机		台班	3729.820								
303110	150t 履带式起重机		台班	6148.000								
303120	300t 履带式起重机		台班	12851.850								
303130	5t 汽车式起重机		台班	400.67								
303140	8t 汽车式起重机		台班	533.18								
304010	4t 载重汽车		台班	291.35								
304060	4t 自卸汽车		台班	371.96								
304110	1t 机动翻斗车		台班	111.40								
305190	手扳葫芦		台班	5.68								
306040	400L 双锥反转出料搅拌机		台班	80.46								
306080	200L 灰浆搅拌机		台班	55.380								
306090	400L 灰浆搅拌机		台班	59.440								
306120	$75m^3/h$ 混凝土输送泵车		台班	1584.720								
306160	$30m^3/h$ 混凝土输送泵		台班	681.050								
306220	平板式混凝土振动器		台班	11.67								
306230	插入式混凝土振捣器		台班	12.73								
307010	钢筋调直机		台班	36.760								
307020	钢筋切断机		台班	42.770								
307030	钢筋弯曲机		台班	24.230								
307200	木工平刨床(宽度 450mm)		台班	28.83								
307160	ϕ500 木工圆锯机		台班	25.91								
307170	ϕ1000 木工圆锯机		台班	71.31								
308010	ϕ50 电动单级离心清水泵		台班	62.61								

续表

编码	名称	规格	单位	单价	土方工程	道路工程	桥涵护岸工程	隧道工程	市政管网工程	轨道交通工程	钢筋工程	拆除工程
308090	ϕ150 电动多级离心清水泵	180m 以下扬程	台班	585.11								
308140	ϕ100 污水泵		台班	147.740								
308170	ϕ50 泥浆泵		台班	75.520								
308180	ϕ100 泥浆泵		台班	254.700								
308250	ϕ100 潜水泵		台班	62.630								
308290	射流井点泵		台班	93.57								
310110	0.9m^3/min 电动空气压缩机		台班	84.12								
310140	10m^3/min 电动空气压缩机		台班	426.130								
310150	20m^3/min 电动空气压缩机		台班	711.700								
310190	9m^3/min 内燃空气压缩机		台班	453.550								
310210	风镐		台班	9.73								
311560	履带式液压抓斗成槽机(KH180 2-50t MHL-5070Y)		台班	3512.570								
311570	履带式绳索抓斗成槽机(ML-630)		台班	1995.010								
311630	泥浆制作循环设备		台班	1578.260								
311640	沉井钻吸机组配 50t 履带吊		台班	3197.290								
311630	泥浆制作循环设备		台班	1578.260								
312040	工业锅炉(蒸发量 1t/h)		台班	1081.410								
JX2030	其他机械费											
ZJC001007	履带式起重机(25t 以内)装卸费		台	646.00								
ZJC002006	1m^3 以内单斗挖掘机场外运输费		台·次	2734.00								
ZJC002010	1.2t 以内柴油打桩机场外运输费		台·次	2594.00								
ZTF001	土方场外运输		m^3	20.00								

8.3 分部分项工程

分部分项工程机械及设备　　表 8-29

分类	序号	机械、设备名称及规格	土方工程	道路工程	桥涵护岸工程	隧道工程	市政管网工程	轨道交通工程	钢筋工程	拆除工程
土方机械	1	推土机　60kW 以内	√							
	2	推土机　120kW 以内	√							
	3	推土机　120kW 以外	√							
	4	拖式铲运机(连拖斗)	√							
	5	压路机(综合) 场外运输费	√						√	
	6	1m^3 内单斗液压挖掘机场外运输费	√							
	7	1m^3 外单斗液压挖掘机场外运输费	√							
打桩机械	1	0.6t 轨道式柴油打桩机(桩长 8m)P235 施工手册	√				√			
	2	1.2t 轨道式柴油打桩机(桩长 9m)	√				√			
	3	1.8t 轨道式柴油打桩机(桩长 12m)	√				√			
	4	钻孔桩架	√							
	5	打桩架	√							

续表

分类	序号	机械、设备名称及规格	土方工程	道路工程	桥涵护岸工程	隧道工程	市政管网工程	轨道交通工程	钢筋工程	拆除工程
地下工程机械	1	液压钻机(G-ZA)				√				
	2	轻便钻机(XJ-100)				√				
	3	工程钻机(SPJ-300)				√				
	4	工程钻机(树根桩)	√							
	5	深层水泥搅拌桩机(GPJ-7)	√							
	6	地下连续墙成槽机械(综合)	√							
	7	钻孔灌注桩钻机	√							
	8	液压钻机(STE-1)								
	9	沉管设备								
	10	液压钻机(XUL-150)								
	11	旋喷桩(D600-800)								
	12	旋喷车(GP2000)								
水平运输	1	1t 机动翻斗车							√	
	2	4t 载重汽车		√	√			√		√
	3	6t 载重汽车								√
	4	8t 载重汽车								√
垂直运输	1	5t 汽车式起重机		√			√			√
	2	8t 汽车式起重机					√			√
	3	12t 汽车式起重机					√			
	4	5t 履带式电动起重机		√		√				√
	5	10t 履带式起重机				√				
	6	15t 履带式起重机		√		√	√			
	7	10t 龙门式起重机(隧道工程)		√						
	8	履带式起重机(30～50t)	√							
	9	履带式起重机(75t 以内)装卸费	√							
	10	履带式起重机(100t 以内)装卸费	√							
	11	履带式起重机(150t 以内)装卸费	√							
	12	履带式起重机(200t 以内)装卸费	√							
	13	履带式起重机(300t 以内)装卸费	√							
震动锤	1	45kW 震动锤				√	√			
	2	90kW 震动锤					√			
筑路机械	1	沥青混凝土摊铺机	√							
	2	SF500、1300、1900 型铣刨机	√							
水上运输	1	30t 木船					√			
	2	60t 木船					√			
泵类机械	1	泥浆排放设备				√				
	2	射流井点泵				√				
	3	37kW 泥浆泵				√				
	4	$660m^3/h$ 真空泵				√				
	5	$\phi100$ 潜水泵(隧道工程)		√		√				
	6	37kW 泥浆泵				√				
	7	$\phi50$ 泥浆泵				√				
	8	$\phi100$ 污水泵				√				

续表

分类	序号	机械、设备名称及规格	土方工程	道路工程	桥涵护岸工程	隧道工程	市政管网工程	轨道交通工程	钢筋工程	拆除工程
泵类机械	9	ϕ50 电动单级离心清水泵					√			
	10	ϕ100 多级离心清水泵扬程 120m 以下								
	11	ϕ150 电动多级离心清水泵扬程 180m 以下				√				
	12	ϕ200 电动多级离心清水泵扬程 280m 以上								
	13	液压注浆泵(HYB-50/5-1 型)								
	14	压浆泵								
	15	$3m^3/h$ 灰浆输送泵								
	16	粉喷桩机								
	17	粉体发送设备								
卷扬机	1	单快 1t 电动卷扬机(隧道工程)		√			√			
	2	单慢 5t 电动卷扬机				√				
	3	双快 5t 电动卷扬机					√			
动力机械	1	$0.6m^3/min$ 电动空气压缩机(隧道工程)		√				√		
	2	$0.9m^3/min$ 电动空气压缩机								
	3	$3m^3/min$ 电动空气压缩机				√				
	4	$6m^3/min$ 电动空气压缩机						√		
	5	风镐						√		
混凝土和砂浆机械	1	400L 双锥反转出料搅拌机						√	√	
	2	100～150L 泥浆拌合机								
	3	200L 灰浆搅拌机(隧道工程)		√						
	4	400L 灰浆搅拌机								
	5	平板式混凝土振动器							√	
加工机械	1	ϕ500 木工圆锯机		√						
	2	ϕ1000 木工圆锯机		√						
	3	木工平刨床(宽度 450mm)		√						
	4	30kVA 交流电焊机					√			√
特殊机械	1	5t 轨道平车(隧道工程)		√						
	2	2.5t 电瓶车(隧道工程)		√						
	3	硅整流充电机(90A/190A)(隧道工程)		√						
	4	7.5kW 轴流风机(隧道工程)		√						

8.4 措施项目(二)

措施项目(二)机械及设备 表 8-30

分类	序号	机械及设备名称	进出场及安拆	模板及支架	脚手架	施工排水、降水	围堰	现场施工护栏	便道及堆场	便桥	地基加固
土方机械	1	推土机 功率 60kW 以内场外运输费	√								
	2	推土机 功率 120kW 以内场外运输费	√								
	3	推土机 功率 120kW 以外场外运输费	√								
	4	拖式铲运机(连拖斗)场外运输费	√								
	5	压路机(综合)场外运输费	√						√		
	6	$1m^3$ 内单斗液压挖掘机场外运输费	√								
	7	$1m^3$ 外单斗液压挖掘机场外运输费	√								

续表

分类	序号	机械及设备名称	进出场及安拆	模板及支架	脚手架	施工排水、降水	围堰	现场施工护栏	便道及堆场	便桥	地基加固
打桩机械	1	0.6t 轨道式柴油打桩机场外运输费	√				√				
	2	1.2t 轨道式柴油打桩机场外运输费	√				√				
	3	1.8t 轨道式柴油打桩机场外运输费	√				√				
	4	钻孔桩架场外运输费	√								
	5	打桩架场外运输费	√								
地下工程机械	1	液压钻机(G-ZA)				√					
	2	轻便钻机(XJ-100)				√					
	3	工程钻机(SPJ-300)				√					
	4	工程钻机(树根桩)场外运输费	√								√
	5	地下连续墙成槽机械(综合)场外运输费	√								
	6	钻孔灌注桩钻机场外运输费	√								
	7	深层水泥搅拌桩机(GPJ-7)场外运输费	√								√
	8	液压钻机(STE-1)									√
	9	沉管设备									√
	10	液压钻机(XUL-150)									√
	11	旋喷桩(D600-800)									√
	12	旋喷车(GP2000)									√
水平运输	1	1t 机动翻斗车							√		
	2	4t 载重汽车		√	√			√		√	
	3	6t 载重汽车								√	
	4	8t 载重汽车								√	
垂直运输	1	5t 汽车式起重机		√			√			√	
	2	8t 汽车式起重机					√			√	
	3	12t 汽车式起重机					√				
	4	5t 履带式电动起重机		√		√				√	
	5	10t 履带式起重机				√					√
	6	15t 履带式起重机		√		√	√				
	7	10t 龙门式起重机(隧道工程)		√							
	8	履带式起重机(30～50t)装卸费	√								
	9	履带式起重机(75t 以内)装卸费	√								
	10	履带式起重机(100t 以内)装卸费	√								
	11	履带式起重机(150t 以内)装卸费	√								
	12	履带式起重机(200t 以内)装卸费	√								
	13	履带式起重机(300t 以内)装卸费	√								
震动锤	1	45kW 震动锤				√	√				
	2	90kW 震动锤					√				
筑路机械	1	沥青混凝土摊铺机场外运输费	√								
	2	SF500、1300、1900 型铣刨机场外运输费	√								
水上运输	1	30t 木船					√				
	2	60t 木船					√				
泵类机械	1	泥浆排放设备				√					√
	2	射流井点泵				√					

续表

分类	序号	机械及设备名称	进出场及安拆	模板及支架	脚手架	施工排水、降水	围堰	现场施工护栏	便道及堆场	便桥	地基加固
泵类机械	3	37kW 泥浆泵				√					√
	4	660m³/h 真空泵				√					
	5	ϕ100 潜水泵(隧道工程)		√		√					
	6	37kW 泥浆泵				√					
	7	ϕ50 泥浆泵									√
	8	ϕ100 污水泵				√					
	9	ϕ50 电动单级离心清水泵					√				
	10	ϕ100 多级离心清水泵扬程 120m 以下									√
	11	ϕ150 电动多级离心清水泵扬程 180m 以下				√					√
	12	ϕ200 电动多级离心清水泵扬程 280m 以上									√
	13	液压注浆泵(HYB-50/5-1 型)									√
	14	压浆泵									√
	15	3m³/h 灰浆输送泵									√
	16	粉喷桩机									√
	17	粉体发送设备									√
卷扬机	1	单快 1t 电动卷扬机(隧道工程)		√			√				
	2	单慢 5t 电动卷扬机				√					
	3	双快 5t 电动卷扬机					√				
动力机械	1	0.6m³/min 电动空气压缩机(隧道工程)		√				√			
	2	0.9m³/min 电动空气压缩机									
	3	3m³/min 电动空气压缩机				√					√
	4	6m³/min 电动空气压缩机						√			
	5	风镐						√			
混凝土和砂浆机械	1	400L 双锥反转出料搅拌机						√	√		
	2	100～150L 泥浆拌合机									√
	3	200L 灰浆搅拌机(隧道工程)		√							√
	4	400L 灰浆搅拌机									√
	5	平板式混凝土振动器							√		
加工机械	1	ϕ500 木工圆锯机		√							
	2	ϕ1000 木工圆锯机		√							
	3	木工平刨床(宽度 450mm)		√							
	4	30kVA 交流电焊机					√			√	√
特殊机械	1	5t 轨道平车(隧道工程)		√							
	2	2.5t 电瓶车(隧道工程)		√							
	3	硅整流充电机(90A/190A)(隧道工程)		√							
	4	7.5kW 轴流风机(隧道工程)		√							

注：关于大型机械安拆、场外运输，定额中未包括大型机械安拆、场外运输、路基及轨道铺拆等。可参照工程造价管理机构发布的有关市场价格信息，在合同中约定。

第三部分　施工组织设计、索赔管理及题组式构架

第9章　市政施工组织设计

施工组织是一门带有综合性的应用科学，不能看成无关大局的企业管理工作。施工组织设计是为了完成具体的施工任务创造必要的施工条件，为进行合理的施工组织和选择先进的施工工艺所做的设计。实践证明一个高水平施工组织设计，可以提纲挈领、统筹全局、增强预见性、把握主动权、调动各方面的积极性。这样就能使工程建设取得高效、低耗、优质的目标，并在预定工期内达到投产使用的要求。可见施工组织设计是相当重要的。

施工组织设计是建筑工程项目管理组织和技术性的综合性文件，也是工程施工和实施过程中的依据性文件。施工组织设计的编制内容为：绘制场地施工平面图、确定分项工程的施工方法、施工流程和工艺标准，一用以指导和检查分项工程的施工；制定各项保证工程质量的技术措施，并加以贯彻执行以保证质量；制定安全施工技术措施，提出需设置的安全防火用电设施，确保建筑施工的安全；根据施工合同编制各分项工程进度计划，综合组织施工，控制总进度工期。

市政工程在编制施工图预算、进行工程招投标、办理竣工结算、编制概算定额、估算指标、审价，工程量的计算除熟悉、掌握工程结构和施工操作技术，依据《市政工程预算定额》及规则各项规定外，尚应依据以下文件：

1. 经审定的施工设计图纸及其说明；
2. 经审定的施工组织设计或施工技术措施方案；
3. 经审定的其他有关技术经济文件。

施工组织设计概略　　　　表9-1

<table>
<tr><th>项　目</th><th colspan="2">内　容</th></tr>
<tr><td rowspan="2">施工部署</td><td>确定工程开展程序</td><td>(1) 分期分批施工；
(2) 统筹安排，保证重点；
(3) 先地下后地上，先深后浅，先干线后支线；
(4) 注意季节影响</td></tr>
<tr><td>拟定主要项目的施工方案</td><td>这些项目通常是工程量大、施工难度大、工期长</td></tr>
<tr><td rowspan="2">施工部署</td><td colspan="2">明确施工任务划分与组织安排</td></tr>
<tr><td>编制施工准备工作计划</td><td>(1) 内外运输、水电气来源及引入方案；
(2) 场地平整及排水防洪；
(3) 生产与生活基地设施建设；
(4) 建筑材料、器件的货源、运输及存储；
(5) 现场测量、放线等；
(6) 新技术、新材料、新工艺、新结构的试验计划和职工培训；
(7) 冬、雨期施工的准备工作</td></tr>
<tr><td rowspan="3">施工进度计划</td><td>列出项目一览表并计算工程量</td><td>按初步设计图纸并根据各种定额手册计算</td></tr>
<tr><td colspan="2">确定各单位工程的施工期限</td></tr>
<tr><td>确定各单位工程的开、竣工时间和相互搭接关系</td><td>(1) 保证重点、兼顾一般；
(2) 满足连续、均衡施工；</td></tr>
</table>

续表

项目	内容	
施工进度计划	确定各单位工程的开、竣工时间和相互搭接关系	(3) 满足生产工艺要求； (4) 考虑施工总平面图的空间关系； (5) 全面考虑各种限制条件
	安排施工进度	可以用横道图表示，也可以用网络图表示
资源需要量计划	(1) 劳动力需要量计划； (2) 材料、构件及半成品目标供应量计划； (3) 施工机具需要量计划	
施工总平面图设计	设计内容	(1) 总平面图上已有和拟建的建筑物、构筑物及其位置和尺寸； (2) 临时设施的位置； (3) 永久性测量放线标桩位置
	设计原则	(1) 紧凑布置； (2) 运输方便； (3) 减少不同专业工种间的干扰； (4) 充分利用永久工程，降低临时设施费用； (5) 方便生产与生活； (6) 满足安全防火与劳动保护
	设计步骤	引入场外交通道路→布置仓库→加工厂布置→内部运输道路→临时设施→临时水电管线和其他动力→绘制正式施工总平面图

注：涉及《商务标》的工程量“算量”项目时，参见表 9-5“施工组织设计涉及工程量‘算量’对应选用表”释义。

9.1 市政施工组织设计

9.1.1 施工组织设计的作用

9.1.1.1 施工组织设计作用

施工组织设计是沟通工程设计和施工之间的桥梁，它既要体现基本建设计划和设计的要求，又要符合施工活动的客观规律，对建设项目、单项及单位工程的施工全过程起到战略部署和战术安排的双重作用。

施工组织设计也是指导拟建工程从施工准备到施工完成的组织、技术、经济的一个综合性的设计文件，对施工全过程起指导作用。

施工组织设计是施工准备工作的重要组成部分，也是及时做好其他有关施工准备工作的依据，因为它规定了其他有关施工准备工作的内容和要求，所以它对施工准备工作也起到保证作用。

施工组织设计是对施工活动实行科学管理的重要手段；是编制工程概、预算的依据之一；是施工企业整个生产管理工作的重要组成部分；是编制施工生产计划和施工作业计划的主要依据。

因此，编好施工组织设计，按科学的程序组织施工，建立正常的施工秩序，有计划地开展各项施工活动，及时做好各项施工准备工作，保证劳动力和各种材料机械设备的供应，协调各施工单位之间、各工种之间、各资源之间以及平面空间上的布置和时间上的安排之间的合理关系，为保证施工的顺利进行，如期保质保量完成施工任务，取得好的施工经济效益，将起到重要的作用。

9.1.1.2 施工组织设计的分类

施工组织设计根据设计阶段和编制对象不同，大致可分为三类，施工组织总设计、单位工程施工组织设计和分部(分项)工程施工方案设计。这三类施工组织设计是由大到小、由粗到细、由战略部署到战术安排的关系，但各自要解决问题的范围和侧重等要求有所不同。

施工组织设计　　表 9-2

项次	阶　段	释　义
1	施工组织设计任务	(1) 确定开工前必须完成的各项准备工作； (2) 在具体的工程项目施工中，正确贯彻国家的方针、政策、法令和有关规程、规范； (3) 从施工全局出发，做好施工部署，确定施工方案，选择施工方法和施工机具； (4) 科学地安排施工程序、施工步骤和施工进度计划，确保工程按规定的工期完成； (5) 按照综合平衡的原则，合理计划各种物资资源和劳动资源的需要量； (6) 有效地利用现场空间，合理布置施工现场总平面； (7) 提出切实可行的施工技术组织措施
2	施工组织设计的原则	(1) 总体施工部署必须严格遵守基本建设程序，实现业主提出的投产时间的要求，保证重点，统筹安排施工项目； (2) 积极采用新结构、新技术、新工艺、新材料、新构件，提高程序的标准化，提高预制装配化和施工机械化水平； (3) 合理安排施工程序和顺序，确保进度安排的现实性；保证施工有序、均衡、紧凑地进行； (4) 保证组织计划的系统性、完整性，有利于项目质量、安全、工期和成本目标的综合管理与控制； (5) 合理布置施工现场，节约用地，文明施工； (6) 注重经济核算和技术经济活动分析，努力贯彻挖潜、节约、革新、改造的方针，在保证质量的同时提高生产效率，用活项目资金，最大限度地降低施工成本
3	施工组织设计分类及其主要内容	施工组织设计分总设计，单位工程施工组织设，分部分项工程施工组织设计。 (1) 施工组织总设计，是以整个建设项目或工地群体工程为对象编制的，是整个建设项目或群体工程施工部署和科学组织的全局性、全过程性的指导性文件。 (2) 单位工程施工组织设计，是具体指导施工的实施性技术经济文件，是施工组织总设计的具体化，也是建筑业企业编制月、旬、周作业计划的基础； (3) 分部分项工程施工组织设计，编制对象是难度大、技术和管理复杂的分部分项工程或新技术项目，用来具体指导分部分项工程的施工，是作业性实施计划。因此，又称分部分项作业组织设计。主要内容包括施工方案、进度计划、平面布置、技术组织措施等，上述三类施工组织设计内容广泛，编制工作量大，必须抓住重点，其施工方案是施工组织设计的核心内容，对施工全局起着决定性的作用

注：施工组织设计：又称施工组织计划，是指导拟建工程项目的施工措施，对从准备工作到最终产品竣工验收的全过程，进行全面控制的技术经济文件，它是指导项目施工组织与管理的系统计划(或计划体系)，又是编制施工预算，全面控制项目目标，优化项目资源，有效组织生产要素，控制施工成本，实现项目综合管理的重要依据。

1. 施工组织总设计

施工组织总设计是以一个建设项目为编制对象，用以规划整个拟建工程施工活动的技术经济文件。它是整个建设项目施工任务总体战略的部署安排，涉及范围较广，内容以纲条为主。它一般是在初步设计或扩大初步设计批准后，由总承包单位负责，并邀请建设单位、设计单位、施工分包单位参加编制。如果编制施工组织设计条件尚不具备，可先编制一个施工组织大纲，以指导开展施工准备工作，并为编制施工组织总设计创造条件。

施工组织总设计的主要内容包括：工程概况、施工总体部署与施工方案、施工总进度计划、施工总平面图、主要技术措施、主要技术经济指标等。

由于大型建设项目施工工期往往需要几年，施工组织总设计对以后年度施工条件等变化很难精确地预见到，这样就需要根据变化的情况，编制年度施工组织设计，用以指导当年的施工部署并组织施工。

2. 单位工程施工组织设计

单位工程施工组织设计是以一个单位工程或一个不复杂的单项工程(如一个广场、一条路、一座立交桥或构筑物等)为对象而编制的。它是根据施工组织总设计的规定要求和具体实际条件对拟建的工程施工所作的战术性部署，内容比较具体、详细。它是在全套施工图设计完成并交底、会审完后，根据有关资料，由工程项目技术负责人组织编制。

单位工程施工组织设计的主要内容包括：工程概况、施工方案与施工方法、施工进度计划、施工准备工作及各项资源需要量计划、施工平面图、主要技术组织措施及主要经济指标等。

对于常见的小型市政公用工程等可以编制单位工程施工方案，它内容比较简化，一般包括施工方案、施工进度、施工平面布置和有关的一些技术措施。

3. 分部(分项)工程施工方案设计

分部(分项)工程施工方案设计是以某些新结构、技术复杂的或缺乏施工经验的分部(分项)工程为对象(如斜拉桥索塔、有特殊要求的蛋形消化池工程等)而编制的。用以指导和安排该分部(分项)工程施工作业完成。

分部(分项)工程施工方案设计的主要内容包括：施工方法、技术组织措施、主要施工机具、配合要求、劳动力安排、平面布置、施工进度等。它是编制月、旬作业计划的依据。

9.1.2 单位工程施工组织设计的编制原则、依据和程序

9.1.2.1 编制原则

1. 严格执行基本建设程序和市政工程施工程序

要严格遵守合同签订的或上级下达的施工期限，按照基建程序和施工程序的要求，保质保量完成施工任务。对工期较长的大型工程项目，可根据施工情况，合理组织力量，确保重点，分期进行。

2. 科学安排施工顺序

按照市政工程施工的客观规律安排施工程序，可将整个项目划分为几个阶段，例如施工准备、基础工程、主体结构工程、路面工程、附属结构物工程等。在各个施工阶段之间合理搭接、衔接紧凑，在保证质量、保证安全的基础上，尽可能缩短工期，加快建设速度。

3. 采用先进的施工技术和设备

在条件允许的情况下，尽可能采用先进的施工技术，不断提高施工机械化、预制装配化程度，减轻劳动强度，提高劳动生产率。

4. 应用科学的计划方法制定最合理的施工组织方案

根据工程特点和工期要求，因地制宜地采用快速施工，尽可能采用流水施工方法，组织连续、均衡且有节奏的施工，保证人力、物力充分发挥作用。对于复杂的工程，应用网络计划技术找出最佳的施工组织方案。

流水作业的基本方式 **表 9-3**

序号	名 称	内 容
1	全等节拍流水	即所有的工序在每一施工段上操作时间均相等。但在施工实践中、有时某道工序可以提前插入，与前道工序搭接施工；有时某道工序结束后，还需要一定的技术间歇时间，才能进行下一工序施工
2	成倍节拍流水	在施工中由于各工序工作量大小差异很大，又要互创工作面等因素，各施工段上的各工序一般很少能用相同的时间完成。这时可把工作量大的、作业时间长的工序排成作业时间短的工序的倍数，组成成倍节拍流水。并按各工序工作量的大小组织相应数量的班组进行作业
3	分别流水	由于各工序在工作量、生产效率等方面差异很大，通常组成成倍节拍流水也较困难。这时将主要工序在各施工段上尽量安排连续作业，非主要工序穿插进行施工，各施工段上并不能均保持有班组作业，这种方式称分别流水
4	群体流水	在成片的建筑群体施工中，可组织各单位工程之间的流水作业，这种建筑群体流水作业也称大流水作业法。组织的方法是：主要工序先保重点单位工程，非重点工程作为后备。工作量大的工序可组织单位工程中的分段流水，工作量小的工序在各单位工程之间流水

5. 落实季节性施工的措施，确保全年连续施工

恰当地安排冬、雨期施工项目，增加全年连续施工日数，应把那些确有必要而又不因冬、雨期施工而带来技术复杂和造价提高的工程列入冬、雨期施工，全面平衡人工、材料的需用量，提高施工的均

衡性。

6. 确保工程质量、施工安全和环境保护

贯彻施工技术规范、操作规程，提出确保工程质量的技术措施、安全文明施工的措施和环境保护措施，尤其是采用国内外先进的施工新技术和本单位较生疏的新工艺时更应注意。

7. 节约施工费用，降低工程成本

合理布置施工平面图，节约施工用地；充分利用已有设施，尽量减少临时性设施费用；尽量利用当地资源，减少物资运输量；尽量避免材料二次搬运，正确选择运输工具，以节约能源，降低运输成本，提高经济效益。

9.1.2.2　编制依据

编制单位工程施工组织设计的主要依据如下：

1. 工程合同对该工程项目的要求。建设单位对工期和工程使用要求，工程施工的开、竣工日期，工程质量目标等。

2. 设计文件。主要是该工程的有关的全部施工图纸，以及所需的各种有关的标准图。

3. 地质资料。工程地质勘探报告以及地形图测量控制网。

4. 施工组织总设计。施工组织总设计是编制单位工程施工组织设计的依据。主要是对该工程的施工规划和有关规定及要求，年度施工计划安排及完成的各项指标。

5. 施工现场条件。主要是现场的地形水文地质、障碍物的拆除、水电供应和道路交通运输情况。

6. 建设单位提供条件。主要是施工时所需占用的临时场地，资金、水、电的来源及供应等情况。

7. 施工单位具备条件。主要是技术力量劳动组织和施工机械生产能力与配备，主要材料、配件、半成品和加工件的来源与供应。

8. 法规及定额。国家的有关规定、规范、规程及上级的指示，有关法律条文和劳动定额、工期定额，各省、市、地区的操作规程和预算定额。

9. 参考资料。有关技术革新成果和类型相似或相近的工程项目实施的经验资料，以及工程所在地劳力、地方材料、加工能力、现场附近的情况调查资料等。

9.1.2.3　编制程序

施工组织设计与工期　　**表 9-4**

项　目	内　容	项　目	内　容
进度计划	1.3	工期延误	1.8
开工及延期开工	1.5		

施工组织设计涉及工程量“算量”对应选用表　　**表 9-5**

项次	类别	项目编码	项目名称	工程量“算量”选用	对应表、图示
1	工程实体项目(分部分项工程量)	040101002	挖沟槽土方	开槽埋管槽底深度超过 8.0m 时，根据批准的施工组织设计套用拉森钢板桩定额	表 4-41“打拔钢板桩适用范围(单位：m)”
2				开槽埋管采用同沟槽施工时，其工程数量、沟槽支撑及井点降水应根据批准的施工组织设计要求，套用相关定额	图 4-10“同沟槽(联合槽)施工示意图”
3		040101003	挖填基坑土方	排水构筑物基坑挖土基坑支护方案、支护使用、安装地拉锚的个数以及其他技术措施，可按批准的施工组织设计计算	表 4-40“围护、支撑工程定额说明及工程量计算规则”
4		040103002	余方弃置	弃土地点离施工地点远近(即离施工地点几公里)，应根据批准的施工组织设计要求计算	表 4-22“土方平衡选用表”

续表

项次	类别	项目编码	项目名称	工程量"算量"选用	对应表、图示
5	工程实体项目(分部分项工程量)	040201014	盲沟	纵向盲沟按批准的施工组织设计计算，断面尺寸同横向盲沟	表4-8"盲沟铺筑的规定"
6		04030	桩基础	当钻孔桩采用硬地法施工时，按批准的施工组织设计另行计算，陆上工作平台不再计算。若原有道路可利用时，则不计陆上工作平台	表4-22"打桩机工作平台(搭置支架平台)划分范围"
7				桥梁及护岸工程的桩基础因航运、交通、高压线等影响不能连续施工时，可增计组装拆卸桩机的次数，设备运输视现场具体情况另行计算	表4-27"组装、拆除柴油打桩机桩机类别和锤重甄选表"
8		040302	桥涵护岸工程现浇混凝土工程	泵管安拆使用天数，泵管使用以延长米·天计算根据批准的施工组织设计计算	表4-24"商品混凝土计算"
9		040405002	隧道沉井沉井下沉	选用定额时应根据地质资料，沉井周围的施工条件，沉井下沉的深度，由施工组织设计选用施工方法套用	表4-8"沉井下沉挖土基本形式及工程量计算规则"
10	非实体项目即辅助实体项目完成的施工手段(措施项目)	0504	施工排水、降水	采用大口径井点、空深井井点应按批准的施工组织设计执行真	表5-42"井点降水基本条件"
11		0507	现场施工围栏	封闭式路栏、移动式路栏的长度应根据批准的施工组织设计计算	表5-57"现场施工围栏工程量计算"
12		0508	便道	施工便道长度：桥涵及护岸、污水处理厂及隧道工程：按批准的施工组织设计计算	表5-60"施工便道工程量计算"
13		0509	便桥	搭拆装配式钢桥应按批准的施工组织设计，根据跨径和荷载等级选用相应的钢桥形式	表5-62"临时便桥工程量计算"
14		沪0512	地基加固	1. 布孔(灌注间距：常用间距、每排间距)按设计图纸或批准的施工组织设计 2. 若设计未提供含量要求时，按批准的施工组织设计计算，检测手段只提供注浆前后 N 值之变化	表5-65"地基加固工程量计算"、表5-66"地基加固(注浆)加固扩散半径"、图5-39"注浆管的排列及构造"
15			筑岛	筑岛的工作面按批准的施工组织设计	
16			地上、地下设施，建筑物的临时保护设施	按批准的施工组织设计实施	

注：1. 选自《上海市市政工程预算定额》(2000)工程量计算规则暨总、册说明；
2. 在编制《技术标》的施工组织设计项时，不要漏列涉及工程量"算量"项目的阐述；
3. 在编制时，应先查阅"对应表、图示"列项中对应所列表的释义，同时对前期动拆迁、管线搬迁等项目加以关注。

9.1.3 编制施工组织设计的有关参考资料

9.1.3.1 地形、地质、水文和气象调查内容表

地形、地质、水文和气象调查内容表　　表9-6

序号	项目名称	调查内容	调查目的
一		地形、地貌及地质	
1	地形、地貌	1. 区域地形图(包括道路交通及建筑物现状等) 2. 厂址地形图 3. 该区的城市规划(铁路、公路、水路、航空等) 4. 控制桩、水准点的位置 5. 地下各公共管线分布状况(包括地下管线和架空线等)	1. 选择施工用地 2. 布置施工总平面图 3. 现场平整土方量计算 4. 障碍物及数量 5. 公共管线保护措施

续表

序号	项目名称	调查内容	调查目的
2	地质	1. 钻孔布置图 2. 地质剖面图(土层特征及厚度) 3. 地质的稳定性、滑坡、流砂、冲沟 4. 物理力学指标：天然含水率，天然孔隙比，塑性指数，压缩试验 5. 最大冻结深度 6. 地基土强度结论 7. 地基土破坏情况，土坑、枯井、古墓、地下构筑物	1. 土方施工方法的选择 2. 地基处理方法 3. 基础施工 4. 障碍物拆除计划 5. 复核地基基础设计 6. 文物古迹保护措施
3	地震	1. 烈度大小(处于几类区) 2. 重力加速度为××m/s^2	1. 地震区对地基影响 2. 临时建筑考虑抗震措施 3. 施工防护措施
二		水文	
1	地下水(浅层空隙性潜水和基岩裂隙水)	1. 最高、最低水位及时间 2. 洪水、平水及枯水时期 3. 流向、流速及流量 4. 水质分析	1. 土方施工 2. 基础施工方案的选择 3. 降低地下水位 4. 侵蚀性质及施工注意事项
2	地面水(地面河流)	1. 临近的江河湖泊及距离 2. 汛期，洪水、平水及枯水时期 3. 流量、水位及航道深度 4. 水质分析	1. 临时给水 2. 航运组织 3. 水工工程(包括围堰工程) 4. 掌握潮汐规律
三		气象资料	
1	气温	1. 年平均温度，最高、最低、最冷、最热月的逐月平均温度，结冰期，解冻期 2. 冬、夏室外计算温度 3. 小于或等于−3℃、0℃、+5℃的天数、起止时间	1. 防暑降温措施 2. 冬季施工(包括防寒、冻措施) 3. 寒冷地区防止受冻损坏、冻裂影响施工
2	降雨、降雪	1. 雨季起止时间 2. 全年降水量，昼夜最大降水量 3. 典型的月雨量分别图如何	1. 临时设施做好防潮措施 2. 雨季施工 3. 工地排水、防洪
3	雷	年雷暴日数	1. 防雷措施 2. 避雷注意事项
4	风情	1. 主导风向及频率 2. 大于或等于 8 级风全年天数，时间 3. 台风周期(全年受袭次数，时间)	1. 布置临时设施(做好与地面的锚固) 2. 脚手架、高空作业及吊装措施 3. 防汛抗台措施(考虑风雨交加时)

注：1. 气温，请参阅“我国主要城市平均气温稳定低于 5℃的初终日期”、“摄氏与华氏温度对照表”的释义；
2. 降雨、降雪，请参阅“降雨等级划分表”的释义；
3. 风情，请参阅“风力等级表”的释义。

我国主要城市气象参数见表 9-7。

我国主要城市气象参数　　表 9-7

城市名称	海拔高度(m)	夏季气压(kPa)	温度(℃)				相对湿度(%)月平均		夏季平均风速(m/s)		冬季日平均温度≤+5℃期间		降水量(mm)			最大积雪深度(cm)	最大冻土深度(cm)
			月平均		极端												
			最冷	最热	最高	最低	最冷	最热	气象台测定数值	折成距地面 2m 处数值	平均温度(℃)	延续时间(d)	年总量	日最大量	时最大量		
齐齐哈尔	145.9	98.740	−19.3	22.6	39.9	−35.4	69	74	3.4	2.0	−10.0	178	433.2	77.3	31.9	15	225
海　　伦	239.4	97.722	−22.7	21.2	37.0	−38.4	78	78	3.1	1.8	−12.6	189	575.2	89.8	57.0	15	231
嫩　　江	222.2	97.902	−25.2	20.6	37.4	−43.0	73	79	2.4	1.4	−14.9	197	467.2	83.2	27.3	21	226

续表

城市名称	海拔高度(m)	夏季气压(kPa)	温度(℃)				相对湿度(%)月平均		夏季平均风速(m/s)		冬季日平均温度≤+5℃期间		降水量(mm)			最大积雪深度(cm)	最大冻土深度(cm)
			月平均		极端												
			最冷	最热	最高	最低	最冷	最热	气象台测定数值	折成距地面2m处数值	平均温度(℃)	延续时间(d)	年总量	日最大量	时最大量		
安达	150.5	98.710	−19.8	22.9	36.9	−37.2	72	74	3.3	2.0	—	—	396.6	89.2	59.9	15	207
哈尔滨	171.7	98.480	−19.7	22.5	35.4	−38.1	72	78	3.3	1.7	−9.6	176	526.6	94.8	59.1	13	197
牡丹江	241.4	97.840	−18.8	21.7	35.6	−38.3	69	78	2.0	1.2	−9.2	177	545.9	114.3	62.5	34	189
海拉尔	612.9	93.523	−27.1	19.7	36.4	−43.6	76	72	3.0	1.8	−16.8	208	323.0	49.4	—	24	220
鸡西	233.1	97.910	−17.3	21.5	34.9	−33.4	65	78	2.3	1.5	—	—	516.4	108.2	34.7	40	225
长春	236.8	97.753	−16.9	22.7	36.4	−36.5	68	79	3.7	2.1	−9.8	175	571.6	126	>69.8	13	169
四平	164.2	98.597	−15.4	23.4	36.6	−33.3	66	78	2.7	1.6	−8.7	163	612.8	97.9	54.8	16	145
延吉	176.8	98.620	−14.4	21.4	36.4	−32.4	58	82	2.3	1.4	−8.4	179	525.9	105.3	>36.4	58	>197
通辽	178.5	98.382	−14.5	23.6	37.9	−30.0	53	74	2.8	1.7	−8.4	158	405.6	108.4	—	11	127
赤峰	571.1	94.039	−11.7	23.3	39.2	−30.7	40	66	1.9	1.1	−6.7	159	371.1	108	21.4	16	107
沈阳	41.6	100.030	−12.7	24.5	35.7	−30.5	63	78	3.0	1.5	−6.1	151	675.2	118.9	42.6	20	139
锦州	66.3	99.706	−9.0	24.3	35.7	−24.7	47	81	3.8	1.9	−3.7	142	606.9	144.1	72.6	23	113
大连	93.5	99.420	−5.4	24.2	34.4	−21.1	56	85	4.2	2.5	−1.7	128	671.1	149.4	67.8	37	93
本溪	212.8	98.710	−12.3	24.3	37.3	−31.4	65	75	2.3	1.4	−6.0	162	797.2	109.6	56.5	35	105
丹东	15.1	100.482	−8.6	23.6	34.1	−23.8	57	87	2.7	1.7	−3.4	144	1054.3	162.9	52.6	28	87
呼和浩特	1063.0	88.915	−19.2	27.85	35.2	−31.2	52	64	1.3	0.7	−7.4	165	416.5	114.0	16.2	11	103
北京	52.3	100.133	−4.7	26.1	40.6	−27.4	41	77	1.9	1.1	−1.3	124	584.0	212.2	57.6	18	69
保定	17.2	100.239	−4.3	26.7	41.4	−22.0	53	76	2.0	1.0	−1.7	121	594.6	185.6	47.5	16	46
石家庄	81.8	99.542	−2.7	26.8	42.7	−19.8	48	75	1.3	0.7	−0.7	110	581.7	200.2	92.9	15	52
沧县	11.4	100.353	−4.2	26.7	40.0	−20.6	52	77	3.0	1.5	—	—	625.2	197.0	69.0	16	52
唐山	25.9	100.217	−5.6	25.5	38.9	−21.0	49	80	2.2	1.3	−2.5	128	661.1	132.7	65.9	19	73
承德	375.2	96.253	−9.1	24.3	41.3	−23.3	41	72	1.0	0.6	−4.8	142	566.5	151.4	52.9	18	112
济南	51.6	99.830	−1.4	27.6	40.5	−16.7	49	51	2.5	1.4	−0.0	90	723.7	298.4	61.1	19	44
青岛	16.8	100.386	−2.7	25.6	36.9	−17.2	64	85	2.9	1.7	−0.5	111	835.8	234.1	—	13	42
兖州	51.6	99.857	−2.3	27.0	41.0	−19.0	60	58	2.6	1.5	—	—	740.7	180.8	70.6	14	39
太原	777.9	91.896	−6.5	23.4	38.4	−24.6	46	73	2.1	1.2	−3.3	135	494.5	183.5	32.9	13	74
介休	748.8	92.243	−5.1	24.0	38.4	−22.2	46	73	1.5	0.5	—	—	493.7	120.5	35.6	13	69
运城	367.8	96.302	−2.3	27.5	42.7	−18.2	54	69	2.3	1.4	−0.8	104	553.1	112.3	27.2	17	43
原平	836.7	91.236	−8.6	23.1	40.4	−26.1	44	70	1.8	1.1	—	—	441.8	91.4	34.1	11	105
哈密	737.9	92.066	−10.4	26.7	41.2	−26.1	57	37	2.9	1.7	−5.2	139	29.2	18.9	4.2	4	112
吐鲁番	34.5	99.786	−8.5	32.8	47.5	−20.5	50	31	2.4	1.4	−3.9	122	12.6	20.7	—	2	74
乌鲁木齐	653.5	93.465	−15.2	25.7	40.9	−32.0	78	38	3.4	2.1	−8.2	154	194.6	36.3	9.4	35	162
银川	1111.5	88.323	−9.1	23.3	35.0	−24.3	57	65	1.6	0.9	−4.5	141	205.2	64.2	18.2	11	100
敦煌	1138.7	87.939	−9.1	24.9	40.8	−24.6	50	43	2.0	1.2	−4.4	137	29.2	11.5	—	5	129
酒泉	1477.2	84.679	−10.3	21.4	36.1	−27.6	57	55	2.2	1.3	−5.1	154	82.1	39.0	13.0	10	132
兰州	1517.2	84.277	−7.3	22.0	36.7	−21.7	55	62	1.1	0.7	−2.9	136	331.5	50.0	15.3	10	103
天水	1131.7	88.070	−3.0	22.5	37.2	−16.5	61	74	1.0	0.6	−0.2	120	580.1	88.1	40.2	12	41
平凉	1346.6	86.053	−5.1	21.0	34.9	−19.4	51	74	1.9	1.1	−1.4	141	574.0	69.4	51.5	12	52
拉萨	3658.0	65.218	−2.4	15.2	27.0	−16.5	28	68	1.6	1.0	0.0	146	463.3	41.6	21.6	10	26
西安	396.9	95.912	−0.8	26.8	41.7	−18.7	63	71	2.2	1.3	0.5	99	584.4	69.8	39.4	12	24
延安	957.6	89.996	−6.5	22.8	38.0	−21.7	51	74	1.7	1.0	−2.4	135	606.1	84.1	50.8	16	75
榆林	1057.5	88.939	−9.9	23.2	37.6	−27.6	57	63	2.3	1.4	−4.4	148	451.2	124.3	36.2	8	147
汉中	508.3	94.729	2.1	25.9	36.9	−8.4	77	82	1.3	0.8	2.8	77	903.9	102.6	30.8	9	—
洛阳	793.8	91.723	2.0	24.0	36.4	−9.8	62	79	1.7	1.0	2.4	81	875.6	110.0	44.8	9	11

续表

城市名称	海拔高度(m)	夏季气压(kPa)	温度(℃)				相对湿度(%)月平均		夏季平均风速(m/s)		冬季日平均温度≤+5℃期间		降水量(mm)			最大积雪深度(cm)	最大冻土深度(cm)
			月平均		极端												
			最冷	最热	最高	最低	最冷	最热	气象台测定数值	折成距地面2m处数值	平均温度(℃)	延续时间(d)	年总量	日最大量	时最大量		
福　州	84.0	99.666	10.3	28.8	39.0	−1.1	72	77	2.7	1.7	—	2	1280.8	159.6	56.4	—	—
杭　州	7.2	100.487	3.5	28.5	38.9	−9.6	76	81	1.6	1.0	3.2	55	1223.9	189.3	59.2	16	5
温　州	6.0	100.579	7.4	28.1	38.1	−4.5	73	83	2.2	1.4	—	20	1498.6	152.2	74.7	10	—
上　海	4.5	100.539	3.1	28.1	38.2	−9.1	73	82	3.0	1.7	3.1	59	1039.3	204.4	71.2	14	8
南　京	8.9	100.393	1.9	28.2	40.5	−13.0	71	81	2.3	1.4	2.2	71	1013.4	160.6	68.2	14	—
徐　州	43.0	100.062	−0.4	27.2	39.5	−22.6	60	81	2.8	1.7	0.9	92	868.9	127.9	45.2	25	24
蚌　埠	18.9	100.110	0.7	27.9	40.3	−20.4	66	80	2.3	1.4	1.7	77	905.3	122.3	45.5	24	13
安　庆	45.4	99.990	3.6	28.8	39.5	−12.5	70	79	2.8	1.7	2.5	53	1217.9	167.9	100.8	18	10
芦　氏	568.8	94.132	−1.3	26.0	42.1	−17.6	61	73	1.8	1.0	0.4	102	642.3	78.6	34.6	10	27
信　阳	75.9	99.553	1.9	28.0	40.1	−16.9	70	79	2.0	1.2	2.1	74	1134.7	145.4	—	23	7
赣　州	123.8	99.100	8.0	29.7	39.3	−4.2	72	70	2.0	1.2	—	18	1395.3	200.8	44.8	13	—
南　昌	46.7	99.902	5.1	29.7	40.6	−7.6	72	76	2.5	1.5	3.8	38	1483.8	188.1	50.2	16	—
景德镇	46.3	99.900	4.5	28.7	41.8	−10.9	75	80	1.8	1.1	4.0	46	1612.3	211.1	46.8	7	—
汉　口	23.3	100.182	2.9	28.8	38.7	−17.3	75	80	2.6	1.6	2.0 (武汉)	59 (武汉)	1203.1	261.7	98.6	12	—
长　沙	44.9	99.697	5.1	29.3	39.8	−9.5	77	75	2.5	1.2	2.6	38	1450.2	192.5	82.5	10	4
广　州	6.3	100.486	13.1	28.3	37.6	0.1	68	84	1.9	1.1	—	0	1622.5	253.6	63.0	—	—
韶　关	69.3	99.710	10.0	29.2	39.3	−3.0	70	75	1.5	0.9	—	7	1451.6	141.9	72.3	—	—
南　宁	72.2	99.613	12.9	28.4	39.0	−1.0	72	81	1.9	1.1	—	0	1306.8	127.5	87.2	—	—
桂　林	166.7	98.573	8.2	28.3	38.5	−4.5	68	79	1.6	1.0	—	15	1820.5	204.6	50.7	1	—
钦　县	4.0	100.337	13.5	28.5	37.5	0.9	73	86	2.6	1.5	—	—	2120.8	235.0	99.6	—	—
昆　明	1891.4	80.813	7.5	19.8	31.2	−5.1	69	84	1.7	1.0	—	12	1034.4	87.8	42.7	6	—
腾　冲	1647.8	83.137	7.6	19.6	30.5	−4.2	71	90	1.6	1.0	—	—	1391.1	83.7	42.8	—	—
思　茅	1302.1	86.483	11.7	21.6	34.6	−1.7	81	89	0.8	0.5	—	—	1553.4	119.9	54.0	—	—
贵　阳	1071.2	88.783	5.0	23.9	35.4	−7.8	76	78	1.9	0.9	4.0	43	1128.3	113.5	63.8	8	—
遵　义	843.9	91.139	4.4	25.3	37.0	−6.5	81	78	0.9	0.6	3.7	48	1140.1	141.3	75.7	4	—
重　庆	260.6	97.346	7.6	28.6	40.4	−0.9	81	76	1.6	0.9	—	9	1098.9	109.3	33.6	—	—
宜　宾	340.8	96.513	7.8	26.8	37.8	−3.0	82	83	1.2	0.7	—	8	1235.1	173.1	41.1	—	—
南　充	297.7	96.940	6.6	27.9	39.3	−1.7	80	77	1.3	0.8	—	14	1054.5	156.7	61.0	4	—
万　源	674.0	92.945	3.6	25.6	37.9	−8.2	66	78	1.3	0.8	—	—	1221.6	163.2	57.4	4	—
西　昌	1590.7	83.370	9.1	22.8	35.9	−3.4	52	76	0.8	0.5	—	7	989.2	104.9	31.9	9	—
松　潘	2827.7	72.071	−4.8	14.7	29.1	−21.1	50	74	1.0	0.6	—	—	693.4	34.4	—	12	50
甘　孜	3393.5	67.468	−4.9	14.0	28.7	−28.7	89	73	1.4	0.8	−1.8	165	601.6	34.6	12.7	9	95
会　理	1788.4	81.646	7.1	21.2	34.7	−4.7	62	80	0.9	0.6	—	—	1154.6	140.4	58.7	14	—

临时供水、供电、邻近电讯设施、供气条件调查表　　表 9-8

序号	项目名称	调查内容
1	给水排水(自来水与污水排放)	1. 与当地水源连接的可能性，可供水量；接管地点、管材、管径、埋深、水压及至工地距离和水费；地形地貌情况 2. 临时供给水源：利用江河、湖水的可能性；水质、水源、水量、取水方式及至工地距离；地形地物情况；临时水井水质、位置、深度及出水量 3. 利用永久排水设施的可能性，施工排水去向、距离和坡度；有无洪水影响，现有防洪设施、排洪能力 4. 自来水泵站和储水池状况

续表

序号	项目名称	调查内容
2	供电与电讯(电话)	1. 电源位置，引入的可能性，允许供电容量、电压、导线截面及接线地点、距离和电费；地形地物情况 2. 建设或施工单位自有发电设施型号、台数和容量能力 3. 利用邻近电讯设备的可能性，增设电话设备和线路的可能性，至工地距离
3	蒸汽等	1. 有无蒸汽来源，可供能力、数量，接管地点、管径、埋深、至工地距离；地形地物情况；供气价格 2. 建设或施工单位自有锅炉规格型号、台数、能力、所需燃料、用水水质 3. 当地提供压缩空气、氧气的能力，至工地的距离

注：调查目的是选择供水、供电、供气方式，作出经济比较。

9.1.3.2 社会劳动力、材料设备、机械设备调查

社会劳动力调查　　表 9-9

序号	人员层次	调查内容	调查目的
1	施工人员	1. 少数民族地区的风俗习惯 2. 当地能提供的劳动力人数、不同技术等级薪金(司机、熟练工、普工及当地劳务单价等)形式等和来源 3. 总数、分工种情况 4. 定额完成情况，技术水平和施工能力如何 5. 一专多能情况	1. 安排临时设施 2. 有无能满足施工需要的劳务输出拟定劳动力计划 3. 安排好施工人员的生活 4. 拟定本项目劳务单价 5. 拟定岗位培训计划，进行专业技术知识培训，提高技术水平
2	管理人员	1. 管理人员数，所占比例 2. 专业业务水平、业务素质 3. 一岗多能情况	1. 拟定岗位责任制 2. 各司其职，各负其责 3. 发挥其优势，调动主观能动性

施工区域地方资源情况调查表　　表 9-10

序号	企业名称	产品名称	规格	质量	生产能力	供应能力	生产方式	出厂价格	运距	运输方式	单位运价
1											
2											
3											
…											

注：1. 企业及产品名称栏按构件厂、木工厂、金属结构厂、砂石厂、建筑设备厂、砖、瓦、石灰厂等填列；
2. 调查工程所在地的工业情况，如当地有无可与施工配套的混凝土构件厂、木构件厂、金属加工厂等，这些厂的生产能力、产品质量、供货价格如何，为施工提供服务的可能性如何，为安排外加工构、配件做好准备。

施工区域地方建筑材料及构件生产企业调查表　　表 9-11

序号	材料名称	产地	储存量	质量	开采（生产)量	开采费	出厂价	运距	运费	供应的可能性	单位运价
1	钢筋										
2	水泥										
3	砂										
4	碎(砾)石										
5	块(料)石										
6	汽油										
7	柴油										
8	石油沥青										
9	水										
10	电										
…											

注：1. 材料名称栏按块石、碎石、砾石、砂、工业废料(包括冶金矿渣、炉渣、电站粉煤灰)等填列；
2. 了解工程所在地区地方大宗材料的供应能力，地方材料尽量就地取用，减少运费，对不足部分和缺少的材料及时组织外地进货。当地有资源、生产过程简单的材料，与当地协作生产，亦是降低工程成本的有效途径。

施工区域地方机具及周转材料租赁调查内容表　　表 9-12

序号	机具及周转材料名称	型号/规格	施工机械收费标准				工具和周转材料计量单位(d)			出租方
			日台班	月台班	带操作人员	不带操作人员	米	平方米	吨	
1										
2										
3										
…										

注：施工机械均按企业自带考虑，施工机械运费单独计列。施工机械使用费包括一类费用和二类费用，其中一类费用按照快速折旧法计算(第一年折旧40%，第二年折旧30%，第三年折旧20%，第四年折旧10%，第4年末折旧完成)，概算时为折旧58%；二类费用包括机上人工费和动力燃料费，根据其定额量计算。

定额市场价及租赁单价调查内容表　　表 9-13

序号	机械或设备名称	型号、规格	单位	额定功率	生产能力	用于施工部位	国别产地	采购单价(元)	定额市场价(元/台班)	租赁单价(元/台班)	备注
一	土方及筑路机械										
1	二轮振动压路机	YZZ-8	台		8148(m^2/台班)	土方及垫基层	徐州				
2	三轮压路机	3Y12/15	台		3675(m^2/台班)	土方及垫基层	徐州				
3	挖掘机	现代210LC-3	台		1.05m^3		常州				
4	装载机	ZL-30A	台								
5	推土机	TY220	台	120kW		土方回填	进口				
二	打桩机械										
6	钻孔桩机	GB-15	台								
7	自制冲抓		台								
三	起重机械										
8	汽车吊	25t	台								
9	汽车吊	16t	台								
10	汽车吊	8t	台								
四	水平运输机械										
11	东风10t货车	CSZ9171HE	台								
12	东风4.5t货车	EQ3092F	台								
13	江铃货车	NK55LLW	台								
14	机动翻斗车	F1A	台		1t/次	混凝土工程					
15	机动翻斗车	FC15	台								
16	自卸式汽车	15t	台								
17	人力翻斗车		台								
18	洒水车	LSFO-5(CA)	台								
19	洒水车	SZQ9170GSS	台								
五	垂直运输机械										
20	5t慢速卷扬机	JM5	台	11.0kW		混凝土路面钢筋制作					
六	混凝土及砂浆机械										
21	混凝土拌和机	JS500	台	10m^3/h		混凝土工程	山东				
22	砂浆拌和机	UJ325/200L	台	4m^3/h		砌筑、粉刷	山东				
23	插入式振捣棒	MJ104	台	1.1kW		混凝土工程	南京				
24	平板震动器	ZX-50	台	1.1kW		混凝土工程	南京				
25	振动梁		套	1.5kW		混凝土路面	自制				
26	滚筒	5.5m/ϕ100	套			混凝土路面	自制				
27	真空吸水泵		台			混凝土路面					

续表

序号	机械或设备名称	型号、规格	单位	额定功率	生产能力	用于施工部位	国别产地	采购单价（元）	定额市场价（元/台班）	租赁单价（元/台班）	备注
28	抹面机		台			混凝土路面					
29	切缝机		台	3kW		混凝土路面	苏州				
七	加工机械										
30	钢筋切断机	QJS-40	台								
31	钢筋弯曲机	WJ40-1	台								
32	电弧焊机	BX1301，BX2400	台	10～21kW		混凝土路面钢筋制作					
33	钢筋切割机	QW32、QW40	台	7.5kW		混凝土路面钢筋制作					
34	钢筋调直机	CT4/14	台	2.21kW		混凝土路面钢筋制作					
35	闪光对焊机	UN-DH	台								
36	台式钻床	ZS20	台								
37	木工平刨机	MB504B	台								
38	木工圆电机	MJ104A	台								
39	型材切割机	J3G-400	台								
40	立式砂轮机	ST-125	台								
41	角相砂轮机	4′-6′	台								
42	套丝机	G15-100	台								
八	泵类机械										
43	泥浆泵	BW250/40	台								
44	潜水泵	QY15-26-2.2	台	2.5kW		场地					
45	污水泵	4PW-160	台								
46	高压清水泵	3XB-75/50	台								
九	焊接机械										
47	直流电焊机	AXS-500	台								
48	交流电焊机	BX3-300-2	台								
49	焊条烘箱		台								
50	气割工具	Q3-1	台								
十	动力机械										
51	蛙式打夯机	HW-01	台	3.0kW		土方回填					
52	移动式空压机	W-1.5/5	台								
53	空压机	W-2.6/5	台								
54	蛙式打夯机		台								
55	空气压缩机	1.0m^3	台								
56	发电机	100kW	台								
57	发电机	ZMC24	台			场地					
58	电力配电柜	1000A	台			场地	常州				
十一	地下工程机械										
59	压密注浆机械		套								
60	高压旋喷桩机	G-ZA-50	套								
十二	特殊机械										
61	千斤顶	YCW150B	台								
62	高压油压泵	ZB/630	台								
63	孔道压浆机	UB3	台								
64	混凝土切割机	HQ120	台								
65	真空吸水机	H2X60A	台								

三大材料、特殊物资、主要设备调查内容表 **表 9-14**

序号	项　目	调 查 内 容	调 查 目 的
1	三大材料	1. 钢材(包括型钢、直筋、盘筋、钢板、钢管、钢绞线等)订货的规格、钢材数量和到货时间 2. 木材(包括各类木模板)订货的规格、等级、数量和到货时间 3. 水泥(袋装或散装)订货的品种、强度等级、数量和到货时间	1. 确定临时设施及堆放场地和仓库型式 2. 确定木材加工计划及存放方式 3. 确定水泥储存方式及仓库型式
2	特殊物资	1. 需要的品种、规格和数量(包括石油沥青、钢模板、钢板桩、脚手架、枕木等) 2. 试制加工和供应情况	1. 制定供应计划 2. 分类管理，确定储存方式及仓库型式
3	主要设备	1. 主要工艺设备名称及来源(含水泥混凝土搅拌站、沥青混凝土拌和厂、混凝土构筑物预制场及大型机械设备等) 2. 分批和全部到货时间	1. 确定临时设施及堆放场地和仓库型式 2. 拟定防雨措施

交通运输条件调查内容表 **表 9-15**

项目	调 查 内 容	调 查 目 的
铁路	1. 邻近铁路专用线、车站至工地距离，运输条件	以便组织材料运输；提前修建为施工服务的临时运输道路、桥涵、码头等
	2. 车站起重能力，卸货线长度，站场存贮能力	
	3. 装载货物的最大尺寸	
	4. 运费、装卸费和装卸力量	
公路	1. 各种材料至工地的公路等级、路面构造、路宽及完好情况、允许最大载重量	
	2. 途经桥涵等级，允许最大载重量	
	3. 当地专业运输机构及附近农村能提供的运输能力(吨·公里数)。汽车、人、畜力车数量，效率	
	4. 运费、装卸费和装卸力量	
	5. 有无汽车修配厂，至工地距离，道路情况，能提供的修配能力	
航运	1. 货源与工地至邻近河流、码头、渡口的距离，道路情况	
	2. 洪水、平水、枯水期，通航最大船只及吨位，取得船只情况	
	3. 码头装卸能力，最大起重量，增设码头的可能性	
	4. 渡口、渡船能力，同时可载汽车、马车数，每日次数，能为施工提供的能力	
	5. 每吨货物运价，装卸费和渡口费	

《物资供应商评价记录》 **表 9-16**

供应商名称	上海某某混凝土制品有限公司	
供应商经营范围：市政工程方砖、道牙、隔离墩、地面砖、花饰等 供应商提供资料情况：供应商提供营业执照、资质等级证书、质量监督证、获颁证书及荣誉称号、应用工程实例		
材料名称、规格、型号		计量单位
单价、价格信息(含该材料低价、均价等)　定额市场价　元/m^2　市场价　元/m^2　元/m^2 生产厂家名称 生产厂家地址　邮政编码 联系人　电话号码 上海市建设工程材料准用证、生产许可证、检测报告、产品品牌、产品合格证书等 评价内容： 对供应商提供的资料经查阅，具备合格供应商条件。 材料名称：高、中、低侧石及碎石 记录人： 日期：200　年　月　日		
评价结论意见： 负责人： 日期：		

9.1.3.3 地震烈度，摄、华氏温度对照，节气，降雨等级，风力概况等

地震烈度概况表　　表 9-17

烈度	相应震级	对房屋、结构物的损坏情况
1～3	2～3	无损坏
4	4	门窗和纸糊的顶棚有时轻微作响，开着的门窗摇动，尘土落下，抹灰层可能有细小裂缝
6	5	砖石砌体有轻微损坏，临时房屋和工棚可能倾倒；个别情况下，道路上湿土中或新的填土中有细小裂缝
7	5～6	Ⅰ类房屋少数倾倒，Ⅱ类房屋少数破坏；个别情况下，道路上有小裂缝；路基陡坡和新筑道路土堤的斜坡上，偶有塌方
8	6	Ⅰ类房屋大多数破坏倾倒；Ⅱ类房屋大多数破坏，少数倾倒，Ⅲ类房屋少数破坏；路堤和路堑的陡坡上有大的塌方；个别情况下，地下管道接头处遭受破坏
9	7	Ⅰ类房屋大多数倾倒；Ⅱ类房屋许多倾倒；类房屋少数倾倒；道路上有裂缝；有时路基毁坏；有些地方地下管道破裂或损坏
10	7	Ⅲ类房屋许多倾倒；路基和土堤毁坏；道路变形，并有许多裂缝：铁轨局部弯曲；地下管道破裂
11	8	房屋普遍毁坏；路基和土堤大段毁坏；大段铁轨弯曲；地下管道完全不能使用
12	8 以上	建筑物普遍毁坏；广大地区内，地形有剧烈的变化；广大地区内，地表水和地下水情况剧烈变化

注：地震震级是表示一次地震本身能量大小的尺度；地震烈度是指某一地区的地面和各种建筑物遭受地震影响的强烈程度。

我国主要城市平均气温稳定低于 5℃的初终日期　　表 9-18

城市名城	初终日期（日/月～日/月）	天　数	城市名城	初终日期（日/月～日/月）	天　数
海拉尔	25/9～11/5	228	哈　密	25/10～25/3	150
哈尔滨	13/10～23/4	192	敦　煌	26/10～22/3	147
牡丹江	13/10～22/4	191	上　海	11/12～5/3	84
沈　阳	25/10～6/4	163	武　汉	5/12～2/3	87
丹　东	6/11～6/4	151	汉　中	27/11～2/3	95
呼和浩特	5/11～17/4	164	南　昌	22/12～27/2	67
兰　州	26/10～23/3	148	桂　林	6/1～8/2	33
乌鲁木齐	12/10～11/4	181	重　庆	13/1～25/1	12
北　京	12/11～22/3	130	成　都	31/12～1/1	1
济　南	18/11～18/3	120	贵　阳	11/12～28/2	79
锡林浩特	2/10～2/5	213	昆　明	21/1～2/2	12
青　岛	18/11～27/3	129	康　定	19/10～13/4	176
银　川	29/10～27/3	149	昌　都	30/10～29/3	150
徐　州	22/11～16/3	114	黑　河	11/9～9/6	276
酒　泉	19/10～11/4	174	拉　萨	28/10～28/3	151
西　安	18/11～9/3	111	格尔木	10/10～22/4	194
太　原	1/11～26/3	145			

摄氏与华氏温度对照表　　表 9-19

摄氏/℃	华氏/℉	摄氏/℃	华氏/℉	摄氏/℃	华氏/℉
−40	−40	−10	14	4	39.2
−35	−31	−5	23	5	41
−30	−22	0	32	6	42.8
−25	−13	1	33.8	7	44.6
−20	−4	2	35.6	8	46.4
−15	5	3	37.4	9	48.2

续表

摄氏/℃	华氏/℉	摄氏/℃	华氏/℉	摄氏/℃	华氏/℉
10	50	35	95	100	212
11	51.8	36	96.8	105	221
12	53.6	37	98.6	110	230
13	55.4	38	100.4	115	239
14	57.2	39	102.2	120	248
15	59	40	104	125	257
16	60.8	41	105.8	130	266
17	62.6	42	107.6	135	275
18	64.4	43	109.4	140	284
19	66.2	44	111.2	145	293
20	68	45	113	150	302
21	69.3	46	114.8	155	311
22	71.5	47	116.6	160	320
23	73.4	48	118.4	165	329
24	75.2	49	120.2	170	338
25	77	50	122	175	347
26	78.8	55	131	180	356
27	80.6	60	140	185	365
28	82.4	65	149	190	374
29	84.2	70	158	195	383
30	86	75	167	200	392
31	87.8	80	176	205	401
32	89.6	85	185	210	410
33	91.4	90	194	215	419
34	93.2	95	203		

注：1. 从华氏温度(℉)求摄氏温度(℃)的公式：
摄氏温度＝(华氏温度－32)×5/9
2. 从摄氏温度(℃)求华氏温度(℉)的公式：
华氏温度＝摄氏温度×9/5＋32

降雨等级划分表 **表 9-20**

降雨等级	现象描述	降雨量范围(mm)	
		一天内总量	半天内总量
小雨	雨能使地面潮湿，但不泥泞	1～10	0.2～5.0
中雨	雨降到屋顶上有淅声，凹地积水	10～25	5.1～15
大雨	降雨如倾盆，落地四溅，平地积水	25～50	15.1～30
暴雨	降雨比大雨还猛，能造成山洪暴发	50～100	30.1～76
大暴雨	降雨比暴雨还大，或时间长，造成洪涝灾害	100～200	70.1～140
特大暴雨	降雨比大暴雨还大，能造成洪涝灾害	＞200	＞140

风力等级表 **表 9-21**

风级	名称	地面征象标准	相当风速(m/s)
0	无风	静、烟直上	0～0.2
1	软风	烟能表示风向	0.3～1.5
2	轻风	人面感觉有风，树叶微响	1.6～3.3
3	微风	树叶及微枝摇动不息	3.4～5.4

续表

风级	名称	地面征象标准	相当风速(m/s)
4	和风	能吹起地面灰尘和纸张，树的小枝摇动	5.5～7.9
5	清风	小树摇摆，水面起波	8～10.7
6	强风	大树枝摇动，电线呼呼有声，举伞有困难	10.8～13.8
7	疾风	大树摇摆迎风步行不便	13.9～17.1
8	大风	树枝折断，迎风行走感觉阻力很大	17.2～20.7
9	烈风	烟囱及平房屋顶受到损失	20.8～24.4
10	狂风	陆上少见，可拔树毁房	24.5～28.4
11	暴风	陆上少见，有则必受重大损毁	28.5～32.6
12	飓风	陆上绝少，其摧毁力极大	32.6 以上

9.2 施工临时仓库与临时用房

9.2.1 临时仓库与露天堆场的面积计算

临时仓库与露天堆场的面积计算表 **表 9-22**

项目	计算公式	说明
材料贮存量 q(t，m³)	$q=(Q\times t_1\div t)\times K$	Q—计划时间内材料需用量(t，m³)； t_1—材料的贮存天数指标，估算时参考表； t—计划期间的工作天数(d)； K—材料使用的不均衡系数，可采用 1.5～2.0 必要时，考虑季节储备
仓库面积 F(包括通道与管理用房所占面积)(m²)	$F=q\div(P\times K)$	q—材料贮存量(t，m³)； P—仓库每平米有效面积的存放量，见表 9-23； K—仓库有效面积利用系数，见表 9-24

仓库每平米有效面积的材料存放量 P **表 9-23**

序号	材料名称	单位	每平米面积上储存量 P	堆置高度(m)	存放方式	仓库型式
1	钢材	t	1.5	1	叠放	露天
	型钢	t	0.8～1.8	0.5～1.2	叠放	露天
	钢筋(直筋)	t	1.8～2.4	1.2	叠放	棚
	钢筋(盘筋)	t	0.8～1.2	1	叠放	棚
	钢板	t	2.4～2.7	1	叠放	棚
	钢管 ϕ200mm 以下	t	0.7～1.0	2	叠放	露天
	钢管 ϕ200mm 以上	t	0.5～0.6	1.2	叠放	露天
2	五金	t	1	2.2	台架	库房
3	钢丝绳	t	0.7	1	叠放	库房
4	电线电缆	t	0.3	2	叠放	棚或库房
5	木材	m³	0.8	2	叠放	露天
	原木	m³	0.9	2.0	叠放	露天
	成材	m³	0.7	3	叠放	露天
6	模板	件	250	2	—	库房
7	水泥	t	1.4	1.5	堆放	库房
	水泥(袋装)	t	1.3	1.5	堆放	库房

续表

序号	材料名称	单位	每平米面积上储存量 P	堆置高度(m)	存放方式	仓库型式
	水泥(散装)	t	2.2	—	水泥筒仓	库房
8	砂、石(人工堆放)	m^3	1.2	1.5	堆放	露天
	砂、石(机械堆放)	m^3	2.4	3.0	堆放	露天
9	砖	千块	0.5	1.5	堆放	露天
10	块石	m^3	1	1.2	堆放	露天
11	炸药、雷管	t	0.7	1.0	箱装、堆放	专用库房
12	玻璃	箱	6～10	0.8	箱装	棚或库

仓库面积利用系数 k　　**表 9-24**

序号	仓库型式	利用系数 k	序号	仓库型式	利用系数 k
1	室内库房、有货架与通道	0.35～0.4	4	棚式仓库	0.5～0.6
2	仓楼	0.6～0.9	5	露天堆场(堆放木料)	0.4～0.5
3	堆置袋装物料的库房	0.4～0.6	6	露天堆场(堆放砂、石料)	0.6～0.7

9.2.1.1　行政、生活、福利临时设施建筑

生活设施的调查表　　**表 9-25**

序号	项　目	调查内容	调查目的
1	周围环境	1. 主副食品供应、日用品供应、文化教育、消防、治安等机构能为施工提供的支援能力 2. 邻近医疗单位至工地的距离，可能就医情况 3. 当地公共交通、邮电服务情况 4. 周围是否存在有害气体，污染情况，有无地方病安排职工生活基地，解除后顾之忧	1. 能否满足施工要求，尚需提供哪些条件才能解决施工中的生活等问题 2. 解除职工后顾之忧 3. 安排好施工人员的生活 4. 拟定应急预案措施
2	房屋设施	1. 必须在工地居住的人数 2. 能作为施工用的现有的房屋，面积、结构特征、总面积、位置、水、暖、电、卫设备状况 3. 上述建筑物可用作宿舍、食堂、办公室的可能性	1. 安排临时设施 2. 确定现有的房屋为施工服务的可能性 3. 借助外部力量，改善施工条件

这一类临时设施建筑的建筑面积主要取决于施工工地的人数，包括职工和家属人数，建筑面积按式(9-1)确定：

$$S=N\times P \tag{9-1}$$

式中　S——建筑面积(m^2)；

N——工地人数；

P——建筑面积指标，参见表 9-26。

行政、生活、福利临时设施建筑面积参考指标 P　　**表 9-26**

序号	临时用房屋名称	指标使用方法	参考指标(m^2/人)	说明
一	办公室	按使用人数	3～4	
二	宿舍	按高峰年(季)平均职工人数	2.5～3.5	
1	单层通铺	(扣除不在工地住宿人数)	2.5～3.0	
2	双层床	按在工地住宿实有人数	2.0～2.5	
3	单层床	按高峰年平均职工人数	3.5～4.0	
三	家属宿舍	按在工地住宿实有人数	16～25m^2/户	

续表

序号	临时用房屋名称	指标使用方法	参考指标(m^2/人)	说明
四	食堂	按高峰年平均职工人数	0.5～0.8	
五	食堂兼礼堂	按高峰年平均职工人数	0.6～0.9	
六	其他合计	按高峰年平均职工人数	0.5～0.6	
1	医务室	按高峰年平均职工人数	0.05～0.07	
2	浴室	按高峰年平均职工人数	0.07～0.1	
3	理发室	按高峰年平均职工人数	0.01～0.03	
4	浴室兼理发室	按高峰年平均职工人数	0.08～0.1	
5	俱乐部	按高峰年平均职工人数	0.1	
6	小卖部	按高峰年平均职工人数	0.03	
7	招待所	按高峰年平均职工人数	0.06	
8	子弟小学	按高峰年平均职工人数	0.06～0.08	
9	其他公用	按高峰年平均职工人数	0.05～0.10	
七	现场小型设施			
1	开水房		10～40	
2	厕所	按高峰年平均职工人数	0.02～0.07	
3	工人休息室	按高峰年平均职工人数	0.15	
八	行政库房	按高峰年平均职工人数	0.05	

9.2.2 现场作业棚所需面积参考指标

现场作业棚所需面积参考指标 表 9-27

序号	作业棚名称	单位	所需面积(m^2)	序号	作业棚名称	单位	所需面积(m^2)
1	木工作业棚	m^2/人	2	11	焊工房	m^2	20～40
2	水泥棚	m^2	根据需要和可能	12	电工房	m^2	15
3	电锯房	m^2	40	13	白铁工房	m^2	20
4	变电器房	m^2	根据需要和可能	14	油漆工房	m^2	20
5	钢筋作业棚	m^2/人	3	15	机、钳工修理房	m^2	20
6	搅拌棚	m^2/台	10～18	16	立式锅炉房	m^2/台	5～10
7	卷扬机棚	m^2/台	6～12	17	发电机房	m^2/kW	0.2～0.3
8	材料实验棚	m^2	根据需要和可能	18	水泵房	m^2/台	38
9	混凝土养生棚(移动式)	m^2	根据需要和可能	19	空压机房(移动式)	m^2/台	13～30
10	烘炉棚	m^2	30～40	20	空压机房(固定式)	m^2/台	9～15

现场机运站、机修间、停放场所需面积参考指标 表 9-28

序号	施工机械名称	所需场地(m^2/台)	存放方式	检修所需建筑面积	
				内容	数量(m^2)
	一、起重、土方机械类				
1	塔式起重机	200～300	露天	每20台设1个检修台位(每增加20台增设1个检修台位)	200(增150)
2	履带式起重机	100～125	露天		
3	履带式打桩机	80～100	露天		
4	履带式正铲或反铲、拖式铲运机、轮胎式起重机	75～100	露天		

续表

序号	施工机械名称	所需场地(m^2/台)	存放方式	检修所需建筑面积	
				内　容	数量(m^2)
5	推土机、拖拉机、压路机	25～35	露天	每20台设1个检修台位(每增加20台增设1个检修台位)	200(增150)
6	汽车式起重机	20～30	露天或室内		
	二、运输机械类				
7	汽车(室内) (室外)	20～30 40～60	一般情况下室内不小于10%	每20台设1个检修台位(每增加20台增设1个检修台位)	170(增160)
8	平板拖车	100～150			
	三、其他机械类				
9	搅拌机、卷扬机、电焊机、电动机、水泵、空压机、油泵、少先吊等	4～6	一般情况下室内占30%露天占70%	每50台设1个检修台位(每增加50台增设1个检修台位)	50(增50)

注：1. 露天或室内视气候条件而定，寒冷地区应适当增加室内存放；
2. 所需场地包括道路、通道和回转场地。

9.3　工地现场临时供水

工地临时供水、供电和供热应解决的主要问题有：确定用量、选择供应来源、设计管线网路等。如需工地自行解决供应来源，还需确定相应的设备。

确定用量时，应考虑生产、生活和特别用途(如消防用水)的需用量。选择供应来源时，首先应考虑到用当地已有的水源、电源等，如当地没有或供应量不能满足需用时，才需自行设计解决。

9.3.1　工程用水量计算

9.3.1.1　施工工程用水量

$$q_1=K_1\times(Q_1\times N_1\div T_1\times b)\times(K_2\div 8\times 3600) \quad (9\text{-}2)$$

式中　q_1——施工工程用水量(L/s)；

K_1——未预见的施工用水系数，$K_1=1.05\sim1.15$；

Q_1——年(季)度工程量(以实物计量单位表示)；

N_1——施工用水定额(见表 9-29)；

T_1——年(季)度有效作业日(d)；

b——每天工作班数；

K_2——用水不均衡系数(见表 9-30)。

施工机械用水定额参考定额表(N_1)　　表 9-29

序号	用水对象	单位	耗水量(L)	备注
1	浇筑混凝土全部用水	m^3	1700～2400	不包括调剂水
2	搅拌普通混凝土	m^3	250	
3	搅拌轻质混凝土	m^3	300～3500	
4	混凝土养生(自然养生)	m^3	200～400	
5	混凝土养生(蒸气养生)	m^3	500～700	
6	湿润模板	m^2	10～15	

续表

序号	用水对象	单位	耗水量(L)	备注
7	冲洗模板	m^3	5	
8	搅拌机清洗	台班	600	
9	人工洗石子	m^3	1000	
10	机械洗石子	m^3	600	
11	洗砂	m^3	1000	
12	浇砖	千块	500	
13	砌砖工程全部用水	m^3	150～250	不包括调剂水
14	砌石工程全部用水	m^3	50～80	
15	抹灰	m^2	4～6	
16	搅拌砂浆	m^3	300	
17	消化生石灰	t	3000	
18	素土路面路基	m^3	0.2～0.3	
19	钻孔桩回旋钻机钻孔(土质为砂土、粘土时)	m	3100	桩径 100cm，孔深<30cm
20	石灰土基层(拖拉机拌和)	m^3	39	压实厚度 15cm，用灰量 12%
21	碎(砾)石灰土基层(拖拉机拌和)	m^3	2	压实厚度 15cm，用灰量 12%
22	工业废渣基层(拖拉机拌和)	m^3	25	石灰、粉煤灰、土，压实厚度 10cm
23	泥结碎石路面	m^3	26	压实厚度 10cm

施工用水不均衡系数表 **表 9-30**

K 号	用水名称	系数
K_2	施工工程用水	1.5
	生产企业用水	1.25
K_3	施工机械、运输机具	2
	动力设备	1.05～1.10
K_4	施工现场生活用水	1.30～1.50
K_5	居民生活用水	2.00～2.50

9.3.1.2 施工机械用水量

$$q_2=(K_1\times\Sigma Q_2\times N_2)\times(K_3\div 8\times 3600) \quad (9\text{-}3)$$

式中 q_2——施工机械用水量(L/s)；

K_1——未预见的用水系数，$K_1=1.05\sim1.15$；

Q_2——同一种机械台数(台)；

N_2——施工机械台班用水定额(见表 9-31)；

K_3——施工机械用水不均衡系数(见表 9-30)。

施工机械台班用水量参考定额表(N_2) **表 9-31**

序号	机械名称	单位	耗水量(L)	备注
1	内燃挖土机	台班·m^2	200～300	以斗容量 m^3 计
2	内燃起重机	台班·t	15～13	以起重吨数计
3	蒸气打桩机	台班·t	1000～1200	以锤重吨数计
4	内燃压路机	台班·t	12～15	以压路机吨数计
5	拖拉机	昼夜·台	200～300	
6	汽车	昼夜·台	400～700	
7	空气压缩机	台班·(m^3/min)	40～80	以压缩空气排气量 m^3/min 计

续表

序号	机械名称	单位	耗水量(L)	备注
8	内燃动力装置	台班·马力	120～300	直流水
9	内燃动力装置	台班·马力	25～40	循环水
10	锅炉	H·t	1000	以小时蒸发量计
11	锅炉	Hm^2	15～30	以受热面积计
12	点焊机 25 型	H	100	
	50 型	H	150～200	
	75 型	H	250～350	
	100 型	H	—	
13	对焊机	H	300	
14	冷拔机	H	300	
15	凿岩机 YQ-100	min	8～12	
	01-38(KNM-4)	min	8	
	01-45(TN-4)	min	5	
	01-30(CM-56)	min	3	

注：马力应换算为法定计量单位千瓦，1 马力＝0.735499kW，以下类同。

9.3.1.3　施工现场生活用水量

$$q_3=(P_1\times N_3\times K_4)\div(b\times 8\times 3600) \tag{9-4}$$

式中　q_3——施工现场生活用水量(L/s)；

P_1——施工现场高峰人数；

N_3——施工现场生活用水定额，视当地气候、工种而定，一般为 20～60L/人，班；

K_4——用水不均衡系数见表 9-30；

b——每天工作班数。

9.3.1.4　生活区生活用水量

$$q_4=(P_2\times N_4\times K_5)\div(24\times 3600) \tag{9-5}$$

式中　q_4——生活区生活用水量(L/s)；

P_2——生活区居住人数(人)；

N_4——生活区生活用水定额(见表 9-32)；

K_5——用水不均衡系数(见表 9-30)。

生活用水量参考定额表(N_4)　　表 9-32

序号	用水名称	单位	耗水量(L)	备注
1	生活用水	人·日	20～30	盥洗、饮用
2	食堂	人·日	15～20	
3	淋浴	人·次	50	入浴人数按出勤人数的 30%计
4	洗衣	人	30～35	
5	理发室	人·次	15	
6	工地医院	病床·日	100～150	
7	家属	人·日	50～60	有卫生设备
8	家属	人·日	25～30	无卫生设备

9.3.1.5 消防用水量

消防用水量 q_5 可参考表 8-3-5 选择。

消防用水量参考(q_5) 表 9-33

序号	用水区域	用水情况	火灾同时发生次数	用水量(L/s)
1	居住区	5000 人以内	一次	10
		10000 人以内	二次	10～15
		25000 人以内	二次	15～20
2	施工现场	施工现场在 $25\times10^4m^2$ 以内	一次	10～15
		施工现场每增加 $25\times10^4m^2$	一次	5

9.3.1.6 施工现场总用水量

① 当$(q_1+q_2+q_3+q_4)\leqslant q_5$ 时，则：

$$Q=q_5+(q_1+q_2+q_3+q_4)\div2 \tag{9-6}$$

② 当$(q_1+q_2+q_3+q_4)>q_5$ 时，则：

$$Q=q_1+q_2+q_3+q_4 \tag{9-7}$$

③ 当工地面积小于 $5\times10^4m^2$，而且$(q_1+q_2+q_3+q_4)<q_5$ 时，

$$Q=q_5 \tag{9-8}$$

式中 Q——总用水量(L/s)。

其余符号意义同前。

9.3.2 水源选择

工地临时供水水源，首先应考虑当地的自来水，如不可能时，才另选天然水源。天然水源有河水、湖水、水库蓄水等地面水和泉水、井水等地下水。

任何临时水源都应满足以下要求：水量充足稳定，能保证最大需水量供应；符合生活饮用和生产用水的水质标准；取水、输水、净水设施安全可靠；施工安装、运转、管理和维护方便。

9.3.3 临时供水系统

供水系统由取水设施、净水设施、储水构造物、输水管网几部分组成。

取水设施由取水口、进水管及水泵站组成。取水口距河底(或井底)不得小于 0.25～0.9m，距冰层下部边缘的距离也不得小于 0.25m。水泵要有足够的抽水能力和扬程。

当水泵不能连续工作时，应设置储水构造物，其容量以每小时消防用水量来确定，但一般不小于 10～20m。

9.3.3.1 管网中水管直径的计算

输水管网的管径可用式(9-3-8)计算。干管一般为钢管、铸铁管，支管为钢管。

$$D=\sqrt{4\times Q\div(\pi\times v\times1000)} \tag{9-9}$$

式中 D——输水管直径(cm)；

Q——耗水量(L/s)；

v——管网中水流速度(m/s)，临时水管经济流速范围参见表 9-34；一般生活及施工用水取 1.5m/s，消防用水取 2.5m/s。

水管经济流速表(v)　　**表 9-34**

序　号	管径(mm)	流速(m/s)	
		正常时间	消防时间
1	支管 $D<100$	2	
2	生产消防管道 $D=100\sim300$	1.3	>3.0
3	生产消防管道 $D>300$	1.5～1.7	2.5
4	生产用水管道 $D>300$	1.5～2.5	3.0

为了减少计算工作，在确定了管径流量 q 和流速范围后，管径亦可从表 9-35、表 9-36 查得。

给水铸铁计算表　　**表 9-35**

流量(L/s)	管径(mm)									
	75		100		150		200		250	
	i	v	i	v	i	v	i	v	i	v
2	7.98	0.46	1.94	0.26						
4	28.40	0.93	6.69	0.52						
6	61.50	1.39	14.0	0.73	1.87	0.34				
8	109.0	1.86	23.9	1.04	2.14	0.46	0.765	0.26		
10	171.0	2.33	36.5	1.30	4.69	0.57	1.13	0.32		
12	246.0	2.76	52.6	1.56	6.55	0.69	1.58	0.39	0.529	0.25
14			71.6	1.82	8.71	0.80	2.08	0.45	0.695	0.29
16			93.5	2.08	11.1	0.92	2.64	0.51	0.886	0.33
18			118.0	2.34	13.9	1.03	3.28	0.58	1.09	0.37
20			146.0	2.60	16.9	1.15	3.97	0.64	1.32	0.41
22			177.0	2.86	20.2	1.26	4.73	0.71	1.57	0.45
24					24.1	1.38	5.56	0.77	1.83	0.49
26					28.3	1.49	6.64	0.84	2.12	0.53
28					32.8	1.61	7.38	0.90	2.42	0.57
30					37.7	1.72	8.40	0.96	2.75	0.62
32					42.8	1.84	9.46	1.03	3.09	0.66
34					84.4	1.95	10.6	1.09	3.45	0.70
36					54.2	2.06	11.8	1.16	3.83	0.74
38					60.40	2.18	13.00	1.22	4.23	0.78

注：v—流速(m/s)；i—压力损失(mm/m)。

给水钢管计算表　　**表 9-36**

流量(L/s)	管径(mm)									
	25		40		50		70		80	
	i	v	i	v	i	v	i	v	i	v
0.2	21.3	0.38								
0.4	74.8	0.75	8.96	0.32						
0.6	159	1.13	18.4	0.48						
0.8	279	1.51	31.4	0.64						
1.0	437	1.88	47.3	0.8	12.9	0.47	3.76	0.28	1.61	0.2
1.2	629	2.26	66.3	0.95	18.0	0.56	5.18	0.34	2.27	0.24
1.4	856	2.64	88.4	1.11	23.7	0.66	6.83	0.40	2.97	0.28
1.6	1118	3.01	114	1.27	30.4	0.75	8.70	0.45	3.76	0.32
1.8			144	1.43	37.8	0.85	10.7	0.51	4.66	0.36
2.0			178	1.59	46.0	0.94	13.0	0.57	5.62	0.40

续表

流量(L/s)	管径(mm)									
	25		40		50		70		80	
	i	v	i	v	i	v	i	v	i	v
2.6			301	2.07	74.9	1.22	21.0	0.74	9.03	0.52
3.0			400	2.39	99.8	1.41	27.4	0.85	11.7	0.60
3.6			577	2.86	144	1.69	38.4	1.02	16.3	0.72
4.0					177	1.88	46.8	1.13	19.8	0.81
4.6					235	2.17	61.2	1.30	25.7	0.93
5.0					277	2.35	72.3	1.42	30.0	1.01
5.6					348	2.64	90.7	1.59	37.0	1.13
6.0					399	2.82	104	1.70	42.1	1.21

注：v—流速(m/s)；i—压力损失(mm/m)。

水煤气钢管规格及质量表 表 9-37

公称口径(mm)	理论质量(kg/m)		公称口径(mm)	理论质量(kg/m)	
	普通管	加厚管		普通管	加厚管
6	0.39	0.46	40	3.84	4.58
8	0.62	0.73	50	4.88	6.16
10	0.82	0.97	70	6.64	7.88
15	1.25	1.44	80	8.34	9.81
20	1.63	2.01	100	10.85	13.44
25	2.42	2.91	125	15.04	18.24
32	3.13	3.77	150	17.81	21.63

注：水煤气钢管的公称口径系指管的内径。

9.3.3.2 供水水塔或蓄水池高程

$$Z_b \geqslant Z_c + \Sigma h_1 + H_f \tag{9-10}$$

式中 Z_b——水塔高程(m)；

Z_c——最高最远用户房顶高程(m)；

Σh_1——自水塔到最不利用用户之间的水头损失(m)；

H_f——消防水头，一般取 8～10m。

9.4 工地现场临时供电

9.4.1 工地总用电量

施工现场用电量可以参照表 9-38 所示的“施工用电参考定额”进行计算。

施工机具电动机额度用量参考表 表 9-38

序号	机具名称	额定功率(kW)	序号	机具名称	额定功率(kW)
1	单斗挖掘机 W_1-50(100)	55(100)	6	振动沉桩机(北京 580 型)	45
2	单斗挖掘机 W-4	250	7	振动沉桩机 CH-20 型	55
3	推土机 T_1-100	100	8	振动沉桩机 CZ-800 型	90
4	蛙式夯土机 HW-20～60	1.5～2.8	9	螺旋钻孔桩	22～30
5	振动夯土机 HZ-330A	4	10	冲击式钻孔桩	20～30

续表

序号	机具名称	额定功率(kW)	序号	机具名称	额定功率(kW)
11	潜水式钻机 GZQ-800	30	30	平板式振动器	0.5～2.2
12	SPJ-300 地质水文钻机	40	31	外附振动器 HZ_2-4～HZ_2-20	0.5～2.2
13	JH-300 反循环钻机	40	32	钢筋切断机 GJ-40	7
14	深层搅拌桩机 SJB-1	60	33	钢筋调直机 GJ_4-14/4	9
15	塔式起重机 ZT120(上海)	70.5	34	钢筋弯曲机 GJ_7-40	2.8
16	塔式起重机 88HC(德国)	42	35	交流电弧焊机 50～450A	21kVA
17	塔式起重机 FO/23B(法国)	61	36	直流电弧焊机 45～375A	10
18	少先式起重机(0.5t)	3.7	37	单盘水磨石机	2.2
19	1～1.5t 单筒卷扬机	7.5～11.0	38	双盘水磨石机	3
20	3～5t 慢速卷扬机	7.5～11.0	39	地面磨光机	0.4
	混凝土工程		40	ϕ500 木工圆锯机	3.0～4.5
21	500L 混凝土搅拌机	7.3	41	ϕ1000 木工圆锯机	3.0～4.5
22	325～400L 混凝土搅拌机	5.5～11.0	42	普通木工带锯机	20～47.5
23	SOOL 混凝土搅拌机	17	43	单面木工压刨床	8～10.1
24	J_4-375 强制式混凝土搅拌机	10	44	木工平刨床(宽度 450mm)	2.8～4.0
25	J_4-1500L 强制式混凝土搅拌机	55	45	单头直样开榫机	1.5
26	200～325L 砂浆搅拌机	1.2～6.0	46	10.16cm 水泵 C-204(120m^3/h)	7.2
27	混凝土输送泵 HB-15	32.2	47	泥浆泵(红星-30)	30
28	灰浆泵(1～6m^3/h)	1.2～6.0	48	泥浆泵(红星-75)	60
29	插入式振动器	1.1～2.2	49	100m 高扬程水泵	20

施工用电参考定额表　　**表 9-39**

序号	照明目的	用电量(W/m^2)	序号	照明目的	用电量(W/m^2)
	一、露天场地照明			二、室内照明	
1	人工土方施工	0.8	13	宿舍及住宅	5
2	机械化施工土方	1	14	厨房、食堂、普通办公室	10
3	砖石砌筑工程	0.8	15	厕所	2
4	打桩工程		16	浴室、盥洗室	5
5	浇筑混凝土、拌制砂浆、轧碎石及过筛	2～2.5	17	钢筋加工间	8
6	制造及装配金属结构	2.4～3.5	18	混凝土及砂浆搅拌站	5
7	露天堆场	0.5	19	仓库照明	3～4
8	机械停放场	1.5～2.5	20	金属构件厂机修间	13
9	主要人行道及车行道	5.0kW/km	21	细木工车间	6
10	次要人行道及车行道	3.0kW/km	22	锯木厂	3～5
11	夜间运料(夜间不运料)	0.8(0.5)	23	汽车库	6
12	警卫、照明	2 或 1000W/km			

施工设施、施工机械设备与导线、高压线最小间距规定　　**表 9-40**

Ⅰ.导线与建筑物的最小距离(m)

距离名称	信号线	电力线(kV)		
		0.38	10	36
垂直距离	2.0	2.5	3.0	4.0
水平距离	1.0	1.0	1.5	3.0

续表

Ⅱ. 脚手架和缆风与高压线的最小距离(m)					
电压(kV)	220V	1.0以下	1.0~2.0	35~1100	115~220
最小距离	1.5	2.5	3.0	5.0	7.0
Ⅲ. 施工机械与高压线的安全距离(m)					
电压(kV)	1以下	1~20	35~1100	154	220
垂直距离	1.0	1.5	2.5	2.5	2.5
水平距离	1.5	2.0	4.0	5.0	6.0

注：施工机械设备或脚手架与架空线的最小距离应符合上海地区低压用户电气装置规程中的规定。

挖掘机、起重机(含吊物、载物)等机械与电力架空线路的最小安全距离 **表 9-41**

电压(kV)		1	10	35	110	220	330	500
安全距离(m)	沿垂直距离	1.5	3.0	4.0	5.0	6.0	7.0	8
	沿水平距离	1.5	2.0	3.5	4.0	6.0	7.0	8.5

注：摘自中华人民共和国住房和城乡建设部. 中华人民共和国行业标准《城镇道路工程施工与质量验收规范》(CJJ 1—2008). 北京. 中国建筑工业出版社. 2008。

9.4.2 选择电源及确定变压器

由于建设施工现场既有动力负荷，又有照明负荷，因此，一般都采用三相四线制供电。所谓三相四线制就是三根相线一根零线的供电体制。三根相线与零线之间的电压是一组频率相同、幅值相等、相位互差120°的三相对称电压。单相交流电是三相交流电中的一相，三相交流电可视为三个特殊单相交流电的组合。

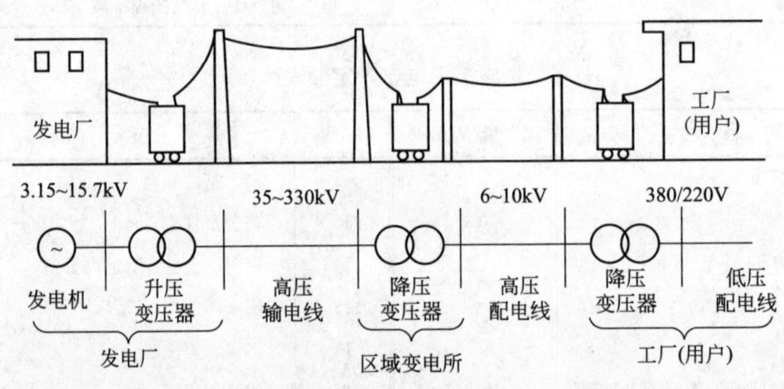

图 9-1 从发电厂到用户的送电过程示意图

为了提高劳动生产率，保证安全生产，加快施工进度，施工现场的电力供应是至关重要的。施工现场供电既要符合供电的基本要求，又要注意到临时性的特点，这样才能做到既安全生产，又节约投资。

施工现场的电源要视具体情况来决定，常采取以下三种方法来解决：

(1) 借用就近的原有变压器供电。如对一些扩建工程，原来企业的变压器一般都留有一定的备用量，如果能满足施工用电的需要，即可利用，这样可以大大节省投资。

(2) 对于新开设工程，可以利用附近的高压电网，根据施工组织设计要求，计算出施工用电总量，向供电部门提出申请，设置临时配电变压器。

(3) 利用建设单位待建的变电所。在施工组织设计中，先安排变电所的施工，待变电所竣工后，就可作为施工用电电源。这也是节省施工费用的一种方法，适用于大型企业的新开工程。

无论采用哪种方案，都应在考虑以下因素后，根据工程具体情况进行比较后确定。应考虑的因素主要有利用当地电源时，能否满足施工期间最高负荷；电源距离较远时，接来电力是否经济；若设临时电站，供电能力应满足需要，避免造成浪费或不足，电源位置应设在设备集中、负荷最大而输电距离又最短的地方。

9.4.3　选择导线截面

合理的导线截面应满足以下三个方面的要求：首先是要有足够的机械强度，即在各种不同的敷设方式下，确保导线不致因一般机械损伤而折断；其次是满足通过一定电流强度，即导线必须能承受负载电流长时间通过所引起的温度升高；第三是导线上引起的电压降必须限制在容许限度之内。按这三项要求，选择其截面最大值，通常的作法是先根据负荷电流的大小选择截面，然后再以机械强度和允许的电压损失值进行核算。

裸导线截面与功率关系参考表*　　表 9-42

功率(kW) 电压(V)	220			380			6000			10000		
截面面积(mm^2)	铜	铝	钢	铜	铝	钢	铜	铝	钢	铜	铝	钢
4	8	—	—	23.0	—	—	—	—	—	—	—	—
6	11	—	3	32	—	8	—	—	—	—	—	—
10	15	—	3	44	—	10	—	—	—	—	—	—
16	20.0	16	4	60	48	13	—	—	—	—	—	—
25	28	21	5	83	62	15	1300	980	230	—	—	—
35	34	26	12	101	78	35	1600	1230	560	—	—	—
50	42	33.0	16	124	99	42	1960	1560	660	3210	2600	1100
60	49	—	—	147	—	—	2300	—	—	3820	—	—
70	52	41	19	156	122	58	2480	1920	900	4120	3200	1500
95	64.0	50.0	22	190	150	66	3010	2350	1020	5050	3950	1720
120	75	58.0	27	222	173	83	3520	2720	1280	5850	4550	2130
150	83.0	68	—	260	203	—	4150	3200	—	6900	5330	—
185	99	77	—	296	230	—	4700	3640	—	7800	6050	—
240	120	—	—	364	—	—	5600	—	—	9300	—	—

注：功率因素 cosφ0.7 计，周围空气温度＋25℃、极限温度＋70℃。

绝缘导线截面与功率关系参考表　　表 9-43

功率(kW) 电压(V)	220		380		6000		10000	
截面面积(mm^2)	铜芯	铝芯	铜芯	铝芯	铜芯	铝芯	铜芯	铝芯
2.5	4.2	3.2	12.4	9.7	—	—	—	—
4	5.5	4.3	16.5	12.9	—	—	—	—
6	7.1	5.5	22.1	16.5	—	—	—	—
10	10.5	8.2	31.3	24.3	—	—	—	—
16	14.1	10.8	42.3	32.2	—	—	—	—
25	19.0	14.9	56.5	44.5	894	705	—	—
35	23.4	18.0	70.0	54.0	1110	850	—	—
50	29.6	22.8	88.5	68.0	1395	1080	2320	1790
70	37.4	28.8	111.0	86.0	1750	1360	2930	2730
95	45.0	34.8	134.0	104.0	2120	1640	2530	2730
120	52.5	41.0	157.0	122.0	2480	1925	4140	3210
150	60.5	47.0	180.0	140.0	2840	2210	4740	3680
185	69.5	54.0	207.0	162.0	3260	2543	5450	4250
240	82.0	64.0	244.0	192.0	3860	3020	6440	5050

9.4.4　配电线路的布置要点

另外，施工现场的配电线路由于是临时性布线，为了架设迅速，又便于拆除，所以，一般都采用架空线路。线路应尽量短捷，但要避开堆料、开槽和修建暂设工程的地方，还要考虑大型机械设备的进出方便。

9.4.4.1　常用的架空线路的形式

① 6～10kV 高压三相三线线路；

② 380/220V 低压三相四线线路；

③ 220V 低压单相两线线路；

④ 高低压同杆架空线路；

⑤ 与路灯线同杆架空线路。

线路应尽量架设在道路的一侧，并尽可能选择平坦路线，保持线路水平，使电杆受力平衡。线路距建筑物的水平距离应大于 1.5m。在 380/220V 低压线路中，木杆间距大 25～40m。分支线及引入线均应从电杆处接出。

9.4.4.2　低压架空线路的结构

低压架空线路主要由导线、电杆、横担、绝缘子、拉线和线路金具等组成，如图 9-2 所示。

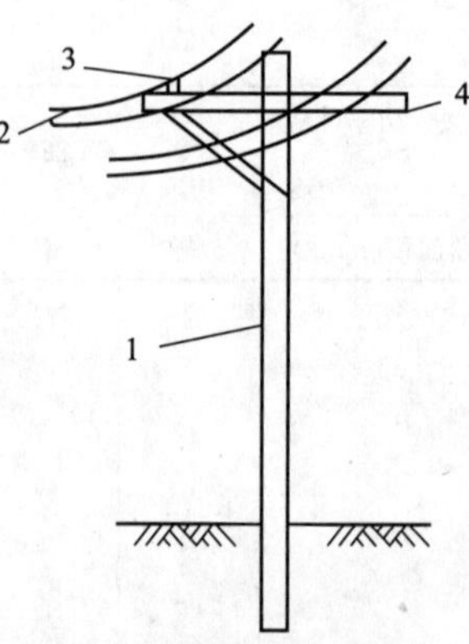

图 9-2　低压架空线路的结构

1—杆塔；2—导线；3—绝缘子；4—横担

临时布线一般都用架空线，极少用地下电缆，因为架空线工程简单、经济、便于检修。电杆及线路的交叉跨越要符合有关输电规范。

9.4.4.3　接地装置

人工接地体水平敷设时一般用扁钢或圆钢，垂直敷设时一般用角钢或钢管。

接地体的最小规格见表 9-44。

接地体的规格　　　　表 9-44

种　类	规　格	地上		地　下
		室　内	室　外	
圆　钢	直径(mm)	5	6	10
扁　钢	截面(mm²)	24	48	100
	厚度(mm)	3	4	4
角　钢	厚度(mm)	2	2.5	4
钢　管	壁厚(mm)	2.5	2.5	3.5

施工用配电箱要设置在干燥、便于操作的地方。现场的电气设备都要搭设防雨棚，以免雨淋，使设备受潮而发生事故。各种施工用电机具必须单机单闸，绝不可一闸多用。闸刀的容量要根据最高负荷选用。

9.4.5　管材

常用管材有水煤气钢管和电线管。水煤气钢管的公称口径系指管的内径，而电线管却以外径为公称口径。它们的产品规格及质量见表 9-45。

电线管规格及质量表　　　　表 9-45

公称口径(mm)	质量(kg/m)	公称口径(mm)	质量(kg/m)
13	0.34	32	0.90
16	0.43	38	1.13
20	0.53	50	1.47
25	1.00		

注：电线管的公称口径系指管的外径。

9.4.6 常用电线电缆

9.4.6.1 裸电线型号及主要用途

1. 裸电线型号:

裸 电 线 型 号　　表 9-46

标准号	型号	名　称	标称截面(mm^2)	主要用途
	TJ	裸硬铜绞线	10～400	高、低压架空电力线路。铝合金线具有更大的抗拉强度，可使跨越档距加大，节约造价
GB 1179—83	LJ	铝绞线	16～800	
	LGJ	钢芯铝绞线	10/2～800/100	
	LGJF	防腐钢芯铝绞线		
GB 9329—88	LH_AJ	热处理铝镁硅合金绞线	10～1000	
	LH_BJ	热处理铝镁硅稀土合金绞线		
	LH_AGJ	钢芯热处理铝镁硅合金绞线	10/2～1000/125	
	LH_BGJ	钢芯热处理铝镁硅稀土合金绞线		
	LH_AGJF_1	轻防腐钢芯热处理铝镁硅合金绞线		
	LH_BGJF_1	轻防腐钢芯热处理铝镁硅稀土合金绞线		
	LH_AGJF_2	中防腐钢芯热处理铝镁硅合金绞线		
	LH_BGJF_2	中防腐钢芯热处理铝镁硅稀土合金绞线		
GB 12970.2—91	TJR_1	1 型软铜绞线	0.1～1000	适用于电气装备及电子电器及元件接线用
	$TJRX_1$	1 型镀锡软铜绞线	0.1～2.5	
	TJR_2	2 型软铜绞线	2.5～63	
	$TJRX_2$	2 型镀锡软铜绞线	2.5～63	
	TJR_3	3 型软铜绞线	0.025～50	
	TJRXa	3 型镀锡软铜绞线	0.025～500	
GB 1200—88	GJ	镀锌铜绞线		供架空电力线、吊架和固定栓系等用

2. 裸电线型号中字母代表的意义

裸电线型号中字母代表的意义　　表 9-47

导 体 代 号		形状、性能代号		派 生 代 号	
T	铜	J	绞合	F	防腐
L	铝	R	软	X	镀锡
G	钢				
LH	热处理铝镁硅合金				
LHB	热处理铝镁硅稀土合金				

注：R 后数字 1、2、3 表示柔软程度，数字越大越柔软。

9.4.6.2 电力电缆

1. 电力电缆型号及用途

电力电缆型号及用途　　表 9-48

标准号	型 号	名　称	用　途	额定电压(V)	芯　数	标称截面(mm^2)	工作温度(℃)不大于
JB 679—77	XLV_{29}	橡皮绝缘聚氯乙烯护套内钢带铠装电力电缆	敷设地下，能承受一定机械外力，不能受大的拉力	500	2、3、3+1	4～240	65
	XV_{29}					4～185	

续表

标准号	型号	名称	用途	额定电压(V)	芯数	标称截面(mm^2)	工作温度(℃)不大于
GB 12976.1～2—91	$ZLQD_{22}$	不滴流油浸纸绝缘铅套钢带铠装聚氯乙烯套电力电缆	作输配电能用电缆，并能用于垂直敷设	600/1000	2、3、4	25～400	80
	ZQD_{22}						
	$ZLQD_{32}$	不滴流油浸纸绝缘铅套细钢丝铠装聚氯乙烯套电力电缆			3+1	25/16～400/185	
	ZQD_{32}			6000/6000	3	25～400	
GB 12706.1～3—91	$YJLV_{22}$	交联聚乙烯绝缘钢带铠装聚氯乙烯护套电力电缆	供输配电线路用	600/1000	3	4～300	90
	YJV_{22}						
	$YJLV_{32}$	交联聚乙烯绝缘细钢丝铠装聚氯乙烯护套电力电缆					
	YJV_{32}			3600/6000		25～300	
	$YJLV_{42}$	交联聚乙烯绝缘粗钢丝铠装聚氯乙烯护套电力电缆		6000/6000			
	YJV_{42}			6000/10000			
	VLV_{22}	聚氯乙烯绝缘钢带铠装聚氯乙烯护套电力电缆	输配电线路固定敷设	600/1000	2、4	4～185	70
	vv_{22}				3、3+1	4～300	
GB 12976.1—91 GB 12976.3—91	ZLQ_{32}	粘性油浸纸绝缘铅套细钢丝铠装聚氯乙烯套电力电缆	输配电线路固定敷设	600/1000	2、3、4	25～400	(6/10kV)
	ZQ_{32}						65
	ZLQ_{22}	粘性油浸纸绝缘铅套钢带铠装聚氯乙烯套电力电缆			3+1	25/16～400/185	(0.6/1kV)
	ZQ_{22}			6000/6000	3	25～400	80

2. 电力电缆型号中字母的涵义

电力电缆型号中字母的含义 **表 9-49**

绝缘类别		导体		内护套		特征		外护层			
								铠装层		外被层	
代号	涵义	代号	涵义	代号	涵义	代号	涵义	代号	涵义	代号	涵义
Z	油浸纸绝缘电缆	T	铜(省略)	Q	铅套	CY	充油	0	无	0	无
X	橡皮绝缘电缆	L	铝	L	铝套	F	分相	1		1	纤维层
V	聚氯乙烯绝缘电缆			V	聚氯乙烯	D	不滴流	2	双钢带	2	聚氯乙烯套
YJ	交联聚乙烯绝缘电缆			F	氯丁胶			24	钢带、粗圆钢丝	3	聚乙烯套
				Y	聚乙烯			3	细圆钢丝	4	
								4	粗圆钢丝		
								44	双粗圆钢丝		
								29-内钢带铠装(原标准)			

3. 电力电缆绝缘线芯识别标志(GB 6995.5—86)

线芯标志分数字标识和颜色标识两种。充油电缆、不滴流油浸纸绝缘电缆、黏性油浸纸绝缘电缆采用数字识别：

2 芯电缆　0、1

3 芯电缆　1、2、3

4 芯电缆　0、1、2、3

其中数字 1、2、3 用于主线芯，0 用于中性线芯。(标称截面 $16mm^2$ 的中性线芯允许不加标志，采用本色)。

交联聚乙烯绝缘电缆、聚氯乙烯绝缘电缆、聚乙烯绝缘电缆和橡皮绝缘电缆采用颜色识别：

2 芯电缆　红色、浅蓝色

3 芯电缆　红、黄、绿色

4 芯电缆　红、黄、绿、浅蓝色

其中：红、黄、绿色用于主线芯，浅蓝色用于中性线芯。

9.4.6.3　绝缘电线电缆

绝缘电线电缆型号中字母的涵义　　表 9-50

小类代号		导体代号		绝缘代号		护套代号		特征代号	
字母	涵　　义	字母	涵　　义	字母	涵　　义	字母	涵　　义	字母	涵　　义
B	布电线	T	铜(省略)	X	橡皮	H	橡套	R	软线
Y	移动式软电缆	L	铝	V	聚氯乙烯	V	聚氯乙烯	S	绞型
YH	电焊机用	LH	铝合金	Y	聚乙烯	F	氯丁胶混合物	B	平型
JK	架空	G	钢	YJ	交联聚乙烯			W	户外耐候性
A	安装用线			E	乙丙胶混合物			C	重型
R	连接用软电线			F	丁腈复合物			Z	中型
UB	矿山爆破			XF	氯丁胶			Q	轻型

注：型号组成：小类代号＋导体代号＋绝缘代号＋护套代号＋特征代号

橡套电缆(软线)型号和用途　　表 9-51

标准号	型号	名　　称	用　　途	额定电压(V)	芯　数	标称截面(mm²)	工作温度(℃)不大于
GB 5013.2—85	YQ YQW	通用轻型橡套软电缆	轻型移动电器设备和工具	300/300	2.3	0.3～0.5	65
	YZ YZW	通用中型橡套软电缆	移动电器设备和工具	300/500	2，3，4，5	0.75～6	
	YC YCW	通用重型橡套软电缆	各种移动电器设备并能承受较大机械外力作用	450/750	1	1.5～400	
					2	1.5～95	
					3，4	1.5～150	
					5	1.5～25	
GB 5013.3—85	YH YHF	天然胶护套电焊机电缆 氯丁胶护套电焊机电缆	用于电焊机二次侧接线及连接电焊钳	200	1	10～185	65
企标	YH-J	节能电焊机用电缆	用于带有空载自动断电装置的电焊机		1	25+2×0.5～50+4×0.5	65
	YHE YHW	85℃通用橡套电焊机电缆 85℃耐油橡套电焊机电缆	电焊机二次侧线连接及连接电焊钳	100	1	10～150	85
	JHS	潜水电机用防水橡套软电缆	连接潜水电机(电缆一头在水中)	500	1，3，4	4～95	65

橡皮绝缘电线型号和用途　　表 9-52

标准号	型号	名　　称	用　　途	额定电压(V)	芯　数	标称截面(mm²)	工作温度(℃)不大于
JB 1601—75	BX	铜芯橡皮线	固定敷设用	500	1	0.75～500	65
					2，3，4	1.0～95	
	BLX	铝芯橡皮线		500	1	2.5～630	
					2，3，4	2.5～95	
	BLXF	铝芯氯丁橡皮线	固定敷设，尤其适于户外	500	1	2.5～95	
	BXF	铜芯氯丁橡皮线		500	1	0.75～95	
	BXR	铜芯橡皮软线	室内安装要求柔软时用	500	1	0.75～400	

续表

标准号	型号	名称	用途	额定电压(V)	芯数	标称截面(mm²)	工作温度(℃)不大于
GB 3958—83	RXS	橡皮绝缘编织双绞软电线	室内照明灯具、家用电器和工具作软接线用	300/300	2	0.3～4	65
	RX	橡皮绝缘总编织圆形软电线			2，3	0.3～4	
	RXH	橡皮绝缘、橡皮保护层总编织圆形软电线			2，3	0.3～4	
企标	BXW	铜芯橡皮绝缘氯丁护套电线	适用于户内外明敷，特别是寒冷地区	300/500	1	0.75～240	65
	BLXW	铝芯橡皮绝缘氯丁护套电线			1	2.5～240	
	BXY	铜芯橡皮绝缘黑聚乙烯护套线	适用于户内外穿管，特别是寒冷地区		1	0.75～240	
	BLXY	铝芯橡皮绝缘黑聚乙烯护套线			1	2.5～240	
	BLXE	铝芯橡皮绝缘黑聚乙烯护套线	适用于户外架空固定敷设	500	1	2.5～300	
	BXE	铝芯双层橡皮电线			1	0.75～300	
	BXRE	铜芯双层橡皮电线			1	0.75～185	

塑料绝缘电缆(电线)型号和用途 **表 9-53**

标准号	型号	名称	用途	额定电压(V)	芯数	标称截面(mm²)	工作温度(℃)不大于
GB 5023.2—85	BV	铜芯聚氯乙烯绝缘电线	固定敷设用，其一中：BVR用于要求柔软的场合	300/500	1	0.5～1.0	70
				450/750	1	1.5～400	
	BLV	铝芯聚氯乙烯绝缘电线		450/750	1	2.5～400	
	BVR	铜芯聚氯乙烯绝缘软电线			1	2.5～70	
	BVV	铜芯聚氯乙烯绝缘聚氯乙烯护套圆形电缆		300/500	1	0.75～10	
					2，3，4，5	1.5～35	
	BLVV	铝芯聚氯乙烯绝缘聚氯乙烯护套圆型电缆		300/500	1	2.5～10	
	BVVB	铜芯聚氯乙烯绝缘聚氯乙烯护套平型电缆(电线)			1	1.5～10	
					2，3	0.75～10	
	BLVVB	铝芯聚氯乙烯绝缘聚氯乙烯护套平型电缆(电线)			1，2，3	2.5～10	
	BV-105	铜芯耐热105℃聚氯乙烯绝缘电线		450/750	1	0.5～6	105
GB 5023.3—85	RV	铜芯聚氯乙烯绝缘连接软电线	家用电器，小型电动工具，仪器仪表及动力照明用	300/500	1	0.3～1	70
				450/750		1.5～70	
	RVB	铜芯聚氯乙烯绝缘平型连接软电线		300/300	2	0.3～1	
	RVS	铜芯聚氯乙烯绝缘绞型连接软电线			2	0.5～0.75	
	RVV	铜芯聚氯乙烯绝缘聚氯乙烯护套圆型连接软电缆			2，3	0.5～0.75	
				300/500	2，3，4，5	0.75～2.5	
	RVVB	铜芯聚氯乙烯绝缘聚氯乙烯护套平型连接软电线		300/300	2	0.5～0.75	
				300/500		0.75	
	RV-105	铜芯耐热105℃聚氯乙烯绝缘连接电线		450/750	1	0.5～6	105
GB 5023.4—86	AV	铜芯聚氯乙烯绝缘安装电线	电器、仪表、电子设备及自动化装置作安装电线	300/300	1	0.03～0.4	70
	AVR	铜芯聚氯乙烯绝缘安装软电线			1	0.035～0.4	
	AVRB	铜芯聚氯乙烯绝缘平行安装软电线			2	0.12～0.2	
	AVRS	铜芯聚氯乙烯绝缘绞型安装软电线			2	0.12～0.2	
	AVVR	铜芯聚氯乙烯绝缘聚氯乙烯护套安装软电缆(线)			2	0.08～0.4	
					3～24	0.12～0.4	

续表

标准号	型号	名　称	用　途	额定电压(V)	芯　数	标称截面(mm²)	工作温度(℃)不大于
GB 5023.4—86	AV-105	铜芯耐热105℃聚氯乙烯绝缘安装电线	电器、仪表、电子设备及自动化装置作安装电线	300/300	1	0.03～0.4	105
	AVR-105	铜芯耐热105℃聚氯乙烯绝缘安装软电线			1	0.035～0.4	
GB 12527—90	JKV-0.6/1	0.6/1kV铜芯聚氯乙烯绝缘架空电缆	架空固定敷设及作引户线	600/1000	1 2，4 3+K {JKLV， JKLY， JKLYJ}	16～340 10～120 10～120	70
	JKLV-0.6/1	0.6/1kV铝芯聚氯乙烯绝缘架空电缆					
	JKLHV-0.6/1	0.6/1kV铝合金芯聚乙烯绝缘架空电缆					
	JKY-0.6/1	0.6/1kV铜芯聚乙烯绝缘架空电缆					
	JKLY-0.6/1	0.6/1kV铜芯聚乙烯绝缘架空电缆					
	JKLHY-0.6/1	0.6/1kV铝合金芯聚乙烯绝缘架空电缆					
	JKYJ-0.6/1	0.6/1kV铜芯交联聚乙烯绝缘架空电缆					90
	JKLYJ-0.6/1	0.6/1kV铝芯交联聚乙烯绝缘架空电缆					
	JKLHYJ-0.6/1	0.6/1kV铝合金芯交联聚乙烯绝缘架空电缆					
JB 1170—75	RFB	丁腈聚氯乙烯复合物绝缘平型软线	各种移动电器、仪表、无线电设备和照明用	250	2	0.12～2.5	70
	RFS	丁腈聚氯乙烯复合物绝缘绞型软线			2	0.12～2.5	
企标	RVFB	铜芯聚氯乙烯绝缘方平行软线			2	0.2～0.75	65
JB 672—77	UBV	铜芯聚氯乙烯绝缘爆破线	用于工程爆破雷管作导线		1	0.12	
	UBGV	铁芯聚氯乙烯绝缘爆破线				0.2	

注：1. 3+K型0.6/1kV架空电缆型号只有JKLV、JKLY、JKLYJ型。K为带承载的中性导体，可根据配电工程要求，任选其中截面与主线芯搭配。

2. 多芯电缆的接地线芯必须采用绿/黄组合颜色的识别标志。

例：绝缘电线电缆类塑料绝缘电缆(电线)——电缆(RVV4×48/0.2)导线、(BV2×7/0.9)电源线

型号	名　称	用　途	额定电压(V)	芯数	导体标称截面(mm²)	芯数×标称截面(mm²)	导电线芯根数/单线标称直径(mm)	电线参考质量(kg/km)
RVV	铜芯聚氯乙烯绝缘聚氯乙烯护套圆型连接软电缆	家用电器，小型电动工具，仪器仪表及动力照明用	300/500	2，3，4，5		4×1	32/0.20	97.2
BV	铜芯聚氯乙烯绝缘电线	固定敷设用，其一中：BVR用于要求柔软的场合	300/500	1	0.75		1/0.97	12.2

9.5 索 赔 管 理

承包商提出索赔的事项　　表9-54

事　项	具 体 内 容
业主违约	业主违约主要包括以下情况： (1) 业主未按合同规定交付施工场地； (2) 业主未在合同规定的期限内办理土地征用，青苗树木赔偿，房屋拆迁，清除地面、架空和地下障碍等工作，施工场地没有或没有完全具备施工条件； (3) 业主未按合同规定将施工所需水、电、电信线路从施工场地外部接至约定地点，或虽然接至约定地点，但没有保证施工期间的需要； (4) 业主没有按合同规定开通施工场地与城乡公共道路的通道、施工场地内的主要交通干道，没有满足施工运输的需要，没有保证施工期间的畅通；

续表

事　项	具体内容
业主违约	(5) 业主没有按合同约定及时向承包商提供施工场地的工程地质和地下管网线路资料，或者提供的数据不符合真实准确的要求； (6) 业主未及时办理施工所需各种证件、批件和临时用地、占道及铁路专用线的申报批准手续，影响施工； (7) 业主未及时将水准点与坐标控制点以书面形式交给承包商； (8) 业主未及时组织有关单位和承包商进行图纸会审，未及时向承包商进行设计交底； (9) 业主没有妥善协调处理好施工现场周围地下管线和邻接建筑物、构筑物的保护，影响施工顺利进行； (10) 业主没有按照合同的规定提供应由业主提供的建筑材料、机械设备； (11) 业主逃避合同规定的责任，如拖延图纸的批准、拖延隐蔽工程的验收、拖延对承包商所提问题的答复，造成施工延误； (12) 业主未按合同规定的时间和数量支付工程款； (13) 业主要求赶工； (14) 业主提前占用部分永久工程。
业主代表(工程师)的不当行为	业主代表是代表业主进行工作的，工程师是接受业主委托进行工作的。从施工合同的角度看，他们的不当行为给承包商造成的损失应当由业主承担。业主承担损失后，再如何与业主代表、工程师进行分担，则由业主内部管理规定或监理委托合同决定。 业主代表和工程师的不当行为包括： (1) 业主代表(工程师)委派具体管理人员没有按合同规定提前通知承包商，对施工造成影响； (2) 业主代表(工程师)发出的指令、通知有误； (3) 业主代表(工程师)未按合同规定及时向承包商提供指令、批准文件、图纸或未履行其他义务； (4) 业主代表(工程师)对承包商的施工组织进行了不合理的干预。
合同文件的缺陷	合同文件由于在起草时的不慎，可能本身就存在着缺陷，这种缺陷也可能存在于技术规范和图纸中。由于此类缺陷给承包商造成费用增加、工期延长的结果，承包商有权提出索赔。
合同变更	合同变更的表现形式非常多，如设计变更、追加或取消某些工作、施工方法变更、合同规定的其他变更等。 具体包括： (1) 业主对工程项目有了新的要求，如提高或降低建筑标准、项目的用途发生变化、削减预算等； (2) 在施工过程中发现设计有错误，必须对设计图纸做修改； (3) 发生不可抗力事件，必须进行合同变更； (4) 施工现场的施工条件与原来的勘察结论有很大的不同； (5) 由于产生新的施工技术，有必要改变原设计、实施方案； (6) 政府部门对工程项目有新的要求。
不可抗力事件	不可抗力事件是指当事人在订立合同时不能预见、对其发生和后果不能避免并自身不能克服的事件。不可抗力事件的风险承担应当在合同中约定，承担方可向保险公司投保。在很多情况下，由不可抗力事件给承包商造成的损失应由业主承担。 不可抗力事件包括： (1) 自然灾害(如风、雨、地震等)超过了合同规定的认定为不可抗力的标准； (2) 社会动乱、暴乱等； (3) 施工中发现文物、古墓、古建筑基础和结构、化石、钱币等有考古、地质研究等价值的物品；或发现其他影响施工的地下障碍物； (4) 物价大幅度上涨，造成材料、工人工资大幅度上涨； (5) 国家的法律、法规、部门规章及有关计划进行修改和调整。
其他方面的影响	在施工合同的履行过程中，需要有多方面的协助和协调。有时，其他方面的不利影响也应由业主承担，如： (1) 其他单位的业务活动对施工现场造成了不利影响； (2) 业主的付款被银行延误等。

可以合理补偿承包商索赔的条款

FIDIC《施工合同条件》1999年第1版中承包商可引用的索赔条款 **表 9-55**

序　号	合同条款	条款的主要内容	索赔费用
1	1.3	通售交流	T+C+P
2	1.5	文件的优先次序	T+C+P
3	1.8	文件有缺陷或技术性错误	T+C+P
4	1.9	延误的图样或指示	T+C+P
5	1.13	遵守法律	T+C+P
6	2.1	业主未能提供现场	T+C+P

续表

序　号	合同条款	条款的主要内容	索赔费用
7	2.3	业主人员引起的延误、妨碍	T+C
8	3.3	工程师的指示	T+C+P
9	4.7	因工程师数据差错、放线错误	T+C+P
10	4.10	业主应提供现场数据	T+C
11	4.12	不可预见的物质条件	T+C
12	4.20	业主设备和免费供应的材料	T+C
13	4.24	发现化石、硬币或有价值的文物	T+C+P
14	5.2	指定分包商	T+C+P
15	7.4	工程师改变规定试验细节或附加试验	T+C+P
16	8.3	进度计划	T+C+P
17	8.4	竣工时间的延长	T+C+P
18	8.5	当局造成的延长	T
19	8.9	暂停施工	T+C
20	10.2	业主接受或使用部分工程	C+P
21	10.3	工程师对竣工试验干扰	T+C+P
22	11.8	工程师指令承包商调查	C+P
23	12.3	工作测出的数量超过工程量表的 10%	T+C+P
24	12.4	删减	C
25	13	工程变更	T+C+P
26	13.7	法规改变	T+C
27	13.8	成本的增减	C
28	14.8	延误的付款	T+C+P
29	15.5	业主终止合同	C+P
30	16.1	承包商暂停工作的权利	T+C+P
31	16.4	终止时的付款	T+C+P
32	17.4	业主的风险	T+C+P
33	18.1	当业主为应投保而未投保时	C
34	19.4	不可抗力	T+C
35	20.1	承包商的索赔	T+C+P

其中：T—工期　C—费用　P—利润。

索赔的计算　　**表 9-56**

项　目	内　容
费用索赔	(1) 实际费用法。 其步骤是： ① 分析每个(或每类)干扰事件所影响的费用项目，即干扰事件引起哪些项目的费用损失； ② 计算各索赔费用项目的损失值； ③ 将各费用项目的计算值列表汇总，得到总费用索赔值。 (2) 修正的总费用法：在总费用计算的原则上，去掉一些不确定的可能因素，对总费用法进行相应的修改和调整，使其更加合理。
工期索赔	(1) 网络分析法： 网络分析法是利用进度计划的网络图，分析其关键线路。如果延误的工作为关键工作，则总延误的时间为批准顺延的工期；如果延误的工作为非关键工作，当该工作由于延误超过时差限制而成为关键工作时，可以批准延误时间与时差的差值；若该工作延误后仍为非关键工作，则不存在工期索赔问题。 (2) 比例计算法： 当已知部分工程延期的时间时： 工期索赔值=(受于扰部分工程的合同价÷原合同总价)×该受干扰部分工期拖延时间 当已知额外增加工程量的价格时： 工期索赔值=(额外增加的工程量价格÷原合同总价)×原合同总工期 比例计算法不适用于变更施工顺序、加速施工、删减工程量等事件的索赔。

第 10 章 《市政工程工程量清单工程系列丛书》题组式构架

10.1 市政工程工程量清单"解密"

市政工程工程量清单"解密" 表 10-1

项次	阶段形式	内 容 提 要
1	第一阶段 [历练阶段]	基本功掌握: 1. 基础知识苦练(包括熟悉市政工程构筑物结构); 2. 收集相关编制工程量清单的资料(包括参考书、计算工具书籍); 3. 熟知土质知识和钢筋常识,这是基本技能; 4. 重视关键基础技术,学会提示型解题、规范型解题,学会避"陷"
2	第二阶段 [实践阶段]	操作运用:(招标—计量与计价)暨(投标—计量与计价) 1. 遵守"工程量清单计量与计价方式流程"顺序; 2. 注重国家标准《建设工程工程量清单计价规范》(GB 50500—2008)"附录 D 市政工程工程量清单项目及计算规则"【核心】的规范性至关重要,可以帮助读者厘清思路; 3. 注重"项目特征"(描述)和"工程内容"(规定),正确列(立)项; 4. 清单工程量以工程量清单给出的要准确、详尽、完整; 5. 注重《市政工程预算定额》的总说明及工程量计算规则【重点】——实体项目(主体工程和附属工程的结构项目)及措施项目(辅助实体项目)的各类定额说明及工程量计算规则、工程量"算量"等; 6. 对于清单工程量进行分析研究、复核,依题[即项目特征(描述)、工程内容(规定)、计量单位、工程数量]参照《市政工程预算定额》计算规则,计算综合单价【关键技术】; 7. 运用不同类型数学公式计算(运算表格、计算公式、几何形状、分解零星、近似公式、数值表等)——精细、准确计算工程量; 8. 严格遵照招标文件规定的投标报价形式[即国家标准-综合单价法(部分费用单价)或工料单价法(直接费单价)或全费用单价法(国际惯例)],编制综合单价 9. 注重工程量清单、市政定额、施工工程量"算量"区别: ① 清单工程量以设计图示中的实体工程量为准,并以完成后的净值计算为准则 ② 定额工程量[考虑施工中的各种损耗和工程技术规范(则)需要增加的工程量] ③ 施工工程量根据施工现场实际情况确定
3	第三阶段 [梳理总结、分析研究阶段]	总结、提升工作能力: 如何把理论和方法有机结合起来,就是工程量清单"解秘";借助的平台是什么呢?可以自豪地说《市政工程工程量清单工程系列丛书》解决了一个亟待解决的困惑

注:1. 市场的需求催生那些乐于接受挑战的人短暂充电,储备能量,使自己提升职业技能,方显出"与时俱进"的能力;

2.《市政工程工程量清单工程系列丛书》编撰规范,知识体现完善,以教案、实例分析为主,理论与实务结合,专业知识与实际技能并重,全国化与本地化紧密结合;特色专业囊括《建设工程工程量清单计价规范》辅助功能,涵盖市政工程各科的工程量清单"算量"系统,帮助从事市政工程造价技术人员提供一揽子解决方案,使运用《建设工程工程量清单计价规范》编制工程量清单和工程量清单计量与计价、招投标不再如坠云里雾中,满足社会需求。

10.2 工程量计算各类表现形式

工程量计算常用公式分类检索表 **表10-2**

项次	项目名称	计算公式	常用公式分类					备注
			圆周率角度类	分数类	三角函数类	开方	放坡系数	
1	2	3	4	5	6	7	8	9
1	平行四边形	$A=b\times h=a\times b\times \sin\alpha^\circ$			$\sin\alpha^\circ$			
2	圆形	$A=(1/4)\pi d^2=\pi r^2$	√	$(1/4)\pi$				
3	半圆形	$A=\pi\times 180^\circ/360^\circ\times r^2=(1/2)\times\pi\times r^2$	√	$(1/2)\pi$				
4	分圆	$A=\pi/360^\circ r^2\alpha^\circ=(1/2)\times L\times r=$分圆面积 $L=\pi/180^\circ\times\alpha^\circ\times r$	√	$(1/2)$				
5	割圆面(弓形)	$A=(1/2)\times r^2[\pi\times(\alpha^\circ/180^\circ)-\sin\times\alpha^\circ]$ $=(1/2)\times r^2(0.01745\alpha^\circ-\sin\times\alpha^\circ)$		$(1/2)$	$\sin\alpha^\circ$			
6	直角边缘	$A=R^2-(1/4)\pi R^2=[1-(1/4)\pi]R^2$		$(1/4)\pi$				
7	不定角角缘	$A=R^2(\tan\alpha^\circ$或$\beta^\circ/2-0.00873\alpha^\circ$或$\beta^\circ)$			$\tan\alpha^\circ$或β°			
8	扇形(车辋形)	$A=\alpha^\circ/360^\circ\times\pi(R^2-r^2)$	√					
9	部分圆环(圆弧拱环形)	$A=\alpha^\circ\pi/360^\circ(R^2-r^2)$	√					
10	圆环(空心圆)	$A=\pi(R^2-r^2)=2\pi R_{pj}t$	√	2π				
11	椭圆形	$A=(1/4)\pi ab$	√	$(1/4)\pi$				
12	椭圆形面	$A=(1/4)\times\pi\times d^2+b\times d$	√	$(1/4)\pi$				敬请参阅《市政工程工程量清单工程系列丛书》之三《市政工程工程量清单常用数据手册》3.2 常用面积体积和表面积栏
13	椭圆环	$A=2(\pi R+b)t$	√	$2(\pi R+b)t$				
14	分圆(弧长)	$L=\pi\times(\alpha^\circ/180^\circ)\times R$	√					
15	四分之一圆周(直角)	$(1/4)$圆周长$\rho=(1/4)\pi D=(1/4)\pi\times 2R$	√	$(1/4)\pi$				
16	圆曲线(切线长)	$T=R\times \mathrm{tg}\alpha^\circ/2$			$\mathrm{tg}\alpha^\circ$			
17	圆曲线(圆弧长)	$L=\alpha^\circ/180\times\pi\times R$	√					
18	抛物线形面	$A=\alpha^\circ/180\times\pi\times R(2/3)\times(b\times h)$ $=(4/3)\times a\times h=(4/3)\times S$	√	$(2/3)$、 $(4/3)$				
19	截头方楔体	$V=\frac{h}{6}[ab+(a+a')(b+b')+a'b']$ $a_1=\frac{a'b-ab'}{b-b'}$		$(1/6)$				
20	圆柱体	$V=\pi r^2h=(1/4)\pi d^2h$	√	$(1/4)\pi$				
21	圆台体	$V=(1/3)\times\pi\times h(R^2+r^2+Rr)$	√	$(1/3)\pi$				
22	桶形体	母线为圆弧时： $V_{圆}=(1/12)\pi h(2D^2+d^2)$ 母线为抛物线时： $V_{抛}=(1/15)\pi h(8D^2+4Dd+3d^2)$	√	$(1/12)\pi$、 $(1/15)\pi$				
23	圆球体	1. 球 $V=(4/3)\pi r^3=(1/6)\pi\times R^3$ 2. 球缺体(球冠) $V=(1/3)\pi\times h_1^2(3r-h_1)$ $=(1/4)\pi\times h_1(3d_1^2+4h_2^2)$ $=(1/6)\pi\times h_1(3a_2^2+h_1^2)$ 3. 球带体 $V=(1/24)\pi\times h_2(3d_1^2+3d_2^2+4h_2^2)$ $=(1/6)\pi\times h_1(3a_2^2+3a_1^2+h_1^2)$	√	$(4/3)\pi$ $(1/6)\pi$ $(1/3)\pi$ $(1/4)\pi$ $(1/6)\pi$ $(1/24)\pi$ $(1/6)\pi$				

工程量计算各类表现形式 表 10-3

类别	顺序号	项目名称		表现形式						编码(册、章、节、目、个编号)		
				运算表格	计算公式	几何形状	分解零星	近似公式	数值表	计算公式	计算表格	示意图
计算换算	1	边坡坡率换算角度、对边、斜边、长度		√						2-3-1-1-1	表 1.3.4.1.1	图 1-3-1-1-1
	2	英寸与毫米关系		√								
土方类填、挖工程	3	常规的常用土方横截面(面积)			√							
	4	常用狭长(体积)			√							
	5	常用土方格网(平整广场)			√							
	6	沟槽基坑			√							
	7	放坡方形基坑			√							
	8	放坡巨形基坑			√							
	9	放坡圆形基坑			√							
	10	(体积)土方量			√							
	11	按设计横断面采用积距法			√							
	12	土方挖、填计算表			√							
道路交叉口	13	车行道、人行道面积	正交：(十、T字形，错位形)		√							
	14		斜交：(X、Y字形；环形交叉；复合形交叉)		√							
	15	车行道、人行道长度	正交：(十、T字形，错位形)		√							
	16		斜交：(X、Y字形；环形交叉；复合形交叉)		√							
实体构造物及构筑件	17	桥梁上部结构	梁			√						
	18		板等			√						
	19	桥梁下部结构	墩台			√						
	20		基础			√						
	21	附属设施	挡土墙			√						
	22		水簸箕			√						
	23	涵洞洞口	八字翼墙			√						
	24		锥坡			√						
	25		扭坡等			√						
	26	沟槽管基型式	90°混凝土管基			√						
	27		135°混凝土管基			√						
	28		180°混凝土管基			√						
	29	条形基础				√						
	30	圆形截面的灌柱桩				√						
	31	圆形或方形的沉井				√						
	32	多边形截面的栏杆等				√						
	33	变截面	梁				√					
	34		拱圈				√					
	35	U型桥台						√				
	36	锥坡护坡等						√				
	37	拱肋长度							√			
	38	拱圈体积							√			
	39	拱砌体体积							√			
	40	开槽土方等							√			

注：由于全国各地使用定额不同，土建工程范围又广，工程种类繁多；在市政工程方面，现场情况比较复杂，为避免重复劳动，节省大量的社会财富和时间，为适应市政公路行业对市政工程中有关工程量计算的需求，分门别类地整理成便于应用的知识基础上，搜集了实际应用及不可或缺的相关内容，加以扼要总结和整理，意在抛砖引玉，便于读者理解和掌握。

1. 本章以本书中篇分部分项工程与措施项目为主，以主体工程和附属工程的结构部分的工程实体项目暨以完成的施工手段的施工准备、施工措施以及临时性工程部分的辅助实体项目的计算公式、计算表格等为本书的精髓，以利读者及时、正确、完整地进行工程量计算，准确套取《市政工程预算定额》；
2. 读者可以用较少的时间，查阅到较丰富的计算公式、几何公式、坐标值、近似公式、数值表等诸多方面的资料；可说是一册在手，尽知市政工程工程量清单“算量”知识。

10.3 段式处理一 《贯彻执行国家标准，工程量清单及工程量计算规则》

1. 编制工程量清单的依据，必须严格执行国家标准

上海市从 2003 年起建设工程项目(即工程建设项目)招标统一采用国家标准《建设工程工程量清单计价规范》工程量清单方式计价报价。工程量清单遵循的是“强制执行、统一规范、放开报价、市场竞争”的原则。招标工程量清单编制合理与否，不仅影响投标报价的合理性，而且对工程实施过程中的质量、工期和造价控制价都会有直接的影响。

《建设工程工程量清单计价规范》关于招标控制价定义为：“招标人根据国家或省级、行业建设主管部门颁发的有关计价依据和办法，按设计施工图纸计算的，对招标工程限定的最高工程造价。”；且规定了：“招标控制价应在招标时公布，不应上调或下浮，招标人应将招标控制价及有关资料报送工程所在地工程造价管理机构备查”；同时又规定：“投标人经复核认为招标人公布的招标控制价未按照本规范的规定进行编制的，应在开标前 5 天向招投标监督机构或(和)工程造价管理机构投诉”和“招投标监督机构应会同工程造价管理机构对投诉进行处理，发现确有错误的，应责成招标人修改。”。

任何一个建筑产品，都有一定的合理的生产周期。根据建设工程的实际情况，合理地确定施工工期，(合同工期出外)对工程质量和工程量清单报价(施工图预算)造价都会产生极大的影响，市政工程也不例外。根据长期的建设实践经验，工程质量、工程经济(即造价控制价)、工程进度三者之间存在着如图 10-1 所示的辩证关系。

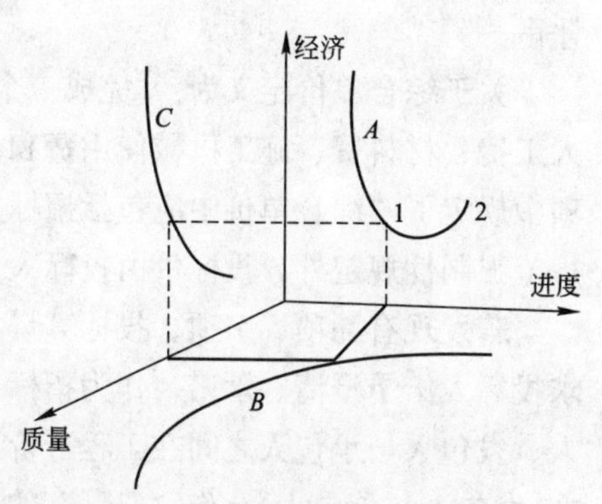

图 10-1 工程质量、工程经济、工程进度三者的关系简图

A 线表示工程进度与工程经济(即造价控制价)的关系曲线，*B* 线表示工程进度与工程质量的关系曲线，*C* 线表示工程质量与工程经济(即造价控制价)的关系曲线。从 *A*、*B*、*C* 曲线可以看出，当工程进度加快，工程量完成得多，其工程经济低，工程质量差一些，见 *A* 线 1 点。但当工程进度安排进行突击性作业时，工程经济消耗反而增大，见 *A* 线 2 点，其质量就低劣。为了求得高质量，其工程进度就慢，工程经济就高，总之，它们三个的关系是相互制约的，必须在保证工程质量的前提下，合理选择工程经济(即造价控制价)和安排工程进度，制定合理的施工工期，才能保证工程的顺利进行。

工程量清单是工程量清单计价的基础，应作为编制招标控制价、投标报价、计算工程量、支付工程款、调整合同价款、办理竣工结算以及工程索赔等的依据之一。同时，是整个工程量清单计价活动的重要依据之一，贯穿于整个施工过程中。并且，《建设工程工程量清单计价规范》规定“采用工程量清单方式招标，工程量清单必须作为招标文件的组成部分，其准确性和完整性由招标人负责。”、“分部分项工程量清单应根据附录规定的项目编码、项目名称、项目特征、计量单位和工程量计算规则进行编制”，为强制性条文，必须严格执行。

工程量清单是投标人投标报价的基础，是承包人(即“投标人”，有时又称“施工企业”)编制施工进度计划的依据，是承包方制定资金需求计划和业主投资计划的依据，是工程计量和支付的依据。因此，发包人(即“招标人”，有时又称“项目业主”)在编制分部分项工程量清单时，一定要符合招标文件的要求，每一个项目名称、项目编码及项目特征(描述)、工程内容(规定)、计量单位、工程数量应表述清楚、准确、完整，做到不多算、不少算、不漏项、不留缺口，并尽可能减少暂定项目，避免今后产生矛

盾，以防日后发包人与承包人、招标人与投标人、项目业主与施工企业之间在工程造价上的扯皮，而不利于工程造价的控制。

严谨地说，国家标准《建设工程工程量清单计价规范》GB 50500—2008 内容全面反映在实际工程计价活动中，就是使工程施工过程中每个计价阶段都有“规”可依、有“章”可循，对全面规范工程造价计价行为具有重要意义。因此，必须严格贯彻、执行国家标准。

请参阅表 2-1“国家标准《建设工程工程量清单计价规范》GB 50500—2008 新增内容(条文、表格)一览表”、表 2-2“‘08 规范’修订内容(条文、表格、附录)一览表”。

2. 工程量清单及定额工程量计算规则

便于快速获得工程量清单及定额工程量计算规则的论据，分部分项工程量清单、措施项目清单数据，“算量”资料的来源，提供解答的捷径

《建设工程工程量清单计价规范》在必须严格执行的强制性条文是“分部分项工程量清单应采用综合单价计价”、“分部分项工程量清单应根据附录规定的项目编码、项目名称、项目特征、计量单位和工程量计算规则进行编制”、“投标人应按招标人提供的工程量清单填报价格。填写的项目编码、项目名称、项目特征、计量单位、工程量必须与招标人提供的一致”。

在招、投标实践中，值得关注的是：投标人的算量计价与报价范围是否与招标范围一致，单价组成是否合理，同时对所有工程材料的品质是否能满足工程要求，所采购的设备等是否安全可行等进行评审。

关于综合单价定义为：“完成一个规定计量单位的分部分项工程量清单项目或措施清单项目所需的人工费、材料费、施工机械使用费和企业管理费与利润，以及一定范围内的风险费用。”；在招标控制价项中规定了“综合单价中应包括招标文件中要求投标人承担的风险费用”；在投标价项中规定了“除本规范强制性规定外，投标价由投标人自主确定，但不得低于成本”。

若发现有漏项、多项、投标算量与报价低于市场平均水平或材料品质不清的情况，招标人会立即要求投标人给予澄清、承诺，作为招标人定标的依据之一，为避免今后产生矛盾，以防日后招标人与投标人、发包人与承包人之间在工程造价上的扯皮，而不利于工程造价的控制。这是原由工程的实施合同双方(发包人与承包人)合作“双赢”的过程，承包方只有在合同中能够得到合理的利润时，才能够按期保质地完成工程施工，招标人则通过合同的履约，合理地使用资金，有效地控制工程造价，保证工程又好又快建成。否则，双方则无法保证项目的顺利实施。

为此，对于算量计价的报价范围与招标范围严重不一致，投标报价低于投标人企业成本，又所用的工程材料品质不能满足工程要求，且有严重漏项、多项的情况，投标人的澄清会对其他投标人产生不公平的实质性影响时，则该投标文件应确定为废标。同时，《建设工程工程量清单计价规范》又规定了“投标人的投标报价高于招标控制价的，其投标应予以拒绝。”的条文。

请参阅《建设工程工程量清单计价规范》GB 50500—2008“附录 D 市政工程工程量清单项目及计算规则”(即国家标准)及《〈建设工程工程量清单计价规范〉上海市市政工程操作指南》。二种计量与计价的方法，系指国家标准《建设工程工程量清单计价规范》GB 50500—2008“附录 D 市政工程工程量清单项目及计算规则”和《全国统一市政工程预算定额》(1999)或《上海市市政工程预算定额》(2000)工程量计算规则暨总说明暨各册说明规定的工程量计算规则。

10.4 段式处理二《提示型解题》

帮助读者读题分析，启发思路

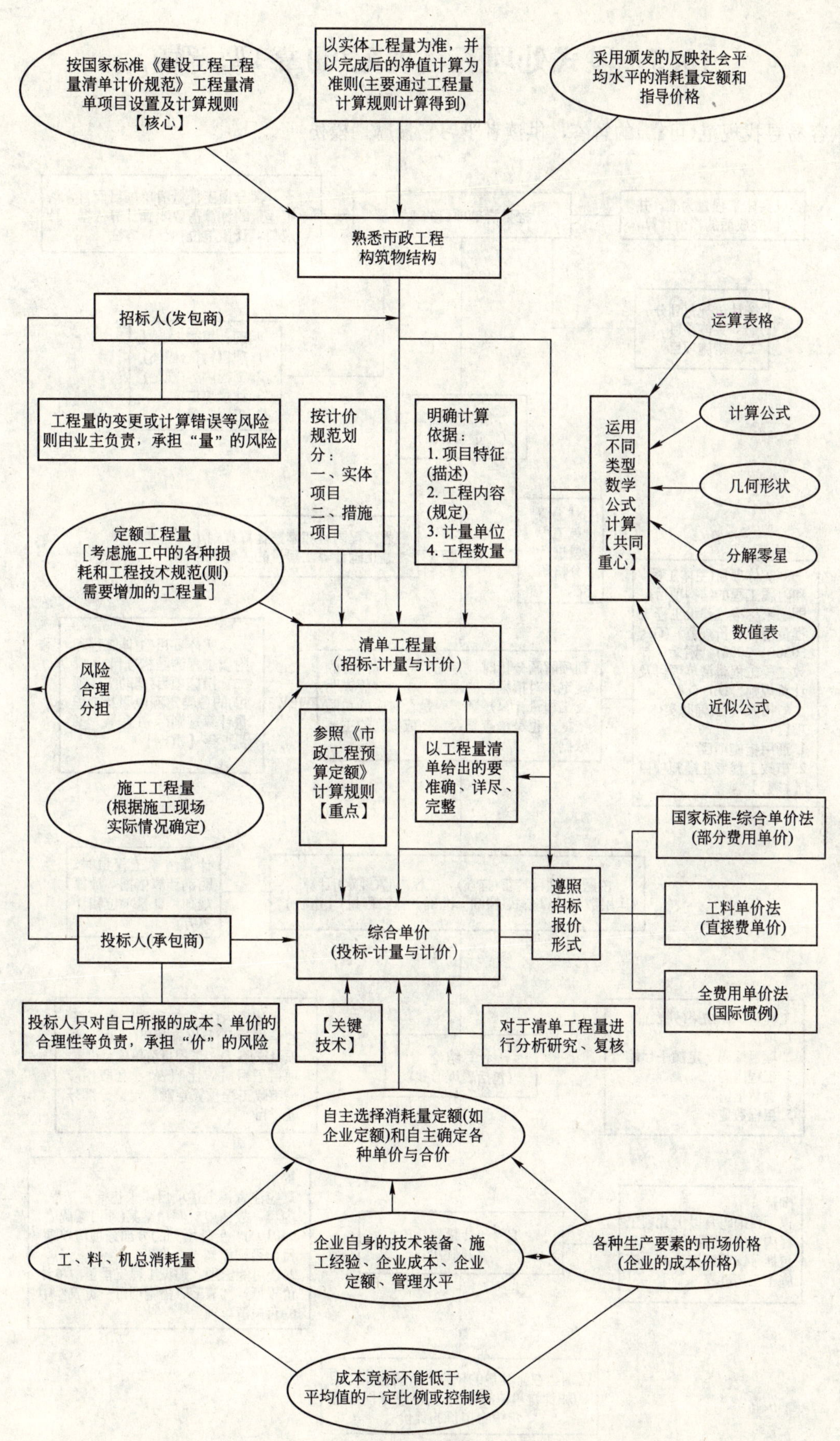

图 10-2　工程量清单算量与计价方式流程

10.5　段式处理三《规范(可靠)型解题》

提供容易寻找规范(可靠)的解答，供读者学习、揣摩、模仿

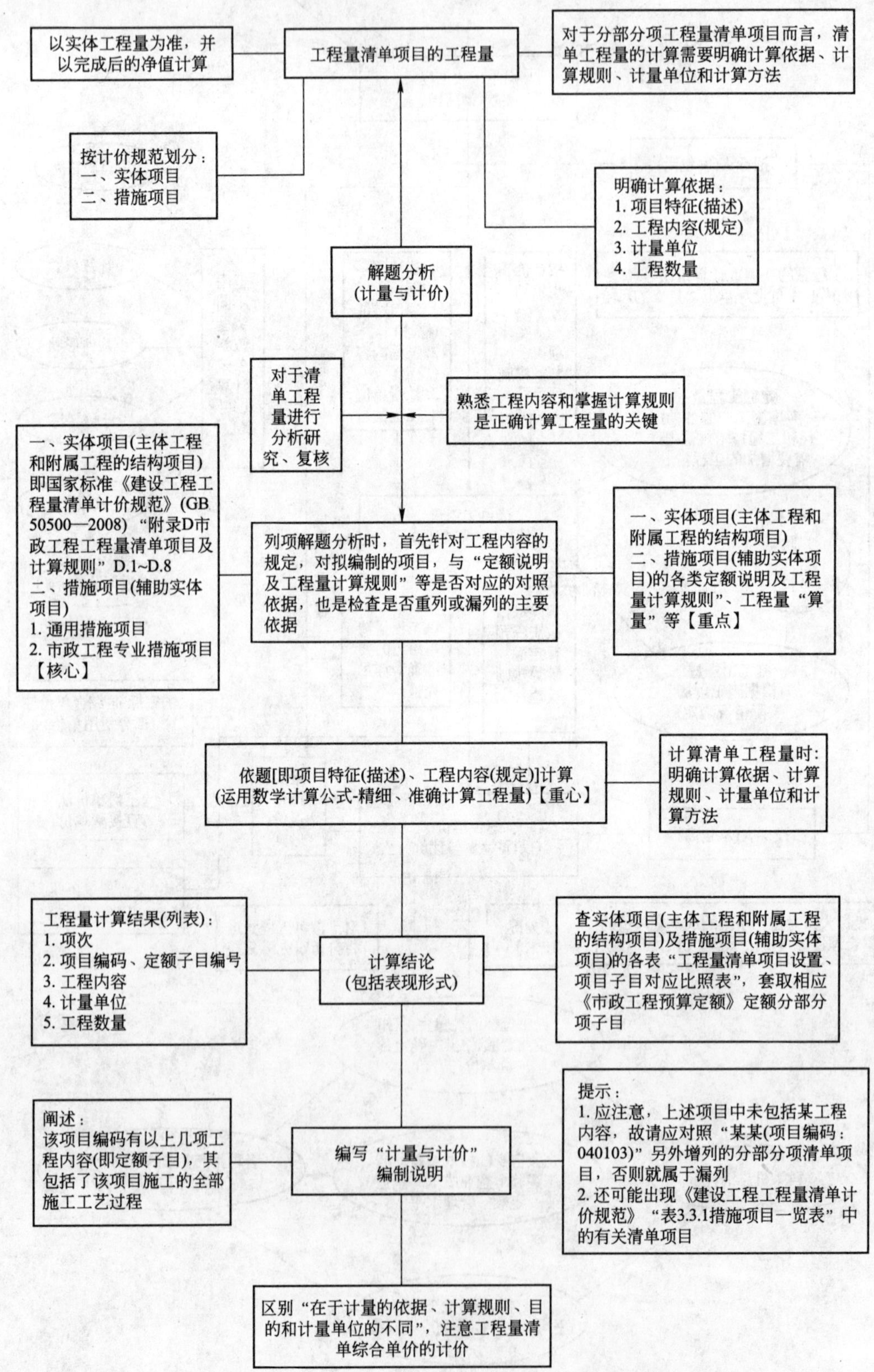

图 10-3　编制工程量清单算量与计价(投标报价)方式流程

10.6 段式处理四《思考型解题》

(工程量清单招、投标编制与施工图预算对照应用计算实例)

为解后反思，揭示实例背后所蕴含的本质和规律，帮助读者举一反三，活跃思路，使读者能够从“模仿”上升到“思考”，最终达到工程量清单招、投标编制及算算不多但新题不怕的境界。

《工程量清单计价规范》与《上海市市政工程预算定额(2000)》区别表　　表 10-4

序号	内容		《建设工程工程量清单计价规范》			《上海市市政工程预算定额》(2000)
			分部分项工程	开办(措施)项目	其他项目	
1	2		3	4	5	6
1	报价		不再提供人工、材料、机械及没有具体消耗量指标，可以根据企业的定额自定，和市场价格信息、费用自选，将报价权交给企业			建设行政主管部门发布的社会平均消耗量定额报价，限制了投标人在施工技术、施工管理水平方面的竞争，约束了企业自主
2	工程量计算规则		一般是以一个“综合实体”考虑的，一般包括多项工程内容，据此规定了相应的工程量计算规则；以“设计图示尺寸”，计算体积或面积			按施工工序进行设置(包括工程内容)，一般是单一；考虑工作面等因素
3	计量单位		一般采用基本计量单位，如 m、m^2、m^3、kg、t、项等			有时出现不规范的复合单位，如 $100m^2$、10m 等
4	工程量清单(实体消耗与施工手段消耗分离)		工程实体项目	辅助实体项目完成的施工手段	零星工作项目	工程直接费
其中①	分部分项工程		附录 D. 或附录 C. 工程实体消耗量			工程直接费
②	开办(措施)项目	施工技术措施费		工、料、机		属直接费范畴
		施工组织措施费		费用		属其他直接费范畴
③	零星工作项目				工、料、机	工程直接费

工程量清单招、投标编制与施工图预算对照应用的计算实例　　表 10-5

项次	类型	详细说明和举例工程名称
1	道路工程	1. 城镇道路② 2. 城市式交通管理设施①
2	桥涵护岸工程	1. 简支板梁及悬浇箱梁① 2. 拱桥② 3. 护岸工程① 4. 浆砌块石驳岸②
3	隧道工程	1. 盾构掘进① 2. 地下连续墙①
4	市政管网工程	1. 管道铺设(开槽埋管、井类等)(其中施工图预算分别含预算定额和预算组合定额编制)① 2. 管道铺设(非开挖技术拖拉管工程)② 3. 排水箱涵② 4. 顶管：沉井工作井、型钢水泥土复合桩(SMW)工法接受井、ϕ1000TLM 管道顶管(一个中继间)① 5. 顶管：沉井工作井、型钢水泥土复合桩(SMW)工法接受井、ϕ1000TLM 管道顶管(二个中继间)② 6. 污水处理厂等含提升泵房下部结构的排水构筑物工程① 7. SBR 池的排水构筑物工程①

注：1. 招投标编制及应用实例包括每一个单位工程的实体项目(主体工程和附属工程的结构项目)及措施项目(辅助实体项目)的计算实例内容；其中人工工日、材料设备、机械设备台班费用都按上海市市政工程市场信息 2006 年 10 月份计取；

2. ①表示出处于，姊妹篇之一《市政工程工程量清单编制及应用实务》第七章；②表示出处于，姊妹篇之二《市政工程工程量清单“算量”手册》中篇实体项目(主体工程和附属工程的结构项目)及措施项目(辅助实体项目)的工程实例。

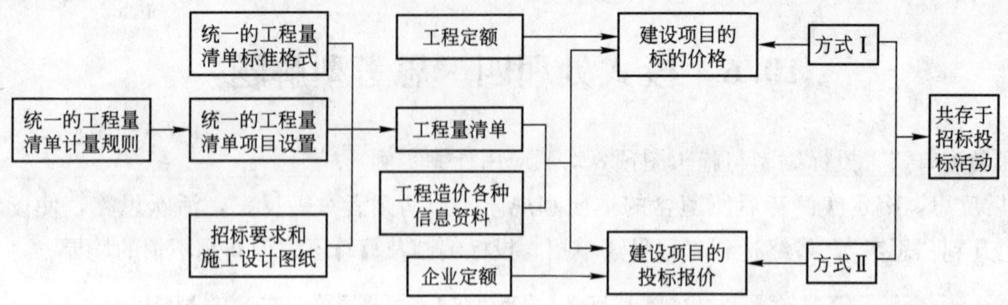

图 10-4　工程量清单计价原理框图

注：1. 方式Ⅰ适用于工料单价法(直接费单价)或全费用单价法(国际惯例)计价法(即现行定额计价法)；

2. 方式Ⅱ适用于工程量清单综合单价计价法(即国家标准《建设工程工程量清单计价规范》计价法)。

10.7　段式处理五《避“陷”型说明》

可以使读者消除做出错误决断，并因而避免发生潜在危险，避免漏列、重列(即易列错、易列漏、列重项目等诸多事宜)；解决偶尔失手、堕入陷阱的问题。

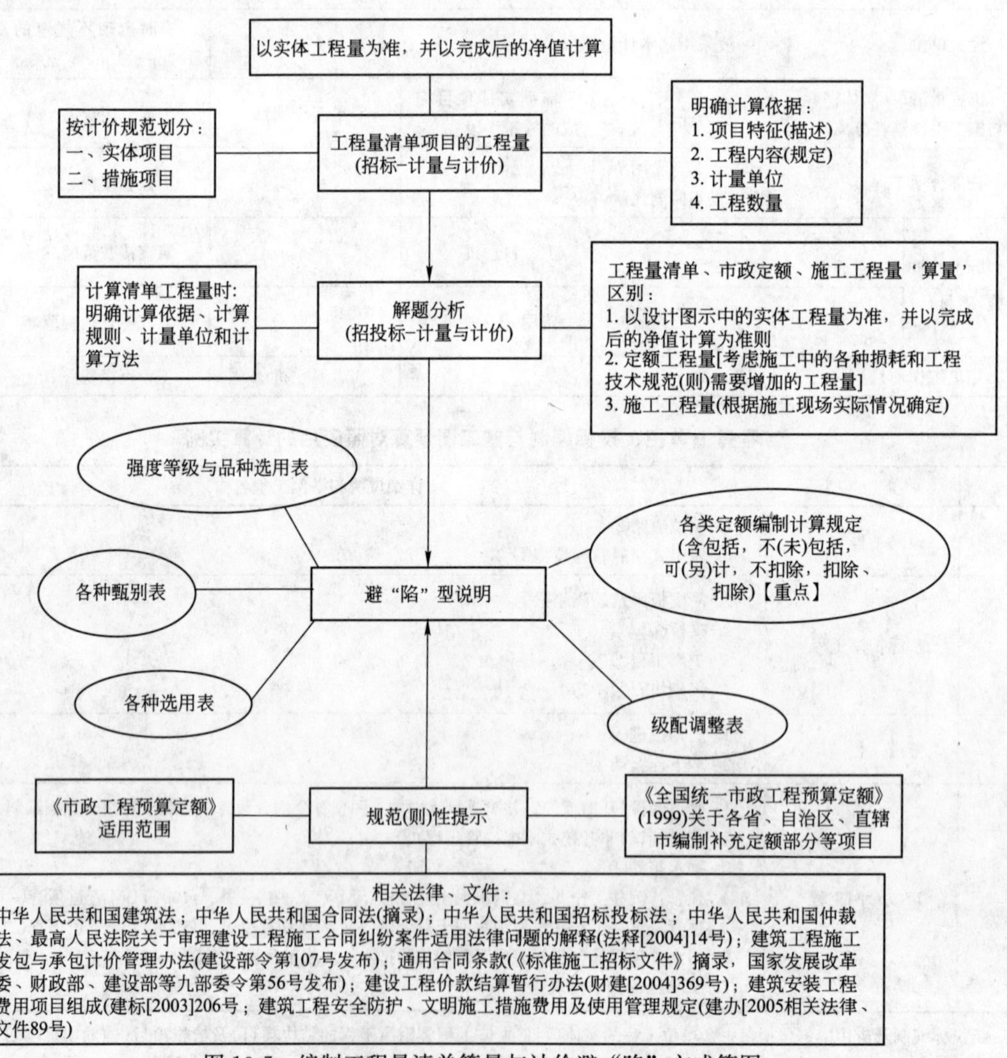

图 10-5　编制工程量清单算量与计价避“陷”方式简图

注：相关法律、文件，请参阅表 2-3“国家标准《建设工程工程量清单计价规范》规范工程造价计价行为的主要相关法律法规、文件依据”的释义。

10.8 《市政工程工程量清单工程系列丛书》题组式构架

《市政工程工程量清单工程系列丛书》题组式构架　　表 10-6

<table>
<tr><th rowspan="2">项次</th><th rowspan="2">段式处理</th><th rowspan="2">释　义</th><th colspan="2">内 容 提 要</th><th rowspan="2">《市政工程工程量清单工程系列丛书》</th></tr>
<tr><th>一、实体项目
(主体工程和附属工程的结构项目)</th><th>二、措施项目
(辅助实体项目)</th></tr>
<tr><td rowspan="3">1</td><td rowspan="3">贯彻执行国家标准，工程量清单及工程量计算规则</td><td rowspan="2">编制工程量清单的依据，必须严格执行国家标准</td><td colspan="2">(1) 分部分项工程量清单应根据附录D规定(《建设工程工程量清单计价规范》中的强制性条文)的统一项目编码、项目名称、计量单位和工程量计算规则进行编制
(2) 如《某某工程的工程量清单目设置、项目子目对应比照表》，均选自《建设工程工程量清单计价规范》(GB 50500—2008)"附录D市政工程工程量清单项目及计算规则"及《〈建设工程工程量清单计价规范〉上海市市政工程操作指南》</td><td rowspan="3">2. 市政工程工程量清单"算量"手册
3. 市政工程工程量清单常用数据手册</td></tr>
<tr><td>(3) 主体工程和附属工程的结构项目：D.1土石方工程(表4-20挖土方、挖土石方、表4-53填方及土石方运输)；D.2道路工程(表4-路基处理、表4-道路基层、表4-道路面层、表4-人行道及其他、表4-交通管理设施)D.7钢筋工程；D.8拆除工程</td><td>(4) 辅助实体项目：5.1大型机械设备进出场及安拆表5-；5.2混凝土、钢筋混凝土模板及支架表5-；5.7行车、行人干扰增加表5-；5.8施工便道5-；5.14堆料场地</td></tr>
<tr><td>便于快速获得工程量清单及定额工程量计算规则的论据，分部分项工程量清单、措施项目清单数据，"算量"资料的来源，提供解答的捷径</td><td>类型例：
1. 挖土土壤分类表
2. 土方挖土类型及分类表
3. 挖土方基本形式、定额说明及工程量计算规则
4. 已列入相应工程挖土方工程量清单的部分分部工程项目
5. 土方现场运输计算规则表
6. 挖土(分土壤类别或综合取定)定额编制计算规定
7. 填方及土方运输定额说明及工程量计算规则
8. 土石方体积折算系数表
9. 填土土方的体积变化系数表
10. 道路工程工程量清单及措施项目清单编制要点
11. 盲沟铺筑的规定
12. 碎石盲沟断面尺寸(横向盲沟规格)的计算规定
13. 道路交通管理设施定额说明及工程量计算规则</td><td>类型例：
1. 行车、行人干扰增加定额说明及工程量计算规则
2. 施工便道定额说明及工程量计算规则
3. 堆料场地定额说明及工程量计算规则</td></tr>
<tr><td>2</td><td>提示型解题</td><td>帮助读者读题分析，启发思路</td><td>类型例：
4.1　土石方工程(项目编码：040101)
1. 土石方工程挖土方项目(一般土方、沟槽、基坑)"算量"
17. 道路实体工程各类"算量"要素统计汇总表
20. 市政工程钢筋工程选用表
(1) 定额编制计算规定，如：定额子目中带"( )"消耗量表
道路工程路基处理间隔填土材料土方(m^3)的消耗量表
市政安装工程的未计价材料类
市政安装工程道路交通管理设施工程的消耗量(只、片、扇)表</td><td>类型例：
1. 道路工程大型机械设备选用表
2. 现浇构件模板面积工程量"算量"
3. 行车、行人干扰增加工程量"算量"</td><td>2. 市政工程工程量清单"算量"手册</td></tr>
</table>

续表

项次	段式处理	释义	内容提要		《市政工程工程量清单工程系列丛书》
			一、实体项目 （主体工程和附属工程的结构项目）	二、措施项目 （辅助实体项目）	
3	规范型解题	提供容易寻找规范的解答，供读者学习、揣摩、模仿	类型例： 4.1 土石方工程(项目编码：040101) 【解题分析 4-7】路基工程实体工程挖土工程量且套取定额子目？ 【解题分析 4-12】路基填方、余方弃置工程量且套取定额子目？ 4.2 道路工程(项目编码：0402) 【解题分析 4-15】盲沟铺筑工程量且套取定额子目？ 【解题分析 4-16】道路基层砾石砂隔离层面积且套取定额子目？ 4.7 钢筋工程(项目编码：040701) 【解题分析 4-67】水泥混凝土路面面层的构造钢筋钢筋网片各为多少吨？分别套用定额子目？	类型例： 5.1 大型机械设备进出场及安拆(项目编码：0501) 【解题分析 5-1】道路工程大型机械的场外运输工程量多少且套取哪项定额子目？ 5.2 混凝土、钢筋混凝土模板及支架(项目编码：0502) 【解题分析 5-7】水泥混凝土与模板接触面面积且套取定额子目？	1. 市政工程工程量清单编制及应用实务 2. 市政工程工程量清单“算量”手册 3. 市政工程工程量清单常用数据手册
			三项市政配套工程招标、投标实务教案： (1) 有效地运用《市政工程预算定额(量价分离消耗量定额)》与工程量清单关系编制清单(教案一)【道路工程】 (2) 深入掌握工程结构、结合施工组织设计编制清单(教案二)【简支梁单位工程】 (3) 注重《建设工程工程量清单计价规范》中“项目特征”的描述“工程内容”的规定编制清单(教案三)【开槽埋管单位工程】		
4	思考型解题	为解后反思，揭示实例背后所蕴含的本质和规律，帮助读者举一反三，活跃思路，使读者能够从“模仿”上升到“思考”，最终达到工程量清单招、投标编制及计算不多但新题不怕的境界	详细说明和举例： 1. 城市式交通设施的道路工程。2. 简支板梁及悬浇箱梁、护岸的桥涵护岸工程。3. 盾构掘进、地下连续墙的隧道工程。4. 开槽埋管、顶管(沉井工作井、型钢水泥土复合桩 SMW 工法接受井、ϕ1000TLM 管道顶管)的市政管网工程，污水处理厂等含提升泵房下部结构、SBR 池的排水构筑物工程 1. 城市式的道路工程。2. 箱涵、拱桥、浆砌块石驳岸的桥涵护岸工程。3. 非开挖型拖拉管工程、顶管(沉井工作井、型钢水泥土复合桩(SMW)工法接受井、ϕ1000TLM 管道顶管)的市政管网工程 等十五个单位工程及其工程量清单招、投标编制与施工图预算对照应用的计算实例		1. 市政工程工程量清单编制及应用实务 2. 市政工程工程量清单“算量”手册
5	避“陷”型说明	可以使读者消除做出错误决断，并因而避免发生潜在危险，避免漏列、重列(即易列错、易列漏、列重项目等诸多事宜)；解决偶尔失手、堕入陷阱的问题	类型例： (1)《市政工程预算定额》适用范围 (2) 挖土(分土壤类别或综合取定)定额编制计算规定 (3) 分部分项工程量清单列项编码 (7) 定额编制中计算规定，如包括、不(未)包括、可(另)计、不扣除、扣除项目和设计说明： 1. 道路工程(项目编码：0402)定额编制计算规定 2. 道路工程工程量清单及措施项目清单编制要点 3. 交通管理设施(编码：040205)定额编制计算规定 (9) 各表格的下列(注：n.)的内容		2. 市政工程工程量清单“算量”手册 3. 市政工程工程量清单常用数据手册

续表

项次	段式处理	释义	内容提要		《市政工程工程量清单工程系列丛书》
			一、实体项目（主体工程和附属工程的结构项目）	二、措施项目（辅助实体项目）	
6	施工组织设计	完善《技术标》中涉及《商务标》的工程量“算量”项目的编制，不要漏列涉及工程量“算量”项目的阐述	(1) 施工组织设计概略 (2) 施工组织设计涉及工程量“算量”对应选用表		2. 市政工程工程量清单“算量”手册
7	投标报价的谋略及技巧	灵活运用投标策略与技巧，合理、合法提高企业的核心竞争力	(1)“常见投标谋略表” (2)“常见的不平衡报价法” (3)“综合单价分析” (4)“投标报价与中标率和利润的关系”		1. 市政工程工程量清单编制及应用实务 2. 市政工程工程量清单“算量”手册

注：1. 学会提示型解题、规范型解题，学会避“陷”，这些基础技术必须时刻关注，也是《市政工程工程量清单工程系列丛书》时刻想提醒读者的两点；

2. 如何成为合格的从事市政工程造价专业技术人员，《市政工程工程量清单工程系列丛书》就为读者提供这样一个标杆；

3. 鉴于目前读者对社会的切入水平要求高，业务知识积累、专业技能的能力提升、专业技术的娴熟学习能力让他们具备“自我谋生发展的实力”，《市政工程工程量清单工程系列丛书》为紧贴读者需求，经过不断的修订、改进、升级，编纂了市政工程量清单工程量计算所需掌握的应用内容、实用性较强的工作用书，值得读者案头常备，反复研读，读者会不断体会学习和工程量算量中的新意；也许读者在实践和发展中会稍稍微调你的学习方式，从提示型解题、规范型解题到思考型解题，肯定是一个更好的选择；

4.《市政工程工程量清单工程系列丛书》重视关键基础技术；规范型解题是所有高水平从事市政工程工程造价领域的专业工程技术人员和读者学习高手都非常重视的一点，让读者在平时历练中注重工程量计算的规范性至关重要，可以帮助读者厘清思路，培养良好习惯，成为一名市政工程算量与计价的行家里手；而急于求成，信马由缰，不守规范，只能是一名天赋被隐没的业余选手。

第 11 章 《市政工程工程量清单“算量”手册》索引、检索表

11.1 《市政工程工程量清单“算量”手册》计算公式、表格、示意图及例题索引

《市政工程工程量清单“算量”手册》计算公式、表格、示意图及例题索引

续表

续表

顺序号	项目名称	编码(册、章、节、目、个编号)				所在页码
		计算公式 (-)	计算表格 (表-)	示意图 (图-)	例题 (例-)	
59	土方挖土类型及分类表		表 4-15			68
60	土石方工程挖土方项目(一般土方、沟槽、基坑)“算量”		表 4-16			68
61	挖土放坡系数表		表 4-17			71
62	槽底加宽系数表		表 4-18			71
63	设工作面沟槽剖面图			图 4-1		72
64	设工作面沟槽剖面图暨体积计算公式	(4-2)				71
65	放坡又设工作面沟槽剖面			图 4-2		72
66	放坡又设工作面沟槽剖面暨体积计算公式	(4-3)				72
67	试计算该方型管沟槽挖土方工程量				【例题 4-3】	72
68	清单土方计算方法示意图			图 4-3		72
69	管沟与井位简图			图 4-4		73
70	管沟与井位挖方示意图			图 4-5		73
71	斜线(阴影)部分的土方量	(4-4)				73
72	井位弓形面积计算系数			图 4-6		73
73	井位增加土方清单工程量				【例题 4-4】	73
74	该推土机的推土斜道运距				【例题 4-5】	73
75	上坡斜道推土方示意图			图 4-7		73
76	矩形(长方形)不放坡基坑计算公式	(4-5)				74
77	矩形(长方形)放坡基坑计算公式	(4-6)				74
78	矩、方形(放坡)基坑底开坑后的挖土长、宽度及四角角锥体积透视图			图 4-10		75
79	求挖基坑土方量				【例题 4-6】	75
80	划横截面示意图			图 4-11		76
81	土石方工程属性		表 4-20			76
82	挖土、石方工程量清单项目设置、项目子目对应比照表		表 4-21			76
83	土方现场运输计算规则表		表 4-22			78
84	土方场内运输定额划分甄选表		表 4-23			78
85	挖土(分土壤类别或综合取定)定额编制计算规定		表 4-24			79
86	挖土方基本形式、定额说明及工程量计算规则		表 4-25			79
87	已列入相应工程挖土方工程量清单的部分分部工程项目		表 4-26			81
88	土方工程(挖土)定额说明及工程量计算规则		表 4-27			82
89	路基工程施工一般程序流程图			图 4-12		84
90	边坡各部位名称(放坡坡度)			图 4-13		84
91	放坡坡度$=H/B=1/(B/H)=1:B/H$	(4-7)				84
92	$m=B/H$,得放坡坡度$=1:m$,称 m 为坡度系数	(4-8)				84
93	路基边坡坡度($1:m$)示意图			图 4-14		85
94	斜度与角度变换表		表 4-28			85
95	积距法计算出横断面面积示意图			图 4-15		86
96	横断面填方的总面积公式	(4-9)				85
97	横断面挖方的总面积公式	(4-10)				85
98	相邻两断面间填方体积公式	(4-11)				86
99	相邻两断面间挖方体积公式	(4-12)				86

续表

续表

顺序号	项目名称	编码(册、章、节、目、个编号)				所在页码
		计算公式	计算表格	示意图	例题	
		(-)	(表-)	(图-)	(例-)	
138	圆锥体挖土体积公式	(4-30)				108
139	工作坑种类			图 4-29		109
140	工作坑的底宽和高度			图 4-30		109
141	工作坑(顶进坑、接收坑)平面尺寸(单位：m)		表 4-47			109
142	工作坑的深度计算		表 4-48			109
143	顶进坑示意图			图 4-31		110
144	接受坑示意图			图 4-32		110
145	顶管长度参考表		表 4-49			110
146	钢板桩工作坑平面尺寸表(单位：m)		表 4-50			110
147	钢板桩适用范围表(单位：m)		表 4-51			110
148	顶管工程钢筋混凝土沉井工作坑基坑挖土工程量				【例题 4-12】	111
149	无支护基坑开挖放坡比例表		表 4-52			112
150	同桥台挖土(墩台条基础)	(4-31)				112
151	圆锥体挖土体积公式	(4-32)				113
152	基坑开挖及沉井下沉示意图			图 4-33		113
153	雨水泵站基坑挖土体积				【例题 4-13】	113
154	正圆柱体简图			图 4-37		114
155	圆形单孔沉井示意图			图 4-38		114
156	圆柱体挖土体积公式	(4-33)				114
157	矩形体挖土体积公式：$V=a\times b\times H$	(4-34)				115
158	矩形立方体简图			图 4-39		115
159	矩形单孔沉井示意图			图 4-40		115
160	人工挖孔桩孔土方工程量				【例题 4-14】	115
161	围护、支撑工程形式		表 4-53			116
162	横撑			图 4-42		116
163	竖撑			图 4-43		116
164	板桩撑			图 4-44		116
165	工具式撑杠			图 4-45		116
166	桩板的断面			图 4-46		116
167	钢板桩支撑平面布置			图 4-47		116
168	倒撑			图 4-48		116
169	围护、支撑工程定额说明及工程量计算规则		表 4-54			117
170	列板、钢板桩取定表		表 4-55			117
171	每 100m(沟槽长)列板支撑使用数量取定表		表 4-56			118
172	打拔沟槽钢板桩机械设备甄选表		表 4-57			118
173	围护、支撑类大型机械设备使用费甄选表		表 4-58			118
174	型钢水泥土复合搅拌桩(SMW)工法围护墙			图 4-49		119
175	H 型钢桩常用规格表		表 4-59			119
176	围护、支撑类大型机械设备使用费		表 4-60			120
177	沟槽支护的数量				【例题 4-15】	120
178	填方及土方运输工程量“算量”		表 4-61			121

续表

顺序号	项目名称	编码(册、章、节、目、个编号)				所在页码
		计算公式 (-)	计算表格 (表-)	示意图 (图-)	例题 (例-)	
179	人工填土类型及地基土组成		表4-62			122
180	土种的最佳含水量和最大干密度表		表4-63			122
181	黏土的可塑性指标表		表4-64			122
182	砂土的密实度		表4-65			123
183	按孔隙比确定粉土密实度		表4-66			123
184	土的基本代号		表4-67			123
185	土的统一分类法与原路基土分类法对应关系		表4-68			123
186	土方工程场外运输计价基本数据系数		表4-69			124
187	土方平衡选用表		表4-70			125
188	土石方体积折算系数表		表4-71			125
189	填土土方的体积变化系数表		表4-72			125
190	土方场外运输工程量				【例题4-16】	126
191	机械压实方法		表4-73			126
192	机械压实方法			图4-50		127
193	填土方中机械压实		表4-74			127
194	堆土(天然密实方)数量计算方法示意图			图4-51		127
195	开槽埋管堆土断面面积表		表4-75			128
196	填方及土石方运输(项目编码：040103)		表4-76			128
197	填方及土石方运输定额编制计算规定		表4-77			128
198	土方平衡、外运土方、缺土外来土方的数量				【例题4-17】	129
199	路基填方、余方弃置工程量				【例题4-18】	129
200	排水管道开槽埋管沟槽回填工程量"算量"		表4-78			131
201	排水管道沟槽填方、余方弃置工程量				【例题4-19】	133
202	顶管工程钢筋混凝土沉井工作坑基坑填方、余方弃置工程量				【例题4-20】	136
203	顶管工程型钢水泥土复合桩(SMW)工法工作井填方、余方弃置工程量				【例题4-21】	137
	4.2 道路工程(项目编码：0402)					
204	按道路的横向布置分类		表4-79			138
205	城市道路横断面的形式示意图			图4-52		138
206	路基断面形式		表4-80			139
207	路基断面形式			图4-53		139
208	构成路面的各铺砌层		表4-81			139
209	路面结构的层次			图4-54		140
210	路面结构组成示意图			图4-55		140
211	分离式立体交叉			图4-56		141
212	菱形立体交叉			图4-57		141
213	部分苜蓿叶形立体交叉			图4-58		141
214	苜蓿叶形立体交叉			图4-59		141
215	部分定向式立体交叉			图4-60		141
216	喇叭形立体交叉			图4-61		141
217	定向式立体交叉			图4-62		141

续表

顺序号	项目名称	编码(册、章、节、目、个编号)				所在页码
		计算公式	计算表格	示意图	例题	
		(-)	(表-)	(图-)	(例-)	
218	长条苜蓿叶形立体交叉			图 4-63		141
219	环形立体交叉(三层)			图 4-64		141
220	长条苜蓿叶形分行立体交叉(三层)			图 4-65		141
221	环形分行立体交叉(四层)			图 4-66		141
222	直接式变速车道			图 4-67		142
223	平行式变速车道			图 4-68		142
224	匝道口净距			图 4-69		142
225	道路工程工程量清单及措施项目清单编制要点		表 4-82			142
226	分部分项工程量清单		表 4-83			144
227	道路工程定额编制计算规定		表 4-84			145
228	沥青混凝土路面工程透层油及各层(细、中、粗粒式)沥青混凝土工程量面积				【例题 4-22】	145
229	人行道铺设面积工程量				【例题 4-23】	146
230	道路工程大型机械设备选用表		表 4-85			147
231	路基处理工程量清单项目设置、计算规则及项目子目对应比照表		表 4-86			147
232	砂井布置		表 4-87			148
233	砂桩布置及间距		表 4-88			149
234	道路工程路基处理间隔填土材料土方(m^3)的消耗量表		表 4-89			150
235	定额材料换算				【例题 4-24】	150
236	砂袋砂井			图 4-73		150
237	塑料排水板			图 4-74		150
238	土工布铺设		表 4-90			150
239	路堤上			图 4-75		151
240	软基上			图 4-76		151
241	土工布的工程量				【例题 4-25】	151
242	截水沟的横断面图			图 4-78		151
243	明沟和槽沟断面图			图 4-79		151
244	截水沟(砖石排水沟)截面面积		表 4-91			152
245	截水沟(砖石排水沟)		表 4-92			153
246	盲沟铺筑的规定		表 4-93			153
247	碎石盲沟断面尺寸(横向盲沟规格)的计算规定		表 4-94			153
248	横向盲沟长度	(4-35)				153
249	碎石盲沟体积	(4-36)				153
250	工程量清单盲沟铺筑工程量及市政定额碎石盲沟工程量				【例题 4-26】	153
251	道路基层工程量清单项目设置、计算规则及项目子目对应比照表		表 4-95			154
252	道路基层工程数量计算公式		表 4-96			156
253	交叉口转角处转角正交、斜交示意图			图 4-80		156
254	角度的标注			图 4-81		156
255	道路实体工程各类“算量”要素统计汇总表		表 4-97			156
256	道路基层砾石砂隔离层面积且套取定额子目				【例题 4-27】	157
257	道路基层厂拌粉煤灰三渣基层面积且套取定额子目				【例题 4-28】	158
258	道路面层工程量清单项目设置、计算规则及项目子目对应比照表		表 4-98			161

续表

续表

顺序号	项目名称	编码(册、章、节、目、个编号) 计算公式 (-)	计算表格 (表-)	示意图 (图-)	例题 (例-)	所在页码
297	分部分项工程量清单表		表 4-115			188
298	城镇道路工程工程数量计算表(工程量清单)		表 4-116			190
299	单位工程费用汇总表		表 4-117			193
300	分部分项工程量清单与计价表		表 4-118			194
301	措施项目清单		表 4-119			196
302	分部分项工程量清单计价分析表		表 4-120			197
303	城镇道路工程工程数量计算表(施工图预算书)		表 4-121			202
304	施工图预算书		表 4-122			204
305	费用表		表 4-123			205
306	分部分项工程项目清单		表 4-124			206
307	措施项目清单		表 4-125			208
	4.3 桥涵护岸工程(项目编码：0403)					
308	桥梁涵洞按总长或跨径分类		表 4-126			209
309	桥梁基本组成部分			图 4-99		209
310	跨越河流(正、斜交)示意图			图 4-100		210
311	斜桥示意图 (1：n)			图 4-101		210
312	弯桥示意图 (1：n)			图 4-102		210
313	桥梁的功能、种类和桥的构造		表 4-127			210
314	梁桥			图 4-103		211
315	拱桥			图 4-104		211
316	刚架桥			图 4-105		211
317	吊桥(悬索桥)			图 4-106		211
318	斜拉桥简图			图 4-107		211
319	组合体系桥梁			图 4-108		211
320	桥梁结构组成		表 4-128			211
321	桥梁基本组成		表 4-129			212
322	桥面系构造			图 4-109		212
323	桥墩、桥台(桥梁下部结构)		表 4-130			213
324	重力式桥墩示意图			图 4-110		213
325	重力式桥台示意图			图 4-111		213
326	重力式桥墩示意图			图 4-112		213
327	墩、台身		表 4-131			213
328	悬臂式和托盘式桥墩			图 4-113		214
329	墩身平面形状		表 4-132			214
330	墩身平面形状			图 4-114		214
331	桩(柱)式墩形式		表 4-133			214
332	梁桥桩(柱)式桥墩示意图			图 4-115		215
333	涵洞与小桥区别及其种类		表 4-134			215
334	涵洞的构造		表 4-135			216
335	涵洞布置示意图			图 4-116		216

续表

续表

顺序号	项 目 名 称	编码(册、章、节、目、个编号)				所在页码
		计算公式	计算表格	示意图	例题	
		(-)	(表-)	(图-)	(例-)	
375	工程中机械成孔灌注桩需搭拆陆上工作平台面积				【例题 4-45】	240
376	护筒埋设(陆上、水上)		表 4-158			240
377	护筒埋设			图 4-136		240
378	钢护筒质量参考表		表 4-159			241
379	机械成孔灌注桩实体工程工程量				【例题 4-46】	241
380	现浇混凝土工程量清单项目设置、计算规则及项目子目对应比照表		表 4-160			244
381	重力式(U 形)桥台示意图			图 4-137		246
382	肋板式桥台			图 4-138		246
383	U 形桥台构造			图 4-139		246
384	轻型桥台			图 4-140		246
385	埋置式桥台			图 4-141		246
386	拱桥分类形式		表 4-161			247
387	拱桥构造的基本组成			图 4-142		247
388	拱桥构造		表 4-162			247
389	拱桥按主拱圈横截面形式		表 4-163			247
390	拱桥按结构受力体系划分种类		表 4-164			248
391	拱圈的种类		表 4-165			248
392	拱上砌体砌筑程序			图 4-143		248
393	空腹式拱桥构造			图 4-144		248
394	拱桥桥墩			图 4-145		248
395	墩台上腹拱的布置方式			图 4-146		248
396	桁架拱桥的组成部分			图 4-147		249
397	刚架拱桥的组成部分			图 4-148		249
398	常备拼装式桁架型拱架			图 4-149		249
399	拱筒形工程量				【例题 4-47】	249
400	弧形梁工程量				【例题 4-48】	249
401	拱形梁工程量				【例题 4-49】	250
402	桥梁工程基础与承台区分甄选表		表 4-166			250
403	U 形桥台简图			图 4-153		250
404	桩承台基础构造示意图			图 4-154		250
405	桥台体积	(4-37)				251
406	U 形桥台体积计算示意图			图 4-155		251
407	桥梁工程墩台帽与墩台盖梁甄选表		表 4-167			251
408	墩帽构造示意图			图 4-156		251
409	桥墩盖梁总体积				【例题 4-50】	252
410	桥台盖梁总体积				【例题 4-51】	252
411	重力式桥墩示意图			图 4-159		254
412	椭圆形			图 4-160		254
413	平截正圆锥体			图 4-161		254
414	截头长方台楔体			图 4-162		254
415	桥墩墩身体积、基础体积				【例题 4-52】	255
416	桥头搭板路面接缝设置			图 4-167		256

续表

顺序号	项 目 名 称	编码(册、章、节、目、个编号)				所在页码
		计算公式 (-)	计算表格 (表-)	示意图 (图-)	例题 (例-)	
417	桥头搭板				【例题 4-53】	256
418	桥梁柱基础为现浇钢筋混凝土独立基础工程量				【例题 4-54】	257
419	弧形拱顶简图			图 4-170		258
420	拱顶体积	(4-38)				258
421	拱顶延长系数表		表 4-169			258
422	拱顶体积	(4-39)				259
423	涵洞混凝土工程量				【例题 4-55】	259
424	预拌(商品)混凝土工程量“算量”		表 4-170			259
425	臂架式液压混凝土泵车外形示意图			图 4-171		260
426	商品混凝土布料杆泵车简图			图 4-172		260
427	预拌(商品)混凝土输送及泵管安拆使用		表 4-171			260
428	预拌(商品)混凝土计算选用表		表 4-172			260
429	预制混凝土工程量清单项目设置、计算规则及项目子目对应比照表		表 4-173			262
430	混凝土栏杆的尺寸及形式		表 4-174			264
431	栏杆示意图			图 4-173		264
432	双菱形和长腰圆形栏杆			图 4-174		264
433	预应力混凝土构件截面形式图			图 4-175		265
434	预制构件(施工现场或工厂)与现浇构件类型甄选表		表 4-175			265
435	空心板梁截面形式			图 4-176		265
436	箱形梁桥截面形式			图 4-177		265
437	板的混凝土体积				【例题 4-56】	265
438	预制混凝土构件计算方法表		表 4-176			266
439	非预应力空心板梁			图 4-179		266
440	预应力空心板梁			图 4-180		266
441	张拉台座(先张法预制)分类表		表 4-177			267
442	张拉台座台座示意图			图 4-181		267
443	锚具分类表		表 4-178			267
444	穿心式锚具示意图			图 4-182		267
445	JM 型锚具(夹片锚具)简图			图 4-183		268
446	QM 型锚具简图			图 4-184		268
447	XM 型锚具简图			图 4-185		268
448	Z 系列锚具简图			图 4-186		268
449	锚具损耗系数		表 4-179			268
450	桥涵及护岸工程安装柱、板、梁的消耗量表		表 4-180			268
451	预制混凝土构件场内运输工程量“算量”		表 4-181			269
452	现场预制空心板梁或预制混凝土构件(工厂)、陆上安装板梁、预制构件场内运输				【例题 4-57】	270
453	各种常用架梁方法的工艺特点		表 4-182			271
454	陆地架设法			图 4-187		271
455	浮吊架设法			图 4-188		271

续表

顺序号	项 目 名 称	编码(册、章、节、目、个编号)				所在页码
		计算公式	计算表格	示意图	例题	
		(-)	(表-)	(图-)	(例-)	
456	联合架桥机架梁			图 4-189		272
457	闸门式架桥机架梁			图 4-190		272
458	安装预制混凝土(构件)定额说明及工程量计算规则		表 4-183			272
459	板梁间(板间)灌缝、板梁底勾缝工程量“算量”		表 4-184			273
460	简支梁板梁间灌缝、板梁底勾缝各多少立方米及延长米				【例题 4-58】	273
461	上下行桥板梁间灌缝、板梁底勾缝各多少立方米及延长米				【例题 4-59】	273
462	空心板，绞缝 M10 水泥砂浆，勾缝工程量				【例题 4-60】	273
463	钢筋混凝土基础工程量				【例题 4-61】	276
464	砌筑工程量清单项目设置、计算规则及项目子目对应比照表		表 4-185			277
465	砌筑工程定额编制及工程量计算规则		表 4-186			277
466	圬工勾缝的形式		表 4-187			278
467	圬工勾缝的形式			图 4-193		278
468	干砌块料挡土墙基础、墙身和内墙面及顶面勾缝的工程量				【例题 4-62】	278
469	锥坡，锥坡 M7.5 砂浆砌片石，锥坡边护坡，1∶2 水泥砂浆勾缝工程量				【例题 4-63】	279
470	C15 垫层、C25 基础、台身、台帽工程量				【例题 4-64】	279
471	挡墙、护坡工程量清单项目设置、计算规则及项目子目对应比照表		表 4-188			281
472	挡土墙分类		表 4-189			282
473	挡土墙按其在道路横断面上的位置分类			图 4-198		282
474	挡土墙按其结构形式分类			图 4-199		282
475	桥涵工程护坡工程量				【例题 4-65】	282
476	锥形护坡工程量				【例题 4-66】	283
477	立交箱涵工程量清单项目设置、计算规则及项目子目对应比照表		表 4-190			284
478	立交箱涵工程定额说明编制及工程量计算规则		表 4-191			285
479	箱涵顶柱、中继间护套及挖土支架的摊销量表		表 4-192			286
480	箱涵自重				【例题 4-67】	286
481	顶进工程量				【例题 4-68】	286
482	钢结构工程量清单项目设置、计算规则及《市政工程预算定额》项目子目对应比照表		表 4-193			287
483	装饰工程量清单项目设置、计算规则及项目子目对应比照表		表 4-194			287
484	其他工程量清单项目设置、计算规则及项目子目对应比照表		表 4-195			288
485	安装金属栏杆、支座等项目计算表		表 4-196			289
486	桥梁支座		表 4-197			289
487	盆式橡胶支座结构图			图 4-204		290
488	桥梁伸缩缝		表 4-198			290
489	钢板伸缩缝			图 4-205		290
490	橡胶伸缩缝			图 4-206		291
491	GQF-C 型系列伸缩缝装置断面图			图 4-207		291
492	TST 弹塑体伸缩缝构造			图 4-208		291
493	四联 V 型橡胶型材与型钢组合伸缩缝			图 4-209		291

续表

续表

顺序号	项目名称	编码(册、章、节、目、个编号) 计算公式(-)	计算表格(表-)	示意图(图-)	例题(例-)	所在页码
533	沉井下沉挖土基本形式及工程量计算规则		表 4-226			329
534	地下连续墙施工流程图			图 4-229		330
535	挖槽机械工作机理		表 4-227			330
536	钻抓式挖槽机			图 4-230		330
537	采用钻抓式挖槽机施工时的工艺布置			图 4-231		331
538	地下连续墙工程量清单项目设置及工程量计算规则		表 4-228			331
539	混凝土结构工程量清单项目设置及工程量计算规则		表 4-229			332
540	沉管隧道工程量清单项目设置及工程量计算规则		表 4-230			333
	4.5 市政管网工程(项目编码：0405)					
541	截流式合流制排水系统			图 4-232		334
542	分流制排水系统			图 4-233		334
543	城市污水处理典型流程			图 4-234		335
544	分建式排水泵站			图 4-235		335
545	管道设施结构形式		表 4-231			335
546	混凝土、塑料管管材品种		表 4-232			337
547	承插、企口、平口管尺寸示意图			图 4-236		337
548	管道铺设工程量清单项目设置及工程量计算规则		表 4-233			337
549	管道铺设工程量				【例题 4-72】	339
550	管件、钢支架制作、安装及新旧管连接工程量清单项目设置及工程量计算规则		表 4-234			342
551	阀门、水表、消火栓安装工程量清单项目设置及工程量计算规则		表 4-235			343
552	井类、设备基础及出水口工程量清单项目设置及工程量计算规则		表 4-236			343
553	混凝土基础砖砌直线窨井工程量				【例题 4-73】	346
554	沉井施工			图 4-237		348
555	沉井类型		表 4-237			348
556	沉井类型示意图			图 4-238		349
557	沉井构造各部分构成		表 4-238			349
558	支承垫木示意图			图 4-239		350
559	混凝土垫层示意图			图 4-240		350
560	刃脚高度示意图			图 4-241		350
561	沉井下沉常用的方法		表 4-239			350
562	有排水下沉方法			图 4-242		350
563	不排水下沉			图 4-243		351
564	触变泥浆套示意图			图 4-244		351
565	触变泥浆配比(重量比)		表 4-240			351
566	触变泥浆掺入剂配比(重量比，以膨润土为 100)		表 4-241			351
567	排水封底沉井构造图			图 4-245		351
568	不排水封底导管法灌筑混凝土			图 4-246		351
569	水下混凝土封底示意图			图 4-247		351
570	泵站下部结构工程量“算量”		表 4-242			352

续表

续表

顺序号	项目名称	编码(册、章、节、目、个编号)				所在页码
		计算公式 (-)	计算表格 (表-)	示意图 (图-)	例题 (例-)	
610	钢筋下料长度计算		表 4-259			419
611	钢筋混凝土用热轧钢筋直径、横截面面积及质量		表 4-260			420
612	钢筋实际质量与公称质量偏差	(4-43)				420
613	钢筋弯曲时的量度方法			图 4-262		421
614	钢筋弯曲调整值		表 4-261			421
615	钢筋弯钩计算简图			图 4-263		421
616	常用光圆钢筋弯钩增加长度表		表 4-262			421
617	钢筋的弯钩与弯折			图 4-264		421
618	弯起钢筋长度尺寸表		表 4-263			422
619	弯起钢筋斜长计算简图			图 4-265		422
620	箍筋调整值		表 4-264			422
621	箍筋量度方法			图 4-266		422
622	箍筋弯钩长度示意图			图 4-267		422
623	箍筋长度调整表		表 4-265			422
624	弯钩增加长度钢筋弯钩型式			图 4-268		423
625	各种规格钢筋弯钩增加长度参考表		表 4-266			423
626	弯起钢筋斜长计算简图			图 4-269		424
627	弯起钢筋斜长长度表		表 4-267			424
628	钢筋弯折 90°和 135°时的弯曲调整值		表 4-268			424
629	钢筋弯曲调整值计算简图			图 4-270		425
630	钢筋一次弯折和弯起 30°、45°、60°的弯曲调整值		表 4-269			425
631	箍筋弯钩示意图			图 4-271		425
632	箍筋弯钩长度增加值参考表		表 4-270			425
633	圆钢筋、螺纹钢筋的截面面积及理论重量表		表 4-271			425
634	常用钢板和钢带规格、重量表		表 4-272			426
635	钢筋配料单		表 4-273			427
636	钢筋代换原则		表 4-274			427
637	钢筋等强度代换方法计算法	(4-44)				427
638	设计强度相同、直径不同的钢筋代换	(4-45)				427
639	直径相同、强度设计值不同的钢筋代换	(4-46)				427
640	普通钢筋强度设计值		表 4-275			427
641	ϕ12 钢筋根数及其间距				【例题 4-80】	428
642	等强截面代换换算系数		表 4-276			428
643	钢筋按等强面积计算的截面面积换算		表 4-277			429
644	按等截面代换	(4-47)				429
645	市政工程钢筋工程选用表		表 4-278			430
646	预埋铁件分类		表 4-279			431
647	预应力钢筋		表 4-280			431
648	普通钢筋强度、标准值		表 4-281			431
649	预应力钢筋强度标准值		表 4-282			431
650	普通钢筋强度设计值		表 4-283			432

续表

续表

续表

续表

续表

顺序号	项 目 名 称	编码(册、章、节、目、个编号)				所在页码
		计算公式	计算表格	示意图	例题	
		(-)	(表-)	(图-)	(例-)	
801	隧道盾构沉井矩形基坑沉井将采用何种井点降水形式，井点安、拆的根数，井点使用套·天数				【例题5-18】	492
802	排水管道井点降水将采用何种井点降水形式，井点安、拆的根数，井点使用套·天数				【例题5-19】	493
803	将采用何种井点降水形式，井点安、拆的根数，井点使用套·天数				【例题5-20】	494
5.5 围堰(项目编码：0505)						
804	围堰形式的选择		表5-53			495
805	正常条件下按围堰高选择形式和相应断面尺寸		表5-54			496
806	围堰高选择形式和相应断面尺寸			图5-35		496
807	围堰工程量清单项目设置、项目子目对应比照表		表5-55			496
808	围堰工程量筑拆、使用、养护分类及工程量计算		表5-56			496
809	围堰筑拆按长度以米计算	(5-3)				497
810	腰围堰长度	(5-4)				497
811	计算筑拆围堰费用				【例题5-21】	497
812	围堰筑拆示意图			图5-36		497
813	筑拆围堰需要土方工程量"算量"		表5-57			498
814	每延长米筑拆围堰材料土方(天然密实方)的消耗量(m^3)表		表5-58			499
815	天然密实方(即自然方)与填土、松方的关系表		表5-59			499
816	驳岸工程围堰筑拆部分、养护部分工程量及拆除围堰土方场外运输所需土方量				【例题5-22】	499
5.6 筑岛(项目编码：0506)						
817	筑岛工程量清单项目设置、项目子目对应比照表		表5-60			501
818	人工筑岛简图			图5-38		501
5.7 现场施工围栏(项目编码：0507)						
819	现场施工围栏工程量清单项目设置、项目子目对应比照表		表5-61			501
820	现场施工围栏工程量"算量"		表5-62			501
821	桥梁工程封闭、移动式路栏多少且套取哪项定额子目				【例题5-23】	502
822	开槽埋管工程移动式施工路栏多少且套取哪项定额子目				【例题5-24】	502
5.8 便道(项目编码：0508)						
823	施工便道与交通便道区别		表5-63			503
824	施工便道工程量清单项目设置、项目子目对应比照表		表5-64			503
825	施工便道工程量"算量"		表5-65			503
826	桥梁施工便道多少平方米且套取哪项定额子目				【例题5-25】	504
827	开槽埋管工程施工便道多少平方米且套取哪项定额子目				【例题5-26】	504
5.9 便桥(项目编码：0509)						
828	便桥工程量清单项目设置、项目子目对应比照表		表5-66			505
829	临时便桥工程量"算量"		表5-67			505
5.10 洞内施工的通风、供水、供气、供电、照明及通信设施(项目编码：0510)						
5.11 驳岸块石清理(项目编码：0511)						
830	工程量清单项目设置、项目子目对应比照表		表5-68			506

续表

续表

续表

续表

续表

续表

续表

顺序号	项目名称	编码(册、章、节、目、个编号)				所在页码
		计算公式 (-)	计算表格 (表-)	示意图 (图-)	例题 (例-)	
1072	施工组织设计涉及工程量“算量”对应选用表		表 9-5			613
1073	地形、地质、水文和气象调查内容表		表 9-6			614
1074	我国主要城市气象参数		表 9-7			615
1075	临时供水、供电、邻近电讯设施、供气条件调查表		表 9-8			617
1076	社会劳动力调查		表 9-9			618
1077	施工区域地方资源情况调查表		表 9-10			618
1078	施工区域地方建筑材料及构件生产企业调查表		表 9-11			618
1079	施工区域地方机具及周转材料租赁调查内容表		表 9-12			619
1080	定额市场价及租赁单价调查内容表		表 9-13			619
1081	三大材料、特殊物资、主要设备调查内容表		表 9-14			621
1082	交通运输条件调查内容表		表 9-15			621
1083	《物资供应商评价记录》		表 9-16			621
1084	地震烈度概况表		表 9-17			622
1085	我国主要城市平均气温稳定低于5℃的初终日期		表 9-18			622
1086	摄氏与华氏温度对照表		表 9-19			622
1087	降雨等级划分表		表 9-20			623
1088	风力等级表		表 9-21			623
1089	临时仓库与露天堆场的面积计算表		表 9-22			624
1090	仓库每平米有效面积的材料存放量 P		表 9-23			624
1091	仓库面积利用系数 k		表 9-24			625
1092	生活设施的调查表		表 9-25			625
1093	建筑面积公式	(9-1)				625
1094	行政、生活、福利临时设施建筑面积参考指标 P		表 9-26			625
1095	现场作业棚所需面积参考指标		表 9-27			626
1096	现场机运站、机修间、停放场所需面积参考指标		表 9-28			626
1097	施工工程用水量	(9-2)				627
1098	施工机械用水定额参考定额表		表 9-29			627
1099	施工用水不均衡系数表		表 9-30			628
1100	施工机械用水量	(9-3)				628
1101	施工机械台班用水量参考定额表		表 9-31			628
1102	施工现场生活用水量	(9-4)				629
1103	生活区生活用水量	(9-5)				629
1104	生活用水量参考定额表		表 9-32			629
1105	消防用水量参考		表 9-33			630
1106	施工现场总用水量	(9-6)				630
1107	施工现场总用水量	(9-7)				630
1108	施工现场总用水量	(9-8)				630
1109	管网中水管直径的计算	(9-9)				630
1110	水管经济流速表		表 9-34			631
1111	给水铸铁计算表		表 9-35			631
1112	给水钢管计算表		表 9-36			631
1113	水煤气钢管规格及质量表		表 9-37			632
1114	供水水塔或蓄水池高程	(9-10)				632

续表

注释说明：“算量”寻珍，一览无余

1. 索引使浩如烟海的资源能得到便捷的检索，极大地方便《市政工程工程量清单“算量”手册》的使用者；
2. 为有助于理解内容，书中安排了大量的计算公式、张表及幅图，并以索引的形式列在书末，因此本书亦可当作工具书灵活使用。
3. 每道计算公式、每张表格、每幅图示的编号以章、节为单位，如第 5 章第 5 节第 5 道/张/幅，编号分别为 5-5、表 5-5、图 5-5。
4. 索引的便捷，使读者及时地检索到编制工程量清单的依据，必须严格执行的国家标准；便于快速获得工程量清单及定额工程量计算规则的论据，分部分项工程量清单、措施项目清单数据，“算量”资料的来源，提供解答的捷径；且及时地检索到提示型解题、规范型解题、思考型解题、避“陷”型说明、投标报价的谋略及技巧等内容；
5. 若读者准确、熟练地掌握了书中纂辑的基本教案及典型的单位工程计算实例，则在编制及应用时，就能使读者更加深理解，在参照应用的实际操作中起到举一反三、触类旁通的效果。

11.2 英汉词汇索引(工程量计算)

abbreviated drawing 简图

abridged general view, conventional diagram, diagrammatie drawing, schematic diagram 示意图

abutment caping 台帽

abutment shaft 台身

abutment-type bed 墩式台座

accented term 重点项目

access road, sidewalk, pave-ment 便道

acceptance of tender 中标

acting surface 工作面

admixture 外加剂

aggregate 骨(集)料

angle of skew 斜交角(度)

arch bridge, arched bridge, bridge arch 拱桥

arch ring 拱圈

artificial fill 人工填土

area of section, sectional area 截面面积

auxiliary bridge, detour bridge, temporary biage 便桥

asphalt concrete, bitumen concrete, bituminous concrete 沥青混凝土

award of bid 决村

balance cuts and fills 挖填土方平衡

bank 边坡

bar list 钢筋表

base course 基层

barocl hardness 巴氏硬度

base stabilization, consolidation of soil, foundafion stabilization, ground improvement, ground stabilization 地基加固

beam 梁

bend up reinforcement, bent-up bar, inclined shear bar, bend bar 弯起钢筋

bent-cap 盖梁

didder 投标者

did letting/bid open(ing) 开标

bid inqsuiry 询标

bid or quotation 报价或估价

biding document/bid form 标书

bill of quantities 工程量清单

boundary beam, edge beam 边梁

boundary layer 边界层

breach of contract, default 违约

built-in fitting, embedded steel piece 预埋件

budget 预算

budgeting method 预算编制方法

budgerary planning 预算编制

budget on engineering construction, working drawing estimation 施工图预算

bulldozer 推土机

brow of a hill 斜坡

bridge 桥梁

brick 砖

box beam, box gieder 箱梁

bock wall 驳岸

bottom courbe 底层

bottom eourbe 底基层

cable stayed bridge 斜拉桥

cement 水泥

cement stabilized soil 水泥稳定土

cesspool 污水池

change order 变更通知单

clear headway(height), height overall 净高

clearance 净空

coarse grained soil 粗粒土

cofferdam 围堰

compact machinery 压实机械

compile budget 编制结算

competitive price 投标者

concrete 混凝土

concrete fork 混凝土模板

constructor 项目承办人

construction project manager, project construction under project management 项目施工法

commercial concrete，commodity concrete，ready-mixed concrete(RMC) 商品混凝土

construction overhead 施工方案

completion 工程竣工

constract price 合同价格

construction budget 工程预算

construction cost 工程造价

construction direct costs 工程直接费

construction drawing 施工图

construction indireet costs 工程间接费

construction item 工程项目

construction machinery 施工机械

construction norm 施工定额

continuous slurry wall，diaphragm|wall，underground diaphragm wall 地下连续墙

contractor 承包者(商)

construction planning and scheduling cost 造价

cost unit price 成本单价

cost analysis 成本分析

cost accounting 成本核算

cost price 成本价格

cost control 成本控制

cost-benefit analysis 成本效益分析

coordinates 坐标

cross section 横断面

culvert 涵洞

culvert pipe 涵管

curtain(grout) hole 帷幕(灌浆)

curved bridge 弯桥

cut-and-fill design 挖填设计

damages for defaults 违约赔偿费

demolition，dismantlement 拆除

dense measure 实方

depth of cut 挖掘深度

design drawing 设计图

detailed estimate norm，norm for detailed estimates 预算定额

detailed drawing 施工图

dewatering by well-point 井点降水

diaphragm wall 帷幕墙

dive culvert 倒涵管(倒虹吸管)

digger，excavating machine 挖土机

dock wall 驳岸

document 施工组织设计

drain for rain water 雨水进水口

earth excavation，excavation of earth，excavation 挖土

earth hauling(moving) 运土

erecting bay frame，false-work，scaffold，earthquake 地震

embankment，road embankm-ent 路堤

estimate of cost 成本估算

estimated amounts，esti-mated cost 预算造价

excavation 挖方

excavation work 挖方工程

expense budget 费用预算

engineering construction permit 施工

factory made compone-ntS 预制构件

fired common brick 烧结普通砖

field inspection 实地勘察

fine sand 细砂

fine grading 细级配

fine grained soil 细粒土

flexible pavement 柔性路面

flat steel bar，flat bar 扁钢

flare wing wall abut-ment，splayed abutment，wing a-butment 八字形桥台

flared wing wall 八字形翼墙

foundation 地基

gaged(gauged) brick，gauged brick，standard brick，normal brick，normal shape brick 标准砖

general estimate 概算

getting work site ready for construction，three accesses and site leveling 三通一平

graded crushed rock 级配碎石

gravel 砾石

graphics symbol 图例

graded gravel 级配砾石

grouted rubble 浆砌块石

ground plot 平面图
half brick 半砖
highway 公路
highway engineering/road engineering 道路工程
honrizontal projection 水平投影
horizontal clearance 净宽
installation，mount，mounting 安装
junction 交叉口
key plan 平面布置总图
liquid limit 液限
liquidated damages 违约赔偿
longitudinal propile 纵断面
lump sum 总价
machine-shift costs 台班费用
material and labor cost analysis 工料分析
medium grained soil 中粒土
manager 项目经理
modified asphah 改性沥青
material cost 原料成本
municipal works，public works 市政工程
national regulation 国家规范
net area 净面积
net section 净截面
newly-built ptoect 新建项目
nomenclature 术语
nonwoven geotextile 无纺土工织物
open caisson 沉井
owner 业主
painting work 油漆工程
panel joint，panel point 节点
parent material 原材料
paris cement 巴黎水泥
plain fill 素填土
plastic limit 塑限
pile 桩
pipe culvert 管涵
pipeline 管线
prestressed reinforce-ment 预应力钢筋
pre-tender 标底
pretension force 预制
pricing 报价
pretensioning method 先张法
precast concrete 预制混凝土
precast re-inforced concrete square-pile 预制钢筋混凝土方桩
precast re-inforced concrete pipe-pile 预制钢筋混凝土管桩
premixed concrete，ready-mixed concrete(RMC) 预拌混凝土
proportions of con-crete mix，concrete composition 混凝土配合比
Portland cement 波特兰水泥
post-tensioning method 后张法
profile diagram 纵断面图
project tender 工程招标
project budget 项目预算
project within bu-dget 预算内建设项目
project outside bu-dget 预算外建设项目
pump concrete，pumped concrete 泵送混凝土
quality 质量
quantities，work amount 工程量
ramp 匝道
rectangular steel bar 方钢
relative density，specific grawty 相对密度
revetment bank 护岸
right culvert 正交涵洞
right bridge 正交桥
road base 道路基层
road intersection 道路交叉口
road structure 道路结构
roller 压路机
round timber 圆木
rubber bearing 橡胶支座
sandy siltl 砂质粉土
sandy clay 砂质黏土
scaffolding 脚手架
screenings 石屑
settle accounts 结算
sewage disposal，sewer-age treatment，sewage treatment pl-ant 污水处理厂

sewer system 污水管系统
shield-driven bore 质构掘进
skew bridge 斜桥
skew crossing 斜交
side span 边孔
sidewalk, pavement, pedestrian walk 人行道
site engineering 现场工程师
shield driven(excava-tion) 盾构掘进
stages 水位
state standard 国家标准
structural floor 结构层
strand 钢绞线
steelwork 钢筋工程
soil 土壤
soil Particle 土壤颗粒
steel H-pile H 型钢桩
sub base 底基层
subgrade 路基
structural floor 结构层
systematic engineering 系统工程
tender price 中标价格
topographic map 地形图
tound bar 圆钢筋(圆钢)
town road 城镇道路
tunneling 隧道工程
U-abhutment U 形桥台
urban highway 城市(市区)道路
variable cross-section 变截面
volume of work 工作量
water 水
wing wall 翼墙
workability 和易性
XM type anchor device XM 型锚具
Y grade separation Y 形立体交叉
zebra marking 斑马线

后　记

（学习指南）

进入21世纪，我国的市场经济体制已经初步建立，工程造价领域改革的步伐在不断加快。国家标准《建设工程工程量清单计价规范》(GB 50500—2008)的实施，使“建设工程计量与计价”已经或即将由传统的定额计价模式转为由国家公布工程量计算规则，由市场最终定价的模式。这是我国在“借鉴国外文明成果”方面的一个“创举”。何谓“计价规范”？简单地说，就是从事市政工程工程造价领域的专业工程技术人员，在确定工程造价时应当遵循的一种标准。具体地讲，对确定建筑产品价格的分部分项工程名称、工程特征、工程内容、项目编码、工程量计算规则、计量单位、费用项目组成与划分、费用项目计算方法与程序等所作出的全国统一规定标准；同时，它规定了工程量清单计价从招标控制价的编制、投标报价、合同价款约定、工程计量与价款支付、索赔与现场签证、工程价款调整到工程竣工结算办理及工程造价计价争议处理等的全部内容；为此，就称为《建设工程工程量清单计价规范》。

它是我国国家级标准，其中有些条款为强制性条文，必须严格执行。就其内容全面反映在实际工程计价活动中，使工程施工过程中每个计价阶段都有“规”可依、有“章”可循，对全面规范工程造价计价行为具有重要意义；因此，必须严格贯彻、执行国家标准。这是一个跨越式的进步，它的新政策、新结构、新理论知识的发展是与时俱进的体现，表明了我国工程造价管理的各项改革成果已经基本实现了与国际接轨或为接轨打下了良好的基础。

我国加入WTO(世界贸易组织)和融入世界大市场之后，工程造价管理必须实现与国际社会的全面接轨。为顺应国内外形势变化的需要，从事市政工程造价人才的培养面临独特的发展机遇与挑战。因此，积极探索从事市政工程工程造价领域的专业工程技术人员的知识需求结构，出版适应和推动工程造价管理发展的书籍尤显迫切。

在上海市市政公路工程行业协会组织和指导下，集聚了多名由上海市行业中既有丰富工作经验又有文字功底的工程造价专业人员【他(她)们不仅共同参编了《上海市市政工程预算定额》(2000)和原建设部人事教育司城市建设司、中国市政工程协会组织编写“市政工程专业岗位培训教材”之一《造价员专业与实务》；还分别参编过《上海市市政工程预算定额》(1993)、《上海市城市道路掘路修复工程收费标准》(1998)、《上海市市政设施养护维修定额》(2000)等】承担撰写、编纂工作的编写组，编写了《市政工程工程量清单编制及应用实务》及其姊妹篇《市政工程工程量清单“算量”手册》和《市政工程工程量清单常用数据手册》这套工程系列丛书，正是在上述时代背景下进行的一种尝试。充分利用行业协会的服务平台，发挥服务社会、服务于从事市政工程造价业内人士作用，为业内人士提供了实用性较强的工作用书，帮助业内人士提高实际操作的动手能力，解决工作中遇到的实际问题。

本《市政工程工程量清单工程系列丛书》由邝森栋主编。姊妹篇之一《市政工程工程量清单编制及应用实务》第三章的教案中简支梁工程及第七章工程实例中简支板梁及悬浇箱梁、护岸的桥涵护岸工程，盾构掘进、地下连续墙的隧道工程，污水处理厂等含提升泵房下部结构、SBR池的排水构筑物工程；姊妹篇之二《市政工程工程量清单“算量”手册》中篇实体项目(主体工程和附属工程的结构项目)及措施项目(辅助实体项目)的工程实例中拱桥工程的工程量计算由蒋明震编写；同时姊妹篇之三《市政工程工程量清单常用数据手册》第二章的“桥梁工程各构筑物面积、体积计算表”中的图解及计算公式由蒋明震选撰编写。姊妹篇之一《市政工程工程量清单编制及应用实务》第三章的教案中开槽埋管及第七章工程实例中管道铺设及井类工程、顶管(一中继间沉井工作井、型钢水泥土复合桩(SMW)工法接受井、ϕ1000TLM管道顶管)的市政管网工程；姊妹篇之二《市政工程工程量清单“算量”手册》中篇实体项目(主体工程和附属工程的结构项目)及措施项目(辅助实体项目)的工程实例中城市式的城镇道路工程，排水箱涵、顶管(二中继间沉井工作井、型钢水泥土复合桩(SMW)工法接受井、ϕ800TLM管道顶管)、非开挖型拖拉管工程的市政管网工程，拱桥、浆砌块石驳岸的桥涵护岸工程由韩宏珠编写；姊妹篇之三《市政工程工程量清单常用数据手册》第二章中的市政管网工程、桥涵护岸工程及措施项目(5. 市政工程类)等计算公式、计算表格、示意图等由韩宏珠选撰编写；与此同时，姊妹篇之一《市政工程工程量清单编制及应用实务》第三章的市政道路、简支梁、开槽埋管三项教案和第七章工程实例中九个单位工程实例暨姊妹篇之二《市政工程工程量清单“算量”手册》中篇实体项目(主体工程和附属工程的结构项目)及措施项目(辅助实体项目)的工程实例六个单体工程共计十八个单体工程的工程量清单招、投标编制及其与该十八个单体工程对应的施工图预算对照应用的计算实例(包括市政工程预算定额子目的套用、工料机单价的确定、费率的选用等的一系列上机操作系统)的编纂，全部由韩宏珠编写。

为了满足《市政工程工程量清单工程系列丛书》科学性、先进性、可行性的要求，在编写中主要体现了以下特点：

第一，在撰写、知识储备上，紧密结合当前我国工程造价管理发展的现实情况，充分考虑学科发展的最新态势和动向［国家标准《建设工程工程量清单计价规范》(GB 50500—2008)的新政策、新结构、新理论知识的发展］，与时俱进、力求在理论上的创新探索，从“编制及应用实务”上寻求最快融入实践的操作方法，为从事市政工程工程造价领域的专业工程技术人员提供释义服务，弘扬“求真务实”“为会员提供服务”的市政公路工程行业协会精神，满足社会需求。

第二，在知识结构、文化旨趣上，以市政工程工程量清单为主线，以提示型解题为媒介、为引子，彰显着易懂通俗、透彻说理；系统性地阐释了“市政工程工程量清单算量与计价”的内容和方法，彰显出依据明确、内容新颖，做到了整体内容脉络清晰，详略得当，招投标诸多方面知识都条文缕析，文图并茂，有助于读者“算量”寻珍，一览无余。

第三，在编排上，按学科分门别类，具有特色，这些栏目使理论与实际紧密联系；博大精深的内涵，独特的编排格式，使读者依据所要的内容可直接查到其所涉及的内容，从中为读者的招、投标提供必要的决策辅助；同时，保持简约的风格，用清晰易懂的语言描述复杂的事情，内容丰富、简明常用；起到系列丛书一册在手、快速查找提高效率的管用效果。

第四，在写作方法上，侧重于可操作性外，还兼顾了理论性和知识性，增加了知识框架和学习的目的、任务和要求。工程量清单计价是一种新的模式，从目前来说是与现行定额计价方式共存于招标投标计价活动中的另一种计价方式。通过在成熟的现行定额计价方式下的施工图工程预算编制计价方式的基础上，运用“工程量清单招、投标编制与施工图预算对照应用”方法论，以适应渐步向工程量清单计价方式过渡，指导在编制工程招标、投标清单时，既按国家标准《建设工程工程量清单计价规范》、又按《市政工程预算定额》的计算规则，表述、引用准确，套用《市政工程预算定额》子目，计算过程及结论正确的运作方法，有助于读者尽快学习和领悟书中的知识结构系统，靠实践加强对所学知识的综合应用能力。

第五，在体例构架上，以“传道授业解惑”为宗旨，以市政工程招、投标者为视角来诠释，以适用范围、计价方法、项目设置、工程量计算规则、工程量、定价原则、价格表现形式、计价过程、单价构成、人工、材料、机械消耗量、价差调整、计价价款构成、工程风险等十三个方面为切入点，来阐释工程量清单计价与定额计价模式的异同和甄别；以教案、实例分析为主，理论与实务结合，专业知识与实际技能并重，力求规范分析和实例分析相结合，举例展示了规范型解题(路、沟、桥三项教案)和思考型解题【城市式交通设施、城镇道路工程，简支板梁及悬浇箱梁、拱桥、浆砌块石驳岸的桥涵护岸工程，盾构掘进、地下连续墙的隧道工程，开槽埋管、梁涵、非开挖型的拖拉管工程、顶管(沉井工作井、型钢水泥土复合桩(SMW)工法接受井、ϕ1000TLM 管道顶管)的市政管网工程，污水处理厂等含提升泵房下部结构、SBR 池的排水构筑物工程等十五个单体工程及其工程量清单招、投标编制与施工图预算对照应用的计算实例】，有助于读者科学地实践以实例进行模拟历练，提高实际操作能力。

第六，在传承与创新上，博采众长，广泛参考和吸取了国内外相关书籍或教材的优点，充分吸收国外(英联邦制、日本、美国等计价模式)最新的理论研究成果和国内改革的成果，做到了既符合国际理论发展潮流，又切实反映中国实际情况，使读者共享资源、拓宽视野。

第七，从风格上讲，《市政工程工程量清单工程系列丛书》非常务实、重实践、讲实际。编写组研究了国家标准《建设工程工程量清单计价规范》GB 50500—2008 的新政策(即政策的重大调整)、新结构、新理论发展的最佳实践，为求根溯源促进理解，本系列丛书概括变化突出重点、较全面性地阐释了市政工程算量与计价的运作，分析了成功实施最佳实践的重要因素；从自身所见和实践角度的最佳实践经验的公开共享能使从事市政工程造价技术人员都受益。旨意读者及业内人士能在理论素养、思维能力和在善用信息和数据、做出最佳的决策上，在最佳工程造价实践运作等诸多方面获得重大突破和极大的提高，有助于在认识上有个从自发到自觉的过程，即从“必然王国”到“自由王国”，早日成为一名市政工程计量与计价的行家里手，对于在现今竞争激烈的市场社会中实施有效的实践应用至关重要。与此同时，知识共享能有力地激励进一步创新。因而，本系列丛书将最前沿的“08 规范”的原理、《建设工程工程量清单计价规范》操作流程、实战技巧有机结合，全面地勾画市政工程造价运作的脉络框架，为从事市政工程工程造价领域的专业工程技术人员另辟蹊径！

“授鱼于人，不如授渔于人”。书中的丰富内容，会教您如何掌领市政工程工程量清单真谛；大量的计算公式、计算表格、示意图和解题分析，将让您领略市政工程算量与计价无穷魅力。

要知道，机会总是青睐有准备的人。

与此同时，上海市市政公路工程行业协会分别在二〇〇八年的六、十二月份分别举办了上海市首届《工程造价员(市政专业)资格证书》的“工程计量与计价”专业(此项与上海市建设工程咨询行业协会)培训及《市政工程工程量清单系列》首期培训班，组织本系列丛书主编人员课堂讲授，进行理论要领的阐述、实际操作的要点、法律法规、规章制度的引用及工程实例的介绍，对话交流等一系列互动活动，既服务予行业，又磨练了编写组全体成员，实践的检验更为充实、丰富本系列丛书奠定了基础。

首期《市政工程工程量清单系列》培训班吸引了来自上海市市政、公路行业的建设、设计、施工、监理、咨询以及市政公路设施养护管理等企事业单位的有关领导、主管人员 130 余名学员，受到了广大从事市政工程造价技术人员的热烈欢迎，并表示要将学到的知识应用到实际工作中去，进一步熟练地编制工程量清单和工程量清单计价，提高实际操作能力，满足《建设工程工程量清单计价规范》GB 50500—2008 国家标准的要求。

人类历史是在不断地向优秀者——学习、模仿、创新、提高，这样一个持续不断的循环过程中创造知识和财富。在撰写《市政工程工程量清单工程系列丛书》过程中，得到上海市市政公路工程行业领导及编委会各位市政公路工程行业老专家和大专院校老学者和许多同行的多方帮助及大力支持，并对本系列丛书的观点贡献了他(她)们的知识与深刻、精辟的见解，帮助我们拓宽思路、挑战自我，提供了极有价值的指导。假此机会，编写组谨在此再一次地向他(她)们表示由衷地、最诚挚的感谢。

由于时间仓促，加之编写组的学术水平和实践经验有限，本书难免有缺点和谬误等不妥之处，恳请批评指正；编写组再一次衷心欢迎读者对本系列丛书提出批评和意见。

主要参考文献

1 上海市城市建设设计研究院编.《上海市道路工程通用图》、《上海市排水管道通用图》. 上海. 1992.

2 毛瑞祥，程翔云主编.《公路桥涵设计手册》. 北京. 人民交通出版社. 1993.

3 上海市市政工程管理局.《上海市市政工程预算定额》(1993). 上海. 同济大学出版社. 1994.

4 上海市建设工程定额管理总站. 上海市建设工程审价人员培训《市政辅导讲义》. 上海. 1995.

5 张万年，范德，李玉琪主编.《工程项目施工组织与管理》. 北京. 中国铁道出版社. 1995.

6 交通部人事劳动司.《公路养护》(三). 北京. 人民交通出版社. 1995.

7 上海市建设委员会. 上海市标准 DBJ 08—220—96《市政排水管道工程施工及验收规程》. 上海. 1996.

8 上海市建筑材料行业协会编.《实用建材手册》(第二版). 上海. 上海科学技术出版社. 1996.

9 上海市市政工程定额管理站. 上海市市政工程管理处.《上海市城市道路掘路修复工程收费标准》. 上海. 1998.

10 何挺继，朱文天等主编.《筑路机械手册》. 北京. 人民交通出版社. 1998.

11 田永复编著.《基础定额与预算简易手册》. 北京. 中国建筑工业出版社. 1998.

12 中华人民共和国建设部. 中华人民共和国城镇建设行业标准 CJ/T 3073—1998《土壤固化剂》. 北京. 中国建筑工业出版社. 1998.

13 中华人民共和国建设部. GYD—301—1999～GYD—308—1999《全国统一市政工程预算定额》. 北京：中国计划出版社，1999.

14 杨子敏主编.《公路工程造价指南》—估算、概算、预算及决算. 北京. 人民交通出版社. 1999.

15 上海市市政工程管理局.《上海市市政设施养护维修定额》. 上海. 2000.

16 杨文渊，徐犇.《简明公路施工手册》(第二版). 北京. 人民交通出版社. 2000.

17 交通部第一公路工程总公司.《道路建设工程材料手册》. 北京. 人民交通出版社. 2001.

18 杨玉衡主编.《城市道路工程施工与管理》. 北京. 人民交通出版社. 2001.

19 上海市市政工程定额管理站编.《上海市市政工程预算定额》(2000). 上海. 同济大学出版社. 2001.

20 杜国伟.《管道施工技术》. 上海. 上海科技出版社. 2001.

21 上海市市政工程定额管理站编.《上海市市政工程室外排水管道工程预算组合定额》(2000). 上海. 同济大学出版社. 2001.

22 上海市建设工程定额管理总站.《上海市建设工程普通混凝土、砂浆强度等级配合比表》(修订本). 上海. 2001.

23 上海市市政工程定额管理站.《上海市市政工程预算定额》(2000)交底培训讲义. 上海. 2001.

24 北京市建设委员会. GYD—309—2001 全国统一市政工程预算定额：《地铁工程》. 北京：中国计划出版社，2002.

25 中华人民共和国建设部主编. 中华人民共和国国家标准 GB 50103—2001.《总图制图标准》. 北京. 中国计划出版社. 2002.

26 中华人民共和国建设部. 中华人民共和国国家标准 GB 50010—2002.《混凝土结构设计规范》. 北京. 中国建筑工业出版社. 2002.

27 中华人民共和国建设部. 中华人民共和国国家标准 GB 50204—2002《混凝土结构工程施工质量验收规范》. 北京. 中国建筑工业出版社. 2002.

28 袁建新.《袖珍建筑工程造价计算手册》. 北京. 中国建筑工业出版社. 2003.

29 上海市市政工程定额管理站编.《上海市市政工程预算编制与实例》. 上海. 同济大学出版社. 2004.

30 上海市市政工程定额管理站.《建设工程工程量清单计价规范》上海市市政工程操作指南. 上海. 2004.

31 国家质量技术监督局发布. GB 5768—1999《道路交通标志和标线》. 北京. 中国标准出版社. 2004 年.

32《路桥工程技术英汉、汉英实用词典》编写组.《路桥工程技术英汉、汉英实用词典》. 北京：中国水利水电出版社，2005.

33 中华人民共和国建设部人事教育司城市建设司．中国市政工程协会组织．《造价员专业与实务》．北京．中国建筑工业出版社．2006.

34 中华人民共和国建设部人事教育司城市建设司．中国市政工程协会组织．《基础知识》．北京．中国建筑工业出版社．2006.

35 《建筑施工手册》(第四版)编写组．《建筑施工手册》(第四版)缩印本．北京．中国建筑工业出版社．2006.

36 祝燮权主编．《实用五金手册》．上海．上海科技出版社．2006.

37 孙跃东．《简明英汉-汉英土木工程词汇》(第二版)．北京．人民交通出版社．2006.

38 宋振华，张生录主编．《土木建筑工程工程量清单计价一点通》．北京．中国水利水电出版社．2006.

39 上海市市政工程管理处．上海市市政工程管理局专业标准(SZ—G—B02—2007)《新市镇道路规划技术导则》．上海．2007.

40 《建筑施工机械常用数据速查手册》编委会．《建筑施工机械常用数据速查手册》．北京．中国建材工业出版社．2007.

41 《市政工程常用数据速查手册》编委会．《市政工程常用数据速查手册》．北京．中国建材工业出版社．2007.

42 上海市公路管理处．上海市市政工程管理局专业标准 SZ—G—B04—2007《公路路基与基层地聚合物注浆加固技术规程》．上海．2007.

43 中华人民共和国交通部．中华人民共和国行业标准 JTG E40—2007《公路土工试验规程》．北京．人民交通出版社．2007.

44 《公路工程常用数据速查手册》(上、下册)编委会．《公路工程常用数据速查手册》．北京．中国建材工业出版社．2008.

45 《数学手册》编写组．《数学手册》．北京．高等教育出版社．2008.

46 上海市市政公路工程行业协会《市政工程工程量清单编制及应用实务》编写组．《市政工程工程量清单编制与应用实务》．北京．中国建筑工业出版社．2008.

47 李强．全国造价工程师执业资格考试考点详解及模拟预测试卷《工程造价管理基础理论与相关法规》．长沙．湖南大学出版社．2008.

48 王年春．《市政工程工程量清单计价编制实例》．郑州．黄河水利出版社．2008.

49 郭婧娟主编．《工程造价管理》(修订本)．北京．清华大学出版社．北京交通大学出版社．2008.

50 中华人民共和国住房和城乡建设部．中华人民共和国国家标准 GB 50500—2008《建设工程工程量清单计价规范》．北京．中国计划出版社．2008.

51 《建设工程工程量清单计价规范》编写组．中华人民共和国国家标准《建设工程工程量清单计价规范》GB 50500—2008 宣贯辅导教材．北京．中国计划出版社．2008.

52 中华人民共和国住房和城乡建设部．中华人民共和国国家标准 GB 50141—2008《给水排水构筑物工程施工及验收规范》．北京．中国计划出版社．2008.

53 中华人民共和国住房和城乡建设部．中华人民共和国行业标准 CJJ 2—2008《城市桥梁工程施工与质量验收规范》．北京．中国建筑工业出版社．2008.

54 中华人民共和国住房和城乡建设部．中华人民共和国行业标准 CJJ 1—2008《城镇道路工程施工与质量验收规范》．北京．中国建筑工业出版社．2008.

55 上海市市政公路工程行业协会《市政工程工程量清单常用数据手册》编写组．《市政工程工程量清单常用数据手册》．北京．中国建筑工业出版社．2009.

56 中华人民共和国交通部．《公路桥涵设计通用规范》(JTJ 021—85).

57 中华人民共和国交通部．《公路钢筋混凝土及预应力混凝土桥涵设计规范》(JTJ 023—85).

58 《上海市道路交通管理设施设置技术规程》(1994)．上海.

59 《上海市道路交通管理设施通用图集》．上海.

60 中华人民共和国建设部第 107 号部令《建筑工程施工发包与承包计价管理办法》.

61 《上海市建设工程安全防护、文明施工措施费用管理暂行规定》．上海.

62 《建筑工程量计算原则(国际通用)》. 英国皇家特许测量师学会. 1979.

63 谢广慧等. 水泥混凝土路面施工技术. 北京：人民交通出版社，2000.

64 余彬泉，陈传灿. 顶管施工技术. 北京：人民交通出版社，2003.

65 葛金科，沈水龙，许烨霜. 现代顶管施工技术及工程实例. 北京：中国建筑工业出版社，2009.

《市政工程工程量清单工程系列丛书》

姊妹篇之一 《市政工程工程量清单编制及应用实务》内容提要

本书是以中华人民共和国住房和城乡建设部以第63号公告公告发布《建设工程工程量清单计价规范》(GB 50500—2008)为准绳，并结合市政工程工程量清单编制及应用实务的实际组织编写的，是《市政工程工程量清单“算量”手册》、《市政工程工程量清单常用数据手册》的姊妹篇。

这是一本关于市政工程工程量清单编制，工程量清单中工程数量的计算方法，工程造价的经济分析与确定，投标报价的策略及技巧运用的书籍。

本书内容包括：《建设工程工程量清单计价规范》概论；依法自由组价、制定适合自己企业的计价报价体系；工程量清单的编制；实物工程量的准确性在工程量清单中的重要性；造价工程师在工程量清单报价中的作用；电子计算机在《计价规范》中的应用；学习《计价规范》，运用计算机软件，编制招、投标实例等。

本书的特点是：系统性较强，应用实务的计算公式、图表资料、示意图多，且具备索引表查用方便；通过对三项教案从多个视角的注重剖析，诠释了《建设工程工程量清单计价规范》规范标准的应用，对提高工程量清单计价与施工图预算的编制质量和工作效益，能起到专业教材的作用；同时书中又详细说明和举例了城市式交通设施，简支板梁及悬浇箱梁、护岸的桥涵护岸工程，盾构掘进、地下连续墙的隧道工程，开槽埋管、顶管［沉井工作井、型钢水泥土复合桩(SMW)工法、工作井(工作坑、接收坑)、ϕ1000TLM管道顶管］的市政管网工程，污水处理厂等含提升泵房下部结构、SBR池的排水构筑物工程等九个单位工程及其工程量清单招、投标编制与施工图预算对照应用的计算实例，对从事具体工作时，又能起到本书的作用。本书具有很强的实用性和可操作性，是一本价值颇高的参考书。

本书可作为市政、公路工程专业人员岗位培训教材，还可供业主单位、设计、施工、监理以及政府主管部门从事市政工程造价专业技术人员的工具书，及有关院校相关专业师生使用参考。

市政工程工程量清单编制及应用实务

(88.7万字；205幅计算公式、计算表格、示意图)

2008.10 中国建筑工业出版社出版

上海市市政公路工程行业协会 编写

主 编：邝森栋

副主编：蒋明震 韩宏珠

《市政工程工程量清单工程系列丛书》

姊妹篇之三 《市政工程工程量清单常用数据手册》内容提要

本书是以住房和城乡建设部第63号公告发布的《建设工程工程量清单计价规范》(GB 50500—2008)为准绳，并结合市政工程工程量清单中工程量计算的实际组织编写的，是《市政工程工程量清单编制与应用实务》、《市政工程工程量清单“算量”手册》的姊妹篇；同时亦是配合建设部人事教育司和城市建设司、中国市政工程协会组织编写“市政工程专业岗位培训教材”之一、《造价员专业与实务》中三项市政配套工程招标、投标实务教案，本书则与《市政工程预算定额》相配套，作为该教案工程量清单的工程量计算工具参考书。

本书主要内容包括：市政工程工程量清单项目中分部、子分部、分项工程项目划分及计量单位，市政工程施工费用计算顺序；分部分项工程项目韵常用求面积、体积和表面积的公式、数值表及部分对应举例，常用钢材截面积、理论质量、每吨钢材展开面积及钢筋常用计算尺寸、数据；措施项目中的大型机械设备进出场及安拆、混凝土、钢筋混凝土模板及支架、脚手架、施工排水、降水、围堰、现场施工围栏、便道、便桥、地基加固、堆场等项常用计算规则、公式、数值表及部分对应举例；工程实体结构物项目工程量常用资料和计算数据；《市政工程预算定额》分部分项工程名称目录检索(包括计量单位及预算价格)等常用数据。

本书的特点是：系统性较强；全面认真贯彻执行《建设工程工程量清单计价规范》(GB 50500—2008)“附录D市政工程工程量清单项目及计算规则”项目顺序编排；通过《建设工程工程量清单计价规范》与《市政工程预算定额》在分部分项工程项目划分、计量单位及预算价格等项目的对照应用，对从事市政工程工程造价领域的专业工程技术人员在从事具体工作时，既能起到一册在手、查检方便的效果，又能在应用本计算工具书实务过程中得到提示和启迪的作用。

本书内容丰富、简明常用，具有很强的实用性和可操作性，是一本价值颇高的市政工程工程量清单工程量计算工具参考书。

市政工程工程量清单常用数据手册

(63.3万字；420幅计算公式、计算表格、示意图)

2009.1 中国建筑工业出版社出版

上海市市政公路工程行业协会 编写

主 编：邝森栋

副主编：蒋明震 韩宏珠

本书可作为市政工程专业人员岗位培训的辅导教材，还可作为业主单位、设计、施工、监理和政府主管部门从事市政工程造价专业技术人员的工具书，并可供有关院校相关专业师生使用参考。

市政工程工程量清单工程系列丛书

1.《市政工程工程量清单编制及应用实务》

■2.《市政工程工程量清单“算量”手册》

3.《市政工程工程量清单常用数据手册》

4.《市政工程工程量清单计价软件》

尊敬的读者：

感谢您选购我社图书！建工版图书按图书销售分类在卖场上架，共设22个一级分类及43个二级分类，根据图书销售分类选购建筑类图书会节省您的大量时间。现将建工版图书销售分类及与我社联系方式介绍给您，欢迎随时与我们联系。

★建工版图书销售分类表（详见下表）。

★欢迎登陆中国建筑工业出版社网站www.cabp.com.cn，本网站为您提供建工版图书信息查询，网上留言、购书服务，并邀请您加入网上读者俱乐部。

★中国建筑工业出版社总编室　电　话：010—58337016

传　真：010—68321361

★中国建筑工业出版社发行部　电　话：010—58337346

传　真：010—68325420

E-mail：hbw@cabp.com.cn

建工版图书销售分类表

<table>
<tr><th>一级分类名称（代码）</th><th>二级分类名称（代码）</th><th>一级分类名称（代码）</th><th>二级分类名称（代码）</th></tr>
<tr><td rowspan="5">建筑学
（A）</td><td>建筑历史与理论（A10）</td><td rowspan="5">园林景观
（G）</td><td>园林史与园林景观理论（G10）</td></tr>
<tr><td>建筑设计（A20）</td><td>园林景观规划与设计（G20）</td></tr>
<tr><td>建筑技术（A30）</td><td>环境艺术设计（G30）</td></tr>
<tr><td>建筑表现・建筑制图（A40）</td><td>园林景观施工（G40）</td></tr>
<tr><td>建筑艺术（A50）</td><td>园林植物与应用（G50）</td></tr>
<tr><td rowspan="5">建筑设备・建筑材料
（F）</td><td>暖通空调（F10）</td><td rowspan="5">城乡建设・市政工程・环境工程
（B）</td><td>城镇与乡（村）建设（B10）</td></tr>
<tr><td>建筑给水排水（F20）</td><td>道路桥梁工程（B20）</td></tr>
<tr><td>建筑电气与建筑智能化技术（F30）</td><td>市政给水排水工程（B30）</td></tr>
<tr><td>建筑节能・建筑防火（F40）</td><td>市政供热、供燃气工程（B40）</td></tr>
<tr><td>建筑材料（F50）</td><td>环境工程（B50）</td></tr>
<tr><td rowspan="2">城市规划・城市设计
（P）</td><td>城市史与城市规划理论（P10）</td><td rowspan="2">建筑结构与岩土工程
（S）</td><td>建筑结构（S10）</td></tr>
<tr><td>城市规划与城市设计（P20）</td><td>岩土工程（S20）</td></tr>
<tr><td rowspan="3">室内设计・装饰装修
（D）</td><td>室内设计与表现（D10）</td><td rowspan="3">建筑施工・设备安装技术（C）</td><td>施工技术（C10）</td></tr>
<tr><td>家具与装饰（D20）</td><td>设备安装技术（C20）</td></tr>
<tr><td>装修材料与施工（D30）</td><td>工程质量与安全（C30）</td></tr>
<tr><td rowspan="4">建筑工程经济与管理
（M）</td><td>施工管理（M10）</td><td rowspan="2">房地产开发管理（E）</td><td>房地产开发与经营（E10）</td></tr>
<tr><td>工程管理（M20）</td><td>物业管理（E20）</td></tr>
<tr><td>工程监理（M30）</td><td rowspan="2">辞典・连续出版物
（Z）</td><td>辞典（Z10）</td></tr>
<tr><td>工程经济与造价（M40）</td><td>连续出版物（Z20）</td></tr>
<tr><td rowspan="3">艺术・设计
（K）</td><td>艺术（K10）</td><td rowspan="2">旅游・其他
（Q）</td><td>旅游（Q10）</td></tr>
<tr><td>工业设计（K20）</td><td>其他（Q20）</td></tr>
<tr><td>平面设计（K30）</td><td colspan="2">土木建筑计算机应用系列（J）</td></tr>
<tr><td colspan="2">执业资格考试用书（R）</td><td colspan="2">法律法规与标准规范单行本（T）</td></tr>
<tr><td colspan="2">高校教材（V）</td><td colspan="2">法律法规与标准规范汇编/大全（U）</td></tr>
<tr><td colspan="2">高职高专教材（X）</td><td colspan="2">培训教材（Y）</td></tr>
<tr><td colspan="2">中职中专教材（W）</td><td colspan="2">电子出版物（H）</td></tr>
</table>

注：建工版图书销售分类已标注于图书封底。